国家社科基金
GUOJIA SHEKE JIJIN HOUQI ZIZHU XIANGMU
后期资助项目

清代浙江集部總目

（上冊）

General Catalog of Zhejiang Literary Collections during
the Qing Dynasty

徐永明　主　編

金燦燦　副主編

ZHEJIANG UNIVERSITY PRESS
浙江大學出版社

國家社科基金後期資助項目
出版説明

  後期資助項目是國家社科基金設立的一類重要項目，旨在鼓勵廣大社科研究者潛心治學，支持基礎研究多出優秀成果。它是經過嚴格評審，從接近完成的科研成果中遴選立項的。爲擴大後期資助項目的影響，更好地推動學術發展，促進成果轉化，全國哲學社會科學工作辦公室按照"統一設計、統一標識、統一版式、形成系列"的總體要求，組織出版國家社科基金後期資助項目成果。

全國哲學社會科學工作辦公室

序

　　我自 2012 年開始關注文學史。那時因爲寫作《論經典》,研究經典的傳播,需要詳細考察文學史,翻遍了國家圖書館收藏的中國文學史,並從各種渠道購買了一些國家圖書館闕藏的舊文學史——閱讀,從黄人、林傳甲直到當下所出新的文學史,發現寫得最好的部分是漢魏到唐宋的一段,一個時期文風的全面把握,一個作家文學史的準確定位,應該説都拿捏得比較到位。而先秦和明清兩段,相對而言就遜色一些。其原因爲何? 文獻恐爲重要原因。先秦文學因爲文獻佚失多,還原真相很難,因此至今文獻的真實性都存在爭議,甚至連稱之爲偉大作家的屈原及其作品都有爭論,文學史雖然所介紹的多爲有定論者,但由於文獻的缺失和部分存世文獻的不確定性,其結論自然不容易被人完全接受。而明清文學史與先秦情況恰恰相反,不在其文獻之少,而在其文獻之多。據李靈年、楊忠主編《清人別集總目》,清代詩文作家有一萬九千五百人,詩文集四萬部。而據清史工程統計,清人著述總數約二十二萬種,其中詩文集七萬多種,現存四萬餘種。其實這也是不完全的統計,清代存世文獻究竟有多少,並沒有一個確切的數字,而且很多文獻並没有經過清理、更談不上整理。國家圖書館收藏了大量清人文集稿本,多没有經過整理。俯瞰上個世紀初以來文學史的發展,誠如羅庸先生所總結的那樣:"是由一家一家的敘述,進而爲文學潮流的敘述,再進而爲文體流變的敘述。"以及文體發生的追問。(羅庸《中國文學史導論》,北京出版社 2016年版,第 6 頁)而要寫好文學史,首先要做的功課就是全面佔有文獻,再做一家一家的梳理,"因爲要治文學史,必得先對各家的文集,都有精深的研究,融會貫通後,才能夠凌空做一番鳥瞰的工作"。(羅庸《中國文學史導論》,第4 頁)國内很多專家已經注意到這個問題,並開始做文獻的調查和整理工作。據我所知,蔣寅先生上個世紀七八十年代就調查清代詩學的文獻,張寅彭先生做清代詩話的搜集和整理,張宏生先生做清詞的搜集和整理,國家清史工程文獻整理項目做清代詩文集匯編,都有階段性成果問世。這些工作都是撰寫文學史堅實的基礎,也是清代文學研究的重要的基礎研究。徐永明先生所做的清代浙人集部著述的著錄,正是這方面的工作。《清代浙江集部總目》對現存浙江清代的集部著述進行了一次認真的調查、收集、梳理,著録 1644 年至 1911 年期間浙籍人士和非浙籍人士關於浙江的現存著述,共計 4600 餘人 11000 餘種著作,著録了《中國古籍總目》失收的集部著述有 1000 餘種之多,分楚辭、别集、總集、詩文評、詞類、曲類等六大類。部下設類、類下設屬,起到了"綱紀羣籍,簿屬甲乙"以及"辨章學術,考鏡源流"的作用,對於清代文史研究貢獻甚大。書要付梓,徐永明先生要我寫序。我作序主要是給自己的學生或者同門師友,但是考慮再三,還是答應了永明先生。一是有感於他要我寫序的一句話亦即一個理由:"因爲你在圖書館工作",其意甚明,圖書館人會更加理解做文獻、尤其是做目録之學的價值和艱辛;第二個原因就是我前面所説的一大段話,這項工作對於文學史研究特别重要,而今人做此研究的已經不多了。

做清代浙人集部著述總目,其價值不僅僅在於對清代文學文獻的調查與清理,爲中國古代文學史研究提供可靠的文獻基礎,還在於從知識結構的角度爲作家研究提供新的考察視閾。劉勰《文心雕龍·體性》篇論文士的文章風格,認爲"並情性所鑠,陶染所凝",情性是才氣,陶染是學習。"辭理庸俊,莫能翻其才;風趣剛柔,寧或改其氣;事義淺深,未聞乖其學;體式雅鄭,鮮有反其習"。受此啓發,羅宗强先生專門做了劉勰所讀書的統計,建構起劉勰的知識結構。中國古代文人的寫作成就與文風,既決定於天生資質和境遇遭際,也與讀書閲歷相關。所以從文人之讀書、藏書亦可追尋其著述成就和特色之因。浙江自古文士匯集,就有刻書藏書傳統。兩宋時期實爲全國刻書中心,在明代,杭州與北京、南京、蘇州並爲四大書籍聚集地。清乾隆編《四庫全書》,在全國徵集遺書兩萬餘部,浙江進書就達四千五百二十三種,被選入七百三十二種,佔五分之一。由此亦可見其藏書之盛、之優。明清文士多出江南,實與書之浸淫有關。清代的浙東史學派黄宗羲、萬斯大、萬斯同、全祖望、章學誠、邵晉涵等都是著名的藏書家。黄宗羲"於書無所不窺","盡發家藏書讀之。不足,則鈔之同里世學樓鈕氏、淡生堂祁氏,南中則千頃齋黄氏,吳中則絳雲樓錢氏,窮年搜討"。其所以取得巨大成就,蓋源於此。所以,永明先生做清代浙人集部書目,也爲研究清代浙江文人的知識結構提供了可能。

做中國古代文學向有重文獻的傳統,尤其是近些年來計算機和網絡技術的快速發展,爲快速而更大範圍搜集文獻提供了便利,所以做文獻的人越來越多了,近些年立項的國家重大招標課題基本以文獻爲主,但真正做起來還是很難。尤其是做目録之學,版本的調查,既要查檢官私書目,以了解其存佚,更需要目驗以判别其異同,而到各收藏機構去查書、看書,真的很不容

易。我近年來以强弩之末鼓起餘勇帶一個團隊做歷代唐詩選本的整理，以
爲在圖書館謀生、任中國圖書館學會理事長十餘年，所謂近水樓臺，用起文
獻會比一般學者方便，而且我還請了國家圖書館著名的版本專家加盟，但使
用文獻亦非一帆風順，有的本子不得不放棄，徒嘆奈何。永明先生的《清代
浙人集部著述總目》，在版本上，不僅著録自 1664 年至民國間的古籍刻本、
稿本、抄本、石印本、鉛印本，還著録現代影印的大型古籍叢書本。著録的要
素包括書名卷數、作者籍貫、作者姓名、版本及收藏單位。雖然充分利用了
現代與電腦有關的檢索工具、數據庫知識和編程語言等技術，但是前後經歷
了十四年的時間才編纂完成，在調查中所花費的功夫和氣力可想而知，這是
很值得提倡的治學態度，我是深深爲其所打動了的。

　　憑窗而望，天氣已經一片晴和。想江南正是三月，煙柳畫橋，風帘翠幕，
雲樹繞堤沙，就是永明先生所在的杭州今日吧。因疫情宅在屋中，盡日憂
思，不能做事，聊以此序填補虛空吧。期盼人們的生活走出封城，迎來真正
的春天。

詹福瑞

2020 年 3 月 12 日

前　言

一

　　東漢以前，浙江的文學可謂寂寂無名。《詩經》、"楚辭"、漢賦等，主要産生於黄河中下游和長江上中游地區。浙江文學與文學相關的作者及著述，最早出於東漢時期。東漢上虞王充的《論衡》是一部哲學名著，書中提出的"疾虚妄"是重要的文學主張，且王充首次提出了"真美"的概念。現存浙人最早的別集，爲晉朝山陰人王羲之的《晉王右軍集》，當然這是後人輯録並刊刻的。王羲之有"書聖"之稱，其《蘭亭集序》被譽爲"天下第一行書"，但同時也是一篇雋妙雅逸的優美散文。南朝宋時山陰的謝靈運，後人輯其集爲《謝康樂集》。謝靈運開創了中國文學史上的山水詩派。梁朝的武康沈約，創立講求"四聲八病"説的"永明體"，爲唐代格律詩的形成和發展奠定了基礎。南朝梁故鄣吴均，文風清拔，所作詩文，有"吴均體"之稱。

　　唐代，浙江雖然没有産生出像李白、杜甫這樣的偉大詩人，但義烏的駱賓王，爲"初唐四傑"之一。永興賀知章，狀元及第，被杜甫列爲"飲中八仙"之首。辭官還鄉時，唐玄宗賦詩以贈，皇太子率百官爲其餞行。其《回鄉偶書》詩，膾炙人口，千古傳誦。天台釋寒山子、長興釋皎然、武康孟郊、新登羅隱等在唐代詩壇上也有相當高的知名度。

　　宋代，浙江詩文作者的人數已躍居全國首位。《全宋文》9100 餘名作者，浙江以 1333 人位居全國第一。沈括、葉適、陳傅良、楊簡、陳亮、吕祖謙、王應麟等，都是文章高手。《全宋詩》作者 9200 餘人，浙江以 1601 人位居全國第一。北宋林逋爲著名隱逸詩人，有"梅妻鶴子"之稱。陸游爲著名的愛國詩人，存世的詩有 9300 餘首。戴復古有"江湖詩人"之稱。一郡有徐照、徐璣、翁卷、趙師秀"永嘉四靈"，一門有柴望、柴隨亨、柴元亨、柴元彪"柴氏四隱"。此外，宋代浙江有名的詩人尚有宗澤、葉夢得、王十朋、葉紹翁、汪元量、林景熙、方鳳等人。入元後，浙籍詩文作家人數依然保持全國第一。據統計，《全元文》有籍貫可查的作者有 1794 位，浙江以 347 位居首位。《全元詩》作者 4900 餘人，浙江以 1014 人位居第一。而別集傳世的詩文大家有仇遠、戴表元、袁桷、趙孟頫、黄溍、柳貫、楊載、鄭元祐、張雨、吳萊、楊維楨、李孝光等。其中楊載與虞集、揭傒斯、范梈並稱"元詩四大家"。吳萊"在元人中屹然負詞宗之目"(《四庫全書總目·淵穎集提要》),楊維楨號稱元末東南文壇的領袖。

有明一代,浙江的詩文依然保持高產的態勢。清初朱彝尊編的《明詩綜》,收詩人 3300 餘人,浙江的詩人爲 840 餘人,名列第一。李時人先生編著的《明代文學家大辭典》,收入明代文學家 3000 餘人,其中浙江文學家 704 人,比江蘇省多出幾人。明代浙江重要的作家有宋濂、劉基、王禕、方孝孺、于謙、謝鐸、王守仁、章懋、茅坤、徐渭、馮夢禎、屠隆、胡應麟、陶望齡、王思任、張岱、張煌言等。其中宋濂被譽爲"開國文章之首臣",與劉基、高啓並稱爲"明初詩文三大家"。宋濂、王禕盡攬《元史》總裁之職,"巋然一代之望"(嘉慶刻本《王忠文公集》卷首楊士奇撰《序》)。于謙被稱爲"民族英雄",《明史》稱讚其"忠心義烈,與日月爭光",與岳飛、張煌言並稱爲"西湖三傑"。

清代 260 餘年,詩文作家難以計數。七大冊的《中國古籍總目·集部》,清代部分就佔了三冊。而浙江 13000 餘部集部著述,清代部分就佔了 11000 餘部,足見清代集部著述數量之夥。清代最大的詩歌總集,徐世昌編纂的《晚晴簃詩彙》,收詩作者 5204 人,其中浙江詩作者 1060 人,名列第一。清代浙江的詩文大家有黄宗羲、毛奇齡、毛先舒、毛際可、吕留良、朱彝尊、厲鶚、齊召南、全祖望、袁枚、龔自珍、俞樾、李慈銘、沈曾植、章炳麟、秋瑾等。

詩文評方面,唐釋皎然的《詩式》、宋胡仔的《苕溪漁隱叢話》、元吳師道《吳禮部詩話》、明胡應麟《詩藪》、清朱彝尊《静志居詩話》、清嘉善葉燮的《原詩》、袁枚的《隨園詩話》、吳騫的《拜經樓詩話》等,都有不同程度的建樹,對當時及後世產生了較大的影響。詞方面,宋代有毛滂、賀鑄、張先、周邦彦、朱淑真、陸游、張孝祥、陳亮、吳文英、周密等大家。元明詞的創作式微,重要的作家僅仇遠、張雨、劉基、高濂、朱一是等數人而已。清代,詞體復振,詞家輩出。其中,"浙西詞派"是清代前期最大的詞派。代表作家朱彝尊、李良年、李符、沈皞日、沈岸登、龔翔麟被稱爲"浙西六家"。此外,曹爾堪、丁澎、厲鶚、吳藻、吳錫麒、龔自珍、姚燮、張鳴珂、朱祖謀等,在詞的創作方面也取得了較高的成就。

戲曲方面,浙江曲家的貢獻甚大,長興臧懋循編的《元曲選》是研究元代雜劇最主要的文獻資料。明代陳與郊的《古名家雜劇》,沈泰編的《盛明雜劇》,孟稱舜編《新鐫古今名劇柳枝集》《新鐫古今名劇酹江集》,清代鎮海姚燮《復莊今樂府選》等,都是重要的戲曲總集。在戲曲創作方面,高明的《琵琶記》、徐渭的"四聲猿"，高濂的《玉簪記》、李漁"笠翁十種曲"，洪昇的《長生殿》等，都是戲曲史上的名著。其他有名的曲家還有屠隆、葉憲祖、王驥德、孟稱舜、裘璉、黃燮清等。曲評方面，鍾嗣成的《録鬼簿》、徐渭的《南詞敘録》、李漁的《閒情偶寄》、吕天成的《曲品》、祁彪佳的《遠山堂曲品》和《遠山堂劇品》、姚燮的《今樂考證》、王國維的《曲録》等，都是曲論名著。

二

　　浙江集部著述中，除了浙籍作者原創的著述外，浙籍學人對前代浙江集部文獻或非浙人集部文獻整理的著述也不少，其整理形式有校注、集注、輯佚、刊刻、辨證、編選等。譬如，對楚辭的整理，就有明代蕭山來欽之《楚辭述注》五卷，清代蕭山毛奇齡的《天問補注》一卷等。漢至六朝的別集，浙人參與整理的著述也有不少，如清代烏程嚴可均校輯的《蔡中郎集》十九卷，明代鄞縣楊德周輯、鄞縣陳朝輔增編的《曹子建集》十卷，清代歸安陸心源校的《陸士衡集校》一卷，《陸士龍集校》一卷。陶淵明的集子，元代蘭溪吳師道、明代山陰王思任、清代海寧蔣熏、錢塘詹燮錫、嘉善陳龍正等或輯、或評、或校、或刻，以各種形式參與了陶集的整理。鮑照的集子，清代餘姚盧文弨、歸安錢振倫作過整理。庾信的集子，明代鄞縣屠隆、清代錢塘倪璠均作過整理。

　　關於唐代的別集，駱賓王、賀知章、王維、李白、杜甫、韓愈、柳宗元、李賀、杜牧、樊宗師、李商隱、皮日休、陸龜蒙等，浙人均作過整理。譬如，駱賓王的集子，清永康胡鳳丹作過《辨訛考異》二卷，清義烏陳熙晉作過箋注。王維的集子，清代仁和趙殿成作過箋注。李白的集子，明代樂清朱諫、海鹽胡震亨、清代仁和王琦均作過注，尤以王琦注最爲有名。紀昀曰："注李詩者，自楊齊賢、蕭士贇後，明林兆珂有《李詩鈔述注》十六卷，簡陋殊甚。胡震亨駁正舊注，作《李詩通》二十一卷，琦以其尚多漏畧，乃重爲編次箋釋，定爲此本。其詩參合諸本，益以逸篇，釐爲三十卷，以合曾鞏序所言之數，別以序志、碑傳、贈答、題詠、詩文評語、年譜、外紀爲《附録》六卷，而繆氏本所謂《考異》一卷，散入文句之下，不另列焉。其注欲補三家之遺闕，故采摭頗富，不免微傷於蕪雜。然捃拾殘剩，時亦寸有所長。自宋以來，注杜詩者林立，而注李詩者寥寥僅二三本，録而存之，亦足以資考證，是固物少見珍之義也。"（《四庫全書總目·李太白詩集注提要》）

　　杜甫的集子，宋代樂清王十朋、海鹽魯訔，明代海寧周甸、海鹽胡震亨、烏程唐元竑、餘姚孫鑛、鄞縣王嗣奭、鄞縣楊德周,清代桐鄉金集、蕭山張遠、嘉興江浩然、歸安孫人龍、秀水朱彝尊、海寧劉濬、鄞縣范廷謀、歸安沈炳巽、鄞縣仇兆鰲、嘉興錢泰吉、錢塘施鴻保等,也都以各種形式進行過整理。其中尤以鄞縣仇兆鰲輯注的《杜詩詳注》最爲有名。《四庫全書總目》云:“援據繁富,而無千家諸注僞撰故實之陋習。核其大局,可資考證者爲多。”(《四庫全書總目·杜詩詳注提要》)韓愈的集子,有明代秀水蔣之翹、歸安茅坤,清石門吕留良編選的本子。

關於總集的編纂,浙人的貢獻非常突出。如通代之屬的有唐新城許敬宗等輯《文館詞林》,宋臨安章樵注《古文苑》,明秀水周履靖輯《唐宋元明千家宮詞》,清歸安陳焯輯《宋元詩會》,明慈溪張謙輯、明義烏王宗聖增輯《六朝詩彙》,明錢塘田藝蘅輯《詩女史》,明會稽酈琥輯《姑蘇新刻彤管遺編》,明長興臧懋循輯《詩所》,明秀水周履靖輯《古今宮閨詩》,桐鄉陸時雍輯《詩鏡》,清錢塘王修玉輯《歷朝賦楷》,宋金華吕祖謙輯《吕東萊先生古文關鍵》,明餘姚胡時化輯《新刊名世文宗》,明烏程潘士達輯《古文世編》,明鄞縣屠隆輯、顧起元評釋《歷代古文國瑋集》,明錢塘劉士鏻輯《文致》,清平湖錢士馨、平湖陸上灃輯《三國兩晉南北朝文選》,清石門吕留良輯、吕葆中批點《晚邨先生八家古文精選》,清山陰吳乘權、清山陰吳大職輯《古文觀止》,清烏程嚴可均輯《全上古三代秦漢三國六朝文》,清海寧許槤輯並評《六朝文絜》四卷,清秀水杜文瀾輯《古謠諺》,清烏程周壽昌輯《宮閨文選》等,都是總集中頗有影響的著述。

斷代之屬的較重要的有:明烏程申用嘉輯《西漢文苑》,明仁和卓明卿輯《唐詩類苑》,明李攀龍輯、餘姚孫鑛評點《朱批唐詩苑》,明長興臧懋循輯《唐詩所》,明海鹽胡震亨輯《唐音統籤》,清德清徐倬等輯《御定全唐詩録》,清蘅塘退士(孫洙)編、清建德章燮注《唐詩三百首注疏》,宋吳興姚鉉輯《重校正唐文粹》,宋金華邵浩輯《坡門酬唱》,宋錢塘陳起輯《江湖後集》,宋浦江吳渭輯《月泉吟社》,宋蘭溪金履祥輯《濂洛風雅》,宋金華吕祖謙輯《皇朝文鑑》,宋永康陳亮輯《蘇門六君子文粹》,清秀水莊仲方輯《金文雅》,元天台賴良輯、諸暨楊維楨評點《大雅集》,清秀水朱彝尊輯《明詩綜》,清山陰王端淑輯《名媛詩緯初編》,清錢塘汪端輯《明三十家詩選初集》,明鄞縣萬表輯《皇明經濟文録》,清餘姚黄宗羲輯的《明文海》《明文案》《明文授讀》,清嘉興張鳴珂輯《國朝駢體正宗續編》,清富陽董誥等輯《皇清文穎續編》等。

在詞總集的編選方面,浙人的貢獻同樣不可低估。較有名的詞總集有明仁和卓人月輯的《古今詞統》,寓居烏程周密輯的《絕妙好詞》,清秀水朱彝尊輯、清桐鄉汪森增輯的《詞綜》,清海鹽黃燮清輯的《國朝詞綜續編》等。

三

　　百川歸海,現在的古籍大多流入海內外公共圖書館、研究機構及私人收藏者手中。反映各大圖書館和研究機構收藏的古籍情況,除了各大收藏單位的線上電子目錄和出版的紙質目錄外,還有將各收藏單位的目錄聯合起來進行編纂的目錄,如《中國古籍善本書目》《中國古籍總目》《叢書綜錄》等紙本目錄,或供讀者線上查詢的高校"學苑汲古"、中國古籍普查目錄、臺灣省善本古籍聯合目錄等。但無論是館藏目錄還是聯合目錄,鮮有著錄作者籍貫的。

　　著錄浙江地方著述的目錄,前人已做過不少工作。浙省各府縣的府志、縣志及全省的通志,一般都有著錄本地或本省的著述目錄。如《重修浙江通志稿》中的"著述"類,收入的浙人著述有 14000 餘部。此外,爲志書編纂或從志書中輯出的書目及專事收集的鄉賢書目,有單獨印行或傳抄的,這也成爲我們今天瞭解地方著述的重要參考文獻。如清代至民國年間,杭州地區有《杭州藝文志》《海寧經籍備考》《海寧州志著述備考》《光緒重修海寧州志藝文分類稿》《新城縣藝文志》《塘棲藝文志》等書目。嘉興地區有《嘉郡先哲遺著海鹽鄉賢著述目錄》《海昌經籍志畧》《海昌藝文志》《海昌著錄續考》《海鹽先哲著述目錄》《平湖經籍志》《當湖陸氏求是齋所藏鄉先哲書目》《當湖葛氏守先閣藏鄉先哲書目》《當湖先哲遺著見存目》《嘉善私家著述目錄》《鄉賢著述目錄》等書目。湖州地區有《湖錄經籍考》《長興先哲遺著徵》。寧波地區有《四明經籍志》《四明文獻集目錄》《鄞縣文獻展覽會出品目錄》《寧波學人著書目》等。紹興地區有《紹興府志經籍志》《上虞書目三編》等。金華地區有《金華經籍志》《金華文萃書目提要》《四庫全書金華先賢書目》。台州地區有《台州經籍志》《台州經籍考》《台州藝文畧》《台獻徵目錄初編》《擬刻台州遺書序錄》《台郡藝文目錄》《赤城藝文畧》《三台著錄考》《三台經籍存徵目錄》《鴻遠樓所藏台州書目》等。溫州地區有《溫州經籍志》《永嘉書目》等。處州地區有《縉雲溫州定海台州經籍志考》等。通省的有《兩浙著述考》等。除地方志和單獨編印的書目外,一些綜合性的目錄,如《四庫全書總目》《續修四庫全書提要稿》《販書偶記》等,也會著錄作者的籍貫。

　　今人編纂的一些提要目錄著作及工具書,也爲讀者瞭解地方的著述情況提供了極大的便利。如《續修四庫全書提要》《清人詩集敘錄》《清人詩文集總目提要》《清人別集總目》《清代家集敘録》《美國哈佛大學哈佛燕京圖書館館藏中文善本書志》《衢州古代著述考》《衢州文獻集成提要》《重修金華叢書提要》《湖州文獻考索》《處州古代著述考》《清代文學家大辭典》等。

以上這些目録或工具書,或反映某一類別的著述,或反映某館某地的著述,或反映通代的著述,或反映業已出版的叢書子目,不能對一省一代的著述版本及收藏單位進行全面著録。如民國時期宋慈抱的《兩浙著述考》,僅有經、史、子三部,集部闕如。據某位老先生回憶,集部原也有著述考的,惜抗戰時未及付印,後來書稿就不知下落了。《民國重修浙江通志稿》中的《著述考》包含集部,但這個著述目録,亡佚與現存的一概著録,著録要素也不完整,如版本就很不全,又無收藏單位,加之成書於民國時期,很難反映清代浙江現存著述的面貌。

因此,要編纂一部全面反映浙江清代現存的集部著述目録,必須在前人的基礎上,對海内外的古籍收藏作全面的摸底調查,編纂出一部收録完備、著録正確、使用方便的《清代浙江集部總目》。

四

《四庫全書總目·集部總序》云:"集部之目,楚辭最古,別集次之,總集次之,詩文評又晚出,詞曲則其閏餘也。"《清代浙江集部總目》的分類,也依照《四庫全書總目》集部的分類,分爲楚辭、別集、總集、詩文評、詞、曲六大類。《清代浙江集部總目》著録 1644 年至 1911 年前後浙籍人士和非浙籍人士關於浙江的現存著述,共計 4600 餘人、11000 餘種著作。其中楚辭類著述 10 種,別集類 8035 種,總集類 1220 餘種,詩文評著述 126 種,詞類著述 504 餘種,曲類著述(含寶卷、彈詞)150 餘種。具體包括:(1)清代浙人自撰的著述。(2)清代浙人整理(箋注、編選、評點等)外省人士的歷代集部著述。(3)清代浙人整理(箋注、編選、評點等)本省前代浙人集部的著述。(4)雖非浙籍人士,但寓居浙江,且其著述在浙江撰寫完成之著作。如鮑廷博,祖籍安徽歙縣,但寓居浙江桐鄉,且其著述主要在浙江完成,故予以著録。(5)非浙籍人士關於浙江的著述。(6)嫁給浙籍人士的婦女著述。在版本上,不僅著録自 1664 年至民國間的古籍刻本、稿本、抄本、石印本、鉛印本,還著録現代影印的大型古籍叢書本。著録的要素包括書名卷數、作者籍貫、作者姓名、版本及收藏單位。全書六大類,部下設類、類下設屬。書後附書名音序索引、作者音序索引及收藏單位繁簡對照表。

　　編纂《清代浙江集部總目》，既使用了最笨的方法，也使用了最先進的方法。所謂最笨的方法，就是要一條一條地去查紙質目錄書或工具書。如柯愈春的《清人詩文集總目提要》、徐雁平的《清代家集敍錄》，對於浙人的著述，需要一條一條去勾選出來。又如黃靈庚教授主編的《重修金華叢書提要》，新增了不少地方圖書館和私人藏家的著述，也是要逐條檢查過錄。即便有了綜合性的目錄平臺，如"學苑汲古"、CALIS、全國古籍普查目錄、臺灣省古籍聯合目錄等，也是需要逐個將人名或書名輸進去，來查詢其版本或收藏單位的著錄情況。此外，同姓名而不同籍貫的現象大量存在，有時不得不上網站或去圖書館核對原書。爲了便於後期電腦技術的應用，我們還建了上千萬字的人名、地名及目錄數據庫。

　　所謂最先進的方法，即使用了與電腦有關的檢索工具、數據庫知識和編程語言等。譬如，利用 Emeditor 軟件可以對文本進行快速的地毯式搜索，大大提高工作效率。又如，利用 Excel 電子表中的 Vlookup 功能或 Access 數據庫中的批量查詢功能，可以快速查到某部電子目錄與另一種電子目錄之間的差異。利用 Excel 還可將數據轉成 Word 文檔，進行格式化的排版。此外，Python 是近年來最流行的編程語言之一，也可用於目錄的編纂。本書公元紀年的標注、書名和作者的音序索引製作，都利用了 Python 的編程技術。沒有以上技術的應用，本書的完成，恐怕還遙遙無期。

五

　　本書的價值，竊以爲有如下幾點：

　　(1)對現存浙江清代的集部著述進行了一次認真的調查、收集、梳理和著錄，訂正了以往書目中的一些疏誤，通過正確的分類與著錄，達到了"綱紀羣籍，簿屬甲乙"以及"辨章學術，考鏡源流"的作用。

　　(2)著錄了《中國古籍總目》失收的集部著述有 1000 餘種之多。別集失收的如浦江朱承綺撰的《賦梅軒遺稿》、浦江樓上層撰的《平江集》、金華郭寶琮撰的《古愚廬詩》等，不勝枚舉。總集失收的如浦江鄭楺編的《浦陽歷朝詩》，陳世修輯、吳世涵增輯的《昌山詩萃內編》等，都是未見其他目錄著錄的孤本。

　　(3)由於完整著錄了版本，包括現在的影印本，這對於古籍整理的立項和出版都有指導意義，可避免古籍的重複整理和影印，從而避免國家資源的浪費。由於沒有一部完備的古籍版本(含影印)目錄，現在古籍重複影印的現象嚴重。譬如,《鐇石齋詩集》五十卷《文集》二十六卷,同一刻本,就有《續修四庫全書》本、《四庫未收書輯刊》本、《清代詩文集彙編》本三種現代叢書影印本。又如臨海洪頤煊的《筠軒文抄》八卷,就有《續修四庫全書》本、《清代詩文集彙編》本、1994 年上海書店《叢書集成續編》本三種現代叢書影印本。這種例子在本書中比比皆是,實際上,只要有一種影印本即可,没必要重複影印,造成國家財力、物力、人力及空間的浪費。

(4)爲清代文學的研究,爲浙江地域文化和文學的研究打下了良好的基礎。版本目録是一切學問研究的基礎,而《清代浙江集部總目》爲學者瞭解浙江清代集部著述的總體情況,瞭解浙江清代詩詞曲及文學批評等各體文學的情況提供了最爲基礎的信息,學者們可以按圖索驥,快捷方便地獲得所需的資料。

(5)對作者籍貫的分佈情況有了清晰的認識。據統計,清代浙江作者人數在 300 以上的,有錢塘、仁和、海寧三個縣。200 人以上的,有嘉興、山陰兩個縣。100 人以上的,有平湖、鄞縣、會稽、海鹽、歸安、秀水、嘉善、桐鄉八個縣。前 13 名中,浙西占了 10 個縣,浙東僅山陰、鄞縣、會稽三個縣。從府人數的排名也可看出浙江各地作者人數的分佈很不平衡。人數在 1000 以上的府有杭州(1323)、嘉興(1113)二府。排在第三的紹興府,人數爲 741 人。其餘依次爲湖州府(371 人)、寧波府(356 人)、温州府(245 人)、台州府(197 人)、金華府(142 人)、衢州府(39 人)、嚴州府(33 人)、處州府(30 人)、定海厅(14 人)。由此可以得出一個結論,浙西集部著述的作者人數遠遠超過浙東集部著述作者的人數。

(6)可以定位查詢和可視化。本書著録作者的籍貫信息,祇要導入數據庫後,加上經緯度,可以建立著述的地理信息數據庫。發佈到學術地圖平臺供大家定位查詢,讀者祇要點點鼠標即可查詢到浙江某地點的著述目録,並可在地圖上一目瞭然地看到著述分佈的密度情況。

現代的古籍大都存於海內外大大小小的圖書館和研究機構裡,而這些圖書館和研究機構有的尚未出版館藏目録,有的甚至還存在大量未編的古籍,加之一些私人收藏家的古籍秘而不宣,因此,本目録失收的情況在所難免。此外,由於條件所限,編者不可能一一到各地圖書館目驗原書,很多目録也是依據各種工具書獲得,因此,著録錯誤也是可能存在的。讀者諸君若在使用本書過程中發現有遺漏或錯誤之處,歡迎來郵告知,以便筆者在參與編纂的《浙江古代現存著述目録》中得以彌補。筆者的電子郵箱爲 yongmingxu1967@zju.edu.cn。

　　本書於 2006 年啓動,前後經歷了十四年的時間才編纂完成。在编纂过程中,得到了衆多師友、同行的幫助。圖書館界和出版界的如復旦大學圖書館吳格、楊光輝、龍向洋、王亮、樂怡,浙江圖書館童正倫、張羣、蘇立峰、陳誼、沙文婷、杜惠芳,華東師范大學圖書館胡曉明,浙江大學圖書館鄭穎,哈佛大學燕京圖書館陳炯文、楊麗瑄,人民文學出版社周絢隆、葛雲波,浙江古籍出版社壽勤澤、陳小林,浙江大學出版社宋旭華等。學界的如北京大學廖可斌,南京大學徐雁平,華東師范大學中文系方勇,浙江大學古籍所張涌泉、方建新,浙江大學中文系陳東輝,浙江師範大學黃靈庚,衢州學院魏俊傑,四川省社會科學院王永波,四川大學文學與新聞學院羅鷺,哈佛大學 CBDB 項目經理王宏甦等,他們或示以技術,或提供信息,或出謀獻策,或編輯出版,匡我不逮,襄助甚多。碩士生吳思慧、吳靈姝,博士生黃一玫等參與了條目核查等工作。國家圖書館原常務副館長詹福瑞先生在百忙中賜序。對以上人士的幫助,在此一併致以誠摯的感謝!

凡　例

本書收清代浙人的集部著述,具體的收錄範圍、著録格式如下:

一、收錄範圍與時間

(1)收錄範圍:

清代浙江籍人士的著作,包括清代浙人自撰的著述,清代浙人整理(箋注、編選、評點等)外省人士的歷代集部著述,清代浙人整理(箋注、編選、評點等)本省前代浙人集部的著述,清代外省人士關於浙江的著述。

雖非浙籍人士,但寓居浙江,且其著述在浙江撰寫完成之著述。如鮑廷博,祖籍安徽歙縣,但寓居浙江仁和,且其著述主要在浙江完成,故予以著録。

嫁給浙籍人士,但里籍不屬浙江籍的婦女作家著述。如徐燦,江蘇蘇州人,後爲海寧陳之遴繼妻,故予以著録。

(2)收錄時間,自 1664 年至民國年間的清代浙人著述的刊刻本、稿本、抄本、批校題跋本、鉛印本及 1949 年後的影印古籍叢書本。

二、著録

(1)對條目的著録依次爲:書名卷數、作者籍貫、作者姓名、版本及收藏單位。書名前冠以序號。

如:

集 10000003

讀楚辭一卷

(清)德清俞樾撰

清同治光緒間刻光緒末彙印春在堂全書本　國圖　中科院　北大　上海　復旦　天津　遼寧　山東　南京　浙江　湖北　四川　雲南

(2)作者前冠以時代與籍貫所在地,如清錢塘毛先舒撰。若知作者爲某府所屬人士,但不能確考所屬縣籍,則著録府的名稱。如杭州有錢塘、仁和兩縣,若某一作者僅知爲杭州人,而不知其屬錢塘還是仁和,則著録其里籍爲杭州。如:

集 10001876

江聲草堂詩集八卷

（清）杭州金志章撰

清乾隆十九年（1754）自刻本　北大　中科院　復旦　國圖　首都　天津　天一閣　浙江

（3）收藏單位著録一般不超過 20 家。

三、分類

全書分楚辭、別集、總集、詩文評、詞類、曲類等六大類。部下設類、類下設屬。

目　録

楚辭類

集 10000001

楚辭八卷

（清）仁和丁澎彙評

九歌圖一卷

（明）諸暨陳洪綬繪

清初刻本　鄭大

集 10000002

楚辭不分卷

（清）山陰胡介祉編

清康熙三十三年（1694）胡氏谷園
刻本　南京

集 10000003

讀楚辭一卷

（清）德清俞樾撰

清同治光緒間刻光緒末彙印春在
堂全書本　國圖　中科院　北大
上海　復旦　天津　遼寧　山東
南京　浙江　湖北　四川　雲南

集 10000004

楚辭人名考一卷

（清）德清俞樾撰

清同治光緒間刻光緒末彙印春在
堂全書本　國圖　中科院　北大
上海　復旦　天津　遼寧　山東
南京　浙江　湖北　四川　雲南

集 10000005

離騷經解畧一卷

（清）淳安方椉如撰

清乾隆十九年（1754）刻本　國圖
1994～1997 年齊魯書社影印四
庫全書存目叢書本

集 10000006

離騷草木疏辨證四卷

（清）海寧祝德麟撰

清乾隆四十四年（1779）悅親樓刻
本　上海　湖北　浙江
清鈔本（傅增湘跋）　北文物局

集 10000007

離騷草木史九卷離騷拾細一卷

（清）桐鄉周拱辰撰

清初周氏聖雨齋刻本　浙江
浙大

集 10000008

離騷草木史十卷離騷拾細一卷

（清）桐鄉周拱辰撰

清嘉慶八年（1803）檇李周氏刻本
國圖　北大　上海　浙江
清道光二十七年（1847）刻光緒元
年（1875）補版周孟侯先生全書本
國圖　中科院　上海　復旦　天津
遼寧　南京　湖北　雲南
2002 年上海古籍出版社影印續
修四庫全書本
臺灣新文豐公司叢書集成三編本

集 10000009

天問補注一卷

（戰國）屈原撰　（清）蕭山毛奇
齡注

清康熙間書留草堂刻西河合集本
國圖　北大　北京市委（清徐時
棟跋）　復旦　山東　湖北　中大

清康熙間書留草堂刻乾隆三十五
年（1770）陸體元修補重印西河合集
本　國圖　遼寧　南大　廣西

清康熙刻本　西南政大

1994～1997 年齊魯書社影印四
庫全書存目叢書本

2002 年上海古籍出版社影印續
修四庫全書本

集 10000010

屈騷心印五卷首一卷

（清）西安夏大霖撰

清雍正十二年（1734）一本堂刻本
國圖　南京　浙江

清雍正十二年（1734）一本堂刻乾
隆三十九年（1774）印本　國圖　中
科院　南京　浙江　浙大　溫州
臨海　衢州

別集類

漢魏六朝之屬

集 10000011

揚雄蜀都賦讀一卷

（清）錢塘馮李驊撰

清鈔本　南京

集 10000012

蔡中郎集十九卷

（漢）蔡邕撰　（清）烏程嚴可均
校輯

清鈔本　北文物局

邢氏求己齋鈔本　國圖

清吳氏石蓮閣鈔本　天津

集 10000013

蔡中郎集舉正十卷

（清）新登（一作錢塘）羅以智撰

清光緒五年（1879）朱桂模鈔本
浙江

集 10000014

陸士衡集校一卷

（晉）陸機撰　（清）歸安陸心源校

清同治光緒間刻潛園總集本　國
圖　中科院　北大　上海　復旦

天津　甘肅　南京　浙江　湖北
四川

集 10000015

陸士龍集校一卷

（晉）陸雲撰　（清）歸安陸心源校

清同治光緒間刻潛園總集本　國
圖　中科院　北大　上海　復旦
天津　甘肅　南京　浙江　湖北
四川

集 10000016

陶彭澤集六卷

（晉）陶潛撰　（清）永康胡鳳丹校

清同治九年（1870）永康胡氏退補
齋刻六朝四家全集本

清光緒間刻六朝四家全集本
國圖

集 10000017

陶詩集注四卷

（晉）陶潛撰　（清）錢塘詹夔錫注

附東坡和陶詩一卷

（宋）蘇軾撰

清康熙三十三年（1694）詹氏寶墨
堂刻本　國圖（章鈺校並跋）　中科
院　上海（清管庭芬錄清何焯、清查
慎行批校）　山東　遼寧　四川（清
莫友芝批）

集 10000018

陶靖節詩集四卷

（晉）陶潛撰　（清）海寧蔣熏評

東坡和陶詩一卷

　　(宋)蘇軾撰

律陶詩一卷

　　(明)山陰王思任輯

敦好齋律陶纂一卷

　　(明)黃槐開輯

　　清康熙二十九年(1690)同文山房刻本　湖北

　　清康熙間貴文堂刻本　國圖

　　清康熙間刻本　上辭(佚名錄清查慎行批註題詩)

　　清乾隆二年(1737)最樂堂刻本　國圖　山東　美燕京

　　清刻朱墨套印本　國圖

集 10000019

陶公詩評注初學讀本二卷首一卷附一卷

　　(清)烏程孫人龍(一作歸安)輯

　　清刻本　國圖　天一閣　衢州博

集 10000020

鮑照集校補一卷

　　(南朝宋)鮑照撰　(清)餘姚盧文弨校補

　　清乾隆嘉慶間刻彙印抱經堂叢書本　國圖　中科院　上海　復旦　天津　遼寧　陝西　南京　青海

　　清光緒十五至十九年(1889～1893)會稽徐氏鑄學齋刻紹興先正遺書本　國圖　中科院　北大　上海　復旦　天津　遼寧　南京　湖北　四川

　　民國十二年(1923)北京直隸書局影印清乾隆嘉慶間刻抱經堂叢書本　國圖　中科院　北大　上海　復旦　遼寧　山東　湖北

集 10000021

鮑參軍詩注四卷

　　(南朝宋)鮑照撰　(清)歸安錢振倫注

　　清末鈔本(存卷一至二)　國圖

集 10000022

鮑參軍集辨譌考異二卷

　　(清)永康胡鳳丹纂

　　清同治七年至光緒八年(1868～1882)永康胡氏退補齋刻金華叢書本　首都　上海　民大

　　清同治七年至光緒八年(1868～1882)永康胡氏退補齋刻民國間補刻金華叢書本　國圖　中科院　北大　上海　天津　遼寧　南京　浙江　湖北　四川

　　1981年江蘇廣陵古籍刻印社校補重印退補齋刻金華叢書本　國圖

集 10000023

庚子山集十六卷總釋一卷

　　(北周)庚信撰　(清)錢塘倪璠注

年譜一卷

　　(清)錢塘倪璠撰

　　清初刻本　山東　海寧　嘉興

　　清康熙二十六年(1687)崇岫堂刻本　國圖　山東　遼寧　湖北

清乾隆三十八年(1773)内府寫摛
藻堂四庫全書薈要本　臺故博

1985～1988 年臺灣學生書局影
印清乾隆三十八年(1773)内府寫摛
藻堂四庫全書薈要本

1997 年吉林人民出版社影印摛
藻堂四庫全書薈要本

清乾隆間内府寫文淵閣四庫全書
本　臺故博

清乾隆間内府寫文溯閣四庫全書
本　甘肅

清乾隆間内府寫文津閣四庫全書
本　國圖

2008 年商務印書館影印文津閣
四庫全書本

清乾陸間内府寫本清末民初補鈔
文瀾閣四庫全書本　浙江

1982～1986 年臺灣商務印書館
景印文淵閣四庫全書本

1986 年上海古籍出版社據臺灣
商務印書館景印文淵閣四庫全書景
印本

2006～2015 年杭州出版社影印
文瀾閣四庫全書本

清道光十九年(1839)善成堂刻本
國圖　山東　遼寧　縉雲

清同治八年(1869)刻本　國圖

清光緒二十年(1894)雅儒堂刻本
國圖　山東　遼寧　湖北

清金閶書業堂刻本　國圖　山東

清大文堂刻本　山東

唐五代之屬

集 10000024

寒山詩一卷

（唐）天台釋寒山子撰　（清）天台
陳溥點校

清光緒邛州伍肇齡刻陳氏叢書本
國圖

集 10000025

駱丞集四卷

（唐）義烏駱賓王撰

辨訛考異二卷

（清）永康胡鳳丹撰

清同治七年至光緒八年(1868～
1882)永康胡氏退補齋刻金華叢書
本　首都　上海　民大

清同治七年至光緒八年(1868～
1882)永康胡氏退補齋刻民國間補
刻金華叢書本　國圖　中科院　北
大　上海　天津　遼寧　南京　浙
江　湖北　四川

1981 年江蘇廣陵古籍刻印社校
補重印退補齋刻金華叢書本　國圖

1994 年上海書店出版叢書集成
初編本

2013 年上海古籍出版社重修金
華叢書本

集 10000026

駱臨海集十卷首一卷末一卷

（唐）義烏駱賓王撰　（清）義烏陳
熙晉箋注
　清咸豐三年（1853）松林宗祠刻本
　國圖　山東　日京大
　2002年上海古籍出版社影印續
修四庫全書本

集10000027
駱丞集四卷
　（唐）義烏駱賓王撰
辨譌考異二卷
　（清）永康胡鳳丹撰
　清同治七年至光緒八年（1868～
1882）永康胡氏退補齋刻金華叢書
本　首都　上海　民大
　清同治七年至光緒八年（1868～
1882）永康胡氏退補齋刻民國間補
刻金華叢書本　國圖　中科院　北
大　上海　天津　遼寧　南京　浙
江　湖北　四川
　1981年江蘇廣陵古籍刻印社校
補重印退補齋刻金華叢書本　國圖

集10000028
臨海集箋注十卷首一卷末一卷
　（唐）義烏駱賓王撰　（清）義烏陳
熙晉注
　民國鉛印本　義烏
　2013年上海古籍出版社重修金
華叢書本

集10000029
賀秘監遺書四卷

（唐）永興賀知章撰　慈溪馮貞
羣、鄞縣張壽鏞編
　民國間四明張氏約園刻四明叢書
本　國圖　中科院　北大　中科院
　上海　復旦　天津　遼寧　南京
　浙江　湖北　四川　寧夏

集10000030
王右丞集十六卷
　（唐）王維撰　（清）仁和趙殿成
箋注
　清趙殿成目耕樓鈔本　浙大（殘
本，未著錄存缺卷次）

集10000031
王右丞集二十八卷首一卷末一卷
　（唐）王維撰　（清）仁和趙殿成
箋注
　清乾隆間內府寫文淵閣四庫全書
本　臺故博
　清乾隆間內府寫文溯閣四庫全書
本　甘肅
　清乾隆間內府寫文津閣四庫全書
本　國圖
　2008年商務印書館影印文津閣
四庫全書本
　清乾陸間內府寫本清末民初補鈔
文瀾閣四庫全書本　浙江
　1982～1986年臺灣商務印書館
景印文淵閣四庫全書本
　1986年上海古籍出版社據臺灣
商務印書館景印文淵閣四庫全書景
印本

2006～2015 年杭州出版社影印
文瀾閣四庫全書本

清乾隆仁和趙氏刻本　國圖　北
大　遼寧　湖北　武大（清何紹基
批點）　紹興

集 10000032

王右丞集三十卷

（唐）王維撰　（清）仁和趙殿成
箋注

清田翠含揚錦齋刻本　山東

集 10000033

李太白文集三十二卷

（唐）李白撰　（清）錢塘（一作仁
和）王琦輯注

清乾隆間寶笏樓刻本　國圖　上
海（清石韞玉評點，陳方恪跋）
遼寧

集 10000034

李太白文集三十六卷

（唐）李白撰　（清）錢塘（一作仁
和）王琦輯注

清乾隆間寶笏樓刻二十五年
（1760）增刻本　國圖　北大　山東
遼寧　湖北　華中師大（清何紹
基批點並跋）　華東師大（清方功惠
跋）　美燕京

清聚錦堂刻本　山東　遼寧
清刻本　山東

集 10000035

李太白集注三十六卷

（唐）李白撰　（清）錢塘（一作仁
和）王琦輯注

清乾隆間内府寫文淵閣四庫全書
本　臺故博

清乾隆間内府寫文溯閣四庫全書
本　甘肅

清乾隆間内府寫文津閣四庫全書
本　國圖

2008 年商務印書館影印文津閣
四庫全書本

清乾陸間内府寫本清末民初補鈔
文瀾閣四庫全書本　浙江

1982～1986 年臺灣商務印書館
景印文淵閣四庫全書本

1986 年上海古籍出版社據臺灣
商務印書館景印文淵閣四庫全書景
印本

2006～2015 年杭州出版社影印
文瀾閣四庫全書本

集 10000036

李太白文集三十卷

（唐）李白撰　（清）錢塘（一作仁
和）王琦輯注

清光緒三十四年（1908）上海掃葉
山房石印本　北師大

集 10000037

杜詩分類全集五卷

（唐）杜甫撰　（清）張縉彥、谷應
泰、汪憺漪輯定　（清）海寧高士、錢

塘汪淇較閲

　　清順治十六年(1659)還讀齋刻本

　　浙江　臨海　嘉興　溫州

集 10000038

虞伯生杜律七言注三卷

　　(唐)杜甫撰　　(元)虞集注　　(清)
查弘道　(清)桐鄉金集補注

　　清刻本　　國圖

集 10000039

趙子常選杜律五言注三卷

　　(唐)杜甫撰　　(元)趙汸注　　(清)
查弘道　(清)桐鄉金集補注

　　清初刻本　　山東博(清查慎行批
校並跋)

　　清康熙間刻本　　國圖

集 10000040

**趙虞選注杜工部五七言近體合
刻六卷(越子常選杜律五言注三
卷虞伯生選杜律七言注三卷)**

　　(唐)杜甫撰　　(元)虞集　(元)趙
汸注　(清)查弘道　(清)桐鄉金集
補注

　　清查弘道亦山草堂刻本　　上海
(存五言三卷,清潘貴生批)　遼寧

　　清查弘道亦山草堂刻嘉慶十四年
(1809)澄江水心齋補刻本　　四川

　　清同治十二年(1873)繡谷趙氏刻
本　　北師大

集 10000041

杜詩會粹二十四卷

　　(唐)杜甫撰　　(清)蕭山張遠箋

　　清康熙二十七年(1688)蕉圃刻本
北師大

　　清康熙間有文堂刻本　　遼寧　天
一閣　嘉興

　　清康熙間支蔚堂刻本　　山東

　　清康熙間刻本　　國圖　上海　青
海(清沈大成批點題跋並録清王士
禎批校)　浙大(存卷一至六、九至
十、十三至二十四,鎮恒録清屬鵠等
批)　美燕京(清闕名圈點)

集 10000042

杜詩詳注二十四卷首一卷

　　(唐)杜甫撰　　(清)鄞縣仇兆鰲
輯注

　　清康熙三十二年(1693)仇氏進呈
寫本(存首一卷、卷一至四、六至二
十四)　上海

集 10000043

**杜詩詳注二十五卷首一卷附編
二卷**

　　(唐)杜甫撰　　(清)鄞縣仇兆鰲
輯注

　　清康熙間刻本　　北大　天津　上
海(清陳訏批校,張元濟跋;清黎維
樅批點並跋)　遼寧　湖北　人大
(謝宗陶題識)　山西(存卷一至九、
二十二至二十五,清翁方綱録清趙香
祖臨清王士禎、清李因篤等人批語)

清乾隆間内府寫文淵閣四庫全書
本　臺故博

清乾隆間内府寫文溯閣四庫全書
本　甘肅

清乾隆間内府寫文津閣四庫全書
本　國圖

2008年商務印書館影印文津閣
四庫全書本

清乾陸間内府寫本清末民初補鈔
文瀾閣四庫全書本　浙江

1982～1986年臺灣商務印書館
景印文淵閣四庫全書本

1986年上海古籍出版社據臺灣
商務印書館景印文淵閣四庫全書景
印本

2006～2015年杭州出版社影印
文瀾閣四庫全書本

清道光間武耕坊刻本　湖北（佚
名批點）

清刻本　山東

集 10000044

杜少陵全集箋注二十五卷首一卷附編二卷

（唐）杜甫撰　（清）鄞縣仇兆鰲
輯注

清康熙三十二年（1693）刻本
國圖

集 10000045

杜詩評注三十一卷

（唐）杜甫撰　（清）鄞縣仇兆鰲
輯注

清大文堂刻本　山東

集 10000046

杜詩集説二十卷末一卷年譜一卷

（唐）杜甫撰　（清）嘉興江浩然輯

清乾隆四十三年（1778）本立堂刻
本　國圖　湖北

清乾隆四十三年（1778）嘉興江氏
惇裕堂刻本　國圖　山東

集 10000047

杜文貞公詩集十八卷

（唐）杜甫撰　（清）會稽（一作山
陰）陳光緒注

稿本　杜甫草堂

集 10000048

杜詩集解□卷

（唐）杜甫撰　（清）歸安沈炳巽
集解

稿本（存卷一，劉承幹跋）　復旦

2019年國家圖書館出版社影印
浙學未刊稿叢編本

集 10000049

杜工部五言詩選直解三卷七言詩選直解二卷年譜一卷

（唐）杜甫撰　（清）鄞縣范廷謀
注釋

清雍正間范氏稼石堂刻本　國圖
北大　上海　山東

集 10000050

杜工部詩選讀本八卷

（唐）杜甫撰　（清）烏程（一作歸安）孫人龍輯評

清乾隆二十三年（1758）刻本　國圖

集 10000051

璞廬杜詩選三卷

（唐）杜甫撰　（清）瑞安戴炳驄選

民國十九年（1930）稿本　溫州

集 10000052

杜詩集評十五卷

（唐）杜甫撰　（清）海寧劉濬輯

清嘉慶九年（1804）海寧藜照堂刻本　國圖　北大　湖北（清吳廣霈批並跋）

集 10000053

朱竹垞先生杜詩評本二十四卷

（唐）杜甫撰　（清）秀水朱彝尊評

清道光十一年（1831）陽湖莊魯駉刻本　國圖　陝西　溫州

清道光十一年（1831）江西藩署刻本　河南大

集 10000054

杜詩摘句一卷

（清）嘉興錢泰吉輯

稿本　上海

集 10000055

杜律正蒙二卷

（清）永康潘樹棠輯注

清同治八年（1869）永康尋樂軒刊刻本　金華一中

2013年上海古籍出版社重修金華叢書本

集 10000056

讀杜詩說二十四卷

（清）錢塘施鴻保撰

稿本　杜甫草堂

集 10000057

韋蘇州集校正拾遺一卷

（清）餘姚盧文弨撰

清乾隆嘉慶間刻彙印抱經堂叢書本　國圖　中科院　上海　復旦　天津　遼寧　陝西　南京　青海

清光緒十五（1889）至十九年（1893）會稽徐氏鑄學齋刻紹興先正遺書本　國圖　中科院　北大　上海　復旦　天津　遼寧　南京　湖北　四川

民國十二年（1923）北京直隸書局影印清乾隆嘉慶間刻抱經堂叢書本　國圖　中科院　北大　上海　復旦　遼寧　山東　湖北

集 10000058

顧華陽集三卷

（唐）海鹽顧況撰　（清）海鹽顧名端輯

補遺一卷

　（清）海鹽顧履成輯

　清道光五年（1825）海鹽顧氏雙峰堂刻本　山東

　清咸豐五年（1855）海鹽顧炳章雙峰堂刻本　國圖

　清同治元年（1862）海鹽顧氏雙峰堂刻本　國圖

　清黃鶴山莊刻本　山東

集 10000059

山曉閣選唐大家韓昌黎全集四卷

　（清）嘉善孫琮評述

　清康熙刻本　徐州

集 10000060

唐韓文公文五卷

　（唐）韓愈撰　（清）崇德呂留良選（清）董采評點

　清康熙間困學闇刻本　臺圖

集 10000061

韓文選二卷

　（唐）韓愈撰　（清）陳兆崙選

　清光緒二十六年（1900）天津美齋石印陳太僕批選八家文鈔本　國圖

　天津　蘇州　鎮江　無錫

集 10000062

讀韓記疑十卷首一卷

　（清）嘉興（一作錢塘）王元啓撰

　清嘉慶五年（1800）王尚珏刻本國圖

　清嘉慶五年（1800）王尚珏刻二十二年（1817）鍾洪印本　國圖　復旦

　2007 年 12 月陝西人民出版社四部文明本

集 10000063

韓集箋正不分卷

　（清）瑞安方成珪撰

　稿本（清黃式三跋）　國圖

　清鈔本　山東

　2007 年 12 月陝西人民出版社四部文明本

集 10000064

韓集箋正四十卷外集十卷年譜一卷

　（清）瑞安方成珪撰

　清道光間鈔本　溫州

集 10000065

韓集箋正五卷年譜一卷

　（清）瑞安方成珪撰

　民國瑞安陳氏湫漻齋鉛印本國圖

　2002 年上海古籍出版社影印續修四庫全書本

集 10000066

韓集補注一卷

　（清）烏程（祖上居烏程，遷江蘇吳縣）沈欽韓撰　（清）胡承珙訂

　清光緒間廣雅書局刻民國九年（1920）番禺徐紹棨彙編重印廣雅書局叢書本　國圖　中科院　北大

上海　天津　遼寧　甘肅　南京
湖北　四川

2008年9月廣州出版社廣州大
典本

集 10000067

讀昌黎先生集一卷

（清）德清俞樾撰

清同治光緒間刻光緒末彙印春在
堂全書本　國圖　中科院　北大
上海　復旦　天津　遼寧　山東
南京　浙江　湖北　四川　雲南

集 10000068

增評韓昌黎文集四卷

（清）會稽（一作山陰）陸夢龍撰

民國石印本　奉化文管會

集 10000069

白氏文集校正一卷

（清）餘姚盧文弨撰

清乾隆嘉慶間刻彙印抱經堂叢書
本　國圖　中科院　上海　復旦
天津　遼寧　陝西　南京　青海

清光緒十五（1889）至十九年
（1893）會稽徐氏鑄學齋刻紹興先正
遺書本　國圖　中科院　北大　上
海　復旦　天津　遼寧　南京　湖
北　四川

民國十二年（1923）北京直隸書局
影印清乾隆嘉慶間刻抱經堂叢書本
　國圖　中科院　北大　上海　復
旦　遼寧　山東　湖北

集 10000070

柳文選一卷

（唐）柳宗元撰　（清）錢塘陳兆
崙選

清光緒二十六年（1900）天津美齋
石印陳太僕批選八家文鈔本　國圖
天津　蘇州　鎮江　無錫

（清）光緒山東書局石印　陳太僕
評選唐宋八家文讀本　國圖

集 10000071

元微之文集校補一卷

（清）餘姚盧文弨撰

清乾隆嘉慶間刻彙印抱經堂叢書
本　國圖　中科院　上海　復旦
天津　遼寧　陝西　南京　青海

清光緒十五（1889）至十九年
（1893）會稽徐氏鑄學齋刻紹興先正
遺書本　國圖　中科院　北大　上
海　復旦　天津　遼寧　南京　湖
北　四川

民國十二年（1923）北京直隸書局
影印清乾隆嘉慶間刻抱經堂叢書本
　國圖　中科院　北大　上海　復
旦　遼寧　山東　湖北

集 10000072

李長吉昌谷集句解定本四卷

（唐）李賀撰　（清）秀水姚佺箋
（清）陳懗　（清）丘象隨辯注

清初丘象隨西軒刻本　國圖　北
大　上海（清陳本禮録清何焯校）
山東　遼寧　湖北　湖南（清查升

批校並圈點）　人大（武福鼎題識）

清初丘象隨西軒刻梅邨書屋印本
國圖（吳昌綬校並跋,邵銳録清何焯
批校）　北大　浙大（清何焯批並跋）

2002 年上海古籍出版社影印續
修四庫全書本

集 10000073

李長吉昌谷集句解定本四卷

（唐）李賀撰　（清）秀水姚佺箋
（清）蕭珌　（清）蔣文運評　（清）丘
象隨注

清刻本　國圖

集 10000074

李長吉歌詩四卷外集一卷首一卷

（唐）李賀撰　（清）錢塘（一作仁
和）王琦彙解

清乾隆間王氏寶笏樓刻本　國圖
北大　山東　四川（清莫友芝批）

清光緒間宏達堂刻本　國圖
湖北

清宣統元年（1909）掃葉山房石印
本　國圖　山東　遼寧

2002 年上海古籍出版社影印續
修四庫全書本

集 10000075

**樊川詩集四卷別集一卷外集一
卷補遺一卷**

（唐）杜牧撰　（清）桐鄉馮集梧注
清嘉慶六年（1801）德裕堂刻本
國圖　山東　遼寧

清光緒十六年（1890）湘南書局刻
本　國圖　遼寧　湖北

2002 年上海古籍出版社影印續
修四庫全書本

集 10000076

樊紹述集注二卷

（唐）樊宗師撰　（清）仁和孫之
騄注

清康熙刻晴川八識本　辭書出版
社　浙江

清東武李氏研録山房鈔本　臺圖

清鈔本　中大

集 10000077

樊紹述集二卷

（唐）樊宗師撰　（清）仁和孫之
騄注

清刻本　國圖

清鈔本　國圖

集 10000078

**樊紹述集注二卷張注絳守居園
池記一卷**

（唐）樊宗師撰　（清）仁和孫之騄
集注

張注絳守居園池記一卷

（清）張子特注

清山陰樊氏刻本　國圖

集 10000079

**李義山詩文全集箋注（玉溪生詩
箋注三卷樊南文集箋注八卷）首**

一卷附玉溪生年譜一卷

（唐）李商隱撰　（清）桐鄉馮浩
箋注

首一卷

清桐鄉馮浩輯　（清）蔣德馨批註

清乾隆四十五年（1780）德聚堂刻
本（玉溪生詩箋注三卷樊南文集箋
注八卷）　國圖（存詩三卷、首一卷，
清王鳴盛批註並跋）　北大　上海
（存詩三卷、首一卷，清毛琛錄清何
焯校並跋）　山東　遼寧　湖北
四川（存詩三卷、首一卷，清張穆錄
清紀昀校）　安吉博

清乾隆四十五年（1780）德聚堂刻
嘉慶元年（1796）增刻本（玉溪生詩
箋注三卷樊南文集箋注八卷）　國
圖（存詩三卷、首一卷，清莫友芝批）
上海　山東　美燕京

清乾隆四十五年（1780）德聚堂刻
嘉慶元年（1796）增刻同治七年
（1868）上海馮寶圻補刻本（玉溪生
詩箋注三卷樊南文集箋注八卷）
國圖（殘本未著錄存缺卷次）　遼寧

2002 年上海古籍出版社影印續
修四庫全書本

集 10000080

選玉溪生詩二卷

（唐）李商隱撰　（清）象山姜炳璋
輯注

清鈔本　浙江

集 10000081

選玉溪生詩前一卷後二卷

（唐）李商隱撰　（清）象山姜炳璋
補說

稿本　上海

集 10000082

樊南文集詳注八卷

（唐）李商隱撰　（清）桐鄉馮浩注

清乾隆三十年（1765）刻本　國圖

清乾隆四十五年（1780）德聚堂刻
本　國圖　山東　湖北

清乾隆四十五年（1780）德聚堂刻
同治七年（1868）桐鄉馮氏重修本
國圖

清醉六堂刻本　北師大

2002 年上海古籍出版社影印續
修四庫全書本

集 10000083

樊南文集箋注□□卷附年譜一卷

（唐）李商隱撰　（清）桐鄉馮浩注

清咸豐四年（1854）金臺鈔本
臺圖

集 10000084

樊南文集補編十二卷

（唐）李商隱撰　（清）歸安錢振倫
（清）錢振常箋注

清同治五年（1866）吳氏望三益齋
刻本　國圖　山東　遼寧

2002 年上海古籍出版社影印續
修四庫全書本

集 10000085

比紅兒詩注一卷

（唐）台州羅虬撰　（清）嘉興沈可培注

稿本　國圖

清道光間吳江沈氏世楷堂刻昭代叢書本　國圖　中科院　北大　上海　復旦　遼寧　山東　南京　浙江　湖北

清宣統間國學扶輪社鉛印香豔叢書本　國圖　北大　上海　黑龍江　吉林　天津　南京　湖北

1994 年上海書店出版社叢書集成續編本

集 10000086

笠澤叢書九卷

（唐）陸龜蒙撰

附攷一卷

（清）海昌許槤撰

清嘉慶二十四年(1819)許氏古均閣刻本　國圖（清顧廣圻校並録清何煌題識）　上海　山東　故宮（清許槤校）

集 10000087

孫文志疑十卷

（清）錢塘汪師韓撰

清光緒十二年(1886)錢唐汪氏長沙刻叢睦汪氏遺書本　國圖　南京　中科院　遼寧

宋代之屬

集 10000088

騎省集鈔一卷

（宋）徐鉉撰　（清）崇德吕留良　（清）石門吳之振　（清）石門吳爾堯輯

清康熙十年(1671)吳氏鑑古堂刻宋詩鈔初集本　國圖　北大　上海（清張宗橚補鈔目録並録清陸辛齋評點,張元濟跋）　遼寧

集 10000089

乖崖詩鈔一卷

（宋）張詠撰　（清）崇德吕留良　（清）石門吳之振　（清）石門吳爾堯輯

清康熙十年(1671)洲錢吳氏鑑古堂刻宋詩鈔初集本　國圖　北大　上海（清張宗橚補鈔目録並録清陸辛齋評點,張元濟跋）　遼寧

集 10000090

王黃州小畜集三十卷外集十三卷(存卷六至十三)

（宋）王禹偁撰

拾遺一卷

（清）仁和勞格輯目　（清）孫星華録文

清乾隆間武英殿木活字印武英殿聚珍版書本　國圖　故宮　上海

復旦　天津　遼寧　河南社科院
湖北

　　清乾隆四十二年(1777)福建刻道
光同治間遞修光緒二十一年(1895)
增刻武英殿聚珍版書本　國圖　北
大　上海　復旦　天津　吉大　山
東　南京　浙江　湖北　四川

　　清光緒二十五年(1899)廣雅書局
刻武英殿聚珍版書本　國圖(存外
集卷六至十三,傅增湘校並跋)　中
科院　上海　天津　南京　山東
武大　四川

　　清鈔本　北大(存一卷,楊思敬校
補並跋)　上海(清佚名校)

集 10000091

王黃州小畜集校二卷

　　(清)歸安陸心源撰

　　清同治光緒間刻本　國圖　中科
院　北大　上海　復旦　天津　甘
肅　南京　浙江　湖北　四川

集 10000092

小畜集鈔一卷

　　(宋)王禹偁撰　(清)崇德呂留良
　　(清)石門吳之振　(清)石門吳爾
堯輯

　　清康熙十年(1671)洲錢吳氏鑑古
堂刻宋詩鈔初集本　國圖　北大
上海(清張宗櫆補鈔目錄並錄清陸
辛齋評點,張元濟跋)　遼寧

集 10000093

胡正惠公集一卷

　　(宋)永康胡則撰　(清)永康胡則
裔孫輯

　　清嘉慶間鈔本

　　2013 年上海古籍出版社重修金
華叢書本

集 10000094

胡正惠公遺集二卷

　　(宋)永康胡則撰　(清)永康胡
敬輯

　　民國石印本　金華一中

　　2013 年上海古籍出版社重修金
華叢書本

集 10000095

南陽集六卷

　　(宋)衢州趙湘撰

拾遺

　　(清)仁和勞格輯目　(清)孫星華
錄文

　　武英殿聚珍版書本(福建重刻、廣
東重刻)

集 10000096

和靖詩鈔一卷

　　(宋)錢塘林逋撰　(清)崇德呂留
良　(清)石門吳之振　(清)石門吳
爾堯輯

　　清康熙十年(1671)洲錢吳氏鑑古
堂刻宋詩鈔初集本　國圖　北大
上海(清張宗櫆補鈔目錄並錄清陸

辛齋評點,張元濟跋) 遼寧

清宣統二年(1910)北京龍文閣石印宋代五十六家詩集本 國圖 上海

集 10000097

林君復詩一卷

(宋)錢塘林逋撰 (清)錢塘戴熙輯

稿本宋元四家詩四種本(清丁丙跋) 南京

民國影印戴鹿床手寫宋元四家詩四種本

集 10000098

林和靖集校正一卷

(清)餘姚盧文弨撰

清乾隆嘉慶間刻彙印抱經堂叢書本 國圖 中科院 上海 復旦 天津 遼寧 陝西 南京 青海

清光緒十五(1889)至十九年(1893)會稽徐氏鑄學齋刻紹興先正遺書本 國圖 中科院 北大 上海 復旦 天津 遼寧 南京 湖北 四川

民國十二年(1923)北京直隸書局影印清乾隆嘉慶間刻抱經堂叢書本 國圖 中科院 北大 上海 復旦 遼寧 山東 湖北

集 10000099

文恭集四十卷

(宋)胡宿撰

拾遺一卷

(清)仁和勞格輯目 (清)孫星華錄文

清乾隆間武英殿木活字印武英殿聚珍版書本 國圖 故宮 上海 復旦 天津 遼寧 河南社科院 湖北

清乾隆四十二年(1777)福建刻道光同治間遞修光緒二十一年(1895)增刻武英殿聚珍版書本 國圖 北大 上海 復旦 天津 吉大 山東 南京 浙江 湖北 四川

清光緒二十五年(1899)廣雅書局刻武英殿聚珍版書本 中科院 上海 天津 南京 山東 武大 四川

集 10000100

武溪詩鈔一卷

(宋)余靖撰 (清)崇德呂留良 (清)石門吳之振 (清)石門吳爾堯輯

清康熙十年(1671)洲錢吳氏鑑古堂刻宋詩鈔初集本 國圖 北大 上海(清張宗櫧補鈔目錄並錄清陸辛齋評點,張元濟跋) 遼寧

集 10000101

宛陵詩鈔一卷

(宋)梅堯臣撰 (清)崇德呂留良 (清)石門吳之振 (清)石門吳爾堯輯

清康熙十年(1671)洲錢吳氏鑑古

堂刻宋詩鈔初集本　國圖　北大
上海(清張宗橚補鈔目録並録清陸
辛齋評點,張元濟跋)　遼寧

集 10000102
宛陵詩選一卷
　(宋)梅堯臣撰　(清)海寧陳訏選
　清康熙三十二年(1693)刻宋十五
家詩選本　國圖　上海　湖北

集 10000103
歐陽文忠詩鈔一卷
　(宋)歐陽修撰　(清)崇德吕留良
(清)石門吳之振　(清)石門吳爾
堯輯
　清康熙十年(1671)洲錢吳氏鑑古
堂刻宋詩鈔初集本　國圖　北大
上海(清張宗橚補鈔目録並録清陸
辛齋評點,張元濟跋)　遼寧

集 10000104
廬陵詩選一卷
　(宋)歐陽修撰　(清)海寧陳訏選
　清康熙三十二年(1693)刻宋十五
家詩選本　國圖　上海　湖北

集 10000105
歐文選一卷
　(宋)歐陽修撰　(清)錢塘陳兆
崙選
　清光緒二十六年(1900)天津美齋
石印陳太僕批選八家文鈔本　國圖
天津　蘇州　鎮江　無錫

集 10000106
歐陽文精選不分卷
　(宋)歐陽修撰　(清)崇德吕留
良選
　清刻本　上海

集 10000107
讀歐記疑五卷
　(清)嘉興(一作錢塘)王元啓撰
　清鈔本　國圖
　民國十四年(1925)錢塘汪氏刻食
舊堂叢書本　國圖　中科院　上海
天津　遼寧　甘肅　南京　浙江
湖北
　1984 年北京中國書店影印民國
十四年(1925)錢塘汪氏刻食舊堂叢
書本　國圖

集 10000108
安陽集鈔一卷
　(宋)韓琦撰　(清)崇德吕留良
(清)石門吳之振　(清)石門吳爾
堯輯
　清康熙十年(1671)洲錢吳氏鑑古
堂刻宋詩鈔初集本　國圖　北大
上海(清張宗橚補鈔目録並録清陸
辛齋評點,張元濟跋)　遼寧

集 10000109
清獻詩鈔一卷
　(宋)西安趙抃撰　(清)崇德吕留
良　(清)石門吳之振　(清)石門吳
爾堯輯

清康熙十年(1671)洲錢吳氏鑑古堂刻宋詩鈔初集本　國圖　北大　上海(清張宗橚補鈔目録並録清陸辛齋評點，張元濟跋)　遼寧

集 10000110

蘇老泉文選一卷

（宋）蘇洵撰　（清）錢塘陳兆崙選

清光緒二十六年(1900)天津美齋石印陳太僕批選八家文鈔本　國圖　天津　蘇州　鎮江　無錫

集 10000111

南陽集鈔一卷

（宋）韓維撰　（清）崇德吕留良（清）石門吳之振　（清）石門吳爾堯輯

清康熙十年(1671)洲錢吳氏鑑古堂刻宋詩鈔初集本　國圖　北大　上海(清張宗橚補鈔目録並録清陸辛齋評點，張元濟跋)　遼寧

集 10000112

丹淵集鈔一卷

（宋）文同撰　（清）崇德吕留良（清）石門吳之振　（清）石門吳爾堯輯

清康熙十年(1671)洲錢吳氏鑑古堂刻宋詩鈔初集本　國圖　北大　上海(清張宗橚補鈔目録並録清陸辛齋評點，張元濟跋)　遼寧

集 10000113

元豐類稿補二卷

（宋）曾鞏撰　（清）歸安陸心源輯

清同治光緒間刻本　國圖　中科院　北大　上海　復旦　天津　甘肅　南京　浙江　湖北　四川

集 10000114

曾文選一卷

（宋）曾鞏撰　（清）錢塘陳兆崙選

清光緒二十六年(1900)天津美齋石印陳太僕批選八家文鈔本　國圖　天津　蘇州　鎮江　無錫

集 10000115

王荊公詩集補注四卷文集注十四卷

（宋）王安石撰　（清）烏程（祖上居烏程，遷江蘇吳縣）沈欽韓注

稿本　上海(存文集補注十卷)南京(存詩集補注四卷)

2002 年上海古籍出版社影印續修四庫全書本

集 10000116

王荊公詩集李壁注勘誤補正四卷王荊公文集注文集注卷之壬卷

（清）烏程（祖上居烏程，遷江蘇吳縣）沈欽韓撰

民國間吳興劉氏嘉業堂刻嘉業堂叢書本　國圖　中科院　上海（文集注卷之壬卷據清稿校補，顧廷龍、潘承弼校）　復旦　甘肅　南京

浙江　湖北　重慶

集 10000117

臨川集補一卷

（清）歸安陸心源撰

清同治光緒間刻本　國圖　中科院　北大　上海　復旦　天津　甘肅　南京　浙江　湖北　四川

集 10000118

王荊公文集注八卷

（宋）王安石撰　（清）烏程（祖上居烏程，遷江蘇吳縣）沈欽韓注

清宣統間刻本　上海

清揚州刻本　國圖

清刻本　國圖

清末蘇州沈氏刻本　北大

集 10000119

王臨川詩選一卷

（宋）王安石撰　（清）海寧陳訏選

清康熙三十二年（1693）刻宋十五家詩選本　國圖　上海　湖北

集 10000120

王文選一卷

（宋）王安石撰　（清）錢塘陳兆崙選

清光緒二十六年（1900）天津美齋石印陳太僕批選八家文鈔本　國圖　天津　蘇州　鎮江　無錫

集 10000121

王半山稿一卷

（宋）王安石撰　（清）桐鄉俞長城選評

清康熙三十八年（1699）可儀堂刻可儀堂一百二十名家制義本　上海

清康熙間步月樓、令德堂刻可儀堂一百二十名家制義本　國圖

清康熙間刻可儀堂一百二十名家制義本　國圖　北大

清乾隆三年（1738）文盛堂、懷德堂刻可儀堂一百二十名家制義本　國圖

集 10000122

節孝詩鈔一卷

（宋）徐積撰　（清）崇德呂留良（清）石門吳之振　（清）石門吳爾堯輯

清康熙十年（1671）洲錢吳氏鑑古堂刻宋詩鈔初集本　國圖　北大　上海（清張宗櫶補鈔目錄並錄清陸辛齋評點，張元濟跋）　遼寧

集 10000123

忠肅集二十卷

（宋）劉摯撰

拾遺一卷

（清）仁和勞格輯目　（清）孫星華錄文

清乾隆間武英殿木活字印武英殿聚珍版書本　國圖　故宮　上海　復旦　天津　遼寧　河南社科院

湖北

清乾隆四十二年(1777)福建刻道光同治間遞修光緒二十一年(1895)增刻武英殿聚珍版書本　國圖　北大　上海　復旦　天津　吉大　山東　南京　浙江　湖北　四川

清光緒二十五年(1899)廣雅書局刻武英殿聚珍版書本　中科院　上海　天津　南京　山東　武大　四川

集 10000124

劉忠肅集二十卷

(宋)劉摯撰

拾遺一卷

(清)仁和勞格輯目　(清)孫星華錄文

清鈔本(劉忠肅集,存卷一至八)　國圖

集 10000125

廣陵詩鈔一卷

(宋)王令撰　(清)崇德吕留良(清)石門吴之振　(清)石門吴爾堯輯

清康熙十年(1671)洲錢吴氏鑑古堂刻宋詩鈔初集本　國圖　北大　上海(清張宗橚補鈔目録並録清陸辛齋評點,張元濟跋)　遼寧

集 10000126

雲巢詩鈔一卷

(宋)錢塘沈遼撰　(清)崇德吕留

良　(清)石門吴之振　(清)石門吴爾堯輯

清康熙十年(1671)洲錢吴氏鑑古堂刻宋詩鈔初集本　國圖　北大　上海(清張宗橚補鈔目録並録清陸辛齋評點,張元濟跋)　遼寧

集 10000127

錢塘集補二卷

(宋)錢塘韋驤撰　(清)歸安陸心源輯

清同治光緒間刻本刻潛園总集本　國圖　中科院　北大　上海　復旦　天津　甘肅　南京　浙江　湖北　四川

集 10000128

東坡詩鈔一卷

(宋)蘇軾撰　(清)崇德吕留良(清)石門吴之振　(清)石門吴爾堯輯

清康熙十年(1671)洲錢吴氏鑑古堂刻宋詩鈔初集本　國圖　北大　上海(清張宗橚補鈔目録並録清陸辛齋評點,張元濟跋)　遼寧

清初刻宋四名家詩鈔本　國圖

集 10000129

東坡先生詩鈔七卷

(宋)蘇軾撰　(清)海寧周之鱗(清)仁和柴升編

宋四名家詩本(康熙刻、光緒刻)

集 10000130
東坡詩選一卷
（宋）蘇軾撰 （清）海寧陳訏選

清康熙三十二年（1693）刻宋十五家詩選本 國圖 上海 湖北

集 10000131
蘇詩柯選一卷
（宋）蘇軾撰 （清）嘉善柯煜選

鈔本 上海

集 10000132
蘇詩辯正一卷
（清）查嗣璉撰 （清）海寧管庭芬輯

花近樓叢書本（稿本）

集 10000133
施注蘇詩四十二卷目録二卷
（宋）蘇軾撰 （宋）吳興施元之、宋顧禧注 （清）邵長蘅 （清）顧嗣立 （清）宋至删補

續補遺補注一卷
（清）錢塘馮景補注

王注正譌一卷
（清）邵長蘅撰

東坡先生年譜一卷
（宋）王宗稷編

清康熙二十六年（1687）大文堂刻本 江西 吉林 黑龍江 日京大人文研

清康熙三十八年（1699）商邱宋犖宛委堂刻本 國圖（清陳廷表鈔配並臨、清查慎行評注、清陳鱣、清錢鴻寶跋，清□哲臨、清陳景雲録、清何焯批點；清翁同書批註） 北大 上海（清查慎行批註；清王芑孫圈點並跋；清莊繶度録清紀昀批校，清莊蘊寬跋；清孫原湘批校；清何紹基批並跋） 復旦（清丁菊泉批） 南京（清葛繼常録、清查慎行批註，清查喜跋；清張載華校；佚名批註） 浙江 嘉善 湖北（佚名録、清高宗弘曆評、清查慎行評點；佚名録清查慎行評；清鮑依雲通録、清徐昂發（清）查慎行批點，清鮑依雲跋） 中社科院文學所（□璜過録清查慎行、查升、馬墨麟批註） 遼寧 吉林（清顧蒓批） 四川（清鄭珍批） 福建 （劉明跋並録清紀昀等名家批校）鄭州（佚名過録清查慎行、清紀昀批校〕 南開（周貞亮、盧弼校評） 山東師大（佚名録、清查慎行評） 蘭大（清蔣生録、清查慎行評注） 武大（清郭嵩燾批點） 華中師大（清彭子嘉批點） 安徽師大（佚名録清紀昀批校） 美燕京

清康熙間刻本 國圖 天津 上海（佚名過録清紀昀批） 南京 山東

清刻本 天津

集 10000134
施注蘇詩四十二卷總目二卷注蘇姓氏一卷
（宋）蘇軾撰 （宋）吳興施元之原

注 （清）邵長衡删補

注蘇例言、王注正譌一卷

（清）邵長衡撰

宋史本傳一卷

（元）托克托撰

東坡先生墓誌銘一卷

（宋）蘇轍撰

東坡先生年譜一卷

（宋）王宗稷編　（清）邵長衡重訂

續補遺補注一卷

（清）錢塘馮景補注

古香齋袖珍十種本（内府刻、南海孔氏重刻）

古香齋袖珍十種本（南海孔氏重刻）　南京（佚名批校）

清乾隆三十八年（1773）内府寫摛藻堂四庫全書薈要本　臺故博

1985～1988 年臺灣學生書局影印清乾隆三十八年（1773）内府寫摛藻堂四庫全書薈要本

1997 年吉林人民出版社影印摛藻堂四庫全書薈要本

清乾隆間内府寫文淵閣四庫全書本　臺故博

清乾隆間内府寫文溯閣四庫全書本　甘肅

清乾隆間内府寫文津閣四庫全書本　國圖

2008 年商務印書館影印文津閣四庫全書本

清乾陸間内府寫本清末民初補鈔文瀾閣四庫全書本　浙江

1982～1986 年臺灣商務印書館

景印文淵閣四庫全書本

1986 年上海古籍出版社據臺灣商務印書館景印文淵閣四庫全書景印本

2006～2015 年杭州出版社影印文瀾閣四庫全書本

集 10000135

東坡先生編年詩補注五十卷年表一卷

（宋）蘇軾撰　（清）海寧查慎行補注

稿本　北大

清康熙四十一年（1702）香雨齋刻本　北大　天津　上海

清乾隆二十六年（1761）香雨齋刻本　國圖（清吳騫校並跋，清朱允達臨清盧文弨校；清紀昀批校並跋，清紀香林跋；佚名録清紀昀批校題識）

北大　上海（清彭元瑞批點並題記；清佚名批）　南京　山東　浙江　遼寧　湖北　四川（清鄭珍批）安慶（度公跋）　吉大（林琴南批點並跋）　美燕京

集 10000136

蘇詩補注五十卷年表一卷采輯書目一卷

（宋）蘇軾撰　（清）海寧查慎行補注

清乾隆間内府寫文淵閣四庫全書本　臺故博

清乾隆間内府寫文溯閣四庫全書

本　甘肅

　　清乾隆間内府寫文津閣四庫全書本　國圖

　　2008年商務印書館影印文津閣四庫全書本

　　清乾陸間内府寫本清末民初補鈔文瀾閣四庫全書本　浙江

　　1982～1986年臺灣商務印書館景印文淵閣四庫全書本

　　1986年上海古籍出版社據臺灣商務印書館景印文淵閣四庫全書景印本

　　2006～2015年杭州出版社影印文瀾閣四庫全書本

　　清鈔本（無年表、采輯書目）國圖

集 10000137

蘇文忠詩注補正三卷

　　（宋）蘇軾撰　（清）海寧查慎行注　（清）烏程（祖上居烏程，遷江蘇吳縣）沈欽韓補正

　　稿本（清蔣鳳藻　（清）王頌蔚跋）國圖

集 10000138

蘇詩查注補正四卷

　　（宋）蘇軾撰　（清）海寧查慎行注　（清）烏程（祖上居烏程，遷江蘇吳縣）沈欽韓補正

　　清光緒間長洲蔣氏刻心矩齋叢書本　國圖

　　清光緒間廣雅書局刻民國九年

（1920）番禺徐紹棨彙編重印廣雅書局叢書本　國圖　中科院　北大　上海　天津　遼寧　甘肅　南京　湖北　四川

　　2008年9月廣州出版社廣州大典本

集 10000139

蘇文忠詩集補正一卷

　　（宋）蘇軾撰　（清）烏程（祖上居烏程，遷江蘇吳縣）沈欽韓補正

　　稿本　上海

集 10000140

蘇詩二卷

　　（宋）蘇軾撰　（清）海寧查慎行選評

　　清鈔本　北師大

集 10000141

紀批蘇詩擇粹十八卷

　　（宋）蘇軾撰　（清）海寧查慎行注　（清）紀昀評　（清）趙古農擇粹

　　清嘉慶二十二年（1817）石經堂刻本　港大　港中山

集 10000142

蘇文忠公詩編注集成四十六卷集成總案四十五卷諸家雜綴酌存一卷蘇海識餘四卷箋詩圖一卷

　　（宋）蘇軾撰　（清）仁和王文誥輯注

　　清嘉慶二十四年（1819）武林王文

誥韻山堂刻本　國圖　天津　上海
南京(清張廷齋批校)　浙江　遼
寧　蘇大(存六十五卷,清翁同龢批
校並跋)
　清嘉慶二十四年(1819)武林王文
誥韻山堂刻道光補刻本　國圖
　清道光三年(1823)揚州阮氏刻本
上海
　清光緒十四年(1888)浙江書局刻
本　國圖　北大　天津　上海　南
京　浙江　遼寧　湖北
　清光緒十四年(1888)浙江書局刻
光緒增刻本　國圖

集 10000143
蘇詩選評箋釋六卷
　(宋)蘇軾撰　(清)錢塘汪師韓
箋釋
　清光緒十二年(1886)錢唐汪氏長
沙刻叢睦汪氏遺書本　國圖　南京
中科院　遼寧
　清鈔本　上海

集 10000144
蘇文精選一卷
　(宋)蘇軾撰　(清)崇德呂留良選
　清康熙間呂氏家塾刻本　上海
(清王翰批校)

集 10000145
大蘇文選一卷
　(宋)蘇軾撰　(清)錢塘陳兆崙選
光緒文美齋石印陳太僕批選八家

文鈔本

集 10000146
文仲清江集鈔一卷
　(宋)孔文仲撰　(清)崇德呂留良
　(清)石門吳之振　(清)石門吳爾
堯輯
　清康熙十年(1671)洲錢吳氏鑑古
堂刻宋詩鈔初集本　國圖　北大
上海(清張宗櫺補鈔目錄並錄清陸
辛齋評點,張元濟跋)　遼寧

集 10000147
欒城詩選一卷
　(宋)蘇轍撰　(清)海寧陳訏選
　清康熙三十二年(1693)刻宋十五
家詩選本　國圖　上海　湖北

集 10000148
小蘇文選一卷
　(宋)蘇轍撰　(清)錢塘陳兆崙輯
　(清)光緒二十六年(1900)天津文
美齋石印陳太僕批選八家文鈔本
國圖　天津　蘇州　鎮江　無錫
浙江　紹興　天一閣　溫州　平陽
富陽
　(清)光緒山東書局石印陳太僕評
選唐宋八家文讀本　國圖

集 10000149
蘇潁濱稿一卷
　(宋)蘇轍撰　(清)桐鄉俞長城
選評

清康熙三十八年(1699)可儀堂刻
可儀堂一百二十名家制義本　上海

清康熙間步月樓、令德堂刻可儀
堂一百二十名家制義本　國圖

清康熙間刻可儀堂一百二十名家
制義本　國圖　北大

清乾隆三年(1738)文盛堂、懷德
堂刻可儀堂一百二十名家制義本
國圖

集 10000150

山曉閣選宋大家蘇穎濱全集二卷

（清）嘉善孫琮評

清刻本　重慶

集 10000151

平仲清江集鈔一卷

（宋）孔平仲撰　（清）崇德呂留良
（清）石門吳之振　（清）石門吳爾
堯輯

清康熙十年(1671)洲錢吳氏鑑古
堂刻宋詩鈔初集本　國圖　北大
上海（清張宗橚補鈔目録並録清陸
辛齋評點，張元濟跋）　遼寧

集 10000152

西塘詩鈔一卷

（宋）鄭俠撰　（清）崇德呂留良
（清）石門吳之振　（清）石門吳爾堯輯

清康熙十年(1671)洲錢吳氏鑑古
堂刻宋詩鈔初集本　國圖　北大
上海（清張宗橚補鈔目録並録清陸
辛齋評點，張元濟跋）　遼寧

集 10000153

武仲清江集鈔一卷

（宋）孔武仲撰　（清）崇德呂留良
（清）石門吳之振　（清）石門吳爾
堯輯

清康熙十年(1671)洲錢吳氏鑑古
堂刻宋詩鈔初集本　國圖　北大
上海（清張宗橚補鈔目録並録清陸
辛齋評點，張元濟跋）　遼寧

集 10000154

參寥詩鈔一卷

（宋）於潛釋道潛撰　（清）崇德呂
留良　（清）石門吳之振　（清）石門
吳爾堯輯

清康熙十年(1671)洲錢吳氏鑑古
堂刻宋詩鈔初集本　國圖　北大
上海（清張宗橚補鈔目録並録清陸
辛齋評點，張元濟跋）　遼寧

集 10000155

山谷詩鈔一卷

（宋）黃庭堅撰　（清）崇德呂留良
（清）石門吳之振　（清）石門吳爾
堯輯

清康熙十年(1671)洲錢吳氏鑑古
堂刻宋詩鈔初集本　國圖　北大
上海（清張宗橚補鈔目録並録清陸
辛齋評點，張元濟跋）　遼寧

集 10000156

山谷先生詩鈔七卷

（宋）黃庭堅撰　（清）海寧周之鱗

（清）仁和柴升編

清康熙三十二年(1693)弘訓堂刻本　浙江

清光緒元年(1875)湘西章氏望雲草廬刻本　鎮江

集 10000157

山谷詩選一卷

（宋）黃庭堅撰　（清）海寧陳訏選

清康熙三十二年(1693)刻宋十五家詩選本　國圖　上海　湖北

集 10000158

曲阜集補三卷

（宋）曾肇撰　（清）歸安陸心源輯

清同治光緒間刻本　國圖　中科院　北大　上海　復旦　天津　甘肅　南京　浙江　湖北　四川

集 10000159

淮海集鈔一卷

（宋）秦觀撰　（清）崇德吕留良（清）石門吳之振　（清）石門吳爾堯輯

清康熙十年(1671)洲錢吳氏鑑古堂刻宋詩鈔初集本　國圖　北大上海（清張宗橚補鈔目録並録清陸辛齋評點,張元濟跋）　遼寧

集 10000160

襄陽詩鈔一卷

（宋）米芾撰　（清）崇德吕留良（清）石門吳之振　（清）石門吳爾堯輯

清康熙十年(1671)洲錢吳氏鑑古堂刻宋詩鈔初集本　國圖　北大上海（清張宗橚補鈔目録並録清陸辛齋評點,張元濟跋）　遼寧

集 10000161

後山詩鈔一卷

（宋）陳師道撰　（清）崇德吕留良（清）石門吳之振　（清）石門吳爾堯輯

清康熙十年(1671)洲錢吳氏鑑古堂刻宋詩鈔初集本　國圖　北大上海（清張宗橚補鈔目録並録清陸辛齋評點,張元濟跋）　遼寧

集 10000162

雞肋集鈔一卷

（宋）晁補之撰　（清）崇德吕留良（清）石門吳之振　（清）石門吳爾堯輯

清康熙十年(1671)洲錢吳氏鑑古堂刻宋詩鈔初集本　國圖　北大上海（清張宗橚補鈔目録並録清陸辛齋評點,張元濟跋）　遼寧

集 10000163

柯山集五十卷

（宋）張耒撰

拾遺十二卷

（清）歸安陸心源輯

續拾遺一卷

（清）□□輯

武英殿聚珍版書本（廣東重刻）

國圖（傅增湘校並跋）

集 10000164

柯山集五十卷

　（宋）張耒撰

拾遺十二卷

　（清）歸安陸心源輯

續拾遺一卷

　（清）□□輯

張文潛先生年譜一卷

　邵祖壽編

　民國十八年（1929）刻本　南京

集 10000165

宛丘詩鈔一卷

　（宋）張耒撰　（清）崇德呂留良
（清）石門吳之振　（清）石門吳爾
堯輯

　清康熙十年（1671）洲錢吳氏鑑古
堂刻宋詩鈔初集本　國圖　北大
上海（清張宗橚補鈔目録並録清陸
辛齋評點，張元濟跋）　遼寧

集 10000166

具茨集鈔一卷

　（宋）晁沖之撰　（清）崇德呂留良
（清）石門吳之振　（清）石門吳爾
堯輯

　清康熙十年（1671）洲錢吳氏鑑古
堂刻宋詩鈔初集本　國圖　北大
上海（清張宗橚補鈔目録並録清陸
辛齋評點，張元濟跋）　遼寧

集 10000167

**宋宗澤簡公全集十二卷首一卷
末一卷**

　（宋）義烏宗澤撰　（清）義烏宗文
燦輯

　清康熙四十三年至四十五年
（1704～1706）宗文燦等刻本　國圖
上海　南京　美燕京

集 10000168

忠簡公集七卷

　（宋）義烏宗澤撰

辯誣考異一卷

　（清）永康胡鳳丹撰

　清同治七年至光緒八年（1868～
1882）永康胡氏退補齋刻金華叢書
本　首都　上海　民大

　清同治七年至光緒八年（1868～
1882）永康胡氏退補齋刻民國間補
刻金華叢書本　國圖　中科院　北
大　上海　天津　遼寧　南京　浙
江　湖北　四川

　1981年江蘇廣陵古籍刻印社校
補重印退補齋刻金華叢書本　國圖

集 10000169

道鄉詩鈔一卷

　（宋）鄒浩撰　（清）崇德呂留良
（清）石門吳之振　（清）石門吳爾
堯輯

　清康熙十年（1671）洲錢吳氏鑑古
堂刻宋詩鈔初集本　國圖　北大
上海（清張宗橚補鈔目録並録清陸

辛齋評點,張元濟跋)　遼寧

集 10000170

眉山詩鈔一卷

（宋）唐庚撰　（清）崇德呂留良
（清）石門吳之振　（清）石門吳爾
堯輯

清康熙十年（1671）洲錢吳氏鑑古
堂刻宋詩鈔初集本　國圖　北大
上海（清張宗櫹補鈔目録並録清陸
辛齋評點,張元濟跋）　遼寧

集 10000171

石門詩鈔一卷

（宋）釋惠洪撰　（清）崇德呂留良
（清）石門吳之振　（清）石門吳爾
堯輯

清康熙十年（1671）洲錢吳氏鑑古
堂刻宋詩鈔初集本　國圖　北大
上海（清張宗櫹補鈔目録並録清陸
辛齋評點,張元濟跋）　遼寧

集 10000172

莊簡集十六卷附録一卷

（宋）上虞李光撰
附録

（清）歸安（一作烏程）李宗蓮輯
清李宗蓮立本堂鈔本　上海

集 10000173

陵陽詩鈔一卷

（宋）韓駒撰　（清）崇德呂留良
（清）石門吳之振　（清）石門吳爾

堯輯

清康熙十年（1671）洲錢吳氏鑑古
堂刻宋詩鈔初集本　國圖　北大
上海（清張宗櫹補鈔目録並録清陸
辛齋評點,張元濟跋）　遼寧

集 10000174

石林居士建康集八卷補遺一卷

（宋）烏程（吳縣人,寓居烏程）葉
夢得撰

石林先生兩鎮建康紀年罞一卷

（清）葉廷琯撰

清咸豐六年（1856）吳中葉運鵬刻
本　國圖（章鈺録鄧邦述校跋）
復旦

清道光二十四年（1844）吳中葉廷
琯刻本　國圖　南京（清葉廷琯校）
山東　浙江

集 10000175

建康集鈔一卷

（宋）烏程（吳縣人,寓居烏程）葉
夢得撰　（清）崇德呂留良　（清）石
門吳之振　（清）石門吳爾堯輯

清康熙十年（1671）洲錢吳氏鑑古
堂刻宋詩鈔初集本　國圖　北大
上海（清張宗櫹補鈔目録並録清陸
辛齋評點,張元濟跋）　遼寧

集 10000176

北山小集鈔一卷

（宋）開化程俱撰　（清）崇德呂留
良　（清）石門吳之振　（清）石門吳

爾堯輯

清康熙十年(1671)洲錢吳氏鑑古堂刻宋詩鈔初集本　國圖　北大　上海(清張宗櫧補鈔目録並録清陸辛齋評點,張元濟跋)　遼寧

清宣統二年(1910)北京龍文閣石印宋代五十六家詩集本　國圖　上海

集 10000177

浮溪集鈔一卷

(宋)汪藻撰　(清)崇德吕留良　(清)石門吳之振　(清)石門吳爾堯輯

清康熙十年(1671)洲錢吳氏鑑古堂刻宋詩鈔初集本　國圖　北大　上海(清張宗櫧補鈔目録並録清陸辛齋評點,張元濟跋)　遼寧

集 10000178

盧溪集鈔一卷

(宋)王庭珪撰　(清)崇德吕留良　(清)石門吳之振　(清)石門吳爾堯輯

清康熙十年(1671)洲錢吳氏鑑古堂刻宋詩鈔初集本　國圖　北大　上海(清張宗櫧補鈔目録並録清陸辛齋評點,張元濟跋)　遼寧

集 10000179

鴻慶集鈔一卷

(宋)孫覿撰　(清)崇德吕留良　(清)石門吳之振　(清)石門吳爾

堯輯

清康熙十年(1671)洲錢吳氏鑑古堂刻宋詩鈔初集本　國圖　北大　上海(清張宗櫧補鈔目録並録清陸辛齋評點,張元濟跋)　遼寧

集 10000180

龜溪集鈔一卷

(宋)德清沈與求撰　(清)崇德吕留良　(清)石門吳之振　(清)石門吳爾堯輯

清康熙十年(1671)洲錢吳氏鑑古堂刻宋詩鈔初集本　國圖　北大　上海(清張宗櫧補鈔目録並録清陸辛齋評點,張元濟跋)　遼寧

集 10000181

潘默成公文集八卷

(宋)金華潘良貴撰　(清)金華曹定遠輯

清康熙三十六年(1697)黄珍刻本　國圖

2013 年上海古籍出版社重修金華叢書本

集 10000182

簡齋詩鈔一卷

(宋)陳與義撰　(清)崇德吕留良　(清)石門吳之振　(清)石門吳爾堯輯

清康熙十年(1671)洲錢吳氏鑑古堂刻宋詩鈔初集本　國圖　北大　上海(清張宗櫧補鈔目録並録清陸

辛齋評點,張元濟跋） 遼寧

集 10000183

重刻横浦先生文集十四卷

（宋）錢塘張九成撰

横浦先生家傳一卷

（宋）張榕撰

無垢公遺跡一卷

（清）嵊州張鳴皋輯

清康熙二十三年（1684）張鳴皋刻
本 上海（傅增湘校） 湖南社科院

集 10000184

横浦詩鈔一卷

（宋）錢塘張九成（其先開封人,徙
錢塘）撰 （清）崇德吕留良 （清）
石門吳之振 （清）石門吳爾堯輯

清康熙十年（1671）洲錢吳氏鑑古
堂刻宋詩鈔初集本 國圖 北大
上海（清張宗橚補鈔目録並録清陸
辛齋評點,張元濟跋） 遼寧

集 10000185

韋齋詩鈔一卷

（宋）朱松撰 （清）崇德吕留良
（清）石門吳之振 （清）石門吳爾
堯輯

清康熙十年（1671）洲錢吳氏鑑古
堂刻宋詩鈔初集本 國圖 北大
上海（清張宗橚補鈔目録並録清陸
辛齋評點,張元濟跋） 遼寧

集 10000186

玉瀾集鈔一卷

（宋）朱槔撰 （清）崇德吕留良
（清）石門吳之振 （清）石門吳爾
堯輯

清康熙十年（1671）洲錢吳氏鑑古
堂刻宋詩鈔初集本 國圖 北大
上海（清張宗橚補鈔目録並録清陸
辛齋評點,張元濟跋） 遼寧

集 10000187

倪石陵書一卷

（宋）浦江倪樸撰

附考異

永康胡宗楙撰

民國十三年（1924）永康胡氏夢選
樓刻續金華叢書本 國圖 中科院
上海 復旦 天津 遼寧 南京
浙江 湖北 四川

1984 年江蘇廣陵古籍刻印社重
印夢選樓刻續金華叢書本 國圖

2013 年上海古籍出版社重修金
華叢書本

集 10000188

屏山集鈔一卷

（宋）劉子翬撰 （清）崇德吕留良
（清）石門吳之振 （清）石門吳爾
堯輯

清康熙十年（1671）洲錢吳氏鑑古
堂刻宋詩鈔初集本 國圖 北大
上海（清張宗橚補鈔目録並録清陸
辛齋評點,張元濟跋） 遼寧

集 10000189

香溪集鈔一卷

（宋）蘭溪范浚撰 （清）崇德吕留良 （清）石門吳之振 （清）石門吳爾堯輯

清康熙十年（1671）洲錢吳氏鑑古堂刻宋詩鈔初集本 國圖 北大 上海（清張宗櫹補鈔目録並録清陸辛齋評點，張元濟跋） 遼寧

集 10000190

知稼翁集鈔一卷

（宋）黄公度撰 （清）崇德吕留良 （清）石門吳之振 （清）石門吳爾堯輯

清康熙十年（1671）洲錢吳氏鑑古堂刻宋詩鈔初集本 國圖 北大 上海（清張宗櫹補鈔目録並録清陸辛齋評點，張元濟跋） 遼寧

集 10000191

宋王忠文公文集五十卷目録四卷

（宋）樂清王十朋撰

梅溪王忠文公年譜一卷

（清）樂清徐炯文編

清雍正六年（1728）唐傳鉎刻雁就堂印本 國圖 北大 天津 南京 山東 湖北 溫州（清孫衣言校並跋） 美燕京

掃葉山房石印本 南京

清道光十二年（1832）刻本 天津

清光緒二年（1876）溫州梅溪書院刻本 國圖 北大 南京 浙江

湖北

集 10000192.

梅溪詩選一卷

（宋）樂清王十朋撰 （清）海寧陳訏選

清康熙三十二年（1693）刻宋十五家詩選本 國圖 上海 湖北

清宣統二年（1910）北京龍文閣石印宋代五十六家詩集本 國圖 上海

集 10000193

艾軒詩鈔一卷

（宋）林光朝撰 （清）崇德吕留良 （清）石門吳之振 （清）石門吳爾堯輯

清康熙十年（1671）洲錢吳氏鑑古堂刻宋詩鈔初集本 國圖 北大 上海（清張宗櫹補鈔目録並録清陸辛齋評點，張元濟跋） 遼寧

集 10000194

雙溪詩鈔一卷

（宋）王炎撰 （清）崇德吕留良 （清）石門吳之振 （清）石門吳爾堯輯

清康熙十年（1671）洲錢吳氏鑑古堂刻宋詩鈔初集本 國圖 北大 上海（清張宗櫹補鈔目録並録清陸辛齋評點，張元濟跋） 遼寧

集 10000195

南澗甲乙稿二十二卷

（宋）韓元吉撰

拾遺一卷

（清）仁和勞格輯目 （清）孫星華
錄文

清乾隆間武英殿木活字印武英殿
聚珍版書本 國圖 故宮 上海
復旦 天津 遼寧 河南社科院
湖北

清乾隆四十二年（1777）福建刻道
光同治間遞修光緒二十一年（1895）
增刻武英殿聚珍版書本 國圖 北
大 上海 復旦 天津 吉大 山
東 南京 浙江 湖北 四川

清光緒二十五年（1899）廣雅書局
刻武英殿聚珍版書本 中科院 上
海 天津 南京 山東 武大
四川

集 10000196

東皋詩鈔一卷

（宋）黃巖戴敏撰 （清）崇德呂留
良 （清）石門吳之振 （清）石門吳
爾堯輯

清康熙十年（1671）洲錢吳氏鑑古
堂刻宋詩鈔初集本 國圖 北大
上海（清張宗橚補鈔目錄並錄清陸
辛齋評點，張元濟跋） 遼寧

集 10000197

洪文安公遺集一卷

（宋）洪遵撰 （清）仁和勞格輯

鈔本（清丁丙跋） 南京

集 10000198

洪文敏公文集八卷

（宋）洪邁撰 （清）仁和勞格輯

稿本（清丁丙跋） 南京

集 10000199

竹洲詩鈔一卷

（宋）吳儆撰 （清）崇德呂留良
（清）石門吳之振 （清）石門吳爾
堯輯

清康熙十年（1671）洲錢吳氏鑑古
堂刻宋詩鈔初集本 國圖 北大
上海（清張宗橚補鈔目錄並錄清陸
辛齋評點，張元濟跋） 遼寧

集 10000200

陸詩觀瀾集六卷

（宋）山陰陸游撰 （清）聞珍輯

無懷小集一卷

（宋）葛天民撰

鈔本 南京

集 10000201

劍南詩鈔一卷

（宋）山陰陸游撰 （清）崇德呂留
良 （清）石門吳之振 （清）石門吳
爾堯輯

清康熙十年（1671）洲錢吳氏鑑古
堂刻宋詩鈔初集本 國圖 北大
上海（清張宗橚補鈔目錄並錄清陸
辛齋評點，張元濟跋） 遼寧

清光緒八年(1882)戴穗孫抄本
浙江

集 10000202

放翁先生詩鈔七卷

(宋)山陰陸游撰 (清)蕭山(一
作海寧)周之麟 (清)仁和柴升
選輯
清康熙刻宋四名家詩本
清光緒元年(1875)刻宋四名家
詩本

集 10000203

劍南詩選二卷

(宋)山陰陸游撰 (清)海寧陳
訏選
清康熙三十二年(1693)刻宋十五
家詩選本

集 10000204

放翁詩選四卷首一卷

(宋)山陰陸游撰 (清)錢塘王復
禮輯
清康熙三十九年(1700)刻本
首都

集 10000205

陸放翁詩選二卷

(宋)山陰陸游撰 (清)沈德潛輯
清乾隆三十四年(1769)刻宋金三
家詩選本 國圖

集 10000206

石湖詩鈔一卷

(宋)范成大撰 (清)崇德呂留良
(清)石門吳之振 (清)石門吳爾
堯輯
清康熙十年(1671)洲錢吳氏鑑古
堂刻宋詩鈔初集本 國圖 北大
上海(清張宗橚補鈔目録並録清陸
辛齋評點,張元濟跋) 遼寧

集 10000207

石湖詩選一卷

(宋)范成大撰 (清)海寧陳訏選
清康熙三十二年(1693)刻宋十五
家詩選本 國圖 上海 湖北
清刻本 北大

集 10000208

范石湖詩集注三卷

(宋)范成大撰 (清)烏程(祖上
居烏程,遷江蘇吳縣)沈欽韓注
清光緒間廣雅書局刻民國九年
(1920)番禺徐紹棨彙編重印廣雅書
局叢書本 國圖 中科院 北大
上海 天津 遼寧 甘肅 南京
湖北 四川
清光緒間吳縣潘氏刻功順堂叢書
本 國圖 中科院 北大 上海
復旦 天津 遼寧 山東 甘肅
南京 浙江 湖北 四川
清刻本 國圖 北大
2008 年 9 月廣州出版社廣州大
典本

集 10000209

益公省齋藁鈔一卷

（宋）周必大撰　（清）崇德呂留良

（清）石門吳之振　（清）石門吳爾

堯輯

清康熙十年（1671）洲錢吳氏鑑古

堂刻宋詩鈔初集本　國圖　北大

上海（清張宗櫺補鈔目錄並錄清陸

辛齋評點，張元濟跋）　遼寧

集 10000210

益公平園續藁鈔一卷

（宋）周必大撰　（清）崇德呂留良

（清）石門吳之振　（清）石門吳爾

堯輯

清康熙十年（1671）洲錢吳氏鑑古

堂刻宋詩鈔初集本　國圖　北大

上海（清張宗櫺補鈔目錄並錄清陸

辛齋評點，張元濟跋）　遼寧

集 10000211

梁溪遺稿詩鈔一卷文鈔一卷

（宋）尤袤撰　（清）秀水朱彝尊輯

清康熙三十九年（1700）尤侗刻本

國圖（吳梅跋）　上海（無文鈔，清

勞格跋）

清道光元年（1821）延月舫刻本

國圖　中科院

清存素堂鈔宋元人詩集本　國圖

清錢唐汪氏長沙刻叢睦汪氏遺書

本　國圖　南京　中科院

1988～2000 年書目文獻出版社

影印北京圖書館古籍珍本叢刊本

集 10000212

梁溪遺稿一卷文鈔一卷

（宋）尤袤撰　（清）秀水朱彝尊輯

清乾隆間內府寫文淵閣四庫全書

本　臺故博

清乾隆間內府寫文溯閣四庫全書

本　甘肅

清乾隆間內府寫文津閣四庫全書

本　國圖

2008 年商務印書館影印文津閣

四庫全書本

清乾陸間內府寫本清末民初補鈔

文瀾閣四庫全書本　浙江

1982～1986 年臺灣商務印書館

景印文淵閣四庫全書本

1986 年上海古籍出版社據臺灣

商務印書館景印文淵閣四庫全書景

印本

2006～2015 年杭州出版社影印

文瀾閣四庫全書本

清鈔本　四川

集 10000213

誠齋江湖集鈔一卷

（宋）楊萬里撰　（清）崇德呂留良

（清）石門吳之振　（清）石門吳爾

堯輯

清康熙十年（1671）洲錢吳氏鑑古

堂刻宋詩鈔初集本　國圖　北大

上海（清張宗櫺補鈔目錄並錄清陸

辛齋評點，張元濟跋）　遼寧

集 10000214

荊溪集鈔一卷

　（宋）楊萬里撰　（清）崇德吕留良

　（清）石門吳之振　（清）石門吳爾

堯輯

　　清康熙十年(1671)洲錢吳氏鑑古

堂刻宋詩鈔初集本　國圖　北大

上海(清張宗楠補鈔目録並録清陸

辛齋評點,張元濟跋)　遼寧

集 10000215

西歸集鈔一卷

　（宋）楊萬里撰　（清）崇德吕留良

　（清）石門吳之振　（清）石門吳爾

堯輯

　　清康熙十年(1671)洲錢吳氏鑑古

堂刻宋詩鈔初集本　國圖　北大

上海(清張宗楠補鈔目録並録清陸

辛齋評點,張元濟跋)　遼寧

集 10000216

南海集鈔一卷

　（宋）楊萬里撰　（清）崇德吕留良

　（清）石門吳之振　（清）石門吳爾

堯輯

　　清康熙十年(1671)洲錢吳氏鑑古

堂刻宋詩鈔初集本　國圖　北大

上海(清張宗楠補鈔目録並録清陸

辛齋評點,張元濟跋)　遼寧

集 10000217

朝天集鈔一卷

　（宋）楊萬里撰　（清）崇德吕留良

　（清）石門吳之振　（清）石門吳爾

堯輯

　　清康熙十年(1671)洲錢吳氏鑑古

堂刻宋詩鈔初集本　國圖　北大

上海(清張宗楠補鈔目録並録清陸

辛齋評點,張元濟跋)　遼寧

集 10000218

朝天續集鈔一卷

　（宋）楊萬里撰　（清）崇德吕留良

　（清）石門吳之振　（清）石門吳爾

堯輯

　　清康熙十年(1671)洲錢吳氏鑑古

堂刻宋詩鈔初集本　國圖　北大

上海(清張宗楠補鈔目録並録清陸

辛齋評點,張元濟跋)　遼寧

集 10000219

江東集鈔一卷

　（宋）楊萬里撰　（清）崇德吕留良

　（清）石門吳之振　（清）石門吳爾

堯輯

　　清康熙十年(1671)洲錢吳氏鑑古

堂刻宋詩鈔初集本　國圖　北大

上海(清張宗楠補鈔目録並録清陸

辛齋評點,張元濟跋)　遼寧

集 10000220

江西道院集鈔一卷

　（宋）楊萬里撰　（清）崇德吕留良

　（清）石門吳之振　（清）石門吳爾

堯輯

　　清康熙十年(1671)洲錢吳氏鑑古

堂刻宋詩鈔初集本　國圖　北大
上海（清張宗櫺補鈔目録並録清陸
辛齋評點，張元濟跋）　遼寧

集 10000221

退休集鈔一卷

（宋）楊萬里撰　（清）崇德吕留良
（清）石門吳之振　（清）石門吳爾
堯輯

清康熙十年（1671）洲錢吳氏鑑古
堂刻宋詩鈔初集本　國圖　北大
上海（清張宗櫺補鈔目録並録清陸
辛齋評點，張元濟跋）　遼寧

集 10000222

誠齋詩選一卷

（宋）楊萬里撰　（清）海寧陳訏選
清康熙三十二年（1693）刻宋十五
家詩選本　國圖　上海　湖北

集 10000223

楊誠齋稿一卷

（宋）楊萬里撰　（清）桐鄉俞長城
選評

清康熙三十八年（1699）可儀堂刻
可儀堂一百二十名家制義本　上海
清康熙間步月樓、令德堂刻可儀
堂一百二十名家制義本　國圖
清康熙間刻可儀堂一百二十名家
制義本　國圖　北大
清乾隆三年（1738）文盛堂、懷德
堂刻可儀堂一百二十名家制義本
國圖

集 10000224

義豐集鈔一卷

（宋）王阮撰　（清）崇德吕留良
（清）石門吳之振　（清）石門吳爾
堯輯

清康熙十年（1671）洲錢吳氏鑑古
堂刻宋詩鈔初集本　國圖　北大
上海（清張宗櫺補鈔目録並録清陸
辛齋評點，張元濟跋）　遼寧

集 10000225

文公集鈔一卷

（宋）朱熹撰　（清）崇德吕留良
（清）石門吳之振　（清）石門吳爾
堯輯

清康熙十年（1671）洲錢吳氏鑑古
堂刻宋詩鈔初集本　國圖　北大
上海（清張宗櫺補鈔目録並録清陸
辛齋評點，張元濟跋）　遼寧

集 10000226

朱子詩鈔四卷

（宋）朱熹撰　（清）秀水杜庭珠輯
清采山亭刻本　南京　中科院

集 10000227

朱子詩選一卷

（宋）朱熹撰　（清）海寧陳訏選
清康熙三十二年（1693）刻宋十五
家詩選本　國圖　上海　湖北

集 10000228

朱子論定文鈔二十卷附外編一卷

（宋）朱熹撰

外編

（清）石門吳震方輯

清康熙四十四年（1705）刻本
浙江

集 10000229

江湖長翁詩鈔一卷

（宋）陳造撰　（清）崇德呂留良
（清）石門吳之振　（清）石門吳爾
堯輯

清康熙十年（1671）洲錢吳氏鑑古
堂刻宋詩鈔初集本　國圖　北大
上海（清張宗櫺補鈔目録並録清陸
辛齋評點，張元濟跋）　遼寧

民國間上海有正書局鉛印本　天
津　南京

集 10000230

浪語集鈔一卷

（宋）永嘉薛季瑄撰　（清）崇德呂
留良　（清）石門吳之振　（清）石門
吳爾堯輯

清康熙十年（1671）洲錢吳氏鑑古
堂刻宋詩鈔初集本　國圖　北大
上海（清張宗櫺補鈔目録並録清陸
辛齋評點，張元濟跋）　遼寧

集 10000231

委羽集不分卷

（宋）黄巖左緯撰　（清）臨海黄
瑞輯

清黄瑞抄本　臨海博

集 10000232

**東萊呂太史文集十五卷别集十
六卷外集五卷附録三卷**

（宋）金華呂祖謙撰

考異四卷

永康胡宗楙撰

民國十三年（1924）永康胡氏夢選
樓刻續金華叢書本　國圖　中科院
上海　復旦　天津　遼寧　南京
浙江　湖北　四川

1984年江蘇廣陵古籍刻印社重
印夢選樓刻續金華叢書本　國圖

集 10000233

呂東萊先生文集二十卷首一卷

（宋）金華呂祖謙撰　（清）東陽王
崇炳輯

清雍正元年（1723）金華陳思臚敬
勝堂刻本　國圖　北大　南京　浙
江　湖北　美燕京

清同治七年至光緒八年（1868～
1882）永康胡氏退補齋刻金華叢書
本　首都　上海　民大

清同治七年至光緒八年（1868～
1882）永康胡氏退補齋刻民國間補
刻金華叢書本　國圖　中科院　北
大　上海　天津　遼寧　南京　浙
江　湖北　四川

1981年江蘇廣陵古籍刻印社校
補重印退補齋刻金華叢書本　國圖

集 10000234

定川遺書二卷附録四卷

（宋）鄞縣（世居定海，後遷鄞縣）
沈煥撰　鄞縣張壽鏞輯

民國二十五年（1936）張氏約園刻
四明叢書第四集本

2002 年上海古籍出版社影印續
修四庫全書本

1994 年上海書店出版社叢書集
成續編本

集 10000235

止齋詩鈔一卷

（宋）瑞安陳傅良撰　（清）崇德呂
留良　（清）石門吳之振　（清）石門
吳爾堯輯

清康熙十年（1671）洲錢吳氏鑑古
堂刻宋詩鈔初集本　國圖　北大
上海（清張宗櫛補鈔目錄並錄清陸
辛齋評點，張元濟跋）　遼寧

民國間上海有正書局鉛印本（與
後村詩鈔合訂）　國圖

集 10000236

陳君舉稿一卷

（宋）瑞安陳傅良撰　（清）桐鄉俞
長城選評

清康熙三十八年（1699）可儀堂刻
可儀堂一百二十名家制義本　上海

清康熙間步月樓、令德堂刻可儀
堂一百二十名家制義本　國圖

清康熙間刻可儀堂一百二十名家
制義本　國圖　北大

清乾隆三年（1738）文盛堂、懷德
堂刻可儀堂一百二十名家制義本

國圖

集 10000237

攻媿集一百十二卷

（宋）鄞縣樓鑰撰

拾遺一卷

（清）山陰（原籍山陰，居大興）傅
以禮輯

武英殿聚珍版書本（廣東重刻）
國圖（傅增湘校補並跋，李盛鐸校並
跋）

集 10000238

攻媿集鈔一卷

（宋）鄞縣樓鑰撰　（清）崇德呂留
良　（清）石門吳之振　（清）石門吳
爾堯輯

清康熙十年（1671）洲錢吳氏鑑古
堂刻宋詩鈔初集本　國圖　北大
上海（清張宗櫛補鈔目錄並錄清陸
辛齋評點，張元濟跋）　遼寧

集 10000239

陸象山稿一卷

（宋）陸九淵撰　（清）桐鄉俞長城
選評

清康熙三十八年（1699）可儀堂刻
可儀堂一百二十名家制義本　上海

清康熙間步月樓、令德堂刻可儀
堂一百二十名家制義本　國圖

清康熙間刻可儀堂一百二十名家
制義本　國圖　北大

清乾隆三年（1738）文盛堂、懷德

堂刻可儀堂一百二十名家制義本
國圖

集 10000240

慈湖先生遺書二十卷首一卷補編一卷

　（宋）慈溪楊簡撰

慈湖先生年譜二卷

　（清）慈溪馮可鏞　（清）葉意深編

　清光緒間寧波林氏大酉山房刻民國十九年（1930）慈溪馮氏毋自欺齋印本　國圖　北大

　1989～1994 年山東友誼出版社孔子文化大全本

集 10000241

慈湖先生遺書十八卷續集二卷

　（宋）慈溪楊簡撰　（明）常山周廣

補編一卷

　（清）慈溪馮可鏞輯

新增附錄一卷

　鄞縣張壽鏞輯

慈湖先生年譜二卷

　（清）慈溪馮可鏞　（清）葉意深編

慈湖著述考一卷

　鄞縣張壽鏞輯

　民國間四明張氏約園刻四明叢書本　國圖　中科院　北大　中科院　上海　復旦　天津　遼寧　南京　浙江　湖北　四川　寧夏

　1994 年上海書店出版社叢書集成續編本

集 10000242

舒文靖公類稿四卷附錄三卷

　（宋）奉化舒璘撰　（清）鄞縣徐時棟輯附錄

　1994 年上海書店出版社叢書集成續編本

集 10000243

舒文靖集二卷事實冊一卷

　（宋）奉化舒璘撰

附錄三卷

　（清）鄞縣徐時棟輯

校勘記三卷

　（清）奉化孫鏘撰

　清同治十一年（1872）裔孫亨熙刻本　北大（無附錄及校勘記）

　清光緒二十二年（1896）四明孫氏七千卷樓刻本　國圖　天津　南京　山東　遼寧

集 10000244

龍川文集三十卷附錄二卷

　（宋）永康陳亮撰

辨誣考異二卷

　（清）永康胡鳳丹撰

　清光緒二十七年（1901）義烏陳氏崇本堂刻本　國圖　北大　上海　浙江

　清光緒元年（1875）湖北崇文書局刻本　國圖　北大　復旦　南京　浙江　遼寧　湖北

　清同治七年至光緒八年（1868～1882）永康胡氏退補齋刻金華叢書

本　首都　上海　民大

　　清同治七年至光緒八年（1868～
1882）永康胡氏退補齋刻民國間補
刻金華叢書本　國圖　中科院　北
大　上海　天津　遼寧　南京　浙
江　湖北　四川

　　1981年江蘇廣陵古籍刻印社校
補重印退補齋刻金華叢書本　國圖

集 10000245

龍川文集三十卷附錄二卷

　　（宋）永康陳亮撰

考異二卷

　　（清）永康胡鳳丹撰

　　清宣統三年（1911）掃葉山房石印
本　北大　浙江

集 10000246

**龍川文集三十卷首一卷補遺二
卷附錄二卷**

　　（宋）永康陳亮撰

辨誣考異二卷

　　（清）永康胡鳳丹撰

　　民國十二年（1923）掃葉山房石印
本　南京

集 10000247

絜齋集二十四卷

　　（宋）鄞縣袁燮撰

拾遺一卷

　　（清）仁和勞格輯目　（清）孫星衍
錄文

　　武英殿聚珍版書本（福建重刻、廣

東重刻）

集 10000248

葉水心文集校注不分卷

　　（宋）永嘉葉適撰　（清）瑞安孫衣
言校注

　　稿本　溫州　浙大

集 10000249

水心詩鈔一卷

　　（宋）永嘉葉適撰　（清）崇德呂留
良　（清）石門吳之振　（清）石門吳
爾堯輯

　　清康熙十年（1671）洲錢吳氏鑑古
堂刻宋詩鈔初集本　國圖　北大
上海（清張宗櫹補鈔目錄並錄清陸
辛齋評點，張元濟跋）　遼寧

集 10000250

水心文鈔十卷

　　（宋）永嘉葉適撰　（清）淳安方椅
如選

　　清乾隆間刻本　國圖

　　清乾隆五十四年（1789）葉良球刻
本　溫州

　　清乾隆五十五年（1790）希古堂刻
本　國圖　南京　浙江　山東
湖北

集 10000251

芳蘭軒詩鈔一卷

　　（宋）永嘉徐照撰　（清）崇德呂留
良　（清）石門吳之振　（清）石門吳

爾堯輯

清康熙十年(1671)吳氏鑑古堂刻
宋詩鈔初集本

集 10000252

葦碧軒詩鈔一卷

(宋)永嘉翁卷撰 (清)崇德呂留
良 (清)石門吳之振 (清)石門吳
爾堯輯

清康熙十年(1671)洲錢吳氏鑑古
堂刻宋詩鈔初集本 國圖 北大
上海(清張宗櫍補鈔目錄並錄清陸
辛齋評點,張元濟跋) 遼寧

集 10000253

姜白石詩一卷

(宋)姜夔撰 (清)錢塘戴熙輯
影印戴熙鈔宋元四家詩本

集 10000254

林湖遺稿一卷

(宋)餘姚高鵬飛撰 (清)錢塘高
士奇輯

清康熙二十六年(1687)高士奇刻
本 國圖 上海
清乾隆間內府寫文淵閣四庫全書
本 臺故博
清乾隆間內府寫文溯閣四庫全書
本 甘肅
清乾隆間內府寫文津閣四庫全書
本 國圖
2008年商務印書館影印文津閣
四庫全書本

清乾陸間內府寫本清末民初補鈔
文瀾閣四庫全書本 浙江
1982～1986年臺灣商務印書館
景印文淵閣四庫全書本
1986年上海古籍出版社據臺灣
商務印書館景印文淵閣四庫全書景
印本
2006～2015年杭州出版社影印
文瀾閣四庫全書本
清存素堂鈔宋元人詩集本 國圖
高氏小集本(清鈔) 國圖
清鈔兩宋名賢小集本 重慶
清鈔兩宋名賢小集本 福建
清鈔兩宋名賢小集本 南大
清鈔高氏小集本 國圖
清鈔宋人小集十五種本 北大

集 10000255

二薇亭詩鈔一卷

(宋)永嘉徐璣撰 (清)崇德呂留
良 (清)石門吳之振 (清)石門吳
爾堯輯

清康熙十年(1671)洲錢吳氏鑑古
堂刻宋詩鈔初集本 國圖 北大
上海(清張宗櫍補鈔目錄並錄清陸
辛齋評點,張元濟跋) 遼寧

集 10000256

漫塘詩鈔一卷

(宋)劉宰撰 (清)崇德呂留良、
(清)石門吳之振、 (清)石門吳
爾堯輯

清康熙十年(1671)洲錢吳氏鑑古

堂刻宋詩鈔初集本　國圖　北大
上海(清張宗櫹補鈔目録並録清陸
辛齋評點,張元濟跋)　遼寧

集 10000257

石屏詩鈔一卷

　(宋)黄巖戴復古撰　(清)崇德吕
留良　(清)石門吳之振　(清)石門
吳爾堯輯

　清康熙十年(1671)洲錢吳氏鑑古
堂刻宋詩鈔初集本　國圖　北大
上海(清張宗櫹補鈔目録並録清陸
辛齋評點,張元濟跋)　遼寧

集 10000258

清苑齋詩鈔一卷

　(宋)永嘉趙師秀撰　(清)崇德吕
留良　(清)石門吳之振　(清)石門
吳爾堯輯

　清康熙十年(1671)洲錢吳氏鑑古
堂刻宋詩鈔初集本　國圖　北大
上海(清張宗櫹補鈔目録並録清陸
辛齋評點,張元濟跋)　遼寧

集 10000259

信天巢遺稿一卷

　(宋)餘姚高翥撰　(清)錢塘高士
奇輯

　清康熙二十六年(1687)高士奇刻
本　國圖　上海　浙江

　清道光八年(1828)刻本　浙江

集 10000260

菊澗集一卷

　(宋)餘姚高翥撰　(清)錢塘高士
奇輯

　清法氏錢唐汪氏長沙刻叢睦汪氏
遺書本　國圖　南京　中科院

　清存素堂鈔宋元人詩集本　國圖

　清乾隆間内府寫文淵閣四庫全書
本　臺故博

　清乾隆間内府寫文溯閣四庫全書
本　甘肅

　清乾隆間内府寫文津閣四庫全書
本　國圖

　2008 年商務印書館影印文津閣
四庫全書本

　清乾陸間内府寫本清末民初補鈔
文瀾閣四庫全書本　浙江

　1982～1986 年臺灣商務印書館
景印文淵閣四庫全書本

　1986 年上海古籍出版社據臺灣
商務印書館景印文淵閣四庫全書景
印本

　2006～2015 年杭州出版社影印
文瀾閣四庫全書本

集 10000261

菊磵詩選一卷

　(宋)餘姚高翥撰　(清)海寧陳
訏選

　清康熙三十二年(1693)刻宋十五
家詩選本　國圖　上海　湖北

集 10000262

玉楮詩稿八卷

　　（宋）嘉興岳珂（相州湯陰人，定居嘉興）撰

附錄一卷

　　（清）錢塘吳允嘉輯

　　清吳允嘉鈔本（清吳允嘉校，清丁丙跋）　南京

　　民國十一年（1922）河南官書局刻三怡堂叢書本（玉楮集，傅增湘校並跋）　國圖

集 10000263

繼一堂詩集不分卷

　　（宋）仙居郭磊卿撰　　（清）仙居郭協寅輯

　　清黃瑞抄本　臨海博

集 10000264

杜清獻公集十九卷首一卷補遺一卷附二卷

　　（宋）黃巖杜範撰　　（清）孫熹等校

杜清獻公年譜一卷

　　（清）黃巖王棻編

　　清同治九年（1870）吳縣孫氏九峰書院刻光緒六年（1880）重校補修刻本　國圖　浙江

集 10000265

杜清獻公集校注

　　（清）黃巖王棻等撰

　　清末刻本　國圖

集 10000266

農歌集鈔一卷

　　（宋）黃巖（一作天台）戴昺撰　（清）崇德呂留良　（清）石門吳之振　（清）石門吳爾堯輯

　　清康熙十年（1671）洲錢吳氏鑑古堂刻宋詩鈔初集本　國圖　北大　上海（清張宗櫹補鈔目録並録清陸辛齋評點，張元濟跋）　遼寧

集 10000267

後村詩鈔一卷

　　（宋）劉克莊撰　　（清）崇德呂留良　（清）石門吳之振　（清）石門吳爾堯輯

　　清康熙十年（1671）洲錢吳氏鑑古堂刻宋詩鈔初集本　國圖　北大　上海（清張宗櫹補鈔目録並録清陸辛齋評點，張元濟跋）　遼寧

集 10000268

魯齋王文憲公文集二十卷

　　（宋）金華王柏撰

考異一卷

　　永康胡宗楙撰

　　民國十三年（1924）永康胡氏夢選樓刻續金華叢書本　國圖　中科院　上海　復旦　天津　遼寧　南京　浙江　湖北　四川

　　1984 年江蘇廣陵古籍刻印社重印夢選樓刻續金華叢書本　國圖

　　2013 年上海古籍出版社重修金華叢書本

集 10000269

清雋集鈔一卷

（宋）鄭起撰 （清）崇德呂留良
（清）石門吳之振 （清）石門吳爾
堯輯

清康熙十年（1671）洲錢吳氏鑑古
堂刻宋詩鈔初集本 國圖 北大
上海（清張宗橚補鈔目錄並錄清陸
辛齋評點，張元濟跋） 遼寧

集 10000270

彝齋文編四卷

（宋）海鹽（一作平湖）趙孟堅撰

補遺一卷

（清）仁和（祖籍歙縣，徙居仁和）
鮑廷博輯

清鮑氏知不足齋鈔本 國圖（清
鮑廷博校） 南京（清丁丙跋）

清鈔本 北大 科學院（王獻唐
題記）

清勞氏鈔本（清勞權校並鈔補）
上海

集 10000271

彝齋文編四卷補遺一卷

（宋）海鹽（一作平湖）趙孟堅撰
（清）仁和（祖籍歙縣，徙居仁和）鮑
廷博輯 （清）勞權續輯

清勞氏鈔本（清勞權校並鈔補）
上海

集 10000272

蒙齋集二十卷

（宋）鄞縣袁甫撰

拾遺一卷

（清）仁和勞格輯目 （清）孫星華
錄文

武英殿聚珍版書本（福建重刻、廣
東重刻）

集 10000273

先天集鈔一卷

（宋）許月卿撰 （清）崇德呂留良
（清）石門吳之振 （清）石門吳爾
堯輯

清康熙十年（1671）洲錢吳氏鑑古
堂刻宋詩鈔初集本 國圖 北大
上海（清張宗橚補鈔目錄並錄清陸
辛齋評點，張元濟跋） 遼寧

集 10000274

四明文獻集五卷補遺一卷

（宋）鄞縣王應麟撰 （明）鄞縣鄭
真 （明）鄞縣陳朝輔輯

深寧先生文鈔摭餘編三卷

（清）葉熊輯

深寧先生年譜一卷

（清）錢大昕編

王深寧先生年譜一卷

（清）鄞縣陳僅編

王深寧先生年譜一卷

（清）仁和張大昌編

民國五年（1916）鉛印本 北大

民國間四明張氏約園刻四明叢書
本 國圖 中科院 北大 中科院
上海 復旦 天津 遼寧 南京

浙江　湖北　四川　寧夏

1994 年上海書店出版社叢書集成續編本

集 10000275

深寧先生文鈔八卷

　　(宋)鄞縣王應麟撰

深寧先生年譜一卷

　　(清)仁和張大昌編

　　民國間鉛印本　北大

集 10000276

山民詩鈔一卷

　　(宋)括蒼真山民撰　(清)崇德呂留良　(清)石門吳之振　(清)石門吳爾堯輯

　　清康熙十年(1671)洲錢吳氏鑑古堂刻宋詩鈔初集本　國圖　北大　上海(清張宗櫛補鈔目録並録清陸辛齋評點，張元濟跋)　遼寧

集 10000277

真山民詩鈔一卷

　　(宋)括蒼真山民撰　(清)崇德呂留良　(清)石門吳之振　(清)石門吳爾堯輯

　　清鈔本(真山民詩鈔)　南京

集 10000278

潛齋詩鈔一卷

　　(宋)淳安何夢桂撰　(清)崇德呂留良　(清)石門吳之振　(清)石門吳爾堯輯

　　清康熙十年(1671)洲錢吳氏鑑古堂刻宋詩鈔初集本　國圖　北大　上海(清張宗櫛補鈔目録並録清陸辛齋評點，張元濟跋)　遼寧

集 10000279

仁山金先生文集四卷附録一卷

　　(宋)蘭溪金履祥撰　(清)蘭溪金弘勳校輯

　　清鈔本　國圖　上海

　　清刻本　國圖

　　清雍正三年(1725)春暉堂刻本　國圖　天津　上海　南京　曉莊學院　浙江　遼寧　湖北

　　2013 年上海古籍出版社重修金華叢書本

集 10000280

仁山文集四卷附録一卷

　　(宋)蘭溪金履祥撰　(清)蘭溪金弘勳校輯

　　清乾隆間内府寫文淵閣四庫全書本　臺故博

　　清乾隆間内府寫文溯閣四庫全書本　甘肅

　　清乾隆間内府寫文津閣四庫全書本　國圖

　　2008 年商務印書館影印文津閣四庫全書本

　　清乾陸間内府寫本清末民初補鈔文瀾閣四庫全書本　浙江

　　1982～1986 年臺灣商務印書館景印文淵閣四庫全書本

1986 年上海古籍出版社據臺灣商務印書館景印文淵閣四庫全書景印本

2006～2015 年杭州出版社影印文瀾閣四庫全書本

集 10000281

文山詩鈔一卷

（宋）文天祥撰　（清）崇德呂留良　（清）石門吳之振　（清）石門吳爾堯輯

清康熙十年（1671）洲錢吳氏鑑古堂刻宋詩鈔初集本　國圖　北大　上海（清張宗櫧補鈔目錄並錄清陸辛齋評點，張元濟跋）　遼寧

集 10000282

文文山稿一卷

（宋）文天祥撰　（清）桐鄉俞長城選評

清康熙三十八年（1699）可儀堂刻可儀堂一百二十名家制義本　上海

清康熙間步月樓、令德堂刻可儀堂一百二十名家制義本　國圖

清康熙間刻可儀堂一百二十名家制義本　國圖　北大

清乾隆三年（1738）文盛堂、懷德堂刻可儀堂一百二十名家制義本　國圖

集 10000283

湖山外稿一卷附錄一卷

（宋）錢塘汪元量撰　（清）錢塘汪森輯

清鈔本　國圖

集 10000284

水雲詩鈔一卷

（宋）錢塘汪元量撰　（清）崇德呂留良　（清）石門吳之振　（清）石門吳爾堯輯

清康熙十年（1671）洲錢吳氏鑑古堂刻宋詩鈔初集本　國圖　北大　上海（清張宗櫧補鈔目錄並錄清陸辛齋評點，張元濟跋）　遼寧

清宣統二年（1910）北京龍文閣石印宋代五十六家詩集本　國圖　上海

集 10000285

馮秋水先生評定存雅堂遺稿十三卷補刊一卷附西塘十景詩一卷

（宋）浦江方鳳撰　（清）馮如京評　（明）浦江張燧輯評

清順治十一年（1654）浦江方兆儀等刻本　國圖　天津　上海（清鮑廷博、清勞權校，葉景葵跋）　南京

2013 年上海古籍出版社重修金華叢書本

2020 年學苑出版社浦江文獻集成本

集 10000286

隆吉詩鈔一卷

（宋）梁棟撰　（清）崇德呂留良　（清）石門吳之振　（清）石門吳爾

堯輯

　　清康熙十年(1671)洲錢吳氏鑑古堂刻宋詩鈔初集本　國圖　北大

上海(清張宗櫎補鈔目錄並錄清陸辛齋評點,張元濟跋)　遼寧

集 10000287

白石樵唱鈔一卷

　　(宋)平陽林景熙撰　(清)崇德吕留良　(清)石門吳之振　(清)石門吳爾堯輯

　　清康熙十年(1671)洲錢吳氏鑑古堂刻宋詩鈔初集本　國圖　北大

上海(清張宗櫎補鈔目錄並錄清陸辛齋評點,張元濟跋)　遼寧

集 10000288

晞髮集鈔一卷

　　(宋)謝翱撰　(清)崇德吕留良(清)石門吳之振　(清)石門吳爾堯輯

　　清康熙十年(1671)洲錢吳氏鑑古堂刻宋詩鈔初集本　國圖　北大

上海(清張宗櫎補鈔目錄並錄清陸辛齋評點,張元濟跋)　遼寧

集 10000289

晞髮近稿鈔一卷

　　(宋)謝翱撰　(清)崇德吕留良(清)石門吳之振　(清)石門吳爾堯輯

　　清康熙十年(1671)洲錢吳氏鑑古堂刻宋詩鈔初集本　國圖　北大

上海(清張宗櫎補鈔目錄並錄清陸辛齋評點,張元濟跋)　遼寧

集 10000290

冬青引注一卷

　　(宋)謝翱撰　(清)餘姚黄宗羲注

　　清宣統三年(1911)上海時中書局鉛印梨洲遺著彙刊本(民國四年(1915)增版本、十六年(1927)印本)　國圖　中科院　北大　上海　復旦　天津　遼寧　甘肅　南京　浙江　湖北　四川　遼寧

　　民國八年(1919)上海掃葉山房石印梨洲遺著彙刊本　遼大　吉林　吉大　日京大人文研

金元之屬

集 10000291

元遺山先生集四十卷首一卷續夷堅志四卷新樂府四卷

　　(金)元好問撰　(清)張穆編

附錄一卷

　　(明)儲瓘輯

補載一卷

　　(清)烏程(一作歸安)施國祁輯

年譜一卷

　　(清)翁方綱編

年譜一卷

　　(清)烏程(一作歸安)施國祁編

年譜二卷

　　(清)凌廷堪編

清道光三十年(1850)靈石楊氏刻本(後收入九金人集)

清道光三十年(1850)靈石楊氏刻京都同立堂書肆印本　國圖　湖北

清道光三十年(1850)靈石楊氏刻光緒八年(1882)京都翰文齋書坊印本　國圖　北大　南京

清道光間張氏陽泉山莊刻本 北大

元遺山先生全集本(光緒讀書山房刻,附清□□撰元遺山先生集考證三卷)　國圖　天津　南京 湖北

清光緒間海豐吳氏刻石蓮庵九金人集本　上海

集 10000292

元遺山詩集箋注十四卷附錄一卷補載一卷

(金)元好問撰　(元)張德輝類次 (清)烏程(一作歸安)施國祁箋注 清道光二年(1822)南潯蔣氏瑞松堂刻本　國圖　北大　南京　湖北 諸暨

清道光七年(1827)苕溪吳氏醉六堂刻本　北師大

清宣統三年(1911)上海掃葉山房石印本　國圖　南京　港大　溫州

2002 年上海古籍出版社影印續修四庫全書本

集 10000293

白雲先生許文懿公傳集四卷附

錄一卷

(元)金華許謙撰　(清)嘉興戴錡輯

清雍正乾隆間金華金氏刻光緒十三年(1887)鎮海謝駿德補刻率祖堂叢書本　國圖(清查慎行校並跋) 中科院　北大　上海　復旦　吉大 甘肅　南京　湖北　重慶

2013 年上海古籍出版社重修金華叢書本

集 10000294

剡源佚文二卷佚詩六卷

(元)奉化戴表元撰　(清)奉化孫鏘編

清光緒二十一年(1895)奉化孫鏘刻本　國圖　南京

2016 年國家圖書館出版社歷代地方詩文總集彙編本

集 10000295

剡源集三十卷首一卷附佚詩六卷佚文二卷

(元)奉化戴表元撰　(清)奉化孫鏘編

清光緒二十一年(1895)奉化孫鏘刻民國六年(1917)印本　國圖

集 10000296

剡源文鈔四卷

(元)奉化戴表元撰　(清)餘姚黃宗羲選

清康熙二十七年(1688)馬思贊刻

本　國圖　上海（清齊采藥翁批並
跋）

　清道光八年（1828）慈溪鄭氏鈔本
國圖

　清道光十三年（1833）甬上盧氏刻
本　國圖　天津

　清刻本（剡源先生文鈔）　北大

　1994年上海書店出版社叢書集
成續編本

集 10000297

剡源文集四卷

　（元）奉化戴表元撰　（清）餘姚黃
宗羲選

　清康熙三十九年（1700）馬思贊刻
本　清華　復旦　常熟

集 10000298

剡源先生文鈔四卷

　（元）奉化戴表元撰　（清）餘姚黃
宗羲選

　清刻本　北大

集 10000299

剡源文鈔四卷首一卷佚文一卷

　（元）奉化戴表元撰　（清）餘姚黃
宗羲選　（清）何焯評

　清光緒十五年（1889）童氏大酉山
館刻本　南京　山東

　清光緒十五年（1889）奉化孫鏘刻
本　國圖　山東

集 10000300

素履齋稿二卷

　（元）錢塘（祖籍綿州，遷居錢塘）
鄧文原撰　（清）仁和（祖籍歙縣，徙
居仁和）鮑廷博　（清）鮑正言輯

　稿本（清鮑廷博、清鮑正言校）
國圖

集 10000301

巴西鄧先生文集一卷補遺一卷

　（元）錢塘（祖籍綿州，遷居錢塘）
鄧文原撰　（清）仁和（祖籍歙縣，徙
居仁和）鮑廷博補遺

　清嘉慶間長塘鮑氏知不足齋鈔本
（清鮑廷博校並鈔補序目）　上海

集 10000302

鯨背吟集

　（元）宋旡（一題朱晞顏）撰　（明）
黃巖陶宗儀輯　海寧張宗祥重校

　說郛本（商務印書館鉛印）

　原國立北平圖書館甲庫善本叢
書本

集 10000303

山村遺稿四卷雜著一卷附錄
二卷

　（元）錢塘仇遠撰　（清）顧維岳輯

附錄一卷、補遺一卷

　（清）仁和（祖籍歙縣，徙居仁和）
鮑廷博輯

續、閒居錄一卷

　（元）開化（開化人，少時徙錢塘）

吾衍撰

　清鈔本　北大

　2002年上海古籍出版社影印續
修四庫全書本

集 10000304

梅道人遺墨一卷

　（元）嘉興吳鎮撰　（明）嘉善錢
棻輯

續集一卷外集一卷

　（清）歸安章銓輯

　清乾隆鈔本　美燕京

集 10000305

**五峰集六卷文集一卷雁山十記
一卷**

　（元）樂清李孝光撰

補遺三卷

　（清）仁和（祖籍歙縣，徙居仁和）
鮑廷博輯

　清鮑廷博知不足齋鈔本（清鮑廷
博、清勞格校）　中大

集 10000306

僑吳集十二卷附錄一卷補遺一卷

　（元）遂昌鄭元祐撰　（清）仁和
（祖籍歙縣，徙居仁和）鮑廷博輯

　清鮑氏知不足齋鈔本（清鮑廷博
校並跋）　上海

　清鈔本（清羅榘校並題識）　上海

集 10000307

重刻吳淵穎集十二卷附錄一卷

　（元）浦江吳萊撰　（明）金華宋濂
編　（清）海寧查遴輯

　清康熙四十九年（1710）吳氏豹文
堂刻雍正乾隆間遞修本　港中大
美燕京

　清康熙四十九年（1710）刻雍正元
年（1723）增刻本　國圖

　清康熙四十九年（1710）吳氏豹文
堂刻本　港中大

　清光緒三十一年（1905）木活字印
本　天津

　2020年學苑出版社浦江文獻集
成本

集 10000308

**淵穎吳先生集十二卷附錄一卷
考異一卷**

　（元）浦江吳萊撰　永康胡宗楙
考異

　民國十三年（1924）永康胡氏夢選
樓刻續金華叢書本　國圖　中科院
上海　復旦　天津　遼寧　南京
浙江　湖北　四川

　1984年江蘇廣陵古籍刻印社重
印夢選樓刻續金華叢書本　國圖

　2020年學苑出版社浦江文獻集
成本

集 10000309

倪雲林詩一卷

　（元）倪瓚撰　（清）錢塘戴熙選

　稿本宋元四家詩鈔本（清丁丙跋）
南京

集 10000310

丹邱生稾一卷拾遺一卷

（元）仙居柯九思撰　（清）黃巖王棻輯

清光緒十七年（1891）黃巖王氏鈔本　黃巖

集 10000311

夷白齋稿選要一卷

（元）臨海陳基撰　（清）黃巖王棻選

清同治五年（1866）稿本　黃巖

集 10000312

九靈山房集三十卷補編二卷

（元）浦江戴良撰

戴九靈先年譜一卷

（清）浦江戴殿江　（清）浦江戴殿泗編

清乾隆三十七年（1772）知不足齋刻本　中社科院文學所（未題年譜、補編，清鮑廷博、清曹秉鈞校）

清乾隆三十六年（1771）浦江戴氏傳經書屋刻本　國圖　北大　南京

清乾隆間內府寫文淵閣四庫全書本　臺故博

清乾隆間內府寫文溯閣四庫全書本　甘肅

清乾隆間內府寫文津閣四庫全書本　國圖

2008 年商務印書館影印文津閣四庫全書本

清乾陸間內府寫本清末民初補鈔文瀾閣四庫全書本　浙江

1982～1986 年臺灣商務印書館景印文淵閣四庫全書本

1986 年上海古籍出版社據臺灣商務印書館景印文淵閣四庫全書景印本

2006～2015 年杭州出版社影印文瀾閣四庫全書本

清同治七年至光緒八年（1868～1882）永康胡氏退補齋刻金華叢書本　首都　上海　民大

清同治七年至光緒八年（1868～1882）永康胡氏退補齋刻民國間補刻金華叢書本　國圖　中科院　北大　上海　天津　遼寧　南京　浙江　湖北　四川

1981 年江蘇廣陵古籍刻印社校補重印退補齋刻金華叢書本　國圖

2013 年上海古籍出版社重修金華叢書本

2016 年黃山書社影印明別集叢刊第一輯本

2020 年學苑出版社浦江文獻集成本

集 10000313

江月松風集十二卷

（元）杭州錢惟善撰

補遺一卷

（清）錢塘吳允嘉等輯

清金憲邦鈔本　北大

清趙氏小山堂黑格鈔本　國圖

清初曹氏倦圃傳鈔吳氏補遺稿本（清吳焯校並跋，清汪曾學、清汪曾

唯、清丁丙跋） 南京

清鈔本 國圖 北大 上海（張元濟跋）

清康熙二十五年（1686）翁栻鈔本（清翁栻校並跋，清黃丕烈、傅增湘跋） 國圖

集 10000314

江月松風集十二卷

（元）杭州錢惟善撰

續集一卷

（清）錢塘吳允嘉等輯

嘉等輯 補遺 （清）臨海吳焯等輯

清鮑氏知不足齋鈔本（清鮑正言校補並錄明朱之赤題識） 國圖

集 10000315

丁鶴年集三卷續集一卷附錄一卷附校譌一卷

（元）慈溪（西域回回人，元末寓慈溪）丁鶴年撰 （清）仁和胡珽校譌

清咸豐三年（1853）仁和胡氏木活字印琳琅秘室叢書本 國圖 中科院 上海 遼寧 甘肅 復旦 天津 陝西 南京 四川

清光緒十三年（1887）會稽董氏雲瑞樓木活字印琳琅秘室叢書本 國圖 首都 北大 上海 復旦 天津 遼寧 甘肅 南京 浙江 湖北

清光緒十四年（1888）會稽董氏取斯家塾木活字印琳琅秘室叢書本

國圖 北大 上海 復旦 天津 遼寧 甘肅

集 10000316

丁鶴年集四卷

（元）慈溪（西域回回人，元末寓慈溪）丁鶴年撰

附錄一卷

（元）吉雅謨丁 （元）愛理沙 （元）吳惟善撰

校訛一卷

（清）仁和胡珽校訛

續校一卷

（清）董金鑑續校

光緒十四年（1888）會稽董氏取斯家塾木活字印琳琅秘室叢書本 國圖（傅增湘校補並跋） 北大 上海 復旦 天津 遼寧 甘肅

2016 年黃山書社影印明別集叢刊第一輯本

明代之屬

集 10000317

宋學士全集三十二卷補遺八卷附錄二卷

（明）金華宋濂撰 （清）永康胡鳳丹校

清同治七年至光緒八年（1868～1882）永康胡氏退補齋刻金華叢書本 首都 上海 民大

清同治七年至光緒八年（1868～

1882)永康胡氏退補齋刻民國間補刻金華叢書本　國圖　中科院　北大　上海　天津　遼寧　南京　浙江　湖北　四川

　　1981年江蘇廣陵古籍刻印社校補重印退補齋刻金華叢書本　國圖

集 10000318

宋文憲公全集八十卷

　　(明)金華宋濂撰

年譜二卷附錄一卷

　　(清)浦江朱興悌、浦江戴殿江纂、奉化孫鏘增輯

潛溪錄六卷首一卷

　　(清)錢塘丁立中編輯、奉化孫鏘增輯

　　清宣統三年至民國五年(1911～1916)四明孫氏成都刻本　南京　浙江　臨海　天一閣　浙大

　　2013年上海古籍出版社重修金華叢書本

集 10000319

滄浪櫂歌一卷

　　(明)黃巖陶宗儀撰　(清)石門顧修輯

　　清嘉慶四(1799)至十六年(1811)桐川顧氏刻讀畫齋叢書本　國圖　中科院　北大　上海　復旦　天津　遼寧　南京　浙江　湖北

　　清翻刻嘉慶四(1799)至十六年(1811)桐川顧氏刻讀畫齋叢書本本　遼寧

　　臺灣新文豐公司出版叢書集成續編本

　　2016年黃山書社影印明別集叢刊第一輯本

集 10000320

王忠文公集二十卷

　　(明)義烏王褘撰　(清)永康胡鳳丹校

　　清同治七年至光緒八年(1868～1882)永康胡氏退補齋刻金華叢書本　首都　上海　民大

　　清同治七年至光緒八年(1868～1882)永康胡氏退補齋刻民國間補刻金華叢書本　國圖　中科院　北大　上海　天津　遼寧　南京　浙江　湖北　四川

　　1981年江蘇廣陵古籍刻印社校補重印退補齋刻金華叢書本　國圖

集 10000321

張來儀先生文集一卷補遺一卷

　　(明)張羽撰

補遺一卷

　　(清)仁和勞格輯

　　清鈔本(清黃丕烈跋,清邵恩多校,清勞格鈔補遺目錄並跋)　上海

集 10000322

王元章詩一卷

　　(明)諸暨王冕撰　(清)錢塘戴熙選

　　民國十七年(1928)中社影印戴鹿

床手寫宋元四家詩四種本

集 10000323

青邱高季迪先生詩集十八卷遺詩一卷扣舷集一卷鳬藻集五卷附錄一卷青邱高季迪年譜一卷

（明）高啓撰　（清）桐鄉金檀輯注

青邱高季迪年譜

（清）桐鄉金檀編

清雍正六至七年（1728~1729）金氏文瑞樓刻本　國圖（梁啓超題記）

北大　南京　浙江　遼寧

寧波

清雍正六至七年（1728~1729）金氏文瑞樓刻乾隆間墨華池館印本

南京

集 10000324

青丘高季迪先生詩集十八卷首一卷補遺一卷詩餘一卷附錄一卷

（明）高啓撰　（清）桐鄉金檀輯注

民國三年（1914）文瑞樓石印本

天津

民國三年（1914）東吳浦氏石印本

天津　南京

集 10000325

青邱高季迪先生詩集十八卷遺詩一卷

（明）高啓撰　（清）桐鄉金檀輯注

清刻本　國圖

集 10000326

遜志齋集二十四卷

（明）寧海方孝孺撰

附錄一卷

（明）范惟一輯

拾遺一卷

（清）錢塘丁丙輯

明嘉靖四十年（1561）王可大刻萬曆四年（1576）增修本　南京（配清鈔本，清丁丙跋）　河南　重慶　美燕京

集 10000327

集古梅花詩二卷附錄一卷

（明）錢塘沈行撰　（清）錢塘丁丙輯

清光緒二十至二十六年（1894~1900）錢塘丁氏嘉惠堂刻武林往哲遺箸本　國圖　中科院　北大　上海　復旦　天津　遼寧　陝西　南京　浙江　湖北　四川

1985 年江蘇廣陵古籍刻印社影印清光緒二十至二十六年（1894~1900）錢塘丁氏嘉惠堂刻武林往哲遺箸本　中科院

1994 年上海書店出版社叢書集成續編本

集 10000328

曔齋稿一卷

（明）義烏王禕撰　（清）永康胡宗楙輯

民國十三年（1924）永康胡氏夢選

樓刻續金華叢書本　國圖　中科院
　　上海　復旦　天津　遼寧　南京
　　浙江　湖北　四川
　　1984年江蘇廣陵古籍刻印社重
印夢選樓刻續金華叢書本　國圖

集 10000329
薛敬軒稿一卷
　　（明）薛瑄撰　　（清）桐鄉俞長城
選評
　　清康熙三十八年（1699）可儀堂刻
可儀堂一百二十名家制義本　上海
　　清康熙間步月樓、令德堂刻可儀
堂一百二十名家制義本　國圖
　　清康熙間刻可儀堂一百二十名家
制義本　國圖　北大
　　清乾隆三年（1738）文盛堂、懷德
堂刻可儀堂一百二十名家制義本
國圖

集 10000330
**于肅愍公集八卷拾遺一卷附錄
一卷**
　　（明）錢塘于謙撰　　（清）錢塘丁
丙輯
　　清光緒二十至二十六年（1894～
1900）錢塘丁氏嘉惠堂刻武林往哲
遺箸本　國圖　中科院　北大　上
海　復旦　天津　遼寧　陝西　南
京　浙江　湖北　四川
　　1985年江蘇廣陵古籍刻印社影
印清光緒二十至二十六年（1894～
1900）錢塘丁氏嘉惠堂刻武林往哲

遺箸本　中科院
　　清末錢塘于氏重刻明大樑書院本
復旦　臺傅斯年圖
　　1994年上海書店出版社叢書集
成續編本
　　2016年黃山書社影印明別集叢
刊第一輯本

集 10000331
于廷益稿一卷
　　（明）錢塘于謙撰　　（清）俞長城
選評
　　清康熙刻步月樓、令德堂可儀堂
一百二十名家制義本　國圖
　　清乾隆三年（1738）文盛堂懷德堂
刻可儀堂一百二十名家制義本
國圖

集 10000332
姚文敏公遺稿十卷校勘記一卷
　　（明）桐廬姚夔撰　　（清）桐廬袁
昶輯
　　清光緒二十四年（1898）水明廔刻
本　國圖
　　清光緒十六年至二十四年
（1887～1898）桐廬袁氏刻本　國圖
　　中科院　北大　上海　復旦　遼
寧　浙江　武大　重慶（光緒刻，佚
一卷）
　　2016年黃山書社影印明別集叢
刊第一輯本

集 10000333

岳蒙泉稿一卷

（明）岳正撰　（清）桐鄉俞長城
選評

清康熙三十八年(1699)可儀堂刻
可儀堂一百二十名家制義本　上海

清康熙間步月樓、令德堂刻可儀
堂一百二十名家制義本　國圖

清康熙間刻可儀堂一百二十名家
制義本　國圖　北大

清乾隆三年(1738)文盛堂、懷德
堂刻可儀堂一百二十名家制義本
國圖

清鈔名家制義六十一家本　國圖

集 10000334

商文毅公集六卷

（明）淳安商輅撰　（清）張一魁輯

清順治十四年(1657)商德協刻增
刻本　國圖

清武進王家琦木活字印本　國圖

2016 年黃山書社影印明別集叢
刊第一輯本

集 10000335

商素庵稿一卷

（明）淳安商輅撰　（清）桐鄉俞長
城選評

清康熙三十八年(1699)可儀堂刻
可儀堂一百二十名家制義本　上海

清康熙間步月樓、令德堂刻可儀
堂一百二十名家制義本　國圖

清康熙間刻可儀堂一百二十名家

制義本　國圖　北大

清乾隆三年(1738)文盛堂、懷德
堂刻可儀堂一百二十名家制義本
國圖

集 10000336

倪文僖公集三十二卷補遺一卷

（明）錢塘倪謙撰　（清）錢塘丁
丙輯

清光緒二十至二十六年(1894～
1900)錢塘丁氏嘉惠堂刻武林往哲
遺箸本　國圖　中科院　北大　上
海　復旦　天津　遼寧　陝西　南
京　浙江　湖北　四川

1985 年江蘇廣陵古籍刻印社影
印清光緒二十至二十六年(1894～
1900)錢塘丁氏嘉惠堂刻武林往哲
遺箸本　中科院

1994 年上海書店出版社叢書集
成續編本

集 10000337

王宗貫稿一卷

（明）王恕撰　（清）桐鄉俞長城
選評

清康熙三十八年(1699)可儀堂刻
可儀堂一百二十名家制義本　上海

清康熙間步月樓、令德堂刻可儀
堂一百二十名家制義本　國圖

清康熙間刻可儀堂一百二十名家
制義本　國圖　北大

清乾隆三年(1738)文盛堂、懷德
堂刻可儀堂一百二十名家制義本

國圖

集 10000338

丘仲深稿一卷

（明）丘濬撰 （清）桐鄉俞長城選評

清康熙三十八年(1699)可儀堂刻可儀堂一百二十名家制義本 上海

清康熙間步月樓、令德堂刻可儀堂一百二十名家制義本 國圖

清康熙間刻可儀堂一百二十名家制義本 國圖 北大

清乾隆三年(1738)文盛堂、懷德堂刻可儀堂一百二十名家制義本 國圖

集 10000339

静庵集一卷

（明）海寧朱妙端撰 （清）海寧（一作仁和）吴騫輯

附録一卷

（明）湖州周濟等撰

清吴騫鈔本(清姚景瀛校並跋) 湖北

集 10000340

静庵剩稿一卷

（明）海寧朱妙端撰 （清）海寧（一作仁和）吴騫輯

附録一卷

（明）湖州周濟等撰

清乾隆嘉慶間海昌吴氏刻彙印拜經樓叢書本 國圖 中科院 北大

上海 復旦 遼寧 安徽 四川

民國十一年(1922)上海博古齋增輯影印清吴氏刻拜經樓叢書本 國圖 北大 中科院 天津 上海復旦 遼寧 甘肅 南京 浙江湖北 重慶

2016 年黄山書社影印明別集叢刊第一輯本

集 10000341

陳白沙稿一卷

（明）陳獻章撰 （清）桐鄉俞長城選評

清康熙三十八年(1699)可儀堂刻可儀堂一百二十名家制義本 上海

清康熙間步月樓、令德堂刻可儀堂一百二十名家制義本 國圖

清康熙間刻可儀堂一百二十名家制義本 國圖 北大

清乾隆三年(1738)文盛堂、懷德堂刻可儀堂一百二十名家制義本 國圖

集 10000342

羅一峰稿一卷

（明）羅倫撰 （清）桐鄉俞長城選評

清康熙三十八年(1699)可儀堂刻可儀堂一百二十名家制義本 上海

清康熙間步月樓、令德堂刻可儀堂一百二十名家制義本 國圖

清康熙間刻可儀堂一百二十名家制義本 國圖 北大

清乾隆三年（1738）文盛堂、懷德堂刻可儀堂一百二十名家制義本　國圖

集 10000343

齊山稿一卷

（明）義烏王汶撰　胡宗楙輯

民國十三年（1924）永康胡氏夢選樓刻續金華叢書本　國圖　中科院　上海　復旦　天津　遼寧　南京　浙江　湖北　四川

1984 年江蘇廣陵古籍刻印社重印夢選樓刻續金華叢書本　國圖

集 10000344

林亨大稿一卷

（明）林瀚撰　（清）桐鄉俞長城選評

清康熙三十八年（1699）可儀堂刻可儀堂一百二十名家制義本　上海

清康熙間步月樓、令德堂刻可儀堂一百二十名家制義本　國圖

清康熙間刻可儀堂一百二十名家制義本　國圖　北大

清乾隆三年（1738）文盛堂、懷德堂刻可儀堂一百二十名家制義本　國圖

2016 年黃山書社影印明別集叢刊第一輯本

集 10000345

陸冶齋稿一卷

（明）鄞縣陸鈇撰　（清）桐鄉俞長

城選評

清康熙三十八年（1699）可儀堂刻可儀堂一百二十名家制義本　上海

清康熙間步月樓、令德堂刻可儀堂一百二十名家制義本　國圖

清康熙間刻可儀堂一百二十名家制義本　國圖　北大

清乾隆三年（1738）文盛堂、懷德堂刻可儀堂一百二十名家制義本　國圖

2016 年黃山書社影印明別集叢刊第二輯本

集 10000346

吳瓠庵稿一卷

（明）吳寬撰　（清）桐鄉俞長城選評

清康熙三十八年（1699）可儀堂刻可儀堂一百二十名家制義本　上海

清康熙間步月樓、令德堂刻可儀堂一百二十名家制義本　國圖

清康熙間刻可儀堂一百二十名家制義本　國圖　北大

清乾隆三年（1738）文盛堂、懷德堂刻可儀堂一百二十名家制義本　國圖

集 10000347

碧川文選八卷補遺一卷

（明）鄞縣楊守阯撰　鄞縣張壽鏞輯

民國間四明張氏約園刻四明叢書本　國圖　中科院　北大　中科院

上海　復旦　天津　遼寧　南京
浙江　湖北　四川　寧夏
民國間張氏約園鈔本（存卷三至
四）　國圖
1994年上海書店出版社叢書集
成續編本
2016年黃山書社影印明別集叢
刊第一輯本

集 10000348
文僖公集一卷
（明）餘姚黃珣撰　（清）餘姚黃宗
義輯
清康熙四十一年（1702）黃炳刻黃
氏擴殘集本　國圖　上海

集 10000349
李西涯稿一卷
（明）李東陽撰　（清）桐鄉俞長城
選評
清康熙三十八年（1699）可儀堂刻
可儀堂一百二十名家制義本　上海
清康熙間步月樓、令德堂刻可儀
堂一百二十名家制義本　國圖
清康熙間刻可儀堂一百二十名家
制義本　國圖　北大
清乾隆三年（1738）文盛堂、懷德
堂刻可儀堂一百二十名家制義本
國圖

集 10000350
謝木齋稿一卷
（明）餘姚謝遷撰　（清）桐鄉俞長

城選評
清康熙三十八年（1699）可儀堂刻
可儀堂一百二十名家制義本　上海
清康熙間步月樓、令德堂刻可儀
堂一百二十名家制義本　國圖
清康熙間刻可儀堂一百二十名家
制義本　國圖　北大
清乾隆三年（1738）文盛堂、懷德
堂刻可儀堂一百二十名家制義本
國圖
清鈔名家制義六十一家本　國圖

集 10000351
道南先生集一卷
（明）餘姚黃韶撰　（清）餘姚黃宗
義輯
清康熙四十一年（1702）黃炳刻黃
氏擴殘集本　國圖　上海

集 10000352
王守溪稿一卷
（明）王鏊撰　（清）桐鄉俞長城
選評
清康熙三十八年（1699）可儀堂刻
可儀堂一百二十名家制義本　上海
清康熙間步月樓、令德堂刻可儀
堂一百二十名家制義本　國圖
清康熙間刻可儀堂一百二十名家
制義本　國圖　北大
清乾隆三年（1738）文盛堂、懷德
堂刻可儀堂一百二十名家制義本
國圖

集 10000353

顧東江稿一卷

（明）顧清撰　（清）桐鄉俞長城
選評

清康熙三十八年（1699）可儀堂刻
可儀堂一百二十名家制義本　上海

清康熙間步月樓、令德堂刻可儀
堂一百二十名家制義本　國圖

清康熙間刻可儀堂一百二十名家
制義本　國圖　北大

清乾隆三年（1738）文盛堂、懷德
堂刻可儀堂一百二十名家制義本
國圖

清鈔名家制義六十一家本　國圖

集 10000354

錢鶴灘稿一卷

（明）錢福撰　（清）桐鄉俞長城
選評

清康熙三十八年（1699）可儀堂刻
可儀堂一百二十名家制義本　上海

清康熙間步月樓、令德堂刻可儀
堂一百二十名家制義本　國圖

清康熙間刻可儀堂一百二十名家
制義本　國圖　北大

清乾隆三年（1738）文盛堂、懷德
堂刻可儀堂一百二十名家制義本
國圖

2016 年黃山書社影印明別集叢
刊第一輯本

集 10000355

唐伯虎稿一卷

（明）唐寅撰　（清）桐鄉俞長城
選評

清康熙三十八年（1699）可儀堂刻
可儀堂一百二十名家制義本　上海

清康熙間步月樓、令德堂刻可儀
堂一百二十名家制義本　國圖

清康熙間刻可儀堂一百二十名家
制義本　國圖　北大

清乾隆三年（1738）文盛堂、懷德
堂刻可儀堂一百二十名家制義本
國圖

集 10000356

拙政園圖題詠一卷

（明）文徵明撰　（清）海寧管庭
芬輯

稿本花近樓叢書本　國圖

集 10000357

練溪集四卷

（明）烏程凌震撰　（清）烏程凌鳴
喈校

明嘉靖三十年（1551）凌約言全椒
刻本　浙大　日内閣

清嘉慶二十年（1815）壽世堂刻本
（與太白山人漫稿合刻）　國圖
南京

集 10000358

**倪小野先生全集八卷倪小野先
生別集一卷**

（明）餘姚倪宗正撰

清暉樓詩一卷

（明）謝謙等撰　（清）餘姚倪繼宗編

清康熙四十九年（1710）倪繼宗清暉樓刻本　國圖　中科院　上海　復旦　浙江

1994～1997 年齊魯書社影印四庫全書存目叢書本

2016 年黃山書社影印明別集叢刊第一輯本

集 10000359

王陽明稿一卷

（明）餘姚王守仁撰　（清）桐鄉俞長城選評

清康熙三十八年（1699）可儀堂刻可儀堂一百二十名家制義本　上海

清康熙間步月樓、令德堂刻可儀堂一百二十名家制義本　國圖

清康熙間刻可儀堂一百二十名家制義本　國圖　北大

清乾隆三年（1738）文盛堂、懷德堂刻可儀堂一百二十名家制義本　國圖

集 10000360

顧未齋稿一卷

（明）顧鼎臣撰　（清）桐鄉俞長城選評

清康熙三十八年（1699）可儀堂刻可儀堂一百二十名家制義本　上海

清康熙間步月樓、令德堂刻可儀堂一百二十名家制義本　國圖

清康熙間刻可儀堂一百二十名家

制義本　國圖　北大

清乾隆三年（1738）文盛堂、懷德堂刻可儀堂一百二十名家制義本　國圖

集 10000361

空同詩鈔十六卷附録一卷

（明）李夢陽撰　（清）錢塘桑調元輯

清乾隆十五年（1750）李斌開封刻本　國圖　南京　溫州

清鈔本　美燕京

集 10000362

空同集選不分卷

（明）李夢陽撰　（清）秀水姚佺（清）孫枝蔚選

清初刻四傑詩選本　清華

集 10000363

李崆峒稿一卷

（明）李夢陽撰　（清）桐鄉俞長城選評

清康熙三十八年（1699）可儀堂刻可儀堂一百二十名家制義本　上海

清康熙間步月樓、令德堂刻可儀堂一百二十名家制義本　國圖

清康熙間刻可儀堂一百二十名家制義本　國圖　北大

清乾隆三年（1738）文盛堂、懷德堂刻可儀堂一百二十名家制義本　國圖

集 10000364

崔東洲稿一卷

（明）崔桐撰　（清）桐鄉俞長城選評

清康熙三十八年（1699）可儀堂刻可儀堂一百二十名家制義本　上海

清康熙間步月樓、令德堂刻可儀堂一百二十名家制義本　國圖

清康熙間刻可儀堂一百二十名家制義本　國圖　北大

清乾隆三年（1738）文盛堂、懷德堂刻可儀堂一百二十名家制義本　國圖

集 10000365

唐虞佐稿一卷

（明）蘭溪唐龍撰　（清）桐鄉俞長城選評

清康熙三十八年（1699）可儀堂刻可儀堂一百二十名家制義本　上海

清康熙間步月樓、令德堂刻可儀堂一百二十名家制義本　國圖

清康熙間刻可儀堂一百二十名家制義本　國圖　北大

清乾隆三年（1738）文盛堂、懷德堂刻可儀堂一百二十名家制義本　國圖

清鈔名家制義六十一家本　國圖

集 10000366

何大復先生詩集十二卷

（明）何景明撰　（清）山陰金鎮輯並評

清康熙五年（1666）山陰金氏刻本　北大

集 10000367

大復集選不分卷

（明）何景明撰　（清）秀水姚佺　（清）孫枝蔚選

清初刻四傑詩選本　清華

集 10000368

孫石臺先生遺集二卷附錄二卷

（明）東陽孫揚撰　（清）東陽盧衍仁輯

清乾隆四十四年（1779）盧衍仁等刻本　金華博（侍王府）

清道光四年（1824）東陽孫氏仰鹿堂刻本　東陽博

2013 年上海古籍出版社重修金華叢書本

2016 年黃山書社影印明別集叢刊第二輯本

集 10000369

太白山人漫稿八卷附錄一卷

（明）歸安（自稱秦人，居歸安）孫一元撰　（清）烏程凌鳴喈校

練溪集四卷

（明）烏程凌震撰　（清）烏程凌鳴喈校

清嘉慶十九年（1814）凌鳴喈刻本　北大

清嘉慶二十年（1815）壽世堂刻本　國圖　北大（無練溪集）　南京

2016年黃山書社影印明別集叢刊第二輯本

集10000370

季彭山稿一卷

（明）山陰（一作會稽）季本撰（清）桐鄉俞長城選評

清康熙三十八年（1699）可儀堂刻可儀堂一百二十名家制義本　上海

清康熙間步月樓、令德堂刻可儀堂一百二十名家制義本　國圖

清康熙間刻可儀堂一百二十名家制義本　國圖　北大

清乾隆三年（1738）文盛堂、懷德堂刻可儀堂一百二十名家制義本　國圖

2016年黃山書社影印明別集叢刊第二輯本

集10000371

汪青湖稿一卷

（明）山陰汪應軫撰　（清）桐鄉俞長城選評

清康熙三十八年（1699）可儀堂刻可儀堂一百二十名家制義本　上海

清康熙間步月樓、令德堂刻可儀堂一百二十名家制義本　國圖

清康熙間刻可儀堂一百二十名家制義本　國圖　北大

清乾隆三年（1738）文盛堂、懷德堂刻可儀堂一百二十名家制義本　國圖

集10000372

楊升庵稿一卷

（明）楊慎撰　（清）桐鄉俞長城選評

清康熙三十八年（1699）可儀堂刻可儀堂一百二十名家制義本　上海

清康熙間步月樓、令德堂刻可儀堂一百二十名家制義本　國圖

清康熙間刻可儀堂一百二十名家制義本　國圖　北大

清乾隆三年（1738）文盛堂、懷德堂刻可儀堂一百二十名家制義本　國圖

集10000373

沈青門詩集一卷詩餘一卷青門山人文一卷

（明）仁和沈仕撰

附錄一卷

（清）杭縣沈祖緜輯

民國七年（1918）西泠印社木活字印本　北大　南京

2016年黃山書社影印明別集叢刊第二輯本

集10000374

鄒謙之稿一卷

（明）鄒守益撰　（清）桐鄉俞長城選評

清康熙三十八年（1699）可儀堂刻可儀堂一百二十名家制義本　上海

清康熙間步月樓、令德堂刻可儀堂一百二十名家制義本　國圖

清康熙間刻可儀堂一百二十名家制義本　國圖　北大

清乾隆三年（1738）文盛堂、懷德堂刻可儀堂一百二十名家制義本　國圖

集 10000375

海峯堂詩稿輯補一卷海峯堂稿輯補一卷

（明）太平葉良佩撰　（清）黃巖王棻輯補

清光緒十九年（1893）黃巖王棻鈔本

集 10000376

王龍溪先生全集二十卷

（明）山陰王畿撰　（清）山陰莫晉校

清道光二年（1822）會稽莫晉刻本　國圖　北大　上海（清顏宗儀批）　南京　遼寧

清鈔本　南京

集 10000377

世敬堂集四卷校勘記四卷

（明）慈溪趙文華撰　（清）錢塘汪遠孫校

清汪氏振綺堂鈔本（清汪遠孫校並跋）　中社科院文學所

集 10000378

羅念庵稿一卷

（明）羅洪先撰　（清）桐鄉俞長城

選評

清康熙三十八年（1699）可儀堂刻可儀堂一百二十名家制義本　上海

清康熙間步月樓、令德堂刻可儀堂一百二十名家制義本　國圖

清康熙間刻可儀堂一百二十名家制義本　國圖　北大

清乾隆三年（1738）文盛堂、懷德堂刻可儀堂一百二十名家制義本　國圖

集 10000379

薛方山稿一卷

（明）薛應旂撰　（清）俞長城評選

清康熙三十八年（1699）可儀堂刻可儀堂一百二十名家制義本　上海

清康熙間步月樓、令德堂刻可儀堂一百二十名家制義本　國圖

清乾隆三年（1738）文盛堂、懷德堂刻可儀堂一百二十名家制義本　國圖

集 10000380

嵇川南稿一卷

（明）湖州嵇世臣撰　（清）桐鄉俞長城選評

清康熙三十八年（1699）可儀堂刻可儀堂一百二十名家制義本　上海

清康熙間步月樓、令德堂刻可儀堂一百二十名家制義本　國圖

清康熙間刻可儀堂一百二十名家制義本　國圖　北大

清乾隆三年（1738）文盛堂、懷德

堂刻可儀堂一百二十名家制義本
國圖

　清康熙步月樓、令德堂刻可儀堂
一百二十名家制義本　國圖

　清乾隆三年(1738)文盛堂懷德堂
刻可儀堂一百二十名家制義本
國圖

　清鈔名家制義六十一家本　國圖

　2016年黃山書社影印明別集叢
刊第二輯本

集 10000381

歸震川先生全稿不分卷

　(明)歸有光撰　(清)崇德呂留良
評點

　清康熙十八年(1679)呂氏天蓋樓
刻本　國圖

　清康熙間呂葆中刻本　國圖

集 10000382

歸震川稿一卷

　(明)歸有光撰　(清)桐鄉俞長城
選評

　清康熙三十八年(1699)可儀堂刻
可儀堂一百二十名家制義本　上海

　清康熙間步月樓、令德堂刻可儀
堂一百二十名家制義本　國圖

　清康熙間刻可儀堂一百二十名家
制義本　國圖　北大

　清乾隆三年(1738)文盛堂、懷德
堂刻可儀堂一百二十名家制義本
國圖

集 10000383

唐荊川先生稿一卷

　(明)唐順之撰　(清)桐鄉俞長城
選評

　清康熙三十八年(1699)可儀堂刻
可儀堂一百二十名家制義本　上海

　清康熙間步月樓、令德堂刻可儀
堂一百二十名家制義本　國圖

　清康熙間刻可儀堂一百二十名家
制義本　國圖　北大

　清乾隆三年(1738)文盛堂、懷德
堂刻可儀堂一百二十名家制義本
國圖

集 10000384

唐荊川先生傳稿不分卷

　(明)唐順之撰　(清)崇德呂留良
評點

　清康熙間呂葆中刻本　國圖

　清光緒十八年(1892)無錫唐氏刻
本　南京

集 10000385

海剛峰稿一卷

　(明)海瑞撰　(清)桐鄉俞長城
選評

　清康熙三十八年(1699)可儀堂刻
可儀堂一百二十名家制義本　上海

　清康熙間步月樓、令德堂刻可儀
堂一百二十名家制義本　國圖

　清康熙間刻可儀堂一百二十名家
制義本　國圖　北大

　清乾隆三年(1738)文盛堂、懷德

堂刻可儀堂一百二十名家制義本
國圖

集 10000386

瞿昆湖稿一卷

（明）瞿景淳撰　（清）桐鄉俞長城
選評

清康熙三十八年（1699）可儀堂刻
可儀堂一百二十名家制義本　上海

清康熙間步月樓、令德堂刻可儀
堂一百二十名家制義本　國圖

清康熙間刻可儀堂一百二十名家
制義本　國圖　北大

清乾隆三年（1738）文盛堂、懷德
堂刻可儀堂一百二十名家制義本
國圖

集 10000387

袁太沖稿一卷

（明）袁福徵撰　（清）桐鄉俞長城
選評

清康熙三十八年（1699）可儀堂刻
可儀堂一百二十名家制義本　上海

清康熙間步月樓、令德堂刻可儀
堂一百二十名家制義本　國圖

清康熙間刻可儀堂一百二十名家
制義本　國圖　北大

清乾隆三年（1738）文盛堂、懷德
堂刻可儀堂一百二十名家制義本
國圖

集 10000388

孫百川稿一卷

（明）孫樓撰　（清）桐鄉俞長城
評選

清康熙三十八年（1699）可儀堂刻
可儀堂一百二十名家制義本　上海

清康熙間步月樓、令德堂刻可儀
堂一百二十名家制義本　國圖

清康熙間刻可儀堂一百二十名家
制義本　國圖　北大

清乾隆三年（1738）文盛堂、懷德
堂刻可儀堂一百二十名家制義本
國圖

集 10000389

楊忠愍公集四卷附錄二卷

（明）楊繼盛撰

表忠記傳奇二卷

（清）永康胡鳳丹撰

清同治七年至光緒八年（1868～
1882）永康胡氏退補齋刻金華叢書
本　首都　上海　民大

清同治七年至光緒八年（1868～
1882）永康胡氏退補齋刻民國間補
刻金華叢書本　國圖　中科院　北
大　上海　天津　遼寧　南京　浙
江　湖北　四川

1981 年江蘇廣陵古籍刻印社校
補重印退補齋刻金華叢書本　國圖

集 10000390

楊忠愍公集五卷首一卷末一卷

（明）楊繼盛撰

表忠記傳奇二卷

（清）永康胡鳳丹撰

1994 年上海書店出版社叢書集
成續編本

集 10000391

徐文長佚草十卷

（明）山陰徐渭撰　（清）會稽徐
沁輯

清初息耕堂鈔本（明張岱跋）　天
一閣

2002 年上海古籍出版社影印續
修四庫全書本

集 10000392

王方麓稿一卷

（明）王樵撰　（清）桐鄉俞長城
評選

清康熙三十八年（1699）可儀堂刻
可儀堂一百二十名家制義本　上海

清康熙間步月樓、令德堂刻可儀
堂一百二十名家制義本　國圖

清康熙間刻可儀堂一百二十名家
制義本　國圖　北大

清乾隆三年（1738）文盛堂、懷德
堂刻可儀堂一百二十名家制義本
國圖

2016 年黃山書社影印明別集叢
刊第三輯本

集 10000393

弇州集選不分卷

（明）王世貞撰　（清）秀水姚佺
（清）孫枝蔚選

清初刻四傑詩選本　清華

集 10000394

諸理齋稿一卷

（明）餘姚諸燮撰　（清）桐鄉俞長
城選評

清康熙三十八年（1699）可儀堂刻
可儀堂一百二十名家制義本　上海

清康熙間步月樓、令德堂刻可儀
堂一百二十名家制義本　國圖

清康熙間刻可儀堂一百二十名家
制義本　國圖　北大

清乾隆三年（1738）文盛堂、懷德
堂刻可儀堂一百二十名家制義本
國圖

2016 年黃山書社影印明別集叢
刊第三輯本

集 10000395

王荊石稿一卷

（明）王錫爵撰　（清）桐鄉俞長城
選評

清康熙三十八年（1699）可儀堂刻
可儀堂一百二十名家制義本　上海

清康熙間步月樓、令德堂刻可儀
堂一百二十名家制義本　國圖

清康熙間刻可儀堂一百二十名家
制義本　國圖　北大

清乾隆三年（1738）文盛堂、懷德
堂刻可儀堂一百二十名家制義本
國圖

集 10000396

許敬菴稿一卷

（明）德清許孚遠撰　（清）桐鄉俞

長城選評

清康熙步月樓、令德堂刻可儀堂一百二十名家制義本　國圖

清乾隆三年(1738)文盛堂懷德堂刻可儀堂一百二十名家制義本　國圖

2016 年黃山書社影印明別集叢刊第三輯本

集 10000397

黃葵陽稿一卷

（明）秀水黃洪憲撰　（清）陳名夏輯

明末陳氏石雲居刻國朝大家制義本　國圖

清康熙三十八年(1699)可儀堂刻可儀堂一百二十名家制義本　上海

清康熙間步月樓、令德堂刻可儀堂一百二十名家制義本　國圖

清康熙間刻可儀堂一百二十名家制義本　國圖　北大

清乾隆三年(1738)文盛堂、懷德堂刻可儀堂一百二十名家制義本　國圖

清鈔名家制義六十一家本　國圖

集 10000398

黃葵陽稿一卷

（明）秀水黃洪憲撰　（清）桐鄉俞長城選評

清康熙三十八年(1699)可儀堂刻可儀堂一百二十名家制義本　上海

清康熙間步月樓、令德堂刻可儀

堂一百二十名家制義本　國圖

清康熙間刻可儀堂一百二十名家制義本　國圖　北大

清乾隆三年(1738)文盛堂、懷德堂刻可儀堂一百二十名家制義本　國圖

集 10000399

鄧定宇稿一卷

（明）鄧以讚撰　（清）桐鄉俞長城選評

清康熙三十八年(1699)可儀堂刻可儀堂一百二十名家制義本　上海

清康熙間步月樓、令德堂刻可儀堂一百二十名家制義本　國圖

清康熙間刻可儀堂一百二十名家制義本　國圖　北大

清乾隆三年(1738)文盛堂、懷德堂刻可儀堂一百二十名家制義本　國圖

2016 年黃山書社影印明別集叢刊第三輯本

集 10000400

孫月峰稿一卷

（明）餘姚孫鑛撰　（清）桐鄉俞長城選評

清康熙三十八年(1699)可儀堂刻可儀堂一百二十名家制義本　上海

清康熙間步月樓、令德堂刻可儀堂一百二十名家制義本　國圖

清康熙間刻可儀堂一百二十名家制義本　國圖　北大

清乾隆三年（1738）文盛堂、懷德
堂刻可儀堂一百二十名家制義本
國圖

集 10000401

閭觀詩畧選鈔七卷

（明）歸安吳夢暘撰　（清）嘉善柯
煜選

清吳氏鈔本　復旦

集 10000402

楊貞復稿一卷

（明）楊起元撰　（清）桐鄉俞長城
選評

清康熙三十八年（1699）可儀堂刻
可儀堂一百二十名家制義本　上海

清康熙間步月樓、令德堂刻可儀
堂一百二十名家制義本　國圖

清康熙間刻可儀堂一百二十名家
制義本　國圖　北大

清乾隆三年（1738）文盛堂、懷德
堂刻可儀堂一百二十名家制義本
國圖

集 10000403

馮具區稿一卷

（明）秀水馮夢禎撰　（清）桐鄉俞
長城選評

清康熙三十八年（1699）可儀堂刻
可儀堂一百二十名家制義本　上海

清康熙間步月樓、令德堂刻可儀
堂一百二十名家制義本　國圖

清康熙間刻可儀堂一百二十名家

制義本　國圖　北大

清乾隆三年（1738）文盛堂、懷德
堂刻可儀堂一百二十名家制義本
國圖

集 10000404

馮具區稿一卷

（明）秀水馮夢禎撰　（清）桐鄉俞
長城選評

清康熙三十八年（1699）可儀堂刻
可儀堂一百二十名家制義本　上海

清康熙間步月樓、令德堂刻可儀
堂一百二十名家制義本　國圖

清康熙間刻可儀堂一百二十名家
制義本　國圖　北大

清乾隆三年（1738）文盛堂、懷德
堂刻可儀堂一百二十名家制義本
國圖

清鈔名家制義六十一家本　國圖

集 10000405

顧涇陽稿一卷

（明）顧憲成撰　（清）桐鄉俞長城
選評

清康熙三十八年（1699）可儀堂刻
可儀堂一百二十名家制義本　上海

清康熙間步月樓、令德堂刻可儀
堂一百二十名家制義本　國圖

清康熙間刻可儀堂一百二十名家
制義本　國圖　北大

清乾隆三年（1738）文盛堂、懷德
堂刻可儀堂一百二十名家制義本
國圖

清刻本　東陽博

集 10000406

湯若士稿一卷

（明）湯顯祖撰　（清）桐鄉俞長城
俞長城選評

清康熙三十八年（1699）可儀堂刻
可儀堂一百二十名家制義本　上海

清康熙間步月樓、令德堂刻可儀
堂一百二十名家制義本　國圖

清康熙間刻可儀堂一百二十名家
制義本　國圖　北大

清乾隆三年（1738）文盛堂、懷德
堂刻可儀堂一百二十名家制義本
國圖

清刻本　東陽博

集 10000407

趙儕鶴稿一卷

（明）趙南星撰　（清）桐鄉俞長城
俞長城選評

清康熙三十八年（1699）可儀堂刻
可儀堂一百二十名家制義本　上海

清康熙間步月樓、令德堂刻可儀
堂一百二十名家制義本　國圖

清康熙間刻可儀堂一百二十名家
制義本　國圖　北大

清乾隆三年（1738）文盛堂、懷德
堂刻可儀堂一百二十名家制義本
國圖

集 10000408

萬二愚稿一卷

（明）萬國欽撰　（清）桐鄉俞長城
選評

明末陳氏石雲居刻本　國圖

清康熙三十八年（1699）可儀堂刻
可儀堂一百二十名家制義本　上海

清康熙間步月樓、令德堂刻可儀
堂一百二十名家制義本　國圖

清康熙間刻可儀堂一百二十名家
制義本　國圖　北大

清乾隆三年（1738）文盛堂、懷德
堂刻可儀堂一百二十名家制義本
國圖

集 10000409

鄒泗山稿一卷

（明）鄒德溥撰　（清）桐鄉俞長城
選評

清康熙三十八年（1699）可儀堂刻
可儀堂一百二十名家制義本　上海

清康熙間步月樓、令德堂刻可儀
堂一百二十名家制義本　國圖

清康熙間刻可儀堂一百二十名家
制義本　國圖　北大

清乾隆三年（1738）文盛堂、懷德
堂刻可儀堂一百二十名家制義本
國圖

2016 年黃山書社影印明別集叢
刊第四輯本

集 10000410

董思白稿一卷

（明）董其昌撰　（清）桐鄉俞長城
選評

清康熙三十八年(1699)可儀堂刻
可儀堂一百二十名家制義本　上海

清康熙間步月樓、令德堂刻可儀
堂一百二十名家制義本　國圖

清康熙間刻可儀堂一百二十名家
制義本　國圖　北大

清乾隆三年(1738)文盛堂、懷德
堂刻可儀堂一百二十名家制義本
國圖

集 10000411

錢季梁稿一卷

（明）錢士鰲撰　（清）桐鄉俞長城
選評

清康熙三十八年(1699)可儀堂刻
可儀堂一百二十名家制義本　上海

清康熙間步月樓、令德堂刻可儀
堂一百二十名家制義本　國圖

清康熙間刻可儀堂一百二十名家
制義本　國圖　北大

清乾隆三年(1738)文盛堂、懷德
堂刻可儀堂一百二十名家制義本
國圖

清鈔本　國圖

2016 年黄山書社影印明別集叢
刊第四輯本

集 10000412

黄貞父稿一卷

（明）仁和（一作錢塘）黄汝亨撰
（清）桐鄉俞長城選評

清康熙三十八年(1699)可儀堂刻
可儀堂一百二十名家制義本　　上海

清康熙間步月樓、令德堂刻可儀
堂一百二十名家制義本　國圖

清康熙間刻可儀堂一百二十名家
制義本　國圖　北大

清乾隆三年(1738)文盛堂、懷德
堂刻可儀堂一百二十名家制義本
國圖

集 10000413

郝楚望稿一卷

（明）郝敬撰　（清）桐鄉俞長城
選評

清康熙三十八年(1699)可儀堂刻
可儀堂一百二十名家制義本　上海

清康熙間步月樓、令德堂刻可儀
堂一百二十名家制義本　國圖

清康熙間刻可儀堂一百二十名家
制義本　國圖　北大

清乾隆三年(1738)文盛堂、懷德
堂刻可儀堂一百二十名家制義本
國圖

2016 年黄山書社影印明別集叢
刊第四輯本

集 10000414

方孟旋稿一卷

（明）西安方應祥撰　（清）桐鄉俞
長城選評

清康熙三十八年(1699)可儀堂刻
可儀堂一百二十名家制義本　上海

清康熙間步月樓、令德堂刻可儀
堂一百二十名家制義本　國圖

清康熙間刻可儀堂一百二十名家

制義本　國圖　北大

清乾隆三年(1738)文盛堂、懷德堂刻可儀堂一百二十名家制義本　國圖

清鈔名家制義六十一家本　國圖

清鈔本　國圖

衢州文獻集成本

集 10000415

陶石簣稿一卷

(明)會稽陶望齡撰　(清)桐鄉俞長城選評

清康熙三十八年(1699)可儀堂刻可儀堂一百二十名家制義本　上海

清康熙間步月樓、令德堂刻可儀堂一百二十名家制義本　國圖

清康熙間刻可儀堂一百二十名家制義本　國圖　北大

清乾隆三年(1738)文盛堂、懷德堂刻可儀堂一百二十名家制義本　國圖

集 10000416

顧開雍稿一卷

(明)顧天埈撰　(清)桐鄉俞長城選評

清康熙三十八年(1699)可儀堂刻可儀堂一百二十名家制義本　上海

清康熙間步月樓、令德堂刻可儀堂一百二十名家制義本　國圖

清康熙間刻可儀堂一百二十名家制義本　國圖　北大

清乾隆三年(1738)文盛堂、懷德

堂刻可儀堂一百二十名家制義本　國圖

2016 年黃山書社影印明別集叢刊第四輯本

集 10000417

孫淇澳稿一卷

(明)孫慎行撰　(清)桐鄉俞長城選評

清康熙三十八年(1699)可儀堂刻可儀堂一百二十名家制義本　上海

清康熙間步月樓、令德堂刻可儀堂一百二十名家制義本　國圖

清康熙間刻可儀堂一百二十名家制義本　國圖　北大

清乾隆三年(1738)文盛堂、懷德堂刻可儀堂一百二十名家制義本　國圖

集 10000418

石季常稿一卷

(明)石有恆撰　(清)桐鄉俞長城選評

清康熙三十八年(1699)可儀堂刻可儀堂一百二十名家制義本　上海

清康熙間步月樓、令德堂刻可儀堂一百二十名家制義本　國圖

清康熙間刻可儀堂一百二十名家制義本　國圖　北大

清乾隆三年(1738)文盛堂、懷德堂刻可儀堂一百二十名家制義本　國圖

2016 年黃山書社影印明別集叢

刊第五輯本

集 10000419

許鍾斗稿一卷

（明）許獬撰 （清）桐鄉俞長城
選評

清康熙三十八年（1699）可儀堂刻
可儀堂一百二十名家制義本 上海

清康熙間步月樓、令德堂刻可儀
堂一百二十名家制義本 國圖

清康熙間刻可儀堂一百二十名家
制義本 國圖 北大

清乾隆三年（1738）文盛堂、懷德
堂刻可儀堂一百二十名家制義本
國圖

集 10000420

陳大士先生未刻稿一卷

（明）陳際泰撰 （清）崇德呂留良
輯評

清康熙刻江西五家稿本 國圖

集 10000421

陳大士先生稿不分卷

（明）陳際泰撰 （清）崇德呂留良
輯評

清康熙間刻本 國圖

清初刻本 福師大

集 10000422

陳大士稿一卷

（明）陳際泰撰 （清）桐鄉俞長城
選評

清康熙三十八年（1699）可儀堂刻
可儀堂一百二十名家制義本 上海

清康熙間步月樓、令德堂刻可儀
堂一百二十名家制義本 國圖

清康熙間刻可儀堂一百二十名家
制義本 國圖 北大

清乾隆三年（1738）文盛堂、懷德
堂刻可儀堂一百二十名家制義本
國圖

集 10000423

文湛持稿一卷

（明）文震孟撰 （清）桐鄉俞長城
選評

清康熙三十八年（1699）可儀堂刻
可儀堂一百二十名家制義本 上海

清康熙間步月樓、令德堂刻可儀
堂一百二十名家制義本 國圖

清康熙間刻可儀堂一百二十名家
制義本 國圖 北大

清乾隆三年（1738）文盛堂、懷德
堂刻可儀堂一百二十名家制義本
國圖

集 10000424

王房仲稿一卷

（明）王士驌撰 （清）桐鄉俞長城
選評

清康熙三十八年（1699）可儀堂刻
可儀堂一百二十名家制義本 上海

清康熙間步月樓、令德堂刻可儀
堂一百二十名家制義本 國圖

清康熙間刻可儀堂一百二十名家

制義本　國圖　北大

清乾隆三年(1738)文盛堂、懷德堂刻可儀堂一百二十名家制義本　國圖

清鈔本　國圖

集 10000425

章大力先生全稿一卷

(明)章世純撰　(清)崇德吕留良輯評

清康熙刻江西五家稿本　國圖

四庫禁毀書叢刊補編本

集 10000426

章大力稿一卷

(明)章世純撰　(清)桐鄉俞長城選評

清康熙三十八年(1699)可儀堂刻可儀堂一百二十名家制義本　上海

清康熙間步月樓、令德堂刻可儀堂一百二十名家制義本　國圖

清康熙間刻可儀堂一百二十名家制義本　國圖　北大

清乾隆三年(1738)文盛堂、懷德堂刻可儀堂一百二十名家制義本　國圖

集 10000427

張君一稿一卷

(明)張以誠撰　(清)桐鄉俞長城選評

清康熙三十八年(1699)可儀堂刻可儀堂一百二十名家制義本　上海

清康熙間步月樓、令德堂刻可儀堂一百二十名家制義本　國圖

清康熙間刻可儀堂一百二十名家制義本　國圖　北大

清乾隆三年(1738)文盛堂、懷德堂刻可儀堂一百二十名家制義本　國圖

2016 年黃山書社影印明別集叢刊第五輯本

集 10000428

劉子全書四十卷首一卷

(明)山陰劉宗周撰　(清)紹興董瑒編

清道光間蕭山王宗炎等校刻本　國圖　北大　南京　南大　天津　浙博　天一閣　紹興　奉化　溫州博　上虞　嵊州　寧波　黃巖　内蒙古

清道光四至十五年(1824～1835)刻本　徐州　國圖　湖南社科院　陝西

2016 年黃山書社影印明別集叢刊第五輯本

集 10000429

艾千子先生全稿七卷

(明)艾南英撰　(清)崇德吕留良輯評

清康熙刻江西五家稿本　國圖

四庫禁燬書叢刊本

集 10000430

艾千子稿一卷

（明）艾南英撰　（清）桐鄉俞長城
選評

清康熙三十八年（1699）可儀堂刻
可儀堂一百二十名家制義本　上海

清康熙間步月樓、令德堂刻可儀
堂一百二十名家制義本　國圖

清康熙間刻可儀堂一百二十名家
制義本　國圖　北大

清乾隆三年（1738）文盛堂、懷德
堂刻可儀堂一百二十名家制義本
國圖

集 10000431

**餘姚黃忠端公集六卷附集六種
（五緯捷算四卷測地志要四卷黃
忠端公年譜二卷黃黎洲先生年
譜三卷誦芬詩畧三卷自述百韻
一卷）**

（明）餘姚黃尊素撰

附集

（清）餘姚黃炳垕撰編

清光緒間刻餘姚黃氏留書種閣所
刻書本　北大　浙江

2016 年黃山書社影印明別集叢
刊第五輯本

集 10000432

施忠愍公遺集七卷

（明）餘姚施邦曜撰　（清）山陰沈
復粲輯

清咸豐間刻光緒四年（1878）重修

本　國圖　北大　餘姚文保所

清咸豐六年（1856）施耀等刻本
内蒙古

2016 年黃山書社影印明別集叢
刊第五輯本

集 10000433

黃石齋未刻稿一卷

（明）黃道周撰　（清）崇德呂留良
輯存

清末民國初鈔本　國圖

集 10000434

黃石齋稿一卷

（明）黃道周撰　（清）桐鄉俞長城
選評

清康熙三十八年（1699）可儀堂刻
可儀堂一百二十名家制義本　上海

清康熙間步月樓、令德堂刻可儀
堂一百二十名家制義本　國圖

清康熙間刻可儀堂一百二十名家
制義本　國圖　北大

清乾隆三年（1738）文盛堂、懷德
堂刻可儀堂一百二十名家制義本
國圖

集 10000435

梅涇草堂集鈔（梅涇集）二卷

（明）桐鄉沈機撰　（清）桐鄉沈堯
咨輯

清乾隆五年（1740）刻濮川詩鈔本
復旦

集 10000436

張魯叟稿一卷

（明）張壽朋撰　（清）桐鄉俞長城
選評

清康熙三十八年(1699)可儀堂刻
可儀堂一百二十名家制義本　上海

清康熙間步月樓、令德堂刻可儀
堂一百二十名家制義本　國圖

清康熙間刻可儀堂一百二十名家
制義本　國圖　北大

清乾隆三年(1738)文盛堂、懷德
堂刻可儀堂一百二十名家制義本
國圖

2016 年黃山書社影印明別集叢
刊第四輯本

集 10000437

宗伯公賜間隨筆一卷

（明）餘姚姜逢元撰　（清）姜國
翰輯

會稽姜氏家集本(稿本)　國圖

集 10000438

顧瑞屏稿一卷

（明）顧錫疇撰　（清）桐鄉俞長城
選評

清康熙三十八年(1699)可儀堂刻
可儀堂一百二十名家制義本　上海

清康熙間步月樓、令德堂刻可儀
堂一百二十名家制義本　國圖

清康熙間刻可儀堂一百二十名家
制義本　國圖　北大

清乾隆三年(1738)文盛堂、懷德

堂刻可儀堂一百二十名家制義本
國圖

2016 年黃山書社影印明別集叢
刊第四輯本

集 10000439

馮太保文集□卷附錄一卷

（明）慈溪馮元颷撰　慈溪馮貞
羣編

鈔本　天一閣

集 10000440

淩茗柯稿一卷

（明）烏程淩義渠撰　（清）桐鄉俞
長城選評

清康熙三十八年(1699)可儀堂刻
可儀堂一百二十名家制義本　上海

清康熙間步月樓、令德堂刻可儀
堂一百二十名家制義本　國圖

清康熙間刻可儀堂一百二十名家
制義本　國圖　北大

清乾隆三年(1738)文盛堂、懷德
堂刻可儀堂一百二十名家制義本
國圖

集 10000441

**倪鴻寶先生三刻十三卷(倪鴻寶
先生代言選五卷倪鴻寶先生講
編二卷倪鴻寶先生奏牘六卷)附
一卷**

（明）上虞倪元璐撰　（清）王鐸
（明）文震孟選評

明崇禎間王貽杙刻本　中科院

上海　南京　浙江

集 10000442

倪文貞公文集二十卷□一卷詩集二卷奏疏十二卷講編四卷

（明）上虞倪元璐撰　（清）倪會鼎訂正　（清）倪安世輯

清乾隆三十七年（1772）東越倪安世刻本　國圖　北大（無詩集、講編）　上海　復旦　美燕京　天一閣　浙江　嘉興　浙大

集 10000443

倪文貞公詩集二卷附錄一卷

（明）上虞倪元璐撰　（清）倪會鼎訂正

民國二十四年（1935）南京襄社影印王伯沆雙煙室寫本　北大　復旦　南京

鈔本　日靜嘉堂

2016 年黄山書社影印明別集叢刊第五輯本

集 10000444

錢起士先生全稿不分卷

（明）錢禧撰　（清）崇德吕留良評點

清康熙二十年（1681）吕氏天蓋樓刻本　國圖

清刻本　國圖

集 10000445

錢起士稿一卷

（明）錢禧撰　（清）桐鄉俞長城選評

清康熙三十八年（1699）可儀堂刻可儀堂一百二十名家制義本　上海

清康熙間步月樓、令德堂刻可儀堂一百二十名家制義本　國圖

清康熙間刻可儀堂一百二十名家制義本　國圖　北大

清乾隆三年（1738）文盛堂、懷德堂刻可儀堂一百二十名家制義本　國圖

2016 年黄山書社影印明別集叢刊第五輯本

集 10000446

張忠敏公遺集十卷首一卷

（明）東陽張國維撰

附錄六卷

（清）東陽張振珂輯

清咸豐七年（1857）張振珂刻本　國圖　天津　南京　浙江　東陽博

清咸豐十年（1860）張振珂刻本　浙江

清光緒五年（1879）江蘇書局刻本　國圖　北大　南京

四庫未收書輯刊本

2013 年上海古籍出版社重修金華叢書本

2016 年黄山書社影印明別集叢刊第五輯本

集 10000447

羅文止先生全稿一卷

（明）羅萬藻撰 （清）崇德呂留良輯評

清康熙刻江西五家稿本 國圖

集 10000448

羅文止稿一卷

（明）羅萬藻撰 （清）桐鄉俞長城選評

清康熙三十八年（1699）可儀堂刻可儀堂一百二十名家制義本 上海

清康熙間步月樓、令德堂刻可儀堂一百二十名家制義本 國圖

清康熙間刻可儀堂一百二十名家制義本 國圖 北大

清乾隆三年（1738）文盛堂、懷德堂刻可儀堂一百二十名家制義本 國圖

清初刻本 國圖

清末刻本 國圖

集 10000449

金正希先生全稿不分卷

（明）金聲撰 （清）崇德呂留良評點

清呂氏天蓋樓刻本 孝感 寧波

清刻本 縉雲

集 10000450

金正希稿一卷

（明）金聲撰 （清）桐鄉俞長城選評

清康熙三十八年（1699）可儀堂刻可儀堂一百二十名家制義本 上海

清康熙間步月樓、令德堂刻可儀堂一百二十名家制義本 國圖

清康熙間刻可儀堂一百二十名家制義本 國圖 北大

清乾隆三年（1738）文盛堂、懷德堂刻可儀堂一百二十名家制義本 國圖

集 10000451

曹峨雪稿一卷

（明）嘉善曹勳撰 （清）桐鄉俞長城選評

清康熙三十八年（1699）可儀堂刻可儀堂一百二十名家制義本 上海

清康熙間步月樓、令德堂刻可儀堂一百二十名家制義本 國圖

清康熙間刻可儀堂一百二十名家制義本 國圖 北大

清乾隆三年（1738）文盛堂、懷德堂刻可儀堂一百二十名家制義本 國圖

2016 年黃山書社影印明別集叢刊第五輯本

集 10000452

楊維節先生稿一卷

（明）楊以任撰 （清）崇德呂留良輯評

清康熙刻江西五家稿本 國圖

四庫禁毀書叢刊補編本

2016 年黃山書社影印明別集叢刊第五輯本

集 10000453

楊維節稿一卷

（明）楊以任撰　（清）桐鄉俞長城
選評

清康熙三十八年（1699）可儀堂刻
可儀堂一百二十名家制義本　上海

清康熙間步月樓、令德堂刻可儀
堂一百二十名家制義本　國圖

清康熙間刻可儀堂一百二十名家
制義本　國圖　北大

清乾隆三年（1738）文盛堂、懷德
堂刻可儀堂一百二十名家制義本
國圖

集 10000454

**申端愍公詩集八卷文集一卷外
集一卷**

（明）申佳胤（申佳允）撰

申端湣公年譜一卷

（清）申涵光　（清）申涵煜編

任杞實政錄一卷

（清）錢塘丁敬等撰

旌忠錄二卷

（清）魏裔介等撰

清康熙間刻道光二十三年（1843）
補刻本　國圖　北大　南京

2016年黃山書社影印明別集叢
刊第五輯本

集 10000455

左蘿石稿一卷

（明）左懋第撰　（清）桐鄉俞長城
選評

清康熙三十八年（1699）可儀堂刻
可儀堂一百二十名家制義本　上海

清康熙間步月樓、令德堂刻可儀
堂一百二十名家制義本　國圖

清康熙間刻可儀堂一百二十名家
制義本　國圖　北大

清乾隆三年（1738）文盛堂、懷德
堂刻可儀堂一百二十名家制義本
國圖

集 10000456

祁忠惠公遺集十卷

（明）山陰祁彪佳撰　（清）山陰杜
煦編

商夫人錦囊集（香奩集）一卷

（清）會稽商景蘭撰

未焚集一卷

（清）山陰祁德瓊撰

祁奕喜紫芝軒逸稿一卷

（清）山陰祁班孫撰

清道光十五年（1835）刻本　國圖
北大

2016年黃山書社影印明別集叢
刊第五輯本

集 10000457

祁忠惠公遺集十卷補編一卷

（明）山陰祁彪佳撰　（清）山陰杜
煦編　（清）山陰杜春生補編

清道光十五年（1835）刻二十二年
（1841）增刻本　國圖（清李慈銘題
記）　浙江　浙大

清道光刻本　天一閣

集 10000458

倘湖遺稿十卷

(明)蕭山來集之撰　(清)蕭山來汝誠編

來舜和先生稿一卷

(明)蕭山來繼韶撰

清鈔本　國圖

2017 年國家圖書館出版社清代詩文集珍本叢刊本

集 10000459

黃陶庵稿一卷

(明)黃淳耀撰　(清)桐鄉俞長城選評

清康熙三十八年(1699)可儀堂刻可儀堂一百二十名家制義本　上海

清康熙間步月樓、令德堂刻可儀堂一百二十名家制義本　國圖

清康熙間刻可儀堂一百二十名家制義本　國圖　北大

清乾隆三年(1738)文盛堂、懷德堂刻可儀堂一百二十名家制義本　國圖

集 10000460

錢忠介公遺集九卷附錄六卷首一卷錢忠介公年譜一卷

(明)鄞縣錢肅樂撰　(清)鄞縣全祖望輯

錢忠介公年譜

(清)鄞縣馮貞羣編

稿本　天一閣

集 10000461

忠介公正氣堂文集八卷越中集二卷南征集十卷

(明)鄞縣錢肅樂撰　(清)鄞縣全祖望輯

清鈔本　國圖

2019 年國家圖書館出版社明代詩文集珍本叢刊本

集 10000462

忠介公正氣堂集八卷

(明)鄞縣錢肅樂撰　(清)鄞縣全祖望輯

忠介公集附錄四卷

(明)顧錫疇等撰

清鈔本　天一閣

集 10000463

南徵集十卷

(明)鄞縣錢肅樂撰　(清)鄞縣全祖望輯

清徐時棟鈔本(存卷六至十,清徐時棟跋)　天一閣

集 10000464

錢忠介公集二十卷首一卷附錄六卷

(明)鄞縣錢肅樂撰

錢忠介公年譜一卷

慈溪馮貞羣編

民國間四明張氏約園刻四明叢書本　國圖　中科院　北大　中科院上海　復旦　天津　遼寧　南京

浙江　湖北　四川　寧夏

1994 年上海書店出版社叢書集成續編本

2016 年黃山書社影印 2016 年黃山書社影印明別集叢刊第五輯本

集 10000465

陳大樽稿一卷

（明）陳子龍撰　（清）桐鄉俞長城選評

清康熙三十八年（1699）可儀堂刻可儀堂一百二十名家制義本　上海

清康熙間步月樓、令德堂刻可儀堂一百二十名家制義本　國圖

清康熙間刻可儀堂一百二十名家制義本　國圖　北大

清乾隆三年（1738）文盛堂、懷德堂刻可儀堂一百二十名家制義本　國圖

集 10000466

愚囊彙稿二卷補遺一卷

（明）鄞縣宗誼撰　（清）鄞縣周斯盛選編

民國間四明張氏約園刻四明叢書本　國圖　中科院　北大　中科院　上海　復旦　天津　遼寧　南京　浙江　湖北　四川　寧夏

清鈔本　浙江

1994 年上海書店出版社叢書集成續編本

2016 年黃山書社影印明別集叢刊第五輯本

集 10000467

月隱先生遺集四卷外編二卷

（明）海寧祝淵撰

祝月隱先生年譜一卷

（清）海寧陳敬璋編

清陳敬璋寫本（清陳氏校注）臺圖

集 10000468

月隱先生遺集正集四卷外編二卷附錄一卷

（明）海寧祝淵撰　（清）海寧陳敬璋編

清鈔本　首都（陳敬璋圈點、批校周肇祥題跋）

集 10000469

張忠烈公文集（冰槎集、詩補遺、詩餘、奇零草、北征錄、浙江壬午科鄉試朱卷）

（明）鄞縣張煌言撰　（清）山陰（原籍大興，居山陰）傅以禮輯

張忠烈公年譜一卷

（清）鄞縣全祖望編

清光緒十年（1884）傅以禮鈔本（清傅以禮校並跋，清丁丙跋）南京

集 10000470

張蒼水全集不分卷

（明）鄞縣張煌言撰　（清）鄞縣全祖望輯

清鈔本　國圖

集 10000471

奇零草不分卷北征録一卷

(明)鄞縣張煌言撰

張忠烈公年譜一卷

(清)鄞縣全祖望編

清道光十二年(1832)鈔本(清徐時棟跋)　科學院

集 10000472

奇零草不分卷北征録一卷崇禎十五年(1642年)壬午科鄉試朱卷一卷

(明)鄞縣張煌言撰

張忠烈公年譜一卷

(清)鄞縣全祖望編

清光緒十三年(1887)傅氏鈔本(清傅以禮校並跋)　浙江

集 10000473

張蒼水集二卷北征録一卷

(明)鄞縣張煌言撰

張蒼水年譜一卷

(清)會稽趙之謙編

清末鉛印本　國圖　復旦　湖北

集 10000474

張尚書集三卷首一卷

(明)鄞縣張煌言撰　(清)山陰(原籍大興,居山陰)傅以禮重編

清傅氏長恩閣鈔本　上海

集 10000475

吳因之稿一卷

(明)吳默撰　(清)桐鄉俞長城選評

清康熙三十八年(1699)可儀堂刻可儀堂一百二十名家制義本　上海

清康熙間步月樓、令德堂刻可儀堂一百二十名家制義本　國圖

清康熙間刻可儀堂一百二十名家制義本　國圖　北大

清乾隆三年(1738)文盛堂、懷德堂刻可儀堂一百二十名家制義本　國圖

2016年黃山書社影印明別集叢刊第四輯本

集 10000476

徐思曠稿一卷

(明)徐方廣撰　(清)桐鄉俞長城選評

清康熙三十八年(1699)可儀堂刻可儀堂一百二十名家制義本　上海

清康熙間步月樓、令德堂刻可儀堂一百二十名家制義本　國圖

清康熙間刻可儀堂一百二十名家制義本　國圖　北大

清乾隆三年(1738)文盛堂、懷德堂刻可儀堂一百二十名家制義本　國圖

集 10000477

葉永溪稿一卷

(明)葉修撰　(清)桐鄉俞長城

選評.

清康熙三十八年(1699)可儀堂刻可儀堂一百二十名家制義本　上海

清康熙間步月樓、令德堂刻可儀堂一百二十名家制義本　國圖

清康熙間刻可儀堂一百二十名家制義本　國圖　北大

清乾隆三年(1738)文盛堂、懷德堂刻可儀堂一百二十名家制義本　國圖

清代之屬

集 10000478

不系園集一卷

(清)錢塘(原籍安徽歙縣,移居錢塘)汪汝謙撰

清乾隆間刻叢睦汪氏遺書本　國圖　清華　復旦

清光緒三年至二十六年(1877～1900)錢塘丁氏嘉惠堂刻武林掌故叢編本　國圖　中科院　北大　上海　復旦　天津　遼寧　甘肅　山東　南京　浙江　湖北　四川

清光緒五年(1879)錢塘丁氏嘉惠堂刻本　北大　浙師大

清光緒五年至六年(1879～1880)錢塘丁氏八千卷樓刻本　中大

清光緒五年至九年(1879～1883)錢塘丁氏嘉惠堂刻西湖集覽本　國圖　首都　湖南

清光緒九年(1883)錢塘丁氏嘉惠堂刻本　武大

清光緒十二年(1886)錢唐汪氏長沙刻叢睦汪氏遺書本　國圖　南京　中科院　遼寧

1985年江蘇廣陵古籍刻印社影印清光緒三年至二十六年(1877～1900)錢塘丁氏嘉惠堂刻武林掌故叢編本　中科院　餘杭

清代家集叢刊續編本

集 10000479

隨喜庵集一卷

(清)錢塘(原籍安徽歙縣,移居錢塘)汪汝謙撰

清乾隆間刻叢睦汪氏遺書本　國圖　清華　復旦

清光緒三年至二十六年(1877～1900)錢塘丁氏嘉惠堂刻武林掌故叢編本　國圖　中科院　北大　上海　復旦　天津　遼寧　甘肅　山東　南京　浙江　湖北　四川

清光緒五年至六年(1879～1880)錢塘丁氏八千卷樓刻本　中大

清光緒五年(1879)錢塘丁氏嘉惠堂刻本　北大　浙師大

清光緒九年(1883)錢塘丁氏嘉惠堂刻本　武大

清光緒五年至九年(1879～1883)錢塘丁氏嘉惠堂刻西湖集覽本　國圖　首都　湖南

清光緒十二年(1886)錢唐汪氏長沙刻叢睦汪氏遺書本　國圖　南京　中科院　遼寧

1985年江蘇廣陵古籍刻印社影

印清光緒三至二十六年（1877～
1900）錢塘丁氏嘉惠堂刻武林掌故
叢編本　中科院

清代家集叢刊續編本

集 10000480

聽雪軒集一卷

（清）錢塘（原籍安徽歙縣，移居錢
塘）汪汝謙撰

清乾隆間刻叢睦汪氏遺書本　國
圖　清華　復旦

清光緒十二年（1886）錢唐汪氏長
沙刻叢睦汪氏遺書本　國圖　南京
中科院　遼寧

清代家集叢刊續編本

集 10000481

夢香樓集一卷

（清）錢塘（原籍安徽歙縣，移居錢
塘）汪汝謙撰

清乾隆間刻叢睦汪氏遺書本　國
圖　清華　復旦

清光緒十二年（1886）錢唐汪氏長
沙刻叢睦汪氏遺書本　國圖　南京
中科院　遼寧

清代家集叢刊續編本

集 10000482

松溪集一卷

（清）錢塘（原籍安徽歙縣，移居錢
塘）汪汝謙撰

清乾隆間刻叢睦汪氏遺書本　國
圖　清華　復旦

清光緒十二年（1886）錢唐汪氏長
沙刻叢睦汪氏遺書本　國圖　南京
中科院　遼寧

清代家集叢刊續編本

集 10000483

綺詠集一卷續集一卷

（清）錢塘（原籍安徽歙縣，移居錢
塘）汪汝謙撰

清刻本　安徽博

清乾隆間刻叢睦汪氏遺書本　國
圖　清華　復旦

清光緒十二年（1886）錢唐汪氏長
沙刻叢睦汪氏遺書本　國圖　南京
中科院　遼寧

清代家集叢刊續編本

集 10000484

夢草一卷

（清）錢塘（原籍安徽歙縣，移居錢
塘）汪汝謙撰

清乾隆間刻叢睦汪氏遺書本　國
圖　清華　復旦

清光緒十二年（1886）錢唐汪氏長
沙刻叢睦汪氏遺書本　國圖　南京
中科院　遼寧

清代家集叢刊續編本

集 10000485

遊草一卷

（清）錢塘（原籍安徽歙縣，移居錢
塘）汪汝謙撰

清乾隆間刻叢睦汪氏遺書本　國

圖　清華　復旦
　　清光緒十二年(1886)錢唐汪氏長沙刻叢睦汪氏遺書本　國圖　南京
　　中科院　遼寧
　　清代家集叢刊續編本

集 10000486

閩游詩紀一卷

　　(清)錢塘(原籍安徽歙縣,移居錢塘)汪汝謙撰
　　清乾隆間刻叢睦汪氏遺書本　國圖　清華　復旦
　　清光緒十二年(1886)錢唐汪氏長沙刻叢睦汪氏遺書本　國圖　南京
　　中科院　遼寧
　　清代家集叢刊續編本

集 10000487

西湖韻事一卷

　　(清)錢塘(原籍安徽歙縣,移居錢塘)汪汝謙撰
　　清乾隆間刻叢睦汪氏遺書本　國圖　清華　復旦
　　清光緒五年(1879)錢塘丁氏嘉惠堂刻本　北大　浙師大
　　清光緒五年至六年(1879～1880)錢塘丁氏八千卷樓刻本　中大
　　清光緒間錢塘丁氏嘉惠堂刊本　臺大
　　清光緒九年(1883)錢塘丁氏嘉惠堂刻本　武大
　　清光緒十二年(1886)錢唐汪氏長沙刻叢睦汪氏遺書本　國圖　南京

中科院　遼寧

集 10000488

同凡草(豁堂老人同凡草)九卷

　　(清)杭州(金陵人,杭州淨慈寺僧)釋正嵒撰
　　清康熙間刻本　國圖

集 10000489

屏山剩草五卷

　　(清)杭州(金陵人,杭州淨慈寺僧)釋正嵒撰
　　清初刻本　北大

集 10000490

南校草一卷

　　(清)瑞安陳昌言撰
　　清順治間汪瀹南刻本　國圖

集 10000491

龍湫山人遺稿不分卷

　　(清)平湖李確(李天植)撰
　　稿本(清錢昌齡、清陳廷慶、清陸沅、清黃丕烈、周如春題詩,清陸蘊昆、清陸奎勳、清嚴元照、清周芳頌、清顧邦傑、清徐熊飛、清朱壬林、清顧廣譽、清吳讓之跋)　國圖

集 10000492

李介節先生全集十二卷首一卷末一卷

　　(清)平湖李確(李天植)撰
　　清康熙雍正間刻嘉慶十九年

(1814)(1540)錢椒補修彙印本　國
圖　中科院

集 10000493
屑園詩前集五卷後集五卷
　（清）平湖李確（李天植）撰
　清康熙十年（1671）陸樵刻本　中
科院

集 10000494
**屑園詩前集五卷後集五卷續集
二卷文集四卷首一卷補遺一卷**
　（清）平湖李確（李天植）撰
　清康熙十年至十二年（1671～
1673）陸樵刻嘉慶十九年（1814）乍
浦錢椒數峯草堂補刻道光十六年
（1836）盛坰拜石山房補刻　平湖

集 10000495
屑園詩前集五卷，附詩餘
　（清）平湖李確（李天植）撰
　清道光十六年（1836）盛氏拜石山
房刻本　吉大

集 10000496
屑園詩續集二卷
　（清）平湖李確（李天植）撰
　清康熙十二年（1673）陸樵刻本
中科院

集 10000497
**龍湫集五卷附刊一卷明史彈詞
一卷**

（清）平湖李確（李天植）撰　（清）
宋景關輯
　清乾隆十七年（1752）宋景濂十二
蕉亭刻本　國圖　華東師大　美
燕京

集 10000498
龍湫集六卷首一卷
　（清）平湖李確（李天植）撰
　民國三年（1914）王德森市隱廬鈔
本　中科院

集 10000499
梅花百詠一卷
　（清）平湖李確（李天植）撰
　清鈔本（清姚燮跋）　浙江
　民國八年（1919）上虞羅氏鉛印明
季三孝廉集本（附梅絕句）　國圖
平湖

集 10000500
**屑園文集四卷補遺一卷詩前集
一卷後集一卷續集一卷**
　（清）平湖李確（李天植）撰　（清）
李禎輯　（清）盛坰輯遺
　民國八年（1919）上虞羅氏鉛印明
季三孝廉集本　國圖

集 10000501
李潛夫先生遺文一卷
　（清）平湖李確（李天植）撰
　清四古堂鈔本（清吳騫跋）　國圖
　2017 年國家圖書館出版社清代

詩文集珍本叢刊本

集 10000502
屑園集拾遺
　(清)平湖李碓(李天植)撰　羅繼祖輯
　民國二十五年(1936)上虞羅氏墨緣堂石印本　上海

集 10000503
夢餘集四卷
　(清)嘉興李肇亨撰
　清初刻本　北師大

集 10000504
一笑堂詩集四卷
　(清)鄞縣謝三賓撰
　清康熙十六年(1677)刻本　國圖
　2017 年國家圖書館出版社清代詩文集珍本叢刊本

集 10000505
觳音草三卷
　(清)會稽王文奎撰
　清康熙元年(1662)刻本　北大

集 10000506
續騷堂集(續騷集)一卷
　(清)鄞縣萬泰撰
　清初刻明州八家選詩本(續騷集)　寧波
　清光緒十年(1884)趙氏翰香居刻本　國圖　人大

　清光緒二十年(1894)趙氏翰香居校刻本　復旦
　民國年間四明張氏約園刻本(重印)　河南大
　張氏約園刻本(1949 以後重印本)　遼大
　民國二十一年至三十七年(1932~1948)四明張氏約園刻本(後印)　北大
　1994 年上海書店出版社叢書集成續編本

集 10000507
碩蒔集四卷
　(清)山陰王雨謙撰
　稿本　國圖
　清康熙鈔本　浙江

集 10000508
碩蒔集不分卷附吾園遺草一卷
　(清)山陰王雨謙撰
　清俞忠孫鈔本　浙江

集 10000509
虛舟禪師詩集二卷
　(清)慈溪釋行省撰
　清康熙十二年(1673)刻本　上海

集 10000510
蠹魚稿一卷
　(清)平湖過銘簹撰　(清)孫振麟輯
　清鈔明季三高士集本　上海

集 10000511

釣業不分卷粵遊雜詠不分卷

(清)海寧查繼佐撰

稿本(清查羲題詩,查光熙跋)

國圖

集 10000512

釣業不分卷

(清)海寧查繼佐撰

稿本　國圖　北師大

集 10000513

敬修堂釣業不分卷

(清)海寧查繼佐撰

清查人倬鈔本(清管庭芬跋)

上海

清光緒六年(1880)會稽趙氏刻本

北大

民國十八年(1929)紹興墨潤堂書

苑影印本　河南大

集 10000514

敬修堂詩不分卷

(清)海寧查繼佐撰

清鈔本　國圖　上海

清翠薇山房鈔本　海寧

2017年國家圖書館出版社清代

詩文集珍本叢刊本

集 10000515

敬修堂詩後甲集一卷

(清)海寧查繼佐撰

鈔本　華東師大

集 10000516

敬修堂雜著不分卷

(清)海寧查繼佐撰

清鈔本　平湖

集 10000517

**雜體詩五十篇不分卷東山游藁
不分卷**

(清)海寧查繼佐撰

清乾隆鈔本　平湖

集 10000518

東山敬修堂詩集不分卷

(清)海寧查繼佐撰

清抄本　海寧

集 10000519

靜遠居詩選二卷

(清)山陰張陛撰

清順治間刻本　山西大

集 10000520

黎博庵稿一卷

(清)黎元寬撰　(清)桐鄉俞長城
選評

清康熙三十八年(1699)可儀堂刻

可儀堂一百二十名家制義本　上海

清康熙間步月樓、令德堂刻可儀

堂一百二十名家制義本　國圖

清康熙間刻可儀堂一百二十名家

制義本　國圖　北大

清乾隆三年(1738)文盛堂、懷德

堂刻可儀堂一百二十名家制義本

國圖

集 10000521
春秋二槐詩鈔一卷
　（清）嘉興王翃撰
　稿本　上海

集 10000522
二槐詩存一卷
　（清）嘉興王翃撰
　清康熙十一年（1672）王庭刻本
國圖　上海
　2017年國家圖書館出版社清代
詩文集珍本叢刊本
　案：書名一作二槐草存

集 10000523
二槐草存二卷
　（清）嘉興王翃撰
　清傳鈔四庫全書本　天津

集 10000524
秋槐堂詩集二卷
　（清）嘉興王翃撰
　清康熙六十一年（1722）刻梅會詩
人遺集本　國圖　上海　南京

集 10000525
遂初詩集不分卷
　（清）海寧朱嘉徵撰
　稿本　中社科院文學所

集 10000526
止溪文鈔一卷詩鈔一卷
　（清）海寧朱嘉徵撰
　清光緒十三年（1887）海昌羊氏傳
卷樓粵東刻海昌六先生集本　國圖
　中科院　上海　南京

集 10000527
**止溪詩集一卷雜詩一卷詩選一
卷劍南雜詩一卷**
　（清）海寧朱嘉徵撰
　清鈔東海詩選本（清葛繼常補注
並跋）　湖北

集 10000528
知好好學錄一卷
　（清）蘭溪祝石撰
　稿本（清黎元寬批）　中社科院文
學所

集 10000529
宗賢和尚集一卷
　（清）平湖馬嘉楨撰　（清）孫振
麟輯
　清鈔明季三高士集本　上海

集 10000530
雁樓集二十五卷
　（清）仁和徐士俊撰
　清康熙五年（1666）刻本　國圖
　清代詩文集彙編本
　清初刻本　浙江
　鈔本　北大

集 10000531

澹軒詩稿五卷

（清）桐鄉濮淙撰

清康熙六年（1667）刻本　日內閣（國立公文書館）

集 10000532

澹軒詩選前集五卷

（清）桐鄉濮淙撰

清康熙間刻本　國圖　南京

集 10000533

澹軒集一卷

（清）桐鄉濮淙撰

清末民國初石印本　南京　華東師大

集 10000534

商夫人錦囊集（香奩集）一卷

（清）會稽商景蘭撰

清道光間刻祁忠惠公遺集附　國圖　南京　諸暨

集 10000535

錦囊集一卷

（清）會稽商景蘭撰

清刻本　南京

集 10000536

未焚集一卷

（清）山陰祁德瓊撰

清刻本錦囊集附　南京

集 10000537

紫芝軒逸稿一卷

（清）山陰祁班孫撰

清刻本錦囊集附　南京

集 10000538

乾初先生文集十八卷詩集十二卷別集十九卷首一卷

（清）海寧陳確撰

清何氏惜道味齋鈔本（佚名校）南京

2002 年上海古籍出版社影印續修四庫全書本

集 10000539

乾初別集四卷

（清）海寧陳確撰

清鈔本　浙江

集 10000540

乾初先生文鈔二卷詩鈔一卷

（清）海寧陳確撰

清光緒間海昌羊氏傳卷樓粵東刻海昌叢載本　國圖　北大　上海　山大

清光緒十三年（1887）海昌羊氏傳卷樓粵東刻海昌六先生集本　國圖　上海　復旦　人大　海寧

集 10000541

乾初先生遺集（文二卷詩一卷）

（清）海寧陳確撰

清光緒十三年（1887）刻本　南開

集 10000542

梅坡詩集一卷

（清）錢塘張嵩撰

清康熙間刻本　北文物局

集 10000543

上巳野集詩一卷

（清）嘉善顧垶美撰

清康熙間刻本　雲南（趙藩題識）

集 10000544

浮雲集十二卷

（清）海寧陳之遴撰

清康熙間旋吉堂刻本　國圖　上海（有鈔補）　復旦

民國張宗祥鈔本　浙江

民國十二年（1923）翻印清康熙五年（1666）刻本　復旦　川大

民国二十二年（1933）鉛印本　浙江　嘉興　温州　海寧　吉大　蘇大　南開　北大考古　天一閣

2017 年國家圖書館出版社清代詩文集珍本叢刊本

集 10000545

陳素庵浮雲集十一卷

（清）海寧陳之遴撰

康熙丙午刻本　華東師大

民國七年（1918）石印本　浙江

集 10000546

沈憲吉稿一卷

（清）嘉善沈受祺撰

清鈔名家制義六十一家本　國圖

2017 年國家圖書館出版社清代詩文集珍本叢刊本

集 10000547

禪悅內外合集十卷

（清）山陰祁駿佳撰

稿本（存卷一至二）　上海

清寧澹書屋鈔本　紹興

集 10000548

雪芸草一卷

（清）嘉興周映康撰

清乾隆五年（1740）刻本　復旦

石印本　華東師大

集 10000549

梅花逸叟集一卷

（清）桐鄉馮允秀撰　（清）桐鄉沈堯咨輯

清乾隆五年（1740）刻濮川詩鈔本　復旦

石印本　華東師大

集 10000550

巢枸集三卷

（清）杭州釋智蘊撰

清康熙間刻本　南京

集 10000551

秋閒詩草□□卷

（清）嘉興王庭撰

清初刻本　國圖（存四卷）

2017 年國家圖書館出版社清代詩文集珍本叢刊本

集 10000552

王邁人稿不分卷

（清）嘉興王庭撰　（清）張景陽編

清康熙書坊刻本　復旦

清古音堂刻本　蘇大

集 10000553

靈蘭館詩集二卷

（清）蘭溪范路撰　（清）嘉興李維鈞編

清康熙六十一年（1722）刻梅會詩人遺集本　國圖　上海　南京

2013 年上海古籍出版社重修金華叢書本

集 10000554

映然子吟紅集三十卷

（清）山陰王端淑撰

清刻本　湖南（王禮培跋）

集 10000555

王玉映詩一卷

（清）山陰王端淑撰

清順治十二年（1656）（1655）鄒氏鷟宜齋刻詩媛八名家集本　國圖

集 10000556

空齋遺集十二卷古質疑一卷春秋質疑一卷唐宋節錄一卷附一卷

（清）縉雲鄭賡唐撰

清康熙二十一年（1682）鄭惟飆、鄭載揚等刻本　國圖

集 10000557

上定詩存一卷

（清）桐鄉釋上定撰

清康熙四十一年（1702）吳江黃容刻本　上海

集 10000558

范文白遺詩一卷

（清）海寧范驤撰

清刻本　中科院

集 10000559

弗過軒詩鈔七卷

（清）海寧楊雍建撰

清康熙三十三年（1694）刻本　福建

集 10000560

濯足庵文集鈔三卷

（清）張怡撰　（清）餘姚盧文弨輯

清同治五年（1866）凌霞鈔本　南開

清鈔本（清葉廷管、清汪曰禎跋，清吳釗森校）　南京

集 10000561

東皋詩文集不分卷

（清）錢塘張右民撰

清鈔本（吳城校並題款）　天津

孤本秘笈叢書本

集 10000562

清貽堂存稿四卷

（清）仁和王益朋撰 （清）錢塘
（一作仁和）王琦編

清道光咸豐間刻繡水王氏家藏集
本 國圖 首都 南京

清咸豐六年（1856）刻本 鄭大

清代家集叢刊本

集 10000563

吾悔集四卷

（清）餘姚黃宗羲撰

清康熙二十一年（1682）萬斯大刻
本 國圖 中科院 上海 浙大
華東師大 餘姚文保所

集 10000564

撰杖集一卷

（清）餘姚黃宗羲撰

清康熙間刻本 國圖 中科院
上海 浙大 餘姚文保所

集 10000565

南雷文案四卷

（清）餘姚黃宗羲撰

清康熙間刻本 中科院 浙大
餘姚文保所

集 10000566

南雷文案四卷外卷一卷

（清）餘姚黃宗羲撰

清宣統三年（1911）上海時中書局
鉛印梨洲遺著彙刊本（民國四年
（1915）增版本、十六年印本） 國圖
中科院 北大 上海 復旦 天
津 遼寧 甘肅 南京 浙江 湖
北 四川 遼寧

民國八年（1919）上海掃葉山房石
印梨洲遺著彙刊本 遼大 吉林
吉大 日京大人文研

集 10000567

南雷文定前集十一卷後集四卷
三集三卷四集四卷附錄一卷

（清）餘姚黃宗羲撰

清康熙二十七年（1688）靳治荊刻
本 中科院（鄧之誠題記） 復旦

清咸豐三年（1853）南海伍氏刊本
臺圖 臺大

清光緒馮祖憲耕餘樓刻本 浙江
浙大 川大 玉海樓

2002年上海古籍出版社影印續
修四庫全書本

2008年9月廣州出版社廣州大
典本 浙江 上虞 天一閣 奉化
文管會

集 10000568

南雷文定五集四卷

（清）餘姚黃宗羲撰

清乾隆二十六年（1761）程志隆刻
本 中科院 南京

2002年上海古籍出版社影印續
修四庫全書本

舊鈔本　臺圖

集 10000569

南雷詩曆一卷

（清）餘姚黃宗羲撰

清萬言鈔本　天一閣

集 10000570

南雷詩曆三卷

（清）餘姚黃宗羲撰

清康熙間施敬刻本　國圖　中科院　上海　浙大　餘姚文保所

清鈔本（清陳鱣題記）　中科院

集 10000571

南雷詩曆四卷

（清）餘姚黃宗羲撰

清康熙間刻增修本　國圖　南京

清咸豐三年（1853）南海伍氏刊本　臺圖

1966 年藝文印書館百部叢書集成初編影印本　臺圖

集 10000572

南雷詩曆五卷

（清）餘姚黃宗羲撰　（清）鄞縣全祖望輯

清鄭大節刻本　中科院　天一閣　寧波

2002 年上海古籍出版社影印續修四庫全書本

集 10000573

南雷文鈔不分卷

（清）餘姚黃宗羲撰

清鄭柘鈔本（清徐時棟題記）　中科院

清抄本　天一閣

集 10000574

黃梨洲先生南雷文約四卷思舊錄一卷明夷待訪錄一卷

（清）餘姚黃宗羲撰

清乾隆間鄭性刻本　中科院（鄧之誠題記）　遼寧（缺思舊錄、明夷待訪錄）　天一閣　寧波　玉海樓　臨海　平湖　北大　復旦　吉大　山大　川大

清刻本　嘉善　紹興　蘇大　臺圖

民國山西大學堂印書局排印本（明夷待訪錄）　臺圖

民國藝文印書館百部叢書集成初編影印本（明夷待訪錄）　臺圖

中華再造善本本（明夷待訪錄）

集 10000575

南雷集外文一卷

（清）餘姚黃宗羲撰

清光緒十五年（1889）蕭穆鈔本　中科院　北大

2002 年上海古籍出版社影印續修四庫全書本

集 10000576

話山先生詩稿十二卷文稿十七卷別錄七卷

(清)平湖陸洽原撰

清康熙四十一年(1702)陸氏志遠堂刻本　國圖　中科院(缺別錄卷七)

集 10000577

話山文稿六卷

(清)平湖陸洽原撰

清乾隆二十六年(1761)劉聖立寫刻本　上海

集 10000578

蜀道小草一卷

(清)平湖陸洽原撰

清刻本　平湖

集 10000579

留素堂詩刪存二十一卷詩表一卷

(清)海寧蔣熏撰

稿本　國圖

集 10000580

留素堂文集十卷詩刪十三卷詩刪後集九卷詩集一卷

(清)海寧蔣熏撰

清康熙刻本　浙江　復旦(詩刪後集四卷)

集 10000581

留素堂集四十二卷

(清)海寧蔣熏撰

清康熙間刻本　國圖　中科院(存詩刪十三卷)

集 10000582

西征稿偶錄一卷

(清)海寧蔣熏撰

東海詩選本

集 10000583

留素堂文集十卷

(清)海寧蔣熏撰

清初刻本　國圖

清代詩文集彙編本

集 10000584

顧雲馭詩集八卷

(清)平湖顧人龍撰

清康熙四十八年(1709)刻本　國圖

2017年國家圖書館出版社清代詩文集珍本叢刊本

集 10000585

小隱堂文稿一卷

(清)山陰祁熊佳撰

清鈔本　浙江

集 10000586

焚餘草一卷

(清)秀水徐肇森撰

清康熙三十八年(1699)刻抱經齋集附　國圖　故宮　山西大

集 10000587

芥子彌禪師鉏斧草一卷

（清）嘉興釋行彌撰

清康熙間刻本　中科院

集 10000588

笠翁一家言初集十二卷（文集四卷詩集八卷）

（清）蘭溪李漁撰

清康熙間翼聖堂刻本　故宮

故宮珍本叢刊本

2013 年上海古籍出版社重修金華叢書本

集 10000589

笠翁一家言全集十六卷

（清）蘭溪李漁撰

清雍正間芥子園刻世德堂印本

國圖　中科院　上海　美燕京　浙江　海寧　紹興　臨海　富陽　北師大

民國間上海會文堂書局石印本

復旦　浙江　遂昌　義烏　衢州

北大　清華　川大　武大　玉海樓

2013 年上海古籍出版社重修金華叢書本

集 10000590

李笠翁尺牘一卷

（清）蘭溪李漁撰

清嘉慶六年（1801）許嘉猷鈔本

上海

2013 年上海古籍出版社重修金華叢書本

集 10000591

南山堂自訂詩十卷續訂詩五卷三訂詩四卷

（清）歸安吳景旭撰

清康熙二十一年（1682）刻本　中科院（鄧之誠題記）　復旦

民國吳興劉氏嘉業堂刻本　北大南開　河南大　湖州師院

四庫未收書輯刊本

1994 年上海書店出版社叢書集成續編本

清代詩文集彙編本

集 10000592

張楊園先生文集不分卷

（清）桐鄉張履祥撰

清正誼堂鈔本　南京

集 10000593

楊園先生未刻稿十二卷

（清）桐鄉張履祥撰　（清）海寧陳敬璋輯

清咸豐六年（1856）徐椿信鈔本天師大

清鈔本　同安文化館

1994 年上海書店出版社叢書集成續編本

集 10000594

楊園張先生制藝不分卷

（清）桐鄉張履祥撰

稿本 華東師大

集 10000595

楊園先生全集五十四卷年譜一卷

（清）桐鄉張履祥撰 （清）蘇惇元輯

清同治十年（1871）江蘇書局刻本 國圖 中科院 南京 浙江 平湖 紹興 嘉興 天一閣 浙大 東陽博

清同治十二年（1873）大成會刻本 焦作

2002年上海古籍出版社影印續修四庫全書本

清代詩文集彙編本

2002年中華書局整理本

集 10000596

楊園先生全集二十八卷

（清）桐鄉張履祥撰

清光緒十三年（1887）武昌呂氏刻本 常州

集 10000597

張楊園先生全集六卷

（清）桐鄉張履祥撰 （清）李文耕輯

清同治元年（1862）刻本 國圖

集 10000598

張楊園先生文集十卷

（清）桐鄉張履祥撰

清康熙五十三年（1714）刻本 國圖

集 10000599

菊庵詩文選不分卷

（清）樂清李象坤撰

清攬秀軒鈔本 溫州

集 10000600

書帶草堂詩選十二卷文選二卷

（清）慈溪鄭溱撰

清康熙間鄭性刻本 國圖 天一閣

2017年國家圖書館出版社清代詩文集珍本叢刊本

集 10000601

書帶草堂文集一卷

（清）慈溪鄭溱撰

清光緒十八年（1892）刻慈谿文徵本 浙江 天一閣

集 10000602

蕭林初集八卷

（清）嘉善錢棻撰

明崇禎間刻本 中社科院文學所 臺圖 臺故博

清初刻本 中科院

原國立北平圖書館甲庫善本叢書本

集 10000603

謝天童先生集五卷

（清）定海謝泰交撰

清康熙間刻本　國圖　上海
南京

集 10000604

思親百咏一卷

（清）定海謝泰交撰

清樂琴書屋抄本　天一閣

集 10000605

威鳳堂偶録一卷

（清）錢塘陸圻撰

明崇禎十四年（1641）刻本　南京

集 10000606

威鳳堂文集八卷

（清）錢塘陸圻撰

清康熙間刻本　中科院（鄧之誠
題記）

四庫未收書輯刊本

清鈔本　南開

集 10000607

謙齋集二十卷

（清）蕭山蔡仲光撰

清道光間刻本　山西大

清咸豐三年（1853）蔡應鳳刻本
國圖

集 10000608

謙齋詩集不分卷

（清）蕭山蔡仲光撰

清鈔本　中科院

集 10000609

亭林先生集外詩四卷

（清）顧炎武撰　（清）瑞安孫詒
讓輯

稿本　浙大

集 10000610

亭林詩集校文一卷

（清）瑞安孫詒讓撰

稿本　浙大

集 10000611

静園集句十卷別集一卷

（清）嘉興沈延銘撰

清康熙二年（1663）刻本　北大

集 10000612

淳村文集拾遺一卷

（清）海寧（一作海鹽）曹元方撰

清鈔本　國圖

2017 年國家圖書館出版社清代
詩文集珍本叢刊本

集 10000613

耘蓮詩鈔一卷

（清）海寧（一作海鹽）曹元方撰

清光緒間海昌羊氏傳卷樓粵東刻
海昌叢載本　國圖　北大　上海
山大

集 10000614

徧行堂集四十九卷目録二卷

（清）仁和釋今釋（金堡）撰

明刻本　國圖(存序文、目録)　　　　嘉興

集 10000615

徧行堂集四十九卷目録二卷續集十六卷

　　(清)仁和釋今釋(金堡)撰

　　清康熙初廣州刻本中科院(缺續集)　南京(存續集)　復旦

　　清康熙丹霞釋今辯刻本　浙江

　　清乾隆五年(1740)釋繼祖刻本國圖　上海

　　清鈔本　國圖

　　清光緒間釋惟心鈔本　臺圖

　　原國立北平圖書館甲庫善本叢書本

集 10000616

徧行堂集四十八卷目録二卷

　　(清)仁和釋今釋(金堡)撰

　　明末刻本　福建

集 10000617

徧行堂集十六卷

　　(清)仁和釋今釋(金堡)撰

　　清宣統三年(1911)上海國學扶輪社鉛印本　國圖　北大　南京　南大　復旦　浙江　浙大　平湖　紹興　嘉興

集 10000618

徧行堂續集十六卷

　　(清)仁和釋今釋(金堡)撰

　　清康熙二十年(1681)廣州刻本

集 10000619

徧行堂集尺牘五卷

　　(清)仁和釋今釋(金堡)撰

　　清刻本　國圖

集 10000620

金道隱稿一卷

　　(清)仁和釋今釋(金堡)撰　(清)桐鄉俞長城選評

　　清康熙三十八年(1699)可儀堂刻可儀堂一百二十名家制義本　上海

　　清康熙間步月樓、令德堂刻可儀堂一百二十名家制義本　國圖

　　清康熙間刻可儀堂一百二十名家制義本　國圖　北大

　　清乾隆三年(1738)文盛堂、懷德堂刻可儀堂一百二十名家制義本國圖

集 10000621

俞漸川集四卷

　　(清)秀水俞汝言撰

　　清師竹齋鈔本　天津

集 10000622

霜皐集一卷

　　(清)鄞縣徐鳳垣撰

　　清初刻明州八家選詩本　寧波

集 10000623

德藻堂詩集一卷

（清）秀水曹溶撰

稿本（清李因篤、清張廷濟等跋）

上海

集 10000624

静惕堂詩集四十四卷

（清）秀水曹溶撰

清雍正三年（1725）李維鈞刻本

國圖　北大　人大　南開　復旦

華東師大　浙江　中大　川大　温

州　美燕京

集 10000625

静惕堂詩集八卷

（清）秀水曹溶撰　（清）秀水王

相輯

清道光間王相刻清初十家詩鈔本

南京

清道光間（1821～1850）信茅閣木

活字本　吉大

集 10000626

静惕堂集八卷

（清）秀水曹溶撰

清木活字印本　蘇州

集 10000627

曹倦圃未刻編年佚詩不分卷

（清）秀水曹溶撰

稿本　中山

集 10000628

倦圃曹先生尺牘二卷

（清）秀水曹溶撰　（清）胡泰選

清刻含暉閣印本　中科院　天津

浙江　北大　清華　華東師大

人大　吉大

集 10000629

静惕堂詩八卷

（清）秀水曹溶撰

信芳閣叢刊本

集 10000630

曹秋岳先生尺牘八卷

（清）秀水曹溶撰　（清）黄汝銓選

清康熙刻本　國圖

集 10000631

静惕堂尺牘八卷

（清）秀水曹溶撰　（清）黄汝銓選

清康熙三十九年（1700）黄汝銓揖

峰亭刻本　嘉興

集 10000632

荔枝吟一卷

（清）秀水曹溶撰

清鈔荔枝志餘本　國圖

2017 年國家圖書館出版社清代

詩文集珍本叢刊本

集 10000633

隨筆草四卷

（清）寧波李屺源撰

清康熙間刻本　中社科院文學所

集 10000634

與袁堂集十四卷

（清）海寧陳殿桂撰

清康熙四十六年（1707）陳奕禧刻本　中社科院歷史所　北大

集 10000635

與袁堂文集四卷

（清）海寧陳殿桂撰

清刻本　中科院

四庫未收書輯刊本

集 10000636

與袁堂詩集鈔一卷

（清）海寧陳殿桂撰

清光緒間海昌羊氏傳卷樓粵東刻海昌叢載本　國圖　北大　上海　山大

集 10000637

陳薑亦詩選一卷

（清）海寧陳殿桂撰

清鈔東海詩選本（清葛繼常補注並跋）　湖北

集 10000638

與袁堂詩集五卷

（清）海寧陳殿桂撰

清康熙刻本　國圖

集 10000639

潛齋文集十五卷

（清）仁和應撝謙撰

清康熙五十年（1711）應蒼璧刻本　國圖　·南京

集 10000640

潛齋文集（應潛齋先生文集）十卷

（清）仁和應撝謙撰

清讀我書屋鈔本（應潛齋先生文集）　復旦

集 10000641

潛齋文集十卷

（清）仁和應撝謙撰

清咸豐四年（1854）刻本　國圖

集 10000642

叢桂軒近集十卷

（清）山陰姚祖振撰

清康熙間姚毅刻本　北師大　北大

集 10000643

雪交亭集二卷

（清）鄞縣高宇泰撰

鈔本（清徐時棟跋）　中科院

集 10000644

雪交亭集八卷

（清）鄞縣高宇泰撰

鈔本（清何樹侖校並跋）　浙江

集 10000645

黃皆令詩一卷

（清）秀水黃媛介撰　（清）鄒漪輯

清順治十二年(1656)(1655)鄒氏
鷲宜齋刻詩媛八名家集本　國圖

集 10000646
湖上草一卷
　(清)秀水黃媛介撰
　清初刻本　江西

集 10000647
秦亭文集八卷
　(清)錢塘張丹撰
　清康熙間從野堂刻本　國圖

集 10000648
閒窗集一卷
　(清)海鹽彭琰撰
　清鈔本　國圖
　2017 年國家圖書館出版社清代
詩文集珍本叢刊本

集 10000649
茗齋詩十八卷補一卷
　(清)海鹽彭孫貽撰　海鹽張元
濟輯
　稿本(張元濟跋)　上海

集 10000650
茗齋百花詩二卷
　(清)海鹽彭孫貽撰
　清康熙間彭騫曾刻本　國圖(清
陳鱣跋)　中科院(張元濟跋)
北大
　2017 年國家圖書館出版社清代

詩文集珍本叢刊本

集 10000651
茗齋詩七卷
　(清)海鹽彭孫貽撰
　清鈔本　中科院

集 10000652
茗齋詩稿不分卷
　(清)海鹽彭孫貽撰
　清鈔本　上海

集 10000653
茗齋詩七言律一卷
　(清)海鹽彭孫貽撰
　清鈔本　上海

集 10000654
茗齋集二十三卷
　(清)海鹽彭孫貽撰
　民國涵芬樓影印海鹽張氏涉園藏
手稿刻本寫本
　清代詩文集彙編本
　四部叢刊續編本

集 10000655
茗齋雜著
　(清)海鹽彭孫貽撰
　清鈔本　國圖
　2017 年國家圖書館出版社清代
詩文集珍本叢刊本

集 10000656

嚴逸山先生文集十三卷

（清）歸安嚴書開撰

清康熙刻本　浙江

清順治間（1644～1661）原刊本

臺圖（十二卷）

集 10000657

嚴逸山先生外集十三卷善餘堂家乘後編一卷

（清）歸安嚴書開撰

清初嚴氏寧德堂刻本　國圖　首都

2017 年國家圖書館出版社清代詩文集珍本叢刊本

集 10000658

竹笑軒詩草三卷

（清）錢塘李因撰

清初刻本　日内閣

集 10000659

竹笑軒詩鈔一卷

（清）錢塘李因撰

鈔本　北大　浙江（黃丕烈跋）

清代詩文集彙編本

集 10000660

旅堂集七卷

（清）仁和胡介撰　（清）釋山曉輯

清康熙二十三年（1684）刻本　中科院

集 10000661

旅堂詩選六卷

（清）仁和胡介撰　（清）黃之翰輯

清康熙間黃之翰刻本　上海

集 10000662

旅堂詩文集二卷

（清）仁和胡介撰

清康熙間刻本

四庫未收書輯刊本

集 10000663

省軒文鈔□□卷

（清）仁和柴紹炳撰　（清）柴世堂編

稿本（存卷一、二、八至十四、十八、十九）　四川

集 10000664

柴省軒先生文鈔十二卷外集一卷

（清）仁和柴紹炳撰

清康熙間刻本　上海　復旦

集 10000665

翼望山人文鈔二卷

（清）仁和柴紹炳撰

清活字印本　南京

集 10000666

西湖賦不分卷

（清）仁和柴紹炳撰　（清）錢塘（一作仁和）柴傑箋注

清乾隆治禮堂刻本　浙江　華東
師大　天一閣

集 10000667
和百苦吟一卷
　(清)會稽王龍光撰
　清康熙刻抱犢山房集附編本
南京

集 10000668
貽安堂詩集六卷外集四卷
　(清)仁和(一説桐鄉)金漸皋撰
　清康熙五十六年(1717)刻本　復
旦　浙江

集 10000669
貽安堂集八卷外集四卷
　(清)仁和(一説桐鄉)金漸皋撰
　清鈔本(丁立誠跋)　南京

集 10000670
貽安堂集八卷外集四卷
　(清)仁和(一説桐鄉)金漸皋撰
　浙江大學出版社排印本

集 10000671
漫興篇不分卷
　(清)山陰茹泰撰　(清)蕭山毛奇齡評
　清康熙十五年(1676)刻本　上海
南開

集 10000672
俞鞠陵詩文稿一卷

(清)會稽俞公毅撰
　清鈔本　南京

集 10000673
匪石山房詩鈔一卷
　(清)楊珥撰　(清)會稽(江蘇武
進人,晚年隱居會稽)楊葆彝輯
　清光緒間陽湖楊氏刻大亭山館叢
書本　國圖　北大　上海　復旦
天津　遼寧　南京　浙江　湖北
四川

集 10000674
悔岸齋詩文集四卷
　(清)錢塘汪繼昌撰
　清光緒十二年(1886)刻本　雲南

集 10000675
大觀堂文集二十二卷首一卷
　(清)諸暨余緒撰
　清康熙三十八年(1699)刻本　浙
江(張美翊跋)　北大　人大　復旦
　清康熙三十八年(1699)刻後印本
　中科院　天一閣

集 10000676
南溪集六卷
　(清)嘉善曹爾堪撰
　清康熙間刻本　上海

集 10000677
曹顧庵詩一卷
　(清)嘉善曹爾堪撰

清康熙十年(1671)魏氏枕江堂刻皇清百名家詩本　國圖(殘本未著錄存缺卷次)　天津　南京　華東師大

清康熙十年(1671)魏氏枕江堂刻二十一年(1682)聚錦堂印皇清百名家詩本　中科院(鄧之誠跋)　北大　上海　南京

清康熙十年(1671)魏氏枕江堂刻二十四年(1685)聖益齋印皇清百名家詩本　國圖(鄭振鐸跋)　上海　南京

集 10000678

東農草堂選稿十卷文鈔正集二卷外集一卷

(清)鄞縣錢肅圖撰

清初鈔本　南京

集 10000679

嚴顥亭詩一卷

(清)餘杭嚴沆撰

清康熙十年(1671)魏氏枕江堂刻皇清百名家詩本　國圖(殘本未著錄存缺卷次)　天津　南京　華東師大

清康熙十年(1671)魏氏枕江堂刻二十一年(1682)聚錦堂印皇清百名家詩本　中科院(鄧之誠跋)　北大　上海　南京

清康熙十年(1671)魏氏枕江堂刻二十四年(1685)聖益齋印皇清百名家詩本　國圖(鄭振鐸跋)　上海

南京

華東師大圖稀見叢書彙刊皇清百名家詩本

集 10000680

柳潭遺集不分卷

(清)會稽王自超撰

稿本　南京

集 10000681

柳潭遺集六卷

(清)會稽王自超撰　(清)平遠(清)顧予咸輯選

清順治間平遠刻本　國圖　浙江

2019 年國家圖書館出版社明代詩文集珍本叢刊本

集 10000682

卓有枚文選不分卷

(清)仁和卓人皋撰

清康熙六年(1667)刻本　北大

集 10000683

柘叟詩文稿六卷(龍江精舍詩集、湖山倡和集、東華寓廬集、日湖集、冰廬集、劫後集)

(清)慈溪童廣年撰

稿本慈溪童柘叟遺著本　國圖

集 10000684

浣花草四卷

(清)鄞縣董虎文撰

稿本　首都

集 10000685

趙寬夫古文稿一卷

（清）仁和趙坦撰

清末陳敬璋鈔本（陳敬璋跋）　北大

集 10000686

聾歌雜著不分卷

（清）鎮海謝泰履撰

清初稿本　浙江

清康熙間刻本　浙江

集 10000687

容安軒詩鈔不分卷

（清）蕭山王先吉撰

清康熙十七年（1678）刻本　中社
科院文學所

清鈔本（佚名圈點）　中山

集 10000688

樂志堂詩集四卷

（清）嘉興李明嶅撰　（清）金介復
重編

清康熙三十七年（1698）李宗渭刻
本　中科院　復旦

集 10000689

戊寅草不分卷

（清）嘉興（一說吳江）柳如是撰

明崇禎間刻本　浙江

鈔本　常熟

集 10000690

柳如是尺牘一卷湖上草一卷

（清）嘉興（一說吳江）柳如是撰

明末汪然刻本　浙江（清林雲鳳
等跋，王國維題詩）

清劉履芬鈔本　國圖

清徐慶鈔本　上海

鈔本　常熟

集 10000691

柳如是詩一卷

（清）嘉興（一說吳江）柳如是撰

清鈔本　國圖

集 10000692

**河東君尺牘一卷湖上草一卷我
聞室賸稿二卷附錄二卷**

（清）嘉興（一說吳江）柳如是撰
（清）袁瑛輯

清鈔本　上海　中科院

2002 年上海古籍出版社影印續
修四庫全書本

集 10000693

縮齋文集不分卷

（清）餘姚黄宗會撰

清鈔本　中科院　餘姚文保所

四庫未收書輯刊本

集 10000694

縮齋文集一卷

（清）餘姚黄宗會撰

清鈔本（清董醇跋；佚名校）

上海

集 10000695
瞻雲初集□卷
（清）錢塘陳廷會撰
清康熙間刻本　南京（存三卷）

集 10000696
錢紫雲遺著一卷
（清）海鹽錢汝霖撰
清鈔本　上海

集 10000697
海東詩鈔一卷
（清）平陽張御撰
民國永嘉黃氏敬鄉樓抄本　溫州

集 10000698
半完圖詩稿不分卷
（清）海鹽錢爾復撰
清鈔本　南京

集 10000699
迂庵改存草六卷
（清）蕭山丁克振撰
清道光五年（1825）刻本　南京

集 10000700
紫雲先生遺稿一卷
（清）嘉興何汝霖撰
清鈔本（清錢泰吉校）　上海

集 10000701
冷香詩集一卷
（清）慈溪桂興宗撰

清康熙四十五年（1706）刻本
南京

集 10000702
寵壽堂詩集二十四卷
（清）仁和張競光撰
清康熙二年（1663）石鏡山房刻本
國圖　日內閣（存詩二十卷）　北
大　吉大

集 10000703
寵壽堂詩集三十卷
（清）仁和張競光撰
清康熙二年（1663）石鏡山房刻增
修本　復旦

集 10000704
坐秋軒集十五卷
（清）烏程陶鑄撰
清康熙二十三年（1684）刻本
國圖
2017 年國家圖書館出版社清代
詩文集珍本叢刊本

集 10000705
燹餘集不分卷
（清）山陰曾益撰
鈔本　中科院

集 10000706
執圭堂詩草一卷
（清）山陰曾益撰
清康熙刻中山詩文集本

集 10000707

桐樹園集六卷大梅老人尺牘二卷

（清）鄞縣釋超悟撰

清康熙二十八年（1689）刻本　復
旦（無大梅老人尺牘）　中社科院文
學所

鈔本　溫州

集 10000708

耿巖文選初集十卷二集十卷

（清）海寧沈珩撰

清康熙二十四年（1685）沈氏古慧
居刻本　國圖

集 10000709

**耿巖文選十卷齊安會語一卷武
原會語一卷龍山會語一卷**

（清）海寧沈珩撰

清康熙十五年（1676）沈氏古慧居
刻本　國圖

集 10000710

春酒堂詩五卷

（清）鄞縣周容撰

清初刻本　四川　天一閣（四卷）

集 10000711

春酒堂詩六卷

（清）鄞縣周容撰

清康熙三十六年（1697）董孫符鈔
本　國圖

2017 年國家圖書館出版社清代
詩文集珍本叢刊本

集 10000712

春酒堂文集不分卷

（清）鄞縣周容撰

清康熙三十三年（1694）陳錫鈺、
陳錫綬鈔本　中科院　寧波　臺圖

集 10000713

春酒堂文集一卷

（清）鄞縣周容撰

清宣統二年（1910）上海國學扶輪
社鉛印本　中科院　遼寧　浙江
溫州　紹興　嘉善　天一閣　浙大
復旦　華東師大

集 10000714

春酒堂文集二卷

（清）鄞縣周容撰

清鄭喬遷鈔本　天一閣

集 10000715

**春酒堂文存四卷詩存六卷詩話
一卷外紀一卷**

（清）鄞縣周容撰

1994 年上海書店出版社叢書集
成續編本

民國年間四明張氏約園刻本（重
印）　北大　河南大　浙師大
武大

集 10000716

春酒堂選稿不分卷

（清）鄞縣周容撰

清鈔本　故宮

故宮珍本叢刊本

清代詩文集彙編本　北大

集 10000717

春酒堂詩文集不分卷

（清）鄞縣周容撰

清末鄞縣黃家鼎補不足齋鈔本
中社科院文學所

集 10000718

試秦詩紀二卷潞公詩選二卷越
吟三卷七松遊一卷重訂閨麗譜
一卷

（清）鄞縣范光文撰

清康熙間刻本　復旦

清代詩文集彙編本

集 10000719

西村草堂集七卷

（清）鄞縣周志嘉撰

清咸豐清同治間鄞縣徐時棟煙嶼
樓鈔本　國圖

2017 年國家圖書館出版社清代
詩文集珍本叢刊本

集 10000720

姜真源詩選一卷

（清）錢塘姜圖南撰　（清）鄒漪選

名家詩選本（康熙刻）

集 10000721

關隴集四卷

（清）錢塘姜圖南撰

清順治刻本

集 10000722

柯素培詩選一卷

（清）嘉善柯聳撰

清康熙十年（1671）魏氏枕江堂刻
皇清百名家詩本　國圖（殘本未著
錄存缺卷次）　天津　南京　華東
師大

清康熙十年（1671）魏氏枕江堂刻
二十一年（1682）聚錦堂印皇清百名
家詩本　中科院（鄧之誠跋）　北大
上海　南京

清康熙十年（1671）魏氏枕江堂刻
二十四年（1685）聖益齋印皇清百名
家詩本　國圖（鄭振鐸跋）　上海
南京

集 10000723

當翠樓集唐不分卷

（清）仁和張璠撰

稿本（存卷一至四、七）　國圖

集 10000724

芳洲詩文集一卷

（清）平湖陸上瀾撰　（清）孫振
麟輯

清鈔明季三高士集本　上海

集 10000725

詠年堂詩集鈔一卷

（清）海寧葛定辰撰　（清）羊復
禮輯

清光緒間海昌羊氏傳卷樓粵東刻
海昌叢載本　國圖　北大　上海
山大

集 10000726

逃禪吟鈔一卷

（清）海寧葛定遠撰　（清）海昌羊
復禮輯

清光緒間海昌羊氏傳卷樓粵東刻
海昌叢載本　國圖　北大　上海
山大

民國六年（1917）刻本　華東師大

集 10000727

逃禪吟一卷

（清）海寧葛定遠撰

清鈔東海詩選本（清葛繼常補注
並跋）　湖北

集 10000728

沁雪堂詩鈔七卷

（清）仁和趙沈壖撰

清鈔本（清馬道畊校並跋）　南京

集 10000729

老竹軒詩不分卷

（清）仁和趙沈壖撰

清初稿本（清毛奇齡跋）　浙江

集 10000730

譔書八卷

（清）錢塘毛先舒撰

清康熙間刻本　國圖　中科院

復旦　清華　浙江　天一閣

清順治間（1644～1661）刊本　臺
傅斯年圖

清代詩文集彙編本

集 10000731

譔書十四卷

（清）錢塘毛先舒撰

清康熙間刻本　北大

集 10000732

毛馳黃集八卷

（清）錢塘毛先舒撰

清初刻本　國圖　上海　浙江

集 10000733

思古堂集四卷

（清）錢塘毛先舒撰

清初刻本　國圖　南京

清鈔本　浙江

1994～1997 年齊魯書社影印四
庫全書存目叢書本

集 10000734

鶯情集選一卷

（清）錢塘毛先舒撰

清康熙間刻本　上海

集 10000735

東苑詩鈔一卷

（清）錢塘毛先舒撰

清康熙間刻本　北大　吉大

集 10000736
東苑文鈔二卷
(清)錢塘毛先舒撰
清康熙間刻本　上海　吉大
寧大

集 10000737
蕊雲集一卷
(清)錢塘毛先舒撰
清康熙間刻本　國圖　首都
吉大
1994～1997 年齊魯書社影印四
庫全書存目叢書本

集 10000738
東江集鈔九卷別集五卷附錄一卷
(清)仁和沈謙撰
清順治間刻本　國圖　北大
清康熙十五年(1676)沈聖昭、沈
聖暉刻本　國圖　中科院　北大
南京
清代詩文集彙編本

集 10000739
東江別集五卷集外詩一卷
(清)仁和沈謙撰
民國九年(1920)上海聚珍倣宋印
書局鉛印本　浙江　溫州　海鹽
復旦　浙大　華東師大　吉大　玉
海樓

集 10000740
東江別集三卷

(清)仁和沈謙撰
惜陰堂叢書本

集 10000741
東江別集一卷
(清)仁和沈謙撰
飲虹簃校刻清人散曲二十種本

集 10000742
襲紫樓詩集八卷
(清)嘉興李鏡撰
清康熙四十九年(1710)刻本
上海

集 10000743
襲紫樓文集二卷
(清)嘉興李鏡撰
清末鈔本　國圖

集 10000744
杭遊雜詠一卷
(清)衡陽周士儀撰
清康熙間刻本　國圖

集 10000745
西湖賦一卷秋感十二詠一卷
(清)衡陽周士儀撰
清康熙間刻本　國圖

集 10000746
射山詩選一卷
(清)海寧陸嘉淑撰
清乾隆十四年(1749)張伯魁刻本

上海　川大

清嘉慶十四年(1809)海鹽張伯魁
刻本　浙江　杭州

集 10000747

射山詩鈔一卷

(清)海寧陸嘉淑撰

清鈔本　國圖　浙江(清管庭芬
批校並跋)　臺圖

2017 年國家圖書館出版社清代
詩文集珍本叢刊本

集 10000748

射山詩鈔三卷

(清)海寧陸嘉淑撰

清鈔本　中科院

清道光二年(1822)陶所菴鈔四年
管氏續鈔本　浙江

集 10000749

陸射山詩鈔一卷燕臺剩稿一卷

(清)海寧陸嘉淑撰

清鈔本　國圖

2017 年國家圖書館出版社清代
詩文集珍本叢刊本

集 10000750

陸射山詩鈔一卷詩餘一卷

(清)海寧陸嘉淑撰

鈔本　港大

集 10000751

辛齋詩鈔一卷

(清)海寧陸嘉淑撰

清鈔本　中科院

集 10000752

辛齋遺稿二十卷

(清)海寧陸嘉淑撰

清道光十三年(1833)刻本　蘇大

集 10000753

辛齋集

(清)海寧陸嘉淑撰

1926 年費寅鈔本　中大

集 10000754

辛齋稿一卷

(清)海寧陸嘉淑撰

清鈔本　浙江

集 10000755

燕台剩稿不分卷

(清)海寧陸嘉淑撰

清嘉慶三年(1798)鈔本　國圖

集 10000756

陸射山七律詩鈔一卷

(清)海寧陸嘉淑撰　(清)查大
可選

清鈔本　浙江

集 10000757

**豐草庵全集四十一卷(豐草庵詩
集十一卷文前集三卷文集三卷
寶雲詩集七卷禪樂府一卷豐西**

草堂別集六卷豐西草堂雜著十卷）

（清）烏程釋南潛（董説）撰

清康熙二十八年（1689）董來樵刻本　國圖　北大

集 10000758

豐草庵詩集十一卷

（清）烏程釋南潛（董説）撰

清初刻本　國圖　美燕京

2017 年國家圖書館出版社清代詩文集珍本叢刊本

集 10000759

豐草庵文前集三卷

（清）烏程釋南潛（董説）撰

民國間吳興劉氏嘉業堂刻吳興叢書本　國圖　中科院　上海　復旦　寧夏　南京　浙江　湖北　雲南

民國間吳興劉氏嘉業堂刻 1986 年文物出版社重印吳興叢書本　遼寧

2002 年上海古籍出版社影印續修四庫全書本

集 10000760

豐草庵文集三卷

（清）烏程釋南潛（董説）撰

民國間吳興劉氏嘉業堂刻吳興叢書本　國圖　中科院　上海　復旦　寧夏　南京　浙江　湖北　雲南

民國間吳興劉氏嘉業堂刻 1986 年文物出版社重印吳興叢書本

遼寧

上海書店出版社 1995 年出版叢書集成續編本

2002 年上海古籍出版社影印續修四庫全書本

集 10000761

寶雲詩集七卷禪樂府一卷

（清）烏程釋南潛（董説）撰

民國間吳興劉氏嘉業堂刻吳興叢書本　國圖　中科院　上海　復旦　寧夏　南京　浙江　湖北　雲南

民國間吳興劉氏嘉業堂刻 1986 年文物出版社重印吳興叢書本　遼寧

2002 年上海古籍出版社影印續修四庫全書本

集 10000762

亦言集一卷

（清）會稽任俠撰

清鈔本　南京

集 10000763

九山草堂詩鈔不分卷

（清）平湖柯弘祚撰

清道光二十九年（1849）刻本　浙江　平湖　武義

集 10000764

石函詩集十卷

（清）秀水俞鼎撰

清乾隆六十年（1795）俞壽康歲寒書屋刻本　國圖

集 10000765

淩渝安集一卷

（清）烏程淩克安撰

寫本　日静嘉堂

集 10000766

癉餘草不分卷

（清）嘉興曹斌撰

清順治間刻本　國圖（殘本未著錄存缺卷次）

2017 年國家圖書館出版社清代詩文集珍本叢刊本

集 10000767

感物吟五卷

（清）天台張亨梧撰

清嘉慶八年（1803）張度禮刻本　南京　浙江　吉大

清嘉慶十七年（1812）謹信堂刻本

日内閣（國立公文書館）　臨海黃巖圖書館

民國八年（1919）天台張爕木活字印本　臨海　浙江　吉大

集 10000768

渚山樓詩集十二卷

（清）海寧潘廷章撰

清康熙四十一年（1702）刻本　山西大

集 10000769

寒泉子直木堂詩集二卷

（清）紹興釋本書撰　（清）鄞縣李

鄞嗣選

清康熙間刻本　清華

集 10000770

直木堂詩集七卷

（清）紹興釋本書撰

清康熙刻本　首都　天一閣

集 10000771

晚雲樓近稿不分卷

（清）紹興釋本書撰

清康熙刻本　　　復旦

集 10000772

八行堂集約鈔二卷

（清）鄞縣史大成撰

清光緒十二年（1886）史久垣刻本

國圖　中科院　上海　南京　遼寧　寧波　天一閣

集 10000773

惢泉詩漸五卷文恒十卷

（清）鄞縣聞性道撰

清全氏鮚埼亭鈔本　中科院

約園鈔本　中社科院文學所

集 10000774

道安集十卷

（清）山陰何國仁撰

清康熙間刻本　華東師大

集 10000775

倚玉堂文鈔初集不分卷

（清）蕭山周之道撰

清康熙九年（1670）刻本　國圖

寫本　日静嘉堂

集 10000776

渚中雜詩一卷

（清）錢塘施石農撰

鈔本（與清徐堅石撰西溪梅花詩

合鈔）　中科院

集 10000777

白牛村詩七卷瞻雲集一卷賦一卷

（清）嘉善曹奕霞撰

清雍正八年（1730）刻本　復旦

集 10000778

蜜香樓集不分卷

（清）海寧陸械撰

傳鈔稿本　海寧

集 10000779

荇溪詩集四卷

（清）嘉興繆泳撰

清康熙六十一年（1722）刻梅會詩

人遺集本　國圖　上海　南京

集 10000780

扶荔堂詩稿十三卷

（清）仁和丁澎撰

清順治間刻本　南京

集 10000781

扶荔堂文集選十二卷詩集選十

二卷扶荔詞三卷詞別錄一卷

（清）仁和丁澎撰

清康熙五十五年（1716）丁辰盤刻

本　國圖

清代詩文集彙編本

2010 年學苑出版社中國華東文

獻叢書本

集 10000782

扶荔堂詩集彙選

（清）仁和丁澎撰

2010 年學苑出版社中國華東文

獻叢書本

集 10000783

扶荔堂集一卷

（清）仁和丁澎撰

清康熙間刻百名家詩鈔本　國圖

集 10000784

南肅堂申酉集八卷

（清）錢塘李式玉撰

清順治五年（1648）刻本　北大

清代詩文集彙編本

集 10000785

巴餘集十卷

（清）錢塘李式玉撰

清康熙十五年（1676）刻本　復旦

集 10000786

杲堂文鈔六卷詩鈔七卷

（清）鄞縣李鄴嗣撰

清康熙十七年(1678)刻本　國圖
中科院　上海　美燕京　日内閣
浙江　清華　復旦　南開　餘姚
文保所

清鈔本　天一閣

民國年間四明張氏約園刻本(重
印)　北大　河南大　武大　浙
師大

四明叢書本

1994～1997 年齊魯書社影印四
庫全書存目叢書本

清代詩文集彙編本

集 10000787

李杲堂文鈔一卷

(清)鄞縣李鄴嗣撰

清□讀居鈔本　中科院

集 10000788

杲堂内集六卷外集四卷文鈔四卷

(清)鄞縣李鄴嗣撰

清衣德樓鈔本(清李厚建校)　天
一閣

集 10000789

**杲堂文續鈔六卷別錄一卷附李
氏家傳一卷**

(清)鄞縣李鄴嗣撰　(清)鄞縣全
祖望輯

鈔本(馮貞羣校補並跋)　浙江

集 10000790

杲堂文續鈔四卷首一卷附錄一卷

(清)鄞縣李鄴嗣撰

民國二十一至三十七年(1932～
1948)四明張氏約園刻本　北大
河南大　遼大　武大　浙師大

1994 年上海書店出版社叢書集
成續編本

集 10000791

杲堂題跋不分卷

(清)鄞縣李鄴嗣撰

清鈔本　中科院

集 10000792

杲堂文鈔不分卷

(清)鄞縣李鄴嗣撰

國朝文會本

集 10000793

龍潭集一卷

(清)秀水釋佛眉撰　(清)桐鄉沈
堯咨輯

清乾隆五年(1740)刻濮川詩鈔本
復旦

民國間石印本　南京　華東師大

集 10000794

遺山詩鈔四卷

(清)高詠撰　(清)秀水王相選

清道光十年(1830)信芳閣木活字
排印國初十家詩鈔本　上海

清刻本　中社科院歷史所

集 10000795

懷古堂詩集一卷

（清）嘉興徐貞木（一説海寧）撰

清康熙間刻本　南京

集 10000796

懷古堂詩集一卷補遺一卷

（清）嘉興徐貞木（一説海寧）撰

清康熙六十一年（1722）刻梅會詩

人遺集本　國圖　上海　南京

集 10000797

白榆山人詩不分卷

（清）嘉興徐貞木（一説海寧）撰

清鈔本　浙江

集 10000798

墨陽集不分卷

（清）鄞縣董劍鍔撰

清道光間董懋遜看雲山房鈔本

天一閣

集 10000799

斯友堂集八卷

（清）青田蔣嶼撰

清乾隆九年（1744）蔣爲概刻本

國圖　清華

2017 年國家圖書館出版社清代

詩文集珍本叢刊本

集 10000800

斯友堂集二卷

（清）青田蔣嶼撰

清同治十年（1871）蔣志傑刻本

中科院　浙江

集 10000801

桐蔭堂詩鈔四卷補遺一卷

（清）山陰（一作諸暨）駱復旦撰

清康熙二十四年（1685）刻本

上海

集 10000802

**桐蔭堂詩鈔八卷補輯一卷詩餘
一卷**

（清）山陰（一作諸暨）駱復旦撰

清康熙刻本　浙江　魯迅紀念館

集 10000803

至樂堂詩鈔不分卷

（清）山陰（一作諸暨）駱復旦撰

清康熙間刻本　國圖

2017 年國家圖書館出版社清代

詩文集珍本叢刊本

集 10000804

王玉叔詩選一卷

（清）永嘉王錫珇撰　（清）鄒漪編

清康熙刻名家詩選本　上海

集 10000805

受書堂稿五十卷

（清）衢州周召撰

稿本（存八卷）　浙江

集 10000806

**適可軒詩集四卷文集一卷李贄
一卷疏稿一卷淮鹺本論二卷**

　(清)鄞縣胡文學撰

　　清康熙十二年(1673)李文胤刻本
上海(存詩集)　中科院　國圖
(疏稿)

　　四庫未收書輯刊本

集 10000807

適可軒集八卷

　(清)鄞縣胡文學撰

　　清康熙二十年(1681)刻本　國圖
中科院　首都　復旦　浙江

集 10000808

谷水集二十二卷

　(清)海鹽胡夏客撰　(清)陳光緯
箋注

　　清康熙十八年(1679)刻本　上海
美燕京

集 10000809

虹映堂集二十五卷

　(清)海寧(一作崇德)郭濬撰

　　清順治間刻本　中科院

集 10000810

虹映堂集二十九卷

　(清)海寧(一作崇德)郭濬撰

　　清順治間刻本　日内閣

集 10000811

葉蓉庵詩一卷

　(清)山陰葉雷生撰

　　清康熙十年(1671)魏氏枕江堂刻
皇清百名家詩本　國圖(殘本未著
録存缺卷次)　天津　南京　華東
師大

　　清康熙十年(1671)魏氏枕江堂刻
二十一年(1682)聚錦堂印皇清百名
家詩本　中科院(鄧之誠跋)　北大
上海　南京

　　清康熙十年(1671)魏氏枕江堂刻
二十四年(1685)聖益齋印皇清百名
家詩本　國圖(鄭振鐸跋)　上海
南京

集 10000812

蓉庵詩鈔一卷海棠巢吟稿一卷

　(清)山陰葉雷生撰

　　清道光間咸豐祁寯藻鈔本　首都

集 10000813

蓉庵詩鈔不分卷

　(清)山陰葉雷生撰

　　清鈔本　首都

集 10000814

寅吉存草不分卷

　(清)浙江諸泓撰

　　稿本(清周鴻源評語)　中大

集 10000815

望舒樓詩集十卷文集一卷

（清）山陰（一作會稽）錢霍撰
（清）錢塘姚儀選
　清康熙二十一年（1682）刻本　國
圖　復旦

集 10000816

荊山詩一卷

（清）山陰（一作會稽）錢霍撰
　小品叢鈔本　臺圖

集 10000817

覺民詩文集不分卷

（清）長興丁珝撰
　清康熙間刻本　南京

集 10000818

西河詩稿不分卷

（清）蕭山毛奇齡撰
　稿本　中科院

集 10000819

西河文選十一卷

（清）蕭山毛奇齡撰　（清）錢塘汪
霦等選
　清康熙三十五年（1696）刻本　遼
寧　復旦　溫州
　清乾隆刻本　紹興　溫州　北大
鄭大　天一閣　奉化文管會

集 10000820

**西河文集一百十九卷詩集五十
三卷**

（清）蕭山毛奇齡撰　（清）蔣樞編

西河合集本（康熙刻、乾隆印、嘉
慶印）
　清乾隆間內府寫文淵閣四庫全書
本　臺故博
　清乾隆間內府寫文溯閣四庫全書
本　甘肅
　清乾隆間內府寫文津閣四庫全書
本　國圖
　2008 年商務印書館影印文津閣
四庫全書本
　清乾陸間內府寫本清末民初補鈔
文瀾閣四庫全書本　浙江
　1982～1986 年臺灣商務印書館
景印文淵閣四庫全書本
　1986 年上海古籍出版社據臺灣
商務印書館景印文淵閣四庫全書景
印本
　2006～2015 年杭州出版社影印
文瀾閣四庫全書本

集 10000821

瀨中集十四卷首一卷

（清）蕭山毛奇齡撰
　清康熙間刻本　中科院　嘉興
上虞

集 10000822

**瀨中集十四卷當樓集一卷桂枝
集一卷**

（清）蕭山毛奇齡撰
　清康熙間文芸閣刻本　國圖
上海

集 10000823

毛翰林詩集五十四卷

（清）蕭山毛奇齡撰

清刻本　嘉興

集 10000824

介和堂集不分卷

（清）蕭山任辰旦撰

清鈔本　天津

清代詩文集彙編本

集 10000825

介和堂全集不分卷補遺二卷

（清）蕭山任辰旦撰

清乾隆二十年(1755)任氏家刻本

浙江　復旦

集 10000826

周簣谷先生詩文鈔不分卷

（清）嘉興周篔撰

清康熙間許璠鈔本（清沈炳垣、沈

善登跋）　復旦

集 10000827

采山堂遺文二卷

（清）嘉興周篔撰　余霖輯

清許燦鈔本（清祝廷錫鈔補並跋）

南京

民國二十五年(1936)刻檇李叢書本

清代詩文集彙編本

集 10000828

采山堂詩鈔八卷

（清）嘉興周篔撰　（清）嘉興李維

鈞輯

清康熙六十一年(1722)刻梅會詩

人遺集本　國圖　上海　南京

清道光十年(1830)信芳閣木活字

排印國初十家詩鈔本　上海　北大

集 10000829

采山堂詩八卷

（清）嘉興周篔撰

信芳閣叢刊本

清代詩文集彙編本

集 10000830

拙隱園可人集三卷

（清）嘉興孫鍾瑞撰

清康熙二十一年(1682)孫鍾瑞留

耕堂刻本　國圖

集 10000831

修吉堂文稿八卷

（清）德清徐倬撰

清康熙間刻本　國圖　中科院

浙江　北大　清華　吉大

1994～1997 年齊魯書社影印四

庫全書存目叢書本

集 10000832

耄餘殘瀋二卷

（清）德清徐倬撰

清康熙間刻本　國圖　中科院

清乾隆四年(1739)徐志莘刻本

中科院　遼寧

集 10000833

道貴堂類稿二十二卷

(清)德清徐倬撰

清康熙間刻本　國圖　中科院
美燕京　浙江　浙大　清華

集 10000834

稽留山人集二十一卷

(清)錢塘(一作仁和)陳祚明撰

清康熙十五年(1676)刻本　國圖
南開

集 10000835

慕廬詩二卷豫遊草(壬寅赴吟)一卷

(清)嘉興葉封撰

清康熙間刻本　國圖　中科院

集 10000836

藏書樓詩稿一卷

(清)山陰祁理孫撰

清初祁氏榮書堂鈔本　國圖
2017 年國家圖書館出版社清代
詩文集珍本叢刊本

集 10000837

寓山詩稿一卷

(清)山陰祁理孫撰

清初祁氏榮書堂鈔本　國圖
2017 年國家圖書館出版社清代
詩文集珍本叢刊本

集 10000838

飲和堂集二十一卷

(清)山陰姚變撰

清康熙間刻本　南京

集 10000839

飲和堂集二十四卷(詩十六卷文八卷)

(清)山陰姚變撰

清康熙間刻本

1994～1997 年齊魯書社影印四
庫全書存目叢書本
清代詩文集彙編本

集 10000840

白雲集十七卷

(清)錢塘張賁撰

清乾隆十七年(1752)不惑堂刻本
國圖　復旦　吉大　浙江　嘉興
天一閣

集 10000841

怡白堂編年詩不分卷

(清)杭州楊□□撰

清康熙間刻本　南京

集 10000842

憂畏軒遺稿一卷附還雲堂詩一卷

(清)會稽姚啓聖撰

清康熙間刻本　南京

集 10000843

憂畏軒遺稿一卷

(清)會稽姚啓聖撰

清宣統三年(1911)紹興公報社鉛印越中文獻輯存書本　國圖　北師大　上海　吉大　南京　民大

2005年1月九州島出版社、廈門大學出版社臺灣文獻彙刊本

集 10000844

寄生草一卷

（清）會稽姚沈氏撰

清宣統三年(1911)紹興公報社鉛印越中文獻輯存書本　國圖　北師大　上海　吉大　南京　民大

集 10000845

清風堂文集二十三卷

（清）秀水曾王孫撰

清康熙四十五年(1706)曾安世刻本　國圖

清代詩文集彙編本

集 10000846

漢川集一卷

（清）秀水曾王孫撰

清康熙間刻百名家詩鈔本　國圖

2017年國家圖書館出版社清代詩文集珍本叢刊本

集 10000847

蘧廬詩集四卷附詞一卷

（清）歸安韓純玉撰

清康熙間鳳辰堂刻本　北大　清華

1994～1997年齊魯書社影印四

庫全書存目叢書本

集 10000848

鴛鴦湖櫂歌和韻一卷

（清）嘉興譚吉璁撰

清乾隆五年(1740)鈔本　國圖

清朱芳衡鈔鴛鴦湖櫂歌五種本　國圖

清鈔鴛鴦湖櫂歌七種本　復旦

清光緒二年(1876)刻本鴛鴦湖櫂歌本　溫州　海鹽

集 10000849

鴛鴦湖櫂歌和韻一卷續鴛鴦湖櫂歌一卷

（清）嘉興譚吉璁撰

清嘉慶間海鹽朱芳衡鈔本　國圖

1994年上海書店出版社叢書集成續編本

集 10000850

鴛鴦湖櫂歌一卷肅松錄一卷

（清）嘉興譚吉璁撰

民國元年至二十五年（1912～1936）嘉興譚氏承啓堂刻嘉興譚氏遺書本　國圖　首都　上海　復旦　天津　遼寧　甘肅　山東　南京　浙江　湖北　四川

清代家集叢刊影印嘉興譚氏遺書本

集 10000851

續鴛鴦湖櫂歌三十首一卷

（清）嘉興譚吉璁撰

清鈔鴛鴦湖櫂歌七種本　復旦

集 10000852

肅松録四卷

（清）嘉興譚吉璁撰

清康熙刻本　嘉善

集 10000853

何山草堂詩稿七卷

（清）山陰呂師濂撰

清康熙間刻本　中科院

集 10000854

何山草堂詩二集三卷

（清）山陰呂師濂撰

清康熙二十三年（1684）刻本

清華

集 10000855

始讀軒遺集五卷

（清）海寧查旦撰

清康熙間刻本　復旦

集 10000856

孫宇臺集四十卷

（清）仁和孫治撰

清康熙二十三年（1684）孫孝禎刻

本　國圖　南京　（清丁丙跋）

集 10000857

蔡寅倩集選十二卷

（清）錢塘蔡秩宗撰

清康熙二十三年（1684）刻本　復

旦　南開

集 10000858

閩餘子續集九卷

（清）錢塘范芳撰

清鈔本　國圖

2017 年國家圖書館出版社清代

詩文集珍本叢刊本

集 10000859

觀瀾堂集十七卷

（清）上虞曹章撰

清康熙四十六年（1707）曹豐吉刻

本　復旦

清康熙四十六年（1707）曹豐吉刻

光緒間沈奎補刻本　浙江　清華

中大　餘姚文保所

清光緒二十二年（1896）曹氏觀瀾

堂木活字本　華東師大

集 10000860

蒼源賸草十卷

（清）諸暨（一作錢塘）馮夢祖撰

清康熙二十一至三十四年

（1682～1695）蔣弘烈刻本　國圖

民國六年（1917）重刻諸暨馮氏叢

刻五種本　上海

民國六年（1917）　鉛印本　北大

清代家集叢刊續編本

集 10000861

高愉堂詩集七卷

（清）秀水懷應聘撰

清康熙二十九年（1690）自刻本
復旦

集 10000862

冰齋文集四卷

（清）秀水懷應聘撰

清康熙間刻本　國圖

1994～1997 年齊魯書社影印四
庫全書存目叢書本

集 10000863

岸舫詩九卷

（清）山陰宋俊撰

清康熙二十四年（1685）刻本　中
社科院文學所

集 10000864

南沙文集八卷

（清）臨海洪若皋撰

清順治十七年（1660）金陵刻本
南京

清康熙十六年（1677）武林刻本
復旦

清康熙二十七年（1688）刻本

清康熙三十三年（1694）友益齋刻
本　上海　北大　清華

清康熙間刻後印本　中科院

集 10000865

南沙文集一卷

（清）臨海洪若皋撰

清康熙間刻百名家詩鈔本　國圖

集 10000866

蕙江詩草一卷

（清）鄞縣徐志泰撰

清康熙間筆意山房刻本　中社科
院文學所

集 10000867

南陔詩稿不分卷

（清）平湖（平湖籍，江蘇金山人）
曹偉謨撰

清刻本　日內閣（國立公文書館）

鈔本　中社科院文學所　北大

集 10000868

退思軒詩集一卷

（清）海鹽張惟赤撰

清康熙間刻本　國圖

清嘉慶刻海鹽張氏兩世詩稿本
上海

清宣統三年（1911）上海商務印書
館排印海鹽張氏涉園叢刻本　國圖

上海　北大

2017 年國家圖書館出版社清代
詩文集珍本叢刊本

集 10000869

鹿干草堂集十一卷

（清）嘉興屠廷楫撰

清康熙間刻本　國圖　上海

集 10000870

**始學齋遠遊草四卷後遠遊草
一卷**

（清）石門董采撰

清康熙二十七年（1688）呂葆中刻本　北大　浙江

清代詩文集彙編本

集 10000871

梅花園存稿一卷詩餘一卷

（清）仁和鍾韞撰

海昌麗則本（乾隆刻）　國圖

清嘉慶八年（1803）刻海昌閨媛詩本　南京

集 10000872

歲寒堂初集五卷

（清）錢塘林璐撰

清康熙間刻本　國圖　上海

集 10000873

歲寒堂存稿十二卷

（清）錢塘林璐撰

清康熙二十五年（1686）崇道堂刻本　國圖

清康熙二十五年（1686）崇道堂刻後印本

集 10000874

歲寒堂存稿不分卷

（清）錢塘林璐撰

清康熙二十三年（1684）刻本　溫州

國朝文會本

1994～1997 年齊魯書社影印四庫全書存目叢書本

集 10000875

林鹿庵先生文集二卷

（清）錢塘林璐撰

清康熙六十一年（1722）倪兆蛟鈔本　中科院

集 10000876

雪園詩賦初集十五卷二集四卷

（清）蕭山單隆周撰

清康熙間刻本　中科院

四庫未收書輯刊本

集 10000877

雪園詩賦遺集十九卷

（清）蕭山單隆周撰

清康熙五十四年（1715）刻本　中科院

集 10000878

雪園集詩集十五卷文集四卷

（清）蕭山單隆周撰

清康熙五十四年（1715）刻本　中科院　復旦　天一閣

集 10000879

菜根堂集二十八卷續集一卷

（清）毛鳴岐撰　（清）蕭山毛奇齡訂

清康熙間刻本　中科院　北大

集 10000880

拙政園詩集二卷詩餘三卷

（清）海寧（江蘇吳縣人，海寧陳之

遴繼妻)徐燦撰

清嘉慶八年(1803)刻海昌麗則本

國圖　中科院　復旦　北大　華東師大

清代詩文集彙編本

集 10000881

榕堂詩鈔一卷

(清)慈溪馮愷愈撰

清康熙間刻本　中科院　浙江天一閣

集 10000882

自適吟四卷

(清)東陽趙珪撰

清康熙二十五年(1686)刻本　東陽文管會　東陽博

2013 年上海古籍出版社重修金華叢書本

集 10000883

學山堂稿一卷

(清)富陽關全美撰

清康熙二十五年(1686)刻本　南京　(佚名校)

集 10000884

息遊堂詩集十卷

(清)山陰胡兆龍撰　(清)錢塘(一作仁和)陳祚明輯

清康熙二十一年(1682)刻本　浙江

集 10000885

息遊堂詩集一卷

(清)山陰胡兆龍撰

清康熙間刻百名家詩鈔本　國圖

集 10000886

北遊集一卷

(清)東陽杜秉琳撰

清康熙五十五年(1716)刻本　上海

2013 年上海古籍出版社重修金華叢書本

集 10000887

貞白齋詩集十卷

(清)仁和徐介撰

清鈔本　國圖

2017 年國家圖書館出版社清代詩文集珍本叢刊本

集 10000888

貞白齋詩集不分卷

(清)仁和徐介撰

清丁氏八千卷樓鈔本　中科院

集 10000889

徐狷庵集不分卷

(清)仁和徐介撰

清鈔本　國圖

2017 年國家圖書館出版社清代詩文集珍本叢刊本

集 10000890

徐孝先詩不分卷

（清）仁和徐介撰

清丁氏八千卷樓鈔本　南京

集 10000891

集陶新詠六卷

（清）仁和徐介撰

清鈔本　國圖

集 10000892

環村集不分卷

（清）鄞縣陳赤衷撰

清刻本　天一閣

集 10000893

己畦文集十四卷

（清）嘉興（一說江蘇吳江）葉燮撰

清康熙間二弄草堂刻本　北師大

集 10000894

己畦集二十二卷原詩四卷詩集
十卷詩集殘餘一卷

（清）嘉興（一說江蘇吳江）葉燮撰

清康熙二十五年至三十八年
（1686～1699）葉氏二弄草堂刻本
國圖　中科院　復旦

民國間葉氏夢篆樓刻本　首都
浙江　平湖　廈大　南開　清華

集 10000895

己畦詩集十卷殘餘一卷

（清）嘉興（一說江蘇吳江）葉燮撰

清乾隆二十八年（1763）修補重刻
本　湖南

集 10000896

己畦詩集十卷

（清）嘉興（一說江蘇吳江）葉燮撰

清康熙二棄草堂刻本　國圖

集 10000897

己畦詩舊存二卷語溪唱和一卷
禾中唱和一卷

（清）嘉興（一說江蘇吳江）葉燮撰

清康熙間葉氏二弄草堂刻本
上海

集 10000898

汪文摘謬不分卷

（清）嘉興（一說江蘇吳江）葉燮撰

清宣統三年（1911）長沙葉氏刻本
常州

集 10000899

己畦詩選餘舊存二卷

（清）嘉興（一說江蘇吳江）葉燮撰

（清）楊永業輯

清鈔本　南京

集 10000900

灔廬集二卷

（清）慈溪王治皞撰

清初刻本　天一閣

集 10000901

灔廬遺書十一卷

（清）慈溪王治皞撰　（清）慈溪王
定祥輯

清抄本　浙江

集 10000902

周林于詩稿五卷詞一卷

（清）嘉興周篁撰

稿本（清李良年評點）　上海

集 10000903

鷗塘詩集一卷

（清）嘉興周篁撰

鈔本　浙江

集 10000904

兩水亭餘稿不分卷

（清）餘姚姜希轍撰

清康熙十六年（1677）刻本　浙江

清康熙間刻百名家詩鈔本　國圖

集 10000905

寒松庵佚稿不分卷

（清）餘姚陳祖肇撰

清康熙間刻本　上海　天一閣

集 10000906

散庵詩集三卷

（清）會稽釋智慎撰

清康熙二十六年（1687）刻本
浙江

集 10000907

廓庵行籟一卷

（清）寧波釋廓庵撰

清康熙六年（1667）刻本　天一閣

集 10000908

葦間詩稿不分卷

（清）慈溪姜宸英撰

稿本（鄧實跋）　上海

1994 年上海書店出版社叢書集

成續編本

集 10000909

湛園詩稿三卷

（清）慈溪姜宸英撰

清嘉慶二十三年（1818）歲寒堂刻

本　國圖

集 10000910

葦間詩集五卷

（清）慈溪姜宸英撰

清康熙五十二年（1713）唐執玉刻

本　北大　浙江　嘉興　杭州　復

旦　北師大　天一閣

清道光四年（1824）慈谿葉元墱刻

本　寧波　紹興　鄭大　人大　吉

大　浙大

清光緒己丑（1889）毋自欺齋刻本

武大

集 10000911

姜西溟文鈔一卷

（清）慈溪姜宸英撰

稿本（清王心湛評點）　上海

集 10000912

湛園文鈔一卷

（清）慈溪姜宸英撰

清乾隆六十年(1795)徐氏刻國朝
二十四家文鈔本　國圖

清道光十年(1830)刻國朝二十四
家文鈔本　國圖

集 10000913

姜西溟文稿一卷

(清)慈溪姜宸英撰

稿本　上海

集 10000914

姜西溟先生文稿不分卷

(清)慈溪姜宸英撰

稿本　國圖

2017 年國家圖書館出版社清代
詩文集珍本叢刊本

集 10000915

湛園未定稿六卷

(清)慈溪姜宸英撰

清康熙二十年(1681)二老閣刻本
　國圖　遼寧　中科院　上海　復
旦　美燕京　日內閣　日靜嘉堂
清華　南大

集 10000916

湛園未定稿不分卷

(清)慈溪姜宸英撰

國朝文會本

集 10000917

湛園未定稿文錄三卷

(清)慈溪姜宸英撰

清道光十九年(1839)瑞州府鳳儀
書院刻國朝文錄本　國圖　上海
南京　浙江　遼寧　湖北

清咸豐元年(1851)終南山館刻國
朝文錄本　國圖　上海

清光緒二十六年(1900)上海掃葉
山房石印國朝文錄本　國圖　上海

集 10000918

湛園集八卷

(清)慈溪姜宸英撰

清乾隆間內府寫文淵閣四庫全書
本　臺故博

清乾隆間內府寫文溯閣四庫全書
本　甘肅

清乾隆間內府寫文津閣四庫全書
本　國圖

2008 年商務印書館影印文津閣
四庫全書本

清乾陸間內府寫本清末民初補鈔
文瀾閣四庫全書本　浙江

1982～1986 年臺灣商務印書館
景印文淵閣四庫全書本

1986 年上海古籍出版社據臺灣
商務印書館景印文淵閣四庫全書景
印本

2006～2015 年杭州出版社影印
文瀾閣四庫全書本

集 10000919

姜西溟先生文鈔四卷

(清)慈溪姜宸英撰

清乾隆四年(1739)趙侗敦匪懈堂

刻本 天一閣(清王定祥批校並跋)

復旦 南開

清補堂鈔本 國圖

鈔本 北師大

2017 年國家圖書館出版社清代
詩文集珍本叢刊本

集 10000920

重訂湛園未刻稿不分卷

(清)慈溪姜宸英撰 (清)慈溪王
定祥重訂

清抄本(清楊嗣衡、清王定祥、黃
侃等跋) 天一閣

集 10000921

姜西溟先生八股文一卷

(清)慈溪姜宸英撰

稿本(清尹元煒跋) 天一閣

集 10000922

姜西溟選詩類鈔真蹟一卷

(清)慈溪姜宸英撰

民國十九年(1930)影印本 華東
師大

集 10000923

姜先生全集三十三卷首一卷

(清)慈溪姜宸英撰

清光緒十五年(1889)馮保孌毋自
欺齋刻本 國圖 浙江 清華 中
大 山大 人大 川大 天一閣
鎮海文保所

集 10000924

新又堂詩一卷

(清)錢塘(原籍安徽休寧,寄籍錢
塘)趙吉士撰

清康熙間刻本 中科院 浙江

集 10000925

林臥遙集二卷

(清)錢塘(原籍安徽休寧,寄籍錢
塘)趙吉士撰

清康熙間刻本 中科院 北大
吉大

2017 年國家圖書館出版社清代
詩文集珍本叢刊本

集 10000926

林臥遙集一卷

(清)錢塘(原籍安徽休寧,寄籍錢
塘)趙吉士撰

清康熙間趙繼抃等刻萬青閣全集
本 中科院 上海 復旦 浙江

清康熙間趙繼抃等刻增修萬青閣
全集本 中科院

集 10000927

千疊波餘一卷

(清)錢塘(原籍安徽休寧,寄籍錢
塘)趙吉士撰

清康熙三十七年(1698)刻本 中
科院

集 10000928

千疊波餘續編一卷補遺一卷

集 10000933

毛錦來詩一卷

（清）新昌毛遠撰

清康熙十年（1671）魏氏枕江堂刻
皇清百名家詩本　國圖（殘本未著
錄存缺卷次）　天津　南京　華東
師大

清康熙十年（1671）魏氏枕江堂刻
二十一年（1682）聚錦堂印皇清百名
家詩本　中科院（鄧之誠跋）　北大
上海　南京

清康熙十年（1671）魏氏枕江堂刻
二十四年（1685）聖益齋印皇清百名
家詩本　國圖（鄭振鐸跋）　上海
南京

（清）錢塘（原籍安徽休寧，寄籍錢
塘）趙吉士撰
清康熙三十九年（1700）刻本　中
科院

集 10000929

萬青閣全集八卷

（清）錢塘（原籍安徽休寧，寄籍錢
塘）趙吉士撰
清康熙間趙繼拝等刻本　中科院
浙江

集 10000930

萬青閣自訂詩八卷詩餘一卷

（清）錢塘（原籍安徽休寧，寄籍錢
塘）趙吉士撰
清康熙間刻本　南大

集 10000934

飽墨堂吟草一卷

（清）海寧吳啓熊撰

清光緒間海昌羊氏傳卷樓粵東刻
海昌叢載本　國圖　北大　上海
山大

清鈔東海詩選本（清葛繼常補注
並跋）　湖北

民國六年（1917）刻本　華東師大

集 10000931

萬青閣集一卷

（清）錢塘（原籍安徽休寧，寄籍錢
塘）趙吉士撰
清康熙間刻百名家詩鈔本　國圖

集 10000935

春早堂詩文集十二卷

（清）仁和俞灝撰
清康熙間春早堂刻乾隆二十四年
（1759）印本　天津　清華

集 10000932

丹陽舟次唱和一卷

（清）錢塘（原籍安徽休寧，寄籍錢
塘）趙吉士撰
清康熙間趙繼拝等刻萬青閣全集
本　中科院　上海　復旦　浙江

清康熙間趙繼拝等刻增修萬青閣
全集本　中科院

集 10000936

山曉閣詩十二卷

（清）嘉善孫琮撰

清康熙十年（1671）刻本　國圖
復旦　南京　清華　浙江

集 10000937

山曉閣詩一卷

（清）嘉善孫琮撰

清康熙間刻百名家詩鈔本　國圖

集 10000938

萊山堂詩集八卷

（清）德清章金牧撰

清康熙五年（1666）刻本　北大
1994～1997 年齊魯書社影印四
庫全書存目叢書本
清代詩文集彙編本

集 10000939

章雲李四書文不分卷

（清）德清章金牧撰

清刻本　湖南

集 10000940

章雲李稿一卷

（清）德清章金牧撰

清康熙三十八年（1699）可儀堂刻
可儀堂一百二十名家制義本　上海
清康熙間步月樓、令德堂刻可儀
堂一百二十名家制義本　國圖
清康熙間刻可儀堂一百二十名家
制義本　國圖　北大

清乾隆三年（1738）文盛堂、懷德
堂刻可儀堂一百二十名家制義本
國圖
名家制義六十一種本
2017 年國家圖書館出版社清代
詩文集珍本叢刊本

集 10000941

呂晚村詩稿舊鈔箋注不分卷

（清）崇德呂留良撰

清鈔本　上海

集 10000942

天蓋樓詩集七卷

（清）崇德呂留良撰

吳興沈氏萬卷樓鈔本　中社科院
文學所

集 10000943

天蓋樓遺稿不分卷

（清）崇德呂留良撰

鈔本（佚名校）　浙江

集 10000944

呂晚村詩七卷研銘一卷

（清）崇德呂留良撰

清呂氏鈔本　上海
2002 年上海古籍出版社影印續
修四庫全書本

集 10000945

東莊詩鈔八卷

（清）崇德呂留良撰

清鈔本　臺圖

集 10000946

東莊吟稿七卷

（清）崇德呂留良撰

清鈔本　上海

清宣統（1909～1911）上海鄧氏鉛印本　國圖　北大　廈大　鄭大

集 10000947

東莊詩存不分卷

（清）崇德呂留良撰

清宣統三年（1911）順德鄧氏風雨樓鉛印本　天社科院　河南大

集 10000948

呂恥翁詩稿八卷

（清）崇德呂留良撰

清怡古齋鈔本　中科院

集 10000949

零星稿一卷東將詩一卷欱氣集一卷

（清）崇德呂留良撰

清鈔本　中科院

集 10000950

何求老人殘稿七卷

（清）崇德呂留良撰

清張鳴珂鈔本　復旦

清尋樂軒鈔本　國圖

集 10000951

何求老人詩稿七卷集外詩一卷

（清）崇德呂留良撰

清鈔本（清吳騫、清朱昌燕跋）國圖

2017 年國家圖書館出版社清代詩文集珍本叢刊本

集 10000952

何求老人詩不分卷

（清）崇德呂留良撰

民國張宗祥鈔本　浙江

集 10000953

呂晚村詩集八卷補遺一卷

（清）崇德呂留良撰

清光緒石印本　溫州　臨海　義烏　玉海樓

集 10000954

呂晚村詩集不分卷

（清）崇德呂留良撰

清光緒十三年（1887）石印本湖南

集 10000955

呂晚村詩一卷

（清）崇德呂留良撰

清鈔本　嘉興

集 10000956

何求老人殘稿八卷釋罍一卷

（清）崇德呂留良撰

清鈔本　國圖

集 10000957

何求老人殘稿一卷

(清)崇德呂留良撰

民國初晚晴簃選詩社鈔本　中
科院

清宣統三年(1911)上海神州國光
社鉛印本　北師大　天津

集 10000958

呂晚村先生古文二卷

(清)崇德呂留良撰

清康熙五十九年(1720)孫學顔小
濂溪山房刻本　國圖　南京　浙江

集 10000959

**呂晚村先生文集八卷續集四卷
附錄一卷**

(清)崇德呂留良撰

清康熙刻本　國圖

清雍正三年(1725)呂氏天蓋樓刻
本　國圖(倫明校)上海　復旦

清南陽講習堂刻本　湖南

2002年上海古籍出版社影印續
修四庫全書本

四庫禁毀叢刊本

中華再造善本本

集 10000960

呂東莊先生文集八卷附錄一卷

(清)崇德呂留良撰

清鈔本　國圖

民國十八年(1929)陽湖錢振鍠木
活字印本　北大　清華　南大　金

陵　浙大　廈大　復旦　華東師大
河南大　浙江　温州

集 10000961

**呂晚村先生文集八卷續集一卷
附錄一卷**

(清)崇德呂留良撰

清道光二十七年(1847)鈔本　中
科院

集 10000962

呂晚村先生文集不分卷

(清)崇德呂留良撰

清鈔本　上海

集 10000963

呂晚村先生文集八卷

(清)崇德呂留良撰

清末至民國刻本　國圖

集 10000964

天蓋樓雜著不分卷

(清)崇德呂留良撰

清鈔本　浙江

集 10000965

晚村慚書一卷

(清)崇德呂留良撰

清順治間刻本　國圖

清鈔本　中科院

集 10000966

妙山精舍集□卷

（清）崇德吕留良撰（清）吕葆中編輯

清康熙鈔本　天津

集 10000967

南車草一卷

（清）秀水朱彝尊撰

鈔本　國圖

集 10000968

騰笑集八卷

（清）秀水朱彝尊撰

清康熙二十五年（1686）刻本　國圖（清馮登府、傅增湘跋）　中科院　浙江

集 10000969

焦螟集八卷

（清）秀水朱彝尊撰

清康熙間鈔本（清宋犖跋）　山東博

集 10000970

曝書亭類稿不分卷

（清）秀水朱彝尊撰

稿本（清馮登府、清蔣鳳藻、翁綬琪跋）　北大

集 10000971

曝書亭集八十卷附録一卷

（清）秀水朱彝尊撰

清康熙五十三年（1714）曹寅、朱稻孫刻本　中科院　國圖

清光緒十五年（1889）會稽陶闇刻本　青海

清光緒三十四年（1908）陶闇刻本　溫州

民國八年（1919）上海商務印書館影印四部叢刊初編本　國圖（傅增湘校並跋）　中科院　北大　上海　復旦　天津　遼寧　山東　甘肅　南京　浙江　湖北　四川

民國十八年（1929）上海商務印書館二次影印四部叢刊初編本　國圖　中科院　上海　復旦　吉大　浙江　雲南

民國二十五年（1936）上海商務印書館縮印四部叢刊初編本　國圖　華東師大　天津　甘肅　南京　武大　雲南　青海

清代詩文集彙編本

國學基本叢書本

集 10000972

曝書亭詩録十二卷

（清）秀水朱彝尊撰

清鈔本　中山

集 10000973

曝書亭詩楖三卷

（清）秀水朱彝尊撰　（清）錢玨輯

清嘉慶元年（1796）錢廷燭鈔本（清錢廷燭跋）　嘉興

集 10000974

竹垞詩選不分卷

（清）秀水朱彝尊撰

清趙怡鈔本　四川

集 10000975

曝書亭集外稿八卷

（清）秀水朱彝尊撰　（清）朱墨林
等輯

清道光二年（1822）刻本　國圖

清光緒四年（1878）秀水孫氏望雲
仙館刻橋李遺書本　國圖　中科院

北大　上海　山東　南京　浙江

湖北　中山　四川

清嘉慶二十二年（1817）朱墨林刻
本　天津

集 10000976

曝書亭集外詩八卷

（清）秀水朱彝尊撰

清道光間刻本　中科院　國圖

集 10000977

**曝書亭集外詩五卷詞一卷文
二卷**

（清）秀水朱彝尊撰

1994 年上海書店出版社叢書集
成續編本

集 10000978

曝書亭文稿一卷

（清）秀水朱彝尊撰

上海書店出版社 1995 年出版叢
書集成續編本

集 10000979

風懷詩案一卷

（清）秀水朱彝尊撰　冒廣生注

清光緒民國刻如皋冒氏叢書本

國圖　中科院　上海　天津　遼寧

甘肅　南京　浙江　湖北　四川

集 10000980

朱竹垞先生草稿不分卷

（清）秀水朱彝尊撰

稿本（清柳東生跋）　北大

集 10000981

朱竹垞文稿不分卷

（清）秀水朱彝尊撰

稿本　上海（清魏家驊跋並錄馮
煦等跋）天一閣（清葉封評，清張
廷濟、

集 10000982

曝書亭文摘鈔不分卷

（清）秀水朱彝尊撰

清康熙間鈔本（清徐釚跋）　國圖

集 10000983

竹垞文類二十五卷

（清）秀水朱彝尊撰

清康熙二十三年（1684）刻本　中
科院

集 10000984

竹垞文類二十六卷

（清）秀水朱彝尊撰

清康熙十六年(1677)刻增修本
國圖　中科院
1994～1997 年齊魯書社影印四
庫全書存目叢書本

集 10000985
竹垞詩鈔一卷
　(清)秀水朱彝尊撰　(清)劉執玉選
清乾隆三十八年(1773)詒燕樓刻
國朝六家詩鈔本　浙江　溫州

集 10000986
竹垞古今體詩七卷
　(清)秀水朱彝尊撰　(清)嘉興李
稻塍選
　清寸碧山堂刻梅會詩選本　南京

集 10000987
曝書亭詩録箋注十二卷
　(清)秀水朱彝尊撰　(清)江浩
然注
　清乾隆二十四年(1759)惇裕堂刻
本　湖南　北大　美燕京

集 10000988
曝書亭詩集注二十二卷年譜一卷
　(清)秀水朱彝尊撰　(清)嘉興楊
謙注
　清乾隆間楊氏木山閣刻本　中科
院　遼寧　天津　復旦　安徽大
美燕京

集 10000989
曝書亭詩集二十二卷
　(清)秀水朱彝尊撰
　清刻本　重師大

集 10000990
曝書亭詩集箋注二十三卷
　(清)秀水朱彝尊撰　(清)孫銀
槎注
　清嘉慶九年(1804)三有堂刻本
國圖　浙江

集 10000991
曝書亭詩集注十一卷
　(清)秀水朱彝尊撰　(清)范洪
鑄注
　稿本　復旦　中大

集 10000992
鴛鴦湖櫂歌一百首不分卷
　(清)秀水朱彝尊撰
　清乾隆四十年(1775)朱芳衡刻本
嘉興
　清光緒二年(1876)刻本鴛鴦湖櫂
歌本　溫州　海鹽
　清鈔鴛鴦湖櫂歌七種本　復旦

集 10000993
寧遠堂詩集不分卷
　(清)海寧陸弘定撰
　清鈔本　國圖
　2017 年國家圖書館出版社清代
詩文集珍本叢刊本

集 10000994

寧遠堂詩集四卷

（清）海寧陸弘定撰

清鈔本　浙江

集 10000995

鶴耕集九卷

（清）浙江陳世培撰

稿本　中社科院文學所

集 10000996

尺五堂詩刪初刻（存庵詩集）六卷

（清）歸安嚴我斯撰

清康熙十五年（1676）愛澤樓刻本

國圖　中科院　臺圖　美燕京

1994～1997 年齊魯書社影印四庫全書存目叢書本

2017 年國家圖書館出版社清代詩文集珍本叢刊本

美國哈佛大學哈佛燕京圖書館藏清代善本別集叢刊本

集 10000997

尺五堂詩刪近刻四卷

（清）歸安嚴我斯撰

清康熙二十七年（1688）一硯齋刻本　國圖　中科院　臺圖　美燕京

美國哈佛大學哈佛燕京圖書館藏清代善本別集叢刊本

集 10000998

尺五堂倡和偶刻六卷

（清）歸安嚴啓煜撰

清康熙刻本　美燕京

美國哈佛大學哈佛燕京圖書館藏清代善本別集叢刊本

集 10000999

尺五堂聯珠偶刻三卷

（清）歸安嚴啓煜撰

清康熙刻本　美燕京

美國哈佛大學哈佛燕京圖書館藏清代善本別集叢刊本

集 10001000

嘉樹集不分卷

（清）海鹽王槐撰

清刻本　山東

集 10001001

蜀中草一卷

（清）海寧朱昇撰

清康熙四十九年（1710）新安韋昌辰刻本　國圖　上海　南京

集 10001002

朱方庵蜀遊草一卷

（清）海寧朱昇撰

清鈔東海詩選本（清葛繼常補注並跋）　湖北

集 10001003

方庵詩選一卷

（清）海寧朱昇撰

清鈔東海詩選本（清葛繼常補注

並跋） 湖北

集 10001004

西疇草堂遺鈔一卷

(清)海寧周文熷撰

清光緒間海昌羊氏傳卷樓粤東刻海昌叢載本 國圖 北大 上海 山大

集 10001005

懷孟草一卷

(清)嘉興周龍雯撰 (清)桐鄉沈堯咨輯

清乾隆五年(1740)刻濮川詩鈔本 復旦

集 10001006

天台國清祖憲和尚戛雲草一卷

(清)天台釋祖憲撰

清康熙十七年(1678)刻本 上海

集 10001007

己巳近集一卷

(清)天台釋祖憲撰

清康熙間刻本 上海

集 10001008

南山堂近草不分卷

(清)海寧祝定國撰

稿本 浙江

2019 年國家圖書館出版社影印浙學未刊稿叢編本

集 10001009

松卿詩草一卷

(清)海寧祝定國撰

稿本 浙江

集 10001010

冬關詩草不分卷

(清)嘉興釋通復撰

稿本 臺圖

集 10001011

冬關詩鈔六卷補遺一卷

(清)嘉興釋通復撰

清康熙四十八年(1709)盛遠、汪森刻本 國圖

集 10001012

完石齋集六卷

(清)永康徐琮撰

清康熙間刻本 陝西

2013 年上海古籍出版社重修金華叢書本

集 10001013

泉村詩選一卷

(清)永嘉徐凝撰

民國十七至二十四年(1928～1935)永嘉黄氏鉛印敬鄉樓叢書本 國圖 中科院 北大 上海 復旦 天津 遼寧 甘肅 南京 浙江 中山 四川

民國永嘉黄氏敬鄉樓鈔本 温州

集 10001014

泉村集選一卷

（清）永嘉徐凝撰

清康熙刻本溫州（林衍桐題記、清孫鏘鳴、清孫詒讓批）

集 10001015

敬齋詩鈔一卷

（清）海寧陳翼撰

清光緒間海昌羊氏傳卷樓粵東刻海昌叢載本　國圖　北大　上海　山大

清光緒十三年（1887）海昌羊氏傳卷樓粵東刻海昌六先生集本　國圖　上海

集 10001016

息深齋詩集不分卷

（清）嘉善錢焜撰

清嘉慶十七年（1812）刻本　國圖

集 10001017

遊滇詩曆二卷

（清）鄞縣謝爲霖撰

清康熙二十七年（1688）刻本　上海

鈔本　雲南

集 10001018

漣漪堂遺稿二卷附一卷

（清）仁和沈峻曾撰

清康熙二十九年（1690）（1688）刻本　中科院（鄧之誠題記）

集 10001019

雙雲堂集十二卷（雙雲堂文稿、詩稿各六卷）行述一卷

（清）鄞縣范光陽撰　（清）慈溪鄭梁選

清康熙四十七年（1708）　鄭風刻本　國圖　中科院　美燕京　天津

集 10001020

道援堂集十卷

（清）屈大均撰　（清）錢塘沈用濟選

清康熙間刻本　山西大　安徽博　國圖　揚州大

集 10001021

雅坪詩稿四十卷文稿十卷首一卷

（清）平湖陸葇撰

清康熙四十七年（1708）　陸淩勳傳經閣刻本　上海

清代詩文集彙編本

集 10001022

雅坪山房集一卷

（清）平湖陸葇撰

清康熙間刻百名家詩鈔本　國圖

集 10001023

陸隴其議據稿一卷

（清）平湖陸隴其撰

稿本（張廷濟題簽，陸樹基等跋）　上海

集 10001024

三魚堂文集十二卷外集六卷附錄一卷

（清）平湖陸隴其撰

清康熙四十年（1701）嘉會堂刻本
中科院　徐州　江蘇師大　蘇大
浙江　天一閣　紹興　金華博
杭州　杭師大

清乾隆間内府寫文淵閣四庫全書本　臺故博

清乾隆間内府寫文溯閣四庫全書本　甘肅

清乾隆間内府寫文津閣四庫全書本　國圖

2008 年商務印書館影印文津閣四庫全書本

清乾隆間内府寫本清末民初補鈔文瀾閣四庫全書本　浙江

1982～1986 年臺灣商務印書館景印文淵閣四庫全書本

1986 年上海古籍出版社據臺灣商務印書館景印文淵閣四庫全書景印本

2006～2015 年杭州出版社影印文瀾閣四庫全書本

清刻本　蘇州　無錫　蘇大　浙江　金華　瑞安中　臨海　東陽莫氏陳列館　嘉興　玉海樓

清宣統三年（1911）上海掃葉山房石印本　浙師大　玉海樓　嘉興

清鈔本　重慶

集 10001025

三魚堂文集十二卷賸言十二卷外集六卷附錄一卷

（清）平湖陸隴其撰

清同治七年（1868）刻本　復旦遼寧

集 10001026

三魚堂文集十二卷外集六卷補遺一卷附錄一卷年譜一卷

（清）平湖陸隴其撰

清光緒十五年（1889）涇陽柏經正堂刻本　中科院

集 10001027

三魚堂文集不分卷

（清）平湖陸隴其撰

國朝文會本

集 10001028

三魚堂文集十二卷外集六卷文集附錄一卷

（清）平湖陸隴其撰

清嘉慶至道光老掃葉山房刻本天一閣

集 10001029

三魚堂文集十二卷外集六卷賸言十二卷

（清）平湖陸隴其撰

清同治七年（1868）武林薇署刻本平湖

清宣統三年（1911）上海掃葉山房

石印嘉興

集 10001030

三魚堂賸言十二卷附清獻公傳
畧一卷

（清）平湖陸隴其撰 （清）陳濟
編校

清乾隆三蕉書屋刻本 蘇州

集 10001031

三魚堂文集十二卷

（清）平湖陸隴其撰

清乾隆嘉會堂刻本 南開

集 10001032

三魚堂文集十二卷外集六卷附
錄一卷

（清）平湖陸隴其撰

清康熙三十三年（1694）嘉會堂刻
本 湖南

集 10001033

尺牘偶存二卷

（清）平湖陸隴其撰

清光緒十七年（1891）上海書局刻
本 嘉興

集 10001034

陸稼書先生文集二卷

（清）平湖陸隴其撰 （清）張伯
行訂

清康熙四十八年（1709）正誼堂刻
本 慕湘藏書館

集 10001035

陸稼書先生文集二卷問受錄四
卷松陽鈔存一卷

（清）平湖陸隴其撰

清刻本 蘇州

集 10001036

陸清獻公書牘三卷

（清）平湖陸隴其撰

清光緒十七年（1891）刻本 天津

集 10001037

陸稼書先生真稿不分卷

（清）平湖陸隴其撰

清刻本 孔子博

集 10001038

缶堂學詩不分卷

（清）鄞縣董道權撰

清鈔本 國圖

2017 年國家圖書館出版社清代
詩文集珍本叢刊本

集 10001039

洞庭詩稿六卷

（清）秀水釋大燈撰

清康熙間刻本 南京

集 10001040

黑蝶齋詩鈔四卷詞一卷

（清）平湖沈岸登撰

清康熙間沈黼熊等春及堂刻本
上海 內蒙古

集 10001041

朗生遺稿不分卷

　(清)嘉興沈傳弓撰

　鈔本　嘉興

集 10001042

焚餘集二卷

　(清)鄞縣李涵撰　(清)李厚建輯

　清鈔本(張培基跋)　天一閣

集 10001043

花萼樓集六卷

　(清)永嘉周天錫撰

　清康熙間刻本　溫州

　民國鈔本　溫州　玉海樓

　民國永嘉黃氏敬鄉樓鈔本　溫州

集 10001044

樗葊手鈔一卷

　(清)永嘉周天錫撰

　民國永嘉區徵輯鄉先哲遺著會稿本　玉海樓

集 10001045

容安詩草十卷

　(清)錢塘胡榮撰　(清)錢塘洪昇等評

　清康熙間刻三色套印本　國圖

集 10001046

俙浦詩鈔二卷

　(清)海鹽馬世榮撰　(清)馬洪熹輯錄

　清乾隆三年(1738)馬維翰寫刻本

　國圖　浙江　美燕京

集 10001047

漁莊詩集一卷

　(清)嘉興屠焯撰

　清康熙六十一年(1722)刻梅會詩人遺集本　國圖　上海　南京

集 10001048

藍染齋集一卷

　(清)嘉興陳選勛撰　(清)桐鄉沈堯咨輯

　清乾隆五年(1740)刻濮川詩鈔本　復旦

集 10001049

繭窩雜稿一卷詩稿一卷

　(清)海鹽吳謙牧撰

　清鈔本(清沈昀批,清高均儒、丁丙跋)　南京

集 10001050

吳志仁先生遺集□□卷

　(清)海鹽吳謙牧撰

　清鈔本(存卷四至五)　國圖

集 10001051

抱經齋詩集十四卷

　(清)秀水徐嘉炎撰

　稿本　上海

集 10001052

抱經齋詩集十四卷文集五十卷

（清）秀水徐嘉炎撰

清康熙三十八年（1699）自刻本（列目五十卷，僅刻六卷） 國圖 故宮 山西大（郭象升跋）

1994～1997 年齊魯書社影印四庫全書存目叢書本

故宮珍本叢刊本

集 10001053

清音集（清音集詩）不分卷

（清）慈溪張鴻述撰

鈔本（張淑芬、孫蕙媛評語） 中社科院文學所

集 10001054

南淀集三卷

（清）海鹽彭孫遹撰

清康熙間刻本 湖北

集 10001055

松桂堂全集三十七卷南椿集三卷延露詞三卷

（清）海鹽彭孫遹撰

清乾隆八年（1743）彭景曾刻本 國圖 中科院 天津 復旦 美燕京 陝西 首都 南開 金陵 常州 浙江 天一閣

清乾隆間內府寫文淵閣四庫全書本 臺故博

清乾隆間內府寫文溯閣四庫全書本 甘肅

清乾隆間內府寫文津閣四庫全書本 國圖

2008 年商務印書館影印文津閣四庫全書本

清乾陸間內府寫本清末民初補鈔文瀾閣四庫全書本 浙江

1982～1986 年臺灣商務印書館景印文淵閣四庫全書本

1986 年上海古籍出版社據臺灣商務印書館景印文淵閣四庫全書景印本

2006～2015 年杭州出版社影印文瀾閣四庫全書本

清宣統三年（1911）上海掃葉山房石印本 國圖 首都 內蒙古 徐州 河南大 湖南 青海 杭州 海鹽博 金華博 紹興 嘉善

集 10001056

彭羨門全集

（清）海鹽彭孫遹撰

清宣統三年（1911）掃葉山房石印本 國圖

集 10001057

松桂堂集（茗齋百花詩）二卷

（清）海鹽彭孫遹撰

清鈔本 復旦

集 10001058

蕭遠堂文集（西泠王文節先生集）九卷

（清）仁和（一作錢塘）王修玉撰

清康熙間蕭遠堂刻本　蘇州

集 10001059

蕭遠堂詩集(松墅詩選)六卷

（清）仁和（一作錢塘）王修玉撰

清刻本　蘇州

集 10001060

大茂山房合稿六卷

（清）餘姚（直隸滄州人，祖籍浙江餘姚）宋起鳳撰

清康熙二年(1663)刻本　中科院

集 10001061

蒿谷山人詩稿一卷

（清）桐鄉沈兆奎撰

清康熙三十四年(1695)刻本
國圖

集 10001062

吳太史遺稿一卷

（清）歸安吳光撰

清鈔本　中科院

民國間吳興劉氏嘉業堂刻吳興叢書本　國圖　中科院　上海　復旦　寧夏　南京　浙江　湖北　雲南

民國間吳興劉氏嘉業堂刻 1986 年文物出版社重印吳興叢書本
遼寧

集 10001063

使交集一卷

（清）歸安吳光撰

民國間吳興劉氏嘉業堂刻吳興叢書本　國圖　中科院　上海　復旦　寧夏　南京　浙江　湖北　雲南

民國間吳興劉氏嘉業堂刻 1986 年文物出版社重印吳興叢書本
遼寧

1994 年上海書店出版社叢書集成續編本

集 10001064

鬱廖集二卷

（清）蕭山來式鐸撰

清康熙間刻本　南京

集 10001065

二齋文集不分卷

（清）慈溪胡亦堂撰

清康熙十一年(1672)刻本　南京

集 10001066

胡二齋擬樂府

（清）慈溪胡亦堂撰

清光緒十八年(1892)刻慈谿文徵本　浙江　天一閣

集 10001067

南樓吟香集六卷

（清）海寧查惜撰

清康熙二十八年(1689)馬思贊刻本　國圖

集 10001068

種月軒遺草十四卷

(清)會稽(一作上虞)俞得鯉撰

清乾隆十二年(1747)俞景武刻本

復旦　清華　天一閣　浙江

集 10001069

古喤初集一卷

(清)嘉善孫錄撰

清康熙間刻本　國圖

2017 年國家圖書館出版社清代詩文集珍本叢刊本

集 10001070

贊臣詩集八卷

(清)永嘉梅調元撰

清康熙四年(1665)溫州圖刻本玉海樓

民國十八年(1929)勁風閣鈔本溫州

集 10001071

盧陽殘稿不分卷

(清)嘉興盛民譽撰

清乾隆元年(1736)鈔本　中社科院文學所

集 10001072

野眺樓近草九卷

(清)鄞縣張瑤芝撰

清咸豐清同治間徐時棟煙嶼樓鈔本　天一閣　遼陽

集 10001073

聞鐘集四卷

(清)石門勞大輿撰

清康熙間刻本　北大

集 10001074

聞鐘集五卷

(清)石門勞大輿撰

清康熙間刻本　國圖

2017 年國家圖書館出版社清代詩文集珍本叢刊本

集 10001075

燕遊草(謝啓臣燕遊二十詠)一卷

(清)定海謝廣昌撰

清初刻本　上海

清康熙間刻疊歌雜著附　浙江

集 10001076

石樵詩稿十二卷

(清)歸安嚴允肇撰

清光緒三十四年(1908)鉛印本南京　首都　天津

清康熙刻本　杭州　慕湘藏書館

集 10001077

健松齋集二十四卷

(清)遂安方象瑛撰

清康熙十六年(1677)刻本　中科院　蘇州　浙江　國圖

1994～1997 年齊魯書社影印四庫全書存目叢書本

清代詩文集彙編本

集 10001078

健松齋續集十卷

（清）遂安方象瑛撰

清康熙四十二年（1703）刻本
國圖

集 10001079

健松齋集一卷

（清）遂安方象瑛撰

清康熙間刻百名家詩鈔本　國圖

集 10001080

健松齋集不分卷

（清）遂安方象瑛撰

國朝文會本

集 10001081

慎齋詩存八卷附敬義堂贈言一卷

（清）杭州王典撰　（清）鄞縣周斯
盛選

清康熙四十三年（1704）王廷燦刻
本　國圖　中科院　天一閣

集 10001082

扶桑閣集二卷

（清）海寧朱爾邁撰

稿本　國圖

集 10001083

日觀集文稿不分卷

（清）海寧朱爾邁撰

清嘉慶二十二年（1817）朱二銘校
鈔本　北碚

集 10001084

扶桑閣詩集十四卷

（清）海寧朱爾邁撰

清康熙間書林劉鍾甫刻本　國圖
（存四卷，清管庭芬跋）

集 10001085

**日觀集九卷首一卷續集八卷續
集首一卷**

（清）海寧朱爾邁撰

清康熙間馬思贊刻南國二家詩本
上海　國圖

集 10001086

流鉛集十六卷

（清）錢塘吳農祥撰

稿本（清盧文弨校）　北大

清盧氏抱經堂鈔本（存卷一至三、
六至十、十三至十四，清盧文弨校並
跋）　上海

清鈔本（清劉履芬校）　國圖

集 10001087

梧園詩文集不分卷

（清）錢塘吳農祥撰

稿本（清丁丙跋，吳慶坻題識）
浙江

2019 年國家圖書館出版社影印
浙學未刊稿叢編本

集 10001088

梧園詩選十二卷

（清）錢塘吳農祥撰

清同治光緒間丁氏嘉惠堂鈔本
南京

集 10001089
梧園文集不分卷
（清）錢塘吳農祥撰
清蘭陵蔣氏印山樓鈔本（清丁丙
跋） 南京

集 10001090
吳莘叟集不分卷
（清）錢塘吳農祥撰
鈔本 日静嘉堂

集 10001091
留村詩鈔一卷
（清）山陰吳興祚撰
清康熙間刻本 國圖

集 10001092
留村集一卷
（清）山陰吳興祚撰
清康熙間刻百名家詩鈔本 國圖

集 10001093
梅莊全集二卷
（清）蕭山張遠撰
清康熙間刻本 中科院

集 10001094
梅莊文集一卷
（清）蕭山張遠撰
清康熙三十八年(1699)刻本 國

圖 中科院 遼寧

集 10001095
心廬集一卷
（清）會稽董欽德撰
稿本 浙江

集 10001096
天籟集鈔存一卷
（清）會稽董欽德撰
清光緒三十二年(1906)會稽董氏
取斯家塾刻董氏叢書本 國圖 北
大 華東師大 遼寧 浙江 河南
雲南

集 10001097
拜鵑堂詩集四卷
（清）錢塘潘問奇撰
清康熙三十四年(1695)刻本 中
科院
清康熙三十四年(1695)刻二家詩
本 國圖 遼寧
四庫未收書輯刊本

集 10001098
梵夾詩集八卷
（清）錢塘沈名蓀撰
清康熙六十年(1721)趙昱刻本
國圖
鈔本 南京

集 10001099
嘉遇堂詩七卷

（清）吳興沈廣興撰

清康熙間刻本　中科院

四庫未收書輯刊本

集 10001100

筍莊詩鈔四卷

（清）會稽孟駿撰

清康熙間刻本　國圖

2017 年國家圖書館出版社清代詩文集珍本叢刊本

集 10001101

蕉圃遺稿一卷

（清）海寧周文燦撰

稿本（清周廣業跋）　南京

集 10001102

東齋詩刪一卷

（清）嘉善魏允札（野道人）撰

清鈔本（清吳文驥跋，張元濟題識）　上海

集 10001103

霞綺閣文集十卷

（清）遂安毛際可撰

清康熙十年（1671）自刻本　日內閣

集 10001104

松皋文集十卷

（清）遂安毛際可撰

清康熙十五年（1676）刻本　南京　中社科院歷史所

集 10001105

松皋文集十二卷

（清）遂安毛際可撰

清康熙十五年（1676）刻本　北師大　人大

集 10001106

松皋文集十四卷

（清）遂安毛際可撰　（清）張希良、（清）錢塘毛先舒評

清康熙刻本　上海　中科院　美燕京　日静嘉堂

集 10001107

安序堂文鈔十六卷

（清）遂安毛際可撰

清康熙二十七年（1688）刻本　中科院　四川　北大　美燕京

集 10001108

安序堂文鈔二十卷

（清）遂安毛際可撰　（清）林雲銘評

清康熙二十八年（1689）刻本　國圖　陝西　蘇州

集 10001109

安序堂文鈔二十四卷

（清）遂安毛際可撰

清康熙間刻本　上辭

集 10001110

安序堂文鈔三十卷

（清）遂安毛際可撰

清康熙間刻本　國圖　遼寧　復旦　中科院（鄧之誠題記）　美燕京　日静嘉堂　首都　南開　湖南社科院　浙江　嘉善　天一閣　浙大　蘇州

集 10001111

毛鶴舫先生文集一卷

（清）遂安毛際可撰

清倪兆蛟鈔本　中科院

集 10001112

會侯先生文鈔二十卷

（清）遂安毛際可撰　（清）方婺如輯

清康熙五十八年（1719）刻本　天津　復旦

1994～1997 年齊魯書社影印四庫全書存目叢書本

集 10001113

鶴舫文鈔一卷

（清）遂安毛際可撰

清乾隆六十年（1795）徐氏刻國朝二十四家文鈔本　國圖

清道光十年（1830）刻國朝二十四家文鈔本　國圖

集 10001114

尋墊外言五卷

（清）嘉興李繩遠撰

清康熙三十六年（1697）李潮偕刻

本　首都

清康熙三十五年（1696）李潮偕刻乾隆二十四年（1759）金秀升增修李氏家集本　國圖　上海　陝西

集 10001115

隨緣集六卷

（清）嘉興釋靈耀撰

清康熙間刻本　北大　天津

清鈔本　南開

集 10001116

瀧江集詩選七卷

（清）秀水林之枚撰

清康熙二十二年（1683）攬秀堂刻本　清華　國圖

集 10001117

敬齋偶存草一卷

（清）歸安徐斐然撰

清刻本　國圖

清乾隆刻什一偶存本　中科院

集 10001118

梧桐閣集□□卷

（清）蕭山釋超理撰

清康熙間刻本　國圖（存二冊）

2017 年國家圖書館出版社清代詩文集珍本叢刊本

集 10001119

泊如軒稿七卷

（清）山陰丁牲撰

稿本　南京

集 10001120

泊如軒稿不分卷

（清）山陰丁甡撰

鈔本　浙江

集 10001121

羣峯抱樓詩删一卷

（清）歸安沈華平撰

稿本　國圖

集 10001122

經緯堂文集十六卷詩集十卷

（清）秀水杜臻撰

清康熙間刻本　上海　南開

集 10001123

傭庵北遊集不分卷

（清）會稽孟遠撰

清鈔本　國圖

集 10001124

兼山堂集八卷

（清）鄞縣陳錫嘏撰

清康熙二十九年（1690）鄭氏刻本

國圖　南開

集 10001125

香湖草堂集五卷

（清）嘉善丁裔沆撰

清康熙四十三年（1704）丁策定刻

雍正印本　國圖　上海

集 10001126

野航詩集二卷

（清）錢塘王丹林撰

清康熙間刻本　上海（存卷下）

國圖

清雍正二年（1724）刻本　南京

國圖

集 10001127

峽源集一卷

（清）鄞縣毛宗藩撰

民國間張氏約園鈔本　中社科院

文學所

1994 年上海書店出版社叢書集

成續編本

清末鈔本　國圖

集 10001128

竹里樓詩集不分卷

（清）錢塘沈光祀撰

清鈔本　南京

集 10001129

戒山文存一卷戒山詩存二卷河

工見聞録一卷熙朝聖德詩一卷

（清）仁和邵遠平撰

清康熙間刻本　國圖　南開

1994～1997 年齊魯書社影印四

庫全書存目叢書本

清代詩文集彙編本

集 10001130

深寧齋詩集三卷

（清）海寧查詩繼撰

清鈔本（吳昌綬跋）　國圖

2017 年國家圖書館出版社清代詩文集珍本叢刊本

集 10001131

澹園集九卷

（清）鄞縣徐懋昭撰

清康熙十四年（1675）刻本　北大　國圖

集 10001132

罔極録前編四卷後編四卷觀花雜詠一卷

（清）海寧許楷撰

清乾隆間吳氏拜經樓鈔本（清吳騫、吳重熹、章鈺跋）　上海

集 10001133

澄江集七卷

（清）錢塘陸次雲撰

清康熙十一年（1672）刻本　中社科院文學所　首都

清康熙刻陸次雲雜著本　美燕京

1994～1997 年齊魯書社影印四庫全書存目叢書本

美國哈佛大學哈佛燕京圖書館藏叢部善本彙刊影印陸次雲雜著本

集 10001134

北墅緒言二卷

（清）錢塘陸次雲撰

清康熙二十三年（1684）宛羽齋刻本　天津　清華　首都

集 10001135

北墅緒言五卷

（清）錢塘陸次雲撰（清）錢塘高士奇　（清）汪霦評

清康熙二十三年（1684）宛羽齋刻增修本　國圖　江蘇師大　首都

清康熙刻陸次雲雜著本　美燕京

1994～1997 年齊魯書社影印四庫全書存目叢書本

美國哈佛大學哈佛燕京圖書館藏叢部善本彙刊影印陸次雲雜著本

集 10001136

北墅緒言不分卷

（清）錢塘陸次雲撰

國朝文會本

集 10001137

澄江集一卷

（清）錢塘陸次雲撰

清康熙間刻百名家詩鈔本　國圖

集 10001138

深雪堂集六卷

（清）嘉興釋超永撰

清康熙三十三年（1694）刻本　南開

集 10001139

榴龕居士集十六卷

（清）烏程董漢策撰

清康熙間刻本　國圖

集 10001140

馴鶴軒詩選一卷

　（清）錢塘趙端撰　（清）顧有孝輯

　清康熙間刻本　中科院

　四庫未收書輯刊本

集 10001141

紫芝軒集四卷

　（清）山陰祁班孫撰

　清刻本　北大

集 10001142

祁奕喜紫芝軒逸稿一卷

　（清）山陰祁班孫撰

　清道光間刻祁忠惠公遺集附
國圖

集 10001143

容齋千首詩八卷

　（清）李天馥撰　（清）蕭山毛奇齡
等選

　清康熙三十六年（1697）刻本　首
都　遼寧

　清康熙間刻本　清華　蘇州　國
圖　首都　湖南　青海　浙大

　清光緒十二年（1886）鉛印本　中
科院　清華　國圖　首都　天津
湖南　浙江

　清光緒十二年（1886）蒯氏活字印
本　中科院

集 10001144

秋錦山房詩集十卷

　（清）秀水李良年撰

　清康熙三十五年（1696）李潮偕刻
本　國圖　南京

集 10001145

**秋錦山房集二十二卷目録二卷
外集三卷**

　（清）秀水李良年撰

　清康熙三十五年（1696）李潮偕刻
乾隆二十四年（1759）金秀升增修李
氏家集本　國圖　上海　無錫　首
都　浙江

　清康熙刻本　蘇州

　1994～1997 年齊魯書社影印四
庫全書存目叢書本

　清代詩文集彙編本

集 10001146

秋錦山房集十卷

　（清）秀水李良年撰

　清康熙三十五年（1696）李潮偕家
刻本　無錫　徐州　國圖　天津
南開　河南大　嘉興　莫氏陳列館

集 10001147

秋錦古今體詩五卷

　（清）秀水李良年撰

　清康熙六十一年（1722）刻梅會詩
人遺集本　國圖　上海　南京

　清康熙間刻乾隆間續刻李氏家集
四種本　國圖　中科院　上海　復

旦　湖北

集 10001148

秋錦文鈔一卷

　（清）秀水李良年撰

　清乾隆六十年（1795）徐氏刻國朝二十四家文鈔本　國圖

　清道光十年（1830）刻國朝二十四家文鈔本　國圖

集 10001149

見山亭詩集二卷

　（清）會稽（先世浙江會稽人，徙居杭州）章曇撰

　清康熙五十七年（1718）章氏刻本　國圖　無錫

集 10001150

善卷堂集四卷集外文一卷

　（清）錢塘陸繁弨撰

　清康熙間刻本　上海

　清鈔本　天津

集 10001151

善卷堂文集一卷

　（清）錢塘陸繁弨撰

　清鈔本　中科院

集 10001152

善卷堂四六十卷

　（清）錢塘陸繁弨撰　（清）吳自高注

　清乾隆三十五年（1770）刻本　遼

寧　浙江　福建　美燕京　日大阪

　清乾隆刻本　溫州　衢州博

集 10001153

清貽堂賸稿一卷

　（清）仁和王士駿撰

　清道光咸豐間刻繡水王氏家藏集本　國圖

　清代家集叢刊本

集 10001154

潦園集不分卷

　（清）錢塘汪志道撰

　清康熙間刻本　上海　國圖

集 10001155

芥老金先生全集不分卷

　（清）錢塘金張撰

　清康熙間刻本　浙江

集 10001156

芥老編年詩鈔十一卷續鈔四卷

　（清）錢塘金張撰

　清康熙間刻本　日內閣

集 10001157

芥老編年詩鈔十三卷

　（清）錢塘金張撰

　清康熙間刻本　南京

　1994～1997 年齊魯書社影印四庫全書存目叢書本

集 10001158

學箕初稿二卷

（清）餘姚黃百家撰

清康熙間箭山鐵鐙軒刻本　中科院　湖南　美燕京　國圖　南開

清康熙西爽堂刻本　慕湘藏書館

集 10001159

黃竹農家慰饑草一卷

（清）餘姚黃百家撰

清康熙四十四年（1705）刻本　國圖　上海

集 10001160

黃竹農家耳逆草不分卷

（清）餘姚黃百家撰

清康熙間刻本　國圖

2017 年國家圖書館出版社清代詩文集珍本叢刊本

清鈔本　天一閣

集 10001161

深省堂詩鈔一卷

（清）鄞縣萬斯備撰

稿本　大連

1994 年上海書店出版社叢書集成續編本

集 10001162

又庵詩鈔一卷

（清）鄞縣萬斯備撰

稿本　大連

集 10001163

涇川草一卷

（清）鄞縣萬斯備撰

稿本　大連

集 10001164

客燕草一卷

（清）鄞縣萬斯備撰

稿本　大連

集 10001165

深省堂詩稿不分卷

（清）鄞縣萬斯備撰

稿本　中科院

集 10001166

深省堂詩不分卷

（清）鄞縣萬斯備撰

清近蓬草堂鈔本　國圖

集 10001167

客遊草一卷

（清）鄞縣萬斯備撰

清鈔本　中科院

集 10001168

新安草一卷

（清）鄞縣萬斯備撰

稿本　大連

清鈔本　中科院

集 10001169

遊黃山詩一卷

（清）鄞縣萬斯備撰

清鈔本　中科院

集 10001170

玉窗遺稿一卷

（清）海寧葛宜撰

清乾隆三十六年（1771）朱型鈔本
（清朱型跋）　華東師大

清乾隆嘉慶間吳氏拜經樓刻海昌
麗則本　國圖

集 10001171

愚齋梅花百詠二卷

（清）海寧楊德建撰

清康熙間刻本　國圖

2017 年國家圖書館出版社清代
詩文集珍本叢刊本

集 10001172

霞舉堂集三十五卷

（清）仁和王晫撰

清康熙十九年（1680）刻本（三十
二卷）　南開

清康熙三十年（1691）刻本　中科
院　湖南社科院　浙江　國圖

清代詩文集彙編本

集 10001173

牆東雜鈔四卷

（清）仁和王晫撰

清康熙間刻本　國圖

集 10001174

松溪漫興一卷

（清）仁和王晫撰

清康熙間刻百名家詩鈔本　國圖

集 10001175

漸翁文集不分卷

（清）海寧查容撰

清乾隆三十九年（1774）吳氏拜經
樓鈔本（清吳騫校並跋）　北大

集 10001176

漸江詩集十二卷

（清）海寧查容撰

清鈔本　國圖　浙江（存卷五至
六）

2017 年國家圖書館出版社清代
詩文集珍本叢刊本

2019 年國家圖書館出版社影印
浙學未刊稿叢編本

案：書名一作漸江詩鈔附詩餘

集 10001177

查韜荒七言律詩一卷

（清）海寧查容撰

清鈔本　中科院

2019 年國家圖書館出版社影印
浙學未刊稿叢編本

集 10001178

查沆翁文集不分卷

（清）海寧查容撰

清乾隆三十九年（1774）海寧拜經

樓鈔本

　清代詩文集彙編本

集 10001179

筠庵集文草不分卷

　（清）會稽陶及申撰

　稿本　浙江

集 10001180

筠庵文選一卷

　（清）會稽陶及申撰

　清宣統三年（1911）紹興公報社鉛印越中文獻輯存書本　國圖　北師大　上海　吉大　南京　民大

集 10001181

漁村小草不分卷

　（清）海寧沈廣焞撰

　清康熙三十八年（1699）刻本　國圖

　2017年國家圖書館出版社清代詩文集珍本叢刊本

集 10001182

曹江集十卷

　（清）上虞曹恒吉撰

　清康熙三十五年（1696）願學堂刻本　中社科院歷史所　國圖

集 10001183

餘慶堂詩文集十卷

　（清）四明陳美訓撰

　清乾隆間餘慶堂刻本　國圖

清嘉慶間刻本　中科院　復旦

集 10001184

鼓枻文集一卷

　（清）仁和丁灝撰

　清康熙間嫩雲閣刻本　國圖

　2017年國家圖書館出版社清代詩文集珍本叢刊本

集 10001185

裕齋詩一卷詞一卷

　（清）吳興潘世暹撰

　清康熙二十四年（1685）刻本　浙江

集 10001186

證山堂集八卷

　（清）鄞縣周斯盛撰　（清）李澄中選

　清康熙間刻本　國圖（清徐時棟跋）　上海　復旦　浙江　天一閣　蘇州　美燕京

集 10001187

證山堂詩集八卷

　（清）鄞縣周斯盛撰

　清康熙二十三年（1684）刻本　遼寧

集 10001188

甲辰詩一卷

　（清）鄞縣周斯盛撰

　稿本　天一閣

集 10001189

寒村詩文三十六卷

（清）慈溪鄭梁撰

清康熙五十二年（1713）紫蟾山房自刻本　國圖　中科院　美燕京天一閣　浙江

1994～1997年齊魯書社影印四庫全書存目叢書本

清代詩文集彙編本

集 10001190

寒村詩文三十八卷

（清）慈溪鄭梁撰

清康熙五十二年（1713）紫蟾山房自刻增修本　中科院　中山　清華

集 10001191

寒村詩文選四十一卷

（清）慈溪鄭梁撰

清康熙五十二年（1713）紫蟾山房自刻增修本　復旦

集 10001192

采山堂近詩選八卷二集七卷

（清）山陰沈允範撰

清康熙五十三年（1714）刻本　北文物局　國圖

集 10001193

采山堂二集不分卷

（清）山陰沈允範撰

清刻本　中社科院文學所

集 10001194

浣香閣遺稿一卷

（清）上虞徐昭華撰

清道光二十七年（1847）楓溪省三書屋刻本　國圖

清道光二十七年（1847）活字本天津

民國三十一年（1942）詹之亮鈔本諸暨

清代閨秀集叢刊本

集 10001195

徐都講詩一卷

（清）上虞徐昭華撰

清康熙間刻西河合集本

1994～1997年齊魯書社影印四庫全書存目叢書本

清鈔本　紹興

集 10001196

蘭因集二卷

（清）錢塘諸九鼎撰

清嘉慶道光間刻本　上海

1994年上海書店出版社叢書集成續編本

集 10001197

棲賢山房文集五卷

（清）長興臧眉錫撰

清康熙間刻本　國圖

集 10001198

喟亭詩集八卷

（清）長興臧眉錫撰

清康熙間刻本　南京

集 10001199

唱亭文集三卷

（清）長興臧眉錫撰

清康熙十六年（1677）刻本　中社科院文學所（清毛先舒等評）　浙江

清代詩文集彙編本

集 10001200

牡丹詩一卷附錄一卷

（清）仁和丁文衡撰

清乾隆刻本　浙江

集 10001201

現成話一卷

（清）鄞縣羅喦撰

民國間四明張氏約園刻四明叢書本　國圖　中科院　北大　中科院　上海　復旦　天津　遼寧　南京　浙江　湖北　四川　寧夏

1994 年上海書店出版社叢書集成續編本

集 10001202

管村編年詩六卷

（清）鄞縣萬言撰

稿本　天一閣

集 10001203

管村詩稿十卷

（清）鄞縣萬言撰

稿本　大連

集 10001204

管村詩稿六卷

（清）鄞縣萬言撰

清刻本　天一閣　浙江

集 10001205

管村詩稿二卷

（清）鄞縣萬言撰

稿本四明萬氏家寶本　國圖

集 10001206

和蘇詩一卷

（清）鄞縣萬言撰

稿本四明萬氏家寶本　國圖

集 10001207

管村文稿六卷

（清）鄞縣萬言撰　（清）鄞縣李鄴嗣輯

清康熙間刻本　國圖

集 10001208

管村文鈔內編三卷

（清）鄞縣萬言撰

清徐氏煙嶼樓鈔本　天一閣

清鈔本　國圖

民國間四明張氏約園刻四明叢書本　國圖　中科院　北大　中科院　上海　復旦　天津　遼寧　南京　浙江　湖北　四川　寧夏

集 10001209

管村文鈔内編三卷

（清）鄞縣萬言撰　鄞縣張壽鏞
輯校

民國間四明張氏約園刻四明叢書
本　國圖　中科院　北大　中科院
上海　復旦　天津　遼寧　南京
浙江　湖北　四川　寧夏
1994 年上海書店出版社叢書集
成續編本

集 10001210

管村詩稿二卷

（清）鄞縣萬言撰

稿本四明萬氏家寶本　國圖

鈔本四明萬氏家寶本　國圖

清刻四明萬氏家寶本本　國圖

集 10001211

石園藏稿不分卷

（清）鄞縣萬斯同撰

清鈔本（清徐時棟題記）　中科院

集 10001212

石園文集八卷

（清）鄞縣萬斯同撰

民國間張氏約園鈔本　中社科院
文學所

民國間四明張氏約園刻四明叢書
本　國圖　中科院　北大　中科院
上海　復旦　天津　遼寧　南京
浙江　湖北　四川　寧夏
2002 年上海古籍出版社影印續

修四庫全書本

集 10001213

萬季野遺文一卷附錄一卷

（清）鄞縣萬斯同撰

羅雪堂先生全集本

1994 年上海書店出版社叢書集
成續編本

集 10001214

雪芽詩選二卷

（清）海寧朱絲撰

清康熙間刻本　上海

集 10001215

壺山草堂詩集不分卷

（清）錢塘吳嘉枚撰

清康熙間刻本　國圖

集 10001216

蕉雨軒遺稿不分卷

（清）海寧周嘉穀撰

鈔本　海寧

集 10001217

聽松吟不分卷

（清）山陰莫遜古撰

清康熙三十七年（1698）刻本
浙江

集 10001218

秋聲閣尺牘二卷

（清）錢塘奚學孔撰

清康熙四十七年(1708)奚士恂刻本　北大　人大　國圖　南開

集 10001219

栩栩園詩二卷京邸吟一卷

(清)定海屠粹忠撰

清康熙間刻本　國圖

集 10001220

栩栩園詩不分卷

(清)定海屠粹忠撰

清刻本　天一閣

集 10001221

栩栩園詩十二卷

(清)定海屠粹忠撰

清康熙間刻本　中科院

四庫未收書輯刊本

集 10001222

花南老屋詩集五卷

(清)秀水李符撰

清康熙六十一年(1722)刻梅會詩人遺集本　國圖　上海　南京

集 10001223

香草居集七卷目錄二卷

(清)秀水李符撰

清康熙間雲南刻本　國圖　中科院　復旦　湖南

1994～1997年齊魯書社影印四庫全書存目叢書本

清代詩文集彙編本

清乾隆刻本　天津

集 10001224

香草居集七卷

(清)秀水李符撰

清康熙三十五年(1696)李潮偕刻乾隆二十四年(1759)金秀升增修李氏家集本　國圖　上海

清乾隆刻本　國圖　首都　河南大

集 10001225

静觀堂詩集二十四卷

(清)石門勞之辨撰

清康熙間刻本　遼寧

集 10001226

静觀堂詩集十九卷

(清)石門勞之辨撰

清康熙四十年(1701)刻本　首都　浙江

集 10001227

静觀堂詩集三十卷

(清)石門勞之辨撰

清康熙四十至五十二年(1701～1713)刻本　國圖　復旦　四川　浙江　平湖　無錫

集 10001228

嚴柱峯詩一卷

(清)餘杭嚴曾榘撰

清康熙十年(1671)魏氏枕江堂刻

皇清百名家詩本　國圖（殘本未著
録存缺卷次）　天津　南京　華東
師大

　　清康熙十年（1671）魏氏枕江堂刻
二十一年（1682）聚錦堂印皇清百名
家詩本　中科院（鄧之誠跋）　北大
　　上海　南京

　　清康熙十年（1671）魏氏枕江堂刻
二十四年（1685）聖益齋印皇清百名
家詩本　國圖（鄭振鐸跋）　上海
南京

集 10001229
梅東草堂詩集七卷
　（清）仁和顧永年撰
　　清康熙間刻本　中科院
　　四庫未收書輯刊本

集 10001230
梅東草堂詩集九卷
　（清）仁和顧永年撰
　　清康熙四十七年（1708）澡雪堂刻
增修本　國圖　中科院

集 10001231
珠山集二十卷
　（清）山陰平一貫撰
　　清康熙間刻本　國圖　中社科院
文學所
　　2017 年國家圖書館出版社清代
詩文集珍本叢刊本

集 10001232
老雲齋詩刪十卷
　（清）平湖沈不負撰
　　清乾隆六年（1741）沈方蕙刻本
上海　浙江

集 10001233
道南堂詩集四卷
　（清）嘉興李琇撰
　　清康熙六十一年（1722）刻梅會詩
人遺集本　國圖　上海　南京

集 10001234
經野堂詩刪十八卷
　（清）嘉興岳昌源撰
　　清鈔本　南大

集 10001235
寄廬梅花詩一卷
　（清）平湖施洪烈撰
　　清宣統二年（1910）華雲閣木活字
印本　中社科院文學所
　　清宣統二年（1910）華雲閣鉛印本
浙江　嘉興　平湖　紹興一中

集 10001236
百梅詩一卷
　（清）山陰胡志仁撰
　　清康熙間稿本　復旦

集 10001237
爛溪草堂詩選六卷
　（清）烏程夏駰撰

清康熙間刻本　日静嘉堂

集 10001238

許季覺稿一卷

　（清）海寧許楗撰

　稿本　上海

　2019 年國家圖書館出版社影印浙學未刊稿叢編本

集 10001239

名山集三十四卷

　（清）海寧陳奮永撰

　清鈔本（佚名校）　南京

集 10001240

雲濤散人集六卷詩餘一卷

　（清）海鹽賀炳撰

　清康熙間刻本　上海

集 10001241

黃葉村莊詩集六卷

　（清）石門吳之振撰

　清康熙十九年（1680）鑑古堂刻本南京

集 10001242

黃葉村莊詩集八卷

　（清）石門吳之振撰

　清康熙三十五年（1696）刻本　國圖　美燕京

集 10001243

黃葉村莊詩集八卷後集一卷續

集一卷

　（清）石門吳之振撰

　清康熙三十五年（1696）刻四十一年（1702）、五十一年（1712）增刻本

　國圖　首都　北大　天一閣

　清光緒四年（1878）吳康壽刻本天一閣　蘇州　常州　吳江　南曉莊學院　内蒙古　湖南　重師大浙江　嘉興

　清光緒五年（1879）州泉吳氏刻本天津

　2017 年國家圖書館出版社清代詩文集珍本叢刊本

集 10001244

東廬遺稿一卷

　（清）鄞縣錢廉撰

　清康熙四十三年（1704）李曔、鄭性刻本　中科院

集 10001245

東廬詩鈔一卷

　（清）鄞縣錢廉撰

　民國間張氏約園鈔本　中社科院文學所　浙江

　2019 年國家圖書館出版社影印浙學未刊稿叢編本

集 10001246

穀韋詩文集不分卷

　（清）山陰王穀韋撰

　清鈔本　北大

集 10001247

屺瞻樓集二卷

（清）山陰田鳴玉撰

清康熙二十八年（1689）屺瞻樓刻本　中社科院文學所

集 10001248

也堂釣餘集不分卷

（清）海寧朱達撰

鈔本　臺圖

集 10001249

梧岡詩集三卷

（清）東陽李鳳雛撰

清光緒二十二年（1896）古大化里刻本　東陽博

2013 年上海古籍出版社重修金華叢書本

集 10001250

紫薇軒詩草一卷

（清）海寧朱願爲撰

鈔本　浙江

集 10001251

素庵詩草不分卷

（清）蕭山宋錫蘭撰

清乾隆三十年（1765）木活字印本南開

集 10001252

梅花詠一卷

（清）浙江釋佛第撰

清康熙三十九年（1700）刻本溫州

集 10001253

存齋集四卷

（清）錢塘俞森撰

清康熙間刻本　南京

集 10001254

天香閣文集八卷詩集十卷詞集六卷

（清）歸安唐之鳳撰

清康熙四十三年（1704）刻本上海

1994～1997 年齊魯書社影印四庫全書存目叢書本

集 10001255

天香閣文集八卷詩集十卷詞集六卷

（清）歸安唐之鳳撰

清康熙四十三年（1704）刻本上海

1994～1997 年齊魯書社影印四庫全書存目叢書本

集 10001256

思可堂詩集一卷

（清）海寧徐南珍撰　（清）海寧李榕輯

稿本硤川五家詩鈔本　上海

集 10001257

東郊草堂集二卷

　（清）仁和張壇撰

　清東潛趙氏鈔本　南京

集 10001258

東郊草堂集鈔九卷

　（清）仁和張壇撰

　清康熙間張成孫等刻本　上海

集 10001259

屠逺詩一卷

　（清）嘉興屠逺撰

　清康熙六十一年（1722）刻梅會詩
人遺集本　國圖　上海　南京

集 10001260

**萊園詩文稿不分卷詩餘不分卷
二懷堂詩草不分卷**

　（清）烏程韓裴撰

　清康熙間刻本　中山

集 10001261

萊園詩集三卷文稿三卷

　（清）烏程韓裴撰

　清刻本　中山

集 10001262

觀文堂詩鈔剩稿八卷

　（清）山陰金烺撰

　清嘉慶十一年（1806）鈔本　浙江

集 10001263

雪齋詩稿八卷

　（清）歸安吳曾撰

　清鈔本　北大

集 10001264

采霞集九卷

　（清）嘉興釋岳峙撰

　清鈔本　國圖

　2017 年國家圖書館出版社清代
詩文集珍本叢刊本

集 10001265

黃雪山房詩選不分卷

　（清）錢塘徐逢吉撰

　清鈔本　南京

集 10001266

侖山堂壬戌詩曆不分卷

　（清）海寧（由浙江海鹽占籍海寧）
黃鼇撰

　稿本（張元濟跋）　上海

集 10001267

復園文集六卷

　（清）烏程董聞京撰

　清康熙間完璞堂刻本　國圖　北
大　復旦

集 10001268

羣雅集四卷

　（清）會稽魯超撰

　清康熙二十四年（1685）刻本　南

京　南開　如皋

2016 年國家圖書館出版社歷代地方詩文總集彙編本

集 10001269

集句詩三卷

（清）秀水沈善世撰

清乾隆間沈氏刻本　四川

集 10001270

荻齋初集六卷

（清）瑞安林齊鉉撰

影鈔本　浙江

民國鈔本　溫州

集 10001271

悟拈詩存一卷

（清）桐鄉釋悟拈撰

清康熙四十一年（1702）吳江黃容刻本　上海

集 10001272

逃薵詩草（滄浮子詩鈔）十卷

（清）海鹽徐豫貞撰　（清）鄧漢儀

（清）臨海黃雲選

清康熙間思誠堂刻本　上海　中科院　嘉興

清康熙楊崑刻本　浙江

四庫未收書輯刊本

集 10001273

滄浮子詩鈔十卷逃薵詩草十卷

（清）海鹽徐豫貞撰　（清）鄧漢儀

（清）臨海黃雲選

清康熙刻本　暨大

集 10001274

兼山續草一卷

（清）湖州董思撰

民國二十五年（1936）二十八年（1939）南林周氏鉛印南林叢刊本

國圖　北大　上海　吉大　甘肅

南京　浙江　桂林　雲南

1982 年杭州古舊書店影印民國間南林周氏鉛印南林叢刊本　遼寧

2010 年學苑出版社中國華東文獻叢書本

集 10001275

桐巖山房詩刪二卷

（清）錢塘詹英撰

清康熙間刻本　南京

集 10001276

汝典詩稿三卷

（清）海鹽吳爕撰

稿本　中社科院文學所

集 10001277

高戶部詩一卷

（清）嘉興高以永撰

清康熙二十三年（1684）高孝本刻本　上海　天一閣

集 10001278

耐寒堂詩集二卷

（清）建德馬天選撰

清康熙三十七年（1698）刻本　上海　中社科院文學所

集 10001279

西琅館詩集一卷續集一卷

（清）建德馬天選撰

清乾隆十年（1745）刻本　中社科院文學所

集 10001280

捫膝軒豐溪詩草一卷

（清）海寧許箕撰

稿本　國圖（清張修府跋）　上海

集 10001281

捫膝軒草稿一卷

（清）海寧許箕撰

稿本　國圖

2017 年國家圖書館出版社清代詩文集珍本叢刊本

集 10001282

秋思草堂遺集（老父雲遊始末）一卷

（清）錢塘陸莘行撰

清嘉慶間海寧吳騫鈔本（清吳騫跋）　國圖

2005 年國圖書館出版社

集 10001283

劍匣集五卷

（清）錢塘戴熙（字斐南）撰

清康熙間刻本　南京

集 10001284

來寄軒詩草四卷

（清）海寧佚名撰

清鈔本　國圖

2017 年國家圖書館出版社清代詩文集珍本叢刊本

集 10001285

孫閣部詩集七卷（一作八卷）

（清）德清孫在豐撰

稿本　上海

2019 年國家圖書館出版社影印浙學未刊稿叢編本

集 10001286

孫司空詩鈔（尊道堂詩集）四卷

（清）德清孫在豐撰

清乾隆十二年（1747）一經代授山房刻本　蘇州

清代詩文集彙編本

集 10001287

修吉堂遺稿二卷

（清）德清徐元正撰

清乾隆四年（1739）徐志莘刻本中科院

清康熙刻本　國圖

集 10001288

琴樓偶鈔不分卷

（清）錢塘張昊撰

鈔本　中科院

集 10001289

橫山文鈔二十四卷

（清）慈溪裘璉撰

稿本　上海

集 10001290

橫山詩鈔十七卷（橫山初集十六卷胡二齋先生評選橫山初集一卷）

（清）慈溪裘璉撰

清康熙間刻裘氏絳雲居彙印本中科院

集 10001291

橫山詩文鈔二十二卷（橫山初集十六卷胡二齋評選橫山初集不分卷橫山文鈔不分卷易皆軒二集不分卷）

（清）慈溪裘璉撰

清康熙間刻裘氏絳雲居彙印本國圖　北大　美燕京　日內閣（缺胡二齋先生評選橫山初集）

集 10001292

橫山詩文鈔二十七卷（橫山初集十六卷易皆軒二集六卷橫山文鈔不分卷明翠湖亭四韻事四卷）

（清）慈溪裘璉撰

清康熙間刻裘氏絳雲居彙印本中科院

四庫未收書輯刊本

清代詩文集彙編本

集 10001293

橫山文集十六卷詩集六卷附橫山先生年譜一卷

（清）慈溪裘璉撰

民國三年（1914）甬上旅邍軒鉛印本　國圖　中科院（缺詩集、年譜）

復旦　杭州　浙江　餘姚文保所

集 10001294

華黍莊詩稿二卷

（清）嘉善孫炌撰

清初刻本　浙江

集 10001295

華黍莊詩集六卷補遺一卷詩餘一卷

（清）嘉善孫炌撰　（清）孫念疇編

清鈔本（柳亞子跋）　上海

集 10001296

華黍莊詩後集四卷續集二卷

（清）嘉善孫炌撰

稿本　上海

集 10001297

琴餘歸集八卷

（清）烏程錢庚撰

清康熙三十七年（1698）刻本　清華　日內閣（國立公文書館）

集 10001298

琴餘放詠不分卷

（清）烏程錢庚撰

清康熙間刻本　日内閣

集 10001299

山飛泉立堂文稿不分卷

（清）秀水王概撰

清康熙間刻本　國圖

集 10001300

嘯月樓集七卷

（清）錢塘洪昇撰

清鈔本　日静嘉堂

集 10001301

稗畦集四卷

（清）錢塘洪昇撰

清鈔本（鄧之誠題記）　中科院

集 10001302

稗畦集六卷

（清）錢塘洪昇撰　（清）臨海朱溶
等選

清陸香圃三間草堂鈔本（鄭振鐸
跋）　上海

清代詩文集彙編本

集 10001303

稗畦集不分卷

（清）錢塘洪昇撰　（清）□□增選

清鈔本　南京

集 10001304

稗畦續集一卷

（清）錢塘洪昇撰

清康熙間刻本　南京

清代詩文集彙編本

集 10001305

德星堂文集八卷續集一卷河工集一卷詩集五卷

（清）海寧許汝霖撰

四庫全書總目、清人詩文集總目
提要著録。鄧之誠舊藏德星堂詩集
五卷，未見。

集 10001306

稗畦詩一卷

（清）錢塘洪昇撰

清鈔本　杭州

集 10001307

高江村集八十卷

（清）錢塘高士奇撰

清康熙間遞刻本　國圖

集 10001308

清吟堂全集七十七卷

（清）錢塘高士奇撰

清康熙二十一至三十九年
（1682～1700）高氏朗潤堂刻本　北
大　遼寧　美燕京　南開　浙江
蘇州

四庫未收書輯刊本

清代詩文集彙編本

集 10001309

清吟堂全集六十四卷

(清)钱塘高士奇撰

清刻本 徐州

集 10001310

**清吟堂集九卷神功圣德诗一卷
随辇集十卷苑西集十二卷扈从
东巡日录二卷皇帝平漠北颂
一卷**

(清)钱塘高士奇撰

清康熙朗润堂刻本 苏州

集 10001311

清吟堂全集七十六卷

(清)钱塘高士奇撰

清康熙刻本 北师大

集 10001312

独旦集八卷

(清)钱塘高士奇撰

清康熙间刻本 国图 中科院
徐州 慕湘藏书馆 平湖 杭州
(二卷) 苏州

四库未收书辑刊本

集 10001313

独旦集三卷归田集十四卷

(清)钱塘高士奇撰

清康熙刻本 山西

集 10001314

独旦集二卷

(清)钱塘高士奇撰

清康熙三十一年（1692）刻本
杭州

集 10001315

城北集八卷

(清)钱塘高士奇撰

清康熙间高氏朗润堂刻本 国图
天津 复旦 苏州 青海

集 10001316

苑西集十二卷

(清)钱塘高士奇撰

清康熙二十九年（1690）蒋景祁刻
本 国图 首都 天津 天师大
湖南

康熙高氏朗润堂刻本 青海 江
苏师大 苏州

集 10001317

苑西集一卷

(清)钱塘高士奇撰

清康熙间刻百名家诗钞本 国图

集 10001318

归田集十四卷

(清)钱塘高士奇撰

清康熙间刻本 国图 苏州
湖南

四库未收书辑刊本

集 10001319

清吟堂集九卷

（清）錢塘高士奇撰

清康熙間刻本　國圖　蘇州
湖南

集 10001320

恭奏漠北蕩平凱歌一卷

（清）錢塘高士奇撰

清康熙間刻本　中科院

集 10001321

**隨輦集十卷續集一卷經進文稿
六卷**

（清）錢塘高士奇撰

清康熙間刻本　首都　天津　徐
州　湖南社科院　蘇州　浙江　江
蘇師大

四庫未收書輯刊本

清代詩文集彙編本

集 10001322

經進文稿六卷

（清）錢塘高士奇撰

清康熙間刻本　國圖　杭州

集 10001323

高澹人集四十五卷

（清）錢塘高士奇撰

清雍正刻本　湖南

集 10001324

高士奇等書札不分卷

（清）錢塘高士奇撰

稿本　國圖

集 10001325

高江村全集

（清）錢塘高士奇撰

清康熙朗潤堂刻本　溫州

集 10001326

竹窻文集不分卷

（清）錢塘高士奇撰

清康熙刻本　天一閣

集 10001327

長留集詩鈔二十二卷

（清）嘉善錢永基撰

清鈔本　上海

集 10001328

芳洲詩鈔一卷

（清）錢塘沈用濟撰

清鈔本　北大

清代詩文集彙編本

集 10001329

湖海集一卷

（清）錢塘沈用濟撰

清初鈔本　上海

集 10001330

**湖海集（方舟先生湖海集）不
分卷**

（清）錢塘沈用濟撰

清鈔本（佚名批校，徐恕跋）　湖北

寫本（方舟先生湖海集）　日静
嘉堂

集 10001331

被園集八卷

（清）烏程沈爾燝撰

清康熙二十八年（1689）刻本

北大

清代詩文集彙編本

集 10001332

振雅堂稿九卷

（清）嘉善柯崇樸撰

清康熙間刻本　國圖

2017 年國家圖書館出版社清代

詩文集珍本叢刊本

集 10001333

曲轅集三卷

（清）仁和徐汾撰

清初刻本　南京

集 10001334

説詩堂集五卷

（清）錢塘諸匡鼎撰

清康熙五十四年（1715）刻本

國圖

集 10001335

説詩堂集二十卷

（清）錢塘諸匡鼎撰

清康熙五十六年（1717）諸壁發刻

本　南京

1994～1997 年齊魯書社影印四

庫全書存目叢書本

集 10001336

蘿村儷言二卷

（清）會稽羅坤撰　（清）仁和陸

進選

清康熙間羅氏半山園刻本　中社

科院文學所

集 10001337

寒石詩鈔十二卷

（清）錢塘沈紹姬撰

清康熙末刻本　上海

清康熙五十九年（1720）刻本

浙江

集 10001338

致遠堂集三卷

（清）山陰金平撰　金鉞編

民國間年天津金氏刻本　首都

天津

清末刻本　國圖

集 10001339

倚晴閣詩鈔七卷

（清）嘉善魏坤撰

清康熙三十四年（1695）魏坤刻本

國圖　蘇州

集 10001340

**衢州古祥符寺月海禪師仿梅集
二卷**

（清）衢縣（江蘇金陵人，浙江衢縣

古祥寺僧）釋月海撰

清康熙四十四年（1705）刻本

上海

衢州文獻集成本

集 10001341

香草詩一卷

（清）山陰何鼎撰

清乾隆十四年（1749）（1949）山堂

刻本　復旦

清鈔本　浙江

集 10001342

清芬堂存稿八卷首一卷

（清）德清胡會恩撰

清康熙五十年（1711）刻本　上海

中科院

集 10001343

亦種堂詩集五卷

（清）淳安徐士訥撰

清康熙間刻本　國圖

清代詩文集彙編本

2017 年國家圖書館出版社清代

詩文集珍本叢刊本

集 10001344

亦種堂詩集二卷

（清）淳安徐士訥撰

民國淳安邵氏鈔本　國圖

集 10001345

東亭別集一卷

（清）仁和張奕光撰

清康熙間刻本　南京

集 10001346

陸蓋思巢青閣詩三卷巢青閣偶
集詩一卷

（清）仁和陸進撰

清康熙間刻本　清華　浙江

集 10001347

巢青閣詩一卷偶集詩一卷越遊草
一卷吳興客紀一卷付雪詞一卷

（清）仁和陸進撰

清康熙間刻本　浙江

集 10001348

巢青閣詩集十卷紅麼集一卷

（清）仁和陸進撰

清康熙三十九年（1700）刻本　國
圖　中科院（無紅麼集）

集 10001349

巢青閣集十卷紅麼集一卷傅雪
詞三集一卷

（清）仁和陸進撰

清康熙刻本　浙江　天一閣
國圖

四庫未收書輯刊本

集 10001350

樵海詩鈔二卷

（清）仁和陸進撰

鈔本　中社科院文學所

集 10001351

淮浦詩一卷

（清）德清談九幹撰
清康熙間刻本　中科院

集 10001352
文敬遺集三卷
（清）錢塘徐潮撰
清光緒間刻誦芬詠烈編本　南京

集 10001353
水雲集二卷水雲人長短句一卷
（清）黃巖王舟瑤撰
清康熙間刻本　中科院（鄧之誠題記）

集 10001354
水雲集四卷
（清）餘姚王舟瑤撰
清康熙四十六年（1707）東湖書院刻本　復旦　國圖

集 10001355
桂山堂文選十二卷
（清）錢塘王嗣槐撰
清康熙二十八年（1689）青筠閣刻本　中科院　首都
四庫未收書輯刊本

集 10001356
桂山堂集一卷
（清）錢塘王嗣槐撰
清康熙間刻百名家詩鈔本　國圖

集 10001357
一醉樓詩草四卷
（清）鄞縣施鍠撰
稿本　寧波

集 10001358
谷園文鈔十卷
（清）山陰胡介祉撰
稿本　國圖
2017 年國家圖書館出版社清代詩文集珍本叢刊本

集 10001359
谷園續集二卷
（清）山陰胡介祉撰
清康熙間刻本　美國會

集 10001360
詠史新樂府一卷
（清）山陰胡介祉撰
清鈔本　國圖　中科院
2017 年國家圖書館出版社清代詩文集珍本叢刊本

集 10001361
花庵詩鈔一卷
（清）海寧許奎撰
民國三十七年（1948）合眾圖書館傳鈔稿本　上海

集 10001362
冠娶詩草一卷
（清）海寧許奎撰

清鈔本　浙江

集 10001363
秋葉軒詩四卷
　　(清)錢塘張琳撰
　　清康熙末刻本　中科院

集 10001364
良貴堂文鈔不分卷
　　(清)湯溪張祖年撰
　　清雍正間刻本　復旦　中山
　　2013 年上海古籍出版社重修金
華叢書本

集 10001365
道驛集四卷
　　(清)湯溪張祖年撰
　　清康熙四十六年(1707)金華張氏
刻本　北大　國圖　天津　無錫

集 10001366
友陶居士詩集一卷
　　(清)餘姚鄭典撰
　　清嘉慶五年(1800)鄭師尚刻雪杖
山人詩集附　國圖　中科院　復旦

集 10001367
**思復堂前集十卷附錄一卷末
一卷**
　　(清)餘姚邵廷寀撰
　　清會稽徐氏鑄學齋鈔本(清徐維
則校)　上海
　　清光緒十五年至十九年(1889～

1893)會稽徐氏鑄學齋刻紹興先正
遺書本　國圖　中科院　北大　上
海　復旦　天津　遼寧　南京　湖
北　四川　湖南
　　1994 年上海書店出版社叢書集
成續編本

集 10001368
思復堂文集十卷附載一卷
　　(清)餘姚邵廷寀撰
　　清康熙五十年(1711)刻本　國圖
北大　故宮(清傅以禮校並跋)
餘姚文保所
　　清光緒二十年(1894)會稽徐氏刻
紹興先正遺書本　國圖　湖南社
科院

集 10001369
東坪詩集八卷
　　(清)平湖胡慶豫撰
　　清乾隆三十二年(1767)刻本　首
都　復旦　國圖　浙江

集 10001370
春靄堂集十八卷
　　(清)海寧陳奕禧撰
　　清康熙四十六年(1707)刻本　國
圖　中科院
　　清代詩文集彙編本

集 10001371
春靄堂集十八卷續集二卷
　　(清)海寧陳奕禧撰

清康熙四十六年(1707)刻四十七年續刻本　國圖

集 10001372

春藹堂續集二卷

(清)海寧陳奕禧撰

清康熙陳奕禧刻本　國圖

集 10001373

虞州集十六卷續集二卷

(清)海寧陳奕禧撰

清康熙間陳世泰刻本　上海浙江

集 10001374

綠陰亭集二卷

(清)海寧陳奕禧撰

清光緒十一年(1885)山陰宋氏刻懺花盦叢書本

臺灣新文豐公司出版叢書集成續編本

上海書店叢書集成續編本

清代詩文集彙編本　國圖

集 10001375

蘭皋詩鈔四卷

(清)上虞丁鶴撰

清康熙間刻本　復旦

集 10001376

蘭皋詩鈔一卷

(清)上虞丁鶴撰

清乾隆五年(1740)沈國鈞鈔本

清華

集 10001377

芝田詩鈔一卷

(清)上虞丁鶴撰

清乾隆五年(1740)沈國鈞鈔本

清華

集 10001378

鴻案珠圍集四卷

(清)海寧陳世倌等撰

清乾隆二十一年(1756)刻本

首都

集 10001379

延芬堂集二卷

(清)錢塘汪鶴孫撰

乾隆間刻春星堂詩集附　南京

清乾隆間刻叢睦汪氏遺書本　國圖　清華　復旦

清光緒十二年(1886)錢唐汪氏長沙刻叢睦汪氏遺書本　國圖　南京

中科院　遼寧

清代詩文集彙編本

清代家集叢刊續編本

集 10001380

古處齋詩集十三卷

(清)餘姚陳祖法撰

清康熙間刻本　上海

集 10001381

公餘集一卷

（清）仁和陳朝儼撰

鈔本（佚名校）　南京

集 10001382

學渠小草一卷

（清）嘉興戴彥鎔撰

清康熙二十四年（1685）聽鶯樓刻本　中社科院文學所

集 10001383

越州詩存十一卷

（清）嘉興戴彥鎔撰

清康熙間刻本　北大

集 10001384

王稻存詩稿一卷

（清）仁和王樹穀撰

鈔本（王嘉谷校並跋）　雲南

集 10001385

固哉叟詩鈔八卷

（清）嘉興高孝本撰

清雍正間刻本　復旦

集 10001386

續溪雜感詩一卷校注補遺一卷附錄一卷

（清）嘉興高孝本撰　（清）汪澤注釋

清同治八年（1869）刻本　國圖中科院

集 10001387

蕪城校理集二卷

（清）海寧楊中訥撰

清鈔本　上海

集 10001388

春帆別集二卷

（清）海寧楊中訥撰

清鈔本　上海

集 10001389

耕煙草堂詩鈔四卷

（清）仁和戴梓撰

清雍正乾隆間刻本　中社科院文學所

民國二十至二十三年（1931～1935）遼海書社鉛印遼海叢書第四集本　國圖　中科院　北大　上海　復旦　天津　遼寧　甘肅　南京　武大　重慶

臺灣新文豐公司出版叢書集成續編本

1994 年上海書店出版社叢書集成續編本

清代詩文集彙編本

集 10001390

蓮溪草堂詩集三卷

（清）錢塘汪元文撰

清康熙間刻本　復旦

集 10001391

晚樹樓詩稿四卷

（清）石門吳震方撰

清康熙間刻本　中科院　國圖

集 10001392

晚樹樓詩稿五卷

（清）石門吳震方撰

清康熙四十四年（1705）刻本
北大

1994～1997年齊魯書社影印四
庫全書存目叢書本

集 10001393

芝源適意草一卷

（清）鄞縣邱克承撰

清康熙間刻本　中社科院文學所
天一閣

集 10001394

錦川集二卷

（清）仁和柴升撰

清康熙四十八年（1709）刻浙西四
子詩鈔本　上海

清鈔本　中科院

集 10001395

梅廳吟稿一卷

（清）秀水曾安世撰

清康熙間刻百名家詩鈔本　國圖

2017年國家圖書館出版社清代
詩文集珍本叢刊本

集 10001396

東阿詩鈔一卷

（清）海寧葛泠撰　（清）海寧管庭
芬輯

稿本花近樓叢書本　國圖

集 10001397

雲竹集一卷

（清）嘉興楊煒撰　（清）桐鄉沈堯
咨輯

清乾隆五年（1740）刻濮川詩鈔本
復旦

集 10001398

素心堂偶存集不分卷

（清）山陰薛載德撰

清康熙間刻本　國圖

鈔本　中社科院文學所

集 10001399

**古香樓詩一卷雜著一卷詩餘一
捲曲一卷**

（清）錢塘（一作仁和）錢鳳綸撰

清康熙間刻本　國圖

2017年國家圖書館出版社清代
詩文集珍本叢刊本

集 10001400

北溪見山集一卷

（清）謝緒章撰　（清）慈溪鄭梁選

清康熙四十八年（1709）刻四明四
友詩本　國圖　北大　中科院　上
海　復旦

清鈔四明四友詩本　國圖

清嘉慶四年（1799）刻二老閣叢書

本　北大　浙江

集 10001401

絳雪詩鈔二卷附錄一卷

　（清）永康吳宗愛撰　（清）東陽王
崇炳編

　清咸豐四年（1854）古均閣刻本
國圖　中科院

　2013 年上海古籍出版社重修金
華叢書本

集 10001402

徐烈婦詩鈔（絳雪詩鈔）二卷

　（清）永康吳宗愛撰　（清）東陽王
崇炳編

　清道光雙溪王氏玉壺山房刻本
南京

　清光緒二十年（1894）石印本
天津

　2013 年上海古籍出版社重修金
華叢書本

集 10001403

**徐烈婦詩鈔二卷回文一卷附同
心梔子圖續編一卷**

　（清）永康吳宗愛撰　（清）楊晉藩
（清）海寧許楣評

　清同治十三年（1874）桐城吳氏雲
鶴仙館刻本　國圖　中科院

　2013 年上海古籍出版社重修金
華叢書本

集 10001404

徐烈婦吳氏詩鈔二卷

　（清）永康吳宗愛撰

　清鈔本

　上海古籍出版社李保民藏本

　2013 年上海古籍出版社重修金
華叢書本

集 10001405

徐烈婦詩鈔二卷

　（清）永康吳宗愛撰

吳絳雪年譜一卷

　（清）德清俞樾撰

桃谿雪一卷

　（清）海鹽黃燮清撰

　清同治十三年（1874）雲鶴仙館刻
本　天津

集 10001406

澹遠堂遺集不分卷

　（清）海寧查昇撰

　清修竹吾廬鈔本　北文物局

集 10001407

澹遠堂詩集二卷

　（清）海寧查昇撰

　寫本　日靜嘉堂

集 10001408

宮詹公存稿不分卷附雜著詩餘

　（清）海寧查昇撰

　民國三十年（1941）武林葉氏鈔本
上海

清代詩文集彙編本

集 10001409

敬業堂集五十卷

（清）海寧查慎行撰

清乾隆間內府寫文淵閣四庫全書本　臺故博

清乾隆間內府寫文溯閣四庫全書本　甘肅

清乾隆間內府寫文津閣四庫全書本　國圖

2008 年商務印書館影印文津閣四庫全書本

清乾陸間內府寫本清末民初補鈔文瀾閣四庫全書本　浙江

1982～1986 年臺灣商務印書館景印文淵閣四庫全書本

1986 年上海古籍出版社據臺灣商務印書館景印文淵閣四庫全書景印本

2006～2015 年杭州出版社影印文瀾閣四庫全書本

清康熙五十八年(1719)刻本　重師大　無錫

集 10001410

敬業堂集補遺一卷

（清）海寧查慎行撰　海鹽張元濟輯

民國五年至十五年(1916～1926)上海商務印書館影印及鉛印涵芬樓秘笈本　國圖　北大　中科院　上海　復旦　天津　遼寧　山東　南京　浙江　湖北　四川

1994 年上海書店出版社叢書集成續編本

集 10001411

壬申紀遊不分卷

（清）海寧查慎行撰

稿本　浙江

集 10001412

敬業堂詩集不分卷

（清）海寧查慎行撰

稿本（清朱彝尊等評點，清張載華等跋）　上海

集 10001413

查初白詩稿一卷

（清）海寧查慎行撰

稿本　北文物局

集 10001414

敬業堂詩集四十八卷

（清）海寧查慎行撰

清康熙五十八年(1719)刻本　上海　北大　天一閣　蘇州　國圖　天津

清代詩文集彙編本

國學基本叢書本

集 10001415

敬業堂詩集五十卷

（清）海寧查慎行撰

清康熙五十八年(1719)刻雍正增

修本　國圖　上海　美燕京　日内
閣　日尊經閣　日静嘉堂　浙江
温州　天一閣　紹興　海寧
　　2010年學苑出版社中國華東文
獻叢書本

集 10001416
敬業堂詩續集六卷
　　(清)海寧查慎行撰
　　清乾隆間查學、查開刻本　國圖
　　上海　中科院　首都　美燕京
日東洋　日大阪　天一閣　浙江
平湖　湖南　陝西
　　清光緒二十二(1896)桐鄉蔡壽臻
鈔本　國圖
　　清鈔本　杭州
　　2010年學苑出版社中國華東文
獻叢書本
　　清代詩文集彙編本

集 10001417
**敬業堂詩集五十四卷補遺一卷
餘波詞一卷附錄一卷**
　　(清)海寧查慎行撰
　　清康熙間刻許昂霄鈔配本(清許
昂霄跋,傅增湘、張元濟跋)　上海

集 10001418
敬業堂詩鈔八卷
　　(清)海寧查慎行撰
　　清鈔本(佚名三色批校)　湖北

集 10001419
敬業堂詩集四卷
　　(清)海寧查慎行撰　(清)吳翌
鳳選
　　清嘉慶十四年(1809)吳翌鳳鈔本
上海

集 10001420
敬業堂詩集參正二卷
　　(清)海寧吳昂駒輯撰
　　稿本(方成珪跋)　天一閣
　　清道光十八年(1838)刻本　國圖
南京
　　民國張宗祥鈔本　浙江

集 10001421
敬業堂詩鈔二卷
　　(清)海寧查慎行撰
　　清朱鐵門鈔本　上海

集 10001422
敬業堂近體詩選不分卷
　　(清)海寧查慎行撰
　　清錢志澄鈔本　上海

集 10001423
他山詩鈔(慎旃初集)不分卷
　　(清)海寧查慎行撰
　　清康熙二十二年(1683)刻本　北
大　中科院(鄧之誠題記)

集 10001424
慎旃二集一卷

（清）海寧查慎行撰

清康熙二十四年（1685）刻本　北大（清查慎行校訂，繆荃孫跋）　中科院（鄧之誠題記）

集 10001425

側翅集一卷

（清）海寧查慎行撰　（清）潘鍾瑞選

清光緒間潘鍾瑞香禪精舍鈔本上海

集 10001426

忍辱庵詩稿二卷

（清）海寧查慎行撰

清同治元年（1862）樊彬鈔本國圖

2017 年國家圖書館出版社清代詩文集珍本叢刊本

集 10001427

查初白文集不分卷

（清）海寧查慎行撰

清鈔本（清吳騫、清徐洪厘跋）國圖

集 10001428

盧山紀遊一卷

（清）海寧查慎行撰

史料叢編本

集 10001429

初白庵尺牘一卷

（清）海寧查慎行撰

鈔本二查尺牘本　上海

清代家集叢刊續編本

集 10001430

慎旃初集一卷二集一卷

（清）海寧查慎行撰

清康熙刻本　國圖

集 10001431

慎旃初集

（清）海寧查慎行撰

清乾隆刻本　國圖

集 10001432

抱膝小草一卷

（清）海寧陳訏撰

稿本　上海

集 10001433

時用集不分卷

（清）海寧陳訏撰

清康熙間松柏堂刻本　國圖

集 10001434

力耕堂詩稿三卷

（清）山陰楊賓撰

清康熙間刻本　國圖

2017 年國家圖書館出版社清代詩文集珍本叢刊本

集 10001435

晞髮堂詩集二卷文集四卷

（清）山陰楊賓撰　（清）楊霈編

鈔本　國圖

集 10001436

晞髮堂詩五卷

　（清）山陰楊賓撰

　清鈔本　南京

集 10001437

楊大瓢雜文不分卷

　（清）山陰楊賓撰

　清葉廷管家鈔本（清葉廷管校）
南京

集 10001438

楊大瓢雜文殘稿一卷

　（清）山陰楊賓撰

　清光緒間淩霞鈔本（清傅以禮校
並跋）　南京

集 10001439

楊大瓢雜文殘稿不分卷

　（清）山陰楊賓撰

　清光緒鈔本　南開

　民國二十八年至三十二年（1939～
1943）僞江蘇省立蘇州圖書館鉛印吳
中文獻小叢書本　北師大　上海
上師大　福師大　民大

　1994 年上海書店出版社叢書集
成續編本

　清代詩文集彙編本

集 10001440

玉壺遺稿四卷

（清）山陰（原籍浙江山陰，流寓江
蘇泰州）黄逵撰　（清）李弘道選

清康熙五十年（1711）刻本　中社
科院文學所

集 10001441

尹彎小草

　（清）山陰（原籍浙江山陰，流寓江
蘇泰州）黄逵撰

　稿本　國圖

集 10001442

黄儀逋詩三卷

　（清）山陰黄逵撰

　清康熙桂谿項澹齋刻本　浙江

集 10001443

南厓集不分卷

　（清）蕭山陸豹雯撰

　清康熙四十六年（1707）刻本
國圖

集 10001444

南厓集四卷

　（清）蕭山陸豹雯撰

　清刻本　餘姚文保所

集 10001445

**穎谷集四卷林屋草一卷峯霞草
一卷**

　（清）平湖陳謨撰　（清）陳啓道輯

　清鈔本　四川

集 10001446

皆山堂詩鈔一卷

（清）海鹽萬高芬撰　（清）海鹽徐豫貞選

清康熙間刻本　上海

集 10001447

賜硯齋詩存四卷首一卷

（清）歸安沈涵撰

清乾隆二十二年（1757）沈桂臣刻本　清華　中山　蘇州　國圖　浙江

集 10001448

愛日堂詩集二十七卷

（清）海寧陳元龍撰

清刻本　南京　天一閣　蘇州（二十四卷）

集 10001449

愛日堂詩集二十八卷

（清）海寧陳元龍撰

清乾隆元年（1736）刻本　首都　清華　美燕京　南開　南通

1994～1997 年齊魯書社影印四庫全書存目叢書本

集 10001450

愛日堂八十述懷詩一卷

（清）海寧陳元龍撰

清雍正乾隆間刻本　北大

集 10001451

彭麓詩鈔不分卷

（清）會稽成達可撰

稿本　遼寧

集 10001452

彭山詩稿不分卷

（清）會稽姜公銓撰

清康熙間刻本　南京

集 10001453

吟蘭書屋集六卷

（清）嘉善郁世綏撰

清康熙四十年（1701）刻本　南京

集 10001454

曇隱居草一卷

（清）錢塘釋寂然撰

鈔本　國圖

民國大樑書舍重刻七經樓全集本

集 10001455

蘇石山房詩存不分卷

（清）浙江（一作江蘇華亭）張進撰

清刻本　浙江

集 10001456

帶存堂集十卷

（清）石門曹度撰

清鈔本（清柳奇跋）　國圖

2017 年國家圖書館出版社清代詩文集珍本叢刊本

集 10001457

帶存堂集十七卷

（清）石門曹度撰

清鈔本（清吳騫跋）　吉大

集 10001458

帶存堂集不分卷

（清）石門曹度撰

清初鈔本　南京

集 10001459

勗亭集一卷

（清）嘉興楊爕撰　（清）桐鄉沈堯咨輯

清乾隆五年（1740）刻濮川詩鈔本　復旦

集 10001460

懶人詩集一卷

（清）德清蘇燿撰

清康熙六十一年（1722）刻梅會詩人遺集本　國圖　上海　南京

集 10001461

似齋詩存六卷

（清）錢塘王廷燦撰

清康熙末刻本　中科院

四庫未收書輯刊本

集 10001462

笛漁小稿十卷

（清）秀水朱昆田撰

曝書亭集本（康熙刻、乾隆寫、光緒刻）

清康熙五十三年（1714）曹寅、朱稻孫刻本　中科院　遼寧　天津　復旦　安吉博　江蘇師大　鹽城師院

清光緒十五年（1889）會稽陶氏寒梅館刻三十四年印本　浙江　平湖博　蘭溪博

清刻本　鎮江　興化　國圖

集 10001463

笛漁小稿不分卷

（清）秀水朱昆田撰

清鈔本　天一閣

集 10001464

笛漁小彙選録一卷

（清）秀水朱昆田撰

民國抄本　杭州

集 10001465

南疑集九卷

（清）平湖沈季友撰

清康熙二十八年（1689）刻本　國圖　杭州　浙江

集 10001466

學古堂詩集六卷

（清）平湖沈季友撰

清乾隆二十九年（1764）刻本　國圖　蘇州

1994～1997年齊魯書社影印四庫全書存目叢書本

集 10001467

黛吟草不分卷

（清）歸安沈淑蘭撰

清康熙間浣花軒寫刻本　國圖

民國九年（1920）鈔本　上海

集 10001468

牟山詩鈔六卷

（清）仁和孫鳳儀撰

清康熙四十二年（1703）刻本
南京

集 10001469

解春集七卷

（清）錢塘馮景撰

清康熙間刻本　南京（丁立誠跋）
國圖

集 10001470

解春集十卷

（清）錢塘馮景撰

清康熙間刻本　中科院

集 10001471

解春集十六卷

（清）錢塘馮景撰

清乾隆五十七年（1792）抱經堂刻
本　南京　復旦

叢書集成初編本

2002年上海古籍出版社影印續
修四庫全書本

清代詩文集彙編本

集 10001472

**解春集文鈔十二卷補二卷詩鈔
三卷**

（清）錢塘馮景撰

清乾隆四十九年至嘉慶元年
（1784～1796）盧氏抱經堂刻抱經堂
叢書十八種本　南開　湖南　蘇州

集 10001473

解春集文鈔補遺十四卷

（清）錢塘馮景撰

清康熙抱經堂刻本　湖南社科院

集 10001474

解春集文鈔十二卷

（清）錢塘馮景撰

清乾隆五十七年（1792）盧文弨抱
經堂刻本　浙江　天一閣　衢州博
國圖

集 10001475

解春文鈔一卷

（清）錢塘馮景撰

仲軒羣書雜著本

集 10001476

解春集詩鈔三卷

（清）錢塘馮景撰

清刻本　奉化文管會

集 10001477

有道集不分卷

（清）錢塘馮景撰

清鈔本　南京

集 10001478

少渠文鈔一卷

（清）錢塘馮景撰

清乾隆六十年（1795）徐氏刻國朝二十四家文鈔本　國圖

清道光十年（1830）刻國朝二十四家文鈔本　國圖

集 10001479

拗堂詩集八卷

（清）仁和景星杓撰

清乾隆七年（1742）蘭陔堂刻本國圖　中科院　浙江

集 10001480

恭紀聖恩詩一卷

（清）德清蔡升元撰

清康熙間刻本　國圖

2017 年國家圖書館出版社清代詩文集珍本叢刊本

集 10001481

使秦草一卷

（清）德清蔡升元撰

清康熙五十七年（1718）刻本　國圖　南開

集 10001482

毛乳雪詩一卷

（清）遂安毛升芳撰

清康熙十年（1671）魏氏枕江堂刻

皇清百名家詩本　國圖（殘本未著録存缺卷次）　天津　南京　華東師大

清康熙十年（1671）魏氏枕江堂刻二十一年（1682）聚錦堂印皇清百名家詩本　中科院（鄧之誠跋）　北大　上海　南京

清康熙十年（1671）魏氏枕江堂刻二十四年（1685）聖益齋印皇清百名家詩本　國圖（鄭振鐸跋）　上海　南京

集 10001483

天南一峯集不分卷

（清）山陰田易撰

清康熙間刻本　中社科院文學所浙江

集 10001484

懷古堂詩集十二卷

（清）仁和沈元琨撰

清刻本　中社科院文學所

集 10001485

有涯文集二卷

（清）杭州徐任師撰

清恰養齋鈔本　浙江

集 10001486

有涯文集不分卷

（清）杭州徐任師撰

鈔本　南京

集 10001487

賦閒樓詩集一卷

（清）海鹽張脂撰

宣統三年（1911）鉛印海鹽張氏涉園叢刻本　國圖　上海

清嘉慶刻海鹽張氏兩世詩稿本　上海

集 10001488

拊缶堂詩一卷

（清）餘姚董宗原撰

清康熙十二年（1673）刻本　南京

集 10001489

螺齋詩鈔十卷

（清）仁和傅廷標撰

清道光十八年（1838）傅宗傑刻本　南京

集 10001490

學耨堂詩稿六卷

（清）東陽王崇炳撰

清雍正九年（1731）刻本　國圖

集 10001491

學耨堂文集八卷詩稿九卷詩餘二卷

（清）東陽王崇炳撰

清乾隆五十三年（1788）刻本　義烏　慶元

集 10001492

學耨堂詩稿九卷

（清）東陽王崇炳撰

清乾隆間刻本　中山　東陽博臨海

清代詩文集彙編本　2013年上海古籍出版社重修金華叢書本

集 10001493

學耨堂文集六卷

（清）東陽王崇炳撰

清雍正間刻乾嘉間重修本　復旦

集 10001494

學耨堂文集七卷

（清）東陽王崇炳撰

清乾隆二十五年（1760）刻五十三年（1788）重訂本

清代詩文集彙編本　天津

集 10001495

學耨堂文集八卷

（清）東陽王崇炳撰

清乾隆二十五年（1760）刻本浙江

清乾隆二十五年（1760）刻五十三年（1788）印本　國圖　東陽博臨海

清刻乾隆五十三年（1788）學耨堂重印本　國圖　浙江　縉雲

2013年上海古籍出版社重修金華叢書本

集 10001496

裘杼樓詩稿四卷桐扣詞二卷

（清）桐鄉汪森撰

清康熙間刻本　國圖　中社科院

文學所（章炳麟跋）

集 10001497

梅雪堂詩稿二卷

（清）桐鄉汪森撰

清康熙間刻本　上海

集 10001498

小方壺存稿十八卷

（清）桐鄉汪森撰

清康熙四十六年（1707）刻本　國

圖　復旦

清代詩文集彙編本

2017 年國家圖書館出版社清代

詩文集珍本叢刊本

集 10001499

小方壺文鈔六卷

（清）桐鄉汪森撰

清康熙五十六年（1717）刻本

復旦

集 10001500

浮谿館吟稿三卷裒杼樓詩稿六

卷粵行吟稿一卷粵歸雜詠一卷

（清）桐鄉汪森撰

清康熙間刻本　上海

集 10001501

燕京雜詩一卷

（清）海寧查嗣瑮撰

清康熙間刻本　上海　中科院

集 10001502

查浦詩鈔十二卷

（清）海寧查嗣瑮撰

清康熙六十一年（1722）查氏刻乾

隆間印本　國圖　上海　南京　浙

江　美燕京　日内閣　日静嘉堂

日京大

清代詩文集彙編本

集 10001503

晚晴軒尺牘一卷

（清）海寧查嗣瑮撰

鈔本二查尺牘本　上海

清代家集叢刊續編本

清海寧許昂霄鈔本　浙江

集 10001504

晦堂詩稿一卷

（清）嘉興許燦撰

稿本　浙江

集 10001505

晦堂詩鈔五卷

（清）嘉興許燦撰

清刻本　國圖（清李兆熊跋）　復

旦　臺師大

清鈔本（清馮登府跋）　國圖

2017 年國家圖書館出版社清代

詩文集珍本叢刊本

集 10001506

晦堂文鈔六卷

（清）嘉興許燦撰

清鈔本　天津（存三卷：一至三）

集 10001507

楚尾集一卷

（清）嘉興許燦撰

清鈔本　美燕京

集 10001508

何求集五卷

（清）海寧張曾揥撰

清張思廷等鈔本　國圖

2017 年國家圖書館出版社清代詩文集珍本叢刊本

集 10001509

紉蘭集不分卷遊草一卷

（清）富陽朱絅撰

清康熙間刻本　國圖

集 10001510

鉏園詩鈔一卷

（清）會稽陶式玉撰

清鈔本　國圖

集 10001511

永嘉嘯翁彬遠和尚村居以後詩（嘯翁老人村居以後詩）三卷

（清）永嘉釋顯鵬撰　（清）仁和丁文衡選

清康熙間刻本　上海

清吳氏繡谷亭鈔本（清吳城校並跋）　上海

集 10001512

御制詩集十卷第二集十卷

（清）聖祖玄燁撰　（清）錢塘高士奇輯

清康熙四十二年（1703）武英殿刻本　遼寧　中科院　民族文化宮

集 10001513

御制詩第三集二十八卷

（清）聖祖玄燁撰　（清）錢塘高士奇輯

清康熙四十二年（1703）武英殿刻本　故宮　民族文化宮　天津　上海　南京　遼寧

集 10001514

訥齋詩稿八卷

（清）鄞縣范廷諤撰

清光緒十年至十七年（1884～1891）甬上范氏刻雙雲堂傳集本　國圖　上海　遼寧　浙江

集 10001515

狼藉在文稿七卷

（清）明州沈謙撰

清鈔本　中科院

集 10001516

修竹廬詩稿不分卷

（清）平湖姚甡撰

清康熙間刻本　上海

集 10001517

九松軒詩稿一卷

（清）平陽華棟撰

鈔本　中科院

敬鄉樓鈔本　溫州

集 10001518

松生詩稿一卷

（清）平陽華棟

稿本　溫州

集 10001519

于役偶記三卷

（清）寧海華藹撰

清康熙間刻龍山詩集本　中科院

集 10001520

緱城遺詩一卷

（清）武康韋人鳳撰

鈔本　日静嘉堂

集 10001521

燕臺贈行詩四卷

（清）錢塘翁介眉撰

清康熙間刻本　上海

集 10001522

虞虹升雜著十九卷

（清）嘉興虞兆隆撰

清康熙間刻本　國圖

集 10001523

藕華園詩二卷

（清）樂清釋德立撰

清康熙四十七年（1708）刻本　上海　溫州

集 10001524

完玉堂詩集十卷

（清）平湖釋元璟撰

清寫刻本　國圖　中科院

鈔本　南京

清刻本　浙江　天津　南開　內蒙古　湖南

集 10001525

墨莊詩鈔二卷文鈔一卷詞餘一卷

（清）錢塘林以寧撰

清康熙三十六年（1697）刻本　國圖（清馮嫻、清柴静儀評）

集 10001526

鳳簫樓詩鈔一卷

（清）錢塘林以寧撰

清道光二十四年（1844）蔡氏嬭嬛別館刻國朝閨閣詩鈔本　國圖　天津　上海　南京　山東（殘本未著錄存缺卷次）　湖北

集 10001527

懷清堂詩稿不分卷

（清）仁和湯右曾撰

稿本　國圖

集 10001528

使黔集二卷

（清）仁和湯右曾撰

清康熙間刻本　中科院　國圖

集 10001529

懷清堂集二十卷

（清）仁和湯右曾撰

清乾隆七年（1742）王氏刻本　國圖　首都　復旦　民大　浙江　溫州　美燕京　天一閣

清乾隆七年（1742）黃鍾刻十年（1745）湯學基等補刻本　美燕京

清乾隆七年（1742）刻本　國圖　內蒙古

清乾隆十年（1745）刻本　湖南社科院

清代詩文集彙編本

集 10001530

懷清堂集二十卷首一卷

（清）仁和湯右曾撰

清乾隆十一年（1746）仁和湯氏刻本　國圖　首都　天津　南開　湖南　嘉興　溫州　浙江

清乾隆十二年（1747）懷清堂刻本　陝西

清刻本 MMM 無錫

集 10001531

懷清堂集十卷首一卷

（清）仁和湯右曾撰

清乾隆刻本　國圖

集 10001532

餘山遺書十卷

（清）餘姚勞史撰　（清）錢塘桑調元　（清）仁和沈廷芳編

清乾隆二十年（1755）刻本　蘇州

清乾隆三十年（1765）須友堂刻本　中科院

清代詩文集彙編本

集 10001533

勞山遺書二卷

（清）餘姚勞史撰

仲軒羣書雜著本

集 10001534

偷閒集剩稿一卷

（清）秀水王霱撰

清道光咸豐間刻繡水王氏家藏集本　國圖　南京

清代家集叢刊本

集 10001535

南樓近詠二卷

（清）鄞縣王文琰撰

清康熙末刻本　天一閣

集 10001536

鶴峯近詩一卷

（清）山陰沈五栗撰

清康熙間刻本　國圖

集 10001537

二峯集八卷

（清）仁和邵錫榮撰

清康熙間刻本　中科院

集 10001538

周灝嶽詩稿不分卷

（清）海鹽周福柱撰

稿本　上海

集 10001539

小丹丘詩存十八卷新樂府一卷

（清）嘉善柯維楨撰

民國二十年（1931）石印本　國圖

集 10001540

皆春堂詩集八卷

（清）海鹽俞兆曾撰

清康熙間刻本　上海

集 10001541

皆春堂集二卷

（清）海鹽俞兆曾撰

清康熙間刻本　上海

集 10001542

俞寧世文集（可儀堂文集）四卷

（清）桐鄉俞長城撰

清康熙間刻本　中科院　復旦　國圖

清乾隆刻本　南開

清刻本　陝西

集 10001543

俞寧世文集二卷

（清）桐鄉俞長城撰

清乾隆間刻藝海珠塵本（清徐時棟跋）　國圖

清嘉慶間南彙吳氏聽彝堂刻（壬癸集）道光三十年（1850）金山錢氏漱石軒增刻重印藝海珠塵本　國圖　中科院　北大　上海　復旦　天津　遼寧　山東　浙江　武大　桂林

集 10001544

也園詩草初集不分卷

（清）錢塘葉菁撰

清康熙五十四年（1715）刻本　復旦　中社科院文學所

集 10001545

也園詩草二集不分卷

（清）錢塘葉菁撰

清康熙間刻本　復旦

清鈔本　浙江

集 10001546

槿園集十二卷

（清）山陰趙維藩撰

清康熙四十四年（1705）刻本　中科院（清佚名刪改並批語）

集 10001547

近青堂詩一卷

（清）仁和（一作江都）卓爾堪撰

清康熙間刻本　國圖

四庫禁燬書叢刊本

有正書局石印本　徐州　三峽博
溫州　浙江　嘉興　浙大　紹興
臨海　平湖　玉海樓　浙博

集 10001548

竹深處集不分卷

（清）錢塘章藻功撰

清康熙二十四年（1685）刻本　中
社科院文學所

集 10001549

思綺堂文集十卷

（清）錢塘章藻功撰

清康熙六十一年（1722）刻本　中
科院　復旦　餘杭　海寧　諸暨
國圖　首都　天津　南開　內蒙古
黑龍江　煙臺　湖南

清康熙元年（1662）耕禮堂刻本
湖南

集 10001550

思綺堂文集不分卷

（清）錢塘章藻功撰

清乾隆五十年（1785）李遇孫鈔本
（清李集跋）　復旦

集 10001551

思綺堂集不分卷

（清）錢塘章藻功撰

清刻本　海寧

集 10001552

菀青集二十一卷

（清）蕭山陳至言撰

清康熙四十八年（1709）陳氏芝泉
堂刻本　國圖　首都　南開　餘姚
文保所　天一閣

清乾隆二十六年（1761）芝泉堂刻
本　浙江

集 10001553

菀青集十九卷

（清）蕭山陳至言撰

清康熙芝泉堂刻本　天津

集 10001554

耘業堂遺稿二卷

（清）錢塘項溶撰

清乾隆十年（1745）冰玉堂刻本
復旦

集 10001555

耘業堂遺稿三卷

（清）錢塘項溶撰

清乾隆十年（1745）東園陳氏刻本
南京　溫州

集 10001556

甌魯詩草偶存二卷

（清）歸安費俊撰

清康熙五十二年（1713）刻本　復
旦　中社科院文學所　浙江　國圖

集 10001557

磷秋閣詩鈔一卷

（清）海寧沈翼世撰　（清）李榕輯

稿本硤川五家詩鈔本　上海

集 10001558

滌煙樓集一卷

（清）杭州俞泰撰

清康熙五十五年（1716）刻榕堂詩
鈔附　上海　天一閣　浙江

集 10001559

天全六番稿六卷

（清）海寧張韜撰

清康熙間刻本　國圖

集 10001560

大雲樓集十二卷

（清）海寧張韜撰

清康熙間刻本　國圖（清吳梅跋）

2017 年國家圖書館出版社清代
詩文集珍本叢刊本

集 10001561

巢青閣學言六卷

（清）仁和陸曾禹撰

清康熙三十九年（1700）刻巢青閣
集附　國圖　南京　浙江

集 10001562

斷冰集一卷

（清）仁和陳曾薿撰

清康熙三十一年（1692）刻輦下和
鳴集本（康熙刻）本　中科院　上海

集 10001563

寒玉居集二卷碎金集二卷

（清）湖州閔南仲撰　（清）烏程潘
尚仁選

清康熙六十一年（1722）潘尚仁刻
本　清華

集 10001564

味道軒集二卷

（清）宣平梁祚璿撰

清雍正十二年（1734）刻本　南京

集 10001565

泳川草堂詩鈔六卷

（清）天台陳溥撰　（清）蔡鑑三
等輯

清興詩堂刻本　中社科院文學所

集 10001566

素賞樓集八卷破涕吟一卷

（清）海寧陳皖永撰

清康熙五十六年（1717）楊大晟刻
本　上海　溫州

清嘉慶八年（1803）張步萱鈔本
湖北

清鈔本

集 10001567

**菽畹集七卷（懷輻輯堂雜詩三卷
旅遊紀事三卷賦一卷）**

（清）蕭山毛遠公撰

清康熙間刻本　紹興

集 10001568

曉亭詩鈔不分卷

(清)海寧朱淳撰

鈔本　上海

集 10001569

木威詩鈔二卷

(清)嘉興張劭撰

清乾隆十六年(1751)張氏刻本
中社科院文學所

集 10001570

高雲詩集七卷

(清)會稽釋元弘撰

清康熙間刻本　國圖

2017 年國家圖書館出版社清代
詩文集珍本叢刊本

集 10001571

田居詩稿十卷

(清)仁和(一作錢塘)龔翔麟撰

清刻本　南京

鈔本　南京

集 10001572

沈匋華先生文二卷

(清)仁和沈昀撰

清鈔本　浙江

集 10001573

韋齋詩稿三卷

(清)錢塘吳祖謙撰

清康熙間刻本　上海

集 10001574

息園草四卷

(清)會稽姚陶撰

清康熙間刻本　南京(存二卷)
中山

集 10001575

畏庵零綴集一卷

(清)海寧徐炳撰

清刻本　南京

集 10001576

愛吾廬文集一卷

(清)海寧張曾裕撰

稿本　浙江

集 10001577

潙山書院文集不分卷

(清)餘姚陳元撰

清刻本　徐州　徐州

集 10001578

湘草一卷

(清)淳安童天采撰

民國淳安邵氏鈔本(周上治等評
語)　國圖

2017 年國家圖書館出版社清代
詩文集珍本叢刊本

集 10001579

清嘯堂集七卷

(清)海鹽葉耕撰

清康熙間刻本　上海(張元濟跋)

集 10001580

是山詩草八卷詞草三卷

（清）德清談九敘撰

清康熙間刻本　復旦　國圖

集 10001581

研雲堂詩六卷

（清）嘉善錢以垍撰

清康熙間刻本　國圖

集 10001582

雲山老人詩集不分卷

（清）慈溪魏世傑撰

稿本　浙江

集 10001583

三農外集詩草四卷

（清）錢塘朱雝模撰

清乾隆元年（1736）刻本　中科院
復旦

集 10001584

古香樓詩集一卷

（清）錢塘（一作仁和）錢鳳綸撰

國朝閨閣詩鈔本

集 10001585

摛藻堂詩稿一卷續稿二卷

（清）桐鄉（一作嘉興）汪文柏撰

清康熙三十五年（1696）刻本
國圖

2017 年國家圖書館出版社清代
詩文集珍本叢刊本

集 10001586

摛藻堂續稿五卷

（清）桐鄉（一作嘉興）汪文柏撰

清康熙三十五年（1696）刻本　國
圖　無錫

集 10001587

**古香樓吟稿三卷柯庭文藪不分
卷西山紀遊詩一卷詞稿一卷**

（清）桐鄉（一作嘉興）汪文柏撰

清康熙四十年（1701）汪氏古香樓
刻本　國圖　美燕京　天津

集 10001588

柯庭餘習十二卷

（清）桐鄉（一作嘉興）汪文柏撰

清康熙四十四年（1705）古香樓刻
本　國圖　中科院

集 10001589

柯庭餘習四卷

（清）桐鄉（一作嘉興）汪文柏撰

清汪氏家鈔本（鄧之誠題記）　中
科院

集 10001590

柯庭文藪不分卷

（清）桐鄉（一作嘉興）汪文柏撰

清康熙間刻本　中科院　國圖
天津

集 10001591

西山紀遊詩一卷

（清）桐鄉（一作嘉興）汪文柏撰

清康熙刻本　國圖

集 10001592

杜韓集韻二卷

（清）桐鄉（一作嘉興）汪文柏撰

清光緒八年（1882）姑蘇耒青閣刻本　首都

集 10001593

澄碧堂詩稿五集不分卷

（清）鄞縣萬經撰

稿本　大連*

集 10001594

對山樓詩稿十六卷

（清）鄞縣王鬳撰

清康熙間刻本　復旦　國圖

浙江　天一閣　蘇州

集 10001595

南陽講習堂課藝草本二集不分卷

（清）崇德吕葆中撰

清康熙間刻本　上文管會

集 10001596

南陽講習堂課藝

（清）崇德吕葆中撰

清康熙刻本　國圖

集 10001597

蕉浪軒稿不分卷

（清）武康沈玉亮撰

清康熙二十五年（1686）刻本　南京（清佚名校）

集 10001598

梧岡餘稿四卷文鈔一卷

（清）桐鄉金集撰

清康熙五十九年（1720）半亭書屋刻本　國圖

2017 年國家圖書館出版社清代詩文集珍本叢刊本

集 10001599

樂志堂文鈔四卷

（清）會稽姜承烈撰

清康熙二十八年（1689）自刻本　國圖

2017 年國家圖書館出版社清代詩文集珍本叢刊本

集 10001600

古照堂詩稿一卷

（清）錢塘奚大武撰

清康熙四十七年（1708）奚士恂刻秋聲閣尺牘本　北大　人大　國圖　南開

集 10001601

燕行小草一卷

（清）鄞縣徐文駒撰

清康熙間刻本　中科院

集 10001602

師經堂集十八卷

（清）鄞縣徐文駒撰

清康熙五十一年（1712）學古樓刻本　中科院　國圖

1994～1997年齊魯書社影印四庫全書存目叢書本

鈔本　浙江

集 10001603

世經堂初集三十卷

（清）錢塘徐旭旦撰

清康熙四十六年（1707）刻本　國圖　首都

集 10001604

世經堂詩鈔二十一卷詞鈔五卷樂府鈔四卷

（清）錢塘徐旭旦撰

清康熙間刻本　南京　遼寧

集 10001605

世經堂初集三十卷詩鈔二十一卷詞鈔五卷樂府鈔四卷

（清）錢塘徐旭旦撰

清康熙名山藏刻本　浙江

集 10001606

世經堂集唐詩刪八卷

（清）錢塘徐旭旦撰

清康熙間刻本　南京

集 10001607

簪雲樓集三卷

（清）德清陳尚古撰

清康熙二十八年（1689）刻本　中科院（存説一卷，鄧之誠題記）　復旦　蘇州

集 10001608

玉虎遺稿不分卷

（清）臨海潘彪撰

稿本　臨海博

集 10001609

適可軒詩草一卷

（清）鄞縣胡德邁撰

清康熙間刻本　天一閣

集 10001610

釀川集十三卷

（清）山陰許尚質撰

清康熙末刻本　上海　餘姚文保所

集 10001611

釀川集五卷填詞五卷

（清）山陰許尚質撰

清刻本　國圖

集 10001612

釀川集文二卷詩五卷詞五卷

（清）山陰許尚質撰

清康熙刻本　首都

集 10001613

釀川集五卷

（清）山陰許尚質撰

清康熙乾隆刻本　南開

集 10001614

紫竹山房遺稿一卷

（清）餘姚朱承勛撰

清同治五年（1866）朱蘭皖城使院刻本　中科院

清同治五年（1866）餘姚朱氏皖城使院刻本　國圖

民國二十二年（1933）上海中華書局鉛印本　諸暨　縉雲　餘姚文保所　紹興　浙江　杭州　奉化文管會　慈溪

集 10001615

嘯竹堂集十六卷

（清）仁和王錫撰

清康熙間刻本　國圖　中科院　無錫　蘇州

集 10001616

嘯竹堂集九卷

（清）仁和王錫撰　（清）仁和丁澎等評

清康熙刻本國圖

集 10001617

嘯竹堂二集二卷北遊草一卷

（清）仁和王錫撰

清康熙刻本　無錫

清乾隆二十二年（1757）刻本上海

清代詩文集彙編本

集 10001618

養拙軒詩稿不分卷

（清）秀水沈梓撰

稿本（曹大經評）　浙江

集 10001619

粵東懷古二卷

（清）仁和（一作海寧）吳騫撰

清雍正十三年（1735）懷遠亭刻本　南京　國圖

集 10001620

丹山草九卷

（清）秀水盛楓撰

清康熙間刻本　中社科院文學所

集 10001621

南墩詩稿二卷

（清）鄞縣董正國撰

稿本（輿綠江初草合訂，清張錫瑃、清萬承勛評，清袁德峻、清陳勵、張美翊跋）　上海

集 10001622

石臣詩鈔五卷

（清）錢塘錢肇修撰

清康熙間刻本　國圖

集 10001623

松梧閣詩集一卷二集一卷三集一卷四集一卷

（清）鄞縣李暾撰

清雍正間刻本　中科院　天一閣

四庫未收書輯刊本

集 10001624

東門閒閒閣草一卷寄軒草一卷

（清）鄞縣李暾撰

清康熙四十八年（1709）刻四明四
友詩本　國圖　北大　中科院　上
海　復旦

清鈔四明四友詩本　國圖

清嘉慶四年（1799）刻二老閣叢書
本　北大　浙江

清鈔本（存東門閑閑閣草）國圖

集 10001625

西征日紀詩一卷

（清）鄞縣范廷謀撰

清稼石堂刻本　南京

集 10001626

苹園二史詩集二卷

（清）嘉興史宜綸、（清）史翼經撰

清康熙六十一年（1722）刻梅會詩
人遺集本　國圖　上海　南京

集 10001627

朱子敬詩稿十六卷

（清）錢塘朱載曾撰

清雍正間鈔本　復旦

集 10001628

朱子敬稿十四種

（清）錢塘朱載曾撰

稿本　復旦

集 10001629

改庵偶集三卷

（清）嘉興仲宏道撰

稿本　國圖

2017 年國家圖書館出版社清代
詩文集珍本叢刊本

集 10001630

晨山詩文集不分卷

（清）烏程董穀士撰

清刻董氏詩存本　南京

集 10001631

璽門詩帶十卷春堂三言詩一卷

（清）山陰金埴撰

稿本（清丁丙跋）　南京

集 10001632

嘉會堂集三卷

（清）蕭山沈堡撰

清康熙間刻本　國圖　天一閣

2017 年國家圖書館出版社清代
詩文集珍本叢刊本

集 10001633

懷舊吟一卷

（清）蕭山沈堡撰

嘉會堂集本

集 10001634

漁莊詩草六卷

（清）蕭山沈堡撰

清康熙間刻本　中山　濟大

集 10001635

步陵詩鈔九卷

（清）蕭山沈堡撰

清康熙間刻本　國圖　天一閣

集 10001636

洛思山農駢枝集八卷

（清）蕭山沈堡撰

清鈔本　紹興

2019 年國家圖書館出版社影印
浙學未刊稿叢編本

集 10001637

金陀吟稿四卷

（清）秀水汪紹焜撰

清康熙二十年(1681)刻本　復旦

清康熙五十九年(1720)藻思樓刻
本　中社科院文學所

清康熙刻本　國圖

集 10001638

胥山詩稿二卷

（清）仁和柴世堂撰

稿本　重慶

集 10001639

學易山房詩稿二卷

（清）錢塘程繼朋撰

清康熙間刻本　南京

集 10001640

遵義文集二卷

（清）平湖盧生甫撰

胡氏霜紅簃鈔本（胡士瑩藏校）

浙江

集 10001641

晚香堂稿二卷

（清）山陰韓文靖撰

清鈔本　中科院

集 10001642

冰雪集一卷

（清）鄞縣萬承勛撰

稿本　國圖

清嘉慶四年(1799)刻二老閣叢書
本　北大　浙江

清鈔本　天一閣

集 10001643

冰雪集六卷

（清）鄞縣萬承勛撰

稿本　中社科院文學所

清康熙間刻本　中科院

集 10001644

冰雪集五卷

（清）鄞縣萬承勛撰

清康熙五十四年(1715)刻本　天
一閣

集 10001645

冰雪外集一卷

（清）鄞縣萬承勛撰

稿本四明萬氏家寶本　國圖

集 10001646

勉力集□卷

（清）鄞縣萬承勛撰

稿本（存二卷）　天一閣

集 10001647

勉力集二卷

（清）鄞縣萬承勛撰

清雍正六年（1728）刻本　中社科

院文學所　國圖

集 10001648

恭壽堂編年文鈔二卷

（清）鄞縣萬承勛撰

稿本（清金埴跋）　天一閣

集 10001649

千芝草堂編年文鈔一卷雜著一卷

（清）鄞縣萬承勛撰

清鈔本　國圖

集 10001650

越中草一卷冰雪集一卷勉力集一卷西行前集一卷後集一卷

（清）鄞縣萬承勛撰

稿本四明萬氏家寶本　國圖

鈔本四明萬氏家寶本　國圖

清刻四明萬氏家寶本　國圖

集 10001651

迎旭軒存稿一卷

（清）鄞縣萬敷前撰

稿本四明萬氏家寶本　國圖

鈔本四明萬氏家寶本　國圖

清刻四明萬氏家寶本　國圖

集 10001652

故山遊草四卷

（清）海鹽汪朱濟撰

清鈔本　中社科院文學所

集 10001653

滕閣新吟不分卷

（清）仁和邵錫蔭撰

清康熙間刻本　南京

集 10001654

耕雲堂集六卷

（清）海寧施溥撰

清康熙間刻本　中社科院文學所

集 10001655

前溪集十八卷

（清）武康唐靖撰

清康熙間徐野君捐貲刻本　上海

*日内閣

集 10001656

松麟集一卷

（清）仁和孫大志撰

清康熙五十年（1711）刻本　日

大阪

集 10001657

大雅堂集十卷

（清）歸安孫在中撰

清康熙間刻本　北大

集 10001658

演溪詩集一卷

（清）海寧徐在撰

清康熙六十一年（1722）刻梅會詩
人遺集本　國圖　上海　南京

集 10001659

東皋草堂詩集不分卷

（清）錢塘徐旭升撰

清康熙間刻本　日東大

集 10001660

半舫齋詩集一卷

（清）鄞縣張錫璜撰

清康熙間刻本　國圖

集 10001661

清照堂打包剩語二卷夢覺集一
卷除豪集一卷

（清）錢塘陳恂撰

清康熙間刻本　復旦　蘇州　天
一閣

集 10001662

艾軒詩集鈔一卷

（清）海昌楊中楠撰

清光緒間海昌羊氏傳卷樓粵東刻
海昌叢載本　國圖　北大　上海
山大

集 10001663

蓑笠軒僅存稿十卷（零雨集、附
詞、叩拙集、餘清詩稿、朝天初初
集、碧鑑集、載月吟、載月吟附
詞、北驪集、北驪集附詞、洗硯齋
集各一卷）

（清）義烏樓儼撰

清康熙雍正間樓蹤聯刻本　國圖
（清鄒存淦跋）

2013 年上海古籍出版社重修金
華叢書本

2017 年國家圖書館出版社清代
詩文集珍本叢刊本

集 10001664

蓑笠軒僅存稿六卷

（清）義烏樓儼撰

清光緒二十七年（1901）刻本
義烏

集 10001665

小幔亭詩集二卷月中簫譜二卷

（清）嘉善柯煜撰

清康熙間刻本　上海

清代詩文集彙編本

集 10001666

柯石庵先生遺詩一卷

（清）嘉善柯煜撰

清沈炳震鈔本　上海

集 10001667

三江書畫船集二卷

（清）嘉善柯煜撰

清抄本　杭州

集 10001668

慈恩集三卷

（清）嘉善柯煜撰

清雍正間刻本　中社科院文學所

集 10001669

小丹邱詩稿一卷

（清）嘉善柯煜撰

清康熙三十一年（1692）刻輦下和
鳴集本　中科院　上海

集 10001670

錢文端公手書進呈詩副本一卷

（清）嘉興錢陳羣撰

稿本　浙江

2019 年國家圖書館出版社影印
浙學未刊稿叢編本

集 10001671

柳洲詩存一卷

（清）嘉善柯煜撰

清刻本　國圖

2017 年國家圖書館出版社清代
詩文集珍本叢刊本

集 10001672

長谷詩鈔五卷石庵樵唱一卷

（清）嘉善柯煜撰

清鈔本　浙江

集 10001673

濤江集四卷

（清）嘉善柯煜撰

鈔本　國圖

集 10001674

石庵遺詩不分卷

（清）嘉善柯煜撰

清雍正間沈炳震鈔本（清沈炳震
跋）　上海

集 10001675

箕谷詩選一卷

（清）海鹽張芳湄撰　海鹽張元
濟輯

宣統三年（1911）鉛印海鹽張氏涉
園叢刻本　國圖　上海　黑龍江

清代詩文集彙編本

集 10001676

陸堂集（陸堂文集二十卷詩集十六卷詩續集八卷）

（清）平湖陸奎勳撰

清雍正十三年至乾隆五年
（1735～1740）小瀛山閣刻本　國圖
復旦（存詩集十六卷詩續集六卷）
浙江　平湖

集 10001677

陸堂詩學十二卷

（清）平湖陸奎勳撰

清康熙五十二年（1713）刻本
陝西

集 10001678

南溪僅真集一卷

(清)慈溪鄭性撰

清康熙四十八年(1709)刻四明四友詩本　國圖　北大　中科院　上海　復旦

清鈔本　國圖

集 10001679

南溪北遊詩一卷自敘一卷

(清)慈溪鄭性撰

清雍正間刻本　上海　國圖

集 10001680

南溪偶刊四卷

(清)慈溪鄭性撰

清乾隆七年(1742)刻本　復旦　國圖

慈溪鄭氏家集本　中大

集 10001681

南溪偶刊五卷

(清)慈溪鄭性撰

四庫未收書輯刊本

集 10001682

南溪不文一卷

(清)慈溪鄭性撰

清嘉慶四年(1799)刻二老閣叢書本　北大　浙江

集 10001683

恬翁集一卷

(清)嘉興沈朗撰　(清)桐鄉沈堯咨輯

清乾隆五年(1740)刻濮川詩鈔本　復旦

集 10001684

皆山堂詩一卷

(清)海寧馬思贊撰

清康熙間刻本　國圖

2017年國家圖書館出版社清代詩文集珍本叢刊本

集 10001685

寒中詩集四卷

(清)海寧馬思贊撰

清康熙間刻本　國圖

2017年國家圖書館出版社清代詩文集珍本叢刊本

集 10001686

道古樓詩選二卷

(清)海寧馬思贊撰

清道光七年(1827)馬錦刻本　國圖　浙江　海寧

案:書名一作道古樓詩選二卷

集 10001687

滋蘭堂詩集十卷文集四卷

(清)仁和沈元滄撰

清乾隆十四年(1749)沈廷芳刻本　上海　南開(存文集)

鈔本　日靜嘉堂

1994～1997年齊魯書社影印四

庫全書存目叢書本

清代詩文集彙編本

集 10001688
青峯詩鈔不分卷
　(清)會稽章世法撰
　稿本　中社科院文學所

集 10001689
青峰集不分卷
　(清)會稽章世法撰
　稿本　浙江

集 10001690
小巢湖詩二卷
　(清)仁和(浙江仁和籍,安徽歙縣人)鮑善基撰
　清雍正五年(1727)刻本　首都
　清嘉慶二十一年(1816)刻本安徽

集 10001691
小巢壺詩一卷
　(清)仁和(浙江仁和籍,安徽歙縣人)鮑善基撰
　觀古閣叢刻本(同治刻)　國圖中科院　日京大人文研

集 10001692
河干詩集四卷
　(清)嘉善李永祺撰
　清康熙間刻本　中科院

集 10001693
心隱集四卷
　(清)桐鄉陳曾祉撰　(清)桐鄉沈堯咨輯
　清乾隆五年(1740)刻濮川詩鈔本復旦

集 10001694
采碧山堂詩集(玉屏山樵吟四卷東道草一卷補遺一卷附錄一卷)
　(清)歸安陸師撰
　清乾隆八年(1743)刻本　蘇州

集 10001695
浮園詩集二卷
　(清)武義朱慎撰
　鈔本　國圖(題一卷)　北大(題一卷)　武義
　2017年國家圖書館出版社清代詩文集珍本叢刊本

集 10001696
浮園詩集一卷
　(清)武義朱慎撰
　清康熙刻本　蘇大

集 10001697
榮古堂集十七卷
　(清)海寧查嗣珣撰
　清乾隆二十二年(1757)查昌紳鈔本(存六卷)　南京

集 10001698

勅忍齋詩稿二卷

（清）上虞馬元錫撰

清康熙四十七年（1708）刻本
國圖

2017年國家圖書館出版社清代
詩文集珍本叢刊本

集 10001699

米山堂詩稿一卷

（清）上虞馬元錫撰

清康熙四十七年（1708）刻本
國圖

集 10001700

後甲集（躍雷館日記）二卷

（清）會稽章大來撰

清康熙五十六（1717）年百可堂刻
本　國圖　陝西　浙江　天一閣
常熟

清光緒間會稽章氏刻式訓堂叢書
本　國圖　中科院　北大　上海
復旦　遼寧　甘肅　山東　南京
浙江　湖北　四川

清光緒三十年（1904）孫溪朱記榮
槐廬刻校經山房叢書本　國圖　中
科院　北大　上海　復旦　天津
遼寧　甘肅　南京　浙江　中山
四川　南開

清刻本　首都　慕湘藏書館　餘
姚文保所

集 10001701

碧草軒詩鈔一卷

（清）嘉興張其是撰　（清）桐鄉沈
堯咨輯

清乾隆五年（1740）刻濮川詩鈔本
復旦

集 10001702

方望溪集外文補遺一卷

（清）方苞撰　（清）仁和邵懿辰輯

鈔本　南京

集 10001703

鶴洲殘稿二卷

（清）秀水朱彝爵撰　（清）錢塘桑
調元編定

清乾隆六年（1741）朱嵩齡修汲堂
刻本　國圖　嘉興　臨海

集 10001704

隨村先生遺集（剩圃詩集）四卷

（清）施玮撰　（清）仁和杭世駿訂

清康熙間刻本　首都

集 10001705

隨村先生遺集六卷

（清）施玮撰

清康熙四十七年（1708）曹寅刻乾
隆四年（1739）續刻本　青海　國圖

清乾隆四年（1739）刻本　首都
天津　南開　湖南　國圖

清乾隆十二年（1747）施氏家刻本
徐州

清宣統二年(1910)上海國學扶輪
社石印本　首都　河南大　湖南社
科院

集 10001706
蕡洲山房文稿一卷
　(清)嘉興徐掄元撰
　稿本(清馮登府跋)　南京

集 10001707
白下集二卷
　(清)嘉興湯敍撰
　清刻本　南京

集 10001708
大愚稿十七卷
　(清)嘉興褚鳳翔撰
　清乾隆九年(1744)刻本　復旦
餘姚文保所　嘉善

集 10001709
大愚稿十卷
　(清)嘉興褚鳳翔撰
　清乾隆刻本　國圖

集 10001710
大愚稿十八卷
　(清)嘉興褚鳳翔撰
　清乾隆刻本　國圖

集 10001711
蕊香詩草四卷
　(清)平湖釋聖教撰

清乾隆二年(1737)東溪刻本
南京

集 10001712
意園詩集不分卷
　(清)海寧楊守知撰
　鈔本　南京

集 10001713
致軒詩鈔二十四卷
　(清)海寧楊守知撰
　清鈔本　安徽

集 10001714
和玉溪生無題詩一卷
　(清)海寧楊守知撰
　稿本一瓻筆存本　天津

集 10001715
洞庭湖櫂歌一卷續一卷
　(清)秀水朱丕戴撰
　清刻本　國圖
　2017 年國家圖書館出版社清代
詩文集珍本叢刊本

集 10001716
循陔集一卷
　(清)臨海朱景淳撰
　鈔本　重慶

集 10001717
得月樓草一卷
　(清)嘉興徐嘉撰　(清)桐鄉沈堯

咨輯

　清乾隆五年(1740)刻濮川詩鈔本
復旦

集 10001718

友士秋吟一卷

　(清)錢塘徐秉仁撰

　清刻伊望秋吟附　南京

集 10001719

宛委山人詩集六卷

　(清)山陰劉正誼等撰

　清康熙間刻本　南京

集 10001720

宛委山人詩集十卷

　(清)山陰劉正誼等撰

　清刻本　北大　國圖　南開

集 10001721

**宛委山人詩集十二卷附炊臼集
一卷西園詩選三卷**

　(清)山陰劉正誼等撰

　清乾隆四年(1739)刻本　國圖
紹興

集 10001722

宛委山人詩集十六卷

　(清)山陰劉正誼等撰

　清乾隆四年(1739)刻增修本　北
師大　浙江　天一閣

集 10001723

來霞集一卷

　(清)嘉興鍾梁撰　(清)桐鄉沈堯
咨輯

　清乾隆五年(1740)刻濮川詩鈔本
復旦

集 10001724

**陶陶軒詩稿十卷(竹西集、竹西
後集、吾悔集、會吟集、歧亭集、
喃喃集、揮杯集、清溪倦遊集、嘤
其集、嘤其後集各一卷)**

　(清)鄞縣史榮撰

　清林璋風荷書屋鈔本　天一閣

集 10001725

**陶陶軒詩稿十二卷(竹西集、喃
喃集各二卷、竹西後集、吾悔集、
會吟集、會吟後集、歧亭集、揮杯
集、清溪倦遊集、嘤其集各一卷)**

　(清)鄞縣史榮撰

　清嘉慶十四年(1809)陳權綠字山
房鈔本　天一閣

集 10001726

游燕草不分卷

　(清)海鹽沈曾懋撰

　清寶華堂刻本　南京

集 10001727

晚鹽集三卷

　(清)桐鄉沈堯咨撰

清雍正間刻本　日內閣（國立公文書館）

清乾隆五年（1740）刻濮川詩鈔本　復旦

集 10001728

竹岳樓草一卷

（清）桐鄉沈履端撰　（清）桐鄉沈堯咨輯

清乾隆五年（1740）刻濮川詩鈔本　復旦

集 10001729

萼園詩集二卷

（清）湖州汪壎撰

清康熙五十一年（1712）浣月居刻本　中山

集 10001730

結廬詩鈔二卷

（清）錢塘范允鏑撰

清康熙間刻本　中科院

集 10001731

東山草堂集一卷

（清）海鹽曹三德撰

鈔本（興完吾剩稿、吟月詩稿合訂）　中社科院文學所

集 10001732

東山偶集一卷

（清）海鹽曹三德　（清）海鹽曹三才撰

清初刻本　國圖

2017 年國家圖書館出版社清代詩文集珍本叢刊本

集 10001733

沈端恪公文集一卷潁水集一卷闇齋詩集一卷

（清）仁和（一作錢塘）沈近思撰

清雍正七年（1729）刻本　上海

集 10001734

天鑑堂集八卷勵志雜錄一卷

（清）仁和（一作錢塘）沈近思撰

清乾隆四年（1739）刻本　國圖　中科院

集 10001735

天鑑堂一集二卷

（清）仁和（一作錢塘）沈近思撰

清嘉慶四年（1799）刻本　南京

清光緒二十五年（1899）刻本　復旦　天津　內蒙古　常州　杭州　浙江　無錫

集 10001736

沈端恪公遺書二卷

（清）仁和（一作錢塘）沈近思撰

清同治二年（1863）浙江書局刻本　首都　常熟　無錫　首都　南開　內蒙古

清同治十二年（1873）浙江書局刻本　常州　國圖　嘉興　奉化文管會　浙江

集 10001737

沈端恪公遺書四卷年譜二卷

（清）仁和（一作錢塘）沈近思撰

清光緒二十二年(1896)江蘇書局刻本　陝西　蘇州

集 10001738

沈麗南詩稿一卷

（清）仁和（一作錢塘）沈近思撰

清鈔本　臺圖

集 10001739

曼真詩畧七卷

（清）歸安沈樹本撰

稿本　上海

2008 年 8 月復旦大學出版社上海圖書館未刊古籍稿本本

集 10001740

輪翁詩畧□□卷

（清）歸安沈樹本撰

稿本（存卷二十一至二十六、卷二十八至三十二）　中社科院文學所

集 10001741

雙溪唱和詩續稿不分卷

（清）歸安沈樹本撰

稿本　南京

集 10001742

竹溪詩畧二十四卷

（清）歸安沈樹本撰

清乾隆十九年(1754)刻本　南京

集 10001743

輪翁文畧不分卷

（清）歸安沈樹本撰

稿本　南京

集 10001744

根味齋詩集十七卷

（清）德清徐志莘撰

清乾隆七年(1742)刻本　中科院

集 10001745

物垇詩稿一卷

（清）慈溪鄭大節撰

民國間四明張氏約園刻四明叢書本　國圖　中科院　北大　中科院　上海　復旦　天津　遼寧　南京　浙江　湖北　四川　寧夏

集 10001746

耕餘居士詩集十八卷

（清）餘姚鄭世元撰

清康熙四十五年(1706)刻本　國圖　中科院　清華　美燕京　日静嘉堂

集 10001747

耕餘居士詩集二十四卷

（清）餘姚鄭世元撰

清乾隆嘉慶間刻本　湖南

集 10001748

拙齋集五卷

（清）海寧朱奇齡撰

清康熙間介堂刻本　國圖　浙江

1994～1997 年齊魯書社影印四
庫全書存目叢書本

2017 年國家圖書館出版社清代
詩文集珍本叢刊本

集 10001749
拙齋集四卷
（清）海寧朱奇齡撰
清鈔本　國圖

集 10001750
嶧山集一卷
（清）嘉興周旬撰　（清）桐鄉沈堯咨輯
清乾隆五年（1740）刻濮川詩鈔本
復旦

集 10001751
白坡詩選四卷
（清）海寧章琦撰
清康熙六十一年（1722）刻本
國圖
清嘉慶八年（1803）章氏刻本
上海

集 10001752
白坡詩選二卷
（清）海寧章琦撰
清嘉慶十九年（1814）刻本　浙江
清康熙刻本　蘇州

集 10001753
恒山集七卷
（清）□□撰　（清）錢塘桑調元編
清乾隆二十一年（1756）修汲堂刻
本　中山

集 10001754
讀書堂詩稿二卷
（清）錢塘江景祺撰
清雍正間刻本　國圖

集 10001755
桐乳齋詩集十二卷
（清）錢塘梁文濂撰
清乾隆十二年（1747）梁啓心等刻
本　國圖　嵊州　浙江　天一閣
臨海

集 10001756
後洋書屋詩鈔二卷補遺一卷
（清）錢塘梁文濂撰
清乾隆間刻本　復旦

集 10001757
永思樓遺稿不分卷
（清）海寧張朝晉撰
鈔本　人大

集 10001758
卯春雜詠不分卷
（清）海寧張朝晉撰
民國間鈔本　南京

集 10001759

緩庵詩鈔(順寧樓稿)一卷

（清）桐鄉周畋撰　（清）桐鄉沈堯咨輯

清乾隆五年(1740)刻濮川詩鈔本　復旦

集 10001760

澄香閣吟二卷

（清）仁和郭蕙撰

螺齋詩鈔附　南京

清道光十八年(1838)傅宗傑刻本　天一閣　臨海　浙江

集 10001761

希希集二卷

（清）餘姚黄千人撰

清乾隆間刻本　南京　天一閣　首都

集 10001762

春草堂集不分卷

（清）鄞縣謝爲雯撰

清雍正十年(1732)刻本　復旦

集 10001763

春草堂文約一卷

（清）鄞縣謝爲雯撰

清乾隆八年(1743)刻本　中社科院文學所

清道光三年(1823)攬秀堂刻本　國圖　天一閣

集 10001764

雪庵詩存二卷

（清）嘉善丁嗣澂撰

清雍正間丁桂芳刻本　國圖

集 10001765

半村居詩鈔二卷詞鈔一卷

（清）金華王鵬撰

清雍正間刻本　國圖

2013年上海古籍出版社重修金華叢書本

集 10001766

夢華詩稿一卷

（清）長興沈無咎撰

清雍正乾隆間刻本　浙江

集 10001767

西湖紀遊二卷

（清）順天李堂撰

清康熙間稿本　臺圖

集 10001768

亦快閣出疆詩集一卷

（清）錢塘許田撰

清康熙三十年(1691)刻本　復旦

集 10001769

許屏山集九卷(燕邸前集、樵川道稿、燕邸後集、屏山對床集、雪寶集、柿葉集、屏山西征集各一卷、瑞石山樓集二卷)

（清）錢塘許田撰

稿本　國圖

2017 年國家圖書館出版社清代詩文集珍本叢刊本

集 10001770
東田閒居草一卷
　（清）臨安盛弘邃撰
　清初刻本　北大

集 10001771
春柳堂詩鈔四卷
　（清）仁和盧之翰撰
　清乾隆間盧氏抱經堂刻本　南京

集 10001772
凝雪書屋詩集二卷
　（清）嘉興金永昌撰　（清）金薲編次　（清）秀水夏儼校訂
　清嘉慶三年(1798)刻本　國圖
　清嘉慶十二年(1807)刻本　嘉興

集 10001773
南垓堂詩集十二卷（學步集、雪泥集、湘灕集、秋帆集、夢華集、忽至草、黃樓草、崛嵎草、南還集、黔遊草、煙江疊嶂集、閒閒集各一卷）
　（清）德清徐以升撰
　清乾隆二十六年(1761)徐天柱等寫刻本　國圖　中科院
　1994～1997 年齊魯書社影印四庫全書存目叢書本

集 10001774
心孺詩選二十四卷
　（清）山陰傅仲辰撰
　清康熙雍正間刻本　杭州　南開
　清雍正間樹滋堂刻本　中科院　浙江
　清刻本　國圖
　四庫未收書輯刊本
　清代詩文集彙編本

集 10001775
心孺詩選十四卷
　（清）山陰傅仲辰撰
　清刻本　國圖

集 10001776
西村詩草二卷耦漁詞一卷
　（清）秀水鄒天嘉撰
　清乾隆十二年(1747)片石山房刻本　上海（金蓉鏡跋）　北大

集 10001777
綠天亭集四卷
　（清）溫嶺林之松撰
　民國四年(1915)太平金氏木活字印赤城遺書彙刊本　上海　浙江　四川

集 10001778
緣天亭集三卷
　（清）溫嶺林之松撰
　民國黃巖九峰鈔本　臨海博

集 10001779

緣天亭文集一卷詩集一卷

(清)温嶺林之松撰

清末郭氏茹古閣鈔本　臨海博

集 10001780

綠天亭詩草一卷

(清)温嶺林之松撰

清鈔本　臨海博

集 10001781

綠天亭詩抄不分卷

(清)温嶺林之松撰

清鈔本　臨海博

集 10001782

蘇門山客詩鈔五卷

(清)烏程潘尚仁撰

清乾隆初寫刻本　中科院

集 10001783

童初公遺稿一卷

(清)秀水朱末撰

清嘉慶二十四年(1819)張澹鈔校本(清張澹跋)　上海

集 10001784

吳巽夫先生紉蘭集七卷

(清)錢塘吳兆宗撰

清鈔本　中科院

集 10001785

赤城詩鈔二卷

(清)山陰童華撰

清乾隆間刻本　國圖

清代詩文集彙編本

北京圖書館古籍珍本叢刊

集 10001786

東谿詩草三卷

(清)嘉興朱琪撰

清雍正十三年(1735)自刻本　國圖

2017年國家圖書館出版社清代詩文集珍本叢刊本

集 10001787

東谿詩草八卷

(清)嘉興朱琪撰

清乾隆二十三年(1758)續刻本　日京大人文研

集 10001788

吳巽夫先生紉蘭集七卷

(清)錢塘吳兆宗撰

清鈔本　中科院

集 10001789

新體詩偶鈔二卷

(清)錢塘姚之駰撰

清康熙五十六年(1717)刻本　首都

清代詩文集彙編本

集 10001790

故鄉草詩鈔一卷

（清）嘉興陳樂撰　（清）桐鄉沈堯
咨輯
　　清乾隆五年(1740)刻濮川詩鈔本
復旦

集 10001791
**東皋詩史（詠史詩集、詩史）六
十卷**
　　（清）餘姚李宣撰
　　清乾隆間刻本　吉師大　中大
（存卷十六至四十六）

集 10001792
藥園詩稿二卷
　　（清）錢塘吳焯撰
　　清康熙五十年(1711)刻本　國圖
浙江　杭州
　　民國十二至十三年(1913～1914)
吳用威刻本　溫州

集 10001793
渚陸鴻飛集一卷
　　（清）錢塘吳焯撰
　　清雍正間刻本　華東師大（清吳
文佑跋）
　　清鈔本（徐聖秋校，徐衡題識）
中山
　　民國十二至十三年(1913～1914)
吳用威刻本　溫州　浙江

集 10001794
魚睨集一卷
　　（清）錢塘吳焯撰

清鈔本（清吳悼校）　國圖
　　2017 年國家圖書館出版社清代
詩文集珍本叢刊本

集 10001795
徑山遊草一卷
　　（清）錢塘吳焯撰
　　民國六至七年(1917～1918)仁和
吳氏雙照樓刻松鄰叢書本　國圖
中科院　上海　復旦　天津　遼寧
　　南京　中山　雲南
　　1994 年上海書店出版社叢書集
成續編本

集 10001796
蔗村遺稿一卷續刻一卷
　　（清）錢塘陸曾蕃撰
　　清乾隆五十一年(1786)陸松齡刻
五十七年(1792)增修本　中科院

集 10001797
益翁文稿一卷
　　（清）海鹽錢元昌撰
　　清道光六年(1826)錢泰吉家鈔本
（清錢泰吉跋）　國圖
　　2017 年國家圖書館出版社清代
詩文集珍本叢刊本

集 10001798
益翁存詩五卷
　　（清）海鹽錢元昌撰
　　清乾隆間鈔本（清汪應銓跋）
南京

集 10001799

益翁存稿一卷

（清）海鹽錢元昌撰

清鈔本　南京

集 10001800

益翁詩稿二卷

（清）海鹽錢元昌撰

稿本　嘉興（祝廷錫題記）

集 10001801

集虛齋學古文十二卷附離騷經解畧一卷

（清）淳安方楘如撰

清乾隆十九年（1754）佩古堂刻本

國圖　湖北　浙大　美燕京　日

靜嘉堂　日京大　湖南　嘉善

紹興

清代詩文集彙編本

清乾隆十九年（1754）還淳方超然

刻本　國圖

清乾隆十九年（1754）刻本　南開

陝西

清乾隆刻本　天津　首都

清光緒十年（1884）淳安縣署刻本

首都　建德　桐廬　衢州　金華

緝雲　海寧　嵊州　常山　嘉善

温州　臨海

集 10001802

集虛齋學古文十卷

（清）淳安方楘如撰

清還淳方超然刻本　國圖　浙江

浙師大　淳安　遂昌

集 10001803

滄初詩稿八卷

（清）海寧沈翼機撰

清乾隆三十年（1765）刻本　復旦

集 10001804

聽缽齋集九卷

（清）仁和汪光被撰

清康熙間刻本　安徽

集 10001805

樵餘草十卷

（清）山陰杜應譽撰

清乾隆元年（1736）刻本　清華

浙江　天一閣

集 10001806

晴川集一卷

（清）海寧查嗣庭撰

清刻本　國圖　國圖

清鈔本　浙江

集 10001807

雙遂堂遺集四卷

（清）海寧查嗣庭撰

清鈔本　北大　復旦

集 10001808

蓀谿集十三卷

（清）錢塘姚炳撰

清康熙四十五年（1706）姚氏聽秋

樓刻本　國圖

鈔本　國圖

集 10001809

則原遺稿不分卷

（清）仁和高式青撰

清鈔本　南京

集 10001810

玉巢詩草四卷

（清）建德徐紫芝撰

清雍正刻本　國圖

清乾隆三年（1738）刻本　國圖

2017 年國家圖書館出版社清代詩文集珍本叢刊本

集 10001811

玉巢詩集六卷

（清）建德徐紫芝撰

清乾隆三年（1738）刻增刻本　復旦

集 10001812

一層樓近草不分卷

（清）鄞縣黃廷銘撰

清康熙間刻本　山西大

集 10001813

玉几山房吟卷三卷

（清）鄞縣陳撰撰

清康熙五十五年（1716）刻本　上海　吉大　國圖　天一閣

鈔本　北師大

1994 年上海書店出版社叢書集成續編本

集 10001814

寄閒詩草二卷

（清）仁和楊模撰

清乾隆元年（1736）聽松草堂刻本　復旦

集 10001815

日堂文鈔一卷

（清）海寧盧軒撰

清刻本　國圖（清管庭芬跋）

清道光十四年（1834）傳卷樓刻本　浙江

2017 年國家圖書館出版社清代詩文集珍本叢刊本

集 10001816

絳雲集不分卷

（清）錢塘周京撰

稿本（清汪台跋）　上海

集 10001817

無悔齋集三十二卷又不分卷

（清）錢塘周京撰

稿本（清丁丙跋，存卷三十一至三十二、不分卷）　南京

集 10001818

無悔齋集十五卷附錄一卷

（清）錢塘周京撰　（清）錢塘厲鶚選

清乾隆十七年(1752)刻本　國圖
浙江

集 10001819

雲在詩鈔九卷

　(清)海寧查祥撰
　清乾隆末嘉慶初刻本　國圖
1994～1997 年齊魯書社影印四
庫全書存目叢書本
　2017 年國家圖書館出版社清代
詩文集珍本叢刊本

集 10001820

**未篩集一卷附枯木禪七十唱和
詩一卷**

　(清)錢塘釋超源撰
　清乾隆間刻本　南京　美燕京
　清宣統元年(1909)海上存古學社
木活字印本　浙江　首都
　民國十一年(1922)如皋冒廣生刻
本　浙江

集 10001821

安流舫存稿二卷

　(清)秀水王璋撰
　清道光咸豐間刻繡水王氏家藏集
本　國圖　南京
　清代家集叢刊本

集 10001822

巖客詩鈔六卷

　(清)秀水朱桂孫撰
　清乾隆五十二年(1787)刻本

上海

集 10001823

蔗翁詩稿四卷

　(清)錢塘范炳撰
　清乾隆二年(1737)錢塘范氏刻本
北大
　清乾隆二十一年(1756)刻本
上海

集 10001824

鈍叟存稿六卷

　(清)歸安茅星來撰
　鈔本　日靜嘉堂

集 10001825

鈍叟文鈔一卷

　(清)歸安茅星來撰　　(清)徐斐
然輯
　清乾隆六十年(1795)徐氏刻國朝
二十四家文鈔本　國圖
　清道光十年(1830)刻國朝二十四
家文鈔本　國圖

集 10001826

鈍齋詩存一卷

　(清)錢塘李世衡撰
　清乾隆九年(1744)學稼草堂刻本
浙江

集 10001827

思儼齋詩鈔五卷文鈔三卷

　(清)嘉興陳廷采撰

清乾隆二十六年(1761)刻本　國圖(存詩鈔)　復旦

2017年國家圖書館出版社清代詩文集珍本叢刊本

集 10001828

蓉湖集三卷

（清）歸安沈燮撰

清乾隆三十年(1765)沈天逵刻本　蘇州

集 10001829

桐響閣詩集六卷

（清）歸安沈燮撰

清道光七年(1827)刻本　天津

集 10001830

抱秋亭詩集十二卷

（清）海寧吳嗣廣撰

清鈔本(存六卷)　海寧

集 10001831

谷艾園文稿四卷

（清）永嘉谷誠撰

清光緒三年(1877)刻本　山東　玉海樓　金華

清同治光緒間瑞安孫氏詒善祠塾刻永嘉叢書本　遼寧

清同治光緒間瑞安孫氏詒善祠塾刻光緒間武昌書局彙印永嘉叢書本　國圖　中科院　北大　上海　天津　南京　浙江　湖北　四川

青海

1994年上海書店出版社叢書集成續編本

集 10001832

硯北詩草一卷半緣詞一卷

（清）海寧查學撰

清乾隆五年(1740)刻查浦詩鈔附　國圖　上海

清康熙間刻本　天一閣

集 10001833

學圃集一卷

（清）嘉興濮光孝撰　（清）桐鄉沈堯咨輯

清乾隆五年(1740)刻濮川詩鈔本　復旦

集 10001834

弇山詩鈔(浙東前七子弇山詩鈔)二十二卷首二卷末二卷

（清）山陰王霖撰

清道光七年(1827)山陰王蘅刻本　國圖　中科院

集 10001835

弇山詩鈔二十二卷歸田集二卷

（清）山陰王霖撰

清道光八年(1828)山陰王氏刻本　復旦

清代詩文集彙編本

集 10001836

弇山集杜口口卷

（清）山陰王霖撰

清刻本　紹興

清乾隆刻本　浙江

集 10001837

增默齋詩一卷

（清）歸安沈炳震撰

清乾隆間刻本　南京

集 10001838

蠶桑樂府一卷

（清）歸安沈炳震撰

清光緒間刻本　湖南

清鈔本　國圖

1994～1997 年齊魯書社影印四庫全書存目叢書本

2017 年國家圖書館出版社清代詩文集珍本叢刊本

集 10001839

待廬集三卷

（清）平湖劉錫勇撰

清乾隆十八年(1753)宋景關十二蕉亭刻本　國圖

集 10001840

觀樹堂詩集十六卷

（清）錢塘朱樟撰

清乾隆間刻彙印本　南京　北大

清代詩文集彙編本

集 10001841

里居雜詩一卷

（清）錢塘朱樟撰

清光緒三年至二十六年(1877～1900)錢塘丁氏嘉惠堂刻武林掌故叢編本　國圖　中科院　北大　上海　復旦　天津　遼寧　甘肅　山東　南京　浙江　湖北　四川

1985 年江蘇廣陵古籍刻印社影印清光緒三年至二十六年(1877～1900)錢塘丁氏嘉惠堂刻武林掌故叢編本　中科院

1994 年上海書店出版社叢書集成續編本

清代詩文集彙編本

集 10001842

金鼎詩文稿不分卷

（清）海鹽金鼎撰

清雍正間稿本　安徽博

集 10001843

赤巖集一卷

（清）桐廬徐晞撰　（清）桐鄉沈堯咨輯

清乾隆五年(1740)刻濮川詩鈔本　復旦

集 10001844

廉讓堂詩集三卷

（清）海寧曹三才撰

清康熙間刻本　南京

集 10001845

半硯冷雲集三卷贈行倡和詩一卷

(清)海寧曹三才撰

清康熙三十七年(1698)刻本　北大　復旦

集 10001846

懶髯集一卷

(清)嘉興張弘牧撰　(清)桐鄉沈堯咨輯

清乾隆五年(1740)刻濮川詩鈔本復旦

集 10001847

玉鑑堂詩鈔一卷

(清)歸安張嘉論撰　(清)張光世編輯

清乾隆四年(1739)刻本　國圖

2017 年國家圖書館出版社清代詩文集珍本叢刊本

集 10001848

寒碧山齋詩集五卷

(清)平湖葉之淇撰

清雍正乾隆間刻本　上海

集 10001849

南遊草一卷

(清)嘉興楊炯撰　(清)桐鄉沈堯咨輯

清乾隆五年(1740)刻濮川詩鈔本復旦

集 10001850

南陽集二卷

(清)錢塘夏綸撰

清乾隆十年(1745)刻本　南京

集 10001851

南江集六卷

(清)烏程董熜撰

清乾隆間刻本　南京

集 10001852

半野堂詩鈔一卷

(清)會稽吳振撰

清乾隆間刻本　南京

集 10001853

吾匏亭詩鈔一卷

(清)海寧查開撰

清乾隆五年(1740)刻查浦詩鈔附國圖　上海

集 10001854

墨汀文錄不分卷

(清)會稽徐廷槐撰

清鈔本　浙大

集 10001855

墨汀文補錄不分卷

(清)會稽徐廷槐撰

清鈔本　浙大

集 10001856

萍梗詩鈔一卷

（清）桐鄉曹士勳撰　（清）桐鄉沈
堯咨輯

清乾隆五年(1740)刻濮川詩鈔本
復旦

集 10001857

謹堂集（荻書樓稿、石墩草各一卷）

（清）嘉興陳光裕撰　（清）桐鄉沈
堯咨輯

清乾隆五年(1740)刻濮川詩鈔本
復旦

集 10001858

芳峻稿一卷

（清）桐鄉程琦撰　（清）桐鄉沈堯
咨輯

清乾隆五年(1740)刻濮川詩鈔本
復旦

集 10001859

小樹軒詩集八卷

（清）錢塘金虞撰

清乾隆五十四年(1789)今雨堂刻本
國圖　上海　浙江　溫州　南開

集 10001860

雙江臥遊草一卷

（清）錢塘金虞撰

清鈔本　國圖

2017 年國家圖書館出版社清代
詩文集珍本叢刊本

集 10001861

綠淨軒詩鈔五卷

（清）錢塘徐德音撰

清康熙四十六年(1707)刻本
國圖

集 10001862

綠淨軒詩續集一卷

（清）錢塘徐德音撰

清乾隆十七年(1752)刻本　國圖

集 10001863

小石林詩集八卷詩二集八卷古文二卷文外二卷

（清）平湖葉之溶撰

清乾隆間刻本　中社科院文學所
天津　天一閣

集 10001864

迂村漫稿十卷（迂村文鈔二卷、迂村詩鈔、鶴阜集、瓢中集、迂村社稿、玉楮集、黃海集、縈叟剩稿、虛室吟稿各一卷）

（清）錢塘周準撰

清康熙乾隆間刻本　國圖　復旦

集 10001865

霅陽詩鈔二卷

（清）嘉興張弘撰　（清）桐鄉沈堯
咨輯

清乾隆五年(1740)刻濮川詩鈔本
復旦

集 10001866

花角樓吟稿二卷

（清）海寧陳素（一作查陳素）撰

清乾隆十九年（1754）刻本　安徽

集 10001867

六峯閣詩稿六卷

（清）秀水朱稻孫撰

清康熙間稿本　上海

集 10001868

六峯閣詩稿不分卷

（清）秀水朱稻孫撰

清乾隆間稿本　北大

集 10001869

六峯閣詩稿四卷

（清）秀水朱稻孫撰

清康熙五十四年（1715）刻本　國圖　中社科院文學所

民國平湖葛昌楣弢華館刻本　內蒙古　浙江

清代詩文集彙編本

集 10001870

向惕齋先生集十卷

（清）山陰向璿撰　（清）向宏運輯

清乾隆十二年（1747）正學軒刻本　國圖　浙江　天一閣

集 10001871

向惕齋文集八卷

（清）山陰向璿撰

民國間吳興劉氏嘉業堂刻留餘草堂叢書本　國圖　中科院　上海　青島　南京　北師大　清華

1994 年上海書店出版社叢書集成續編本

清代詩文集彙編本

集 10001872

詹詹集一卷

（清）錢塘汪振甲（字昆鯨）撰

（清）錢塘汪師韓輯

清乾隆三十八年（1773）汪氏刻春星堂詩集本　國圖　上海　南京

清鈔春星堂詩集本　湖南

清光緒十二年（1886）錢唐汪氏長沙刻叢睦汪氏遺書本　國圖　南京　中科院　遼寧

清代家集叢刊續編本

集 10001873

積山先生遺集十卷

（清）仁和（一作錢塘）汪惟憲撰

清乾隆三十八年（1773）汪新刻本　浙江　天一閣

集 10001874

筠谷詩鈔六卷別集一卷

（清）錢塘鄭江撰

清乾隆二年（1737）刻本　南京

集 10001875

夕秀齋詩鈔一卷

（清）錢塘汪振甲（字鱗先）撰

清乾隆三十八年(1773)汪氏刻春星堂詩集本　國圖　上海　南京

清鈔春星堂詩集本　湖南

清光緒十二年(1886)錢唐汪氏長沙刻叢睦汪氏遺書本　國圖　南京

中科院　遼寧

清代家集叢刊續編本

集 10001876

江聲草堂詩集八卷

(清)杭州金志章撰

清乾隆十九年(1754)自刻本　北大　中科院　復旦　國圖　首都　天津　天一閣　浙江

集 10001877

查學庵雜稿不分卷

(清)海寧查雲標撰

稿本　國圖

2017年國家圖書館出版社清代詩文集珍本叢刊本

集 10001878

查勉耘詩集七卷

(清)海寧查雲標撰

稿本　國圖　甘肅

集 10001879

北游文鈔不分卷

(清)海鹽陳見龍撰

稿本　上海

集 10001880

薜草行人詩集五卷

(清)杭州釋義果撰

清乾隆七年(1742)刻本　上海

集 10001881

重閩齋集一卷

(清)錢塘汪德容撰　(清)錢塘汪師韓編

清乾隆三十八年(1773)汪氏刻春星堂詩集本　國圖　上海　南京

清鈔春星堂詩集本　湖南

集 10001882

重閩齋集(一作重閩齋文稿)二卷

(清)錢塘汪德容撰　(清)錢塘汪簹輯

清光緒十二年(1886)錢唐汪氏長沙刻叢睦汪氏遺書本　國圖　南京

中科院　遼寧

2017年國家圖書館出版社清代詩文集珍本叢刊本

集 10001883

絆葭村詩稿不分卷

(清)秀水杜韜聲撰

清乾隆十六年(1751)稿本　中社科院文學所

集 10001884

小石山房詩集不分卷

(清)慈溪俞江撰

清刻本　浙江

集 10001885

小石山房遺草不分卷

（清）慈溪俞江撰

鈔本　國圖

2017 年國家圖書館出版社清代詩文集珍本叢刊本

集 10001886

文穆遺集三卷

（清）錢塘徐本撰　（清）仁和徐琪編

清光緒間刻誦芬詠烈編本　南京

集 10001887

古民雜識不分卷

（清）餘姚（祖籍餘姚，遷嘉興）陳梓撰

稿本　浙江

集 10001888

陳古銘先生遺詩一卷

（清）餘姚（祖籍餘姚，遷嘉興）陳梓撰

稿本　上海

集 10001889

井心集詩鈔六卷

（清）餘姚（祖籍餘姚，遷嘉興）陳梓撰

鈔本　美國會

集 10001890

濮川詩鈔二卷（客星零草、寓硤草各一卷）

（清）餘姚（祖籍餘姚，遷嘉興）陳梓撰

清雍正間刻本　國圖（佚名批註）

集 10001891

陳一齋先生集十六卷

（清）餘姚（祖籍餘姚，遷嘉興）陳梓撰

清鈔本　復旦

集 10001892

删後詩存十卷文集十六卷

（清）餘姚（祖籍餘姚，遷嘉興）陳梓撰

清嘉慶二十年(1815)胡氏敬義堂刻本　中科院　國圖　溫州　餘姚文保所　嘉興　天一閣

清鈔本　浙江

集 10001893

删後詩存十卷

（清）餘姚（祖籍餘姚，遷嘉興）陳梓撰

清刻本　國圖

清代詩文集彙編本

集 10001894

删後文集十六卷

（清）餘姚（祖籍餘姚，遷嘉興）陳梓撰

清嘉慶二十年(1815)刻本　國圖

清代詩文集彙編本

集 10001895

今樂府(九九樂府)一卷

（清）餘姚（祖籍餘姚,遷嘉興）陳梓撰

申報館叢書續集本

清宣統二年(1910)石印本　上海

民國四年(1915)文新書局影印本　上海

集 10001896

陳一齋先生文集六卷詩集不分卷

（清）餘姚（祖籍餘姚,遷嘉興）陳梓撰

清宣統三年(1911)上海國學扶輪社鉛印本　首都　國圖　首都　南開　湖南社科院　餘姚文保所　海寧

民國五年(1916)上海國學扶輪社鉛印本　復旦

1994年上海書店出版社叢書集成續編本

臺灣新文豐叢書集成續編本

集 10001897

愛竹居詩草二卷

（清）山陰王文淳撰

清乾隆八年(1743)刻本　南京　國圖　海寧　浙江　紹興　天一閣

集 10001898

香雪堂詩八卷

（清）仁和（休寧人,仁和諸生）吳學濂撰

清雍正十一年(1733)南陔草堂刻本　上海　天津

集 10001899

東岡詩鈔二卷

（清）錢塘周永銓撰

清乾隆二十四年(1759)刻本　中社科院文學所

鈔本　中社科院文學所

集 10001900

雪船吟初稿四卷補編一卷

（清）餘姚謝秀嵐撰

清乾隆間刻本　中山（補編配鈔本,清佚名錄清陳梓批點）

集 10001901

雪船吟初稿四卷

（清）餘姚謝秀嵐撰　謝元壽輯

清宣統二年(1910)承仁堂刻本　浙江

清宣統二年(1910)活字印本　溫州　浙江　海寧

集 10001902

寄吾廬詩二卷

（清）餘姚蘇滋恢撰

清刻本　南京

集 10001903

吳絳雪詩集二卷

（清）永康吳宗愛撰

清道光二十二年（1842）王家齊冰
壺山館刻本

2013 年上海古籍出版社重修金
華叢書本

集 10001904

徐烈婦吳氏詩鈔二卷

（清）永康吳宗愛撰

清咸豐二年（1852）刻本　上海李
保民藏

2013 年上海古籍出版社重修金
華叢書本

集 10001905

絳雪詩鈔二卷

（清）永康吳宗愛撰

清咸豐四年（1854）刻本　上海李
保民藏

2013 年上海古籍出版社重修金
華叢書本

集 10001906

休休吟五卷

（清）秀水莊歆撰

清嘉慶十一年（1806）刻本　浙江
嘉興　天一閣　天津

清鈔本　南開

集 10001907

竹梧書屋詩稿二卷外集一卷

（清）仁和龔培序撰

清康熙五十一年（1712）膠州官署
刻本　中科院　南開

集 10001908

市曲茅堂詩一卷

（清）錢塘黃琛撰

清乾隆九年（1744）石香齋金星刻
本　上海　天一閣

集 10001909

含翠樓小集不分卷

（清）建德童際虞撰

清乾隆九年（1744）刻本　中社科
院文學所

集 10001910

宗丞遺文二卷

（清）錢塘徐杞撰　（清）仁和徐
琪編

清光緒間刻誦芬詠烈編本　南京

清代詩文集彙編本

集 10001911

強恕齋詩鈔四卷

（清）秀水張庚撰

清乾隆間刻本　中科院

清乾隆二十二年（1757）刻本
國圖

1994～1997 年齊魯書社影印四
庫全書存目叢書本

清代詩文集彙編本

集 10001912

強恕齋文鈔五卷

（清）秀水張庚撰

清乾隆二十二年（1757）刻本
國圖

拜魁紀公齋鈔本　浙江

1994～1997 年齊魯書社影印四
庫全書存目叢書本

清代詩文集彙編本

集 10001913

虛白齋詩集八卷

（清）烏程欽璉撰

清乾隆十三年（1748）欽履幹刻本

中科院　山西大　天津

集 10001914

浩氣集十二卷

（清）平湖王濤撰

清乾隆十年（1745）刻本　復旦

集 10001915

虹村詩鈔五卷

（清）桐鄉石杰撰

清乾隆間刻本　南京

清嘉慶間刻本　中大

集 10001916

**青瑶草堂詩集五卷（三使集三卷
倚雲草二卷）**

（清）歸安吳應棻撰

清雍正間刻本　清華

集 10001917

非庵詩鈔二卷

（清）臨海何文銓撰

稿本　臨海博

集 10001918

非庵詩集一卷

（清）臨海何文銓撰

清抄本　臨海博

集 10001919

龍池詩選三卷

（清）諸暨余彪撰

清乾隆三十九年（1774）余文儀刻
本　中社科院文學所

集 10001920

蘭垞詩鈔一卷

（清）海寧施謙撰

稿本　上海

集 10001921

蘭垞遺稿四卷

（清）海寧施謙撰

清吳騫序鈔本　日静嘉堂

集 10001922

唾餘近草四卷

（清）雲和柳之元撰

鈔本　中社科院文學所

集 10001923

六湖先生遺集十二卷

（清）蕭山張文瑞撰

清乾隆十年(1745)張學懋孝友堂
刻本　中科院　浙江

1994～1997年齊魯書社影印四
庫全書存目叢書本

清乾隆九年(1744)孝友堂刻本
國圖

集 10001924

六湖先生遺集十卷

（清）蕭山張文瑞撰

乾隆九年(1744)張學懋刻本　美
燕京

集 10001925

出岫集鈔一卷

（清）海寧陳峋撰　（清）海昌羊復
禮輯

清光緒間海昌羊氏傳卷樓粵東刻
海昌叢載本　國圖　北大　上海
山大

集 10001926

晚耘剩草四卷

（清）嘉善潘旋吉撰

清乾隆間濟美堂刻本　中社科院
文學所

集 10001927

草廬詩稿七卷

（清）秀水諸錦撰

稿本　臺圖

集 10001928

絳跗閣文集不分卷

（清）秀水諸錦撰

稿本　復旦

集 10001929

絳跗閣詩稿十一卷

（清）秀水諸錦撰

清乾隆二十七年(1762)寫刻本
上海(清翁方綱跋)　國圖　上海
中科院　美燕京　天津　湖南社科
院　陝西

集 10001930

香樹齋詩集十八卷

（清）嘉興錢陳羣撰

清乾隆十六年(1751)刻本　北大
中科院　首都　天津　南開　湖
南　浙江

集 10001931

香樹齋詩續集三十二卷

（清）嘉興錢陳羣撰

清乾隆十九年(1754)刻增修本
中科院

集 10001932

香樹齋詩續集三十六卷

（清）嘉興錢陳羣撰

清乾隆十九年(1754)刻增修本
北大　中科院

集 10001933

香樹齋文集二十八卷

（清）嘉興錢陳羣撰

清乾隆間刻本　北大　中科院

集 10001934

香樹齋文集續鈔五卷

（清）嘉興錢陳羣撰

清乾隆間刻本　北大　中科院

集 10001935

香樹齋詩集十八卷詩續集三十六卷文集二十八卷文續集五卷

（清）嘉興錢陳羣撰

清乾隆間刻清同治九年（1870）補修本　國圖　紹興

清光緒二十年（1894）刻本　首都

集 10001936

香樹齋詩集十八卷續集三十六卷文集二十八卷文集續鈔五卷

（清）嘉興錢陳羣撰

清乾隆十六年（1751）刻同治九年（1870）光緒十一年（1885）補刻本　嘉興　臨海

集 10001937

香樹齋詩集十八卷詩續集十四卷文集二十八卷

（清）嘉興錢陳羣撰

清乾隆刻本　美燕京

集 10001938

香樹齋集

（清）嘉興錢陳羣撰

清同治九年（1870）刻本　國圖

集 10001939

夜紡授經圖題詠一卷

（清）鄭琇撰　（清）嘉興錢陳羣等繪

清拓本　蘇州

集 10001940

浩觀堂集六卷

（清）山陰邱謹撰

清乾隆間刻本　國圖　復旦

清末鈔本　天津

集 10001941

冬心先生集四卷

（清）仁和金農撰

清雍正十一年（1733）廣陵般若庵刻本　國圖　湖南　陝西　天一閣

清同治七年（1868）錢塘丁氏當歸草堂刻西泠五布衣遺著本　國圖　浙博

清宣統二年（1910）石印本　國圖　首都　天津　南開　湖南　重師大　溫州　浙江　平湖　徐州　揚州大　蘇州

北京琉璃廠書業公司影印清雍正刻本　徐州

清末影印本　煙臺

2002 年上海古籍出版社影印續

修四庫全書本

集 10001942

冬心先生集四卷冬心齋研銘一卷

（清）仁和金農撰

清雍正十一年（1733）廣陵般若庵刻本　國圖　中社科院文學所　上海　復旦　南京　浙江　天一閣　浙博　湖南　湖北　四川　吉大

集 10001943

冬心先生集四卷續集一卷

（清）仁和金農撰

清戴熙鈔本　浙大

集 10001944

冬心先生續集一卷

（清）仁和金農撰　（清）羅聘輯

清乾隆三十八年（1773）刻本　中科院　復旦

集 10001945

冬心先生續集二卷補遺一卷詩一卷甲戌近詩一卷

（清）仁和金農撰

清道光十二年（1832）葉廷管家鈔本（清葉廷管跋）　南京

集 10001946

冬心先生續集二卷補遺一卷續補遺一卷三體詩一卷甲戌近詩一卷

（清）仁和金農撰

清平江貝氏千墨庵鈔本　上海

1994 年上海書店出版社叢書集成續編本

2002 年上海古籍出版社影印續修四庫全書本

集 10001947

冬心集十卷

（清）仁和金農撰

清雍正間刻本　國圖

集 10001948

冬心集十五卷

（清）仁和金農撰　（清）錢塘丁丙編

清同治七年至光緒七年（1868～1881）當歸草堂刻本　首都

集 10001949

冬心雜記

（清）仁和金農撰

稿本花近樓叢書本　國圖

集 10001950

綠蘿山莊詩集三十二卷

（清）山陰胡浚撰

清乾隆二十七年（1762）刻本　國圖　北大　中社科院近研所　美燕京　日大阪　日東洋　紹興　餘姚文保所　天一閣　溫州

清代詩文集彙編本

集 10001951
緑蘿山莊文集二十四卷
（清）山陰胡浚撰
清乾隆八年（1743）刻本　陝西
無錫
清乾隆二十一年（1756）刻本　國
圖　北大　祁縣　中社科院近研所
美燕京　日大阪　首都　内蒙古
徐州　湖南　浙江　天一閣
浙大
清乾隆二十七年（1762）刻本　湖
南社科院　紹興
清嘉慶元年（1796）刻本　南開
清代詩文集彙編本

集 10001952
緑蘿山莊文集十二卷
（清）山陰胡浚撰
清光緒二十三至二十七年
（1897～1901）刻刻鵠齋叢書本　國
圖　北大　中科院　上海　吉大
南大　浙江　湖北

集 10001953
淡軒詩稿二卷文稿一卷
（清）壽昌陳時夏撰
清鈔本（許式魯跋）　中科院

集 10001954
復初集剩稿一卷
（清）秀水王璣撰
清道光咸豐間刻繡水王氏家藏集
本　國圖

清代家集叢刊本

集 10001955
津夫詩鈔三卷
（清）餘姚汪鑑撰
清鈔本（清盧文弨校並跋）　重慶

集 10001956
蔗餘集四卷
（清）嘉興金陳登撰
清乾隆二十年（1755）留餘堂刻本
中社科院文學所

集 10001957
春鳬小稿二卷
（清）錢塘符曾撰
稿本　復旦

集 10001958
春鳬小稿六卷
（清）錢塘符曾撰
清寫刻本　中科院　天一閣

集 10001959
春鳬小稿十二卷
（清）錢塘符曾撰
清乾隆十八年（1753）刻本　復旦
國圖　浙江

集 10001960
春鳬小稿不分卷
（清）錢塘符曾撰
清鈔本　重慶

清嘉慶間刻本　南京

清末石印本　中科院

集 10001961

春帆吟稿三卷

　（清）錢塘符曾撰

　稿本　復旦

集 10001962

賞雨茆屋小稿一卷

　（清）錢塘符曾撰

　清康熙六十一年（1722）刻本
國圖

　民國十三年（1924）吳用威影刻本
中科院　復旦

集 10001963

雪泥記遊稿二卷

　（清）錢塘符曾撰

　清乾隆三年（1738）刻本　中大

集 10001964

霜柯餘響集一卷

　（清）錢塘符曾撰

　民國二十三年（1934）上虞羅氏石
印百爵齋叢刊本　國圖　中科院
北大　上海　天津　遼寧　南京
中山　四川

　羅雪堂先生全集本

　1994 年上海書店出版社叢書集
成續編本

集 10001965

東武山房詩文集十二卷

　（清）諸暨余戀杞撰　（清）余文
儀編

　清乾隆三十八年（1773）嘉樹堂刻
本　中社科院文學所　清華（存詩
集四卷）

集 10001966

心齋詩稿不分卷

　（清）嘉興金介復撰

　稿本　國圖（費寅跋）　上海（羅
振常跋）

　2017 年國家圖書館出版社清代
詩文集珍本叢刊本

集 10001967

西塞雜著二卷

　（清）仁和徐聚倫撰

　清乾隆四年（1739）徐育臨刻本
浙大

集 10001968

捫腹齋詩鈔不分卷

　（清）海鹽張宗松撰

　清鈔本　南京

集 10001969

捫腹齋詩鈔四卷詩餘二卷

　（清）海鹽張宗松撰

　清嘉慶間張保增等刻本　上海

　清宣統三年（1911）上海商務印書
館排印海鹽張氏涉園叢刻本　首都

上海　復旦

集 10001970
鑄雪齋集七卷
　(清)蕭山(原籍蕭山,寄籍山東歷城)張希傑撰
　稿本　天津

集 10001971
鑄雪齋集十四卷年譜一卷
　(清)蕭山(原籍蕭山,寄籍山東歷城)張希傑撰
　稿本　山東

集 10001972
慕陵詩稿二卷補遺一卷
　(清)會稽陳榮傑撰　(清)會稽陳松齡輯
　清嘉慶八年(1803)陳昌青藤書屋刻本　中科院　北大
　清同治二年(1863)刻　天津
　清光緒二十三年(1897)刻本　國圖

集 10001973
集唐詩不分卷
　(清)會稽陳榮傑撰
　稿本　臺圖

集 10001974
集唐詩一卷
　(清)錢塘張思閎撰
　清乾隆四年(1739)兩間書屋刻本

美燕京　湖南

集 10001975
小山乙稿五卷
　(清)仁和趙昱撰
　稿本　上海
　2019 年國家圖書館出版社影印浙學未刊稿叢編本

集 10001976
愛日堂吟稿十三卷附稿二卷
　(清)仁和趙昱撰　(清)仁和趙一清編
　清乾隆十二年(1747)刻本　國圖
　中科院　復旦

集 10001977
秋芙蓉吟稿一卷
　(清)仁和趙昱撰
　鈔本　南京

集 10001978
慕橋詩集五卷
　(清)瑞安林上梓撰
　清乾隆十四年(1749)刻本　溫州
　民国林志春鈔本　玉海樓

集 10001979
知非集不分卷
　(清)海鹽錢界撰
　清嘉慶間刻本　山東
　清刻廬江錢氏詩彙本　吉大(存:第二十四集、第三十五集、第三十六

集） 北大（存：第二十四集、第三十五集、第四十一集、第四十三集）

浙江

　　鈔本廬江錢氏詩彙本　中社科院文學所

集 10001980

北田詩臆一卷

　　（清）嘉興江浩然撰

　　清乾隆十九年（1754）惇裕堂寫刻本　國圖　中科院

集 10001981

北田詩臆一卷北田文畧一卷江湖客詞一卷叢殘小語一卷溺笑閒談一卷

　　（清）嘉興江浩然撰

　　清乾隆二十七年（1762）江氏刻本　國圖　復旦（佚名批，存北田文畧、江湖客詞、叢殘小語）

集 10001982

北田詩臆不分卷

　　（清）嘉興江浩然撰

　　清乾隆二十三年（1758）刻本　蘇州

集 10001983

使蜀集一卷

　　（清）錢塘陳士璠撰

　　清乾隆間刻本　南京

　　清代詩文集彙編本

集 10001984

硯農文集八卷

　　（清）嘉興陳元穎撰

　　清鈔本　嘉興

集 10001985

白雲詩集四卷

　　（清）錢塘盧存心撰

　　清乾隆間數間草堂刻本　中科院

集 10001986

白雲詩集七卷詠梅詩一卷

　　（清）錢塘盧存心撰

　　清乾隆間數間草堂刻本　國圖北大　天津　餘姚文保所　浙江

　　清數間草堂鈔本　南京

集 10001987

白雲文集不分卷

　　（清）錢塘盧存心撰

　　清數間草堂鈔本　南京

集 10001988

清真閣詩草不分卷文草不分卷

　　（清）鄞縣錢德盛撰

　　稿本（清徐時棟題記）　中科院

集 10001989

柴門詩鈔一卷

　　（清）桐鄉沈孔鍵撰　（清）桐鄉沈堯咨輯

　　清乾隆五年（1740）刻濮川詩鈔本　復旦

集 10001990

古歡堂詩集四卷

（清）仁和胡濤撰

清嘉慶六年（1801）刻道光三年（1823）重修本　國圖

清道光三年（1823）刻本　民族文化宮

集 10001991

茶毘賸稿二卷

（清）仁和許大綸撰

清乾隆十九年（1754）刻本　上海　復旦

集 10001992

慶芝堂詩集十八卷

（清）仁和戴亨撰

清乾隆二十三年（1758）刻本　復旦

清道光十五年（1835）荊道復刻本　中科院　煙臺　浙江

清道光十六年（1836）荊道復刻本　浙江

清道光二十一年（1841）荊道復刻本

清道光瀋陽戴氏刻本　國圖

1994年上海書店出版社叢書集成續編本

集 10001993

荻書樓遺草一卷

（清）桐鄉沈鍾泰撰　（清）桐鄉沈堯咨輯

清乾隆五年（1740）刻濮川詩鈔本　復旦

集 10001994

補閣詩鈔二卷

（清）歸安吳斯銘撰

清乾隆間刻本　青島

集 10001995

紅藥樓集十三卷

（清）山陰范卜年撰

清乾隆十三年（1748）刻本　南京

清乾隆三十六年（1771）刻本　蘇州

集 10001996

轉蓬集鈔三卷

（清）山陰茅逸撰

清乾隆十七年（1752）刻本　臺大

集 10001997

古箏存稿二卷

（清）蘭溪祝文彪撰

清乾隆十六年（1751）刻本　華東師大

集 10001998

浪遊草二卷

（清）烏程姜虯綠撰

清乾隆間刻本　中社科院文學所

集 10001999

尊德堂詩鈔二十四卷

（清）山陰胡國楷撰

清康熙寫刻本　美燕京

清鈔本　天一閣

集 10002000

尊德堂詩鈔八卷

（清）山陰胡國楷撰

清康熙寫刻本　美燕京

清乾隆間刻本　國圖

集 10002001

完吾賸稿一卷

（清）海寧曹璀撰

鈔本（與東山草堂集、吟月詩稿合訂）　中社科院文學所

集 10002002

懷永堂詩存二卷

（清）嘉興張逢年撰

清乾隆十八年（1753）刻本　上海平湖

集 10002003

歸田詩存三卷文存二卷

（清）會稽魯曾煜撰

清雍正間鳴野山房刻本　國圖

集 10002004

三州詩鈔四卷

（清）會稽魯曾煜撰

清乾隆九年（1744）鳴野山房刻本國圖

集 10002005

秋賸文鈔十二卷

（清）會稽魯曾煜撰

清乾隆九年（1744）鳴野山房刻本國圖　湖北　中科院　浙江　美燕京　日京大

1994～1997 年齊魯書社影印四庫全書存目叢書本

集 10002006

松泉詩一卷

（清）錢塘（原籍安徽休寧，徙錢塘）汪由敦撰

稿本　浙江

集 10002007

休寧汪文端公詩一卷

（清）錢塘（原籍安徽休宁，徙錢塘）汪由敦撰

清鈔本　國圖

2017 年國家圖書館出版社清代詩文集珍本叢刊本

集 10002008

松泉詩集二十六卷文集二十卷

（清）錢塘（原籍安徽休寧，徙錢塘）汪由敦撰　（清）汪承霈編

清乾隆間刻本　國圖　天津

清乾隆間內府寫文淵閣四庫全書本　臺故博

清乾隆間內府寫文溯閣四庫全書本　甘肅

清乾隆間內府寫文津閣四庫全書

本　國圖

　2008 年商務印書館影印文津閣
四庫全書本

　清乾陸間內府寫本清末民初補鈔
文瀾閣四庫全書本　浙江

　1982～1986 年臺灣商務印書館
景印文淵閣四庫全書本

　1986 年上海古籍出版社據臺灣
商務印書館景印文淵閣四庫全書景
印本

　2006～2015 年杭州出版社影印
文瀾閣四庫全書本

集 10002009

松泉詩集二十六卷文集二十四卷

　（清）錢塘（原籍安徽休寧，徙錢
塘）汪由敦撰

　清乾隆四十三年（1778）趙翼刻本
國圖　中科院　復旦

　清代詩文集彙編本

集 10002010

松泉詩集四十八卷

　（清）錢塘（原籍安徽休寧，徙錢
塘）汪由敦撰

　清鈔本　復旦　中社科院文學所
（存卷十七至三十四）

集 10002011

松泉詩集二十六卷文集二十二卷

　（清）錢塘（原籍安徽休寧，徙錢
塘）汪由敦撰

　清乾隆四十三年（1778）汪承需刻

本　浙大

集 10002012

松泉詩集二十六卷

　（清）錢塘（原籍安徽休寧，徙錢
塘）汪由敦撰

　清刻本　湖南

集 10002013

松泉文集二十卷

　（清）錢塘（原籍安徽休寧，徙錢
塘）汪由敦撰

　清鈔本（缺卷一）　四川

　清乾隆刻本　國圖　南開

集 10002014

松泉文集二十二卷

　（清）錢塘（原籍安徽休寧，徙錢
塘）汪由敦撰

　清乾隆四十三年（1778）刻本　上
海　陝西

集 10002015

松泉文集二十四卷

　（清）錢塘（原籍安徽休寧，徙錢
塘）汪由敦撰

　清乾隆刻本　國圖

集 10002016

松泉文錄一卷

　（清）錢塘（原籍安徽休寧，徙錢
塘）汪由敦撰

　清同治七年（1868）敖陽李氏刻國

朝文録續編本　國圖　上海　南京
浙江　遼寧　湖北

　清光緒二十六年（1900）上海掃葉
山房石印國朝文録續編本　北師大

集 10002017

郇城剩稿一卷

　（清）烏程徐繩甲撰

　清乾隆五十五年（1790）刻本
南京

　清乾隆刻什一偶存本　中科院

集 10002018

樊榭山房集十卷續集十卷

　（清）錢塘厲鶚撰

　清乾隆四年（1739）刻十六年
（1751）續刻本　國圖　上海（清翁
方綱評點，清吳騫跋）　浙江　臨海
天一閣　天一閣　浙博

　清乾隆刻本　黑龍江　陝西　天
一閣　上虞　寧波

　清光緒十年（1884）汪氏振綺堂刻
本　天津

集 10002019

樊榭山房史集八卷

　（清）錢塘厲鶚撰　（清）錢塘汪
沆輯

　清乾隆四十三年（1778）汪沆刻本
國圖　北大　首都

集 10002020

樊榭山房集十卷續集十卷文集

八卷

　（清）錢塘厲鶚撰

　清乾隆四年（1739）、十六年
（1751）、四十三年（1778）刻本
浙大

　清嶺南雲林閣刻本　紹興

　清乾隆刻本　首都　徐州　溫州

　清光緒七年（1881）嶺南述軒刻本
國圖　中科院　首都　徐州　鹽
城　湖南　陝西　青海　緗雲　寧
波　浙江

　清刻本　天津　玉海樓

集 10002021

樊榭山房集十卷

　（清）錢塘厲鶚撰

　清乾隆武林東街金洞橋繡墨齋刻
本　首都　浙江　溫州　臨海　江
蘇師大

集 10002022

樊榭山房集十卷續集十卷文集
八卷集外詩三卷又一卷集外詞
四卷又一卷集外曲二卷

　（清）錢塘厲鶚撰

　清光緒十八年（1892）刻本　黑龍
江　河南大　青海

集 10002023

樊榭山房集十卷續集十卷文集
八卷集外詩三卷又一卷集外詞
四卷集外曲一卷集外文一卷

　（清）錢塘厲鶚撰

清光緒十年(1884)錢塘汪氏振綺堂刻本　湖南　青海　浙師大　海鹽　安吉　嘉興

集 10002024

樊榭山房集十卷續集十卷文集八卷游仙百詠三卷秋林琴雅四卷集外曲二卷集外詩一卷集外詞一卷集外文一卷附輓辭一卷軼事一卷

(清)錢塘厲鶚撰

清光緒十年至十一年(1884～1885)汪氏振綺堂刻本　平湖

民國上海文瑞樓石印本　玉海樓

集 10002025

樊榭山房集十卷續集十卷文集八卷集外詩三卷又一卷集外詞四卷

(清)錢塘厲鶚撰

清光緒十年(1884)汪氏振綺堂刻本　南開　内蒙古　徐州　河南大

1936 年商務印書館出版萬有文庫

清代詩文集彙編本

集 10002026

樊榭山房集注不分卷

(清)錢塘厲鶚撰　佚名注

稿本　浙江

2019 年國家圖書館出版社影印浙學未刊稿叢編本

集 10002027

樊榭山房集外詩三卷

(清)錢塘厲鶚撰

清同治三年(1864)刻本　日静嘉堂

清同治十三年(1874)錢塘丁氏當歸草堂刻本　國圖　温州　浙江平湖　金華博　嘉善

民國石印本　衢州博

集 10002028

樊榭山房集外詩一卷

(清)錢塘厲鶚撰

清光緒十三年至二十年(1887～1894)石埭徐氏刻觀自得齋叢書本　國圖　中科院　北大　上海　天津　遼寧　甘肅　山東　南京　浙江　四川　寧夏

清宣統二年至民國二年(1910～1913)上海國學扶輪社鉛印古今説部叢書本　港新亞

1994 年上海書店出版社叢書集成續編本

集 10002029

樊榭山房詩一卷

(清)錢塘厲鶚撰

清道光七年(1827)紫微山館刻浙西六家詩鈔本　國圖　南京　湖北(清黄培芳批並題詩)

清鈔本　國圖

集 10002030

樊榭山房集外詩不分卷

（清）錢塘厲鶚撰

清刻本　湖南（葉啓勳批校）
吳江

集 10002031

**樊榭山房集外詩四卷集外詞四
卷集外曲二卷**

（清）錢塘厲鶚撰

民國間上海中華書局鉛印本
首都

集 10002032

**樊榭山房詩集箋注八卷續集箋
注八卷**

（清）錢塘厲鶚撰　（清）董兆熊
箋注

稿本　上海

集 10002033

**樊榭山房詩集箋注九卷續集箋
注八卷**

（清）錢塘厲鶚撰　（清）董兆熊
箋注

董氏味無味齋鈔本　南京

集 10002034

遊仙集（悔少集）三卷

（清）錢塘厲鶚撰

清乾隆二十六年（1761）鮑廷博刻
本　浙江　杭州　海寧
清道光二十年（1840）仁和王氏刻

漱六編

清蔣氏別下齋鈔本　海寧

集 10002035

遊仙百詠註三卷

（清）錢塘厲鶚撰　（清）仁和汪鋐
注　稿本　浙江

2019 年國家圖書館出版社影印
浙學未刊稿叢編本

集 10002036

樊榭山房遊仙三百首詩注三卷

（清）錢塘厲鶚撰　（清）錢塘蔣
坦注

清道光二十八年（1848）錢塘蔣氏
刻本　國圖　中科院

集 10002037

厲先生文録不分卷

（清）錢塘厲鶚撰　（清）龔明崟編

清鈔本（清丁丙跋）　上海

集 10002038

**樊榭山房全集四十二卷集外文
一卷附晚辭一卷軼事一卷**

（清）錢塘厲鶚撰

清光緒十年（1884）汪氏振綺堂刻
本　國圖（清章鈺跋並録清翁方綱、
清錢儀吉、清錢泰吉等評語題識）
中科院（鄧之誠題記）　復旦

集 10002039

樊榭山房賦一卷

(清)錢塘厲鶚撰

清末浙江　書局刻本　南京

清嘉慶間刻琴台正續合刻本　國圖　上海

清光緒十五年(1889)刻琴台正續合刻本　國圖　上海　湖北

清刻本　國圖

集 10002040

樊榭詩鈔不分卷

(清)錢塘厲鶚撰

清計飴孫鈔本　天一閣

集 10002041

悔少集注三卷

(清)錢塘厲鶚撰　(清)汪鉽注

銷夏録舊(稿本、攝影本)

集 10002042

晚香堂詩六卷

(清)嘉興徐廷棟撰

清乾隆間刻本　人大　中社科院文學所

集 10002043

晚香堂詩七卷

(清)嘉興徐廷棟撰

清乾隆間刻本　日大阪

集 10002044

越吟草一卷

(清)鄞縣李凱撰

清乾隆二十七年(1762)刻本　首都　天一閣　首都

集 10002045

聽鴻樓詩稿三卷附二分明月閣詞一卷

(清)嘉興吴巽撰

清乾隆元年(1736)刻本　青島

集 10002046

八瓊樓詩集九卷(藤村集、日下詠、海上謡、渥城草、津門草、槎上吟、園居草、蔗境集、樂府詠史各一卷)

(清)山陰金昌世撰

清乾隆十七年(1752)自刻本　南京　北師大　紹興

清代詩文集彙編本

集 10002047

墨麟詩卷十二卷

(清)海鹽馬維翰撰

清乾隆間刻本　國圖　首都　天津　南開　復旦　四川　湖州博　浙江　天一閣

集 10002048

珊珊軒詩鈔五卷

(清)錢塘徐夢元撰

清嘉慶十一年(1806)修齡堂刻本　國圖

2017 年國家圖書館出版社清代

詩文集珍本叢刊本

集 10002049
洪洲集不分卷
　(清)歸安沈榮仁撰
　稿本(清佚名批語)　國圖

集 10002050
羨門吟畧一卷
　(清)歸安沈榮仁撰
　稿本　國圖

集 10002051
花癖剩吟一卷
　(清)歸安沈榮仁撰
　稿本　國圖

集 10002052
碧浪篙師詩畧一卷
　(清)歸安沈榮仁撰
　清鈔本　國圖

集 10002053
瓦缶集三卷永懷集一卷
　(清)嘉興李宗渭撰
　清康熙四十六年(1707)刻本　中
科院
　清代詩文集彙編本

集 10002054
瓦缶集十二卷
　(清)嘉興李宗渭撰　(清)高衡
百輯

清乾隆十六年(1751)刻本　國圖
　1994～1997 年齊魯書社影印四
庫全書存目叢書本

集 10002055
浣浦詩鈔十八卷
　(清)錢塘(一作歸安)范咸撰
　清乾隆十年(1745)刻本　中科院
　清乾隆十一年(1746)刻本　浙江

集 10002056
寶穎堂詩集一卷
　(清)海寧馬翼贊撰
　清乾隆四十二年(1777)納蘭永壽
刻本　國圖
　清雍正六年(1728)永壽刻本
國圖

集 10002057
磊園編年詩刪不分卷
　(清)慈溪徐嵩高撰
　稿本(清朱天明、清鄭羽逵、清方
萬里跋)　天一閣

集 10002058
鳧川全集三種不分卷
　(清)仁和陸宗楷撰
　清鈔本　北大

集 10002059
集杜少陵詩二卷
　(清)仁和陳本撰
　清乾隆間刻本　南京

集 10002060

王文肅遺文一卷補遺一卷

（清）王安國撰　上虞羅振玉輯

民國十四年（1925）上虞羅氏鉛印高郵王氏遺書七種本

集 10002061

明史雜詠四卷

（清）烏程嚴遂成撰

清乾隆間刻本　國圖

集 10002062

海珊詩稿摘鈔不分卷

（清）烏程嚴遂成撰

稿本　國圖

集 10002063

海珊詩鈔不分卷

（清）烏程嚴遂成撰

清乾隆十九年（1754）刻本　清華

集 10002064

海珊詩鈔十一卷補遺二卷

（清）烏程嚴遂成撰

清乾隆二十二年（1757）驥溪世綸堂刻本　國圖　湖北　中山　雲南　美燕京　日大阪

民國七年（1918）上海文明書局石印本　溫州

集 10002065

海珊詩鈔一卷

（清）烏程嚴遂成撰

清道光七年（1827）紫微山館刻浙西六家詩鈔本　國圖　南京　湖北（清黃培芳批並題詩）

清道光間刻本　中科院

清道光間刻同治十三年（1874）虞山顧氏補刻小石山房叢書本　國圖　中科院　北大　上海　復旦　天津　遼寧　山東　南京　浙江　湖北　四川　甘肅

集 10002066

仙壇花吟一卷

（清）烏程嚴遂成撰

清乾隆間刻本　南京

集 10002067

甌江朱東村遺稿一卷

（清）永嘉朱鏡物撰

清乾隆十九年（1754）刻本　上海　溫州

清瑞安孫氏玉海樓鈔本　溫州

集 10002068

好山詩集四卷

（清）山陰吳修齡撰

清乾隆十六年（1751）滋德堂刻本　復旦　南開　溫州

集 10002069

蟠庵吟編年草創不分卷

（清）鄞縣萬敷前撰

稿本　大連

集 10002070

藝苑古文稿一卷

（清）會稽董開宗撰　（清）董廷
粲輯

清光緒三十二年（1906）會稽董氏
取斯家塾刻董氏叢書本　國圖　北
大　華東師大　遼寧　浙江　河南
雲南

集 10002071

硯林詩集四卷

（清）錢塘丁敬撰

清嘉慶十一年（1806）魏成憲當歸
草堂刻本　中科院　蘇州

清嘉慶間杭州愛日軒刻本　國圖
浙江

清同治至光緒錢唐丁氏當歸草堂
刻西泠五布衣遺著本　國圖　浙江
浙博　首都　南開

清刻本　國圖

清同治十年（1871）錢塘丁氏當歸
草堂刻本　蘇大

清嘉慶十二年（1807）刻本　常州
湖南　青海　常州

集 10002072

硯林集拾遺一卷

（清）錢塘丁敬撰

清光緒六年（1880）丁氏福州刻本
首都

清同治十年（1871）錢塘丁氏當歸
草堂刻本　蘇大

集 10002073

硯林集續拾遺一卷

（清）錢塘丁敬撰

民國五年（1916）上海鉛印本
浙大

民國六年（1917）上海聚珍仿宋印
書局鉛印本　國圖

集 10002074

龍泓館詩集三卷

（清）錢塘丁敬撰

清同治八年（1869）劬學齋刻本
國圖　浙大

清光緒二十三年（1897）石印本
國圖

民國六年（1917）廣州登雲閣刻本
浙博

集 10002075

龍泓館詩集一卷

（清）錢塘丁敬撰

清光緒二十三年（1897）日照丁氏
石印移林館叢書本　天津

集 10002076

論印絕句一卷

（清）錢塘丁敬撰

清道光二十年（1840）仁和王氏刊
漱六編本

集 10002077

排山小集八卷續集十二卷後集
六卷附遺詩鈔一卷

（清）錢塘朱楓撰

清乾隆四十一年(1776)刻本　上海　清華　國圖　紹興

清代詩文集彙編本

集 10002078

排山小集八卷續集十二卷

（清）錢塘朱楓撰

清乾隆三十四年(1769)刻本　南開

集 10002079

屏守齋遺稿四卷

（清）歸安姚世鈺撰

清乾隆間刻本　國圖

1994～1997 年齊魯書社影印四庫全書存目叢書本

集 10002080

弢甫集十四卷附旌門録一卷墓表一卷

（清）錢塘桑調元撰

清乾隆七年(1742)蘭陔草堂寫刻本　國圖　中科院　浙江　嘉興　首都　天津　南開　湖南社科院　陝西

1994～1997 年齊魯書社影印四庫全書存目叢書本

清代詩文集彙編本

集 10002081

弢甫文集三十卷

（清）錢塘桑調元撰

清乾隆二十八年(1763)蘭陔草堂刻本　國圖　中科院

1994～1997 年齊魯書社影印四庫全書存目叢書本

清代詩文集彙編本

集 10002082

弢甫詩續集二十卷

（清）錢塘桑調元撰

清乾隆間修汲堂刻本　國圖　上海　吉大　美燕京

1994～1997 年齊魯書社影印四庫全書存目叢書本

清代詩文集彙編本

集 10002083

洞庭集二卷閩嶠集二卷

（清）錢塘桑調元撰

清乾隆間修汲堂刻本　國圖　中央黨校　遼寧　天一閣　美燕京　湖南

集 10002084

弢甫五嶽集二十卷（嵩山集二卷、華山集、泰山集各三卷、衡山集五卷、恒山集七卷）

（清）錢塘桑調元撰

清乾隆二十一年(1756)修汲堂刻本　國圖　中科院　浙江　嘉興　美燕京　天一閣　常熟　首都　徐州　慕湘藏書館　陝西

1994～1997 年齊魯書社影印四庫全書存目叢書本

清代詩文集彙編本

集 10002085
南香草堂詩集四卷
　（清）仁和梁啓心撰
　清乾隆刻本　浙江　國圖
　清代詩文集彙編本

集 10002086
柳漁詩鈔十二卷
　（清）錢塘張湄撰
　清乾隆十五年（1750）聖雨齋刻本
中科院　復旦　浙江

集 10002087
瀛壖百詠一卷
　（清）錢塘張湄撰
　清乾隆七年（1742）刻本　國圖
　2017 年國家圖書館出版社清代
詩文集珍本叢刊本

集 10002088
對松峨一卷愛日樓詩一卷
　（清）瑞安林元炯撰
　清乾隆二十年（1755）刻本　温州

集 10002089
愛日樓遺稿一卷對松峨遺稿一卷
　（清）瑞安林元炯撰
　民國鈔本　温州

集 10002090
全韻梅花詩一卷

　（清）仁和杭世駿撰
　稿本　浙江
　2019 年國家圖書館出版社影印
浙學未刊稿叢編本

集 10002091
過春稿一卷
　（清）仁和杭世駿撰
　清吳域鈔本（清丁丙跋）　南京

集 10002092
嶺南集八卷
　（清）仁和杭世駿撰
　清乾隆間刻本　首都　浙江　温
州　天津　温州　寧波　天一閣
　清光緒七年（1881）學海堂刻本
國圖　中科院　南開　常州　慕湘
藏書館　湖南　浙師大　杭州　浙
江　天一閣　嘉善
　清刻本　陝西

集 10002093
道古堂文集四十六卷
　（清）仁和杭世駿撰
　清鈔本（鄧之誠題記）　中科院

集 10002094
道古堂文集四十八卷詩集二十六卷
　（清）仁和杭世駿撰
　清乾隆四十一年（1776）汪氏振綺
堂刻本　國圖　復旦　天津　南開
湖南　浙江　義烏　寧波　天一

閣　浙大

　　清乾隆五十五年(1790)刻本　陝
西　江蘇師大

集 10002095

道古堂文集四十八卷詩集二十六卷集外文一卷集外詩一卷

　　(清)仁和杭世駿撰

　　清乾隆四十一年(1776)刻光緒十四年(1888)汪增唯振綺堂增修本　中科院　開縣　紹興

　　清光緒十四年(1888)汪氏振綺堂刻本　湖南　天津　海寧

　　2002年上海古籍出版社影印續修四庫全書本

　　清代詩文集彙編本

集 10002096

道古堂文集四十八卷詩集二十六卷集外詩一卷文一卷軼事一卷

　　(清)仁和杭世駿撰

　　清乾隆五十五年(1790)刻光緒十四年(1888)錢塘汪氏振綺堂增補本

　　青海　溫州　上虞　瑞安中　紹興　嘉興　玉海樓　浙博　天一閣　嘉善　浙江　東陽博　蘇大

集 10002097

道古堂文集四十六卷詩集二十六卷

　　(清)仁和杭世駿撰

　　清乾隆五十五年至五十七年

(1790～1792)黃甲書院刻本　徐州　浙江

　　清乾隆刻本　湖南　天一閣　奉化文管會

　　清乾隆五十五年(1790)刻本　陝西

　　清乾隆五十七年(1792)杭賓仁刻本　國圖(清李慈銘批校並跋)　南師大　天津

　　民國掃葉山房石印本　溫嶺　溫州　玉海樓　天一閣　嘉興　杭師大　金華

集 10002098

道古堂外集

　　(清)仁和杭世駿撰

　　食舊堂叢書

　　臺灣新文豐公司出版叢書集成續編本

集 10002099

道古堂外集二十六卷

　　(清)仁和杭世駿撰

　　清乾隆五十三年(1788)補史亭刻本　湖南　國圖

集 10002100

道古堂外集十九卷

　　(清)仁和杭世駿撰

　　清鈔本　西南政大

集 10002101

道古堂外集十二種三十三卷

（清）仁和杭世駿撰

清光緒二十二年（1896）刻本
首都

集 10002102

鴻詞所業三卷

（清）仁和杭世駿撰

清鈔本　國圖

清乾隆杭福焴道古堂鈔補史亭賸
稿六種本　國圖

2017 年國家圖書館出版社清代
詩文集珍本叢刊本

集 10002103

賜書堂詩鈔八卷

（清）會稽周長發撰

清乾隆八年（1743）刻本　國圖
北大　清華

集 10002104

石笥山房文集四卷

（清）山陰胡天游撰

清乾隆間趙希璜刻本　首都

集 10002105

石笥山房文集六卷詩集四卷

（清）山陰胡天游撰

清嘉慶三年（1798）戴殿海等刻本
國圖　中科院　紹興　寧波　浙
江　天一閣　嘉興　常熟　南京
天津

清鈔本（清高均儒批校）　山東
清嘉慶十五年（1810）刻本　湖南

2017 年國家圖書館出版社清代
詩文集珍本叢刊本

集 10002106

**石笥山房全集十八卷（石笥山房
文集六卷詩集十一卷詩餘一卷）**

（清）山陰胡天游撰

清道光二十六年（1846）胡學醇博
平刻本　國圖　中科院　山東（存
文集，清高均儒批，牟祥農跋）
浙江

集 10002107

石笥山房集二十四卷

（清）山陰胡天游撰

清咸豐二年（1852）聊城楊氏海源
閣刻本　國圖　中科院　復旦　蘇
大　浙大

清宣統二年（1910）國學扶輪社鉛
印本　復旦

2002 年上海古籍出版社影印續
修四庫全書本

集 10002108

石笥山房文集五卷補遺一卷

（清）山陰胡天游撰

清宣統元年（1909）上海國學扶輪
社鉛印本　中科院　復旦　黑龍江
國圖　首都　天津　徐州　河南
大　湖南　重師大　陝西　浙江

集 10002109

精刊石笥山房全集

（清）山陰胡天游撰

清宣統二年（1910）上海國學扶輪社石印本　餘姚文保所

集 10002110

石笥山房文録四卷

（清）山陰胡天游撰

清鈔本　中科院

集 10002111

石笥山房逸稿七卷

（清）山陰胡天游撰

清震無咎齋鈔本（清高均儒批校，關協華跋）　山東

集 10002112

石笥山房駢體文録四卷

（清）山陰胡天游撰

鈔本　中科院

集 10002113

孟晉齋文鈔不分卷

（清）錢塘陳章撰

稿本　揚州

集 10002114

孟晉齋詩集二十四卷

（清）錢塘陳章撰

清乾隆四十四年（1779）勤有堂刻本（前二十二卷詩，後二卷詞）　復旦　浙江

集 10002115

寓巖詩稿十卷

（清）海寧沈寧遠撰

稿本　北大

清鈔本　中社科院文學所

集 10002116

寓巖詩稿不分卷

（清）海寧沈寧遠撰

清康熙十九年（1680）稿本　上海

集 10002117

夕秀齋詩鈔不分卷

（清）錢塘汪援甲撰

清乾隆間刻本　遼寧　四川

清光緒十二年（1886）錢唐汪氏長沙刻叢睦汪氏遺書本　國圖　南京　中科院　遼寧

清代家集叢刊續編本

集 10002118

春星堂續集十卷

（清）錢塘汪簉撰

清光緒十二年（1886）錢唐汪氏長沙刻叢睦汪氏遺書本　國圖　南京　中科院　遼寧

集 10002119

孤石山房詩集六卷

（清）仁和沈心撰

清乾隆三十二年（1767）沈壁山房刻本　國圖

清道光二十二年（1842）刻本

蘇州

　　1994～1997 年齊魯書社影印四
庫全書存目叢書本

集 10002120

房仲詩選二卷

　　(清)仁和沈心撰　　(清)姚鼐選

　　民國八年(1919)西泠印社鉛印本

　　中科院　首都　金華博　浙大

浙江

集 10002121

兩山詩鈔二卷附淮南學些歌一卷

　　(清)山陰何蟬撰

　　清道光二十八年(1848)山陰何氏
刻本　國圖

集 10002122

燕築吟一卷

　　(清)臨海何楷章撰

　　清光緒間刻本　上海　臨海博

集 10002123

綠溪詩鈔一卷

　　(清)海寧祝維誥撰

　　清道光間淳雅堂刻　南京

集 10002124

夷門詩鈔十四卷詩餘一卷雜文一卷

　　(清)臨海侯嘉翻撰　　(清)郭協
寅輯

　　清道光九年(1829)鈔本(清王道
題辭,清郭協寅跋)　臨海

集 10002125

夷門詩存一卷

　　(清)臨海侯嘉繙撰

　　稿本(清汪度跋)　臨海博

集 10002126

半船集一卷

　　(清)臨海侯嘉繙撰

　　清洪濟煊鈔本(清黃瑞跋)　臨
海博

集 10002127

彝門詩稿一卷

　　(清)臨海侯嘉繙撰

　　清抄本　溫嶺

集 10002128

彝門詩存不分卷

　　(清)臨海侯嘉繙撰

　　清乾隆稿本　臨海博

集 10002129

侯夷門詩稿不分卷

　　(清)臨海侯嘉繙撰

　　清抄本　臨海博

集 10002130

平陵討春集一卷

　　(清)臨海侯嘉繙撰

　　清抄本　臨海博

集 10002131

矢音集十卷

（清）錢塘梁詩正撰

清乾隆二十年（1755）清勤堂寫刻本　國圖　中科院　遼寧　上海　美燕京　日内閣　浙江　湖南

清乾隆二十年（1755）刻清道光十六年（1836）增刻本　天津

集 10002132

玉笥山詩鈔八卷

（清）山陰何嘉玶撰　（清）余龍編

清乾隆三十四年（1769）大觀堂刻本　復旦

集 10002133

壬寅存稿一卷

（清）山陰（浙江山陰籍，直隸大名人）姜順龍撰　（清）姜國翰輯

會稽姜氏家集本（稿本）　上海

集 10002134

秋水齋詩集十五卷

（清）烏程張映斗撰

清乾隆十八年（1753）張守約等刻本　上海（清佚名批註）　中科院（鄧之誠跋）

集 10002135

逸圃文鈔一卷吟草一卷

（清）浙江陸溶撰

清乾隆二十二年（1757）刻本　南京

集 10002136

完璞堂吟稿一卷

（清）海鹽馮汝麟撰

清乾隆七年（1742）刻本　復旦

集 10002137

雪杖山人詩集八卷

（清）秀水鄭炎撰　（清）秀水顧列星選

清嘉慶五年（1800）鄭師尚刻本　國圖

清嘉慶四年（1799）刻本　首都

清刻本　無錫

集 10002138

孔堂初集二卷文集一卷私學二卷

（清）長興王豫撰

清乾隆四年（1739）鮑鉁刻本　上海*（清勞權跋）

集 10002139

孔堂文集五卷

（清）長興王豫撰

民國間吳興劉氏嘉業堂刻吳興叢書本　國圖　中科院　上海　復旦　寧夏　南京　浙江　湖北　雲南

民國間吳興劉氏嘉業堂刻1986年文物出版社重印吳興叢書本　遼寧

1994年上海書店出版社叢書集成續編本

集 10002140

存齋遺稿一卷詩餘一卷

（清）錢塘金肇變撰

清乾隆二十二年（1757）刻本
國圖

集 10002141

名山藏副本二卷贈言集一卷

（清）天台齊周華撰

清鈔本　國圖

民國九年（1920）杭州武林印書館鉛印本　國圖　中科院　復旦餘杭

鈔本　浙江

案：書名一作名山藏諸公贈言集一卷

集 10002142

古調自彈集十卷

（清）山陰沈冰壺撰

鈔本　浙江

2019 年國家圖書館出版社影印浙學未刊稿叢編本

集 10002143

范湖詩文鈔不分卷

（清）秀水汪上塿撰

清乾隆二十一年（1756）刻本　中社科院文學所

集 10002144

澄心堂集不分卷

（清）紹興胡懋新撰

清乾隆間刻本　山西大

集 10002145

静便齋集十卷

（清）杭州王曾祥撰

清乾隆二十八年（1763）刻本　國圖　中科院　浙江　溫州　天一閣

集 10002146

春明吟稿一卷

（清）桐鄉朱蔚撰　（清）朱善張輯

清咸豐二年（1852）刻新安先集本
山東

集 10002147

盟蘭山館遺稿二卷

（清）海寧朱蔚撰

清咸豐六年（1856）刻本　國圖
中科院

集 10002148

慈壽堂集八卷

（清）歸安沈樹德撰

清乾隆間鈔本　復旦

集 10002149

慈壽堂文鈔八卷

（清）歸安沈樹德撰

民國間吳興劉氏嘉業堂刻吳興叢書本　國圖　中科院　上海　復旦　寧夏　南京　浙江　湖北　雲南

民國間吳興劉氏嘉業堂刻 1986 年文物出版社重印吳興叢書本

遼寧

清代詩文集彙編本

1994 年上海書店出版社叢書集
成續編本

集 10002150

存吾春軒集(居易堂稿)八卷

(清)山陰周大樞撰

清乾隆二十七年(1762)刻本
清華

光緒八年(1882)刻本　國圖

集 10002151

存吾春軒集十卷

(清)山陰周大樞撰

清光緒十八年(1892)會稽陶氏補
刻本　中社科院歷史所　國圖　紹
興　溫州　浙江　天一閣

清代詩文集彙編本

民國周毅修鈔本　紹興

集 10002152

環翠山房詩鈔不分卷

(清)仁和施遠恩撰

清乾隆三十一年(1766)刻本　中
社科院文學所

集 10002153

產鶴亭詩集十一稿十一卷

(清)嘉善曹庭棟撰

清乾隆間遞刻本　國圖(存十稿)
北大　(存十稿)

清代詩文集彙編本

集 10002154

曹棟亭先生彙集二卷

(清)嘉善曹庭棟撰

清鈔本　天一閣

集 10002155

**白鶴堂晚年自訂詩稿二卷文稿
一卷**

(清)彭端淑撰　(清)山陰胡天遊
等評

清乾隆三十六年(1771)刻本　中
科院(存詩稿)　湖南(存文稿)
南開

集 10002156

芝峯集一卷

(清)杭州(杭州靈芝普慶院僧,後
居鎮海瑞岩寺)釋宗輝撰

清乾隆十四年(1749)刻本　浙江

集 10002157

忘年草不分卷

(清)松陽丁正中撰

鈔本　南京

集 10002158

素園詩集十卷

(清)松陽丁正中撰

清雍正乾隆間刻本　江西

集 10002159

道盥齋詩稿十卷又四卷

(清)錢塘(一作仁和)孫灝撰

清鈔本　中山

2008 年 12 月廣東人民出版社清代稿鈔本

集 10002160

道盥齋詩稿二十三卷

（清）錢塘（一作仁和）孫灝撰

清鈔本　北文物局

集 10002161

道盥齋詩集□□卷

（清）錢塘（一作仁和）孫灝撰

鈔本（存卷十七、十八，清佚名朱批）　南京

集 10002162

陳太僕詩草一卷

（清）錢塘陳兆崙撰

稿本（清陳桂生跋）　浙江

2019 年國家圖書館出版社影印浙學未刊稿叢編本

集 10002163

紫竹山房詩集十二卷文集二十卷

（清）錢塘陳兆崙撰

清乾隆間刻本　復旦　湖南　浙江　嘉興　鹽城師院

清嘉慶間刻本（增附錄一卷）　國圖　中科院

集 10002164

紫竹山房詩集十二卷文集十一

卷年譜一卷

（清）錢塘陳兆崙撰

清末刻本　天津

集 10002165

紫竹山房詩集十二卷文集十二卷

（清）錢塘陳兆崙撰

清乾隆家刻本　徐州

集 10002166

紫竹山房詩集十二卷

（清）錢塘陳兆崙撰

清乾隆刻本　河南大

集 10002167

紫竹山房塾課文稿一卷文稿二刻不分卷

（清）錢塘陳兆崙撰

清乾隆二十四年（1759）陳氏刻本　湖南

集 10002168

紫竹山房文稿三卷附補遺一卷

（清）錢塘陳兆崙撰

清嘉慶二十四年（1819）刻本　首都

集 10002169

紫竹山房塾課文稿不分卷

（清）錢塘陳兆崙撰

清光緒五年（1879）刻本　湖南

清光緒十八年（1892）廣州文英閣刻本　蘇大

集 10002170

陳句山文稿四卷

（清）錢塘陳兆崙撰

光緒刻本　青島

集 10002171

寓舟詩集八卷

（清）秀水沈青崖撰　（清）沈德潛評

清乾隆十三年（1748）刻本　中科院　美燕京　浙江

集 10002172

表忠觀原碑紀事詩不分卷

（清）諸暨余懋楝撰

清乾隆五十九年（1794）刻本　國圖

2017 年國家圖書館出版社清代詩文集珍本叢刊本

集 10002173

春及堂詩集四十三卷

（清）仁和倪國璉撰

清乾隆三十七年（1772）倪承寬刻本　南京　浙江　湖南

集 10002174

近稿拾存一卷

（清）烏程沈祖惠撰

清鈔本　上海

集 10002175

鷗亭吟稿（配松齋詩集）四卷

（清）錢塘吳城撰

清咸豐十年（1860）縉雲陳國金木活字印本　溫州

集 10002176

檜門詩存四卷觀劇絕句一卷

（清）仁和金德瑛撰

清乾隆三十三年（1768）如心堂刻本　國圖　蘇州

2002 年上海古籍出版社影印續修四庫全書本

清代詩文集彙編本

2017 年國家圖書館出版社清代詩文集珍本叢刊本

集 10002177

檜門詩存四卷附鄉賢崇祀錄

（清）仁和金德瑛撰

清光緒二十五年（1899）刻本　首都　浙江

集 10002178

雙桂堂全集

（清）仁和金德瑛撰

清乾隆三十二年（1767）金忠澤等秀州刻本

集 10002179

質園詩集三十二卷

（清）會稽商盤撰

清乾隆間刻本　國圖　中科院　上海　四川　美燕京　首都　南開　湖南　溫州　浙江　天一閣　臨

海　紹興　浙大
清刻本　蘇州

集 10002180
質園逸稿三卷
　（清）會稽商盤撰
　清沈氏鳴野山房鈔本　上海

集 10002181
拾翠集五卷
　（清）會稽商盤撰
　眠雲精舍鈔本　南京

集 10002182
拾翠集十卷
　（清）會稽商盤撰
　清鈔本　北大
　清代詩文集彙編本

集 10002183
質園尺牘二卷
　（清）會稽商盤撰
　清道光二十二年（1842）余應松刻
本　南京　國圖　南開　浙江

集 10002184
楷癭齋遺稿不分卷
　（清）錢塘黃樹穀撰
　鈔配本　南京　浙江

集 10002185
飛崖詩删八卷
　（清）烏程方熊撰

稿本　復旦

集 10002186
清貽堂賸稿一卷
　（清）錢塘王琦撰
　清道光咸豐間刻繡水王氏家藏集
本　國圖　南京
　清代家集叢刊本

集 10002187
青岑遺稿一卷
　（清）錢塘朱棆撰
　清乾隆三十九年（1774）刻排山小
集附　上海

集 10002188
默軒詩鈔二卷
　（清）嘉善朱紹周撰
　清乾隆二十六年（1761）刻本
上海

集 10002189
雲錦齋詩鈔八卷
　（清）嘉興沈廉（字補隅）撰
　清乾隆三十年（1765）金永昌容德
堂刻本　國圖

集 10002190
權齋文存一卷
　（清）歸安沈炳巽撰
　民國間吳興劉氏嘉業堂刻吳興叢
書本　國圖　中科院　上海　復旦
寧夏　南京　浙江　湖北　雲南

民國間吳興劉氏嘉業堂刻 1986
年文物出版社重印吳興叢書本
遼寧

1994 年上海書店出版社叢書集
成續編本

集 10002191
麴農遺集一卷
（清）仁和金淳撰
清刻硯林詩集附　南京

集 10002192
北墅金先生遺集不分卷
（清）仁和金淳撰
清嘉慶十二年(1807)刻本　中社
科院文學所　青海　浙江　國圖

集 10002193
百一草堂集唐詩附刻二編四卷
（清）錢塘(一作仁和)撰
清乾隆三十二年(1767)百一草堂
刻本　中科院　復旦　美燕京
鈔本　南大

集 10002194
百一草堂集唐三刻二卷詩餘一卷
（清）錢塘柴才撰
清乾隆二十三年(1758)顧大本刻
本　中科院

集 10002195
百一草堂集唐詩二卷詩餘一卷
（清）錢塘柴才撰

清乾隆二十五年(1760)重刻本
蘇州

集 10002196
**百一草堂集堂初刻二卷附詩餘
一卷二刻二卷附詩餘一卷三刻
二卷附詩餘一卷**
（清）錢塘柴才撰
清乾隆刻本　天津

集 10002197
百一草堂集唐六卷
（清）錢塘(一作仁和)撰
清乾隆二十五年(1760)柴傑百一
草堂刻本　清華
清鈔本　上海

集 10002198
百一草堂集唐三刻九卷
（清）錢塘柴才撰
清鈔本(配乾隆百一草堂刻本)
南京

集 10002199
浣桐詩鈔六卷
（清）嘉善朱一蜚撰
清乾隆二十四年(1759)朱錦昌刻
本　國圖　中社科院文學所　浙江

集 10002200
浣桐詩鈔九卷
（清）嘉善朱一蜚撰
清鈔本　首都

集 10002201

隱拙齋文鈔一卷詞科試卷一卷

（清）仁和沈廷芳撰

清乾隆間刻本　中科院　浙江

2017 年國家圖書館出版社清代
詩文集珍本叢刊本

集 10002202

隱拙齋文鈔六卷

（清）仁和沈廷芳撰

清乾隆十九年（1754）刻本　上海
南開

清乾隆二十二年（1757）刻本　陝
西　浙江

2017 年國家圖書館出版社清代
詩文集珍本叢刊本

集 10002203

隱拙齋集五十卷

（清）仁和沈廷芳撰

清乾隆二十二年（1757）刻本　國
圖　北大　南開　浙江

1994～1997 年齊魯書社影印四
庫全書存目叢書本

清代詩文集彙編本

集 10002204

隱拙齋集二十六卷

（清）仁和沈廷芳撰

清乾隆二十二年（1757）刻本　陝
西　浙江

集 10002205

隱拙齋集五十卷續集五卷

（清）仁和沈廷芳撰

清乾隆二十二年（1757）則經堂刻
四十四年（1779）續刻本　南開

清乾隆四十四年（1779）仁和沈氏
刻本　國圖

集 10002206

隱拙齋集二十二卷

（清）仁和沈廷芳撰

清乾隆二十二年（1757）則經堂刻
本　浙江　徐州　天一閣　徐州

集 10002207

隱拙齋集二十二卷首一卷

（清）仁和沈廷芳撰

清乾隆二十二年（1757）刻本
徐州

集 10002208

隱拙齋續集五卷

（清）仁和沈廷芳撰

清乾隆四十四年（1779）則經堂刻
本　國圖　北大　南開

集 10002209

隱拙齋集四卷續集三卷

（清）仁和沈廷芳撰

清鈔本　南開

集 10002210

臨江鄉人詩集四卷

（清）仁和（一作錢塘）吳穎芳撰

清乾隆三十九年（1774）當歸草堂刻本　清華

清同治至光緒錢唐丁氏當歸草堂刻西泠五布衣遺著本　國圖　浙江　浙博

集 10002211

臨江鄉人集拾遺一卷附一卷

（清）仁和（一作錢塘）吳穎芳撰

清光緒六年（1880）福州刻本　中科院　首都　黃巖

集 10002212

椒園文鈔一卷

（清）仁和沈廷芳撰　徐斐然輯

清乾隆六十年（1795）徐氏刻國朝二十四家文鈔本　國圖

清道光十年（1830）刻國朝二十四家文鈔本　國圖

集 10002213

今雨堂詩墨二卷

（清）仁和金姓撰

清乾隆二十三年（1758）刻本　首都　潮安博　東陽　紹興　國圖

集 10002214

增訂今雨堂詩墨注四卷

（清）仁和金姓撰　（清）洪鍾注

清乾隆三十四年（1769）金氏刻本　國圖　首都　青海　浙江　餘姚文保所　慕湘藏書館　青海

集 10002215

今雨堂詩墨續編四卷

（清）仁和金姓撰　（清）錢塘姚祖同　（清）汪賢書注

清乾隆五十年（1785）今雨堂刻本　國圖　嘉善

集 10002216

今雨堂詩墨續編四卷

（清）仁和金姓撰

清乾隆五十二年（1787）刻本　首都

集 10002217

今雨堂詩墨一卷

（清）仁和金姓撰

清楊人文傳鈔手稿本（佚名評語）　重慶

集 10002218

静廉齋詩集二十四卷

（清）仁和金姓撰

清乾隆五十年（1785）刻本　南開　美燕京

清嘉慶二十五年（1820）今雨堂姚祖恩刻本　中科院（鄧之誠題記）浙江

清刻本　首都　天津　陝西

2002 年上海古籍出版社影印續修四庫全書本

集 10002219

舊雨齋詩稿一卷

（清）仁和施安撰

清鈔本　中科院

清乾隆間刻本　中科院

民國三十三年（1944）張宗祥鈔本

浙江

集 10002220

舊雨齋詩稿不分卷

（清）仁和施安撰

稿本　中科院

集 10002221

舊雨齋詩集八卷

（清）仁和施安撰

清乾隆十八年（1753）刻本　國圖

浙江　蘇州

集 10002222

舊雨齋集四卷

（清）仁和施安撰

清乾隆間刻本　南京（佚名批）

集 10002223

日新書屋稿不分卷

（清）海寧祝洤撰

稿本　泰州

集 10002224

祝人齋集（井辨居文集、日新書屋稿、日新書屋文鈔各一卷）

（清）海寧祝洤撰　（清）陳用光編

清道光十四年（1834）陳用光太乙舟刻本　國圖

集 10002225

井辨居文集不分卷

（清）海寧祝洤撰

清道光十四年（1834）太乙舟刻本

新鄉

集 10002226

宗伯公遺詩一卷

（清）徐以烜撰　（清）仁和徐琪編

清光緒間刻誦芬詠烈編本　南京

集 10002227

可輿詩選一卷

（清）海鹽朱權撰

清乾隆二十五年（1760）刻三朱子詩本　南京

集 10002228

西江吟草一卷

（清）桐鄉朱爲霖撰

清同治十三年（1874）朱氏蘇州刻新安先集本　江西　蘇州　日京大

集 10002229

雨亭詩詞稿不分卷

（清）山陰汪仁溥撰

清乾隆二十七年（1762）刻本

北大

集 10002230

巖門精舍詩鈔二卷

（清）海寧查岐昌撰

清刻本　中社科院文學所

集 10002231

古鹽官曲一卷

（清）海寧查岐昌撰

清鈔本　國圖

2017 年國家圖書館出版社清代
詩文集珍本叢刊本

集 10002232

觳音集四卷

（清）錢塘黃正維撰

清乾隆十六年（1751）刻本　北大

集 10002233

觳音集二卷

（清）錢塘黃正維撰

清乾隆刻本　國圖

集 10002234

賜硯堂詩稿不分卷

（清）天台齊召南撰

稿本　臨海

集 10002235

賜硯堂清稿四卷

（清）天台齊召南撰

清乾隆二十九年（1764）稿本
臺圖

集 10002236

松嶺偶集一卷瑞竹堂詞一卷

（清）天台齊召南撰

稿本　臨海

集 10002237

台山初稿不分卷瑞竹堂詩稿四卷

（清）天台齊召南撰

清鈔本　安徽

集 10002238

寶綸堂文鈔八卷

（清）天台齊召南撰

清嘉慶二年（1797）刻本　國圖
中科院　浙大

清嘉慶間刻本　復旦

清代詩文集彙編本

近代中國史料叢刊正、續、三編本

集 10002239

寶綸堂詩鈔六卷文鈔八卷

（清）天台齊召南撰

清嘉慶間刻本　復旦

清光緒十三年（1887）郭傳璞金峨
山館刻本　中科院

2002 年上海古籍出版社影印續
修四庫全書本

集 10002240

寶綸堂續集十一卷

（清）天台齊召南撰

清光緒間刻本　首都　首都

清代詩文集彙編本

清光緒犟古齋木活字印本　臨
海博

集 10002241

寶綸堂外集十二卷

（清）天台齊召南撰

清宣統三年（1911）　上海　溫州

龍泉　寧波　紹興　海寧　臨海

博　浙江　常熟　國圖　綦江

陝西

集 10002242

和陶百詠二卷

（清）天台齊召南撰

清光緒間雲石軒刻本　國圖

浙江

2017年國家圖書館出版社清代

詩文集珍本叢刊本

集 10002243

瓊臺詩集二卷

（清）天台齊召南撰

民國間上海廣益書局鉛印本

湖南

集 10002244

瓊臺拙文稿一卷

（清）天台齊召南撰

鈔本　中科院

清齊齊哈爾南鈔本　浙江

集 10002245

賜硯堂遺墨（頌賦論詩）一卷

（清）天台齊召南撰

清乾隆稿本　臨海博

集 10002246

灑亭詩選一卷

（清）海鹽朱謨烈撰

清乾隆二十五年（1760）刻三朱子

詩本　南京

集 10002247

樗莊文稿十卷尺牘一卷詩稿二卷

（清）仁和沈維材撰

清乾隆十八年（1753）刻本　中

科院

清乾隆刻道光重修本　福建

四庫未收書輯刊本

清代詩文集彙編本

集 10002248

樗莊文稿六卷

（清）仁和沈維材撰

清乾隆十四年（1749）刻本

重慶

集 10002249

繭屋詩草三卷

（清）鄞縣范從律撰

鈔本　臺圖

集 10002250

繭屋詩草六卷

（清）鄞縣范從律撰

清乾隆間刻本　北大

清光緒十二年（1886）刻本　國圖

集 10002251

繭屋文存二卷

（清）鄞縣范從律撰

清光緒間刻本　中社科院文學所

集 10002252

鶴泉詩選不分卷

（清）會稽章鍾撰

清刻本　國圖

集 10002253

謙齋詩稿二卷

（清）嘉善曹庭樞撰

鈔本　中社科院文學所

集 10002254

謙齋詩稿二卷補遺一卷

（清）嘉善曹庭樞撰

清乾隆九年（1744）刻本　上海
嘉善

1994～1997 年齊魯書社影印四
庫全書存目叢書本

集 10002255

載酒集不分卷

（清）海寧陳詔撰

清乾隆四十七年（1782）刻本
上海

集 10002256

曉嵐閣吟稿八卷續一卷

（清）東陽趙鉞撰

清乾隆間刻本　中科院

2013 年上海古籍出版社重修金
華叢書本

集 10002257

嶺雲詩鈔一卷嶺雲詩餘一卷

（清）錢塘魏之琇撰

清乾隆二十一年（1756）鮑廷博刻
本　國圖　南京（清吳騫跋）　天
一閣

集 10002258

柳州遺稿二卷

（清）錢塘魏之琇撰

清乾隆刻本　浙江　天津

清同治十一年（1872）錢塘丁氏刻
本　首都

集 10002259

蓉洲詩鈔一卷

（清）寧波顧祖訓撰

民國間張氏約園鈔本　中社科院
文學所　浙江

集 10002260

津門紀事詩一卷

（清）錢塘汪沆撰

清乾隆四年（1739）刻本　天津
南京

集 10002261

盤西紀遊集一卷

（清）錢塘汪沆撰

清乾隆間刻本　南京

集 10002262

槐塘詩稿十六卷文稿四卷

（清）錢塘汪沆撰

清乾隆五十一年(1786)刻本　中
科院　國圖　首都　浙江　溫州
天一閣

集 10002263

蘭玉堂詩集十二卷詩續集十一
卷文集二十卷

（清）平湖張雲錦撰

清乾隆間刻本　國圖　復旦　國
圖　天津　平湖　浙江　蘇州

集 10002264

順所然齋詩四卷補遺一卷

（清）平湖張雲錦撰

清光緒三十三年(1907)刻本
國圖

集 10002265

洞庭遊草一卷

（清）桐鄉陳大謨撰

清乾隆間刻本　國圖

集 10002266

奕園吟草四卷

（清）桐鄉陳大謨撰

鈔本　上海

集 10002267

玉山遊草一卷

（清）桐鄉陳大謨撰

鈔本　上海

集 10002268

淺山堂集二卷附閩遊雜詩一卷

（清）錢塘趙賢撰

清道光十一年(1831)退盦刻本
中科院　南京

集 10002269

昌湖詩鈔□卷

（清）錢塘王路清撰

信敬齋鈔本(存三卷)　南京

集 10002270

菊隱吟鈔一卷

（清）海寧羊廷機撰　（清）羊復禮輯

清光緒間海昌羊氏傳卷樓粵東刻
海昌叢載本　國圖　北大　上海
山大

集 10002271

誰園詩鈔一卷

（清）海寧陳萊孝撰

清乾隆二十四年(1759)刻本　國
圖　北大　中社科院文學所　紹興

集 10002272

誰園詩鈔二集一卷三集一卷四
集一卷古文三卷駢儷文二卷拾
遺二卷

（清）海寧陳萊孝撰

稿本　國圖

集 10002273

效顰集不分卷

（清）山陰潘錦撰

清鈔本（清鮑遥齡跋）　國圖

2017 年國家圖書館出版社清代
詩文集珍本叢刊本

集 10002274

雪堂偶存詩三卷

（清）錢塘諸朝棟撰

清嘉慶刻諸氏家集本　國圖　浙
江　溫州　餘姚文保所

清代家集叢刊續編本

集 10002275

全謝山文稿一卷

（清）鄞縣全祖望撰

稿本　中科院

集 10002276

鮚埼亭詩集十卷

（清）鄞縣全祖望撰

清道光十四年（1834）鄭爾齡箋經
閣刻本　國圖（清李慈銘跋）　天津
南開　湖南　餘姚文保所　浙江
紹興　寧波

清慈谿童氏大鄖山館刻本　天津
慕湘藏書館

清光緒十六年（1890）刻本　天津
徐州　湖南　溫州　天一閣　上
虞　浙大

清鈔本　國圖

民國刻本　安吉博

2002 年上海古籍出版社影印續
修四庫全書本

2017 年國家圖書館出版社清代
詩文集珍本叢刊本

集 10002277

鮚埼亭集三十八卷

（清）鄞縣全祖望撰

清乾隆五十五年（1790）龍尾山農
鈔本（附全謝山先生年譜一卷，葉景
葵録清楊鳳苞校）　上海

清蕉隱軒鈔本（外編五十卷）
國圖

清鈔本　國圖（附全謝山先生世
譜一卷；附全謝山先生世譜一卷；存
卷一至三十，清陳勵校並跋）　上海
（附全謝山先生年譜一卷，清楊鳳苞
等校，章鈺等跋）　天一閣（存卷首
一卷，清蔣學鏞批校並跋）

集 10002278

鮚埼亭集三十七卷

（清）鄞縣全祖望撰

清吳氏拜經樓鈔本（清吳騫批校
並録清杭世駿批註，清陳鱣校）
上海

集 10002279

鮚埼亭集二十二卷

（清）鄞縣全祖望撰

清鈔本　天一閣

集 10002280

鮚埼亭内集三十八卷

（清）鄞縣全祖望撰

清鈔本（清葆孝先校） 上海

集 10002281

鮚埼亭集三十八卷全謝山先生經史問答十卷附年譜一卷

（清）鄞縣全祖望撰 （清）鄞縣董秉純 （清）鄞縣蔣學鏞重編

清嘉慶九年（1804）史夢蛟借樹山房刻本 上海（附世譜一卷、無全謝山先生 天一閣 瑞安中 玉海樓

2002 年上海古籍出版社影印續修四庫全書本

清代詩文集彙編本

國學基本叢書本

集 10002282

鮚埼亭外集五十卷雜錄一卷

（清）鄞縣全祖望撰

清鈔本 國圖

集 10002283

鮚埼亭集外編五十卷

（清）鄞縣全祖望撰 （清）鄞縣董秉純編 （清）鄞縣蔣學鏞審訂（清）汪繼培重編

稿本 天一閣（殘本未著錄存缺卷次）

清乾隆四十一年（1776）刻本 首都 南開 徐州 萬州

清嘉慶十六年（1811）刻本 國圖（清李慈銘校並跋） 上海（清嚴元照校；清臧鏞評點,繆荃孫錄嚴元照校並跋） 復旦 內蒙古 上虞

天一閣 餘姚文保所 嘉興 浙江

清刻本 中科院（鄧之誠題記）

國圖 首都 天津 奉化文管會

清鈔本 重慶

清華萼居傳鈔稿本 復旦

清同治十一年（1872）姚江借樹山房刻本 湖南 國圖 餘姚文保所

民國影印本 衢州

集 10002284

全謝山先生鮚埼亭集十六卷外集五十卷

（清）鄞縣全祖望撰

清鴻慶堂刻本 天一閣

集 10002285

全謝山先生鮚埼亭集文外五十卷

（清）鄞縣全祖望撰

清鈔本 浙江

集 10002286

全謝山先生遺詩不分卷

（清）鄞縣全祖望撰

清光緒二十五年（1899）番禺端溪書院刻端溪叢書本 北大 北師大 上海

清代詩文集彙編本

集 10002287

全謝山先生句余土音六卷

（清）鄞縣全祖望撰

清鈔本 國圖 南京

集 10002288

句餘土音三卷

（清）鄞縣全祖望撰　（清）鄞縣董秉純重編

清嘉慶十九年（1814）刻本　中科院　天一閣　浙江　奉化文管會　浙大　國圖　首都　天津　南開　湖南社科院

清代詩文集彙編本

清乾隆刻本　蘇州　常熟　湖南

清宣統三年（1911）國學扶輪社鉛印本　國圖　首都　內蒙古　湖南　重師大

清末鈔本　湖南

集 10002289

句餘土音增注三十二卷

（清）鄞縣全祖望撰　（清）鄞縣陳銘海注

清鈔本　國圖　浙江

集 10002290

句餘土音增注六卷

（清）鄞縣全祖望撰　（清）鄞縣陳銘海注　吳興劉承幹刪

民國間吳興劉氏嘉業堂刻嘉業堂叢書本　國圖　中科院　上海　復旦　甘肅　南京　浙江　湖北　重慶

集 10002291

句餘土音補注四卷

（清）鄞縣全祖望撰　（清）鄞縣陳

銘海補注

2003 年廣陵書社中國風土志叢刊本

集 10002292

釋耒集四卷

（清）樂清施元孚撰

清道光十一年（1831）甌城臨皐堂書坊刻本　首都　溫州

清光緒四年（1878）永嘉梅師古齋　平陽　義烏　浙大

集 10002293

南漪先生遺集四卷補一卷

（清）仁和張燏撰

清乾隆十八年（1753）張埏刻本　國圖　中科院　復旦　天一閣（清徐時棟跋）

集 10002294

稻龕集詩鈔二卷二集詩鈔一卷

（清）海寧陳沆撰

清乾隆間刻本　國圖

集 10002295

話墮集三卷

（清）仁和釋篆玉撰

清乾隆間刻本　中科院　復旦　天津　杭州　浙江　南京

清刻本　國圖

集 10002296

話墮二集三卷

（清）仁和釋篆玉撰

清乾隆十八年（1753）刻本　中科院　復旦

集 10002297

話墮三集三卷

（清）仁和釋篆玉撰

清乾隆間刻本　中科院　復旦　南京

集 10002298

汀風閣詩六卷

（清）歸安戴永植撰　（清）戴世履編

清乾隆二十二年（1757）寫刻本　中科院

集 10002299

適吾廬詩存二卷

（清）海鹽陸瞻雲撰

清嘉慶二十四年（1819）敦復堂刻本　國圖　浙江　內蒙古

集 10002300

丁辛老屋集十卷

（清）秀水王又曾撰

稿本　國圖

集 10002301

丁辛老屋集二十卷

（清）秀水王又曾撰　（清）曹自鎣選

清乾隆四十年（1775）曹自鎣刻本

國圖　浙江　溫州

清乾隆五十二年（1787）秀水王氏鄢陵官舍刻本　國圖　湖南　浙博

集 10002302

丁辛老屋集十二卷

（清）秀水王又曾撰　（清）秀水錢載刪訂

清乾隆五十二年（1787）鄢陵官舍刻本　國圖　復旦　浙江　美燕京　湖南　浙博

集 10002303

羈羽集一卷

（清）秀水王又曾撰

民國抄本　嘉興

集 10002304

笏山詩集十卷

（清）西安申甫撰

清乾隆五十七年（1792）畢沅刻本　復旦　浙江　國圖

清道光八年（1828）刻本　中社科院文學所　浙江

衢州文獻集成本

集 10002305

敬齋詩集十二卷文集十二卷

（清）嘉興吳高增撰

清乾隆間劉同普等刻本　中科院（存文集）魯圖

四庫未收書輯刊本

集 10002306

敬齋文集十二卷

（清）嘉興吳高增撰

清乾隆至嘉慶沈儀庭等刻本
國圖

集 10002307

敬齋文集十二卷補編一卷

（清）嘉興吳高增撰

清乾隆刻本　嘉興（缺六卷，一至
六）

集 10002308

玉亭集十六卷

（清）嘉興吳高增撰

清乾隆二十八年(1763)刻本　中
科院　中社科院文學所　首都

集 10002309

玉亭集十四卷

（清）嘉興吳高增撰

清乾隆間刻本

四庫未收書輯刊本　溫州

集 10002310

樸庭詩稿十卷

（清）山陰吳燴文撰

清乾隆八年(1743)刻本　北大
1994～1997年齊魯書社影印四
庫全書存目叢書本

集 10002311

樸庭詩稿六卷

（清）山陰吳燴文撰　（清）烏程嚴
遂成訂定

清乾隆十二年(1747)刻本　首都
中科院

清刻本　國圖

集 10002312

秋聲館吟稿一卷

（清）仁和符之恆撰　（清）錢塘汪
沆等輯

清乾隆四年(1739)刻本　國圖
南京　湖北　浙江

民國十三年(1924)錢塘吳氏刻本
中科院　溫州　浙江

集 10002313

十笏齋詩八卷

（清）歸安沈世楓撰

清乾隆間刻本　復旦　浙江

集 10002314

清風草堂詩鈔六卷

（清）山陰余崢撰

清鈔本（清查禮、錢萃恒跋）
天津

集 10002315

清風草堂詩鈔八卷

（清）山陰余崢撰

清乾隆四十九年(1784)廣東康簡
書齋刻本　北大

清道光四年(1824)廣東康簡書齋
刻本　首都

清同治曾孫堂校刻本　天津

集 10002316

墨莊詩鈔一卷

（清）海寧孟浩撰　（清）李榕輯

稿本硤川五家詩鈔本　上海

集 10002317

雪屋偶存四卷

（清）桐鄉俞鴻慶撰

清乾隆間刻本　中山

集 10002318

疏村集五卷

（清）海寧陸攀堯撰

清乾隆三十一年(1766)修汲堂刻本　國圖

集 10002319

傳經堂集二十七卷

（清）歸安葉佩蓀撰

清長沙葉氏刻集本

集 10002320

上湖分類文編不分卷紀歲詩編四卷續編一卷

（清）錢塘汪師韓撰

稿本　上海

清光緒十二年(1886)錢唐汪氏長沙刻叢睦汪氏遺書本　國圖　南京　中科院　遼寧

清乾隆刻本　國圖

集 10002321

上湖紀歲詩編四卷詩續編一卷

（清）錢塘汪師韓撰

清乾隆間刻本　南京

清光緒十二年(1886)錢唐汪氏長沙刻叢睦汪氏遺書本　國圖　南京　中科院　遼寧

2002 年上海古籍出版社影印續修四庫全書本

清代詩文集彙編本

集 10002322

上湖分類文編十卷

（清）錢塘汪師韓撰

清乾隆間刻本　南京　天津

清光緒十二年(1886)錢唐汪氏長沙刻叢睦汪氏遺書本　國圖　南京　中科院　遼寧

2002 年上海古籍出版社影印續修四庫全書本

集 10002323

上湖紀歲文編補鈔二卷

（清）錢塘汪師韓撰　（清）錢塘汪簹補輯

清光緒十二年(1886)錢唐汪氏長沙刻叢睦汪氏遺書本　國圖　南京　中科院　遼寧

2002 年上海古籍出版社影印續修四庫全書本

集 10002324

棄餘詩草二卷

（清）海寧查景撰

清乾隆五十七年（1792）查新刻本
中科院　國圖　浙江

集 10002325

鵝溪草堂存稿六卷

（清）秀水王元鑑撰

清道光咸豐間刻繡水王氏家藏集
本　國圖　南京

清代家集叢刊本

集 10002326

香南詩鈔四卷

（清）桐鄉朱荃撰　（清）朱善張輯

清咸豐二年（1852）刻新安先集本
山東

集 10002327

游洋詩鈔不分卷

（清）錢塘周雯撰

清乾隆三十二年（1767）刻本
南京

集 10002328

鶴門雜俎二卷

（清）會稽陶維垣撰

清嘉慶二十年（1815）經鋤山堂刻
本　國圖

2017 年國家圖書館出版社清代
詩文集珍本叢刊本

集 10002329

秦濤居士詩集一卷

（清）餘姚鄭挺撰

清嘉慶五年（1800）鄭師尚刻雪杖
山人詩集附　國圖　中科院　復旦
浙江

集 10002330

自怡軒詩稿一卷

（清）仁和駱慶生撰

清鈔本　福建

集 10002331

籜石齋詩集四十九卷

（清）秀水錢載撰

清康熙三十九年（1700）刻本
陝西

清乾隆間刻本　國圖（清孫承光
跋並録清翁方綱等評注）　首都
諸暨

集 10002332

籜石齋詩集五十卷文集二十六卷

（清）秀水錢載撰

清乾隆間刻本　國圖（佚名臨清
錢泰吉録顧列星等評語）

清光緒四年（1878）蘇州府署刻本
國圖

2002 年上海古籍出版社影印續
修四庫全書本

四庫未收書輯刊本

清代詩文集彙編本

集 10002333

籜石齋詩集五十卷

（清）秀水錢載撰

清乾隆間刻本　國圖（清錢聚朝跋並録，清翁方綱　（清）顧列星（清）錢儀吉評語）　浙江

清乾隆間刻續修本　中科院

清乾隆五十三年(1788)刻民國初蘇州交通圖書館印本　復旦　南開

清刻本　國圖

清光緒刻本　常熟

清長興王氏仁壽堂刻本　天津

集 10002334

籜石齋詩集一卷

（清）秀水錢載撰

清傳鈔乾隆間刻本　中山

集 10002335

籜石齋詩一卷

（清）秀水錢載撰

清道光七年(1827)紫微山館刻浙西六家詩鈔本　國圖　南京　湖北（清黃培芳批並題詩）

清鈔本　國圖

集 10002336

籜石齋文集二十六卷

（清）秀水錢載撰

清乾隆間刻本　國圖

清乾隆間刻續修本　中科院

集 10002337

築巖詩鈔十二卷

（清）海鹽吾定保撰

清乾隆間刻本　南京

集 10002338

水明山樓集四卷

（清）浙江釋實懿撰

清乾隆三十三年(1768)刻本　復旦　山西大　浙江

清刻本　東陽博

集 10002339

竹石居詠物詩四卷

（清）嘉興濮祖型撰

清乾隆三十三年(1768)刻本上海

集 10002340

噉蔗全集十六卷附喪禮詳考一卷周官隨筆一卷

（清）餘姚張羲年撰　（清）錢大昕、（清）陳以剛評輯

清光緒十九年(1893)上海著易堂鉛印本　國圖　中科院　遼寧　復旦　浙江　餘姚文保所　紹興

集 10002341

勿藥文稿一卷

（清）仁和趙一清撰

清鈔本（清全祖望批）　國圖

集 10002342

東潛文稿二卷

（清）仁和趙一清撰

清乾隆五十九年(1794)小山堂刻

本　國圖　復旦　杭州　國圖
南開

　　清刻本　蘇大

　　民國中國書店據清乾隆五十九年
(1794)小山堂刻本影印本　浙大
溫州　寧波　浙江

　　1994 年上海書店出版社叢書集
成續編本

集 10002343

東潛文稿鈔一卷

　　(清)仁和趙一清撰

　　清光緒十年(1884)德化李氏木犀
軒鈔本　北大

集 10002344

東潛文稿不分卷

　　(清)仁和趙一清撰

　　鈔本　日静嘉堂

集 10002345

澄碧齋詩鈔十二卷別集二卷

　　(清)仁和錢琦撰

　　清乾隆四十三年(1778)刻本　中
社科院　湖南

　　清代詩文集彙編本

集 10002346

**澄碧齋詩鈔十二卷別集五卷遺
文一卷**

　　(清)仁和錢琦撰　(清)仁和錢錫
賓等編

　　清光緒二十二年(1896)刻湖墅錢

氏家集本　北大　上海　南京

集 10002347

呐呐吟不分卷

　　(清)鄞縣王炳撰

　　清乾隆三十四年(1769)刻本　中
社科院近研所

　　清乾隆四十年(1775)刻本　天
一閣

集 10002348

晴山詩草不分卷

　　(清)仁和沈潛撰

　　鈔本　南京

集 10002349

錦川集二卷

　　(清)錢塘金文淳撰

　　清鈔本　中科院

集 10002350

垤進齋詩集□卷

　　(清)錢塘金文淳撰

　　鈔本(存卷七至八)　中科院

　　清代詩文集彙編本

集 10002351

種香詩草六卷

　　(清)天台胡作肅撰

　　清嘉慶十二年(1807)梯雲樓刻本
南京　溫州　臨海博　浙江

集 10002352

鷦蟀吟八卷

（清）嘉興張性撰

清乾隆三十四年（1769）刻本
南京

集 10002353

石經書屋詩稿不分卷

（清）上虞趙金簡撰

鈔本　山西大

集 10002354

劉伍寬詩一卷

（清）劉伍寬撰　（清）錢塘桑調元
等編

清乾隆二十六年（1761）柏香堂刻
歷城三子詩本　上海

集 10002355

補巢書屋詩集十卷

（清）嘉善錢夢齡撰

清乾隆三十四年（1769）刻本
南京

集 10002356

春星草堂詩稿八卷

（清）海鹽吳熙撰

清乾隆二十九年（1764）刻本　北
大　浙江　國圖　天津

集 10002357

謙受堂集十五卷

（清）會稽邵大業撰

清乾隆間刻本　中社科院文學所
清嘉慶二年（1797）刻本　國圖
中科院　復旦
清同治二年（1863）恭壽堂刻本
浙江　天津　河南大　湖南

集 10002358

白雲山樓集一卷

（清）臨海秦錫淳撰　（清）秦柟輯
民國三十三年（1944）臨海秦氏四
休堂鉛印四休堂叢書本　國圖　北
師大　華東師大　上師大
清代家集叢刊續編本

集 10002359

抹云樓賦鈔不分卷

（清）臨海秦錫淳撰

清抄本　臨海博

集 10002360

零芬集一卷

（清）臨海秦月等撰

民國三十三年（1944）臨海秦氏四
休堂鉛印四休堂叢書本　國圖　北
師大　華東師大　上師大
清代家集叢刊續編本

集 10002361

**四休堂逸稿二卷四休堂後稿二
卷野語一卷**

（清）臨海秦月等撰

民國三十三年（1944）臨海秦氏四
休堂鉛印四休堂叢書本　國圖　北

師大　華東師大　上師大
　清代家集叢刊續編本

集 10002362
耘業齋詩稿(續鴛鴦湖櫂歌)一卷
　(清)秀水朱麟應撰
　清乾隆九年(1744)自刻本　國圖
　清光緒四年(1878)秀水孫氏望雲
仙館刻檇李遺書本　國圖　中科院
　北大　上海　山東　南京　浙江
　湖北　中山　四川

集 10002363
續鴛鴦湖櫂歌一百首一卷
　(清)秀水朱麟應撰
　清鈔鴛鴦湖櫂歌七種本　復旦

集 10002364
荔村詩鈔五卷
　(清)秀水徐麟趾撰
　清乾隆間刻本　南京

集 10002365
許氏四吟六卷
　(清)海寧許道基撰
　清乾隆間刻本　國圖　首都
　2017 年國家圖書館出版社清代
詩文集珍本叢刊本

集 10002366
粵吟不分卷
　(清)海寧許道基著
　清乾隆二十一年(1756)刻本　新鄉

集 10002367
春隄吟
　(清)海寧許道基撰
　清乾隆十七年(1752)刻本　國圖

集 10002368
靡至吟一卷
　(清)海寧許道基撰
　清乾隆二十二年(1757)刻本
福建

集 10002369
思無邪齋詩鈔十卷
　(清)嘉興蔣浩撰
　清嘉慶間刻本　國圖

集 10002370
𧮾虛大師遺集三卷
　(清)桐鄉釋明中撰　(清)錢塘梁
同書刪定
　清乾隆三十四年(1769)梁同書刻
本　中科院　國圖
　四庫全書未收書輯刊本

集 10002371
𧮾虛大師遺集二卷
　(清)桐鄉釋明中撰
　鈔本　南京

集 10002372
洗竹山房詩選二卷
　(清)鄞縣范永潤撰
　清乾隆五十一年(1786)范震華刻

本　國圖　中科院

2017年國家圖書館出版社清代詩文集珍本叢刊本

集 10002373
浮玉山人遺詩一卷
　（清）烏程潘煇撰　（清）錢塘吳錫麒刪定
　清嘉慶十三年（1808）刻本　中社科院文學所　南京

集 10002374
方起英詩一卷
　（清）方起英撰　（清）錢塘桑調元等輯
　清乾隆二十六年（1761）柏香堂刻歷城三子詩本　上海

集 10002375
澹園集一卷
　（清）汪師亮撰　（清）錢塘汪簠輯
　清光緒十二年（1886）錢唐汪氏長沙刻叢睦汪氏遺書本　國圖　南京　中科院　遼寧
　2017年國家圖書館出版社清代詩文集珍本叢刊本

集 10002376
陵陽山人詩鈔八卷
　（清）歸安姜宸熙撰
　清乾隆五十二年（1787）楊拙庵刻本　國圖
　2017年國家圖書館出版社清代

詩文集珍本叢刊本

集 10002377
芍庭雪卷一卷
　（清）鄞縣錢中盛撰
　約園鈔本　中社科院文學所

集 10002378
芍庭雪卷二卷
　（清）鄞縣錢中盛撰
　約園鈔本　浙江

集 10002379
瓠息齋前集二十四卷
　（清）烏程凌樹屏撰
　清乾隆二十四年（1759）刻本　中科院　首都　美燕京

集 10002380
露香書屋詩集（香樂居士詩集、露香書屋遺集）十卷
　（清）仁和張映辰撰
　清鈔本　上海　美加州大洛杉磯

集 10002381
聞漁閣續集不分卷
　（清）秀水萬光泰撰
　稿本　國圖
　2017年國家圖書館出版社清代詩文集珍本叢刊本

集 10002382
瓠屋漫稿不分卷

（清）秀水萬光泰撰

稿本　國圖

集 10002383

柘坡居士集十二卷

（清）秀水萬光泰撰

清乾隆二十一年(1756)汪孟鋗刻本　國圖　南京　上海　復旦　首都　天津　南開　陝西　浙江

清鈔本　平湖

集 10002384

見山堂詩鈔一卷

（清）海寧沈廷薦撰

清乾隆二十一年(1756)刻澹初詩稿附　南京

集 10002385

雨亭詩集九卷附雨亭賦鈔一卷

（清）錢塘吳龍光撰

鈔本　北大

集 10002386

澶州吟稿二卷

（清）錢塘吳龍光撰

清刻本　南京　國圖

集 10002387

鉢香行草一卷

（清）錢塘吳龍光撰

清刻本　南京

集 10002388

過庭集一卷

（清）錢塘吳龍光撰

清刻本　南京

集 10002389

蕙櫋小草二卷過庭集一卷鉢香行草一卷嶺南雜詠二卷雨亭賦鈔一卷澶州吟稿二卷

（清）錢塘吳龍光撰

清鈔本

清代詩文集彙編本

集 10002390

石騆詩選七卷

（清）諸暨余銓撰

清乾隆三十八年(1773)嘉樹堂刻本　中社科院文學所

集 10002391

古趣亭未定稿十四卷

（清）會稽范家相撰

稿本　浙江

集 10002392

古趣亭文集十四卷

（清）會稽范家相撰

稿本　浙江

集 10002393

衢洲文稿不分卷

（清）會稽范家相撰

稿本　國圖

集 10002394

環淥軒詩草五卷

  (清)會稽范家相撰

  稿本　中科院

集 10002395

得閒偶刊二卷

  (清)錢塘姚大呂撰

  清乾隆間刻本　國圖

集 10002396

悔無聞寓廬詩聽八卷

  (清)餘杭褚維培撰

  稿本　浙江

集 10002397

芸客遺詩一卷

  (清)秀水楊景雲撰

  清乾隆三十七年(1772)深竹堂刻
舊雨遺音本

集 10002398

梅芝館詩一卷

  (清)山陰劉鳴玉撰

  清乾隆十八年(1753)郭毓刻越中
三子本　國圖　天一閣

集 10002399

濤山詩草二卷

  (清)鎮海謝闓祚撰

  清乾隆二十四年(1759)刻本
首都

集 10002400

西溪詩存二卷

  (清)平湖釋觀我撰

  清乾隆三十七年(1772)刻本　北
大　陝西　天一閣

集 10002401

渤海吟一卷

  (清)仁和成城撰

  清乾隆間刻本　南京

集 10002402

餘暨叢書二卷

  (清)秀水朱坤撰

  清乾隆三十五年(1770)刻本　中
科院

  四庫未收書輯刊本

集 10002403

縞紵草不分卷

  (清)嘉興王家俊撰

  清乾隆間自刻本　國圖

集 10002404

蒼山詩草一卷

  (清)遂安毛雲孫撰

  稿本　浙江

集 10002405

須江行草一卷

  (清)遂安毛雲孫撰

  稿本　浙江

集 10002406

茹古閣集二卷

（清）嘉興李三才撰

清乾隆三十八年（1773）刻本
上海

集 10002407

嘉樹樓詩鈔四卷

（清）越州余文儀撰　（清）余延
良編

清乾隆三十九年（1774）刻本　中
社科院文學所

集 10002408

**甘村集三卷（荆南集、燕臺集、海
右集各一卷）**

（清）海寧俞棠撰

清乾隆三十八年（1773）刻本　南
京　中社科院文學所

集 10002409

甘村詩集

（清）海寧俞棠撰

清乾隆刻本　國圖

集 10002410

做曙齋詩稿十八卷

（清）錢塘柴謙撰

清乾隆三十八年（1773）刻本
南京

集 10002411

甄花舍詩草二卷

（清）會稽張世政撰

鈔本　浙江

集 10002412

抑隅堂詩鈔一卷

（清）海寧楊學易撰

清乾隆間俞思謙刻本　南京

集 10002413

雪屏詩存一卷

（清）石門方粜撰

清乾隆間刻本　南京

集 10002414

祇平居士集三十卷

（清）嘉興王元啓撰

清乾隆刻本　國圖

清嘉慶十七年（1812）王尚繩恭壽
堂刻本

清光緒八年（1882）影印本　蘇州

2002年上海古籍出版社影印續
修四庫全書本　國圖

集 10002415

祇平居士集三十卷附錄一卷

（清）嘉興王元啓撰

清嘉慶十七年（1812）王尚繩恭壽
堂刻本　海鹽博

民國三十一年（1942）孫氏影印本
浙江

集 10002416

惺齋文鈔

（清）嘉興王元啓撰

清乾隆刻本　國圖

集 10002417

十駕齋集二卷

（清）錢塘施廷樞撰

清乾隆三十二年（1767）刻本
國圖

集 10002418

吞松閣集四十卷

（清）秀水鄭虎文撰　（清）馮敏
昌編

清嘉慶十年至十三年（1805～
1807）秀水鄭氏刻本　溫州

清嘉慶十四年（1809）馮敏昌等刻
本　國圖　中科院　浙江　嘉興

清嘉慶十六年（1811）鄭師亮等刻
本　天津　南開

清嘉慶二十年（1815）刻本　國圖

集 10002419

**吞松閣詩集二十卷文集二十卷
文補遺二卷**

（清）秀水鄭虎文撰　（清）馮敏
昌編

清嘉慶間刻本　福建

集 10002420

卷石山房詩鈔三卷

（清）桐鄉沈世勳撰

清乾隆三十九年（1774）刻本
復旦

集 10002421

寄亭詩稿一卷

（清）餘姚岑雯撰

稿本　浙江

集 10002422

雲怡詩鈔一卷

（清）海寧陳克豳撰　（清）海昌羊
復禮輯

清光緒間海昌羊氏傳卷樓粵東刻
海昌叢載本　國圖　北大　上海
山大

清光緒十三年（1887）海昌羊氏傳
卷樓粵東刻海昌六先生集本　國圖
上海　海寧

集 10002423

石壑詩草一卷

（清）陳阿寶撰　（清）海鹽吳寧輯

清乾隆四十九年（1784）刻澉川二
布衣詩本　上海

集 10002424

雨花堂吟不分卷

（清）浙江釋無言撰

清乾隆三十九年（1774）刻本　溫
州　溫州

集 10002425

謙谷集六卷

（清）秀水汪筠撰　（清）汪璐編

清乾隆八年（1743）汪璐刻本　國
圖　天津

集 10002426

沽上題襟集一卷

（清）海寧（宛平人，原籍海寧）查禮撰

清乾隆六年（1741）自刻本　中科院　國圖　首都

集 10002427

草題上方二山紀遊集一卷

（清）海寧（宛平人，原籍海寧）查禮撰

清乾隆十二年（1747）自刻本　國圖

2017 年國家圖書館出版社清代詩文集珍本叢刊本

集 10002428

銅鼓書堂遺稿三十二卷

（清）海寧（宛平人，原籍海寧）查禮撰　（清）查淳輯

稿本（存卷十九至二十一）　中科院

清乾隆三十五年（1770）刻本　南開

清乾隆五十三年（1788）刻本　湖南

清乾隆五十七年（1792）查淳刻本　首都　中科院　復旦　浙江　浙大　國圖　天津　內蒙古　黑龍江　常州　浙江

清咸豐九年（1859）刻本　湖南

清刻本　陝西

集 10002429

查恂叔集

（清）海寧（宛平人，原籍海寧）查禮撰

清鈔本　國圖

集 10002430

卜硯集二卷

（清）海寧（宛平人，原籍海寧）查禮編

清道光元年（1821）刻本　首都

集 10002431

南墅小稿二卷

（清）德清徐以震撰

清乾隆間刻本　南京

集 10002432

匏村詩集八卷

（清）秀水陳經業撰

清乾隆間刻本　國圖

集 10002433

瀛洲集一卷

（清）海鹽朱琰撰

稿本　上海

集 10002434

笠亭詩集十二卷（楓江集、瀛洲集、湖樓集、桐花集、桐花後集、書畫船集、書畫船後集、驂鸞集、妙門集、章江集、先庚集、小冰壺集各一卷）

（清）海鹽朱琰撰

清乾隆三十八年(1773)朱氏樊桐山房刻本　國圖　中科院　美燕京　溫州　無錫

集 10002435
笠亭詩選二卷
（清）海鹽朱琰撰
清乾隆二十四年(1759)刻嘉禾八子詩選本　上海　中社科院文學所

集 10002436
成志堂詩集十四卷外集一卷
（清）歸安沈榮昌撰
清嘉慶十年(1805)沈琨刻本　中科院　天津

集 10002437
樸溪剩草二卷
（清）嘉興李雋撰
清嘉慶間刻本　國圖

集 10002438
越中名勝賦不分卷
（清）山陰李壽朋撰
清乾隆四十年(1775)刻本　首都國圖　陝西　紹興　餘姚文保所嵊州
中華書局 2010 年出版紹興叢書第二輯本

集 10002439
越中名勝百詠
（清）山陰李壽朋撰

中華書局 2010 年出版紹興叢書第二輯本

集 10002440
妙明書屋遺集三卷
（清）錢塘金焜撰
清乾隆十九年(1754)刻本　復旦浙大　國圖　浙江　浙大

集 10002441
蟲獲軒詩鈔一卷
（清）海寧張爲儒撰　（清）陳萊孝編
清光緒間海昌羊氏傳卷樓粵東刻海昌叢載本　國圖　北大　上海山大

集 10002442
梅谷詩文集八卷（梅谷文稿、小稿、行卷、耕餘小稿、吳興遊草各一卷、續稿三卷）
（清）平湖陸烜撰
清乾隆間刻本　國圖　上海

集 10002443
梅谷文稿三卷梅谷續稿
（清）平湖陸烜撰
清刻本　國圖

集 10002444
煮瓊花館詩草不分卷
（清）平湖陸烜撰
鈔本　浙江平川半月社藏

集 10002445

耕餘小稿一卷

　(清)平湖陸烜撰

　清乾隆二十年(1755)刻本　國圖

集 10002446

梅谷十種書十種附一種

　(清)平湖陸烜撰

　清乾隆三十四年(1769)平湖陸氏
易簡堂刻本　國圖　復旦

集 10002447

吳興遊草一卷梅谷續藁三卷

　(清)平湖陸烜撰

　清乾隆陸氏刻本　天津

集 10002448

晴沙文鈔一卷

　(清)錢塘程川撰　(清)潘恩齊輯

　清乾隆間刻名集叢鈔本　上海

集 10002449

錢塘集鈔一卷

　(清)錢塘程川撰　(清)潘恩齊輯

　清乾隆間刻名集叢鈔本　上海

集 10002450

雪廬吟草二卷

　(清)海寧釋復顯撰

　清道光十三年(1833)刻本　南京
天津

集 10002451

細萬齋集(兩不齋集)十四卷

　(清)德清蔡環黼撰

　清道光三年(1823)刻本　中科院

　清道光二十四年(1844)刻本　中
科院

集 10002452

晴江遺詩一卷

　(清)仁和錢潮撰　(清)仁和錢錫
賓等輯

　清光緒二十二年(1896)刻湖墅錢
氏家集本　北大　上海

集 10002453

悔庵詩集□卷

　(清)上虞韓玉儉撰

　清嘉慶間刻本　南京(存二卷)

集 10002454

紫薇山人詩鈔八卷

　(清)海寧沈維基撰

　清乾隆間刻本　中科院　清華

　四庫未收書輯刊本

集 10002455

隨園詩稿一卷

　(清)錢塘袁枚撰

　稿本　國圖

　清光緒間京江聽花館蓉卿鈔本
湖南

集 10002456

隨園詩稿不分卷

（清）錢塘袁枚撰

稿本　浙江

集 10002457

袁簡齋自鈔詩稿一卷

（清）錢塘袁枚撰

清袁枚手稿本　南京

集 10002458

隨園詩草八卷附卷八卷

（清）錢塘袁枚撰　（清）邊連寶輯

清乾隆四十年（1775）刻本　首都

國圖　天津　南開　慕湘藏書館

湖南　湖南社科院　浙師大　天

一閣

清鈔本（存一卷）臨海博

集 10002459

隨園詩鈔二卷

（清）錢塘袁枚撰

清嘉慶二十五年（1820）敬藝堂刻

袖珍國朝四家詠物詩鈔本

清末石印本　吳江

集 10002460

隨園詠物詩鈔二卷

（清）錢塘袁枚撰　鄞縣水燿録

民國石印本　奉化文管會

集 10002461

小倉山房詩集三十四卷詩補遺

二卷文集三十一卷外集七卷

（清）錢塘袁枚撰

清乾隆五十八年（1793）刻本　國

圖　中科院　紹興　浙江

2002 年上海古籍出版社影印續

修四庫全書本

集 10002462

小倉山房文集三十五卷

（清）錢塘袁枚撰

清乾隆刻本　諸暨　泰順

清經元堂刻本　溫嶺

民國十年（1921）上海中華圖書館

鉛印本建德

近代中國史料叢刊正、續、三編本

民國石印本　海鹽博　雲和　麗

水　浙師大　蘭溪　湖州　海寧

嘉善　桐鄉　義烏　平湖　天一閣

集 10002463

**小倉山房詩集三十六卷文集三
十四卷外集八卷**

（清）錢塘袁枚撰

清嘉慶元年（1796）南京刻本

四川

集 10002464

小倉山房詩集三十七卷補遺二卷

（清）錢塘袁枚撰

清末文明書局石印本　中科院

溫嶺　縉雲　杭州　海寧　慈溪

玉海樓　嘉善　紹興

清光緒十八年（1892）著易堂石印

本　河南大

　　清光緒十九年(1893)上海圖書集
成印書局鉛印本　金陵

集 10002465

小倉山房詩集三十七卷詩補遺二卷文集三十五卷外集八卷

　　(清)錢塘袁枚撰

　　清乾隆嘉慶間刻隨園三十種本
國圖　中科院　北大　復旦　遼寧
山東　中山　四川

　　清同治五年(1866)三讓睦記刻隨
園三十種本　清華　桂林

　　清光緒十七年(1891)經綸堂刻隨
園三十種本　湖北

集 10002466

小倉山房詩鈔三十一卷補遺二卷

　　(清)錢塘袁枚撰　(清)毛澍選

　　清鈔本(佚名批校)　南京

集 10002467

小倉山房外集摘句一卷

　　(清)錢塘袁枚撰

　　清袁祖惠鈔本　中科院

集 10002468

小倉山房詩一卷

　　(清)錢塘袁枚撰　(清)吳應和
(清)馬洵選

　　清道光七年(1827)紫微山館刻浙
西六家詩鈔本　國圖　南京　湖北
(清黃培芳批並題詩)

集 10002469

隨園集外詩四卷

　　(清)錢塘袁枚撰　蔣敦復編

　　民國間國學研究會石印本　首都

　　民國十二年(1923)上海大東書局
石印本　溫嶺　浙江　嘉興　紹興

　　清代詩文集彙編本

集 10002470

雙柳軒詩集一卷

　　(清)錢塘袁枚撰

　　清刻本　天一閣

集 10002471

小倉山房文集補遺二卷

　　(清)錢塘袁枚撰

　　清道光二十六年(1846)川圖東望
堂刻本　四川

　　清代詩文集彙編本

集 10002472

小倉山房文二卷

　　(清)錢塘袁枚撰

　　八家四六文注本

集 10002473

袁文箋正十六卷補注一卷

　　(清)錢塘袁枚撰　(清)石蘊玉箋

　　清嘉慶十七年(1812)壽鶴山堂寫
刻本　國圖　四川　復旦　溫嶺
浙大　浙江　餘姚文保所　天一閣
杭州　海寧　瑞安中　紹興
嘉興

清道光二十三年（1843）刻本
寧波

清同治八年（1869）松壽山房刻本
温州　玉海樓

清光緒十四年（1888）上海蜚英館
石印本　杭州　臨海　紹興

集 10002474

袁文補注二卷續刻二卷三刻二卷

　（清）錢塘袁枚撰　（清）石蘊玉注
（清）余崗補注

　清道光二十一年（1841）刻本　浙
大　國圖

集 10002475

袁文箋正四卷

　（清）錢塘袁枚撰　（清）仁和魏大
縉箋正

　清同治十三年（1874）刻本　南京

集 10002476

袁文補箋二卷

　（清）錢塘袁枚撰　（清）王嘉樹
補注

　清同治十年（1871）會稽王嘉樹手
定稿本　臺圖

集 10002477

袁文合箋十六卷

　（清）錢塘袁枚撰　（清）王廣業
合箋

　清光緒八年（1882）青箱塾刻本
國圖　嘉興　衢州　浙江　天一閣

吳江　鎮江　如皋　蘇大　內蒙
古　河南大　湖南

集 10002478

增訂袁文箋正四卷

　（清）仁和魏大縉撰

　清光緒十四年（1888）上海蜚英館
石印本　台州學院

集 10002479

隨園駢體文注十六卷

　（清）錢塘袁枚撰　（清）黎光地注

　清光緒五年（1879）長沙刻本
浙大

　清光緒七年（1881）長沙刻本
浙大

　光緒十二年（1886）刻本　國圖

　清刻本　陝西

集 10002480

袁枚駢體文一卷

　（清）錢塘袁枚撰　（清）張學誠輯

　手稿本蒲圻張氏叢鈔本（清張學
誠校點輯評）　湖北

集 10002481

小倉山房集注十六卷

　（清）錢塘袁枚撰　雷瑨集注

　民國十年（1921）上海掃葉山房石
印本　國圖

集 10002482

袁簡齋手札不分卷

（清）錢塘袁枚撰

稿本　國圖

集 10002483

隨園手翰不分卷

（清）錢塘袁枚撰

稿本（周廷寀等跋）　國圖

集 10002484

小倉山房尺牘六卷

（清）錢塘袁枚撰

清乾隆五十四年（1789）隨園刻本
山東（清佚名朱筆批點）

鈔本　湖南

集 10002485

音註小倉山房尺牘八卷

（清）錢塘袁枚撰　（清）山陰胡光
斗釋

清宣統三年（1911）上海掃葉山房
石印本　嘉善

民國元年（1912）上海會文堂石印
本　遂昌

集 10002486

**新式標點白話詳註小倉山房尺
牘八卷**

（清）錢塘袁枚撰　上虞許家恩
點註

民國十七年（1928）上海羣學社書
局石印本　紹興

集 10002487

袁簡齋尺牘十卷

（清）錢塘袁枚撰

民國鉛印本　金華博

集 10002488

小倉選集八卷

（清）錢塘袁枚撰

清嘉慶元年（1796）刻四家選集本
徐州　餘姚文保所

集 10002489

漱石詩鈔七卷

（清）餘姚宋廷桓撰

清乾隆刻本　美燕京　餘姚文
保所

集 10002490

石幢居士吟稿二卷

（清）錢塘梁肯堂撰

清嘉慶七年（1802）刻本　中社科
院文學所

稿本　浙江

集 10002491

菜圃文集二卷存下卷

（清）菜圃堂壽撰

清乾隆五十七年（1792）刻本　東
陽博

2015 年上海古籍出版社重修金
華叢書本

集 10002492

丹棘園詩一卷

（清）諸暨陳法乾撰

清乾隆十八年（1753）郭毓刻越中
三子詩本　國圖　上海（殘本未著
録存缺卷次）　南京

清乾隆二十一年（1756）刻越中三
子詩本　上海（缺梅芝館詩）

清乾隆刻本　首都

清宣統元年（1909）畸園老人刻諸
暨二家詩集本　浙江

集 10002493

寓庸室詩藁一卷

（清）諸暨仝坤撰

清宣統元年（1909）畸園老人刻諸
暨二家詩集本　浙江

集 10002494

陶篁村詩文稿不分卷

（清）會稽陶元藻撰

稿本（清徐鏡清、樊增祥跋）　浙江

2019 年國家圖書館出版社影印
浙學未刊稿叢編本

集 10002495

泊鷗山房集三十八卷

（清）會稽陶元藻撰

清乾隆間衡河草堂刻本　國圖
美燕京　首都　天津

2002 年上海古籍出版社影印續
修四庫全書本

清嘉慶刻本　南開　湖南　浙江

天一閣　餘姚文保所　天一閣
臨海

清刻本　内蒙古　蘇州　無錫

集 10002496

梟亭集一卷

（清）會稽陶元藻撰

清嘉慶間刻天倫樂事本　南京

清代家集叢刊本

集 10002497

滑疑集不分卷

（清）青田韓錫胙撰

清乾隆間少微山房刻本　溫州
（存詩集十卷）

集 10002498

滑疑集八卷

（清）青田韓錫胙撰　（清）會稽宗
稷辰重編

清咸豐五年（1855）石門山房刻本
國圖　中科院　首都　天津　南
開　内蒙古　浙江　溫州　平陽
紹興　玉海樓

清同治十三年（1874）刻本　湖南
湖南社科院　陝西　遂昌　麗水
溫州　嘉興　臨海

集 10002499

蘧廬生詩稿一卷

（清）錢塘申發祥撰

清鈔本（董炆跋）　浙江

集 10002500

南硐詩鈔三卷

（清）仁和吳可訓撰

清乾隆二十三年（1758）吳壽祺刻
本　國圖　中科院

集 10002501

薑畦詩集六卷

（清）山陰邵廷鎬撰

清乾隆間刻本　中山

集 10002502

白湖小稿不分卷

（清）錢塘姚珽撰

稿本　南京

集 10002503

深竹映書堂續集三卷

（清）歸安孫汝馨撰

清乾隆二十四年（1759）刻本
復旦

集 10002504

觀復堂詩鈔十卷

（清）海寧陳鑣撰

清乾隆十八年（1753）刻本　國圖

集 10002505

叢桂堂全集六卷

（清）平湖蔣元撰

鈔本　中社科院歷史所

集 10002506

無不宜齋未定稿四卷

（清）仁和翟灝撰

清乾隆十七年（1752）自刻本　國
圖（清羅以智批校）　北大　國圖
湖南

2002 年上海古籍出版社影印續
修四庫全書本

集 10002507

無不宜齋續稿不分卷補録一卷

（清）仁和翟灝撰

鈔本　日京大人文研

集 10002508

虛白南遺稿一卷

（清）錢塘諸克任撰

清嘉慶刻諸氏家集本　國圖　浙
江　温州　餘姚文保所

清代家集叢刊續編本

集 10002509

雲麓詩存八卷

（清）海寧史正義撰　（清）海寧俞
思謙輯

清嘉慶間刻本　南京

集 10002510

百一草詩集唐詩附刻二編四卷

（清）錢塘（一作仁和）柴傑撰

清乾隆三十二年（1767）百一草堂
刻本　中科院　復旦

鈔本　南大

集 10002511

百一草堂附刻初編二卷二編二卷

(清)錢塘(一作仁和)柴傑撰

清乾隆三十年(1765)二柴氏百一草堂刻本 美燕京

清鈔茂雪堂叢書本 上辭

集 10002512

臨川集唐一卷

(清)錢塘(一作仁和)柴傑撰

清鈔本 桐廬

集 10002513

西湖集唐百詠一卷

(清)錢塘(一作仁和)柴傑撰

清光緒五年至九年(1879~1883)錢塘丁氏嘉惠堂刻西湖集覽本 國圖 首都 湖南

集 10002514

抱經堂文集三十四卷

(清)餘姚盧文弨撰

清乾隆間刻嘉慶二年(1797)續刻本 南京 湖南

清乾隆六十年(1795)刻本 國圖 湖南 陝西

清嘉慶二十年(1815)刻本 內蒙古

民國上海涵芬樓據閩縣李氏觀槿齋刻本影印本 浙江

2002年上海古籍出版社影印續修四庫全書本

集 10002515

抱經堂詩鈔七卷

(清)餘姚盧文弨撰

清道光十六年(1836)李兆洛刻本 上海

集 10002516

抱經堂文鈔七卷

(清)餘姚盧文弨撰

清吳騫鈔本(清吳騫、清徐光濟跋) 國圖

集 10002517

抱經堂文不分卷

(清)餘姚盧文弨撰

清乾隆四十八年(1783)曲阜孔氏藤梧館鈔本 北大

集 10002518

龍南草一卷

(清)會稽姜廷枚撰 (清)姜國翰輯

稿本會稽姜氏家集本 上海

集 10002519

小迂詩稿不分卷

(清)仁和倪印元撰

稿本 南京

集 10002520

綠杉野屋集四卷

(清)德清徐以泰撰

清乾隆間刻本 國圖 浙江

1994~1997年齊魯書社影印四

庫全書存目叢書本

集 10002521

蒙泉詩鈔一卷

（清）錢塘潘思齊撰

清乾隆間刻本　上海

集 10002522

二亭詩鈔六卷首一卷

（清）朱篔撰　（清）錢塘吳錫麒

刪定

清嘉慶十三年（1808）袁承福等刻

江都二布衣詩鈔本　國圖　中科院

天津　復旦

集 10002523

八銘堂詩稿四卷

（清）海鹽吳懋政撰

清道光八年（1828）吳世堂刻本

國圖

集 10002524

八銘堂塾鈔初集八卷

（清）海鹽吳懋政撰

清光緒十三年（1887）刻本　南京

集 10002525

八銘堂塾鈔二集不分卷

（清）海鹽吳懋政撰

清光緒二十一年（1895）刻本

常州

集 10002526

百花吟一卷

（清）鄞縣董秉純撰

清乾隆四十三年（1778）刻本

浙江

清道光九年（1829）甬上陳氏刻袖

珍拜楳山房幾上書（拜梅山房幾上

書）本　國圖

清道光十六年（1836）刻袖珍拜楳

山房幾上書（拜梅山房幾上書）本

國圖　中科院　北大　遼寧　甘肅

福師大

集 10002527

春雨樓初刪稿十卷

（清）鄞縣董秉純撰　鄞縣張壽鏞

編選

民國間四明張氏約園刻四明叢書

本　國圖　中科院　北大　中科院

上海　復旦　天津　遼寧　南京

浙江　湖北　四川　寧夏

1994 年上海書店出版社叢書集

成續編本

清代詩文集彙編本

集 10002528

春雨樓初刪稿四卷

（清）鄞縣董秉純撰

清鈔本　甘博

集 10002529

小鈍居士集十卷

（清）鄞縣董秉純撰

鈔本　北師大

集 10002530

説嚴古文殘稿一卷

　(清)海寧朱承弼撰

稿本　浙江

集 10002531

説嚴詩鈔一卷詞鈔一卷

　(清)海寧朱承弼撰

清鈔本　浙江

集 10002532

雲屋殘編一卷

　(清)山陰徐士芳撰

清乾隆十八年(1753)十二蕉亭刻

待廬集附　國圖

集 10002533

松風堂集不分卷

　(清)嘉興曹培亨撰

清鈔本　上海

集 10002534

擁被吟不分卷

　(清)錢塘陳雲飛撰

稿本　南京

集 10002535

章北亭全集八卷

　(清)嘉善章愷撰

清乾隆三十四年(1769)刻本

復旦

清嘉慶五年(1800)螺溪敦艮堂刻

本　國圖　天一閣

集 10002536

墨舫剩稿一卷

　(清)鄞縣黃繩先撰

清光緒十七年(1891)四明黃氏補

不足齋刻黃氏家集初編本　南京

上海　浙江

　清代家集叢刊續編本

集 10002537

筱飲齋稿不分卷

　(清)仁和陸飛撰

清乾隆三十年(1765)刻本　人大

復旦

集 10002538

筱飲齋稿四卷

　(清)仁和陸飛撰

清乾隆四十一年(1776)刻本　國

圖　復旦　浙江

集 10002539

小誰園剩稿一卷

　(清)臨海陳文煊撰

稿本　臨海

集 10002540

孟亭居士詩稿四卷經進稿一卷

　(清)桐鄉馮浩撰

清嘉慶七年(1802)桐鄉馮集梧刻

本　國圖　上海　復旦　溫州

嘉興

　　清刻本　中科院　玉海樓

集 10002541

孟亭居士文稿(馮孟亭文集)五卷

　　(清)桐鄉馮浩撰

　　清嘉慶六年(1801)桐鄉馮集梧刻本　國圖　上海　溫州　餘姚文保所　蘇州

　　清刻本　玉海樓

　　清代詩文集彙編本

集 10002542

聽鐘山房集(安雅堂集)二十卷

　　(清)嘉善謝墉撰

　　稿本　上海

　　清鈔本　浙江

　　2008 年 8 月復旦大學出版社上海圖書館未刊古籍稿本本

　　清代詩文集彙編本

集 10002543

聽鐘山房集一卷

　　(清)嘉善謝墉撰　(清)嘉善謝恭銘編

　　清鈔本　中科院

集 10002544

食味雜詠一卷

　　(清)嘉善謝墉撰

　　清鈔本(清阮元校)　國圖

　　2017 年國家圖書館出版社清代詩文集珍本叢刊本

集 10002545

聽鐘山房集食味雜詠二卷

　　(清)嘉善謝墉撰

　　清鈔本　國圖

集 10002546

客窗雜詠二卷

　　(清)餘姚朱森昌撰

　　稿本　浙江

集 10002547

桑阿吟屋稿四卷

　　(清)平湖宋景關撰

　　清乾隆間刻彙印乍川文獻本　中科院

集 10002548

話桑賦稿一卷

　　(清)平湖宋景關撰

　　清乾隆間刻彙印乍川文獻本　中科院

集 10002549

榆村詩集六卷

　　(清)仁和(仁和人,居衢縣)費辰撰

　　清嘉慶二年(1797)刻本　中科院　蘇州　浙江　蘇州

　　衢州文獻集成本

集 10002550

榆林詩集八卷

　　(清)仁和(仁和人,居衢縣)費辰撰

清嘉慶二年(1797)刻本　諸暨

集 10002551

寶日軒詩集四卷附存詩四卷

(清)錢塘王德溥撰

清嘉慶四年(1799)王嗣中刻本
國圖　中科院　浙大　天一閣
浙江

清光緒五年(1879)錢塘王氏刻湖
墅叢書本　浙江　杭州　義烏　天
一閣

清代詩文集彙編本

集 10002552

善素園詩不分卷

(清)錢塘王德溥撰

清刻本　洛陽

集 10002553

善素園詩四卷

(清)錢塘王德溥輯

清光緒三至二十六年(1877～
1900)錢塘丁氏嘉惠堂刻武林掌故
叢編本　國圖　中科院　北大　上
海　復旦　天津　遼寧　甘肅　山
東　南京　浙江　湖北　四川

1985年江蘇廣陵古籍刻印社影
印清光緒三至二十六年(1877～
1900)錢塘丁氏嘉惠堂刻武林掌故
叢編本　中科院

集 10002554

偕存集三卷入楚吟箋一卷紫琅

小草一卷附帖海題詞一卷

(清)平湖戈守智撰

清乾隆二十六年(1761)刻本　中
科院

清乾隆間霽雲堂刻本　國圖

集 10002555

邗江雜詠一卷

(清)平湖戈守智撰

清嘉慶間刻本　上海

清道光二十九年(1849)鈔本
浙江

集 10002556

竹香齋古文二卷

(清)會稽茹敦和撰

清刻本　中科院　嘉興

四庫未收書輯刊本

清代詩文集彙編本

集 10002557

竹香齋詩鈔四卷

(清)會稽茹敦和撰

清乾隆間茹菜刻本　中科院

集 10002558

竹園類輯十卷

(清)瑞安朱鴻瞻撰　錢肅楷等輯

清康熙朱氏綠竹軒刻曾孫模等重
印本　美燕京　溫州　平陽　玉
海樓

美國哈佛大學哈佛燕京圖書館藏
清代善本別集叢刊本

集 10002559

棠溪集四卷

（清）嘉善唐應昌撰

鈔本　北大

集 10002560

素文女子遺稿一卷

（清）錢塘袁機撰

清小倉小房刻袁家三妹合稿本
南京

　清代家集叢刊本

　清光緒十九年（1893）倉山舊主石
印本　紹興

集 10002561

素文女子遺稿二卷

（清）錢塘袁機撰

清乾隆嘉慶間刻隨園三十種本
國圖　中科院　北大　復旦　遼寧
　山東　中山　四川

　清同治五年（1866）三讓睦記刻隨
園三十種本　清華　桂林

　清光緒十七年（1891）經綸堂刻隨
園三十種本　湖北

集 10002562

素文女子遺稿三卷

（清）錢塘袁機撰

清乾隆間刻本　首都

集 10002563

百一山房詩集十二卷

（清）仁和孫士毅撰

清嘉慶二十一年（1816）孫均刻本
國圖　中科院　浙江　臨海

2002 年上海古籍出版社影印續
修四庫全書本

集 10002564

洗句亭詩鈔（芝里草堂集）二卷

（清）仁和曹芝撰

清乾隆間刻本　南京

集 10002565

柚堂文存四卷

（清）秀水盛百二撰

清鈔本　上辭

集 10002566

皆山堂吟稿八卷柚堂文存四卷

（清）秀水盛百二撰

清乾隆五十七年（1792）寶綸堂刻
本　山東（存詩集）　國圖（存文集）

集 10002567

皆山堂吟稿四卷

（清）秀水盛百二撰

清乾隆五十七年（1792）福建省城
刻本　中社科院文學所

集 10002568

蘭蕙林文鈔一卷詩鈔一卷

（清）海鹽（一作錢塘）吳寧　（清）
吳寬撰

詩餘二卷

（清）吳寬撰

清乾隆十八年(1753)刻本　上海

集 10002569

吳氏縠音三卷

　(清)海鹽(一作錢塘)吳寧撰

　清乾隆四十九年(1784)刻本　國圖　中科院　中社科院文學所

集 10002570

鑑湖詩草二卷

　(清)紹興吳鵬撰

　清乾隆五十九年(1794)刻本　中社科院文學所

集 10002571

艮庭雜著一卷艮庭小慧一卷艮庭詞三卷

　(清)仁和江聲撰

　清乾隆間江氏近市居刻本　復旦　玉海樓

集 10002572

春橋草堂詩集八卷

　(清)桐鄉朱方藹撰

　清乾隆五十九年(1794)刻後印本　中科院

　清嘉慶五年(1800)畬經堂刻本　平湖博　浙江

集 10002573

春橋詩選二卷

　(清)桐鄉朱方藹撰　(清)沈德潛、(清)嘉興錢陳羣選

清乾隆二十四年(1759)刻嘉禾八子詩選本　上海　中社科院文學所

集 10002574

振綺堂存稿不分卷

　(清)錢塘汪憲撰

　清鈔本　南京

集 10002575

振綺堂詩集一卷

　(清)錢塘汪憲撰

　汪氏家集本(光緒刻)

集 10002576

厚石齋詩集十二卷

　(清)桐鄉汪孟鋗撰

　清乾隆間刻本　首都　遼寧　湖南　南開

　清刻本　國圖　湖南　蘇州

集 10002577

拙巢遺稿一卷

　(清)海寧吳霖撰

　清鈔本　國圖

集 10002578

拙巢先生遺稿一卷

　(清)海寧吳霖撰

　清徐氏汲脩齋鈔汲修齋叢書本　國圖

　2017 年國家圖書館出版社清代詩文集珍本叢刊本

　清鈔本　國圖

集 10002579

苕雲集鈔一卷

（清）嘉興張慶燾撰

清乾隆間刻本　南京

集 10002580

二樹山人寫梅歌一卷

（清）山陰童鈺撰

稿本（清江授、彭維鼻評）　上海
國圖

清乾隆間刻本　南京

集 10002581

二樹山人寫梅歌不分卷

（清）山陰童鈺撰

稿本（清蘇如溙、馮鑑塘評）
國圖

集 10002582

二樹山人寫梅歌一卷續編一卷

（清）山陰童鈺撰　（清）蘇和溙
評點

清乾隆刻本　紹興　浙江　溫州

清道光間刻本　上海

集 10002583

補刻摘句圖詩不分卷

（清）山陰童鈺撰

清乾隆二十四年(1759)刻本　復
旦（盧世昌批點）　溫州

集 10002584

二樹詩集四卷

（清）山陰童鈺撰

清嘉慶十二年(1807)逍遺莊刻本
河南

集 10002585

童二樹先生題畫詩一卷題梅詩一卷

（清）山陰童鈺撰

清道光十四年(1834)管庭芬鈔本
國圖

2017 年國家圖書館出版社清代
詩文集珍本叢刊本

集 10002586

童二樹畫梅詩鈔一卷

（清）山陰童鈺撰　（清）蔡銘衡輯

清鈔本　國圖

集 10002587

抱影廬詩一卷

（清）山陰童鈺撰

清乾隆十八年(1753)郭毓刻越中
三子詩本　國圖　上海（殘本未著
錄存缺卷次）　南京

清乾隆二十一年(1756)刻越中三
子詩本　上海（缺梅芝館詩）

集 10002588

**二樹今體詩一卷二樹詩畧五卷
二樹寫梅歌續編一卷**

（清）山陰童鈺撰

清嘉慶間鎮雅堂刻本　中社科院
文學所

集 10002589

二樹山人詩稿一卷

（清）山陰童鈺撰

清鈔本　國圖

集 10002590

二樹山人疊韻詩一卷

（清）山陰童鈺撰

鈔本　國圖

集 10002591

疏影樓題畫詩不分卷

（清）山陰童鈺撰

清宣統三年（1911）管元耀鈔本
（管氏跋）　浙江

集 10002592

二研齋遺稿四卷

（清）餘姚諸重光撰

清乾隆五十三年（1788）刻本　國圖

清乾隆五十六年（1791）刻本　中
社科院文學所　浙江

清道光十年（1830）刻本　南京

清同治十三年（1874）諸氏鈔本
（缺卷甲、乙）　桂林

集 10002593

憺園集二卷補遺一卷

（清）錢塘王錚撰

清道光間刻王氏家刻十種本
南京

清道光咸豐間刻繡水王氏家藏集
本　國圖　南京

清代家集叢刊本

集 10002594

憺園草二卷補遺一卷外集一卷

（清）錢塘王錚撰

清道光八年（1828）王氏刻本　首
都　天一閣

集 10002595

同園存稿二卷

（清）錢塘王一紳撰

清嘉慶間刻本　南京　紹興

集 10002596

史山樵唱三卷

（清）桐鄉朱英撰　（清）趙懷玉
選定

清道光十年（1830）朱爲彌刻本
國圖

清咸豐二年（1852）刻新安先集本
山東

集 10002597

洗心居吟草一卷

（清）桐鄉朱英撰

清道光十八年（1838）刻本　南京

集 10002598

西村詩鈔一卷附懷友詩一卷

（清）仁和朱曉撰

清乾隆間刻本　南京

集 10002599

吴雲巖稿一卷

（清）仁和吳鴻撰

清光緒二十四年（1898）鏡湖書屋刻本　湖南

集 10002600

蜀道吟一卷

（清）海寧周逢吉撰

稿本　北大

集 10002601

曹寅谷稿不分卷

（清）蕭山曹之升撰

清光緒二十四年（1898）鏡湖書屋刻本　首都　湖南

集 10002602

曹寅谷稿選本不分卷

（清）蕭山曹之升撰

清光緒范登保鈔本　衢州博

集 10002603

曹寅谷制藝不分卷續刻稿不分卷三續稿不分卷

（清）蕭山曹之升撰

清同治十二年（1873）味經堂刻本　麗水　蘇大

清末石印本　紹興

集 10002604

曹寅谷制藝不分卷續集不分卷

（清）蕭山曹之升撰

清嘉慶十三年（1808）刻本　南京　國圖

清乾隆六十年（1795）刻本　衢州博

集 10002605

曹寅谷時文全集選鈔一卷

（清）蕭山曹之升撰

清鈔本　南京

集 10002606

螺峯草堂集一卷

（清）錢塘陳佃撰

清乾隆間刻本　南京

集 10002607

南園初集詩鈔一卷

（清）海寧陳文棟撰

清乾隆間刻本　國圖

2017 年國家圖書館出版社清代詩文集珍本叢刊本

集 10002608

嘉藻堂集二卷

（清）仁和湯世昌撰

清乾隆間江漢書院刻本　南京

集 10002609

槐雲集一卷紀遊小草一卷望雲小草一卷仙華集一卷

（清）浦江戴望嶧撰

清稿本　南京

2013 年上海古籍出版社重修金

華叢書本

2020年學苑出版社浦江文獻集成本

集 10002610

澹寧齋集九卷

　（清）山陰楊際昌撰

　清乾隆二十四年（1759）似園刻本

國圖

　清同治六年（1867）刻本　中社科

院文學所

集 10002611

澹寧齋集八卷

　（清）山陰楊際昌撰

　清鈔本　浙江

集 10002612

闇然室詩存十卷文稿四卷

　（清）仁和應澧撰

　清道光間刻本　上海

集 10002613

桐石草堂集十卷厚石齋集十二卷

　（清）桐鄉汪仲鈖撰

　清乾隆二十年（1755）刻本　國圖

浙江　嘉興　首都　天津　湖南

　清嘉慶九年（1804）刻本　中社科

院文學所

　2016年國家圖書館出版社歷代

地方詩文總集彙編本

集 10002614

清谷文鈔六卷

　（清）秀水朱辰應撰　（清）楊志

麟輯

　清嘉慶間刻本　國圖

集 10002615

十誦齋集二卷

　（清）仁和周天度撰

　清乾隆二十五年（1760）刻本

首都

集 10002616

**十誦齋集六卷（十誦齋詩四卷詞
一卷雜文一卷）**

　（清）仁和周天度撰

　清乾隆四十八年（1783）刻本　中

科院　復旦　浙江　杭州　溫州

天一閣　餘姚文保所　陝西

　清光緒十年（1884）周福昌刻本

浙江　浙大　浙師大

　清代詩文集彙編本

集 10002617

十誦齋詩

　（清）仁和周天度撰

　清鈔本　國圖

　2017年國家圖書館出版社清代

詩文集珍本叢刊本

集 10002618

東目館詩集二十卷

　（清）臨安胡壽芝撰

　清道光間邗上刻本　南京　浙江

　清道光二十二年（1842）臨安胡氏

刻本　杭州

集 10002619

東目館詩集二十卷詩見四卷

　(清)臨安胡壽芝撰

　　清道光二十二年(1842)刻本

上海

集 10002620

心齋詩集不分卷

　(清)烏程紀復亨撰

　　鈔本　上海

集 10002621

春雨詩鈔四卷

　(清)錢塘黃大齡撰

　　清乾隆三十年(1765)日升堂刻本

浙江　復旦

集 10002622

有竹山房詩稿一卷

　(清)天台陳兆燾撰

　　鈔本　安徽

集 10002623

梁山舟詩二卷

　(清)錢塘梁同書撰

　　稿本　浙江

集 10002624

頻螺暫存稿一卷

　(清)錢塘梁同書撰

　　稿本　安徽

集 10002625

舊繡集一卷

　(清)錢塘梁同書撰

　　清乾隆二十一年(1756)刻本

北大

集 10002626

頻羅庵遺集十六卷

　(清)錢塘梁同書撰　(清)梁玉繩編

　　清嘉慶二十二年(1817)陸貞一杭州刻本　國圖　浙江　天一閣　紹興　嘉興　浙大　蘇州　無錫　鎮江　常州

　　清道光六年(1826)刻梁氏叢書本

　　上海

集 10002627

梁山舟學士尺牘不分卷

　(清)錢塘梁同書撰

　　清鈔本　復旦

集 10002628

敬思堂集六卷奏御集四卷詩集六卷

　(清)會稽梁國治撰

　　清嘉慶間梁承雲等刻本　上海

　(葉景葵跋)

集 10002629

敬思堂詩集六卷

　(清)會稽梁國治撰

　　清乾隆間刻本　復旦

　　鈔本　中社科院文學所

清刻本　天津　陜西

集 10002630
月船居士詩稿四卷
　（清）鄞縣盧鎬撰
　清乾隆五十七年（1792）刻本　南京　中社科院文學所
　1994 年上海書店出版社叢書集成續編本
　清刻本　國圖　天一閣　浙江奉化文管會　紹興

集 10002631
眉洲詩鈔五卷
　（清）海鹽朱維魚撰
　清乾隆三十九年（1774）刻本　國圖
　2017 年國家圖書館出版社清代詩文集珍本叢刊本

集 10002632
蘇閣吟卷一卷
　（清）海寧吳壽暘撰
　稿本　復旦

集 10002633
蘇閣文稿不分卷
　（清）海寧吳壽暘撰
　稿本　國圖
　2017 年國家圖書館出版社清代詩文集珍本叢刊本

集 10002634
葉鶴涂文集二卷
　（清）錢塘葉溶撰
　清乾隆四十八年（1783）凌世御刻本　浙江　南京　美燕京　天一閣

集 10002635
仙菽廬詩集四卷
　（清）平湖丁泰撰
　清道光間刻本　上海

集 10002636
丁中翰遺集二卷補遺一卷
　（清）平湖丁泰撰　柯志頤輯
　民國九年（1920）鉛印本　國圖　嘉興　平湖　浙江

集 10002637
聽雪南詩鈔四卷
　（清）嘉興薛廷文撰
　清乾隆四十一年（1776）刻本　蘇州
　清乾隆五十九年（1794）刻本　天津　浙江

集 10002638
苦雨堂集八卷
　（清）秀水顧列星撰　（清）顧柔瓚編
　清嘉慶十二年（1807）刻本　國圖　中科院　復旦

集 10002639

蘭堂剩稿一卷

（清）秀水王錦撰

清道光咸豐間刻繡水王氏家藏集本　國圖　南京

清代家集叢刊本

集 10002640

槐庭集不分卷

（清）秀水王錦撰

鈔本　中科院

集 10002641

春風草堂詩一卷

（清）仁和朱點撰

清嘉慶間刻本　南京　浙江

稿本　海寧

集 10002642

留爪集鈔一卷

（清）海寧吳錫禄撰

清光緒間海昌羊氏傳卷樓粵東刻海昌叢載本　國圖　北大　上海　山大

集 10002643

瀛山寄興一卷

（清）海寧周湘撰

鈔本（周嚚評）　浙江

集 10002644

怡閒小稿二卷

（清）平湖高衡撰

清乾隆四十九年（1784）刻本　上海

集 10002645

職司齋學文稿一卷

（清）歸安徐葉昭撰

清乾隆間刻本　中社科院文學所

清乾隆刻什一偶存本　中科院

清代詩文集彙編本

集 10002646

什一偶存不分卷

（清）歸安徐葉昭撰

清乾隆五十九年（1794）刻本　國圖

2017 年國家圖書館出版社清代詩文集珍本叢刊本

清乾隆五十六年（1791）刻本　内蒙古

集 10002647

頻迦偶吟六卷

（清）錢塘張世犖撰

清乾隆三十六年（1771）朱文藻鈔本（清朱文藻跋）　國圖

傳鈔朱文藻鈔本　南京

2017 年國家圖書館出版社清代詩文集珍本叢刊本

集 10002648

秋佳詩存一卷

（清）會稽陶章焕撰

清嘉慶間刻天倫樂事本　南京

清代家集叢刊本

華叢書本

集 10002649

鏡水集一卷

（清）臨海葉豐撰

清鈔本　復旦

集 10002650

鏡水詩集一卷楮葉詩集一卷

（清）臨海葉豐撰

清抄本　臨海博

集 10002651

瑞鹿堂詩集不分卷

（清）臨海葉豐撰

清抄本　臨海博

集 10002652

月我軒梅花集句七言律百首一卷

（清）海寧葛璇撰

清乾隆四十九年(1784)刻本　南
京　浙江

集 10002653

心吾子詩鈔九卷

（清）永康程尚濂撰

清嘉慶間刻本　中社科院文學所

集 10002654

心吾子詩鈔十卷

（清）永康程尚濂撰

清嘉慶間刻本　北大

2013年上海古籍出版社重修金

集 10002655

心吾子詩鈔十二卷

（清）永康程尚濂撰

清嘉慶間刻本　中科院　天津

集 10002656

三上閒吟一卷

（清）德清蔡書升撰

稿本　復旦

集 10002657

吟越集一卷

（清）德清蔡書升撰

稿本　復旦

集 10002658

曉劍集不分卷

（清）德清蔡書升撰

清刻本　南京

集 10002659

榕齋詩鈔二卷

（清）錢塘諸省三撰

清嘉慶刻諸氏家集本　國圖　浙
江　溫州　餘姚文保所

清代家集叢刊續編本

集 10002660

兼山堂集雜著一卷詩集三卷湘
夢詞一卷兼山堂經解四卷

（清）會稽沈楳撰

清光緒十二年(1886)刻本　國圖

集 10002661

兼山堂集文集一卷詩集三卷湘夢詞一卷兼山堂經解四卷

　(清)會稽沈樸撰

　清光緒刻沈氏三代家言本　國圖

上海　復旦

集 10002662

藉谿古堂集二卷續稿一卷

　(清)仁和徐堂撰

　稿本　上辭

集 10002663

藉谿古堂集二卷

　(清)仁和徐堂撰

　清乾隆間刻本　國圖　蘇州

天津

　2017 年國家圖書館出版社清代詩文集珍本叢刊本

集 10002664

玉澗吟稿不分卷

　(清)歸安葉詩撰

　清乾隆間竹墩茅御龍刻本　中科院

集 10002665

慈雲閣詩存一卷

　(清)海寧朱逵撰　(清)陳克鉉輯

　清乾隆三十年(1765)刻本　國圖

浙江

鈔本　海寧

清代家集叢刊本

集 10002666

陳筠齋詩一卷

　(清)海寧陳品閨撰

　清乾隆三十年(1765)刻慈雲閣詩存附本

　鈔本慈雲閣詩存附本　海寧

集 10002667

小滄洲詩集一卷

　(清)海鹽朱鴻緒撰

　清末鈔本　南京

集 10002668

蓬窗集二卷

　(清)錢塘李鑑撰

　清乾隆間刻本　南京

集 10002669

樓居小草一卷

　(清)錢塘袁杼撰

　清乾隆二十四年(1759)刻本

首都

　清鈔本　浙江

　清小倉小房刻袁家三妹合稿本

南京

　清代家集叢刊本

集 10002670

乳溪賦稿一卷

　(清)平湖辜典韶撰　(清)宋景關編

清乾隆間刻彙印乍川文獻本　中
科院

集 10002671

石帆詩鈔十卷

（清）桐鄉嚴光禄撰

清乾隆五十九年（1794）寫刻本
國圖　浙江　中科院　復旦　美燕
京　日内閣

集 10002672

溪庫詩稿六卷

（清）錢塘龔理身撰

清乾隆五十年（1785）桂隱山房刻
本　北大

清代詩文集彙編本

集 10002673

司寇公詩稿不分卷

（清）□□撰　（清）桐鄉馮集梧編

清乾隆五十年（1785）鈔本　中社
科院歷史所

集 10002674

石齋遺稿一卷

（清）海寧吳嶸撰　（清）海寧（一
作仁和）吳騫輯

清鈔本　國圖

德化李氏木犀軒鈔本　北大

清徐氏汲脩齋鈔汲修齋叢書本
國圖

2017 年國家圖書館出版社清代
詩文集珍本叢刊本

集 10002675

南園詩選二卷

（清）何士顒撰　（清）錢塘袁枚輯

清乾隆五十二年（1787）袁枚刻本
國圖　中科院

清隨園刻本　江蘇師大

清光緒十八年（1892）鉛印本
鹽城

清光緒十九年（1893）倉山舊主石
印本　國圖

清刻本　内蒙古　金陵　儀徵

集 10002676

穆亭集十卷

（清）天台施際清撰　（清）施督
輝編

民國十四年（1925）鉛印本　首都

民國二十三年（1934）鉛印本
浙江

清代詩文集彙編本

集 10002677

梅坡詩鈔二卷

（清）諸暨壽逵一撰

清道光二年（1822）葛玉書好古敏
求齋刻本　國圖

集 10002678

伴梅草堂詩存不分卷

（清）慈溪顧棞撰

稿本（清桂虚筠跋）　天一閣

集 10002679

秋竹詩稿不分卷

（清）慈溪顧棡撰

稿本（清陳權、清徐時棟跋）　天一閣

集 10002680

墨浪軒遺稿一卷

（清）海寧王朝俊撰　（清）海寧李
榕輯

硤川五家詩鈔（稿本）　上海

集 10002681

耦堂集杜一卷詩鈔一卷

（清）錢塘施學濂撰

稿本　四川

集 10002682

耦堂詩鈔□卷

（清）錢塘施學濂撰

稿本（存三卷）　中科院

集 10002683

耦堂詩鈔五卷

（清）錢塘施學濂撰

清鈔本　中科院

集 10002684

寶石齋詩集一卷

（清）錢塘施學濂撰

清鈔本　中科院

集 10002685

可儀堂詩偶存二卷

（清）仁和俞葆寅撰

清刻本　溫州

集 10002686

渌湖山莊詩草一卷

（清）紹興徐務本撰

稿本　浙江

集 10002687

黃琢山房集十卷

（清）山陰吳璜撰

清道光十九年（1839）刻本　浙江

清乾隆四十年（1775）畢沅刻本
天津

清乾隆四十二年（1777）鎮洋畢沅
刻本　國圖　中科院（鄧之誠題記）
上海　美燕京　浙江

清西泠印社刻本　上虞　首都

集 10002688

莪亭偶詠不分卷

（清）鄞縣范永祺撰

稿本　中社科院文學所

集 10002689

范永祺信札一卷

（清）鄞縣范永祺撰

稿本（鄭天木跋）　南京

集 10002690

蘭陔詩集二卷

（清）海寧周大業撰

清乾隆五十五年（1790）鈔本（清

周廣業校並跋） 海寧

集 10002691

蘭陔詩集四卷

（清）海寧周大業撰

清鈔本（夏定棫校） 浙江

集 10002692

半山吟一卷

（清）海寧周大業撰

續半山吟一卷

（清）海寧周廣業撰

清周氏種松書塾鈔本 天一閣

集 10002693

胥園詩鈔十卷

（清）秀水莊肇奎撰 （清）顧曾編

清嘉慶十七年（1812）刻本 國圖
南京

清代詩文集彙編本

集 10002694

遠村吟稿不分卷

（清）錢塘陳鑑撰

清乾隆間刻本 浙江（清丁丙跋）

集 10002695

遠村吟稿一卷

（清）錢塘陳鑑撰

清同治十三年（1874）陳行瑞刻本
國圖 復旦

集 10002696

清獻堂集二卷

（清）仁和趙佑撰

清刻本 中科院 湖南

清嘉慶間刻本 復旦

清乾隆刻本 國圖 首都 徐州
溫州

集 10002697

清獻堂集十卷

（清）仁和趙佑撰

清刻續修本 中科院

清代詩文集彙編本

集 10002698

清獻堂詩集二卷

（清）仁和趙佑撰

清乾隆間刻清獻堂全編本 國圖
中科院 上海 復旦 遼寧 南
大 桂林 重慶

清道光二十七年（1847）刻本 中
科院

集 10002699

清獻堂文集六卷

（清）仁和趙佑撰

清乾隆間刻清獻堂全編本 國圖
中科院 上海 復旦 遼寧 南
大 桂林 重慶

清道光二十七年（1847）刻本 中
科院

集 10002700
甌北詩鈔二十卷
（清）趙翼撰　（清）錢塘袁枚等評
清乾隆間湛貽堂刻本　國圖
湖南

集 10002701
標榭詩選一卷
（清）海鹽朱丕基撰
清乾隆二十五年（1760）刻三朱子
詩本　南京

集 10002702
寶幢詩鈔不分卷
（清）仁和李汪度撰
鈔本　南京

集 10002703
吳孝廉詩一卷
（清）海鹽吳文暉撰
稿本（清吳騫、清周迪批並跋）
上海

集 10002704
燈庵未定稿三卷
（清）海鹽吳文暉撰
稿本　上海

集 10002705
燈庵遺詩三卷附補遺一卷
（清）海鹽吳文暉撰
清乾隆間吳東發刻本　南京

集 10002706
梅笑集一卷
（清）歸安周映清撰
清嘉慶二十二年（1817）刻本（與
織雲樓詩集合刻）　南京
清代家集叢刊本

集 10002707
兩塍集二卷
（清）錢塘（一作海寧）周嘉猷撰
清乾隆四十七年（1782）刻本
北大

集 10002708
海日樓詩集一卷
（清）慈溪周應垣撰
小隱山莊鈔本　南京

集 10002709
林於館集九卷
（清）海寧查昌業撰
清乾隆四十二年（1777）海昌查氏
鈔本　北大

集 10002710
林於館詩集二卷
（清）海寧查昌業撰
民國二十五年（1936）天津金氏刻
本　天津
清鈔本　天津

集 10002711
攻錯軒試帖一卷

（清）黃巖黃雲章撰

鈔本　中科院

集 10002712

瞻衡堂集十二卷

（清）秀水陶煒撰　（清）陶介亭編

清陶氏賢奕書樓鈔陶氏賢弈書樓

叢書本　國圖

清代家集叢刊續編本

集 10002713

竹巖詩鈔一卷

（清）海寧楊煥綸撰

清光緒間海昌羊氏傳卷樓粵東刻

海昌叢載本　國圖　北大　上海

山大

集 10002714

竹巖遺集一卷

（清）海寧楊煥綸撰

清乾隆二十八年（1763）刻本

國圖

集 10002715

浭陂遺詩一卷

（清）錢塘錢玘撰　（清）仁和錢錫

賓等輯

清光緒二十二年（1896）刻湖墅錢

氏家集本　北大　上海

集 10002716

静退齋集八卷甜雪詞二卷

（清）歸安戴文燈撰

清乾隆三十三年（1768）戴璐刻本

中科院

集 10002717

在璞堂吟稿一卷

（清）錢塘方芳佩撰

清乾隆十六年（1751）翁照刻本

國圖

清乾隆嘉慶刻本　國圖　天一閣

集 10002718

在璞堂續稿一卷

（清）錢塘方芳佩撰

清乾隆二十一年（1756）刻本　國

圖　首都　浙江

清乾隆嘉慶刻本　國圖　天一閣

集 10002719

在璞堂續集一卷

（清）錢塘方芳佩撰

清嘉慶九年（1804）刻本　國圖

集 10002720

西崖詩鈔四卷文鈔八卷

（清）浦江朱興悌撰

清嘉慶十三年（1808）刻本　中

科院

2013 年上海古籍出版社重修金

華叢書本

2020 年學苑出版社浦江文獻集

成本

集 10002721

西崖文鈔八卷

（清）浦陽朱興悌撰

清刻本　浦江

集 10002722

彡石齋集一卷

（清）秀水汪又辰撰

清嘉慶間刻本　南京　嘉興

平湖胡士瑩霜紅簃鈔本　浙江

集 10002723

訒庵詩存六卷

（清）錢塘（原籍安徽歙縣，寓居錢塘）汪啓淑撰

清乾隆間刻本　中科院　國圖

集 10002724

于役新吟一卷

（清）錢塘（原籍安徽歙縣，寓居錢塘）汪啓淑撰

清乾隆四十二年（1777）刻本　中社科院文學所

集 10002725

蘭溪櫂歌

（清）錢塘（原籍安徽歙縣，寓居錢塘）汪啓淑撰

清乾隆二十年（1755）刻本

集 10002726

次立齋詩集四卷文集二卷附紓亭制義一卷

（清）錢塘袁知撰

清嘉慶三年（1798）敦彝堂刻本

國圖

清道光二年（1822）刻本　首都

清道光三年（1823）敦彝堂刻本

北大

清刻本　嵊州

集 10002727

南樓吟稿二卷

（清）錢塘徐暎玉撰

清乾隆三十年（1765）沈大成有華書塾刻本　國圖

集 10002728

秋涇集一卷

（清）嘉興錢汝恭撰

清道光九年（1829）刻本　首都

中大　國圖

集 10002729

松塵齋詩稿一卷

（清）海寧毛元勳撰

清嘉慶道光間海寧沈毓蓀鈔本

南京

集 10002730

九峯詩草不分卷

（清）浙江唐起鳳撰

清乾隆間刻本　南京

集 10002731

天台遊草不分卷

（清）仁和張廷俊撰

清乾隆三十四年（1769）刻本　上海　國圖

集 10002732

雁宕遊草一卷

（清）仁和張廷俊撰

清乾隆五十三年（1788）刻本　中大

集 10002733

求是齋集九卷

（清）仁和張廷俊撰

清抄本　臨海博

集 10002734

涵遠山房詩鈔不分卷

（清）仁和張廷俊撰

清抄本　臨海博

集 10002735

存悔集一卷

（清）鄞縣范鵬撰

清咸豐七年（1857）盧傑思貽堂刻本　國圖　天津　天一閣　國圖

1994 年上海書店出版社叢書集成續編本

集 10002736

松靄遺書鈔補不分卷

（清）海寧周春撰

鈔本　上海

集 10002737

著書自序彙鈔一卷

（清）海寧周春撰

汲修閣鈔本　國圖

2017 年國家圖書館出版社清代詩文集珍本叢刊本

集 10002738

松靄詩薰九卷集外詩一卷

（清）海寧周春撰

清抄本　海寧

集 10002739

周松靄信札手稿不分卷

（清）海寧周春撰

稿本　浙江

集 10002740

著書齋偶吟一卷

（清）海寧周春撰

清徐氏汲脩齋抄汲脩齋叢書十六種本　國圖

集 10002741

澹珍遺集二卷

（清）杭縣施炘撰

清道光二十五年（1845）崇雅堂刻東里兩先生詩本　國圖　南京

集 10002742

梧岡詩鈔十二卷

（清）海寧查虞昌撰

稿本　上海

集 10002743

有獲堂詩集(笠峯詩集)二卷

(清)上虞胡銑撰

清嘉慶五年(1800)上虞胡氏倫教堂刻本　國圖

集 10002744

柬亭詩選二卷

(清)海鹽(江蘇陽湖人,寓海鹽)董潮撰　清沈德潛、清錢陳羣選輯

清乾隆二十四年(1759)刻嘉禾八子詩選本　上海　中社科院文學所

集 10002745

紅豆詩人集十九卷附錄一卷

(清)海鹽(江蘇陽湖人,寓海鹽)董潮撰

清道光十九年(1839)董敏善刻本　國圖　中科院　首都　南開　常州　浙江　江蘇師大

清道光二十年(1840)刻本　天津

清刻本　蘇州

集 10002746

紅豆詩人詩鈔不分卷詞鈔一卷

(清)海鹽(江蘇陽湖人,寓海鹽)董潮撰

清鈔本(清朱琰評校)　上海

集 10002747

蕉園古今詩六卷

(清)嘉興王鴻宇撰

清乾隆五十四年(1789)刻本

上海

集 10002748

小山居稿四卷續稿三卷

(清)錢塘何琪撰

清嘉慶間刻本　國圖　南京　山西大

2017年國家圖書館出版社清代詩文集珍本叢刊本

集 10002749

種梅詩鈔一卷

(清)嘉興曹秉鈞撰

清刻本　南京

集 10002750

張振西詩選一卷

(清)平湖張世昌撰　(清)平湖朱爲弼選

清道光九年(1829)刻清河五先生詩選本　嘉興　平湖

清同治八年(1869)刻清河五先生詩選本　國圖　湖南

集 10002751

敦坡詩鈔一卷

(清)平湖張世昌撰

清同治八年(1869)平湖張氏刻清河六先生詩選本　首都

民國二十年(1931)平湖胡氏霜紅簃鈔對床吟本　浙江

清代家集叢刊影印清河六先生詩選本

集 10002752

吳越游草一卷

（清）王文治撰

清康熙刻本　國圖　浙博

清宣統三年(1911)古吳藏書樓石印本　上海　浙江　金華博　鎮江

集 10002753

南雪草堂詩集四卷

（清）歸安吳蘭庭撰

清乾隆三十五年(1770)刻本　北大　浙江

集 10002754

胥石詩存四卷文存一卷

（清）歸安吳蘭庭撰

民國間吳興劉氏嘉業堂刻吳興叢書本　國圖　中科院　上海　復旦　寧夏　南京　浙江　湖北　雲南

民國間吳興劉氏嘉業堂刻 1986 年文物出版社重印吳興叢書本　遼寧

2002 年上海古籍出版社影印續修四庫全書本

集 10002755

蓬廬詩鈔二十卷

（清）海寧周廣業撰

稿本(清王堂題詩)　南京

稿本(二十二卷)　上海

集 10002756

周廣業詩稿不分卷

（清）海寧周廣業撰

稿本　北大

集 10002757

冬集紀程詩一卷

（清）海寧周廣業撰

清道光間周氏種松書屋刻本　南京

集 10002758

蓬廬詩鈔二卷

（清）海寧周廣業撰

民國二十九年(1940)上海合衆圖書館傳鈔稿本(顧廷龍題記)　上海

集 10002759

耕崖文稿一卷

（清）海寧周廣業撰

清周氏種松書塾鈔本　上海

集 10002760

耕崖初稿二卷

（清）海寧周廣業撰

稿本　浙博

集 10002761

蓬廬文鈔八卷

（清）海寧周廣業撰

稿本　美燕京

民國二十九年(1940)燕京大學刻本　浙師大

周氏種松書塾刻本　臺圖

清鈔本　浙江

近代中國史料叢刊正、續、三編本

2002年上海古籍出版社影印續

修四庫全書本

集 10002762

四寸學殘存二卷

(清)嘉善周震榮撰

傳鈔稿本(曹秉章跋)　復旦

集 10002763

紅豆村人詩稿十一卷

(清)錢塘袁樹撰

清乾隆四十六年(1781)袁枚刻本

中科院

清光緒十八年(1892)著易堂鉛印

本　山大

集 10002764

紅豆村人詩稿十四卷

(清)錢塘袁樹撰

清乾隆四十六年(1781)袁枚刻增

刻本　中科院

清乾隆二十七年(1762)刻本　徐

州　蘇大

清刻本　天一閣　常州　吳江

儀徵　金陵　首都　内蒙古　金陵

集 10002765

紅豆村人詩續稿四卷

(清)錢塘袁樹撰

清光緒十八年(1892)勤裕堂鉛印

隨園三十八種本　國圖　北師大

上海

民國七年(1918)上海文明書局石

印隨園三十八種本　遼寧　湖北

清代詩文集彙編本

集 10002766

舫柰詩始一卷

(清)錢塘袁樹撰

清乾隆十七年(1752)胡德琳鈔本

北大

集 10002767

愚髯小稿一卷

(清)秀水張慶源撰

南社鈔本　南京

集 10002768

東園詩存一卷

(清)仁和陳張翼撰

清乾隆十年(1745)東園陳氏刻本

温州

集 10002769

西碉詩鈔四卷

(清)海寧祝喆撰

清道光十二年(1832)淳雅堂刻本

南京

鈔本　浙江

集 10002770

還雲堂詩集十二卷

(清)會稽姚繼祖撰

清道光六年(1826)刻本　北大

中山

集 10002771

覆瓿詩鈔三卷

（清）山陰徐秉鈴撰

清鈔本　中大

2008 年 12 月廣東人民出版社清代稿鈔本本

集 10002772

雪莊詩稿不分卷

（清）海寧許承祖撰

稿本　浙江

集 10002773

雪莊漁唱一卷

（清）海寧許承祖撰

清乾隆二十四年（1759）刻本　國圖　復旦　浙江

集 10002774

雪莊西湖漁唱七卷

（清）海寧許承祖撰

清乾隆間刻本　國圖　中科院　天津　溫州　蘇州

清光緒三年至二十六年（1877～1900）錢塘丁氏嘉惠堂刻武林掌故叢編本　國圖　中科院　北大　上海　復旦　天津　遼寧　甘肅　山東　南京　浙江　湖北　四川

1985 年江蘇廣陵古籍刻印社影印清光緒三年至二十六年（1877～1900）錢塘丁氏嘉惠堂刻武林掌故叢編本　中科院

1994 年上海書店出版社叢書集成續編本

集 10002775

問渠詩草八卷

（清）嘉興陳濤撰

清乾隆五十四年（1789）刻本　國圖　浙江

集 10002776

爽籟山房集二卷

（清）仁和程之章撰

清乾隆間刻本　國圖　浙大　東陽博

鈔本　南京

集 10002777

抱山堂詩集十卷

（清）錢塘朱彭撰

清乾隆五十五年（1790）刻本　遼寧　天一閣

清刻本　國圖

集 10002778

抱山堂集十四卷

（清）錢塘朱彭撰

清嘉慶六年（1801）刻本　首都　中科院　浙江

清咸豐十一年（1861）刻本　國圖　浙江　義烏

清刻本　首都　湖南

集 10002779

抱山堂集十八卷

（清）錢塘朱彭撰

清嘉慶九年(1804)刻本　南京　南開

清咸豐十一年(1861)刻本　溫州

清代詩文集彙編本

集 10002780

龍莊先生詩稿不分卷

（清）蕭山汪輝祖撰

稿本(清王瑋昌跋)　浙江

集 10002781

汪龍莊集不分卷

（清）蕭山汪輝祖撰

民國初鈔本　國圖

集 10002782

清聞齋詩存三卷

（清）嘉善周鼎樞撰

清光緒九年(1883)歸安姚氏刻本

國圖　北大　上海　復旦　天津

遼寧　山東　甘肅　南京　浙江

湖北　四川　金陵

清歸安姚氏咫進齋鈔本　重慶

2008 年 9 月廣州出版社廣州大典本

集 10002783

樵貴谷詩選七卷

（清）餘姚(祖籍浙江餘姚,占籍順
天宛平)孫維龍撰

清刻本　安徽博

集 10002784

粲花軒詩稿(湄君詩集)二卷

（清）錢塘陸建撰

清乾隆三十年(1765)隨園刻本
浙江

清光緒十九年(1893)倉山舊主石
印本　國圖

清刻本　常州

集 10002785

新語草堂詩鈔四卷

（清）錢塘陸新撰

清嘉慶間刻本　南京

集 10002786

頤齋文稿不分卷

（清）桐鄉陸費墀撰

清鈔本　國圖

清代詩文集彙編本

集 10002787

慎餘齋詩鈔四卷

（清）歸安葉佩蓀撰

清嘉慶十三年(1808)葉紹奎榕城
使院刻本　國圖

集 10002788

素庵吟稿二卷

（清）回浦鄔熊卜撰

清嘉慶八年(1803)雙桂書屋刻本
首都

集 10002789

忍冬書屋初稿二卷

（清）嘉興田枌撰

清乾隆五十七年(1792)刻本　山
西大　國圖

集 10002790

羨門山人詩鈔十一卷

　(清)歸安孫霖撰

　清乾隆間刻本　國圖

集 10002791

大俞山房集十二卷

　(清)餘姚黄璋撰

　清乾隆五十二年(1787)黄征蕭刻
本　清華　餘姚文保所　天一閣

集 10002792

雪蕉集鈔一卷

　(清)張字撰(清)錢塘程川、(清)
錢塘潘思齊輯

　清乾隆間刻名集叢鈔本　上海

集 10002793

抱山詩鈔四卷

　(清)海鹽張雲鶴撰

　清乾隆間舒瞻刻本　上海

集 10002794

秋畦詩鈔二卷

　(清)桐鄉陸世埰撰

　清嘉慶十一年(1806)刻本　上海
湖南

集 10002795

秋畦小稿一卷

(清)桐鄉陸世采撰

清鈔本　湖北

集 10002796

學福齋詩稿六卷

　(清)仁和陳鴻寶撰

　清嘉慶三年(1798)刻本　復旦
杭州　浙江　南開

集 10002797

學福齋詩不分卷

　(清)仁和陳鴻寶撰

　鈔本　中科院

集 10002798

梅簃遺詩一卷

　(清)仁和錢樹撰　(清)仁和錢錫
寶等輯

　清光緒二十二年(1896)刻湖墅錢
氏家集本　北大　上海

集 10002799

進笈詩草一卷

　(清)慈溪錢秉鉞撰

　清乾隆間刻本　清華

集 10002800

桐峯集四卷

　(清)浦江戴望嶧撰

　鈔本　南京

集 10002801

壺山自吟稿三卷附錄一卷

（清）秀水朱休度撰

清嘉慶三年（1798）寫刻本　中科院　復旦　浙江　國圖　首都　黑龍江

清代詩文集彙編本

集 10002802

壺山自吟稿五卷

（清）秀水朱休度撰

清嘉慶元年（1796）刻本　蘇州

集 10002803

俟寧居偶詠一卷

（清）秀水朱休度撰

清嘉慶三年（1798）刻本　中科院　高郵　浙江

集 10002804

俟寧居偶詠二卷

（清）秀水朱休度撰

清嘉慶十七年（1812）寫刻本　中科院　復旦　湖南　陝西

清刻本　黑龍江

集 10002805

小木子詩三刻六卷（梓廬舊稿一卷壺山自吟稿三卷俟寧居偶詠二卷）

（清）秀水朱休度撰

清嘉慶三年至十七年（1798～1812）寫刻彙印本　國圖　中科院　浙江　嘉興　溫州　高郵

2002 年上海古籍出版社影印續修四庫全書本

清代詩文集彙編本

集 10002806

欹枕閑唫不分卷

（清）秀水朱休度撰

清管庭芬鈔本　上海

2019 年國家圖書館出版社影印浙學未刊稿叢編本

集 10002807

張元若詩選一卷

（清）平湖張世仁撰　（清）朱爲弼選

清道光九年（1829）刻清河五先生詩選本　嘉興　平湖

清同治八年（1869）刻清河五先生詩選本　國圖　湖南

集 10002808

香谷詩鈔一卷

（清）平湖張世仁撰

清同治八年（1869）平湖張氏刻清河六先生詩選本　首都

民國二十年（1931）平湖胡氏霜紅簃鈔對床吟本　浙江

清代家集叢刊影印清河六先生詩選本

集 10002809

訥齋未定稿不分卷

（清）山陰平世增撰

稿本　浙江

集 10002810

春雨樓詩集五卷

（清）長興沈彩撰

稿本（存卷三至五，羅振常跋，羅莊輯詩附錄並跋） 國圖

集 10002811

春雨樓集十四卷首一卷末一卷

（清）長興沈彩撰

清乾隆四十七年（1782）寫刻本
國圖 中科院 復旦 浙江

清代詩文集彙編本

集 10002812

春雨樓稿四卷附錄一卷

（清）長興沈彩撰

民國十三年（1924）上虞羅氏蟫隱廬影刻本 中科院

集 10002813

春雨樓稿雜文一卷春雨樓詩一卷採香詞二卷附錄一卷

（清）長興沈彩撰

民國十三年（1924）上虞羅氏蟫隱廬影刻本 復旦（無春雨樓詩）
平湖

集 10002814

停雲軒古詩鈔二卷

（清）山陰何經愉撰

清嘉慶十一年（1806）何綸錦刻本
中科院

集 10002815

臥陶軒集十八卷

（清）仁和周駿發撰

清嘉慶間刻本 南京 天一閣

集 10002816

紅鶴山莊詩鈔二卷

（清）山陰胡慎容撰

清乾隆二十二年（1757）新城王槐植等刻本 國圖

集 10002817

紅鶴山莊詩二集一卷

（清）山陰胡慎容撰

清乾隆三十二年（1767）王金英刻本 國圖

清嘉慶三年（1798）馮澍刻本
國圖

集 10002818

蔣濂詩集六卷

（清）東陽李正馥撰

清乾隆二十二年（1757）刻本 東陽博

2013 年上海古籍出版社重修金華叢書本

集 10002819

錦璇閣詩稿三卷

（清）平湖于東泉撰

清刻本 平湖

集 10002820

雲汀詩鈔四卷

(清)錢塘張賓鶴撰

清乾隆五十四年(1789)怡親王府刻本　首都

清代詩文集彙編本

集 10002821

苕碕小稿一卷

(清)錢塘陳宣撰

清乾隆間刻本　南京

集 10002822

小安養齋剩稿一卷鈔本遺詩一卷

(清)富陽單炤撰

清嘉慶二十五年(1820)禪喜彙刻本　南京

集 10002823

研北删餘詩三卷

(清)錢塘諸克紹撰

清嘉慶刻諸氏家集本　國圖　浙江　温州　餘姚文保所

清代家集叢刊續編本

集 10002824

遇香小草一卷

(清)仁和錢榕撰　(清)仁和錢錫賓等輯

清光緒二十二年(1896)刻湖墅錢氏家集本　北大　上海

集 10002825

滴粉吟一卷掃愁新咏一卷拜石軒賸稿一卷擁書軒遺稿一卷唾餘續槀一卷

(清)平陽顧訥撰

民國抄本　温州

集 10002826

南浦懶鈔四卷

(清)蕭山韓綬之撰

清乾隆五十七年(1792)緘齋活字印本　浙江

集 10002827

拜經樓詩草不分卷

(清)海寧(一作仁和)吴騫撰

稿本(孫毓秀跋)　國圖

集 10002828

拜經樓詩稿續集一卷

(清)海寧(一作仁和)吴騫撰

稿本　北大

集 10002829

拜經樓詩集續稿不分卷

(清)海寧(一作仁和)吴騫撰

稿本(清陳鱣、清陳敬璋、清朱焕雲、清李祖香、清魏鉽、清屈爲章

集 10002830

拜經樓詩集十二卷

(清)海寧(一作仁和)吴騫撰

清嘉慶間刻本　中科院(鄧之誠

題記) 國圖 首都

集 10002831

拜經樓詩集十二卷續集四卷萬花漁唱一卷

(清)海寧(一作仁和)吳騫撰

清嘉慶八年至十七年(1803～1812)吳氏自刻本 四川 浙江 嘉興 天一閣

2002年上海古籍出版社影印續修四庫全書本

集 10002832

愚谷文存十四卷拜經樓詩集十二卷續編四卷詩餘一卷

(清)海寧(一作仁和)吳騫撰

清乾隆嘉慶間海昌吳氏刻彙印拜經樓叢書本 國圖 中科院 北大 上海 復旦 遼寧 安徽 四川

民國十一年(1922)上海博古齋增輯影印清吳氏刻拜經樓叢書本 國圖 北大 中科院 天津 上海 復旦 遼寧 甘肅 南京 浙江 湖北 重慶

集 10002833

愚谷文存十四卷續編二卷拜經樓詩集十二卷續編四卷萬花漁唱一卷拜經樓詩話四卷

(清)海寧(一作仁和)吳騫撰

東吳程氏心庵鈔本 復旦

集 10002834

愚谷文存十四卷續編二卷補遺一卷拜經樓詩集十二卷續編四卷萬花漁唱一卷拜經樓詩話四卷

(清)海寧(一作仁和)吳騫撰

清嘉慶十六年(1811)刻本 上海 嘉興 浙江

2002年上海古籍出版社影印續修四庫全書本

集 10002835

拜經樓詩集再續一卷

(清)海寧(一作仁和)吳騫撰

清嘉慶間刻本 中科院

集 10002836

拜經樓詩文稿十四卷

(清)海寧(一作仁和)吳騫撰

稿本(清朱型家等跋,任安上等題詩,陳敬章題詞) 國圖

集 10002837

愚谷詩稿六卷

(清)海寧(一作仁和)吳騫撰

清鈔本 國圖

2017年國家圖書館出版社清代詩文集珍本叢刊本

集 10002838

愚谷文存不分卷

(清)海寧(一作仁和)吳騫撰

稿本 國圖

集 10002839

愚谷文稿不分卷

（清）海寧（一作仁和）吳騫撰

稿本　國圖

2017 年國家圖書館出版社清代詩文集珍本叢刊本

集 10002840

愚谷文存續編二卷

（清）海寧（一作仁和）吳騫撰

清嘉慶十九年（1814）年刻本　中科院　天津　浙江　天津

2002 年上海古籍出版社影印續修四庫全書本

集 10002841

愚谷文存續編二卷拜經樓詩集再續編一卷

（清）海寧（一作仁和）吳騫撰

清嘉慶間刻本　中科院

集 10002842

哀蘭絕句一卷南宋方爐題吟一卷

（清）海寧吳騫撰

清光緒二十年（1894）吳縣朱氏校經堂刻重校拜經樓叢書本

集 10002843

哀蘭集些一卷輓篇一卷

（清）海寧吳騫撰

稿本　國圖

集 10002844

蠡塘漁乃徐姬小傳珠樓遺稿題辭珠樓遺稿扶風傳信錄會仙記後會仙記

（清）海寧吳騫撰

清末鈔本　國圖

集 10002845

蠡塘漁乃一卷

（清）海寧吳騫撰

清乾隆三十四年（1769）吳氏拜經樓鈔本　國圖

清徐氏汲脩齋抄汲脩齋叢書十六種本　國圖

集 10002846

盈書閣遺稿一卷

（清）錢塘袁棠撰

清乾隆嘉慶間刻隨園三十種本　國圖　中科院　北大　復旦　遼寧　山東　中山　四川

清同治五年（1866）三讓睦記刻隨園三十種本　清華　桂林

清光緒十七年（1891）經綸堂刻隨園三十種本　湖北

清小倉小房刻袁家三妹合稿本　南京

清代家集叢刊本

集 10002847

蟫餘吟稿一卷

（清）錢塘袁棠撰

清乾隆嘉慶間刻隨園三十種本

國圖　中科院　北大　復旦　遼寧
山東　中山　四川
清同治五年(1866)三讓睦記刻隨
園三十種本　清華　桂林
清光緒十七年(1891)經綸堂刻隨
園三十種本　湖北
清小倉小房刻袁家三妹合稿本
南京
清代家集叢刊本
清光緒十九年(1893)倉山舊主石
印本　國圖
清刻本　儀徵
清鈔本　國圖

集 10002848

山影樓詩存二卷

(清)平湖徐光燦撰
清道光間刻本　上海　平湖
浙江

集 10002849

翁覃谿詩不分卷

(清)翁方綱撰　(清)秀水錢載評
稿本　國圖
2017 年國家圖書館出版社清代
詩文集珍本叢刊本

集 10002850

復初齋詩稿不分卷

(清)翁方綱撰　(清)秀水錢載評
清蔣肖鰭鈔本(清丁立誠題記)
中科院

集 10002851

復初齋文一卷

(清)翁方綱撰　(清)嘉興張廷
濟輯
清嘉慶間張氏清儀閣鈔本　上海

集 10002852

陳檢討詩集三卷

(清)秀水陳經禮撰
民國十九年(1930)鉛印本　南京

集 10002853

檢齋詩集三卷

(清)秀水陳經禮撰
民國十九年(1930)鉛印本　嘉興

集 10002854

娥野集十二卷

(清)鄞縣蔣學鏡撰
鈔本　天一閣

集 10002855

枕山樓吟稿五卷

(清)海寧錢選撰
清乾隆間刻雲居聖水寺志本
南京

集 10002856

百泉詩稿□□卷

(清)秀水錢世錫撰
稿本(存卷七至十六)　北大

集 10002857

麀山老屋詩鈔十六卷

（清）秀水錢世錫撰

清嘉慶間刻本　山西大

集 10002858

松崖詩鈔（松崖漫稿）不分卷

（清）會稽宋口口撰

鈔校本　浙江

集 10002859

願學齋文鈔十四卷

（清）嘉興李集撰

清嘉慶二十四年（1819）李氏萬善堂刻本　中科院

集 10002860

待夢樓遺詩二卷

（清）會稽孟軒撰

清乾隆五十八年（1793）刻本　中社科院文學所

集 10002861

松圃詩草不分卷

（清）桐廬徐曰紀撰

清乾隆五十八年（1793）刻本　中社科院文學所

清乾隆五十九年（1794）刻本　南開

集 10002862

松圃詩草九卷

（清）桐廬徐曰紀撰

清乾隆間刻本　南開

集 10002863

蛻稿四卷

（清）錢塘梁玉繩撰

清道光六年（1826）刻梁氏叢書清白士集本　上海

集 10002864

清白士集二十九卷

（清）錢塘梁玉繩撰

清道光六年（1826）刻梁氏叢書本　上海

集 10002865

清白士集二十八卷

（清）錢塘梁玉繩撰

清嘉慶五年（1800）刻本　湖南

清嘉慶刻本　蘇州　國圖　天津　南開

集 10002866

竹林吟稿三卷

（清）嘉興（原籍浙江嘉興，父矦曾贅金澤蔡氏，遂著青浦籍）張汝遇撰

清嘉慶十五年（1810）刻本　中社科院文學所　南京

集 10002867

學福齋詩詞不分卷

（清）仁和費承勳撰

清鈔本　國圖

集 10002868

春鳧詩稿一卷

（清）仁和費承勳撰

清末鈔本　桂林

集 10002869

貢雲樓稿一卷

（清）德清蔡詒來撰

清鈔本　浙江

民國鉛印德清蔡厥修蔡雲士遺稿
合刊本　南京

集 10002870

貢雲書屋詩草一卷

（清）德清蔡賡颺撰

民國鉛印德清蔡厥修蔡雲士遺稿
合刊本　南京

集 10002871

雪薑老人詩稿四卷

（清）臨海洪枰撰

清嘉慶八年（1803）刻本　溫州

清嘉慶二十五年（1820）刻本　中
科院　臨海博

集 10002872

雪薑詩抄八卷

（清）臨海洪枰撰

清抄本　臨海博

集 10002873

雪薑老人詩選一卷

（清）臨海洪枰撰

清抄本　浙江

集 10002874

吟月軒詩稿一卷

（清）海寧曹虞撰

鈔本　中社科院文學所

集 10002875

桂巖小隱集一卷

（清）慈溪魏銀河撰

清嘉慶間刻本　南京

集 10002876

窺園詩鈔六卷

（清）遂昌王夢篆撰

清乾隆五十八年（1793）刻本
南京

清咸豐三年（1853）刻本　首都

集 10002877

窺園詩鈔五卷詞鈔一卷四六一卷

（清）平昌王夢篆撰

清刻本　遂昌

集 10002878

窺園詩鈔

（清）遂昌王夢篆撰　遂昌王正明
注釋

遂昌圖書館 2010 年印本

集 10002879

黛石草堂詩鈔三卷

（清）歸安張屺望撰

清乾隆三十三年(1768)刻本　中
科院

集 10002880

審是齋詩鈔一卷

（清）錢塘楊知撰

清乾隆間刻本　南京

集 10002881

朗齋遺集二卷

（清）仁和朱文藻撰

清道光二十五年(1845)崇雅堂刻
東里兩先生詩本　國圖　南京

集 10002882

蘭韻堂詩集十二卷

（清）平湖沈初撰

清乾隆四十九年(1784)刻本
復旦

清乾隆五十九年(1794)刻本　首
都　天津　湖南

集 10002883

**蘭韻堂詩集十二卷御覽集六卷
文集五卷經進文稿二卷詩續集
一卷文續集一卷西清筆記二卷**

（清）平湖沈初撰

清乾隆五十九年至道光元年
(1794～1821)刻本　美燕京　平湖
（缺蘭韻堂詩集）

清代詩文集彙編本

四庫未收書輯刊本

集 10002884

**蘭韻堂詩集十二卷御覽集六卷
文集五卷經進文稿二卷**

（清）平湖沈初撰

清乾隆四十九年(1784)刻五十九
年(1794)增刻本　國圖　中科院

集 10002885

蘭韻堂詩續集一卷文續集一卷

（清）平湖沈初撰　（清）沈春畹
（清）沈遠亭輯

清道光元年(1821)刻本　中科院

清乾隆五十九年、嘉慶二十五年
(1820)平湖沈氏刻本　浙大

集 10002886

芳蓀書屋存稿四卷

（清）蘭溪吳瑛撰

清乾隆十八年(1753)刻本　國圖
溫州

集 10002887

築巖子集

（清）浦江傅旭元撰

清光緒十七年(1891)王文炳抄本

2020年學苑出版社浦江文獻集
成本

集 10002888

石鍾山人遺稿二卷

（清）嘉興吳鑛撰

清光緒二十一年(1895)刻本　首
都　天一閣　首都　嘉興

鈔本　上海

集 10002889

九曲山房詩鈔不分卷

（清）會稽宗聖垣撰

稿本　紹興

集 10002890

九曲山房詩鈔一卷

（清）會稽宗聖垣撰

清乾隆二十九年（1764）刻本

諸暨

集 10002891

九曲山房詩鈔十六卷

（清）會稽宗聖垣撰

清嘉慶五年（1800）刻本　國圖

上海　山東　遼寧　蘇州

清刻本　中科院

集 10002892

九曲山房詩續集一卷

（清）會稽宗聖垣撰

清嘉慶道光間刻本　上海

民國三年（1914）蘇州鉛印本

國圖

集 10002893

精選芥颿詩六卷附古今詩選一卷

（清）會稽宗聖垣撰

民國山陰范孟超抄本　紹興

集 10002894

經韻樓集十二卷

（清）段玉裁撰　（清）段驤　（清）

仁和（一作錢塘）龔自珍編

清乾隆至道光間金壇段氏刻彙印

經韻樓叢書本　國圖　中科院　北

大　上海　復旦　天津　遼寧　甘

肅　南京　浙江　武大　雲南　日

京大人文研　人文

清道光元年（1821）刻經韻樓叢書

本　國圖　天津　南開

清道光十六年（1836）西湖樓刻本

徐州

清光緒十年（1884）秋樹根齋重校

刻本　國圖　蘇大　首都　南開

集 10002895

春雨齋詩集十六卷附桃花亭詞一卷

（清）秀水蔣元龍撰

清嘉慶十一年（1806）延澤堂刻本

國圖　首都

集 10002896

繡餘吟六卷附錄一卷

（清）會稽馮思慧

清乾隆刻本　河南　美燕京

清乾隆四十九年（1784）劉秉恬刻

本　天津

集 10002897

桂隱山房遺稿二卷

（清）仁和龔敬身撰

清刻本　南京

集 10002898

山子詩鈔十卷

　（清）烏程方熙撰

　　清鈔本　浙江

集 10002899

山子詩鈔十一卷

　（清）烏程方熙撰

　　民國間吳興劉氏嘉業堂刻吳興叢書本　國圖　中科院　上海　復旦　寧夏　南京　浙江　湖北　雲南

　　民國間吳興劉氏嘉業堂刻 1986 年文物出版社重印吳興叢書本　遼寧

　　清抄本　浙江

　　清代詩文集彙編本

　　1994 年上海書店出版社叢書集成續編本

集 10002900

笥品詩剩二卷

　（清）海鹽方熙撰

　　清抄本　浙江

集 10002901

橘香堂存稿二卷

　（清）秀水王澄撰

　　清道光咸豐間刻繡水王氏家藏集本　國圖　南京

　　清代家集叢刊本

集 10002902

巖客吟草不分卷

　（清）嘉善朱桂撰

　　清乾隆五十二年(1787)稿本　中社科院文學所

集 10002903

風雨廬詩草四卷

　（清）嘉善朱桂撰

　　清鈔本(殘闕)　嘉善

集 10002904

臺半咶聲不分卷

　（清）瑞安余學鯤撰

　　清乾隆五十年(1785)刻本　溫州

　　清乾隆稿本　溫州

集 10002905

葵圃存草一卷

　（清）太平林漢佳撰　金嗣獻輯

　　民國四年(1915)太平金氏木活字印赤城遺書彙刊本　上海　浙江　四川

集 10002906

東蒙詩鈔一卷

　（清）昌化胡栗撰

　　清乾隆六十年(1795)清素堂刻同音集本　復旦　華東師大

集 10002907

謙受齋稿五卷

　（清）嘉善夏葛撰

　　清刻本　中社科院文學所

集 10002908

青桐書屋學語四卷

(清)錢塘桑繩球撰

清乾隆嘉慶間修汲堂刻本　南京
南京

集 10002909

徐明經文鈔二卷徐明經詩鈔二卷

(清)永康徐宏桓撰

清同治七年至光緒八年(1868～
1882)永康胡氏退補齋刻金華叢書
本　首都　上海　民大

清同治七年至光緒八年(1868～
1882)永康胡氏退補齋刻民國間補
刻金華叢書本　國圖　中科院　北
大　上海　天津　遼寧　南京　浙
江　湖北　四川

1981 年江蘇廣陵古籍刻印社校
補重印退補齋刻金華叢書本　國圖

2013 年上海古籍出版社重修金
華叢書本

集 10002910

船屯漁唱(船屯漁唱箋釋)一卷

(清)平陽張綦毋撰　周喟箋釋

瑞安楊紹廉鈔本　溫州

民國五年(1916)石印本　國圖
溫州　平陽　浙江　玉海樓

鈔本　中科院

民國楊紹廉鈔本　溫州

集 10002911

潛齋詩鈔(潛齋詩稿)不分卷

(清)平陽張綦毋撰

鈔本　中科院　溫州

集 10002912

**張潛齋先生詩稿(潛齋遺集)不
分卷**

(清)平陽張綦毋撰

敬鄉樓鈔本　溫州

玉海樓鈔本　溫州

集 10002913

隱硯樓詩合刊二卷

(清)湖州溫慕貞　(清)湖州溫廉
貞撰

清乾隆三十三年(1768)刻本
國圖

2017 年國家圖書館出版社清代
詩文集珍本叢刊本

集 10002914

伊蒿詩草四卷

(清)山陰寧錡撰

清乾隆五十三年(1788)刻本
中大

集 10002915

伊蒿詩草二卷

(清)山陰寧錡撰

清乾隆五十五年(1790)刻本
國圖

集 10002916

伊蒿文集八卷

（清）山陰寧錡撰

清乾隆六十年（1795）伊蒿草堂刻本　上海

清乾隆刻本　國圖

集 10002917

半村詩稿四卷（拾餘偶存、漁亭小草、桐石山房詩、谷湖聯吟各一卷）

（清）海鹽顧升誥撰

清乾隆間刻谷湖聯吟本　國圖　上海

清咸豐四年（1854）泊志堂刻本　國圖　南京　海寧　浙江

集 10002918

山靜居遺稿（蘭士遺稿）四卷

（清）石門方薰撰

清嘉慶八年（1803）方廷瑚刻本　國圖　天津

集 10002919

山靜居題畫詩不分卷

（清）石門方薰撰

稿本　故宮

故宮珍本叢刊本

集 10002920

頤綵堂文集十六卷劍舟律賦二卷

（清）秀水沈叔埏撰

清乾隆間刻本　國圖

清代詩文集彙編本

集 10002921

頤綵堂文集十六卷劍舟律賦二卷駢體文鈔二卷

（清）秀水沈叔埏撰

清嘉慶二十三年（1818）沈維鐈武昌刻本　首都　中科院　嘉興

2002 年上海古籍出版社影印續修四庫全書本

集 10002922

頤綵堂文集十六卷劍舟律賦二卷詩鈔十卷文薰一卷駢文二卷聖禾鄉農詩鈔四卷

（清）秀水沈叔埏撰

清光緒九年（1883）刻本　嘉興

集 10002923

頤綵堂文集十六卷詩鈔十卷劍舟律賦二卷駢體文鈔二卷

（清）秀水沈叔埏撰

清光緒九年（1883）沈宗濟刻本　國圖

集 10002924

頤綵堂詩鈔十卷

（清）秀水沈叔埏撰

清道光二十八年（1848）沈維嬌刻本　首都　中科院　復旦

2002 年上海古籍出版社影印續修四庫全書本

集 10002925

頤綵堂文錄一卷

（清）秀水沈叔埏撰

國朝文錄續編本（同治刻、光緒石印）

集 10002926

經進文稿一卷駢體文鈔二卷

（清）秀水沈叔埏撰

清代詩文集彙編本

2017 年國家圖書館出版社清代詩文集珍本叢刊本

集 10002927

經進文稿二卷駢體文鈔二卷

（清）秀水沈叔埏撰

清道光二十九年（1849）刻本 國圖

清光緒九年（1883）刻本 國圖

集 10002928

冶塘詩鈔十六卷

（清）四明邵塈撰

清道光十年（1830）刻本 國圖

集 10002929

種紙山房詩稿十二卷

（清）歸安孫辰東撰

清道光間刻本 中大

集 10002930

慎獨齋吟賸四卷

（清）山陰童鳳三撰

清嘉慶間刻本 中山

清道光四年（1824）含清堂粵中刻

本 國圖 中科院 南京 國圖

清刻本 國圖

集 10002931

應弦集一卷

（清）蕭山沈榮鍇撰

清鈔本 浙江

集 10002932

函清館詩草四卷

（清）鄞縣范永澄撰

清光緒十年至十七年（1884～1891）甬上范氏刻雙雲堂傳集本

國圖 上海 遼寧 浙江

集 10002933

退白居士詩草一卷

（清）鄞縣范永澄撰

清光緒十年至十七年（1884～1891）甬上范氏刻雙雲堂傳集本

國圖 上海 遼寧 浙江

集 10002934

邱至山古近體詩一卷

（清）鄞縣邱學勄撰

清乾隆五十八年（1793）稿本

浙江

集 10002935

古樹詩續集七卷附刻二卷

（清）鄞縣邱學勄撰

清乾隆間刻本 南京 天一閣

鎮海文保所 浙博

集 10002936

約亭文稿不分卷

（清）烏程（一作歸安）孫人龍撰

清乾隆刻本　羅鷺藏（存二十頁）

集 10002937

盤洲文集六卷詩集二卷

（清）浦江周璠撰

清嘉慶十五年（1810）刻本　南京　浙江（存四卷）

清嘉慶十六年（1811）王氏刻本　義烏　浙江

2013 年上海古籍出版社重修金華叢書本

2020 年學苑出版社浦江文獻集成本

集 10002938

盤洲詩文集四卷

（清）浦江周璠撰

清光緒刻本　浦江　義烏

2020 年學苑出版社浦江文獻集成本

集 10002939

春谷小草二卷

（清）秀水盛復初撰

清乾隆間綠蕉書屋刻本　國圖

集 10002940

春谷詩鈔一卷

（清）秀水盛復初撰

清乾隆間綠蕉書屋刻本　國圖

集 10002941

且種樹齋詩鈔二卷

（清）秀水盛復初撰

清乾隆間刻本　中科院

清嘉慶間刻本　中科院

集 10002942

古衡山房詩集十二卷

（清）海鹽陳樽撰

清乾隆間刻本　北大　中科院

四庫未收書輯刊本

集 10002943

依竹山房集十二卷

（清）嘉興沈可培撰

清鈔本　國圖

集 10002944

向南雜稿不分卷

（清）嘉興沈可培撰

稿本　上海

集 10002945

闇清山房集一卷

（清）武康高文照撰　（清）畢沅選錄

清嘉慶刻吳會英才集本　國圖　首都　徐州　浙江　溫州　平湖　天一閣　餘姚文保所

集 10002946

高東井先生詩選四卷蕡香詞一卷

（清）武康高文照撰　（清）武康徐

熊飛選

清道光十二年(1832)刻本　中科院　復旦

集 10002947

申鄭軒遺文一卷

（清）仁和孫志祖撰

清咸豐光緒間會稽徐氏刻光緒二十六年(1900)彙印會稽徐氏鑄學齋叢書本　國圖　上海　天津　浙大

清鈔本　上海

清代詩文集彙編本

清光緒十九年(1893)會稽徐惟則刻本　國圖　浙江

集 10002948

敬軒遺文不分卷

（清）瑞安孫希旦撰　（清）瑞安孫衣言輯校

清瑞安孫氏玉海樓鈔本　溫州

集 10002949

孫太史稿二卷

（清）瑞安孫希旦撰　（清）瑞安孫衣言輯

清同治光緒間瑞安孫氏詒善祠塾刻永嘉叢書本　遼寧

清同治光緒間瑞安孫氏詒善祠塾刻光緒間武昌書局彙印永嘉叢書本　國圖　中科院　北大　上海　天津　南京　浙江　湖北　四川　青海

1994 年上海書店出版社叢書集

成續編本

集 10002950

孫敬軒先生遺稿一卷

（清）瑞安孫希旦撰

清林欣、張黻活字印本　溫州

集 10002951

孫敬軒太史遺文不分卷

（清）瑞安孫希旦撰

清抄本　溫州

民國抄本　溫州

集 10002952

自怡軒詩稿□卷

（清）錢塘章晟撰

清嘉慶間刻本　南京（存一卷）

集 10002953

兩峯草堂詩稿二卷

（清）仁和陶磐撰

清嘉慶間刻本　南京

集 10002954

石舟文賸二卷

（清）會稽潘汝炯撰

清嘉慶二十三年(1818)刻本　國圖　中科院　北大

南開大學圖書館藏稀見清人別集叢刊本

集 10002955

古音齋詩稿二卷

（清）秀水沈祖蔭撰

清刻本　華東師大

集 10002956

偶然吟一卷

（清）會稽宗聖堂撰

清乾隆二十三年（1758）鈔九曲山房詩鈔本　天台

清嘉慶五年（1800）會稽宗氏刻九曲山房詩鈔本　國圖　上海　天津　徐州　浙江　紹興

嘉慶十四年（1809）會稽宗氏刻本　紹興

民國三年（1914）吳下鉛印九曲山房詩鈔本　臨海

民國三年（1914）鉛印本　紹興　溫州　紹興文理學院　天一閣　浙江

集 10002957

寶素軒自訂初稿十五卷

（清）錢塘周一鵬撰

稿本　天一閣

集 10002958

吉雲草堂集十卷

（清）平湖徐志鼎撰

清乾隆五十一年（1786）刻本　嘉興　首都

清嘉慶間刻本　國圖

2017年國家圖書館出版社清代詩文集珍本叢刊本

集 10002959

法喜集三卷

（清）桐鄉（浙江桐鄉人，杭州凈慈寺僧）釋褝一撰

清嘉慶間刻本　南京　紹興　浙江

集 10002960

唾餘集三卷

（清）桐鄉（浙江桐鄉人，杭州凈慈寺僧）釋褝一撰

清嘉慶間刻本　南京　嘉興

集 10002961

姑射山房存稿不分卷

（清）海寧俞思謙撰

稿本　美燕京

集 10002962

晚晴軒稿八卷附晚晴軒詞一卷

（清）秀水王復撰

清嘉慶刻本　浙江

清刻本　國圖

清代詩文集彙編本

集 10002963

樹蕙堂詩二卷

（清）秀水王復撰　（清）畢沅選

清嘉慶間刻吳會英才集本　南京

集 10002964

韻香廬詩鈔二卷

（清）歸安沈國治撰　歸安沈家

本輯

宣統元年(1909)刻吳興長橋沈氏家集本　國圖　浙江

清代家集叢刊續編本

集 10002965

厚齋詩選二卷

（清）嘉興李旦華撰　（清）沈德潛（清）嘉興錢陳羣選

清乾隆二十四年(1759)刻嘉禾八子詩選本　上海　中社科院文學所

集 10002966

青蓮館集六卷

（清）嘉興李旦華撰　（清）嘉興李集輯

清康熙間刻乾隆間續刻李氏家集本　國圖　中科院　上海　復旦　湖北

清乾隆三十七年(1772)刻本　復旦　中山

集 10002967

秋室百衲琴一卷

（清）仁和余集撰

清嘉慶間刻本　國圖　南京　浙江

集 10002968

秋室學古錄六卷梁園歸櫂錄一卷憶漫庵賸稿一卷

（清）仁和余集撰　（清）慶元龔麗正輯

清道光間刻本　中科院

2002 年上海古籍出版社影印續修四庫全書本

集 10002969

章氏遺書五十一卷

（清）會稽章學誠撰

稿本　臺圖

集 10002970

章實齋稿不分卷

（清）會稽章學誠撰

稿本　上海

集 10002971

章氏遺著不分卷導窾集不分卷

（清）會稽章學誠撰

清朱氏椒花吟舫鈔本（清朱錫庚校並跋,清翁同龢跋）　國圖

集 10002972

章氏遺書不分卷

（清）會稽章學誠撰

清光緒三年(1877)貴陽刻本　國圖

集 10002973

章實齋遺書不分卷

（清）會稽章學誠撰

清鈔本　國圖

2017 年國家圖書館出版社清代詩文集珍本叢刊本

集 10002974

章實齋遺書三十卷

（清）會稽章學誠撰

清光緒九年（1883）武昌柯逢時傳鈔章碩卿藏本　北大

集 10002975

章實齋遺書六卷附錄一卷

（清）會稽章學誠撰

清宣統二年（1910）鉛印本　國圖 首都

集 10002976

章氏遺書補鈔不分卷

（清）會稽章學誠撰

民國二十五年（1936）鹽亭蒙文通鈔本（蒙文通校點並跋）　重慶

集 10002977

章實齋先生文集不分卷

（清）會稽章學誠撰

清無涯有涯齋鈔本（清佚名校） 上海

集 10002978

實齋文集八卷

（清）會稽章學誠撰

清鈔本（存卷一、三）　湖南師大

集 10002979

章實齋文集八卷外集二卷

（清）會稽章學誠撰

章氏遺書節鈔本（瀟雪氏鈔）

國圖

章氏遺書本（民國嘉業堂刻、民國清代詩文集彙編本

集 10002980

實齋文集八卷外集二卷

（清）會稽章學誠撰　禹域新聞社輯

清末禹域新聞社鉛印禹域叢書本

國圖　南京

集 10002981

章實齋文鈔四卷

（清）會稽章學誠撰　鄧實等輯

古學彙刊本（民國鉛印）

1994年上海書店出版社叢書集成續編本

集 10002982

章實齋文鈔一卷

（清）會稽章學誠撰

民國六年（1917）菊飲軒鉛印本

國圖　中科院

集 10002983

雜文五卷

（清）會稽章學誠撰

章學誠全集本（十萬卷樓鈔）

國圖

集 10002984

章實齋手札不分卷

（清）會稽章學誠撰

稿本　國圖

集 10002985

鴛鴦湖櫂歌一卷

(清)海鹽張燕昌撰

清朱芳衡鈔本 國圖

清光緒二年(1876)刻本鴛鴦湖櫂歌本 溫州 海鹽

集 10002986

鴛鴦湖櫂歌一百首一卷

(清)海鹽張燕昌撰

清鈔鴛鴦湖櫂歌七種本 復旦

集 10002987

芑堂先生手札不分卷

(清)海鹽張燕昌撰

手稿本 浙江

集 10002988

花韻軒詠物詩存不分卷

(清)仁和(祖籍歙縣,徙居仁和)鮑廷博撰

清鈔本 國圖(兩部) 南京

2008 年 12 月廣東人民出版社清代稿鈔本本

集 10002989

小休息場詩鈔八卷

(清)歸安王士錦撰

清嘉慶三年(1798)刻本 南京

集 10002990

怡山集二十四卷

(清)蕭山任以治撰

清嘉慶八年(1803)稿本(存卷一至十) 浙江

集 10002991

怡山集六卷前一卷後一卷

(清)蕭山任以治撰

清嘉慶二十二年(1817)刻本 浙江

集 10002992

容園詩鈔□卷

(清)新昌陳學仲撰

清刻本 羅鷺藏(存卷五至八)

集 10002993

聖禾鄉農詩鈔四卷

(清)嘉興沈玨撰

清道光二十九年(1849)刻本 中大

清光緒十年(1884)秀水沈氏粵東刻本 北大

集 10002994

鴛水聯吟集二十卷

(清)嘉興岳鴻慶撰

清道光間刻本 嘉興 浙江 蘇州

集 10002995

雲林堂詩集二卷

(清)仁和倪稻孫撰

清嘉慶二年(1797)木瀆周氏刻本 蘇州

集 10002996

蔬園詩集十四卷

（清）杭州（安徽懷遠人，原籍杭州）許所望撰

清嘉慶二十三年（1818）刻本　南京

集 10002997

蔬園詩集四卷

（清）杭州（安徽懷遠人，原籍杭州）許所望撰

民國間鈔本　安徽

集 10002998

雪浦詩存十六卷

（清）仁和龔澡身撰

清道光四年（1824）刻本　南京

（存四卷）　國圖

集 10002999

平江集十四卷

（清）浦江樓上層撰

清道光十四年（1834）璧映堂刻書坊刻本

2013 年上海古籍出版社重修金華叢書本

集 10003000

金薤集不分卷

（清）浦江樓上層　陳家駪輯

清刻本　東陽博

2013 年上海古籍出版社重修金華叢書本

集 10003001

未學齋詩集十卷

（清）仁和仇養正撰

清嘉慶間刻本　國圖

清代詩文集彙編本

集 10003002

胥橋送行詩一卷

（清）海鹽朱星煒撰

清乾隆四十四年（1779）自刻本　南京

集 10003003

淺山園詩集十七卷

（清）錢塘李芝撰

清嘉慶元年（1796）刻本　國圖　上海　浙江

集 10003004

木雁齋詩鈔二卷

（清）錢塘梁夢善撰

清乾隆間刻本　國圖

集 10003005

銀花藤館詩集十卷

（清）海鹽黃仙根撰

清嘉慶間刻本　浙江　復旦　浙江

集 10003006

南厓詩集十二卷

（清）新昌陳承然撰

清嘉慶七年（1802）晚香書屋刻本

南京　紹興

清光緒十一年(1885)雙桂書屋木活字印本　浙江　嵊州　國圖

集 10003007

嘯軒詩集十卷

（清）平湖賈朝琮撰

清乾隆間刻本　中科院

集 10003008

嘯軒詩集十二卷

（清）平湖賈朝琮撰

清乾隆四十三年(1778)刻本　北大　平湖

清代詩文集彙編本

集 10003009

白華堂集十二卷

（清）嘉興王焯撰

清乾隆稿本　天一閣（存二卷：四、六）　寧波市天一閣博物館存二卷（四、六）

清嘉慶十四年(1809)刻本　國圖 *（清崔以學校）

2017年國家圖書館出版社清代詩文集珍本叢刊本

集 10003010

秋籟閣詩集四卷

（清）桐鄉朱珏撰

稿本　浙江

集 10003011

蘩香詩草一卷

（清）歸安（雲南晉寧人，適歸安葉氏）李含章撰

清嘉慶二十二年(1817)刻織雲樓詩合刻本　南京

清鈔織雲樓詩合刻本　上海

國朝閨閣詩鈔本

清代家集叢刊本

集 10003012

虛白齋應酬詩薈鈔不分卷

（清）山陰吳壽昌撰

稿本　湖南社科院

集 10003013

虛白齋存稿十二卷

（清）山陰吳壽昌撰

清乾隆五十五年(1790)刻本　國圖　清華　北大　遼寧　中科院（十三卷）　南京　美燕京　內蒙古

四庫未收書輯刊本（作十四卷）

集 10003014

舊言堂集四卷

（清）烏程孫梅撰

清嘉慶十五年(1810)孫曾美粵海榷廨刻本　中社科院文學所（存二卷）　日京大人文研　國圖　浙江

集 10003015

翠娛軒集二卷

（清）蕭山張衢撰

清乾隆刻本　浙江

集 10003016

新定寓稿四卷

（清）嘉興吳錫麟撰

清乾隆五十八年(1793)念典齋刻
本　中社科院文學所

集 10003017

自怡集十二卷附嶺南詩鈔二卷

（清）嘉興吳錫麟撰

清嘉慶十二年(1807)惠連居刻本
國圖　内蒙古

2017 年國家圖書館出版社清代
詩文集珍本叢刊本

集 10003018

分韻詩鈔一卷

（清）嘉興吳錫麟等撰

清竹師齋鈔本　鄭州

集 10003019

向日堂詩集十六卷

（清）海寧陳寅撰

清道光二年(1822)海寧陳氏刻本
國圖　天津　溫州　嘉興

清道光四年(1824)陳崇禮刻本
國圖　中科院

集 10003020

唫曜山房詩稿八卷

（清）仁和龔褆身撰

清道光四年(1824)龔麗正等刻本

中科院　天一閣

集 10003021

慎一齋詩集四卷

（清）桐鄉沈啓震撰

清道光十年(1830)沈旺生刻本
中科院

集 10003022

菘町遺稿不分卷

（清）仁和沈景良撰　（清）沈景梅
輯録

鈔本　南京

集 10003023

灌園餘事草四卷

（清）嘉興李汝章撰

清乾隆五十五年(1790)刻本
常熟

集 10003024

北遊草一卷

（清）會稽姜兆禎撰　（清）姜國
翰輯

稿本會稽姜氏家集本　上海

集 10003025

**居易齋詩文集（居易齋初步草）
四卷**

（清）海寧倪祖喜撰

稿本（倪承謙跋）　浙江

鈔本（居易齋初步草）　海寧

集 10003026

九山類稿三卷九山詩文二卷近稿偶存一卷

（清）象山倪象占撰

稿本　天一閣

集 10003027

青櫚館集二卷

（清）象山倪象占撰

清刻本　安徽

集 10003028

青櫚館集五卷

（清）象山倪象占撰

清刻本　國圖

集 10003029

鐵如意詩稿一卷

（清）象山倪象占撰

稿本（清羅有高批校）　天一閣

集 10003030

青櫚館詩鈔賦稿三卷詞稿初鈔一卷

（清）象山倪象占撰

清刻本　南京　臨海

集 10003031

飯顆山人詩五卷

（清）仁和曹斯棟撰

清乾隆間刻本　國圖　蘇州

集 10003032

大巖賸草一卷

（清）會稽陳松齡撰

清嘉慶八年（1803）陳昌青藤書屋刻本　國圖　北大

清光緒二十三年（1897）會稽陳氏青藤書屋刻本　紹興

集 10003033

補亭詩鈔五卷

（清）海寧馮念祖撰

清鈔本　國圖

2017 年國家圖書館出版社清代詩文集珍本叢刊本

集 10003034

東遊草一卷

（清）海寧馮念祖撰

清乾隆間刻本　上海（清吳騫跋）

清鈔本　國圖

2017 年國家圖書館出版社清代詩文集珍本叢刊本

集 10003035

江遊草一卷

（清）海寧馮念祖撰

稿本（清錢大昕評並跋）　海寧

集 10003036

吳會吟一卷瀕海集一卷

（清）海寧馮念祖撰

清鈔本　國圖

2017 年國家圖書館出版社清代

詩文集珍本叢刊本

集 10003037
小峨嵋山館詩稿二卷
（清）錢塘楊星曜撰
清嘉慶二十五年(1820)刻本　南京　山西大　天一閣

集 10003038
小峨嵋山館詩稿二卷續稿二卷詞稿一卷
（清）錢塘楊星曜撰
清道光間刻本　上海　浙江　天一閣

集 10003039
虛白室文稿一卷
（清）諸暨樓卜瀍撰
稿本　諸暨

集 10003040
小餘香館詩鈔六卷
（清）嘉善潘鴻謨撰
清嘉慶二十四年(1819)石螾閣刻本　南京　嘉興

集 10003041
漁山詩稿十卷
（清）嘉興朱天衣撰
清嘉慶二十年(1815)逢吉堂刻本　國圖
2017 年國家圖書館出版社清代詩文集珍本叢刊本

集 10003042
借秋山居詩鈔八卷附吹竹詞一卷
（清）秀水汪大經撰
清嘉慶九年(1804)刻增修本　中科院
清代詩文集彙編本

集 10003043
霜林山人詩集五卷
（清）嘉興吳文溥撰　（清）戴經編
清乾隆間研山堂刻本　國圖

集 10003044
南野堂詩集六卷首一卷
（清）嘉興吳文溥撰
清乾隆五十九年(1794)刻巾箱本　濟大
清嘉慶元年(1796)刻本　南開
清光緒刻本　國圖

集 10003045
南野堂詩集七卷
（清）嘉興吳文溥撰
清嘉慶間味蘭居刻本　中科院
清嘉慶元年(1796)南野堂刻嘉慶二十二年(1817)印本　國圖

集 10003046
南屏山房集二十四卷
（清）仁和陳昌圖撰
清乾隆五十六年(1791)陳寶元刻本　中科院　北大　復旦

集 10003047

竹窗吟一卷

（清）平湖朱鴻旭撰　（清）平湖朱
善張輯

清咸豐二年（1852）刻新安先集本
山東

清同治十三年（1874）蘇州刻新安
先集本　國圖　山西

集 10003048

漱六軒詩草不分卷

（清）嘉興李清華撰

清嘉慶間刻樸溪詩草附　國圖

集 10003049

愛吾廬詩鈔一卷

（清）鄞縣陳棻撰

民國間鉛印本　寧波

集 10003050

溪南老屋詩鈔一卷

（清）嘉興徐澍撰

清鈔本　南京

集 10003051

澹如軒詩鈔不分卷

（清）歸安章銓撰

稿本　浙江

集 10003052

澹如軒詩鈔五卷

（清）歸安章銓撰

清鈔本　國圖

2017 年國家圖書館出版社清代
詩文集珍本叢刊本

集 10003053

澹如軒詩存四卷

（清）歸安章銓撰

清嘉慶間刻本　南京

清道光元年（1821）刻本　蘇州

集 10003054

染翰堂詩集不分卷

（清）歸安章銓撰

清鈔本　國圖

2017 年國家圖書館出版社清代
詩文集珍本叢刊本

集 10003055

染翰堂詩集十卷附一卷

（清）歸安章銓撰

清嘉慶五年（1800）鈔本　北大

集 10003056

黃庭詩不分卷

（清）錢塘黃庭撰

楷瘦齋遺稿附（鈔本）　南京

集 10003057

發蒙針度初集四卷補編一卷

（清）海鹽王惟梅編　（清）朱惟寅
等參訂

清同治八年（1869）味蘭軒刻本
天一閣

集 10003058

白石山房詩鈔三卷

（清）天台張宗江撰

民國八年（1919）鉛印本　中社科
院文學所

集 10003059

寅谷遺稿一卷

（清）海鹽蔣泰來撰

清乾隆四十二年（1777）刻本　國
圖　山西

案：書名一作寅谷先生遺稿一卷

集 10003060

卬浦齋詩草三卷

（清）餘姚霍維嶽撰

清鈔本　國圖

集 10003061

雲谷書堂集二卷

（清）平湖朱鴻猷撰

清咸豐二年（1852）刻新安先集本
山東

清同治十三年（1874）蘇州刻新安
先集本　國圖　山西

鈔本

集 10003062

吉石齋集二卷

（清）桐鄉汪彝銘撰

清嘉慶九年（1804）刻本　國圖
中科院　復旦　湖南　嘉興

集 10003063

東山樓詩集八卷

（清）海寧曹宗載撰

清嘉慶十五年（1810）刻本　中社
科院文學所　南開

清鈔本　浙江

集 10003064

東山樓詩續稿八卷

（清）海寧曹宗載撰

清道光元年（1821）古桐書屋刻本
南京

集 10003065

荷鋤吟稿一卷

（清）海寧曹宗載撰

稿本　中社科院文學所

集 10003066

景文堂詩集十三卷

（清）太平戚學標撰　（清）王期煜
等注考

清乾隆五十三年（1788）刻本　中
科院　臨海博

清嘉慶刻本　浙江　臨海博

2002 年上海古籍出版社影印續
修四庫全書本

清代詩文集彙編本

集 10003067

鶴泉文鈔二卷

（清）太平戚學標撰

清嘉慶五年（1800）刻本　中科院

陝西　臨海博

清嘉慶九年(1804)刻本　臨海博

2002年上海古籍出版社影印續

修四庫全書本

清代詩文集彙編本

集 10003068

鶴泉文鈔續選九卷

（清）太平戚學標撰

清嘉慶十八年(1813)刻本　國圖

（清李慈銘校跋）　臨海博　浙大

2002年上海古籍出版社影印續

修四庫全書本

集 10003069

鶴泉集唐三卷初編一卷

（清）太平戚學標撰

清嘉慶十年(1805)涉署刻本　中

科院　首都　蘇大

集 10003070

溪西集一卷

（清）太平戚學標撰　（清）太平林

茂堃注

清嘉慶十五年(1810)刻本　國圖

浙江　臨海博

清刻本　臨海博

2017年國家圖書館出版社清代

詩文集珍本叢刊本

集 10003071

戚鶴泉先生詩稿一卷

（清）太平戚學標撰

清稿本　臨海博

集 10003072

集句叢抄四卷

（清）太平戚學標撰

清刻本　溫州

集 10003073

百美集蘇賸稿一卷

（清）太平戚學標撰

清道光二年(1822)刻本　浙江

臨海博

集 10003074

集杜百首一卷集韓文一卷

（清）太平戚學標撰

清乾隆二十九年(1764)丁右軒刻

本　黃巖

集 10003075

鶴泉集杜二卷續刊二卷三春日
咏一卷仙源詩餘一卷

（清）太平戚學標撰

清嘉慶元年(1786)刻本　溫州

集 10003076

墨農詩草一卷

（清）嘉興圖丁芸撰

同聲集本（乾隆刻）　上海

集 10003077

琴闈詩稿十四卷(古槐書屋詩鈔
六卷删詩存草一卷桂一樓詩集

四卷麗水雲邑山水諸詠二卷棲
霞嘯客少時賦稿一卷)
　(清)仁和王樹英撰
　稿本　浙江

集 10003078
留春書屋詩集十二卷
　(清)山陰平恕撰
　清道光九年(1829)刻本　中科院
清代詩文集彙編本

集 10003079
無補集十五卷續集一卷
　(清)嘉善何文煥撰
　清嘉慶七年(1802)刻本　復旦
浙江
　清末刻本(二卷)　國圖

集 10003080
無補集二卷
　(清)嘉善何文煥撰
　清末刻本　國圖

集 10003081
無補集九卷詞二卷
　(清)嘉善何文煥撰
　清乾隆四十年(1775)何文煥刻本
天津

集 10003082
無補集十一卷
　(清)嘉善何文煥撰
　清嘉慶刻本　浙江

集 10003083
悅親樓賡雲初集四卷
　(清)海寧祝德麟撰
　清乾隆四十一年(1776)陳秋水寫
刻本　中科院　天津　浙江　紹興

集 10003084
悅親樓詩集三十卷外集二卷
　(清)海寧祝德麟撰
　清嘉慶二年(1797)祝氏悅親樓姑
蘇刻本　國圖　中科院　復旦　天
津　南開　溫州　浙江　嘉興
　2002年上海古籍出版社影印續
修四庫全書本
　清刻本　無錫
　清嘉慶三年(1798)刻本　湖南

集 10003085
香痕草堂稿不分卷
　(清)海寧許士元撰
　清光緒五年(1879)鈔本　中社科
院文學所

集 10003086
紅雪山齋詩集五卷
　(清)仁和景江錦撰
　清乾隆間刻本　國圖

集 10003087
紅雪山齋詩集十卷
　(清)仁和景江錦撰
　清嘉慶十年(1805)刻本　南京

集 10003088

二峨草堂學稿不分卷

（清）任承恩撰　（清）翁方綱
（清）錢塘吳錫麒選

稿本　上海

集 10003089

聽月樓遺草二卷

（清）歸安汪韞玉撰

清乾隆四十七年（1782）金氏行素
堂刻本　清華　國圖　浙江

集 10003090

南江詩鈔二卷

（清）餘姚邵晉涵撰

鈔本　復旦

清刻本　餘姚文保所

集 10003091

南江文鈔四卷

（清）餘姚邵晉涵撰

清乾隆五十九年（1794）刻本
首都

清嘉慶間刻本　中科院　餘姚文
保所

2008 年 9 月廣州出版社廣州大
典本

集 10003092

南江文鈔十二卷詩鈔四卷

（清）餘姚邵晉涵撰　（清）仁和胡
敬輯

清道光十二年（1832）胡敬刻本

國圖

鈔本（文鈔存卷七至十一）　北大
2002 年上海古籍出版社影印續
修四庫全書本

集 10003093

笠芸詩瓢十二卷

（清）長興周昱撰

清嘉慶十七年（1812）夢筆軒刻本
國圖　浙江（王修跋）

鈔本　浙江

集 10003094

葉栗垞集一卷

（清）東陽葉蓁撰

清鈔本（旭人跋）　杭州

集 10003095

十栗堂詩鈔四卷

（清）東陽葉蓁撰　（清）楊雲津訂
（清）紀昀編

民國十一年（1922）説蓮池館校印
本　浙江

集 10003096

敦艮堂文集十二卷詩集八卷

（清）仁和蔣師爚撰

清嘉慶十二年（1807）仁和蔣氏刻
本　國圖　南京（存文集）

集 10003097

僅存詩鈔三卷

（清）鎮海鄭兆龍撰

清道光二十年(1840)慈溪葉鈞刻本 首都

龍山鄭氏譜局刻本 首都

清龍山鄭氏譜局木活字印本 寧波

集 10003098

僅存詩鈔五卷

　(清)鎮海鄭兆龍撰

　清光緒間石印本 天津

集 10003099

秋槎政本一卷

　(清)鎮海鄭兆龍撰

　清道光十五年(1835)李恭渭刻本 國圖 寧波 首都 天一閣 浙江

　清光緒三十年(1904)龍山鄭氏譜局活字本 天津

集 10003100

餘冬詩鈔一卷

　(清)鎮海鄭兆龍撰

　清鈔本 寧波

集 10003101

溪南詩草一卷

　(清)毛琳撰 (清)嘉興丁芸輯

　同聲集本(乾隆刻) 上海

集 10003102

雲樣集八卷

　(清)桐鄉高陳謨撰

清嘉慶八年(1803)刻本 國圖 太原 浙江 天一閣 嵊州 衢州 博 美燕京

集 10003103

懷玉山人詩集十卷

　(清)秀水馬學乾撰

　清道光六年(1826)秀水馬氏刻本 國圖

　清道光九年(1829)刻本 中大

集 10003104

嫏嬛集四卷

　(清)會稽陳太初撰

　清嘉慶八年(1803)抱蘭軒木活字印本 國圖 中科院 山東

集 10003105

天文集四卷

　(清)會稽陳太初撰

　清嘉慶八年(1803)抱蘭軒木活字印本 國圖 首都 天津

集 10003106

補齋文集一卷

　(清)山陰秋學禮撰

　清嘉慶間刻本 國圖(缺葉)

集 10003107

秋盦遺稿三卷

　(清)錢塘(一作仁和)黃易撰

　清宣統間黃汝謙石印本 國圖 中科院 天津 復旦 首都

2002 年上海古籍出版社影印續
修四庫全書本

集 10003108
**秋庵遺稿詩草一卷詞草一卷題
跋一卷**
　（清）錢塘（一作仁和）黃易撰
　民國六年至七年（1917～1918）錢
塘丁氏書畫名人小集本

集 10003109
小蓬萊剩稿一卷
　（清）錢塘（一作仁和）黃易撰
　清道光間王氏刻漱六編五種本
南京

集 10003110
秋盦詩草不分卷
　（清）錢塘（一作仁和）黃易撰
　鈔本　上海
　清宣統二年（1910）石印本　南開
　2002 年上海古籍出版社影印續
修四庫全書本

集 10003111
黃小松書札不分卷
　（清）錢塘（一作仁和）黃易撰
　稿本　國圖

集 10003112
適我盧詩鈔二卷
　（清）平湖戈溫如撰
　清嘉慶九年（1804）刻本　上海

集 10003113
培桂山房詩鈔六卷
　（清）遂安汪上彩撰
　清嘉慶九年（1804）刻本　中科院

集 10003114
抱樸居詩二卷續編二卷
　（清）海鹽馬緒撰
　清嘉慶九年（1804）刻本　南京
平湖
　清嘉慶十八年（1813）棣園刻小峨
嵋山館五種本　上海　南京
　清嘉慶刻本　國圖

集 10003115
吟花室詩存不分卷
　（清）錢塘孫兆麟撰
　稿本　浙江

集 10003116
水山詩鈔一卷
　（清）嘉興陳秀撰　（清）嘉興丁
芸輯
　同聲集本（乾隆刻）　上海

集 10003117
甌遊草一卷
　（清）慈溪葉錫鳳撰
　清嘉慶九年（1804）兜堅齋刻本
中山　寧波（四卷）

集 10003118
廡下吟六卷

（清）錢塘戴珊撰

清嘉慶九年（1804）刻本　中社科
院文學所

集 10003119

白洋山人文鈔一卷

（清）桐廬王鑾撰

清光緒八年（1882）刻本　南京

清代詩文集彙編本

集 10003120

嘉蔭堂詩存四卷

（清）歸安沈琨撰

清嘉慶十八年（1813）刻本　國圖

清代詩文集彙編本

集 10003121

嘉蔭堂文集三卷

（清）歸安沈琨撰

清鈔本　南京

清代詩文集彙編本

集 10003122

五研齋詩鈔十卷文鈔十卷

（清）仁和（一作德清）沈赤然撰

清嘉慶間刻本　國圖

集 10003123

五研齋詩鈔二十卷文鈔十一卷

（清）仁和（一作德清）沈赤然撰

清嘉慶間刻增修本　國圖　中科
院　復旦　中山

2002 年上海古籍出版社影印續

修四庫全書本

集 10003124

**五研齋詩鈔二十卷文鈔十卷寄
傲軒讀書隨筆十卷續筆六卷三
筆六卷**

（清）仁和（一作德清）沈赤然撰

清嘉慶刻本　美燕京

集 10003125

五研齋詩鈔十二卷

（清）仁和（一作德清）沈赤然撰

清嘉慶間刻本　首都

清刻本　國圖

集 10003126

五研齋詩鈔十五卷

（清）仁和（一作德清）沈赤然撰

清嘉慶間刻增修本　南京

集 10003127

五研齋詩鈔十七卷

（清）仁和（一作德清）沈赤然撰

清嘉慶三年（1798）刻本　國圖

集 10003128

逸雲居士詩編不分卷

（清）鄞縣孫蔚撰

清嘉慶十年（1805）刻本　天津
天一閣　奉化文管會

清嘉慶十三年（1808）刻本　國圖
內蒙古　浙江

集 10003129

小蓮花室遺稿二卷

　（清）海鹽朱璵撰

　清道光二十五年（1845）孔憲彝刻本　國圖

集 10003130

頌聖詩經進詩稿不分卷

　（清）嘉興汪如藻撰

　清刻本　中科院

集 10003131

鹿園詩賦偶存□□卷

　（清）嘉興汪如藻撰

　清乾隆刻本　天一閣（存三卷：一至三）

集 10003132

盤珠集十五卷

　（清）餘姚洪煒撰

　清嘉慶十年（1805）木活字印本　紹興

集 10003133

百一集一卷附灘江送別詩一卷

　（清）嘉善浦銑撰

　清乾隆間復小齋刻本　南京

集 10003134

浣花居待正稿不分卷

　（清）平湖高沆撰

　鈔本　中社科院文學所

集 10003135

半山詩稿不分卷

　（清）嘉善孫牲撰　（清）盛錞編

　清咸豐五年（1855）刻本　上海

集 10003136

芸館課存四卷

　（清）上虞徐立綱撰

　清鈔本　國圖

集 10003137

衣德樓詩文集十卷

　（清）天台徐秉文撰

　民國九年（1920）謝國傑刻天台謝氏世德堂叢書本　北師大

　清代詩文集彙編本

集 10003138

高陽詩草一卷

　（清）海鹽許栽撰　（清）海鹽吳寧輯

　清乾隆四十九年（1784）刻澂川二布衣詩本　上海

集 10003139

高陽遺詩一卷

　（清）海鹽許栽撰　（清）海鹽吳寧輯

　清乾隆四十九年（1784）刻澂川二布衣詩本　上海

集 10003140

石軒詩鈔二卷

（清）鄞縣黃定衡撰

清嘉慶十年(1805)刻本　中社科院文學所　寧波

集 10003141

秦晉詩存二卷

（清）陳玉鄰撰　（清）秀水王相輯

清咸豐八年(1858)芳閣刻友聲集本　國圖　中科院　上海　南京　復旦

集 10003142

蓮塘詩鈔四卷

（清）山陰陳世熙撰

清咸豐元年(1851)刻本　國圖　中山　嘉興

集 10003143

惺齋吟草四卷

（清）海寧陳觀國撰

清嘉慶十五年(1810)刻本　中科院　國圖

集 10003144

桐石山房詩一卷

（清）海鹽崔以學撰

清乾隆間刻谷湖聯吟本　國圖　上海

集 10003145

松濤書屋詩稿六卷附詩壇囈語一卷

（清）上虞趙大奎撰

清乾隆間刻本　復旦

清嘉慶間刻本　浙江

集 10003146

樗庵存稿八卷（文五卷詩三卷）

（清）鄞縣蔣學鏞撰

清嘉慶十八年(1813)刻本　中科院（鄧之誠題記）　天一閣

清鈔本　中科院

清代詩文集彙編本

1994 年上海書店出版社叢書集成續編本

集 10003147

樗庵存稿六卷（文五卷詩一卷）

（清）鄞縣蔣學鏞撰

鈔本　復旦

集 10003148

樗庵存稿五卷

（清）鄞縣蔣學鏞撰

清鈔本　國圖

清嘉慶十八年(1813)刻本　南開

集 10003149

樗庵存稿不分卷

（清）鄞縣蔣學鏞撰

清鈔本　國圖

集 10003150

學古集四卷附詩論一卷

（清）仁和宋大樽撰

清嘉慶間刻本　國圖　中科院

清代詩文集彙編本

集 10003151

牧牛村舍外集四卷

（清）仁和宋大樽撰　（清）宋咸熙輯

清嘉慶十年（1805）宋咸熙等聽秋館刻本　國圖　中科院　北大

集 10003152

學古集雜言不分卷

（清）仁和宋大樽撰

鈔本　上海

集 10003153

小海自定詩一卷附黔山紀遊一卷

（清）桐鄉（桐江籍，僑居江寧）汪淮撰

清嘉慶九年（1804）自刻本　中社科院文學所　國圖　天津　浙江

集 10003154

松聲池館詩存四卷

（清）錢塘汪璐撰

清嘉慶間初刻本　首都

清嘉慶十九年（1814）家刻本首都

清光緒十年（1884）汪氏振綺堂刻本　內蒙古　陝西

清光緒十五年（1889）錢塘汪曾唯振綺堂刻本　國圖　中科院　天津　天津　慕湘藏書館　湖南　湖南社科院　青海　內蒙古

集 10003155

有正味齋全集五十三卷

（清）錢塘吳錫麒撰

清嘉慶十三年（1808）刻本　國圖　中科院　遼寧

集 10003156

有正味齋集六十一卷

（清）錢塘吳錫麒撰

清嘉慶刻本　重師大

集 10003157

有正味齋全集六十三卷

（清）錢塘吳錫麒撰

清嘉慶十三年（1808）刻增修本國圖　中科院　復旦

2002 年上海古籍出版社影印續修四庫全書本

清代詩文集彙編本

集 10003158

有正味齋集七十三卷

（清）錢塘吳錫麒撰

清嘉慶間刻本　中科院　首都黑龍江

清刻本　萬州

集 10003159

有正味齋集七十七卷

（清）錢塘吳錫麒撰

清嘉慶間刻本　山東

集 10003160

有正味齋集七十九卷

（清）錢塘吳錫麒撰

清刻本　常州　河南大

集 10003161

有正味齋全集詩集十二卷詩續
集八卷詞集八卷詞續集三卷附
外集二卷駢體文二十四卷駢體
文續集八卷外集五卷

（清）錢塘吳錫麒撰

清嘉慶十三年（1808）五鳳樓刻
本、光緒十一年（1885）續刻本　湖
南社科院　麗水

集 10003162

匏居小稿一卷有正味齋琴言一卷

（清）錢塘吳錫麒撰

清乾隆間刻本　國圖　復旦

集 10003163

吳谷人詩選一卷

（清）錢塘吳錫麒撰

鈔本（佚名批）　南京

集 10003164

吳谷人詩鈔四卷

（清）錢塘吳錫麒撰

清安閣鈔本　復旦

集 10003165

有正味齋詩一卷

（清）錢塘吳錫麒撰

清道光七年（1827）紫微山館刻浙
西六家詩鈔本　國圖　南京　湖北
（清黃培芳批並題詩）

集 10003166

有正味齋詩十二卷

（清）錢塘吳錫麒撰

清咸豐五年（1855）刻吳氏一家稿
本　國圖　首都　南京　內蒙古
浙江　金華博

清代家集叢刊續編本

集 10003167

訪秋書屋遺詩一卷

（清）錢塘吳錫麒撰

清咸豐五年（1855）刻吳氏一家稿
本　國圖　首都　內蒙古　浙江
金華博

清代家集叢刊續編本

集 10003168

有正味齋詩續集八卷

（清）錢塘吳錫麒撰

清嘉慶間刻本　國圖

集 10003169

有正味齋合課詩鈔箋畧二卷續
鈔箋畧二卷

（清）錢塘吳錫麒撰　（清）魏茂
林箋

清咸豐五年（1855）刻二家詩鈔箋
畧本　國圖

集 10003170

有正味齋外集五卷

（清）錢塘吳錫麒撰

清嘉慶間刻本　國圖　金陵

清刻本　陝西

集 10003171

有正味齋文續集二卷

（清）錢塘吳錫麒撰

清乾隆間刻本　安徽

清嘉慶三年（1798）刻八家四六文
鈔本　國圖　上海

清嘉慶二十四年（1819）紫文閣刻
八家四六文鈔本　國圖　上海

清光緒五年（1879）京都琉璃廠肆
雅堂刻八家四六文鈔本　國圖　上
海　南京

清光緒五年（1879）江左書林刻八
家四六文鈔本　北師大

清光緒五年（1879）紫文閣補刻八
家四六文鈔本　國圖　南京

清較經堂刻八家四六文鈔本
國圖

集 10003172

有正味齋文二卷

（清）錢塘吳錫麒撰　（清）許貞
幹注

清光緒十七年（1891）刻八家四六
文注本　國圖

集 10003173

有正味齋文駢體箋註二十四卷

首一卷

（清）錢塘吳錫麒撰　（清）王廣業
箋　（清）葉聯芬註

清尚友山房石印本　河南大

集 10003174

有正味齋集外詩一卷

（清）錢塘吳錫麒撰

稿本昆山片玉本　南京

集 10003175

有正味齋文集不分卷

（清）錢塘吳錫麒撰

清光緒間上海申報館鉛印本
上海

集 10003176

有正味齋續集之九

（清）錢塘吳錫麒撰

清光緒三十四年（1908）有正書局
石印本　國圖

集 10003177

有正味齋未刊稿不分卷

（清）錢塘吳錫麒撰

民國間有正書局石印本　南京

集 10003178

有正味齋駢體箋注九卷

（清）錢塘吳錫麒撰　（清）趙炳煃
箋注

稿本　浙江

集 10003179

有正味齋駢文箋注十六卷

（清）錢塘吳錫麒撰　（清）葉聯
芬注

清道光二十年（1840）刻慈溪葉氏
本　國圖　陝西

清同治七年（1868）刻慈溪葉氏本
國圖　首都

光緒十七年（1891）刻本　陝西

清光緒二十年（1894）蜀東宏道堂
刻本　重師大

集 10003180

有正味齋駢體文二十四卷

（清）錢塘吳錫麒撰

清嘉慶十三年（1808）刻本　國圖
首都　黑龍江（目錄鈔配）

清咸豐五年（1855）刻吳氏一家稿
本　國圖　首都　內蒙古　浙江
金華博

清咸豐九年（1859）青箱塾刻本
國圖　天津　南開　內蒙古　金陵
常州　東臺　湖南　重師大
陝西

清尚有山房石印本　天津

清刻本　萬州　重師大　青海

清代家集叢刊續編本

集 10003181

有正味齋駢體文二十四卷

（清）錢塘吳錫麒撰　（清）王廣
業箋

清咸豐九年（1859）青箱塾刻本

國圖

集 10003182

有正味齋駢體文二十四卷首一卷

（清）錢塘吳錫麒撰　（清）王廣業
箋　（清）葉聯芬注

清光緒十五年（1889）上海蜚英館
石印本　國圖　黑龍江　煙臺

集 10003183

有正味齋駢體文續集八卷

（清）錢塘吳錫麒撰

清嘉慶十三年（1808）刻有正味齋
全集本　國圖　中科院　遼寧
天津

清嘉慶十三年（1808）刻增修有正
味齋全集本　國圖　中科院　復旦
浙江

清光緒刻本　常州

2002 年上海古籍出版社影印續
修四庫全書本

清代詩文集彙編本

集 10003184

有正味齋駢體文刪餘十二卷

（清）錢塘吳錫麒撰

清嘉慶十三年（1808）刻有正味齋
全集本　國圖　中科院　遼寧

清嘉慶十三年（1808）刻增修有正
味齋全集本　國圖　中科院　復旦
浙江　溫州

2002 年上海古籍出版社影印續
修四庫全書本

清代詩文集彙編本

集 10003185

有正味齋賦稿不分卷

（清）錢塘吳錫麒撰

清咸豐間誦芬堂刻四家賦鈔本
國圖（佚名眉批）　上海　南京
遼寧

清咸豐三年（1853）誦芬堂刻本
湖南　陝西

清光緒三年（1877）綿竹官舍刻本
湖南

集 10003186

有正味齋賦一卷

（清）錢塘吳錫麒撰

清光緒二十二年（1896）思賢書局
刻本　國圖

集 10003187

有正味齋賦四卷

（清）錢塘吳錫麒撰

清道光六年（1826）刻本　萊陽

集 10003188

有正味齋賦稿一卷

（清）錢塘吳錫麒撰

清咸豐三年（1853）誦芬堂刻本
湖南

清光緒三年（1877）綿竹官舍刻本
湖南

集 10003189

有正味齋賦稿四卷

（清）錢塘吳錫麒撰

清咸豐三年（1853）刻本　陝西

集 10003190

有正味齋律賦一卷

（清）錢塘吳錫麒撰

清咸豐五年（1855）刻吳氏一家稿
本　國圖　首都　內蒙古　浙江
金華博

清嘉慶十三年（1808）刻有正味齋
全集本　國圖　中科院　遼寧

清嘉慶十三年（1808）刻增修有正
味齋全集本　國圖　中科院　復旦
浙

清刻本　東臺　南通
清代家集叢刊續編本

集 10003191

有正味齋試帖四卷

（清）會稽章學誠撰

清咸豐五年（1855）刻吳氏一家稿
本　國圖　首都　內蒙古　浙江
金華博

清嘉慶十三年（1808）刻有正味齋
全集本　國圖　中科院　遼寧

清嘉慶十三年（1808）刻增修有正
味齋全集本　國圖　中科院　復旦
浙

清代家集叢刊續編本

集 10003192

有正味齋試帖詳注四卷

（清）錢塘吳錫麒撰　（清）吳掄
（清）吳敬恒注

清嘉慶二十一年（1816）成錦堂刻
本　國圖

清道光五年（1825）務本堂刻本
黑龍江

清同治元年（1862）刻本　國圖

集 10003193

有正味齋試帖詩注八卷

（清）錢塘吳錫麒撰　（清）吳清學
等注

清乾隆二十三年（1758）刻本
吳江

清嘉慶二十三年（1818）掃葉山房
刻本　國圖

集 10003194

有正味齋尺牘二卷

（清）錢塘吳錫麒撰

清同治光緒間申報館鉛印申報館
叢書本　國圖　山大　民大　首都

清同治十三年（1874）刻本　浙江
紹興

清光緒二年（1876）西齋別墅刻本
麗水　紹興　浙江

清末石印本　紹興

清光緒三十四年（1908）上海掃葉
山房石印本　魯迅紀念館

清宣統二年（1910）掃葉山房石印
本　蘇大

民國九年（1920）上海掃葉山房石
印本　海寧　諸暨

集 10003195

花逸居詩稿三卷

（清）嘉興計士增撰

清嘉慶間刻本　國圖

2017 年國家圖書館出版社清代
詩文集珍本叢刊本

集 10003196

吉貝居暇唱不分卷

（清）烏程（一作歸安）施國祁撰

清嘉慶二十一年（1816）自刻本
國圖　南京

清刻本　内蒙古

清宣統三年（1911）上海國學扶輪
社鉛印張氏適園叢書本　湖南

集 10003197

禮耕堂詩集三卷附外集一卷

（清）烏程（一作歸安）施國祁撰

清鈔本　國圖

清代詩文集彙編本

2017 年國家圖書館出版社清代
詩文集珍本叢刊本

集 10003198

秋藥庵詩集八卷附抵掌八十一
吟一卷

（清）仁和馬履泰撰

清乾隆間清嘉慶間刻本　國圖

集 10003199

秋藥庵詩集六卷

　　(清)仁和馬履泰撰

　　清嘉慶二十二年(1817)刻本
上海

集 10003200

桐谿草堂詩五卷

　　(清)桐鄉孫貫中撰

　　清嘉慶十九年(1814)刻本　　國圖

集 10003201

桐谿草堂詩十卷文一卷

　　(清)桐鄉孫貫中撰

　　清嘉慶二十五年(1820)刻本
上海

集 10003202

桐谿草堂詩九卷

　　(清)桐鄉孫貫中撰

　　清嘉慶刻本　　蘇大

集 10003203

孫古杉詩稿不分卷

　　(清)桐鄉孫貫中撰

　　鈔本　　中社科院文學所

集 10003204

奚鐵生先生題畫詩一卷

　　(清)錢塘奚岡撰

　　清道光十四年(1834)管庭芬鈔本
國圖

　　2017年國家圖書館出版社清代

詩文集珍本叢刊本

集 10003205

奚鐵生手札一卷

　　(清)錢塘奚岡撰

　　民國上海有正書局石印本　　杭州

集 10003206

冬花庵燼餘稿二卷

　　(清)錢塘奚岡撰

　　清鈔本　　四川　　天一閣

　　清嘉慶十年(1805)武林愛日軒刻
本　　國圖

　　清同治至光緒錢唐丁氏當歸草堂
刻西泠五布衣遺著本　　國圖　　浙江
　　浙博　　溫州　　紹興　　黃巖　　首都

集 10003207

冬花庵燼餘稿二卷

　　(清)錢塘奚岡撰

　　清鈔本　　四川

集 10003208

冬花庵題絕句一卷

　　(清)錢塘奚岡撰

　　民國美術叢書本

集 10003209

東井詩鈔四卷文鈔二卷

　　(清)鄞縣黃定文撰

　　清嘉慶十一年(1806)刻本　　中
科院

　　清光緒十七年(1891)四明黃氏補

不足齋刻黃氏家集初編本　南京
上海　浙江　天一閣
　　清代家集叢刊續編本

集 10003210

虛白齋詩草三卷

　（清）餘姚霍維瓚撰
　　清乾隆五十年（1785）耕經堂刻本
國圖　中社科院文學所　天一閣
　　2017 年國家圖書館出版社清代
詩文集珍本叢刊本

集 10003211

清琅室詩鈔二卷續鈔一卷

　（清）秀水夏儼撰
　　清嘉慶十一年（1806）刻本　中社
科院文學所

集 10003212

眉閣詩草五卷

　（清）平湖張烜撰
　　清嘉慶十一年（1806）刻本　上海
　　清鈔本　天一閣
　　清道光刻本　浙江

集 10003213

繡墨齋偶吟一卷

　（清）仁和張瑤瑛撰
　　清嘉慶間刻本　南京

集 10003214

嘉樹堂稿十卷

　（清）海寧陳守謙撰

清道光間刻本　國圖
　　2017 年國家圖書館出版社清代
詩文集珍本叢刊本
　　清刻本　浙江

集 10003215

願學齋吟草二卷附補遺一卷

　（清）嘉興（先世浙江嘉興人，僑寓
江蘇宿遷）錢埰撰
　　信芳閣家藏集本（道光刻）
　　清道光間刻王氏家刻本　南京
　　清咸豐八年（1858）芳閣刻友聲集
本　國圖　中科院　上海　南京
復旦
　　清光緒十一年（1885）刻本　中山

集 10003216

願學齋吟稿二卷

　（清）嘉興（先世浙江嘉興人，僑寓
江蘇宿遷）錢埰撰
　　清刻王氏家刻十種本　南京
　　清刻本　南通

集 10003217

風希堂詩集不分卷

　（清）浦江戴殿泗撰
　　清道光間稿本　遼寧
　　清道光八年（1828）刻本　國圖
南開

集 10003218

風希堂文集四卷詩集六卷

　（清）浦江戴殿泗撰

清道光八年（1828）九靈山房刻本

國圖　中科院　天津　天津　南

開　義烏　諸暨　衢州　溫州　東

陽博　浙江

2002 年上海古籍出版社影印續

修四庫全書本

清代詩文集彙編本

2013 年上海古籍出版社重修金

華叢書本

2020 年學苑出版社浦江文獻集

成本

集 10003219

尊道堂詩鈔二卷

（清）海鹽吳東發撰

清嘉慶十八年（1813）徐琇刻本

上海（清徐瓊題識）

集 10003220

耜洲詩鈔九卷

（清）平湖張誥撰

清嘉慶間刻本　國圖　嘉興

清同治八年（1869）平湖張氏刻清

河六先生詩選本　首都

清代家集叢刊影印清河六先生詩

選本

清代詩文集彙編本

集 10003221

張士周詩選二卷

（清）平湖張誥撰　（清）平湖朱爲

弼選

清道光九年（1829）刻清河五先生

詩選本　嘉興　平湖

集 10003222

簡松草堂全集七十七卷

（清）錢塘張雲璈撰

清道光間簡松草堂自刻本　國圖

（鄭振鐸跋）

集 10003223

游楚吳吟不分卷

（清）錢塘張雲璈撰

稿本　浙江

集 10003224

簡松草堂詩集二十六卷

（清）錢塘張雲璈撰

清乾隆五十一年（1786）刻本　中

科院　國圖

清嘉慶八年（1803）刻本　天津

南開　徐州　河南大　嘉興

集 10003225

簡松草堂詩集二十卷

（清）錢塘張雲璈撰

清嘉慶間刻本　國圖　中科院

復旦　湖南　浙江　徐州

2002 年上海古籍出版社影印續

修四庫全書本

清代詩文集彙編本

清道光刻本　浙江

集 10003226

簡松草堂文稿一卷

（清）錢塘張雲璈撰

稿本（葉景葵跋）　上海

集 10003227

簡松草堂文集十二卷附録一卷

（清）錢塘張雲璈撰

清嘉慶間刻本　國圖　天津

南開

清道光間刻本　國圖

清刻本　中科院

集 10003228

簡松草堂文集十二卷附録一卷

補遺一卷

（清）錢塘張雲璈撰

民國三十年（1941）鉛印本　復旦

溫州　浙大　浙江

2002 年上海古籍出版社影印續

修四庫全書本

清代詩文集彙編本

集 10003229

簡松草堂續集十二卷

（清）錢塘張雲璈撰

清嘉慶間刻本　南京

集 10003230

金牛湖漁唱一卷

（清）錢塘張雲璈撰

清嘉慶十八年（1813）刻本　杭州

清嘉慶刻本　浙江　國圖

清光緒三年至二十六年（1877～

1900）錢塘丁氏嘉惠堂刻武林掌故

叢編本　國圖　中科院　北大　上

海　復旦　天津　遼寧　甘肅　山

東　南京　浙江　湖北　四川

清光緒七年（1881）刻本　首都

1985 年江蘇廣陵古籍刻印社影

印清光緒三年至二十六年（1877～

1900）錢塘丁氏嘉惠堂刻武林掌故

叢編本　中科院

1994 年上海書店出版社叢書集

成續編本

2003 年廣陵書社中國風土志叢

刊本

2010 年學苑出版社中國華東文

獻叢書本

集 10003231

臘味小稿五卷

（清）錢塘張雲璈撰

清嘉慶間刻本　國圖　中科院

清道光間刻本　國圖

集 10003232

寄庵詩鈔不分卷

（清）平湖葛其龍撰

稿本　上海

集 10003233

武原竹枝詞一卷

（清）海鹽朱恒撰

清咸豐六年（1856）巢園書屋刻本

南京　浙江

集 10003234

詩畫巢遺稿一卷

　（清）海鹽吳本履撰

　清乾隆間刻本　臺大

　清嘉慶十八年(1813)徐泉刻本

上海　浙江

集 10003235

有此廬詩鈔不分卷

　（清）嘉興金孝維撰

　稿本錢氏詩彙本　上海

　清道光刻廬江錢氏詩彙本　浙江

　清嘉慶刻廬江錢氏詩彙本　浙江

　鈔本廬江錢氏詩彙本　中社科院

文學所

　清嘉慶間刻本　山東

　清末刻本

集 10003236

白雲詩稿一卷補遺一卷

　（清）秀水陶士英撰　（清）陶介

亭編

　清陶氏賢奕書樓鈔陶氏賢弈書樓

叢書本　國圖

　清代家集叢刊續編本

集 10003237

雪竇集二卷

　（清）餘姚景雲撰

　清嘉慶十二年(1807)刻本　中社

科院歷史所

集 10003238

羣玉軒遺稿一卷

　（清）嘉興褚全德撰

　合璧詩鈔本(清同治鈔)

集 10003239

江行雜詠一卷

　（清）嘉興褚全德撰

　清光緒十八年(1892)刻本　嘉興

溫州

集 10003240

瑶潭詩剩三卷詩餘一卷

　（清）平湖胡正基撰

　民國十四年(1925)鉛印本　首都

中科院　復旦

集 10003241

澹足軒詩集八卷

　（清）錢塘(一作仁和)梁履繩撰

　清鈔本　南京

　清代詩文集彙編本

集 10003242

南園雜詠一卷

　（清）嘉善陳祁撰

　清嘉慶九年(1804)刻本　中科院

國圖

　清代詩文集彙編本

集 10003243

退思齋詩集(陳紅圃詩)十卷(商
于吟稿二卷、從戎草三卷、新豐

吟稿、蘭行草、清風涇竹枝詞、續唱、南園雜詠各一卷）

(清)嘉善陳祁撰

清嘉慶十一年(1806)刻本　國圖
山西大　浙江

集 10003244

寶儉齋全集七種

(清)嘉善陳祁撰

清嘉慶刻本　陝西

集 10003245

陳紅圃詩選

(清)嘉善陳祁撰

清嘉慶刻本　國圖

集 10003246

清風涇竹枝詞一卷續唱一卷

(清)嘉善陳祁撰

清嘉慶九年(1804)嘉善陳氏刻本
國圖

集 10003247

商於唫稿二卷

(清)嘉善陳祁撰

清嘉慶五年(1800)刻本　河南大

集 10003248

新豐吟稿一卷

(清)嘉善陳祁撰

清嘉慶十一年(1806)寶儉齋刻本
浙江

集 10003249

從戎草三卷

(清)嘉善陳祁撰

清嘉慶九年(1804)刻本　浙江

集 10003250

蘭行草一卷

(清)嘉善陳祁撰

清嘉慶九年(1805)刻本　浙江

集 10003251

六十自壽一卷

(清)嘉善陳祁撰

清嘉慶刻本　浙江

集 10003252

書巖剩稿一卷

(清)楊峒撰　(清)會稽趙之謙輯

清光緒間會稽趙氏刻袖珍仰視千
七百二十九鶴齋叢書本　國圖　中
科院　北大　上海　復旦　遼寧
浙江　武漢　四川

民國十八年(1929)紹興墨潤堂書
苑影印清光緒間會稽趙氏刻仰視千
七百二十九鶴齋叢書本　國圖　上
海　復旦　天津　遼寧　甘肅　蘇
州　湖北　四川　青海

集 10003253

涼州剩草一卷

(清)仁和蔡廷衡撰

清光緒五年(1879)天風環佩山房
刻本　南京

集 10003254

待松軒詩存一卷

（清）仁和嚴守田撰

清刻本　山東

集 10003255

歷亭詩鈔一卷

（清）仁和嚴守田撰

清末南社鈔本　南京

集 10003256

庸庵集十四卷

（清）餘姚宋禧撰

清嘉慶十三年（1808）刻本　復旦
國圖

清乾隆翰林院鈔本　國圖

集 10003257

逸亭詩草七卷

（清）蕭山宋鳴軔撰

清嘉慶七年（1802）宋氏連理堂木
活字印本　中科院

清嘉慶十五年（1810）木活字印本
中科院

集 10003258

進士杜公詩稿一卷

（清）紹興杜墰撰

清鈔本　浙江

集 10003259

三雁齋詩稿二卷

（清）山陰吳尊盤撰

清嘉慶二十四年（1819）興化縣署
刻本　首都　國圖　首都

集 10003260

河中吟稿一卷

（清）錢塘吳壽宸撰

清乾隆間刻本　南京　浙江

集 10003261

稻香閣遺稿一卷

（清）嘉善柯鴻逵　（清）嘉善柯汝
鍔撰

民國十七年（1928）鉛印茗香館叢
鈔本　中社科院文學所　南京

集 10003262

蓻湖雜著不分卷

（清）海寧查奕慶撰

清咸豐七年（1857）花溪張氏刻本
北大

集 10003263

蓻湖詩稿不分卷

（清）海寧查奕慶撰

手稿本　浙江

集 10003264

湘碧堂詩鈔四卷

（清）嘉興孫墉撰

清嘉慶十三年（1808）刻本　上海

集 10003265

聶許齋詩稿六卷

（清）鄞縣陳鴻儔撰

清道光二十五年（1845）囂湖第一樓刻本　上海　浙江

集 10003266

適意吟一卷

（清）仁和錢杖撰　（清）仁和錢錫賓等輯

清光緒二十二年（1896）刻湖墅錢氏家集本　北大　上海

集 10003267

有真意齋遺文一卷

（清）仁和錢杖撰　（清）仁和錢錫賓等輯

清光緒二十二年（1896）刻湖墅錢氏家集本　北大　上海

清刻本　　　　山西

集 10003268

小學庵遺稿四卷

（清）海寧錢馥撰　（清）邵書稼輯

清邵書稼鈔本　上海

清芬室叢刊本（光緒刻）

清鈔本　國圖

2005 年學苑出版社清代學術筆記叢刊本

集 10003269

小學庵遺稿不分卷

（清）海寧錢馥撰

清同治八年（1869）趙之謙家鈔本（清趙之謙校並跋）　國圖

集 10003270

星船詩鈔一卷

（清）鄞縣李承道撰

鈔本　天一閣

集 10003271

樸學堂詩文鈔二十一卷

（清）臨海黃河清撰

清嘉慶間刻本　南京　臨海博

集 10003272

樸學堂集節抄本四卷

（清）臨海黃河清撰

清抄本　臨海博

集 10003273

樸學堂雜著不分卷

（清）臨海黃河清撰

清抄本　臨海博

集 10003274

潤川隨筆不分卷

（清）臨海黃河清撰

清抄本　臨海博

集 10003275

寶研齋詩集八卷

（清）德清戚芸生撰

清嘉慶二十三年（1818）戚嗣曾刻本　國圖

集 10003276

嬰山小圃詩集十六卷

（清）平湖張誠撰

清嘉慶二十一年（1816）今文閣刻本　中科院　浙江

清道光十六年（1836）今文閣刻本　中科院

清同治八年（1869）平湖張氏刻清河六先生詩選本　首都

清光緒元年（1875）平湘張氏刻平湖張氏家集四種本　上海　內蒙古　溫州　嘉興　平湖

清代家集叢刊影印清河六先生詩選本

集 10003277

嬰山小園詩集三卷

（清）平湖張誠撰

清同治八年（1869）刻重鐫清河五先生詩選　國圖

集 10003278

嬰山小園文集六卷附晚年手定稿五卷

（清）平湖張誠撰

清光緒元年（1875）平湘張氏刻平湖張氏家集四種本　上海

清光緒二十一年（1895）刻本　中社科院歷史所　嘉興　紹興　平湖

清代家集叢刊影印平湖張氏家集四種本

集 10003279

二不山房詩四卷

（清）平湖張誠撰

稿本　平湖

集 10003280

懸文一卷

（清）平湖張誠撰

稿本　平湖

集 10003281

懸文不分卷説奧不分卷

（清）平湖張誠撰

稿本　平湖

集 10003282

遠遊詩草一卷嬰山小園詩集補遺一卷

（清）平湖張誠撰

稿本　平湖

集 10003283

熙河草堂集九卷

（清）平湖張誠撰

寫樣本　平湖

集 10003284

熙河草堂集不分卷

（清）平湖張誠撰

清寫樣本　平湖

集 10003285

策稿一卷

（清）平湖張誠撰

清末平湖張登善抄本　平湖

集 10003286

玉樹齋詩稿一卷

（清）海鹽陳廷獻撰

清嘉慶十五年（1810）刻本　南京
浙江

集 10003287

西圃軒集一卷

（清）海鹽崔應榴撰

稿本　上海

集 10003288

吾亦廬外集七卷（禹航清課三卷、守黑編、東里嘹音各二卷）

（清）海鹽崔應榴撰

稿本　南京

集 10003289

吾亦廬文稿不分卷

（清）海鹽崔應榴撰

稿本（清周廣業校，張元濟跋）
上海

集 10003290

吾亦廬文稿一卷

（清）海鹽崔應榴撰

稿本吾亦廬文集本　南京

集 10003291

吾亦廬文集不分卷

（清）海鹽崔應榴撰

鹽城崔氏鈔本　國圖

集 10003292

青城山人集十八卷

（清）仁和關槐撰

清嘉慶十三年（1808）杭州愛日軒
刻本　中山

2016 年黃山書社影印明別集叢
刊第一輯本

集 10003293

秋坪詩鈔四卷

（清）嘉興王炳虎撰

清嘉慶間刻本　山西大

集 10003294

德馨書館詩鈔不分卷

（清）武義徐岳宗撰

鈔本　武義

集 10003295

焦屏覆瓿集（焦屏書屋詩文覆瓿集）一卷

（清）錢塘梁學昌撰

清嘉慶間刻頻羅庵遺集附　南京

集 10003296

古文雜著二卷

（清）諸暨圖章陶撰

清道光九年（1829）章志楷木活字
印本　浙江　嵊州　浙江　紹興
南開

集 10003297

幽芳集不分卷

（清）諸暨章陶撰

清乾隆五十年（1785）刻本　南京
國圖

集 10003298

楓樹山房詩一卷

（清）仁和惠兆壬撰

清鈔名家詩詞叢鈔本　國圖

2017 年國家圖書館出版社清代
詩文集珍本叢刊本

集 10003299

古月樓詩鈔二卷附詞

（清）平湖屈鳳輝撰

清乾隆四十四年（1779）刻本　中
社科院文學所

民國平湖屈氏鈔本　上海

集 10003300

夢餘詩鈔八卷

（清）山陰邵飄撰

稿本　國圖

清代詩文集彙編本

集 10003301

夢餘詩鈔二卷

（清）山陰邵飄撰

清光緒三年（1877）沈兆淇刻本
國圖　中科院　天津　浙江

集 10003302

鏡西閣詩選八卷

（清）山陰邵飄撰

稿本　中社科院文學所

集 10003303

歷代名媛雜詠二卷

（清）山陰邵飄撰

清乾隆五十七年（1792）自刻本
國圖

集 10003304

歷代名媛雜詠三卷

（清）山陰邵飄撰

清乾隆刻本　國圖　天津　浙江
臨海

清嘉慶刻本　國圖

集 10003305

金鄂巖詩稿一卷

（清）桐鄉金德興撰

稿本（王大隆跋）　復旦

2019 年國家圖書館出版社影印
浙學未刊稿叢編本

集 10003306

桐華館詩集二卷

（清）桐鄉金德興撰

清嘉慶五年（1800）畬經堂刻春橋
草堂詩集附　上海

集 10003307

瞻袞堂文集十卷

（清）鄞縣袁鈞撰

光緒三十三年（1907）刻本　南開

清光緒三十四年（1908）袁可烺等

刻本　中科院（鄧之誠題記）

1994 年上海書店出版社叢書集成續編本

清代詩文集彙編本

集 10003308

佚老巢遺稿二卷附悠然自得之廬詩存一卷

（清）餘姚翁元圻撰

清道光十九年（1839）刻本　南開

清咸豐元年（1851）餘姚翁學涵刻本　國圖

清同治間刻本　中社科院文學所　山西大　浙江

集 10003309

青芙蓉閣詩鈔六卷

（清）桐鄉陸元鋐撰

清嘉慶間刻本　國圖　中科院

鈔本　大連

2002 年上海古籍出版社影印續修四庫全書本

集 10003310

心止居詩集四卷文集二卷

（清）山陰楊夢符撰

清嘉慶十四年（1809）刻本　國圖　中科院　復旦　中山

清嘉慶十五年（1810）刻本　浙江

集 10003311

得閒山館詩集八卷文集二卷附錄一卷

（清）吳興鄭佶撰

清道光九年（1829）寶研齋刻本　中科院　北大

集 10003312

艮齋詩存不分卷

（清）嘉興錢豫章撰

稿本錢氏詩彙本　上海

清道光刻廬江錢氏詩彙本　浙江

清嘉慶刻廬江錢氏詩彙本　吉大（存：第二十四集、第三十五集、第三十六集）　北大（存：第二十四集、第三十五集、第四十一集、第四十三集）　浙江

鈔本廬江錢氏詩彙本　中社科院文學所　中社科院文學所

清嘉慶間刻本　山東

集 10003313

儋餘尺牘一卷

（清）海寧查世倓撰

清刻本　南京

集 10003314

魁石山房詩鈔一卷

（清）歸安孫功烈撰

清嘉慶十二年（1807）自刻本　上海

集 10003315

古薌吟稿二卷附詩餘一卷

（清）烏程徐苣撰

清道光十九年（1839）刻本　溫州

清道光二十二年(1842)烏程晟舍
閔氏刻本　溫州

集 10003316
蓮城詩草不分卷
　(清)海寧張駿撰
　清鈔本　國圖
　2017年國家圖書館出版社清代
詩文集珍本叢刊本

集 10003317
荔園詩鈔五卷
　(清)海寧張駿撰
　清嘉慶二十二年(1817)刻本　中
社科院文學所　浙江

集 10003318
荔園詩續鈔四卷
　(清)海寧張駿撰
　清道光間刻本　南京
　清鈔本　浙江

集 10003319
琴暢軒百花詩不分卷
　(清)海寧張駿撰
　清鈔本　海寧

集 10003320
古歡齋詩鈔一卷
　(清)鄞縣陳鴻漸撰
　清道光二十五年(1845)罍湖第一
樓刻罍許齋詩鈔附　上海　浙江

集 10003321
午莊詩一卷
　(清)會稽陶廷珍撰
　清嘉慶間刻天倫樂事本　南京
　清代家集叢刊本

集 10003322
繡墨山房詩集二卷
　(清)會稽傅調梅撰
　清乾隆間刻本　中科院

集 10003323
樂妙山居集一卷續編一卷
　(清)象山錢沃臣撰
　清嘉慶十五年(1810)刻本　國圖
　上海　紹興　浙江
　清刻本　國圖　首都　杭州
　清代詩文集彙編本

集 10003324
邐綠軒詩稿二卷
　(清)海鹽顧一清撰
　清咸豐間泊志堂刻本　國圖
　清刻本　南京

集 10003325
石園遺詩一卷
　(清)臨海朱溶撰
　清光緒間葉氏蔭玉閣鉛印本
南京

集 10003326
雲臥山房集不分卷

（清）海寧周嘉猷撰

稿本　山東

集 10003327

周慕護樞部遺稿不分卷

（清）海寧周嘉猷撰

鈔本　上海

集 10003328

雲臥山房詩集二卷

（清）海寧周嘉猷撰

清道光十三年(1833)留耕堂刻本
中科院

清咸豐二年(1852)周樂清留耕堂
刻本　國圖　浙江

集 10003329

蘭雪集八卷

（清）慈溪柯振嶽撰

清嘉慶二十三年(1818)藏修齋寫
刻本　國圖　中科院　杭州　浙大
溫州　天一閣　浙江　無錫　天
津　南開

集 10003330

心如詩稿不分卷

（清）德清徐端撰

清光緒間鈔本　四川

集 10003331

**有泉堂詩文一覽編十六卷有泉
堂續草一卷**

（清）仁和屠紹理撰

清嘉慶十二年(1807)修齡堂刻本
中科院　山西大　上海

集 10003332

有泉堂續草一卷

（清）仁和屠紹理撰

清嘉慶間刻本　南京

集 10003333

紅蕉山館集十卷

（清）嘉興費融撰

清嘉慶十九年(1814)年(1812)刻
本　國圖

集 10003334

紅蕉山館題畫詩一卷

（清）嘉興項夢昶撰

續和題畫詩一卷

（清）嘉興項鸞撰

清乾隆項氏寫刻本　美燕京

集 10003335

胥川草堂詩鈔四卷

（清）嘉興王延齡撰

清嘉慶間刻本　南京

集 10003336

又希齋集四卷

（清）秀水沈范孫撰

清咸豐三年(1853)刻本　首都
國圖　浙江　嘉興　天一閣

集 10003337

水亭詩存二卷

（清）汪賢衢撰　（清）錢塘汪簠輯

清光緒十二年（1886）錢唐汪氏長

沙刻叢睦汪氏遺書本　國圖　南京

中科院　遼寧

清代家集叢刊續編本

集 10003338

愚公詩稿一卷

（清）仁和李慶曾撰

鈔本　南京

集 10003339

紫華舫詩初集四卷

（清）平湖屈爲章撰

清嘉慶間刻本　國圖

2017 年國家圖書館出版社清代

詩文集珍本叢刊本

集 10003340

紫華舫詩集三卷

（清）平湖屈爲章撰

鈔本　上海

集 10003341

越遊草一卷

（清）平湖屈爲章撰

清徐氏汲脩齋抄汲脩齋叢書十六

種本　國圖

集 10003342

洞霄遊草一卷

（清）平湖屈爲章撰

清徐氏汲脩齋抄汲脩齋叢書十六

種本　國圖

集 10003343

日香居課餘吟草鈔一卷

（清）平湖袁路先撰　（清）平湖朱

任林輯

清陸氏求是齋鈔當湖朋舊遺詩彙

鈔本　上海

集 10003344

蓮湖詩草不分卷

（清）衢縣徐崇焵撰

清嘉慶五年（1800）刻本　浙江

清嘉慶六年（1801）刻本　中山

杭州　浙江

衢州文獻集成本

集 10003345

蓮湖續稿二卷

（清）衢縣徐崇焵撰

清嘉慶八年（1803）刻本　杭州

集 10003346

山居稿二卷

（清）諸暨郭毓撰

清嘉慶六年（1801）帶山堂刻本

中社科院文學所　國圖

集 10003347

古松齋詩鈔二卷

（清）烏程張志楓撰

清咸豐九年(1859)木活字印本
南京

集 10003348
騰笑軒詩鈔三十八卷
　(清)秀水陳熙撰
　清道光間刻本　國圖　浙江
　清代詩文集彙編本

集 10003349
南園詩一卷
　(清)會稽陶廷琡撰
　清嘉慶間刻天倫樂事本　南京
　清代家集叢刊本

集 10003350
焠掌齋遺稿一卷
　(清)仁和應文苕撰
　清道光二十七年(1847)刻闇然室
文稿附　南京

集 10003351
讀畫齋百疊蘇韻別集四卷附刻
一卷
　(清)石門顧修撰
　清嘉慶間刻本　中科院

集 10003352
菉厓詩鈔三卷外集三卷
　(清)石門顧修撰
　清嘉慶十六年(1811)刻本　山
西大

集 10003353
詠花軒遺稿三卷
　(清)平湖方樹本撰
　清道光四年(1824)寫刻本　國圖
　高郵

集 10003354
古香樓遺稿不分卷
　(清)歸安沈南春撰
　清咸豐間刻本　山西大
　清代詩文集彙編本

集 10003355
魯石草堂集一卷
　(清)秀水汪應鈴撰
　清道光五年(1825)刻本　中社科
院文學所　南京

集 10003356
古三疾齋雜著六卷
　(清)山陰何綸錦撰
　清嘉慶間刻本　國圖　蘇州
南開

集 10003357
巢雲閣詩鈔二卷
　(清)山陰何綸錦撰
　清嘉慶十二年(1807)刻本　國圖
　美加州大洛杉磯

集 10003358
巢雲閣詩續鈔一卷
　(清)山陰何綸錦撰

清嘉慶間刻本　國圖

2017年國家圖書館出版社清代詩文集珍本叢刊本

集10003359

松髻室吟草二卷

（清）仁和邵希曾撰

清道光十二年（1832）刻本　中科院

集10003360

友漁齋詩集十卷

（清）嘉善黄凱鈞撰

清嘉慶十年（1805）刻本　國圖　中科院　浙江　蘇州

集10003361

友漁齋詩續集六卷

（清）嘉善黄凱鈞撰

清嘉慶間刻本　中社科院文學所　蘇州　浙江

集10003362

擁書堂詩集四卷

（清）歸安（先世浙江歸安，遷居江蘇松江）張璿華撰

清光緒十五年（1889）刻本　國圖

清光緒二十四年（1898）刻本　國圖　首都　中科院　復旦　首都　内蒙古　湖南　青海

清光緒刻本　慕湘藏書館

集10003363

一品集二卷使黔集一卷

（清）歸安費錫章撰

清嘉慶十四年（1809）吳興費錫章恩詒堂寫刻本　國圖　杭州

清嘉慶十八年（1813）吳興費錫章恩詒堂寫刻本　國圖　首都　南京　中科院

國家圖書館藏琉球資料三編本

集10003364

一粟軒詩鈔二卷文集四卷

（清）平陽鮑臺撰

清道光二十六年（1846）鄭兆璜等刻本　浙江　中科院　中社科院文學所

清同治十三年（1874）補刻本　北大

集10003365

雙橋書屋遺稿二卷

（清）仁和錢東撰　（清）仁和錢錫賓等輯

清光緒二十二年（1896）刻湖墅錢氏家集本　北大　上海

集10003366

石田子詩鈔二卷

（清）吳興石渠撰

清乾隆五十七年（1792）朱拜堂刻本　上海

集 10003367

翠苕館詩一卷

 (清)吳興石渠撰　(清)畢沅輯

 清嘉慶間刻吳會英才集本　國圖

 南京

集 10003368

玉堂存草二十四卷

 (清)海鹽朱履中撰

 稿本　南京

集 10003369

淡巴菰百詠一卷

 (清)海鹽朱履中撰

淡巴菰題辭一卷

 高翔等撰

 清嘉慶二年(1797)小酉山房刻本

 浙江　杭州

 案:書名一作淡巴菰唱酥合刻

集 10003370

歐庵詩鈔三卷

 (清)烏程胡世巽撰

 清乾隆間刻本　南京　浙江

集 10003371

筠閣詩鈔一卷

 (清)海寧徐昌撰　(清)李榕輯

 稿本硤川五家詩鈔本　上海

集 10003372

壽花堂詩集八卷

 (清)錢塘黃模撰

 清嘉慶二十五年(1820)杭城愛日

 軒刻本　南京　湖南　浙江

集 10003373

壽花堂律賦一卷

 (清)錢塘黃模撰(清)汪守正輯

 清嘉慶間刻琴臺正續合刻本　國

 圖　上海

 清光緒十五年(1889)刻琴臺正續

 合刻本　國圖　上海　湖北

 清刻琴臺正續合刻本　國圖

集 10003374

鐵船詩鈔二十一卷樂府四卷附
試律四卷

 (清)金華方元鵾撰

 清嘉慶十年(1805)芥舟書局刻本

 國圖

 2013年上海古籍出版社重修金

 華叢書本

集 10003375

鐵船詩鈔不分卷

 (清)金華方元鵾撰

 鈔本　金華博

 2013年上海古籍出版社重修金

 華叢書本

集 10003376

寫十三經堂詩集一卷

 (清)山陰李堯棟撰

 清汪氏環碧山房鈔本　常熟文

 管會

集 10003377

簡莊文鈔六卷續鈔二卷河莊詩鈔一卷

（清）海寧陳鱣撰

清光緒間海昌羊氏傳卷樓粵東刻海昌叢載本　國圖　首都　北大　上海　山大

2002 年上海古籍出版社影印續修四庫全書本

清代詩文集彙編本

集 10003378

簡莊對策六卷綴文六卷

（清）海寧陳鱣撰

清嘉慶十至十二年（1805～1907）陳氏士鄉堂刻本　國圖（清李慈銘校並跋）首都　上海

集 10003379

仲魚集不分卷

（清）海寧陳鱣撰

清光緒間杭州抱經書局刻本　中科院

集 10003380

簡莊綴文六卷

（清）海寧陳鱣撰

清嘉慶十一年（1806）抱經堂刻本　國圖　首都　徐州

清光緒間蔣氏心矩齋刻補刻本　國圖

清光緒間蔣氏心矩齋刻民國十五年（1926）杭州抱經堂補修本　中科

院　上海　南京　復旦　遼寧　煙臺

清刻民國十五年（1926）抱經堂補刻本　內蒙古

集 10003381

簡莊集不分卷

（清）海寧陳鱣撰

清嘉慶六年（1801）刻本　新疆大

集 10003382

新坡土風一卷

（清）海寧陳鱣撰　（清）陳小弻和韻

稿本　天一閣（清王朝、清郭宗泰、清陳夢弻題記 鄒黼觀款）

清徐氏汲脩齋抄汲脩齋叢書十六種本　國圖

2017 年國家圖書館出版社清代詩文集珍本叢刊本

集 10003383

河莊詩文抄一卷

（清）海寧陳鱣撰

清徐氏汲脩齋抄汲脩齋叢書十六種本　國圖

集 10003384

秋室集五卷

（清）歸安楊鳳苞撰

清道光間楊炳堃刻本　溫州

清光緒九年（1883）湖州圖陸氏刻本　復旦

集 10003385

秋室集十卷

（清）歸安楊鳳苞撰

清道光二十五年（1845）周學濂刻本　中科院

清光緒九年（1883）湖州陸氏刻本　慕湘藏書館　無錫　國圖

清光緒十一年（1885）陸心源刻湖州叢書單行本　國圖（佚名題記；存卷一至五，李文田校注）　湖南　中科院（鄧之誠題記）　首都　湖南

清光緒刻本　蘇州

2002年上海古籍出版社影印續修四庫全書本

集 10003386

采蘭簃文集四卷詩集四卷

（清）歸安楊鳳苞撰

清傅氏長恩閣鈔本　浙江

集 10003387

采蘭簃詩集五卷

（清）歸安楊鳳苞撰　（清）烏程嚴可均編

鈔本　日靜嘉堂

集 10003388

采蘭簃文集不分卷

（清）歸安楊鳳苞撰

清同治七年（1868）凌霞鈔本（清凌霞校並跋）　復旦　南開

集 10003389

秋室遺文一卷南疆逸史跋一卷

（清）歸安楊鳳苞撰

清道光間刻本　南京

清刻本　國圖

集 10003390

睫巢詩鈔三卷附遊仙詩一卷

（清）錢塘吳顥撰

清嘉慶十六年（1811）吳升川圖刻本　國圖

清嘉慶道光間刻錢塘吳氏合集本

清代家集叢刊影印錢塘吳氏合集本

集 10003391

吳退庵先生游仙詩一卷

（清）錢塘吳顥撰

題詞一卷

（清）永康程尚濂等撰

清光緒元年（1875）錢唐戴穗孫鈔本　浙江

集 10003392

金陀詩鈔八卷

（清）嘉興岳澐撰

清嘉慶十八年（1813）刻本　中社科院文學所

集 10003393

小漪詩屋吟稿一卷

（清）仁和金蓉撰

清光緒二十二年（1896）刻湖墅錢

氏家集本　北大　上海

集 10003394

愚庵詩初稿一卷存稿一卷續稿一卷
　（清）海鹽馬國偉撰
　清嘉慶十八年(1813)棣園刻小峨嵋山館五種本　上海　南京

集 10003395

集翠軒詩集九卷
　（清）海鹽陳玉垣撰
　清嘉慶間刻本　中山

集 10003396

集翠軒詩集十卷
　（清）海鹽陳玉垣撰
　清嘉慶間刻本　南京　山西大

集 10003397

瘦吟存草不分卷
　（清）山陰沈煒撰
　稿本（清周師濂評）　紹興

集 10003398

瘦吟廬詩鈔四卷
　（清）山陰沈煒撰
　清道光十二年(1832)刻本　中社科院文學所　紹興

集 10003399

鏡西漫稿四集不分卷
　（清）餘姚岑振祖撰

稿本　中社科院文學所

集 10003400

鏡西漫稿十四集不分卷
　（清）餘姚岑振祖撰
　清鈔本（存二、三、六集）　湖北

集 10003401

延綠齋詩存十二卷
　（清）餘姚岑振祖撰
　清嘉慶二十五年(1820)姚江岑氏刻增修本　中科院　紹興　浙江
　清代詩文集彙編本

集 10003402

小信天巢詩鈔十八卷續鈔一卷
　（清）海鹽陳石麟撰
　清嘉慶十一至十四年(1806～1809)刻本　國圖　南京

集 10003403

小信天巢詩草一卷
　（清）海鹽陳石麟撰
　稿本（宗聖垣跋）　浙江

集 10003404

天行堂詩鈔三卷
　（清）山陰朱山撰
　清道光二年(1822)朱澐刻本　中科院

集 10003405

芸夫詩草一卷

（清）錢塘朱栻撰

清嘉慶間抱山堂刻同岑詩選本
南京

集 10003406

春巢詩鈔四卷

（清）仁和何承燕撰

清嘉慶間刻本　國圖

集 10003407

春巢詩鈔十二卷

（清）仁和何承燕撰

清嘉慶間刻本　中大

集 10003408

醉雲樓詩草五卷

（清）慈溪余江撰

清嘉慶十九年（1814）刻本　中社
科院文學所　天一閣　浙江　國圖
湖南

集 10003409

小石山房遺草一卷剩草一卷

（清）慈溪余江撰

清嘉慶間刻本　國圖

清嘉慶鈔本　國圖

2017 年國家圖書館出版社清代
詩文集珍本叢刊本

集 10003410

金粟詩存一卷

（清）浙江金光烈撰

清嘉慶五年（1800）刻本　平湖

清嘉慶九年（1804）刻本　南京

集 10003411

金粟詩存補遺一卷

（清）浙江金光烈撰

清道光間刻本　上海

集 10003412

印月草堂詩四卷

（清）慈溪桂廷嗣撰

清刻本　中社科院文學所　天一閣

集 10003413

虛筎詩稿七卷

（清）慈溪桂廷嗣撰

清乾隆間刻本　上海　天一閣

集 10003414

**虛筎續稿二卷虛筎今體詩三刻
一卷**

（清）慈溪桂廷嗣撰

乾隆五十四年（1789）印月草堂刻
本　天一閣

集 10003415

碧山棲詩稿□卷

（清）仁和孫傳曾撰

稿本（存二卷，清丁丙跋）　浙江

集 10003416

逗雨齋詩鈔十卷附旋香詞一卷

（清）海寧許肇封撰

清嘉慶六年（1801）刻本　復旦

集 10003417

逗雨齋詩草一卷

　(清)海寧許肇封撰

　清嘉慶九年(1804)刻本　南開

集 10003418

荊華仙館初稿二卷

　(清)錢塘張椿年撰

　清嘉慶間刻本　南京

　清刻繼聲堂集本　南京

集 10003419

拙修書屋文稿五卷詩稿一卷

　(清)平湖陳謨撰

　清道光十六年(1836)陳珍鈔本
上海

集 10003420

三香吟館詩鈔十卷

　(清)石門陳萬全撰

　清道光十年(1830)刻本　中社科
院文學所

　清代詩文集彙編本

集 10003421

熊丸集不分卷

　(清)永嘉陳瑞輝撰

　清嘉慶九年(1804)敦本堂刻本
溫州

　鈔本　溫州

集 10003422

夢墨軒詩鈔八卷

　(清)嘉興馮樽撰

　清乾隆間刻本　復旦

　清嘉慶十四年(1809)春靄堂刻本
國圖

集 10003423

閨鐸類吟注釋六卷附錄一卷

　(清)開化詹師韓撰

　清嘉慶間手稿本　臺圖

集 10003424

**觀幻山房詩草二卷附紀遊補稿
一卷**

　(清)嘉興釋際淵撰

　清嘉慶十九年(1814)刻本　上海

　清道光三年(1823)刻本　中山
浙江　嘉興

集 10003425

楚遊草一卷

　(清)餘姚潘朗撰

　清鈔本(胡傑人跋)　浙江

集 10003426

環翠樓詩鈔八卷

　(清)平湖潘夢鹿撰

　清嘉慶間刻本　上海

集 10003427

眄柯軒稿四卷

　(清)嘉善顧之葵撰

　清嘉慶二年(1797)刻本　上海

集 10003428
後甲集一卷
　（清）嘉善顧之葵撰
　清嘉慶間刻本　南京

集 10003429
晚聞居士遺集九卷首一卷
　（清）蕭山王宗炎撰
　清道光十一年（1831）杭州陸貞一
愛日軒刻本　國圖　紹興　浙師大
　浙大　天一閣　紹興　蕭山博
嵊州　浙江

集 10003430
雲璽詩稿二卷外集一卷
　（清）秀水汪如洋撰
　清刻本　國圖　中科院

集 10003431
葆沖書屋詩集四卷外集二卷附
詩餘一卷
　（清）秀水汪如洋撰
　清嘉慶間刻本　首都　中科院
蘇州

集 10003432
汪狀元稿不分卷
　（清）秀水汪如洋撰
　清道光六年（1826）汪廷珍浙江刻
本　四川
　清道光十七年（1837）刻本　東
陽博

集 10003433
應制排律
　（清）秀水汪如洋撰
　清乾隆刻本　國圖

集 10003434
汪雲璽稿不分卷
　（清）秀水汪如洋撰
　清光緒二十四年（1898）鏡湖書屋
刻本　湖南

集 10003435
小羅浮山館詩鈔十五卷
　（清）錢塘吳升撰
　清道光間刻本　南京
　清同治四年（1865）吳振棫京師刻
本　北大
　清嘉慶道光間刻錢塘吳氏合集本
　清代家集叢刊影印錢塘吳氏合
集本

集 10003436
茹古香大司馬詩集一卷
　（清）會稽茹棻撰
　清鈔本（佚名批）　南京

集 10003437
攝庵詩稿鈔二卷
　（清）張躍鱗撰　（清）平湖朱壬
林輯
　清陸氏求是齋鈔當湖朋舊遺詩彙
鈔本　上海

集 10003438

借樹山房詩鈔□□卷

（清）定海陳慶槐撰

稿本（存卷十三、十四，清張問陶、
清邵葆祺、清王文治題識，清陳福熙
跋） 英國博

集 10003439

借樹山房詩鈔八卷

（清）定海陳慶槐撰

清嘉慶八年（1803）刻本 山西大

集 10003440

借樹山房遺稿二卷

（清）定海陳慶槐撰 （清）陳福
熙輯

清嘉慶二十二年（1817）刻本
上海

清光緒十六年（1890）刻本 浙江

集 10003441

借樹山房詩鈔不分卷

（清）定海陳慶槐撰

清光緒十六年（1890）刻本 中山

集 10003442

白湖詩稿八卷文稿八卷

（清）慈溪葉燕撰

清嘉慶二十三年（1818）葉氏又次
居刻本 國圖 南京 海寧

清代詩文集彙編本

集 10003443

白湖詩稿八卷文稿八卷時文一卷

（清）慈溪葉燕撰

清小隱山莊鈔本 天一閣

集 10003444

白湖詩稿八卷

（清）慈溪葉燕撰

清嘉慶六年（1801）葉氏又次居刻
本 遼寧 中科院

清嘉慶二十三年（1818）慈溪葉燕
又次居刻本 國圖 奉化文管會
蘇州 寧波

清小隱山莊鈔本 天一閣

集 10003445

點易軒詩鈔六卷

（清）會稽葉樹滋撰

鈔本（清陳庚子、陳梅題詞）
浙江

集 10003446

湖墅雜詩二卷

（清）仁和魏標撰

清光緒三年至二十六年（1877～
1900）錢塘丁氏嘉惠堂刻武林掌故
叢編本 國圖 中科院 北大 上
海 復旦 天津 遼寧 甘肅 山
東 南京 浙江 湖北 四川

清光緒五年（1879）錢塘王氏刻湖
墅叢書本 浙江 杭州 義烏 天
一閣

1985 年江蘇廣陵古籍刻印社影

印清光緒三年至二十六年(1877～1900)錢塘丁氏嘉惠堂刻武林掌故叢編本　中科院

1994 年上海書店出版社叢書集成續編本

2003 年廣陵書社中國風土志叢刊本

2009 年 2 月杭州出版社杭州運河文獻集成本

集 10003447
磵村集一卷
（清）錢塘汪緒宜撰

清光緒十二年(1886)錢唐汪氏長沙刻叢睦汪氏遺書本　國圖　南京　中科院　遼寧

清代家集叢刊續編本

集 10003448
慎餘書屋詩鈔九卷
（清）歸安吳瀾撰

清嘉慶二十年(1815)刻本　南京　山東

集 10003449
謝琴文鈔一卷詩鈔七卷附聯吟一卷
（清）錢塘（安徽歙縣人，錢塘籍貢生）吳景潮撰

清嘉慶二十年(1815)松風草堂刻本　南京　山東博　山西大

集 10003450
三畝草堂詩鈔五卷
（清）嘉興邱光華撰

清嘉慶二十年(1815)刻本　上海　嘉興

集 10003451
種松莊偶存不分卷
（清）海寧周勳常撰

清道光二年(1822)種松莊主人鈔本　上海

集 10003452
古春詩稿二卷
（清）嘉興金菖撰

清嘉慶間刻本　南京　嘉興

集 10003453
秋籟軒集三卷
（清）錢塘金世綏撰

清嘉慶間刻本　南京

集 10003454
怡園詩集六卷
（清）錢塘姜安撰

清道光間刻本　復旦　溫州

集 10003455
怡園詩集十四卷附冬碧樓樂府一卷
（清）錢塘姜安撰

清道光間刻本　山東

集 10003456

怡亭詩草一卷

（清）錢塘姜安撰（清）王昶等選

清嘉慶抱山堂刻本　南京

集 10003457

灌花居詩草二卷

（清）平湖陸光洙撰

清嘉慶間刻本　上海　平湖

集 10003458

自怡軒集一卷

（清）桐鄉陳春宇撰

稿本（吳葵園等跋）　浙江

集 10003459

棲飲草堂詩鈔六卷

（清）仁和湯禮祥撰

清嘉慶二十年（1815）刻本　國圖

南京

集 10003460

惜花散人初集二卷

（清）會稽傅槐撰

清嘉慶間刻本　國圖　浙江

集 10003461

木山閣詩鈔一卷

（清）嘉興楊謙撰

鈔本　上海

集 10003462

蟾齋吟稿一卷

（清）慈溪鄭從風撰

民國間張氏約園鈔本　浙江

集 10003463

蚊川竹枝詞一卷

（清）慈溪鄭從風撰

民國間張氏約園鈔本　浙江

集 10003464

靜通草堂詩集二卷

（清）石門鍾洪撰

清嘉慶間刻本　嘉興

集 10003465

詩詞一卷馬實夫詞一卷

（清）錢塘吳昇撰

稿本（九華新譜一卷附）　浙江

2019 年國家圖書館出版社影印

浙學未刊稿叢編本

集 10003466

海六詩鈔六卷

（清）嘉興鍾駕鰲撰

清嘉慶間刻本　上海

集 10003467

海六詩鈔八卷

（清）嘉興鍾駕鰲撰

清嘉慶間刻本　嘉興

集 10003468

卜硯齋詩集六卷

（清）秀水方泂撰

清嘉慶二十年(1815)刻本　國圖
蘇州

集 10003469

賞眉齋自喜集四卷

（清）嘉興王潤撰

清道光二十八年(1848)刻　國
圖　上海　南開　浙江

清咸豐元年(1851)刻本　上海

集 10003470

**清愛堂集二十三卷附仁庵自記
年譜一卷**

（清）仁和魏成憲撰

清道光間刻本　北大　天津

集 10003471

度嶺小草一卷

（清）仁和魏成憲撰

清嘉慶間刻本　南京

集 10003472

驂鸞小草一卷南海小草一卷

（清）仁和魏成憲撰

清鈔本（清曾燠批）　上海

清嘉慶刻本　浙江

集 10003473

祖硯堂集十二卷

（清）錢塘朱人鳳撰

清嘉慶間刻本　國圖

清道光二年(1822)嶺南薇署刻本
北大　溫州　浙江　無錫

清代詩文集彙編本

集 10003474

畫舫齋稿一卷

（清）錢塘朱人鳳撰

清嘉慶間抱山堂刻同岑詩選本
南京

集 10003475

閑泉詩鈔不分卷

（清）錢塘朱人鳳撰

鈔本　南京

集 10003476

菘塍齋遺稿二卷

（清）錢塘余大觀撰

清嘉慶間刻本　南京

集 10003477

聽秋室詩鈔四卷附笛家詞二卷

（清）平湖胡金勝撰

清嘉慶二十一年(1816)石瀨山房
刻本　上海

集 10003478

引流小榭吟草二卷補遺一卷

（清）海寧高鉞撰

清嘉慶二十一年(1816)刻本　首
都　中山　浙江　首都

集 10003479

張彝詩一卷

（清）仁和張彝撰

鈔本　南京

集 10003480

春田詩一卷

　（清）會稽（一作蕭山）陶軒撰

　清嘉慶間刻天倫樂事本　南京

清代家集叢刊本

集 10003481

友古堂詩鈔一卷詩續鈔一卷

　（清）慈溪馮紹樞撰

　清鈔本　浙江

集 10003482

借庵詩選二卷

　（清）海寧釋巨超撰　（清）長興王

豫輯

　清嘉慶六年（1801）種竹軒刻京江

三上人詩選本　上海　南京

集 10003483

修竹廬詩三卷

　（清）平湖邵澍撰　（清）武康徐熊

飛選

　清道光八年（1828）邵榆刻本　國

圖　平湖

　清光緒三十一年（1905）鉛印本

南開

集 10003484

香杜草初集二卷二集四卷三集

一卷附靜讀齋詩話一卷

　（清）海鹽任昌運撰

清嘉慶七年（1802）任氏讀靜齋寫

刻本　國圖（存初集）　復旦

集 10003485

茭湖詩文集十卷

　（清）鄞縣汪國撰

　清嘉慶十二年（1807）刻本　天

一閣

集 10003486

茭湖文集不分卷

　（清）鄞縣汪國撰

　清抄本　天一閣

集 10003487

空石齋文集二卷詩剩二卷

　（清）鄞縣汪國撰

　清嘉慶十二年（1807）四明少石山

房刻本　南開　天一閣　寧波

　清道光二年（1822）刻本　寧波

集 10003488

空石齋詩文合刻五卷

　（清）鄞縣汪國撰

　清道光二年（1822）四明少石山房

刻本　國圖　天一閣　浙江

　清代詩文集彙編本

集 10003489

秋門草堂詩鈔四卷

　（清）嘉興李寅熙撰

　清嘉慶十九年（1814）刻本　中山

集 10003490

海笠園詩集八卷附補遺一卷

（清）仁和俞理撰

清嘉慶十八年（1813）刻本　中社科院文學所

集 10003491

鬴齋詩鈔一卷

（清）海鹽孫映煜撰

清嘉慶十八年（1813）愛山居刻本　南京

集 10003492

愛山居吟槀一卷

（清）海鹽孫映煜撰

清抄本　嘉善

集 10003493

自怡詩鈔一卷

（清）錢塘孫容軒撰

清嘉慶二十二年（1817）刻本　南京

集 10003494

無盡意齋詩鈔四卷

（清）錢塘許乃椿撰

清嘉慶二十二年（1817）刻本　國圖（清許乃椿題款）　浙江　首都

集 10003495

不俗居詩遺鈔一卷

（清）太平黃際明撰

清咸豐三年（1853）刻本　南京

集 10003496

鴛鴦湖櫂歌（鴛鴦湖櫂歌次朱太史竹垞原韻）一卷

（清）海鹽陸以諴撰

清嘉興朱芳衡鈔本　國圖

清鈔鴛鴦湖櫂歌七種本　復旦

清光緒二年（1876）刻本鴛鴦湖櫂歌本　溫州　海鹽

集 10003497

白雲文集五卷詩集二卷

（清）德清陳斌撰

清嘉慶十二年（1807）刻本　國圖　首都　中科院　杭州　紹興　浙江　天一閣　無錫

清代詩文集彙編本

集 10003498

白雲文集五卷詩集二卷續集八卷

（清）德清陳斌撰

清嘉慶十二年（1807）刻道光四年（1824）安徽增刻本　國圖　中科院

清代詩文集彙編本

集 10003499

白雲時文不分卷

（清）德清陳斌撰

清嘉慶七年（1802）刻本　餘杭

集 10003500

復齋文集二十一卷詩集四卷首一卷末一卷

（清）泰順曾鏞撰

清嘉慶二十五年(1820)自刻本
國圖　湖南　中科院　天津　南開
　　浙江　溫州　平陽　瑞安中　玉
海樓

集 10003501
復齋詩集四卷首一卷
　(清)泰順曾鏞撰
　清鈔本　中科院

集 10003502
冰壺吟稿(憶存草)二卷
　(清)海寧蔣開撰
　清嘉慶間刻本　南京　浙江
　清道光六年(1826)刻本　中社科
院文學所　南京

集 10003503
使粵草不分卷
　(清)慈溪鄭辰撰
　稿本(清朱雲驤題詩,清徐時棟
跋)　國圖
　清代詩文集彙編本

集 10003504
鐵工天詩稿二卷詩餘一卷文稿一卷
　(清)吳興錢口口撰
　稿本　上海

集 10003505
深柳居詩草不分卷
　(清)嘉善顧功枚撰
　張塿鈔本　嘉善

集 10003506
沈蘋濟先生詩文稿二十九卷
　(清)海昌(一作海寧)沈毓蓀撰
　稿本　南京

集 10003507
琴硯草堂詩集十卷文前集一卷後集一卷
　(清)海昌(一作海寧)沈毓蓀撰
(清)張景渠輯
　清咸豐六年(1856)張景渠刻本
國圖　中科院　浙江

集 10003508
癸巳詩草一卷
　(清)海昌(一作海寧)沈毓蓀撰
　稿本(清亞舟批)　南京

集 10003509
古州詩草一卷
　(清)海昌(一作海寧)沈毓蓀撰
　清鈔本　國圖
　2017年國家圖書館出版社清代
詩文集珍本叢刊本

集 10003510
沈毓蓀文集不分卷
　(清)海昌(一作海寧)沈毓蓀撰
　鈔本　南京

集 10003511
在山草堂詩稿十七卷
　(清)石門吳文照撰

清道光八年(1828)刻本　國圖
臨海　浙江

集 10003512

讀書樓詩集六卷

（清）孝豐吳應奎撰

清嘉慶七年(1802)德清陳氏刻本
國圖　溫州

民國五年(1916)吳氏雍睦堂鉛印
本　中科院　安吉博　紹興　浙江
杭州　溫州

集 10003513

吳葯皐先生詩一卷

（清）孝豐吳應奎撰

鈔本　國圖

集 10003514

邃雅堂集十卷

（清）歸安姚文田撰

清道光元年(1821)江陰學使署刻
本　國圖(清李慈銘批並跋)　中科
院　蘇州　無錫　江蘇師大　首都
天津　湖南　湖南社科院　陝西

2002 年上海古籍出版社影印續
修四庫全書本

清刻本　內蒙古

集 10003515

邃雅堂集續編一卷

（清）歸安姚文田撰

稿本　上海

清道光八年(1828)刻本　國圖

(清李慈銘批並跋)遼寧　湖南

2002 年上海古籍出版社影印續
修四庫全書本

清代詩文集彙編本

集 10003516

恭和御制詩一卷

（清）歸安姚文田撰

稿本　吳江

集 10003517

秋農詩草一卷

（清）歸安姚文田撰

稿本(清陳壽祺、清葉紹桂、清劉
嗣綰等跋)　蘇州

集 10003518

求是齋自訂稿不分卷

（清）歸安姚文田撰

清嘉慶間刻本　復旦　（清潘德
興批）

集 10003519

姚秋農文稿一卷

（清）歸安姚文田撰

稿本(王大隆跋)　復旦

集 10003520

頑石廬文集十卷

（清）德清徐養原撰

清鈔本　南京　（清費念慈跋）
復旦

集 10003521

頑石廬文集不分卷

（清）德清徐養原撰

清鈔本　國圖

鈔本　國圖

集 10003522

頑石廬雜文三卷

（清）德清徐養原撰

清鈔徐飴庵先生遺書本　國圖

集 10003523

鐵硯室詩稿一卷

（清）海寧陸樁撰

民國十六年（1927）鉛印本　中社

科院文學所　海寧　浙江　嘉興

集 10003524

筱雲詩集二卷

（清）錢塘陸應宿撰　（清）汪世

泰選

清嘉慶十二年（1807）隨園刻本

首都　浙江　吳江

清光緒十八年（1892）鉛印本

蘇州

清刻本　金陵　儀徵　内蒙古

清乾隆至嘉慶刻隨園著述本

國圖

清代詩文集彙編本

集 10003525

懶雲樓詩集一卷

（清）紹興釋與宏撰

稿本　紹興

集 10003526

懶雪樓詩草四卷

（清）紹興釋與宏撰

清道光七年（1827）小雲樓刻本

國圖　上海　浙大

集 10003527

懶雲樓詩草不分卷

（清）紹興釋與宏撰

清道光七年（1827）刻本　中科院

紹興

集 10003528

**問花樓詩鈔七卷附洞簫樓詞鈔
一卷**

（清）山陰王倩撰

清嘉慶十五年（1810）刻本　國圖

集 10003529

寄梅館詩鈔一卷

（清）山陰王倩撰

清道光二十四年（1844）蔡氏娜嬛

別館刻國朝閨閣詩鈔本　國圖　天

津　上海　南京　山東（殘本未著

録存缺卷次）　湖北

集 10003530

倚閣吟二卷

（清）嘉興李璠撰

清嘉慶十三年（1808）刻本　上海

嘉興

集 10003531

醉墨山房僅存稿四卷

（清）嘉興李璠撰

清光緒十三年（1887）刻本（十行二十字黑口四周雙邊） 天津

集 10003532

楚遊草二卷

（清）餘姚周喬齡撰

清嘉慶二十三年（1818）刻本 北大

集 10003533

一粟窩詩存一卷

（清）嘉興姚駕鼇撰

清嘉慶二十三年（1818）刻本 上海

集 10003534

於斯閣詩鈔六卷

（清）海寧陸素生撰

清嘉慶二十三年（1818）守約堂刻本 國圖 中社科院文學所

集 10003535

秋葉閣剩草一卷

（清）海寧陳泰撰

清嘉慶二十三年（1818）松筠堂刻本 國圖

集 10003536

碧筠軒詩草不分卷

（清）海鹽彭孫瑩撰

鈔本 上海

集 10003537

醞藉堂試體詩二卷

（清）仁和葉檀撰 （清）汪守正輯

清嘉慶間刻琴臺正續合刻本 國圖 上海

清光緒十五年（1889）刻琴臺正續合刻本 國圖 上海 湖北

清刻琴臺正續合刻本 國圖

集 10003538

是亦草堂詩稿不分卷

（清）錢塘楊元愷撰

清嘉慶道光間鈔本 國圖 上海

集 10003539

是亦草堂詩稿一卷

（清）錢塘楊元愷撰

清嘉慶間刻本 南京

2017年國家圖書館出版社清代詩文集珍本叢刊本

集 10003540

浪跡草一卷

（清）錢塘諸以淳撰

清嘉慶刻諸氏家集本 國圖 浙江 溫州 餘姚文保所

清代家集叢刊續編本

集 10003541

數峯草堂稿二卷

（清）平湖錢椒撰

清嘉慶二十三年(1818)刻本　上海

集 10003542

話雨齋詩稿不分卷

（清）嘉善顧景康撰

手稿本（清蕭應樾、清翁廣平、清顧邑、清顧韶、清侯雪松、清馮國柱、清陳鸞書等題詞）　嘉善

集 10003543

小春浮遺稿四卷

（清）蕭山何其葵撰　清何培德輯

清嘉慶十一年(1806)刻本　上海　國圖

集 10003544

見堂文鈔九卷

（清）秀水丁子復撰

清道光九年(1829)刻本　中科院

集 10003545

見堂文鈔五卷詩鈔四卷附詩餘一卷

（清）秀水丁子復撰

清道光間刻本　南京

集 10003546

空桐子詩草十卷

（清）上虞王煦撰　（清）錢駪等編

清道光九年(1829)觀海樓刻本　中社科院文學所　國圖

清代詩文集彙編本

集 10003547

廢莪室詩草六卷

（清）錢塘王槐撰

清嘉慶二十四年(1819)刻本　江西　浙江

清代詩文集彙編本

集 10003548

古香樓遺稿十卷

（清）歸安沈長春撰

清嘉慶二十五年(1820)刻本　首都　中科院　天津　復旦　浙江　國圖

集 10003549

意香閣詩詞草不分卷

（清）嘉興李灃撰

稿本（李兆熊跋）　上海

集 10003550

情田詩稿不分卷

（清）秀水李宗仁撰

稿本　中社科院文學所

集 10003551

南廬詩鈔六卷

（清）海寧查世官撰

清道光十九年(1839)退學詩齋刻本　國圖　中科院

集 10003552

蕈香詩鈔（自怡悅齋集）一卷

（清）錢塘俞士槐撰

清道光間刻説餅齋集附　南京

集 10003553

自怡悦齋續稿一卷

（清）錢塘俞士槐撰

清咸豐五年（1855）青蘿書屋刻本
南京

集 10003554

翠雲館律賦一卷

（清）仁和姚思勤撰

清嘉慶間刻琴臺正續合刻本　國
圖　上海

清光緒十五年（1889）刻琴臺正續
合刻本　國圖　上海　湖北

清刻琴臺正續合刻本　國圖

集 10003555

來鵲山房詩集二卷

（清）錢塘張炳撰

鈔本　浙江

集 10003556

茗父詩鈔四卷

（清）德清蔡夔撰

清道光四年（1824）刻本　南京

集 10003557

鏡古堂詩二卷

（清）秀水樊雨撰

清道光二年（1822）文壽堂刻章門
萍約詩選本　南京

集 10003558

雙橋居詩草四卷賦草一卷

（清）海鹽錢一桂撰

清嘉慶二十四年（1819）刻本
南京

集 10003559

漆林集不分卷

（清）嘉興錢開仕撰　（清）嘉興錢
儀吉編

清嘉慶刻廬江錢氏詩彙本　吉大
（存：第二十四集、第三十五集、第三
十六集）　北大（存：第二十四集、
第三十五集、第四十一集、第四十三
集）　浙江

鈔本廬江錢氏詩彙本　中社科院
文學所

清嘉慶間刻本　山東

集 10003560

法一集三卷

（清）桐鄉釋寶占撰

清嘉慶二十四年（1819）刻本
上海

集 10003561

煙霞萬古樓詩選二卷文集六卷

（清）秀水王曇撰

清光緒二十一年（1895）鴻文書局
石印本　國圖　鹽城　海寧　浙江
黃巖

2002 年上海古籍出版社影印續
修四庫全書本

2008年9月廣州出版社廣州大典本 ｜ 跋） 上海

集 10003562

烟霞萬古樓文集六卷詩選二卷仲瞿詩録一卷

（清）秀水王曇撰

清光緒元年（1875）南海伍氏刻本 金陵

集 10003563

煙霞萬古樓詩選二卷

（清）秀水王曇撰

清道光二十年（1840）刻本 首都 陝西

清道光刻本 常州

集 10003564

煙霞萬古樓詩選二卷仲瞿詩録一卷

（清）秀水王曇撰

清道光咸豐間上海徐渭仁刻同治九年至十年（1870～1871）徐允臨補刻彙印本 國圖 中科院 北大 上海 復旦 遼寧 天津 山東 南京 浙江 湖北 四川

2002年上海古籍出版社影印續修四庫全書本

集 10003565

煙霞萬古樓詩集一卷詞集一卷

（清）秀水王曇撰 （清）嘉興張鳴珂選

清張鳴珂鈔本（清張鳴珂、姚光

集 10003566

煙霞萬古樓詩録六卷

（清）秀水王曇撰

清咸豐間張鳴珂鈔本 南京

集 10003567

煙霞萬古樓詩殘稿一卷

（清）秀水王曇撰

清光緒二十六年（1900）嘉興張氏寒松閣刻本 國圖 中科院 天津 上海（鄭文焯跋） 南師大 首都 慕湘藏書館 蘇州

清末至民國上海有正書局鉛印本 國圖

2002年上海古籍出版社影印續修四庫全書本

集 10003568

煙霞萬古樓詩集四卷

（清）秀水王曇撰

民國二年（1913）上海掃葉山房石印本 首都

集 10003569

煙霞萬古樓詩未刻佚稿

（清）秀水王曇撰

鈔本（徐鑾跋） 嘉興

集 10003570

煙霞萬古樓詩集二卷仲瞿詩録一卷

（清）秀水王曇撰

民國二年(1913)上海掃葉山房石印本　國圖　中科院　復旦

清咸豐刻本　常熟

集 10003571

煙霞萬古樓文集注六卷

(清)秀水王曇撰

稿本　浙江

集 10003572

煙霞萬古樓文集六卷

(清)秀水王曇撰

稿本　北大

清嘉慶二十一年(1816)虎丘東山廟刻道光間增修本　中科院

清道光十八年(1838)虞山錢泳刻本　首都

清道光二十年(1840)刻本　國圖　復旦

清道光間刻本　國圖

集 10003573

秀水王仲瞿文一卷

(清)秀水王曇撰

清光緒七年(1881)刻後八家四六文鈔本　國圖　上海　南京

集 10003574

仲瞿詩録

(清)秀水王曇撰

清咸豐元年(1851)刻本　首都

清光緒九年(1883)刻湖海樓叢書續編本　湖南　青海

集 10003575

仲瞿詩録一卷

(清)秀水王曇撰　(清)徐渭仁輯

清光緒元年(1875)刻粵雅堂叢書本　遼寧

集 10003576

音注王仲瞿詩一卷

(清)秀水王曇撰

民國十九年(1930)上海文明書局鉛印本　臨海

民國二十三年(1934)上海文明書局鉛印音注舒鐵雲王仲瞿詩本　金華博　諸暨

民國文明書局鉛印本　海寧

集 10003577

許鄭學廬存稿八卷

(清)蕭山王紹蘭撰

清道光二十九年(1849)刻本　國圖　南開

清代詩文集彙編本

清末鈔本　國圖

集 10003578

繞竹山房詩稿十卷詩餘一卷

(清)餘姚朱文治撰

清嘉慶二十三年(1818)刻本　國圖　中科院　內蒙古　湖南　溫州　餘姚文保所　鎮海文保所　海寧　浙江　天一閣　蘇大

集 10003579

繞竹山房詩續稿十四卷詩餘一卷

（清）餘姚朱文治撰

清嘉慶二十三年（1818）刻咸豐五年（1855）朱蘭增修本　國圖　中科院

清代詩文集彙編本

集 10003580

秋樵詩鈔四卷

（清）嘉興武承烈撰

清嘉慶間刻本　首都（佚名批語）

集 10003581

地齋詩鈔二卷

（清）臨海洪坤煊撰　（清）太平戚學標輯

清嘉慶道光間臨海洪氏刻傳經堂叢書本　首都　上海

清鈔本　臨海

集 10003582

一隅草堂集七卷

（清）秀水計楠撰

清嘉慶五年（1800）刻本　上海

集 10003583

采雨山房詩十卷（富春遊草、萍泛草、還山草、睦州寓草、梅花城梅花雜詠、愓盦草、采雨山房詩、愓盦雜錄、古桃州寓草、雲歸草各一卷）

（清）秀水計楠撰

清嘉慶間刻本　國圖

集 10003584

蘋廬小著一卷

（清）秀水計楠撰

清刻本　國圖

集 10003585

愓盦草一卷

（清）秀水計楠撰

稿本　北大

清嘉慶間刻一隅草堂稿本　復旦　南京

集 10003586

握蘭詩稿七種

（清）秀水計楠撰

清刻本　蘇州

集 10003587

東望望閣詩鈔七卷

（清）海寧查奕照撰

清乾隆道光間葆初堂刻本　中社科院文學所

集 10003588

東望望閣詩鈔十四卷

（清）海寧查奕照撰

清乾隆道光間葆初堂刻本　復旦

集 10003589

東望望閣詩鈔十五卷

（清）海寧查奕照撰

清乾隆道光間葆初堂刻本　國圖

集 10003590

東望望閣詩鈔十六卷

（清）海寧查奕照撰

清乾隆道光間葆初堂刻本　南京

集 10003591

東望望閣詩鈔二十卷

（清）海寧查奕照撰

清道光二十四年（1844）葆初堂刻
本　上海

集 10003592

東望望閣雜著一卷

（清）海寧查奕照撰

清乾隆間刻本　南京

清道光刻本　浙江

集 10003593

爾室文鈔二卷附補編一卷

（清）海寧陳敬璋撰

民國十七年（1928）陳大綸鉛印本
國圖　嘉興

集 10003594

惺盦焚餘槀一卷

（清）海寧陳敬璋撰

民國十七年（1928）陳大綸鉛印本
國圖　嘉興

集 10003595

匪石文集二卷

（清）鈕樹玉撰　上虞羅振玉編

民國四年（1915）上虞羅氏鉛印雪
堂叢刻本　國圖　中科院　北大
上海　復旦　天津　遼寧　甘肅
南京　浙江　湖北　四川

集 10003596

緑天書舍存草六卷

（清）嘉興錢楷撰

清嘉慶二十三年（1818）儀征阮氏
廣州刻本　國圖　南京　中科院
復旦　浙江　平湖　蘇州

2002 年上海古籍出版社影印續
修四庫全書本

清末鈔本　浙江

集 10003597

常惺惺齋詩集十一卷

（清）嵊縣錢世瑞撰

清道光三十年（1850）刻本　首都
北大

清咸豐元年（1851）補刻本　國圖

集 10003598

御制全史詩六十四卷首二卷

（清）仁宗顒琰撰　（清）歸安張師
誠注

清嘉慶十六年（1811）內府刻本
遼寧　故宮　民大

集 10003599

峨嵋山房詩鈔三卷

（清）仁和沈揚撰

清道光十五年（1835）刻本　首都
清代詩文集彙編本

集 10003600

搴香吟館遺稿二卷

（清）諸暨姚偁撰

清嘉慶二十五年（1820）陳廷模刻
本　諸暨　浙江

清鈔本　浙江

清光緒十五年（1889）刻本　浙江

集 10003601

悟雲詩存一卷

（清）嘉禾孫芳撰　（清）姜慶成輯

清道光二十五年（1845）天雄姜氏
采鹿堂刻姜氏家集本　中科院

集 10003602

焚餘草（杏本堂詩古文集）二卷

（清）鄞縣陳之綱撰

清嘉慶十三年（1808）刻本　國圖
南京　中科院　溫州　天一閣
浙大

2017 年國家圖書館出版社清代
詩文集珍本叢刊本

集 10003603

想當然詩一卷

（清）鄞縣陳之綱撰

清道光九年（1829）甬上陳氏刻袖
珍拜楳山房幾上書（拜梅山房几上
書）本　國圖

清道光十六年（1836）刻袖珍拜楳

山房幾上書（拜梅山房几上書）本
國圖　中科院　北大　遼寧　甘肅
福師大

集 10003604

介白山人近體詩鈔一卷

（清）海寧鄒諤撰

清道光五年（1825）許梿古韻閣刻
本　中社科院文學所

集 10003605

悔木山房詩稿九卷

（清）東陽趙睿榮撰

清道光元年（1821）見人堂刻本
山東　天津

2013 年上海古籍出版社重修金
華叢書本

集 10003606

悔木山房詩稿八卷

（清）東陽趙睿榮撰

清道光間刻本　南京　北大

集 10003607

三花樹齋詩鈔不分卷

（清）東陽趙睿榮撰

稿本　中社科院文學所

集 10003608

**樂清軒詩鈔二十卷附孌孌草一
卷外編一卷**

（清）浦江鄭祖芳撰

清嘉慶二十五年（1820）刻本　中

社科院文學所

2013 年上海古籍出版社重修金華叢書本

2020 年學苑出版社浦江文獻集成本

集 10003609

海印大師按指全集六卷

（清）海寧釋慧光撰　（清）釋如南編

清道光六年(1826)刻本　上海

集 10003610

小嬾嬛吟稿一卷

（清）錢塘王倩撰　（清）趙寶雲箋注

清道光三年(1823)刻本　國圖

集 10003611

苣亭詩存無數卷

（清）仙居汪衍撰

臨海葉書蔭玉閣鈔本　臨海項士元藏

集 10003612

苣亭詩存一卷

（清）仙居汪衍撰

清抄本　臨海博

集 10003613

循陔吟草鈔一卷

（清）平湖袁步先撰　（清）平湖朱任林輯

清陸氏求是齋鈔當湖朋舊遺詩彙鈔本　上海

集 10003614

來雨軒存稿四卷

（清）山陰（一作會稽）莫晉撰

清道光十六年(1836)刻本　中科院　復旦　浙江　天一閣

清光緒二十年(1894)刻本　首都　國圖　南開　紹興

清刻本　嵊州

集 10003615

醉經樓存稿六卷

（清）海鹽黃錫蕃撰

稿本(朱葵之批並跋)　南京

集 10003616

滇游計程小草一卷

（清）海鹽陳新撰

清光緒二十八年(1902)刻本　南京　浙江

集 10003617

齋心草堂集二卷

（清）仁和錢枚撰　（清）仁和錢錫賓等輯

清光緒二十二年(1896)刻湖墅錢氏家集本　北大　上海

清代詩文集彙編本

集 10003618

松風老屋詩稿十二卷

（清）嘉善錢清履撰

清嘉慶十七年(1812)刻本　中社　科院文學所　山西大

集 10003619

松風老屋詩稿十六卷附詩餘一卷

（清）嘉善錢清履撰

清道光元年(1821)刻本　國圖　嘉善

2017 年國家圖書館出版社清代詩文集珍本叢刊本

集 10003620

松風老屋詩稿十一卷詩餘一卷續稿四卷詩餘續稿一卷

（清）嘉善錢清履撰

清嘉慶十七年至二十年(1812～1815)刻本　湖南　浙江

集 10003621

南遊草一卷附鶴野詞一卷

（清）烏程王翰青撰　（清）周延年輯

稿本萬潔齋叢刊本　上海

集 10003622

巢雲軒詩草二卷

（清）鄞縣范震薇撰

清光緒十年(1884)雙雲堂刻本　浙江　湖南

清光緒三十年(1904)甬上范氏後裔刻雙雲堂傳集本　内蒙古

集 10003623

越吟草一卷

（清）鄞縣范震薇撰

清光緒十年(1884)雙雲堂刻本　浙江　湖南

集 10003624

清籟館存稿一卷

（清）周綵撰　（清）秀水王相輯

清咸豐八年(1858)芳閣刻友聲集本　國圖　中科院　上海　南京　復旦

集 10003625

額粉盦集六卷

（清）蕭山高第撰

清嘉慶十七年(1812)刻本　中社　科院文學所　浙江　天津

集 10003626

御寒小集十卷續集二卷

（清）秀水馬李輝撰

清道光元年(1821)刻本　北大

集 10003627

秋叟詩懷四卷

（清）鄞縣徐畹撰

清道光元年(1821)雙調閣刻本　中社科院文學所　天一閣　天津

集 10003628

秋叟詩懷

（清）鄞縣徐畹撰

清道光元年（1821）刻本　華東
師大

集 10003629

秋生詩稿五卷文稿三卷

（清）鄞縣徐畹撰

清道光五年（1825）秋樹山房刻本
南京

集 10003630

西野吟寓稿一卷

（清）餘姚黃璧撰

清光緒十五年（1889）留書種閣刻
本　南京

集 10003631

搜錦集二卷

（清）諸暨張之傑撰

清嘉慶十年（1805）木活字排印本
上海

集 10003632

學福齋詩鈔九卷

（清）諸暨張之傑撰

清嘉慶二年（1797）木活字印本
上海

清末鉛印本　諸暨

集 10003633

怡園詩稿不分卷

（清）蕭山陳汾撰

鈔本　中科院

集 10003634

耕雪堂遺稿一卷

（清）慈溪陳濂撰

清道光二十年（1840）木活字排印
本　國圖　天一閣

集 10003635

意釣山房詩鈔一卷

（清）海鹽陳震省撰

清蕭齋彙刻本　南京

集 10003636

茝香閣詩鈔二卷

（清）嚴州詹瑞芝撰

清道光元年（1821）刻本　國圖

清咸豐元年（1851）刻本　國圖

2017 年國家圖書館出版社清代
詩文集珍本叢刊本

集 10003637

永思集二卷

（清）鎮海包仁義撰

清道光間刻本　南京　溫州　天
一閣

集 10003638

靜觀齋遺詩八卷

（清）嘉善沈大成撰

清道光十年（1830）刻本　《清人
詩文集總目提要》著録

集 10003639

白鵠山房集二十二卷

（清）武康徐熊飛撰

清嘉慶道光間清素堂刻本　國圖
南京　浙江

清代詩文集彙編本

集 10003640

白鵠山房集十五卷

（清）武康徐熊飛撰

清嘉慶二十五年(1820)刻本　黑
龍江

集 10003641

白鵠山房詩鈔三卷

（清）武康徐熊飛撰

清光緒二十八年(1902)東吳程氏
鈔本　臺圖

集 10003642

前溪風土詞一卷

（清）武康徐熊飛撰

清嘉慶刻本　浙江

清代詩文集彙編本

集 10003643

**東嘯詩草一卷燕台吟稿一卷西
湖櫂歌一卷懶眠集一卷**

（清）錢塘陳希濂撰

清嘉慶間刻本　國圖

集 10003644

玉山草堂集三十卷

（清）仁和錢林撰

清道光十五年(1835)程芝雲刻本

國圖　南京　四川　浙江　天
一閣

集 10003645

玉山草堂詩集十二卷

（清）仁和錢林撰

清道光十七年(1837)錢廷烺刻本
國圖

清道光二十三年(1843)仁和錢氏
刻本　國圖

集 10003646

玉山草堂續集六卷

（清）仁和錢林撰

清道光二十九年至光緒十一年
(1849～1885)南海伍氏刻彙印粵雅
堂叢書本　國圖　中科院　北大
天津　上海　復旦　遼寧　甘肅
南京　浙江　湖北　四川　寧夏
首都　金陵

叢書集成初編本

2008 年 9 月廣州出版社廣州大
典本

集 10003647

玉山草堂集三十二卷

（清）仁和錢林撰

清光緒二十二年(1896)刻湖墅錢
氏家集本　北大　上海

集 10003648

鐵橋漫稿不分卷附金石跋一卷

（清）烏程嚴可均撰

清鈔本　上海

集 10003649
鐵橋詩悔一卷
（清）烏程嚴可均撰
清嘉慶間刻本　日静嘉堂
錢恂鈔本　浙江

集 10003650
鐵橋詩晦
（清）烏程嚴可均撰
民國間歸安蔣氏月河草堂刻月河
草堂叢書本　清華　浙江

集 10003651
鐵橋漫稿八卷
（清）烏程嚴可均撰
清道光十八年(1838)刻本　浙大
清光緒十一年(1885)長洲蔣氏心
矩齋刻本　國圖　餘姚文保所　奉
化文管會　浙師大　蘇州　徐州
蘇大　常熟　鹽城　首都　天津
内蒙古　黑龍江

集 10003652
鐵橋漫稿十二卷
（清）烏程嚴可均撰
清光緒宣統間江陰繆氏藝風堂鈔
藝風鈔書本　國圖
清光緒十一年(1885)刻本　南開
清光緒三十一年(1905)秀水王氏
刻本　鹽城

集 10003653
鐵橋漫稿十三卷
（清）烏程嚴可均撰
清道光十八年(1838)四録堂刻本
國圖　中科院　湖南
清嘉慶道光間刻四録堂類集本
國圖　首都　上海
2002年上海古籍出版社影印續
修四庫全書本

集 10003654
子遺堂集四卷
（清）平湖戈志熙撰
清嘉慶十一年(1806)刻本　上海
浙江

集 10003655
荻廬詩鈔不分卷
（清）嘉善朱澄撰
清道光間刻本　中山　浙江

集 10003656
荻廬吟草不分卷
（清）嘉善朱澄撰
稿本　臺圖

集 10003657
荻廬詩鈔二卷
（清）嘉善朱澄撰
清道光刻本　上海　中山

集 10003658
聽秋吟稿一卷

（清）嘉善朱澄撰
民國抄本　杭州

集 10003659

古白山房吟稿四卷

（清）平湖朱鍾撰
清道光四年（1824）刻本　國圖
清代詩文集彙編本

集 10003660

石友山房詩集二卷

（清）石門胡枚撰
清道光二年（1822）刻本　上海

集 10003661

宜弦堂詩鈔十二卷

（清）金華曹開泰撰
清道光二年（1822）張作楠等校刻
本　臺大

集 10003662

陸雪莊詩稿不分卷

（清）嘉善陸榮科撰
稿本　浙江

集 10003663

雪莊集五卷

（清）嘉善陸榮科撰
稿本　嘉善

集 10003664

晚晴閣詩二卷

（清）嘉興葛嵩撰

清道光二年（1822）安素堂刻本
浙江

集 10003665

雪門詩集二卷

（清）吳興程境撰
清道光間刻本　國圖

集 10003666

春華秋實齋詩不分卷應制詩一卷

（清）海鹽朱文珮撰
稿本　南京

集 10003667

春華秋實之齋詩集五卷詩餘一卷
試帖詩一卷附畫蘭室遺稿一卷

（清）海鹽朱文珮撰
清道光六年（1826）朱美鏐鈔本
（缺詩集卷一、三）　南京

集 10003668

醉墨齋吟稿三卷

（清）嘉興沈光春撰
清道光二十一年（1841）其子濤刻
本　國圖　蘇州　上海　中科院

集 10003669

鐵笛樓詩鈔一卷附補遺一卷

（清）歸安周農撰
清嘉慶二十四年（1819）刻本　上
海　天一閣

集 10003670

桃花山館吟稿十四卷

（清）安吉郎葆辰撰

清道光十一年（1831）刻本　首都
國圖　浙江

清代詩文集彙編本

集 10003671

壽雪山房詩稿十卷附越中忠節詩一卷

（清）山陰陳廣寧撰

清嘉慶八年（1803）刻本　國圖
紹興

清代詩文集彙編本

集 10003672

鶴麓山房詩稿六卷

（清）慈溪葉煒撰

清嘉慶二十五年（1820）刻本　首
都　北大　國圖　天一閣

集 10003673

二硯窩詩稿偶存五卷詞一卷

（清）慈溪鄭勳撰

稿本（清徐時棟跋）　天一閣

集 10003674

二硯窩詩稿五卷詞一卷

（清）慈溪鄭勳撰

民國間張氏約園鈔本　中社科院
文學所

集 10003675

二硯窩詩偶存稿不分卷

（清）慈溪鄭勳撰

稿本　北大

集 10003676

二硯窩詩稿一卷

（清）慈溪鄭勳撰

民國間張氏約園鈔本　中社科院
文學所

集 10003677

二硯窩雜文偶存稿不分卷

（清）慈溪鄭勳撰

稿本　北大

集 10003678

二硯窩文一卷

（清）慈溪鄭勳撰

稿本　天一閣

集 10003679

二硯窩文畧一卷

（清）慈溪鄭勳撰

清鄭拓鈔本（清徐時棟題記）　中
科院

集 10003680

二硯窩文稿二卷

（清）慈溪鄭勳撰

清嘉慶間刻本　上海

集 10003681

松壺畫贅集二卷

（清）仁和（一作錢塘）錢杜撰
（清）程庭鷺編

清光緒五年（1879）松茂齋鈔本
（清桂馥、清王定國、清潘祖蔭跋）
煙臺

清光緒六年（1880）吳縣潘祖蔭滂
嘉齋刻本　國圖

集 10003682

松壺畫贅二卷

（清）仁和（一作錢塘）錢杜撰

清嘉慶十七年（1812）刻本　蘇州
國圖

清同治光緒間刻榆園叢刻本　國
圖　中科院　北大　上海　復旦
天津　遼寧　陝西　南京　浙江
湖北　四川　蘇大　常熟　江蘇師
大　鎮江　內蒙古

清光緒六年（1880）吳縣潘祖蔭八
喜齋刻松壺先生集本　國圖

清光緒二十二年（1896）刻湖墅錢
氏家集本

叢書集成初編本

集 10003683

松壺先生集四卷

（清）仁和（一作錢塘）錢杜撰

清光緒六年（1880）吳縣潘祖陰八
喜齋刻本　國圖　無錫　蘇州
溫州

2017 年國家圖書館出版社清代

詩文集珍本叢刊本

集 10003684

竹房遺詩不分卷

（清）錢福胙撰　（清）嘉興錢儀
吉編

清嘉慶刻廬江錢氏詩彙本　吉大
（存：第二十四集、第三十五集、第三
十六集）　北大（存：第二十四集、第
三十五集、第四十一集、第四十三
集）　浙江

廬江錢氏詩彙本（鈔本，清錢儀吉
題識）　中社科院歷史所

清嘉慶間刻本　山東

集 10003685

東海半人詩鈔二十四卷

（清）海寧鍾大源撰

清嘉慶二十四年（1819）刻本　中
科院　首都　上海　南京　美燕京

集 10003686

東海半人詩鈔不分卷

（清）海寧鍾大源撰

清鈔本　中社科院文學所

集 10003687

東海半人詩鈔十卷

（清）海寧鍾大源撰

清鈔本　美燕京

集 10003688

春山詩存四卷外編一卷

（清）海鹽朱瑞椿撰

清嘉慶二十五年（1820）桂香堂刻本 中社科院文學所 海寧 浙江 蘇州

集 10003689

菊墅詩鈔一卷

（清）浙江朱翰宣撰

清道光三年（1823）許燦刻本 上海

集 10003690

雞窗百二稿八卷杏春詞剩一卷續稿十二卷寐餘録一卷三續稿十卷四續稿二卷

（清）海寧宋楏撰

清道光元年至二十六年（1821～1846）刻本 北大（存續稿七卷、三續稿） 浙江 海寧

清代詩文集彙編本

集 10003691

雞窗續稿四卷

（清）海寧宋楏撰

稿本 浙江

集 10003692

雞牕續槀十二卷三續槀十卷

（清）海寧宋楏撰

潛齋詩鈔一卷

（清）海寧倪子度撰

稿本 嘉興（存七卷：續槀八至十二、三續槀六、潛齋詩鈔）

集 10003693

生緑山房詩集二卷

（清）海寧沈樹撰

稿本（清鈕樹玉、清徐雲路評語並題記） 上海

集 10003694

浣桐詩集十一種（燕台存稿、歸帆集、重光集、陽羨澄江雜詠、冀北秋吟、凝瑞堂存稿、遊新安詩、黄山詩、桃江記游、塞遊草、詩餘）

（清）海寧沈樹撰

清鈔本 華東師大

集 10003695

小十誦寮詩存四卷（海漚集、學制集、笳音集、歸田集各一卷）

（清）錢塘周南撰

清嘉慶二十五年（1820）刻本 浙江 杭州 國圖

集 10003696

小十誦寮詩存不分卷

（清）錢塘周南撰

清道光二十三年（1843）刻本 山東

集 10003697

小十誦寮詩存一卷

（清）錢塘周南撰

清同治間管氏稿本待清書屋雜鈔

四百九十三種本　天津

清光緒十一年(1885)刻本　國圖

集 10003698

小眉山館詩稿四卷

(清)餘姚洪光垕撰

清道光三年(1823)溥泉氏木活字印本　南京　紹興

集 10003699

少白初稿一卷存稿一卷續稿一卷

(清)海鹽馬用俊撰

清嘉慶十八年(1813)棣園刻小峨嵋山館五種本　上海　蘇州

集 10003700

桐吟書屋稿三卷

(清)仁和章坤撰

清嘉慶九年(1804)章黼刻本　中社科院近研所

鈔本　南京

集 10003701

安福樓閑吟二卷

(清)天台馮氏撰

清同治六年(1867)天台陳氏迎瑞堂刻本　國圖

2017 年國家圖書館出版社清代詩文集珍本叢刊本

集 10003702

花南吟榭遺草一卷

(清)歸安葉令儀撰

清乾隆刻本　國圖

清嘉慶二十二年(1817)刻織雲樓詩合刻本　國圖　南京

清鈔織雲樓詩合刻本　上海

2017 年國家圖書館出版社清代詩文集珍本叢刊本

清代家集叢刊本

集 10003703

繪聲閣續稿一卷

(清)錢塘陳長生撰

清鈔織雲樓詩合刻本　上海

2017 年國家圖書館出版社清代詩文集珍本叢刊本

清代家集叢刊本

集 10003704

謹墨齋詩鈔不分卷

(清)歸安葉紹楏撰

清道光間刻本　山西大

集 10003705

錦香樓詩稿十二卷

(清)浦江賈應鴻撰

清道光三年(1823)刻本　諸暨浙江

2013 年上海古籍出版社重修金華叢書本

2020 年學苑出版社浦江文獻集成本

集 10003706

北萊遺詩三卷

（清）嘉善釋廣信撰

民國二十四年（1935）煨芋草堂鉛印本　中科院　浙江　平湖　天一閣

集 10003707

筍花詩草二卷

（清）臨海鄭家蘭撰

清道光三年（1823）刻本　首都　北大　臨海博　浙江

集 10003708

韻山堂詩集七卷

（清）仁和王文誥撰

清嘉慶間刻本　國圖

集 10003709

韻山堂詩集七卷補遺一卷

（清）仁和王文誥撰

清光緒十四年（1888）浙江書局刻本　中科院　遼寧　天津　上海　溫州　浙江　天一閣　紹興　寧波　浙大　嘉興

清代詩文集彙編本

集 10003710

小石梁山館稿一卷

（清）仁和李方堪撰

清嘉慶間抱山堂刻同岑詩選本　南京

集 10003711

校經廎文稿十八卷

（清）嘉興李富孫撰

清道光元年（1821）讀書台刻本　國圖　中科院　遼寧　復旦　蘇州　南開　湖南

2002 年上海古籍出版社影印續修四庫全書本

清光緒六年（1880）刻本　内蒙古

集 10003712

寶香山館詩集不分卷

（清）瑞安林培厚撰

民國八年（1919）敬鄉樓鈔本　溫州

民國永嘉黃氏敬鄉樓鈔本　溫州

民國吳翊鈔本　玉海樓

集 10003713

湘筠館遺稿五卷

（清）仁和孫雲鳳撰

清嘉慶十九年（1814）杭州愛日軒刻本　中科院　浙江

集 10003714

抱月軒詩鈔四卷

（清）平湖陸樹蘭撰

清道光三年（1823）刻本　上海

集 10003715

抱月軒詩鈔三卷

（清）平湖陸樹蘭撰

清鈔本　嘉興

集 10003716

抱月軒詩續鈔一卷

（清）平湖陸樹蘭撰　（清）平湖朱壬林輯

清陸氏求是齋鈔當湖朋舊遺詩彙鈔本　上海

集 10003717

西廂詩草二卷

（清）平湖陸樹蘭撰

稿本　平湖

集 10003718

錐廬詩草一卷

（清）平湖陸樹蘭撰

稿本　平湖

集 10003719

北涇草堂集五卷外集三卷

（清）會稽陳棟撰

清道光三年(1823)周氏劍南室刻本　山西大　國圖　南京　天一閣

集 10003720

北涇草堂集四卷

（清）會稽陳棟撰

清道光三年(1823)刻本　南京　南開

集 10003721

不櫛吟三卷

（清）會稽潘素心撰

清嘉慶五年(1800)潘汝炯刻本

國圖　中科院　溫州

集 10003722

不櫛吟續刻一卷

（清）會稽潘素心撰

清嘉慶十三年(1808)刻本　國圖

清道光間刻本　中科院

清鈔本　中科院

集 10003723

不櫛吟續刻三卷

（清）會稽潘素心撰

清道光三年(1823)刻本　國圖　首都

集 10003724

不櫛吟三卷續刻三卷

（清）會稽潘素心撰

清鈔本　浙江

集 10003725

健初詩文鈔五卷

（清）海鹽朱光暄撰

清光緒二十二年(1896)(1906)十三古印齋刻本　北大

清代詩文集彙編本

集 10003726

健初詩鈔四卷附文鈔一卷

（清）海鹽朱光暄撰

清刻本　杭州

集 10003727

碧梧齋文稿不分卷

(清)鄞縣李承烈撰

清道光十五年(1835)刻本　中社科院歷史所　中科院　奉化文管會

集 10003728

修齊堂詩鈔五卷吟花小草一卷尺牘四卷

(清)鄞縣李承烈撰

清道光十五年(1835)李小蓮刻本　中科院　遼寧(存尺牘)　上海

集 10003729

碧梧齋文稿一卷

(清)鄞縣李承烈撰

清道光十五年(1835)刻本　上海　奉化文管會

集 10003730

清閨遺稿一卷

(清)秀水吳宗憲撰

清咸豐間刻本　中社科院文學所
清咸丰四年至七年(1854～1857)王裘之刻綉水王氏家藏集本　南京
清代家集叢刊本

集 10003731

愚堂詩鈔四卷

(清)桐鄉周楨撰

清道光五年(1825)刻本　南京
(俞昌言批校)

集 10003732

世恩堂文鈔一卷

(清)海寧張慶綰撰　(清)海寧楊繼曾輯

清道光二十四年至二十五年(1844～1845)非能園刻楊氏家集本　國圖
清光緒間刻楊氏家集本　國圖

集 10003733

碧雲軒詩鈔(碧雲樓詩稿)一卷

(清)平湖陸素心撰

清嘉慶二十年(1815)刻本　上海

集 10003734

自娛集二卷

(清)衢縣葉聞性撰

清道光四年(1824)刻本　南開　浙江

集 10003735

口頭吟詩草二卷

(清)杭州(南屏寺僧)釋嘯溪撰

清道光四年(1824)羊城刻本　國圖　南京

集 10003736

晏如齋古文簡鈔三卷詩鈔三卷

(清)蕭山顧應期撰

清道光十二年(1832)顧一堂刻本　國圖(清徐時棟跋)　中山

集 10003737

晏如齋詩草三卷

（清）蕭山顧應期撰

清刻本　南京

集 10003738

紅杏軒詩鈔十六卷詩續一卷

（清）臨海宋世犖撰

清道光十四年（1834）刻本　國圖

集 10003739

碻山駢體文四卷

（清）臨海宋世犖撰

清嘉慶二十五年（1820）刻本　國圖　陝西　臨海博　義烏

清道光二十年（1840）李錫齡刻本北大

清光緒六年（1880）刻碻山所著書本　國圖

清光緒八年（1882）清湖小華嶼吟榭鈔本　天津

清光緒九年（1883）花雨樓刻本內蒙古

集 10003740

碻山時藝初刻一卷

（清）臨海宋世犖撰

清刻本　臨海博

集 10003741

碻山所著書（存一種）

（清）臨海宋世犖撰

清嘉慶二十五年（1820）刻本　臨

海博

集 10003742

芝省齋吟稿八卷

（清）嘉興李遇孫撰

清嘉慶二十五年（1820）刻本　中科院　浙江　紹興

民國葛昌楣弢華館刻藍印本　內蒙古　溫州　浙江

清代詩文集彙編本

集 10003743

思亭近稿一卷居易居小草三卷湖山吟嘯集一卷

（清）海鹽吳修撰

清嘉慶九年至十四年（1804～1809）刻本　天津（存居易居小草）上海　首都　浙江

集 10003744

思亭偶存詩四卷

（清）海鹽吳修撰

清乾隆六十年（1795）刻本　首都

集 10003745

吉祥居存稿六卷

（清）海鹽吳修撰

清道光五年（1825）刻本　中社科院文學所

集 10003746

筠軒文鈔八卷詩鈔四卷

（清）臨海洪頤煊撰

清嘉慶道光間吳興淩氏刻淩氏傳經堂叢書本　國圖　上海　上師大

1994年上海書店出版社叢書集成續編本（文鈔八卷）

2002年上海古籍出版社影印續修四庫全書本

清代詩文集彙編本

集 10003747

筠軒文鈔四卷

（清）臨海洪頤煊撰

清嘉慶九年（1804）刻本　上海

集 10003748

筠軒詩鈔四卷

（清）臨海洪頤煊撰

清抄本　臨海博

集 10003749

蘭韞詩草四卷

（清）錢塘徐裕馨撰

清乾隆五十六年（1791）刻本　南京　北大　寧波　國圖　浙江

集 10003750

夙好齋詩鈔十五卷賦鈔一卷試帖詩鈔一卷

（清）歸安楊知新撰

清道光二十五年（1845）菲史樓刻本　國圖　中科院

清代詩文集彙編本

集 10003751

保甓齋文錄二卷

（清）仁和趙坦撰

清道光七年（1827）刻本　國圖

清代詩文集彙編本

集 10003752

保甓齋文錄六卷

（清）仁和趙坦撰

清道光八年（1828）刻本　北大

集 10003753

保甓齋文錄一卷

（清）仁和趙坦撰

清道光九年（1829）廣東學海堂刻皇清經解本　國圖　首都　北大　上海

清道光九年（1829）廣東學海堂刻咸豐十一年（1861）補刻皇清經解本（一千四百八卷）　國圖　首都　清華　北師大　上海

清光緒十七年（1891）上海鴻寶齋石印皇清經解本（一百九十卷）　國圖　上海

清光緒間上海點石齋石印皇清經解本（百九十卷）　國圖　上海

集 10003754

趙寬夫顧文稿一卷

（清）仁和趙坦撰

清末陳敬璋鈔本（陳敬璋跋）北大

集 10003755

兀壺集二种

（清）上虞王石如撰

和稿本

2019 年國家圖書館出版社影印

浙學未刊稿叢編本

集 10003756

幾山小稿一卷

（清）秀水錢善揚撰

鈔本　南京

集 10003757

於斯堂詩集四卷

（清）仁和沈起潛撰

清道光間刻本　南京　天津

集 10003758

芝堂詩鈔二卷

（清）仁和沈起潛撰

清道光間刻本　南京

集 10003759

青雲梯一卷續一卷

（清）仁和沈起潛撰

清光緒六年（1880）刻本　上海

集 10003760

實夫詩存六卷

（清）錢塘李若虛撰

清道光五年（1825）刻本　南京

天津

清咸豐十一年（1861）刻本　浙大

平湖　浙江

集 10003761

吳勳詩文稿一卷

（清）海寧吳勳撰

稿本　臺圖

集 10003762

秋芷遺稿不分卷

（清）仁和姚承憲撰

鈔本　南京　浙江

集 10003763

嶺南遊草一卷

（清）仁和姚承憲撰

清鈔本（項士元跋）　浙江

清嘉慶間刻本　浙江

集 10003764

秋槎詩鈔三卷

（清）浙江孫大濩撰

清乾隆六十年（1795）刻本　南開

集 10003765

鬓花小草一卷

（清）錢塘許學衛撰

清嘉慶二十二年（1817）刻本

蘇州

集 10003766

吟秋館詩四卷

（清）秀水曹大經撰

鈔本　南開

集 10003767

啁薑集一卷後詠懷一卷

（清）秀水曹大經撰

清鈔本　浙江

2019 年國家圖書館出版社影印

浙學未刊稿叢編本

集 10003768

么絃獨語一卷

（清）秀水曹大經撰

稿本　浙江

2019 年國家圖書館出版社影印

浙學未刊稿叢編本

集 10003769

拉襍吟一卷

（清）秀水曹大經撰

稿本曹伯倫叢著本十種本

2019 年國家圖書館出版社影印

浙學未刊稿叢編本

集 10003770

凝香詩鈔一卷

（清）海昌徐瑟撰

附徐修貞女士詞四首

（清）海昌徐琴撰

清宣統三年(1911)海昌管元耀抄

本　浙江　海寧

集 10003771

味蓼集二卷

（清）秀水曹大經撰

清鈔本　天津

集 10003772

襟上酒痕集一卷

（清）秀水曹大經撰

稿本　浙江

2019 年國家圖書館出版社影印

浙學未刊稿叢編本

集 10003773

海楂圖題辭一卷

（清）秀水曹大經撰

稿本　浙江

2019 年國家圖書館出版社影印

浙學未刊稿叢編本

集 10003774

海槎遺詩四卷

（清）秀水曹大經撰

民國鈔本　浙江

2019 年國家圖書館出版社影印

浙學未刊稿叢編本

集 10003775

海槎遺詩四卷（味蓼集、佚名集、襟上酒痕集）

（清）秀水曹大經撰

稿本曹伯倫叢著本十種本

2019 年國家圖書館出版社影印

浙學未刊稿叢編本

集 10003776

餐菊集三卷

（清）秀水曹大經撰

稿本曹伯倫叢著本十種本

2019 年國家圖書館出版社影印
浙學未刊稿叢編本

集 10003777

**硯以静壽室詩鈔二卷附么絃獨
語一卷**

（清）秀水曹大經撰

稿本曹伯倫叢著本十種本

2019 年國家圖書館出版社影印
浙學未刊稿叢編本

集 10003778

落葉詩一卷

（清）秀水曹大經撰

稿本曹伯倫叢著本十種本

2019 年國家圖書館出版社影印
浙學未刊稿叢編本

集 10003779

銷夏詩附秋懷詩一卷

（清）秀水曹大經撰

稿本曹伯倫叢著本十種本

2019 年國家圖書館出版社影印
浙學未刊稿叢編本

集 10003780

浣香詩鈔一卷

（清）歸安葉令昭撰

清道光七年（1827）歸安葉氏刻本
國圖

集 10003781

生香夢草有不爲齋詩八卷

（清）錢塘趙曰佩撰

清道光五年（1825）趙氏刻本
山西

集 10003782

有不爲齋四卷附菊潭倡和一卷

（清）錢塘趙曰佩撰

清道光五年（1825）錢塘趙氏木活
字生香夢草本　山西

集 10003783

秋巖遺詩一卷

（清）仁和錢桂撰　清錢錫賓等輯

清光緒二十二年（1896）刻湖墅錢
氏家集本　南京　日京大人文研
北大　上海

集 10003784

榕蔭草堂遺詩一卷

（清）仁和錢琳撰

清光緒二十二年（1896）刻湖墅錢
氏家集本　南京　日京大人文研
北大　上海

集 10003785

王文簡公文集四卷

（清）王引之撰　上虞羅振玉輯

民國十四年（1925）上虞羅氏鉛印
高郵王氏遺書七種本

集 10003786

思茗齋集十二卷

（清）仁和宋咸熙撰

清道光五年(1825)刻本　國圖
南京　日静嘉堂　陝西
　　清代詩文集彙編本

集 10003787

蝶隱庵丙辰詩稿一卷

　　(清)錢塘何元錫撰
　　清鈔本　南京

集 10003788

**竹素齋遺稿(姚鏡塘先生全集)
十卷**

　　(清)歸安姚學塽撰
　　清道光七年(1827)竹素齋刻本
中科院

集 10003789

姚鏡塘先生全集六卷

　　(清)歸安姚學塽撰
　　清光緒九年(1883)東陽學之尊經
閣重刻本　首都　温州　嘉興　臨
海　浙江
　　清道光二十年(1840)刻本　中科
院　國圖　南開

集 10003790

静嘯山房詩稿一卷

　　(清)海寧陳傳經撰　　(清)王昶
等選
　　清嘉慶間抱山堂刻同岑詩選本
南京

集 10003791

小杏山房詩草二卷

　　(清)桐鄉蔡鑾登撰
　　清道光間刻本　國圖　嘉善
　　2017 年國家圖書館出版社清代
詩文集珍本叢刊本

集 10003792

畫蘭室遺稿一卷

　　(清)錢塘潘佩芳撰
　　清道光間朱美廖鏐鈔本　南京

集 10003793

小蘭雪堂詩集十一卷

　　(清)杭州王步蟾撰
　　清光緒二十七年(1901)石印本
國圖　南開

集 10003794

冰壺山館詩鈔(道烏紀程草)二卷

　　(清)金華王夢庚撰
　　清嘉慶二十年(1815)刻本　國圖
中科院

集 10003795

冰壺山館詩鈔六十四卷首一卷

　　(清)金華王夢庚撰
　　清嘉慶二十年(1815)刻道光十年
(1830)增刻本　中科院　山西大

集 10003796

冰壺山館詩鈔三十二卷首一卷

　　(清)金華王夢庚撰

清道光刻本　天津

集 10003797

冰壺山館詩鈔七十六卷
　（清）金華王夢庚撰
　清嘉慶二十年(1815)刻增刻本
四川

集 10003798

冰壺山館詩鈔一百卷
　（清）金華王夢庚撰
　清嘉慶二十年(1815)刻道光十三
年(1833)增刻本　中科院

集 10003799

冰壺山館詩鈔一百三十二卷
　（清）金華王夢庚撰
　清嘉慶二十年(1815)刻增刻本
中科院
　2013 年上海古籍出版社重修金
華叢書本

集 10003800

讀史雜詠草三卷
　（清）金華王夢庚撰
　清刻本　南京

集 10003801

西湖吟草一卷
　（清）桐鄉汪嘉穀撰
　清嘉慶間刻本　浙江

集 10003802

嶺南遊草一卷
　（清）桐鄉汪嘉穀撰
　清嘉慶間刻本　浙江

集 10003803

澥江詩鈔不分卷
　（清）玉山李文傑撰
　清道光六年(1826)刻本　江西

集 10003804

灌園居偶存草一卷
　（清）錢塘吳清漣撰
　清咸豐五年(1855)刻吳氏一家稿
本　南京　日京大人文研
　清代家集叢刊續編本

集 10003805

灌園居試帖一卷
　（清）錢塘吳清漣撰
　清咸豐五年(1855)刻吳氏一家稿
本　南京　日京大人文研
　清代家集叢刊續編本

集 10003806

來懋齋稿不分卷
　（清）蕭山來宗敏撰
　清光緒二年(1876)四明茹古齋鉛
印本　南京

集 10003807

諺有日草
　（清）蕭山來宗敏撰

清鈔本　蕭山來瑞征藏

集 10003808

一笑了然齋詩鈔不分卷

（清）會稽茹藥撰

稿本　浙江

集 10003809

畫延年室詩稿四卷附詞四卷

（清）錢塘袁起撰

清同治三年（1864）刻本　國圖
湖南

清同治七年（1868）刻本　蘇大

集 10003810

畫延年室詩稿六卷附詞四卷

（清）錢塘袁起撰

清同治三年（1864）刻本　復旦
南京　南開　江蘇師大

清同治七年（1868）刻本　北師大

集 10003811

**畫延年室詩稿八卷附詞四卷游
吳草一卷**

（清）錢塘袁起撰

清同治三年（1864）刻本　南京
湖南

集 10003812

綠野莊詩草九卷

（清）諸暨馮至撰　馮振音編

民國六年（1917）鉛印諸暨馮氏叢
刻五種本　國圖　中科院　北大

上海　內蒙古　吉大　南京　浙江
寧夏

清代家集叢刊續編本

集 10003813

森齋雜俎二卷

（清）諸暨馮至撰　馮振音編

民國六年（1917）鉛印諸暨馮氏叢
刻本　國圖　中科院　北大　上海
內蒙古　吉大　南京　浙江
寧夏

集 10003814

涵碧軒詩稿不分卷

（清）錢塘項本立撰

清刻本　山大

集 10003815

餘香草堂集四卷

（清）嘉興潘孝基撰

清嘉慶間石螻閣刻本　南京　嘉
興　浙江

清道光間其子鴻謨等刻本　上海

集 10003816

吟簫偶存二卷

（清）嘉興錢樟撰

清嘉慶二十五年（1820）錢泰吉家
鈔本（清錢秦吉跋）　國圖

2017 年國家圖書館出版社清代
詩文集珍本叢刊本

集 10003817

息園遺詩一卷

（清）仁和錢機撰　（清）仁和錢錫賓等輯

清光緒二十二年（1896）刻湖墅錢氏家集本　北大　上海

集 10003818

閑雲偶存四卷

（清）檇李錢有序撰

清道光六年（1826）刻本　上海

集 10003819

金粟影庵存稿十七卷

（清）錢塘顧澍撰

清嘉慶間刻本　南京

集 10003820

金粟影庵存稿十三卷續存稿七卷隨山書屋詩存四卷

（清）錢塘顧澍撰

清嘉慶二十二年至清道光六年（1817～1826）錢塘顧氏刻本　北大　南京　上海　臺大

集 10003821

金粟影庵續存稿四卷

（清）錢塘顧澍撰

清道光元年（1821）刻本　中山

集 10003822

玉山堂詩課二卷

（清）錢塘顧澍撰

巾箱本　南京

集 10003823

石如吟稿不分卷

（清）杭州江介撰

清道光十三年（1833）清吟閣瞿氏刻本　國圖

2017 年國家圖書館出版社清代詩文集珍本叢刊本

集 10003824

石如遺稿外集一卷

（清）杭州江介撰

清道光十三年（1833）清吟閣瞿氏刻本　國圖

集 10003825

竹光樓稿一卷

（清）仁和徐鉽撰　（清）王昶等選

清嘉慶間抱山堂刻同岑詩選本　南京

集 10003826

西澗畫餘稿四卷

（清）仁和徐鉽撰

清道光間竹光樓刻本　南京

集 10003827

徵賢堂詩正集十二卷

（清）嘉興曹言純撰　（清）嘉善黄安濤評選

清道光間黄安濤底稿本　臺圖

集 10003828

徵賢堂詩正集八卷擬唐宋雜體詩二卷

　　（清）嘉興曹言純撰

　　清鈔本（沈曾植、曹咸熙跋）

浙博

集 10003829

玉筍山房要集四卷附文一卷

　　（清）會稽顧廷綸撰

　　清光緒十二年（1886）顧家相刻本

　　國圖　南開　浙江　嘉興

　　民國十八年（1929）顧氏金佳石好

樓仿聚珍排印顧氏家集本　國圖

上海　南京

集 10003830

夢綠山莊集八卷

　　（清）仁和沈星燁撰

　　清道光七年（1827）刻本　北大

集 10003831

聽松閣集不分卷

　　（清）嘉興沈銘彝撰

　　清鈔本　國圖

　　2017 年國家圖書館出版社清代

詩文集珍本叢刊本

集 10003832

雕蟲詩草不分卷

　　（清）平陽吳乃伊撰

　　鈔本　中科院

集 10003833

少有園圖詠一卷

　　（清）平陽吳乃伊撰

　　清道光七年（1827）刻本　温州

集 10003834

青藜精舍詩鈔一卷

　　（清）歸安張應鼎撰

　　清道光二十四年（1844）刻本

南京

集 10003835

青藜精舍詩鈔一卷話雨齋詩鈔一卷

　　（清）歸安張應鼎撰

　　清同治二年（1863）西昌旅舍刻增

修本　復旦

集 10003836

鑑綱詠畧八卷

　　（清）歸安張應鼎撰

　　清同治十二年（1873）歸安張氏刻

本　國圖

集 10003837

静齋存草不分卷

　　（清）秀水陶若蓮撰

　　清陶氏賢奕書樓鈔陶氏賢弈書樓

叢書本　國圖

　　清代家集叢刊續編本

集 10003838

五松山人詩草四卷補編一卷

(清)湯溪楊廷蘭撰

清道光七年(1827)刻本　中山

2013 年上海古籍出版社重修金

華叢書本

集 10003839

硯癖遺詩一卷

(清)嘉善錢棻撰　(清)仁和錢錫

賓等編

清光緒二十二年(1896)刻湖墅錢

氏家集本　北大　上海

集 10003840

吳越遊草一卷

(清)王豫撰

清嘉慶間刻本　國圖

2017 年國家圖書館出版社清代

詩文集珍本叢刊本

集 10003841

慕雲山房遺稿一卷

(清)慈溪王兆雷撰

民國十年(1921)木活字印笙磬集

本　首都　上海

集 10003842

月媒小史詩稿一卷

(清)慈溪王石渠撰

民國十年(1921)木活字印笙磬集

本　首都　上海

集 10003843

味根山房詩鈔九卷文集一卷

(清)山陰史善長撰

清道光十年(1830)史澄刻本　國

圖　中科院(存文集)

清光緒間刻本　山西大

集 10003844

味根山房詩鈔九卷雜文一卷

(清)山陰史善長撰

清光緒九年至十一年(1883～

1885)山陰史氏刻史氏叢刻本

集 10003845

壽寧堂遺稿四卷

(清)秀水金孝柟撰

清嘉慶間刻本　國圖

2017 年國家圖書館出版社清代

詩文集珍本叢刊本

清道光刻本　蘇大

集 10003846

復齋詩鈔一卷

(清)平湖高登奎撰　(清)平湖朱

壬林輯

清光緒間華雲閣鉛印本　中科院

清光緒二十九年(1903)鉛印本

中社科院文學所　浙江

清陸氏求是齋鈔當湖朋舊遺詩彙

鈔本　上海

集 10003847

鑑止水齋集二十卷

(清)德清許宗彥撰

清嘉慶二十四年(1819)杭州刻本

中科院　常州

清道光間刻本　國圖

清咸豐六年(1856)刻本　國圖

清咸豐八年(1858)刻本　首都

黑龍江　陝西

清刻本　中科院　復旦　如皋

集 10003848

冬青館甲集六卷

(清)烏程張鑑撰

清道光十九年(1839)刻本　中科
院　國圖　首都　常州　浙江
嘉善

2002 年上海古籍出版社影印續
修四庫全書本

1994 年上海書店出版社叢書集
成續編本

集 10003849

冬青館乙集八卷

(清)烏程張鑑撰

清道光二十六年(1846)刻本　中
科院　國圖　首都　常州　浙江
嘉善

1994 年上海書店出版社叢書集
成續編本

2002 年上海古籍出版社影印續
修四庫全書本

集 10003850

冬青館集十四卷

(清)烏程張鑑撰

清道光十九年至二十六年

(1839~1846)自刻本　國圖　南京
中科院　華東師大

集 10003851

桂馨堂集三卷

(清)嘉興張廷濟撰

清道光十九年(1839)自刻本
國圖

集 10003852

桂馨堂集一卷感逝詩一卷石刻
詩録目一卷

(清)嘉興張廷濟撰

清光緒二十七年(1901)杭州鄒安
抄本　浙江

集 10003853

桂馨堂集十三卷

(清)嘉興張廷濟撰

清道光十九年(1839)刻本　蘇大

清刻道光二十八年(1848)彙印本
國圖　中科院

2002 年上海古籍出版社影印續
修四庫全書本

清代詩文集彙編本

集 10003854

張叔未編年詩不分卷

(清)嘉興張廷濟撰

稿本　國圖

2017 年國家圖書館出版社清代
詩文集珍本叢刊本

集 10003855

清儀閣詩稿不分卷

　（清）嘉興張廷濟撰

　稿本　上海

　清代詩文集彙編本

集 10003856

竹里耆舊詩一卷

　（清）嘉興張廷濟撰

　稿本（清張開福題款）　國圖

　2017年國家圖書館出版社清代詩文集珍本叢刊本

集 10003857

清儀閣文稿不分卷

　（清）嘉興張廷濟撰

　清光緒十九年（1893）刻本　南京

　稿本　國圖

　清代詩文集彙編本

集 10003858

清儀閣題跋一卷

　（清）嘉興張廷濟撰

　清咸豐間刻本　國圖　中科院天一閣

　鈔本　北大

　清光緒十九年（1893）刻本　無錫國圖　陝西

　清道光稿本　天津

　清光緒蘇州振新書社石印本　天津　徐州　河南大

　清光緒二十年（1894）刻本　天津

　清刻本　内蒙古　鹽城　萬州

三峽大

集 10003859

張廷濟詩文集不分卷

　（清）嘉興張廷濟撰

　清鈔本　天一閣

集 10003860

順安詩草八卷

　（清）嘉興張廷濟撰

　清道光二十八年（1848）清儀閣刻本　湖南

　清道光三十年（1850）刻本　首都

集 10003861

清儀閣雜詠不分卷

　（清）嘉興張廷濟撰

　清道光十九年（1839）刻本　奉化文管會

集 10003862

種榆僊館詩鈔二卷

　（清）錢塘陳鴻壽撰

　清道光二十四年（1844）刻本　國圖

集 10003863

白鶴山房詩鈔五卷

　（清）歸安葉紹本撰

　清嘉慶十二年（1807）榕城使院刻本　中大

集 10003864

白鶴山房乙集五卷

（清）歸安葉紹本撰

清嘉慶二十四年（1819）刻本
南京

集 10003865

**白鶴山房詩鈔二十卷外集二卷
詞鈔二卷**

（清）歸安葉紹本撰

清道光七年（1827）桂林使廨刻本
國圖　浙江　中科院　天津
復旦

集 10003866

白鶴山房詩鈔二十二卷外集二卷

（清）歸安葉紹本撰

清道光四年（1824）刻本　中科院

集 10003867

**白鶴山房詩鈔二十二卷外集二
卷詞鈔二卷**

（清）歸安葉紹本撰

清道光七年（1827）桂林使廨刻增
修本　中科院　天津　南京

2002年上海古籍出版社影印續
修四庫全書本

集 10003868

白鶴山房詩鈔十四卷

（清）歸安葉紹本撰

清道光二年（1822）刻本　上海
北大　臺大　日本東洋

集 10003869

白鶴山房詩鈔二十六卷

（清）歸安葉紹本撰

清道光二十一年（1841）刻本　華
東師大

集 10003870

白鶴山房集十二卷

（清）歸安葉紹本撰

南陽葉氏家集本

集 10003871

白鶴山房詩鈔十八卷

（清）歸安葉紹本撰

清道光二年（1822）刻本　北師大
湖南師大

集 10003872

**榆西僊館初稿文集二十卷詩稿
二十三卷首一卷末一卷**

（清）仁和蔣詩撰

清道光間刻本　國圖　中科院
北大

集 10003873

榆西僊館稿四十八卷

（清）仁和蔣詩撰

清道光間刻本　南京

清代詩文集彙編本

集 10003874

沽河雜詠一卷

（清）仁和蔣詩撰　（清）華鼎元輯

清鈔梓里聯珠集本　南開

集 10003875

榆西僊館初稿七卷

　　(清)仁和蔣詩撰

　　清刻本　中科院　國圖

集 10003876

榆西僊館初稿文鈔不分卷

　　(清)仁和蔣詩撰

　　清嘉慶間刻本　上海

集 10003877

戴簡恪公遺集八卷

　　(清)開化戴敦元撰　(清)胡次瑤編

　　清道光二十六年(1846)吳鍾駿浙江督學使署刻本　國圖　中科院　徐州　天津　湖南　湖南社科院　陝西　青海　嵊州　蘇州

　　衢州文獻集成本

　　清同治十一年(1872)刻本　衢州博　浙江

集 10003878

一鳴集四卷

　　(清)東陽何豫撰

　　清咸豐四年(1854)雙桂軒刻本　蘇州

　　清同治十年(1871)雙桂軒刻本　中社科院文學所

集 10003879

一鳴集六卷

　　(清)東陽何豫撰

　　清咸豐四年(1854)雙桂軒刻本　蘇州　天津　黑龍江　浙江

　　清同治十年(1871)雙桂軒刻本　東陽博

　　2013 年上海古籍出版社重修金華叢書本

　　清代詩文集彙編本

集 10003880

不改樂之堂初稿四卷

　　(清)錢塘范崇階撰

　　清道光八年(1828)刻本　中科院

集 10003881

菜根香書屋集一卷

　　(清)錢塘周士鈺撰　(清)王昶選

　　清嘉慶間刻江浙詩存本　南京

集 10003882

菜根香詩選四卷

　　(清)錢塘周士鈺撰

　　清道光間刻本　南京

集 10003883

䎂齋文存一卷試律一卷詩餘一卷

　　(清)海寧查元偁撰

　　稿本　中科院

　　四庫未收書輯刊本

集 10003884

䎂齋文存一卷詩存二卷詩餘試

律一卷

（清）海寧查元偁撰

清道光二十一年（1841）自刻本
南京　中社科院文學所　蘇州

集 10003885

 蒋齋文存一卷

（清）海寧查元偁撰

清刻本　蘇州

集 10003886

 蒋齋集四卷

（清）海寧查元偁撰

清道光十八年（1838）刻本　國圖
南開

集 10003887

 桐華館詩鈔三卷附金屑詞一卷

（清）平湖胡金題撰

清嘉慶間刻松壑間合刻詩鈔本
國圖

2017 年國家圖書館出版社清代
詩文集珍本叢刊本

集 10003888

 嶺南吟草一卷

（清）樂清高誼撰

清宣統元年（1909）鉛印本　北師
大　溫州　浙江

集 10003889

 薏園文鈔六卷

（清）樂清高誼撰

民國二十七年（1938）鉛印本　四
川　溫州

集 10003890

 薏園續文鈔二卷

（清）樂清高誼撰

民國三十八年（1949）石印本
溫州

集 10003891

 玉屏山莊詩初集二卷續集二卷

（清）平湖徐夢熊撰

清咸豐八年（1858）刻本　首都
（存初集）　日東大（存續集）　國圖
首都

集 10003892

 絳巖詩稿一卷

（清）海寧張廷琮撰

清鈔本　浙江

集 10003893

 唐韻樓詩鈔一卷

（清）平湖陸荷清撰

清嘉慶二十年（1815）刻陸素心撰
碧雲軒詩鈔本附　上海

集 10003894

 止軒餘集八卷

（清）新昌陳捷撰

清道光九年（1829）陳氏五馬山樓
刻本　北大　陝西　天一閣

集 10003895

味堂詩鈔一卷

（清）山陰鄔宗梅撰

清道光間刻本　南京

集 10003896

野雲居詩稿二卷文稿一卷

（清）慈溪鄭竺撰　（清）鄞縣鄭學鏞選

清嘉慶十二年（1807）刻本　國圖
浙江　南開

清鄭勳鈔本（無文稿，清鄭勳校，清秦瀛、清陳鍾跋）　天一閣

慈溪鄭氏家集本　中大

集 10003897

蕉雪詩鈔一卷

（清）慈溪鄭竺撰

稿本　天一閣

集 10003898

雪橋遺稿一卷

（清）慈溪鄭勳撰

清康熙至嘉慶間刻二老閣叢書本
天一閣

集 10003899

金塗塔齋詩稿一卷遺文一卷

（清）仁和錢任鈞撰　（清）仁和錢錫賓等輯

清光緒二十二年（1896）刻湖墅錢氏家集本　北大　上海

集 10003900

檀氏遺詩一卷

（清）錢塘檀桂姬撰

清道光八年（1828）刻本　日内閣（國立公文書館）

集 10003901

崇雅堂詩鈔十卷删餘詩一卷駢體文鈔四卷應制存稿一卷定鄉雜著二卷

（清）仁和胡敬撰

清道光二十六年（1846）刻本　國圖　中科院

2002 年上海古籍出版社影印續修四庫全書本

集 10003902

小謨觴館遺文不分卷

（清）會稽王衍梅撰

清鈔緑雪堂遺文本　國圖

集 10003903

竹窗剩稿一卷附遊台雜詠一卷

（清）寧海釋漢兆撰

清嘉慶二十一年（1816）刻本　南京　浙江

集 10003904

妙香詩草三卷

（清）寧海釋漢兆撰

清嘉慶二十五年（1820）萬竹山房刻本　首都

集 10003905

妙香詩草十卷

 (清)寧海釋漢兆撰

 清嘉慶間刻本　中科院

 清嘉慶二十五年(1820)萬竹山房

刻本　臨海博

 清道光二年(1822)萬竹山房刻本

國圖

 清刻本　紹興

集 10003906

**妙香詩草(和中峯禪師梅花百
詠)一卷**

 (清)寧海釋漢兆撰

 清鈔本　國圖

集 10003907

賓竹居初稿不分卷

 (清)山陰王浚撰

 稿本　上海

集 10003908

紅鵝館詩選二卷

 (清)山陰王浚

 清乾隆吳益高刻本　美燕京

集 10003909

荔村詩稿四卷

 (清)武義王惟孫撰

 清道光二年(1822)刻本　溫州

集 10003910

史山詩二卷

 (清)嘉興史璜撰

 清道光九年(1829)刻本　嘉興

 清道光二十三年(1843)槖廬刻本

 平湖　嘉善

集 10003911

剡游草(蘭雪齋詩集)一卷

 (清)山陰朱淥撰

 清道光間朱慶祺刻本　國圖

集 10003912

政和堂遺稿一卷

 (清)嘉興朱廣川撰　(清)嘉興楊
伯潤輯

 清光緒十五年(1889)嘉興楊氏刻
三朱遺編本　上海　南京

集 10003913

**南湖草堂詩集八卷外集一卷掃
紅詞鈔一卷語石齋畫識一卷**

 (清)嘉興楊伯潤撰

 清光緒二十一年(1895)刻本
嘉興

集 10003914

話雨草堂詩草二卷子君詩草一卷

 (清)浙江沈起潤撰

 清道光九年(1829)刻本　南京

集 10003915

留耕書屋詩草十二卷

 (清)歸安沈惇彝撰

 清道光十二年(1832)苕上世承堂

刻本　上海　溫州　浙江
　　清代詩文集彙編本

集 10003916

筆山書屋集四卷

　（清）秀水汪如淵撰

　　清道光間刻本　上海

集 10003917

冬榮草堂集一卷

　（清）仁和李堂撰

　　清嘉慶間抱山堂刻同岑詩歌選本
南京

集 10003918

冬榮草堂集三卷

　　（清）仁和李堂撰　（清）錢塘汪遠
孫編

　　清道光十二年（1832）刻本　中社
科院文學所

集 10003919

晬盤詩鈔六卷

　（清）歸安吳振麟撰

　　清咸豐元年（1851）刻本　中山
浙江

集 10003920

飲香樓小稿一卷

　（清）烏程吳掌珠撰

　　鈔本（清吳汝金跋）　上海

集 10003921

石瀨山房詩鈔九卷

　（清）平湖胡昌基撰

　　清嘉慶十二年（1807）刻本　上海
　　清道光間刻本　上海

集 10003922

通介堂稿八卷附題畫詩二卷

　（清）嘉興徐世綱撰

　　清嘉慶十四年（1809）刻本　四川

集 10003923

春農草堂文集二卷

　（清）平湖張論撰

　　清道光思静軒刻本　首都　首都
　　清道光十一年（1831）張湘任刻本
中科院
　　清刻本　平湖

集 10003924

澄暉閣文稿一卷

　（清）上虞張淑蓮撰

　　鈔本　國圖

集 10003925

甌括文錄不分卷

　（清）永嘉陳遇春撰

　　清道光間刻本　山西大

集 10003926

拾香草堂二卷

　（清）烏程温曰鑑撰

　　稿本（清趙之琛題簽）　復旦

集 10003927

勘書巢未定稿一卷

（清）烏程温曰鑑撰

稿本（佚名批註）　復旦

民國二年至六年（1913～1917）烏程張氏刻適園叢書本　國圖　中科院　北大　上海　復旦　天津　遼寧　南京　浙江　湖北　四川　寧夏

1994 年上海書店出版社叢書集成續編本

集 10003928

古壁叢鈔一卷

（清）烏程温曰鑑撰　周延年輯

民國二十五年（1936）二十八年（1939）南林周氏鉛印南林叢刊本　國圖　北大　上海　吉大　甘肅　南京　浙江　桂林　雲南

1982 年杭州古舊書店影印民國間南林周氏鉛印南林叢刊本　遼寧

2010 年學苑出版社中國華東文獻叢書本

集 10003929

密齋文集不分卷

（清）桐鄉程同文撰

清嘉慶間刻本　中科院

清咸豐間刻本　蘇州

清代詩文集彙編本

集 10003930

密齋詩存四卷

（清）桐鄉程同文撰

清道光九年（1829）長樂梁氏刻本　國圖　天津

集 10003931

維園詩録一卷

（清）嘉興楊建撰

清光緒十三年（1887）上海刻本　上海

集 10003932

證響齋詩集不分卷補遺一卷

（清）桐鄉蔡鑾揚撰

清道光間稿本　復旦

集 10003933

證響齋詩集八卷

（清）桐鄉蔡鑾揚撰

清光緒六年（1880）刻本　中科院　北大　蘇州

集 10003934

樹堂詩鈔一卷

（清）臨海洪震煊撰

清嘉慶道光間臨海洪氏刻傳經堂叢書本　首都　上海

集 10003935

靈石山房稿二卷

（清）錢塘施紹武撰

稿本（清屠悼、清黃孫瀛、清李紹誠、清時銘、清陳傳經、清施錫齡等題識、清蔣炯批注並跋）

集 10003936

靈石山房稿一卷

（清）錢塘施紹武撰　（清）王昶
等選

清嘉慶間抱山堂刻同岑詩選本
南京

集 10003937

靈石山房稿三卷

（清）錢塘施紹武撰

清嘉慶間刻本　南京

集 10003938

菽原堂詩一卷江行小集一卷

（清）海寧查揆撰

稿本（清郭麐跋）　上海　浙江

2019 年國家圖書館出版社影印
浙學未刊稿叢編本

集 10003939

菽原堂初集十卷

（清）海寧查揆撰

清嘉慶八年（1803）刻本　中科院
天津　國圖

清嘉慶八年（1803）刻清同治七年
（1868）重修本　復旦

集 10003940

菽原堂初集一卷

（清）海寧查揆撰

清鈔本　浙江

2019 年國家圖書館出版社影印
浙學未刊稿叢編本

集 10003941

箕谷詩鈔二十卷箕谷文鈔十二卷

（清）海寧查揆撰

清道光十五年（1835）菽原堂刻本
國圖　中科院　天津（無詩鈔）
復旦　浙江　海寧

2002 年上海古籍出版社影印續
修四庫全書本

集 10003942

箕谷詩集二十卷

（清）海寧查揆撰

清道光十五年（1835）刻本　首都

集 10003943

箕谷文鈔十二卷

（清）海寧查揆撰

清道光十五年（1835）菽原堂刻本
臨海

集 10003944

枕山樓詩草二卷

（清）臨海葉舟撰

清道光十五年（1835）蔭玉閣木活
字印本　南京

集 10003945

蓮浦吟不分卷

（清）臨海葉舟撰

清抄本　臨海博

集 10003946

建溪集前編四卷後編二卷

（清）浦江戴聰撰

清道光十三年（1833）戴氏九靈山房刻本　北大　國圖　天津　内蒙古　浙江　天一閣

清代家集叢刊本

2013年上海古籍出版社重修金華叢書本

集 10003947

幼樗吟稿偶存二卷

（清）石門方廷瑚撰

清方氏鈔本　國圖

2017年國家圖書館出版社清代詩文集珍本叢刊本

集 10003948

幼樗吟稿偶存六卷

（清）石門方廷瑚撰

清代詩文集彙編本

集 10003949

隱溪詩草不分卷

（清）海寧朱静江撰　（清）馬桐芳選

清道光十年（1830）萬香書屋刻本　中社科院文學所

集 10003950

小酉山房遺詩一卷

（清）錢塘吳清學撰

清咸豐五年（1855）刻吳氏一家稿本　南京　日京大人文研

清代家集叢刊續編本

集 10003951

聽雪樓稿一卷

（清）仁和黃孫燦撰　（清）王昶等選

清嘉慶間抱山堂刻同岑詩選本　南京

集 10003952

聽雪樓稿二卷

（清）仁和黃孫燦撰

清刻同懷詩選本

集 10003953

聽泉詩鈔二卷

（清）平湖張達慶撰

清道光三年（1823）刻本　國圖　浙江

清同治八年（1869）平湖張氏刻清河六先生詩選本　首都

清代家集叢刊影印清河六先生詩選本

集 10003954

張啜六詩選一卷

（清）平湖張達慶撰　（清）平湖朱爲弼選

清道光九年（1829）刻清河五先生詩選本　嘉興　平湖

清同治八年（1869）刻清河五先生詩選本　國圖　湖南

集 10003955

晚晴書屋詩鈔二卷

（清）錢塘陳春曉撰

清道光十九年(1839)刻本　上海　南京　華東師大

集 10003956

覺庵續詠二卷附刻一卷

（清）錢塘陳春曉撰

清道光刻本　南京

集 10003957

綠石山樵雜感詩一卷

（清）錢塘陳春曉撰

師石山房鈔本　臺圖

民國三十二年(1943)鉛印本　首都

集 10003958

讀漢書隨詠二卷

（清）錢塘陳春曉撰

光緒間刻本　上海

集 10003959

武林失守雜感詩百首一卷申江避寇雜感詩百首一卷

（清）錢塘陳春曉撰

民國三十二年(1943)鉛印本　上海　紹興　浙江

民國鈔本　浙江

集 10003960

臨幸翰林院禮成恭紀詩一卷

（清）錢塘陳嵩慶撰

鈔本　南京

集 10003961

藤阿吟藁四卷

（清）會稽陳鴻熙撰

清道光元年(1821)刻本　北大　浙江

清嘉慶二十五年(1820)姑蘇刻本　上海　南京　國圖　南開　紹興

集 10003962

漸齋詩鈔三卷

（清）鄞縣董史撰

清道光二年(1822)大雅堂刻本　首都

集 10003963

石翁隨草二集六卷

（清）寧海趙子轅撰

鈔本　《續修四庫提要》著錄

集 10003964

蓉舟詩草不分卷

（清）慈溪鄭繼武撰

清道光間稿本　中社科院文學所

集 10003965

清谷草堂脱口録五卷

（清）鎮海劉懷理撰

清道光十年(1830)刻本　上海

集 10003966

覺蘇集不分卷

（清）平湖朱爲弼撰

稿本(清林報曾、清方廷瑚題款)

平湖

集 10003967

椒堂雜稿一卷

（清）平湖朱爲弼撰

稿本（清高錫蕃題款）　平湖

集 10003968

蕉聲館詩集十六卷題詞一卷

（清）平湖朱爲弼撰

清道光二十八年（1848）鋤經堂刻本　中科院　天津　首都　嘉興

集 10003969

蕉聲館詩集二十卷補遺四卷續補一卷

（清）平湖朱爲弼撰

清咸豐六年至七年（1856～1857）平湖朱氏刻本　國圖

清咸豐九年（1859）陶氏刻本湖南

集 10003970

蕉聲館詩集二十四卷

（清）平湖朱爲弼撰

清咸豐七年（1857）刻本　蘇州

集 10003971

蕉聲館集三十三卷

（清）平湖朱爲弼撰

清咸豐二年（1852）刻本　首都

集 10003972

蕉聲館集八卷首一卷

（清）平湖朱爲弼撰

清咸豐二年（1852）刻本　中科院　南開　國圖　嘉興

集 10003973

蕉聲館文集八卷詩集二十卷詩補遺四卷

（清）平湖朱爲弼撰

詩續補

朱景邁輯

清咸豐六年（1856）朱善旃刻本首都　浙江

集 10003974

蕉聲館文集八卷詩集二十卷詩補遺四卷詩續補一卷

（清）平湖朱爲弼撰

詩續補

朱景邁輯

民國八年（1919）朱景邁東湖草堂刻本　國圖　中科院　平湖

清代詩文集彙編本

集 10003975

蕉聲館集三十三卷首一卷

（清）平湖朱爲弼撰

清咸豐六年至九年（1856～1859）陶子麟刻本　陝西

集 10003976

蕉聲館全集文八卷首一卷詩二

十卷詩補遺四卷詩續補一卷

（清）平湖朱爲弼撰

清咸豐二年（1852）刻本　齊齊
哈爾

集 10003977

辛卯生詩四卷

（清）海寧吳衡照撰

清道光間汪氏振綺堂刻本　上海
（清馮登府評並跋）　中科院

鈔本　浙江

集 10003978

恩福堂試帖詩鈔二卷

（清）英和撰　（清）海寧祝德麟編

清道光間鈔本　國圖

集 10003979

恩福堂詩鈔十二卷

（清）英和撰　（清）海寧祝德麟編

清道光間鈔本　國圖

2017 年國家圖書館出版社清代
詩文集珍本叢刊本

集 10003980

春園吟稿六卷

（清）海寧查有新撰

清嘉慶間刻本　蘇州　天津

集 10003981

春園吟稿四卷

（清）海寧查有新撰

清道光刻本　黑龍江

集 10003982

春園吟稿十卷

（清）海寧查有新撰

清嘉慶間刻本　中科院

清道光刻本　溫州

集 10003983

春園吟稿十二卷

（清）海寧查有新撰

清嘉慶間刻增刻本　首都

集 10003984

春園吟稿十四卷

（清）海寧查有新撰

清嘉慶間刻增刻本　中科院　浙
江　浙大

集 10003985

春園吟稿十五卷

（清）海寧查有新撰

清嘉慶間刻道光十年（1830）增刻
本　國圖　安徽

集 10003986

春園吟稿十六卷

（清）海寧查有新撰

清嘉慶間刻道光十一年（1831）增
刻本　北大　浙江　嘉興　平湖

集 10003987

鳴鳳堂詩稿十一卷

（清）段時恒撰　（清）檀萃　（清）
餘姚邵晉涵　（清）錢灃評選

清乾隆嘉慶間鈔本　雲南

集 10003988
甌香館集十二卷首一卷末一卷
補遺詩一卷附錄一卷
　(清)惲格撰　(清)海寧蔣光煦輯
　清道光十八年(1838)掃葉山房石
印本　嘉興
　民國元年(1912)鄂官書處刻本
天一閣

集 10003989
榆蔭樓詩存不分卷
　(清)歸安(一作烏程)奚疑撰
　清末鉛印本　首都

集 10003990
古春軒詩鈔二卷
　(清)錢塘梁德繩撰
　清道光二十九年(1849)刻本　中
科院(附詞鈔一卷)　復旦
　清代詩文集彙編本
　清鈔本　天津

集 10003991
簫樓詩稿二十卷綠夢詞二卷
　(清)鄞縣陳權撰
　清道光十一年(1831)陳維魚刻本
中科院　中社科院文學所

集 10003992
簫樓詩稿十六卷
　(清)鄞縣陳權撰

清鈔本　無錫

集 10003993
頤道堂集七十八卷
　(清)錢塘陳文述撰
　清道光間刻本　南京

集 10003994
碧城仙館詩鈔八卷
　(清)錢塘陳文述撰
　清嘉慶十年(1805)刻本　國圖
天一閣
　清光緒間刻本　南京
　清宣統二年(1910)國學扶輪社

集 10003995
碧城仙館詩鈔十卷
　(清)錢塘陳文述撰
　清嘉慶十七年(1812)刻本　首都
　民國六年(1917)上海中國圖書公
司和記鉛印本　國圖
　民國間國學扶輪社鉛印本　浙江

集 10003996
頤道堂詩選三卷
　(清)錢塘陳文述撰
　鈔本　南京

集 10003997
頤道堂詩選十二卷
　(清)錢塘陳文述撰
　清嘉慶間刻本　浙大

集 10003998

頤道堂詩選十四卷

（清）錢塘陳文述撰

清嘉慶間刻本　國圖　蘇大　陝西　浙江　浙大

集 10003999

頤道堂詩選十九卷

（清）錢塘陳文述撰

清嘉慶二十二年（1817）刻道光五年（1825）增刻本　湖南　中科院

集 10004000

頤道堂詩選二十五卷

（清）錢塘陳文述撰

清道光間蘇州刻本　復旦

集 10004001

頤道堂詩選二十八卷

（清）錢塘陳文述撰

清道光間刻本　國圖

集 10004002

頤道堂詩選三十卷詩外集十卷文鈔十三卷附一卷

（清）錢塘陳文述撰

清嘉慶二十二年（1817）刻道光八年（1828）增刻本　中科院

2002 年上海古籍出版社影印續修四庫全書本

清代詩文集彙編本

集 10004003

頤道堂詩選三十八卷

（清）錢塘陳文述撰

鈔本　南京

集 10004004

頤道堂戎後詩存十六卷

（清）錢塘陳文述撰

清道光間刻本　山東

集 10004005

頤道堂詩外集八卷

（清）錢塘陳文述撰

清道光間刻本　國圖

集 10004006

頤道堂詩外集十卷

（清）錢塘陳文述撰

清道光五年（1825）刻本　北師大　國圖

集 10004007

頤道堂詩外集□□卷

（清）錢塘陳文述撰

清道光間刻本　山東（存卷一至二、卷七至十三）

集 10004008

頤道堂詩集補遺四卷

（清）錢塘陳文述撰

清嘉慶間刻本　國圖

集 10004009

頤道堂詩集補遺六卷

　（清）錢塘陳文述撰

　　清道光間刻本　山東

集 10004010

西泠閨詠十六卷

　（清）錢塘陳文述撰　　（清）龔玉晨編

　　清道光七年（1827）刻本　北大國圖

　　清光緒十三年（1887）西泠翠蝶閣刻本　中科院　國圖　首都　黑龍江　湖南　浙江　安吉博　浙博平湖　蘇州

　　清光緒十八年（1892）刻本　中山

　　清刻本　建德　平湖

　　1994 年上海書店出版社叢書集成續編本

集 10004011

西泠印社閨詠十六卷

　（清）錢塘陳文述撰

　　清光緒十三年（1887）西泠印社翠螺閣刻本　浙江

集 10004012

碧城仙館春明新詠一卷芍藥詩一卷

　（清）錢塘陳文述撰

　　清道光間刻本　天津　中科院國圖　天津

集 10004013

玉天仙梵三卷

　（清）錢塘陳文述撰

　　清道光間刻本　南京　國圖

　　清鈔本　上海

集 10004014

碧城詩髓八卷補二卷題跋二卷春明新詠二卷芍藥詩一卷

　（清）錢塘陳文述撰

　　清道光二十二年（1842）刻本　首都　南京　中科院

集 10004015

岱遊集一卷

　（清）錢塘陳文述撰

　　清宣統元年（1909）刻本　首都國圖　鹽城　常州

　　民國六年（1917）上海中國圖書公司和記鉛印本　國圖

　　民國彙印房山山房叢書本　國圖中科院　北大　上海　天津　遼寧　南京　湖北　青海

集 10004016

碧城文雋二卷

　（清）錢塘陳文述撰

　　清道光二十四年（1844）刻本國圖

集 10004017

頤道堂文鈔四卷

　（清）錢塘陳文述撰

清嘉慶二十二年（1817）刻本
國圖

集 10004018

頤道堂文鈔九卷

（清）錢塘陳文述撰

清道光五年（1825）刻本　湖南

集 10004019

頤道堂文鈔十三卷

（清）錢塘陳文述撰

清道光九年（1829）刻本　國圖

清道光間刻本　復旦

清代詩文集彙編本

集 10004020

**秣陵集六卷金陵歷代紀事年表
一卷圖考一卷**

（清）錢塘陳文述撰

清道光三年（1823）刻本　中科院
金陵

清光緒十年（1884）淮南書院刻本
遼寧　復旦（缺金陵歷代紀事年
表一卷、圖考一卷）　浙大　黃巖
安吉博　紹興　浙江　平湖　溫州
天一閣　浙博　鎮江　徐州　蘇
大　常熟　金陵

民國十七年（1928）掃葉山房石印
本　縉雲

1988～2000 年書目文獻出版社
影印北京圖書館古籍珍本叢刊本

2010 年學苑出版社中國華東文
獻叢書本

2016 年國家圖書館出版社歷代
地方詩文總集彙編本

集 10004021

秣陵集

（清）錢塘陳文述撰

2009 年南京出版社南京稀見文
獻叢刊本

集 10004022

陳比部遺集三卷

（清）山陰陳壽祺撰

清同治間安順堂刻本　中科院
國圖　首都　南開　河南大　陝西

集 10004023

花事草堂學吟一卷

（清）海寧蔣光煦撰

清乾隆間刻谷湖聯吟本　國圖
上海

清代詩文集彙編本

集 10004024

花事草堂詩稿不分卷

（清）海寧蔣光煦撰

鈔本　國圖

集 10004025

**籌燈教讀圖題贈三卷附蔣母馬
安人傳一卷墓銘志一卷行述
一卷**

（清）海寧蔣光煦輯

清道光刻本　天津　浙江

集 10004026

南屏唱和一卷

（清）海寧蔣光煦等撰

清刻本　溫州

集 10004027

蕅霞軒詩鈔一卷

（清）平湖錢仁榮撰

清嘉慶十四年（1809）寫刻本　中科院

集 10004028

蕅霞軒詩鈔二卷

（清）平湖錢仁榮撰

清嘉慶十五年（1810）刻本　中科院

集 10004029

秋塍書屋詩文鈔十卷

（清）海寧王斯年撰

清道光二年（1822）刻本　國圖

集 10004030

秋塍書屋詩鈔九卷

（清）海寧王斯年撰

清道光間刻本　中科院

集 10004031

秋塍書屋詩鈔十卷

（清）海寧王斯年撰

清道光十一年（1831）刻本　中科院

集 10004032

秋塍書屋文鈔九卷

（清）海寧王斯年撰

清道光十四年（1834）刻本　首都

集 10004033

小詩龕詩集四卷

（清）仁和汪之選撰

清道光間刻本　南京

集 10004034

介庵詩鈔五卷

（清）天台金品山撰

清光緒十七年（1891）木活字本　南京

集 10004035

夢窗雜詠一卷

（清）海寧管題雁撰

稿本　浙江

集 10004036

紅茶山館殘稿一卷

（清）錢塘潘恭辰撰

鉛印本　南京

集 10004037

紅茶山館初集三卷

（清）錢塘潘恭辰撰

清道光刻本　上海

集 10004038

浣花居詩鈔十卷

（清）歸安嚴昌鈺撰

清光緒三十四年（1908）鉛印本
首都

集 10004039

奇峯集三卷

（清）寧海干雲撰　干人俊輯

民國間油印本　國圖

集 10004040

秋紅丈室遺詩二卷

（清）秀水金禮嬴撰

清咸豐間刻仲瞿詩録附　南京

集 10004041

寸心知室詩文六卷隨筆一卷

（清）蕭山湯金釗撰

清咸豐元年（1851）刻本　復旦
浙江

集 10004042

**寸心知室存稿六卷隨筆一卷附
雪泥鴻爪一卷**

（清）蕭山湯金釗撰

清咸豐間刻本　中科院　浙江
南京

集 10004043

寸心知室存稿續編二卷

（清）蕭山湯金釗撰

清同治七年（1868）刻本　上海

集 10004044

寸心知室全書六卷續編二卷首一卷

（清）蕭山湯金釗撰

清同治八年（1869）湯修刻本　中
科院　天津

集 10004045

卷柏山房詩稿一卷

（清）鄞縣鮑上觀撰

鈔本　天一閣

集 10004046

香雪詩存六卷

（清）江山劉侃撰

清光緒四年（1878）蘇州刻本　中
科院　遼寧　首都　山東　德清博
常州　蘇州　國圖
衢州文獻集成本

集 10004047

我餘書屋吟草二卷

（清）錢塘王蔚文撰

清嘉慶間刻本　南京

集 10004048

七十老人學詩鈔二卷

（清）錢塘吳清藻撰

清道光間刻本　南京

集 10004049

夢煙舫詩一卷

（清）錢塘吳清藻撰

清咸豐刻吳氏一家稿本　日京大

人文研

清代家集叢刊續編本

集 10004050

夢池草一卷

（清）嘉善柯汝鍔撰

民國間鉛印本　中社科院文學所

集 10004051

生香詩集二十四卷

（清）海寧俞儼撰

清道光十二年（1832）刻本　中山

生香花蘊合集本

集 10004052

還印廬詩存二卷附詞一卷

（清）德清徐球撰

清道光間刻本　山西大　浙江

集 10004053

牧庵雜紀六卷

（清）平湖徐一麟撰

清同治七年（1868）苕溪姚森居易

山房刻本　國圖

集 10004054

壽菊仙館吟稿二卷

（清）仁和徐光綺撰

清道光十二年（1832）小蓬山館刻

本　中社科院文學所

集 10004055

古櫟山房稿一卷

（清）仁和黃孫瀛撰　　（清）王昶

等選

清嘉慶間抱山堂刻同岑詩選本

南京

集 10004056

橫經堂擬古樂府一卷

（清）錢塘張泰初撰

清道光十二年（1832）刻本　中科

院　南京

集 10004057

枕經軒詩鈔一卷

（清）德清陸震東撰

清道光間鈔本　國圖

集 10004058

陸震東詩

（清）德清陸震東撰

清末鈔本　國圖

2017 年國家圖書館出版社清代

詩文集珍本叢刊本

集 10004059

桂馨書屋遺文一卷塾課一卷守

經堂剩稿二卷

（清）秀水陳孝恭撰

清咸豐四年（1854）刻本　國圖

民國十五年（1926）陳元坊鉛印本

國圖

2017 年國家圖書館出版社清代

詩文集珍本叢刊本

集 10004060

雲在文稿一卷

（清）山陰楊紹文撰

清嘉慶間刻本　南京　國圖

清道光三年（1823）記得刻受經堂

彙稿本　國圖　中科院　北大

天津

集 10004061

梅垞詩鈔四卷

（清）諸暨蔣燮撰

清道光七年（1827）木活字印本

國圖　首都　天一閣

集 10004062

便佳居詩選一卷

（清）石門蔡德淳撰

清道光間刻本　南京　嘉興

集 10004063

五梅一硯齋詩鈔六卷

（清）永嘉潘宗耀撰

清道光十二年（1832）潘氏刻本

溫州

集 10004064

得陰軒剩稿二卷

（清）嘉興鄭湘撰

清道光十二年（1832）刻本　上海

集 10004065

息來園吟草六卷

（清）樂清鄭作朋撰

清道光十二年（1832）刻本　溫州

玉海樓

集 10004066

息未園吟草六卷補遺一卷

（清）樂清鄭作朋撰

清道光十二年（1832）求定軒刻本

溫州

集 10004067

藏密廬文稿四卷

（清）慈溪鄭喬遷撰

清道光十四年（1834）刻本　中科

院　湖南　國圖

清道光二十一年（1841）刻本

南開

集 10004068

藏密廬文稿不分卷

（清）慈溪鄭喬遷撰

清抄本　天一閣

集 10004069

分綠窗小草不分卷

（清）東陽盧炳濤撰

稿本　東陽盧誦芬藏

集 10004070

靜存齋詩集八卷

（清）錢塘錢師曾撰

清道光十一年（1831）刻本　南京

浙江　天一閣

集 10004071

早花集一卷

（清）嘉興吳筠撰

清同治六年（1867）刻李貽德撰

攬青閣詩鈔本附　國圖　南京

安徽　湖南　中科院　首都　陝西

溫州　浙江　嘉興　平湖

集 10004072

古音閣吟草一卷

（清）屈爲彝撰　（清）平湖朱壬

林輯

清陸氏求是齋鈔當湖朋舊遺詩彙

鈔本　上海

集 10004073

**今白華堂文集三十二卷詩録八
卷詩録補八卷詩集二卷**

（清）鄞縣童槐撰

清同治光緒間刻本　國圖（存文

集）　南京　（存文集）　蘇州（存詩

録及詩集）　天一閣

2002 年上海古籍出版社影印續

修四庫全書本

清代詩文集彙編本

集 10004074

今白華堂文集三十二卷

（清）鄞縣童槐撰

稿本　臺圖

清刻本　無錫

集 10004075

**今白華堂集六十四卷附遇庭筆
記一卷**

（清）鄞縣童槐撰

稿本（清阮元跋）　天一閣

集 10004076

今白華堂詩賸稿八卷

（清）鄞縣童槐撰

稿本　臺圖

集 10004077

今白華堂詩集存十三卷首二卷

（清）鄞縣童槐撰

清刻本　中科院　國圖　天一閣

浙江

集 10004078

今白華堂詩録八卷

（清）鄞縣童槐撰

清同治八年（1869）童華刻本　中

科院　天津（存補八卷、首一卷）

清刻本　國圖

集 10004079

今白華堂詩録補八卷

（清）鄞縣童槐撰

清光緒三年（1877）童華刻本　中

科院

清刻本　國圖

2002 年上海古籍出版社影印續

修四庫全書本

清代詩文集彙編本

集 10004080

太鶴山人集口卷

（清）青田端木國瑚撰

稿本（存卷二、五、七）　玉海樓

集 10004081

太鶴山館初稿一卷

（清）青田端木國瑚撰

稿本（清周星詒跋）　玉海樓

集 10004082

太鶴山人詩集十三卷

（清）青田端木國瑚撰

清嘉慶十三年（1808）刻本　中科院　浙大

清道光二十年（1840）洪坤刻本　國圖　上海　南開　蘇州

集 10004083

太鶴山人詩選一卷

（清）青田端木國瑚撰

清鈔本　四川

集 10004084

太鶴山人文集不分卷

（清）青田端木國瑚撰

稿本　玉海樓

集 10004085

悔庵學文八卷遺詩六卷附文補遺二篇

（清）歸安嚴元照撰　（清）歸安陸心源輯

清光緒間湖城義塾刻湖州叢書本

國圖　中科院　北大　上海　遼寧　內蒙古　甘肅　浙江　湖北　雲南

集 10004086

悔庵學詩不分卷

（清）歸安嚴元照撰

稿本（清許宗彥、清臧我田、清奚疑跋，清胡成銓、清馮焌、清沈鍈、清李堂題款）　國圖

集 10004087

悔庵學文八卷

（清）歸安嚴元照撰

稿本　國圖

清嘉慶十六年（1811）刻本　中山　山西大

清光緒五年（1879）劉履芬鈔本（清劉履芬跋）　上海　內蒙古　如皋　蘇大　國圖

集 10004088

柯家山館遺詩六卷詞三卷

（清）歸安嚴元照撰

清嘉慶二十二年（1817）刻本　國圖　復旦　中科院（存遺詩）天津（存遺詩）　首都　天津　蘇大

2002 年上海古籍出版社影印續修四庫全書本

清刻本　內蒙古

清光緒湖城義塾刻本　浙江

集 10004089

吳門紀遊一卷詩稿一卷

（清）海鹽李聿求撰

稿本　南京

集 10004090

五峯詩稿一卷

（清）海鹽李聿求撰

清鈔本　南京

集 10004091

珮芬閣焚餘草一卷

（清）海寧查若筠撰

清道光十三年（1833）刻本　國圖

集 10004092

潛齋詩鈔一卷

（清）海寧倪子度撰

清道光間刻鷄窗百二稿附　北大

清道光元年至二十六年（1821～
1846）刻本　浙江

集 10004093

春郊詩集四卷

（清）桐鄉徐畿撰

清嘉慶間刻本　國圖　浙江
嘉興

清道光刻本　蘇州

集 10004094

珠村草堂集不分卷

（清）桐鄉張千里撰

清道光十三年（1833）桐鄉馮氏等

四明刻本　國圖

集 10004095

補過山房詩鈔五卷

（清）會稽潘畯撰

清光緒三十三年（1907）刻本
大連

集 10004096

蓮仙尺牘六卷

（清）錢塘繆艮撰

清道光間刻本　南京

清代詩文集彙編本

集 10004097

嚶求集四卷

（清）錢塘繆艮撰

清道光間翰經堂刻巾箱本　復旦

清道光十五年（1835）刻本　首都
青海

清同治八年（1869）刻本　國圖
紹興

清刻本　湖南　紹興　嘉善

集 10004098

嚶求集二卷

（清）錢塘繆艮撰

清光緒間上海天成書局石印本
中山

集 10004099

壓線編六卷

（清）錢塘繆艮撰

清刻本　嵊州

集 10004100

蛩吟小草二卷

　　(清)海鹽朱光昭撰

　　清道光十八年(1838)刻本　國圖
浙江　湖南

集 10004101

北遊集不分卷

　　(清)歸安沈拜璜撰

　　稿本　浙江

集 10004102

**愚谷遺詩五卷(學吟草三卷北遊
草二卷)**

　　(清)嘉興周霽撰

　　清嘉慶七年(1802)刻本　中社科
院文學所

集 10004103

半村居詩鈔不分卷

　　(清)嘉興周霽撰

　　清道光五年(1825)刻本　上海

集 10004104

枕善齋集十六卷

　　(清)浦江周爲漢撰

　　清道光八年(1828)刻本　上海
浙江

　　2013年上海古籍出版社重修金
華叢書本

集 10004105

枕善齋集十三卷

　　(清)浦江周爲漢撰

　　清刻本　國圖

　　2020年學苑出版社浦江文獻集
成本

集 10004106

枕善齋初藁四卷

　　(清)浦江周爲漢撰

　　清刻本　嘉善

集 10004107

秋樵詩鈔六卷文鈔二卷

　　(清)平湖張慶成撰

　　清道光十四年(1834)刻本　常熟
(存詩鈔)　上海(存文鈔)　浙江

　　清同治八年(1869)平湖張氏刻清
河六先生詩選本　首都

　　清代詩文集彙編本

　　清代家集叢刊影印清河六先生詩
選本

集 10004108

秋樵詩鈔二卷

　　(清)平湖張慶成撰　(清)平湖徐
申錫補輯

　　清同治八年(1869)清河張順周刻
清河六先生詩選本　國圖

　　清代詩文集彙編本

集 10004109

睫巢詩鈔四卷

（清）平湖蔣澐撰

清咸豐五年（1855）刻本　中科院

清咸豐十年（1860）江夏彭崧毓長沙刻本　國圖（存二卷）　中科院

集 10004110

秋舫詩鈔二卷

（清）平湖蔣澐撰　（清）平湖朱壬林輯

清陸氏求是齋鈔當湖朋舊遺詩彙鈔本　上海

集 10004111

惜陰書屋詩草不分卷

（清）餘姚羅繼章撰

稿本　餘姚博

2019 年國家圖書館出版社影印浙學未刊稿叢編本

集 10004112

木齋遺文一卷

（清）杭州王述曾撰

東里生爐餘集附（嘉慶刻、道光刻）

集 10004113

王木齋遺文一卷

（清）杭州王述曾撰

嘉慶二十五年至道光元年（1820～1821）刻本　國圖

清鈔本　國圖

清嘉慶二十五年（1820）武林愛日軒刻本　天津

集 10004114

茲泉集二卷

（清）海寧朱兆熊撰

清鈔本　浙江

集 10004115

茲泉詩鈔一卷

（清）海寧朱兆熊撰

清鈔本　浙江

集 10004116

朱茲泉稿不分卷

（清）海寧朱兆熊撰

清嘉慶二年（1797）刻本　蘇大

集 10004117

茲泉公古文稿一卷

（清）海寧朱兆熊撰

清鈔本　浙江

集 10004118

玉甌山房詩文剩稿不分卷

（清）瑞安林從炯撰

稿本　温州

清末林駿鈔本　温州

集 10004119

林石笥遺稿不分卷

（清）瑞安林從炯撰

鈔本　中科院

集 10004120

玉甌山館詩集八卷

(清)瑞安林從炯撰

鈔本　温州

集 10004121

石笥家書不分卷

(清)瑞安林從炯撰

民國抄本　温州

集 10004122

問窗寄興不分卷

(清)武康周如春撰

清道光十一年(1831)刻本　國圖

集 10004123

夢痕寄跡一卷

(清)武康周如春撰

清道光間寫刻本　上海

集 10004124

盼貽樓詩稿一卷

(清)錢塘項蘅撰

清嘉慶二十一年(1816)張氏刻本　南京

集 10004125

香芷詩存不分卷

(清)錢塘項蘅撰

清抄本　臨海博

集 10004126

喬阪遺詩一卷

(清)秀水鄭緟撰

清道光間鄭照鈔本　天津

清道光十年(1830)刻本　上海

集 10004127

百廿蟲吟一卷附和章一卷

(清)平湖錢步曾撰

清道光四年(1824)聞鶴樓刻本　上海

集 10004128

聞鴞樓四種合刻

(清)平湖錢步曾撰

清刻本　平湖

集 10004129

清暉齋詩鈔不分卷

(清)海寧歸觀成撰

清嘉慶間稿本　國圖

集 10004130

幼學堂詩稿十卷文稿四卷

(清)烏程(祖上居烏程,遷江蘇吴縣)沈欽韓撰

清嘉慶十八年(1813)刻本　國圖

集 10004131

幼學堂詩稿十七卷文稿八卷

(清)烏程(祖上居烏程,遷江蘇吴縣)沈欽韓撰

清嘉慶十八年(1813)刻道光八年(1828)增刻本　國圖　天津(存詩稿七卷、文稿八卷)

民國間鈔本　國圖

集 10004132

幼學堂續稿七卷(卷十一至十七)

（清）烏程（祖上居烏程，遷江蘇吳縣）沈欽韓撰

稿本（存卷十一至十四，王大隆跋）　復旦

集 10004133

幼學堂文稿一卷

（清）烏程（祖上居烏程，遷江蘇吳縣）沈欽韓撰

1994 年上海書店出版社叢書集成續編本

2008 年 8 月復旦大學出版社上海圖書館未刊古籍稿本

集 10004134

東里生爐餘集三卷

（清）仁和汪家禧撰　（清）錢塘許乃縠輯

清嘉慶二十五年（1820）武林愛日軒陸貞一仿宋刻本　中科院　天津　復旦

集 10004135

捧月樓詩四卷

（清）錢塘袁通撰

稿本　國圖

清代詩文集彙編本

集 10004136

捧月樓詩二卷

（清）錢塘袁通撰

鈔本　國圖

集 10004137

飲中半士詩鈔四卷

（清）海鹽徐元潛撰

清宣統元年（1909）刻本　首都

集 10004138

易香齋遺稿不分卷

（清）會稽商嘉言撰

稿本　廣州社科院

集 10004139

莽亭詩草十四卷

（清）會稽商嘉言撰

清道光二十一年（1841）刻本　國圖

集 10004140

莽亭詩草十六卷

（清）會稽商嘉言撰

清道光二十一年（1841）刻本　浙江　中社科院文學所

集 10004141

莽亭詩鈔三卷

（清）會稽商嘉言撰

稿本　臺圖

集 10004142

華陔吟館詩鈔二卷

（清）錢人傑撰　（清）平湖朱壬林輯

清陸氏求是齋鈔當湖朋舊遺詩彙
鈔本　上海

集 10004143
杏北詩稿不分卷
　（清）嘉善支世淳撰
　清鈔本　中社科院文學所

集 10004144
隨吟小草不分卷
　（清）歸安沈鋐撰
　清光緒二十年（1894）刻本　國圖
中科院

集 10004145
香草溪樂府二卷
　（清）平湖沈蓮生撰
　清道光二十年（1840）鈔本　中社
科院文學所

集 10004146
自適齋詩鈔二卷
　（清）鄞縣李震撰
　清道光十五年（1835）刻本　首都
　民國九年（1920）借園李氏木活字
本　復旦
　民國九年（1920）刊三丁李氏文編
本　南京

集 10004147
硯壽堂詩鈔八卷詩續鈔二卷詩
餘一卷
　（清）錢塘吳存楷撰

清嘉慶二十三年（1818）姑孰縣齋
刻本　中科院
　清嘉慶道光間刻錢塘吳氏合集本
　清代家集叢刊影印錢塘吳氏合
集本

集 10004148
香草齋詩鈔一卷
　（清）吳全昌撰　（清）嘉興張蓉
鏡輯
　清道光間刻焦桐集本　南京

集 10004149
待焚草一卷
　（清）會稽范澍撰
　清道光二十四年（1844）刻本
中山

集 10004150
讀史百詠不分卷
　（清）會稽范澍撰
　清刻本　衢州博

集 10004151
疊翠居文集一卷詩集一卷
　（清）歸安紀慶曾撰
　鈔本　復旦
　1994 年上海書店出版社叢書集
成續編本

集 10004152
雲柯館詩不分卷
　（清）錢塘桑庭標撰

清嘉慶間刻本　國圖

集 10004153
芳谷詩鈔六卷
　（清）烏程孫枚撰
　清道光十六年（1836）震澤王思溥
刻本　北大　浙江

集 10004154
寄吾廬初稿選鈔四卷
　（清）海鹽張伯魁撰
　清嘉慶十三年（1808）徽縣刻本
浙江　南京
　清宣統三年（1911）刻本　　國圖

集 10004155
太沖詩鈔十五卷
　（清）海鹽陸以謙撰
　清鈔本　南京

集 10004156
太沖詩選二卷
　（清）海鹽陸以謙撰
　清刻本　南京

集 10004157
卓廬初草十四卷
　（清）錢塘陳墉撰
　稿本　浙江

集 10004158
卓廬初草四卷
　（清）錢塘陳墉撰

清道光十二年（1832）刻本　中山

集 10004159
卓廬初草十八卷
　（清）錢塘陳墉撰
　清鈔本　浙江

集 10004160
卓廬初草不分卷
　（清）錢塘陳墉撰
　鈔本　南京
　清鈔本　浙江

集 10004161
卓廬初草二卷
　（清）錢塘陳墉撰
　清光緒間鈔本　北大

集 10004162
卓廬文稿二卷
　（清）錢塘陳墉撰
　清道光間刻本　南京

集 10004163
抱簫山道人遺稿二卷
　（清）嘉善陳鴻墀撰
　清同治十二年（1873）陳宗親刻本
　國圖　蘇州

集 10004164
清逸山房畫賸六卷
　（清）嘉興魏容撰
　清嘉慶十七年（1812）陳瓏刻本

國圖

集 10004165

桐乳山房詩稿一卷

（清）海鹽顧師典撰

清咸豐五年（1855）泊志堂刻本

國圖

清刻本　南京

集 10004166

綠雪堂遺集二十卷

（清）會稽王衍梅撰　（清）汪雲
任輯

清道光二十四年（1844）汪雲任刻
本　國圖

集 10004167

笠舫詩文集不分卷

（清）會稽王衍梅撰

稿本　浙江

2019 年國家圖書館出版社影印
浙學未刊稿叢編本

集 10004168

**笠舫集（會稽王衍梅笠舫稿）不
分卷**

（清）會稽王衍梅撰

鈔本　中大

集 10004169

小謨觴館遺文不分卷

（清）會稽王衍梅撰

清鈔綠雪堂遺文本　國圖

集 10004170

王笠舫文鈔不分卷

（清）會稽王衍梅撰

清鈔本　南京

集 10004171

會稽王笠舫稿五卷

（清）會稽王衍梅撰

民國鈔本　嘉興

2019 年國家圖書館出版社影印
浙學未刊稿叢編本

集 10004172

晨葩書屋偶存集一卷

（清）嘉興朱陛吉撰

清刻本　南京

集 10004173

冬榮草堂詩集六卷

（清）錢塘汪隆燿撰

清道光間恬古吟館刻本　南京

集 10004174

籀莊雜稿不分卷

（清）海鹽徐同柏撰

稿本　國圖

集 10004175

也吟集不分卷

（清）慈溪董秉忠撰

清光緒二十七年（1901）董錫齡刻
本　中科院　首都

集 10004176

日下廎歌集十卷豔雪軒文稿一卷詩存四卷

（清）仁和龔守正撰

稿本　國圖

清道光四年至五年(1824～1825)

龔氏清稿鈔本　北大

清代詩文集彙編本

集 10004177

豔雪軒詩存四卷試帖詩存四卷日下廎歌集三卷文稿一卷

（清）仁和龔守正撰　（清）龔自闓等編

清咸豐間稿本　首都

集 10004178

經進詩一卷

（清）仁和龔守正撰

清刻本　南京

集 10004179

龔文恭公經進稿九卷摺稿二卷

（清）仁和龔守正撰

清道光間刻本　上海

集 10004180

芙村文鈔二卷

（清）蕭山沈豫撰

清道光間蕭山沈氏漢讀齋刻蛾術堂集本　國圖　中科院　上海　復旦　南京　浙江　湖北

民國二十年(1931)上海蟬隱廬影印清道光間刻蛾術堂集本　國圖　中科院　北大　上海　復旦　天津　山東　南大　四川

集 10004181

芙村學吟一卷

（清）蕭山沈豫撰

清道光間蕭山沈氏漢讀齋刻蛾術堂集本　國圖　中科院　上海　復旦　南京　浙江　湖北

民國二十年(1931)上海蟬隱廬影印清道光間刻蛾術堂集本　國圖　中科院　北大　上海　復旦　天津　山東　南大　四川

集 10004182

吳瓶谷詩存四卷文存一卷

（清）杭州吳繩基撰

清嘉慶八年(1803)刻本　北大

集 10004183

說餅齋吟草一卷續草一卷

（清）錢塘郝蓮撰

清道光十六年(1836)刻本　南京　上海

集 10004184

梅竹山房詩鈔十二卷附詞鈔二卷

（清）仁和章黼撰

清刻本　南京　（有鈔配）

集 10004185

張迎煦文一卷

（清）仁和張迎煦撰

清鈔本　北大

集 10004186

鴛鴦湖櫂歌一卷

（清）平湖陸增撰

清道光十六年（1836）刻本　上海

集 10004187

小書巢詩課偶存四卷續存六卷存稿一卷

（清）蕭山陸以莊撰

清道光二十七年（1847）刻本
中山

集 10004188

小書巢詩課偶存注畧四卷

（清）蕭山陸以莊撰　（清）楊筠注

清玉笥山房鈔本　中山

集 10004189

小書巢詩課續存四卷

（清）蕭山陸以莊撰

清嘉慶間刻本　中科院

集 10004190

寄情草堂詩鈔三卷

（清）熊羲撰　（清）會稽宗稷辰
（清）海寧許槤評

清道光十六年（1836）刻本　中科院

集 10004191

勤補軒吟稿六卷

（清）寧海魯淦撰

清道光十六年（1836）木活字印本
溫州

集 10004192

秀當樓詩稿一卷

（清）臨海盧克三撰

稿本　臨海項士元藏

集 10004193

六行堂詩鈔四卷

（清）山陰（一作會稽）朱澐撰

清道光五年（1825）刻本　中科院

集 10004194

求聞過齋集十卷

（清）海鹽朱方增撰

清道光初原稿本　國圖

清光緒二十年（1894）朱丙壽刻本
中科院　首都

2002 年上海古籍出版社影印續修四庫全書本

清代詩文集彙編本

集 10004195

求聞過齋詩鈔十卷

（清）海鹽朱方增撰

清道光間稿本　北大

民國二十二年（1933）燕京大學圖書館傳鈔本　國圖

集 10004196

得酒趣齋詩鈔二卷硯銘一卷

（清）嘉興徐錫可撰

清光緒二十二年(1896)小穜字林
彙刻本　中科院

集 10004197

許作舟集一卷

（清）仁和（一作錢塘）許乃濟撰

二許集本（鈔本）　南京

集 10004198

詩娛室詩集二十四卷

（清）嘉善黃安濤撰

清道光十四年(1834)刻本　浙大

集 10004199

息耕草堂詩集十六卷

（清）嘉善黃安濤撰

清道光二十四年(1844)刻本
南京

集 10004200

真有益齋文編十卷

（清）嘉善黃安濤撰

清道光二十三年(1843)刻本
國圖

集 10004201

吳諺集

（清）嘉善黃安濤撰

清刻本　國圖

清道光十九年(1839)刻本　嘉善

集 10004202

豫立軒文集四卷

（清）陳仁言撰　（清）金華張作
楠輯

清嘉慶七年(1802)金華家塾刻本
上海

集 10004203

蜑吟草二卷

（清）鄞縣胡鼎玉撰

清刻本　浙江

集 10004204

聽春樓詩稿六卷

（清）海寧許韻蘭撰

清道光七年(1827)黔中徐氏紅蔗
山房刻本　《販書偶記續編》著錄

集 10004205

鳳研齋存稿二卷

（清）平陽陳乙撰

清道光十七年(1837)刻本　溫州

集 10004206

鳳研齋詩鈔不分卷

（清）平陽陳乙撰

鈔本　溫州

集 10004207

師竹齋稿四卷附詩餘一卷

（清）錢塘陳燦撰

清嘉慶間刻本　南京

清鈔本　南京

集 10004208

萬氏詩傳二十二卷

（清）鄞縣萬後賢撰

清貯香館刻袖珍本　寧波

集 10004209

愛日山房詩稿二卷文稿三卷補遺二卷

（清）武林羅邦憲撰

清道光十七年（1837）羅氏愛日山房刻本　北大

集 10004210

静樂軒詩鈔一卷

（清）歸安卞斌撰

清道光間刻本　國圖

集 10004211

秋嘯堂詩稿二卷

（清）錢塘孫麟撰

清光緒五年（1879）外孫高鼎刻本　四川　南京　中科院　上海

鈔本　上海

集 10004212

硯舫文鈔一卷

（清）錢塘孫麟撰

清光緒刻本　南京

集 10004213

垂老讀書廬詩鈔二卷

（清）鄞縣黃定齊撰

清光緒十七年（1891）四明黃氏補

不足齋刻黃氏家集初編本　南京　上海　浙江

又有鈔本　人民日報

清代家集叢刊續編本

集 10004214

是耶樓初稿鈔一卷

（清）平湖錢天樹撰　（清）平湖朱壬林輯

清陸氏求是齋鈔當湖朋舊遺詩彙鈔本　上海

集 10004215

飲香讀畫齋詩集四卷

（清）海寧朱有萊撰

清道光十八年（1838）朱鈞刻本　國圖　南京

集 10004216

棲僻園詩鈔二卷

（清）嘉善朱蓮燭撰

道光十八年（1838）刻本　上海

集 10004217

浮煙集不分卷

（清）山陰汪能肅撰

清道光十八年（1838）鈔本　上海

集 10004218

蘇門山人詩存四卷

（清）歸安孫宗承撰

稿本　上海

清光緒十三年（1887）刻本　中

科院

集 10004219
菱湖紀事詩三卷
（清）歸安孫宗承撰
清嘉慶間刻本　南京
清光緒十三年（1887）刻本　中
科院

集 10004220
鐵匏樓詩二卷
（清）平湖徐栻撰
清道光十八年（1838）翔暉閣刻本
上海

集 10004221
秋雪山房遺稿二卷
（清）仁和徐廷錫撰
清道光間刻本　南京

集 10004222
象洞山房稿二卷
（清）上虞徐迪惠撰
清道光二十七年（1847）刻本
浙江
清宣統元年（1909）春餘堂刻本
北大

集 10004223
集虛齋詩二卷
（清）平湖郭恩宸撰
清道光十八年（1838）春暉草堂刻
本　上海

集 10004224
巽齋詩草五卷
（清）嘉興曹鼎成撰
清道光間刻本　嘉興

集 10004225
古干亭集八卷附嶺外雜言一卷
（清）鄞縣黃桐孫撰
清道光二十六年（1846）黃叔元今
是樓刻本　中科院

集 10004226
古干亭詩集六卷
（清）鄞縣黃桐孫撰
清光緒十七年（1891）四明黃氏補
不足齋刻黃氏家集初編本　南京
上海　浙江
清代家集叢刊續編本

集 10004227
古干亭文集二卷附嶺外雜言一卷
（清）鄞縣黃桐孫撰
清光緒十七年（1891）四明黃氏補
不足齋刻黃氏家集初編本　南京
上海　浙江
清代家集叢刊續編本

集 10004228
旅中草不分卷
（清）泰順張天樹撰
鈔本　溫州

集 10004229

旅中稿一卷

(清)泰順張天樹撰

民國鈔本　泰順

集 10004230

翠微山房遺詩不分卷

(清)金華張作楠撰

民國十三年(1924)古愚軒刻本

浙江

集 10004231

翠微山房文鈔不分卷

(清)金華張作楠撰

稿本翠微山房叢書本　金華

集 10004232

松月山莊詩鈔七卷

(清)山陰陸文傑撰

清道光十八年(1838)刻本　中

科院

清道光十三年(1833)刻本　廣州

社科院

集 10004233

茶夢山房吟草四卷

(清)海寧釋達宣撰

清道光十七年(1837)刻本　上海

蘇州

集 10004234

蛩吟剩草不分卷

(清)上虞趙泰撰

清道光十八年(1838)環山草堂刻

本　中社科院文學所

集 10004235

來青閣遺稿二卷

(清)海寧蔣楷撰　(清)海寧蔣光

煦輯

清道光十八年(1838)刻本　國圖

集 10004236

天香樓詩初集九卷

(清)黃巖蔡濤撰

稿本(存卷一至三)　浙江

集 10004237

然藜閣詩鈔四卷

(清)黃巖蔡濤撰　(清)黃巖蔡籐

輯　(清)王詠霓删定

清光緒間刻本　南京

集 10004238

燃藜閣诗抄(存二卷)

(清)黃巖王詠霓撰

清抄本　臨海博

集 10004239

貽經堂試體詩二卷

(清)錢塘鄭城撰

清嘉慶間刻琴臺正續合刻本　國

圖　上海

清光緒十五年(1889)刻琴臺正續

合刻本　國圖　上海　湖北

清刻琴臺正續合刻本　國圖

集 10004240

蔚思堂稿四卷駢語二卷

（清）永康應曙霞撰

清嘉慶十三年（1808）刻本　中社
科院近研所

2013 年上海古籍出版社重修金
華叢書本

集 10004241

蔚思堂詩鈔四卷

（清）永康應曙霞撰

光緒十一年（1885）刻永嘉十孝廉
詩鈔本　南京

集 10004242

蔚思堂稿二卷

（清）永康應曙霞撰

清道光三年（1823）刻本　李世
揚藏

2013 年上海古籍出版社重修金
華叢書本

集 10004243

東歐文録十二卷

（清）□□撰　（清）永嘉陳遇春編

清道光十八年（1838）刻本　中社
科院歷史所

集 10004244

菽歡堂詩集十六卷詩餘四卷

（清）海寧王丹墀撰

清咸豐三年（1853）刻本　中科院
清代詩文集彙編本

集 10004245

某庵遺集三卷附清芬續集一卷

（清）黃巖王維祺撰

清光緒十七年（1891）臨海葉氏蔭
玉閣木活字印本　南京

集 10004246

梅庵先生遺集二種二卷

（清）黃巖王維祺撰　（清）黃巖王
菜編

清同治五年（1866）稿本　黃巖

集 10004247

梅菴遺集三卷

（清）黃巖王維祺撰　（清）黃巖王
菜編

清末黃巖王㴞鈔本黃巖

集 10004248

吉羊止止齋詩稿三卷

（清）海寧朱恭壽撰

鈔本　浙江

集 10004249

補讀書齋遺稿十卷

（清）嘉興沈維鐈撰

清光緒元年（1875）子宗濟廣東刻
本　國圖　南京　中科院　人大
復旦　華東師大

集 10004250

內自訟齋文鈔四卷詩鈔四卷

（清）富陽周凱撰

清道光十五年（1835）刻本　中
科院

集 10004251

內自訟齋文選

（清）富陽周凱撰

近代中國史料叢刊正、續、三編本

集 10004252

內自訟齋詩鈔八卷

（清）富陽周凱撰　（清）朱俊甫輯

清道光間刻本　首都

清代詩文集彙編本

集 10004253

內自訟齋詩鈔（閩南集）□卷

（清）富陽周凱撰

清刻本　中科院（存卷三至四）

集 10004254

內自訟齋詩鈔（襄陽集）□卷

（清）富陽周凱撰

清道光七年（1827）刻本　中科院
（存卷一至四）

集 10004255

內自訟齋古文稿十卷

（清）富陽周凱撰

清周凱自定稿本　浙江

集 10004256

內自訟齋古文稿十一卷

（清）富陽周凱撰

清鈔本（清高樹然評點）　湖北

集 10004257

內自訟齋文集十卷

（清）富陽周凱撰

清道光二十年（1840）愛吾廬刻本
國圖

清代詩文集彙編本

集 10004258

內自訟齋文鈔四卷

（清）富陽周凱撰

清道光間刻本　中科院

集 10004259

珠樓遺稿一卷

（清）海寧徐貞撰　（清）海寧（一
作仁和）吳騫輯

清乾隆嘉慶間海昌吳氏刻彙印拜
經樓叢書本　國圖　中科院　北大
　上海　復旦　遼寧　安徽　四川

民國十一年（1922）上海博古齋增
輯影印清吳氏刻拜經樓叢書本　國
圖　北大　中科院　天津　上海
復旦　遼寧　甘肅　南京　浙江
湖北　重慶

清代詩文集彙編本

集 10004260

秋巖詩存一卷

（清）錢塘黃楷撰

清嘉慶間刻本　南京

集 10004261

心安樂窩吟一卷

（清）太平黃濬撰

稿本　中山

集 10004262

四素餘珍（四素老人集稿）不分卷

（清）太平黃濬撰

稿本　中山

集 10004263

壺舟文存二卷

（清）太平黃濬撰

清宣統三年（1911）太平陳氏枕經閣木活字印本　復旦

集 10004264

松籟閣詩鈔十八卷

（清）海寧陳均撰

清嘉慶二十四年（1819）粵東刻本　中社科院文學所　中山

集 10004265

四水子遺著一卷

（清）嘉興錢友泗撰

清同治十一年（1872）刻光緒十一年（1885）增修甘泉鄉人稿附　中科院　南京　浙大

集 10004266

文起堂詩集十五卷

（清）蕭山韓羹卿撰

清道光十一年（1831）木活字本

北大

清道光二十二年（1842）刻本

中山

集 10004267

蓬心小草且存（不遮山樓且存草）八卷

（清）慈溪王約撰

清慈溪王氏不遮山樓鈔本　國圖

集 10004268

蘭畦小草且存一卷

（清）慈溪王約撰

清慈溪王氏不遮山樓鈔本　國圖

集 10004269

硯鄰居士遺稿二卷

（清）蕭山任國任撰

清道光十九年（1839）碧山草堂刻本　上海　金華博

集 10004270

沈樓詩鈔一卷

（清）海寧沈元熙撰

清道光六年（1826）容安居刻本

南京　海寧

集 10004271

翠微山房詩稿八卷

（清）永嘉金璋撰

清道光間刻本　中社科院文學所

集 10004272

翠微山房詩稿四卷

（清）永嘉金璋撰

清玉海樓鈔本　溫州

集 10004273

拙修齋稿十卷

（清）海昌祝懋正撰

稿本（存卷五至六）　浙江

集 10004274

雲膄仙館遺稿三卷

（清）歸安姚樟撰

清同治間刻本　南京

集 10004275

裝聾做啞道人小草不分卷

（清）嘉善倪鏞撰

手稿本（佚名評）　嘉善

集 10004276

筠圃詩鈔一卷

（清）海鹽張映漢撰

清光緒二十六年（1900）曾孫守謙

刻本　四川

集 10004277

綠楊外史吟稿四卷

（清）平湖楊于高撰

清道光二年（1822）刻本　中科院

集 10004278

繡餘草一卷

（清）錢塘趙玉樓撰

清道光間刻本　國圖

集 10004279

梧野山歌二卷

（清）永嘉蔡家挺撰

民國十四年（1925）敬鄉樓鈔本

溫州

集 10004280

忍庵詩鈔二卷

（清）瑞安潘一心撰

清道光十一年（1831）刻本　南京

集 10004281

曉園吟一卷

（清）歸安鄭岳撰

清道光間刻本　南京

集 10004282

卷勺園集不分卷

（清）平湖劉潮撰

清道光間刻本　山西大

集 10004283

晚香堂詩稿一卷詞稿一卷

（清）仁和錢文樨撰　（清）仁和錢

錫賓等輯

稿本　北大

清光緒二十二年（1896）刻湖墅錢

氏家集本　北大　上海

集 10004284

燕遊小草一卷

（清）仁和錢廷熊撰　（清）仁和錢
錫寶等輯

清光緒二十二年（1896）刻湖墅錢
氏家集本　北大　上海

集 10004285

小雲盧吟稿六卷

（清）平湖朱壬林撰

清道光十九年（1839）刻本　首都

集 10004286

小雲盧吟稿六卷晚學文稿八卷

（清）平湖朱壬林撰

清咸豐六年（1856）刻本　中科院

集 10004287

小雲盧吟稿七卷

（清）平湖朱壬林撰

清道光十九年（1839）刻本　中
科院

清代詩文集彙編本

集 10004288

小雲盧詩稿删存五卷

（清）平湖朱壬林撰

清咸豐五年（1855）小雲盧刻本
國圖　陝西

集 10004289

小雲盧晚學文稿八卷

（清）平湖朱壬林撰

清光緒二十六年（1900）刻本　中
科院

清光緒二十八年（1902）朱仁積刻
本　中科院

集 10004290

**治經堂詩集十四卷文集六卷外
集四卷日次詩二卷**

（清）海鹽朱錦琮撰

清道光十八年（1838）刻本　北大

集 10004291

治經堂詩文續編三卷

（清）海鹽朱錦琮撰

清道光二十七年（1847）刻本
北大

集 10004292

治經堂集一卷

（清）海鹽朱錦琮撰

清鈔本　浙江

集 10004293

**治經堂集續編三卷治經堂外集
續編一卷**

（清）海鹽朱錦琮撰

清道光二十七年（1847）刻本

清代詩文集彙編本

集 10004294

治經堂詩集十卷

（清）海鹽朱錦琮撰

稿本　南京

集 10004295

蘇甘廊集四十二卷

（清）山陰杜煦撰

清咸豐間刻本　國圖（清陶浚宣
校並跋）

集 10004296

甘廊文集三卷

（清）山陰杜煦撰

鈔本　中山

集 10004297

蘇甘廊手翰不分卷

（清）山陰杜煦撰　（清）會稽徐維
則輯

稿本　浙江

2019年國家圖書館出版社影印
浙學未刊稿叢編本

集 10004298

蘇甘廊先生詩稿一卷

（清）山陰杜煦撰

稿本　紹興

2019年國家圖書館出版社影印
浙學未刊稿叢編本

集 10004299

思詒堂稿十二卷

（清）秀水金衍宗撰

清道光二十四年（1844）刻本
上海

集 10004300

思詒堂詩稿十二卷思詒堂文稿一卷

（清）秀水金衍宗撰

清同治五年（1866）刻本　國圖

清代詩文集彙編本

集 10004301

思詒堂詩集六卷

（清）秀水金衍宗撰

清光緒宣統間鉛印本　國圖

集 10004302

思貽堂詩文稿十五卷

（清）秀水金衍宗撰

清同治五年（1866）刻本　蘇州

集 10004303

思詒堂文稿一卷

（清）秀水金衍宗撰

清同治五年（1866）刻本　嘉興

集 10004304

甌隱芻言二卷

（清）秀水金衍宗撰

清咸豐五年（1855）自刻本　首都
中科院

集 10004305

瓶山草堂詩鈔九卷

（清）仁和姚光晉撰

清道光二十七年（1847）刻本
上海

集 10004306

瓶山草堂集六卷

（清）仁和姚光晉撰

清同治十年（1871）刻本　首都

集 10004307

映雪樓雜著不分卷

（清）秀水莊仲方撰

清末吳氏補松廬鈔本　復旦

集 10004308

映雪樓文偶鈔一卷

（清）秀水莊仲方撰

清咸豐間木活字印本　南京

集 10004309

是程堂詩初集四卷

（清）錢塘屠倬撰

清嘉慶九年（1804）刻本　南京
上海

集 10004310

是程堂詩集十四卷

（清）錢塘屠倬撰

清嘉慶十九年至二十五年（1814～
1920）真州官舍刻本　首都　中科院
遼寧　天津　上海　美燕京
2002 年上海古籍出版社影印續
修四庫全書本
清代詩文集彙編本

集 10004311

是程堂詩集十四卷二集四卷耶

溪漁隱詞二卷

（清）錢塘屠倬撰

清嘉慶十九年至二十五年
（1814～1820）刻道光元年（1821）遞
刻本　浙江　美燕京

集 10004312

是程堂二集四卷

（清）錢塘屠倬撰

清道光元年（1821）屠氏潛園刻本
中科院
清代詩文集彙編本

集 10004313

是程堂詩二集八卷耶溪漁隱詞

二卷

（清）錢塘屠倬撰

清道光元年（1821）屠氏潛園刻本
國圖　山西大

集 10004314

朱鯉魴詩不分卷

（清）海寧朱二銘撰

鈔本　海寧

集 10004315

竹生吟館詩草十八卷附三卷

（清）山陰周師濂撰　（清）范城編

清嘉慶間鈔本　中社科院文學所

集 10004316

竹生吟館詩草十六卷

（清）山陰周師濂撰

清道光九年(1829)刻本　中社科
院文學所

集 10004317

竹生吟館墨竹詩草三卷

　(清)山陰周師濂撰

　清光緒十一年(1885)刻本　中社
科院文學所

集 10004318

百藥山房詩初集十卷

　(清)嘉善黃若濟撰

　清道光九年(1829)刻本　中山
蘇州

集 10004319

紅薔館初稿三卷

　(清)錢塘張孟淦撰

　清嘉慶十九年(1814)刻本　中
科院

　清道光間刻本　南京

集 10004320

晚香居詩鈔四卷

　(清)平湖張嘉鈺撰

　清道光二十八年(1848)刻本
浙江

集 10004321

評華問月樓詩爐一卷

　(清)平湖陸彬撰

　清道光十八年(1838)翔暉閣刻鐵
匏樓詩附　上海

集 10004322

自怡小草四卷

　(清)山陰葛其英撰

　清乾隆間刻本　國圖

集 10004323

**妙吉祥室詩鈔十三卷附詩餘一
卷雜存一卷**

　(清)海鹽朱葵之撰

　清光緒十年(1884)朱丙壽古義安
郡署刻本　國圖　上海　南京　首
都　中科院

集 10004324

妙吉祥室詩鈔十三卷附錄二卷

　(清)海鹽朱葵之撰

　清道光十年(1830)刻本　中山

　清代詩文集彙編本

集 10004325

素聞齋吟草八卷

　(清)海鹽朱葵之撰

　清刻本　南京　安徽

　清光緒十年(1884)古義安郡署刻
本　海寧

集 10004326

**素聞齋吟草八卷妙吉祥室詩鈔
十三卷附錄二卷**

　(清)海鹽朱葵之撰

　清光緒十年(1884)刻本　國圖

集 10004327

似山堂集一卷

（清）桐鄉朱爲霖撰

清咸豐六年（1856）刻本　北師大

集 10004328

似山堂集二卷

（清）桐鄉朱爲霖撰

清嘉慶刻本　上海

集 10004329

琴觀山房詩草一卷

（清）錢塘沈廣敬撰

清道光間刻本　南京

集 10004330

越詠二卷

（清）山陰周調梅撰

清咸豐四年（1854）刻本　南京

2016 年國家圖書館出版社歷代
地方詩文總集彙編本

集 10004331

印雪軒詩文鈔十五卷

（清）德清俞鴻漸撰

民國六年（1917）石印本　首都

集 10004332

印雪軒詩鈔十六卷

（清）德清俞鴻漸撰

清道光二十七年（1847）萱蔭山房
刻本　中科院

清代詩文集彙編本

集 10004333

印雪軒文鈔三卷

（清）德清俞鴻漸撰

清光緒二年（1876）刻本　南京
日静嘉堂

集 10004334

晴雪樓遺稿一卷

（清）錢塘高祥撰

清嘉慶間刻本　南京

集 10004335

徐星伯小集一卷

（清）上虞徐松撰　繆荃孫輯

民國九年（1920）江陰繆氏刻煙畫
東堂小品本　國圖　中科院　北大

上海　復旦　天津　吉大　南京

浙江　四川

清代詩文集彙編本

集 10004336

新疆賦一卷

（清）上虞徐松撰

清讀有用書齋刻本　南京

清朝藩屬輿地叢書本

光緒八年至九年（1882～1883）華
陽王秉思元尚居刻元尚居彙刻三賦
本　國圖

1990 年 10 月蘭州古籍書店中國
西北文獻叢書本

集 10004337

新疆南路賦

（清）上虞徐松撰

新疆四賦本

集 10004338

愛蓮詩鈔七卷

（清）餘姚徐佩鉞撰

清嘉慶十一年（1806）南白草堂刻本　中科院　浙江

集 10004339

小林詩稿一卷

（清）慈溪虞廷寀撰

清鈔本　寧波　天一閣

集 10004340

紅芙書舍詩存存三卷文存一卷

（清）慈溪虞廷寀撰

櫃柳山館王氏鈔本　中科院

集 10004341

吟秋樓詩鈔十二卷（初集、二集、三集各四卷）

（清）山陰鄔鶴徵撰

清嘉慶道光間刻本　南京　復旦

集 10004342

天香別墅漫存一卷學吟十二卷

（清）上虞王振綱撰

清鈔本　國圖

集 10004343

天香別墅學吟稿二卷附冶香六十壽言一卷

（清）上虞王振綱撰

清道光咸豐間稿本　復旦

集 10004344

天香別墅漫存一卷

（清）上虞王振綱撰

清鈔本　國圖

集 10004345

天香別墅學吟一卷

（清）上虞王振綱撰

稿本上虞王氏別集本　上海

集 10004346

墨花書舫吟稿一卷

（清）上虞王振綱撰

稿本上虞王氏別集本　上海

集 10004347

天香別墅學吟十一卷

（清）上虞王振綱撰

清鈔本　國圖

集 10004348

天香別墅詩稿不分卷

（清）上虞王振綱撰

鈔本　天津

集 10004349

半讀書屋詩鈐一卷附筆談一卷

（清）慈溪（一作餘姚）沈貞撰

清道光間木活字印本　南京

集 10004350

樸樹廬剩稿一卷

（清）汪科顯撰　（清）錢塘汪簠輯

清光緒十二年（1886）錢唐汪氏長沙刻叢睦汪氏遺書本　國圖　南京

中科院　遼寧

清代家集叢刊續編本

集 10004351

壽花軒詩畧一卷

（清）汪懋芳撰　（清）烏程汪曰楨輯

清同治光緒間烏程汪氏刻荔牆叢刻本　國圖　中科院　北大　上海

復旦　南京　浙江　湖北　四川

1994 年上海書店出版社叢書集成續編本

集 10004352

蓮石詩稿一卷

（清）仁和姚光憲撰

稿本　浙江

集 10004353

翠薇仙館詩稿二卷詞稿一卷

（清）錢塘孫瑩培撰

清光緒二十七年（1901）郭子華吳中刻本　首都　南京

集 10004354

損齋文集二卷

（清）錢塘（一作仁和）陳善撰

清道光十七年（1837）刻本　上海

集 10004355

茶話軒詩集二卷

（清）永嘉陳舜咨撰

鈔本　溫州

集 10004356

曾祖王父遺草一卷

（清）仁和錢周熾撰

民國三年（1914）鉛印淡寧詩草本

集 10004357

存悔堂詩草一卷

（清）義烏陳德調撰

民國二十二年（1933）義烏黃氏鉛印本　上海

民國二十二至二十四年（1933～1935）義烏黃氏鉛印本　復旦

2013 年上海古籍出版社重修金華叢書本

集 10004358

我疑錄一卷

（清）義烏陳德調撰

民國二十二年（1933）鉛印本　南師大　金華博

集 10004359

敬齋雜著不分卷

（清）海寧蔣光焴撰

天尺樓烏絲鈔本　國圖

清同治間刻本　南京

集 10004360

小鷗波館文鈔一卷詩鈔四卷

(清)錢塘管筠撰

清道光三年(1823)刻本　南京

集 10004361

倩梅簃遺稿一卷

(清)錢塘戴小玉撰

清道光十一年(1831)戴熙傳硯樓
寫刻本　國圖

南開圖藏稀見清人別集叢刊

集 10004362

願學堂詩鈔二十八卷

(清)鄞縣王宗燿撰

清咸豐十年(1860)王世檮等刻本
國圖　中科院　復旦

集 10004363

鏊山剩稿二卷

(清)會稽(先世浙江會稽人,後籍
湖南善化)沈昌世撰

清同治六年(1867)善化刻本
南大

清光緒十二年(1886)刻會稽沈申
佑輯沈氏三代家言本　國圖

集 10004364

翠微軒詩稿三卷

(清)當湖俞嗣勳撰

清同治間刻本　中社科院文學所

清同治重刊同懷詩稿本　上海

集 10004365

惜陰居稿不分卷

(清)秀水姚東昇撰

稿本　國圖

集 10004366

秋君遺稿六卷

(清)德清馮如璋撰

清道光二十五年(1845)繼子飲藻
刻本　國圖

清代詩文集彙編本

集 10004367

紅葉山房文集四卷詩集八卷

(清)歸安(一作烏程)鄭祖球撰

清道光八年(1828)寶研齋刻本
中科院　湖南

集 10004368

紅葉山房集十四卷外集四卷

(清)歸安(一作烏程)鄭祖球撰

清道光間刻本　首都　中山

集 10004369

金粟書屋詩稿四卷附二知堂試帖偶存一卷

(清)山陰平浩撰

稿本(清朱鳳梧跋,清平疇、清梁
之望、清平步青題詩)　國圖

集 10004370

槐蔭小庭詩草不分卷

(清)會稽朱敦毅撰

稿本（清陳梅饞、清吳受中、清崔
子厚等題詞，清吳受中等跋） 浙江

集 10004371
桐響閣詩集六卷
（清）歸安沈變撰
清道光七年（1827）刻本 中社科
院文學所
清光緒十二年（1886）吳興侯氏刻
本 上海

集 10004372
延綠草堂詩存四卷
（清）海寧祝德興撰
清道光十九年（1839）刻本 中社
科院文學所

集 10004373
漏甕稿不分卷
（清）會稽胡塾壽撰
稿本 浙江

集 10004374
清芬閣吟稿一卷
（清）錢塘許英撰
清道光二十二年（1842）刻醉墨齋
詩集附 國圖 中科院 上海

集 10004375
味義根齋詩稿不分卷
（清）泰順董正揚撰
清道光十六年（1836）王耀辰刻本
中科院

鈔本 溫州

集 10004376
味義根齋詩稿二集不分卷
（清）泰順董正揚撰
清道光二十三年（1843）刻本
溫州

集 10004377
味義根齋詩稿不分卷
（清）泰順董正揚撰
鈔本 溫州

集 10004378
味義根齋待刪草不分卷
（清）泰順董正揚撰
鈔本 溫州

集 10004379
董正揚詩稿一卷
（清）泰順董正揚撰
清抄本 杭州

集 10004380
繡餘吟課一卷
（清）德清趙德珍撰
清道光間楊于高刻本 北師大

集 10004381
飛白竹齋詩鈔一卷
（清）仁和錢台撰 （清）仁和錢錫
賓等輯
清光緒二十二年（1896）刻湖墅錢

氏家集本　北大　上海

集 10004382

吟香館詩草十二卷

（清）上虞謝聘撰

清道光十年（1830）刻本　中山

集 10004383

吟香館詩草十四卷

（清）上虞謝聘撰

清道光十年（1830）刻本　首都

集 10004384

候濤山房吟草十二卷

（清）鎮海謝佑琦撰

清道光二十二年（1842）洪雅縣署刻本　首都　南京

集 10004385

小栗山房初稿二卷

（清）錢塘叟慶源撰

清嘉慶間刻本　南京

集 10004386

小栗山房詩鈔十卷附花隝樵唱一卷

（清）錢塘叟慶源撰

清道光十二年（1832）刻本　國圖
中科院
清代詩文集彙編本

集 10004387

小栗山房詩鈔二集六卷

（清）錢塘叟慶源撰

清咸豐間刻本　國圖

清代詩文集彙編本

集 10004388

攬青閣詩鈔二卷

（清）嘉興李貽德撰

清同治六年（1867）刻本　國圖
中科院　復旦

集 10004389

澹静齋集二卷

（清）會稽吳傑撰

清道光十年（1830）自刻本　復旦
南開

集 10004390

抱玉堂集八卷

（清）錢塘周三燮撰

清道光間刻本　國圖

嘉惠堂鈔本　南京

集 10004391

碧蘿吟館詩集八卷附詩餘一卷

（清）海寧馬錦撰

清道光九年（1829）刻本　國圖

集 10004392

愈愚集十六卷

（清）烏程孫燮撰

清道光十一至二十一年（1831～1841）怡顏堂刻本　國圖

集 10004393

補讀書齋集二卷

（清）烏程孫燮撰

清道光二十四年（1844）蘇城刻本
中科院

集 10004394

貽硯齋詩文稿六卷附衍波詞二卷

（清）仁和孫蓀意撰

清嘉慶二十四年（1819）額粉盦刻
本　國圖（無衍波詞）　中科院

集 10004395

茹古齋集四卷

（清）錢塘張復撰

清道光二十三年（1843）刻本
上海

清光緒十八年（1892）高炳麐刻本
山東

集 10004396

**茹古齋文鈔二卷補遺一卷詩鈔
一卷**

（清）錢塘張復撰

清光緒十八年（1892）重刻本
北師大藏稀見清人別集叢刊本

集 10004397

茹古齋文鈔二卷

（清）錢塘張復撰

螢窗小塾鈔本　臺圖

集 10004398

茹古齋詩鈔一卷

（清）錢塘張復撰

稿本　杭州

集 10004399

馮柳東雜稿不分卷

（清）嘉興馮登府撰

稿本　上海

集 10004400

**柳東先生詩賸稿八卷竹榭詞一
卷附象山縣誌目及凡例**

（清）嘉興馮登府撰

稿本　浙江

集 10004401

拜竹詩龕詩存二卷釣船笛譜一卷

（清）嘉興馮登府撰

清道光九年（1829）自刻本　國圖

集 10004402

拜竹詩龕詩存四卷釣船笛譜一卷

（清）嘉興馮登府撰

清道光九年（1829）閩中刻增修本
中科院（鄧之誠題記）　杭州

集 10004403

拜竹詩龕詩存六卷釣船笛譜一卷

（清）嘉興馮登府撰

清道光十六年（1836）刻本　中
科院

集 10004404

拜竹詩龕詩存六卷

（清）嘉興馮登府撰

清道光九年（1829）閩中刻增修本
中科院

集 10004405

拜竹詩龕詩存四卷

（清）嘉興馮登府撰

清道光十四年（1834）刻本　中科
院　復旦

集 10004406

拜竹詩龕詩存十卷

（清）嘉興馮登府撰

清道光十九年（1839）刻本　北大
清代詩文集彙編本

集 10004407

拜竹詩龕詩存九卷

（清）嘉興馮登府撰

清道光十七年（1837）刻本
國圖

集 10004408

石經閣詩畧口卷

（清）嘉興馮登府撰

稿本（存卷六）　上海

集 10004409

石經閣詩畧五卷

（清）嘉興馮登府撰並重定

清道光元年（1821）刻本　國圖

上海

清光緒間刻本　南京

集 10004410

小樵李亭詩錄二卷

（清）嘉興馮登府撰

清道光六年（1826）馮氏勻園刻本
國圖　中科院

集 10004411

拜竹詩龕集外稿五卷

（清）嘉興馮登府撰　（清）嘉興史
詮輯

鈔本　國圖

集 10004412

拜竹詩龕集外詩不分卷

（清）嘉興馮登府撰　（清）忻寶
華輯

稿本　上海

集 10004413

**拜竹詩龕詩集外稿一卷種芸詞
初稿一卷**

（清）嘉興馮登府撰　（清）嘉興史
詮輯

清鈔本　國圖

集 10004414

拜竹詩龕集外稿一卷

（清）嘉興馮登府撰　（清）嘉興史
詮輯

清鈔本　國圖

集 10004415

壓線集不分卷

（清）嘉興馮登府撰

稿本　國圖

清道光間史詮鈔本　上海

集 10004416

石經閣廊硯倡酬集一卷

（清）嘉興馮登府撰並重定

清道光間刻本　國圖

集 10004417

石經閣文稿一卷竹邊詞一卷

（清）嘉興馮登府撰

稿本　國圖

集 10004418

石經閣集外文二卷

（清）嘉興馮登府撰　（清）忻寶

華輯

稿本（缺十五篇）　上海

集 10004419

石經閣文集（石經閣文初集）八卷

（清）嘉興馮登府撰

清道光間刻本　南京　美燕京

清鈔本　人大

集 10004420

石經閣文續集八卷

（清）嘉興馮登府撰　（清）嘉興史

詮輯

清鈔本　國圖（清費寅跋）人大

清代詩文集彙編本

集 10004421

石經閣文初集四卷

（清）嘉興馮登府撰

清邵銳鈔邵氏手鈔書十二種本

民大

集 10004422

風懷詩補注一卷

（清）嘉興馮登府撰

清鈔本　國圖

集 10004423

白華山人詩鈔四卷

（清）定海厲志撰　（清）鎮海姚

燮輯

清道光十五年（1835）刻本　南京

復旦

集 10004424

白華山人詩集十六卷白華詩説
二卷

（清）定海厲志撰

清道光間刻本　上海　中社科院

文學所

清光緒九年（1883）厲學潮刻本

國圖　南京

清代詩文集彙編本

集 10004425

白華山人詩四卷

（清）定海厲志撰

句東三家詩合刻本

集 10004426

衍石齋集（衍石齋紀事稿、續稿各十卷、刻楮集四卷、旅逸小稿二卷）

（清）嘉興錢儀吉撰

清道光間刻咸豐四年（1854）蔣光焴增刻本　南京　復旦　中科院（存記事稿、續稿）

清光緒六年（1880）錢彝甫廣州刻本　國圖（清李慈銘跋）

清代詩文集彙編本

集 10004427

衍石齋集不分卷

（清）嘉興錢儀吉撰

清戚灝江鈔本（清翁方綱批，清錢泰吉跋）　南京

集 10004428

衍石齋集十三卷

（清）嘉興錢儀吉撰

清鈔本　國圖

集 10004429

衍石先生未刻稿不分卷

（清）嘉興錢儀吉撰

清道光間鈔本（清楊象濟跋）　浙江

集 10004430

衍石齋晚年詩稿五卷

（清）嘉興錢儀吉撰　錢振聲輯

民國二十一年（1932）刻本　北大　中科院　復旦

集 10004431

衍石齋紀事稿十卷

（清）嘉興錢儀吉撰

清道光十四年（1834）刻本　遼寧

清道光間刻本　國圖（清李慈銘校並跋）天津

集 10004432

衍石齋詩集三十卷

（清）嘉興錢儀吉撰

清咸豐七年（1857）潘貽谷鈔本（存二十四卷，清錢泰吉校並跋，清錢應溥跋）

集 10004433

衍石齋詩不分卷

（清）嘉興錢儀吉撰

稿本　上海

集 10004434

颸山樓初集六卷

（清）嘉興錢儀吉撰

稿本（佚名圈點、校記並簽注等）　國圖

鈔本（周氏跋並校記）　南京

集 10004435

澄觀集四卷

（清）嘉興錢儀吉撰

稿本　復旦

集 10004436

錢儀吉手稿一卷

（清）嘉興錢儀吉撰

稿本　中科院

集 10004437

錢儀吉書稿不分卷

（清）嘉興錢儀吉撰

清鈔本　中科院

集 10004438

北郭集四卷

（清）嘉興錢儀吉撰

平湖胡氏霜紅簃鈔本　浙江

集 10004439

定廬集四卷

（清）嘉興錢儀吉撰

清咸豐四年(1854)刻本　中社科院歷史所

清光緒三十年(1904)刻本　湖南

集 10004440

定廬集六卷

（清）嘉興錢儀吉撰

鈔本(存卷三至六)　上海

集 10004441

閩遊集二卷

（清）嘉興錢儀吉撰

清咸豐間刻本　中社科院文學所

清末刻暴麥亭稿本　中社科院近研所

清宣統刻本　蘇州

集 10004442

庚子生春詩二卷

（清）嘉興錢儀吉撰

清道光二十年(1840)刻本　首都

集 10004443

刻楮集四卷

（清）嘉興錢儀吉撰

清光緒七年(1881)刻本　南開

集 10004444

旅逸小稿二卷

（清）嘉興錢儀吉撰

清光緒五年(1879)錢彝甫刻本　中科院

集 10004445

旅逸續稿二卷

（清）嘉興錢儀吉撰

鈔本　上海

集 10004446

旅逸續稿四卷定廬集四卷

（清）嘉興錢儀吉撰

清鈔本(存七卷，卷一至四、二至四)　杭州

浙學未刊稿叢編本

集 10004447

浚稿八卷

（清）嘉興錢儀吉撰

鈔本（存卷四至八）　上海

集 10004448

衍石齋隨筆不分卷雜記不分卷

（清）嘉興錢儀吉撰

稿本（邵章跋）　上海

集 10004449

錢衍石集外文不分卷

（清）嘉興錢儀吉撰

鈔本　中社科院文學所

集 10004450

衍石齋遺牘一卷

（清）嘉興錢儀吉撰

清鈔本　浙江

2019年國家圖書館出版社影印

浙學未刊稿叢編本

集 10004451

衍石先生致弟書不分卷

（清）嘉興錢儀吉撰

清鈔本　國圖

集 10004452

巽峰草廬遺稿一卷

（清）慈溪楊九畹撰

稿鈔本　《國史館書目》著錄

集 10004453

妙吉祥庵彈改詩存八卷續存一卷

（清）德清戴銘金撰

鈔本（葉桐生浮簽）　湖州

集 10004454

小鹿柴遺稿二卷

（清）嘉興王鏽撰

清道光間刻本　嘉興

集 10004455

半塗集一卷

（清）海寧沈德興撰

鈔本　南京

集 10004456

供石仙館詩存二卷

（清）錢塘武文斌撰

清道光二十三年（1843）刻本

中山

集 10004457

蕚綠華堂遺吟

（清）永嘉馬如佩撰

清道光二十三年（1843）刻本

溫州

集 10004458

湘痕閣詩稿二卷

（清）錢塘袁嘉撰

隨園三十種本（同治刻）　清華

清光緒十八年（1892）勤裕堂鉛印

隨園三十八種本　國圖　北師大

上海

　民國七年(1918)上海文明書局石印隨園三十八種本　遼寧　湖北

集 10004459

湘痕閣詩稿二卷

　(清)錢塘袁嘉撰

　清咸豐十年(1860)　王氏刻本
南京

　清同治五年(1866)刻本　清華

　清光緒十八年(1892)勤裕堂鉛印本　國圖

集 10004460

湘痕閣存稿一卷

　(清)錢塘袁嘉撰

　清咸豐八年(1858)信芳閣刻友聲集續集本　天津

集 10004461

秋鷪遺稿二卷

　(清)海寧徐濬撰

　清嘉慶二十二年(1817)朱蔚刻本
國圖

集 10004462

鶴舫詩鈔一卷

　(清)檇李章士弼撰

　清道光間鈔本　中社科院文學所

集 10004463

今樵詩存八卷

　(清)太平黃治撰

清光緒三十一年(1905)金韶刻本
浙江

集 10004464

近青草堂詩初稿一卷

　(清)海鹽張鼎銘撰

　民國十年(1921)海鹽談氏鉛印本
上海

集 10004465

茜雲樓詩集十四卷文存一卷

　(清)海寧蔡逸撰

　清道光二十三年(1843)迎翠山房刻本　北大　蘇州

　清代詩文集彙編本

集 10004466

綠伽楠精舍詩草(綠伽楠仙館詩集)一卷

　(清)仁和錢廷烺撰

　清光緒二十二年(1896)刻湖墅錢氏家集本　北大　南京　上海

集 10004467

綠迦楠精舍詩草一卷

　(清)仁和錢廷烺撰

　稿本(清黃研香、黃鍾秀批註並跋,清單壯圖、李嘉賓等跋)　浙江

集 10004468

寶研齋吟草不分卷

　(清)瑞安方成珪撰

　清道光二十七年(1847)木活字印

本　國圖

敬鄉樓叢書本（民國鉛印）

集 10004469

武功將軍逸詩一卷

（清）秀水周萬清撰

清光緒十九年（1893）刻本　　上海

集 10004470

真息齋詩鈔四卷

（清）桐鄉陸費瑔撰

清咸豐二年（1852）福謙堂本

北大

集 10004471

真息詩鈔四卷續鈔一卷

（清）桐鄉陸費瑔撰

清同治九年（1870）履厚堂刻本

首都　中科院　天津

集 10004472

小谷口詩鈔十二卷續鈔一卷

（清）烏程鄭祖琛撰

清道光二十四年（1844）寶研齋刻

本　國圖　南京

集 10004473

小谷口詩鈔十二卷紀事書行一卷

（清）烏程鄭祖琛撰

清吳興嚴氏隨分讀書齋鈔本（清

嚴啓豐校）　上海

集 10004474

小谷口詩存八卷體物草一卷

（清）烏程鄭祖琛撰

清咸豐元年（1851）刻本　　中山

集 10004475

**釣魚篷山館集六卷附寓杭日記
一卷瞻雲錄一卷**

（清）江山劉佳撰

清道光二十九年（1849）吳門刻本

國圖

清同治十三年（1874）蘇州刻本

上海　四川

衢州文獻集成本

集 10004476

百一山房集十卷

（清）海寧應時良撰

清光緒十八年（1892）鍾肇立蜀中

刻本　首都　南京　中科院

集 10004477

應笠湖詩稿一卷

（清）海寧應時良撰

鈔本　浙江

集 10004478

百一山房詩鈔不分卷

（清）海寧應時良撰

鈔本　溫州

集 10004479

百一山房詩一卷

（清）海寧應時良撰

清許氏古均閣鈔海昌詩人遺稿本
南京

集 10004480

王蘭上詩文稿不分卷

（清）會稽王惠撰

清鈔本　貴州

集 10004481

竹里詩存六卷

（清）會稽王惠撰

清同治間貴州刻本　浙江

集 10004482

絜華樓存稿三卷

（清）秀水王槙撰

清道光咸豐間刻繡水王氏家藏集
本　國圖　南京

清代家集叢刊本

集 10004483

朴學齋文鈔不分卷

（清）鄞縣王梓材撰

稿本　《中國書店三十年所收善
本書目》著錄

集 10004484

醉經書屋文稿不分卷

（清）鄞縣王梓材撰

稿本

清代詩文集彙編本

集 10004485

澹園遺詩不分卷

（清）象山王立誠撰

清咸豐間活字印本　國圖

集 10004486

古槐書屋詩文稿口口種口口卷

（清）雲和王樹英撰

稿本　浙江

2019 年國家圖書館出版社影印
浙學未刊稿叢編本

集 10004487

清風軒文草四卷

（清）慈溪尹元煒撰

鈔本　中社科院歷史所

集 10004488

雙桂軒詩存一卷

（清）海鹽任沛霖撰

清光緒十二年(1886)刻本　南京

集 10004489

蔣薌詩草三卷

（清）仁和（江蘇武進人，僑居仁
和）李述來撰

稿本古藤書屋雜著本　天津

集 10004490

養疴集不分卷

（清）嘉興金綸撰

清道光間刻本　嘉興

集 10004491
一琴一鶴軒詩草二卷
（清）仁和高鳳閣撰
清道光間刻本　南京

集 10004492
晚晴軒詩鈔十三卷
（清）海寧梁齡增撰
清道光間刻本　南京

集 10004493
寶書堂遺稿二卷
（清）秀水張翀撰
清道光間刻本　浙江

集 10004494
寶書堂遺稿六卷
（清）秀水張翀撰
清道光二十七年(1847)陳蘭若刻
本　上海

集 10004495
小東山草堂詩草不分卷
（清）永嘉張泰青撰
稿本　溫州

集 10004496
小東山草堂文鈔十卷
（清）永嘉張泰青撰
清道光十五年(1835)溫州刻本
國圖

集 10004497
小東山草堂駢體文鈔十卷
（清）永嘉張泰青撰
清刻本　中科院
清道光十五年(1835)溫州圖刻本
復旦

集 10004498
冷香齋詩鈔一卷
（清）仁和陳杞撰
藍田室鈔本　南京

集 10004499
有不爲齋詩鈔四卷
（清）德清楊道生撰
清道光間初刻本
清同治四年(1865)沛上重刻本
國圖

集 10004500
養靈根堂遺集八卷
（清）桐鄉蔡鴻燮撰
清咸豐十年(1860)蔡鴻勳刻本
北大　國圖

集 10004501
律賦蕊珠新編不分卷
（清）海鹽顧德馨撰
律賦蕊珠二編不分卷
（清）海鹽蕭應槐撰
清嘉慶二十四年(1819)刻本　煙
臺　萊陽
清道光元年(1821)刻本　煙臺

清道光十七年(1837)刻本　陝西

集 10004502

雨香小稿一卷

（清）海鹽蕭應樞撰

清鈔本　浙江

集 10004503

紅樹山廬詩稿一卷

（清）仁和錢槐撰

清光緒二十二年(1896)刻湖墅錢氏家集本　北大　南京　上海　日京大人文研

集 10004504

蕉影齋詩集四卷

（清）山陰謝照撰

清同治十一年(1872)刻本　中科院

清光緒三年(1877)刻本　國圖復旦

集 10004505

金鰲山房詩稿四卷（東笙吟草、江上吟各二卷）

（清）平湖韓維鏞撰

清同治十一年(1872)乍川韓氏刻本　上海　溫州　平湖　杭州（存兩卷）

清代詩文集彙編本

集 10004506

是亦軒詩稿六卷

（清）錢塘魏繼相撰

清道光間刻本　南京

集 10004507

紅蕉館詩鈔八卷

（清）仁和周光緯撰

清道光間刻民國增刻本　國圖

集 10004508

周抑庵雜著二卷

（清）鄞縣周良勘撰

清道光十四年(1834)木活字印本　遼寧

集 10004509

静遠草堂初稿二十一卷附文章遊戲選鈔四卷

（清）海寧周樂清撰

稿本　復旦

集 10004510

静遠草堂詩稿不分卷

（清）海寧周樂清撰

稿本（清李星沅、清張家榘、清孫湘、清陳祖經跋）　山東

集 10004511

静遠草堂初稿不分卷

（清）海寧周樂清撰

稿本　中大

2008 年 12 月廣東人民出版社清代稿鈔本

集 10004512

静遠草堂稿不分卷

　（清）海寧周樂清撰

　稿本（清王德榮跋）　山東

集 10004513

琴韻樓詩鈔二卷

　（清）平湖胡緣撰

　清嘉慶十三年（1808）刻本　國圖

集 10004514

瑞芍軒詩鈔四卷詞稿一卷

　（清）錢塘許乃穀撰

　清同治七年（1868）許道身刻本

中科院　復旦　天津

集 10004515

瑞芍軒詩鈔二卷詞稿一卷

　（清）錢塘許乃穀撰

　清鈔本　浙大　上音

集 10004516

瑞芍軒詩鈔不分卷

　（清）錢塘許乃穀撰

　鈔本　甘肅

集 10004517

抱璞亭集三十四卷

　（清）平湖張湘任撰

　清光緒間刻本　南京

集 10004518

抱璞亭文集十卷

　（清）平湖張湘任撰

　清光緒二十一年（1895）刻本　中

社科院歷史所

　清代家集叢刊影印平湖張氏家集

四種本

集 10004519

抱璞亭詩集二十六卷

　（清）平湖張湘任撰

　清同治元年（1862）張毓達等鈔本

浙江　平湖

集 10004520

笠谿詩草一卷

　（清）平湖張湘任撰

　稿本　平湖

　稿本（又一種）　平湖

集 10004521

抱璞亭詩集初録五卷

　（清）平湖張湘任撰

　清光緒二十一年（1895）刻本　中

社科院歷史所

　清代家集叢刊影印平湖張氏家集

四種本

集 10004522

抱璞亭詩集十六卷

　（清）平湖張湘任撰

　清光緒二十一年（1895）刻本　中

社科院歷史所

　清代家集叢刊影印平湖張氏家集

四種本

集 10004523

笠谿草稿不分卷

（清）平湖張湘任撰

清抄本　平湖

集 10004524

笠谿雜著不分卷

（清）平湖張湘任撰

清末抄本　平湖

集 10004525

笠谿吟草三卷

（清）平湖張湘任撰

嘉慶元年至五年（1796～1800）稿
本　平湖

集 10004526

蒔桂堂詩鈔二卷試帖鈔一卷

（清）平湖陸沅撰　（清）平湖朱壬
林輯

清陸氏求是齋鈔當湖朋舊遺詩彙
鈔本　上海

集 10004527

陳蓮汀詩稿一卷

（清）秀水陳銑撰

稿本　國圖

集 10004528

鳩柴詩集五卷

（清）秀水陳銑撰

清鈔本　天津

集 10004529

聽松樓遺稿四卷

（清）餘杭陳爾士撰　（清）董祐誠編

清道光元年（1821）刻本　國圖

鈔本廬江錢氏詩彙本　中社科院
文學所

清同治刻本　南開

集 10004530

聽松樓遺稿四卷附錄一卷

（清）餘杭陳爾士撰

清道光間刻本　國圖　中科院
（鄧之誠題記）　上海

集 10004531

香蔭樓草一卷

（清）錢孚威撰　（清）歸安錢振
倫輯

清道光二十八年（1848）鈔本
湖南

集 10004532

燃松閣存稿三卷

（清）顧樓三撰　（清）秀水王相輯

清咸豐八年（1858）芳閣刻友聲集
本　國圖　中科院　上海　南京
復旦

集 10004533

燃松閣存稿二卷

（清）顧樓三撰　（清）秀水王相輯

清咸豐八年（1858）芳閣刻友聲集
本　國圖　中科院　上海　南京

復旦

集 10004534

鐵槎詩存六卷

（清）杭州（山東文登人，晚年移居
杭州）于克襄撰

清咸豐間刻本　臺傅斯年圖

集 10004535

鐵槎詩存八卷

（清）杭州（山東文登人，晚年移居
杭州）于克襄撰

清咸豐間刻本　南京

集 10004536

鐵槎山房蛙鳴集一卷

（清）杭州（山東文登人，晚年移居
杭州）于克襄撰

清道光間刻本　南京

集 10004537

茅山紀遊一卷

（清）杭州（山東文登人，晚年移居
杭州）于克襄撰

清道光間刻本　南京

集 10004538

帬珍齋詩二卷

（清）上虞沈奎撰

清鈔本　人民日報

集 10004539

帬珍齋詩二十卷

（清）上虞沈奎撰

清鈔本　浙江

集 10004540

聽香館詩鈔五卷

（清）嘉善汪繼熊撰

清道光十年（1830）刻本　《續修
四庫提要》著録

集 10004541

夢遊仙館集一卷

（清）錢塘吴長卿撰

清道光間刻晚香唱和詩本　國圖

集 10004542

岐亭迭韻一卷

（清）山陰余應松撰

清道光十七年（1837）刻本　南開

集 10004543

靈壇仙館詩鈔四卷

（清）山陰余應松撰

清道光二十五年（1845）刻本
上海

集 10004544

退藏室詩稿不分卷

（清）山陰周原撰

清道光間刻本　紹興

集 10004545

懶雲草堂詩鈔二卷

（清）錢塘金世禄撰

清道光間刻本　南京

稿本(清阮元批)　浙江

集 10004546

魚腹餘生詩稿二卷

（清）海寧查餘穀撰

清咸豐間查餘穀手定底稿本
臺圖

集 10004552

寄廬詩稿三卷

（清）錢塘董葆身撰

清咸豐三年(1853)金繩武評花仙
館刻本　上海

集 10004547

魚腹餘生詩鈔六卷

（清）海寧查餘穀撰

清咸豐間稿本　臺圖

集 10004553

友雲詩鈔十二卷

（清）長興臧吉康撰

清道光二十五年(1845)長興臧氏
留餘堂刻本　浙江

集 10004548

藕花書屋詩存三卷

（清）平湖胡之垣撰

清道光間刻本　上海

集 10004554

友雲詩一卷

（清）長興臧吉康撰

清鈔本　浙江

集 10004549

蕉綠園吟草不分卷

（清）永嘉張時樞撰

傳鈔清道光二十五年(1845)刻本
溫州

集 10004555

憶存草一卷蠹餘一卷

（清）嘉善顧如金撰

鈔本　嘉善

集 10004550

賦燕樓吟草不分卷

（清）歸安陳珍瑤撰

清道光二十五年(1845)自刻本
南京　復旦

集 10004556

游仙曲一卷

（清）嘉善顧如金撰

鈔本　平川半月社藏

集 10004551

五千書室文稿四卷

（清）會稽陶思曾撰

集 10004557

雪鴻軒尺牘四卷

（清）會稽龔萼撰

清光緒十七年(1891)浙江奎照樓

本　湖南師大

集 10004558

雪鴻樓尺牘四卷

　　(清)會稽龔萼撰　許家恩注

　　民國十六年(1927)上海羣學書社
石印本　中山

集 10004559

未齋尺牘四卷

　　(清)會稽龔萼撰

　　清道光二十五年(1845)來鶴軒刻
本　《販書偶記續編》著録

集 10004560

壺庵詩二卷駢體文二卷

　　(清)錢塘吳清皋撰

　　清咸豐五年(1855)刻吳氏一家稿
本　南京

　　清代家集叢刊續編本

集 10004561

笏庵詩稿□卷

　　(清)錢塘吳清鵬撰

　　稿本(存卷四至五)　中科院

集 10004562

笏庵詩鈔不分卷讀通鑑綱目一卷

　　(清)錢塘吳清鵬撰

　　稿本(清梅曾亮跋)　上海

集 10004563

笏庵詩鈔十卷附試帖詩鈔一卷

　　(清)錢塘吳清鵬撰

　　清道光間刻本　北大　浙江

集 10004564

笏庵詩鈔十五卷附試帖詩鈔一卷

　　(清)錢塘吳清鵬撰

　　清咸豐初刻本　中科院

集 10004565

笏庵詩鈔二十卷

　　(清)錢塘吳清鵬撰

　　清咸豐五年(1855)刻吳氏一家集
本　南京

　　2002年上海古籍出版社影印續
修四庫全書本

集 10004566

笏庵詩二十卷試帖一卷

　　(清)錢塘吳清鵬撰

　　清咸豐刻吳氏一家稿本　日京大
人文研

　　清代家集叢刊續編本

集 10004567

笏庵詩鈔二十四卷

　　(清)錢塘吳清鵬撰

　　清咸豐間刻本　國圖

　　清代詩文集彙編本

集 10004568

笏庵詩鈔二十七卷

　　(清)錢塘吳清鵬撰

　　清鈔本(葉景葵跋,存卷三至四)

上海

集 10004569

笏庵詩鈔十卷

（清）錢塘吳清鵬撰

清道光刻本　上海

集 10004570

**梅坪詩鈔（夢梨雲仙館詩集）六
卷附詠物詩鈔一卷**

（清）海寧周思兼撰

清道光五年（1825）我娛齋刻本
國圖

集 10004571

耕情詩稿四卷

（清）歸安胡衍禮撰

清道光間胡芳植刻本　南京

集 10004572

澹宜書屋詩草二卷

（清）仁和高鳳樓撰

清道光二十七年（1847）刻本
國圖

集 10004573

五千卷室詩集五卷附餅隱詞一卷

（清）海寧馬洵撰

清道光二十六年（1846）刻本　中
社科院文學所

清代詩文集彙編本

集 10004574

卷石山房詩鈔不分卷

（清）錢塘馬銓撰

清道光二十六年（1846）刻本
南京

集 10004575

秋水軒尺牘四卷

（清）山陰許思湄撰

清道光間刻本　南京

集 10004576

**新體廣註言文對照分類秋水軒
尺牘四卷**

（清）山陰許思湄撰

民國二十八年（1939）上海新文化
書社石印本　奉化文管會

集 10004577

秋水軒尺牘二卷

（清）山陰許思湄撰

民國二十年（1931）上海鉛印本
湖南

集 10004578

菁山詩鈔一卷

（清）鄞縣黃式祜撰

清道光二十六年（1846）刻本
首都

集 10004579

古幹亭詩集六卷

（清）鄞縣黃式祜撰

清光緒十七年(1891)四明黄氏補
不足齋刻黄氏家集初編本　南京
上海　浙江
清代家集叢刊續編本

集 10004580
涵碧樓詩稿初刻二卷
　(清)仁和黄雲湘撰
　清鈔本(清楊鶴鳴、清楊和鳴、清
劉家謀、清梁康辰序,清鄭祖琛等題
詞)　國圖

集 10004581
止祥虛室詩鈔一卷
　(清)嘉善張璜撰
　清刻本　《續修四庫提要》著録

集 10004582
燕香居詩稿七卷
　(清)慈溪葉恕撰
　清道光二十六年(1846)崇敬堂木
活字排印本　中社科院文學所
復旦

集 10004583
啜茗集八卷
　(清)山陰張口口撰
　稿本　《販書偶記續編》著録

集 10004584
乍浦竹枝飼一卷
　(清)平湖鄒璟撰
　清道光七年(1827)刻本　南京

集 10004585
蘅臯遺詩一卷
　(清)錢廷烜撰　(清)仁和錢錫賓
等輯
　清光緒二十二年(1896)刻湖墅錢
氏家集本　北大　上海

集 10004586
蘅臯遺詩一卷
　(清)仁和錢廷烜撰
　清光緒二十二年(1896)刻湖墅錢
氏家集本　南京　日京大人文研
北大　上海

集 10004587
味蔗軒詩鈔四卷
　(清)上虞顧照世撰
　清同治七年(1868)李嘉績鈔本
(存卷二至四,清石綸蓀、清吕懋采
題款)　甘肅

集 10004588
昧廉軒詩鈔一卷
　(清)上虞顧照世撰　(清)李嘉
績輯
　清光緒十五年(1889)李氏代耕堂
西安刻懷潞園叢刻本　中科院
浙江

集 10004589
萍蹤集不分卷
　(清)石門吴蘭森撰
　清咸豐間刻本　復旦

集 10004590

醉六居剩稿一卷

（清）嘉興岳廷枋撰

稿本（清陸秉權校字）　中社科院
文學所

集 10004591

醉六居士詩草一卷

（清）嘉興岳廷枋撰

清鈔本　中社科院文學所

集 10004592

斜塘竹枝詞一卷

（清）嘉善柯萬源撰

清光緒間刻本　南京

集 10004593

逢原齋詩鈔三卷文鈔四卷補遺
一卷駢體文附錄一卷

（清）平陽華文漪撰

清道光六年(1826)林滋秀刻本
中科院　浙江　溫州　玉海樓

集 10004594

紅竹草堂詩鈔一卷

（清）海寧許槤撰　（清）許頌鼎
等輯

清光緒十八年(1892)刻古均閣遺
著本　國圖

集 10004595

古均閣文集一卷紅竹草堂詩鈔一卷

（清）海寧許撻撰

清光緒十八年(1892)刻本　國圖

集 10004596

求放心齋遺詩一卷

（清）瑞安孫希旦撰　孫延釗輯

稿本　溫州

2019 年國家圖書館出版社影印
浙學未刊稿叢編本

集 10004597

許經崖集一卷

（清）錢塘許乃普撰

二許集本（鈔本）　南京

集 10004598

粵遊草不分卷

（清）平湖陸敦倫撰

清光緒八年(1882)刻本　中社科
院文學所　上海　海寧

集 10004599

繼雅堂詩集三十四卷

（清）鄞縣陳僅撰

清道光二十八年(1848)刻本　國
圖　中科院　復旦

集 10004600

陳餘山集七種不分卷

（清）鄞縣陳僅撰

清道光間刻本　上海

集 10004601

陳餘山詩誦五卷

（清）鄞縣陳僅撰

清咸豐二年（1852）刻本　華東師大

集 10004602

漁珊詩鈔四卷

（清）鄞縣陳僅撰

清刻本　遼寧

集 10004603

吹蘆小草一卷

（清）歸安楊炳堃撰

清咸豐中謄清稿本　浙江　復旦

集 10004604

紅蝠山房詩鈔補編不分卷

（清）仁和王乃斌撰

稿本　中大

2008 年 12 月廣東人民出版社清代稿鈔本本

集 10004605

紅蝠山房詩鈔九卷

（清）仁和王乃斌撰

清道光七年（1827）刻本　中科院

集 10004606

紅蝠山房詩鈔九卷二編詩鈔二卷補編一卷續編一卷補遺一卷

（清）仁和王乃斌撰

清道光至緒間刻本　國圖

集 10004607

鑑泉詩草不分卷

（清）山陰（一作會稽）朱澐撰

清鈔本　山東

集 10004608

桂軒小稿三卷

（清）秀水朱仁榮撰

清嘉慶十一年（1806）刻本　上海

清道光三年（1823）刻本　國圖

集 10004609

楓江草堂集十四卷

（清）長興朱紫貴撰　吳興劉承幹彙編

民國間吳興劉氏嘉業堂刻吳興叢書本　國圖　中科院　上海　復旦　寧夏　南京　浙江　湖北　雲南

民國間吳興劉氏嘉業堂刻 1986 年文物出版社重印吳興叢書本　遼寧

1994 年上海書店出版社叢書集成續編本

集 10004610

楓江草堂詩稿二卷詞二卷

（清）長興朱紫貴撰

清道光間刻本　國圖

集 10004611

楓江草堂詩稿二卷詞二卷楓江漁唱一卷清湘謠瑟譜一卷

（清）長興朱紫貴撰

清光緒元年（1875）朱叔倫鈔本
（孫德祖跋）　浙江

集 10004612

楓江草堂詩集七卷

　（清）長興朱紫貴撰

　　清王氏述廬鈔本　浙江

集 10004613

楓江草堂文集一卷

　（清）長興朱紫貴撰

　　民國間劉氏嘉業堂鈔本　浙江

集 10004614

八磚吟館詩存一卷

　（清）鄞縣李忠鯁撰

　　清道光十六年（1836）刻拜梅山房
幾上書本　首都

　　排印本　中科院　溫州

集 10004615

吳澗蘋詩選六卷

　（清）石門吳曾貫撰

　　清道光二十七年（1847）漚羅盦刻
本　中科院

集 10004616

澗蘋集不分卷

　（清）石門吳曾貫撰

　　清咸豐間未定稿本　北碚

集 10004617

秋芸館全集十卷

（清）烏程吳勤邦撰

　　清道光二十七年（1847）自刻本
中科院

集 10004618

秋芸館集十二卷

　（清）烏程吳勤邦撰

　　清同治八年（1869）刻本　國圖
南開

集 10004619

慈伯山房詩稿不分卷

　（清）仁和余鍔撰

　　稿本　南京

集 10004620

一葉舟遺稿不分卷

　（清）餘姚邵同人撰

　　清道光二十七年（1847）桐華閣刻
本　中科院

集 10004621

蠱莊詩草一卷

　（清）寧波周世綏撰

　　稿本　天一閣

集 10004622

藕農詩稿不分卷

　（清）永嘉周灝（周衣德）撰

　　稿本　溫州

集 10004623

研經堂文集一卷

（清）永嘉周灝（周衣德）撰

民國鈔本　浙江　溫州

集 10004624

周藕農遺文一卷

（清）永嘉周灝（周衣德）撰

清鈔本　溫州

集 10004625

研經堂詩稿不分卷

（清）永嘉周灝（周衣德）撰

民國永嘉黃氏敬鄉樓抄本　溫州

集 10004626

句麓山房詩草八卷

（清）錢塘周向青撰

清道光十六年（1836）刻本　中科院

清代詩文集彙編本

集 10004627

書畫舫詩稿一卷

（清）仁和高鳳臺撰

藍格鈔本　南京

集 10004628

書畫舫試體詩二卷

（清）仁和高鳳臺撰

清嘉慶琴臺正續合刻本　國圖

集 10004629

藝香詩草畧十二卷

（清）長興倪澧撰

稿本　浙江（存二卷，王修跋）

集 10004630

藝香詩草偶存不分卷

（清）長興倪澧撰

孫繼寬、金子長鈔本　浙江

集 10004631

南偉詩鈔一卷

（清）會稽（一作秀水）陶紳撰

附一卷

（清）會稽陶秉銓撰　（清）陶介亭編

清陶氏賢奕書樓鈔陶氏賢弈書樓叢書本　國圖

清代家集叢刊續編本

集 10004632

寒號集不分卷

（清）會稽陶朗雯撰　（清）陶介亭編

清陶氏賢奕書樓鈔陶氏賢弈書樓叢書本　國圖

清代家集叢刊續編本

集 10004633

金帚集一卷

（清）山陰馮春潮撰

清道光十年（1830）吟梅書屋刻本　南京

集 10004634

宦濛草一卷

（清）山陰馮春潮撰

清道光十年（1830）吟梅書屋刻本

南京

集 10004635

項果園詩稿不分卷

（清）永嘉項維仁撰

清鈔本　温州

集 10004636

項果園詩草不分卷

（清）永嘉項維仁撰

敬鄉樓鈔本　温州

集 10004637

果園詩鈔不分卷

（清）永嘉項維仁撰

民國間永嘉鄉著會鈔本　温州

集 10004638

項維仁詩鈔不分卷

（清）永嘉項維仁撰　（清）□□輯

清鈔本　温州

集 10004639

葉氏詩鈔不分卷

（清）仁和葉樹東撰

鈔本　中科院

集 10004640

信孚遺詩一卷

（清）仁和錢廷成撰

清光緒二十二年（1896）刻湖墅錢

氏家集本　北大　上海　南京　日

京大人文研

集 10004641

問渠詩草不分卷

（清）鎮海謝緒恒撰

鈔本　中社科院文學所

集 10004642

小輞川書屋詩初集二卷

（清）嘉善鍾汪傑撰

清咸豐六年（1856）刻本　上海

集 10004643

**小輞川書屋詩集二卷附竹廬詩
草二卷**

（清）嘉善鍾汪傑撰

鈔本　安徽

集 10004644

**躬恥齋文鈔二十卷文後編六卷
詩鈔十四卷詩後編七卷**

（清）會稽宗稷辰撰

清咸豐間越峴山館刻本　首都
中科院

民國二年（1913）杖杜軒鉛印本
首都

清代詩文集彙編本

集 10004645

簰莊詩草一卷

（清）鄞縣周□□撰

稿本　天一閣

集 10004646

名將標記百詠二卷

（清）東陽程履坦撰

清道光四年（1824）刻本　東陽博

2013 年上海古籍出版社重修金華叢書本

集 10004647

貢綦軒詩集四卷

（清）東陽程履坦撰

清道光刻本　東陽博

2013 年上海古籍出版社重修金華叢書本

集 10004648

讀畫樓詩稿二卷

（清）平湖張鳳撰

清道光間錢渭山刻本　上海

集 10004649

拜石山巢詩鈔四卷

（清）會稽（一作山陰）陳光緒撰

清道光間刻本　國圖　中科院

集 10004650

拜石山巢詩鈔八卷

（清）會稽（一作山陰）陳光緒撰

清道光二十六年（1846）刻本　中科院　北師大

集 10004651

蒓門遺稿二卷

（清）錢塘卜爾昌撰

清道光間魏兆奎刻本　南京

集 10004652

師簡齋詩鈔二卷

（清）錢塘卜爾昌撰

清咸豐間刻本　南京

集 10004653

天香樓遺稿四卷

（清）上虞王望霖撰

清道光二十八年（1848）刻本　湖南

集 10004654

天香樓遺澤集一卷

（清）上虞王望霖撰　上虞（一作慈溪）王振綱輯

上虞王氏詩集本（稿本）　上海

集 10004655

天香樓吟稿一卷

（清）上虞王望霖撰　上虞（一作慈溪）王振綱輯

上虞王氏詩集本（稿本）　上海

集 10004656

天香樓詩稿一卷

（清）上虞王望霖撰

稿本　復旦

集 10004657

南樓吟草二卷附詩餘一卷

（清）上虞宋璇撰

清道光二十八年（1848）刻本
首都

集 10004658
畫理齋詩稿一卷
　（清）嘉興沈毅撰
　　清道光二十五年（1845）刻本
上海

集 10004659
白雲洞天詩稿一卷
　（清）嘉興沈毅撰
　　清道光三十年（1850）刻本　國圖

集 10004660
能閒草堂稿一卷
　（清）嘉興沈鑫撰
　　稿本　平湖
　　清光緒元年（1875）刻本　南京

集 10004661
能閒草堂訓語一卷
　（清）平湖沈鑫撰
　　清末平湖張氏抄本　平湖

集 10004662
怡雲館詩詞鈔二卷
　（清）錢塘汪仲媛撰
　　清咸豐三年（1853）張毓蕃刻本
南京

集 10004663
澹畦吟草一卷

（清）仁和李紹城撰
　　清嘉慶間抱山堂刻同岑詩選本
南京

集 10004664
古琴樓詩鈔二卷
　（清）嘉興吳松撰
　　清道光二十八年（1848）刻本
上海
　　清宣統三年（1911）高廷梅鉛印本
　　上海

集 10004665
有至樂齋吟稿四卷
　（清）錢塘吳俊琪撰
　　稿本　上海

集 10004666
經畬堂詩鈔一卷
　（清）海寧姚鎮撰
　　清光緒間刻本　南京
　　宗魯居鈔本　南京

集 10004667
經畬堂詩集一卷
　（清）海寧姚鎮撰
　　清光緒十六年（1890）刻本　紹興

集 10004668
古芬書屋律賦二卷
　（清）仁和姚伊憲撰
　　清嘉慶間刻琴臺正續合刻本　國
圖　上海

清光緒十五年（1889）刻琴臺正續
合刻本　國圖　上海　湖北

集 10004669

瓦釜集十二卷

（清）平湖高蘭曾撰

清道光十五年（1835）鋤月山房刻
本　南京　日東大

集 10004670

自娛集十二卷

（清）平湖高蘭曾撰

清道光二十八年（1848）刻本　日
静嘉堂

集 10004671

耨雲軒詩鈔四卷

（清）嘉興馬汾撰

清道光二十八年（1848）刻本
南京

集 10004672

晉遊草一卷

（清）嘉興馬汾撰

清鈔本　浙江

集 10004673

凝神草堂詩存一卷附詞一卷

（清）慈溪秦士豪撰

清鈔本（清邵正笏、清張廣埏、清
王學厚、清陸晟曾題詩，清孫慶熊題
詞）　國圖

集 10004674

燕歸來軒吟稿二卷

（清）錢塘袁青撰

清嘉慶二十二年（1817）刻本
《歷代婦女著作考》著録

集 10004675

草心亭詩鈔六卷

（清）平湖陸坊撰

清嘉慶間刻本　上海

清道光間刻本　南京

清同治七年（1868）刻本　蘇州

集 10004676

種藥齋詩鈔二卷

（清）錢塘陳時撰

清道光間刻本　國圖　南京

清光緒三年至二十六年（1877～
1900）錢塘丁氏嘉惠堂刻武林掌故
叢編本　國圖　中科院　北大　上
海　復旦　天津　遼寧　甘肅　山
東　南京　浙江　湖北　四川

1985 年江蘇廣陵古籍刻印社影
印清光緒三年至二十六年（1877～
1900）錢塘丁氏嘉惠堂刻武林掌故
叢編本　中科院

集 10004677

碧琅館詩草二卷

（清）海鹽陳鶴撰

稿本（清張澹等跋）　浙江

集 10004678

碧琅館詩草一卷

　（清）海鹽陳鶴撰

　清道光四年（1824）刻本　浙江

　清同治十一年（1872）其孫德容鈔本　浙江

集 10004679

囊翠樓詩稿二卷

　（清）會稽陳鴻逵撰

　清光緒二十一年（1895）刻本　中社科院文學所　紹興

集 10004680

太霞山館詩稿二卷

　（清）泰順董旂撰

　清光緒間刻本　浙大

　鈔本　中科院

集 10004681

湘南遊草不分卷

　（清）泰順董旂撰

　鈔本　中科院

　清末至民國間抄本　泰順

集 10004682

聽秋館初選詩一卷

　（清）仁和董經緯撰

　清道光間刻蘭陵世美本　南京

集 10004683

粵西集一卷

　（清）平湖賈敦臨撰

　清宣統二年（1910）華雲閣木活字印本　中社科院文學所

集 10004684

知止齋詩二卷

　（清）平湖賈敦臨撰

　清道光三年（1823）刻本　上海

集 10004685

半醒軒詩稿二卷

　（清）瑞安蔡敏撰

　清道光間刻本　南京

集 10004686

一角山房詩草二卷

　（清）上虞謝磻撰

　清道光二十一年（1841）刻本　首都

集 10004687

無止境初存稿六卷

　（清）秀水王相撰

　清道光八年（1828）刻本　中山

　清刻王氏家刻十種本　南京

集 10004688

無止境初存稿六卷續存稿六卷

　（清）秀水王相撰

　清道光咸豐間刻繡水王氏家藏集本　國圖　南京

　清代家集叢刊本

集 10004689

無止境存稿十四卷（初存稿六卷
附集外詩一卷續存稿六卷附集
外詩續存一卷）附鄉程日記一卷
附錄一卷

（清）秀水王相撰

清道光咸豐間刻繡水王氏家藏集
本　國圖　南京

清代詩文集彙編本

清代家集叢刊本

集 10004690

白醉題襟集四卷

（清）秀水王相撰

清刻王氏家刻十種本　南京

王氏家刻本

集 10004691

草堂題贈一卷

（清）秀水王相撰

清刻王氏家刻十種本　南京

王氏家刻本

集 10004692

草堂雜詠一卷

（清）秀水王相撰

清刻王氏家刻十種本　南京

王氏家刻本

集 10004693

百花萬卷草堂自記一卷

（清）秀水王相撰

王氏家刻本

集 10004694

集外詩續存一卷

（清）秀水王相撰

清咸豐間刻本　南京

集 10004695

穗樹軒詩草一卷

（清）嘉興沈道腴撰

稿本　復旦

集 10004696

滄庵集不分卷

（清）嘉興沈道腴撰

稿本　上海

集 10004697

北山文鈔四卷詩鈔五卷

（清）黄巖姜文衡撰

清咸豐六年（1856）刻本　南京
黄巖

清代詩文集彙編本

集 10004698

北山文續鈔一卷詩續鈔一卷

（清）黄巖姜文衡撰

清同治六年（1867）稿本　黄巖

集 10004699

滄如山房詩稿十卷

（清）嵊縣馬紹光撰

清咸豐間刻本　首都

集 10004700

儆居集二十二卷

（清）定海黄式三撰

清光緒十四年（1888）刻本　首都

集 10004701

**木雞書屋集（木雞書屋文鈔三十
卷詩選六卷）**

（清）平湖黄金臺撰

清道光十二年至咸豐八年（1832～
1858）刻本　國圖　中科院　北師大
（存詩選）

集 10004702

**木鶴書屋文鈔四卷二集六卷三
集八卷四集六卷五集六卷**

（清）平湖黄金臺撰

清同治十年（1871）黄晉礽心窗樓
補刻本　中科院

集 10004703

紅樓夢雜詠一卷

（清）平湖黄金臺撰

清光緒間申報館鉛印本　國圖

集 10004704

木雞書屋文鈔一卷

（清）平湖黄金臺撰

清蝶園鈔本　北大

集 10004705

粤西紀程一卷

（清）嘉善朱國淳撰

民國十五年（1926）石印茗香館叢
鈔本　上海

集 10004706

皇華草一卷

（清）嘉善朱國淳撰

民國十五年（1926）石印茗香館叢
鈔本　上海

集 10004707

自怡悦齋吟草四卷

（清）仁和沈鑅撰

清道光十七年（1837）刻本　中
科院

集 10004708

蘭漪草堂劫餘詩草一卷

（清）錢塘吴春焿撰

鈔本　南京

集 10004709

南窗吟草一卷

（清）平湖何晉槐撰

稿本　浙江

集 10004710

越俗蛮音二卷

（清）嘉興范季存撰

清鈔本　浙江

集 10004711

菊照山房近稿五卷

（清）嘉興岳鴻振撰

清嘉慶十年(1805)刻本　中社科院文學所

清道光十七年(1837)岳氏留蓋堂刻本　上海

集 10004712

拙守齋詩文合鈔十卷

（清）嘉興李超孫撰

清嘉慶憶眔小築刻本　國圖

集 10004713

少茗詩稿四十一卷

（清）烏程淩介禧撰

稿本　許昌

集 10004714

晟溪漁唱一卷

（清）烏程淩介禧撰

清鈔本　浙江

集 10004715

寄廬吟一卷

（清）平湖時樞撰

稿本　浙江

集 10004716

晴窗雜詠一卷

（清）平湖時樞撰

稿本　浙江

集 10004717

紅豆山莊詩集四卷

（清）嘉善奚大綏撰

稿本　嘉善

集 10004718

筠窗詩録一卷

（清）永康徐德源撰

清道光二十九年(1849)刻本　南京　日静嘉堂

集 10004719

石齋文稿不分卷

（清）臨海郭協寅撰

清鈔本　臨海博

集 10004720

石齋雜録不分卷

（清）臨海郭協寅撰

清抄本　臨海博

集 10004721

陸次山集二卷

（清）仁和陸璣撰

清道光十四年(1834)刻本　國圖　中科院　復旦

集 10004722

鐵園集六卷

（清）仁和陸璣撰

清道光二十九年(1849)刻本　南京　山西大

鈔本（存卷四至六）　中社科院文學所

集 10004723

鐵園集(鐵簫詞)□卷

（清）仁和陸璣撰

稿本（存鐵簫詞卷四至六）　社科
院文學所

集 10004724

春林詩選一卷

（清）平湖陸鎔撰　（清）平湖沈筠選

清光緒元年（1875）刻耆舊詩存本
上海

集 10004725

石屋磨茨稿九卷

（清）仁和陳宜振撰

清鈔本　中大

2008 年 12 月廣東人民出版社清
代稿鈔本

集 10004726

紫藤花館詩鈔一卷

（清）歸安董恂撰

稿本（清俞樹滋、清趙林、清嚴洪
題款）　南京

稿本　南京

集 10004727

越江遊草一卷

（清）錢塘（休寧人，占籍錢塘）程
堂撰

稿本　安徽

集 10004728

金粟山房吟草一卷

（清）海寧管湘撰

鈔本　浙江

集 10004729

吟香館存稿一卷

（清）鄭寶撰　（清）秀水王相輯

清咸豐八年（1858）芳閣刻友聲集
本　國圖　中科院　上海　南京
復旦

集 10004730

歌雪堂詩草初集不分卷

（清）錢塘魯旋撰

藍格鈔本　南京

集 10004731

睫巢詩鈔一卷

（清）慈溪陳康瑞撰

民國十三年（1924）鉛印本　浙江
國圖　上海　復旦

集 10004732

晬盤槀一卷十栗堂稿一卷

（清）東陽葉蓁撰

清鈔本　杭州

2019 年國家圖書館出版社影印
浙學未刊稿叢編本

集 10004733

研悅齋詩鈔二卷

（清）嘉善顧澧撰

鈔本　嘉善　　　　　　　　中科院　首都

集 10004734

聽春館殘稿一卷

（清）上虞顧德誠撰　（清）李嘉續輯

清光緒十五年（1889）李氏代耕堂西安刻懷潞園叢刻本　中科院浙江

集 10004735

長春花館詩集十二卷

（清）鄞縣張恕撰

清咸豐三年（1853）刻本　上海

清同治間刻本　南開　天一閣

集 10004736

長春花館詩集四卷

（清）鄞縣張恕撰

清咸豐三年（1853）鈔本　中社科院文學所

集 10004737

南蘭文集六卷

（清）鄞縣張恕撰

清光緒五年（1879）刻本　國圖中科院

集 10004738

彝壽軒詩鈔十卷寄庵雜著二卷

（清）錢塘（祖籍錢塘，生於歸安）張應昌撰

清同治二年（1863）南昌旅舍刻本

集 10004739

彝壽軒詩鈔十二卷寄庵雜著二卷煙波漁唱四卷

（清）錢塘（祖籍錢塘，生於歸安）張應昌撰

清同治二年（1863）南昌旅舍刻增刻本　中科院　首都

2002 年上海古籍出版社影印續修四庫全書本

集 10004740

寄庵雜著二卷

（清）錢塘（祖籍錢塘，生於歸安）張應昌撰

清同治二年（1863）刻本　浙江

集 10004741

煙波閣詩一卷

（清）杭州（吳縣，客籍）王復撰

清鈔名家詩詞叢鈔本　國圖

2017 年國家圖書館出版社清代詩文集珍本叢刊本

集 10004742

十友花庵詩草一卷

（清）錢塘李之昉撰

清道光間刻本　南京

集 10004743

桐尾集一卷

（清）錢塘李之昉撰

清道光四年（1824）刻（十友花庵
詩草附） 南京 上海

集 10004744

懶雲山莊詩鈔一卷

　（清）歸安邵棠撰

　清光緒十五年（1889）刻本 中
科院

集 10004745

嬾雲山莊詩鈔六卷

　（清）歸安邵棠撰

　清咸豐六年（1856）刻本 嘉興

集 10004746

青琅玕吟館詩鈔一卷

　（清）錢塘胡元杲撰

　清道光間胡元杲手稿本 臺圖

集 10004747

石屋叢書二卷

　（清）仁和曹金籀撰

　稿本 浙江

　清道光間刻本 中科院

集 10004748

石屋叢書一卷

　（清）仁和曹金籀撰

　清道光二十年（1840）刻本 南京

集 10004749

石屋叢書十八卷

　（清）仁和曹金籀撰

清同治錢保塘刻本 北大

集 10004750

**石屋文稿二卷石屋文字一卷石
屋雜著一卷**

　（清）仁和曹金籀撰

　手稿本 浙江

集 10004751

禪隱詩一卷

　（清）錢塘釋素中撰

　清道光三十年（1850）王鴻刻本
《販書偶記續編》著録

集 10004752

對床樓詩稿不分卷

　（清）蕭山陳範撰

　鈔本 中科院

集 10004753

秋警閣詩存一卷

　（清）海寧陳作敬撰

　清光緒二十八年（1902）刻本 南
京 浙江

集 10004754

星槎詩鈔一卷

　（清）永康陳應藩撰

　清光緒十一年（1885）退補齋刻永
康十孝廉詩鈔本 南京

集 10004755

小詩航詩鈔三卷雜著一卷

（清）蕭山蔡聘珍撰

清道光間刻本　中科院

集 10004756

退鷗居偶存三卷

（清）蕭山蔡聘珍撰

清道光二十八年（1848）刻本　中科院　浙江

集 10004757

小麗農山館詩鈔不分卷

（清）泰順潘鼎撰

鈔本　溫州

集 10004758

廉泉山館遺詩一卷

（清）仁和錢廷焯撰　（清）仁和錢錫寶等輯

清光緒二十二年（1896）刻湖墅錢氏家集本　北大　上海

集 10004759

燈昧軒遺稿不分卷

（清）仁和車伯雅撰

清道光間仁和車氏鈔本　北大

集 10004760

汾祠記一卷

（清）仁和車伯雅撰

燈昧軒遺稿本

集 10004761

補蘿書屋詩鈔四卷

（清）黃巖李飛英撰　陳樹均輯

民國四年（1915）太平陳氏刻本　國圖

集 10004762

省非軒詩稿一卷

（清）當湖俞嗣烈撰

清同治間刻本　中社科院文學所

清同治重刊同懷詩稿本　上海

集 10004763

襄陵詩草一卷

（清）鄞縣孫家轂撰

民國二十五年（1936）刻本　國圖

集 10004764

襄陵詩草一卷詞草一卷種玉詞一卷

（清）鄞縣孫家轂撰

1994 年上海書店出版社叢書集成續編本

集 10004765

漱芳閣集十卷

（清）平湖徐士芬撰

清咸豐二年（1852）刻本　國圖

清同治十一年（1872）刻本　中科院　首都　平湖

清代詩文集彙編本

案：作者一作徐士菜

集 10004766

辛庵館課詩鈔一卷歷試試帖詩鈔一卷

（清）平湖徐士芬撰

清道光二十三年（1843）刻本
平湖

案：作者一作徐士菜

集 10004767

征帆集四卷附試帖鈔存一卷

（清）義烏陳熙晉撰

清咸豐二年（1852）刻本　國圖
北大

2013 年上海古籍出版社重修金
華叢書本

集 10004768

**小緑天庵吟草四卷六舟山野紀
事詩一卷**

（清）海寧釋達受撰

稿本　浙博

集 10004769

**小緑天庵遺詩二卷六舟山野紀
事詩一卷**

（清）海寧釋達受撰

清同治四年（1865）刻本　蘇州

民國九年（1920）海寧姚氏古樸山
房鉛印本　國圖　上海　中科院
復旦

集 10004770

甘泉鄉人餘稿不分卷

（清）嘉興錢泰吉撰

稿本　上海

集 10004771

**甘泉鄉人殘稿不分卷附家乘不
分卷**

（清）嘉興錢泰吉撰

稿本　國圖

集 10004772

甘泉鄉人稿二十二卷

（清）嘉興錢泰吉撰

清道光二十九年（1849）陳錫麒等
鈔本（清錢泰吉校）　國圖

集 10004773

甘泉鄉人稿二十四卷

（清）嘉興錢泰吉撰

稿本（存卷十八至二十二）　上海

甘泉鄉人稿本

集 10004774

**甘泉鄉人稿二十四卷附可讀書
齋校書譜一卷**

（清）嘉興錢泰吉撰

清咸豐四年（1854）讀舊書室刻本
首都　湖南　中科院

集 10004775

甘泉鄉人稿二十四卷附年譜一卷

（清）嘉興錢泰吉撰

清同治十一年（1872）鍾氏刻本
國圖　中科院　浙大

2002 年上海古籍出版社影印續
修四庫全書本

清代詩文集彙編本

集 10004776

甘泉鄉人稿三卷

（清）嘉興錢泰吉撰

清同治七年（1868）刻本　　天師大

集 10004777

**甘泉鄉人稿二十四卷餘稿二卷
附年譜一卷**

（清）嘉興錢泰吉撰

清同治十一年（1872）鍾氏刻光緒
十一年（1885）錢氏增刻本　　首都
中科院　南京

集 10004778

甘泉鄉人稿餘二卷

（清）嘉興錢泰吉撰

清同治三年（1864）刻本　　中科院

集 10004779

甘泉鄉人餘稿二卷

（清）嘉興錢泰吉撰

甘泉鄉人稿本

2002 年上海古籍出版社影印續
修四庫全書本

集 10004780

深廬寱言一卷

（清）嘉興錢泰吉撰

稿本　上海

集 10004781

觀羣書齋賦鈔一卷

（清）錢塘王三畏撰

清道光間刻本　　南京

集 10004782

耕煙草堂詩鈔二卷

（清）山陰平疇撰

清咸豐八年（1858）刻本　　南京
（存一卷）

清同治十年（1871）安越堂刻本
中科院

集 10004783

戎馬風濤集六卷

（清）慈溪沈汝瀚撰

清道光二十年（1840）刻本　　國圖
清代詩文集彙編本

2005 年 4 月線裝書局清代兵事
典籍檔册彙覽本

集 10004784

味菜山房吟草二卷

（清）桐廬汪百禄撰

清道光二十年（1840）汪世淳刻本
中科院

集 10004785

榕園全集二十二卷

（清）海鹽（一作海寧）吳應和撰

清嘉慶二十四年（1819）刻本
北大

清刻本　　南京

集 10004786

榕園吟稿八卷

（清）海鹽（一作海寧）吳應和撰

清嘉慶六年（1801）刻本　蘇州

集 10004787

眠琴館詩鈔不分卷

（清）海寧查彥鈞撰

稿本　蘇州

集 10004788

取斯堂遺稿三卷

（清）錢塘俞焜撰

清光緒五年（1879）沈桂芬校刻本
浙江

集 10004789

玉臺集六卷

（清）嘉興徐慶齡撰

稿本　復旦

集 10004790

別本玉臺集三卷

（清）嘉興徐慶齡撰

稿本　上海

集 10004791

一葉齋詩鈔不分卷

（清）黃巖張藻撰

稿本　海鹽博

集 10004792

張曲江先生詩稿二卷

（清）黃巖張藻撰

清抄本　臨海博

集 10004793

張曲江題畫詩一卷

（清）黃巖張藻撰

清稿本　臨海博

集 10004794

**思退堂詩鈔十二卷附青琅玕吟
館詞鈔一卷**

（清）會稽陳祖望撰

清咸豐元年（1851）刻本　首都
南京

集 10004795

碧筠樓吟稿一卷

（清）歸安楊清材撰

臥園全集（一名臥園四種）本

集 10004796

心亨書屋存稿三卷

（清）海昌管征麐撰

稿本（清管庭芬跋）　浙江

集 10004797

鐵老人遺稿一卷

（清）平湖賢卓撰

清咸豐元年（1851）刻本　上海

集 10004798

玉照堂詩稿（蕪鶊枝集）二卷

（清）仁和錢觀撰　（清）仁和錢錫
賓等輯

清光緒二十二年（1896）刻湖墅錢
氏家集本　北大　上海

集 10004799

見山樓詩鈔七卷文鈔一卷

（清）仁和錢廷薰撰　（清）仁和錢錫賓等輯

清光緒二十二年（1896）刻湖墅錢氏家集本　北大　上海

集 10004800

生齋文稿八卷續刻一卷詩稿九卷

（清）平湖方坰撰

清道光十一年至十九年（1831～1839）樹玉堂刻本　復旦　日静嘉堂（存文稿）

集 10004801

生齋文稿八卷續稿不分卷附寅甫小稿二卷

（清）平湖方坰撰

清道光十七年（1837）刻本　上海

集 10004802

方學博集二十八卷

（清）平湖方坰撰

清咸豐八年（1858）刻本　中山（殘）

清光緒元年（1875）王大經武昌藩署刻本　國圖

清代詩文集彙編本

集 10004803

小蓬山館吟草二卷

（清）平湖方坰撰

清嘉慶二十一年（1816）刻本

南京

集 10004804

花宜館甲乙稿二卷

（清）錢塘吳振棫撰

清道光二十五年（1845）刻本　首都

集 10004805

花宜館詩鈔四卷

（清）錢塘吳振棫撰

清道光間刻本　中科院

集 10004806

花宜館詩鈔十六卷無腔村笛二卷

（清）錢塘吳振棫撰

清咸豐十一年（1861）刻本　國圖　中科院

2002 年上海古籍出版社影印續修四庫全書本

集 10004807

花宜館詩鈔十六卷無腔村笛二卷詩鈔續存一卷

（清）錢塘吳振棫撰

清同治四年（1865）京師刻本　中科院

集 10004808

花宜館詩續鈔一卷

（清）錢塘吳振棫撰

稿本　浙江

集 10004809

花宜館文畧一卷

（清）錢塘吳振棫撰

稿本　浙江

清光緒二十六年（1900）刻本

國圖

集 10004810

望山草堂詩鈔十卷

（清）泰順林鶚撰

清咸豐八年（1858）博古齋刻本

中科院

集 10004811

留餘堂詩鈔八卷二集八卷

（清）杭州夏之盛撰

清道光二十六年至二十七年

（1846～1847）刻本　國圖　南京

安徽

清代詩文集彙編本

集 10004812

兩般秋雨庵詩選一卷

（清）錢塘梁紹壬撰

清道光十三年（1833）刻本　中社

科院文學所

集 10004813

兩般秋雨庵詩選十六卷

（清）錢塘梁紹壬撰

民國八年（1919）朝記書莊石印本

南京

集 10004814

兩般秋雨庵詩選不分卷

（清）錢塘梁紹壬撰

清宣統二年（1910）南陵徐乃昌重

刻振綺堂本

清代詩文集彙編本

集 10004815

七十二鴛鴦樓詩稿補遺一卷詩

餘補遺一卷

（清）錢塘梁紹壬撰

南陵徐氏積學齋鈔本　復旦

集 10004816

退耕堂詩集十卷

（清）海鹽陳希敬撰

清光緒二十八年（1902）刻本

浙江

集 10004817

且甌集九卷

（清）瑞安項霽撰

清咸豐三年（1853）刻本　中科院

國圖

民國印瑞安南堤項氏叢書本　南京

集 10004818

台蕩遊草一卷

（清）瑞安項霽撰

清末錢塘丁立誠鈔本　浙江

集 10004819

蘅香館雜著二卷

(清)仁和趙慶熺撰

鈔本　南京

集 10004820

拈花吟館詩鈔二卷

(清)石門蔡載樾撰

清道光間刻本　復旦

集 10004821

龔定庵集十四卷

(清)仁和(一作錢塘)龔自珍撰
(清)余廷譜輯

清光緒二十三年(1897)豐城餘氏
寶墨齋刻寶墨齋叢書本　北大　上
海　吉大　江西

集 10004822

校正定庵全集二十卷

(清)仁和(一作錢塘)龔自珍撰
(清)文選樓重校

清光緒二十九年(1903)石印本
浙江

集 10004823

龔定盦全集二十卷

(清)仁和(一作錢塘)龔自珍撰

清光緒二十三年(1897)萬本書堂
刻本　中科院

清光緒三十四年(1908)成都官
書局

2002 年上海古籍出版社影印續
修四庫全書本

集 10004824

龔定庵全集十卷

(清)仁和(一作錢塘)龔自珍撰

清上海掃葉山房石印本　常山
湖州師院

集 10004825

龔定盦全集二十三卷附年譜一卷

(清)仁和(一作錢塘)龔自珍撰

民國四年(1915)國學扶輪社鉛印
本　中科院

集 10004826

龔定盦全集類編

(清)仁和(一作錢塘)龔自珍撰
夏田藍編

近代中國史料叢刊正、續、三編本

集 10004827

定庵遺著一卷

(清)仁和(一作錢塘)龔自珍撰
張祖廉輯

民國九年(1920)嘉善張氏鉛印娟
鏡樓叢書本　首都

2010 年學苑出版社中國華東文
獻叢書本

集 10004828

定庵集定本不分卷

(清)仁和(一作錢塘)龔自珍撰
(清)龔橙編錄

民國間上海神州國光社鉛印本
山東

集 10004829

定庵文集三卷續集四卷續録一
卷古今體詩二卷己亥雜詩一卷
庚子雅詞一卷

（清）仁和（一作錢塘）龔自珍撰
吳煦輯

清同治七年（1868）吳煦刻本　國
圖（清李慈銘批）　南京（清翁同龢
批）　中科院（多文集補編四卷）
四川（多別集五卷）

集 10004830

定庵文集三卷續集四卷古今體
詩二卷雜詩一卷別集五卷文集
補編四卷附佚文一卷

（清）仁和（一作錢塘）龔自珍撰
清光緒三十年（1904）四川官書局
刻本　四川

集 10004831

定庵文集三卷續集四卷續録一
卷古今體詩二卷雜詩一卷詞選
一卷詞録一卷文集補編四卷文
拾遺一卷文集補一卷

（清）仁和（一作錢塘）龔自珍撰
吳昌綬輯

清宣統元年（1909）國學扶輪社鉛
印本　首都　浙大

集 10004832

定庵文集三卷續集四卷續録一
卷雜詩一卷文集補編四卷

（清）仁和（一作錢塘）龔自珍撰
蔥漢齋校訂

清宣統元年（1909）上海時中書局
鉛印本　中山

集 10004833

定庵詩集二卷雜詩並未刻詩不
分卷文集三卷續集四卷補編四
卷補續録並拾遺不分卷

（清）仁和（一作錢塘）龔自珍撰
民國二十四年（1935）世界書局鉛
印本　南京

集 10004834

定庵文集□□卷集外未刻詩一
卷詞一卷詩集定本一卷

（清）仁和（一作錢塘）龔自珍撰
稿本（文集存卷九至十三,清魏
源、清龔澄批）　上海

集 10004835

定庵破戒草一卷

（清）仁和（一作錢塘）龔自珍撰
清道光七年（1827）稿本　北大

集 10004836

定庵文集古今體詩破戒草一卷
破戒草之餘一卷

（清）仁和（一作錢塘）龔自珍撰
清道光間刻本　國圖

集 10004837

破戒草二卷雜詩一卷

（清）仁和（一作錢塘）龔自珍撰

清同治七年（1868）袁穗鈔本
浙江

集 10004838

定庵續集己亥雜詩一卷

（清）仁和（一作錢塘）龔自珍撰
清道光二十年（1840）龔氏羽琌別
墅刻本　國圖　南京

集 10004839

定庵詩集定本二卷集外未刻詩
一卷定盦別集一卷

（清）仁和（一作錢塘）龔自珍撰
鄧實輯
　風雨樓叢書本（宣統鉛印）

集 10004840

定庵集外未刻詩一卷

（清）仁和（一作錢塘）龔自珍撰
清宣統三年（1911）石印本　國圖

集 10004841

定庵雜詩一卷詞選一卷

（清）仁和（一作錢塘）龔自珍撰
鈔本（佚名批）　南京

集 10004842

龔定庵詩鈔不分卷

（清）仁和（一作錢塘）龔自珍撰
民國十六年（1927）南昌周維新鈔
本　江西

集 10004843

定庵自定文稿不分卷

（清）仁和（一作錢塘）龔自珍撰
稿本（清魏源跋）　中科院

集 10004844

定庵文集二卷餘集一卷

（清）仁和（一作錢塘）龔自珍撰
（清）陳澧批
清道光三年（1823）自訂初刻本
國圖（存文集一卷）　中大

集 10004845

定盦文集三卷餘集一卷

（清）仁和（一作錢塘）龔自珍撰
清道光間刻本　中科院（鄧之誠、
張爾田題記）

集 10004846

定庵文集補編四卷

（清）仁和（一作錢塘）龔自珍撰
（清）平湖朱之榛輯　（清）鄭文焯批
清光緒十二年（1886）平湖朱氏刻
本　首都　南京

集 10004847

定庵文集三卷補二卷續錄一卷
續集四卷文集補編四卷

（清）仁和（一作錢塘）龔自珍撰
清光緒二十三年（1897）萬本書堂
刻本　國圖　首都

集 10004848
定盦文集三卷續集四卷文集補
九卷文集補編四卷
　　（清）仁和（一作錢塘）龔自珍撰
　　清光緒十二年（1886）刻本　　中
科院
　　清光緒二十三年（1897）萬本書堂
刻本　復旦

集 10004849
定庵文集補一卷餘集一卷
　　（清）仁和（一作錢塘）龔自珍撰
　　清戴氏長留閣鈔本　南京

集 10004850
定庵集外文不分卷
　　（清）仁和（一作錢塘）龔自珍撰
　　清同治元年（1862）魏錫曾鈔本
（清魏錫曾、清趙之謙、清胡澍校，清
趙之謙跋）　國圖

集 10004851
定庵集外文二卷
　　（清）仁和（一作錢塘）龔自珍撰
　　清同治七年（1868）海豐吳重熹過
錄高平祁氏鈔本　臺圖

集 10004852
定庵文集三卷續集四卷補四卷
補編四卷
　　（清）仁和（一作錢塘）龔自珍撰
　　清宣統二年（1910）上海掃葉山房
石印本　國圖

　　1937 年商務印書館國學基本叢
書本

集 10004853
定庵文集十三卷
　　（清）仁和（一作錢塘）龔自珍撰
　　鈔本（存卷一至八）　北大

集 10004854
定盦文集一卷餘集一卷
　　（清）仁和（一作錢塘）龔自珍撰
　　清道光七年（1827）自刻本　溫州

集 10004855
定盦文集一卷餘集一卷續集一卷
　　（清）仁和（一作錢塘）龔自珍撰
　　清同治七年（1868）金嘉穗鈔本
浙江

集 10004856
定盦文集十六卷年譜一卷
　　（清）仁和（一作錢塘）龔自珍撰
　　清宣統元年（1909）國學扶輪社鉛
印本　復旦

集 10004857
定庵文拾遺一卷
　　（清）仁和（一作錢塘）龔自珍撰
　　鈔本　國圖

集 10004858
定庵文補遺一卷
　　（清）仁和（一作錢塘）龔自珍撰

補松廬鈔本（清吳士鑑題識）
復旦

集 10004859

**定庵文集三卷續集四卷補五卷
文集補編四卷**

（清）仁和（一作錢塘）龔自珍撰
海鹽張元濟等輯
民國八年（1919）上海商務印書館
影印四部叢刊初編本　國圖（傅增
湘校並跋）　中科院　北大　上海
復旦　天津　遼寧　山東　甘肅
南京　浙江　湖北　四川
民國十八年（1929）上海商務印書
館二次影印四部叢刊初編本　國圖
中科院　上海　復旦　吉大　浙
江　雲南
民國二十五年（1936）上海商務印
書館縮印四部叢刊初編本　國圖
華東師大　天津　甘肅　南京　武
大　雲南　青海

集 10004860

**定庵文集三卷續集四卷文集補
三卷續集一卷別集一卷文集補
編四卷文集增補一卷**

（清）仁和（一作錢塘）龔自珍撰
中華書局輯
民國二十五年（1936）上海中華書
局鉛印本　國圖　北大　上海　復
旦　天津　遼寧　甘肅　山東　南
京　浙江　湖北　中山　四川　重
慶　雲南

民國二十五年（1936）上海中華書
局縮印本　中科院　北師大　民大
上海　浙江　湖北　重慶

集 10004861

銀藤館遺詩（銀藤館集）不分卷

（清）嘉善倪以塡撰
清鈔本　嘉善

集 10004862

斜塘竹枝詞一卷

（清）嘉善倪以塡撰
鈔本　南京

集 10004863

池上集六卷

（清）樂清梁祉撰
清咸豐二年（1852）刻本　溫州
民國八年（1919）敬業樓鈔本
溫州

集 10004864

陳布衣詩錄二卷

（清）德清陳之祥撰
清咸豐二年（1852）刻本　《中國
叢書綜錄補編》著錄

集 10004865

月樓吟草二卷

（清）鎮海黃廷議撰
清咸豐四年（1854）木活字印本
上海

集 10004866

玉燕巢雙聲合刊十卷

　（清）張澹、（清）仁和陸惠撰

　　清道光七年（1827）刻本　上海

集 10004867

水石居詩稿二卷

　（清）慈溪葉焕撰

　　清咸豐二年（1852）刻本　國圖

集 10004868

止泊齋詩存七卷

　（清）歸安管蘭滋撰

　　清咸豐間底稿本　臺圖

集 10004869

枕流閣吟草不分卷

　（清）嘉善盧國型撰　查熙刪存

　鈔本（查熙識語）　嘉善

集 10004870

紅雪山房詩存五卷

　（清）臨海劉棻撰

　　稿本　臨海項士元藏

集 10004871

柏樹軒詩稿一卷

　（清）仁和錢廷焞撰

　　清光緒二十二年（1896）刻本　北

大　上海

集 10004872

紅雪山房詩存七卷

　（清）臨海劉喧之撰

　　稿本　浙江

集 10004873

蘭谷遺稿一卷

　（清）上虞顧德馨撰　（清）李嘉

績輯

　　清光緒十五年（1889）李氏代耕堂

西安刻懷潞園叢刻本　中科院

浙江

集 10004874

自然好學齋詩鈔五卷

　（清）錢塘汪端撰

　　清道光十九年（1839）錢塘汪氏振

綺堂刻本　國圖　中科院

集 10004875

自然好學齋詩鈔七卷

　（清）錢塘汪端撰

　　清同治初刻本　南京

集 10004876

自然好學齋詩鈔十卷

　（清）錢塘汪端撰

　　清同治十年（1871）刻林下雅音集

本　國圖

　　清同治十三年（1874）刻本　中科

院　遼寧

集 10004877

玉樹山房遺集四卷

　（清）汪寶崧撰　（清）歸安錢振

倫編

　　清咸豐十年(1860)刻本　中社科
院文學所

　　清末木活字印本　蘇州

　　清鈔本　國圖

　　民國間鉛印本　南京

集 10004878

豸華堂文鈔八卷

　　(清)錢塘金應麟撰

　　清道光二十六年(1846)自刻本
國圖　天一閣　義烏　黃巖　紹興
溫州　餘杭

集 10004879

豸華堂文鈔二十卷(甲部奏議十
二卷乙部駢文八卷)首一卷

　　(清)錢塘金應麟撰

　　清咸豐元年(1851)刻本　中科院

　　清光緒元年(1875)刻本　中科院
浙江　浙博　臨海　浙大

　　清代詩文集彙編本

集 10004880

聽秋聲館詩鈔(北征詩鈔)十四卷

　　(清)新昌俞汝本撰

　　清道光二十二年(1842)朗溪官署
不自知齋刻本　中科院

集 10004881

行餘軒吟草不分卷

　　(清)錢塘孫曰烈撰

　　讀書堂藍格鈔本　南京

集 10004882

小補蘿屋吟稿一卷

　　(清)山陰王綺撰

　　稿本(沈護堂跋)　浙江

集 10004883

眠綠山房詩鈔四卷

　　(清)浦江朱寅撰

　　清道光四年(1824)刻本　浙大

　　2020年學苑出版社浦江文獻集
成本

集 10004884

眠綠山房試帖四卷

　　(清)浦江朱寅撰

　　清道光十二年(1832)刊本

　　2020年學苑出版社浦江文獻集
成本

集 10004885

蓮溪全集三十四卷(懷小編二十
卷蓮溪文稿一卷蓮溪文稿續刻一

　　(清)秀水沈濂撰

　　清道光咸豐間始言堂刻本　國圖
中科院(存吟稿、吟稿續刻、試帖)

集 10004886

蓮溪先生文存二卷

　　(清)秀水沈濂撰

　　清光緒十七年(1891)廣州刻本
中科院

集 10004887

柘西草堂詩鈔一卷續鈔一卷

（清）平湖沈正楷撰

清同治二年(1863)刻本　南京

清同治三年(1864)刻本　中科院

集 10004888

臺陽内編百詠一卷外編百詠一卷

（清）錢塘周澍撰

清鈔本（清吳騫批）　上海

集 10004889

霞梯詩選一卷

（清）金大登撰　（清）平湖沈筠輯

清光緒元年(1875)刻耆舊詩存本

上海

集 10004890

胡祥麟手稿不分卷

（清）秀水胡祥麟撰

鈔本　北師大

集 10004891

小謨觴居詩存一卷

（清）嘉善孫承彥撰

清光緒六年(1880)刻本　南京

集 10004892

澹圃詩詞稿一卷

（清）海寧許樹棠撰

鈔本　浙江

集 10004893

敝帚集一卷

（清）海寧許樹棠撰

鈔本　浙江

集 10004894

慕親子剩稿二卷（慕親子憶存

草、萍蹤草各一卷）

（清）海寧張鶴瑞撰

稿本　南京

鈔本　浙江

集 10004895

織雲樓詩集五卷

（清）嘉善陳素貞撰

清光緒六年(1880)刻本　國圖

嘉興

衢州文獻集成本

集 10004896

信天翁詩存一卷

（清）麗水董鳳池撰

鈔稿本　麗水端木梅鄰藏

集 10004897

小隱山房詩鈔四卷（香園詩鈔、

兩山删餘、浮航閑吟、蘿莊剩稿

各一卷）

（清）桐鄉程綸撰

清道光間刻本　中科院

集 10004898

潘少白先生文集八卷詩集五卷

常語二卷

(清)會稽潘諮撰

清道光二十四年(1844)陳繼昌瞻園刻本　國圖　上海　中科院　復旦

集 10004899

林皐閒集十三卷

(清)會稽潘諮撰

清道光十六年(1836)姚宗元京師廠肆刻本　國圖　山東　紹興

集 10004900

潘少白雜文不分卷

(清)會稽潘諮撰

稿本　臺圖

集 10004901

頤志齋文鈔一卷感舊詩一卷

(清)丁晏撰　上虞羅振玉編

民國四年(1915)上虞羅氏鉛印雪堂叢刻本　國圖　中科院　北大　上海　復旦　天津　遼寧　甘肅　南京　浙江　湖北　四川

1994 年上海書店出版社叢書集成續編本

集 10004902

深柳堂文集一卷

(清)烏程沈登瀛撰　(清)歸安丁桂編

清鈔本　復旦

1994 年上海書店出版社叢書集成續編本

集 10004903

二如居贈答詩二卷二如居贈答詞一卷

(清)錢塘汪鉽撰

清代詩文集彙編本

集 10004904

借閒生詩三卷詞一卷

(清)錢塘汪遠孫撰

清道光二十年(1840)汪氏振綺堂刻本　國圖　中科院　復旦

2002 年上海古籍出版社影印續修四庫全書本

清代詩文集彙編本

集 10004905

澄懷堂文鈔一卷詩選一卷詩外五卷

(清)錢塘陳裴之撰

清嘉慶二十二年至道光三年(1817～1823)自刻本　中山　上海

集 10004906

澄懷堂詩存真録八卷

(清)錢塘陳裴之撰

稿本(清張炳翔注、清葉廷管校記)　蘇州

集 10004907

澄懷堂詩外四卷

(清)錢塘陳裴之撰

清嘉慶二十二年(1817)陳樹之等刻本　中科院　上海

集 10004908

澄懷堂詩集十四卷

(清)錢塘陳裴之撰

清道光九年(1829)刻本　南京湖南　上海

集 10004909

紅柳山莊遺稿二卷

(清)平湖朱錫山撰

清咸豐四年(1854)刻本　上海

集 10004910

朱布衣詩選一卷

(清)平湖朱錫山撰

清同治十一年(1872)靜安堂重刻本　上海

集 10004911

又其次齋詩集七卷

(清)遂昌吳世涵撰

清道光二十二年(1842)刻本　中科院

清咸豐二年(1852)宜園刻本　國圖　首都

集 10004912

拜石山房詩集五卷

(清)會稽陳登泰撰　(清)海鹽沈炳垣編次

清咸豐間刻本　國圖

集 10004913

友十花樓詩存不分卷

(清)永嘉曾燡撰

清咸豐六年(1856)刻本　中社科院文學所

鈔本　溫州

民國永嘉黃氏敬鄉樓鈔本　溫州

集 10004914

瑞芝草堂詩稿一卷

(清)臨海彭澤撰

鈔本　臨海項士元藏

集 10004915

瑞芝草堂詩稿不分卷

(清)臨海彭澤撰　(清)臨海黃瑞輯

清鈔本　臨海博

集 10004916

蓮因室遺集三卷

(清)錢塘鄭蘭孫撰

清光緒元年(1875)仁和徐琪刻香海盦叢書本　國圖　上海　中科院

集 10004917

鄭太宜人遺詩四卷遺文一卷

(清)錢塘鄭蘭孫撰

清光緒間刻誦芬詠烈編本　南京

集 10004918

蓮因室詩集不分卷

(清)錢塘鄭蘭孫撰

清咸豐四年(1854)刻本　中科院

集 10004919

蓮因室詩集二卷

(清)錢塘鄭蘭孫撰

清仁和徐氏刻光緒二十年(1894)
彙印香海盦本　浙江

集 10004920

蓮因室詞一卷補一卷

(清)錢塘鄭蘭孫撰

清光緒三十四年(1908)刻徐氏一
家詞本　國圖　清華　南京　上海
遼寧　港中山
清代家集叢刊續編本

集 10004921

都梁香閣詩集一卷

(清)錢塘鄭蘭蓀撰

清宣統三年(1911)刻本　國圖
中山

集 10004922

棣華堂詩稿一卷

(清)仁和錢廷頲撰

清光緒二十二年(1896)刻湖墅錢
氏家集本　南京　日京大人文研
北大　上海

集 10004923

醉六山房詩鈔四卷

(清)鄞縣王日章撰

清同治間刻本　國圖

集 10004924

醉六山房詩鈔不分卷

(清)鄞縣王日章撰

鈔本　中科院

集 10004925

落騩樓文稿一卷

(清)烏程沈垚撰

稿本　上海　中科院

集 10004926

落騩樓文遺稿一卷

(清)烏程沈垚撰

清鈔本　上海

集 10004927

落騩樓文稿四卷

(清)烏程沈垚撰　(清)張石舟輯

清道光二十七年至二十九年
(1847~1849)靈石楊氏刻連筠簃叢
書本　國圖　中科院　北大　上海
復旦　遼寧　天津　山東　南京
浙江　湖北　甘肅　四川
清道光二十七年(1847)刻本
國圖

集 10004928

落帆樓文集四卷

(清)沈垚撰

民國嘉業堂刻本　安吉博

集 10004929

落騩樓文集剩稿二卷

（清）烏程沈垚撰

清光緒間貴池劉氏刻聚學軒叢書本　國圖　中科院　北大　上海　復旦　天津　遼寧　甘肅　南京　浙江　湖北　四川

清光緒間刻本　南京

集 10004930

落颿樓文集二十四卷補遺一卷

（清）烏程沈垚撰　（清）烏程汪曰楨編

民國間吳興劉氏嘉業堂刻吳興叢書本　國圖　中科院　上海　復旦　寧夏　南京　浙江　湖北　雲南

民國六年（1917）刻本　國圖

民國間吳興劉氏嘉業堂刻 1986 年文物出版社重印吳興叢書本　遼寧

2002 年上海古籍出版社影印續修四庫全書本

集 10004931

落颿樓文稿三卷外稿一卷

（清）烏程沈垚撰

清鈔本　浙江

集 10004932

詩禪室詩集三十卷

（清）海寧查冬榮撰

清同治四年（1865）刻本　蘇州

清代詩文集彙編本

集 10004933

詩禪室詩集二十八卷

（清）海寧查冬榮撰

清同治四年（1865）刻本　國圖

集 10004934

詩禪室詩集三十卷

（清）海寧查冬榮撰

清同治四年（1865）刻本　蘇州

集 10004935

炊經酌史閣集五卷（河洛集、東游集、周甲集、思歸集、感悼集

（清）海寧查冬榮撰

清鈔本　國圖

集 10004936

韓江十二釵詩一卷

（清）海寧查冬榮撰

雙壽千文一卷

（清）錢塘桑庭梧撰

清刻本　海寧

集 10004937

緘石集一卷

（清）鎮海胡濱撰

清活字印本　浙江

清咸豐三年（1853）刻本　蘇州

集 10004938

知畏齋稿三卷

（清）海寧查人渶撰

清道光十八年（1838）刻本　上海

集 10004939

知畏齋文稿一卷

(清)海寧查人漢撰

清鈔本　浙江

集 10004940

德輿集不分卷

(清)烏程淩塈撰

清道光吳興淩氏刻淩氏傳經堂叢
書本　國圖　上海　浙江

集 10004941

德輿集無卷數

(清)烏程淩塈撰

清道光間刻本　復旦

集 10004942

瑤華閣詩草一卷詞草一卷

(清)錢塘袁綬撰

稿本　浙江

集 10004943

**瑤華閣詩草一卷閩南雜詠一卷
詞二卷**

(清)錢塘袁綬撰

清同治二年(1863)刻本　國圖

清同治六年(1867)吳師祁等刻本
中科院

清宣統二年(1910)陝西圖書館鉛
印本　中科院

集 10004944

瑤華閣詩草補遺一卷

(清)錢塘袁綬撰

清光緒十八年(1892)勤裕堂鉛印
隨園三十八種本　國圖　北師大
上海

民國七年(1918)上海文明書局石
印隨園三十八種本　遼寧　湖北

臺灣新文豐公司叢書集成三編本

清代詩文集彙編本

集 10004945

溫次言先生詩錄一卷

(清)仁和溫汝超撰

清光緒八年(1882)趙氏刻本　中
科院　浙江

集 10004946

自怡齋文存六卷

(清)仁和溫汝超撰

清光緒十年(1884)刻本　金華博

集 10004947

**會稽山齋全集(會稽山齋文集十
二卷文續集六卷詩集五卷詩續一
卷經義一卷詞一卷蒙泉子一卷)**

(清)紹興(江蘇陽湖人,祖籍紹
興)謝應芝撰

清光緒十四年(1888)刻本　國圖
上海　　清鈔本　福建　中大
(無蒙泉子,佚名點校)

集 10004948

竹素居詩存一卷

(清)桐鄉沈家珍撰

清咸豐五年(1855)刻雙瓣香編本
上海　中山

集 10004949

蝶影軒存稿四卷補遺一卷

（清）李續香撰　（清）秀水王相輯

鈔本　中社科院文學所

集 10004950

蒓渚詩鈔二卷

（清）石門吳無忌撰

清光緒十八年(1892)重刻本　浙江

集 10004951

蒓齋詩鈔二卷

（清）石門吳無忌撰

清光緒十八年(1892)世同堂刻石
門吳氏家集本　上海　浙江

集 10004952

如是齋吟草一卷

（清）海寧查端杼撰

清道光十二年(1832)刻本　國圖

清道光十五年(1835)刻查揆　篔
谷詩鈔附

集 10004953

井養草堂詩鈔二卷

（清）浙江馬承福撰

清咸豐五年(1855)刻本　南開

集 10004954

吟香舫吟稿不分卷

（清）平陽黃青霄撰

清咸豐五年(1855)崇禮堂刻本
溫州

民國間永嘉鄉著會鈔本　溫州

集 10004955

竺岊詩存一卷

（清）海鹽張賜采撰

清宣統三年(1911)刻本　國圖

稿本　上海

集 10004956

瘦藤書屋詩鈔一卷

（清）平湖蔣槐撰

清咸豐五年(1855)刻本　上海

集 10004957

老梅書屋遺詩一卷

（清）仁和錢辰吉撰　（清）仁和錢
錫賓等輯

清光緒二十二年(1896)刻湖墅錢
氏家集本　北大　上海

集 10004958

少坡遺詩一卷

（清）仁和錢廷燿撰

清光緒二十二年(1896)刻湖墅錢
氏家集本　北大　南京　上海　日
京大人文研

集 10004959

三千藏印齋詩鈔四卷

（清）桐鄉沈淮撰

清道光二十四年（1844）刻本
國圖
清代詩文集彙編本（八卷）

集 10004960
漱琴室存稿八卷（仰止編三卷、
説性、考禮、雜著、可簡廬筆記
（清）山陰高驤雲撰
清道光二十七年（1847）時術堂漱
泉仙館刻本　國圖　首都
清代詩文集彙編本

集 10004961
津河客集一卷
（清）山陰高驤雲撰
清咸豐十一年（1861）刻本　國圖
南開

集 10004962
仰止集三卷
（清）山陰高驤雲撰
稿本　國圖

集 10004963
鑑湖逸客吟稿一卷
（清）山陰高驤雲撰
稿本（清高驤雲識語）　浙江

集 10004964
鑑湖逸客吟稿一卷補遺一卷
（清）山陰高驤雲撰
清鈔本　浙江

集 10004965
談瀛閣詩稿八卷（秋蟲吟、海外
吟、春柳吟、海上吟各二卷）附詩
餘一卷
（清）錢塘袁祖志撰
清光緒十二年（1886）刻本　北大

集 10004966
談瀛録三卷（海外吟二卷海上吟
一卷）
（清）錢塘袁祖志撰
清光緒十七年（1891）同文書局石
印本　國圖

集 10004967
南北竹枝詞一卷
（清）錢塘袁祖志撰
清光緒二年（1876）刻本　南京

集 10004968
海上竹枝詞一卷
（清）錢塘袁祖志撰
清光緒二年（1876）刻本　日國會

集 10004969
重桂堂集十一卷
（清）上虞許正綏撰
清光緒十年（1884）許傳□、許傳
霈刻本　國圖　中科院

集 10004970
張藕塘遺詩不分卷
（清）山陰張淳撰

民國間鈔本　温州

集 10004971

坐花書屋詩録二卷行狀一卷

（清）錢塘諸鎮撰

清光緒十六年（1890）諸可寶等刻本　中科院

集 10004972

金鼇山房詩稿四卷

（清）平湖韓維鋪撰

稿本　雲南

集 10004973

補松詩稿約鈔一卷

（清）浙江丁慶霄撰

清咸豐六年（1856）刻本　上海

集 10004974

鶴天鯨海焚餘稿六卷

（清）海鹽朱昌頤撰

清同治四年（1865）德馨堂刻本　國圖　中科院

集 10004975

紅樓夢賦一卷

（清）蕭山沈謙撰

稿本　中社科院文學所

清道光二十六年（1846）刻本　中科院

集 10004976

嘯雲集一卷

（清）歸安沈棣華撰

鈔本　雲南

集 10004977

也足山房吟草一卷

（清）仁和沈鳳梧撰

清刻本　南京

集 10004978

聽香齋集十卷

（清）仁和胡珵撰

清咸豐四年（1854）刻本　南京

集 10004979

心香閣存稿不分卷

（清）嘉善胡鼎鐘撰

鈔本　嘉善

集 10004980

小題襟集一卷

（清）嘉善胡鼎鐘撰

稿本　嘉善

集 10004981

梧竹山房存稿一卷

（清）山陰孫暉撰

清咸豐六年（1856）孫沂刻本　南京

集 10004982

紅巖山房詩集十二卷

（清）寧海徐鏞撰

稿本　徐仲甫藏

集 10004983

娟風軒遺稿二卷

（清）會稽屠湘之撰

鈔本　中科院

集 10004984

夢園居士存稿一卷

（清）陳長庚撰　（清）秀水王相輯

清咸豐八年(1858)芳閣刻友聲集
本　國圖　中科院　上海　南京
復旦

集 10004985

東汀小稿五卷

（清）慈溪葉愚撰

清刻巾箱本　南京

集 10004986

詠史新樂府一卷

（清）諸暨程燮撰

稿本(蔡復午題詩)　安大

集 10004987

桂辛山人詩稿一卷書學雅言一卷

（清）山陰楊鼎撰

稿本　浙江

集 10004988

重遠齋吟稿一卷

（清）山陰楊鼎撰

清鈔本　浙江

集 10004989

蔣村草堂稿一卷

（清）錢塘(一作仁和)蔣炯撰

清嘉慶間抱山堂刻同岑詩選本
南京

集 10004990

真意齋詩存一卷詩外一卷

（清）海寧許楣撰

清同治六年(1867)刻本　國圖
餘杭

集 10004991

真意齋遺著二卷

（清）海寧許楣撰

清宣統三年(1911)木活字印本
首都

集 10004992

九峯山房詩畧不分卷

（清）臨海張綺撰

清同治間刻本　青島

集 10004993

養素居詩初編一卷二編一卷

（清）秀水董燿撰

清光緒間刻本　南京

集 10004994

芷湘吟稿不分卷

（清）海寧管庭芬撰

稿本　浙江

集 10004995

越遊小錄一卷

　(清)海寧管庭芬撰

　稿本花近樓叢書本　國圖

集 10004996

渟溪老屋自娛集二卷補遺七卷
芷湘吟稿不分卷

　(清)海寧管庭芬撰

　稿本(補遺配管偉之鈔本，管元耀
跋)　海寧

集 10004997

渟溪老屋題畫詩不分卷

　(清)海寧管庭芬撰　海寧管元
耀輯

　清宣統三年(1911)管元耀鈔本
(管元耀跋)　浙江

集 10004998

翠浮閣遺詩不分卷

　(清)仁和魏謙升撰

　鈔本　南京

集 10004999

柴辟亭詩集四卷

　(清)嘉興沈濤撰

　清道光二十二年(1842)刻沈西雍
遺著本　中科院

　清代詩文集彙編本

集 10005000

柴辟亭詩二集一卷十經齋文二

集一卷九曲漁莊詞二卷

　(清)嘉興沈濤撰

　民國二十五年(1936)建德周氏刻
十經齋遺集本

　清代詩文集彙編本

集 10005001

十經齋詩二集一卷

　(清)嘉興沈濤撰

　民國二十五年(1936)建德周氏自
莊嚴堪刻十經齋遺集本　國圖　中
科院　北大　上海　復旦　天津
甘肅　浙江　中山

集 10005002

十經齋文集二卷

　(清)嘉興沈濤撰

　清嘉慶間刻本　國圖

　鈔本　首都

集 10005003

十經齋文集四卷

　(清)嘉興沈濤撰

　清道光二十二年(1842)刻沈西雍
遺著本　中科院

　清代詩文集彙編本

集 10005004

十經齋文二集一卷

　(清)嘉興沈濤撰

　民國二十五年(1936)建德周氏自
莊嚴堪刻十經齋遺集本　國圖　中
科院　北大　上海　復旦　天津

甘肅　浙江　中山

集 10005005

青箱館詩鈔八卷

　(清)嘉善沈丹培撰

　清道光十九年(1839)刻本　上海

集 10005006

青箱館詩鈔十五卷

　(清)嘉善沈丹培撰

　清道光間刻本　上海

集 10005007

青箱雜俎不分卷

　(清)嘉興沈丹培撰

　清道光二十七年(1847)刻本
上海

集 10005008

青箱館雜組八卷

　(清)嘉善沈丹培撰

　清道光二十八年(1848)刻本
嘉善

集 10005009

談劍廬詩稿二卷

　(清)李思中撰　鄞縣李廷翰輯

　民國十一年(1922)鉛印槎溪李氏
詩四種本　上海

集 10005010

**三紅吟館詩鈔四卷(壑雲集、彳
亍集、三中集、鶴樓集各一卷)**

　(清)平湖何慶熙撰

　清咸豐間刻本　國圖

集 10005011

三紅吟館文鈔二册

　(清)平湖何慶熙撰

　清咸豐七年(1857)刻本　山大

集 10005012

桁山草閣詩稿五卷

　(清)山陰胡希銓撰

　清光緒十年(1884)刻本　中山

集 10005013

桁山草閣詩稿及附錄五卷

　(清)山陰胡希銓撰

　稿本　南京

集 10005014

朱藤老屋詩鈔一卷

　(清)烏程高錫蕃撰

　道咸間刻本　國圖

集 10005015

半存吟一卷

　(清)海寧孫祖望撰　(清)孫清輯

　清光緒十七年(1891)芳潤閣刻映
雪廬詩稿本　南京

集 10005016

**雪映廬遺稿三卷附雪映廬唱和
藳存一卷**

　(清)海寧孫祖望、孫祖珍、孫祖京

撰　(清)孫清輯

　　清光緒十七年(1891)芳潤閣刻本

嘉興

集 10005017

春暉堂文集五卷

　　(清)嘉興徐金詒撰

　　清咸豐七年(1857)刻本　浙江

上海

集 10005018

雁山遊草不分卷

　　(清)永嘉曾佩雲撰

　　清道光二十七年(1847)刻本

溫州

集 10005019

怡園同懷吟草不分卷

　　(清)永嘉曾佩雲　(清)曾喬雲撰

　　清同治十二年(1873)系虹舫刻本

浙江　溫州

集 10005020

雲津詩鈔二卷文鈔四卷

　　(清)新昌楊世植撰

　　民國間楊際時等石印本　南京

金華博

集 10005021

蔡詩船先生詩稿一卷

　　(清)蕭山蔡名衡撰

　　稿本　浙江

集 10005022

小柯亭詩集二十四卷

　　(清)蕭山蔡名衡撰

　　清鈔本(存卷一至三、十三至十

八)　浙江

集 10005023

望古遥集不分卷

　　(清)蕭山蔡名衡撰

　　鈔本　南京

集 10005024

蜕石文鈔一卷

　　(清)德清蔡壽昌撰

　　清道光元年(1821)刻本　南京

　　清抄本　浙江

　　民國十二年(1923)刻本　國圖

　　清鈔本　中科院

　　1994年上海書店出版社叢書集

成續編本

集 10005025

梅窩吟草一卷

　　(清)嘉善謝玉樹撰

　　鈔本　嘉善

集 10005026

小斜川室初存詩二卷

　　(清)錢塘吳安業撰

　　清咸豐五年(1855)刻吳氏一家稿

本　南京　日京大人文研

　　清代家集叢刊續編本

集 10005027

滋德堂集一卷附梅花幻影圖題詞一卷

  （清）鄞縣徐元第撰

    清宣統三年（1911）徐士琛刻本　中科院

    清宣統三年（1911）木活字印本　復旦

集 10005028

介軒文集二十卷

  （清）永嘉張振夔撰

    清同治九年（1870）刻本　國圖（洪坤跋）

    清代詩文集彙編本

集 10005029

讀唐史雜詠一卷

  （清）永嘉張振夔撰

    鈔本　浙江

集 10005030

小墨林詩鈔一卷

  （清）錢塘項廷紀撰

    稿本　揚州

集 10005031

枯蘭集一卷雜著一卷

  （清）錢塘項廷紀撰

    稿本　揚州

集 10005032

蠡測集一卷

  （清）臨海董燁撰

    清光緒間刻本　南京（有鈔配）

集 10005033

董枚臣遺稿不分卷

  （清）臨海董燁撰

    鈔本　臨海項士元藏

集 10005034

董枚臣先生遺稿四卷

  （清）臨海董燁撰

    清抄本　臨海博

集 10005035

蠡測集三卷網殘集一卷

  （清）臨海董燁撰

    清光緒十四年（1888）刻本　臨海博

集 10005036

味梅吟草不分卷

  （清）仁和董鏞撰

    清咸豐九年（1859）刻本　國圖

集 10005037

伊園文鈔四卷詩鈔三卷

  （清）秀水王景賢撰

    清同治十三年（1874）三山王氏刻義停山館集本　國圖　中科院　北大　上海　南京　中山　四川

    清代詩文集彙編本

集 10005038

蘭心閣詩稿一卷

（清）嘉興朱瑩撰

清咸豐八年（1858）刻張晉燮清儀閣刻世德堂集本　中科院

集 10005039

小桐溪雜詠一卷

（清）海寧吳敦撰

清徐氏汲脩齋鈔汲修齋叢書本　國圖

集 10005040

皋亭山館詩草八卷

（清）錢塘范元偉撰

清道光間刻本　南京

集 10005041

皋亭山館詩草（存一卷）

（清）錢塘范元偉撰

清抄本　臨海博

集 10005042

蹄涔詩文集五卷

（清）平湖俞鈺撰

清道光間刻本　南京

集 10005043

芷衫詩鈔二卷

（清）平湖俞鈺撰

清道光初刻本　南京

集 10005044

蹄涔集四卷

（清）平湖俞鈺撰

清道光三十年（1850）刻本　國圖

集 10005045

立荂詩草二卷

（清）慈溪姚朝翮撰

稿本　復旦

集 10005046

東鞏集一卷

（清）温嶺戚桂裳撰

清同治八年（1869）雙硯齋活字印彤盦雙璧本　國圖　上海

集 10005047

蛾術山房詩稿二卷

（清）嘉興葉煒撰

清道光二十年（1840）旬餘山房刻本　中社科院文學所

集 10005048

漢口竹枝詞六卷

（清）餘姚葉調元撰

清道光間刻本　國圖

清鈔本　國圖

集 10005049

東掖山房遺稿不分卷

（清）臨海單煜撰

稿本　臨海項士元藏

集 10005050

紅雪山房集七卷

（清）臨海劉暄之撰

稿本　浙江

集 10005051

口口堂文稿不分卷

（清）山陰楊禹江撰

清鈔本　羅振常《善本書所見錄》
著錄

集 10005052

募梅精舍詩存三卷

（清）山陰釋徹凡撰

清咸豐八年（1858）南湖興教禪院
刻本　國圖（佚名題識）　中科院
中社科院文學所

集 10005053

見青閣遺稿一卷

（清）錢塘鮑靚撰

稿本　杭縣許季明藏

集 10005054

不秋草堂詩鈔一卷

（清）海鹽顧燮綸撰

清咸豐間刻本　南京

集 10005055

香南雪北廬詩一卷

（清）仁和吳藻撰

清末評花仙館鉛印本　南京

集 10005056

花簾書屋詩

（清）仁和吳藻撰

民國四年（1915）西泠印社聚珍板
印碧城仙館女弟子詩本

集 10005057

西湖吟一卷

（清）仁和陸璣撰

1988～2000 年書目文獻出版社
影印北京圖書館古籍珍本叢刊本

集 10005058

濱湖軒遺詩稿一卷

（清）鄞縣徐時楷撰

清同治三年（1864）初刻未印本
國圖

清光緒七年（1881）重刻本　國圖

集 10005059

含暉堂遺稿二卷

（清）錢塘陳觀西撰

清同治七年（1868）陳福慶刻本
南京

清代詩文集彙編本

集 10005060

冰凝鏡澈之齋詩文詞集不分卷

（清）歸安錢雲輝撰

稿本　常熟俞氏家藏

集 10005061

韓鄂書屋集五卷

（清）平湖錢福昌撰

清道光十八年（1838）刻本　上海

集 10005062

悔過齋未定稿（悔過齋文稿）七卷

（清）平湖顧廣譽撰

清咸豐七年（1857）朱壬林刻本

中科院　浙江

集 10005063

悔過齋文集七卷

（清）平湖顧廣譽撰

清光緒三年（1877）顧鴻昇刻平湖

顧氏遺書本　國圖　中科院　上海

復旦　遼寧　福師大

集 10005064

悔過齋續集七卷補遺一卷

（清）平湖顧廣譽撰

清光緒三年（1877）顧鴻昇刻平湖

顧氏遺書本　國圖　中科院　上海

復旦　遼寧　福師大

集 10005065

悔過齋文續稿十卷補遺一卷劄

記一卷詩稿三十卷

（清）平湖顧廣譽撰

清光緒三年（1877）朱之榛刻本

中社科院近研所　山東

集 10005066

悔過齋文集六卷

（清）平湖顧廣譽撰

清鈔本　中社科院文學所

集 10005067

悔過齋集外文二卷

（清）平湖顧廣譽撰

清平湖孫氏鈔本　上海

集 10005068

新安雜詠一卷

（清）歸安丁芮模撰

清嘉慶二十四年（1819）脈望齋刻

本　國圖　南京

集 10005069

穎園雜詠一卷

（清）歸安丁芮模撰

清嘉慶二十四年（1819）脈望齋刻

本　國圖　南京

集 10005070

紅豆軒詩一卷

（清）仁和汪蘅撰

清咸豐元年（1851）刻本　南京

集 10005071

琴軒詩草不分卷

（清）嘉善李祖桐撰

鈔本　嘉善

集 10005072

寓庸室殘稿一卷

（清）諸暨余坤撰

清同治間徐光第刻本　中科院

集 10005073

寓庸室遺詩不分卷

（清）諸暨余坤撰

清同治間刻本　安徽社科院

集 10005074

寓庸室詩稿一卷

（清）諸暨余坤撰

民國六年（1917）余重輝南昌石印
本　中科院

集 10005075

留香閣詩稿一卷

（清）鄞縣范震莘撰

清鈔本　國圖

集 10005076

卍竹山莊存稿二卷

（清）山陰徐燊撰

清咸豐九年（1859）刻本　南京

集 10005077

嘯篁居吟稿一卷

（清）海鹽徐人治撰

清咸豐九年（1859）刻本　南京

集 10005078

萍影集不分卷

（清）仁和許機撰

清咸豐九年（1859）刻本　中社科
院文學所

集 10005079

梅雪堂稿不分卷

（清）瑞安曹應樞撰

清道光十八年（1838）稿本　溫州

集 10005080

梅雪堂詩集十卷

（清）瑞安曹應樞撰

清咸豐三年（1853）唐虞勳録古齋
刻本　中科院　復旦

集 10005081

茹古堂文集三卷

（清）瑞安曹應樞撰

清咸豐四年（1854）唐虞勳録古齋
刻本　中科院

集 10005082

問己齋詩集四卷

（清）鄞縣張培仁撰

清咸豐九年（1859）初刻本　寧波
清光緒二年（1876）重刻本　寧波
初刻本　中社科院

集 10005083

西堂詩集不分卷

（清）鄞縣董元成撰

稿本　天一閣

集 10005084

丹崖草堂詩一卷

（清）錢塘楊梓撰

約清道光間刻本　南京

集 10005085

狷齋遺稿五卷

（清）錢塘鄒志路撰

清道光四年(1824)刻本　中社科院文學所

清同治八年(1869)錢塘鄒氏刻本　國圖

集 10005086

狷齋詩二卷西江遊草一卷

（清）錢塘鄒志路撰

稿本　南京

集 10005087

紅芙吟館詩鈔一卷詩餘一卷

（清）錢塘嚴麗正撰

稿本　浙江

集 10005088

補讀室詩稿十卷

（清）餘姚朱蘭撰

民國二十二年(1933)中華書局鉛印本　首都

清代詩文集彙編本

集 10005089

寄静草堂己未詩稿一卷

（清）餘姚朱蘭撰

民國九年(1920)鉛印本　上海

集 10005090

朱蘭文稿不分卷

（清）餘姚朱蘭撰

鈔本　上海

集 10005091

自得齋吟草一卷

（清）海鹽徐槐庭撰

清光緒元年(1875)刻本　南京

集 10005092

病餘詩草一卷

（清）仁和葉爾安撰

稿本(清張吉梁跋)　上海

集 10005093

恬養齋詩集五卷

（清）新登（一作錢塘）羅以智撰

稿本　上海

集 10005094

恬養齋文稿一卷

（清）新登（一作錢塘）羅以智撰

稿本　南京

集 10005095

羅以智文稿一卷

（清）新登（一作錢塘）羅以智撰

清鈔本　中科院

集 10005096

恬養齋文鈔四卷補遺一卷

（清）新登（一作錢塘）羅以智撰

民國二十九年(1940)上海合衆圖書館鉛印本　首都　上海

集 10005097

石厰詩草不分卷

（清）山陰朱英撰

稿本　中社科院文學所　中山

集 10005098

石庵詩草四卷

（清）山陰朱英撰

清道光咸豐間稿本　臺圖

集 10005099

石厰叢草一卷

（清）山陰朱英撰

稿本　天一閣（馮貞羣題記）

集 10005100

天隨集二卷

（清）山陰朱英撰

清道光咸豐間稿本　臺圖

集 10005101

山人餘事草一卷

（清）臨海朱華撰

稿本　臨海項士元藏

集 10005102

紅柿葉館詩草不分卷

（清）嘉善朱光燁撰

鈔本　嘉善

集 10005103

可長久室詩存六卷

（清）錢塘吳宗麟撰

清咸豐十年（1860）上海刻本　中
社科院文學所

集 10005104

逸園詩稿不分卷

（清）太平林茂堃撰

稿本　臨海項士元藏

集 10005105

逸園詩草一卷

（清）太平林茂堃撰

清抄本　臨海博

集 10005106

麗華堂遺稿二卷

（清）嘉興姚丙禧撰

清同治八年（1869）刻本　日京大
人文研

集 10005107

青櫨山房詩鈔十一卷附壽詩一卷

（清）鄞縣馬士龍撰

清光緒元年（1875）刻本　上海
遼寧　南開　復旦　華東師大　安
徽師大　奉化文管會

集 10005108

桂一齋僅存稿不分卷

（清）海寧莊錦撰

清光緒二十二年（1896）刻本
北大

集 10005109

譜花吟館詩鈔一卷

（清）平湖崔廷琛撰

清咸豐十年(1860)刻本　中社科院文學所

集 10005110

梅花吟館詩存二卷

（清）仁和方照撰

清道光間刻本　南京

集 10005111

晚晴樓詩稿不分卷

（清）慈溪王棻撰

清光緒間鈔本　國圖

集 10005112

待蘭軒存稿二卷

（清）王欽霖撰　（清）秀水王相評定

清咸豐八年(1858)芳閣刻友聲集本　國圖　中科院　上海　南京　復旦

集 10005113

天香樓詩集一卷

（清）仙居王魏勝撰

鈔本　中科院

集 10005114

畫石山房文集不分卷

（清）仙居王魏勝撰

清抄本　臨海博

集 10005115

沈文忠公集十卷首自訂年譜一卷

（清）錢塘沈兆霖撰

清代詩文集彙編本

集 10005116

使西江草一卷日記一卷重使西江草一卷日記一卷

（清）錢塘沈兆霖撰

清末鈔本　中科院

集 10005117

槐廳草一卷吉柅軒集一卷眷闕草一卷附詞一卷

（清）錢塘沈兆霖撰

稿本　武漢

集 10005118

假歸草一卷槐廳小草一卷

（清）錢塘沈兆霖撰

稿本(清沈敦韶批點)　武漢

集 10005119

習琴堂詩集二卷

（清）臨海李旭陽撰

清末鍾秀盦刻本　浙江

清代家集叢刊續編本

集 10005120

梅墅詩稿一卷

（清）臨海李宣陽撰

清末鍾秀盦刻本　浙江

清代家集叢刊續編本

集 10005121

雪園詩稿一卷

（清）臨海李世金撰

清末鍾秀盦刻本　浙江

清代家集叢刊續編本

集 10005122

夢覺草堂詩稿一卷

（清）臨海李肇桂撰

清末鍾秀盦刻本　浙江

清代家集叢刊續編本

集 10005123

燹餘吟四卷

（清）桐鄉陸以湉撰

清鈔本　國圖

集 10005124

静宜閣詩集八卷

（清）錢塘楊素書撰

稿本　吳縣潘氏藏

集 10005125

戴文節遺稿不分卷

（清）錢塘戴熙撰

稿本　臺圖

集 10005126

訪粵集一卷續編一卷

（清）錢塘戴熙撰

清道光二十年（1840）刻本　國圖

（無續編）

清道光二十年（1840）廣州刻二十

七年（1847）增修

集 10005127

訪粵續集一卷

（清）錢塘戴熙撰

稿本（清龍啓瑞題詠，清張維屏校

並跋）　浙江

集 10005128

習苦齋詩集八卷文集四卷

（清）錢塘戴熙撰

清同治六年（1867）張曜刻本　中

科院　復旦　蘇州　上海

2002 年上海古籍出版社影印續

修四庫全書本

清代詩文集彙編本

集 10005129

習苦齋詩集八卷集外詩一卷題
跋一卷雜考一卷筆記一卷

（清）錢塘戴熙撰

民國九年（1920）戴克敦鉛印本

（戴兆衡跋）　國圖

集 10005130

野航詩草一卷

（清）錢塘戴熙撰

稿本（清魏謙升等批）　浙大

集 10005131

冬熙室小集一卷

（清）錢塘戴熙撰

稿本　浙大

集 10005132

戊戌集一卷訪粵集二卷

（清）錢塘戴熙撰

稿本（清唐甫批）　浙大

集 10005133

習苦齋詩集一卷

（清）錢塘戴熙撰

稿本　上海

集 10005134

習苦齋詩約鈔一卷

（清）錢塘戴熙撰

十家詩本

集 10005135

鹿床小稿不分卷

（清）錢塘戴熙撰

稿本（清魏謙升批並跋）　浙大

集 10005136

先文節公度歲百詠遺稿二卷

（清）錢塘戴熙撰

戴槤孫鈔本　浙江

集 10005137

習苦齋古文一卷

（清）錢塘戴熙撰

清習苦齋鈔本　北大

集 10005138

習苦齋古文四卷

（清）錢塘戴熙撰

清同治六年（1867）刻本　復旦

集 10005139

小怡紅初稿二卷

（清）桐鄉嚴廷珏撰

清嘉慶間刻本　青島

集 10005140

小琅玕山館詩鈔十卷詩餘一卷

（清）桐鄉嚴廷珏撰

清咸豐四年（1854）桐鄉嚴氏黔陽刻本　國圖　北大　南京

清同治十二年（1873）申江榷署刻本　中科院　復旦

集 10005141

松齋憶存草（松齋詩鈔）不分卷

（清）武康王誠撰

清光緒十二年（1886）刻本　首都

清劉履芬鈔本　國圖

集 10005142

甫遠山人遺稿一卷

（清）武康王誠撰

十家詩本

集 10005143

吟碧樓詩稿五卷

（清）紹興王椿齡撰

鈔本（存卷三至五）　浙江

集 10005144

吟碧樓雜著始存□卷

（清）鑑湖王椿齡撰

抄本　浙江

集 10005145

鳩安山房吟草一卷

（清）江山毛以南撰

稿本（朱家麒、郭炳儀跋）　浙江

集 10005146

**披荊集一卷飄蓬集一卷寄籬集
一卷守株集一卷擬古樂府一卷
鳩安山房吟草一卷**

（清）江山毛以南撰

清稿本　浙江（清朱家麒、郭炳
儀、吳樹芳跋）

集 10005147

小磊山人吟草二卷

（清）江山毛以南撰

清稿本　江山博

衢州文獻集成本

集 10005148

守株集一卷

（清）江山毛以南撰

清稿本　江山博

衢州文獻集成本

集 10005149

致和堂詩稿初編二卷

（清）江山毛以南撰

清稿本　江山博

衢州文獻集成本

集 10005150

致和堂詩稿二卷附錄一卷

（清）江山毛以南撰

清稿本　江山博

衢州文獻集成本

集 10005151

海鷗集存稿十卷

（清）成儁撰　（清）秀水王相選輯

清咸豐八年（1858）芳閣刻友聲集
本　國圖　中科院　上海　南京
復旦

集 10005152

餘暉樓遺稿不分卷

（清）平湖朱廷錡撰

清咸豐三年（1853）刻本　浙江

集 10005153

静濤齋詩草一卷

（清）嘉善朱時謙撰

清道光十八年（1838）刻本　上海
嘉善

集 10005154

蘋香館詩稿六卷附試帖詩二卷

（清）歸安汪耀文撰

清咸豐間刻本　蘇州

集 10005155

懷芬館詩鈔四卷

（清）秀水姚仁瑛撰

清光緒四年（1878）刻本　南京

集 10005156

懷芬館賦鈔一卷

（清）秀水姚仁瑛撰

清光緒間刻本　上海

集 10005157

蕉閑館詩鈔八卷

（清）嘉興唐謨撰

稿本　嘉興

集 10005158

閒中吟一卷

（清）海寧孫祖京撰

清光緒十七年（1891）芳潤閣刻映
雪廬詩稿本　南京

集 10005159

香粟詩稿一卷

（清）錢塘（原籍錢塘，先世遷江蘇
常熟）徐大亨撰

清光緒十三年（1887）刻本　常熟
鈔本　南京

集 10005160

越吟草一卷

（清）海寧張均撰

稿本　浙江

集 10005161

越中吟一卷

（清）海寧張均撰

稿本　浙江

集 10005162

守素齋詩鈔四卷

（清）海寧張均撰

鈔本　浙江

集 10005163

守素齋詩鈔一卷

（清）海寧張均撰　（清）孫瀜選定

鈔本　海寧

集 10005164

芳山近體詩鈔四卷

（清）海寧張均撰

清刻本　安徽

集 10005165

體親樓初稿一卷

（清）海昌張保祉撰

清鈔本（余楙、許可傑跋）　浙江

集 10005166

紀災詩三卷

（清）嘉興張陶詠撰

清咸豐十年（1860）著者稿本
臺圖

集 10005167

盟山堂詩初集四卷

（清）錢塘屠秉撰

清道光六年（1826）刻本　國圖

集 10005168

葆澤堂餘草一卷

(清)秀水陳若蘭撰

清道光二十八年(1848)刻本

國圖

集 10005169

香禪詩草一卷

(清)海鹽楊逢南撰

鈔本　中科院

集 10005170

花韻軒詩鈔一卷

(清)錢塘蔣恭亮撰

清道光間刻本　南京

集 10005171

醉經閣詩鈔□卷

(清)石門蔡錫恭撰

鈔本(存四卷)　南京

集 10005172

鮑雲樓先生詩稿不分卷

(清)瑞安鮑作雨撰

稿本　溫州

集 10005173

六吉齋詩稿不分卷

(清)瑞安鮑作雨撰

稿本　溫州

集 10005174

六吉齋詩鈔五卷

(清)瑞安鮑作雨撰

清同治十二年(1873)刻本　南京

鈔本　中科院

集 10005175

青藜閣詩鈔一卷

(清)山陰劉鴻庚撰

清光緒二十四年(1898)刻本　中
科院　旅大

集 10005176

淥坪遺詩一卷

(清)仁和錢雍撰

清光緒二十二年(1896)刻湖墅錢
氏家集本　北大　南京　上海　日
京大人文研

集 10005177

華影吹笙閣遺稿一卷

(清)嘉興戴小瓊撰

清道光二十五年(1845)刻本
上海

集 10005178

守經堂詩集一卷

(清)平湖沈筠撰

清道光間鈔本(清許瀚等跋)
天津

清光緒十九年(1893)德化李氏木
犀軒鈔本

集 10005179

守經堂詩集四卷

(清)平湖沈筠撰

清道光間刻本　上海

集 10005180

**守經堂詩集四卷附自著書一卷
補亡書目一卷**

(清)平湖沈筠撰

清光緒九年(1883)刻本　中科院

集 10005181

守經堂詩集六卷

(清)平湖沈筠撰

清咸豐四年(1854)刻本　南京

集 10005182

守經堂詩集十卷

(清)平湖沈筠撰　(清)沈佛眉輯

清光緒九年(1883)刻本　國圖
復旦

集 10005183

依舊草堂遺稿二卷

(清)烏程費丹旭撰

清同治七年(1868)錢塘汪氏振綺
堂刻本　國圖

清同治十年(1871)退補齋刻本
常州

鈔本　臺圖

清代詩文集彙編本

集 10005184

依舊草堂未刻詩一卷

(清)烏程費丹旭撰

鈔本　南京

集 10005185

滋蘭詩草四卷

(清)嵊縣王景程撰

清道光十二年(1832)植三堂刻本
南京

集 10005186

枕上吟草一卷

(清)山陰(原籍山陰,僑寓廣東番
禺)汪澐撰

清宣統二年(1910)刻本　中山

集 10005187

正氣齋詩稿不分卷

(清)山陰李楏撰

稿本　浙江

集 10005188

晚翠草堂詩存四卷

(清)海寧吳玉輝撰

稿本　上海

集 10005189

岷源集一卷

(清)海寧吳玉輝撰

稿本　上海

集 10005190

蜀遊吟稿不分卷

(清)海寧吳玉輝撰

稿本　上師大

集 10005191

槐窗詠物詩鈔一卷

（清）遂安余淑芳撰

清刻本　南京

集 10005192

竹泉詩存前集五卷

（清）海寧周勳懋撰

稿本　上海

清代詩文集彙編本

集 10005193

竹泉詩鈔二卷

（清）海寧周勳懋撰

稿本　浙博

集 10005194

小蓬廬雜綴二卷

（清）海寧周勳懋撰

稿本　國圖

清代詩文集彙編本

集 10005195

醉月盦存稿一卷

（清）錢塘姚體崇撰

清末鈔本　北大

集 10005196

逸子詩集八卷

（清）秀水唐員撰

清咸豐九年（1859）刻本　上海

清同治間刻本　南京

集 10005197

山滿樓集七卷附補遺一卷詞鈔三卷

（清）武康徐金鏡撰

清道光二十九年（1849）白鵠山房刻本　南京

集 10005198

季先遺稿一卷補遺一卷

（清）鄞縣徐時榕撰

民國間刻本　國圖

集 10005199

蕊淵詩鈔六卷（自怡集、孤憤集、哀絲集、蕊淵詩稿各一卷、漁唱集二卷）

（清）太平馮芳撰

稿本　浙江

集 10005200

掃雲仙館詩鈔（掃雲仙館古今詩鈔）四卷

（清）衢縣詹嗣曾撰

清同治元年（1862）三衢詹嗣曾木活字印本　浙江

衢州文獻集成本

集 10005201

重蔭樓詩集一卷

（清）德清戴芬撰

清刻本　南京

清同治光緒間烏程汪氏刻荔牆叢刻戴氏三俊集本　國圖　中科院

北大　上海　復旦　南京　浙江
湖北　四川

集 10005202
竹廬詩草二卷
　(清)嘉善鍾汪埏撰
　　清道光間刻本　山西大

集 10005203
問花別墅吟草一卷
　(清)錢塘韓雲濤撰
　　清咸豐間刻本　國圖

集 10005204
倚雲樓遺草一卷
　(清)海鹽朱美英撰
　　清道光十八年(1838)刻本　中科
院　南京　溫州

集 10005205
小園剩藁一卷
　(清)嘉興屈庚興撰
　　清道光元年(1821)刻本　上海
平湖
　　鈔本　上海

集 10005206
守龑齋詩集一卷
　(清)秀水計光忻撰
　　民國十九年(1930)鉛印本　南京

集 10005207
守龑齋詩鈔二卷

(清)秀水計光忻撰
　鈔本　南開

集 10005208
二田齋讀畫絕句一卷詩餘一卷
　(清)秀水計光忻撰
　　鈔本　浙江
　　民國十一年(1922)石印本　南京
嘉興

集 10005209
赤菫遺稿六卷
　(清)慈溪葉元堦撰　(清)定海厲
志編
　　清道光二十五年(1845)退一居刻
本　國圖　南京　中科院

集 10005210
**小隱山樵詩草一卷續刻小隱山
樵詩草一卷文存二卷**
　(清)富陽王義祖撰
　　清光緒二年(1876)王鑾木活字印
本　中科院(缺文存)　北大

集 10005211
小隱山樵文存二卷
　(清)富陽王義祖撰
　　清光緒二十七年(1901)王錕刻本
中科院　復旦　中社科院文學所

集 10005212
小隱山樵集一卷
　(清)富陽王義祖撰

蘊真堂鈔本　南京

集 10005213

淨綠軒詩存二卷附補遺詩一卷

　（清）錢塘包蘊珍撰

　清咸豐六年（1856）浙江吳氏刻本

南京

集 10005214

退庵剩稿一卷

　（清）錢塘沈映鈐撰

　清光緒間刻本　國圖

　清咸豐十年（1860）刻會稽徐氏述

史樓叢書本　上海

集 10005215

退庵剩稿一卷退庵隨筆一卷

　（清）錢塘沈映鈐撰

　清光緒八年（1882）刻本　上海

集 10005216

學稼軒遺集四卷

　（清）山陰杜寶辰撰

　清鈔本　國圖

集 10005217

碧琅玕館詩鈔一卷綺語一卷附
藕花吟館詩存一卷

　（清）錢塘袁一士撰

　稿本　山東

集 10005218

誰與庵文鈔二卷詩偶存一卷族

譜擬稿一卷

　（清）歸安孫世均撰

　鈔本　美國會

集 10005219

誰與庵文鈔二卷附孫氏先德傳
一卷

　（清）歸安孫世均撰

　清光緒十五年（1889）孫氏守恆堂

刻本　國圖　中科院

集 10005220

孫氏先德傳一卷

　（清）歸安孫世均撰

　清光緒十五年（1889）刻本　國圖

集 10005221

芝秀軒詩存一卷

　（清）錢塘許之敘撰

　稿本　浙江

集 10005222

芝秀軒遺集一卷

　（清）錢塘許之敘撰

　清同治刻本　南京

集 10005223

雙瑞竹館吟鈔一卷

　（清）上虞許傳囊撰

　稿本　浙江

集 10005224

聽鐘山房文集一卷附詩草

（清）嘉善曹衡達撰　曹楞編

鈔本　北師大

集 10005225

思言齋續草不分卷

（清）仁和程鼎撰

清同治二年（1863）刻本　中科院

集 10005226

餘生集一卷

（清）平湖山鳳輝撰

清光緒十五年（1889）書忍字齋張
氏刻本　復旦

集 10005227

可齋集三十三卷

（清）錢塘施鴻保撰

清同治間稿本　臺圖

集 10005228

可齋詩鈔□□卷

（清）錢塘施鴻保撰

稿本（存卷一至七、九至十二、十
五、十七至二十）　中大

2008 年 12 月廣東人民出版社清
代稿鈔本

集 10005229

可齋詩存選六卷

（清）錢塘施鴻保撰

清同治間稿本　臺圖

集 10005230

可齋詩稿不分卷

（清）錢塘施鴻保撰

稿本　南京

集 10005231

還讀我書齋詩鈔不分卷

（清）海寧查紹籛撰

清海昌查氏稿本　北大

集 10005232

友石齋詩三集二卷

（清）仁和高錫恩撰

清同治六年（1867）自刻本　中社
科院文學所

集 10005233

友石齋詩集八卷

（清）仁和高錫恩撰

清光緒十五年（1889）高駿麟等刻
本　中科院

集 10005234

深詣齋文鈔五卷

（清）黃巖黃鑣撰

清同治九年（1870）刻本　中社科
院文學所

集 10005235

鶴巢詩存不分卷

（清）會稽顧淳慶撰

清光緒十二年（1886）顧家相刻本
國圖　首都　中科院

集 10005236

鶴巢詩存一卷附介卿遺草

（清）會稽顧淳慶撰

介卿遺草

（清）會稽顧家樹撰

民國十八年（1929）顧氏金佳石好樓仿聚珍排印顧氏家集本　國圖　上海　南京

集 10005237

雙桂堂詩存四卷

（清）海鹽支清彥撰　曹星煥編

清光緒二十四年（1898）海鹽支氏刻本　國圖　中科院　中社科院文學所

集 10005238

韻玉軒詩稿一卷

（清）海鹽朱春烜撰

清鈔本　南京

集 10005239

十國宮詞二卷

（清）秀水孟彬撰

清道光間吳江沈氏世楷堂刻昭代叢書本　國圖　中科院　北大　上海　復旦　遼寧　山東　南京　浙江　湖北

清宣統間國學扶輪社鉛印香豔叢書本　國圖　北大　上海　黑龍江　吉林　天津　南京　湖北

集 10005240

蚓笛吟一卷

（清）海寧孫祖珍撰　（清）孫清輯

清光緒十七年（1891）芳潤閣刻映雪廬詩稿本　南京

集 10005241

雪映廬唱和藳存一卷

（清）海寧孫祖珍撰

清光緒十七年（1891）芳潤閣刻本　海寧

集 10005242

靈洲山人詩錄六卷

（清）錢塘徐灝撰

清同治三年（1864）廣東萃文堂刻本　國圖　中科院

集 10005243

靈洲山人詩鈔一卷

（清）錢塘徐灝撰

清同治二年（1863）序刻柳堂師友詩錄初編本　國圖　上海　本

集 10005244

通介堂文集一卷

（清）錢塘徐灝撰

民國十三年（1924）中華書局鉛印本　復旦

集 10005245

湖海詩瓢一卷

（清）桐鄉張元吉撰

清咸豐四年(1854)木活字印本
南京

　清光緒十九年(1893)無錫文苑閣
木活字印本

集 10005246

焦桐集四卷

　(清)桐鄉張元吉輯

　清光緒十九年(1893)無錫文苑閣
木活字印本　國圖

集 10005247

嘯雲館詩草不分卷

　(清)烏程陸驥撰

　稿本　復旦

集 10005248

空色同參不分卷

　(清)嘉善(江蘇陽湖人,僑居浙江
嘉善)楊振藩撰

　稿本　中社科院文學所

集 10005249

瀟湘別館詩集六卷

　(清)嘉善(江蘇陽湖人,僑居浙江
嘉善)楊振藩撰

　清末刻本　《續修四庫提要》著録

集 10005250

啓秀軒詩鈔二卷

　(清)山陰劉之萊撰　朱秉璋輯

　清光緒二十三年(1897)徐寓瀛刻
本　中科院

清光緒二十四年(1898)大興朱氏
刻本　國圖　北師大

集 10005251

啓秀軒詩鈔二卷詞一卷

　(清)山陰劉之萊撰

　清光緒二十四年(1898)大興朱氏
刻本　國圖　北師大　中科院

集 10005252

敬遺軒稿二卷

　(清)鄞縣盧椿撰

　清光緒十年(1884)木活字印本
首都　寧波

集 10005253

乍浦紀事詩一卷

　(清)嘉興盧奕春撰

　清宣統二年(1910)花雲閣校印活
字本　中社科院文學所

集 10005254

凝碧軒遺稿一卷附投贈集一卷

　(清)桐鄉沈浩撰

　清道光間刻本　南京

集 10005255

蓮裔合稿不分卷

　(清)鄞縣周紹濂撰

　鈔本　中科院

集 10005256

大梅山館集五十五卷(復莊駢體

文榷八卷二編八卷復莊詩問三
十四卷疏影樓詞五卷)

(清)鎮海姚燮撰

清道光二十六年至咸豐六年(1846~
1856)大梅山館刻本　國圖　首都

復旦(殘本未著錄存缺卷次)

2002年上海古籍出版社影印續
修四庫全書本

集 10005257

復莊詩初稿不分卷

(清)鎮海姚燮撰

稿本　天一閣

集 10005258

詩問稿一卷

(清)鎮海姚燮撰

稿本(清傅謙、清葉廷枚跋)　浙江

集 10005259

詩問稿□□卷

(清)鎮海姚燮撰

稿本(存卷二十六至二十七,清吳
超葉、清丁耀跋,清孔繼鎔、清孔繼
梁題詩)　上海

集 10005260

復莊詩問不分卷

(清)鎮海姚燮撰

稿本(清曹德馨　(清)余文植
(清)潘德興等批校並跋)　天一閣

集 10005261

復莊詩問三十四卷

(清)鎮海姚燮撰

清道光二十六年(1846)大梅山館
刻本　復旦

清道光二十八年(1848)孫廷璋刻
本　南京(清譚儀過錄清蔣敦復批
並跋)

2002年上海古籍出版社影印續
修四庫全書本

集 10005262

西滬櫂歌一卷

(清)鎮海姚燮撰

稿本　天一閣

集 10005263

旂蒙作鄂游申日雜作一卷

(清)鎮海姚燮撰

稿本　國圖

集 10005264

紅犀館詩課□卷

(清)鎮海姚燮撰

稿本(存卷五至七)　天一閣

集 10005265

復莊文酌不分卷

(清)鎮海姚燮撰

稿本(清宗源瀚跋)　上海

集 10005266

復莊文稿不分卷

（清）鎮海姚燮撰

稿本　天一閣

集 10005267

復莊文録六卷

（清）鎮海姚燮撰

稿本（清曾峋批）　杭博

集 10005268

復莊駢體文榷二編八卷

（清）鎮海姚燮撰

稿本（清蔣敦復批校，清趙榮光跋）　天一閣

清同治十三年（1874）刻本　臨海

集 10005269

姚復莊詩稿手寫本一卷

（清）鎮海姚燮撰

稿本　天一閣

集 10005270

復見心齋詩草六卷

（清）錢塘孫人鳳撰

清光緒五年（1879）其子詣經福州刻本　首都

清光緒四年（1878）錢塘孫詣經刻本　上海

集 10005271

華藏室詩鈔一卷

（清）仁和許延敬撰

清道光二十五年（1845）刻本　國圖　中科院

集 10005272

倚晴樓詩集十二卷續集四卷詩餘四卷韻珊外集（倚晴樓七種曲）十

（清）海鹽黃燮清撰

清道光清同治間黃氏拙宜園刻本　首都　復旦

集 10005273

倚晴樓詩集十二卷

（清）海鹽黃燮清撰

清咸豐七年（1857）黃氏拙宜園刻本　中科院

集 10005274

倚晴樓詩續集四卷

（清）海鹽黃燮清撰

清同治九年（1870）鄂渚江城如畫樓刻本　中科院

集 10005275

拙宜園集二卷

（清）海鹽黃燮清撰

清道光間刻本　國圖

集 10005276

拙宜園稿不分卷

（清）海鹽黃燮清撰

清鈔本　杭州

集 10005277

磨甌齋文存一卷

（清）山陰張杓撰

清光緒十年（1884）廣東刻本　首

都　中山

集 10005278

知悔齋詩稿八卷

（清）海寧張士寬撰

清咸豐七年（1857）刻本　中社科
院文學所　復旦

集 10005279

知悔齋詩稿八卷續稿二卷

（清）海寧張士寬撰

清同治十三年（1874）梁氏廣州刻
本　上海　南京

清代詩文集彙編本

集 10005280

知悔齋詩續稿一卷

（清）海寧張士寬撰

清同治三年（1864）刻本　中社科
院文學所　復旦

集 10005281

知悔齋詩續稿二卷

（清）海寧張士寬撰

清同治十三年（1874）刻本　上海

集 10005282

**躬厚堂集二十五卷（躬厚堂詩錄
十卷詩初錄四卷雜文八卷絳跗
山館詞錄三卷）**

（清）平湖張金鏞撰

清同治三年至光緒四年（1864～
1878）刻本　中科院

集 10005283

**躬厚堂詩初錄四卷詩錄十卷躬
厚堂集一卷**

（清）平湖張金鏞撰

清刻本　平湖

集 10005284

躬厚堂詩初錄四卷詩錄五卷

（清）平湖張金鏞撰

清同治三年（1864）稿本　平湖

集 10005285

躬厚堂詩初錄四卷

（清）平湖張金鏞撰

清刻本　平湖

集 10005286

**躬厚堂詩初錄四卷詩錄十卷雜
文八卷絳跗山館詞錄三卷**

（清）平湖張金鏞撰

清同治三年至光緒四年（1877～
1878）刻本　嘉興

集 10005287

躬厚堂雜文八卷

（清）平湖張金鏞撰

稿本　平湖

集 10005288

運甓齋詩稿不分卷

（清）鄞縣陳勱撰

稿本　天一閣

集 10005289

左右修竹廬吟課不分卷

（清）鄞縣陳勸撰

稿本　上海

集 10005290

運甓齋詩稿八卷續編六卷

（清）鄞縣陳勸撰

清光緒十年（1884）刻二十年增修本　中科院

清代詩文集彙編本

集 10005291

運甓齋文稿六卷續編六卷附運甓齋贈言録四卷

（清）鄞縣陳勸撰

清光緒二十年（1894）刻本　中科院

清代詩文集彙編本

集 10005292

紅犀館詩課八卷

（清）象山王蒔蘭撰

清同治四年（1865）刻本　中科院

集 10005293

蹉跎齋詩稿二卷

（清）寧波吕熊飛撰

清稿本　《寧波市志》著録

集 10005294

庚庚石室近稿一卷

（清）海寧朱至撰

鈔本　海寧

集 10005295

壺口山人詩鈔一卷

（清）海寧朱至撰

清末當歸草堂刻本　南京

集 10005296

大能寒軒詩鈔十一卷

（清）仁和吴爲楫撰

清同治四年（1865）刻本　南京
復旦　南大　溫州　浙江

集 10005297

大能寒軒詩鈔六卷

（清）仁和吴爲楫撰

清同治四年（1865）刻本　南京
浙江

集 10005298

大能寒軒試帖詩二卷

（清）仁和吴爲楫撰

清同治四年（1865）刻大能寒軒詩鈔附本　南京　浙江

集 10005299

大能寒課孫詩鈔二卷

（清）仁和吴爲楫撰

清同治四年（1865）刻大能寒軒詩鈔附本　南京　浙江

集 10005300

疊删吟草二卷

(清)餘姚姚憲之撰
清咸豐六年(1856)自刻本　南京
山東師大

集 10005301
鶴舟遺稿不分卷
(清)烏程徐石麟撰
清道光間徐春鄰刻本　山西大

集 10005302
滄粟齋詩鈔不分卷
(清)錢塘黃士珣撰
鈔本　南京

集 10005303
翠雲館試體詩一卷
(清)錢塘黃士珣撰
浙江書局重刻本　南京

集 10005304
白雲集不分卷
(清)嘉興張淮撰
稿本(清秦楨、清許祖昱、清胡錫
祥題辭,清柳承謨跋)　浙江

集 10005305
小梅花屋詩稿一卷
(清)嘉興張淮撰
鈔本張氏家集本　南京

集 10005306
寶文堂遺稿二卷附筱盒畫跋一卷
(清)平湖陸修潔撰

清光緒十五年(1889)許文勳刻本
復旦

集 10005307
餐霞仙館文稿不分卷
(清)平湖賈敦艮撰
鈔本(清姚椿、清黃安濤、清朱壬
林題識)　國圖

集 10005308
東武挈音不分卷
(清)平湖賈敦艮撰
稿本　浙江

集 10005309
問桃花館詩鈔不分卷
(清)錢塘鄒在衡撰
清鈔本　浙江(馬敘倫跋)　中大
2008 年 12 月廣東人民出版社清
代稿鈔本

集 10005310
畹香居詩草一卷
(清)湖州鄭梧英撰
清道光八年(1828)寶研齋刻紅葉
山房集附　中科院

集 10005311
駱蓮橋詩稿不分卷
(清)蕭山駱奎祺撰
鈔本　中科院

集 10005312

常惺惺齋詩集十一卷 (自證編、
述古編各二卷、歲心編四卷、一
貫編三卷)

（清）嵊縣錢世瑞撰

清道光三十年(1850)刻本　首都
北大

清道光三十年(1850)刻咸豐元年
(1851)補刻本　國圖

集 10005313

常惺惺齋文集十卷

（清）嵊縣錢世瑞撰

清道光三十年(1850)刻本　中科
院　復旦　南京

集 10005314

鴻爪集二卷

（清）慈溪任荃撰

清道光二十五年(1845)刻本　中
社科院文學所

集 10005315

續鴻爪集一卷

（清）慈溪任荃撰

清鈔本　首都

集 10005316

少伯公遺稿不分卷

（清）山陰周棠撰

清光緒二十七年(1901)鉛印本
安徽

集 10005317

依隱齋詩鈔十二卷 (辛壬癸甲草、
燕晉草、南歸草、蜀游草、康郵草、
祥琴草、出山草、東航草、橐筆草、
牧滄草各一卷、燕南趙北草二卷)

（清）山陰陳鍾祥撰

清咸豐十年(1860)刻趣園初集本
國圖　中科院　北大　遼寧　福
師大

清代詩文集彙編本

集 10005318

隰樊詩鈔四卷

（清）山陰陳鍾祥撰

清刻本　南大

集 10005319

夏雨軒雜文四卷

（清）山陰陳鍾祥撰

清咸豐十年(1860)刻趣園初集本
國圖

鈔本　臺圖

集 10005320

北遊近草一卷

（清）嘉興錢聚朝撰

稿本　中科院

集 10005321

花塢書堂詩草一卷附梅邊吹笛
詞一卷

（清）嘉興錢聚朝撰

鈔本　南京

集 10005322

暢真機室遺稿一卷

（清）平湖王均撰

清同治五年（1866）刻本　上海

集 10005323

瓣香外集不分卷

（清）朱守芳撰　（清）山陰平步青輯

清同治光緒間山陰平氏安越堂刻

蒪園叢書本　國圖　清華　上海

復旦　天津　浙大　福建

集 10005324

見山樓詩草二卷

（清）錢塘李本仁撰

清道光二十九年（1849）刻本

首都

民國間鉛印本　中科院

清道光五年（1825）刻本

集 10005325

存我堂詩選不分卷

（清）臨海洪瞻陛撰

鈔本　臨海項士元藏

集 10005326

停雲詩藁二卷

（清）仁和高如陵撰

清同治間稿本　浙江

集 10005327

自得草堂詩存一卷

（清）錢塘唐廷綸撰

清同治間刻本　南京

集 10005328

壽萱堂詩鈔六卷附補遺一卷

（清）錢塘屠彝撰

清道光三十年（1850）刻本　上海

集 10005329

心葭詩選一卷

（清）平湖劉東藩撰　（清）平湖沈

筠選

清光緒元年（1875）刻耆舊詩存本

上海

集 10005330

籜雲書屋詩鈔六卷附紅鷰詞鈔二卷

（清）海寧鍾景撰

清咸豐八年（1858）刻本　國圖

復旦

清代詩文集彙編本

集 10005331

秋水堂遺詩一卷

（清）朱慶尊撰　（清）山陰平步

青輯

清同治光緒間山陰平氏安越堂刻

蒪園叢書本　國圖　清華　上海

復旦

集 10005332

鐵花山館詩稿八卷附試帖詩一卷

紅薔吟館詩稿一卷八十自述一卷

（清）錢塘吳兆麟撰

清光緒六年(1880)刻本　國圖
中科院　上海　復旦　華東師大

集 10005333

鐵花山館全集十卷附鎖瑞芝撰
紅薔吟館詩稿一卷

　(清)錢塘吳兆麟撰
　清光緒刻本　南京

集 10005334

氈底零箋(還我讀書齋氈底零
箋)一卷

　(清)歸安董恂撰
　清光緒十二年(1886)董蓮刻本
國圖

集 10005335

漱紅山房詩集四卷

　(清)海鹽何岳齡撰
　清咸豐八年(1858)刻本　中山
　清同治十二年(1873)刻本　首都

集 10005336

惰寙庵文集一卷

　(清)山陰胡蕃撰
　清刻巾箱本　南京

集 10005337

杏橋詩草三卷附率爾吟

　(清)溫州胡維寬撰
　清同治六年(1867)杏莊刻本
溫州

集 10005338

竹堂詩文稿一卷

　(清)海寧馬慶蓉撰
　清同治六年(1867)刻本　南京

集 10005339

竹堂稿不分卷

　(清)海寧馬慶蓉撰
　清道光二十九年(1849)刻本
海寧

集 10005340

竹堂集一卷

　(清)海寧馬慶蓉撰
　清刻本　嘉興

集 10005341

習静樓詩草四卷

　(清)鄞縣張鯤撰
　清同治六年(1867)刻本　中社科
院文學所　寧波

集 10005342

鶴齋存稿六卷

　(清)嘉興張邦樞撰
　清道光二十一年(1841)淳雅堂刻
本　國圖

集 10005343

鶴齋存稿七卷

　(清)嘉興張邦樞撰
　清道光二十一年(1841)淳雅堂刻
增修本　上海

集 10005344

寒號集四卷

（清）秀水陶郎雯撰　陶介亭編

清陶氏賢奕書樓鈔陶氏賢弈書樓

叢書本　國圖（存卷二至三）

清代家集叢刊續編本

集 10005345

梅花閣遺詩一卷

（清）嘉興錢蘅生撰

清光緒四年（1878）刻躬厚堂集附

中科院

集 10005346

鴻雪樓詩選初集四卷

（清）錢塘沈善寶撰

清道光十六年（1836）刻本　國圖

集 10005347

鴻雪樓詩選初集四卷外集一卷

（清）錢塘沈善寶撰

民國十二年（1923）沈敏元鉛印本

浙江　溫州　寧波　杭師大

紹興

集 10005348

鴻雪樓詩集一卷

（清）錢塘沈善寶撰

國朝閨閣詩鈔續編本

集 10005349

種玉山房詩集一卷

（清）德清戴福謙撰

清同治光緒間烏程汪氏刻荔牆叢

刻戴氏三俊集本　國圖　中科院

北大　上海　復旦　南京　浙江

湖北　四川

集 10005350

勵志書屋詩文稿不分卷續稿四

卷吳越雜事詩一卷

（清）龍游余恩鑠撰

稿本　余氏寒柯堂

集 10005351

哀生閣集七卷（初稿四卷續稿三

卷）

（清）平湖王大經撰

清光緒十一年（1885）蘇州鈊芳齋

刻本　國圖　首都　中科院　上海

南京　中山　安徽

集 10005352

蕉散人題畫詩不分卷

（清）歸安吳玉樹撰

清同治七年（1868）吳氏潼川刻本

四川

集 10005353

梢雲山館詩鈔三卷

（清）桐鄉（安徽休寧人，浙江桐鄉

籍）吳陳勛撰

清咸豐四年（1854）刻雙瓣香編本

上海　中山

集 10005354

昔巢遺稿一卷

（清）海鹽吳鳳前撰　談文炡輯

民國十年（1921）海鹽談氏鉛印武原先哲遺書初編本　嘉興　海鹽博

集 10005355

宦遊草堂詩鈔四卷

（清）錢塘祝應燾撰

清同治七年（1868）刻本　北大

集 10005356

韻樓詩草一卷

（清）歸安胡樟撰

清道光間胡芳植刻本　南京

集 10005357

韻樓試帖一卷

（清）歸安胡樟撰

清道光間胡芳植刻本　南京

集 10005358

小石山房詩存六卷

（清）德清胡光輔撰

清道光二十九年（1849）刻本南京

民國二十年（1931）高安藍壽塈鉛印本　國圖

集 10005359

竹雨吟鈔二卷

（清）秀水姚吉祥撰

清同治八年（1869）秀水姚氏滬城

刻本　中社科院文學所　浙江

集 10005360

疏影山莊吟稿一卷

（清）海鹽徐人傑撰

清咸豐八年（1858）刻慎行堂三世詩存本　上海

集 10005361

補讀樓詩稿六卷雜著一卷

（清）海寧張濤撰

清同治七年（1868）刻本　北大中山

集 10005362

萬里遊草二卷

（清）慈溪張廣埏撰

清道光二十五年（1845）刻本　國圖

集 10005363

資清真室吟稿一卷

（清）慈溪張廣埏撰

民國抄本　天一閣

集 10005364

玉泉遺稿不分卷

（清）浙江張履泰撰

清同治七年（1868）刻本　北大紹興

集 10005365

綺餘書室詩稿一卷

（清）嘉善陳葆貞撰

稿本　國圖

集 10005366

綺餘書室吟草二卷綺餘室詞稿一卷

　（清）嘉善陳葆貞撰

　稿本　中科院

集 10005367

綺餘室吟草一卷

　（清）嘉善陳葆貞撰

　國朝閨閣詩鈔續編本

集 10005368

古香室遺稿一卷

　（清）青田端木順撰

　清光緒十二年（1886）刻本　國圖

　鈔本　溫州

　清抄本（十種合訂本）　溫州

集 10005369

梅湖小集一卷

　（清）蕭山鍾觀豫撰

　清光緒間刻崇實齋叢刻本　國圖

集 10005370

尋樂軒遺稿不分卷

　（清）永康潘樹棠撰

　鈔本　人民日報

集 10005371

尋樂軒詩文稿不分卷

　（清）永康潘樹棠撰

　稿本　永康博

2013 年上海古籍出版社重修金
華叢書本

集 10005372

山瓢小草三卷

　（清）永康潘樹棠撰

　清光緒十八年（1892）　永康博

　2013 年上海古籍出版社重修金
華叢書本

集 10005373

輿誦編一卷

　（清）永康潘樹棠等撰

　清光緒十七年（1891）　浙江

　2013 年上海古籍出版社重修金
華叢書本

集 10005374

雨華庵詩存二卷附詩餘一卷

　（清）秀水錢斐仲撰

　稿本　中社科院文學所

集 10005375

雨華庵詩存一卷

　（清）秀水錢斐仲撰

　民國二十六年（1937）金兆蕃鈔並
題跋　湖南

集 10005376

紅薔吟館詩稿一卷

　（清）錢塘鎖瑞芝撰

　清道光間刻本　南京

　清咸豐六年（1856）刻本　南京

清光緒四年(1878)重刻本　國圖

集 10005377

志隱齋詩鈔八卷

(清)會稽王文瑋撰

清咸豐六年(1856)刻本　首都
中科院

清代詩文集彙編本

集 10005378

雲海樓詩稿四卷

(清)龍泉王治模撰

清光緒元年(1875)長沙荷池書局
刻本　復旦

集 10005379

松石齋詩集十二卷

(清)金華王家齊撰　(清)李長榮輯

清同治二年(1863)刻本　國圖

集 10005380

松石齋詩續集八卷

(清)金華王家齊撰

清刻本　南開

集 10005381

怡雲廬詩文鈔二卷

(清)桐鄉金安瀾撰

清同治九年(1870)刻本　上海
嘉興

集 10005382

侶鶴堂詩集四卷

(清)山陰祝彥元撰

民國間國學圖書館鈔本　南京

集 10005383

問夢樓吟草不分卷

(清)瑞安陳兆麟撰

稿本　溫州

集 10005384

玉井詩鈔一卷

(清)溫州陳兆麟撰

清抄本　溫州

清抄本(十種合訂本)　溫州

集 10005385

繡餘吟一卷

(清)平湖陳玳生撰

紅格鈔本　上海

稿本　浙江

集 10005386

述古軒詩草二卷附詞稿一卷

(清)仁和錢睦撰　(清)仁和錢錫
賓等輯

清光緒二十二年(1896)刻湖墅錢
氏家集本　北大　上海

集 10005387

劫餘吟草不分卷

(清)嘉善謝雍泰撰

鈔本　嘉善

集 10005388

劫餘草一卷

　（清）錢塘汪篯撰　（清）錢塘汪篯輯

　清光緒十二年（1886）錢唐汪氏長沙刻叢睦汪氏遺書本　國圖　南京
　中科院　遼寧
　清代家集叢刊續編本

集 10005389

聽雪軒詩存三卷

　（清）海寧李善蘭撰

　清末徐氏汲修齋鈔本　國圖
　張宗祥鈔本　浙江
　清代詩文集彙編本

集 10005390

則古昔齋文鈔一卷

　（清）海寧李善蘭撰

　清徐氏汲脩齋抄汲脩齋叢書十六種本　國圖

集 10005391

得秋山館遺稿二卷

　（清）石門吳朔撰

　清同治十一年（1872）刻本　中社科院文學所

集 10005392

得秋山館詩鈔二卷

　（清）石門吳朔撰

　清光緒十八年（1892）世同堂刻石門吳氏家集本　上海　浙江

集 10005393

蕙西先生遺稿一卷

　（清）仁和邵懿辰撰

　清同治間潘氏安順堂刻本　國圖

集 10005394

半巖廬遺集一卷

　（清）仁和邵懿辰撰

　清同治光緒間刻半巖廬遺著本國圖（清孫詒讓跋）

集 10005395

半巖廬遺集二卷

　（清）仁和邵懿辰撰

　清光緒三十四年（1908）邵章等刻本　國圖　中科院　首都
　2002 年上海古籍出版社影印續修四庫全書本

集 10005396

半巖廬遺集五卷

　（清）仁和邵懿辰撰

　民國十一年（1922）刻本　人民日報

集 10005397

半巖廬遺集六卷

　（清）仁和邵懿辰撰

　半巖廬所著書本（清末民國初刻）

集 10005398

半巖廬詩二卷

　（清）仁和邵懿辰撰

稿本（邵章跋）　國圖

清同治十年（1871）刻本　上海

集 10005399

邵蕙西先生詩稿一卷

（清）仁和邵懿辰撰

稿本（吳慶坻跋並題詩）　國圖

集 10005400

邵位西詩册一卷

（清）仁和邵懿辰撰

稿本（清徐賡陛、吳慶坻、清孫衣言、清蔡振武、清羅惇衍跋，清馬新貽、清王拯、清沈兆霖、清程恭壽、清潘曾綏題詩）　國圖

集 10005401

半巖廬詩册一卷

（清）仁和邵懿辰撰

稿本（清羅惇衍、清孫衣言、清黃彭年、清沈兆霖、吳慶坻、清范梁、清袁昶、邵章跋，施補華題詩）　國圖

集 10005402

半巖廬遺詩一卷

（清）仁和邵懿辰撰

稿本（清朱學勤、清潘祖蔭、清孫詒經、清譚獻、清楊文瑩、吳慶坻跋，清杜文瀾、林啟、陳豪、梁鼎芬題詩）　國圖

集 10005403

半巖廬遺詩□□卷

（清）仁和邵懿辰撰

清同治光緒間杭州丁丙八千卷樓刻丁氏八千卷樓叢刻本　港大

集 10005404

半巖廬集外詩草一卷

（清）仁和邵懿辰撰

清鈔本（清邊保樞、邵章跋）　國圖

集 10005405

邵位西遺詩一卷

（清）仁和邵懿辰撰

清末玉海樓鈔本　浙大

集 10005406

半巖廬遺詩二卷

（清）仁和邵懿辰撰

清同治十年（1871）潘祖蔭刻本　國圖　浙江

清同治十三年（1874）錢塘丁氏刻本　國圖

半岩廬遺著本（清末刻）　國圖

清同治光緒間杭州丁丙八千卷樓刻丁氏八千卷樓叢刻本　港大

集 10005407

半巖廬文稿不分卷

（清）仁和邵懿辰撰

清鈔本（邵章跋）　國圖

集 10005408

邵位西遺文一卷

（清）仁和邵懿辰撰

清末鈔本　浙江

清同治四年（1865）望三益齋刻本

國圖

集 10005409

半巖廬書札不分卷

（清）仁和邵懿辰撰

清末稿本（邵章跋）　國圖

集 10005410

邵位西貽邵稚雲（懿初）書札一卷

（清）仁和邵懿辰撰

稿本　國圖

集 10005411

位西尺牘不分卷

（清）仁和邵懿辰撰

手稿本　浙江

集 10005412

柯亭子文集八卷駢體文集八卷詩初集八卷詩二集十卷詩三集三卷

（清）山陰（河南祥符人，先世山陰人）周沐潤撰

清道光二十九年（1849）生香書屋刻本　國圖　北大　人大（存柯亭子文集）

集 10005413

眠緑山房詩録二卷

（清）長興王承奎撰

清同治九年（1870）刻本　中社科

院文學所

集 10005414

瓶室詩卷一卷

（清）慈溪王景曾撰

稿本（清姚燮評並跋）　天一閣

集 10005415

晚香集一卷

（清）新城吳懋芝撰

吳郎合集本（鈔本）　南京

集 10005416

武川寇難詩草不分卷

（清）武義何德潤撰

清光緒十三年（1887）刻本　浙江

近代中國史料叢刊正、續、三編本

2013 年上海古籍出版社重修金華叢書本

集 10005417

煙月山房詩文集十三卷

（清）武義何德潤撰

鈔本　武義縣民教館舊藏

2013 年上海古籍出版社重修金華叢書本

集 10005418

吟花館詩鈔七卷

（清）武義何德潤等撰

民國十一年（1922）刻本　上海

2013 年上海古籍出版社重修金華叢書本

集 10005419

蕋湖公遺詩一卷

（清）石門徐克祥撰

民國二十九年（1940）鉛印本
國圖

集 10005420

錢硯齋存稿一卷

（清）錢塘曹德馨撰

清咸豐八年（1858）芳閣刻友聲集
本　國圖　中科院　上海　南京
復旦

集 10005421

雲來山館詩鈔六卷

（清）錢塘張興烈撰

民國四年（1915）刻本　浙江
蘇州

南開圖藏稀見清人別集叢刊別集
叢刊本

集 10005422

率性吟稿六卷

（清）衢縣鄭文琅撰

鈔本　南京

集 10005423

蔗園噴飯集四卷

（清）松陽韓文命撰

民國間鈔本　國圖

集 10005424

小蓬萊閣詩存一卷

（清）海鹽李修易撰

清末海鹽李氏思永堂鈔本　上海

集 10005425

二百蘭亭齋未定稿不分卷

（清）歸安（一作歙縣）吳雲撰

稿本　蘇州

集 10005426

兩罍軒詩集一卷附詞一卷

（清）歸安（一作歙縣）吳雲撰

稿本　南京

集 10005427

二百蘭亭雜鈔不分卷

（清）歸安（一作歙縣）吳雲撰

鈔本　南京

集 10005428

兩罍軒尺牘不分卷

（清）歸安（一作歙縣）吳雲撰

稿本　蘇州

集 10005429

二百蘭亭尺牘一卷

（清）歸安（一作歙縣）吳雲撰

稿本　蘇州

集 10005430

兩罍軒尺牘十二卷

（清）歸安（一作歙縣）吳雲撰

清光緒十年（1884）刻本　國圖
中科院

近代中國史料叢刊正、續、三編本

集 10005431

兩罍軒尺牘八卷

（清）歸安（一作歙縣）吳雲撰

清光緒十二年（1886）歸安吳氏吳門刻本　國圖

清宣統二年（1910）上海時中書局石印本

集 10005432

續東軒遺集四卷

（清）秀水高均儒撰

清光緒七年（1881）刻本　國圖　中科院　復旦

集 10005433

續東軒遺文不分卷

（清）秀水高均儒撰

清高氏紅荔山館鈔本（清丁丙跋）南京

集 10005434

有聲畫一卷

（清）海寧許光治撰　（清）蔣光煦輯

清道光間海昌蔣氏別下齋刻咸豐六年（1856）續刻別下齋叢書本　國圖　中教科所　北大　上海　復旦　桂林　山東　四川

民國十二年（1923）上海商務印書館影印清海昌蔣氏刻別下齋叢書本　北大　天津　遼寧　甘肅　南京

湖北　寧夏

民國武林竹簡齋影印清海昌蔣氏刻別下齋叢書本　國圖　中科院　天津　山東　浙江　青海

集 10005435

龍華遺稿不分卷

（清）海寧許光治撰

民國間別下齋鈔校本　上海

集 10005436

偕隱草堂詩集不分卷

（清）歸安陳長孺撰

清鈔本　四川

集 10005437

慎思居存稿二卷

（清）蕭山湯修撰

清同治十一年（1872）刻本　國圖

清代詩文集彙編本

集 10005438

夢鵬齋文稿

（清）台州沈維哲撰

稿本　臨海項士元藏

集 10005439

皆山詩稿不分卷

（清）台州沈維哲撰

清光緒間沈維哲抄本　臨海博

集 10005440

環碧主人剩稿一卷

（清）嘉興沈亨惠撰

清光緒二十二年(1896)吳受福刻本　國圖　上海　南京　嘉興

集 10005441

蓉塘文稿不分卷

（清）臨海汪度撰

稿本　臨海項士元藏

集 10005442

蓉塘先生遺稿不分卷

（清）臨海汪度撰

清抄本　臨海博

集 10005443

雙幀屏軒詩文一卷

（清）臨海汪度撰

清抄本　臨海博

集 10005444

雙幀屏軒詩草一卷

（清）臨海汪度撰

清抄本　臨海博

集 10005445

汪度詩稿一卷

（清）臨海汪度撰

清抄本　臨海博

集 10005446

淡永山窗詩集十一卷

（清）衢縣周世滋撰

清咸豐十一年(1861)刻本　浙大

清同治間刻本　國圖

集 10005447

熙齋詩鈔一卷

（清）海昌祝琳撰

清道光二十二年(1842)馬用俊刻本　浙江　海寧

集 10005448

謬莫子集四卷

（清）海寧俞興瑞撰

清咸豐六年(1856)平江三德堂刻海昌俞氏叢刻本　國圖　上海

清代家集叢刊續編本

集 10005449

暴麥亭稿不分卷

（清）仁和高頌禾撰

稿本（清吳國、清董日喜跋）浙江

集 10005450

閩遊集二卷

（清）仁和高頌禾撰

清末刻暴麥亭稿本　中社科院近研所

集 10005451

樸齋遺稿(布衣詩鈔)不分卷

（清）嘉善張尚白撰　陳銓衡輯

鈔本　嘉善

集 10005452

繡餘吟館集一卷

(清)錢塘張瑞清撰

姚慶恩集鈔本附　中科院

集 10005453

東皋堂詩集不分卷

(清)仁和董醇撰

鈔本　南京

集 10005454

辟蠹軒詩稿四卷

(清)諸暨傅夢夏撰　(清)諸暨傅

振海編　(清)仁和譚獻刪定

民國十一年(1922)刻本　浙江

集 10005455

楊舟詩稿一卷

(清)臨海楊舟撰

稿本　臨海項士元藏

集 10005456

楊舟先生詩稿不分卷

(清)臨海楊舟撰

清抄本　臨海博

集 10005457

一枝山房詩鈔一卷文鈔一卷

(清)會稽楊三鼎撰

清光緒七年(1881)楊德熙刻本

中科院　南京

集 10005458

一枝山房集二卷

(清)會稽楊三鼎撰　(清)虞振璐

等編

清光緒二十八年(1902)凹墨書屋

刻本　國圖

集 10005459

緘石齋詩存四卷

(清)慈溪虞廷宣撰

清同治十年(1871)刻本　中社科

院文學所

集 10005460

西湖紀遊詩一卷

(清)德清蔡堃撰

清同治間刻本　南京

集 10005461

倚紅樓詩草一卷

(清)仁和潘淑正撰

清光緒十七年(1891)枕湖樓刻本

國圖

集 10005462

勤補軒雜著二卷

(清)寧海鮑淦撰

清同治五年(1866)刻本　首都

集 10005463

留茅庵尺牘叢殘四卷

(清)歸安嚴籫撰

清咸豐六年(1856)刻本　南京

清咸豐八年(1858)刻本　國圖
中科院

集 10005464

芬響閣初稿十卷

　(清)秀水王裦之撰

　清道光咸豐間刻繡水王氏家藏集
本　國圖　南京　復旦

　清同治七年(1868)刻繡水王氏家
藏集本　國圖　南京

　清代家集叢刊本

集 10005465

芬響閣附存稿十卷

　(清)秀水陳瑤撰

　清道光咸豐間刻繡水王氏家藏集
本　國圖　南京　復旦

　清代家集叢刊本

集 10005466

里居漫草一卷

　(清)海寧吳敦撰

　鈔本　浙江

集 10005467

胡文忠公遺集八十六卷首一卷

　(清)胡林翼撰　(清)曾國荃
(清)鄭敦輯　(清)永康胡鳳丹重編

　清同治三年(1864)武昌節署刻本
國圖

　清同治六年(1867)燕鷁樓刻本
國圖

　清同治六年(1867)李氏黃鶴樓刻

本　國圖　中科院　首都

　清光緒元年(1875)湖北崇文書局
刻本　國圖　中科院　北師大

　清光緒十年(1884)上海著易學校
鉛印本　北大

　清光緒二十七年(1901)上海圖書
集成印書局鉛印本　國圖

集 10005468

吟紅閣詩鈔五卷

　(清)錢塘夏伊蘭撰

　清道光九年(1829)刻本　國圖

集 10005469

息笠庵詩集六卷

　(清)嘉興楊韻撰

　清光緒八年(1882)滬城刻本　上
海　中社科院文學所

集 10005470

嵩少山人詩草□卷

　(清)山陰吳淞撰

　稿本(存五卷)　浙江

集 10005471

嵩少山人詩草五卷

　(清)山陰吳淞撰

　稿本　北大

集 10005472

嵩少山人詩草殘本五卷

　(清)山陰吳淞撰

　稿本　浙江

集 10005473

嵩少山人詩草不分卷

（清）山陰吳淞撰

稿本 浙江

集 10005474

嵩少山人詩草六卷

（清）山陰吳淞撰

清同治間鈔本 國圖

集 10005475

嵩少山人詩草三卷

（清）山陰吳淞撰

清末鈔本 浙江

集 10005476

蘊珠室詩稿不分卷

（清）錢塘吳崇俊撰

稿本（清龔凝祚、清朱和羲、清姚
光弼、清曹林、清丁丙、清張以成、清
莫善禮、清王昆藻題詞，清龔自閎
跋，佚名評語） 南京

集 10005477

蘊珠室詩存不分卷

（清）錢塘吳崇俊撰

稿本（清吳松英跋） 浙江

集 10005478

藥房偶存不分卷

（清）烏程周需霖撰

約園鈔本 中社科院文學所

集 10005479

培風閣詩鈔四卷

（清）黃巖夏疇撰

清光緒十一年（1885）康城官舍刻
本 中科院 浙江

集 10005480

瓶隱山房詩鈔十二卷附詞鈔八卷

（清）錢塘黃曾撰

清道光二十七年（1847）刻本
北大

清咸豐七年（1857）刻巾箱本 中
科院

集 10005481

抱香盧摘稿不分卷

（清）錢塘黃曾撰

鈔本 南京

集 10005482

張夢羲遺稿不分卷

（清）永嘉張夢羲撰

稿本 溫州

集 10005483

白雲山人詩草不分卷

（清）臨海陳桂撰

清同治間刻本 南京

集 10005484

白雲山人詩草三卷文草一卷

（清）臨海陳桂撰

清同治間刻本 南京

集 10005485

白雲山人詩草二卷文草一卷

（清）臨海陳桂撰

清同治十年(1871)刻本　上海
南京　遼寧

集 10005486

我醒子未定稿二卷

（清）四明崔鳳鳴撰

稿本　浙江

集 10005487

近水樓詩稿六卷

（清）四明崔鳳鳴撰

鈔本（缺二卷）　中社科院文學所

集 10005488

焚餘詩草二卷

（清）慈溪鄭雲龍撰　（清）周樂
編定

清道光二十三年(1843)刻本　青
島　湖南

集 10005489

杭州辛酉紀事詩原稿一卷

（清）錢塘東郭子、（清）杭州蒿
目生撰

1980年杭州古舊書店據清稿本
影印　中社科院文學所

集 10005490

水菾花館詩鈔二卷

（清）錢塘汪籛撰

清光緒十二年(1886)錢唐汪氏長
沙刻叢睦汪氏遺書本　國圖　南京
中科院　遼寧
清代家集叢刊續編本

集 10005491

儷花小榭詩鈔不分卷

（清）烏程汪曰楨撰

稿本　上海

集 10005492

櫟寄詩存一卷

（清）烏程汪曰楨撰

稿本　國圖

集 10005493

玉鑑堂詩録不分卷

（清）烏程汪曰楨撰

稿本（清蔣世鏞、清陳孫鍾、清葉
廷管等題款）　國圖

集 10005494

玉鑑堂詩存一卷

（清）烏程汪曰楨撰

清光緒十六年(1890)刻本　復旦
清末蔣錫初鈔本　國圖

集 10005495

玉鑑堂詩集六卷

（清）烏程汪曰楨撰　吳興劉承
幹輯

民國間吳興劉氏嘉業堂刻吳興叢
書本　國圖　中科院　上海　復旦

寧夏　南京　浙江　湖北　雲南

民國間吳興劉氏嘉業堂刻 1986 年文物出版社重印吳興叢書本　遼寧

1994 年上海書店出版社叢書集成續編本

2002 年上海古籍出版社影印續修四庫全書本

集 10005496

謝城遺稿一卷

（清）烏程汪曰楨撰

民國間劉氏求恕齋鈔本　浙江

集 10005497

蓮漪文鈔八卷

（清）烏程汪曰楨撰

清咸豐間刻本　山西大

清同治二年（1863）刻本　中社科院歷史所

2016 年國家圖書館出版社歷代地方詩文總集彙編本

集 10005498

退宜堂詩集六卷

（清）會稽孫垓撰

清同治間刻本　紹興

清光緒十五年（1889）刻本　國圖

集 10005499

若洲遺集七卷

（清）仁和徐鴻謨撰

清光緒間刻誦芬詠烈編本　南京

集 10005500

蒼葍花館詩詞不分卷

（清）仁和徐鴻謨撰

稿本（清俞樾、吳蔭培、鄒福保等題詞題記）　中科院

集 10005501

蒼葍花館詩集二卷詞集一卷補遺一卷

（清）仁和徐鴻謨撰

清光緒十一年（1885）徐琪刻本　國圖　中科院

清代詩文集彙編本

集 10005502

蒼葍花館詩集二卷詞集一卷補遺一卷

（清）仁和徐鴻謨撰

清光緒二十年（1894）彙印香海盦叢書本　上海

集 10005503

蒼葍花館詞集一卷補遺一卷

（清）仁和徐鴻謨撰

清光緒三十四年（1908）刻徐氏一家詞本　國圖　清華　南京　上海　遼寧　港中山

清代家集叢刊續編本

集 10005504

漱芳閣詩草一卷

（清）鄞縣王大齡撰

清紅格鈔本　國圖

集 10005505

青崖詩稿一卷

（清）海寧朱兆琦撰

鈔本　浙江

集 10005506

古香樓詩鈔一卷

（清）山陰（廣東番禺人，原籍浙江山陰）汪琡撰　（清）李長榮輯

清同治二年（1863）序刻清同治二年（1863）序刻柳堂師友詩録初編本

國圖　上海　本　國圖　上海

集 10005507

青芙館全集十卷

（清）山陰金鍾彦撰

稿本　浙江

集 10005508

始有廬詩稿八卷

（清）秀水孫溯撰

清咸豐三年（1853）刻本　蘇州中山

集 10005509

始有廬詩稿十二卷附僻月樓詞稿一卷

（清）秀水孫溯撰

清咸豐三年（1853）刻增修本　中社科院文學所

集 10005510

寄廬吟草一卷

（清）鄞縣孫景烈撰

稿本　北大

集 10005511

連枝圖詩二卷

（清）錢塘許承基撰

清寫刻本　諸暨

集 10005512

連枝圖題詠初集一卷次集一卷

（清）錢塘許承基撰

清乾隆三十一年（1766）刻本　上海　浙江

集 10005513

最樂山莊詩鈔七卷

（清）海寧陸齊壽撰

清道光二十九年（1849）刻本　上海（陸思敏批校）

集 10005514

雷竹安詩文集五卷

（清）瑞安雷壽南撰

清同治十二年（1873）養志齋刻本　北大　浙江

集 10005515

橫山草堂詩鈔三卷

（清）平湖顧邦傑撰

清光緒間刻本　南京

集 10005516

靜怡軒詩鈔五卷

（清）杭州（杭州府庠生，改歸江蘇吳縣籍）汪藻撰

清光緒四年（1878）吳縣汪氏刻本　國圖　中科院

集 10005517

遜學齋詩鈔十卷文鈔十卷

（清）瑞安孫衣言撰

清同治三年（1864）重修本　復旦

集 10005518

遜學齋文鈔十二卷續鈔五卷詩鈔十卷續鈔五卷

（清）瑞安孫衣言撰

清同治十二年（1873）刻本　復旦

清代詩文集彙編本

集 10005519

孫太僕杭州所作詩草一卷

（清）瑞安孫衣言撰

稿本　玉海樓

集 10005520

遜學齋詩鈔十卷

（清）瑞安孫衣言撰

清咸豐九年（1859）吳門刻本　湖南

清同治三年（1864）刻本　國圖　南京

集 10005521

遜學齋詩續鈔五卷

（清）瑞安孫衣言撰

清光緒間刻本　國圖　中科院

集 10005522

娛老隨筆叢稿一卷

（清）瑞安孫衣言撰

稿本　溫州

集 10005523

孫琴西文稿一卷

（清）瑞安孫衣言撰

稿本　玉海樓

集 10005524

遜學齋文鈔十二卷

（清）瑞安孫衣言撰

清同治十二年（1873）刻本　國圖　中科院

集 10005525

遜學齋文鈔不分卷

（清）瑞安孫衣言撰

鈔本　國圖

集 10005526

遜學齋文續鈔五卷

（清）瑞安孫衣言撰

清光緒間刻本　國圖　中科院

集 10005527

芸根唅二卷

（清）瑞安孫衣言撰

民國抄本　溫州

集 10005528

薈根唫一卷

（清）瑞安孫衣言撰

民國十六年（1927）抄本　温州

集 10005529

煙嶼樓集五十八卷（煙嶼樓詩集十八卷、文集四十卷）附游杭合集一卷

（清）鄞縣徐時棟撰

清同治光緒間刻本　國圖　中科院（存詩集）

2002 年上海古籍出版社影印續修四庫全書本

清代詩文集彙編本

集 10005530

徐柳泉詩稿不分卷

（清）鄞縣徐時棟撰

稿本　天一閣

集 10005531

徐舍人詩七卷

（清）鄞縣徐時棟撰

稿本（清陳勱、清王方照、清童開等跋並批識）　國圖

集 10005532

煙嶼樓詩初稿不分卷

（清）鄞縣徐時棟撰

稿本　天一閣

集 10005533

煙嶼樓詩集不分卷

（清）鄞縣徐時棟撰

稿本　天一閣

集 10005534

煙嶼樓編年詩集不分卷

（清）鄞縣徐時棟撰

稿本　天一閣

集 10005535

一間老屋吟稿三卷

（清）海寧陳錫麒撰

稿本（清錢泰吉等題詞）　中科院

集 10005536

一間老屋文稿不分卷

（清）海寧陳錫麒撰

稿本　中科院

集 10005537

一間老屋文稿四卷

（清）海寧陳錫麒撰

民國四年（1915）鉛印本　上海　海寧

集 10005538

錐庵吟稿一卷

（清）嘉善陶淇撰

鈔本　南京

集 10005539

劍龍吟館雜存一卷

（清）紹興汪子清撰

稿本（清袁振蟾跋）　浙江

集 10005540

藏龍集六卷附病中吟一卷

（清）仁和汪善慶撰　（清）釋妙
空輯

清同治十三年（1874）刻本　上海

集 10005541

就正草一卷

（清）山陰吳龍曾撰

稿本　浙江

集 10005542

迴瀾吟草四卷

（清）鄞縣何琳撰

清光緒七年（1881）刻本　上海

集 10005543

雪石居詩稿不分卷

（清）鄞縣何琳撰

稿本　寧波約園舊藏

集 10005544

官梅閣詩稿不分卷

（清）鄞縣何琳撰

稿本　寧波約園舊藏

集 10005545

求是齋詩鈔三卷

（清）樂清林大椿撰

清同治十三年（1874）菜香室刻本

溫州

集 10005546

垂涕集二卷

（清）樂清林大椿撰

清同治十三年（1874）菜香室刻本

國圖　溫州

集 10005547

粵寇紀事詩一卷

（清）樂清林大椿撰

永嘉鄉著會鈔本　溫州

集 10005548

高辛硯齋存稿三卷

（清）海寧俞鳳翰撰

清咸豐六年（1856）刻本　國圖

集 10005549

高辛硯齋雜稿一卷

（清）海寧俞承德撰

清咸豐六年（1856）刻海昌俞氏叢
刊本　上海　浙江

清代家集叢刊續編本

集 10005550

高辛硯齋詩稿一卷

（清）海寧俞承德撰

清咸豐六年（1856）（1857）刻海昌
俞氏叢刊本　上海　浙江

清代家集叢刊續編本

集 10005551

高辛研齋雜稿一卷詩稿一卷同
人題贈一卷雜著二卷

（清）海寧俞承德撰

清咸豐六年(1856)平江三德堂刻
本　浙江　海寧

集 10005552

蓼紅閜館詩稿二卷

（清）歸安許旦復撰

清光緒十四年(1888)蔣錫籽家鈔
本　國圖

集 10005553

登瀛瑣跡擬樂府二卷

（清）蕭山陸和鈞撰

清道光間聽松聲樓刻本　南京

清光緒九年(1883)蜀中江秉幹刻
本　中科院

集 10005554

醉鶴詩草一卷

（清）仁和（原籍仁和,後爲廣東南
海人）馮鐙撰　（清）李長榮輯

清同治二年(1863)序刻清同治二
年(1863)序刻柳堂師友詩録初編本
　國圖　上海　本　國圖　上海

集 10005555

耕讀亭詩鈔七卷

（清）瑞安項傳梅撰

清同治十三年(1874)南堤刻本
國圖　首都

集 10005556

那悉茗軒詩草不分卷

（清）瑞安項傳梅撰

稿本　溫州

集 10005557

碧蘿軒詩課遺草二卷

（清）仁和諸鴻遂撰

清道光間刻本　南京

集 10005558

商山剩稿一卷

（清）蘭溪戴鹿芝撰

清光緒二年(1876)刻本　中山

集 10005559

馬鞍山人詩草不分卷

（清）平陽蘇椿撰

清鈔本　溫州

民國十四年(1925)敬鄉樓鈔本
溫州

集 10005560

雙桂軒集不分卷

（清）海鹽朱有虞撰

稿本　湖北

集 10005561

雙桂軒詩鈔□卷詞鈔一卷

（清）海鹽朱有虞撰

稿本（歐陽蟾園跋）　武漢（殘本
未著録存缺卷次）

集 10005562

誦芬詩畧三卷

　　(清)餘姚黄炳垕撰

　　清同治六年至光緒二十年(1867～1894)餘姚黄氏留書種閣刻留書種閣集本　清華　上海　復旦　天津　南大　天一閣　寧波

　　清同治八年(1869)刻高遷閣叢書本　國圖

集 10005563

誦芬詩畧三卷附八旬自述百韻詩一卷

　　(清)餘姚黄炳垕撰

　　清同治九年(1870)刻光緒二十八年(1902)增修本　中科院

集 10005564

誦芬詩畧三卷附百述百韻詩

　　(清)餘姚黄炳垕撰

　　清光緒己丑(1889)留書種閣刻黄氏三世詩本　南京

　　清代家集叢刊影印黄氏三世詩本

集 10005565

八旬自述百韻詩一卷

　　(清)餘姚黄炳垕撰

　　清光緒二十年(1894)刻本　集餘姚文保所　平湖

　　北京圖書館藏珍本年譜叢刊本　晚清名儒年譜本

集 10005566

一粟廬詩一稿四卷二稿四卷

　　(清)秀水于源撰

　　清道光間刻一粟廬合集本　國圖　上海　南京

　　清代詩文集彙編

集 10005567

萬壑松風樓詩集十四卷

　　(清)寧海王吉人撰

　　清同治九年(1870)刻本　中社科院文學所

集 10005568

日吟小草四卷

　　(清)寧海王吉人撰

　　清光緒二十六年(1900)刻本　南開

集 10005569

棲霞室詩稿□卷

　　(清)海寧沈瑶撰

　　清光緒元年(1875)刻本　浙大(存四卷)

集 10005570

春星草堂集七卷(文二卷詩五卷)

　　(清)歸安沈丙瑩撰

　　清光緒十九年至三十二年(1893～1906)刻本　中科院　首都

　　宣統元年(1909)刻吳興長橋沈氏家集本　國圖　浙江

　　清代家集叢刊續編本

集 10005571
春星草堂集文二卷詩五卷讀吳
詩隨筆四卷
　(清)歸安沈丙瑩撰
　清光緒十九年(1893)刻本　國圖
　清光緒三十二年(1906)刻本
國圖

集 10005572
茜紅吟館詩存不分卷
　(清)歸安沈甲芳撰
　稿本　浙江

集 10005573
蘇門山人攢英集一卷
　(清)嘉興吳昌榮撰
　稿本(佚名批)　上海

集 10005574
蘇門山人登嘯集十八卷
　(清)嘉興吳昌榮撰
　鈔本　上海

集 10005575
登嘯集(蘇門山人集)二卷
　(清)嘉興吳昌榮撰
　清光緒二十年(1894)吳受福刻本
國圖

集 10005576
静齋小草四卷
　(清)樂清林文朗撰
　永嘉鄉著會鈔本　溫州

集 10005577
瑞香樓遺稿不分卷
　(清)嘉興金松撰
　清同治五年(1866)(1855)刻本
南京

集 10005578
玉芙蓉閣詩草六卷
　(清)錢塘袁福海撰
　清同治間鈔底稿本　《販書偶記》
著錄

集 10005579
緑凈山莊詩(蘋花館詩)十卷
　(清)嘉興章溥撰
　稿本　上海
　民國二十五年(1936)祝廷錫抄本
浙江

集 10005580
緑凈山莊詩七卷
　(清)嘉興章溥撰
　祝廷錫鈔本(祝廷錫、張宗樣跋)
浙江

集 10005581
緑凈山莊詩不分卷
　(清)嘉興章溥撰
　祝廷錫傳鈔鳳橋吳氏藏原稿本
(吳受福、祝廷錫跋)　嘉善

集 10005582
翕園詩存二卷

（清）會稽陶在新撰

稿本　浙江

集 10005583

偶寄生詩草六卷

（清）慈溪勞琛撰

清刻本　南京

清活字排印本　南京

集 10005584

曇花叢稿一卷

（清）仁和錢時穎撰　（清）仁和錢錫賓等輯

清光緒二十二年（1896）刻湖墅錢氏家集本　北大　上海

集 10005585

恥白集一卷

（清）山陰周光祖撰

清光緒五年（1879）古虞連氏刻本　復旦　中社科院文學所

集 10005586

唯自勉齋文存不分卷

（清）嘉興唐翰題撰

稿本　上海

集 10005587

憧橋詩稿十卷

（清）鄞縣徐時棟撰

清光緒十三年（1887）刻本　復旦

集 10005588

綠雲山房詩草二卷首一卷終一卷

（清）山陰勞蓉君撰

清道光間刻本　紹興

清光緒間山陰陳氏橘蔭軒刻橘蔭軒全集本　北大　清華　上海　蘇州　湖北　國圖　南京

集 10005589

綠雲山房詩草三卷

（清）山陰勞蓉君撰

清光緒四年（1878）刻本　首都　山東

集 10005590

彭剛直公詩集八卷

（清）彭玉麟撰　（清）德清俞樾編

清光緒十七年（1891）德清俞樾蘇州刻本　國圖

集 10005591

人境結廬詩稿十二卷

（清）餘杭褚維壋撰

清光緒二十年（1894）褚成允刻本　國圖　中科院　復旦　上海

集 10005592

紉齋遺稿八卷

（清）餘杭褚維壋撰

清光緒二十七年（1901）褚德明刻本　中科院

集 10005593

抱山草堂吟稿二卷

（清）歸安楊寶彝撰

清光緒二年（1876）吳門刻本　中
科院

集 10005594

抱山草堂遺稿二卷（抱山草堂
詩、文各一卷）

（清）歸安楊寶彝撰

清光緒二年（1876）楊峴吳門刻本
國圖　復旦

集 10005595

邧農偶吟稿一卷

（清）嘉興錢炳森撰

清同治十一年（1872）刻光緒十一
年（1885）增修本　中科院　南京
浙大

清同治十一年（1872）刻本　中
科院

集 10005596

示樸齋駢體文六卷

（清）歸安錢振倫撰

清同治六年（1867）袁浦崇實書院
刻　國圖　中科院　復旦

集 10005597

桐香館詩存二卷

（清）杭州汪震撰

清道光間刻本　南京

清光緒五年（1879）刻本　浙大

集 10005598

悔齋詩集一卷

（清）臨海季安雅撰

稿本　臨海項士元藏

集 10005599

千里樓詩草不分卷

（清）山陰周維德撰

清光緒二年（1876）張師濟刻本
中科院　首都

集 10005600

繡佛樓詩鈔一卷

（清）平湖金蘭貞撰

清同治十二年（1873）刻本　上海

清光緒九年（1883）蘇銘草堂刻本
中科院　復旦

集 10005601

小有山房詩集一卷

（清）鄞縣徐鴻安撰

清光緒二年（1876）鉛印本　南京

集 10005602

竹泉生初芽集不分卷

（清）紹興彭俞撰

清光緒十三年（1887）刻本　安徽

集 10005603

竹泉生初芽集四卷

（清）紹興彭俞撰

清光緒二十二年（1896）活字印本
南京

集 10005604

友鶴山房試帖四卷

(清)錢塘葉誥撰

清光緒二年(1876)刻本　南京

集 10005605

韻篁樓吟稿二卷附詩餘一卷

(清)嘉興王文瑞撰

清末刻本　國圖

集 10005606

韻篁樓吟稿不分卷

(清)嘉興王文瑞撰

鈔本　北大

集 10005607

留餘齋詩集四卷

(清)仙居王鏡瀾撰

民國十四年(1925)張芹等鉛印本

國圖

清代詩文集彙編本

集 10005608

求有益齋詩鈔八卷

(清)平湖(江蘇吳江人,僑居浙江

平湖)李道悠撰

清光緒二十五年(1899)嘉興石氏

刻本　國圖

清光緒二十六年(1900)刻本　中

科院　北師大

集 10005609

享金齋遺稿二卷詩集一卷詞鈔一卷

(清)海寧周士清撰

清鈔本　中社科院文學所

集 10005610

享金齋詩一卷

(清)海寧周士清撰

清許氏古均閣鈔海昌詩人遺稿本

南京

集 10005611

止庵詩稿不分卷

(清)瑞安孫鏘鳴撰

稿本　溫州

集 10005612

止庵詩集不分卷

(清)瑞安孫鏘鳴撰

鈔本　溫州

集 10005613

海日樓遺詩不分卷

(清)瑞安孫鏘鳴撰

鈔本　溫州

清代詩文集彙編本

集 10005614

止庵詩存二卷附盤阿草堂詞存一卷

(清)瑞安孫鏘鳴撰

鈔本　北大

清代詩文集彙編本

集 10005615

供硯山房吟草不分卷

（清）瑞安孫鏘鳴撰

民國十六年（1927）鈔本　溫州

集 10005616

供硯山房吟草二卷

（清）瑞安孫鏘鳴撰

稿本　溫州

集 10005617

卷石山房續詩存一卷

（清）瑞安孫鏘鳴撰

清末民國初鈔本　溫州

集 10005618

海日樓古今體詩遺稿一卷

（清）瑞安孫鏘鳴撰

民國戴驥鈔本　溫州

集 10005619

海日樓古體詩遺稿一卷

（清）瑞安孫鏘鳴撰

民國張棡鈔本　溫州

集 10005620

小石詩鈔六卷補編一卷詩餘一卷

（清）永嘉曾諧撰

清同治九年（1870）葉琮刻光緒七年（1881）補刻本　溫州

清同治十年（1871）刻本　國圖上海　臨海

集 10005621

鍼鸝山館詩草一卷

（清）永嘉曾諧撰

清同治九年（1870）葉琮刻光緒七年（1881）補刻本　溫州

清同治十年（1871）刻本　國圖上海

集 10005622

閒味軒詩鈔十卷詞鈔二卷

（清）蕭山韓欽撰

清末刻本　中山　中社科院文學所

清光緒二十二年刻民國二年（1913）印本　蕭山

集 10005623

綠杉野屋詩文鈔二卷

（清）海寧朱元佑撰

稿本　南京

集 10005624

綠杉野屋詩文集不分卷

（清）海寧朱元佑撰

鈔本　浙江

集 10005625

竹南精舍詩鈔四卷

（清）海鹽朱泰修撰

清光緒八年（1882）刻本　北大

集 10005626

竹南精舍試帖詩鈔二卷

（清）海鹽朱泰修撰

清光緒間刻本　南京

集 10005627

竹南精舍駢體文稿一卷

（清）海鹽朱泰修撰

清同治間刻本　南京

集 10005628

雕青館詩草一卷

（清）烏程汪曰杼撰

清咸豐十一年(1861)刻本　國圖

集 10005629

博笑集一卷雁山即目一卷

（清）樂清林文煥撰

永嘉鄉著會鈔本　溫州

集 10005630

雁山即目一卷

（清）樂清林文煥撰

永嘉鄉著會鈔本　溫州

集 10005631

子魯集一卷

（清）餘杭郎璟撰

吳郎合集本（鈔本）　南京

集 10005632

愚廬遺稿二卷

（清）嘉善袁玉溪撰

傳鈔本　嘉善

集 10005633

甲六集初刻一卷補遺一卷

（清）烏程徐文心撰

清光緒三年(1877)徐賡陛羊城刻本　中科院　復旦

集 10005634

亞陶公遺詩一卷

（清）石門徐寶謙撰　徐益藩輯

民國二十九年(1940)鉛印語溪徐氏三世遺詩本　國圖

集 10005635

海鷗館詩存不分卷

（清）會稽黃霽棠撰

清鈔本　紹興

民國間鉛印本　中社科院文學所

集 10005636

綠榕書屋剩草一卷

（清）海鹽張廷棟撰　（清）李長榮輯

清同治二年(1863)序刻清同治二年(1863)序刻柳堂師友詩錄初編本　國圖　上海　本　國圖　上海

集 10005637

實庵遺詩一卷

（清）錢塘陳元鼎撰

鈔本　首都

集 10005638

亦有秋齋詩鈔二卷

（清）歸安鈕福疇撰

清道光間刻本　安徽

民國六年(1917)鉛印本　南京

集 10005639

亦有秋齋駢體文鈔二卷

（清）歸安鈕福疇撰

清道光二十八年(1848)舒城縣署刻本　中山

集 10005640

墨稼穡齋詩文稿不分卷

（清）杭州鄒志初撰

稿本　南京

集 10005641

墨稼穡齋刪存稿不分卷

（清）杭州鄒志初撰

稿本(胡師農評語，梁鼎芬題識)　南京

集 10005642

愛廬吟草一卷

（清）秀水錢官俊撰　（清）李長榮輯

清同治二年(1863)序刻柳堂師友詩録初編本　國圖　上海　本(清同治刻)

集 10005643

來雲閣詩六卷(然灰集、椒雨集、殘冷集、南棲集、奇零集、壓帽集各一卷)

（清）金和撰　（清）仁和譚獻選

清光緒十八年(1892)丹陽束允泰杭州刻本　國圖　中科院

集 10005644

務時敏齋存稿十卷

（清）錢塘洪昌燕撰

清光緒二十年(1894)洪衍慶宜興刻錢塘洪氏家集本　國圖　中科院

集 10005645

竹石居文草四卷詩草四卷詞草一卷

（清）鄞縣童華撰

清光緒間刻本　國圖　中科院

清代詩文集彙編本

集 10005646

月來軒詩稿一卷

（清）嘉興錢韞素撰

清宣統元年(1909)鉛印本　中社科院文學所

民國二十九年(1940)鉛印上海李氏易園三代清芬集本　國圖　上海

集 10005647

信美室集一卷

（清）嘉善鍾文烝撰

稿本　上海

集 10005648

西滬待商稿二卷

（清）嘉興丁彭年撰

清光緒間刻本　山西大

民國五年(1916)葛嗣澎滬江刻本　國圖

集 10005649

寅甫小稿一卷

（清）平湖方金彪撰

清咸豐八年(1858)刻方學博全集本附　中山　上海

集 10005650

不負人齋詩稿八卷

（清）嘉興王福祥撰

稿本　海鹽張菊生藏

集 10005651

晚香閣詩鈔二卷

（清）仁和朱清遠撰

清光緒四年(1878)刻本　國圖

集 10005652

更生詩存四卷

（清）苕溪沈更生撰

稿本　浙江

集 10005653

古梅溪館二集詩八卷

（清）嘉興汪澍撰

清道光九年(1829)刻本　國圖嘉興

集 10005654

汪澍詩稿不分卷

（清）嘉興汪澍撰

稿本　海寧

集 10005655

劫餘存稿不分卷

（清）仁和吳受藻撰　（清）吳積鑑編

清同治七年(1868)錢塘汪氏振綺堂刻本　國圖

集 10005656

苕溪漁隱詩稿二卷

（清）烏程范鍇撰

清道光十年至二十四年(1830～1844)烏程范氏刻范白舫所刊書本　國圖　上海

集 10005657

苕溪漁隱詩稿四卷

（清）烏程范鍇撰

清刻本　國圖

集 10005658

苕溪漁隱詩稿五卷

（清）烏程范鍇撰

清道光間刻烏程范氏著述暨彙刻書本　國圖

集 10005659

苕溪漁隱詩稿六卷附詞二卷

（清）烏程范鍇撰

清道光十年至十六年(1830～1836)烏程范氏刻烏程范氏叢書本　國圖

清道光十五年(1835)刻本　南開

清道光至同治間刻彙印烏程范氏

叢書本　中科院
　　清代詩文集彙編本

集 10005660

潯溪紀事詩二卷

　　（清）烏程范鍇撰
　　清道光十年至二十四年（1830～1844）烏程范氏刻范白舫所刊書本　國圖　上海
　　清道光十五年（1835）刻本　國圖（佚名點校）
　　民國十六年（1927）木活字印蜀阜文獻彙刻本　國圖
　　清代詩文集彙編本
　　2010 年學苑出版社中國華東文獻叢書本

集 10005661

幽華詩畧四卷

　　（清）烏程范鍇撰
　　范聲山雜著本

集 10005662

梯雲山館初稿二卷

　　（清）海寧周毓芳撰
　　稿本（清蔣輝等跋）　浙江

集 10005663

登岱詩一卷

　　（清）嘉善金安清撰
　　清同治十三年（1874）刻本　上海

集 10005664

西泠柳枝詞一卷

　　（清）嘉善金安清撰
　　清光緒八年（1882）刻本　南京

集 10005665

金眉生都張文稿不分卷

　　（清）嘉善金安清撰
　　鈔本　南京

集 10005666

宮同蘇館文鈔不分卷

　　（清）嘉善金安清撰
　　清同治稿本　嘉善

集 10005667

守身執玉軒遺文一卷

　　（清）桐廬袁世紀撰　（清）桐廬袁昶輯
　　清光緒十六年至二十四年（1887～1898）桐廬袁氏刻漸西村舍彙刊本　國圖　中科院　北大　上海　復旦　遼寧　浙江　武大　重慶

集 10005668

麟洲詩草八卷（舞象小草、棄繻集、麻鞋草、冷齋清課、斷腸集、續斷腸草、驚濤集、春申江上録各一卷）

　　（清）慈溪張翊雋撰
　　稿本　天一閣
　　民國間四明張氏約園刻本　國圖
　　約園鈔本　中社科院文學所

集 10005669

見山樓詩草八卷

　(清)慈溪張翊雋撰

　稿本(陸廷黻、潘景鄭跋)　浙江

集 10005670

見山樓詩集四卷

　(清)慈溪張翊雋撰

　鈔本　浙江

　1994年上海書店出版社叢書集成續編本

集 10005671

見山樓詩稿六卷

　(清)慈溪張翊雋撰

　民國間鈔本　國圖

集 10005672

友十花樓課草一卷

　(清)永嘉童冠儒撰

　稿本　溫州

集 10005673

静觀齋詩稿一卷

　(清)錢塘錢彝銘撰

　稿本　中社科院

集 10005674

洗蕉吟館詩鈔一卷附詞鈔一卷

　(清)歸安戴青撰

　清宣統二年(1910)惲炳孫石印本

　國圖　南京

集 10005675

雪蕉齋詩鈔四卷補編一卷

　(清)永嘉王德馨撰

　清光緒二十六至三十年(1900～1904)刻本　國圖　天津

　清代家集叢刊續編本

集 10005676

長吟手稿不分卷

　(清)海鹽沈炳垣撰

　稿本　浙江

集 10005677

祥止室詩草十卷

　(清)海鹽沈炳垣撰

　稿本(清馮焜跋,清方坰、清吳廷榕等題款,清屠詒燕題詩)　國圖

集 10005678

祥止室詩鈔四卷

　(清)海鹽沈炳垣撰

　稿本(清朱綬批校並跋,清顧翃題識)　浙江

　清刻本　國圖

集 10005679

祥止室詩鈔六卷

　(清)海鹽沈炳垣撰

　清道光十七年(1837)刻本

　清代詩文集彙編本

集 10005680

祥止室詩鈔十三卷

（清）海鹽沈炳垣撰
清道光十二年（1832）刻本　蘇州

集 10005681
祥止室詩鈔十四卷
（清）海鹽沈炳垣撰
清道光十二年（1832）刻增修本
上海

集 10005682
斷研山房詩鈔八卷存吾春室詩
剩三卷
（清）海鹽沈炳垣撰
稿本（清宋咸熙題詩，清顧翃批改
並跋）　國圖

集 10005683
斷研山房詩鈔八卷
（清）海鹽沈炳垣撰
清道光六年（1826）刻本　首都
清代詩文集彙編本

集 10005684
斷研山房詩鈔十卷
（清）海鹽沈炳垣撰
稿本　上海

集 10005685
問齋詩鈔十卷
（清）海鹽沈炳垣撰
稿本（清譚獻跋）　上海

集 10005686
蟠石鬆貞齋詩課一卷
（清）海鹽沈炳垣撰
稿本（清胡元照、清胡肇秋跋）
浙江

集 10005687
性禾善米軒小草一卷附思怡居
偶吟稿一卷
（清）嘉興徐士燕撰
清道光間稿本（清張廷濟題詩）
上海

集 10005688
性禾善米軒詩稿一卷
（清）嘉興徐士燕撰
清道光二十六年（1846）拓印及手
稿本（清張廷濟、清黃錫蕃、清錢聚
朝、清蔣愧題識）　美燕京　美燕京

集 10005689
武林紀遊一卷
（清）嘉興徐士燕撰
稿本　浙江

集 10005690
新篁竹枝詞一卷
（清）嘉興徐士燕撰
竹里述畧附（稿本）　浙江

集 10005691
木雁之間吟草二卷
（清）嘉興徐士燕撰

清咸豐間鈔本　南京

集 10005692

遲鴻軒詩稿續一卷文續一卷

（清）歸安楊峴撰

稿本　浙江

集 10005693

**遲鴻軒偶存（遲鴻軒詩存、文存
各一卷）**

（清）歸安楊峴撰

清光緒二年（1876）吳門刻本　國
圖　中科院

集 10005694

遲鴻軒詩棄四卷文棄二卷

（清）歸安楊峴撰

清光緒十一年至十三年（1885～
1887）刻本　國圖　中科院　蘇州

1994 年上海書店出版社叢書集
成續編本

集 10005695

遲鴻軒詩續一卷文續一卷

（清）歸安楊峴撰

清光緒十九年（1893）刻本　國圖
中科院

1994 年上海書店出版社叢書集
成續編本

集 10005696

遲鴻軒詩偶存一卷

（清）歸安楊峴撰

清光緒二年（1876）刻本　國圖
中山

集 10005697

**遲鴻軒集十二卷（詩棄四卷詩補
遺一卷文棄二卷文補遺一卷詩
續一卷文續一卷自訂年譜一卷
年譜續一卷）**

（清）歸安楊峴撰

民國三年（1914）劉氏嘉業堂刻吳
興叢書本

清代詩文集彙編本

集 10005698

龔自閎集不分卷

（清）仁和龔自閎撰

清同治光緒間龔氏鈔本　北大

清代詩文集彙編本

集 10005699

盟鷗舫詩存四卷文存二卷

（清）仁和龔自閎撰

民國間鉛印本　國圖　上海

集 10005700

盟鷗舫詩存不分卷文存不分卷

（清）仁和龔自閎撰

民國九年（1920）上海掃葉山房鉛
印定盦全集本　國圖

民國間鉛印本　國圖

集 10005701

樂潛廬詩集不分卷

（清）奉化王思仲撰　（清）劉紹
琮編

清光緒二十六年（1900）刻本　國
圖　奉化文管會

集 10005702

華齋詩鈔不分卷叢録不分卷

（清）會稽王華齋撰

鈔本　浙江

集 10005703

敬慎居詩稿二卷

（清）海寧羊咸熙撰　（清）海昌羊
復禮輯

清光緒間海昌羊氏傳卷樓粵東刻海
昌叢載本　國圖　北大　上海　山大

集 10005704

西江集八卷

（清）石門吳鳳徵撰

清光緒十八年（1892）世同堂刻石
門吳氏家集本　上海　浙江

集 10005705

茶夢盦劫後詩稿十二卷

（清）仁和高望曾撰

清同治九年（1870）福州刻光緒十
六年（1890）杭州增修本　國圖　中
科院

清光緒十六年（1890）杭州補刻本
國圖

清代詩文集彙編本

集 10005706

白榆村舍記事稿四卷

（清）平湖馬承昭撰

清光緒五年（1879）刻本　中社科
院文學所

民國問綺春開鉛印本　北師大

集 10005707

石墨聯吟一卷

（清）海鹽張開福撰

清末劉氏嘉蔭簃鈔本　國圖

集 10005708

吟秋室詩二卷

（清）嘉善陸擷湘撰

稿本　浙江

集 10005709

吟秋室詩一卷

（清）嘉善陸擷湘撰

清鈔本　國圖

集 10005710

夢香室詩二卷

（清）嘉善陸擷湘撰

清鈔二陸詩鈔本　國圖

集 10005711

吟香室詩二卷

（清）嘉善陸擷湘撰

稿本　浙江

集 10005712

紅薇館詩二卷

（清）嘉善陸文瀾撰

清鈔二陸詩鈔本　國圖

集 10005713

如不及齋詩鈔一卷詠史詩一卷

（清）錢塘陳坤撰

清同治二年（1863）序刻柳堂師友詩録初編本　國圖　上海　本

清同治十一年（1872）羊城刻本國圖　中科院

2008 年 9 月廣州出版社廣州大典本

集 10005714

古井遺忠集一卷

（清）錢塘陳坤輯

清同治光緒間錢塘陳氏粵東刻如不及齋叢書本　上海　山大　南京　湖北

2008 年 9 月廣州出版社廣州大典本

集 10005715

春水船散體文一卷

（清）海寧陳理卿撰

傳鈔本　海寧

集 10005716

南歸草一卷

（清）錢塘朱孝起撰

清道光二十九年（1849）刻咸豐四年（1854）楊學煊增修本　中科院

集 10005717

懷楓軒集一卷南歸草一卷

（清）錢塘朱孝起撰

鈔本　國學圖原藏

集 10005718

蓮卿存稿六卷

（清）錢塘朱孝起撰

稿本　杭州

集 10005719

梧下先生詩鈔不分卷

（清）嘉善魏正錡撰

稿本　嘉興

集 10005720

淇園遺稿一卷

（清）金華□□撰

清鈔本　莆田

集 10005721

范湖草堂遺稿六卷

（清）秀水周閒撰

清光緒十九年（1893）木活字印本國圖　北大

集 10005722

小不其山房集十卷

（清）烏程徐有珂撰

清光緒七年（1881）刻本　國圖中山　復旦　旅大

集 10005723

小不其山房集十二卷

（清）烏程徐有珂撰

清光緒七年(1881)刻本　國圖

清光緒十六年(1890)刻本　南京

清代詩文集彙編本

集 10005724

章鋆詩文稿不分卷

（清）鄞縣章鋆撰

稿本　浙江

2019 年國家圖書館出版社影印
浙學未刊稿叢編本

集 10005725

望雲館稿二卷

（清）鄞縣章鋆撰

清光緒十四年(1888)章廷瀚等刻
本　國圖　天一閣

清代詩文集彙編本

集 10005726

望雲館詩稿一卷

（清）鄞縣章鋆撰

鈔本　中科院

集 10005727

望雲山館賦稿不分卷

（清）鄞縣章鋆撰

鈔本　天一閣

2019 年國家圖書館出版社影印
浙學未刊稿叢編本

集 10005728

鸑峯詩鈔一卷

（清）永康陳德純撰

清光緒十一年(1885)刻永康十孝
廉詩鈔本　南京

集 10005729

焦尾閣遺稿一卷

（清）黄巖盧德儀撰　（清）王彦
威輯

清光緒元年(1875)刻本　國圖
首都

清抄本　臨海博

集 10005730

悔廬詩存不分卷

（清）錢塘□□撰

稿本　中大

集 10005731

漁隱小舍文稿不分卷

（清）平湖方釗撰

清光緒六年(1880)刻本　上海

集 10005732

書畫船庵詩鈔不分卷

（清）雲和王士鈖撰

傳鈔稿本　雲和王氏藏

集 10005733

吟孫書屋詩鈔二卷補遺一卷

（清）錢塘王有鈞撰

清道光間刻本　南京　上海

集 10005734

小梅花館詩集六卷詞集三卷

（清）海鹽吳廷燮撰

清咸豐七年（1857）刻本　北大

清光緒四年（1878）吳鑌刻本　南京　中科院

集 10005735

唾餘吟館遺集二卷

（清）山陰何鼎勳撰

稿本　浙江

集 10005736

耕堂詩鈔一卷

（清）仁和周星蓮撰

鈔本　江蘇省立國學圖書館原藏

集 10005737

行賸存草不分卷

（清）平陽金東撰

清鈔本　中科院

集 10005738

倚雲樓古今體詩一卷試帖一卷詩餘一卷

（清）嘉善金其恕撰

清光緒六年（1880）金瀾刻本　國圖　中科院

集 10005739

含清堂詩存九卷

（清）蕭山徐光第撰

清咸豐十年（1860）刻本　南京

集 10005740

含清堂詩存十卷

（清）蕭山徐光第撰

清同治五年（1866）刻本　北大

清代詩文集彙編本

集 10005741

等閒集詩鈔一卷

（清）錢塘張敬謂撰

清光緒六年（1880）刻本　中山

清光緒六年（1880）張預鈔本浙江

清光緒十九年（1893）長沙學院刻本　陝西　蘇州

集 10005742

集翠軒詩鈔（集翠軒詩稿）二卷

（清）山陰陳鶚撰

清光緒二十一年（1895）刻本（集翠軒詩稿）　國圖

清光緒二十七年（1901）刻本雲南

集 10005743

大簏吟草六卷

（清）山陰陳昌沂撰

清光緒三年（1877）刻本　華東師大

清光緒六年（1880）橘蔭軒刻本北大　浙江　臺大

集 10005744

餐花室詩稿五卷

（清）桐鄉嚴錫康撰

稿本　浙江

集 10005745

餐花室詩稿十卷附詩餘一卷

（清）桐鄉嚴錫康撰

清咸豐十一年（1861）刻本　國圖

中山

清代詩文集彙編本

集 10005746

餐花室詩稿一卷詞稿一卷

（清）桐鄉嚴錫康撰

稿本　杭州

集 10005747

餐花室詩稿十二卷

（清）桐鄉嚴錫康撰

清咸豐間刻本　南京

集 10005748

餐花室尺牘不分卷

（清）桐鄉嚴錫康撰

清咸豐間刻本　南京

集 10005749

湖東第一山詩鈔五卷

（清）上虞宋棠撰

清同治十二年（1873）刻本　首都

南京　中山

清光緒間賦梅堂刻本　華東師大

集 10005750

紫茜山房詩鈔一卷

（清）平湖沈金藻撰

清咸豐刻本　中科院

集 10005751

紫茜山房詩鈔六卷

（清）平湖沈金藻撰

清同治十二年（1873）刻本　中科

院　北大

集 10005752

留園詩鈔二卷

（清）山陰吳榮撰

清咸豐五年（1855）刻本　北大

上海　南京　紹興

集 10005753

倚修竹軒詩草不分卷

（清）石門呂逸撰

稿本　美燕京

集 10005754

小匏庵詩存六卷

（清）嘉興吳仰賢撰

清光緒四年（1878）嘉興吳氏刻本

國圖　中科院

2002 年上海古籍出版社影印續

修四庫全書本

集 10005755

小匏庵詩存七卷

（清）嘉興吳仰賢撰

清光緒四年(1878)嘉興吳氏刻增修本　山東

集 10005756

小匏庵詩草不分卷

（清）嘉興吳仰賢撰

稿本　嘉善

2019 年國家圖書館出版社影印浙學未刊稿叢編本

集 10005757

春在堂詩文剩稿四卷

（清）德清俞樾撰

稿本　中科院

集 10005758

春在堂詩稿五卷

（清）德清俞樾撰

稿本　上海

集 10005759

曲園詩翰不分卷

（清）德清俞樾撰

稿本（楊圻跋）　湖南

集 10005760

春在堂雜詩（自杭州至福寧雜詩）一卷

（清）德清俞樾撰

稿本（清孫鏘鳴跋）　安吉博

集 10005761

春在堂詩壬戌編一卷

（清）德清俞樾撰

稿本俞蔭甫先生遺稿九種本　國圖

集 10005762

日損益齋詩鈔十卷

（清）德清俞樾撰

清咸豐八年(1858)吳門刻本　中科院　復旦

集 10005763

春在堂詩編七卷

（清）德清俞樾撰

清同治十年(1871)刻德清俞蔭甫所著書本　國圖

集 10005764

春在堂詩編八卷

（清）德清俞樾撰

清同治七年(1868)德清俞氏刻本　國圖

集 10005765

春在堂詩編十卷

（清）德清俞樾撰

清光緒間刻本　浙江

清同治十年(1871)德清俞氏刻光緒九年(1883)增修本　國圖

集 10005766

春在堂詩編十二卷

（清）德清俞樾撰

清光緒十五年(1889)德清俞氏刻

本　國圖

集 10005767

春在堂詩編十九卷

（清）德清俞樾撰

清同治七年（1868）刻本　南京

集 10005768

春在堂詩編二十三卷詞録三卷

（清）德清俞樾撰

清同治光緒間刻光緒末彙印春在

堂全書本　國圖　中科院　北大

上海　復旦　天津　遼寧　山東

南京　浙江　湖北　四川　雲南

清代詩文集彙編本

集 10005769

玉堂舊課一卷

（清）德清俞樾撰

清同治光緒間刻光緒末彙印春在

堂全書本　國圖　中科院　北大

上海　復旦　天津　遼寧　山東

南京　浙江　湖北　四川　雲南

集 10005770

詠物廿一首一卷

（清）德清俞樾撰

清同治光緒間刻光緒末彙印春在

堂全書本　國圖　中科院　北大

上海　復旦　天津　遼寧　山東

南京　浙江　湖北　四川　雲南

集 10005771

曲園自述詩一卷詩補一卷集千字
文詩一卷小蓬萊謡一卷佚詩一卷

（清）德清俞樾撰

清同治光緒間刻光緒末彙印春在

堂全書本　國圖　中科院　北大

上海　復旦　天津　遼寧　山東

南京　浙江　湖北　四川　雲南

集 10005772

越中紀遊詩一卷

（清）德清俞樾撰

清光緒十三年（1887）刻本　國圖

集 10005773

曲園遺詩一卷

（清）德清俞樾撰

清光緒三十二年（1906）石印本

國圖

集 10005774

今悔蒼詩一卷補録一卷文一卷
詞一卷諸子平義三十五卷補録
二十卷

（清）德清俞樾撰

念劬堂叢書本

集 10005775

楹聯録存一卷

（清）德清俞樾撰

稿本　華東師大

集 10005776

楹聯録存二卷

（清）德清俞樾撰

清同治十年（1871）德清俞氏刻德清俞蔭甫所著書本　國圖

清同治十年（1871）德清俞氏刻光緒九年（1883）增修本　國圖

集 10005777

楹聯録存三卷附録一卷

（清）德清俞樾撰

清光緒二十年（1894）刻本　國圖

集 10005778

楹聯録存五卷附録一卷

（清）德清俞樾撰

清同治光緒間刻光緒末彙印春在堂全書本　國圖　中科院　北大上海　復旦　天津　遼寧　山東南京　浙江　湖北　四川　雲南

集 10005779

賓萌集五卷外集四卷

（清）德清俞樾撰

清同治間刻本　國圖

清同治八年（1869）中山刻本首都

清同治十年（1871）德清俞氏刻光緒九年（1883）增修本　國圖

清光緒十五年（1889）（1898）德清俞氏刻本　國圖

集 10005780

賓萌集六卷外集四卷

（清）德清俞樾撰

清同治光緒間刻光緒末彙印春在堂全書本　國圖　中科院　北大上海　復旦　天津　遼寧　山東南京　浙江　湖北　四川　雲南

2002 年上海古籍出版社影印續修四庫全書本

清代詩文集彙編本

集 10005781

好學爲福齋文鈔二卷

（清）德清俞樾撰

清咸豐元年（1851）孫氏萱蔭堂刻本　國圖

集 10005782

日損益齋駢儷文鈔四卷

（清）德清俞樾撰

清咸豐九年（1859）吳門刻本國圖

集 10005783

春在堂雜文二卷

（清）德清俞樾撰

清同治十年（1871）刻德清俞蔭甫所著書本　國圖

集 10005784

春在堂雜文二卷續編五卷三編四卷

（清）德清俞樾撰

清同治十年（1871）德清俞氏刻光

緒九年(1883)增修本　國圖　海寧

集 10005785

**春在堂雜文二卷續編五卷三編
四卷四編八卷**

　(清)德清俞樾撰

　清光緒十五年(1889)德清俞氏刻
本　國圖

集 10005786

**春在堂雜文二卷續編五卷三編
四卷四編八卷五編八卷六編十
卷補遺六卷**

　(清)德清俞樾撰

　清同治光緒間刻光緒末彙印春在
堂全書本　國圖　中科院　北大
上海　復旦　天津　遼寧　山東
南京　浙江　湖北　四川　雲南

　近代中國史料叢刊正、續、三編本

　2002 年上海古籍出版社影印續
修四庫全書本

　清代詩文集彙編本

集 10005787

春在堂楹聯録存五卷附録一卷

　(清)德清俞樾撰

　近代中國史料叢刊正、續、三編本

集 10005788

詁經精舍自課文一卷

　(清)德清俞樾撰

　稿本　上海

集 10005789

**詁經精舍自課文二卷左傳連珠
一卷銘篇一卷四書文一卷尺牘
六卷佚文一卷**

　(清)德清俞樾撰

　清同治光緒間刻光緒末彙印春在
堂全書本　國圖　中科院　北大
上海　復旦　天津　遼寧　山東
南京　浙江　湖北　四川　雲南

　清代詩文集彙編本

集 10005790

俞蔭甫文一卷

　(清)德清俞樾撰

　清鈔課餘隨録本　浙江

集 10005791

曲園擬賦一卷

　(清)德清俞樾撰

　清光緒二十四年(1898)愛竹廬刻
本　國圖

集 10005792

曲園課孫草二卷

　(清)德清俞樾撰

　清光緒八年(1882)金陵刻本
建德

集 10005793

草草廬駢體文鈔二卷

　(清)德清俞樾撰

　清刻本　國圖

集 10005794

日損益齋駢體文鈔一卷

（清）德清俞樾撰

清末鈔本　中大

集 10005795

春在堂尺牘一卷金鵝山人尺牘一卷

（清）德清俞樾撰

稿本　華東師大

集 10005796

春在堂尺牘三卷

（清）德清俞樾撰

清同治十年（1871）刻德清俞蔭甫

所著書本　國圖

集 10005797

春在堂尺牘四卷

（清）德清俞樾撰

清末刻本　國圖

集 10005798

春在堂尺牘五卷

（清）德清俞樾撰

清同治光緒間刻光緒末彙印春在

堂全書本　國圖　中科院　北大

上海　復旦　天津　遼寧　山東

南京　浙江　湖北　四川　雲南

清光緒十年（1884）成都志古堂刻

本　國圖

集 10005799

曲園尺牘五卷

（清）德清俞樾撰

清光緒十七年（1891）上海石印本

嵊州

集 10005800

曲園先生書札手稿不分卷

（清）德清俞樾撰

清光緒三十三年（1907）蘇省刷印

局石印本（佚名題識）　國圖

集 10005801

金鵝山人尺牘一卷

（清）德清俞樾撰

稿本　華東師大

集 10005802

百哀篇一卷

（清）德清俞樾撰

清光緒刻本　杭州

集 10005803

春在堂隨筆十卷小浮梅閒話一卷

（清）清德俞樾撰

民國元年（1912）國華書局石印本

臨海

民國十一年（1922）文明書局石印

本　海寧

集 10005804

俞曲園尺牘一卷

（清）德清俞樾撰

民國十五年（1926）鉛印本　奉化

文管會

集 10005805

俞典園書札一卷

（清）德清俞樾撰

民國鉛印本　奉化文管會

集 10005806

漁浦草堂詩集四卷補遺一卷詩餘一卷

（清）錢塘張道撰

清同治六年（1867）張預刻本
國圖

集 10005807

補勤詩存七卷續編三卷

（清）山陰陳錦撰

稿本（清孫文川跋）　浙江

集 10005808

補勤詩存續編六卷

（清）山陰陳錦撰

稿本　浙江

集 10005809

補勤詩存二十四卷首一卷

（清）山陰陳錦撰

清光緒三年（1877）橘蔭軒刻本
中科院

2002 年上海古籍出版社影印續
修四庫全書本

清代詩文集彙編本

集 10005810

勤餘文牘六卷附學廬自鏡語一

卷東溟校伍録二卷首一卷

（清）山陰陳錦撰

清光緒五年（1879）橘蔭軒刻本
中科院

2002 年上海古籍出版社影印續
修四庫全書本

集 10005811

橘蔭軒詩文集（補勤詩存二十四卷詩續編六卷文牘六卷文牘續編

（清）山陰陳錦撰

清光緒間山陰陳氏橘蔭軒刻橘蔭
軒全集本　北大　清華　上海　蘇
州　湖北

集 10005812

補琴山房吟草十三卷

（清）山陰陳錦撰

手稿本　浙江

集 10005813

賈比部遺集二卷

（清）賈樹誠撰　（清）山陰平步
青輯

清同治光緒間山陰平氏安越堂刻
葛園叢書本　國圖　清華　上海
復旦　天津　浙大　福建

集 10005814

有三惜齋詩二卷

（清）山陰趙福雲撰

清咸豐七年（1857）刻本　國圖

集 10005815

棄餘草不分卷

（清）遂安王心鏡撰

稿本 《文瀾學報》二卷第三、四期 著録

集 10005816

棣蕚合稿一卷

（清）杭州方宗埰、（清）沈冬齡撰

清道光間刻梅花吟館詩存附 南京

集 10005817

顧廬吟稿不分卷

（清）雲和王宸正撰

稿本 雲和王氏藏

集 10005818

贊雪山房詩存一卷

（清）海寧羊登萊撰 （清）海昌羊復禮輯

清光緒間海昌羊氏傳卷樓粵東刻海昌叢載本 國圖 北大 上海 山大

集 10005819

壽孫館稿十卷（瘦華盦詩稿、瘦華盦留删詩草、二簞廬漫唱、玉雪軒主草稿、藕欄閒話各一卷、銅瓶瓦研之齋詞稿三卷、桃花渡榜謳二卷）

（清）鄞縣周世緒撰

稿本 天一閣

集 10005820

瘦華盦詩稿四卷

（清）鄞縣周世緒撰

清徐氏煙嶼樓鈔本 國圖

集 10005821

漁隱吟草一卷

（清）嘉善浦燧英撰

鈔本 嘉善

集 10005822

詩詞草續編一卷

（清）嘉善浦燧英撰

鈔本 嘉善

集 10005823

息養廬詩集四卷

（清）平湖徐錦華撰

清光緒二十七年（1901）木活字印本 南京

集 10005824

息養廬詩集四卷末一卷

（清）平湖徐錦華撰

清光緒二十七年（1901）乍川徐氏刻本 國圖（佚名題識）

集 10005825

息養廬文集十一卷

（清）平湖徐錦華撰

稿本 平湖

清光緒二十五年(1899)寶善堂刻
本　首都

集 10005826
蟄庵集一卷
　(清)海寧徐鴻鰲撰
　鈔本　浙江

集 10005827
流離草一卷
　(清)青田許一鈞撰
　鈔本　溫州

集 10005828
相思草一卷
　(清)青田許一鈞撰
　鈔本　溫州

集 10005829
許雨庭遺稿一卷
　(清)青田許一鈞撰
　括蒼遺書本　國圖

集 10005830
緗芸館詩鈔一卷
　(清)錢塘許之雯撰
　清光緒二十五年(1899)吳下刻本
　國圖　南京　南京

集 10005831
鏡中樓吟一卷
　(清)浦江盛問渠撰
　民國十一年(1922)重刻本　《歷
代婦女著作考》著錄
　民國金華金震東石印局石印本
浙江
　2020 年學苑出版社浦江文獻集
成本

集 10005832
華亭賸稿三卷
　(清)會稽楊德榮撰
　清光緒七年(1881)楊德熙刻本
中科院　南京

集 10005833
華亭詩鈔一卷
　(清)會稽楊德榮撰　楊葆彝輯
　清光緒間陽湖楊氏刻大亭山館叢
書本　國圖　北大　上海　復旦
天津　遼寧　南京　浙江　湖北
四川

集 10005834
景陸遺詩一卷
　(清)仁和錢贊撰
　清光緒二十二年(1896)刻湖墅錢
氏家集本　北大　上海

集 10005835
紫佩軒詩稿二卷
　(清)桐鄉嚴昭華撰
　清光緒二十二年(1896)吳門刻本
首都

集 10005836

佩韋齋吟稿七卷

(清)海鹽朱承鉽撰

稿本　南京

集 10005837

聽秋館吟稿六卷

(清)海鹽朱承鉽撰

清光緒十六年(1890)刻本　北大

集 10005838

佩韋齋外集一卷

(清)海鹽朱承鉽撰

民國間鈔本　南京

集 10005839

訒齋遺稿七卷

(清)餘杭褚維垕撰

清光緒二十七年(1901)刻民國五年(1916)印本　中科院　復旦

集 10005840

吉光片羽集一卷

(清)歸安趙景賢撰

清同治三年(1864)刻本　中社科院文學所

集 10005841

趙忠節公遺墨一卷

(清)歸安趙景賢撰

清光緒八年(1882)刻本　國圖　中科院

集 10005842

癡蟲吟稿不分卷

(清)會稽鮑存曉撰

稿本　浙江

2019 年國家圖書館出版社影印浙學未刊稿叢編本

集 10005843

癡蟲吟稿三卷

(清)會稽鮑存曉撰

清稿本　中社科院近研所

集 10005844

鮑太史詩集八卷

(清)會稽鮑存曉撰　(清)鄭錫田輯

清光緒二十年(1894)刻本　國圖

清光緒十二年(1886)鄭錫田刻本　國圖　中科院

集 10005845

夢影樓稿一卷

(清)錢塘關鍈撰

清咸豐四年(1854)錢塘蔣氏刻本　南京

集 10005846

三十六芙蓉館詩存一卷

(清)錢塘關鍈撰

清咸豐七年(1857)錢塘蔣氏刻本　國圖

集 10005847

夢影樓詩一卷

（清）錢塘關鍈撰　徐乃昌輯

清光緒二十一年至二十二年（1895～1896）南陵徐氏刻小檀欒室彙刻閨秀詞本　國圖　北大　天津　上海　南京　山東　遼寧

集 10005848

墨花吟館詩鈔十六卷

（清）桐鄉嚴辰撰

清光緒八年（1882）刻本　首都　山西

清光緒十九年（1893）刻本　國圖

集 10005849

墨花吟館感舊懷人集二卷

（清）桐鄉嚴辰撰

清光緒十五年（1889）刻本　國圖

清代傳記叢刊本

集 10005850

墨花吟館病幾續鈔四卷

（清）桐鄉嚴辰撰

清光緒十九年（1893）刻本　國圖

清代詩文集彙編本

集 10005851

小蘿橡館詩鈔十卷

（清）桐鄉嚴辰撰

清鈔本　湖南

集 10005852

墨花吟館詩鈔一卷

（清）桐鄉嚴辰撰

思舊集本（民國刻）

民間國鈔黔南游宦詩文征本　國圖

集 10005853

達叟文稿不分卷

（清）桐鄉嚴辰撰

稿本（盧學溥跋）　上海

2019 年國家圖書館出版社影印浙學未刊稿叢編本

集 10005854

墨花館文鈔不分卷

（清）桐鄉嚴辰撰

清光緒十六年（1890）刻本　中山　山西大

集 10005855

墨花吟館文鈔三卷

（清）桐鄉嚴辰撰

清光緒十九年（1893）刻本　國圖

清代詩文集彙編本

集 10005856

墨花吟館文續鈔三卷

（清）桐鄉嚴辰撰

清光緒間刻本　東北師大

集 10005857

憶雲集試帖一卷

（清）桐鄉嚴辰撰

清光緒間刻本　國圖

集 10005858

簫雲集試帖一卷

（清）桐鄉嚴辰撰

清光緒間刻本　國圖

集 10005859

沾沾集一卷附家宴詩一卷

（清）桐鄉嚴辰撰

清光緒八年(1882)刻本　湖南

集 10005860

遁香小草一卷

（清）杭州王庭熙撰

清鈔本　福建

集 10005861

吟花館詩稿一卷

（清）永嘉王景羲撰

鈔本　雲南

集 10005862

炳燭齋詩草不分卷

（清）黃巖王樂雍撰

清同治八年(1869)雙研齋鉛印本
中山

集 10005863

寶善堂遺稿二卷

（清）會稽朱潮撰

清光緒八年(1882)山陰平氏安越

堂刻本　國圖

集 10005864

綠芸吟館詩鈔三卷

（清）蕭山(原籍蕭山,流寓廣東番
禺)朱爾苗撰

傳鈔本　《續修四庫提要》著錄

集 10005865

阜湖山人詩鈔六卷

（清）上虞宋傑撰

清同治八年(1869)刻本　南京
浙江　諸暨　旅大

集 10005866

子春遺稿五卷

（清）龍游余撰撰

鈔本　浙江

集 10005867

望山堂詩續二卷

（清）泰順林用霖撰

清光緒八年(1882)刻本　中科院

集 10005868

味雪齋詩鈔二卷

（清）平湖郁載瑛撰

清光緒八年(1882)刻本　上海

集 10005869

榆園雜興詩一卷

（清）桐廬袁振業撰　（清）桐廬袁
昶輯

清光緒十六年至二十四年(1887~
1898)桐廬袁氏刻本　國圖　中科院
北大　上海　復旦　遼寧　浙江
武大　重慶(光緒刻)
臺灣新文豐公司出版叢書集成新
編本

集 10005870
吟翠樓詩稿一卷
　(清)錢塘孫佩蘭撰
　清光緒十五年(1889)刻本　中社
科院文學所　上海　南京

集 10005871
秋士詩存一卷
　(清)歸安孫憲儀撰
　清道光二十八年(1848)漢陽葉氏
敦夙好齋刻本　國圖　中科院

集 10005872
張文節公遺集二卷
　(清)錢塘張洵撰　(清)瑞安孫詒
讓輯
　清同治光緒間吳縣潘氏京師刻滂
喜齋叢書本　國圖　中科院　北大
　上海　復旦　天津　遼寧　山東
　南京　浙江　湖北　四川
　叢書集成初編本
　清代詩文集彙編本

集 10005873
詩農詩稿一卷
　(清)鄞縣張庭學撰

清末徐氏煙嶼樓鈔本　寧波　天
一閣

集 10005874
學稼草堂詩草十卷
　(清)秀水陳嗣良撰
　清光緒八年(1882)刻本　中科院
北大　山東　上海

集 10005875
揮手吟遺稿一卷
　(清)山陰陶熙孫撰
　稿本　紹興

集 10005876
望虹樓遺著不分卷
　(清)山陰陶熙孫撰
　民國鉛印本　國圖

集 10005877
望虹樓遺著三卷
　(清)山陰陶熙孫撰
　稿本　紹興

集 10005878
**望虹樓文存一卷望虹樓詞存一
卷揮手遺著一卷**
　(清)山陰陶熙孫撰
　民國鉛印本　魯迅紀念館

集 10005879
小鏡湖莊詩集不分卷
　(清)嘉興錢青撰

清咸豐間刻本　嘉興

集 10005880

如心室未定草不分卷

　　(清)仁和魏錫曾撰

　　稿本(冒廣生跋)　上海

集 10005881

續語堂集三卷(題跋、詩存、文存各一卷)

　　(清)仁和魏錫曾撰

　　清光緒九年(1883)刻魏稼孫先生全集本　國圖　中科院　北大　上海　復旦　天津　遼寧　山東　南京　浙江　湖北

集 10005882

續語堂集三卷(詩集、題跋、詞存各一卷)

　　(清)仁和魏錫曾撰

　　鈔本　南京

集 10005883

半情居遺集十卷

　　(清)諸暨酈滋德撰

　　稿本　諸暨

集 10005884

結一廬遺文二卷

　　(清)仁和朱學勤撰　朱澂輯繆荃孫編

　　清光緒三十四年(1908)刻本　國圖

集 10005885

玉笙樓詩録不分卷詩稿一卷文一卷

　　(清)海寧沈壽榕撰

　　稿本　中科院

集 10005886

玉笙樓詩録四卷

　　(清)海寧沈壽榕撰

　　鈔本　中社科院文學所

集 10005887

玉笙樓詩録九卷

　　(清)海寧沈壽榕撰

　　稿本　四川

　　鈔本　中社科院文學所

集 10005888

玉笙樓詩録十卷

　　(清)海寧沈壽榕撰

　　清光緒九年(1883)宏文堂刻本　中社科院文學所

集 10005889

玉笙樓詩録十二卷

　　(清)海寧沈壽榕撰

　　清光緒九年(1883)刻本　國圖　中科院

集 10005890

玉笙樓詩録十二卷續録一卷

　　(清)海寧沈壽榕撰

　　清光緒九年(1883)刻增修本　中

科院

2002 年上海古籍出版社影印續
修四庫全書本

清代詩文集彙編本

集 10005891

玉笙樓詩錄一卷

（清）海寧沈壽榕撰

民國間鈔黔南游宦詩文征本
國圖

集 10005892

**退補齋詩鈔二十卷試帖詩存二
卷賦存二卷**

（清）永康胡鳳丹撰

清同治七年至光緒八年（1868～
1882）永康胡氏退補齋刻金華叢書
本　首都　上海　民大

清同治七年至光緒八年（1868～
1882）永康胡氏退補齋刻民國間補
刻金華叢書本　國圖　中科院　北
大　上海　天津　遼寧　南京　浙
江　湖北　四川

1981 年江蘇廣陵古籍刻印社校
補重印退補齋刻金華叢書本　國圖

集 10005893

退補齋詩鈔二十卷

（清）永康胡鳳丹撰

清同治四年（1865）退補齋刻本
南京

集 10005894

**退補齋詩存十六卷文存十二卷
首二卷**

（清）永康胡鳳丹撰　（清）王柏心
等刪削

清同治七年至光緒八年（1868～
1882）永康胡氏退補齋刻金華叢書
本　首都　上海　民大

清同治七年至光緒八年（1868～
1882）永康胡氏退補齋刻民國間補
刻金華叢書本　國圖　中科院　北
大　上海　天津　遼寧　南京　浙
江　湖北　四川

1981 年江蘇廣陵古籍刻印社校
補重印退補齋刻金華叢書本　國圖

2002 年上海古籍出版社影印續
修四庫全書本

清代詩文集彙編本

2013 年上海古籍出版社重修金
華叢書本

集 10005895

退補齋文存十二卷二編五卷

（清）永康胡鳳丹撰

清同治十二年（1873）刻本　義烏

近代中國史料叢刊正、續、三編本

2013 年上海古籍出版社重修金
華叢書本

集 10005896

**退補齋詩存二編十卷文存二編
五卷**

（清）永康胡鳳丹撰　（清）林壽圖

删定

清同治七年至光緒八年(1868～1882)永康胡氏退補齋刻金華叢書本　首都　上海　民大

清同治七年至光緒八年(1868～1882)永康胡氏退補齋刻民國間補刻金華叢書本　國圖　中科院　北大　上海　天津　遼寧　南京　浙江　湖北　四川

1981 年江蘇廣陵古籍刻印社校補重印退補齋刻金華叢書本　國圖

2002 年上海古籍出版社影印續修四庫全書本

清代詩文集彙編本

2013 年上海古籍出版社重修金華叢書本

集 10005897

退補齋詩存二編十一卷

(清)永康胡鳳丹撰

清光緒七年(1881)刻本　中科院

集 10005898

感懷百詠一卷

(清)永康胡鳳丹撰

清同治間刻本　湖南

集 10005899

大疊山房文存二卷補遺一卷

(清)歸安姚覲元撰

清末鈔本　中社科院文學所

集 10005900

咫進齋詩文稿一卷

(清)歸安姚覲元撰

民國二十八至三十二年(1939～1943)僞江蘇省立蘇州圖書館鉛印吳中文獻小叢書本　北師大　上海　上師大　福師大　民大

清代詩文集彙編本

1994 年上海書店出版社叢書集成續編本

集 10005901

吾悔集一卷

(清)鄞縣郭傳璞撰

稿本　浙江

集 10005902

金峨山館集(金峨山館詩文集)不分卷

(清)鄞縣郭傳璞撰

清光緒間刻本　國圖

鈔本(金峨山館詩文集)　中社科院歷史所

集 10005903

辛卯詩存不分卷

(清)鄞縣郭傳璞撰

稿本　中社科院文學所

集 10005904

曼殊沙盦三十六壺盧銘一卷

(清)慈溪葉金壽撰　(清)鄞縣郭傳璞撰

清抄本　浙江

集 10005905

抱潛詩稿一卷

　　（清）錢塘陳元禄撰

　　稿本（清孫衣言、清王鴻、清沈兆麟跋）　浙江

集 10005906

抱潛詩録五卷

　　（清）錢塘陳元禄撰

　　稿本　杭州

集 10005907

十二種蘭精舍詩集十卷附潞河漁唱一卷

　　（清）錢塘陳元禄撰　（清）瑞安孫衣言等點定

　　清同治八年（1869）自刻本　南京

集 10005908

十二種蘭亭精舍詩集十卷附潞河漁唱一卷

　　（清）錢塘陳元禄撰

　　清光緒十四年（1888）錢塘陳氏重刻本

　　清代詩文集彙編本

集 10005909

抱潛詩存一卷

　　（清）錢塘陳元禄撰　張祖廉輯

　　民國九年（1920）嘉善張氏鉛印娟鏡樓叢刻本　國圖　中科院　北大

上海　復旦　天津　遼寧　南京浙江　湖北　四川

　　2010 年學苑出版社中國華東文獻叢書本

集 10005910

花天月地吟八卷

　　（清）錢塘蔣坦撰

　　清道光二十五年（1845）刻本國圖

集 10005911

紅心吟八卷

　　（清）錢塘蔣坦撰

　　清道光二十七年（1847）城西草堂刻本　國圖　首都

集 10005912

息影庵初存詩八卷

　　（清）錢塘蔣坦撰

　　清咸豐四年（1854）巢園刻本　中科院　復旦　南京

集 10005913

息影庵集外詩五卷

　　（清）錢塘蔣坦撰

　　清道光二十七年（1847）刻本　中科院

　　清咸豐四年（1854）巢園刻本　中科院　復旦

集 10005914

微波集一卷

（清）錢塘蔣坦撰

清末刻本　中科院

集 10005915

愁鸞集一卷

（清）錢塘蔣坦撰

清咸豐七年(1857)錢塘蔣氏刻本
國圖

集 10005916

秋鐙瑣憶不分卷

（清）錢塘蔣坦撰

清咸豐二年(1852)刻本　　國圖
(徐祖正題識)

集 10005917

夕陽紅半樓詩剩稿一卷

（清）錢塘蔣坦撰

民國三年(1914)石印本　　國圖
中山

集 10005918

西湖雜詩一卷

（清）錢塘蔣坦撰

清光緒三年至二十六年(1877～
1900)錢塘丁氏嘉惠堂刻武林掌故
叢編本　國圖　中科院　北大　上
海　復旦　天津　遼寧　甘肅　山
東　南京　浙江　湖北　四川

　　1985 年江蘇廣陵古籍刻印社影
印清光緒三年至二十六年(1877～
1900)錢塘丁氏嘉惠堂刻武林掌故
叢編本　中科院

西河集覽本

1994 年上海書店出版社叢書集
成續編本

集 10005919

梅花庵詩稿四卷

（清）海寧潘喜陶撰

清光緒二十八年(1902)木活字印
本　南京　海寧

集 10005920

**綠窗吟稿一卷小壺天課子草一
卷詩餘一卷**

（清）山陰沈雲棠撰

清鈔本(清陶浚宣題款)　國圖

集 10005921

小壺天課子草一卷詩餘一卷

（清）山陰沈雲棠撰

清鈔本　國圖

集 10005922

燈青茶嫩草三卷

（清）苕溪沈蕉青撰

稿本(清孫麟趾跋)　浙江

集 10005923

傳忠堂學古文一卷

（清）山陰周星譽撰

清光緒至民國間江陰金氏刻粟香
室叢書本　國圖　中科院　北大
上海　復旦　內蒙古　吉林　南京
　浙江　中山　雲南

清光緒至民國間如皋冒氏刻如皋
冒氏叢書本　國圖　中科院　上海
天津　遼寧　甘肅　南京　浙江
湖北　四川

集 10005924
傳忠堂古文一卷
　(清)山陰周星譽撰
　清光緒間刻本　國圖

集 10005925
耘花館詩鈔一卷
　(清)山陰金元撰　(清)李長榮輯
　清同治二年(1863)序刻清同治二
年(1863)序刻柳堂師友詩錄初編本
　國圖　上海　本　國圖　上海

集 10005926
乙元新詠不分卷
　(清)嘉興郁洪謨撰
　鈔本　嘉興

集 10005927
琵琶冷豔一卷
　(清)嘉興郁洪謨撰
　清光緒十三年(1887)木活字印本
中科院

集 10005928
春草堂遺稿一卷
　(清)歸安姚陽元撰　(清)歸安姚
觀元輯
　清光緒九年(1883)歸安姚氏刻本

國圖　北大　上海　復旦　天津
遼寧　山東　甘肅　南京　浙江
湖北　四川
　清光緒九年(1883)刻本　首都

集 10005929
蘭墅詩稿不分卷
　(清)嘉善許王勳撰
　鈔稿本　嘉善

集 10005930
青磨館詩存一卷
　(清)嘉善許王勳撰
　清光緒七年(1881)刻本　上海

集 10005931
繁露書帷文集二卷
　(清)天台陳省欽撰
　民國八年(1919)武林印書館鉛印
本　中科院　浙江

集 10005932
綠蕉館詩鈔四卷
　(清)海鹽陳景高撰
　清同治十三年(1874)刻本　中科
院　復旦　首都　浙江　南京
中山

集 10005933
綠蕉館詩鈔四卷附端石擬一卷
　(清)海鹽陳景高撰
　民國十三年(1924)子方瀛刻本
上海　南京　河南　中科院　復旦

華東師大　南京

集 10005934

留有餘齋遺稿一卷附錄存五卷

（清）鄞縣董學履撰

清光緒十二年（1886）四明董氏活字本　國圖　中科院

集 10005935

挹翠山房小草一卷

（清）海寧蔣賜勳撰

清乾隆間刻谷湖聯吟本　國圖　上海

集 10005936

曳尾塗中不分卷

（清）海寧蔣學勤撰

稿本（清蔣學勤題記）　海寧

集 10005937

璞堂詩稿不分卷

（清）瑞安鮑作瑞撰

稿本　溫州

集 10005938

紅蕉庵詩集一卷

（清）德清戴莼撰

清同治光緒間烏程汪氏刻荔牆叢刻戴氏三俊集本　國圖　中科院　北大　上海　復旦　南京　浙江　湖北　四川

集 10005939

崇雅堂存稿二卷

（清）嘉興戴德堅撰

清戴廷鉞等校鈔本　中社科院文學所

集 10005940

蓬萊館尺牘一卷

（清）嘉興戴德堅撰

清同治光緒間申報館鉛印申報館叢書本　國圖　山大　民大

集 10005941

清邃堂遺詩六卷

（清）海鹽顏宗儀撰

民國三十二年（1943）上海涵芬樓石印顏氏大海明月樓寫本　國圖　中科院

集 10005942

春水船詩集一卷詩補遺一卷文鈔一卷

（清）平湖俞思源撰

清道光三十年（1850）刻本　中科院

集 10005943

望雲仙館遺稿二卷

（清）嘉善孫福清撰

清光緒間刻本　中社科院文學所

集 10005944

望雲仙館賦鈔不分卷

（清）嘉善孫福清撰

清同治九年（1870）廣州藏珍閣刻本　杭州

集 10005945

傳忠堂駢體文集四卷

（清）山陰周大榜撰

光緒二十年（1894）鈔會稽徐氏初學堂羣書輯録本　上師大

集 10005946

娛園老人函牘不分卷

（清）海寧許增撰

稿本　浙江

集 10005947

石門山人詩鈔不分卷

（清）青田端木百禄撰

鈔本（劉耀東跋）　温州

集 10005948

寄巢詩稿不分卷

（清）青田端木百禄撰

鈔稿本　復旦

集 10005949

自怡軒詩存不分卷

（清）仁和王堃撰

稿本　上海

集 10005950

自怡軒試帖軼存一卷

（清）仁和王堃撰

清光緒十一年（1885）刻本　上海

集 10005951

笛倚樓詩草二卷

（清）仁和吳元鏡撰

清咸豐四年（1854）刻本　國圖上海　復旦

集 10005952

夢鹿庵文稿不分卷

（清）海鹽朱丙壽撰

民國十年（1921）鉛印本　首都

集 10005953

榆蔭山房吟草四卷

（清）海鹽朱丙壽撰

民國十一年（1922）鉛印本　首都

集 10005954

笛倚樓詩草不分卷

（清）仁和吳元鏡撰

清光緒十二年（1886）刻本　浙大

集 10005955

聽蟬書屋詩録十二卷文録二卷駢文一卷尺牘一卷

（清）歸安吳德純撰

清光緒十年（1884）味無味齋刻本中科院　北大

集 10005956

聽篁閣存草三卷

（清）鄞縣洪璵堂撰

清光緒十年(1884)刻本　寧波

集 10005957

映雪軒詩草一卷

　（清）錢塘孫鼎吉撰

　清光緒三十二年(1906)刻本　中社科院文學所

集 10005958

寄青齋詩稿（寄青齊遺稿）二卷附綠雲館遺集一卷

　（清）上虞徐虔復撰　（清）程瑞芬輯

　清光緒十三年(1887)徐煥章留餘堂刻本　國圖

集 10005959

遼金元宮詞三卷

　（清）烏程陸長春撰

　清咸豐三年(1853)刻本　遼寧

集 10005960

夢花亭駢體文集四卷

　（清）烏程陸長春撰

　民國間吳興劉氏嘉業堂刻吳興叢書本　國圖　中科院　上海　復旦　寧夏　南京　浙江　湖北　雲南

　民國間吳興劉氏嘉業堂刻1986年文物出版社重印吳興叢書本　遼寧

　1994年上海書店出版社叢書集成續編本

集 10005961

夢花亭尺牘一卷

　（清）烏程陸長春撰

　清光緒四年(1878)上海申報鉛印本　首都

集 10005962

少桐山房詩鈔二卷

　（清）永康陳信熊撰

　清光緒十年(1884)胡氏退補齋刻永康十孝廉詩鈔本　國圖　義烏

集 10005963

雙桐山房詩鈔二卷

　（清）永嘉陳鳳圖撰

　清光緒十年(1884)胡氏退補齋刻永康十孝廉詩鈔本　國圖　義烏

集 10005964

勝蓮花室詩鈔六卷

　（清）嘉善陳翰芬撰

　清光緒十八年(1892)刻本　中社科院文學所　中山

集 10005965

味某華館詩初集六卷詩二集四卷

　（清）秀水陳鴻誥撰

　清咸豐元年(1851)刻本　上海　浙江（存詩二集）

　清道光刻本　國圖（初集）　嘉興

集 10005966

味某華館詩鈔二卷

（清）秀水陳鴻誥撰

日本明治十三年（1880）大阪前川善兵衛刻本　上海

集 10005967

經古篋存草四卷

（清）平湖葉廉鍔撰

清宣統三年（1911）刻本　國圖

集 10005968

愈愚齋詩文集四卷

（清）平陽謝青揚撰

清光緒間楊氏刻本　北大　浙江

集 10005969

愈愚齋詩文集五卷

（清）平陽謝青揚撰

清光緒十年（1884）甌城梅師古齋老店刻本　中科院

集 10005970

甌江竹枝詞一卷

（清）秀水戴文儁撰

清同治十三年（1874）刻本　上海

集 10005971

聽月樓詩鈔（聽月樓遺稿）二卷

（清）慈溪嚴恒撰

清光緒二十八年（1902）上海　小小長蘆館石印本　首都　山大　南京　中科院

集 10005972

風雨對吟齋詩鈔四卷附詩餘一卷

（清）海鹽任端良撰

清光緒十八年（1892）刻本　首都

集 10005973

亢藝堂集六卷

（清）會稽孫廷璋撰

清鈔本（清李慈銘校）　國圖

集 10005974

亢藝堂集三卷

（清）會稽孫廷璋撰

清同治光緒間吳縣潘氏京師刻滂喜齋叢書本　國圖　中科院　北大　上海　復旦　天津　遼寧　山東　南京　浙江　湖北　四川

集 10005975

蓮華居士遺集一卷

（清）會稽孫廷璋撰

清鈔本　國圖

集 10005976

亢藝堂遺集摘鈔不分卷

（清）會稽孫廷璋撰

鈔本　浙江

集 10005977

草舍利舍詩文佚稿不分卷

（清）鎮海陳聿昌撰

民國六年（1917）油印本　上海

集 10005978

白鶴峯詩屋初稿四卷存稿二卷

（清）秀水楊象濟撰

稿本　上海

2019 年國家圖書館出版社影印
浙學未刊稿叢編本

集 10005979

欲寡過齋詩存二卷存稿二卷

（清）秀水楊象濟撰

稿本　上海

2019 年國家圖書館出版社影印
浙學未刊稿叢編本

集 10005980

易鶴軒燼餘草三卷

（清）秀水楊象濟撰

清咸豐十一年(1861)自刻本　中
社科院歷史所

集 10005981

汲庵詩存八卷

（清）秀水楊象濟撰

清光緒八年(1882)西泠刻本　中
科院

集 10005982

楊象濟文稿不分卷

（清）秀水楊象濟撰

稿本　南京

集 10005983

汲庵文存六卷

（清）秀水楊象濟撰

清光緒七年(1881)杭州刻本　國
圖　中科院

清光緒八年(1882)刻本　首都

集 10005984

汲庵信札不分卷

（清）秀水楊象濟撰

稿本　浙江

集 10005985

錢笹仙尺牘一卷

（清）歸安錢振常撰

稿本　上海

集 10005986

歸安錢笹仙禮部振常手札一卷

（清）歸安錢振常撰　（清）嘉興張
鳴珂集

清末寒松閣裝訂原箋本　復旦

集 10005987

冬青館吟草不分卷

（清）錢塘王韶撰

稿本　南大

集 10005988

退學吟庵詩鈔一卷

（清）山陰（原籍山陰,流寓廣東番
禺）王錕撰　（清）李長榮輯

清同治二年(1863)序刻清同治二
年(1863)序刻柳堂師友詩録初編本

國圖　上海　本　國圖　上海

集 10005989

清溪惆悵集一卷

（清）慈溪李笏撰

清光緒八年（1882）刻本　中山

集 10005990

聽瓶笙館駢體初稿不分卷

（清）慈溪阮福瀚撰

清聽瓶笙館鈔本　人大

集 10005991

小瓶華齋詩集八卷

（清）錢塘吳允徠撰

民國十三年（1924）王榮鉛印本
國圖　北大

集 10005992

薇雲室詩稿一卷

（清）嘉善周之鍈撰　（清）孫福
清輯

清光緒四年（1878）秀水孫氏望雲
仙館刻檇李遺書本　國圖　中科院
北大　上海　山東　南京　浙江
湖北　中山　四川
1994 年上海書店出版社叢書集
成續編本

集 10005993

碧霞仙館吟草不分卷

（清）嘉善周葆元撰

稿本　杭州

集 10005994

澤雅堂初集不分卷

（清）烏程施份撰

鈔本　中科院

集 10005995

十耐軒焚餘詩鈔不分卷

（清）錢塘徐常釗撰

清光緒間刻本　山西大

集 10005996

江山白話二卷

（清）錢塘徐常釗撰　（清）吳錦箋

稿本　重慶

集 10005997

補蹉跎齋詩存一卷

（清）山陰萬同倫撰

清光緒十一年（1885）長安刻本
中科院　北大　中山

集 10005998

蒔餘草堂雜録不分卷

（清）慈溪費紹冠撰

鈔本　寧波

集 10005999

師竹齋詩鈔二卷

（清）程鴻逵撰　（清）永康胡鳳
丹選

清同治七年至光緒八年（1868～
1882）永康胡氏退補齋刻金華叢書
本　首都　上海　民大

清同治七年至光緒八年（1868～
1882）永康胡氏退補齋刻民國間補
刻金華叢書本　國圖　中科院　北
大　上海　天津　遼寧　南京　浙
江　湖北　四川

1981年江蘇廣陵古籍刻印社校
補重印退補齋刻金華叢書本　國圖

集 10006000

鏡海樓詩稿四卷文稿一卷

（清）海寧楊鳳翰撰

稿本（清薛時雨、清管庭芬、清吳
文生跋）　浙江

集 10006001

鏡海樓詩集四卷

（清）海寧楊鳳翰撰　（清）錢保
塘編

清芬室叢刊本（光緒刻）

1994年上海書店出版社叢書集
成續編本

集 10006002

平洛遺集（花中君子遺草）一卷

（清）歸安談印蓮撰

清光緒十六年（1890）歸安孫氏刻
二談女史詩詞合刊本　國圖

清鈔本　中科院

集 10006003

修竹軒詩鈔二卷

（清）應瑩撰　（清）永康胡鳳丹選

清光緒十一年（1885）胡氏退補齋

刻雙竹山房合刻本　南京

集 10006004

劫餘軒詩錄一卷

（清）戴家麟撰　（清）仁和譚獻選

清光緒十二年（1886）刻合肥三家
詩錄本　國圖　內蒙古　嘉善　奉
化文管會

清同治光緒間仁和譚氏刻半厂叢
書初編本　國圖　中科院　上海
復旦　天津　遼寧　南京　浙江
湖北　四川

集 10006005

清嘯樓詩鈔一卷

（清）桐鄉嚴謹撰

清同治六年（1867）刻本　首都
南京

清光緒十年（1884）嚴氏刻同懷忠
孝集本　國圖　南京　上海

清代家集叢刊續編本

集 10006006

紉蘭室詩鈔三卷

（清）桐鄉嚴永華撰

清光緒十七年（1891）沈秉成刻本
中科院　中社科院文學所

集 10006007

紉蘭室詩鈔不分卷附詞鈔一卷

（清）桐鄉嚴永華撰

鈔本　南京

集 10006008

鰈硯廬詩鈔二卷附聯吟集一卷

（清）桐鄉嚴永華撰

清光緒二十二年（1896）耦園刻本
國圖　中科院　南京　中科院
復旦

集 10006009

常自耕齋詩選四卷

（清）山陰沈玉書撰

會稽徐氏鈔藏本　《粹分閣書目》
著錄

集 10006010

因樹書屋詩稿十二卷

（清）山陰沈寶森撰

清光緒二十三年（1897）刻本　國
圖　中科院

集 10006011

半讀齋詩鈔不分卷

（清）鎮海吳有容撰

稿本（清吳元章題識，清鄭儒珍、
清袁振蟾、清李日燨、清蔣圯培、清
蔣岐培、清張逢源、清許支琳、清蔡
蓉升題詞）　中社科院文學所

集 10006012

鷗堂賸稿一卷補遺一卷

（清）山陰周星譽撰

清光緒至民國間江陰金氏刻本
國圖　中科院　北大　上海　復旦
內蒙古　吉林　南京　浙江　中

山　雲南

集 10006013

師竹齋主人信札一卷

（清）海鹽徐用儀撰

稿本　浙江
清代詩文集彙編本

集 10006014

竹隱廬時文不分卷

（清）海鹽徐用儀撰

清光緒三年（1877）刻本　嘉興

集 10006015

田硯齋詩集六卷

（清）嘉興褚榮槐撰　褚源深編

清宣統二年（1910）刻本　國圖
中科院

清宣統二年（1910）褚覺鈴鉛印本
國圖

集 10006016

田硯齋文集二卷

（清）嘉興褚榮槐撰　（清）褚元
升輯

清光緒六年（1880）刻本　國圖
中科院

近代中國史料叢刊本

集 10006017

飲雪軒詩集四卷

（清）慈溪楊泰亨撰

清宣統二年（1910）經畬家塾刻本

國圖　首都

集 10006018
畫綠軒詩稿不分卷
　（清）桐廬方辛撰
　稿本　桐廬申屠福原藏

集 10006019
蓀湖山房詩草不分卷
　（清）平陽王書升撰
　鈔本　中科院
　鈔本　溫州

集 10006020
漱吟樓詩草一卷
　（清）錢塘姚玉芝撰
　清光緒十二年（1886）刻本　《歷代婦女著作考》著録

集 10006021
課餘小草一卷
　（清）海寧張秉銓撰
　稿本　浙江

集 10006022
吉人詩稿一卷
　（清）餘姚張敬生撰
　鈔本　蘇國學

集 10006023
小解元詩稿不分卷
　（清）嘉興張慶榮撰
　稿本　上海

集 10006024
稻香樓詩稿一卷
　（清）嘉興張慶榮撰
　清咸豐八年（1858）清儀閣刻本
中科院

集 10006025
梅心集一卷
　（清）臨海董毓琦撰
　清同治五年（1866）刻本　國圖
上海

集 10006026
梅心續集一卷
　（清）臨海董毓琦撰
　清光緒十二年（1886）刻本　國圖
上海

集 10006027
鵝吟附草一卷附鍼砭録一卷
　（清）臨海董毓琦撰
　清光緒二十五至二十六年（1899～1900）刻本　嘉興

集 10006028
綠雲館遺集一卷
　（清）上虞程芙亭撰
　清道光二十六年（1846）刻寄青齋稿附本　國圖

集 10006029
綠雲館吟草一卷
　（清）上虞程芙亭撰

清光緒刻寄青齋詩詞稿附本
南京

集 10006030
綠雲館賦鈔一卷
　(清)上虞程芙亭撰
　清光緒刻寄青齋詩詞稿附本
南京

集 10006031
敬承堂憶存二卷附刪存一卷
　(清)海昌鍾峻撰
　錆同治十三年(1874)木活字印本
國圖

集 10006032
敬承堂刪存二卷
　(清)海昌鍾峻撰
　清鈔本　浙江

集 10006033
澹泊軒劫餘吟稿一卷
　(清)錢塘汪臬撰
　稿本　浙江

集 10006034
平嵐峯先生文稿不分卷
　(清)山陰平嵐峯撰
　清末抄本　紹興

集 10006035
貽硯堂詩集二卷
　(清)仁和高光煦撰

清光緒十五年(1889)刻本　南京
上海

集 10006036
有三味齋詩鈔不分卷
　(清)仁和高偉曾撰
　稿本　南京

集 10006037
有三味齋詩稿二卷
　(清)仁和高偉曾撰
　鈔本　浙江

集 10006038
隱吾草堂詩稿二卷
　(清)秀水郭照撰
　清末郭似塤鈔本　嘉興

集 10006039
静寄齋詩稿一卷
　(清)秀水郭照撰
　清末郭似塤鈔本　嘉興

集 10006040
掔雅堂詩鈔一卷
　(清)錢塘張景祁撰
　稿本　浙江

集 10006041
掔雅堂詩八卷
　(清)錢塘張景祁撰
　清光緒二十三年(1897)福州吳玉
田刻本　中科院

集 10006042

墾雅堂詩十一卷

 (清)錢塘張景祁撰

 清光緒二十三年(1897)福州吳玉田刻增修本　國圖　浙江

集 10006043

墾雅堂文集不分卷

 (清)錢塘張景祁撰

 清光緒間刻本　山西大

集 10006044

舫廬文存四卷外集一卷餘集一卷

 (清)鎮海張壽榮撰

 清同治間刻本　國圖　山西大

 清光緒九年(1883)張氏秋樹根齋刻本　國圖

集 10006045

匏繫齋詩鈔四卷

 (清)慈溪馮可鏞撰

 清光緒十七年(1891)刻本　國圖

集 10006046

浮碧山館駢文二卷

 (清)慈溪馮可鏞撰

 稿本　天一閣

 民國六年(1917)鈞和公司鉛印本　國圖　中社科院文學所　浙大

集 10006047

古紅梅閣遺集八卷附錄一卷

 (清)江山劉履芬撰

 清光緒六年(1880)蘇州刻本　國圖(佚名點校並題記)　中科院　南京　山西大

 清代詩文集彙編本

 衢州文獻集成本

集 10006048

秋心廢稿一卷

 (清)江山劉履芬撰

 稿本　浙江

 民國十五年(1926)鉛印本　國圖　浙江

集 10006049

皐廡偶存一卷

 (清)江山劉履芬撰

 稿本　浙江

集 10006050

淮浦閒草一卷

 (清)江山劉履芬撰

 稿本　浙江

集 10006051

旅窗懷舊詩一卷

 (清)江山劉履芬撰

 清同治二年(1863)姑蘇刻本　國圖

集 10006052

古紅梅閣駢文一卷

 (清)江山劉履芬撰

 清末鈔本(佚名題識)　國圖

集 10006053

駢文一稿一卷

（清）江山劉履芬撰

清同治間刻本　國圖　天一閣

集 10006054

碧香吟館詩鈔一卷

（清）海寧朱鉊撰

藍格鈔本　《國學圖書館書目》著錄

集 10006055

濟麓齋匯草不分卷

（清）瑞安余永森撰

敬鄉樓鈔本　溫州

集 10006056

江南遊草一卷

（清）浙江林壯撰

稿本　溫嶺林爵銘藏

集 10006057

延秋月館雜體詩存（延秋月館詩存）三卷

（清）仁和洪昌豫撰

笑梅山房鈔本　南京

集 10006058

碧城詩鈔十二卷雜著三卷

（清）海鹽俞功懋撰

清光緒十三年（1887）仙城刻本

首都　海寧

集 10006059

紫薇吟榭詩草六卷

（清）天台馬承燧撰

稿本　葛氏綠蔭堂舊藏（見《文瀾學報》二卷第三、四期）

集 10006060

縵華樓詩鈔一卷

（清）錢塘袁華撰

清光緒十三年（1887）其子起誠刻於滬瀆寓舍　上海

集 10006061

衡屈鳴詩集二卷

（清）平湖黃福增撰

清光緒十三年（1887）刻本　上海

清代家集叢刊續編本

集 10006062

求無過齋詩文稿雜集

（清）平湖黃福增撰

清光緒十三年（1887）刻本　餘姚文保所

集 10006063

醉月軒吟草二卷

（清）海寧陸慧撰

民國十五年（1926）其謙鉛印本

南京

集 10006064

亦耕軒遺稿二卷

（清）慈溪童孟謙撰

清光緒十三年(1887)刻本　南京

清鈔本　浙江

集 10006065

紉佩仙館吟鈔一卷文鈔一卷

　(清)山陰趙瀛

　清光緒十三年(1887)活字本　國
圖　復旦

集 10006066

夢梅軒詩草四卷

　(清)海鹽趙衡銓撰

　民國間鈔本　南京

集 10006067

無毀我室詩鈔六卷

　(清)嘉善錢召棠撰

　鈔本　嘉興

集 10006068

紅餘詩詞稿一卷

　(清)平陽謝香塘撰

　清光緒十年(1884)刻本　上海
浙江

集 10006069

九峯精舍文集八卷

　(清)黃巖王棻撰

　清光緒二十三年(1897)刻本
國圖

集 10006070

柔橋三集十六卷

　(清)黃巖王棻撰

集 10006071

柔橋文鈔十六卷

　(清)黃巖王棻撰

　民國三年(1914)上海　國光書局
鉛印本　國圖　中科院

集 10006072

柔橋集一卷

　(清)黃巖王棻撰

　清同治十年(1871)稿本　黃巖

集 10006073

閩嶠遊草二卷

　(清)平湖王成瑞撰

　清光緒間華雲閣鉛印本　國圖
嘉興

集 10006074

梁溪游草不分卷

　(清)平湖王成瑞撰

　清末鈔本　南京

集 10006075

**彝經堂詩鈔六卷賦鈔一卷駢文一
卷蕊春詞一卷海上同音集一卷**

　(清)黃巖王維翰撰

　清光緒七年(1881)梅梨小隱半繭
園刻本　國圖　臨海博

集 10006076

彝經堂詩稿不分卷

（清）黃巖王維翰撰

鈔本　南京

清光緒間刻本　國圖　中科院 ＊
（存猥稿）

集 10006077

彝經堂文續鈔壬午橐一卷

（清）黃巖王維翰撰

民國抄本　臨海博

集 10006083

隨山館詩簡編四卷

（清）山陰汪瑔撰

清光緒十七年(1891)金武祥刻本
中科院

集 10006078

半繭園初橐□卷

（清）黃巖王維翰撰

清稿本　黃巖

集 10006084

隨山館詩丙稿一卷

（清）山陰汪瑔撰

2008 年 12 月廣東人民出版社清
代稿鈔本

集 10006079

稻香齋詩鈔□卷

（清）黃巖王維翰撰

清稿本　黃巖

集 10006085

小清涼館主人自壽詩一卷

（清）秀水金福曾撰

清刻本　南師大

集 10006080

慕陔堂詩鈔一卷

（清）錢塘王麟書撰

清鈔本(佚名校)　浙江

集 10006086

拙吾詩稿四卷文稿一卷

（清）仁和高鼎撰

清光緒八年(1882)刻本　國圖
中山

集 10006081

慕陔堂乙稿(鴻爪集)二卷

（清）錢塘王麟書撰

清光緒十二年(1886)豫章刻本
國圖　中科院

集 10006087

拙吾文稿不分卷

（清）仁和高鼎撰

鈔本　上海

集 10006082

隨山館集三十二卷(隨山館猥稿
十卷、續稿二卷、詞稿、續稿各

（清）山陰汪瑔撰

集 10006088

拙吾詩草不分卷

（清）仁和高鼎撰

稿本　浙江

集 10006089

僾季文鈔六卷

（清）定海黃以周撰

清光緒二十年至二十一年（1894～
1895）江蘇南菁講舍刻本　國圖　中
科院　北大　上海　復旦　天津
遼寧　南京　浙江　四川　雲南

集 10006090

怡善堂文剩稿二卷

（清）鄞縣黃維煊撰

清光緒十九年（1893）補不足齋刻
本　國圖　浙大

集 10006091

團桂樓剩稿一卷

（清）海昌陳金鑑撰

清光緒間鉛印本　上海

民國十五年（1926）子其謙鉛印本
上海

集 10006092

有真意齋詩鈔五卷

（清）會稽陶文鼎撰

清光緒十三年（1887）如不及齋刻
本　中山

集 10006093

有真意齋詩不分卷

（清）會稽陶文鼎撰

清光緒十八年（1892）陶氏廣州刻
本　國圖

集 10006094

**正誼堂外集十卷（紅犀館詩課八
卷、舟山倡和詩、海山分韻詩各**

（清）鄞縣董沛撰

清同治間刻本　寧波

集 10006095

六一山房詩集十卷

（清）鄞縣董沛撰

清同治十三年（1874）鄭炎禧雙鐵
蕉館刻本　國圖　中科院（存卷一
至五）首都

2002 年上海古籍出版社影印續
修四庫全書本

清代詩文集彙編本

集 10006096

六一山房詩續集十卷

（清）鄞縣董沛撰

清光緒九年（1883）刻本　中科院
（存卷六至十）北師大　復旦

2002 年上海古籍出版社影印續
修四庫全書本

清代詩文集彙編本

集 10006097

正誼堂文集二十四卷附行狀一卷

（清）鄞縣董沛撰

稿本　浙江

清光緒二十二年（1896）刻本　國

圖　復旦　中科院

集 10006098
幸草亭詩稿二卷
（清）錢塘楊文瑩撰
稿本（清譚獻、林紓、潘鴻等跋，清譚獻評）　中社科院文學所

集 10006099
幸草亭詩鈔二卷
（清）錢塘楊文瑩撰
民國八年（1919）楊氏勘采堂鉛印本　國圖

集 10006100
琴鶴山房殘稿二卷
（清）秀水趙銘撰
民國元年（1912）鉛印本　國圖首都

集 10006101
琴鶴山房遺稿八卷
（清）秀水趙銘撰　金兆蕃輯
民國十一年（1922）刻本　國圖

集 10006102
琴鶴山房文鈔不分卷
（清）秀水趙銘撰
清鈔本（清郭嵩燾等校並跋）　吉林
2019 年中州古籍出版社影印吉林省圖書館館藏稿本

集 10006103
琴鶴山房駢體文鈔一卷
（清）秀水趙銘撰
清光緒十五年（1889）長沙王氏刻本　北師大
清光緒二十一年（1895）上海書局石印本

集 10006104
行吟集無卷數
（清）會稽王贊元撰
稿本　紹興王子餘舊藏

集 10006105
浣花吟館小草二卷
（清）海寧沈葆珊撰
清光緒十四年（1888）刻本　河南

集 10006106
李念南詩集不分卷
（清）錢塘李瑜撰
手定稿本　四川

集 10006107
李子瑾文録二卷
（清）錢塘李瑜撰
民國二十三年（1934）鉛印本國圖

集 10006108
臺灣雜詠一卷
（清）山陰何澂撰
清光緒七年（1881）刻本　南京

集 10006109

尋源詩草一卷

　(清)浙江倪錫麒撰

　清光緒十四年(1888)春及書屋刻本　上海

集 10006110

臥梅廬詩存二卷

　(清)海鹽徐師謙撰

　民國九年(1920)刻本　上海

集 10006111

咒笥園剩稿一卷

　(清)山陰傅霖撰

　清咸豐九年(1859)刻本　中科院

集 10006112

夢薲樓詩草二卷附詩餘一卷

　(清)山陰傅霖撰

　清同治四年(1865)敦序堂刻本　首都

集 10006113

從軍紀事詩稿一卷

　(清)歸安丁彥臣撰

　清咸豐八年(1858)鈔本　桂林

集 10006114

越縵堂詩文集不分卷

　(清)會稽李慈銘撰

　稿本越縵堂所著書本　上海

集 10006115

越縵堂詩文鈔不分卷

　(清)會稽李慈銘撰

　清安越堂鈔本　國圖

集 10006116

李慈銘手稿不分卷

　(清)會稽李慈銘撰

　稿本　國圖

集 10006117

越縵堂杏華香雪齋詩十卷

　(清)會稽李慈銘撰

　稿本　上海

集 10006118

越縵堂杏華香雪齋詩鈔九卷

　(清)會稽李慈銘撰

　稿本　國圖

集 10006119

越縵堂詩詞稿不分卷

　(清)會稽李慈銘撰

　稿本　國圖

集 10006120

越縵堂剩詩不分卷

　(清)會稽李慈銘撰

　稿本　紹興

集 10006121

白華絳跗閣詩初集(越縵堂詩初集)十卷

（清）會稽李慈銘撰

清光緒十六年（1890）王繼香刻本
國圖

2002 年上海古籍出版社影印續
修四庫全書本

清代詩文集彙編本

集 10006122

白華絳跗閣詩續一卷

（清）會稽李慈銘撰

清末民國初鈔本　國圖

集 10006123

越縵堂詩續集十卷

（清）會稽李慈銘撰　由雲龍輯録

民國二十二年（1933）上海商務印
書館鉛印本　中科院

2002 年上海古籍出版社影印續
修四庫全書本

清代詩文集彙編本

集 10006124

越縵堂詩後集十卷

（清）會稽李慈銘撰

民國十年（1921）孫雄鈔本　國圖

集 10006125

越縵堂詩詞集二十二卷

（清）會稽李慈銘撰

民國二十四年（1935）上海　商務
印書館鉛印本　中科院　湖南

集 10006126

杏花香雪齋詩三卷

（清）會稽李慈銘撰

強庵紅格鈔本　浙大

集 10006127

杏花香雪齋詩鈔五卷

（清）會稽李慈銘撰

鈔本　南京

集 10006128

杏花香雪齋詩八卷

（清）會稽李慈銘撰

鈔本　南京

集 10006129

杏華香雪齋詩十卷

（清）會稽李慈銘撰

鈔本（樊增祥校）　上文管會

集 10006130

越縵堂稿一卷

（清）會稽李慈銘撰

稿本　天一閣

集 10006131

越縵堂遺稿二卷

（清）會稽李慈銘撰

稿本　華東師大　上師大

集 10006132

越縵堂手稿不分卷

（清）會稽李慈銘撰

稿本　北文物局

集 10006133

越縵堂雜稿不分卷

（清）會稽李慈銘撰

稿本　國圖

集 10006134

越縵堂雜著（李越縵先生雜著）不分卷

（清）會稽李慈銘撰

清光緒二十四年（1898）鈔本（李越縵先生雜著）　國圖

清鈔本　國圖

集 10006135

李蒓客雜著一卷

（清）會稽李慈銘撰

民國三十年（1941）枳園鈔本桂林

集 10006136

越縵山房叢稿一卷

（清）會稽李慈銘撰

越縵堂所著書本（稿本）　上海

集 10006137

越縵叢稿棄餘一卷

（清）會稽李慈銘撰

稿本越縵堂所著書本　上海

集 10006138

李慈銘未刻稿不分卷

（清）會稽李慈銘撰

鈔本　浙江

集 10006139

李蒓客文稿不分卷

（清）會稽李慈銘撰

清同治光緒間鈔本　浙大

集 10006140

李蒓客遺著不分卷

（清）會稽李慈銘撰

鈔本　浙江

集 10006141

越縵堂文鈔不分卷

（清）會稽李慈銘撰

清安越堂鈔本　國圖

集 10006142

越縵詩文鈔不分卷

（清）會稽李慈銘撰　（清）黃巖喻長霖輯

民國十八年（1929）喻長霖抄本臨海博

集 10006143

越縵堂文集十二卷

（清）會稽李慈銘撰　王重民輯

民國十八年（1929）國立北平圖書館鉛印本　國圖

2002年上海古籍出版社影印續修四庫全書本

集 10006144

湖塘林館文鈔不分卷

(清)會稽李慈銘撰　(清)□□録

清末鈔本　國圖

集 10006145

湖塘林館駢體文鈔（越縵堂類稿）□卷

(清)會稽李慈銘撰

越縵堂所著書本（稿本，存卷二）

上海

集 10006146

湖塘林館駢體文鈔二卷

(清)會稽李慈銘撰

清光緒十年(1884)福州刻本　國圖　中科院　南京　紹興

集 10006147

湖塘林館駢體文鈔不分卷

(清)會稽李慈銘撰

鈔本　國圖

集 10006148

越縵堂駢體文類鈔二卷

(清)會稽李慈銘撰　山陰楊越輯

鈔本　浙江

集 10006149

越縵堂駢體文四卷

(清)會稽李慈銘撰　曾之樸彙編

清光緒二十三年(1897)常熟曾氏刻虛霩居叢書本　國圖　浙江（佚

名批校）湖南

集 10006150

越縵堂駢體文四卷散體文一卷

(清)會稽李慈銘撰

清光緒二十二年(1896)曾之撰刻本　國圖　中科院

清代詩文集彙編本

集 10006151

李越縵駢文不分卷

(清)會稽李慈銘撰

清抄本　臨海博

集 10006152

越縵堂時文書札一卷

(清)會稽李慈銘撰

清宣統三年(1911)天津華新印刷局鉛印本　國圖

民國間鉛印本（佚名題識）

集 10006153

李蓴客致吳介唐尺牘不分卷

(清)會稽李慈銘撰

稿本　浙江

集 10006154

李蓴客致陶心雲尺牘不分卷

(清)會稽李慈銘撰

稿本　浙江

集 10006155

越縵堂書札詩翰不分卷

（清）會稽李慈銘撰

稿本　國圖

集10006156

越縵堂書札不分卷

（清）會稽李慈銘撰

稿本　國圖

集10006157

李越縵詩補鈔一卷

（清）會稽李慈銘撰

民國二十四年（1935）沈鈞業抄本

紹興

集10006158

諷字室詩集一卷

（清）海寧唐仁壽撰

清末唐氏諷字室鈔本（唐嘉登跋）

國圖

集10006159

曼志堂遺稿二卷

（清）會稽曹壽銘撰

清同治八年（1869）刻本　中科院

清同治九年（1870）甬上鐵耕齋刻

本　國圖

集10006160

寒松閣集十四卷

（清）嘉興張鳴珂撰

清光緒二十年（1894）刻本　國圖

復旦　中社科院文學所

集10006161

寒松閣集八卷

（清）嘉興張鳴珂撰

稿本　吉大

集10006162

寒松閣老人集不分卷

（清）嘉興張鳴珂撰

民國間蘇州交通圖書館刻本　南

師大

集10006163

寒松閣老人集二十三卷

（清）嘉興張鳴珂撰

清光緒十九年（1893）交通圖書館

刻本　天津

集10006164

寒松閣集二十卷

（清）嘉興張鳴珂撰

清光緒十年至三十二年（1884～

1906）刻本　蘭大

集10006165

寒松閣詩詞一卷

（清）嘉興張鳴珂撰

稿本（清徐錦、清黃燮清、清俞樾、

清周閑、清孫福清、清吳仰賢、清吳

介繁、清張文虎等評識，清孫謀、清

黃燮清、清朱福詵、清鍾駿聲等題

詞，清李士棻、易碩、樊增祥等題記）

上海

集 10006166

寒松閣詩八卷

（清）嘉興張鳴珂撰

稿本　南京

清光緒十至二十四年（1884～1935）嘉興張氏刻寒松閣著述本

中科院　北大　北師大　清華　上海　復旦　南京　浙大　江西　四川　湖北

集 10006167

寒松閣詩三卷

（清）嘉興張鳴珂撰

稿本　上海

集 10006168

秋風紅豆樓詩七卷

（清）嘉興張鳴珂撰

稿本（清雷葆廉、清孫仁淵評，清胡遠、清管庭芬、清岳昭塏跋）　南

集 10006169

秋風紅豆樓詩鈔□卷

（清）嘉興張鳴珂撰

稿本（存卷一）　安徽師大

集 10006170

寒松閣詩四卷

（清）嘉興張鳴珂撰

清刻本　安徽

集 10006171

寒松閣懷人詩一卷感舊詩一卷

（清）嘉興張鳴珂撰

清光緒三十年（1904）影印手稿本南京

集 10006172

寒松閣文不分卷

（清）嘉興張鳴珂撰

稿本　北大

集 10006173

秋涇雜綴不分卷

（清）嘉興張鳴珂撰

稿本　復旦

清光緒二十年（1894）刻本　湖南

集 10006174

寒松閣駢體文一卷續一卷

（清）嘉興張鳴珂撰

清光緒十年至二十四年（1884～1935）嘉興張氏刻寒松閣著述本

中科院　北大　北師大　清華　上海　復旦　南京　浙大　江西　四川　湖北

集 10006175

寒松閣詩翰書札不分卷

（清）嘉興張鳴珂撰

稿本　國圖

集 10006176

張鳴珂書札不分卷

（清）嘉興張鳴珂撰

稿本　國圖

集 10006177

感舊詩一卷

（清）嘉興張鳴珂撰

清光緒三十年（1904）影印手稿本
南京

集 10006178

角西吟榭詩鈔一卷

（清）平湖陸超昇撰

清宣統二年（1910）華雲閣排印本
中社科院文學所　上海　南京

集 10006179

纂喜堂詩稿一卷

（清）山陰陳壽祺撰

清同治光緒間吳縣潘氏京師刻滂
喜齋叢書本　國圖　中科院　北大
上海　復旦　天津　遼寧　山東
南京　浙江　湖北　四川

集 10006180

悲庵居士詩文稿不分卷

（清）會稽趙之謙撰

稿本　國圖

集 10006181

趙撝叔詩文稿不分卷

（清）會稽趙之謙撰

稿本　廈門

集 10006182

悲庵居士詩賸一卷文存一卷

（清）會稽趙之謙撰

清光緒十六年（1890）刻本　國圖
清代詩文集彙編本

集 10006183

悲庵簡翰不分卷

（清）會稽趙之謙撰

稿本　國圖

集 10006184

悲庵家書不分卷

（清）會稽趙之謙撰

稿本　國圖

集 10006185

悲庵書札不分卷

（清）會稽趙之謙撰

稿本　國圖

集 10006186

二金蝶堂尺牘一卷

（清）會稽趙之謙撰

清光緒三十一年（1905）嚴氏小長
蘆館石印本　國圖　中科院

集 10006187

聽葉山房詩鈔九卷

（清）嘉興王兆鳴撰

稿本　上海

集 10006188

古愚堂詩鈔十五卷

（清）黃巖王樂胥撰

清鈔本　浙江

集 10006189

虛白山房集六卷駢體文二卷

（清）義烏朱鳳毛撰

清光緒十五年（1889）朱一新廣州刻本　國圖　中科院（存駢體文）

集 10006190

虛白山房詩集四卷

（清）義烏朱鳳毛撰

清光緒刻本　國圖　上海　南京　河南　安徽　中山　南開

集 10006191

虛白山房續集一卷

（清）義烏朱鳳毛撰

朱敘芬 1958 年補鈔　國圖　國圖　上海　南京

集 10006192

一簾花影樓試律詩一卷附律賦一卷

（清）義烏朱鳳毛撰

清光緒十五年（1889）刻本　國圖　國圖　南大　濟寧　臺大

2013 年上海古籍出版社重修金華叢書本

集 10006193

瞿仙吟館遺集一卷

（清）嘉興朱嘉金撰

清光緒十五年（1889）嘉興楊氏刻三朱遺編本　國圖　上海　南京

集 10006194

清芬館詞草一卷

（清）嘉興朱光熾撰

清光緒十五年（1889）嘉興楊氏刻三朱遺編本　國圖　上海　南京

集 10006195

小遊仙館詩文稿二卷

（清）鄞縣李厚建撰

鈔本　天一閣

集 10006196

寶帚詩畧不分卷

（清）諸暨周惺然撰

清光緒十年（1884）上党刻本　國圖　山西大

集 10006197

澂園詩選一卷附澂園詞存三卷

（清）海寧查承源撰

稿本　南京

集 10006198

凌霞手稿不分卷

（清）歸安凌霞撰

稿本　浙江

集 10006199

天隱堂文錄二卷

（清）歸安凌霞撰

清代詩文集彙編本

1994 年上海書店出版社叢書集成續編本

集 10006200

望浹樓詩草一卷

（清）鎮海袁謨撰

清光緒十五年（1889）鉛印本

上海

集 10006201

安雅堂詩存一卷

（清）德清徐本璿撰

清光緒十五年（1889）其女畹蘭

刻本

集 10006202

劫餘集二十二卷

（清）嵊州商炳文撰

清光緒十五年（1889）文明堂鉛印

本　中山

集 10006203

初日山房詩集六卷

（清）錢塘張之杲撰

清光緒間刻本　山西大

民國五年（1916）其孫爾田刻本

國圖　上海　南京

集 10006204

伊蔚草廬詩存一卷

（清）平湖張顯周撰

清光緒十五年（1889）刻本　上海

集 10006205

毋自欺齋錄存十卷

（清）鄞縣陳政鑰撰

稿本　民大

集 10006206

一舟詩草五卷

（清）寧波葉桐封撰

民國三十四年（1945）重慶石印本

國圖　湖南

集 10006207

灌園未定稿二卷

（清）山陰傅懷祖撰

清光緒十五年（1889）刻本　首都

清代詩文集彙編本

集 10006208

客居所居堂稿不分卷

（清）海寧鄒存淦撰

清咸豐清同治間手稿本　臺圖

稿本　南京

清代稿本百種彙刊本

集 10006209

七十以外吟一卷

（清）海寧鄒存淦撰

稿本　浙江

集 10006210

補情吟草不分卷

（清）歸安趙世昌撰

清宣統二年（1910）鉛印本　中社

科院文學所

集 10006211

翟蓼生詩稿一卷

（清）臨海翟麹撰

稿本　臨海項士元藏

集 10006212

關承孫文稿不分卷

（清）杭州關豫撰

稿本　上海

集 10006213

函牘存稿不分卷

（清）仁和王文韶撰

稿本　南博

集 10006214

縵雅堂詩鈔三卷秋舫笛語一卷

（清）山陰王詒壽撰

稿本（葉景葵跋）　上海

集 10006215

秋舫笛語一卷

（清）山陰王詒壽撰

稿本　上海

集 10006216

縵雅堂詩稿二卷戊辰詞一卷迦雲詞一卷

（清）山陰王詒壽撰

稿本（清李慈銘跋）　上海

集 10006217

縵雅堂詩十卷

（清）山陰王詒壽撰

清光緒間鈔本（清施補華、清汪淵跋）　國圖

清代詩文集彙編本

集 10006218

縵雅堂遺集不分卷

（清）山陰王詒壽撰

民國間鈔本　國圖

集 10006219

縵雅堂駢文一卷水琴詞三卷

（清）山陰王詒壽撰

稿本　杭州

集 10006220

縵雅堂駢體文八卷

（清）山陰王詒壽撰

清同治光緒間刻榆園叢刻本　國圖　中科院　北大　上海　復旦　天津　遼寧　陝西　南京　浙江　湖北　四川　中科院

清代詩文集彙編本

集 10006221

縵雅堂尺牘不分卷

（清）山陰王詒壽撰

清宣統三年（1911）上海文明書局鉛印尺牘叢刻本　國圖　上海　復旦（殘本未著錄存缺卷次）　南京（殘本未著錄存缺卷次）

集 10006222

紅杏樓詩剩稿不分卷附梅笛庵詞剩一卷

(清)宋志沂撰 (清)江山劉履芬輯

清同治十年(1871)李煒刻本 首都

集 10006223

轅下吟編一卷

(清)嘉善吳修祜撰

清光緒十年至十五年(1884～1889)木活字印蘦蒔山莊遺著本 上海

民國六年(1917)子已達木活字排印本 上海

集 10006224

蘦蒔山莊駢散芰存一卷

(清)嘉善吳修祜撰

清光緒十年至十五年(1884～1889)木活字印蘦蒔山莊遺著本 上海

集 10006225

墨妙齋詩稿六卷

(清)會稽范寅撰

稿本扁舟子叢稿本 國圖

集 10006226

扁舟子雜稿不分卷

(清)會稽范寅撰

稿本扁舟子叢稿本 國圖

集 10006227

扁舟子外集不分卷

(清)會稽范寅撰

扁舟子叢稿本(稿本) 國圖

集 10006228

扁舟子文稿不分卷

(清)會稽范寅撰

清鈔本 民大

集 10006229

虎臣雜作稿一卷

(清)會稽范寅撰

稿本 中科院

集 10006230

綠滿廬詩存一卷

(清)寧波徐士琛撰

清光緒間刻本 國圖

集 10006231

夢香草四卷

(清)嵊縣魏蘭汀撰

清咸豐十年(1860)德英書屋刻本 南京

集 10006232

夢香存稿二卷

(清)嵊縣魏蘭汀撰

清咸豐十年(1860)德英書屋刻本 南京

集 10006233

小于舟詩存不分卷

（清）海鹽朱瀾撰

清光緒十六年（1890）刻聽秋館吟稿附　浙江

光緒十六年（1890）刻本　浙江南京

集 10006234

碧琅玕館詩鈔三卷

（清）海鹽朱炳清撰

清光緒十六年（1890）刻本　浙江海鹽朱氏詩鈔本

集 10006235

晚翠樓詩鈔四卷

（清）海鹽朱炳清撰

清光緒十六年（1890）刻本　中社科院文學所

集 10006236

西湖詩存一卷

（清）會稽杜吉相撰

清鈔本　浙江

集 10006237

季紅花館偶吟一卷

（清）歸安孫佩芬撰

清光緒十六年（1890）刻菱湖三女史集本　國圖

集 10006238

言志堂詩鈔殘存三卷

（清）臨海沈元朗撰

鈔本　臨海項士元藏

集 10006239

清華館詩稿（清華館詩鈔）一卷

（清）海寧郭沈昶撰

清同治間刻本　南京

清代詩文集彙編本

集 10006240

清華集不分卷

（清）錢塘戴熙撰

清鈔本　浙江

集 10006241

醞香樓集一卷

（清）黃巖趙韻花撰　（清）黃巖王維翰輯

清同治八年（1869）黃巖王氏雙硯齋木活字印彤籤雙璧本　上海

集 10006242

九疑仙館詩鈔（九疑仙館詩草）二卷

（清）歸安談印梅撰

清光緒十六年（1890）歸安孫氏刻二談女史詩詞合刊本　國圖

集 10006243

九疑仙館詩草二卷

（清）歸安談印梅撰

清鈔本　中科院

集 10006244

季紅花館偶吟一卷

（清）歸安孫佩芬撰

清光緒十六年（1890）歸安孫氏刻二談女史詩詞合刊本　國圖

集 10006245

養自然齋詩鈔三卷

（清）仁和鍾駿聲撰

清同治九年（1870）刻本　中科院中社科院文學所　上海

集 10006246

養自然齋八韻詩存不分卷

（清）仁和鍾駿聲撰

清同治七年（1868）刻本　上海

集 10006247

西臯山居殘草一卷

（清）山陰王星誠撰

清同治四年（1865）滑台官舍刻本國圖

集 10006248

醉月軒吟草不分卷

（清）鎮海林文翰撰

清鈔本　中科院

集 10006249

剩馥吟二卷

（清）餘姚胡傑人撰

清光緒四年（1878）賽竹樓活字印本　國圖　餘姚文保所

集 10006250

剩馥續吟一卷

（清）餘姚胡傑人撰

清光緒十四年（1888）鈔本　國圖

集 10006251

翠螺閣詩稿四卷（停鍼倦繡集、南園萍寄集、珠潭玉照集、畫眉餘景集各一卷）附詞稿一卷

（清）錢塘淩祉媛撰

清咸豐四年（1854）丁氏延慶堂刻本　國圖　中科院　四川

清代詩文集彙編本

集 10006252

夏文敬公集二卷（俟齋詩草、俟齋試帖各一卷）

（清）仁和夏同善撰

民國三十年（1941）打字印本上海

清代詩文集彙編本

集 10006253

夏子松先生函牘一卷

（清）仁和夏同善撰

稿本　浙江

2019年國家圖書館出版社影印浙學未刊稿叢編本

集 10006254

東埭詩鈔十卷文鈔四卷

（清）諸暨郭肇撰

清光緒二十一年（1895）郭氏東埭

草堂刻本　中科院　中社科院文
學所

集 10006255

愛經居雜著四卷

（清）定海黃以恭撰

清光緒十九年（1893）刻本　復旦

集 10006256

愛經居經説不分卷附詩賦

（清）定海黃以恭撰

稿本　上海

2019 年國家圖書館出版社影印
浙學未刊稿叢編本

集 10006257

粲花館詩鈔一卷附詩餘一卷

（清）義烏樓杏春撰　黃侗輯

民國二十二年（1933）義烏黃氏鉛
印本　上海

民國二十二至二十四年（1933～
1935）義烏黃氏鉛印本　復旦

清代詩文集彙編本

2013 年上海古籍出版社重修金
華叢書本

集 10006258

味諫果齋詩集六卷文集二卷別
集二卷外集一卷詩餘一卷

（清）錢塘王汝金撰　（清）戴元
謙編

稿本　南京

清光緒八年（1882）錢江刻本　國

圖　中科院　北大（存詩集、詩餘）
上海　浙江

集 10006259

味諫果齋文集二卷

（清）錢塘王汝金撰

清光緒八年（1882）刻本　上海
南京

集 10006260

醉墨詩録不分卷

（清）錢塘王汝金撰

清同治十一年（1872）刻本　中社
科院文學所　南京　南開　復旦
浙江

集 10006261

醉墨詩録一卷

（清）錢塘王汝金撰

清同治刻本　南京

集 10006262

梅隱詩鈔三卷詠史詩鈔二卷

（清）上虞車林撰

清咸豐元年（1851）宋氏湖東山房
刻本　中社科院文學所　南京　南
開　復旦　浙江　紹興

集 10006263

梅隱詩鈔二卷

（清）上虞車林撰

清刻本　中山　青島

集 10006264

秋雪山房初存詩一卷

（清）錢塘吳樑撰

清咸豐五年（1855）刻吳氏一家稿本　南京

清代家集叢刊續編本

集 10006265

蓮鷺雙溪舍詩鈔（蓮鷺雙溪舍遺稿）一卷

（清）嘉興吳國賢撰　（清）吳受福輯

清光緒十六年（1890）刻小稤字林叢刻本　國圖　嘉興

集 10006266

玉雪堂存稿不分卷

（清）麗水何雲煒撰

鈔本　麗水端木梅鄰藏

集 10006267

健庵文鈔二卷詩存六卷附公案初編一卷

（清）諸暨周乃大撰

清同治間鈔本　四川

集 10006268

磊園文存不分卷

（清）諸暨周乃大撰　（清）周禔身校注

稿本　北大

集 10006269

琢雲詩鈔不分卷

（清）浙江許文耀撰

稿本　見《文瀾學報》二卷第三、四期

集 10006270

鏡池樓吟稿四卷

（清）海寧（一作平湖）陳文藻撰

稿本　浙江

集 10006271

鏡池樓吟稿二卷

（清）海寧（一作平湖）陳文藻撰

清道光十八年（1838）刻本　中科院

集 10006272

鏡池樓吟稿六卷

（清）海寧（一作平湖）陳文藻撰

清道光十九年（1839）刻本　國圖　首都　中科院　溫州

集 10006273

浙西遊草一卷

（清）丹徒蔡根撰

民國十一年（1922）鉛印本　國圖

集 10006274

學園詩稿一卷附詞剩一卷

（清）鄞縣鄭德璜撰

清光緒二十六年（1900）遺經樓刻本　南京

集 10006275

師竹齋賦鈔一卷

（清）鄞縣鄭德璜撰

清同治十年（1871）刻本　南京

集 10006276

宜琴樓遺稿一卷

（清）桐鄉嚴鍼撰　（清）周積蔭
等編

清光緒二十三年（1897）刻本
國圖

集 10006277

蘋香秋館約鈔不分卷

（清）餘杭顧文澄撰

鈔本　南京

集 10006278

舞鏡集一卷

（清）錢塘丁丙撰

清咸豐四年（1854）丁氏延慶堂刻
本　國圖　日東大

集 10006279

三塘漁唱三卷

（清）錢塘丁丙撰

清光緒二十四年（1898）刻本
湖南

清光緒三年至二十六年（1877～
1900）錢塘丁氏嘉惠堂刻武林掌故
叢編本　國圖　中科院　北大　上
海　復旦　天津　遼寧　甘肅　山
東　南京　浙江　湖北　四川

1985 年江蘇廣陵古籍刻印社影
印清光緒三年至二十六年（1877～
1900）錢塘丁氏嘉惠堂刻武林掌故
叢編本　中科院

1994 年上海書店出版社叢書集
成續編本

杭州出版社 2009 年 2 月出版杭
州運河文獻集成本

集 10006280

松夢寮詩稿六卷

（清）錢塘丁丙撰

清光緒二十五年（1899）丁立中刻
本　國圖

2002 年上海古籍出版社影印續
修四庫全書本

集 10006281

松夢寮稿不分卷

（清）錢塘丁丙撰

清稿本　杭州

集 10006282

松夢寮刪餘詩稿一卷

（清）錢塘丁丙撰

清抄本　杭州

集 10006283

菊邊吟一卷

（清）錢塘丁丙撰

清光緒二十五年（1899）刻本
國圖

清光緒間刻本　浙江

集 10006284

江干雜詠不分卷

（清）錢塘丁丙撰

稿本　浙江

集 10006285

松夢寮文集三卷

（清）錢塘丁丙撰

稿本　浙江

清代詩文集彙編本

集 10006286

北郭詩帳二卷

（清）錢塘丁丙撰

清光緒三年至二十六年（1877～1900）錢塘丁氏嘉惠堂刻武林掌故叢編本　國圖　中科院　北大　上海　復旦　天津　遼寧　甘肅　山東　南京　浙江　湖北　四川

1985 年江蘇廣陵古籍刻印社影印清光緒三年至二十六年（1877～1900）錢塘丁氏嘉惠堂刻武林掌故叢編本　中科院

1994 年上海書店出版社叢書集成續編本

2009 年 2 月杭州出版社杭州運河文獻集成本

集 10006287

樵隱昔囈二十卷附錄一卷

（清）山陰平步青撰

民國六年（1917）受業楊越刻本中社科院文學所

香雪崦叢書本（民國刻）

清代詩文集彙編本

集 10006288

樵隱昔囈殘稿四卷

（清）山陰平步青撰

清安越堂殘稿本（稿本）　國圖

集 10006289

越吟殘草一卷

（清）山陰平步青撰

清安越堂鈔本　中科院

清鈔本　國圖

清光緒間鉛印本　上海

民國十二年（1923）紹興四有書局鉛印本　國圖

集 10006290

安越堂外集十卷附駢文一卷

（清）山陰平步青撰　（清）山陰楊越編

清鈔本　國圖

民國十三年（1924）紹興四有書局鉛印本　國圖　浙大

清代詩文集彙編本

集 10006291

安越堂文稿不分卷

（清）山陰平步青撰

稿本安越堂殘稿本　國圖

集 10006292

霞外山人書翰一卷

（清）山陰平步青撰
稿本　紹興

集 10006293
郵筒存檢一卷
（清）山陰平步青撰
稿本　紹興

集 10006294
棟山存牘一卷
（清）山陰平步青撰
清鈔本　國圖

集 10006295
池蛙詩草不分卷
（清）東陽周鼎撰
清道光二十七年（1847）峴北紹濂堂刻本
2013 年上海古籍出版社重修金華叢書本

集 10006296
我盦遺稿二卷
（清）仁和高炳麟撰
清光緒十年（1884）刻友石齋詩集附　國圖　天一閣

集 10006297
勉鋤山館存稿一卷
（清）會稽秦樹鈺撰
民國二至四年（1913～1915）上海廣益書局鉛印古今文藝叢書本　首都　北大　上海　遼寧　甘肅　浙

大　四川

集 10006298
憨山老人夢游草五十五卷
（清）瑞安黃體芳撰
清光緒間刻本　中社科院歷史所　山東（存四十九卷）

集 10006299
漱蘭詩葺一卷補遺一卷
（清）瑞安黃體芳撰　林慶雲輯
民國二十三年（1934）瑞安林氏鉛印惜硯樓叢刊本　北大　上海　遼寧　南京　浙江　湖北　四川　雲南

集 10006300
柏堂剩稿三卷
（清）山陰陳爾幹撰　楊葆彝編
清光緒間陽湖楊氏刻大亭山館叢書本　國圖　北大　上海　復旦　天津　遼寧　南京　浙江　湖北　四川

集 10006301
復堂詩九卷詞二卷
（清）仁和譚獻撰
清同治間刻復堂類集本　中科院

集 10006302
羣芳小集一卷
（清）仁和譚獻撰
清同治十年（1871）刻本　國圖

（周作人題記） 中科院

集 10006303
羣芳小集一卷續集一卷
（清）仁和譚獻撰
清刻本 國圖

集 10006304
復堂類稿二十五卷
（清）仁和譚獻撰
清光緒十一年（1885）刻本 國圖
首都

集 10006305
復堂類集文四卷詩十一卷詞三卷
（清）仁和譚獻撰
清光緒中仁和譚氏刊半厂叢書初
編本
1994年上海書店出版社叢書集
成續編本

集 10006306
復堂詩續一卷
（清）仁和譚獻撰
民國二十年（1931）鉛印本 國圖
清代詩文集彙編本

集 10006307
復堂文續五卷
（清）仁和譚獻撰
清光緒十五年（1889）刻鵠齋刻本
中科院

集 10006308
復堂題跋一卷
（清）仁和譚獻撰
稿本 北大

集 10006309
池上題襟小集一卷
（清）仁和譚獻輯
清同治光緒間仁和譚氏刻半厂叢
書初編本 國圖 中科院 上海
復旦 天津 遼寧 南京 浙江
湖北 四川
1994年上海書店出版社叢書集
成續編本

集 10006310
桃花館詩草不分卷
（清）嘉善李萬秋撰
鈔本 嘉善

集 10006311
劫餘殘稿不分卷
（清）嘉善李萬秋撰
鈔本 嘉善陸德基藏

集 10006312
學士任子閱年錄（天許錄）不分卷
（清）海寧吳元禧撰
稿本 國圖

集 10006313
南湖百詠一卷
（清）嘉興吳萃恩撰

清同治五年(1866)刻本　中社科院歷史所

集 10006314

待堂集二卷

(清)錢塘吳懷珍撰

清同治四年(1865)刻復堂詩稿附　中科院

集 10006315

待堂文一卷

(清)錢塘吳懷珍撰

清咸豐九年(1859)刻復堂詩附　國圖

清光緒十二年(1886)仁和譚氏刻本　北大

1994年上海書店出版社叢書集成續編本

集 10006316

泉壽山房詩草一卷

(清)嘉興高煥文撰

清光緒十八年(1892)刻本　上海

集 10006317

滌硯齋詩存一卷

(清)嘉興畢發撰

民國二十二年(1933)石印本　江西

民國二十二年(1933)上海宏大善書局石印畢燕衛堂四世詩存本　浙江　杭州　嘉興　海寧

集 10006318

怡雲館詩鈔四卷

(清)烏程徐延祺撰

民國六年(1917)上海鉛印本　國圖

民國七年(1918)上海聚珍印吳興徐氏遺稿本　上海

集 10006319

植八杉齋詩鈔二卷

(清)烏程徐麐年撰

民國七年(1918)上海聚珍印吳興徐氏遺稿本　上海

集 10006320

漱珊公遺詩一卷

(清)石門徐福謙撰　徐益藩輯

民國二十九年(1940)鉛印語溪徐氏三世遺詩本　國圖

集 10006321

補梅書舍詩鈔不分卷

(清)鄞縣黃叔元撰

清鈔本　國圖

集 10006322

如是住齋遺集一卷

(清)蕭山陳義撰

鈔本　臺圖

集 10006323

如是住齋詩稿不分卷

(清)蕭山陳義撰

鈔本　中科院

　　鈔本　溫州

集 10006324

北遊詩草一卷

　　(清)臨海陳春暉撰

　　鈔本　臨海項士元藏

集 10006325

聽秋吟館詩賸不分卷

　　(清)臨海陳春暉撰

　　清抄本　臨海博

集 10006326

尚志堂詩稿不分卷

　　(清)平陽葉嘉槐撰

　　稿本　中科院

　　民國十三年(1924)敬鄉樓鈔本
溫州

　　稿本　中科院

集 10006327

葉箕林詩不分卷

　　(清)平陽葉嘉槐撰

　　玉海樓鈔本　溫州

集 10006328

咫聞齋文鈔不分卷

　　(清)嘉善周以炘撰

　　清刻本　新鄉

集 10006329

箕林詩鈔不分卷

　　(清)平陽葉嘉槐撰

集 10006330

猗蘿吟草二卷

　　(清)新昌漆桐撰

　　清光緒十七年(1891)刻本　首都

集 10006331

補拙齋稿一卷

　　(清)仁和錢宗源撰　(清)仁和錢
錫賓等輯

　　清光緒二十二年(1896)刻湖墅錢
氏家集本　北大　上海

集 10006332

寙櫨詩質一卷

　　(清)山陰(河南祥府人,先世居山
陰)周星詒撰

　　清光緒間刻本　中科院

　　如皋冒氏叢書本(光緒民國刻)

　　清代詩文集彙編本

集 10006333

望雲樓詩稿一卷

　　(清)餘杭褚成婉撰

　　民國二年(1913)石印一芝草堂詩
稿附　浙江

　　民國二十一年(1932)石印一芝草
堂詩

集 10006334

**虛受齋全集三十六卷(詩集十六
卷、文存、補遺各四卷、金縷詞、**

艮居詞選、南峪詞、與楊觀瀾書、
道情、談夢瑣言各一卷、懷舊録、
集句選鈔、浮生瑣記各二卷）
　　（清）桐鄉蔡壽臻撰
　　稿本　中社科院文學所

集 10006335
艮居文鈔一卷詩括四卷詞選一卷
　　（清）桐鄉蔡壽臻撰
　　清光緒三十一年（1905）刻本　國
圖　中社科院文學所
　　清代詩文集彙編本

集 10006336
**雙清閣袖中詩草二卷寫鷗館梅
花百韻一卷附擁翠詞稿一卷**
　　（清）嘉興朱福清撰
　　清光緒十九年（1893）稿本　浙大

集 10006337
**雙清閣袖中詩草二卷附擁翠詞
稿一卷**
　　（清）嘉興朱福清撰
　　清光緒十九年（1893）江蘇書局刻
本　國圖　中科院　首都

集 10006338
止塵廬詩鈔不分卷
　　（清）錢塘許劍青撰
　　稿本　浙江

集 10006339
止塵廬詩鈔三卷
　　（清）錢塘許劍青撰
　　清光緒十九年（1893）刻本　國圖

集 10006340
楊香生詩稿不分卷
　　（清）台州楊鷙撰
　　鈔本　温嶺林爵銘藏

集 10006341
紫藤花館詩詞一卷
　　（清）江山劉觀藻撰
　　清光緒間刻本　南京

集 10006342
寄自鳴編三卷
　　（清）山陰平焜撰
　　稿本　浙江

集 10006343
寄自鳴稿存不分卷
　　（清）山陰平焜撰
　　鈔本　中社科院文學所

集 10006344
慧香室集四卷
　　（清）烏程沈鎔經撰
　　清光緒二十二年（1896）刻本
山大

集 10006345
靈素堂集五卷

（清）嘉興徐錦撰

清光緒十二年（1886）許景澄刻本

北大

清代詩文集彙編本

集 10006346

靈素堂詩不分卷

（清）嘉興徐錦撰

稿本　中科院

集 10006347

靈素堂駢體文一卷詩鈔四卷

（清）嘉興徐錦撰

清光緒刻本　海鹽博

集 10006348

潛園詩存四卷

（清）平湖張天翔撰

清光緒間刻本　國圖　上海

集 10006349

儀顧堂集八卷

（清）歸安陸心源撰

清同治元年（1862）羊城刻本　浙

江　四川

集 10006350

儀顧堂集十二卷

（清）歸安陸心源撰

清同治間刻本　國圖

集 10006351

儀顧堂集十六卷

（清）歸安陸心源撰

清同治十三年（1874）福州刻本

首都　上海　湖南

集 10006352

儀顧堂集二十卷

（清）歸安陸心源撰

清光緒二十四年（1898）刻本　國

圖　中科院　天津　上海

續修四庫本書本

集 10006353

寫經堂文鈔二卷詩鈔四卷詞一卷

（清）黃巖蔡篪撰

清光緒六年（1880）刻本　浙江

集 10006354

眠綠館雜集八卷

（清）歸安卜國賓撰

稿本　浙江

集 10006355

鏡水堂詩鈔不分卷

（清）鄞縣王定洋撰

清光緒十年（1884）刻本　上海

集 10006356

鏡水堂詩鈔五卷

（清）鄞縣王定洋撰

清光緒二十年（1894）花月山人刻

本　國圖

集 10006357

鏡水堂文鈔一卷

（清）鄞縣王定洋撰

清光緒二十六年（1900）刻本
南京

集 10006358

欠泉庵文集二卷

（清）泰順周煥樞撰

清末瑞安刻本　首都

集 10006359

洛如花室詩草不分卷

（清）烏程周學洙撰

民國十七年（1928）鉛印本　國圖

集 10006360

思無邪齋詩鈔十卷

（清）嘉興蔣浩撰

清嘉慶間刻本　國圖

集 10006361

如不及齋詩鈔八卷

（清）臨海項炳珩撰

鈔本　臨海項士元藏

集 10006362

春臥庵詩稿二卷

（清）會稽袁河撰

清光緒二十年（1894）袁以康刻本
北師大

集 10006363

還江集二卷

（清）錢塘熊寶壽撰

清光緒間刻本　南京　海寧

集 10006364

抱泉山館詩集十卷文集三卷

（清）象山王蒔蕙撰

清光緒二十七年（1901）寧波鈞和
公司鉛印本　國圖

集 10006365

抱泉山館詩稿一卷辛壬脞録一卷

（清）象山王蒔蕙撰

稿本（郭傳璞校）　中社科院文
學所

集 10006366

**蒙廬詩存一卷蒙廬雜著一卷井
花館論書一卷**

（清）秀水沈景修撰

稿本　上海

集 10006367

蒙廬詩存四卷附外集一卷

（清）秀水沈景修撰

清光緒二十一年（1895）刻本
國圖

清代詩文集彙編本

集 10006368

蒙廬詩存不分卷

（清）秀水沈景修撰

鈔本　南京

集 10006369

蒙廬函稿一卷

　（清）秀水沈景修撰

　稿本　浙江

集 10006370

小桃花盦圖題詞一卷

　（清）秀水沈景修等撰

　清光緒石印本　嘉興

集 10006371

鍼餘集殘稿一卷

　（清）永嘉邵匹蘭撰

　清光緒二十六年（1900）刻雪焦齋

詩鈔附　南京　天津

　清代家集叢刊續編本

集 10006372

依草書屋詩一卷

　（清）山陰邱禄來撰

　清同治間刻本　南京

集 10006373

望雲詩鈔十二卷

　（清）會稽施山撰

　清同治四年（1865）刻本　中社科

院文學所

集 10006374

通雅堂詩鈔十卷續集二卷

　（清）會稽施山撰

清光緒元年（1875）荊州刻本　國

圖　中科院

集 10006375

通雅堂詩鈔箋注三卷

　（清）會稽施山撰　（清）施焜等注

　民國間石印本　中科院

集 10006376

景詹閣遺文不分卷

　（清）歸安姚諶撰

　清同治十二年（1873）歸安凌霞刻

本　中科院

　清光緒十二年（1886）刻本　復旦

集 10006377

託吟身館詩稿不分卷

　（清）錢塘高兆麟撰

　稿本（佚名刪汰並眉批）　中社科

院文學所

集 10006378

鷗堂詩三卷

　（清）會稽馬賡良撰

　清光緒五年（1879）刻本　國圖

首都

集 10006379

鷗堂遺稿三卷

　（清）會稽馬賡良撰

　清光緒十五年（1889）會稽馬氏刻

本　國圖　北大

集 10006380

拙怡堂文稿一卷

（清）會稽馬賡良撰

清鈔本　紹興

集 10006381

蕙襟集十二卷

（清）慈溪（先世居浙江慈溪，後爲順天大興人）馮秀瑩撰

清宣統二年（1910）刻本　國圖

民國間馮恕刻本　中科院

集 10006382

遜阿詩鈔四卷附囊雲詞一卷

（清）會稽（江蘇武進人，晚年隱居會稽）楊葆彝撰

民國二十二年（1933）大亭山館鉛印本　國圖

集 10006383

阮月樓遺著不分卷

（清）餘姚阮慶璉撰

民國十一年（1922）鉛印本　中科院

集 10006384

心香老人詩草不分卷

（清）海寧周蓮撰

民國四年（1915）鉛印本　南師大

集 10006385

静學廬遺文一卷

（清）安吉施文銓撰　戴翊清等輯

光緒十七年（1891）刻安吉施氏遺著本

集 10006386

静學廬逸筆二卷

（清）安吉施文銓撰

光緒十七年（1891）（1892）刻安吉施氏遺著本

集 10006387

大衍集一卷附約仙遺稿一卷

（清）定海胡黂撰　鄞縣張壽鏞輯

民國間四明張氏約園刻四明叢書本　國圖　中科院　北大　中科院　上海　復旦　天津　遼寧　南京　浙江　湖北　四川　寧夏

1994年上海書店出版社叢書集成續編本

集 10006388

春星草堂詩集二卷

（清）嘉善唐際虞撰

清光緒二十一年（1895）刻本　國圖

集 10006389

睿川草廬詩集不分卷附頤齋詩鈔一卷嵩香樓詩鈔一卷

（清）山陰徐慶璋撰

鈔本　中科院

集 10006390

晦香詩草二卷

（清）嘉善許汝珏撰

鈔本　嘉善

集 10006391

夢巢詩草二卷

（清）浙江許秉辰撰

清光緒間刻本　上海

集 10006392

**鄂不書齋集九卷（聊自存草四
卷、劫餘草、睡餘漫鈔各二卷、鄂
不書齋文鈔一卷）**

（清）山陰陸灝撰

清光緒二十一年（1895）刻本　國
圖　上海　四川　南開

集 10006393

醫俗軒遺稿一卷

（清）黃巖管名篝撰

清光緒二十一年（1895）半耕堂木
活字印本　上海

集 10006394

聞亦不解軒詩存一卷

（清）泰順潘庭旐撰

民國十四年（1925）潘鍾華刻守約
堂遺詩彙鈔本　上海　浙江　溫州

集 10006395

存吾春室逸稿一卷

（清）泰順潘自彊撰

民國十四年（1925）潘鍾華刻守約
堂遺詩彙鈔本　上海　浙江　溫州

集 10006396

鮑問梅遺著不分卷

（清）錢塘（一作仁和）鮑逸撰

稿本　上海

集 10006397

韓湘南遺稿一卷

（清）蕭山韓棟撰

清光緒二年（1876）刻本　諸暨

集 10006398

韓湘南遺文一卷

（清）蕭山韓棟撰

清光緒八年（1882）繩正堂刻本
安徽

集 10006399

蕭山韓湘南先生遺文不分卷

（清）蕭山韓棟撰　（清）周青崖
點定

清光緒二十二年（1896）桂垣書局
刻本　首都　天津

集 10006400

同光集一卷

（清）海寧徐濬撰

清光緒六年（1880）刻寫經堂詩文
鈔附　浙江　溫嶺

集 10006401

孟晉齋文集五卷附孟晉齋年譜一卷

（清）會稽顧壽楨撰

清同治五年（1866）見素抱樸齋刻

本　國圖（顧鼎梅題識）　中科院
浙江

集 10006402
孟晉齋文集五卷
　（清）會稽顧壽楨撰
外集一卷
　會稽顧燮光輯
　民國十八年（1929）顧氏金佳石好
樓仿聚珍排印顧氏家集本　國圖
上海　南京
　清代詩文集彙編本

集 10006403
立懦齋外集殘稿不分卷
　（清）會稽顧壽楨撰
　民國十六年（1927）科學儀器館影
印本　國圖

集 10006404
倚柁吟遺稿二卷
　（清）會稽任塍撰
　清光緒十四年（1888）鉛印本
國圖

集 10006405
倚柁吟遺稿不分卷
　（清）會稽任塍撰
　民國間鈔黔南游宦詩文徵本
國圖

集 10006406
來青軒詩鈔三卷

（清）德清沈閬昆撰
稿本　浙江

集 10006407
來青軒詩鈔十卷
　（清）德清沈閬崑撰
　稿本（存卷一）　浙江

集 10006408
來青軒文鈔不分卷
　（清）德清沈閬崑撰
　清光緒七年（1881）稿本　上海

集 10006409
晚菘園詩稿一卷
　（清）山陰杜葆恬撰
　清鈔本　紹興

集 10006410
夢覺草堂詩稿一卷
　（清）臨海李肇柱撰
　清末刻本　《瞿氏寄存書目》著録

集 10006411
意蘭吟剩一卷
　（清）歸安吳毓蓀撰
　清光緒十七年（1891）活字印本
國圖　上海　南京　天津　湖南
中山　復旦

集 10006412
琴廂吟草六卷
　（清）海寧孫清撰

潤芳閣巾箱本　南京

集 10006413

依舊吾廬吟草五卷

（清）海寧孫清撰

潤芳閣巾箱本　南京

集 10006414

襪綫集八卷

（清）海寧孫清撰

鈔稿本　海寧

集 10006415

幻厂詩畧不分卷

（清）會稽倪師旦撰

清同治十年（1871）刻本　湖南

清同治間鈔本　南京

集 10006416

子梅公遺詩一卷

（清）石門徐著謙撰

民國二十九年（1940）鉛印本
國圖

集 10006417

恩永堂遺稿不分卷

（清）諸暨郭承周撰

清光緒二十二年（1896）刻本　中
科院

集 10006418

書札雜著不分卷

（清）烏程費熙撰

清光緒二十二年（1896）周萊仙刻
本　南京

集 10006419

雙紅豆館遺稿一卷

（清）錢塘王潔撰

清同治十三年（1874）刻本　上海

清光緒二年（1876）增刻繡水王氏
家藏集附　國圖

集 10006420

**古紙偶存三卷附春渚草堂居士
年譜一卷**

（清）錢塘朱彭年撰

清光緒二十二年（1896）刻本　北
大　上海

集 10006421

廣雅堂詩集不分卷

（清）張之洞撰　慈溪（原籍浙江
慈溪，直隸三河人）嚴修注

稿本　湖南

集 10006422

小羅浮館詩稿一卷

（清）錢塘湯裕撰

稿本　中科院

集 10006423

傳樸堂詩稿不分卷

（清）平湖葛金烺撰

清光緒十七年（1891）刻本　山大

集 10006424

傳樸堂詩稿四卷附補遺一卷竹
樊山莊詞一卷

　（清）平湖葛金烺撰

　清光緒二十一年（1895）鉛印本
國圖

　　清代詩文集彙編本

集 10006425

孤峯剩稿四卷

　（清）龍游釋開霽撰

　清光緒三十三年（1907）龍邱古霞
光丈室刻本　中科院

集 10006426

南湖草堂詩集六卷

　（清）嘉興楊佩夫撰

　清光緒間刻本　國圖

集 10006427

南湖草堂詩集八卷外集一卷語
石齋畫識一卷

　（清）嘉興楊佩夫撰

　清光緒間刻本　蘇州

集 10006428

歙齋存稿二十二卷

　（清）錢塘王孫芸撰

　稿本（清丁敬、葉溶題款）　浙江

集 10006429

倚翠樓吟草一卷

　（清）上虞朱素貞撰　天虛吾生輯

清光緒三十三年（1907）刻著作林
第十三至十四期本　國圖

集 10006430

雙桂園遺稿一卷

　（清）仁和林一枝撰

　清刻遜庵詩稿附　國圖

集 10006431

洪子泉雜著不分卷

　（清）遂安洪自含撰

　清刻本　南京

集 10006432

柴剩人詩文草不分卷

　（清）鄞縣柴存仁撰

　鈔本　伏趾室

集 10006433

柴剩人先生詩草不分卷

　（清）鄞縣柴存仁撰

　清抄本　天一閣

集 10006434

餞月樓詩鈔一卷

　（清）平湖張苕蓀撰

　清同治光緒間申報館鉛印申報館
叢書本　國圖　山大　民大

集 10006435

憩雲小艇駢體文一卷

　（清）德清傅鼎撰

　清光緒十三年（1887）簧喜廬刻本

《販書偶寄》著錄

寧波　天一閣

集 10006436

湖蔭小築詩稿不分卷

（清）蕭山傅鼎乾撰

鈔本　中科院

舊刻本　南師大

集 10006437

雪舫吟稿不分卷

（清）平陽鄭衡撰

鈔本　中科院

集 10006438

鄭雪舫吟稿不分卷

（清）平陽鄭衡撰

吳雲樵鈔本　溫州

集 10006439

容膝軒詩草八卷

（清）鎮海王榮商撰

清代詩文集彙編本

集 10006440

容膝軒文集八卷詩草四卷

（清）鎮海王榮商撰

1994 年上海書店出版社叢書集成續編本

集 10006441

雲間詩草四卷

（清）鎮海劉慈孚撰

清光緒三十三年（1907）木活字本

集 10006442

冰連庵剩稿一卷

（清）寧波盧棻撰

清光緒間刻本　寧波

集 10006443

戴氏家稿十卷（文畧、詩畧各五卷）

（清）鄞縣戴仁宗撰

清光緒間刻本　天一閣

集 10006444

繭蕉盦詩鈔七卷詩餘一卷

（清）錢塘吳寶鎔撰

稿本（清王同德、清劉昌言、清俞樾、清陶錫、清潘衍桐題識，佚名批語）　中社科院文學所

集 10006445

薇麓山人草一卷

（清）海寧吳均撰

稿本　臺圖

集 10006446

草莽閒吟四卷

（清）黃巖林孔哲撰

稿本　浙江

清抄本　臨海博

集 10006447

五石瓠齋文鈔一卷

（清）黃巖林孔哲撰

稿本　浙江

集 10006448
秋吟集一卷
　(清)慈溪胡體坤撰
　　清光緒二十四年(1898)刻本
上海

集 10006449
澤畔行吟一卷附劫餘殘草一卷
　(清)嘉善徐振燕撰
　　鈔本　嘉善

集 10006450
存吾拙齋賦鈔不分卷
　(清)仁和許有麟撰
　　清光緒十二年(1886)刻本　河南

集 10006451
入山小草四卷
　(清)平湖張金瀾撰
　　清同治四年(1865)味煤吟館刻本
中科院　中山

集 10006452
碧蘿庵詩文鈔六卷
　(清)錢塘陳銛撰
　　鈔本　南京

集 10006453
碧蘿庵雜文一卷
　(清)錢塘陳銛撰
　　鈔本　國圖

集 10006454
鹿跡山房詩草一卷
　(清)樂清葉正陽撰
　　清光緒二十四年(1898)刻本
南京

集 10006455
師經堂詩存一卷
　(清)海寧蔣仁榮撰
　　清光緒二十四年(1898)刻本
浙江

集 10006456
師經室詩存二卷
　(清)海寧蔣仁榮撰
　　清光緒二十四年(1898)刻本
建德

集 10006457
養心光室詩稿八卷
　(清)嘉善顧福仁撰
　　清光緒十四年(1888)刻本　國圖
復旦

集 10006458
思誤居叢稿一卷
　(清)黃巖王詠霓撰
　　稿本　北大

集 10006459
函雅堂集六卷
　(清)黃巖王詠霓撰
　　原刻朱印本　復旦

集 10006460

函雅堂集二十四卷

（清）黃巖王詠霓撰

清光緒二十二年（1896）刻朱印本
中山

集 10006461

函雅堂集四十卷

（清）黃巖王詠霓撰

清光緒二十年（1894）刻本　國圖
湖南　南京　中科院　北師大
南開

集 10006462

函雅堂集十四卷詞二卷

（清）黃巖王詠霓撰

清光緒十五年（1889）刻本　安徽
清光緒二十二年（1896）刻本　上
海　鎮江

集 10006463

函雅堂詩集不分卷

（清）黃巖王詠霓撰

清光緒十四年（1888）抄本　臨
海博

集 10006464

道西齋尺牘二卷

（清）黃巖王詠霓撰

清光緒十六年（1890）周文郁誦清
芬館鈔本　國圖

集 10006465

郋亭詩一卷

（清）錢塘汪鳴鑾撰

稿本　中社科院文學所

集 10006466

**萬宜樓詩錄二卷詩聯續錄一卷
書札一卷聯語一卷**

（清）錢塘汪鳴鑾撰

稿本　蘇州

集 10006467

汪柳門稿不分卷

（清）錢塘（錢塘籍，安徽休寧人）
汪鳴鑾撰

清同治十二年（1873）雙門上街全
經閣刻本　中山

集 10006468

問學堂詩五卷

（清）山陰俞思穆撰

清光緒間刻本　復旦

集 10006469

問學堂文五卷

（清）山陰俞思穆撰

稿本　中山

集 10006470

姚少復集不分卷

（清）鎮海姚景夔撰

稿本　浙江

集 10006471

琴詠詩文稿一卷

（清）鎮海姚景夔撰

稿本　浙江

集 10006472

味琴室詩鈔不分卷

（清）平湖時元熙撰

清宣統三年（1911）華雲閣鉛印本

中科院　上海　南京

集 10006473

吳漚煙語不分卷

（清）錢塘張上龢撰

民國四年（1915）錢塘張氏刻本

國圖

集 10006474

退思齋文稿一卷詩稿一卷

（清）仁和陸元鼎撰

稿本（存文稿）　浙江

清光緒三十二年（1906）刻本

上海

民國三十六年（1947）陸筠寶鈔本

上海

集 10006475

傅巖集不分卷

（清）仁和陸元鼎撰

清鈔本（清張修事等跋）　臺圖

集 10006476

冬暄草堂遺詩二卷

（清）仁和陳豪撰　潘鴻編

清宣統三年（1911）刻本　中科院

紹興

集 10006477

冬暄草堂遺詩不分卷

（清）仁和陳豪撰

民國間石印本　北師大

集 10006478

陳止庵致王諟尺牘一卷

（清）仁和陳豪撰

手稿本　上海

集 10006479

陳藍洲致陶模墨蹟一卷

（清）仁和陳豪撰

手稿本　上海

集 10006480

陳藍洲致楊葆光遺墨一卷

（清）仁和陳豪撰

手稿本　上海

集 10006481

戴子高先生詩劄不分卷

（清）德清戴望撰

稿本　南京

集 10006482

謫麐堂遺集四卷

（清）德清戴望撰

清光緒元年（1875）會稽趙之謙刻

本　國圖

2002 年上海古籍出版社影印續
修四庫全書本

清代詩文集彙編本

集 10006483

謫麇堂詩集

（清）德清戴望撰

民國間歸安蔣氏月河草堂刻月河
草堂叢書本　清華　浙江

集 10006484

鐵硯齋詩草九卷

（清）錢塘王彥起撰

稿本　上海

集 10006485

一笏山樓駢體文草七卷試帖詩
存七卷

（清）會稽王錫康撰

清會稽王氏鈔本　南京

集 10006486

溪上玉樓叢稿一卷

（清）歸安李煊撰

清光緒間鈔本　浙大

集 10006487

溪上玉樓詩鈔

（清）歸安李煊撰

民國間歸安蔣氏月河草堂刻月河
草堂叢書本　清華　浙江

集 10006488

兩峯山人詩錄不分卷

（清）瑞安余國鼎撰

鈔本　溫州

集 10006489

潛廬詩存四卷

（清）桐鄉周善祥撰

民國八年（1919）維揚鶴書堂刻本
國圖

集 10006490

脂雪軒詩鈔六卷

（清）瑞安胡玠撰

民國十四年（1925）溫州圖墨林鉛
印本　北大

清代詩文集彙編本

集 10006491

脂雪軒詩鈔四卷

（清）瑞安胡玠撰

鈔本　浙江

集 10006492

桂樵詩鈔一卷

（清）瑞安胡玠撰

清抄本（十種合訂本）　溫州

集 10006493

碧山草堂遺稿二卷

（清）海寧馬自熙撰

清光緒間刻本　南京

集 10006494

頤園詩存四卷

（清）桐鄉徐焕藻撰

清光緒二十五年（1899）刻本　南京

集 10006495

智勝居士詩鈔不分卷

（清）仁和張維嘉撰

鈔本　南京

集 10006496

寒碧軒詩存一卷

（清）錢塘陳鉦撰　（清）錢塘陳坤輯

清同治光緒間錢塘陳氏粤東刻如不及齋叢書本　上海　山大　南京　湖北

2008 年 9 月廣州出版社廣州大典本

集 10006497

詒硯齋草稿一卷

（清）鄞縣陳政鍾撰

稿本　浙江

集 10006498

誠成書屋詩稿一卷

（清）餘姚勞銘之撰

約清末活字本　南京

集 10006499

養根齋小稿不分卷

（清）平陽葉楚材撰

鈔稿本　中科院

鈔本　温州

集 10006500

恬海詩鈔（怡然談）一卷

（清）海寧管廷鏗撰

稿本　浙江

集 10006501

静庵文鈔一卷

（清）麗水鄭景崇撰

鈔稿本　麗水端木梅鄰藏

集 10006502

瑞芝山房詩鈔一卷

（清）會稽錢令芬撰

清光緒六年（1880）刻本　國圖

集 10006503

洗齋病學草二卷

（清）山陰胡壽頤撰

清光緒十年（1884）刻本　國圖

集 10006504

常慊慊齋文集二卷

（清）平湖朱之榛撰

民國十一年（1922）東湖草堂刻本　國圖

集 10006505

寄簃文存八卷

（清）歸安沈家本撰

清光緒三十三年（1907）修定法律

館鉛印本　國圖　中科院　首都
北師大　上海
　2002 年上海古籍出版社影印續
修四庫全書本

集 10006506

寄簃文存二編二卷

　(清)歸安沈家本撰

　清宣統三年(1911)修訂法律館鉛
印本　國圖　首都
　2002 年上海古籍出版社影印續
修四庫全書本

集 10006507

枕碧樓偶存稿十二卷

　(清)歸安沈家本撰　桐鄉沈兆奎
重編

　民國間刻沈寄簃遺書本　國圖
北大　上海　天津　遼寧　南大
浙江　武大　雲南
　1982 年中國書店影印民國間刻
本　遼寧
　1990～1991 年中國書店海王村
古籍叢刊本

集 10006508

澄清堂詩存四卷

　(清)平湖范祝崧撰

　清咸豐十年(1860)刻本　國圖
　清光緒間刻本　國圖
　清代詩文集彙編本

集 10006509

飲雪軒詩集不分卷

　(清)會稽孫德祖撰

　清光緒十年(1884)山陰許方齋修
版刷印本　中山

集 10006510

寄龕詩質十二卷詞問六卷

　(清)會稽孫德祖撰

　清光緒二十五年(1899)刻本
國圖

集 10006511

寄龕文賡一卷

　(清)會稽孫德祖撰

　稿本　浙江

集 10006512

寄龕文存四卷

　(清)會稽孫德祖撰

　清光緒十年(1884)鄞縣翰墨林刻
本　國圖　中科院

集 10006513

題楳福墨二卷首一卷

　(清)會稽孫德祖撰

　清光緒二十三年(1897)刻本
紹興

集 10006514

**崇蘭堂遺稿十七卷(詩初存十三
卷、文存外集、虞庵詞、日記北行
紀程、赴京日識各一卷)**

（清）錢塘張預撰

稿本　上海

集 10006515

崇蘭堂詩初存十卷

（清）錢塘張預撰

清光緒二十年（1894）刻本　國圖

集 10006516

崇蘭堂文初存二卷駢體文初存二卷

（清）錢塘張預撰

清鈔本　南京

集 10006517

崇蘭堂駢體文初存二卷

（清）錢塘張預撰

清光緒三十四年（1908）湖北官印

書局鉛印本　國圖

清代詩文集彙編本

集 10006518

崇蘭堂詩初存十三卷

（清）錢塘張預撰

稿本崇蘭堂遺稿本（清陶方琦、張

佩綸題款）　上海

集 10006519

篷霜輪雪集四卷

（清）鄞縣陳康祺撰

清光緒五年（1879）刻本　國圖

集 10006520

舊雨草堂文集不分卷

（清）鄞縣陳康祺撰

鈔本　寧波

集 10006521

舊雨草堂時文一卷

（清）鄞縣陳康祺撰

清同治九年（1870）寧郡蔣文照刻

本　寧波

集 10006522

陳康祺文集不分卷

（清）鄞縣陳康祺撰

清手抄本　奉化文管會

集 10006523

虞東文告一卷附陳氏先型録二卷

（清）鄞縣陳康祺撰

清光緒五年（1879）刻本　天一閣

集 10006524

大瓠山房詩集二卷

（清）葉道源撰　建德胡念修選

清宣統三年（1911）賴豐熙鉛印本

國圖　中科院　蘇州

集 10006525

玉塵山房詩集四卷

（清）德清蔡燮吕撰

民國八年（1919）鉛印本　首都

浙江

清稿本　蘇大

集 10006526

含芳館詩草一卷

（清）桐鄉嚴澂華撰

清光緒十年（1884）嚴氏刻同懷忠孝集本　國圖　南京　上海

清代家集叢刊續編本

集 10006527

西江說稿二十二卷文稿十六卷詩稿二十八卷偶識四十二卷尺牘四卷蘭言錄六卷續補一卷原要錄四卷文稿後編三卷詩稿後編九卷詩集二卷存稿二卷

（清）慈溪王家振撰

稿本（存詩稿卷一至七、十一至十三）　中社科院文學所

集 10006528

西江詩稿二十八卷詩稿續編一卷文稿三十二卷

（清）慈溪王家振撰

清光緒三十四年（1908）慈溪王氏櫃柳山館木活字印本　國圖

集 10006529

浙遊雜草不分卷

（清）山陰王恩綸撰

鈔本　中社科院文學所

集 10006530

天球遺稿一卷

（清）黃巖朱球撰

清光緒二十九年（1903）刻琴遊集

附　中山

集 10006531

聊復爾齋詩存二卷

（清）慈溪沈杞撰

清光緒二十六年（1900）外孫洪維岳刻本　上海　南京

集 10006532

涵翠閣吟稿四卷

（清）海寧吳均撰

清宣統二年（1910）鉛印本　上海

集 10006533

天鷟山房詩集（孫思奮遺詩）一卷

（清）山陰孫思奮撰　桂念祖輯

清光緒二十六年（1900）章門刻本

中科院

集 10006534

西征集四卷首一卷

（清）鄞縣黃家鼎撰

清光緒八年（1882）補不足齋刻黃氏家集二編本　國圖　中科院　上海　浙江

集 10006535

馬巷集一卷

（清）鄞縣黃家鼎撰

清光緒二十一年（1895）福州刻本

國圖

清光緒間補不足齋刻黃氏家集二

编本　國圖　中科院　上海　浙江
　　2005 年 1 月九州出版社、廈門大
學出版社臺灣文獻彙刊本

集 10006536
補不足齋詩鈔□卷
　　(清)鄞縣黃家鼎撰
　　清鈔本(存卷六至八)　湖南

集 10006537
補不足齋詩鈔一卷
　　(清)鄞縣黃家鼎撰
　　鈔本　山東

集 10006538
補不足齋文一卷
　　(清)鄞縣黃家鼎撰　延愷選
　　清光緒八年(1882)刻二黃合稿本
國圖

集 10006539
梅修館詩存一卷
　　(清)山陰陸韻珊撰
　　清光緒二十六年(1900)刻本　上
海　南京

集 10006540
豫齋集二卷
　　(清)山陰萬方煦撰
　　清光緒七年(1881)陝西圖書館刻
本　國圖　首都

集 10006541
雲海紀遊詩鈔不分卷
　　(清)天台謝綏名撰
　　清同治九年(1870)(1807)皖城通
志總局刻本　中科院

集 10006542
澤雅堂詩集四卷
　　(清)烏程施補華撰
　　稿本　浙江

集 10006543
澤雅堂詩集
　　(清)烏程施補華撰
　　民國間歸安蔣氏月河草堂刻月河
草堂叢書本　清華　浙江

集 10006544
澤雅堂詩集六卷
　　(清)烏程施補華撰
　　清同治十二年(1873)刻本　國圖
中科院(邵章題記)
　　2002 年上海古籍出版社影印續
修四庫全書本

集 10006545
澤雅堂詩二集十八卷
　　(清)烏程施補華撰
　　清光緒十六年(1890)兩研齋刻本
國圖　中科院(邵章題記)
　　鈔本　南京
　　稿本(清李慈銘校並跋)　中山
　　2002 年上海古籍出版社影印續

修四庫全書本

清代詩文集彙編本

集 10006546

澤雅堂集一卷

（清）烏程施補華撰

稿本（樊增祥跋） 浙江

集 10006547

澤雅堂文集八卷

（清）烏程施補華撰

稿本（清李慈銘批） 上海

清光緒十九年（1893）陸心源刻本

中科院

2002年上海古籍出版社影印續

修四庫全書本

集 10006548

澤雅堂文集十卷

（清）烏程施補華撰

清光緒十九年（1893）榮城孫氏刻

本 國圖

清代詩文集彙編本

集 10006549

澤雅堂文集十八卷

（清）烏程施補華撰

鈔本 甘肅

集 10006550

狷叟詩録一卷

（清）海寧許瑃祥撰

清光緒三十三年（1907）刻本 中

科院

集 10006551

狷叟詩存四卷

（清）海寧許瑃祥撰

民國十一年（1922）刻本 中社科

院文學所

集 10006552

狷叟詩續存一卷

（清）海寧許瑃祥撰

清光緒間刻本 南京

集 10006553

介盦駢體文剩一卷

（清）海寧許瑃祥撰

民國十五年（1926）許冠英鉛印本

南京

民國二十一年（1932）鉛印本 國

圖 南京

集 10006554

補拙草堂詩稿三卷文稿一卷

（清）餘杭褚成允撰

民國九年（1920）上海聚珍仿宋印

書局鉛印本 國圖 中科院 北大

上海 浙江

集 10006555

居易初集二卷

（清）上虞經元善撰

清光緒二十七年（1901）鉛印本

中科院 浙江

2002 年上海古籍出版社影印續修四庫全書本

集 10006556
居易初集三卷
（清）上虞經元善撰

清光緒二十九年（1903）上海同文社鉛印本　國圖

集 10006557
清芬閣集十二卷
（清）嘉興朱采撰

清光緒三十四年（1908）歸安趙氏鉛印本　國圖

集 10006558
清芬閣文稿八卷
（清）嘉興朱采撰

稿本　南京

集 10006559
清芬閣文稿三卷
（清）嘉興朱采撰

清鈔本（佚名批）　南京

集 10006560
清芬閣文稿□□卷
（清）嘉興朱采撰

鈔本（存卷七至十三）　南京

集 10006561
清芬閣集
（清）嘉興朱采撰

近代中國史料叢刊正、續、三編本

集 10006562
居易樓遺稿不分卷
（清）烏程吳光熊撰

清光緒二十七年（1901）刻本湖南

集 10006563
聽秋聲館遺詩一卷
（清）錢塘吳恩埰撰

清鈔本　浙江

集 10006564
匏廬吟草不分卷
（清）仁和吳敬襄撰

稿本　《清人詩文集總目提要》著録

集 10006565
圭盦詩録一卷
（清）仁和吳觀禮撰

清光緒五年（1879）張佩綸刻本國圖　中科院　上海

集 10006566
使俄函稿一卷
（清）餘姚邵友濂撰

稿本　鎮江博

集 10006567
自怡悅齋詩稿不分卷
（清）泰順胡睦琴撰

鈔本　中科院

集 10006568

秋江漁隱詩草一卷

（清）紹興章湘雲撰

清鈔本　浙江

集 10006569

淑園詩存不分卷

（清）平陽張陶撰

鈔本　中科院

集 10006570

業耘草舍遺稿二卷

（清）寧海華驥撰

稿本　寧海華子方藏

集 10006571

鎮亭山房詩集十八卷文集十二卷

（清）鄞縣陸廷黻撰

清光緒十七年（1891）自刻本　國
圖（存詩集）　中科院　浙江

集 10006572

鎮亭山房詩集四卷

（清）鄞縣陸廷黻撰

清光緒間刻本　國圖

集 10006573

好湖山樓詩鈔一卷

（清）山陰陳霖撰

清光緒二十七年（1901）刻焦翠軒
詩稿附　雲南

集 10006574

桐花閣詩存一卷

（清）黃巖蔣鳳撰

清光緒二十九年（1903）刻琴遊集
附　中山

集 10006575

香雪齋詩鈔四卷

（清）桐鄉嚴鈖撰

清光緒十九年（1893）刻本　中科
院　中山

集 10006576

冷香館詩鈔二卷文鈔二卷

（清）慈溪沈廉撰

清末木活字印本　廣西師大

集 10006577

冷香館詩鈔二卷

（清）慈溪沈廉撰

民國間刻本　上海　天津　南京
中科院

集 10006578

蟄庵詩鈔不分卷

（清）嘉興計燮鈞撰

清宣統二年（1910）華雲閣鉛印本
中科院　上海　浙江

集 10006579

菊隱廬詩錄二卷

（清）錢塘唐恭安撰

民國十三年（1924）瓶花齋鉛印本

浙江

集 10006580

寶硯堂詩稿四卷潔廬詞稿一卷

(清)海寧許仁沐撰

清鈔本　中科院

集 10006581

遲春閣文稿九卷

(清)海寧許仁沐撰

鈔本(卷九存目無文)　中科院

集 10006582

困學齋詩録不分卷

(清)烏程鈕承榮撰

清末上海聚珍仿宋印書局鉛印本
中科院

民國八年(1919)吳興金氏可讀廬
鉛印本　國圖

集 10006583

綺窗吟草一卷

(清)錢塘申志廉撰

清光緒十八年(1892)刻本　國圖

集 10006584

沈韻樓詩存一卷

(清)海昌沈恕撰

張宗祥鈔本(張宗祥跋)　浙江

集 10006585

守梅館詩草五卷

(清)錢塘汪韻梅撰

稿本　中科院

集 10006586

梅花館詩集一卷詩餘一卷

(清)錢塘汪韻梅撰　言敦源輯

清光緒三十四年(1908)鉛印本
國圖　中科院

集 10006587

紅餘籀室吟草初集三卷

(清)烏程李端臨撰

清光緒間貴陽陳氏刻靈峯草堂叢

書本　國圖　中科院　北大　上海
　復旦　南京　四川　雲南

集 10006588

不慊齋漫存七卷

(清)烏程徐賡陛撰

清光緒間刻本　南京

集 10006589

不慊齋漫存八卷

(清)烏程徐賡陛撰

清宣統元年(1909)上海　書局石
印本　北大

集 10006590

不慊齋漫存九卷

(清)烏程徐賡陛撰

清光緒間刻本　中社科院文學所

集 10006591

不慊齋漫存十二卷

（清）烏程徐賡陛撰

清光緒間刻本　中科院

清代詩文集彙編本

近代中國史料叢刊正、續、三編本

集 10006592

望煙樓詩草二卷

（清）蕭山黃元壽撰

稿本　中科院

集 10006593

青羊集一卷

（清）蕭山黃元壽撰

稿本　中科院

集 10006594

暢園遺稿十卷（大野草堂詩稿八卷白癡詞二卷）

（清）天台張邁撰

清光緒三十年（1904）徐承禮刻本

　國圖　中科院　北大　北師大

上海　復旦

集 10006595

張乳白文集一卷

（清）吉安張行孚撰

稿本　上海

集 10006596

香雅樓存稿二卷附西江草一卷

（清）海寧陳貞淑撰

鈔本　中社科院文學所

集 10006597

香雅樓詩鈔一卷詞鈔一卷

（清）海寧陳貞淑撰

清徐氏汲脩齋抄汲脩齋叢書十六種本　國圖

集 10006598

西江草一卷

（清）海寧陳貞淑撰

清徐氏汲脩齋抄汲脩齋叢書十六種本　國圖

集 10006599

歸棹塡箟二卷

（清）桐鄉勞乃宣、（清）桐鄉勞乃寬撰

民國間鉛印本　中科院

集 10006600

歸棹塡箟一卷

（清）桐鄉勞乃宣、（清）桐鄉勞乃寬撰

民國五年（1916）刻歸來吟本

南京

集 10006601

瑞芝山房詩鈔一卷

（清）會稽錢令芬撰

清光緒六年（1880）刻瑞芝山房詩鈔附　國圖

集 10006602

南溪詩存不分卷

（清）餘杭褚成亮撰

鈔稿本　餘杭褚氏家藏

集 10006603

寄鷗居詩不分卷

（清）仁和丁謙撰

民國八年（1919）鈔本　中科院

集 10006604

作嫁集一卷

（清）杭州王元稺撰

民國間鉛印無暇逸齋叢書本　中

科院　福建

集 10006605

借箸集一卷

（清）杭州王元稺撰

民國十二年（1923）鉛印本　福建

集 10006606

致用書院文集一卷續存一卷

（清）杭州王元稺撰

民國間鉛印無暇逸齋叢書本　中

科院　福建

集 10006607

無暇逸齋説文學四種

（清）杭州王元稺撰

民國間鉛印無暇逸齋叢書本　中

科院　福建

集 10006608

焚餘遺草一卷

（清）上虞夏卿草撰

道光二十四年（1844）蔡氏閨秀集

本　國圖

集 10006609

皓月軒吟草一卷

（清）嘉興（豐邑人，嫁嘉興）張德

珠撰

道光二十四年（1844）蔡氏閨秀集

本　國圖

集 10006610

聽秋室剩草一卷

（清）嘉興蔡鴻藻撰

道光二十四年（1844）蔡氏閨秀集

本　國圖

集 10006611

多伽羅室詩草一卷

（清）嘉興蔡芸撰

道光二十四年（1844）蔡氏閨秀集

本　國圖

集 10006612

花溪詩草一卷

（清）海寧查荃撰

道光二十四年（1844）蔡氏閨秀集

本　國圖

集 10006613

紅藥山房詩草一卷

（清）嘉興（榮城人，嫁嘉興）陳桃

宜撰

道光二十四年(1844)蔡氏閨秀集本　國圖

集 10006614
雲吉祥室詩一卷
　(清)嘉興蔡繼琬撰
　道光二十四年(1844)蔡氏閨秀集本　國圖

集 10006615
鎔經室集四卷
　(清)黃巖張濬撰
　民國六年(1917)鉛印本　國圖

集 10006616
張都護詩存一卷
　(清)錢塘張錫鑾撰
　清宣統二年(1910)保山吳慈培鉛印本　國圖　南京　四川　中科院　復旦　南開

集 10006617
尚書公遺稿錄存一卷
　(清)桐鄉勞乃宣撰
　清光緒間勞氏謄清稿本　復旦

集 10006618
桐鄉勞先生遺稿八卷首一卷
　(清)秀水陶葆廉輯
　民國十六年(1927)盧學溥京師刻本　中科院　北師大

集 10006619

桐鄉勞先生遺稿八卷
　(清)桐鄉勞乃宣撰
　民國十年(1921)刻本　臺師大
　近代中國史料叢刊正、續、三編本

集 10006620
歸林餘響一卷
　(清)桐鄉勞乃宣撰
　民國五年(1916)刻歸來吟本　南京

集 10006621
清足居集一卷附蕉窗詞一卷
　(清)錢塘鄧瑜撰
　清光緒二十二年(1896)錢塘諸氏刻本　國圖　復旦

集 10006622
夢若山房詩稿十二卷
　(清)嘉興朱棪撰
　稿本　浙江

集 10006623
雙雲堂家集二卷
　(清)鄞縣范邦楨撰
　清光緒間刻本　寧波

集 10006624
亦汾詩鈔一卷
　(清)鄞縣范邦楨撰
　清光緒十一年(1885)刻本　上海　寧波

集 10006625

同根草四卷含青閣詩草三卷詩餘一卷

　(清)太平屈茝纕　(清)臨海屈蕙纕撰

　　清光緒二十九年(1903)刻本
中山

　　清鈔本　臨海博

　　清代家集叢刊本

集 10006626

同根草一卷

　(清)太平屈茝纕　(清)臨海屈蕙纕撰

　　清抄本　臨海博

集 10006627

強自寬齋集(丁丑詩稿)不分卷

　(清)山陰金石撰

　　稿本　南開

集 10006628

強自寬齋外集四卷

　(清)山陰金石撰

　　清光緒二十九年(1903)程銘敬刻本　首都　紹興

　　清代詩文集彙編本

集 10006629

藝蘭山館詩存一卷詩餘一卷

　(清)鄞縣黃家鼐撰

　　清光緒二十二年(1896)刻本
復旦

集 10006630

園居録詩鑑一卷

　(清)平湖張金圻撰

　　清光緒中申報館鉛印本　國圖

集 10006631

琴遊草二卷

　(清)黃巖鄔佩之撰

　　清光緒二十九年(1903)刻本
中山

集 10006632

梅花館集二卷

　(清)錢塘汪韻梅撰

　　清同治光緒間申報館鉛印申報館叢書本　國圖　山大　民大

集 10006633

芝峯後集四卷

　(清)鄞縣釋世昭撰

　　清光緒二十三年(1897)刻本
首都

集 10006634

紅藤館詩三卷附舊德録一卷

　(清)秀水朱善祥撰

　　民國九年(1920)刻本　國圖　中科院

集 10006635

貞孝遺墨五卷(老芥土苴)

　(清)嘉興吳受福撰

　　民國二十二年(1933)其婿郭起庭

校刻本　國圖

鈔本　嘉興

初印本　嘉興

稿本(老芥土苴)　嘉善

集 10006636

老芥土苴

(清)嘉興吳受福撰

稿本　嘉善

集 10006637

祛宜梀室隨筆不分卷

(清)嘉興吳受福撰

稿本　西北大　北大

集 10006638

小種字林隨筆不分卷

(清)嘉興吳受福撰

稿本　西北大

集 10006639

吳受福遺稿不分卷

(清)嘉興吳受福撰

鈔本　嘉興

集 10006640

元蓋寓廬詩存一卷

(清)安吉吳俊卿撰

清光緒間稿本(清徐康題識,方還、吳敦、韓熙跋)　上海

集 10006641

元蓋寓廬偶存一卷

(清)安吉吳俊卿撰

稿本　上海

集 10006642

缶廬詩稿不分卷詩緒不分卷題畫詩不分卷

(清)安吉吳俊卿撰

稿本　浙江

集 10006643

缶廬詩集四卷別存一卷

(清)安吉吳俊卿撰

清光緒十九年(1893)刻本　首都

2002 年上海古籍出版社影印續修四庫全書本

集 10006644

缶廬別存三卷

(清)安吉吳俊卿撰

清光緒十九年(1893)刻本　國圖

2002 年上海古籍出版社影印續修四庫全書本

集 10006645

缶廬集七卷

(清)安吉吳俊卿撰

清光緒十九年(1893)刻本　首都

民國十二年(1923)刻本　復旦

集 10006646

缶廬詩四卷缶廬別存三卷

(清)安吉吳俊卿撰

清光緒十九年(1893)蘇城刻本

海寧

集 10006647

李宗蓮稿不分卷

（清）歸安（一作烏程）李宗蓮撰

稿本　南京

集 10006648

懷岷精舍錄六卷

（清）歸安（一作烏程）李宗蓮撰

稿本　湖州宗鞠舫藏

集 10006649

平川櫂歌一卷

（清）嘉善徐涵撰

清末惜陰主人鈔本　嘉善

民國十一年（1922）刻本　浙江

集 10006650

小鄒魯居詩集二卷

（清）山陰張大任撰

清宣統元年（1909）石印本　天津

集 10006651

五十學詩齋初稿不分卷

（清）海寧張兆棻撰

傳鈔本　海寧

集 10006652

五十學詩齋初稿一卷

（清）海寧張兆棻撰

鈔本　浙江

集 10006653

五十學詩齋初稿一卷味詩草堂稿一卷

（清）海寧張兆棻撰

鈔本（佚名過錄徐鳳銜跋）　浙江

集 10006654

存素堂詩稿四卷駢文四卷駢文續稿一卷

（清）衢縣葉如圭撰

清鈔本　浙江

衢州文獻集成本

集 10006655

存素堂詩存四卷（叢碧山窗小草、爐餘錄、懶園集、瘦燈老屋集各一卷）

（清）衢縣葉如圭撰

民國十三年（1924）葉丙蔚邢臺縣署鉛印本　河南

集 10006656

虞椒鵑語一卷

（清）江陰葉長齡撰

清光緒十年（1884）木活字印本　南京

集 10006657

筱音集一卷

（清）江陰葉長齡撰

清光緒十年（1884）木活字印本　南京

集 10006658

雲錦天衣集二卷

（清）杭州（江蘇丹徒人，僑居武林）鄒寶儢撰

清光緒十年（1884）刻本　上海

集 10006659

聽黃鸝館外篇二卷

（清）嵊縣魏邦翰撰

清光緒十年（1884）湘潭黎景嵩刻本　南京

集 10006660

棠隱樓未定稿不分卷

（清）山陰濩堂撰

稿本　紹興

集 10006661

舟枕山人乙卯自述詩二卷

餘杭王毓岱撰

民國間石印本　國圖

集 10006662

警庵文存一卷

（清）嘉興沈璋寶撰

民國九年（1920）嘉善張氏刻本國圖

2010年學苑出版社中國華東文獻叢書本

集 10006663

許文肅公遺稿十二卷

（清）嘉興許景澄撰

民國七年（1918）鉛印本　中科院

集 10006664

許文肅公遺稿十二卷外集五卷附錄一卷首一卷書札二卷日記一卷

（清）嘉興許景澄撰　盛沅等編

民國九年（1920）外交部圖書館鉛印本　國圖　中科院

集 10006665

許竹篔出使函稿十四卷

（清）嘉興許景澄撰

清光緒二十四年（1898）鉛印本無錫

集 10006666

許竹篔侍郎尺牘真跡二卷

（清）嘉興許景澄撰　（清）盛沅輯

清光緒三十三年（1907）影印本嘉興

集 10006667

許竹篔時文一卷

（清）嘉興許景澄撰

清同治九年（1870）刻本　嘉興

集 10006668

許竹篔時文二卷

（清）嘉興許景澄撰

清同治九年（1870）陳氏刻本北碚

集 10006669

許竹篔先生奏疏録存二卷

（清）嘉興許景澄撰

清末鉛印本　嘉興

集 10006670

許文肅公外集五卷首一卷

（清）嘉興許景澄撰

清宣統元年(1909)鉛印本　南開

集 10006671

許景澄信札不分卷

（清）嘉興許景澄撰

民國影印本　嘉興

集 10006672

青蓮花館詩存一卷

慈溪陳康壽撰

民國間蓮花館鉛印本　復旦

集 10006673

陶湘麋學使詩文遺稿不分卷

（清）會稽陶方琦撰

稿本　浙江

集 10006674

琳青山館詩稿一卷

（清）會稽陶方琦撰

稿本　上海

集 10006675

湘麋館遺墨粹存一卷

（清）會稽陶方琦撰

稿本（樊增祥批）　浙江

集 10006676

撰廬初稿四卷

（清）會稽陶方琦撰

稿本（清孫德祖跋）　浙江

集 10006677

湘麋閣遺集六卷

（清）會稽陶方琦撰

清光緒十六年(1890)湖北書局刻本　國圖　中科院　福建（清陶詞元批校）

2002年上海古籍出版社影印續修四庫全書本

集 10006678

漢孳室文鈔四卷補遺一卷

（清）會稽陶方琦撰　（清）徐友蘭輯

清光緒十八年(1892)會稽徐氏鑄學齋刻本　國圖

2002年上海古籍出版社影印續修四庫全書本

清代詩文集彙編本

1994年上海書店出版社叢書集成續編本

集 10006679

漢孳室集外文一卷

（清）會稽陶方琦撰

鈔本　南京

集 10006680

味佛諦盦尺牘一卷

會稽陶方琦撰

民國三十二年(1943)陶聞齊影印

本　杭州

集 10006681

崇雅堂文稿二卷詩稿一卷

黃巖楊晨撰

民國間石印本　北師大　浙江

集 10006682

崇雅堂文稿四卷補遺一卷詩稿
一卷續稿一卷

黃巖楊晨撰

清末石印本　中科院

集 10006683

崇雅堂文稿四卷詩稿二卷附文
稿補編一卷

黃巖楊晨撰

民國四年(1915)黃巖友成書局石

印本　北大　南京　湖南

民國十一年至二十四年(1922~

1935)潛江甘氏崇雅堂刻崇雅堂叢

書本(無文稿補編)　國圖　北大

上師大　吉大　南京　湖北

集 10006684

養拙居文二卷

黃巖楊晨撰

清抄本　臨海博

集 10006685

懷亭詩錄六卷詞錄二卷

(清)海寧蔣學堅撰

清光緒二十一年(1895)刻本　中

社科院文學所　嘉興　臨海

清代詩文集彙編本

集 10006686

懷亭詩續錄二卷

(清)海寧蔣學堅撰

清光緒二十三年(1897)姜氏刻本

北大

集 10006687

懷亭詩錄六卷續錄六卷三錄一卷

(清)海寧蔣學堅撰

清光緒二十一年(1895)刻本

海寧

民國初刻本　浙江

清代詩文集彙編本

集 10006688

璞齋集五卷

(清)錢塘諸可寶撰

清光緒十四年(1888)長洲黃氏流

芳閣木活字印本　國圖　中科院

北大　浙江

集 10006689

璞齋集六卷

(清)錢塘諸可寶撰

清光緒二十二年(1896)刻本　北

師大

集 10006690

璞齋集七卷

(清)錢塘諸可寶撰

清光緒二十二年(1896)玉峰官舍
刻本　國圖　中科院

集 10006691

璞齋集八卷

(清)錢塘諸可寶撰

清光緒二十二年(1896)刻增修本
國圖　中科院(邵章題記)　首都
北大
清代詩文集彙編本

集 10006692

寄庵遺稿一卷

(清)浙江吳文增撰

稿本　浙江

集 10006693

寄静軒詩草一卷

(清)桐廬吳天慶撰

稿本　浙江

集 10006694

吟香閣詩草一卷

(清)秀水姚仙霞撰

清光緒九年(1883)刻本　嘉興

集 10006695

眷仙樓遺稿一卷

(清)平湖章韻清撰

清光緒間刻本　國圖

集 10006696

小芝閣詩集四卷

(清)山陰陳樹棠撰

清鈔本　中大

2008 年 12 月廣東人民出版社清
代稿鈔本

集 10006697

楞嵒草堂詩存四卷

(清)象山歐陽熙撰

清光緒三十一年(1905)鉛印本
中科院

集 10006698

二琴居詩鈔二卷

(清)慈溪王迪中撰

清光緒間盟鷗別墅活字版排印本
中社科院文學所

集 10006699

二琴居詩鈔四卷

(清)慈溪王迪中撰

民國十年(1921)盟鷗別墅木活字
印本　國圖

集 10006700

止軒集不分卷

(清)會稽(一作山陰)王繼香撰

稿本　浙江

集 10006701

醉吟草不分卷

(清)會稽(一作山陰)王繼香撰

清光緒十年（1884）稿本　浙大

稿本　上海

集 10006702

醉吟草十四卷

（清）會稽（一作山陰）王繼香撰

鈔本　中科院

集 10006703

醉吟草二十五卷

（清）會稽（一作山陰）王繼香撰

稿本　浙江

集 10006704

止軒文習初草四卷文蛻一卷

（清）會稽（一作山陰）王繼香撰

稿本　浙江

集 10006705

王繼香文稿一卷

（清）會稽（一作山陰）王繼香撰

稿本　中科院

集 10006706

止軒散體文鈔一卷

（清）會稽（一作山陰）王繼香撰

清鈔本　中科院

集 10006707

百悔辭不分卷

（清）會稽（一作山陰）王繼香撰

稿本　浙江

集 10006708

王子獻函稿不分卷

（清）會稽（一作山陰）王繼香撰

稿本　國圖

集 10006709

佩弦齋文存二卷首一卷駢文存一卷詩存一卷試帖一卷律賦存一卷

（清）義烏朱一新撰

清光緒二十二年（1896）葆真堂刻本　中科院

2002 年上海古籍出版社影印續修四庫全書本

集 10006710

佩弦齋文存三卷駢文存一卷詩存一卷試帖存一卷律賦存一卷雜存二卷

（清）義烏朱一新撰

清光緒二十二年（1896）順德龍氏葆真堂刻拙盦叢稿本　國圖　中科院　北大　上海　天津　南京　浙江　四川

清光緒二十二年（1896）順德龍氏葆真堂刻宣統三年（1911）抱經樓補刻拙盦叢稿本　遼寧

清代詩文集彙編本

2013 年上海古籍出版社重修金華叢書本

集 10006711

佩弦齋文存二卷

（清）義烏朱一新撰

清光緒九年（1883）刻本　湖南

集 10006712

佩弦齋雜存二卷

（清）義烏朱一新撰

清刻本　金華博

集 10006713

義烏朱先生文鈔四卷

（清）義烏朱一新撰　平遠輯

清光緒二十三年（1897）刻本
國圖

集 10006714

拙盦叢稿

（清）義烏朱一新撰

近代中國史料叢刊正、續、三編本

集 10006715

世守拙齋詩存四卷

（清）山陰范濂撰

清光緒二十一年（1895）洪都刻本
首都

集 10006716

漸西村人未刊詩文稿不分卷

（清）桐廬袁昶撰

稿本　南大

集 10006717

漸西村人詩初集十三卷

（清）桐廬袁昶撰

清光緒十六年（1890）刻本　國圖

湖南

清光緒十六年至二十四年（1890～
1898）桐廬袁氏刻漸西村舍彙刊（一
名漸西村舍叢刻）本　國圖　中科院
北大　上海　復旦　遼寧　浙江
武大　重慶

2002 年上海古籍出版社影印續
修四庫全書本

清代詩文集彙編本

集 10006718

袁忠節公乙未草一卷丁酉草二卷

（清）桐廬袁昶撰

稿本　上海

集 10006719

**袁忠節公遺詩三卷（水明樓集一
卷朝隱厄衍二卷）**

（清）桐廬袁昶撰

清宣統元年（1909）上海時中書局
鉛印本　國圖　北大　中科院　北
師大　上海　南大

清代詩文集彙編本

集 10006720

安般簃詩鈔十卷

（清）桐廬袁昶撰

清光緒間刻本　山東

集 10006721

安般簃集十卷

（清）桐廬袁昶撰

清光緒十六至二十四年（1890～

1898)桐廬袁氏刻漸西村舍彙刊(一
名漸西村舍叢刻)本　國圖　中科
院　北大　上海　復旦　遼寧　浙
江　武大　重慶
　　清代詩文集彙編本

集 10006722

**安般簃詩續鈔十卷附春闈雜詠
一卷**

　(清)桐廬袁昶撰
　清光緒二十年(1894)避舍蓋公堂
刻本　國圖
　清光緒間袁氏小漚巢刻本　中
科院
　2002 年上海古籍出版社影印續
修四庫全書本

集 10006723

于湖小集六卷附金陵雜事詩一卷
　(清)桐廬袁昶撰
　清光緒十六年至二十四年(1890～
1898)桐廬袁氏刻漸西村舍彙刊(一
名漸西村舍叢刻)本　國圖　中科院
　北大　上海　復旦　遼寧　浙
江　武大　重慶
　清光緒二十年(1894)水明樓刻本
　國圖　中科院
　2002 年上海古籍出版社影印續
修四庫全書本
　　清代詩文集彙編本

集 10006724

金陵雜事詩一卷

　(清)桐廬袁昶撰
　清光緒十六年至二十四年(1887～
1898)桐廬袁氏刻本　國圖　中科院
　北大　上海　復旦　遼寧　浙江
　武大　重慶
　　叢書集成初編本

集 10006725

于湖小集八卷
　(清)桐廬袁昶撰
　清光緒二十二年(1896)水明樓刻
本　首都　山西大

集 10006726

于湖文録九卷
　(清)桐廬袁昶撰
　清光緒間湛然精舍鉛印本(缺卷
八後半及卷九)　國圖
　清刻本　嘉興
　　清代詩文集彙編本

集 10006727

漚簃擬墨一卷
　(清)桐廬袁昶撰
　清光緒十六年至二十四年(1887～
1898)桐廬袁氏刻本　國圖　中科
院　北大　上海　復旦　遼寧　浙
江　武大　重慶
　　叢書集成初編本

集 10006728

畸園老人詩稿十八卷文稿五卷
　(清)諸暨陳遹聲撰

民國十年（1921）陳銑石印本
上海

集 10006729
畸園老人詩集三十二卷
　（清）諸暨陳通聲撰
　民國十一年（1922）陳銑石印手稿
本　國圖　中科院　中社科院文學
所　首都
　清代詩文集彙編本

集 10006730
畸園第三次手訂詩稿三卷
　（清）諸暨陳通聲撰
　民國間石印本　南京
　清代詩文集彙編本

集 10006731
畸園寫定詩稿
　（清）諸暨陳通聲撰
　手稿本　陳季侃原藏

集 10006732
帶山草堂集八卷
　（清）諸暨陳通聲撰
　民國十一年（1922）諸暨陳氏石印
本　國圖　南京

集 10006733
歸田集
　（清）諸暨陳通聲撰
　清宣統二年（1910）石印本　中山

集 10006734
添丁小酉之廬詩草一卷附楚生文存
　（清）山陰（一作會稽）董良玉撰
　清光緒三十二年（1906）會稽董氏
取斯家塾刻董氏叢書本　國圖　北
大　華東師大　遼寧　浙江　河南
雲南

集 10006735
梅山夢草一卷
　（清）山陰（一作會稽）董良玉撰
　清光緒三十二年（1906）會稽董氏
取斯家塾刻董氏叢書本　國圖　北
大　華東師大　遼寧　浙江　河南
雲南
　臺灣新文豐公司叢書集成三編本

集 10006736
倚琴閣詩草不分卷
　（清）錢塘（安徽涇縣人，僑寓杭
州）吳麟珠撰
　清刻本　安徽博
　清鈔本　浙江

集 10006737
雲臥樓詩一卷
　（清）鎮海林嵩堯撰
　清光緒二十六年（1900）刻本
南京

集 10006738
紅蕉花館集五卷
　（清）歸安陳鼎撰

稿本　重慶

集 10006739

獨石軒詩逸存一卷

　(清)山陰董相撰　(清)董金鑑輯

　清光緒三十二年(1906)會稽董氏

取斯家塾刻董氏叢書本　國圖　北

大　華東師大　遼寧　浙江　河南

雲南

集 10006740

玉潤凝碧軒詩稿不分卷

　(清)山陰錢棕良撰

　稿本　中社科院文學所

集 10006741

惜花軒稿二卷

　(清)仁和錢錫正撰

　清光緒二十二年(1896)刻湖墅錢

氏家集本　北大　南京　上海　日

京大人文研

集 10006742

超然抒情集四卷存二卷

　(清)浦江于先之撰

　清光緒二十七年(1901)鄭氏刻本

首都(存卷一至二,吳嘉紀題識)

　2013年上海古籍出版社重修金

華叢書本

　2020年學苑出版社浦江文獻集

成本

集 10006743

玩花軒吟草(玩花軒詩詞遺稿)二卷

　(清)餘杭褚成烈撰

　民國十年(1921)刻本　國圖

　清代詩文集彙編本

集 10006744

玩花軒吟草二卷詩餘一卷

　(清)餘杭褚成烈撰

　民國間上海聚珍仿宋印書局鉛印

本　中科院

集 10006745

介卿遺草一卷

　(清)會稽顧家樹撰

　清光緒十二年(1886)刻本　南京

浙江

　民國十八年(1929)刻本　人民

日報

集 10006746

介山遺草一卷

　(清)會稽顧家樹撰

　清道光二十八年(1848)刻顧氏家

集本　國圖

集 10006747

懲防文草一卷

　(清)餘姚朱衍緒撰

　鈔本　上海

集 10006748

誰園詩鈔六卷

（清）餘姚阮焱撰

清光緒三年（1877）自刻本　國圖

清光緒十九年（1893）刻本　南京

上海　餘姚文保所

集 10006749

春星草堂詩二卷

（清）烏程吳鍾奇撰

稿本　浙江

集 10006750

師竹山房賦鈔不分卷

（清）臨海馬顏森撰

稿本　臨海博

集 10006751

袁太史詩文遺鈔不分卷

（清）天台袁鵬圖撰

民國間鉛印本　國圖　中科院

浙江

集 10006752

蟄吟草不分卷

（清）永嘉張應煦撰

鈔本　溫州

集 10006753

補梅花館詩稿不分卷

（清）諸暨駱元邃撰

民國二十一年（1932）亦壽堂木活

字印本　國圖

集 10006754

繩槎遺詩一卷

（清）仁和錢錫祉撰

清光緒二十二年（1896）刻湖墅錢

氏家集本　南京　日京大人文研

北大　上海

集 10006755

東池草堂尺牘四卷

（清）會稽謝鴻申撰

清光緒間鉛印本　國圖　南師大

韓漢大

集 10006756

懶雲樓詩鈔不分卷

（清）桐鄉嚴錦撰

清光緒二十五年（1899）桐溪嚴氏

刻本　南京

集 10006757

補松廬詩録六卷

（清）錢塘吳慶坻撰

稿本　浙江

清宣統三年（1911）湖南學務公所

鉛印本　浙江　國圖　南京　湖南

集 10006758

悔餘生詩集五卷

（清）錢塘吳慶坻撰

民國十五年（1926）鉛印本　中社

科院文學所　南京　上海　四川

南通師專

集 10006759

補松廬文稿六卷

(清)錢塘吳慶坻撰

張宗祥鈔本　浙江

清代詩文集彙編本

集 10006760

吳慶坻書札稿一卷

(清)錢塘吳慶坻撰

清末稿本　國圖

集 10006761

補松廬雜鈔不分卷

(清)錢塘吳慶坻撰佚名校

鈔本(吳諫齋題識)　上海

集 10006762

花信樓文稿不分卷

(清)瑞安洪炳文撰

稿本　浙江

集 10006763

洪博卿先生未刻詩一卷

(清)瑞安洪炳文撰

稿本　溫州

集 10006764

籀𪷷詩詞不分卷

(清)瑞安孫詒讓撰

墨香簃叢編本(民國石印)

集 10006765

籀𪷷遺文二卷

(清)瑞安孫詒讓撰　陳准輯

民國十五年(1926)瑞安集古齋書

社石印本　國圖

2002年上海古籍出版社影印續

修四庫全書本

集 10006766

籀𪷷述林十卷

(清)瑞安孫詒讓撰

清光緒五年(1879)刻本　天一閣

民國五年(1916)刻本　中科院

集 10006767

孫仲容手劄不分卷

(清)會稽孫詒讓撰

稿本　浙江

集 10006768

遠志齋集三卷

(清)歸安楊以貞撰　金濤編

鈔本　浙江

集 10006769

莘農遺稿一卷

(清)臨海尹聖任撰

稿本　臨海項士元藏

集 10006770

莘農先生遺稿不分卷

(清)臨海尹聖任撰

清稿抄本　臨海博

集 10006771

懺花庵詩鈔十卷

　　山陰（原籍山陰，僑寓廣東番禺）

宋澤元撰

　　清光緒八年（1882）刻本　　首都

中科院

集 10006772

懺花庵文存六卷

　　山陰（原籍山陰，僑寓廣東番禺）

宋澤元撰

　　清光緒三十四年（1908）刻本　　中

科院

　　民國十一年（1922）稿本　　中山

集 10006773

菁江詩鈔不分卷

　　（清）鄞縣李聖就撰

　　清光緒三十四年（1908）鉛印本

中科院　　溫州

　　清宣統二年（1910）奉天微言報館

鉛印本　　溫州

集 10006774

含青閣詩草三卷

　　（清）臨海屈蒽纕撰

　　清光緒間刻本　　國圖　　中山

集 10006775

慧福樓幸草一卷

　　（清）德清俞繡孫撰

　　清光緒九年（1883）鉛印本　　國圖

上海　　南師大　　臺傅斯年圖　　日

靜嘉堂

　　清刻本　　南京

集 10006776

荷香水亭吟草一卷附己壬叢稿一卷

　　（清）黃巖徐森撰

　　民國九年（1920）刻慎行堂三世詩

存本　　上海

集 10006777

娛蘭仙館詩鈔一卷

　　（清）德清徐承禄撰

　　姚毓塵等校印本　　浙江

集 10006778

萍庵詩草不分卷

　　（清）錢塘張炘撰

　　鈔本　　中社科院文學所

集 10006779

四無妄齋吟稿二卷

　　（清）平湖張培蘭撰

　　清光緒三十四年（1908）鉛印本

國圖

集 10006780

韻園遺詩一卷

　　（清）仁和錢錫保撰

　　清光緒二十二年（1896）刻湖墅錢

氏家集本　　北大　　南京　　上海　　日

京大人文研

集 10006781

麻園遺集一卷

（清）餘姚謝烺樞撰

清宣統元年（1909）集成圖書公司鉛印本　國圖　中科院　中山

集 10006782

澹香吟館詩鈔一卷

（清）桐鄉嚴頌萱撰

民國間鈔本　國圖

2017 年國家圖書館出版社清代詩文集珍本叢刊本

集 10006783

蒙溪遺稿不分卷

（清）慈溪林頤山撰

稿本　復旦

集 10006784

鴻陰樓文存不分卷

（清）慈溪林頤山撰

清末木活字印本　北師大

集 10006785

天雲樓詩四卷

山陰胡薇元撰

清光緒十一年（1885）刻本　國圖　中科院　上海

集 10006786

訪樂堂詩一卷

山陰胡薇元撰

清光緒二十七年（1901）憶秋吟館刻本　國圖　首都　北大　上海

集 10006787

伊川草堂詩一卷

山陰胡薇元撰

清光緒二十七年（1901）旌德吕氏刻本　國圖　北大　上海

集 10006788

挈經館詩二卷

山陰胡薇元撰

清光緒二十八年（1902）刻本　國圖　上海

集 10006789

湖上草堂詩一卷

山陰胡薇元撰

清宣統間刻本　國圖　北大　上海　山西大

集 10006790

船司空齋詩録四卷

山陰胡薇元撰

民國元年（1912）成都刻本　上海　四川（趙熙批）

集 10006791

玉津閣文畧九卷

山陰胡薇元撰

清光緒十四年（1888）成都刻本　國圖　中科院　北大　南大

集 10006792

導古堂文集二卷

　山陰胡薇元撰

　清光緒二十八年(1902)刻本　中科院

　清光緒二十九年(1903)成都鉛印本　國圖　上海　南大

　清光緒二十九年(1903)石印本

　清末鉛印本　中科院

集 10006793

受經室文定一卷

　山陰胡薇元撰

　民國四年(1915)闍曰修等成都刻本　上海　四川

集 10006794

似玉盦手稿不分卷

　(清)仁和徐琪撰

　稿本　上海

集 10006795

接葉閑吟不分卷

　(清)仁和徐琪撰

　清光緒間稿本　國圖

集 10006796

茶聲寄興九卷(金翠蜻蜓歌、梅州廿一律、韓江雜詩、韓江赤鯉

　(清)仁和徐琪撰

　清光緒二十二年(1896)仁和徐氏刻本　國圖

集 10006797

茶聲寄興一卷

　(清)仁和徐琪撰

　清光緒二十年(1894)刻本　上海

集 10006798

花農雜詩六種不分卷

　(清)仁和徐琪撰

　清光緒十八年(1892)中山書局刻本　浙大

集 10006799

冬日百詠一卷

　(清)仁和徐琪撰

　清光緒二十年(1894)彙印香海盦叢書本　國圖　上海

集 10006800

北游譚影集一卷

　(清)仁和徐琪撰

　清光緒三年(1877)刻本　中山　上海

集 10006801

采風偶詠不分卷

　(清)仁和徐琪撰

　清光緒間刻本　南京

集 10006802

粵輶集三卷

　(清)仁和徐琪撰

　清光緒二十年(1894)刻本　首都

集 10006803

粵軺集四卷

（清）仁和徐琪撰

清光緒二十年（1894）刻本　國圖
中科院

近代中國史料叢刊正、續、三編本

集 10006804

芹池疊喜詩一卷

（清）仁和徐琪撰

清光緒二十二年（1896）仁和徐琪
刻香海盦叢書本　國圖　首都

集 10006805

花磚重影集二卷

（清）仁和徐琪撰

清光緒二十九年（1903）刻本
國圖

集 10006806

花磚日影集七卷

（清）仁和徐琪撰

清光緒間仁和徐琪刻香海盦叢書
本　國圖

2017 年國家圖書館出版社清代
詩文集珍本叢刊本

集 10006807

花磚日影集十卷

（清）仁和徐琪撰

清光緒三十四年（1908）仁和徐琪
刻香海盦叢書本　首都

清代詩文集彙編本

集 10006808

連州鍾乳石歌一卷授經石歌一卷
鳶山從祀詩一卷韓雲晶瑞歌一卷

（清）仁和徐琪撰

清光緒十八年（1892）刻本　中
科院

集 10006809

金翠蜻蜓歌一卷

（清）仁和徐琪撰

清光緒二十年（1894）周福昌刻本
中科院

集 10006810

東江後詠一卷

（清）仁和徐琪撰

清光緒間寫刻本　中科院

集 10006811

梅州廿一律一卷

（清）仁和徐琪撰

清光緒間刻本　中科院

集 10006812

鸞綸紀寵詩一卷

（清）仁和徐琪撰

清光緒二十年（1894）仁和徐琪刻
彙印香海盦叢書本　國圖

集 10006813

示兒詩一卷

（清）仁和徐琪撰

清光緒三十二年（1906）刻本

國圖

集 10006814
香海盦外集一卷
（清）仁和徐琪撰
民國間鉛印本　浙江

集 10006815
稷山文存二卷詩存一卷雜文一卷
（清）會稽陶濬宣撰
稿本　上海

集 10006816
稷山樓詩文稿不分卷
（清）會稽陶濬宣撰
稿本　浙江

集 10006817
入剡記初稿三卷（入剡日記、剡中草、入剡小記各一卷）
（清）會稽陶濬宣撰
清光緒元年（1875）稿本　中社科院文學所

集 10006818
修初堂詩草殘□卷
（清）會稽陶濬宣撰
稿本（存卷下）　上海

集 10006819
通藝堂詩錄六卷
（清）會稽陶濬宣撰
清光緒二十七年（1901）刻本

國圖

集 10006820
春闈雜詠一卷
（清）會稽陶濬宣撰
清光緒十八年（1892）鉛印本　中社科院文學所

集 10006821
稷山獅弦集一卷
（清）會稽陶濬宣撰
油印本　紹興

集 10006822
稷山樓文稿不分卷
（清）會稽陶濬宣撰
稿本　浙江
稿本　北大

集 10006823
稷山居士客定海廳幕箋啓一卷
（清）會稽陶濬宣撰
稿本　上海

集 10006824
稷山最初稿三卷
（清）會稽陶濬宣撰
清稿本　魯迅紀念館

集 10006825
通藝堂詩錄七篇十卷附紹興東湖書院通藝堂記一卷（存四篇）
（清）會稽陶濬宣撰

清光緒二十六年至二十八年
(1900～1902)福州刻本　紹興　嘉
興　臨海

集 10006826
稷山詩鈔不分卷
　(清)會稽陶濬宣撰
　清抄本　魯迅紀念館

集 10006827
稷山文□□卷
　(清)會稽陶濬宣撰
　清刻本　魯迅紀念館

集 10006828
稷山詩稿十二卷
　(清)會稽陶濬宣撰
　清稿本　魯迅紀念館

集 10006829
自怡吟初稿四卷
　(清)餘姚謝元壽撰
　清宣統三年(1911)石印本　中社
科院近研所　浙江

集 10006830
晚華居遺集七卷
　(清)泰順周恩煦撰　劉聯官編
　清宣統元年(1909)鉛印本　國圖
中科院

集 10006831
寄蕪樓詩一卷

　(清)海鹽查濟忠撰
　民國十一年(1922)其子查瑪鈔本
南京
　民國十六年(1927)張元濟鉛印本
國圖

集 10006832
補盦詩鈔一卷
　(清)仁和高鵬年撰
　清鈔本　浙江

集 10006833
補盦文鈔五卷
　(清)仁和高鵬年撰
　稿本　浙江

集 10006834
補盦詩鈔編存十二卷
　(清)仁和高鵬年撰
　稿本　浙江

集 10006835
敷文書院課藝不分卷
　(清)仁和高鵬年撰
　清同治九年(1870)刻本　鎮江

集 10006836
倦庵吟草□□卷
　(清)仁和江藍撰
　清光緒十八年(1892)手稿本(清
仁和周元瑞批校,存一卷:二)
餘杭

集 10006837

觀餘吟草□□卷

（清）仁和江藍撰

清抄本　餘杭

集 10006838

養花軒詩集不分卷

（清）剡溪徐官海撰

清宣統間刻本　國圖

集 10006839

寄庵詩鈔二卷

（清）平湖（平湖，改籍上海）葛其
龍撰

清光緒四年（1878）刻本　國圖
上海

民國二十七年（1938）葛志亮抄本
浙江

集 10006840

海瀛桑榆剩墨不分卷盤字和韻一卷

（清）嘉善楊壽崧撰

稿本　嘉善

集 10006841

託盤和草一卷

（清）嘉善楊壽崧撰

稿本　嘉善

集 10006842

一硯樓詩草一卷

（清）餘姚鄔同壽撰

清宣統元年（1909）刻本　湖南

集 10006843

雲石軒求是草七卷

（清）鄞縣趙時桐撰

清光緒十八年（1892）四明雲石軒
刻本　中社科院文學所　浙江

集 10006844

雲石軒詩鈔（雲石軒就正草）四卷

（清）鄞縣趙時桐撰

民國間鈔本　國圖

集 10006845

倚玉生詩稿一卷

（清）仁和錢錫章撰

清光緒二十二年（1896）剡湖墅錢
氏家集本　南京　日京大人文研
北大　上海

集 10006846

水月樓集二卷

（清）仁和謝家枚撰

清宣統元年（1909）上海中華書局
鉛印本　中山

集 10006847

小槐簃吟稿八卷

（清）錢塘丁立誠撰　（清）錢塘吳
慶坻編選

民國八年（1919）丁氏嘉惠堂鉛印
武林丁氏家集本　國圖　中科院
上海

集 10006848

王風一卷

(清)錢塘丁立誠撰

稿本　浙江

民國九年(1920)上海　聚珍仿宋
印書局鉛印本　中山

集 10006849

王風一卷

(清)錢塘丁立誠撰　(清)錢塘徐
珂箋注

民國九年(1920)上海聚珍仿宋印
書局鉛印本　中山

民國間丁氏嘉惠堂鉛印武林丁氏
家集本　國圖　中科院　上海

集 10006850

二欣室集十二卷

(清)嘉興王甲榮撰

稿本　王遽常藏

集 10006851

永嘉金石百詠一卷

(清)錢塘丁立誠撰

民國間丁氏嘉惠堂鉛印武林丁氏
家集本　國圖　中科院　上海

集 10006852

永嘉三百詠一卷

(清)錢塘丁立誠撰

民國間丁氏嘉惠堂鉛印武林丁氏
家集本　國圖　中科院　上海

集 10006853

海日樓詩四卷補編二卷

(清)嘉興沈曾植撰

稿本　上海

集 10006854

**海日樓詩集(海日樓詩)二卷(壬
癸稿、甲乙稿各一卷)**

(清)嘉興沈曾植撰

民國間刻本(海日樓詩)　國圖

民國五年(1916)王國維鈔本(朱
孝臧校)　上海

集 10006855

海日樓詩集六卷

(清)嘉興沈曾植撰

民國間刻本　嘉興

集 10006856

海日樓詩集注十二卷

(清)嘉興沈曾植撰

謄清稿本　浙江

集 10006857

海日樓詩集二卷

(清)嘉興沈曾植撰

民國五年(1916)王國維鈔本
上海

民國刻本　國圖　上海　南京

集 10006858

海日樓詩二卷

(清)嘉興沈曾植撰

清刻本　天津

集 10006859

寐叟乙卯稿一卷

（清）嘉興沈曾植撰

民國六年（1917）刻本　復旦　國
圖　上海　南京　中山　北師大
浙江　旅大　臺師大

集 10006860

遜齋詩鈔不分卷

（清）嘉興沈曾植撰

民國十三年（1924）鈔本　南京

集 10006861

海日樓文集二卷

（清）嘉興沈曾植撰

鈔本　浙江

集 10006862

寐叟題跋一集二卷二集二卷

（清）嘉興沈曾植撰

民國十五年（1926）上海商務印書
館石印本　國圖　日愛知大（存二
集）

清代詩文集彙編本

集 10006863

海日樓詩稿一卷

（清）嘉興沈曾植撰

清鈔本

清代詩文集彙編本

集 10006864

意庵吟草一卷

（清）嘉興沈曾植撰

民國五年（1916）鉛印本　國圖

2017 年國家圖書館出版社清代
詩文集珍本叢刊本

集 10006865

淡軒拾草不分卷

（清）鄞縣洪之霖撰

民國十六年（1927）濟南鉛印本
國圖

集 10006866

揖青閣遺詩一卷

（清）仁和夏庚復撰

民國三十年（1941）打字印俟齋詩
草附　上海

集 10006867

湯伯石遺稿不分卷

（清）蕭山湯紀尚撰

稿本　北大

集 10006868

槃薖紀事初稿四卷

（清）蕭山湯紀尚撰

清光緒十一年（1885）蘇州刻本
國圖　北大　中科院

清鈔本　中社科院文學所

集 10006869

槃薖文集五卷別錄一卷

（清）蕭山湯紀尚撰

清光緒二十三年(1897)蕭山湯氏刻本　國圖　中科院　復旦

集 10006870

湯紀尚文鈔一卷

（清）蕭山湯紀尚撰

民國來裕恂抄本　杭州

集 10006871

素心閣詩草二卷

（清）永嘉鄭蕙撰

清光緒九年(1883)刻本　國圖首都

集 10006872

棲園集不分卷

（清）仁和王西溥撰

清宣統二年(1910)石印本　中科院

集 10006873

胅峒詩鈔八卷

（清）浙江王清臣撰

鈔稿本　《文瀾學報》二卷第三、四期著録

集 10006874

近水樓遺稿一卷

（清）鄞縣忻恕撰

清宣統二年(1910)鉛印本　中山

集 10006875

春闈雜詠一卷附録一卷

（清）桐廬袁昶撰

清光緒十六年至二十四年(1890～1898)桐廬袁氏刻漸西村舍彙刊(一名漸西村舍叢刻)本　國圖　中科院　北大　上海　復旦　遼寧　浙江　武大　重慶

叢書集成初編本

新文豐公司出版叢書集成新編本

清代詩文集彙編本

集 10006876

餘事學詩室吟鈔一卷

（清）平湖吳恩照撰

清宣統二年(1910)刻本　上海中科院

集 10006877

南涇集一卷

（清）平湖徐步瀛撰

民國間鉛印本　國圖

集 10006878

隘巷集一卷

（清）平湖徐步瀛撰

民國間鉛印本　國圖

集 10006879

慈佩軒詩不分卷

（清）德清許德裕撰

稿本　浙江

集 10006880

誦芬書屋小草一卷

（清）嘉善黃杞孫撰

稿本（清胡志章、于原跋）　南京

集 10006881

福豔樓遺詩一卷

（清）山陰陸珊撰

清宣統元年（1909）石印本　南京

集 10006882

先榮祿公遺著一卷附翼辰軒遺詩一卷吳太淑人壽言一卷

（清）仁和陸召南撰

潛廬鈔本　復旦

集 10006883

寄槃詩稿不分卷

（清）會稽陶在銘撰

稿本　紹興

2019年國家圖書館出版社影印浙學未刊稿叢編本

集 10006884

堅正堂摺稿二卷

（清）餘杭褚成博撰

清光緒三十一年（1905）刻本　南京

集 10006885

盟水齋詩鈔四卷

（清）黃巖蔡燕綦撰

民國間石印本　南京

集 10006886

萃堂詩録一卷附詞録一卷

（清）仁和潘鴻撰

清光緒三十三年（1907）刻本　北師大　上海

集 10006887

幼學成草一卷

（清）仁和錢錫慶撰

清光緒二十二年（1896）刻湖墅錢氏家集本　南京　日京大人文研　北大　上海

集 10006888

白蘋花館遺詩一卷

（清）仁和吳婉宜撰

清鈔城北倡隨吟本　南京

集 10006889

澹園文集二卷澹園詩集二卷附録一卷

（清）鎮海虞景璜撰

清代詩文集彙編本

集 10006890

衍廬遺稿不分卷

（清）海寧朱昌燕撰

稿本　國圖

集 10006891

衍廬雜稿不分卷

（清）海寧朱昌燕撰

稿本　國圖

2017 年國家圖書館出版社清代
詩文集珍本叢刊本

集 10006892

朱衎廬遺稿八卷補編一卷

 （清）海寧朱昌燕撰

 張宗祥鈔本　浙江

 民國十九年（1930）徐光濟鉛印本

 國圖　上海　南京　南開　復旦

集 10006893

**朱衎廬遺稿八卷附朱衎廬鈔本
書目一卷**

 （清）海寧朱昌燕撰　海寧張宗
祥編

 民國十八年（1929）鉛印本　首都

集 10006894

朱衎廬先生遺稿八卷

 （清）海寧朱昌燕撰

 民國二十三年（1934）孫氏望雲樓
排印本　南京

集 10006895

朱衎廬續稿二卷

 （清）海寧朱昌燕撰

 民國十四年（1925）鉛印本　首都
湖南　南開

集 10006896

風月廬詩稿一卷

 （清）桐鄉徐煥謨撰

 民國二年（1913）徐氏愛日堂刻本

國圖　中科院　海寧

集 10006897

風月廬剩稿一卷

 （清）桐鄉徐煥謨撰

 民國三年（1914）刻本　浙大

集 10006898

石古齋詩存一卷文存一卷雜存一卷

 （清）義烏黃卿夔撰

 民國二十二年（1933）鉛印本　中
科院

集 10006899

石古齋文存不分卷

 （清）義烏黃卿夔撰

 民國十四年（1925）黃侗鈔本
南京

 2013 年上海古籍出版社重修金
華叢書本

集 10006900

蕉雨山房詩鈔八卷

 （清）會稽丁堯臣撰

 清光緒七年（1881）刻本　國圖
上海　中山　中科院

 清代詩文集彙編本

集 10006901

**蕉雨山房續集二卷詩餘一卷集
唐酌存五卷附編一卷**

 （清）會稽丁堯臣撰

 清光緒七年（1881）刻本　國圖

（存集唐酌存、附編）上海

清代詩文集彙編本

集 10006902

緣督軒遺稿不分卷

山陰王敬銘撰　王蔭藩編

民國四年（1915）上海商務印書館

鉛印本　國圖

集 10006903

晚綠居詩稿四卷附詩餘一卷

（清）鄞縣周茂榕撰　方積鈺、

（清）奉化江五民編

民國五年（1916）寧波鈞和公司鉛

印本　中社科院文學所

集 10006904

聞川綴舊詩二卷

（清）秀水唐佩金撰

清宣統三年（1911）鉛印本　中社

科院文學所

集 10006905

鬟華室詩鈔不分卷

（清）德清徐畹蘭撰

清宣統間鉛印本　浙江

集 10006906

鬟華室詩選一卷

（清）德清徐畹蘭撰

清宣統間國學扶輪社鉛印本

國圖

集 10006907

半農草舍詩選四卷

（清）海鹽張廷棟撰

清宣統三年（1911）鉛印海鹽張氏

涉園叢刻本　國圖　國圖

集 10006908

清燕堂詩存一卷

（清）平湖陸璜撰

清宣統三年（1911）葉存養刻本

南京

集 10006909

蔡和甫書札不分卷

（清）仁和蔡鈞撰

鈔本　中科院

集 10006910

清風室詩鈔五卷

（清）海寧錢保塘撰

清芬室叢刊本（宣統刻）

集 10006911

清風室文鈔十二卷

（清）海寧錢保塘撰

清芬室叢刊本（民國刻）

1994 年上海書店出版社叢書集

成續編本

集 10006912

容膝軒文稿八卷

（清）鎮海王榮商撰

清光緒二十一年至三十四年

(1895～1908)刻本　中科院

　　清代詩文集彙編本

集 10006913

容膝軒詩鈔四卷

　　(清)鎮海王榮商撰

　　清宣統三年(1911)刻本　南京

集 10006914

聽桐廬遺詩不分卷

　　(清)會稽王繼谷撰

　　清光緒六年(1880)刻本　蘇州

集 10006915

聽桐廬殘草一卷王孝子遺墨一卷

　　(清)會稽王繼穀撰

　　清光緒七年(1881)宗源瀚刻本

國圖　中科院　首都

集 10006916

味吾廬詩文存二卷

　　(清)鄞縣江仁徵撰

　　民國間張氏約園刻本　國圖

　　民國間四明張氏約園刻四明叢書

本　國圖　中科院　北大　中科院

　　上海　復旦　天津　遼寧　南京

　　浙江　湖北　四川　寧夏

集 10006917

澹庵文存二卷

　　(清)會稽吳道鎔撰

　　民國二十六年(1937)汪宗等刻本

華南師大

集 10006918

觶廬詩集二卷

　　吳興崔適撰

　　清光緒十六年(1890)刻本　首都

集 10006919

觶廬詩集三卷文集二卷

　　吳興崔適撰

　　民國間鉛印本　國圖

集 10006920

溪上草堂文稿八卷

　　(清)諸暨駱晉祺撰

　　民國十年(1921)鉛印本　首都

中社科院文學所

集 10006921

丁頤生時文不分卷

　　(清)錢塘丁午撰

　　清光緒八年(1882)刻本　首都

集 10006922

丁頤生時文一卷附一卷

　　(清)錢塘丁午撰

　　清光緒間錢唐丁氏刻田園雜著本

　　中科院　上海　福建　福師大

集 10006923

松桂林草二卷

　　(清)歸安沈家霖撰　歸安沈家

本編

　　清宣統元年(1909)刻吳興長橋沈

氏家集本　國圖　浙江

清代家集叢刊續編本

集 10006924

松桂林圖草二卷

（清）歸安沈家霖撰

清宣統三年（1911）刻本　國圖

集 10006925

鳳威遺稿一卷

（清）海鹽談文烜撰談文灯編

民國十一年（1922）刻桂影軒叢刊

本　上海　南京

清人家集叢刊續編本

集 10006926

瘦吟閣詩草一卷

（清）蕭山韓第梧撰

民國二年（1913）石印本　中科院

集 10006927

棣垞集四卷外集三卷

（清）蕭山朱啓連撰

清光緒二十三年（1897）番禺陶邵

學刻本　國圖　上海　南京　中科

院　南開　南大　海口

清光緒二十六年（1900）妻弟汪兆

銓刻本　國圖　南京　中山

集 10006928

倚梅閣詩集四卷詩續集一卷詞

鈔一卷詞續鈔一卷

錢塘（錢塘籍,居南昌）沈韻蘭撰

民國六年（1917）鉛印本　國圖

集 10006929

大野草堂詩（稿）一卷

（清）山陰張文田撰

清光緒十三年（1887）刻本　上海

南京　復旦　諸暨

集 10006930

大野草堂詩一卷附螟巢詞一卷

白癡詞餘一卷

山陰張文田撰

清光緒十三年（1887）刻本　國圖

復旦

集 10006931

勸堂文集八卷詩集一卷

（清）會稽顧家相撰

民國十三年（1924）鉛印本　國圖

中科院　復旦

清代詩文集彙編本

集 10006932

一芝草堂詩稿二卷附雜稿一卷

（清）餘杭吳懋祺撰

民國二年（1913）石印本　國圖

浙江　上海

集 10006933

一芝草堂初稿不分卷

（清）餘杭吳懋祺撰

稿本　浙江

集 10006934

竹雪亭詩一卷

（清）歸安金彥翹撰

清宣統二年（1910）王紹庸刻本
上海

集 10006935

寱歌室詩集不分卷

（清）海鹽彭宗因撰

清鈔本　國圖　浙江

集 10006936

苣坡初稿三卷

（清）鄞縣盧友炬撰

清鈔本　南京

集 10006937

聞妙香室詩稿五卷附詞鈔四卷

（清）仁和錢錫案撰

清宣統二年（1910）天津醒華報館
石印本　國圖　中科院　浙江

集 10006938

晚菘齋遺著一卷

（清）烏程周慶賢撰　（清）烏程周
慶雲輯

民國四年（1915）夢坡室刻本
國圖

集 10006939

夏伯定集二卷

（清）富陽夏震武撰

清光緒間刻本　國圖

2017 年國家圖書館出版社清代
詩文集珍本叢刊本

集 10006940

靈峰先生集十一卷

（清）富陽夏震武撰

民國間刻本　國圖

民國五年（1916）何紹韓鉛印本
國圖　北師大

集 10006941

靈峰集十六卷

（清）富陽夏震武撰

民國間刻本　山東

集 10006942

靈峰存稿四卷詩一卷詞一卷

（清）富陽夏震武撰

清夏善吉木活字印本　中科院

集 10006943

靈峰存稿不分卷

（清）富陽夏震武撰

清宣統二年（1910）鉛印本　國圖
臨海

集 10006944

靈峰存稿一卷

（清）富陽夏震武撰

民國京華書局鉛印本　上海

集 10006945

新淦公遺稿三卷

（清）富陽章定瑜撰　富陽章乃羹輯

民國二十二年（1933）鉛印本
國圖

集 10006946

嫏藝軒雜著三卷

（清）定海黃家岱撰

清光緒十九年（1893）南菁講舍刻本　復旦

集 10006947

蓼綏閣詩鈔一卷附潞舸詞一卷

（清）瑞安黃紹箕撰

稿本　玉海樓

鈔本　北大

集 10006948

鮮盦詩一卷

（清）瑞安黃紹箕撰

民國印墨香簃叢編二黃先生詩葺本　上海

集 10006949

鮮盦遺稿一卷

（清）瑞安黃紹箕撰　冒廣生輯

民國四年（1915）如皋冒廣生刻永嘉詩人祠堂叢刻本　國圖　浙江　浙大　杭州　寧波　安吉　文成　嘉興　天一閣　溫州　玉海樓

集 10006950

鮮盦遺文一卷

（清）瑞安黃紹箕撰　林慶雲輯

民國二十三年（1934）瑞安林氏鉛印惜硯樓叢刊本　北大　上海　遼寧　南京　浙江　湖北　四川　雲南

集 10006951

鮮盦文輯一卷

（清）瑞安黃紹箕撰

鈔本　南京

集 10006952

二百八十峯草堂集不分卷

（清）鄞縣蔡鴻鑑撰

張氏約園鈔本　中社科院文學所

民國三十三年（1944）四明蔡氏墨海樓鉛印本　國圖　南京　復旦

集 10006953

適安廬詩鈔二卷附詞鈔一卷

（清）山陰王汝鼎撰

清光緒二十一年（1895）刻本　國圖　中科院

集 10006954

補青吟館鬠齡剩草不分卷

（清）會稽王繼和撰

鈔本　中社科院文學所

集 10006955

歠庵文存不分卷

（清）會稽王繼和撰

稿本　浙江

集 10006956

歠盦駢儷不分卷

（清）會稽王繼和撰

稿本　浙江

集 10006957

越雅堂詩存不分卷

　（清）會稽王繼和撰

　稿本　浙江

集 10006958

越雅堂叢稿不分卷

　（清）會稽王繼和撰

　稿本　浙江

集 10006959

擬應制科時務策學不分卷

　（清）會稽王繼和撰

　稿本　浙江

集 10006960

在茲堂詩集一卷

　（清）錢塘夏曾傳撰

　鈔本　南京

集 10006961

適廬詩存一卷

　（清）平湖陳翰撰

　民國十九年（1930）鉛印本　中社
科院文學所

集 10006962

適廬詩存一卷附三國宮詞二卷

　（清）平湖陳翰撰

　民國十八年（1929）鉛印本　國圖
南京

集 10006963

映紅樓詩稿初存集五卷

　（清）慈溪王定祥撰

　稿本　天一閣

集 10006964

映紅樓詩稿四卷

　（清）慈溪王定祥撰

　稿本　天一閣

　清光緒二十二年（1896）慈溪童氏
刻本　復旦　浙江　寧波　天一閣
餘姚文保所

　民國二十六年（1937）蕃軒抄本
天一閣

　民國抄本　天一閣

集 10006965

映紅樓遺集四卷附倡和集一卷

　（清）慈溪王定祥撰

　清末鈔本　國圖

集 10006966

扁舟集一卷

　（清）慈溪王定祥撰

　清光緒二十年（1894）大鄸山館童
氏刻本　中山

集 10006967

映紅樓初存集選鈔六卷

　（清）慈溪王定祥撰

　1950 年王和之鈔本　國圖

　2017 年國家圖書館出版社清代
詩文集珍本叢刊本

集 10006968

映紅樓詩稿不分卷

（清）慈溪王定祥撰

清稿本　浙江

集 10006969

映紅樓文稿不分卷

（清）慈溪王定祥撰

清稿本（部分民國補配）　天一閣

集 10006970

映紅樓遺集文稿二卷

（清）慈溪王定祥撰

民國二十五年（1936）蕃軒抄本

天一閣

集 10006971

映紅樓詩稿三卷

（清）慈溪王定祥撰　梅調鼎批注

清稿本　天一閣

集 10006972

澹川剩稿八卷

（清）鄞縣袁本喬撰

鈔本　首都

集 10006973

澹川賦鈔□卷

（清）鄞縣袁本喬撰

清宣統元年（1909）袁乃彬鈔本

（存卷二）　中山

集 10006974

縵庵遺稿一卷

瑞安黃紹第撰

民國四年（1915）如皋冒廣生刻永

嘉詩人祠堂叢刻本　國圖　浙江

浙大　杭州　寧波　安吉　文成

嘉興　天一閣　溫州　玉海樓

集 10006975

縵庵詩一卷

瑞安黃紹第撰

民國印墨香簃叢編二黃先生詩葺

本　上海

集 10006976

養園剩稿三卷

鎮海盛炳緯撰

民國二十六年（1937）張氏約園刻

本　中社科院文學所

1994 年上海書店出版社叢書集

成續編本

集 10006977

霓仙遺稿一卷

（清）慈溪葉同春撰

民國十一年（1922）石印本　首都

復旦

民國二十一年（1932）石印本

國圖

集 10006978

朱雙塘遺稿三卷

（清）天台朱國華撰

清光緒二十八年(1902)天台齊品
亨堂木活字印本　國圖

民國間鉛印本　山東

集 10006984

浣香山房吟草一卷

（清）會稽董滋水撰

清會稽董氏行餘講舍鈔本　紹興
2019 年國家圖書館出版社影印
浙學未刊稿叢編本

集 10006979

燕游集一卷

（清）天台朱國華撰

清光緒二十八年(1902)活字本
內蒙古

集 10006985

天韻閣詩存一卷

（清）秀水黃箴撰

清光緒三十一年(1905)上海　謝
文漪書畫室鉛印本　首都

集 10006980

**燕遊集一卷留月軒文鈔一卷三
冬宵夜詩一卷**

（清）天台朱國華撰

清光緒二十八年(1902)天台齊品
亨堂木活字印本　溫州

清代詩文集彙編本

集 10006986

晚香詩詞鈔不分卷

（清）歸安韓潮撰

民國四年(1915)鉛印本　國圖

集 10006981

畱月軒文鈔一卷三冬消夜詩一卷

（清）天台朱國華撰

清光緒二十八年(1902)天台齋品
亨堂木活字印本　溫州　北碚

集 10006987

**松鄰遺集十卷（松鄰文集四卷詩
集四卷詞二卷）**

（清）仁和吳昌綬撰　吳蕊圓輯

民國十四年(1925)刻本　國圖
中科院

集 10006982

載道集六十卷有物集□□卷

（清）海寧許焞撰

清乾隆二十四年(1759)刻本　天
一閣

集 10006988

梅祖盦雜詩一卷松鄰書札二卷

（清）仁和吳昌綬撰

民國十四年(1925)吳定刻本　國
圖　中科院

集 10006983

桐香館詩稿不分卷

浙江（順天人，占籍浙江）沈廷
杞撰

集 10006989

松鄰書札一卷詩詞一卷

（清）仁和吳昌綬撰　張祖綬輯

民國十四年(1925)張祖廉石印本

中科院　北大

集 10006990

松鄰文四卷松鄰詩五卷松鄰詞二卷

（清）仁和吳昌綬撰

清末民國初長洲章鈺鈔本　國圖

集 10006991

吳松鄰舍人遺劄一卷

（清）仁和吳昌綬撰

稿本　國圖

集 10006992

吳昌綬書札一卷

（清）仁和吳昌綬撰

稿本　國圖

集 10006993

潛廬文鈔二卷詩集四卷

（清）秀水金蓉鏡撰

清光緒三十四年(1908)刻潛廬全

集本　國圖　北師大　浙大　旅大

嘉興

集 10006994

潛廬近稿

（清）秀水金蓉鏡撰

民國鉛印本　嘉興

集 10006995

澎湖遺老集不分卷

（清）秀水金蓉鏡撰

稿本　嘉興

集 10006996

澎湖遺老集四卷

（清）秀水金蓉鏡撰

民國十七年(1928)刻本　國圖

(佚名題記)　中科院　山西大

集 10006997

澎湖遺老續集四卷

（清）秀水金蓉鏡撰

民國十七年(1928)刻本　國圖

民國二十年(1931)刻本　國圖

中科院

集 10006998

澎廬文存不分卷

（清）秀水金蓉鏡撰

稿本潛廬六種本　上海

集 10006999

潛廬集六卷

（清）秀水金蓉鏡撰

清光緒三十四年至宣統二年

(1908~1910)刻本　國圖

集 10007000

潛廬詩集四卷

（清）秀水金蓉鏡撰

清光緒三十二(1906)年長沙刻本

中山　諸暨

集 10007001
郴州集一卷
　(清)秀水金蓉鏡撰
　清光緒間學務處鉛印本　國圖

集 10007002
痰氣集一卷
　(清)秀水金蓉鏡撰
　清光緒三十四年(1908)刻本
國圖

集 10007003
痰氣集三卷
　(清)秀水金蓉鏡撰
　清光緒三十四年至宣統二年
(1908~1910)刻潛廬全集附　國圖

集 10007004
石壇山房文集三卷詩集二卷補遺二卷
　(清)象山陳得善撰
　清光緒三十年(1904)鉛印本　中
社科院歷史所

集 10007005
石壇山房全集十卷（文集三卷、詩集二卷、南鄉子詞、變雅堂詞、三蕉詞、綠薏詞、桐音詞各一卷）
　(清)象山陳得善撰
　民國十四年(1925)象山陳慶麟鉛印本　國圖

民國二十三年(1934)鉛印本　中社科院文學所　浙大
清代詩文集彙編本

集 10007006
大鶴山人詩集二卷
　鄭文焯撰　歸安朱祖謀選　王闓運評
　民國十二年(1923)蘇州振新書社刻本　國圖(佚名眉批)　中山　中科院

集 10007007
還讀我書齋詩鈔四卷外集五卷附一卷
　仁和鍾元贊撰
　民國十三年(1924)刻本　浙江

集 10007008
遜齋文集十二卷
　(清)錢塘吳承志撰
　民國間吳興劉氏嘉業堂刻求恕齋叢書本　國圖　中科院　北大　上海　復旦　遼寧　南京　浙江　湖北　雲南

集 10007009
青琅玕館詩集一卷
　(清)平湖何之鼎撰
　清宣統三年(1911)華雲閣鉛印本
上海

集 10007010

汾南漁俠游草三卷

　（清）嘉善周斌撰

　民國五年（1916）鉛印本　國圖
復旦

集 10007011

柳溪竹枝詞一卷續一卷

　（清）嘉善周斌撰

　民國四年（1915）鉛印本　國圖

集 10007012

台宕遊草一卷燕遊草一卷燕游
續草一卷

　（清）嘉善周斌撰

　民國五年（1916）鉛印本　上海

集 10007013

星輝樓詩鈔不分卷

　（清）桐鄉周善登撰

　民國五年（1916）研華堂刻本
復旦

集 10007014

僑園詩文集不分卷

　（清）嵊縣姚麟撰

　民國二十五年（1936）鉛印本
國圖

集 10007015

望益齋詩存不分卷

　（清）瑞安孫詒燕撰

　鈔本　中科院

集 10007016

望益齋賦存不分卷時文存不分卷

　（清）瑞安孫詒燕撰

　稿本　温州

集 10007017

城北草堂詩稿二卷

　（清）鄞縣徐甲榮撰

　清光緒二十四年（1898）刻本
首都

集 10007018

四明九題一卷

　（清）鄞縣徐甲榮撰

　清光緒間鈔本　國圖

　2017 年國家圖書館出版社清代
詩文集珍本叢刊本

集 10007019

杏伯公遺詩一卷

　（清）石門徐多繆撰

　民國二十九年（1940）鉛印本
國圖

集 10007020

曉霞軒焚餘稿（曉霞軒詩詞焚餘
集）不分卷

　（清）山陰梁壽賢撰

　民國八年（1919）鉛印本　國圖
洛陽

集 10007021

遣懷集不分卷

（清）錢塘笪世基撰

稿本　首都

集 10007022

三湖詩稿一卷

　（清）錢塘笪世基撰

　稿本　浙江

集 10007023

三湖詩艸十卷

　（清）錢塘笪世基撰

　稿本　杭州

集 10007024

樓幼静詩詞稿不分卷

　（清）諸暨樓巍撰

　民國五年（1916）鉛印本　浙大

集 10007025

蓬根吟稿一卷

　（清）諸暨樓巍撰

　樓幼静張穆生詩詞合稿本

集 10007026

蓬根吟薹一卷瑶瑟餘音一卷

　（清）諸暨樓巍撰

　民國十六年（1927）鉛印本　臨海

集 10007027

覆瓿草二卷

　（清）平湖劉其清撰

　清光緒間刻本　山大

　民國五年（1916）葛嗣澎申江刻本

國圖

清光緒間刻本

集 10007028

留硯山房遺草一卷

　（清）永嘉王朝清撰

　清光緒二十八年（1902）刻本　國
圖　天津

　清代家集叢刊續編本

集 10007029

沁雪詩鈔不分卷

　（清）山陰薛葆元撰

　清鈔本　《粹分閣書目》著録

集 10007030

眠琴館詩鈔七卷詞一卷

　（清）山陰史悠咸撰

　清光緒二十一年（1895）廣州廣雅
書局刻本　國圖　中科院（存詩鈔
卷一至四）　嘉興

集 10007031

**艮園詩集四卷詩後集四卷附首
一卷末一卷**

　（清）奉化江迴（五民）撰

　民國五年（1916）上海　鉛印本
中科院　中社科院文學所

集 10007032

艮園詩集八卷

　（清）奉化江迴（五民）撰

　民國五年（1916）上海　鉛印本

河南

集 10007033
艮園文集十二卷
（清）奉化江迥（五民）撰
民國十九年（1930）寧波鉛印本
國圖

集 10007034
彊村遺書二十四卷
（清）歸安朱祖謀撰
民國二十二年（1933）刻本　國圖
湖南

集 10007035
彊村樂府不分卷
（清）歸安朱祖謀撰
民國七年（1918）四益館鉛印本
中社科院文學所

集 10007036
葭洲書屋遺稿一卷
（清）烏程劉安瀾撰
民國十三年（1924）吳興劉氏嘉業
堂刻吳興叢書本　國圖
1994 年上海書店出版社叢書集
成續編本

集 10007037
最樂亭詩草二卷
（清）嘉興朱福清撰
清宣統刻本　嘉興
民國六年（1917）嘉興朱氏刻最樂

亭三種本　嘉興

集 10007038
退步軒詩稿四卷附詩餘一卷
（清）鎮海林修華撰
民國二十六年（1937）寧波鈞和印
刷公司鉛印本　國圖　寧波

集 10007039
夢選樓文鈔二卷詩鈔二卷
（清）永康胡宗楙撰
民國二十五年（1936）胡氏天津刻
本　國圖　南京
2013 年上海古籍出版社重修金
華叢書本

集 10007040
夢選樓吟草不分卷
（清）永康胡宗楙撰
鈔本　中科院

集 10007041
適可居詩集五卷附鳳山牧笛譜二卷
（清）慈溪胡善曾撰
民國五年（1916）鉛印本　中社科
院文學所

集 10007042
松石廬雜著不分卷詩存不分卷
（清）烏程秦文炳撰
清鈔本　南京

集 10007043

松石廬詩存一卷雜文一卷

（清）烏程秦文炳撰　徐鈺輯

民國十三年（1924）烏程秦氏刻小

桃源詩集本　上海

清代家集叢刊本

集 10007044

繡餘吟一卷

（清）仁和張桂芬撰

稿本　浙江

集 10007045

風清香古軒詩鈔一卷試帖課兒

草一卷

（清）仁和張桂芬撰

光緒刻本　南京

集 10007046

楸潦齋吟草一卷

（清）瑞安陳保善撰

民國六年（1917）鉛印本　浙江

集 10007047

麗亭遺草二卷

（清）諸暨馮朝陽撰

民國六年（1917）排印清諸暨馮氏

叢刻本　國圖　諸暨

集 10007048

纂喜廬詩初集一卷附觀海贈言一卷

（清）德清傅雲龍撰

稿本　浙江

集 10007049

纂喜廬文初集十八卷二集十卷

三集四卷

（清）德清傅雲龍撰

清鈔本　浙江（存初集、三集）

集 10007050

游古巴詩董一卷

（清）德清傅雲龍撰

清光緒十五年（1889）東京鉛印本

復旦

集 10007051

遊秘魯詩鑑一卷

（清）德清傅雲龍撰

清光緒十五年（1889）東京鉛印本

復旦

集 10007052

游巴西詩志一卷

（清）德清傅雲龍撰

清光緒十五年（1889）東京鉛印本

復旦

集 10007053

焦桐山館詩鈔六卷

（清）瑞安蔡英撰

民國六年（1917）鉛印本　中科院

集 10007054

酉山遺詩一卷

（清）仁和錢錫鬯撰

清光緒二十二年（1896）刻本　北

大　上海

集 10007055
默庵詩存六卷
　（清）黃巖王舟瑤撰
　民國六年（1917）自刻本　國圖

集 10007056
墨盦詩存（存七卷）
　（清）黃巖王舟瑤撰
　民國十二年（1923）抄本　臨海博

集 10007057
默庵文集十卷
　（清）黃巖王舟瑤撰
　民國二年（1913）上海國光書局鉛
印本　國圖　中科院　臨海博

集 10007058
默庵文續集三卷
　（清）黃巖王舟瑤撰
　清末鈔本（存續集三卷、續集別編
六卷，王舟瑤批校）　海鹽博
　民國間鈔本　上海

集 10007059
墨盦文續集（存四卷）
　（清）黃巖王舟瑤撰
　民國抄本　臨海博

集 10007060
黃巖王玫伯先生文集不分卷
　（清）黃巖王舟瑤撰

民國八年（1919）秀夫稿抄本　臨
海博

集 10007061
保歲寒坔詩稿三卷
　（清）黃巖王舟瑤撰
　民國元年至七年（1911～1918）稿
本　臨海博

集 10007062
粵雪不分卷
　（清）黃巖王舟瑤撰
　清抄本　臨海博

集 10007063
墨盦詩存四卷
　（清）黃巖王舟瑤撰
　民國六年（1917）稿抄本　臨海博

集 10007064
清夜焚香室初稿一卷
　（清）黃巖王舟瑤撰
　清光緒二十四年（1898）稿本　臨
海博

集 10007065
清夜焚香室時文一卷
　（清）黃巖王舟瑤撰
　清稿抄本　臨海博

集 10007066
星垣詩二卷
　（清）黃巖王舟瑤撰

清光緒八年（1882）抄本　臨海博

集 10007067

後凋草堂詩稿不分卷

（清）黃巖王舟瑤撰

民國五年（1916）稿本　臨海博

集 10007068

清夜焚香室詩（存二卷）

（清）黃巖王舟瑤撰

清光緒六年（1880）抄本　臨海博

集 10007069

清夜焚香室稿一卷

（清）黃巖王舟瑤撰

清光緒稿抄本　臨海博

集 10007070

墨盦擬刪稿一卷

（清）黃巖王舟瑤撰

清稿本　臨海博

集 10007071

補園剩藁二卷

（清）鄞縣包履吉撰

清光緒三十一年（1905）讀我書廬
刻本　浙江　天一閣　鎮海　寧波

清光緒三十四年（1908）讀我書廬
增刻本　中社科院文學所

1994 年上海書店出版社叢書集
成續編本

集 10007072

倚香閣詩鈔一卷

（清）山陰俞鏡秋撰

清光緒三十一年（1905）浣薇軒石
印本　民族文化宮

集 10007073

倚香閣詩鈔不分卷

（清）山陰俞鏡秋撰

民國三十六年（1947）李氏家刻李
氏閨媛詩鈔本　南京

集 10007074

**偕園吟草五卷雜詠一卷附筆記
一卷**

（清）錢塘許禧身撰

清宣統元年（1909）鉛印本　國圖
復旦　南師大　上海

集 10007075

偕園吟草四卷

（清）錢塘許禧身撰

民國鈔本　上海

集 10007076

**亭秋館詩鈔十卷附詞鈔四卷外
集一卷**

（清）錢塘許禧身撰

民國元年（1912）京師刻本　國圖
北師大

集 10007077

亭秋館詩鈔十卷詞鈔四卷附錄

一卷外集一卷

（清）錢塘許禧身撰

民國元年（1912）刻本　上海

民國二年（1913）　國圖

中國書店刻本

集 10007078

亭秋館詩鈔六卷

（清）錢塘許禧身撰

民國間鉛印本　國圖

集 10007079

亭秋館附錄八卷

（清）錢塘許禧身撰

民國元年（1912）京師刻本　國圖

集 10007080

蕉雪廬遺稿不分卷

（清）會稽孫慶曾撰

清末鈔本　浙江

集 10007081

蕉雪廬遺稿一卷

（清）會稽孫慶曾撰

清光緒三十二年（1906）孫仁述刻本　浙江

集 10007082

蕉雪廬遺稿三卷

（清）會稽孫慶曾撰

清光緒三十二年（1906）刻本紹興

集 10007083

蕉雪廬詩稿一卷

（清）永嘉王詠簧撰

民國鈔本　溫州

集 10007084

柔川詩藁一卷

（清）黃巖黃方慶撰

清光緒十七年（1891）喻氏惺諟齋木活字印疏竹園詩草附　中山　臨海博

集 10007085

受茲室詩鈔不分卷

（清）蕭山單士釐撰

鈔本　遼寧

集 10007086

靈芝仙館詩鈔十二卷

（清）建德胡念修撰

清光緒二十三至二十七年（1897～1901）刻刻鵠齋叢書本　國圖

北大　中科院　上海　吉大　南大

浙江　湖北

清光緒間刻彙印壺盦類稿本　中科院

清代詩文集彙編本

集 10007087

問湘樓駢文初稿六卷

（清）建德胡念修撰

清光緒二十三至二十七年（1897～1901）刻刻鵠齋叢書本　國

圖　北大　中科院　上海　吉大
南大　浙江　湖北
　　清光緒間刻彙印壺盦類稿本　中
科院
　　清代詩文集彙編本

集 10007088

少保公遺書不分卷
　　(清)江山柴大紀撰
　　清光緒二十五(1899)年柴之藩木
活字印本　浙江　江山博
　　衢州文獻集成本

集 10007089

星堤詩草八卷
　　(清)龍游余華撰
　　清刻本　浙江　温州　衢州博
　　衢州文獻集成本

集 10007090

巽巖詩草一卷附錄一卷
　　(清)衢縣徐逢春撰
　　清嘉慶七年(1802)刻清鈔名家詩
詞叢鈔本　國圖　上海
　　衢州文獻集成本

集 10007091

盈川小草三卷
　　(清)嘉興朱㘰撰
　　清嘉慶十四年(1809)刻本　衢
州博
　　衢州文獻集成本

集 10007092

鋤藥初集四卷
　　(清)西安范崇楷撰
　　清鈔本　浙江　杭州
　　衢州文獻集成本

集 10007093

二石詩選一卷
　　(清)西安陳一夔撰
　　清嘉慶十六(1812)年刻本　浙江
　　衢州文獻集成本

集 10007094

綠香紅影廬詩選不分卷
　　(清)西安陳一夔撰
　　清李琅卿抄本　臨海博

集 10007095

宜蘭詩草一卷
　　(清)歸安吳雲溪撰
　　清嘉慶十六(1813)年刻本　浙江
　　衢州文獻集成本

集 10007096

瀫江遊草二卷
　　(清)仁和(仁和人,居衢縣)費
辰撰
　　清活字本　國圖
　　衢州文獻集成本

集 10007097

耕心齋詩鈔一卷
　　(清)龍游徐本元撰

清鈔本　國圖

衢州文獻集成本

2017 年國家圖書館出版社清代詩文集珍本叢刊本

集 10007098

可竹堂集三卷

（清）西安范登保等撰

清鈔本　衢州博

衢州文獻集成本

集 10007099

摘選管輴山稿不分卷

（清）西安范登保等撰

清鈔本　衢州博

集 10007100

濯絳宦存稿一卷

（清）江山劉毓盤撰

清宣統元年（1909）刻本　浙江
溫州　嘉興　海寧　美燕京

衢州文獻集成本

集 10007101

濯絳宦文鈔一卷

（清）江山劉毓盤撰

民國七年（1918）鉛印本　浙江
溫州　海寧

衢州文獻集成本

集 10007102

不其山館詩鈔十二卷附老盲吟

（清）西安鄭永禧撰

清光緒稿本（老盲吟爲胡氏家藏
民國鈔本）　胡鳳昌收藏

衢州文獻集成本

集 10007103

劉毓盤文卷三篇

（清）江山劉毓盤撰

清宣統元年（1909）刻本　國圖

2017 年國家圖書館出版社清代詩文集珍本叢刊本

集 10007104

須江詩譜十卷存一卷

（清）江山王鈺輯

清刻本

衢州文獻集成本

集 10007105

西安懷舊錄十卷

（清）西安鄭永禧輯

清鈔本　杭州　衢州博

衢州文獻集成本

集 10007106

蓉史公遺詩一卷

（清）石門徐多鉁撰

民國二十九年（1940）鉛印本
國圖

集 10007107

碧漪坊人遺草一卷

（清）嘉興陸惟燦撰

民國六年（1917）鉛印本　上海

南京 中科院 南師大 鎮江

國圖 上海 南京 南大 復旦
南開

集 10007108

青珍館詩集一卷

　（清）慈溪馮全琪撰

　民國六年（1917）鉛印本　上海
南京

集 10007109

洗雪齋時義一卷

　（清）餘杭楊乃武撰

　清光緒間木活字印本　上文管會

集 10007110

醉古樓詩集不分卷

　（清）鎮海虞鋆撰

　民國六年（1917）鉛印本　國圖

集 10007111

瀾谷遺詩一卷

　（清）鎮海虞瑞龍撰

　民國七年（1918）鉛印本　國圖

集 10007112

陸湖老漁行吟草一卷

　（清）秀水沈成章撰

　清光緒二十五年（1899）富文書局
石印本　上海

集 10007113

陸湖遺集三卷

　（清）秀水沈成章撰

　民國九年（1920）柳棄疾等校印本

集 10007114

魏鐵三遺草不分卷

　（清）山陰魏絨撰

　民國二十一年（1932）梧州大公報
鉛印本　南京

集 10007115

夢影庵遺稿四卷

　（清）烏程嚴以盛撰

　清宣統元年（1909）隨分讀書齋刻
本　首都

集 10007116

夢影庵遺稿六卷

　（清）烏程嚴以盛撰

　民國三年（1914）刻本　國圖

　清代詩文集彙編本

集 10007117

夢影庵遺集四卷詩補一卷附一卷

　（清）烏程嚴以盛撰

　清宣統元年（1909）鉛印本　嘉興

集 10007118

包樹棠詩文不分卷

　（清）浙江包樹棠撰

　油印本　廈門

集 10007119

子固齋詩存一卷臒仙遺詩一卷

（清）上虞（原籍上虞，寄籍湖北漢陽）田維翰撰

媵仙遺詩

（清）田維壽撰

民國四年（1915）田文烈石印本
國圖　北大　中科院

民國十三年（1924）漢陽田氏刻本
國圖

集 10007120

寄氍詩文草不分卷

（清）山陰朱秉成撰

清末鈔李蓴客遺著附　浙江

集 10007121

指馬樓詩鈔二卷附詞鈔一卷

海鹽朱冠瀛撰

稿本　南京

集 10007122

指馬樓綺語刪剩一卷外集一卷

海鹽朱冠瀛撰

清鈔本　南京

集 10007123

德馨堂古文一卷

（清）海鹽朱冠瀛撰

稿本　南京

集 10007124

惜餘芳館稿不分卷

（清）義烏朱懷新撰

1950 年代鈔本　國圖

集 10007125

惜餘芳館稿一卷附雙芝室駢文剩稿一卷

（清）義烏朱懷新撰

1959 年朱敘芬鈔本　中山

集 10007126

憂盛編不分卷

（清）蕭山沈祖燕撰

清光緒三十四年（1908）刻本
湖南

集 10007127

看山樓草二卷

（清）歸安沈彥模撰

清宣統三年（1911）刻本　國圖

集 10007128

顏渠詩鈔四卷

（清）鄞縣李黃琮撰

民國九年（1920）借園李氏木活字本　天一閣

集 10007129

顏渠詩鈔二卷附顏渠文鈔一卷

（清）鄞縣李黃琮撰

民國九年（1920）刊三丁李氏文編本　南京

集 10007130

兼葭里館詩四卷

（清）仁和吳用威撰

民國八年（1919）鉛印本　中社科

院文學所

民國八年(1919)油印本　復旦

集 10007131
兼葭里館詩二卷
　(清)仁和吳用威撰
　民國八年(1919)鉛印本　上海

集 10007132
金鍾山房詩集一卷文集一卷
　(清)安吉施浴升撰
　光緒十七年(1891)安吉施氏遺
著本

集 10007133
金鍾山房詩存二卷
　(清)安吉施浴升撰
　稿本(清楊峴、清汪芑、清潘鍾瑞
跋)　南大

集 10007134
蹉跎子詩稿不分卷
　嘉善許冠瀛撰
　鈔本(許康年跋)　嘉善

集 10007135
可園詩集二卷附集一卷
　(清)象山陳得森撰
　民國間象山陳繩祖石印本　南京
遼寧　南大

集 10007136
可園詩集二卷
　(清)象山陳得森撰

集 10007137
平龕遺稿不分卷
　(清)會稽陶大均撰
　清宣統二年(1910)石印本　首都

集 10007138
平龕遺稿四卷
　會稽陶大均撰
　民國九年(1920)石印本　國圖
首都　中科院

集 10007139
壺隱詩鈔二卷附詞鈔一卷
　(清)海鹽崔宗武撰
　民國八年(1919)上海聚珍仿宋印
書局鉛印本　國圖　南京　浙江

集 10007140
壺隱詩鈔二卷
　(清)海鹽崔宗武撰
　民國八年(1919)上海　鉛印本
南京

集 10007141
荇泜遺稿一卷
　(清)鎮海鄭廷琛撰
　民國初年鉛印本　寧波

集 10007142
嫩想庵殘稿一卷紅燭詞一卷
　(清)錢塘(一作仁和)嚴蘅撰

民國九年(1920)刻張祖廉輯娟鏡樓叢刻本　國圖　上海　日京大人文研

2010年學苑出版社中國華東文獻叢書本

集 10007143

嫩想庵殘稿一卷

　(清)錢塘(一作仁和)嚴薌撰

　民國八年(1919)鉛印本　國圖

　民國十一年(1922)上海聚珍仿宋印書局鉛印本

集 10007144

汪穰卿遺著八卷

　(清)錢塘汪康年撰　汪詒年輯

　民國九年(1920)鉛印本　國圖

集 10007145

汪穰卿先生遺文

　(清)錢塘汪康年撰

　汪穰卿先生傳記遺文本

集 10007146

觚庵詩存四卷

　(清)山陰俞明震撰

　民國九年(1920)鉛印本　首都

　清代詩文集彙編本

集 10007147

俞觚齋先生詩鈔一卷觚庵詩刊本目録一卷

　山陰俞明震撰

鈔本　中科院

集 10007148

觚庵詩存不分卷

　山陰俞明震撰

　民國二十二年(1933)天津百城書局鉛印本　國圖

集 10007149

求我山人雜著六卷

　(清)奉化莊景仲撰

　民國十八年(1929)鉛印本　南京

集 10007150

白石山房詩鈔三卷

　天台張宗江撰

　民國八年(1919)鉛印本　中社科院文學所

集 10007151

弢華館詩稿一卷

　(清)平湖葛嗣瀠撰

　清光緒二十一年(1895)刻本　國圖　浙江

集 10007152

嚴範孫古今體詩存稿三卷

　慈溪(原籍浙江慈溪,直隸三河人)嚴修撰

　民國二十二年(1933)天津鉛印本　首都　中科院

集 10007153

歐遊謳不分卷附東遊詩一卷

　　慈溪（原籍浙江慈溪，直隸三河人）嚴修撰

　　民國間天津廣智館鉛印本　國圖
天津

集 10007154

嚴先生遺著不分卷

　　慈溪（原籍浙江慈溪，直隸三河人）嚴修撰　廣智館星期報社編

　　民國間天津廣智館星期報社印本
國圖　天博

集 10007155

嚴範孫先生遺墨不分卷

　　慈溪（原籍浙江慈溪，直隸三河人）嚴修撰

　　民國間影印本　國圖

集 10007156

嚴範孫往來手劄不分卷

　　慈溪（原籍浙江慈溪，直隸三河人）嚴修撰

　　稿本　河北大

集 10007157

嚴範孫先生手劄不分卷

　　慈溪（原籍浙江慈溪，直隸三河人）嚴修撰

　　民國十九年（1930）北平文化學社影印本　國圖　北師大

集 10007158

蟬香館手劄第一輯不分卷

　　慈溪（原籍浙江慈溪，直隸三河人）嚴修撰　趙元禮輯

　　民國二十一年（1932）影印手稿本
國圖　上海

集 10007159

歐餘山房文集二卷

　　（清）歸安丁桂撰　劉承幹編

　　民國間吳興劉氏嘉業堂刻吳興叢書本　國圖　中科院　上海　復旦
寧夏　南京　浙江　湖北　雲南

　　民國間吳興劉氏嘉業堂刻 1986 年文物出版社重印吳興叢書本
遼寧

　　1994 年上海書店出版社叢書集成續編本

集 10007160

冷香室遺稿一卷

　　（清）仁和王佩珩撰

　　清光緒間江陰季氏榡園刻江陰季氏叢刻本　清華

集 10007161

非非草第四集二卷

　　（清）山陰李宗沆撰

　　稿本　中社科院文學所

集 10007162

菊農公遺詩一卷

　　石門徐多綬撰　徐益藩輯

民國二十九年(1940)鉛印語溪徐
氏三世遺詩本　國圖

集 10007163

亦仙遺稿一卷

（清）餘姚陸驤撰

民國九年(1920)陸源盛鉛印本
南京

集 10007164

隨扈紀行詩存二卷

（清）海寧蔣廷黻撰

清光緒間刻本　國圖

集 10007165

麻鞋紀行詩存一卷

（清）海寧蔣廷黻撰

清光緒間刻本　國圖　中科院

集 10007166

鹽廬詩詞四種

（清）海寧蔣廷黻撰

刻本　中科院

集 10007167

須曼那館遺稿一卷

（清）泰順潘其祝撰

民國十四年(1925)潘鍾華刻守約
堂遺詩彙鈔本　浙江　溫州

集 10007168

**微尚齋詩二卷附雨屋深鐙詞一
卷續稿一卷**

紹興（廣東番禺人，祖籍紹興）汪
兆鏞撰

清宣統三年(1911)刻本　國圖
清宣統三年(1911)鉛印本　首都

集 10007169

微尚齋詩續稿二卷

紹興（廣東番禺人，祖籍紹興）汪
兆鏞撰

民國二十九年(1940)鉛印本
國圖

集 10007170

微尚齋詩續稿四卷

紹興（廣東番禺人，祖籍紹興）汪
兆鏞撰

民國二十九年(1940)鉛印本　中
社科院文學所

集 10007171

澳門雜詩一卷

紹興（廣東番禺人，祖籍紹興）汪
兆鏞撰

民國七年(1918)鉛印本　國圖

集 10007172

己巳紀遊詩草一卷

紹興（廣東番禺人，祖籍紹興）汪
兆鏞撰

民國十九年(1930)刻本　華南
師大

集 10007173

微尚齋雜文六卷

紹興(廣東番禺人,祖籍紹興)汪
兆鏞撰

民國三十一年(1942)鉛印本　國
圖　中社科院文學所

集 10007174

敝帚集不分卷

(清)烏程周慶森撰　(清)烏程周
慶雲輯

民國三年(1914)刻本　國圖

集 10007175

徐紹楨詩集一卷

錢塘(廣東番禺人,祖籍錢塘)徐
紹楨撰

清鈔本(佚名批註)　湖南

集 10007176

東遊草一卷

錢塘(廣東番禺人,祖籍錢塘)徐
紹楨撰

民國二年(1913)廣州刻本　復旦

集 10007177

南歸草三卷

錢塘(廣東番禺人,祖籍錢塘)徐
紹楨撰

民國十二年(1923)廣州刻本
南京

集 10007178

學壽堂詩爐餘草一卷

錢塘(廣東番禺人,祖籍錢塘)徐
紹楨撰

民國十三年(1924)刻本　南京

集 10007179

一山詩存十一卷

(清)寧海章梫撰

民國十五年(1926)刻王章詩存合
刻本　國圖

集 10007180

一山詩選不分卷

(清)寧海章梫撰

民國間刻本　首都

集 10007181

一山文存十二卷

(清)寧海章梫撰

民國六年(1917)刻本　首都
近代中國史料叢刊正、續、三編本

集 10007182

**晚學盧文稿一卷詩文稿一卷附
尺牘稿一卷**

仁和(一作杭縣)葉瀚撰

晚學盧叢稿本(稿本)

集 10007183

蠡城吟草四卷

紹興傅崇黻撰

清宣統元年(1909)鉛印本　南京

集 10007184

杏樓吟草一卷

　常山王玲撰

　民國間油印本　國圖

集 10007185

繭室遺詩一卷

　海鹽徐振常撰　海鹽談文虹輯

　武原先哲遺書初編本(民國録印)

集 10007186

隴笑館雜稿不分卷

　(清)餘杭魯寶清撰

　稿本　杭縣丁宣之藏

集 10007187

朗齋遺草不分卷

　(清)樂清瞿霽春撰

　民國十年(1921)温州石印本
温州

集 10007188

師竹吟館初集不分卷

　(清)上虞嚴卓卿撰

　民國十年(1921)嚴氏木活字印本
南京

集 10007189

六齋無韻文集二卷

　(清)平湖宋衡撰

　民國二年(1913)刻本　中國書店

集 10007190

補學齋詩鈔四卷

　(清)瑞安胡調元撰

　民國初年鉛印本　中科院

集 10007191

補學齋文鈔二卷

　(清)瑞安胡調元撰

　民國二年(1913)鉛印本　國圖

集 10007192

補學齋詩二卷

　(清)瑞安胡調元撰

　清光緒三十三年(1907)活字印本
温州

集 10007193

補學齋詩三卷

　(清)瑞安胡調元撰

　清光緒三十三年活字印本宣統三
年(1911)增刻本　温州

集 10007194

愧廬文鈔二卷詩鈔一卷聯稿一卷

　(清)紹興胡鍾生撰　山陰蔡元
培選

　民國三年(1914)上海人權印刷所
鉛印本　國圖

集 10007195

澹園詩集二卷文集二卷附録二卷

　(清)鎮海虞景璜撰

　清宣統三年至民國三年(1911～

1914)虞和欽刻本　國圖　中科院

集 10007196

澹園雜著八卷

　(清)鎮海虞景璜撰

　民國十三年(1924)鉛印本　國圖

2005 年學苑出版社清代學術筆

記叢刊本

集 10007197

堅匏庵集二卷

　烏程劉錦藻撰

　民國二十五年(1936)二十八年

(1939)南林周氏鉛印南林叢刊本

國圖　北大　上海　吉大　甘肅

南京　浙江　桂林　雲南

　1982 年杭州古舊書店影印民國

間南林周氏鉛印南林叢刊本　遼寧

集 10007198

瓦鳴集一卷

　(清)海鹽朱笏廷撰

　民國十一年(1922)鉛印本　國圖

集 10007199

巽廬詩草八卷

　(清)蕭山姚瑩俊撰

　鈔本　南京

集 10007200

巽廬文集四卷

　(清)蕭山姚瑩俊撰

　鈔本　浙江

集 10007201

巽廬詩草二卷

　(清)蕭山姚瑩俊撰

　民國手稿本　上海

集 10007202

守拙軒吟稿不分卷

　(清)山陰馬錫康撰

　清光緒三十四年(1908)刻本　中

科院

集 10007203

守拙軒吟稿五卷

　山陰馬錫康撰

　民國十三年(1924)鉛印本　中

科院

集 10007204

藕卿公遺詩一卷

　(清)石門徐多紳撰

　民國二十九年(1940)鉛印本

國圖

集 10007205

道園詩稿六卷

　(清)海寧許葆翰撰

　民國二十四年(1935)鉛印本　中

社科院文學所　南京　復旦

集 10007206

蘭熏館遺稿四卷

　(清)秀水陶玉珂撰

　民國六年(1917)上海鉛印本

國圖

　民國七年(1918)聚珍倣宋書局鉛
印本　嘉興

集 10007207

蘏蘏室詩稿一卷

　(清)慈溪童遜組撰

　民國十一年(1922)石印本　國圖
復旦

集 10007208

趙灌松詩稿不分卷

　(清)樂清趙貽琯撰

　鈔本　溫州

集 10007209

静修齋詩草不分卷

　(清)樂清趙貽琯撰

　永嘉鄉著會鈔本　溫州

集 10007210

存修齋詩草不分卷

　(清)樂清趙貽琯撰

　民國十一年(1922)敬鄉樓鈔本
溫州

集 10007211

晚香館遺詩一卷

　(清)海寧陳菊貞撰　蔣宗城輯

　清光緒二十一年(1895)刻本　中
社科院文學所　中山

　鈔本　國圖

集 10007212

闕篋齋詩剩四卷

　(清)會稽陶壽煌撰

　民國十六年(1927)國圖鉛印本
首都

集 10007213

飲源集三卷

　(清)定海袁行恭撰

　民國二十二年(1933)鉛印本
中山

　清代家集叢刊本

集 10007214

**北溟詩稿二卷補遺一卷首一卷
末一卷**

　(清)奉化江起鯤撰

　民國二十二年(1933)寧波鉛印本

　國圖　寧波　奉化文管會　嘉興

集 10007215

三江濤聲一卷

　(清)烏程周慶雲撰

　民國三年(1914)自刻本　國圖

集 10007216

夢坡詩存十四卷

　(清)烏程周慶雲撰

　民國二十二年(1933)刻本　南京

集 10007217

賓虹詩草三卷附補遺一卷

　金華黃賓虹撰

民國二十二年(1933)石印本　國
圖　南京　北師大　上海

集 10007218

綴學堂初稿四卷

象山陳漢章撰

清光緒十九年(1893)刻本　北大
南京(玉縉題識)　復旦

集 10007219

綴學堂叢稿初集十種

象山陳漢章撰

民國二十五年(1936)鉛印本
國圖

集 10007220

綴學堂文稿

象山陳漢章撰

稿本　浙江

集 10007221

頤巢類稿三卷

(清)會稽陶邵學撰

清宣統三年(1911)粵東翰元樓刻
本　國圖　中科院

集 10007222

鶴巢文存四卷詩存一卷

(清)鄞縣忻江明撰

民國間四明張氏約園刻四明叢書
本　國圖　中科院　北大　中科院
上海　復旦　天津　遼寧　南京
浙江　湖北　四川　寧夏

1994 年上海書店出版社叢書集
成續編本

集 10007223

辟羣器廬詩存不分卷

(清)鄞縣李廷翰撰

油印本　伏趾室

集 10007224

辟羣囂廬詩存一卷

(清)鄞縣李廷翰撰

油印本　天一閣

集 10007225

匏園詩集三十六卷

(清)蕭山來裕恂撰

民國三年(1914)鉛印本　浙大
民國十三年(1924)刻本　南京
鈔稿本　浙江

集 10007226

硯舟文鈔一卷

(清)奉化孫鏘撰

清光緒間刻本　國圖

集 10007227

綠滿廬集二卷

(清)象山陳之翰撰

民國十三年(1924)鉛印本　國圖

集 10007228

綠滿廬全集文集一卷春宵偶話
一卷綠滿廬詩集一卷

（清）象山陳之翰撰

民國鉛印本　嘉興　蘭溪博

集 10007229

睫巢詩鈔一卷

（清）慈溪陳康瑞撰

民國十三年（1924）鉛印本　浙江

集 10007230

南雅樓詩斑二卷附繁露詞一卷

浙江（廣東番禺人，其祖浙人）沈
宗畸撰

民國五年（1916）國民印書館鉛印
本　國圖（佚名題識）　南京

集 10007231

樸畢齋文鈔四卷

浙江（廣東番禺人，其祖浙人）沈
宗畸撰

清光緒三十四年至宣統三年
（1908～1911）國學萃編社鉛印本晨
風閣叢書　北大　復旦　遼寧　甘
肅　浙江　武漢　四川

集 10007232

止庵詩存二卷

（清）建德周學熙撰

民國三十七年（1948）鉛印本　中
社科院歷史所

集 10007233

繡墨軒詩稿一卷附詞稿一卷

（清）德清俞慶曾撰

清光緒二十三年（1897）刻本　國
圖　中科院　南京

集 10007234

寒莊文編二卷

（清）鎮海虞輝祖撰

民國十年（1921）鉛印本　首都
中社科院文學所

集 10007235

寒莊外編一卷

鎮海虞輝祖撰

民國十二年（1923）鉛印本　國圖
首都　中社科院文學所

集 10007236

長勿勿齋詩集五卷

（清）黃巖王葆楨撰

民國五年（1916）鉛印本　中社科
院文學所

集 10007237

南洋勸業會雜詠二卷

（清）黃巖王葆楨撰

清宣統二年（1910）鉛印本　南京
江西　復旦　安慶

集 10007238

南洋勸業會紀事絕句不分卷

（清）黃巖王葆楨撰

清宣統三年（1911）上海龍文閣石
印本　國圖

集 10007239

抱經室詩文初編八卷

（清）永康呂傳愷撰

清光緒三十一年（1905）刻本　國圖　中科院

2013 年上海古籍出版社重修金華叢書本

集 10007240

愛日廬詩鈔一卷

鄞縣李景祥撰

民國間木活字印本　天一閣

集 10007241

慧明居士遺稿三卷

山陰周演巽撰

民國十三年（1924）鉛印本　國圖

集 10007242

雛蟬詩稿一卷

山陰周演巽撰

民國十四年（1925）鉛印本　南京

集 10007243

環龍後詩稿一卷

（清）長興施恩溥撰

清鈔本（王修題識）　浙江

集 10007244

愚定遺稿續集六卷

（清）長興施恩溥撰

民國二十八年（1939）鉛印本　中社科院文學所

集 10007245

肯堂遺稿一卷

（清）海寧查璐撰

民國十四年（1925）浙江談氏鉛印本　四川　嘉興（與旭初遺稿合刊）

集 10007246

旭初遺稿一卷

（清）海鹽金大昇撰

民國十四年（1925）鉛印本　嘉興（與肯堂遺稿合刊）

集 10007247

天一笑廬詩集二卷

（清）樂清黃鼎瑞撰

民國十五年（1926）鉛印本　北大　復旦

集 10007248

鼓山集三卷

（清）錢塘張寅撰

民國十四年（1925）劉學遜輯印本　浙江

集 10007249

石樓詩鈔一卷

（清）錢塘張寅撰

清刻繼聲堂集本　南京

集 10007250

惺諟齋初稿十卷

（清）黃巖喻長霖撰

清宣統元年（1909）鉛印本　北大

復旦

清宣統三年(1911)刻本　浙江

集 10007251

惺諟齋詩稿不分卷

　(清)黃巖喻長霖撰

　民國二十至二十二年(1931～1933)稿本　臨海博

集 10007252

惺諟齋書札一卷

　(清)黃巖喻長霖撰

　手稿本　臨海博

集 10007253

喻長霖詩草不分卷

　(清)黃巖喻長霖撰

　民國十七年至二十二年(1928～1933))稿本　臨海博

集 10007254

喻長霖文藻一卷

　(清)黃巖喻長霖撰

　民國六年(1917)稿本　臨海博

集 10007255

澹甯詩稿口卷

　(清)黃巖喻長霖撰

　民國稿本　臨海博

集 10007256

澹甯詩稿不分卷

　(清)黃巖喻長霖撰

民國稿本　臨海博

集 10007257

喻長霖詩稿一卷(壬戌正月起至丁卯秋)

　(清)黃巖喻長霖撰

　民國十一年至十六年(1922～1927)喻長霖稿本　臨海博

集 10007258

喻長霖書札不分卷(甲子至辛未)

　(清)黃巖喻長霖撰

　民國十三年至十八年(1924～1929)喻長霖稿本　臨海博

集 10007259

戊午草稿一卷

　(清)黃巖喻長霖撰

　手稿本　臨海博

集 10007260

惺諟齋己酉文鈔一卷

　(清)黃巖喻長霖撰

　民國喻長霖稿本　臨海博

集 10007261

守梅山房詩稿四卷

　(清)諸暨傅振海撰

　民國十四年(1925)鉛印本　南京

集 10007262

詩稿待刪五卷

鎮海虞和欽撰

民國八年(1919)鉛印本　寧波

集 10007263

詩稿待删六卷

鎮海虞和欽撰

民國八年(1919)鉛印本　中社科院文學所

集 10007264

詩稿待删十二卷

鎮海虞和欽撰

民國八年(1919)鉛印本　國圖首都

集 10007265

詩稿待删十六卷

鎮海虞和欽撰

民國間鉛印本　國圖

集 10007266

避暑山莊詩一卷

鎮海虞和欽撰

民國十四年(1925)石印本　慈溪

集 10007267

瘵碧吟榭殘稿一卷

嘉興李壬撰

瘵碧吟榭殘稿蘭韞樓遺稿寒香室遺稿合鈔本　海鹽博

海鹽館藏手稿本

集 10007268

蘭韞樓遺稿一卷

(清)海鹽(吳縣人,嫁海鹽)樓秋婉撰

瘵碧吟榭殘稿蘭韞樓遺稿寒香室遺稿合鈔本　海鹽博

海鹽館藏手稿本

集 10007269

寒香室遺稿一卷

(清)平湖胡繡珍撰

瘵碧吟榭殘稿蘭韞樓遺稿寒香室遺稿合鈔本　海鹽博

海鹽館藏手稿本

集 10007270

西溪懷古詩不分卷

(清)錢塘丁立中撰

稿本　上海

集 10007271

西溪懷古詩二卷

(清)錢塘丁立中撰

民國間丁氏嘉惠堂鉛印武林丁氏家集本　國圖　中科院　上海江西

集 10007272

西泠懷古詩不分卷附松生府君年譜一卷

(清)錢塘丁立中撰

稿本　上海

集 10007273

西泠懷古詩二卷

　（清）錢塘丁立中撰

　民國間丁氏嘉惠堂鉛印武林丁氏家集本　國圖　中科院　上海　江西

集 10007274

西泠懷古集十卷

　（清）錢塘丁立中撰

　1994 年上海書店出版社叢書集成續編本

集 10007275

禾廬詩鈔五卷（西漢詠古詩二卷、和永嘉百詠、禾廬新年雜詠、武林新市肆吟各一卷）

　（清）錢塘丁立中撰

　民國間丁氏嘉惠堂鉛印武林丁氏家集本　國圖　中科院　上海

集 10007276

禾廬詩鈔四卷

　（清）錢塘丁立中撰

　民國間丁氏嘉惠堂鉛印武林丁氏家集本　國圖　中科院　南京　上海　江西

集 10007277

禾廬新年雜詠三卷

　（清）錢塘丁立中撰

　稿本　杭州

集 10007278

絢華室詩憶二卷

　（清）德清俞陛雲撰

　清光緒二十年（1894）石印本　中科院

集 10007279

蜀輶詩紀二卷

　（清）德清俞陛雲撰

　民國十年（1921）蘇州鉛印本　首都

集 10007280

蜀輶詩紀二卷

　（清）德清俞陛雲撰

　民國十年（1921）蘇州鉛印本　首都

集 10007281

小竹里館吟草八卷附樂靜詞一卷

　（清）德清俞陛雲撰

　民國間刻本　國圖

集 10007282

復齋遺集四卷

　（清）海寧費寅撰

　民國二十三年（1934）鐵如意館石印本　中社科院文學所

集 10007283

鈕寅身遺著不分卷

　（清）烏程鈕澤晟撰

　民國十三年（1924）鉛印本　國圖

集 10007284
面城精舍雜文甲編一卷乙編一卷
　上虞羅振玉撰
　清光緒十八年(1892)刻本　湖南

集 10007285
丙寅稿一卷
　上虞羅振玉撰
　民國十六年(1927)鉛印本·國圖
　民國十四年至十八年（1925～
1929)上虞羅氏石印及鉛印永豐鄉
人續稿本　遼寧

集 10007286
丁戊稿一卷
　上虞羅振玉撰
　民國十四年至十八年（1925～
1929)上虞羅氏石印及鉛印永豐鄉
人續稿本　遼寧
　民國十八年(1929)刻本　中社科
院文學所

集 10007287
遼居稿一卷乙稿一卷
　上虞羅振玉撰
　民國十八年(1929)上虞羅氏石印
松翁居遼後所著書本　中科院　北
師大　上海　遼寧　山大　湖北

集 10007288
松翁近稿一卷補遺一卷
　上虞羅振玉撰
　民國十四年至十八年（1925～

1929)上虞羅氏石印及鉛印永豐鄉
人續稿本　遼寧
　民國十五年(1926)鉛印本　國圖
北大　北師大

集 10007289
松翁未焚稿一卷
　上虞羅振玉撰
　民國二十二年至二十三年
(1933～1934)上虞羅氏遼東石印、
七經堪石印遼居雜著本　國圖　中
科院　北大　上海　復旦　天津
遼寧　南京　山大　湖北　四川

集 10007290
松翁剩稿二卷
　上虞羅振玉撰
　民國三十年至三十六年(1941～
1947)上虞羅氏鉛印貞松老人遺稿
丙集本　國圖　中科院　北大　上
海　復旦　天津　遼寧　吉大　山
大　浙大　湖北　四川　雲南

集 10007291
車塵集一卷
　上虞羅振玉撰
　民國二十二年至二十三年
(1933～1934)上虞羅氏遼東石印、
七經堪石印遼居雜著本　國圖　中
科院　北大　上海　復旦　天津
遼寧　南京　山大　湖北　四川

集 10007292

後丁戊稿一卷遼海吟一卷續吟一卷

上虞羅振玉撰

民國三十年至三十六年(1941~
1947)上虞羅氏鉛印貞松老人遺稿
甲集本　國圖　中科院　北大　上
海　復旦　天津　遼寧　吉大　山
大　浙大　湖北　四川　雲南

集 10007293

貞松老人外集四卷補遺一卷

上虞羅振玉撰

民國三十年至三十六年(1941~
1947)上虞羅氏鉛印貞松老人遺稿
乙集本　國圖　中科院　北大　上
海　復旦　天津　遼寧　吉大　山
大　浙大　湖北　四川　雲南

集 10007294

**永豐鄉人甲稿一卷乙稿二卷丙
稿四卷丁稿一卷**

上虞羅振玉撰

民國羅氏貽安堂凝清室刻本　國
圖　中科院

集 10007295

雲窗漫稿一卷

上虞羅振玉撰

民國間羅氏貽安堂凝清室刻本
國圖

永豐鄉人稿本(民國刻)

集 10007296

羅振玉書札不分卷

上虞羅振玉撰

稿本　國圖

集 10007297

羅振玉手劄不分卷

上虞羅振玉撰

稿本　國圖

集 10007298

種菜居詩集二卷

嘉善朱兆封撰

民國十五年(1926)石印本　南京

集 10007299

雙髻山館詩草不分卷

(清)定海鄭鏡堂撰

民國十五年(1926)刻本　首都

集 10007300

白龍山人題畫詩二卷

吳興(上海人,原籍吳興)王震撰

民國二十五年(1936)中華書局鉛
印本　南京

集 10007301

潛廬篋存草四卷

(清)嘉善沈景謨撰

清光緒二十一年(1895)武昌刻本
首都　嘉善

集 10007302

**惕齋遺集四卷前一卷續集二卷
補遺一卷首末二卷**

　(清)會稽周蘊良撰

　民國二十四年(1935)周氏誦清芬
館刻本　首都

集 10007303

**謇謇詩草一卷(珍帚齋詩畫稿後
附)**

　(清)仁和姚繼疤撰

　民國三十五年(1946)影印　中社
科院文學所　上海

集 10007304

庸謹堂集二卷

　(清)錢塘唐詠裳撰

　民國十七年至二十二年(1928～
1933)鉛印本　復旦

集 10007305

新州葉氏詩存一卷

　杭州(新安人,居杭州)葉爲銘撰

　民國二年(1913)鉛印本　常州

集 10007306

厚莊文鈔三卷詩鈔二卷

　平陽劉紹寬撰

　民國八年(1919)楊氏刻本　國圖
首都　山西大　浙江

集 10007307

厚莊文內集六卷文外集二卷詩

集四卷

　平陽劉紹寬撰

　民國二十六年(1937)鉛印本　國
圖(劉昌鏐題識)　首都　溫州大

集 10007308

芝厓詩集二卷

　(清)金華(一作海寧)釋超凡撰

　清雍正刻本　天津

集 10007309

初日樓稿一卷

　(清)上虞羅莊撰

　民國十年(1921)鉛印本　遼寧

集 10007310

初日樓續稿不分卷

　(清)上虞羅莊撰

　民國十六年(1927)鉛印本　首都

集 10007311

含嘉室詩集八卷

　錢塘吳士鑑撰

　民國元年(1912)鉛印本　國圖
中科院　中社科院文學所

集 10007312

含嘉室文存三卷

　錢塘吳士鑑撰

　張宗祥鈔本　浙江

集 10007313

安樂鄉人詩集四卷

（清）嘉興金兆蕃撰

民國間刻本　首都

稿本　湖南

近代中國史料叢刊正、續、三編本

集 10007314

安樂鄉人文集六卷

（清）嘉興金兆蕃撰

1951年鉛印本　人民日報

集 10007315

效學樓述文三卷

（清）會稽馬炯章撰

清光緒三十四年（1908）京師鉛印

本　國圖

集 10007316

吳山草堂詩鈔二卷

金華王廷揚撰

民國二十六年（1937）油印本

浙大

民國二十九年（1940）姜卿雲油

印本

2013年上海古籍出版社重修金

華叢書本

集 10007317

蒲塘十景詩不分卷

金華王廷揚撰

民國十四年（1925）鉛印本　國圖

集 10007318

辛夷花館初稿一卷

（清）歸安溫文禾撰

清光緒十三年（1887）上海文藝齋

刊太谷遺著本　浙江

清代家集叢刊續編本

集 10007319

劫餘詩鈔一卷

（清）歸安溫豐撰

清光緒十三年（1887）上海文藝齋

刊太谷遺著本　浙江

清代家集叢刊續編本

集 10007320

綺石居賦鈔一卷

（清）歸安溫豐撰

清光緒十三年（1887）上海文藝齋

刊太谷遺著本　浙江

清代家集叢刊續編本

集 10007321

止廬詩存不分卷

（清）餘杭吳昌祺撰

民國間鉛印本　中社科院文學所

集 10007322

止廬詩存一卷文一卷

（清）餘杭吳昌祺撰

民國二十二年（1933）鉛印本　南

京　復旦

集 10007323

禮本堂詩集十二卷

（清）鄞縣林景緻撰

民國六年(1917)林氏木活字排印
本　寧波　遼寧　南大　復旦

集 10007324

莫宦文草一卷詩草一卷

(清)山陰黃壽袠撰

清光緒二十五年(1899)刻本
國圖

清光緒三十四年(1908)石印本
國圖　紹興

集 10007325

莫宦草二卷附侗子賸言一卷

(清)山陰黃壽袠撰

清光緒二十五年(1899)刻本
紹興

集 10007326

莫宦草文一卷詩一卷課兒詠一卷

(清)山陰黃壽袠撰

清光緒二十五年(1899)刻本
浙江

集 10007327

夷門草一卷

(清)山陰黃壽袠撰

民國紹興越鐸印刷局鉛印本
紹興

集 10007328

小沖言事三卷

(清)山陰黃壽袠撰

民國鉛印本　嘉興

集 10007329

小沖言事一卷

(清)山陰黃壽袠撰

清末鉛印本　紹興

集 10007330

小沖言事二卷

(清)山陰黃壽袠撰

清宣統鉛印本　紹興

集 10007331

夢南雷齋文鈔二卷

(清)山陰黃壽袠撰

清宣統三年(1911)石印本　嘉興

集 10007332

知悔齋詩文鈔一卷

海寧蔣方駿撰　蔣方夔輯

民國十七年(1928)海寧蔣復璁鉛
印本　中科院　南京

集 10007333

瑟園詩稿一卷

桐鄉劉富槐撰

稿本　中科院

集 10007334

瑟園詩錄四卷詞錄一卷

桐鄉劉富槐撰　劉方煒編

民國十五年(1926)刻本　中科院
中社科院文學所

集 10007335

䌓廬初稿（詩）一卷

（清）餘姚謝掄元撰

清宣統元年（1909）集成圖書公司
鉛印本　首都　中山

集 10007336

孫康侯遺集不分卷

（清）仁和孫峻撰

鈔稿本　壽松堂孫氏藏

集 10007337

直如室詩一卷

（清）仁和徐珂撰

民國三年至十二年（1914～1923）
杭縣徐氏鉛印天蘇閣叢刊本　國圖
　中科院　北大　上海　天津　遼
寧　甘肅　南京　浙江　湖北
重慶

民國十四年（1925）鉛印本　國圖

民國十四年（1925）杭州徐氏鉛印
心園叢刻本　國圖　中科院　上海
　復旦　遼寧　南京　浙江　湖北
雲南

中華書局聚珍仿宋部印天蘇閣叢
刊二集本　南京

1994 年上海書店出版社叢書集
成續編本

集 10007338

天蘇閣詩二卷

（清）仁和徐珂撰

鈔本　中科院

集 10007339

小自立奇文一卷

（清）仁和徐珂撰

民國三年至十二年（1914～1923）
杭縣徐氏鉛印天蘇閣叢刊本　國圖
　中科院　北大　上海　天津　遼
寧　甘肅　南京　浙江　湖北
重慶

民國十四年（1925）鉛印本　國圖

民國十四年（1925）杭州徐氏鉛印
心園叢刻本　國圖　中科院　上海
　復旦　遼寧　南京　浙江　湖北
雲南

1994 年上海書店出版社叢書集
成續編本

中華書局聚珍仿宋部印天蘇閣叢
刊二集本　南京

集 10007340

章太炎詩鈔一卷

餘杭章炳麟撰

現代十大家詩鈔本（民國石印）

集 10007341

章太炎文鈔五卷

餘杭章炳麟撰

民國間上海中華圖書館石印本
中科院

集 10007342

章太炎文鈔三卷

餘杭章炳麟撰

當代八家文鈔本（民國鉛印）

集 10007343

章太炎文鈔四卷

餘杭章炳麟撰

章譚合鈔本（宣統鉛印、民國鉛印、民國石印）

集 10007344

章太炎文鈔不分卷

餘杭章炳麟撰

現代十大家文鈔本（民國鉛印）

集 10007345

太炎文錄初編不分卷

餘杭章炳麟撰

民國十三年(1924)上海古書流通處石印章太炎先生所著書本　國圖

集 10007346

太炎文錄二卷

餘杭章炳麟撰

民國十三年(1924)上海古書流通處石印章太炎先生所著書本　國圖

集 10007347

太炎文錄初編二卷別錄三卷補編一卷

餘杭章炳麟撰

民國六年至八年(1917～1919)浙江刻章氏叢書本　國圖　中科院　北大　上海　復旦　天津　遼寧　南京　浙江　湖北　雲南

民國十三年(1924)上海古書流通處影印浙江刻章氏叢書本　遼寧

湖北

民國間上海章氏叢書社鉛印章氏叢書本　遼寧（浙江刻、古書流通處影印、右文社鉛印）

集 10007348

太炎文錄初編六卷補編一卷

餘杭章炳麟撰

民國六年至八年((1917～1919)浙江刻章氏叢書本　國圖　中科院　北大　上海　復旦　天津　遼寧　南京　浙江　湖北　雲南

民國十三年(1924)上海古書流通處影印浙江刻章氏叢書本　遼寧　湖北

民國間上海章氏叢書社鉛印章氏叢書本　遼寧

2002年上海古籍出版社影印續修四庫全書本

集 10007349

太炎文錄補編一卷

餘杭章炳麟撰

民國十三年(1924)上海古書流通處石印章太炎先生所著書本　國圖

集 10007350

太炎別錄三卷

餘杭章炳麟撰

民國十三年(1924)上海古書流通處石印章太炎先生所著書本　國圖

集 10007351

太炎文錄續編七卷

餘杭章炳麟撰

民國六年至八年(1917～1919)浙江刻章氏叢書本　國圖　中科院　北大　上海　復旦　天津　遼寧　南京　浙江　湖北　雲南

民國十三年(1924)上海古書流通處影印浙江刻章氏叢書本　遼寧　湖北

民國二十五年(1936)鉛印本　南京

民國間上海章氏叢書社鉛印章氏叢書本　遼寧

近代中國史料叢刊本

集 10007352

章太炎遺文四卷

餘杭章炳麟撰

民國二十四年(1935)邃雅樓芷洲鈔本　重慶

集 10007353

章太炎覆劉英烈士書一卷

餘杭章炳麟撰

稿本　湖北

集 10007354

太炎手劄不分卷

餘杭章炳麟撰

鈔本　雲南

集 10007355

章太炎尺牘一卷

餘杭章炳麟撰

民國十一年(1922)、二十四年(1935)上海文明書局石印近代十大家尺牘本　國圖

集 10007356

章太炎先生尺牘一卷

餘杭章炳麟撰

民國二年(1913)上海振學社鉛印章譚汪黃四家尺牘本　國圖

集 10007357

餐花仙館詩草四卷

會稽沈祖壽撰

稿本　浙江

集 10007358

語石居詩鈔二卷

(清)鎮海林植三撰

民國二十二年(1933)石印本　寧波

集 10007359

會稽山人詩存一卷

會稽唐福履撰

稿本(陳昌沂、沈百塘跋)　浙江

集 10007360

乙笙詩稿不分卷

(清)會稽唐福履撰

鈔本　中科院

集 10007361

盤古遺稿一卷

（清）桐廬袁壽康撰

民國八年（1919）鉛印本　國圖

河南　洛陽

集 10007362

愛餘堂文集一卷詩集一卷詞集一卷別集一卷

安吉莫永貞撰

民國十四年（1925）上海中華書局鉛印本　國圖　南京

集 10007363

養餘叢稿不分卷

仁和張大昌撰

鈔本　南京

稿本　浙江

集 10007364

養餘外集一卷

仁和張大昌撰

清光緒間刻本　國圖　中科院

集 10007365

松韻樓詩稿三卷醉月詞一卷

（清）慈溪馮保清撰

清光緒二十五年（1899）刻本　上海

集 10007366

餐霞仙館詩詞集一卷

（清）鄞縣蔡和霽撰

約園鈔本　中社科院文學所

民國三十三年（1944）四明蔡氏墨海樓鉛印本　國圖　南京　復旦

集 10007367

漱塵室集五卷

會稽顧迪光撰

民國十八年（1929）顧氏金佳石好樓仿聚珍排印顧氏家集本　國圖　上海　南京

集 10007368

桐溪詩草不分卷

（清）錢塘沈鵬等撰

清乾隆刻本　天一閣

清鈔本（清朱文藻校，清嚴果跋）　南京

集 10007369

晚晴集無卷數

（清）山陰王縑撰

民國十九年（1930）石印本　國圖　中社科院文學所

集 10007370

雲石山房詩草不分卷

（清）蕭山沈廷傑撰

民國二十五年（1936）鉛印本　中社科院文學所　國圖　南京

集 10007371

雪影軒賑餘吟集二卷

吳興邱培湖撰

民國十九年(1930)鉛印本　上海

集 10007372

耕心堂集十五卷

（清）永嘉靳文升撰

鈔本　永嘉區征輯鄉哲遺著會
原藏

集 10007373

復郿吟稿四卷

（清）吳興張宗儒撰

清光緒三十二年(1906)鉛印本
國圖

集 10007374

復郿初稿二卷

（清）吳興張宗儒撰

民國三年(1914)鉛印本　國圖

集 10007375

復郿雜稿不分卷

（清）吳興張宗儒撰

稿本　北大

集 10007376

剛齋吟草漫録二卷

（清）歸安王樹榮撰

民國間石印本　國圖

2017 年國家圖書館出版社清代
詩文集珍本叢刊本

集 10007377

雪浪石題詠一卷

歸安王樹榮撰

民國六年(1917)鉛印本　南京

集 10007378

朱強甫集三卷

（清）嘉興朱克柔撰

清光緒三十二年(1906)武昌刻本
中社科院歷史所

集 10007379

一浮漚齋詩選三卷

石門沈焜撰

民國二十五年(1936)二十八年
(1939)南林周氏鉛印南林叢刊本
國圖　北大　上海　吉大　甘肅
南京　浙江　桂林　雲南

1982 年杭州古舊書店影印民國
間南林周氏鉛印南林叢刊本　遼寧

民國間刻本　人民日報

集 10007380

甬山堂詩集六卷

奉化周世棠撰

民國十九年(1930)鉛印本　南京

集 10007381

追述戊戌政變雜詠一卷

（清）海鹽張元濟撰

1953 年夢癡朱絲欄鈔本　國圖

集 10007382

高雲鄉遺稿一卷

餘姚高民撰

民國間杭縣徐氏鉛印民國三年至
十二年(1914～1923)杭縣徐氏鉛印
天蘇閣叢刊本　國圖　中科院　北
大　上海　天津　遼寧　甘肅　南
京　浙江　湖北　重慶　國圖

中華書局聚珍仿宋部印天蘇閣叢
刊二集本　南京

集 10007383
遯庵詩稿一卷團綠山房詩餘一卷

(清)天台曹希璨撰

清宣統三年(1911)鉛印本　中社
科院文學所

集 10007384
歇庵詩存不分卷

嘉興釋了翁撰

民國二十一年(1932)鉛印本
上海

集 10007385
雲淙琴趣二卷

仁和邵章撰

民國十九年(1930)邵氏悼盒刻本
國圖(佚名題識、佚名校字)

集 10007386
雲淙琴趣三卷

(清)仁和邵章撰

民國十九年(1930)刻本　遼寧
上海

集 10007387
悼庵詩稿十卷

(清)仁和邵章撰

鈔本　國圖

集 10007388
悼庵詩稿不分卷

(清)仁和邵章撰

1953 年北京進打字謄寫社油印
本　南京　復旦

集 10007389
寥陽館詩草一卷

(清)慈溪姚壽祁撰

民國三十一年(1942)鉛印本　中
社科院文學所

集 10007390
華蕊樓遺稿一卷

(清)海寧徐熙珍撰

民國五年(1916)烏程周氏夢坡室
刻本　國圖

集 10007391
天嬰室詩四卷

慈溪陳訓正撰

民國八年(1919)石印本　南京

集 10007392
天嬰室叢稿十九卷

慈溪陳訓正撰

民國間鉛印本　國圖

集 10007393

天嬰室集一卷

　　慈溪陳訓正撰

　　民國抄本　天一閣

集 10007394

晚山人集四卷

　　慈溪陳訓正撰

　　民國間石印本　河南

集 10007395

悔復堂詩一卷

　　慈溪應啓墀撰

　　民國間鉛印本　中社科院文學所
寧波

集 10007396

悔復堂詩二卷

　　慈溪應啓墀撰

　　民國三十一年(1942)鉛印本(佚
名題贈)　國圖

集 10007397

柘塘遊草一卷蓬廬詩草一卷

　　(清)海鹽徐景穆撰

　　清刻本　天津

集 10007398

補拙軒遺稿三卷

　　(清)鄞縣朱善佐撰

　　民國間活字印本　中社科院文
學所

集 10007399

愛日軒集四卷

　　(清)錢塘袁毓麞撰

　　稿本　浙江

集 10007400

巢雲山房詩存二卷

　　(清)山陰徐錫麟撰

　　清光緒間丹陽徐氏刻本　國圖

　　清代詩文集彙編本

集 10007401

回風堂集十四卷附婦學齋遺稿
一卷

　　(清)慈溪(一作鄞縣人)馮开撰

　　民國三十年(1941)蕭山朱鼎煦鉛
印本　北師大

集 10007402

回風堂文集一卷

　　(清)慈溪(一作鄞縣人)馮开撰

　　鈔本　南京

集 10007403

馮君木書牘一卷附一卷

　　(清)慈溪(一作鄞縣人)馮开撰

　　鈔本　復旦

集 10007404

謇諤堂詩稿一卷

　　(清)天台金文田撰

　　清光緒三十四年(1908)刻本
上海

集 10007405

賽諤堂詩集(存一卷)

(清)天台金文田撰

清抄本　臨海博

集 10007406

賽諤堂文稿一卷

(清)天台金文田撰

清光緒間木活字印本　南京

集 10007407

春到廬詩鈔六卷

(清)錢塘戴穗孫撰

稿本　浙博

2019 年國家圖書館出版社影印
浙學未刊稿叢編本

集 10007408

劍川集二卷

(清)錢塘戴穗孫撰

稿本　浙師大

2019 年國家圖書館出版社影印
浙學未刊稿叢編本

集 10007409

湖濱補讀廬詩文稿十卷

(清)仁和鍾廣生撰

民國二十年(1931)鉛印本　國圖

集 10007410

慈寶四六文一卷

(清)仁和鍾廣生撰

湖濱補讀廬叢刻本

近代中國史料叢刊本

集 10007411

菫廬遺稿不分卷

(清)海鹽王賓基撰

清宣統二年(1910)鉛印本　國圖

民國鉛印本　海寧

集 10007412

粵秀堂集不分卷

(清)紹興朱慶瀾撰

民國間鉛印本　遼寧

集 10007413

消寒詩存不分卷

(清)歸安沈瑞麟撰

民國二十一年(1932)鉛印本
遼寧

集 10007414

度遼草不分卷

(清)歸安沈瑞麟撰

民國二十五年(1936)鉛印本　遼
寧　齊齊哈爾

集 10007415

雨華樓吟不分卷

(清)瑞安戴慶祥撰

民國抄本　溫州

集 10007416

雨華樓吟五卷

(清)瑞安戴慶祥撰

民國戴炳驄抄本　温州

集 10007417
悲華經舍詩文存七卷
　（清）慈溪洪允祥撰
　民國二十五年（1936）洪氏慎思堂
鉛印本　中山

集 10007418
語霜遺墨不分卷
　（清）歸安（歸安人，居上海）俞
原撰
　民國二十九年（1940）文明書局刻
本　南師大

集 10007419
漢當研室詩鈔八卷
　上虞俞壽璋撰
　民國二十七年（1938）鉛印本
首都

集 10007420
忘山廬詩存二卷
　（清）錢塘孫寶璇撰
　1954 年孫晉孫油印本　南京
浙江　上海
　1957 年油印本　復旦

集 10007421
忘山廬詩存不分卷
　（清）錢塘孫寶璇撰
　油印本　中社科院文學所

集 10007422
遯堪文集（遯龕文集）二卷
　（清）錢塘張爾田撰　王鍾翰輯
　民國三十七年（1948）鉛印本　中
社科院文學所

集 10007423
漢行信稿一卷
　仁和葉景葵撰
　清宣統元年（1909）稿本　上海

集 10007424
卷庵剩稿
　仁和葉景葵撰
　1916 年鉛印本

集 10007425
**俋山遺集（俋山文集三卷詩存一
卷）**
　（清）會稽章錫光撰
　民國十一年（1922）章氏琴鶴軒刻
本　國圖

集 10007426
秋女烈士遺稿
　（清）山陰秋瑾撰
　鈔本　湖南

集 10007427
秋女烈士遺稿不分卷
　（清）山陰秋瑾撰
　民國元年（1912）長沙秋女烈士追
悼會鉛印本　浙大

清宣統二年（1910）于日本東京
出版
　清代詩文集彙編本

集 10007428
秋瑾遺集不分卷
　（清）山陰秋瑾撰　王紹基編
　　民國十八年（1929）上海明日書店
鉛印本　中科院
　　民國二十六年（1937）白光書店鉛
印本　國圖

集 10007429
秋瑾女俠遺集不分卷
　（清）山陰秋瑾撰
　　民國十八年（1929）十月上海　中
華書局鉛印本　國圖

集 10007430
秋女士詩詞二卷
　（清）山陰秋瑾撰
　　清光緒三十三年（1907）王芷馥于
日本東京鉛印出版　國圖

集 10007431
超觀室詩不分卷
　（清）蕭山張弧撰
　　民國二十八年（1939）鉛印本
首都

集 10007432
大至閣詩一卷
　（清）紹興諸宗元撰

　　民國二十二年（1933）鉛印本　中
社科院文學所　中山

集 10007433
諸貞壯遺詩二卷
　（清）紹興諸宗元撰
　　民國二十三年（1934）鉛印本
湖南

集 10007434
病起樓詩一卷
　（清）紹興諸宗元撰
　　民國十九年（1930）上海鉛印本
金華博

集 10007435
非儒非俠齋集五卷
　（清）會稽顧燮光撰
　　民國十二年（1923）石印本　首都
南京

集 10007436
非儒非俠齋詩一卷
　會稽顧燮光撰
　　民國三年（1914）會稽顧氏鉛印本
國圖

集 10007437
非儒非俠齋詩一卷詩續集
　會稽顧燮光撰
　　民國鉛印本（與陸珊詩合爲一冊）
南京

集 10007438

非儒非俠齋文集二卷外集一卷

會稽顧燮光撰

民國鉛印本（文集存卷三、卷四）
南京

集 10007439

非儒非俠齋詩二卷

會稽顧燮光撰

民國鉛印本（與聯語偶存初集、福
黶樓遺詩合一冊）　南京

集 10007440

古調堂文集二卷

（清）上虞羅振常撰

稿本　陳乃乾《清代文集經眼録》
著録

集 10007441

惜紅吟館詩草二卷

（清）會稽顧燮光撰

清稿本　北大

集 10007442

婦學齋遺稿一卷

慈溪俞因撰

民國三十年（1941）鉛印回風堂詩
文集附　南京

集 10007443

韞玉樓遺詩一卷

（清）桐鄉徐咸安撰

民國間南林張氏適園刻本　國圖

集 10007444

遊蜀草三卷

（清）鄞縣張壽鏞撰

民國二十七年（1938）鉛印本　國
圖　上海

集 10007445

約園文存一卷

（清）鄞縣張壽鏞撰

稿本　上海

集 10007446

約園雜著八卷續編八卷三編八卷

（清）鄞縣張壽鏞撰

民國二十四年至三十四年（1935～
1945）鉛印本　國圖　北大　北師
大（存續編）　上海　寧波　南大
寧波

集 10007447

百梅書屋詩存不分卷

（清）仁和陳叔通撰

中華書局1959年影印稿本　國
圖　河南　復旦

集 10007448

人壽堂詩鈔一卷人壽集一卷

寧波（新安人，寓寧波，後去美國）
戈鯤化撰

清光緒三年至四年（1877～1878）
刻本　美燕京

集 10007449

壬癸集一卷

　海寧王國維撰

　清宣統三年(1911)石印國學叢刊本　中科院　湖北

　民國四年(1915)上虞羅氏鉛印雪堂叢刻本　國圖　中科院　北大　上海　復旦　天津　遼寧　甘肅　南京　浙江　湖北　四川

　1994 年上海書店出版社叢書集成續編本

集 10007450

静庵文集一卷詩稿一卷

　海寧王國維撰

　清光緒三十一年(1905)鉛印本　國圖　中科院

　2002 年上海古籍出版社影印續修四庫全書本

集 10007451

静安文集一卷詩稿一卷文集續編一卷

　海寧王國維撰

　民國二十九年(1940)商務印書館長沙石印海寧王靜安先生遺書本　國圖　中科院　北大　上海　復旦　遼寧　山東　南京　湖北　四川

集 10007452

觀堂集林二十卷

　海寧王國維撰

　民國十二年(1923)蔣氏密韻樓鉛

印本　國圖　北大　北師大

　國家圖書館出版社 2009 年 7 月出版國家圖書館藏古籍文獻彙編本

集 10007453

觀堂集林二十四卷

　海寧王國維撰

　民國十六年(1927)海寧王氏鉛印及石印海寧王忠愨公遺書本　國圖　中科院　上海　復旦　天津　遼寧　山大　南京　浙江　湖北　四川

　民國二十九年(1940)商務印書館長沙石印海寧王靜安先生遺書本　國圖　中科院　北大　上海　復旦　遼寧　山東　南京　湖北　四川

集 10007454

觀堂外集三卷

　海寧王國維撰

　民國間海寧王氏鉛印本　國圖　北大　北師大

　民國十六年(1927)上虞吳氏鉛印本　北師大　上海

集 10007455

觀堂外集四卷

　海寧王國維撰

　民國十六年(1927)海寧王氏鉛印本　國圖　上海

集 10007456

觀堂別集一卷補遺一卷後編一卷

海寧王國維撰

民國十六年(1927)海寧王氏鉛印及石印海寧王忠慤公遺書本　國圖　中科院　上海　復旦　天津　遼寧　山大　南京　浙江　湖北　四川

集 10007457

觀堂別集四卷

海寧王國維撰

民國二十九年(1940)商務印書館長沙石印海寧王靜安先生遺書本　國圖　中科院　北大　上海　復旦　遼寧　山東　南京　湖北　四川

集 10007458

觀堂遺墨二卷

海寧王國維撰　陳乃乾輯

民國十九年(1930)海寧陳氏影印本　北大　北師大　中社科院歷史所

集 10007459

永觀堂海內外雜文二卷

海寧王國維撰

民國五年至七年(1916～1917)上海倉聖明智大學鉛印及石印廣倉學宭叢書(學術叢編)甲類本　國圖　中科院　上海　復旦　天津　甘肅　南京　浙江　湖北　四川　日京大人文研

集 10007460

静庵詩稿一卷人間詞甲稿一卷

海寧王國維撰

清末抄本　平湖

集 10007461

高雲麓太史梅花詩二百首墨迹不分卷

鄞縣高振霄撰

民國二十四年(1935)朱孔陽石印本　上海

集 10007462

頤淵詩集不分卷

上虞經亨頤撰

民國二十五年(1936)鉛印本　復旦

集 10007463

西樓遺稿不分卷

仁和江熹撰

清光緒二十八年(1902)元和江氏一溉堂刻本　中科院

集 10007464

環翠山房詩鈔不分卷

(清)武義李樹藩撰

鈔本　原藏武義縣民教館

集 10007465

居東集二卷

諸暨蔣智由撰

清宣統二年(1910)上海文明書局

鉛印本　國圖　浙江

集 10007466

蔣觀雲遺詩一卷

　諸暨蔣智由撰　呂美蓀輯

　民國二十二年(1933)鉛印本　中社科院文學所

集 10007467

耕餘軒筆存不分卷

　(清)建德畢錦元撰

　民國間鈔本　建德民教館原藏

集 10007468

求我齋詩草一卷

　(清)吳興章宗元撰

　民國三十七年(1948)鉛印本上海

集 10007469

天虛我生詩詞曲稿二十卷

　(清)杭州陳栩撰

　民國五年(1916)中華圖書館鉛印本　首都

集 10007470

拱宸橋竹枝詞二卷

　(清)杭州陳栩撰

　清光緒二十六年(1900)刻本國圖

集 10007471

栩園叢稿初編五卷

　(清)杭州陳栩撰

　民國五年(1916)上海　著易堂印書局鉛印本　湖南

集 10007472

和欽詩稿待刪十二卷

　(清)鎮海虞銘新撰

　民國八年(1919)蔣熏精舍鉛印本國圖

集 10007473

和欽詩稿待刪□□卷

　(清)鎮海虞銘新撰

　民國八年(1919)蔣熏精舍鉛印本南京(存卷十至十六)

集 10007474

和欽詩稿待刪不分卷

　(清)鎮海虞銘新撰

　鈔本　中科院

集 10007475

和欽文初編二卷

　(清)鎮海虞銘新撰

　民國二十至二十七年(1931～1938)鉛印本　上海　浙大

集 10007476

紅薇吟館詩草一卷

　永嘉張光撰

　民國初鈔本　國圖

集 10007477

松濤齋詩稿不分卷

(清)嘉興陶崇信撰

民國十四年(1925)鉛印本 嘉興

集 10007478

丁子居剩草一卷

(清)錢塘丁善之撰

民國間其子玨刻本 中社科院文

學所 上海

集 10007479

視昔軒遺稿五卷

蕭山徐樹錚撰

民國二十年(1931)刻本 國圖

集 10007480

天行草堂文稿一卷詩稿六卷

(清)仁和車嶔撰

民國二十四年(1935)鉛印本

國圖

集 10007481

陳仲權遺著一卷

(清)嘉興陳以義撰

民國二十五年(1936)鉛印本 首

都 復旦 國圖 上海 南京 河

南 四川 人大 浙江

集 10007482

息影廬詩存一卷

(清)桐鄉畢灝撰

民國二十二年(1933)上海石印畢

燕衍堂四世詩存本 南京

集 10007483

息影廬詩剩一卷

(清)桐鄉畢灝撰

清宣統二年(1910)木活字印桐鄉

畢氏遺著本 上海

集 10007484

滌硯齋詩存一卷

(清)桐鄉畢發撰

民國二十二年(1933)上海石印畢

燕衍堂四世詩存本 南京

集 10007485

竹韻山房噲草一卷

(清)桐鄉畢綸撰

民國二十二年(1933)上海石印畢

燕衍堂四世詩存本 南京

集 10007486

西疇村舍詩鈔一卷

(清)桐鄉畢松撰

民國二十二年(1933)上海石印畢

燕衍堂四世詩存本 南京

集 10007487

掬水館詩鈔一卷

(清)桐鄉畢松撰

民國二十二年(1933)上海石印畢

燕衍堂四世詩存本 南京

集 10007488

黃犢廬詩鈔一卷

（清）桐鄉畢松撰

民國二十二年(1933)上海石印畢
燕衍堂四世詩存本　南京

集 10007489

問月山房詠物詩剩一卷

（清）桐鄉畢槐撰

民國二十二年(1933)上海石印畢
燕衍堂四世詩存本　南京

集 10007490

問月山房詩剩一卷

（清）桐鄉畢槐撰

清宣統二年(1910)木活字印桐鄉
畢氏遺著本　上海

集 10007491

一隅軒雜著一卷

（清）桐鄉畢槐撰

民國二十二年(1933)上海石印畢
燕衍堂四世詩存本　南京

集 10007492

逸詩搜錄一卷

（清）桐鄉畢槐撰

民國二十二年(1933)上海石印畢
燕衍堂四世詩存本　南京

集 10007493

半半閑吟草一卷

（清）桐鄉畢雲粹撰

民國二十二年(1933)上海石印畢
燕衍堂四世詩存本　南京

集 10007494

石徑布衣詩草一卷

（清）桐鄉畢心粹撰

民國二十二年(1933)上海石印畢
燕衍堂四世詩存本　南京

集 10007495

戈史山館吟草一卷

（清）桐鄉畢心粹撰

民國二十二年(1933)上海石印畢
燕衍堂四世詩存本　南京

集 10007496

蘇錫遊草一卷

（清）桐鄉畢心粹撰

民國二十二年(1933)上海石印畢
燕衍堂四世詩存本　南京

集 10007497

水鶴集一卷

（清）桐鄉畢心粹撰

民國二十二年(1933)上海石印畢
燕衍堂四世詩存本　南京

集 10007498

**戈山老人詩稿一卷附醰甫賦稿
一卷**

（清）桐鄉畢心粹撰

民國二十二年(1933)上海石印畢
燕衍堂四世詩存本　南京

集 10007499

白華草堂詩六卷附玉尺樓詩一卷

紹興（湖南湘鄉人，紹興元沖妻）
張默君撰

民國十四年（1925）刻本　中社科
院文學所

集 10007500

曇花一現草一卷

（清）秀水楊文蘭撰

清宣統三年（1911）鉛印本　上海
嘉興

集 10007501

滄粟庵詩存一卷

（清）蕭山任劭傅撰

清光緒二十九年（1903）刻本
中山

清光緒三十年（1904）刻本　南京

集 10007502

寒柯堂避寇詩草一卷

龍游余紹宋撰

民國間鉛印本　上海　青島

集 10007503

寒柯堂詩四卷

龍游余紹宋撰

民國三十六年（1947）浙江文化印
刷公司鉛印本　上海　南京

集 10007504

觀復堂詩集八卷

德清蔡寶善撰

民國間鉛印本　南京

集 10007505

静遠堂詩一卷附東京雜事詩一卷

（清）富陽郁華撰

民國二十九年（1940）小隱山房鉛
印本　國圖　上海

民國二十九年（1940）尊樓叢書本

集 10007506

敬鄉樓詩三卷

（清）永嘉黃羣撰

民國三十六年（1947）石印本
首都

集 10007507

硯山文稿十卷

富陽章乃羹撰

民國間鉛印本　中社科院文學所

集 10007508

硯山文稿續集不分卷

富陽章乃羹撰

民國三十三年（1944）油印本
浙大

台中文聽閣圖書公司出版民國文
集叢刊本

集 10007509

滋蘭室遺稿一卷

（清）海鹽王嗣暉撰

清宣統間鉛印本　國圖

集 10007510

漢硯唐琴室遺詩不分卷

（清）海鹽（一作德清）俞玫撰

民國十八年（1929）刻朱印本　台
傅斯年

民國二十九年（1940）刻本　中社
科院文學所

集 10007511

愛國女士丁志先遺著不分卷

（清）錢塘丁志先撰

清光緒三十年（1904）丁謙刻本
南京

集 10007512

畫溪漁唱二卷

（清）歸安陳丙綏撰

民國間鉛印本　國圖

集 10007513

阮烈士遺稿不分卷

（清）山陰阮式撰

民國二年（1913）鉛印本　國圖

集 10007514

達齋吟草一卷

（清）嘉善黃桐孫撰

民國抄本　嘉善

集 10007515

南屏遺稿一卷

（明）樂清高友璣撰

嚴公遺稿一卷

（明）樂清高廷紳撰

民國永嘉黃氏敬鄉樓鈔本　溫州

集 10007516

埽庵集一卷

（明）嘉興譚貞默撰

民國二十四年（1935）刻嘉興譚氏
遺書本　上海

清代家集叢刊本

集 10007517

蕅霞軒詩拾遺一卷

（清）平湖錢仁榮撰

清嘉慶間刻本　南京

集 10007518

烏絨花詠一卷

（清）平湖錢仁榮撰

清刻本　平湖

集 10007519

愛吾廬遺稿一卷

（清）鄞縣陳綸撰

民國十五年（1926）鉛印本　南京

集 10007520

小不其山房集六卷

（清）烏程徐有珂撰

清光緒六年（1880）刻本　南京
北師大　南開

集 10007521

無悔齋集三十二卷又不分卷

（清）泰順周京撰

稿本（清丁丙跋，存卷三十一至三十二、不分卷） 溫州

清乾隆十七年（1752）刻本 國圖

天津 浙江

集 10007522

古俠遺稿一卷

（清）泰順周京撰

民國鈔本 浙江 溫州

集 10007523

愧廬詩文鈔二卷愧廬詩鈔一卷附聯稿一卷

（清）山陰胡道南撰

民國三年（1914）上海人權印刷所鉛印本 國圖 四川 上海 南京

天師大 浙大

清代詩文集彙編本

集 10007524

鍾生公遺稿不分卷

（清）山陰胡道南撰

鈔本 浙江

集 10007525

悟閑吟草一卷

（清）鎮海黃廷誥撰

清咸豐四年（1854）木活字印本

上海

集 10007526

瀕湖草堂詩集

（清）鄞縣江學海撰

鈔本 中科院

集 10007527

豔雪軒集十九卷

（清）仁和龔守止撰

稿本 國圖

清道光四年至五年（1824～1825）

龔氏清稿鈔本 北大

集 10007528

晚香堂集二卷

（清）仁和錢文楨撰

稿本 北大

清光緒二十二年（1896）刻本 北大 上海

集 10007529

瑤華閣詩草一卷詞草一卷

（清）錢塘袁壽撰

稿本 浙江

集 10007530

忍默恕退之齋詩鈔不分卷賦草一卷試律鈔一卷

（清）桐鄉沈寶禾撰

稿本 浙江

集 10007531

棲碧詞一卷

（清）蕭山丁文蔚撰

稿本（朱丁合著本） 浙江

集 10007532

四悔草堂詩鈔別存

（清）山陰朱漱芳撰

稿本（朱丁合著本）　浙江

集 10007533

芝竹山房詩集二卷

（清）湖州沈青于撰

稿本　浙江

集 10007534

學錦駢文□卷

（清）仁和高同雲撰

稿本　浙江

集 10007535

歲暮懷人絶句一卷

（清）山陰陳陔撰

稿本　浙江

集 10007536

紹興陳孝蘭解元陔蜀遊詩草一卷

（清）山陰陳陔撰

稿本　浙江

集 10007537

蘇苑詩鈔（存漁磯集、寓遊集兩種）

（清）黄巖應溯穎撰

稿本　黄巖

集 10007538

鄰彭山館詩鈔四卷

（清）紹興紀勤麗撰

稿本　紹興

集 10007539

驅蠱山房初稿一卷

（清）臨海季焕南撰

稿本　溫州

集 10007540

琴玉山房詩録不分卷

（清）瑞安蔡世禎撰

稿本　溫州

集 10007541

韻松樓小草一卷

（清）平湖顧慈撰

稿本　平湖

集 10007542

存邁文草不分卷

（清）平湖張憲和撰

稿本　平湖

集 10007543

聞悍隨筆一卷

（清）平湖張憲和撰

稿本　平湖

集 10007544

紅椒山館詩鈔一卷

（清）平湖張憲和撰

稿本　平湖

集 10007545

受月軒詩草三卷

（清）平湖張憲和撰

稿本　平湖

集 10007546

受月軒詩草二卷

（清）平湖張憲和撰

稿本　平湖

集 10007547

受月軒詩草二卷

（清）平湖張憲和撰

稿本　平湖

集 10007548

子定艸稿四卷

（清）平湖張憲和撰

稿本　平湖

集 10007549

得句即錄一卷

（清）平湖張宗楷撰

稿本　平湖

集 10007550

香草樓詩集四卷文集一卷

（清）平陽祝垚之撰

稿本　溫州

集 10007551

張夢義遺稿一卷

（清）永嘉張夢義撰

稿本　溫州

集 10007552

澹香吟館詩鈔六卷

（清）瑞安周鳴桐撰

稿本　溫州

2017 年國家圖書館出版社清代詩文集珍本叢刊本

集 10007553

蔣雪齋唫稿不分卷

（清）瑞安蔣鋒撰

稿本　溫州

集 10007554

直庵詩鈔五卷

（清）瑞安朱方撰

稿本　溫州

集 10007555

冰玉集□□卷冰玉後集□□卷卮言二卷南樓日記□□卷天放集□□卷

（清）慈溪周維械撰

稿本　天一閣

集 10007556

觀喜堂集詩錄十六卷

（清）平湖張毓達撰

稿本　平湖

集 10007557

觀喜堂文集一卷

（清）平湖張毓達撰

清末刻本　平湖

集 10007558

抱璞亭文集不分卷

（清）平湖張毓達撰

稿本　平湖

集 10007559

辭賦雜鈔不分卷

（清）平湖張登善撰

稿本　平湖

集 10007560

也秋學吟一卷

（清）平湖也秋撰

稿本　平湖

稿本（又一種）　平湖

集 10007561

張炳堃等書信不分卷

（清）平湖張炳堃等

稿本　平湖

集 10007562

抱山樓試帖錄存二卷

（清）平湖張炳堃撰

清同治九年（1870）武昌刻本
平湖

集 10007563

抱山樓詩集四卷

（清）平湖張炳堃撰

清平湖張氏抄本　平湖

集 10007564

抱山樓文存一卷筆記一卷

（清）平湖張炳堃撰

清平湖張氏抄本　平湖

集 10007565

約齋所作不分卷

（清）鄞縣李植綱撰

稿本　天一閣

集 10007566

璞廬詩存二卷

（清）瑞安戴炳驄撰

稿本　溫州

集 10007567

璞廬詩選不分卷

（清）瑞安戴炳驄撰

稿本　溫州

集 10007568

璞廬雜文不分卷

（清）瑞安戴炳驄撰

稿本　溫州

集 10007569

璞廬文存三卷

（清）瑞安戴炳驄撰

稿本　溫州

集 10007570

璞廬應求集一卷

（清）瑞安戴炳驄撰

民國二十六年(1937)稿本　溫州

集 10007571

璞廬詩草不分卷

（清）瑞安戴炳驄撰

民國稿本　溫州

集 10007572

欙香樓尺牘不分卷文傳不分卷

永嘉張應燨撰

稿本　溫州

集 10007573

永嘉風俗竹枝詞三卷

永嘉楊青撰

稿本　溫州博

集 10007574

天籟隨筆不分卷

杭州（常州人，寓杭州）張光第撰

稿本　平湖

集 10007575

三益書屋賦草一卷詩鈔一卷雪鴻集詩鈔一卷

平湖胡炯祖撰

稿本　平湖

集 10007576

耐辱居草一卷

紹興朱澗南撰

稿本　浙江

集 10007577

陶寫山房雜詠二卷

瑞安陳兆賓撰

稿本　溫州

集 10007578

環龍居詩稿一卷

（清）長興施恩普撰

清末鈔本　浙江

集 10007579

蚓吹集一卷

（清）瑞安郁豫撰

清瑞安項氏水仙亭鈔本　溫州

集 10007580

胡卓亭詩稿不分卷

（清）天台胡卓亭撰

清鈔本　臨海博

集 10007581

齊胡二翁詩選不分卷

（清）天台齊紹南　（清）胡作嘯撰

清鈔本　臨海博

集 10007582

秋籟閣雨夕懷人絕句不分卷

（清）臨海黃瑞撰

清稿本　臨海博

集 10007583

秋籟閣詩鈔一卷

(清)臨海黃瑞撰

清稿本　浙江

民國抄本　臨海博

集 10007584

秋籟山莊詩草不分卷

(清)臨海黃瑞撰

清抄本　臨海博

集 10007585

思云意玉禪室尺牘不分卷

(清)臨海黃瑞撰

清抄本　臨海博

集 10007586

鶺寄堂稿不分卷

(清)臨海黃瑞輯

清抄本　臨海博

集 10007587

帚全稿一卷

(清)臨海黃瑞撰

清稿本　臨海博

集 10007588

姑聽集不分卷

(清)臨海黃瑞撰

清抄本　臨海博

集 10007589

清憩軒詩存四卷

(清)臨海黃瑞撰

清光緒十四年(1888)稿本　臨海博

清光緒抄本　臨海博

集 10007590

愛日草堂詩稿一卷

(清)臨海黃瑞撰

清抄本　臨海博

集 10007591

藕花吟舫未定稿一卷

(清)臨海黃瑞撰

清抄本　臨海博

集 10007592

黃子珍先生遺稿一卷

(清)臨海黃瑞撰

清稿本　臨海博

集 10007593

浣月山房詩稿一卷

(清)臨海黃瑞撰

清抄本　臨海博

集 10007594

臨海黃子珍稿本一卷

(清)臨海黃瑞撰

清稿本　浙江

集 10007595

鷺河吟草不分卷

(清)臨海黃瑞撰

清稿本　臨海博

集 10007596

江上吟不分卷

（清）臨海黃瑞撰

清同治六年（1867）稿本　臨海博

集 10007597

秋籟閣詩稿初集不分卷

（清）臨海黃瑞撰

清稿本　臨海博

集 10007598

秋籟閣詩草不分卷

（清）臨海黃瑞撰

清咸豐十一年（1861）稿本　臨海博

集 10007599

秋籟閣詩畧十一卷

（清）臨海黃瑞撰

清抄本　臨海博

集 10007600

秋籟閣文畧不分卷

（清）臨海黃瑞撰

清抄本　臨海博

集 10007601

黃先生詩草不分卷

（清）臨海黃瑞撰

清鈔本　臨海博

集 10007602

萬山房詩鈔不分卷

（清）天台孫春澤撰

清鈔本　臨海博

集 10007603

萬八山房詩稿不分卷

（清）天台孫春澤撰

清稿本　臨海博

集 10007604

莪園文稿不分卷

（清）天台張廷琛撰

清鈔本　臨海博

集 10007605

莪園隨筆不分卷

（清）天台張廷琛撰

清稿本　臨海博

集 10007606

張廷琛手稿不分卷

（清）天台張廷琛撰

清稿本　臨海博

集 10007607

兩銘樓詩草不分卷

（清）天台張廷琛撰

清光緒抄本　臨海博

集 10007608

奔馬草堂四六初編不分卷

（清）天台張廷琛撰

清光緒五年(1879)抄本　臨海博

集 10007609

莪園囈言不分卷莪園省記不分卷

(清)天台張廷琛撰

清抄本　臨海博

集 10007610

繼善樓文抄不分卷

(清)天台張廷琛撰

清同治十年至光緒五年(1871～1879)稿本　臨海博

集 10007611

憶錄陰室制藝不分卷

(清)臨海葛詠裳撰

清鈔本　臨海博

集 10007612

輶囊詩詞選鈔一卷

(清)臨海葛詠裳撰

清末稿本　臨海博

集 10007613

輶囊叢槀不分卷

(清)臨海葛詠裳撰

清末稿本　臨海博

集 10007614

特夫詩集一卷

(清)泰順林大璋撰

民國鈔本　泰順

集 10007615

魚雁詩存一卷

(清)泰順林甡帆等撰

民國鈔本　泰順

集 10007616

柿園詩草一卷

(清)永嘉張正宰撰

清鈔本　溫州

集 10007617

訊渡文集一卷

(清)永嘉張正宰撰

民國抄本　溫州

集 10007618

吟花香室詩草不分卷

(清)瑞安(一作臨海)潘錕撰

民國鈔本　玉海樓

集 10007619

蘋齋賸稿一卷

(清)長興李祖庚撰

民國六年(1917)長興王修鈔本　浙江

集 10007620

青拜廬詩一卷

(清)錢塘吳淦撰

手稿本　浙江

集 10007621

櫟木庵詩草一卷詩話一卷文草一卷

（清）鄞縣郭謙益撰

鈔本　浙江

集 10007622

司空圖詩品一卷詩課鈔一卷

（清）蕭山鍾寶撰

清末鈔本　紹興

集 10007623

槐陰集一卷

（清）永嘉王毓撰

民國永嘉黃氏敬鄉樓鈔本　温州

集 10007624

海東詩鈔一卷

（清）平陽張御撰

民國永嘉黃氏敬鄉樓鈔本　温州

民國平陽王理孚鈔本　温州

集 10007625

匹松詩稿不分卷

（清）永嘉程起士撰

民國永嘉黃氏敬鄉樓鈔本　温州

集 10007626

夾鏡亭吟草一卷

（清）永嘉馬世俊撰

民國十四年（1925）永嘉黃氏敬鄉

樓鈔本　温州

集 10007627

芝軒逸草五卷

（清）温州王崇勳撰

民國永嘉黃氏敬鄉樓鈔本　温州

集 10007628

張蘭畦詩稿不分卷

（清）平陽張元啓撰

民國永嘉黃氏敬鄉樓鈔本　温州

集 10007629

姑蘇紀游一卷武林紀游一卷蘭

畦小草一卷

（清）平陽張元啓撰

清鈔本　温州

集 10007630

劉揚芝詩一卷

（清）平陽劉眉錫撰

清末民國初朱景新鈔本　温州

集 10007631

澹澹軒詩稿六卷增補四卷

（清）温州胡玉峰撰

清乾隆五十九年（1794）、嘉慶元

年（1796）林坰鈔本　温州

集 10007632

聽松軒詩鈔一卷

（清）平陽陳培元撰

民國鈔本　温州

集 10007633

海上同音録二卷

（清）樂清鄭鞠撰

民國鈔本　温州

集 10007634

筠生吟稿不分卷

（清）平陽吳達三撰

民國鈔本　溫州

集 10007635

虛白吉祥室詩集一卷

（清）瑞安張夢璜撰

民國鈔本　溫州

集 10007636

甕雲草堂詩橐九卷

（清）永嘉黃漢撰

民國鈔本　溫州

集 10007637

芝軒逸草二卷

（清）永嘉王崇勳撰

民國鈔本　溫州

集 10007638

二朱一周詩鈔三卷

（清）平陽朱鳳輝　（清）平陽朱銘

（清）平陽周萬清撰

清末民國初朱景新鈔本　溫州

集 10007639

研經堂文集一卷

（清）永嘉周灝撰

民國鈔本　溫州

集 10007640

浣芳遺稿一卷

（清）會稽宗康撰

清鈔本　溫州

集 10007641

綠靜軒草一卷

（清）瑞安劉琴漁撰

清鈔本　溫州

集 10007642

閉門稿歸來稿一卷

（清）黃巖管藍撰

清光緒二十一年（1895）半耕堂木活字印東浦集本　上海　南京

集 10007643

二洞小稿一卷

（清）黃巖管邦宰撰

清光緒二十一年（1895）半耕堂木活字印東浦集本　上海　南京

集 10007644

濟川詩存一卷

（清）黃巖管爲霖撰

清光緒二十一年（1895）半耕堂木活字印東浦集本　上海　南京

集 10007645

濟川詩存一卷

（清）黃巖管爲國撰

清光緒二十一年（1895）半耕堂木活字印東浦集本　上海　南京

集 10007646

勤箴遺稿一卷

（清）黃巖管爲國撰

清光緒二十一年(1895)半耕堂木活字印東浦集本　上海　南京

集 10007647

名公翰墨二卷

（清）黃巖管爲國編

清光緒二十一年(1895)半耕堂木活字印東浦集本　上海　南京

集 10007648

醫俗軒遺稿一卷

（清）黃巖管名籌撰

清光緒二十一年(1895)半耕堂木活字印東浦集本　上海　南京

集 10007649

太素公遺集一卷

（清）天台張文鬱撰

民國二十八年(1939)孟春天台久記印刷社印度予亭三逸遺集本　上海

集 10007650

九夏天公遺集一卷

（清）天台張元聲撰

民國二十八年(1939)孟春天台久記印刷社印度予亭三逸遺集本　上海

集 10007651

菊人公遺集一卷

（清）天台張亨梧撰

民國二十八年(1939)孟春天台久記印刷社印度予亭三逸遺集本　上海

集 10007652

候蟲集一卷

（清）西安陳聖洛撰

清嘉慶十六(1811)年刻二陳詩選本　浙江

衢州文獻集成本

集 10007653

橘洲近稿一卷

（清）西安陳聖澤撰

清嘉慶十六(1811)年刻二陳詩選本　浙江

衢州文獻集成本

集 10007654

中晚吟集一卷

（清）西安陳聖澤撰

清嘉慶十六(1811)年刻二陳詩選本　浙江

衢州文獻集成本

集 10007655

英甫遺詩一卷

（清）海鹽談庭梧撰

民國十一年(1922)印桂影軒叢刊本　南京

清人家集叢刊續編本

集 10007656

韞玉山房唫草一卷

（清）瑞安沈寶瑚撰

民國永嘉黃氏敬鄉樓鈔本　溫州

清抄本（十種合訂本）　溫州

集 10007657

韞玉山館詩鈔三卷文槀三卷

（清）瑞安沈寶瑚撰

民國永嘉黃氏敬鄉樓鈔本　溫州

集 10007658

雲芝遺詩一卷

（清）海鹽談雲芝撰

民國十一年（1922）印桂影軒叢刊
本　南京

清人家集叢刊續編本

集 10007659

夢石未定稿一卷

（清）海鹽談文炟撰

民國十一年（1922）印桂影軒叢刊
本　南京

清人家集叢刊續編本

集 10007660

夢石草稿一卷

（清）海鹽談文炟撰

稿本　海寧

集 10007661

種書田稿一卷

（清）海寧陳世佶撰

鈔本海昌陳氏傳家集本　上海

清咸豐十一年（1861）海寧陳氏鈔
本　復旦

集 10007662

寧静齋詩存一卷

（清）海寧陳經撰

鈔本海昌陳氏傳家集本　上海

集 10007663

寄寄草廬遺稿一卷

（清）海寧陳敬基撰

鈔本海昌陳氏傳家集本　上海

集 10007664

紅雨樓詩詞鈔二卷

（清）鄞縣（江西南豐人，嫁於鄞
縣）劉韻撰

清光緒八年（1882）補不足齋刻黃
氏家集二編本　國圖　中科院　上
海　浙江

集 10007665

西野吟窩稿一卷

（清）餘姚黃璧撰

清光緒己丑（1889）留書種閣刻黃
氏三世詩本　南京

清代家集叢刊影印黃氏三世詩本

集 10007666

净齋百一稿一卷

（清）餘姚黃徵謀撰

清光緒己丑（1889）留書種閣刻黃

氏三世詩本　南京

　清代家集叢刊影印黃氏三世詩本

集 10007667

鶺枝軒剩稿一卷

　（清）餘姚黃源烜撰

　清光緒己丑（1889）留書種閣刻黃

氏三世詩本　南京

　清代家集叢刊影印黃氏三世詩本

集 10007668

鶴林遺詩一卷

　（清）錢塘張灝撰

　清刻繼聲堂集本　南京

集 10007669

吟蟲集選一卷

　（清）錢塘張淇撰

　清刻繼聲堂集本　南京

集 10007670

對陽公詩稿一卷

　（清）會稽姜子羔撰

　稿本會稽姜氏家集本　上海

集 10007671

夢餘吟草一卷

　（清）山陰（江西萍鄉人，嫁於山

陰）李恒撰

　民國三十六年（1947）李氏家刻李

氏閨媛詩鈔本　南京

集 10007672

養雲樓軼詩一卷

　（清）山陰（江西萍鄉人，嫁於山

陰）李萃撰

　民國三十六年（1947）李氏家刻李

氏閨媛詩鈔本　南京

集 10007673

秋棠山館詩鈔一卷詞鈔一卷

　（清）嘉興李鏞撰

　民國四年（1915）嘉興李氏自刻李

氏詩詞四種本　上海

集 10007674

晚香樓集詩二卷詞一卷

　（清）嘉興（江蘇武進人，嫁於嘉

興）湯淑清撰

　民國四年（1915）嘉興李氏自刻本

上海

　清代家集叢刊影印李氏詩詞四

種本

集 10007675

意眉閣集二卷

　（清）嘉興（金陵人，嫁於嘉興）濮

賢娜撰

　民國四年（1915）嘉興李氏自刻本

上海

　清代家集叢刊影印李氏詩詞四

種本

集 10007676

霞綺樓僅存稿一卷

（清）嘉興李道漪撰

民國四年（1915）嘉興李氏自刻本
上海

清代家集叢刊影印李氏詩詞四
種本

集 10007677

養仙樓遺稿一卷

（清）平湖章韻清撰

清光緒間刻本　國圖　上海

集 10007678

刻翠集一卷

（清）平湖章韻清撰

清光緒間刻本　國圖　上海

集 10007679

老至留編一卷

（清）天台袁之球撰

民國鉛印三代殘編本　浙江

集 10007680

繼志堂文畧一卷

（清）鄞縣李岱宗撰

民國九年（1920）刊三丁李氏文編
本　南京

集 10007681

清渠遺文一卷

（清）烏程徐爾駿撰

清乾隆刻什一偶存本　中科院

集 10007682

希之遺文一卷

（清）烏程徐學堅撰

清乾隆刻什一偶存本　中科院

集 10007683

彤芬室文一卷彤芬室筆記一卷

（清）杭縣徐新華撰

中華書局聚珍仿宋部印天蘇閣叢
刊二集本　南京

集 10007684

同根草四卷

（清）臨海屈莔纕、屈蕙纕撰

鈔本同根草本　浙江
清代家集叢刊本

集 10007685

含青閣詩草三卷

（清）臨海屈蕙纕撰

鈔本同根草本　浙江
清代家集叢刊本

集 10007686

燕雲詩草一卷

（清）紹興劉成垚、劉成甌撰

鈔本同懷倡和集本　人大

集 10007687

曩餘集一卷

（清）桐鄉鄭以和撰

清光绪刻桐鄉鄭氏閨秀詩本
復旦

集 10007688

焦桐集一卷

（清）桐鄉鄭静蘭撰

清光緒刻桐鄉鄭氏閨秀詩本
復旦

集 10007689

夢緑詩鈔一卷

（清）秀水釋野蠶撰

清刻王氏家刻十種本　南京

集 10007690

蒼水詩鈔一卷

（清）秀水吳元凱撰

清刻王氏家刻十種本　南京

集 10007691

魏鐵三先生遺詩補刊一卷

（清）山陰魏（有惑）撰

民國二十四年（1935）梧州刻魏鐵
三先生陳肖蘭女士遺集合刻本
國圖

集 10007692

陳肖蘭女士詩集一卷

（清）山陰陳肖蘭撰

民國二十四年（1935）梧州刻魏鐵
三先生陳肖蘭女士遺集合刻本
國圖

集 10007693

小鄂不館初存草一卷

（清）錢塘吳官業撰

清咸豐五年（1855）刻吳氏一家稿
本　南京　日京大人文研
清代家集叢刊續編本

集 10007694

蓼庵手述一卷

（清）歸安沈蓼庵撰　歸安沈家
本編

清宣統元年（1909）刻吳興長橋沈
氏家集本　國圖　浙江
清代家集叢刊續編本

集 10007695

看山樓草二卷

（清）歸安沈彦模撰　歸安沈家
本編

清宣統元年（1909）刻吳興長橋沈
氏家集本　國圖　浙江
清代家集叢刊續編本

集 10007696

算珠録一卷

（清）歸安孫五封撰

澹圃居士鈔吳興孫氏二妙詩詞合
鈔本　浙江

集 10007697

鞠山集一卷

（清）山陰劉大臨撰

清初刻西園詩選本　復旦

集 10007698

石帆集一卷

（清）山陰劉大任撰

清初刻西園詩選本　復旦

集 10007699

溪南老屋詩一卷

（清）嘉興徐樹撰

清稿本溪南老屋詩鈔本　南京

集 10007700

從古堂詩稿一卷

（清）嘉興徐桐柏撰

清稿本溪南老屋詩鈔本　南京

集 10007701

從古堂遺稿一卷

（清）嘉興徐桐柏撰

清稿本溪南老屋詩鈔本　南京

集 10007702

吟華館詩草一卷

（清）嘉興徐大杬撰

清稿本溪南老屋詩鈔本　南京

集 10007703

悔遊草一卷

（清）平湖黃佀芳撰

清光緒十三年（1887）刻本　上海

清代家集叢刊續編本

集 10007704

寫韻樓詩鈔一卷

（清）桐鄉（婺源人，嫁桐鄉）王瑤

芬撰

清同治十二年（1873）重刊本

南京

集 10007705

春暉閣紅餘吟草一卷

（清）永嘉孟錦香撰

民國十三年（1924）烏程秦氏刻小

桃源詩集本

清代家集叢刊本

集 10007706

螵蛄吟一卷

（清）吳興陳蘭撰

清嘉慶三年（1798）刻本　南京

集 10007707

質璞草一卷

（清）新昌呂錫時撰

民國石印新昌呂氏兩代詩文集本

復旦

集 10007708

秋陽草一卷

（清）新昌呂陶撰

民國石印新昌呂氏兩代詩文集本

復旦

集 10007709

玉峴山房詩草一卷

（清）臨海曾堯羲撰

民國二十六年（1937）鉛印一家詩

草本　復旦

集 10007710

某石軒詩草一卷

（清）臨海曾士瀛撰

民國二十六年（1937）鉛印一家詩草本　復旦

集 10007711

秋芳遺草一卷

（清）臨海陶菊英撰

民國二十六年（1937）鉛印一家詩草本　復旦

集 10007712

余園先集一卷

（清）仁和（休寧人，以商籍入仁和）汪承節撰

清光緒刻余園叢稿本　復旦

集 10007713

余園附稿一卷

（清）仁和汪佩祖、汪德貞撰

清光緒刻余園叢稿本　復旦

集 10007714

余園詩稿二卷

（清）仁和汪述祖撰

清光緒刻余園叢稿本　復旦

集 10007715

婺•川游稿一卷

（清）海鹽徐辰角撰

清道光二十九年（1849）刻毓德堂集本　浙江

清代家集叢刊續編本

集 10007716

天中遊稿一卷

（清）海鹽徐臨亨撰

清道光二十九年（1849）刻毓德堂集本　浙江

清代家集叢刊續編本

集 10007717

勤先剩稿一卷

（清）天台陳勤先撰

民國七年（1918）鉛印袁氏閨鈔本

浙江　嘉興　黃巖　臨海博

清代家集叢刊本

集 10007718

聰雪女史存稿一卷

（清）天台袁聰雪撰

民國七年（1918）鉛印袁氏閨鈔本

浙江　嘉興　黃巖　臨海博

清代家集叢刊本

集 10007719

小韞女史詩詞剩稿一卷

（清）天台袁小韞撰

民國七年（1918）鉛印袁氏閨鈔本

浙江　嘉興　黃巖　臨海博

清代家集叢刊本

集 10007720

他石山房詩稿二卷雜著一卷

（清）雲和魏精撰

民國鉛印雲和魏氏詩集本　上海

集 10007721

燕遊草二卷

　（清）雲和魏文瀛撰

　民國鉛印雲和魏氏詩集本　上海

集 10007722

鳴琴餘韻一卷

　（清）雲和魏文瀛撰

　民國鉛印雲和魏氏詩集本　上海

集 10007723

介坪遺稿一卷

　（清）海寧查昌和撰

　清道光十七年（1837）刻查氏一家
詩畧本　中科院

　清鈔海昌查氏遺稿本

　清鈔曉天樓合鈔本　國圖

集 10007724

樸硯遺稿一卷

　（清）海寧查茂蔭撰

　清道光十七年（1837）刻查氏一家
詩畧本　中科院

　清鈔曉天樓合鈔本　國圖

集 10007725

學山遺稿一卷

　（清）海寧查世佑撰

　清道光十七年（1837）刻查氏一家
詩畧本　中科院

　清鈔海昌查氏遺稿本

集 10007726

琴舫遺稿一卷

　（清）海寧查有炳撰

　清道光十七年（1837）刻查氏一家
詩畧本　中科院

　清鈔海昌查氏遺稿本

　清鈔曉天樓合鈔本　國圖

集 10007727

朱三昧齋稿一卷

　（清）嘉興張沅撰

　鈔本張氏家集本　南京

集 10007728

玉照亭遺稿一卷

　（清）嘉興張樂撰

　鈔本張氏家集本　南京

集 10007729

半野堂剩稿一卷

　（清）嘉興張兆枏撰

　鈔本張氏家集本　南京

集 10007730

宜春居偶吟稿一卷

　（清）嘉興張魁梧撰

　鈔本張氏家集本　南京

集 10007731

仙壺室吟吟稿二卷

　（清）嘉興張邦梁撰

　鈔本張氏家集本　南京

集 10007732

遠峰閣剩稿一卷

（清）嘉興張日烜撰

鈔本張氏家集本　南京

集 10007733

心安齋小稿一卷

（清）嘉興張煒撰

鈔本張氏家集本　南京

集 10007734

聽鶯村舍存稿一卷

（清）嘉興張其祥撰

鈔本張氏家集本　南京

集 10007735

遜廬吟草一卷

（清）金華金兆豐撰

1949 年中華書局陂岡集本　南京　浙江

集 10007736

悔廬吟草一卷

（清）金華金兆棪撰

1949 年中華書局陂岡集本　南京　浙江

2013 年上海古籍出版社重修金華叢書本

集 10007737

兩園集古存草一卷

（清）海鹽沈守廉撰

清光緒二十二年（1896）石印本

蘇州

2019 年國家圖書館出版社采山樓藏稀見清人別集叢刊本

集 10007738

留青山房文鈔一卷留青山房詩鈔一卷

（清）海鹽鍾肇立撰

清光緒刻本　羅鷺藏

集 10007739

深詣齋詩鈔三卷

（清）黃巖黃鑑雲撰

清光緒稿本　黃巖

集 10007740

缶鳴詩集一卷

（清）黃巖王駉一撰

清鈔本　黃巖

集 10007741

寧遠軒瀹孔集一卷

金華曹謙撰

稿本　蘭溪博

2013 年上海古籍出版社重修金華叢書本

集 10007742

自怡軒閑錄不分卷

（清）介恨氏撰

民國二年（1913）鈔本　金華博

2014 年上海古籍出版社重修金華叢書本

集·10007743

菫廬詩稿一卷

（清）浦江陳焕撰

民國十三年（1924）刻本　金華博

民國二十年（1931）　金華博

2013 年上海古籍出版社重修金華叢書本

集 10007744

悲秋小草不分卷

（清）浦江黄志璠撰

民國二十六年（1937）刻本　浦江張文德藏

2013 年上海古籍出版社重修金華叢書本

2020 年學苑出版社浦江文獻集成本

集 10007745

樹薆草堂遺詩一卷蘭蔭山房遺集一卷

（清）蘭溪鄭夫人　（清）蘭溪蔡文瀛撰

稿本　蘭溪博

2013 年上海古籍出版社重修金華叢書本

集 10007746

潛廬詩稿不分卷

（清）浦江張逸叟撰

民國十二年（1923）刻本　義烏

2013 年上海古籍出版社重修金華叢書本

集 10007747

退閑軒詩草不分卷

（清）永康王昌期撰

清清鈔稿本　永康李世揚藏

2013 年上海古籍出版社重修金華叢書本

集 10007748

遜敏齋文存二卷

（清）義烏張經鉏撰

清光緒二十六年（1900）　義烏

2013 年上海古籍出版社重修金華叢書本

集 10007749

金華懷忠詩集一卷許氏文行錄五卷存一卷

（清）東陽許時霖撰

民國二十七年（1938）刻本　東陽博

2013 年上海古籍出版社重修金華叢書本

集 10007750

峴峰別墅集存不分卷

（清）東陽周香泉撰

民國鉛印本　東陽博

2013 年上海古籍出版社重修金華叢書本

集 10007751

虛白山房詩集四卷

（清）義烏朱鳳毛撰

清光緒十五年(1889)刻本　義烏

2013 年上海古籍出版社重修金華叢書本

集 10007752

虛白山房詩草六卷附駢文

(清)義烏朱鳳毛撰

清咸豐七年(1857)刻本　義烏

2013 年上海古籍出版社重修金華叢書本

集 10007753

虛白山房駢體文二卷

(清)義烏朱鳳毛撰

清光緒十五年(1889)刻本　義烏

2013 年上海古籍出版社重修金華叢書本

集 10007754

雲村集唐一卷

(清)浦江賈應程撰

清嘉慶二年(1797)刻本　上海

2013 年上海古籍出版社重修金華叢書本

2020 年學苑出版社浦江文獻集成本

集 10007755

荔邨詩稿四卷

(清)武義王惟孫撰

清道光二年(1822)刻本　溫州

2013 年上海古籍出版社重修金華叢書本

集 10007756

豫立軒集四卷

(清)金華陳仁言撰

清嘉慶七年(1802)刊刻本　金華博　義烏

2013 年上海古籍出版社重修金華叢書本

集 10007757

琴軒鼠璞未分卷

(清)浦江張可宇撰

民國六年(1917)鈔本　浦江張錫雲藏

2013 年上海古籍出版社重修金華叢書本

集 10007758

守愚公詩存十一卷(陌上吟十卷原上吟一卷)

(清)金華鄭基智撰

民國十三年(1930)鉛印本　金華博

2013 年上海古籍出版社重修金華叢書本

集 10007759

胡竹薌稿不分卷

(清)東陽胡筠撰

清同治八年(1869)東陽文華堂刻本　東陽博　東陽陳子秋藏

2013 年上海古籍出版社重修金華叢書本

案:書名一作竹鄉文稿

集 10007760

評史百詠一卷

　（清）東陽程文選撰

　民國石印本　東陽博

　2013 年上海古籍出版社重修金
華叢書本

集 10007761

閩游草二卷

　（清）蘭溪章敬修撰

　清光緒十八年（1892）刻本　浙江
金華博

　2013 年上海古籍出版社重修金
華叢書本

集 10007762

栗園詩草一卷

　（清）義烏陳元穎撰

　民國二十二年（1933）印本　義烏

　2013 年上海古籍出版社重修金
華叢書本

集 10007763

稡擷堂集放翁詩不分卷

　（清）武義楊世英撰

　清嘉慶十八年（1813）刻本　衢
州博

　2013 年上海古籍出版社重修金
華叢書本

集 10007764

古柏齋詩鈔三卷

　（清）金華王家文撰

清道光二十三年（1935）刻本
浙江

　2013 年上海古籍出版社重修金
華叢書本

集 10007765

就菊居詩存二卷

　（清）金華程炳藻撰

　民國初年金華大同書局印本　金
華博

　2013 年上海古籍出版社重修金
華叢書本

集 10007766

眠綠山房詩鈔四卷

　（清）浦江朱寓撰

　清鈔本　金華博

　2013 年上海古籍出版社重修金
華叢書本

集 10007767

静鏡山房詩稿

　（清）東陽陳蕊香撰

　稿本　東陽市千祥鄉陳子秋藏

　2013 年上海古籍出版社重修金
華叢書本

集 10007768

古愚盧詩草

　（清）金華郭寶琮撰

　清郭寶琮手鈔本　金華張根芳藏

　2013 年上海古籍出版社重修金
華叢書本

集 10007769

月椒草堂詩鈔六卷

（清）東陽俞鳳岡撰

清光緒二十三年（1897）紫薇居刻本　東陽博

2013 年上海古籍出版社重修金華叢書本

集 10007770

淞雲詩草

（清）金華韓昌裔撰

稿本　金華博

2013 年上海古籍出版社重修金華叢書本

集 10007771

陳氏詩文遺稿不分卷

（清）東陽陳氏撰

清鈔稿本　陽市千祥鄉陳子秋藏

2013 年上海古籍出版社重修金華叢書本

集 10007772

商山府君剩稿一卷附續刊一卷

（清）蘭溪戴鹿芝撰

清光緒二年至六年（1876～1880）刻本　中山

2013 年上海古籍出版社重修金華叢書本

集 10007773

定溪詩稿一卷攄懷編一卷

（清）東陽盧標撰

清道光十九年（1839）映臺樓刻本　義烏　東陽博

2013 年上海古籍出版社重修金華叢書本

集 10007774

桂坡集存六卷（文二卷詩四卷）
桂坡外集六卷（詩四卷文二卷）

（清）東陽李氏輯

清道光十五年（1835）映臺樓刻本　東陽博

2013 年上海古籍出版社重修金華叢書本

集 10007775

盤洲詩文集八卷（文集六卷詩集二卷）

（清）浦江周璠撰

清嘉慶十六年（1811）刻本　義烏

2013 年上海古籍出版社重修金華叢書本

集 10007776

五嶽詩稿存六卷

（清）東陽湯慶祖撰

清嘉慶二十五年（1820）刻本　東陽單國爐藏

2013 年上海古籍出版社重修金華叢書本

集 10007777

讀明史詩一卷

（清）金華王延年撰

清康熙五十九年(1720)鈔本
上海
2013年上海古籍出版社重修金
華叢書本

集 10007778

讀左傳詩一卷

(清)金華王延年撰

清康熙五十五年(1716)鈔本
復旦

2013年上海古籍出版社重修金
華叢書本

集 10007779

退園偶吟小稿二卷拾遺一卷後稿一卷

(清)平陽吳樹森撰

清鈔本　溫州

集 10007780

研農詩槁一卷

(清)瑞安(一作臨海)鄭均撰

清光緒五年(1879)鈔本　溫州

集 10007781

瘦梅香室詩鈔二卷

(清)瑞安李繻雲撰

清林駿鈔本　溫州

集 10007782

己酉歲鈔一卷丙午歲鈔一卷

(清)永嘉徐步衢撰

清鈔本　溫州

集 10007783

羅山樵子唫詩鈔一卷

(清)瑞安余瀾撰

民國鈔本　溫州

集 10007784

梅史詩鈔一卷

(清)瑞安余瀾撰

清末民國初鈔本　溫州

集 10007785

楊蔚亭詩稿一卷

(清)平陽楊炳撰

民國永嘉黃氏敬鄉樓鈔本　溫州

集 10007786

二十四孝詩一卷

(清)瑞安薛源撰

清鈔本　溫州

集 10007787

甌濱王先生摘稿不分卷江心寺詩卷一卷

(清)永嘉王瓚撰

民國永嘉黃氏敬鄉樓鈔本　溫州

集 10007788

睡餘偶吟四卷

(清)平陽顧清標撰

民國鈔本　溫州

集 10007789

圍餘詩草二卷

（清）永嘉季鎮海撰

民國永嘉黃氏敬鄉樓鈔本　溫州

集 10007790

仙樵吟稿一卷

（清）平陽吳觀周撰

清末民國初鈔本　溫州

集 10007791

卷石山房稿一卷

（清）瑞安李麟書撰

清抄本（十種合訂本）　溫州

民國永嘉黃氏敬鄉樓鈔本　溫州

集 10007792

三樂軒吟草一卷

（清）瑞安釋小嘿（釋大川）撰

民國永嘉黃氏敬鄉樓鈔本　溫州

集 10007793

四箴堂稿一卷

（清）瑞安釋大川撰

清抄本（十種合訂本）　溫州

集 10007794

鷗閑軒存稿一卷

（清）樂清吳瑞旦撰

民國永嘉黃氏敬鄉樓鈔本　溫州

集 10007795

文禪室詩存一卷

（清）瑞安蔡玄撰

民國鈔本　溫州

集 10007796

天籟閣詩集一卷

（清）瑞安沈鳳鏘撰

民國沈靖鈔本　溫州

集 10007797

草草集一卷

（清）平陽范任撰

民國鈔本　溫州

集 10007798

戴翰卿先生遺詩一卷

（清）瑞安戴循良撰

民國鈔本　溫州

集 10007799

鶴泉文集不分卷

（清）永嘉王建撰

民國永嘉黃氏敬鄉樓鈔本　溫州

清瑞安孫氏玉海樓鈔本　溫州

集 10007800

孫季子詩八卷

（清）瑞安孫詒棫撰

民國鈔本　溫州博

集 10007801

蹤鮣樓遺稿一卷

（清）瑞安楊嘉撰

民國永嘉黃氏敬鄉樓鈔本　溫州

集 10007802

柳南小簡一卷

（清）永嘉盧方春撰

民國永嘉黃氏敬鄉樓鈔本　溫州

集 10007803

樸巢詩鈔一卷

（清）海昌郭沈華撰

民國鈔本　杭州

集 10007804

粲花樓吟稿一卷

（清）平陽鄭兆璜撰

民國永嘉黃氏敬鄉樓抄本　溫州

民國鈔本　平陽

集 10007805

張渠西先生遺稿五卷

（清）平陽張南英撰

民國鈔本　平陽

集 10007806

睫巢詩草一卷

（清）平湖魯邦煥撰

民國鈔本　平湖博

集 10007807

研雲軒遺稿一卷

（清）平湖張蘅撰

清末鈔本　平湖

集 10007808

蘭軒詩草一卷

（清）平湖戴松撰

清末鈔本　平湖

集 10007809

沈皆山詩稿一卷

（清）臨海沈光邦撰

清鈔本　臨海博

集 10007810

皆山堂詩彙一卷

（清）臨海沈光邦撰

（清）臨海黃瑞輯

清鈔本　臨海博

集 10007811

珠樹堂集□□卷

（清）瑞安王祚昌撰

清玉海樓鈔本　溫州

集 10007812

謝天埴先生詩文集不分卷

（清）永嘉謝天埴撰

清鈔本　溫州

集 10007813

寄廬雜詠一卷

（清）溫嶺江涵撰

清末鈔本　臨海博

集 10007814

梅花百詠唱和詩不分卷

（明）寧波張楷等撰

明鈔本　天一閣

集 10007815

眉林書屋詞不分卷

（清）蕭山來嗣尹撰

清鈔本　天一閣

集 10007816

海陰文集二卷

（清）奉化周蒂亭撰

民國鈔本　浙江

集 10007817

玉壺天詩錄一卷

烏程秦福基

民國十三年（1924）烏程秦氏刻小
桃源詩集本　上海

清代家集叢刊本

集 10007818

柳村集一卷

（清）山陰劉大申撰

清初刻西園詩選本　復旦

集 10007819

借觀樓詩稿二卷雜著一卷

（清）雲和魏文瀛撰

民國鉛印雲和魏氏詩集本　上海

集 10007820

桐炭集一卷

（清）西安陳聖洛撰

清嘉慶十六（1811）年刻二陳詩選
本　浙江

衢州文獻集成本

集 10007821

鴛鴦竹枝詞一卷

（清）嘉興馬壽穀撰

清鈔鴛鴦湖櫂歌本　復旦

集 10007822

心影集八卷

（清）海寧李士麟撰

清康熙二十三年（1684）海寧李氏
敬恕堂刻本　南開

集 10007823

紫山吟槀四卷

（清）錢塘（一作平陽）汪爲熹撰

清康熙刻本　天一閣

集 10007824

扶雲吟槀一卷

（清）錢塘汪筠撰

清刻本　紹興

集 10007825

蟾齋吟稿一卷

（清）慈溪鄭從風撰

蛟川竹枝詞一卷

佚名撰

四明張氏約園鈔本　浙江

集 10007826

竹溪漁婦吟一卷

（清）會稽錢令芬撰

清光緒元年至三年（1875～1877）
廣陵刻本　嘉興

集 10007827

四明王女史函稿不分卷

（清）王慕蘭撰

清光緒三十三年（1907）石印本

魯迅紀念館

集 10007828

南宋樂府一卷

（清）會稽章季英撰　歸安趙葆燨

纂註

清光緒二年（1876）歸安趙氏成都

刻本　紹興

集 10007829

勤業廬吟稿六卷

（清）海昌吳昌年撰

民國印本　海鹽

集 10007830

西澗詩鈔一卷

（清）會稽陳志源撰

稿本　浙江

集 10007831

蔭餘軒試帖一卷

（清）會稽馬寶琛撰

清光緒刻本　紹興

集 10007832

思補過齋試帖一卷續刻一卷課

孫草一卷

（清）會稽馬傳煦撰

清光緒刻本　紹興

集 10007833

構餘軒試帖一卷構餘軒課孫草

一卷

（清）會稽馬光瀾撰

清光緒九年（1883）刻本　紹興

集 10007834

小螺盦病榻憶語一卷

（清）會稽孫道乾撰

清同治十三年（1874）刻光緒增刻

本　紹興

集 10007835

心影樓詩集一卷

（清）會稽陶方琯撰

清光緒二年（1876）刻本　紹興

集 10007836

借眠草堂吟一卷

（清）會稽謝文達撰

民國抄本　紹興

集 10007837

越中百詠一卷

（清）會稽周晉鑅撰

清道光二十九年（1849）蘇城湯晉

苑局刻本　紹興

集 10007838

越中百詠不分卷

（清）會稽周晉鑅撰

清道光二十九年（1849）抄本　蕭

山博

集 10007839

香岊詩稿一卷

（清）會稽周鉞撰

清乾隆刻後重修本　紹興

集 10007840

静宜樓唫藁一卷

（清）嘉興張常熹撰

清菊盧淡如氏抄本　杭州

集 10007841

南中草□卷

（清）臨海馮甦撰

清刻本　臨海博

集 10007842

蒿菴文集一卷

（清）臨海馮甦撰

民國項士元抄本　臨海博

集 10007843

知還堂稿不分卷

（清）臨海馮甦撰

民國二十六年（1937）抄本　臨海博

集 10007844

馮再來雜文不分卷

（清）臨海馮甦撰

清抄本　臨海博

集 10007845

五君詠一卷

（清）臨海何鍾麟撰

清末木活字印本　臨海博

集 10007846

天涯萍梗集一卷

（清）温嶺胡子謨撰

清末稿本　臨海博

集 10007847

銘丹閣遺稿不分卷

（清）黄巖林炳修撰

清抄本　臨海博

集 10007848

晚香圃吟草一卷

（清）臨海王瀿喆撰

清抄本　臨海博

集 10007849

嚴陵三鐸二卷

（清）臨海周珪撰

清臨海周氏刻本　泰順

集 10007850

南榮詩稿十二卷

（清）嵊縣施燮撰

清咸豐七年（1857）世壽堂刻本
嵊州

集 10007851

澹然齋別體雜詩一卷

（清）遂昌吳焕文撰

清光緒十四年（1888）吳氏澹然齋

刻本　遂昌

集 10007852

青柯館集三卷

　（清）平湖陳朗撰

　清乾隆二十五年（1760）刻本

平湖

集 10007853

青柯館集二十卷

　（清）平湖陳朗撰

　清寫樣本　平湖

集 10007854

小讀書堆詞一卷賦一卷

　（清）平湖顧其銘撰

　清刻本　平湖

集 10007855

搴芙舫詩稿一卷

　（清）平湖徐善膺撰

　清光緒二十六年（1900）稿本

平湖

集 10007856

漱潤齋詩鈔四卷

　（清）平湖葉諫撰

　清乾隆二十九年（1764）刻本

平湖

集 10007857

蹄涔集約鈔一卷又鈔一卷

　（清）平湖俞鈺撰

清刻本　平湖

清道光十六年（1836）刻本　浙江

集 10007858

問梅軒詩鈔一卷述懷一卷

　（清）平湖張金鈞撰

　清同治七年（1868）稿本　平湖

集 10007859

苪莊紀遊詩八卷

　（清）平湖張奕樞撰

　清刻本　平湖

集 10007860

撝菴詩稿鈔二卷

　（清）平湖張躍鱗撰

　清道光二十八年（1848）平湖朱壬

林小雲廬刻本　平湖

集 10007861

清吟樓遺稿初編一卷續編一卷

　（清）平湖朱逢盛撰

　清同治七年（1868）松江張文星齋

刻本　平湖

集 10007862

南遊唫草一卷

　（清）平陽方道生撰

　清光緒二十二年（1896）方氏刻本

溫州

集 10007863

留別杭州求是書院諸生詩一卷

（清）平陽宋恕撰

清光緒刻本　溫州

集 10007864

雪樵詩鈔六卷

（清）浦陽陳郁撰

清道光刻本　衢州博

2020 年學苑出版社浦江文獻集

成本

集 10007865

二泉先生賦鈔四卷

（清）西安鄭沅撰

清末抄本　衢州博

集 10007866

五十硯齋集記不分卷

（清）會稽陶在寬撰　（清）仁和徐

鴻年等編

民國稿本　魯迅紀念館

集 10007867

笪聲公遺稿不分卷

（清）仁和鍾慈生撰

近代抄本　天一閣

集 10007868

桐月唫秋館詩鈔一卷

（清）山陰嗣鶴課花人撰

清光緒抄本　杭州

集 10007869

題名錄一卷附樂器題名一卷附

題名聯語一卷

（清）山陰何鏞撰

清光緒二十年（1894）刻本　紹興

集 10007870

武城記事附摺一卷

（清）山陰沈錫榮撰

清宣統二年（1910）陝西學務公所

鉛印本　紹興

集 10007871

雨簑集不分卷

（清）山陰王灝撰

清刻本　餘姚文保所

集 10007872

小檀欒山館詩草四卷

（清）山陰吳鳳樓撰

清光緒九年（1883）山陰吳槎刻本

紹興

集 10007873

公餘百咏一卷

（清）山陰嚴本撰

稿本　浙江

集 10007874

古柏山房唫草不分卷

（清）泰順包涵撰

清末抄本　泰順

民國抄本　溫州

集 10007875

馱山返轡集一卷

（清）永嘉張應煦撰

清抄本（十種合訂本）　溫州

集 10007876

嘯篨吟草一卷

（清）永嘉潘福綸撰

清抄本（十種合訂本）　溫州

集 10007877

東甌選勝賦一卷

（清）永嘉陳祖綬撰

清末刻本　溫州

集 10007878

墨宦文鈔一卷

（清）永嘉陳祖綬撰

民國油印本　平陽

集 10007879

墨宦詩鈔墨宦文鈔墨宦詞一卷

（清）永嘉陳祖綬撰

民國油印本（與息廬詩鈔嘯樓吟稿合訂）　平陽　溫州

集 10007880

咫園詩稿一卷

（清）瑞安戴信準撰

民国瑞安項氏水仙庵抄本　玉海樓

集 10007881

咫園詩稿二卷

（清）瑞安戴信準撰

民國十六年（1927）戴氏抄本
溫州

集 10007882

味道腴齋詩存不分卷

（清）泰順董暲撰

稿本　溫州

民國抄本　溫州

集 10007883

醉月山房詩草一卷

（清）泰順胡希尹撰

民國抄本　溫州

集 10007884

介軒文鈔八卷外集二卷

（清）永嘉张振夔撰

清同治九年（1870）刻本　溫州

集 10007885

秋田詩稿一卷

（清）永嘉朱豐撰

清嘉慶十五年（1810）朱氏刻本
溫州

集 10007886

剡湖竹枝詞一卷

（清）餘姚陸達履撰

清嘉慶九年（1804）雙瀑山房刻本
餘姚文保所

集 10007887

紅樓夢後序一卷

（清）樂清蔡保東撰

清光緒六年(1880)刻本　浙江
溫州　紹興

集 10007888

硯耕堂詩草七卷

（清）項鳴呵撰

民國油印本　溫州

集 10007889

半耕軒吟草一卷

（清）樂清馮藹撰

清光緒十五年(1889)馮氏刻本
溫州

集 10007890

看劍樓賸稿一卷

（清）樂清洪福撰

清咸豐六年至九年(1856～1859)
黃夢香刻本　溫州

集 10007891

**蓉江吟草一卷附蓉江遺文（與看
劍樓賸稿合刻）**

（清）樂清翁效曾撰

清咸豐六年至九年(1856～1859)
黃夢香刻本　溫州

集 10007892

葦花居詩艸一卷

（清）雲和李璧撰

清抄本　杭州

集 10007893

**樵經閣近抄一卷芥舟二集一卷
梟舟三集一卷**

（清）章安秦行澧撰

稿本　浙江

集 10007894

精選伏敔堂詩録二卷

（清）江湜撰　（清）瑞安戴炳驄撰

民國戴炳驄抄本　溫州

集 10007895

蕉軒詩鈔一卷

（清）平湖胡成孚撰

清宣統三年(1911)刻本　平湖

集 10007896

東甌采風小樂府一卷

（清）瑞安洪炳文撰

民國七年(1918)溫州釋授覺石印
本　溫州

集 10007897

瑞安百詠一卷

（清）瑞安黃紹第撰

清刻本　溫州

集 10007898

煙霞吟草一卷

（清）溫州聞樸撰

民國八年(1919)溫州聞樸石印本

溫州

集 10007899

抱雲山房遺槀二卷

　(清)山陰孫慶撰

　清咸豐四年(1854)孫氏刻本

紹興

集 10007900

合山詩鈔五卷

　(清)永嘉陸壽人撰

　民國十一年(1922)溫州陸壽人石

印本　溫州

集 10007901

繼述堂文鈔四卷續刻一卷詩鈔
二卷

　(清)永嘉王毓英撰

　民國五年至六年(1916~1917)溫

州呂渭賢等石印本　溫州　臨海

集 10007902

貽清堂詩集二卷

　(清)永嘉楊逢春撰

　民國稿本　溫州博

集 10007903

石橋詩稿一卷

　(清)餘姚王梅生撰

醒癡詩稿一卷

　餘姚王魯存撰

　民國八年(1919)鉛印本　餘姚文

保所

集 10007904

林間禪餘集三卷楹聯一卷

　(清)樂清釋授覺撰

　民國七年(1918)溫州雲鮮石印本

溫州

集 10007905

勞草吟二卷

　(清)樂清馮豹撰

　民國溫州雲鮮石印局石印本

溫州

集 10007906

勿翁詩草一卷

　(清)樂清馮豹撰

　民國溫州雲鮮石印局石印本

溫州

集 10007907

樂壽堂詩鈔九卷

　(清)會稽施山撰

　稿本　浙江

集 10007908

陸堂文集二十卷

　(清)平湖陸奎勳撰

　清乾隆五年(1740)刻本　平湖

集 10007909

粗粗話不分卷

　(清)陳良謨撰

　光緒三年刻本　安吉博

集 10007910

問奇閣詩殘稿二卷

(清)嘉興史詮撰

民國十六年(1927)祝廷錫抄本

嘉興

集 10007911

愔愔倍琴德居詩草一卷

(清)臨海江培撰

(清)臨海黃瑞輯

清抄本　臨海博

集 10007912

姚仲威詩薹一卷

(清)嘉興姚宗舜撰

民國祝廷錫抄本　嘉興

集 10007913

井蛙詩草二卷

(清)天台孫濤撰

清嘉慶刻本　臨海博

集 10007914

鄂不樓附存詩一卷輓詩一卷

(清)黃巖王辰撰

清道光十六年(1836)刻本　臨
海博

集 10007915

碧環樓詩集五卷

(清)臨海馮廣雪撰

民國抄本　臨海博

集 10007916

梅莊殘本三卷

(清)臨海馮廣雪撰

清抄本　臨海博

集 10007917

梅窗小草不分卷

(清)臨海馮廣雪撰

清抄本　臨海博

集 10007918

蘭竹居詩集(存三卷)

(清)臨海馮廣雪撰

清李鏐抄本　臨海博

集 10007919

蘭竹居詩草四卷

(清)臨海馮廣雪撰

清抄本　臨海博

集 10007920

馮瑤田先生詩稿一卷

(清)臨海馮廣雪撰

清抄本　臨海博

集 10007921

石橋文存不分卷

(清)天台褚傳誥撰

民國稿本　臨海博

集 10007922

石橋詩存三十六卷

(清)天台褚傳誥撰

民國抄本　臨海博

集 10007923

南行草一卷

　(清)天台褚傳誥撰

　　民國油印本　臨海博

集 10007924

拙存稿不分卷

　(清)天台褚傳誥撰

　　民國六年(1917)油印本　臨海博

集 10007925

石橋詩存不分卷

　(清)天台褚傳誥撰

　　民國稿本　臨海博

集 10007926

石橋聯語不分卷

　(清)天台褚傳誥撰

　　民國抄本　臨海博

集 10007927

石橋集不分卷

　(清)天台褚傳誥撰

　　民國抄本　臨海博

集 10007928

石橋叢稿三十卷

　(清)天台褚傳誥撰

　　民國稿本　臨海博

集 10007929

寒碧齋詩稿一卷

　(清)慈溪徐棠撰

　　民國抄徐馮兩先生詩藁合鈔本
天一閣

集 10007930

秋蜘室賸藁一卷

　(清)慈溪馮楫撰

　　民國抄徐馮兩先生詩藁合鈔本
天一閣

集 10007931

玉照樓遺詩一卷

　(清)海寧俞惠寧撰

　　清徐氏汲脩齋抄汲脩齋叢書十六
種本　國圖

集 10007932

端齋遺草一卷

　(清)嘉興金應麟撰

　　清道光二十六年(1846)刻本
平湖

集 10007933

雪野堂文稿三卷

　奉化袁惠常撰

　　民國三十八年(1949)鉛印本
寧波

集 10007934

遯餘艸一卷

　紹興張元昭撰

民國十九年(1930)鉛印本　紹興

集 10007935

菊蔭詩鈔二卷

餘姚高步瀛撰

清刻本　餘姚文保所

集 10007936

瑞雲閣詠物詩□卷

嘉興金永昌著

民國刻本　黃巖

集 10007937

澹廬吟藁一卷

海寧王恆德撰

民國十九年(1930)鉛印本　海寧

湖州博

集 10007938

壺隱詩鈔二卷詞一卷

海鹽崔宗武撰

民國八年(1919)上海聚珍倣宋印

書局鉛印本　浙江　海寧

集 10007939

夢楢紐室詩存二卷

會稽李文糺撰

稿本　浙江

民國二十二年(1933)鉛印本

紹興

集 10007940

梅影軒遺稿四卷

會稽潘世元撰

民國二十三年(1934)高天棲鉛印

本　湖州

集 10007941

憩雲山館詩存一卷

會稽陶聞遠撰

清稿本　魯迅紀念館

集 10007942

浴亞風歐館文存一卷

會稽王抱一撰

稿本　杭州

集 10007943

白村詩七卷瞻雲集一卷附一卷

嘉善曹弈霞撰

清雍正八年(1730)刻本　嘉善

集 10007944

苹川顧氏詞稿不分卷

嘉善顧如金撰

民國抄本　浙江

集 10007945

某石軒文集一卷

臨海曾士瀛撰

民國十六年(1927)鉛印本　臨海

集 10007946

陳銘生詩稿附雜文一卷

臨海陳懋生撰

民國稿本　臨海博

集 10007947

迎紫亭詩草一卷

平湖俞肇炳撰

民國十五年(1926)平湖治西文洽齋鉛印本　平湖

集 10007948

貌若塑集一卷無情有味集一卷

錢塘唐風撰

民國二十三年(1934)稿本　紹興

集 10007949

存素堂古今體詩藁四卷駢體文藁四卷駢體續藁二卷

衢州葉如圭撰

清葉策彥抄本　浙江

民國十七年(1928)鉛印本　衢州博

集 10007950

雁山行吟一卷

瑞安池澐撰

民國三十三年(1944)池澐鉛印本　溫州

集 10007951

珇研坴吟艸不分卷

瑞安方成珪撰

清道光二十六年(1846)木活字印本　天一閣

民國永嘉黃氏敬鄉樓抄本　溫州

集 10007952

羅陽選勝録一卷

瑞安黃心耕撰

民國二十二年(1933)溫州務本印書局石印本　溫州

集 10007953

林損詩集一卷

瑞安林損撰

民國北京大學出版部鉛印本　溫州　浙大

集 10007954

寥天盧詩續鈔二卷首一卷

瑞安宋慈襄撰

民國鉛印本　平陽　溫州

集 10007955

三國志樂府一卷補遺一卷

瑞安宋慈襄撰

民國九年(1920)刻本　溫州

集 10007956

墨庵駢文甲集一卷補一卷

瑞安宋慈襄撰

民國十年(1921)瑞安刻本　溫州

集 10007957

潛園吟草一卷

瑞安吳翊撰

民國稿本　溫州

集 10007958

浴日樓詩選二卷

　瑞安項驤撰

　民國二十五年(1936)鉛印本
溫州

集 10007959

雲江吟社詩鈔不分卷

　瑞安楊時中撰

　民國楊時中手稿本　玉海樓

集 10007960

萬萬盦詩存一卷詩餘一卷

　瑞安鄭閎達撰

　民國二十二年(1933)鄭閎達鉛印
本　溫州

集 10007961

**聽香讀畫軒文鈔一卷詩鈔一卷
詞鈔一卷聯語彙錄一卷**

　山陰馬逸臣撰

　民國二十八年(1939)鉛印本
紹興

集 10007962

求志齋遺墨一卷

　山陰王餘慶撰

　民國十四年(1925)鉛印本　紹興
魯迅紀念館

集 10007963

稽隱文存一卷附課兒淺說一卷

　紹興鮑元輝撰

　民國十三年(1924)鉛印本　紹興

集 10007964

翰風吟稿一卷

　紹興鮑元輝撰

　民國二十五年(1936)鉛印本
海寧

集 10007965

轉蓬集一卷

　紹興陳中嶽撰

　民國二十一年(1932)天津大公報
館鉛印本　紹興

集 10007966

岵荅遺稿三卷

　紹興金永撰

　民國二十八年(1939)鉛印本
紹興

集 10007967

竹平安館詩鈔二卷附詞一卷

　紹興阮堉撰

　民國十九年(1930)杭州鉛印本
紹興

集 10007968

春生詩草一卷

　紹興王聿鑫撰

　民國二十四年(1935)杭州鉛印本
浙江

集 10007969

嘯吟集四卷

紹興徐舒撰

民國十七年(1928)鉛印本　紹興

集 10007970

單雲甲戌稿一卷

四明陳寥士撰

民國二十四年(1935)油印本
溫州

集 10007971

陳寥士致馮貞羣信札一通

四明陳寥士撰

民國二十四年(1935)油印本　天
一閣

集 10007972

赤溪存草六卷

松陽劉德元撰

民國三十五年(1946)鉛印本
遂昌

集 10007973

赤溪文稿三卷詩稿三卷

松陽劉德元撰

民國三十五年(1946)鉛印本
遂昌

集 10007974

林慎冰詩稿一卷

泰順林樹滋撰

民國稿本　溫州

集 10007975

樂山詩鈔一卷

泰順林昕撰

民國抄本　溫州

集 10007976

綠斐山房吟草一卷

泰順潘鴻康撰

民國抄本　溫州

集 10007977

妙山集詩録一卷

天台陳鍾祺撰

民國抄本　臨海博

集 10007978

妙山集一卷

天台陳鍾祺撰

民國二十四年(1935)稿本　臨
海博

集 10007979

妙山集六卷

天台陳鍾祺撰

民國二十二年(1933)鉛印本　臨
海博

集 10007980

妙山集二十卷

天台陳鍾祺撰

民國二十一年(1932)鉛印本　臨
海博

民國抄本　臨海博

集 10007981

清臣詩紀一卷

天台石橋撰

民國天台麗美石印社石印本
臨海

集 10007982

退庵吟艸一卷

永嘉楊寶孫撰

民國稿本　浙江　温州

集 10007983

香雪盧吟稿一卷

永嘉吳國華撰

民國稿本　温州

集 10007984

居越山人遺稿三卷

平陽應德成撰

民國永嘉黃氏敬鄉樓抄本　温州

集 10007985

濯心齋百花詠一卷

永嘉林鴻撰

民國十二年(1923)温州馨馨石印
本　温州

集 10007986

宜園詩集八卷

永嘉孟守廉撰

民國十二年(1923)孟氏刻本
温州

集 10007987

磨盾集不分卷

永嘉王景遜撰

民國石印本　雲和

集 10007988

觀墨草堂養痾吟三卷

永嘉徐潛撰

民國十七年(1928)稿本　温州

集 10007989

葉壽桐文鈔一卷

永嘉葉壽桐撰

稿本　温州

集 10007990

小梅苑唱和集不分卷

餘姚黃廣撰

民國十四年(1925)浙江印刷公司
鉛印本　餘姚文保所

集 10007991

潛園詩鈔二卷

樂清洪邦泰撰

民國二十九年(1940)樂清印刷所
鉛印本　浙江　紹興　平陽　温州

集 10007992

北游吟草一卷

樂清洪邦泰撰

民國二十三年(1934)博利石印本
温州

集 10007993

感舊懷人録一卷

樂清洪邦泰撰

民國溫州博利鉛印本　溫州

集 10007994

慎江草堂詩四卷

樂清黃迁撰

民國十三年(1924)鉛印本　臨海

集 10007995

雁蕩亦澹蕩人詩稿一卷

樂清蔣希召撰

民國亦澹蕩廬木活字印本　溫州

集 10007996

嘯園雪鴻吟一卷

樂清盧敏撰

民國二十四年(1935)盧敏鉛印本
溫州

集 10007997

嘯園百詠二卷

樂清盧敏撰

民國二十五年(1936)溫州麗麗鉛
印本　浙江

集 10007998

復翁吟草四卷

樂清朱鵬撰

民國三十六年(1947)樂清朱氏鉛
印本　溫州

集 10007999

俟廬詩艸續集四卷

諸暨陳錦文撰

民國十八年(1929)上海宏大書局
石印本　浙博

集 10008000

**俟廬文集續編八卷詩艸初集
四卷**

諸暨陳錦文撰

民國十八年(1929)上海宏大書局
石印本　浙博

集 10008001

**雙萱敷蔭圖題詞二卷八秩壽言
二卷**

諸暨陳烈編撰

稿本　諸暨

集 10008002

**臨漪館詩稿三卷臨漪館词稿
一卷**

德清俞璡撰

民國鉛印本龍顧山房詩贅集四卷
詩餘續集附　魯迅紀念館

集 10008003

避寇集一卷附芳杜詞賸一卷

會稽馬浮撰

民國刻本　杭州

民國二十九(1940)、三十六年
(1947)嘉州刻本　浙江　金華博

集 10008004

蠲戲齋詩前集二卷編年集八卷避寇集一卷芳杜詞賸一卷

會稽馬浮

民國二十九至三十六年（1940～1947）刻本　杭州　富陽　瑞安中

集 10008005

珠巖齋文初編九卷

奉化王宇高撰

民國二十五年（1936）鉛印本

寧波

集 10008006

飛情閣集

平陽黃光撰

民國三十八年（1949）鉛印本

溫州

集 10008007

櫻島閒吟一卷

平陽黃光撰

民國二十四年（1935）石印本

溫州

集 10008008

抱一廬詩存一卷

平陽鄭汝璋撰

民國溫州朱公茂印書局鉛印本

溫州

集 10008009

味筍齋詩鈔一卷

瑞安姚琮撰

民國三十四年（1945）重慶鉛印本

溫州

集 10008010

海漚集二卷

四明張汝釗撰

民國二十三年（1934）鉛印本

寧波

集 10008011

忘憂草一卷

太平李鶴生撰

清末抄本　黃巖

集 10008012

劍廬詩草一卷

溫州陳閡慧撰

民國油印本　溫州

民國十三年（1924）鉛印本　溫州

集 10008013

薾江小草一卷

永嘉王敬身撰

民國二十四年（1935）鉛印本

溫州

集 10008014

敬身詩存一卷

永嘉王敬身撰

民國二十三年（1934）鉛印本

臨海

集 10008015

王統詩集一卷

永嘉王統撰

民國三十七年（1948）鉛印本
溫州

集 10008016

嘯樓吟稾一卷

永嘉陳宗鰲撰

民國油印本　溫州

集 10008017

遯行小稿一卷

諸暨余重耀撰

民國三十二年（1943）日知編印所
鉛印本　浙江

集 10008018

日退三舍吟一卷

嘉善張鳳撰

民國鉛印本　嘉善

集 10008019

秋茶室襍著一卷

嘉善張鳳撰

民國油印本　嘉善

集 10008020

非非室詩鈔不分卷

嘉善張鳳撰

民國稿本　嘉善

集 10008021

非非室雜鈔不分卷

嘉善張鳳撰

民國稿本　嘉善

集 10008022

丁巳詩日記不分卷

嘉善張鳳撰

民國稿本　嘉善

集 10008023

非非室詩集不分卷

嘉善張鳳撰

民國稿本　嘉善

集 10008024

快意齋讀書記一卷

嘉善張鳳撰

民國二十四年（1935）稿本　嘉善

集 10008025

礶磚室詩文集不分卷

嘉善張鳳撰

民國稿本　嘉善

集 10008026

管見集寄愁草一卷

黃巖張寅撰

民國抄本　臨海博

集 10008027

管見集二卷

錢塘張寅撰

民國抄本　臨海博

集 10008028

寒石草堂文稿不分卷

臨海項士元撰

民國稿本　臨海博

集 10008029

雁山雜詠一卷

臨海項士元撰

民國油印本　臨海博

集 10008030

寒石草堂詩續鈔一卷

臨海項士元撰

民國稿本　臨海博

集 10008031

寒石草堂詩稿十卷附錄二卷

臨海項士元撰

民國稿本　臨海博

集 10008032

參華庵系緣錄不分卷

臨海項士元撰

民國抄本　臨海博

集 10008033

訪梅吟舍殘稿一卷

（清）鄞縣盧以瑛撰

附錄一卷

（清）慈溪張廣埏等撰

清抄本　天一閣

集 10008034

陳果詩輯

（清）浦江陳果撰

友石山房詩集抄本　浦江江東
放藏

2020 年學苑出版社浦江文獻集
成本

集 10008035

味經齋詩文稿

（清）浦江王可儀撰

清光緒虞善揚抄本

2020 年學苑出版社浦江文獻集
成本

集 10008036

澹園詩鈔

（清）浦江駱乘興撰

清光緒十九年(1893)木活字印浦
陽鶴溪駱氏宗譜本

民國十八年(1929)木活字印浦陽
鶴溪駱氏宗譜本

2020 年學苑出版社浦江文獻集
成本

集 10008037

澹園遺文輯存

（清）浦江駱乘興撰

2019 年 6 月張賢輯錄本

2020 年學苑出版社浦江文獻集成本

集 10008038

賦梅軒遺稿

国家社科基金
GUOJIA SHEKE JIJIN HOUQI ZIZHU XIANGMU
后期资助项目

清代浙江集部總目

（下冊）

General Catalog of Zhejiang Literary Collections during
the Qing Dynasty

徐永明　主　編
金燦燦　副主編

ZHEJIANG UNIVERSITY PRESS
浙江大學出版社

總集類

叢編之屬

東齋小集一卷　(宋)陳鑑之撰

竹所吟藁一卷　(宋)徐集孫撰

西麓詩藁一卷　(宋)陳允平撰

鐔津文集二卷　(宋)釋契嵩撰

伐檀集一卷　(宋)黃庶撰

庸齋小集一卷　(宋)沈説撰

菊潭詩集一卷　(宋)吳惟信撰

學詩初藁一卷　(宋)王同祖撰

檜庭吟藁一卷　(宋)葛起耕撰

雲臥詩集一卷　(宋)吳汝弌撰

露香拾藁一卷　(宋)黃大受撰

鷗渚微吟一卷　(宋)趙崇鉌撰

梅屋吟一卷　(宋)鄒登龍撰

北窗詩藁一卷　(宋)余觀復撰

學吟一卷　(宋)朱南傑撰

雅林小集一卷　(宋)王琮撰

采芝集一卷續藁一卷　(宋)釋斯
植撰

芸居乙藁一卷　(宋)錢塘陳起撰

橘潭詩藁一卷　(宋)何應龍撰

雲泉詩集一卷　(宋)釋永頤撰

簫臺公餘詞一卷　(宋)姚述堯撰

玉照堂詞鈔一卷　(宋)張鎡撰

柳塘外集二卷　(宋)釋道燦撰

裘竹齋詩集四卷　(宋)裘萬頃撰

龍洲道人詩集一卷　(宋)劉過撰

玉楮詩藁八卷　(宋)岳珂撰

雪牕小集一卷　(宋)張良臣撰

抱拙小藁一卷　(宋)趙希櫟撰

適安藏拙餘藁一卷乙卷一卷
(宋)武衍撰

斗野藁支卷一卷　(宋)張蘊撰

小山集一卷　(宋)劉翰撰

敝藁一卷　(宋)利登撰

招山小集一卷　(宋)劉仙倫撰

看雲小集一卷　(宋)黃文雷撰

野谷詩藁六卷　(宋)趙汝鐩撰

集 10008050

文瑞樓彙刻書

(清)桐鄉金檀編

清康熙雍正間桐鄉金氏文瑞樓燕
翼堂刻本　國圖　北大　遼寧　南
京　浙江

青邱高季迪先生詩集十八卷遺詩
一卷扣舷集一卷鳧藻集五卷高季迪
先生年譜一卷附錄一卷　(明)高啓
撰　(清)金檀輯注　清雍正六至七
年桐鄉金氏文瑞樓刻本

清江貝先生詩集十卷文集三十卷
(明)貝瓊撰　(清)金檀輯　清康
熙五十八年(1719)桐鄉金氏燕翼堂
刻本

巽隱程先生文集二卷詩集二卷
(明)程本立撰　(清)金檀輯　清康
熙五十八年桐鄉金氏燕翼堂刻本

集 10008051

名集叢鈔

(清)錢塘程川　(清)錢塘潘思
齊編

清乾隆間刻本　上海

天瓢文鈔一卷　(清)吳風翔撰

停霞詩鈔一卷　(清)張昕撰

西莊詞鈔一卷　(清)查涵撰

雪蕉集鈔一卷　(清)張宇撰

晴沙文鈔一卷　(清)程川撰

錢唐集鈔一卷　(清)程川撰

蒙泉詩鈔一卷　(清)潘思齊撰

集 10008052

寒松閣鈔書

　（清）嘉興張鳴珂編

　清張鳴珂鈔本　　國圖

　　　　百末詞一卷　（清）尤侗撰

　　　　西堂詩一卷　（清）尤侗撰

　　　　西堂集外國竹枝詞注一卷　（清）

　　　尤珍撰

　　　　湘中草二卷　（清）湯傳楹撰

集 10008053

合刻曹陶謝三家詩

　（清）仁和（一作江都）卓爾堪編

　清康熙間刻本　　國圖（清梅植之

批點並跋）　北大　上海　南京

遼寧　湖北

　　　　曹集二卷總評一卷　（三國魏）曹

　　　植撰

　　　　陶集四卷總評一卷　（晉）陶淵

　　　明撰

　　　　謝集二卷總評一卷　（南朝宋）謝

　　　靈運撰

集 10008054

宋元四家詩鈔

　（清）錢塘戴熙編

　清稿本（清丁丙跋）　南京

　　　　林君復詩一卷　（宋）林逋撰

　　　　姜白石詩一卷　（宋）姜夔撰

　　　　倪雲林詩一卷　（元）倪瓚撰

　　　　王元章詩一卷　（元）王冕撰

集 10008055

海昌麗則

　（清）海寧吳騫編

　清乾隆嘉慶間吳氏拜經樓刻本

國圖

　　　　静庵剩稿一卷附錄一卷　（明）朱

　　　妙端撰　清乾隆五十九年（1794）刻

　　　　玉窗遺稿一卷　（清）葛宜撰清乾

　　　隆三十七年（1772）刻

　　　　拙政園詩集二卷詩餘三卷附錄一

　　　卷　（清）徐燦撰　清嘉慶八年

　　　（1803）刻

　　　　梅花園存稿一卷詩餘一卷　（清）

　　　鍾韞撰清乾隆五十七年刻

　　　　月珠樓吟稿一卷　（清）黃蘭雪撰

　　　清嘉慶十一年（1806）刻

集 10008056

陳太僕批選八家文鈔

　（清）錢塘陳兆崙編

　清光緒二十六年（1900）天津文美

齋石印本　國圖　上海

　　清光緒二十八年（1902）山東書局

石印本（陳太僕評選唐宋八家文讀

本）　國圖

　　　　韓文選二卷　（唐）韓愈撰

　　　　柳文選一卷　（唐）柳宗元撰

　　　　王文選一卷　（宋）王安石撰

　　　　曾文選一卷　（宋）曾鞏撰

　　　　歐文選一卷　（宋）歐陽修撰

　　　　老蘇文選一卷　（宋）蘇洵撰

　　　　大蘇文選一卷　（宋）蘇軾撰

　　　　小蘇文選一卷　（宋）蘇轍撰

集 10008057

十家宮詞

　（清）錢塘倪燦編

清康熙二十八年(1689)胡介祉貞曜堂刻本　北大　清華　遼大

清康熙二十八年(1689)胡介祉貞曜堂刻乾隆八年(1743)史開基重修本　國圖(傅增湘校並跋)　南京吉大　杭師大　浙江　日東洋

清康熙三十四年(1695)胡介祉谷園刻本　南京

清孔氏藤梧館鈔本(清孔繼涵跋)山東

198缺中國書店影印本　浙師大

1911～1970北京市中國書店影印本　北師大

　　宮詞三卷　(宋)徽宗趙佶撰
　　宋文安公宮詞一卷　(宋)宋白撰
　　宮詞一卷　(唐)王建撰
　　宮詞一卷　(五代)費氏撰
　　宮詞一卷　(宋)王珪撰
　　宮詞一卷　(宋)胡偉撰
　　宮詞一卷　(五代)和凝撰
　　宮詞一卷　(宋)張公庠撰
　　宮詞一卷　(宋)王仲修撰
　　宮詞一卷　(宋)周彦質撰

集 10008058

唐四家詩集

(清)永康胡鳳丹輯

清同治九年(1870)胡氏退補齋刻本　國圖　北大　華東師大　北師大　吉大　鄭大　日熊本大

清光緒元年(1875)湖北崇文書局刻本　國圖　日東洋

清光緒十三年(1887)湖北官書處刻本　國圖　北大　人大　華東師大　河南大　鄭大　寧大　武大

清光緒三十四年(1908)排印本復旦

民國元年(1912)湖北官書處刻本北大

民國元年(1912)湖北官書處重刊本　川大

民國十一年(1922)石印本　上海

　　王右丞集四卷　(唐)王維撰
　　孟襄陽集二卷　(唐)孟浩然撰
　　韋蘇州集十卷　(唐)韋應物撰
　　柳柳州集四卷　(唐)柳宗元撰
　　附:采輯歷朝詩話一卷　(清)胡鳳丹撰
　　唐四家詩集辨訛考異四卷　(清)胡鳳丹撰

集 10008059

唐詩意一卷

(清)上虞葉蓁撰

稿本　浙江

2019年國家圖書館出版社影印浙學未刊稿叢編本

集 10008060

南宋羣賢小集

(宋)錢塘陳起編　(清)石門顧修重輯

清嘉慶六年(1801)石門顧氏讀畫齋刻本　國圖　上海　遼寧　南京

　　巽齋小集一卷　(宋)危稹撰
　　雪城小蘽二卷　(宋)羅與之撰
　　菊磵小集一卷　(宋)高翥撰
　　梅屋吟一卷　(宋)鄒登龍撰

北牕詩藁一卷　（宋）余觀復撰

鷗渚微吟一卷　（宋）趙崇鉌撰

學吟一卷　（宋）朱南傑撰

雅林小藁一卷　（宋）王琮撰

菊潭詩集一卷　（宋）吳惟信撰

庸齋小集一卷　（宋）沈說撰

學詩初藁一卷　（宋）王同祖撰

西麓詩藁一卷　（宋）陳允平撰

橘潭詩藁一卷　（宋）何應龍撰

吾竹小藁一卷　（宋）毛珝撰

皇芩曲一卷　（宋）鄧林撰

梅屋詩藁一卷融春小綴一卷梅屋第三藁一卷梅屋第四藁一卷　（宋）許棐撰

竹莊小藁一卷　（宋）胡仲參撰

東齋小集一卷　（宋）陳鑑之撰

芸隱橫舟藁一卷勌遊藁一卷（宋）施樞撰

竹所吟藁一卷　（宋）徐集孫撰

雲臥詩集一卷（宋）吳汝弌撰

適安藏拙餘藁一卷乙藁一卷（宋）武衍撰

疏寮小集一卷　（宋）高似孫撰

靖逸小集一卷　（宋）葉紹翁撰

秋江煙草一卷　（宋）張弋撰

雪林刪餘一卷　（宋）張至龍撰

癖齋小集一卷　（宋）杜旃撰

招山小集一卷　（宋）劉仙倫撰

看雲小集一卷　（宋）黃文雷撰

抱拙小藁一卷　（宋）趙希櫓撰

檜庭吟稿一卷　（宋）葛起耕撰

骳藁一卷　（宋）利登撰

雲泉詩一卷　（宋）薛嶠撰

葛無懷小集一卷　（宋）葛天民撰

漁溪詩藁二卷乙藁一卷　（宋）俞桂撰

小山集一卷　（宋）劉翰撰

雪牕小集一卷　（宋）張良臣撰

斗野稁支卷一卷　（宋）張蘊撰

露香拾藁一卷　（宋）黃大受撰

竹溪十一藁詩選一卷　（宋）林希逸撰

臞翁詩集二卷　（宋）敖陶孫撰

靜佳乙藁一卷靜佳龍尋藁一卷（宋）朱繼芳撰

山居存藁一卷　（宋）陳必復撰

端隱吟藁一卷　（宋）林尚仁撰

雪蓬藁一卷　（宋）姚鏞撰

心遊摘藁一卷　（宋）劉翼撰

雪巖吟草（一名西塍集）一卷（宋）宋伯仁撰

石屏續集四卷　（宋）戴復古撰

順適堂吟藁甲集一卷乙集一卷丙集一卷丁集一卷戊集一卷　（宋）葉茵撰

龍洲道人詩集一卷　（宋）劉過撰

白石道人詩集一卷　（宋）姜夔撰

附：詩說一卷　（宋）姜夔撰

諸賢酬贈詩一卷　（宋）姜夔撰

林同孝詩一卷　（宋）林同撰

蒙泉詩藁一卷　（宋）李濤撰

方泉先生詩集三卷　（宋）周文璞撰

瓜廬詩一卷附錄一卷　（宋）薛師石撰

野谷詩藁六卷　（宋）趙汝鐩撰

汶陽端平詩雋四卷　（宋）周弼撰（宋）李龏選

梅花衲一卷　（宋）李龏撰

剪綃集二卷　（宋）李龏撰

亞愚江浙紀行集句詩七卷　（宋）釋紹嵩撰

采芝集一卷續集一卷 （宋）釋斯植撰

雲泉詩集一卷 （宋）釋永頤撰

芸居乙藁一卷 （宋）錢塘陳起撰

增廣聖宋高僧詩選前集一卷後集三卷續集一卷補遺一卷 （宋）錢塘陳起輯

前賢小集拾遺五卷 （宋）錢塘陳起輯

雪磯叢藁五卷 （宋）樂雷發撰

退庵先生遺集二卷 （宋）吳淵撰

葦碧軒集一卷 （宋）永嘉翁卷撰

清苑齋集一卷 （宋）永嘉趙師秀撰

芳蘭軒集一卷 （宋）永嘉徐照撰

二薇亭集一卷 （宋）永嘉徐璣撰

中興羣公吟藁戊集七卷 （宋）陳起輯

羣賢小集補遺 （清）鮑廷博輯

巽齋小集補遺一卷 （宋）危積撰

菊磵小集補遺一卷 （宋）高翥撰

菊潭詩集補遺一卷 （宋）吳惟信撰

疎寮小集補遺一卷 （宋）高似孫撰

靖逸小集補遺一卷 （宋）葉紹翁撰

秋江煙草補遺一卷 （宋）張弋撰

招山小集補遺一卷 （宋）劉仙倫撰

雪窗小集補遺一卷 （宋）張良臣撰

静佳乙藁補遺一卷 （宋）朱繼芳撰

雪巖吟草補遺一卷 （宋）宋伯仁撰

白石道人集補遺一卷 （宋）姜夔撰

葦碧軒集補遺一卷 （宋）翁卷撰

清苑齋集補遺一卷 （宋）趙師秀撰

芳蘭軒集補遺一卷 （宋）徐照撰

二薇亭集補遺一卷 （宋）徐璣撰

附:江湖後集二十四卷 （宋）陳起輯

集 10008061

宋詩鈔初集

（清）崇德吕留良 （清）石門吳之振 （清）石門吳爾堯編

清康熙十年(1671)洲錢吳氏鑑古堂刻本 國圖 北大 上海(清張宗橚補鈔目録並録清陸辛齋評點(張元濟跋) 遼寧

騎省集鈔一卷 （宋）徐鉉撰

小畜集鈔一卷 （宋）王禹偁撰

滄浪集鈔一卷 （宋）蘇舜欽撰

和靖詩鈔一卷 （宋）林逋撰

安陽集鈔一卷 （宋）韓琦撰

乖崖詩鈔一卷 （宋）張詠撰

清獻詩鈔一卷 （宋）趙抃撰

武溪詩鈔一卷 （宋）余靖撰

徂徠詩鈔一卷 （宋）石介撰

南陽集鈔一卷 （宋）韓維撰

西塘詩鈔一卷 （宋）鄭俠撰

道鄉詩鈔一卷 （宋）鄭浩撰

宛陵詩鈔一卷 （宋）梅堯臣撰

文仲清江集鈔一卷 （宋）孔文仲撰

武仲清江集鈔一卷 （宋）孔武仲撰

平仲清江集鈔一卷 （宋）孔平
仲撰

歐陽文忠詩鈔一卷 （宋）歐陽
修撰

臨川詩鈔一卷 （宋）王安石撰

東坡詩鈔一卷 （宋）蘇軾撰

後山詩鈔一卷 （宋）陳師道撰

廣陵詩鈔一卷 （宋）王令撰

丹淵集鈔一卷 （宋）文同撰

襄陽詩鈔一卷 （宋）米芾撰

節孝詩鈔一卷 （宋）徐積撰

山谷詩鈔一卷 （宋）黃庭堅撰

宛丘詩鈔一卷 （宋）張耒撰

雞肋集鈔一卷 （宋）晁補之撰

具茨集鈔一卷 （宋）晁沖之撰

淮海集鈔一卷 （宋）秦觀撰

陵陽詩鈔一卷 （宋）韓駒撰

江湖長翁詩鈔一卷 （宋）陳造撰

旴江集鈔一卷 （宋）李覯撰

西溪集鈔一卷 （宋）沈遘撰

雲巢詩鈔一卷 （宋）沈遼撰

龜溪集鈔一卷 （宋）沈與求撰

眉山詩鈔一卷 （宋）唐庚撰

建康集鈔一卷 （宋）葉夢得撰

盧溪集鈔一卷 （宋）王庭珪撰

鴻慶集鈔一卷 （宋）孫覿撰

蘆川歸來集鈔一卷 （宋）張元
幹撰

浮溪集鈔一卷 （宋）汪藻撰

簡齋詩鈔一卷 （宋）陳與義撰

北山小集鈔一卷 （宋）程俱撰

益公省齋藁鈔一卷益公平園續稿
鈔一卷 （宋）周必大撰

屏山集鈔一卷 （宋）劉子翬撰

韋齋詩鈔一卷 （宋）朱松撰

玉瀾集鈔一卷 （宋）朱槔撰

文公集鈔一卷 （宋）朱熹撰

香溪集鈔一卷 （宋）范浚撰

竹洲詩鈔一卷 （宋）吳儆撰

止齋詩鈔一卷 （宋）陳傅良撰

石湖詩鈔一卷 （宋）范成大撰

劍南詩鈔一卷 （宋）陸游撰

誠齋江湖集鈔一卷荊溪集鈔一卷
西歸集鈔一卷南海集鈔一卷朝天集
鈔一卷江西道院集鈔 一卷朝天續
集鈔一卷江東集鈔一卷退休集鈔一
卷 （宋）楊萬里撰

橫浦詩鈔一卷 （宋）張九成撰

浪語集鈔一卷 （宋）薛季宣撰

攻媿集鈔一卷 （宋）樓鑰撰

水心詩鈔一卷 （宋）葉適撰

艾軒詩鈔一卷 （宋）林光朝撰

義豐集鈔一卷 （宋）王阮撰

雙溪詩鈔一卷 （宋）王炎撰

知稼翁集鈔一卷 （宋）黃公度撰

漫塘詩鈔一卷 （宋）劉宰撰

清苑齋詩鈔一卷 （宋）趙師秀撰

葦碧軒詩鈔一卷 （宋）翁卷撰

芳蘭軒詩鈔一卷 （宋）徐照撰

二薇亭詩鈔一卷 （宋）徐璣撰

後村詩鈔一卷 （宋）劉克莊撰

東皋詩鈔一卷 （宋）戴敏撰

石屏詩鈔一卷 （宋）戴復古撰

農歌集鈔一卷 （宋）戴昺撰

秋崖小稿鈔一卷 （宋）方嶽撰

清雋集鈔一卷 （宋）鄭起撰

文山詩鈔一卷 （宋）文天祥撰

晞髮集鈔一卷晞髮近稿鈔一卷附
天地間集一卷 （宋）謝翱撰並輯

先天集鈔一卷 （宋）許月卿撰

白石樵唱鈔一卷 （宋）林景熙撰

山民詩鈔一卷 （宋）真山民撰

水雲詩鈔一卷　（宋）汪元量撰

隆吉詩鈔一卷　（宋）梁棟撰

潛齋詩鈔一卷　（宋）何夢桂撰

參寥詩鈔一卷　（宋）釋道潛撰

石門詩鈔一卷　（宋）釋惠洪撰

花蕊詩鈔一卷　（五代）費氏撰

集 10008062

宋詩鈔二百六卷

（清）石門吳之振編

清乾隆間內府寫文淵閣四庫全書本　臺故博

清乾隆間內府寫文溯閣四庫全書本　甘肅

清乾隆間內府寫文津閣四庫全書本　國圖

2008 年商務印書館影印文津閣四庫全書本

清乾陸間內府寫本清末民初補鈔文瀾閣四庫全書本　浙江

1982～1986 年臺灣商務印書館景印文淵閣四庫全書本

1986 年上海古籍出版社據臺灣商務印書館景印文淵閣四庫全書景印本

2006～2015 年杭州出版社影印文瀾閣四庫全書本

清康熙十年（1671）刻本　吉大

清康熙十年（1671）吳氏鑑古堂刻本　鄭大

民國三年（1914）上海涵芬樓石印本　北師大

民國三年（1914）上海涵芬樓影印

本　南開

集 10008063

宋詩鈔補

（清）海寧管庭芬　（清）海寧蔣光煦編

民國四年（1915）上海商務印書館鉛印本　國圖　上海　遼寧　南京

小畜集補鈔一卷　（宋）王禹偁撰

騎省集補鈔一卷　（宋）徐鉉撰

安陽集補鈔一卷　（宋）韓琦撰

滄浪集補鈔一卷　（宋）蘇舜欽撰

武溪集補鈔一卷　（宋）余靖撰

歐陽文忠詩補鈔一卷　（宋）歐陽修撰

和靖集補鈔一卷　（宋）林逋撰

平仲清江集補鈔一卷　（宋）孔平仲撰

文仲清江集補鈔一卷　（宋）孔文仲撰

南陽集補鈔一卷　（宋）韓維撰

臨川集補鈔一卷　（宋）王安石撰

東坡集補鈔一卷　（宋）蘇軾撰

西塘集補鈔一卷　（宋）鄭俠撰

廣陵集補鈔一卷　（宋）王令撰

後山集補鈔一卷　（宋）陳師道撰

丹淵集補鈔一卷　（宋）文同撰

襄陽集補鈔一卷　（宋）米芾撰

山谷集補鈔一卷　（宋）黃庭堅撰

宛丘集補鈔一卷　（宋）張耒撰

具茨集補鈔一卷　（宋）晁沖之撰

陵陽集補鈔一卷　（宋）韓駒撰

雞肋集補鈔一卷　（宋）晁補之撰

道鄉集補鈔一卷　（宋）鄭浩撰

淮海集補鈔一卷　（宋）秦觀撰

江湖長翁集一卷 （宋）陳造撰

龍雲集鈔一卷 （宋）劉弇撰

雲巢集補鈔一卷 （宋）沈遼撰

西溪集補鈔一卷 （宋）沈遘撰

龜溪集補鈔一卷 （宋）沈與求撰

節孝集補鈔一卷 （宋）徐積撰

簡齋集補鈔一卷 （宋）陳與義撰

盱江集補鈔一卷 （宋）李覯撰

栟櫚集鈔一卷 （宋）鄧肅撰

雙溪集補鈔一卷 （宋）王炎撰

眉山集補鈔一卷 （宋）唐庚撰

鴻慶集補鈔一卷 （宋）孫覿撰

蘆川歸來集補鈔一卷 （宋）張元
幹撰

建康集補鈔一卷 （宋）葉夢得撰

橫浦集補鈔一卷 （宋）張九成撰

浮溪集補鈔一卷 （宋）汪藻撰

香溪集補鈔一卷 （宋）范濬撰

屏山集補鈔一卷 （宋）劉子翬撰

韋齋集補鈔一卷 （宋）朱松撰

玉瀾集補鈔一卷 （宋）朱槔撰

竹洲集補鈔一卷 （宋）吳儆撰

省齋集補鈔一卷平園集補鈔一卷
（宋）周必大撰

文公集補鈔一卷 （宋）朱熹撰

石湖集補鈔一卷 （宋）范成大撰

止齋集補鈔一卷 （宋）陳傅良撰

誠齋集補鈔一卷 （宋）楊萬里撰

水心集補鈔一卷 （宋）葉適撰

攻媿集補鈔一卷 （宋）樓鑰撰

清苑齋集補鈔一卷 （宋）趙師
秀撰

葦碧軒集補鈔一卷 （宋）翁卷撰

芳蘭軒集補鈔一卷 （宋）徐照撰

二薇亭集補鈔一卷 （宋）徐璣撰

知稼翁集補鈔一卷 （宋）黃公

度撰

後村集補鈔一卷 （宋）劉克莊撰

盧溪集補鈔一卷 （宋）王庭珪撰

勉齋集鈔一卷 （宋）黃幹撰

鶴山集鈔一卷 （宋）魏了翁撰

東臯集補鈔一卷 （宋）戴敏撰

石屏集補鈔一卷 （宋）戴復古撰

農歌鈔一卷 （宋）戴昺撰

蛟峰集鈔一卷 （宋）方逢辰撰

雪巖集鈔一卷 （宋）宋伯仁撰

秋崖集補鈔一卷 （宋）方岳撰

縉雲集鈔一卷 （宋）馮時行撰

玉楮集鈔一卷 （宋）岳珂撰

滄浪吟集鈔一卷 （宋）嚴羽撰

竹齋集鈔一卷 （宋）裘萬頃撰

晞髮集補鈔一卷 （宋）謝翱撰

文山詩補鈔一卷 （宋）文天祥撰

疊山集鈔一卷 （宋）謝枋得撰

白石樵唱集補鈔一卷 （宋）林景
熙撰

水雲集補鈔一卷 （宋）汪元量撰

隆吉集補鈔一卷 （宋）梁棟撰

仲安集鈔一卷 （宋）呂定撰

所南集鈔一卷 （元）鄭思肖撰

潛齋集補鈔一卷 （宋）何夢桂撰

魯齋集鈔一卷 （宋）王柏撰

玉蟾集鈔一卷 （宋）葛長庚撰

參寥集補鈔一卷 （宋）釋道潛撰

石門文字禪集補鈔一卷 （宋）釋
惠洪撰

斷腸集一卷 （宋）朱淑真撰

集 10008064

宋四名家詩

（清）蕭山（一作海寧）周之麟
（清）仁和柴升編

清康熙三十二年(1693)弘訓堂刻本　國圖　湖北　美燕京　北大　人大　齊齊哈爾　黑大　嘉善　平湖　美燕京　港中大

清康熙三十二年(1693)有文堂刻本　北師大　清華　寧大　臨海　溫州　寧波　奉化　日一橋大　日東北大

清康熙間刻本　上海　川大　浙江　紹興　嘉善　臨海　餘姚文保所　寧波　天一閣　奉化　日國會

清嘉慶二十二年(1817)博古堂刻本　浙師大　紹興　臨海　平湖

清同治五年(1866)長沙經濟堂刻本(宋四名家詩選)　上海

清光緒元年(1875)刻本　天津　南京　湖北

民國八年(1919)(1819)會文堂書局石印本　北大　杭州

　　東坡先生詩鈔七卷　(宋)蘇軾撰
　　山谷先生詩鈔七卷　(宋)黃庭堅撰
　　石湖先生詩鈔六卷　(宋)范成大撰
　　放翁先生詩鈔七卷　(宋)陸游撰

集 10008065

宋十五家詩選

(清)海寧陳訏編

清康熙三十二年(1693)刻本　國圖　上海　湖北　美燕京

清華　北大　北師大　人大　吉大　河南大　浙大　浙江　蘇大

川大

清山陰周祚鈔本　紹興

日本文政十年(1927)刻本　浙江　日公文　日都大　日愛知大

日本文政十年(1927)江戶昌平阪學問所刻本　浙大

2002年上海古籍出版社影印續修四庫全書本

　　宛陵詩選一卷　(宋)梅堯臣撰
　　盧陵詩選一卷　(宋)歐陽修撰
　　南豐詩選一卷　(宋)曾鞏撰
　　臨川詩選一卷　(宋)王安石撰
　　東坡詩選一卷　(宋)蘇軾撰
　　欒城詩選一卷　(宋)蘇轍撰
　　山谷詩選一卷　(宋)黃庭堅撰
　　石湖詩選一卷　(宋)范成大撰
　　劍南詩選二卷　(宋)陸游撰
　　誠齋詩選一卷　(宋)楊萬里撰
　　梅溪詩選一卷　(宋)王十朋撰
　　朱子詩選一卷　(宋)朱熹撰
　　菊磵詩選一卷　(宋)高翥撰
　　秋崖詩選一卷　(宋)方嶽撰
　　文山詩選一卷　(宋)文天祥撰

集 10008066

宋百家詩存

(清)嘉善曹庭棟編

清乾隆六年(1741)嘉善曹氏二六書堂刻本　國圖　北大　上海　南京　湖北　美燕京

　　弓一
　　慶湖集一卷　(宋)賀鑄撰
　　東觀集一卷　(宋)魏野撰

弓二

穆參軍集一卷　（宋）穆修撰

景文詩集一卷　（宋）宋祁撰

伐檀集一卷　（宋）黃庶撰

公是集一卷　（宋）劉敞撰

陳副使遺藁一卷　（宋）陳泊撰

弓三

傳家集一卷　（宋）司馬光撰

文潞公集一卷　（宋）文彥博撰

無爲集一卷　（宋）楊傑撰

弓四

鄱陽集一卷　（宋）彭汝礪撰

樂靜居士集一卷　（宋）李昭玘撰

姑溪集一卷　（宋）李之儀撰

弓五

青山集一卷　（宋）郭祥正撰

倚松老人集一卷　（宋）饒節撰

弓六

龍雲集一卷　（宋）劉弇撰

紫薇集一卷　（宋）呂本中撰

竹友集一卷　（宋）謝薖撰

棣華館小集一卷　（宋）楊甲撰

弓七

西渡集一卷　（宋）洪炎撰

竹溪集一卷　（宋）李彌遜撰

松隱集一卷　（宋）曹勳撰

弓八

雅林小藁一卷　（宋）王琮撰

醉軒集一卷　（宋）姚孝錫撰

傅忠肅集一卷　（宋）傅察撰

華陽集一卷　（宋）張綱撰

苕溪集一卷　（宋）劉一止撰

栟櫚集一卷　（宋）鄧肅撰

弓九

雪溪集一卷　（宋）王銍撰

網山月魚集一卷　（宋）林亦之撰

太倉稊米集一卷　（宋）周紫芝撰

洺水集一卷　（宋）程珌撰

漁溪詩藁一卷　（宋）俞桂撰

弓十

樂軒集一卷　（宋）陳藻撰

歸愚集一卷　（宋）葛立方撰

默堂集一卷　（宋）陳淵撰

秋堂遺藁一卷　（宋）柴望撰

于湖集一卷　（宋）張孝祥撰

小山集一卷　（宋）劉翰撰

弓十一

蠹齋鉛刀編一卷　（宋）周孚撰

雪窗小藁一卷　（宋）張良臣撰

臞翁集一卷　（宋）敖陶孫撰

巽齋小集一卷　（宋）危積撰

龍洲道人集一卷　（宋）劉過撰

梅屋吟藁一卷　（宋）鄒登龍撰

弓十二

招山小集一卷　（宋）劉仙倫撰

皇荂曲一卷　（宋）鄧林撰

順適堂吟藁一卷　（宋）葉茵撰

玉楮集一卷　（宋）岳珂撰

弓十三

野谷詩集一卷　（宋）趙汝鐩撰

白石道人集一卷　（宋）姜夔撰

靜佳詩集一卷　（宋）朱繼芳撰

鷗渚微吟一卷　（宋）趙崇鉘撰

弓十四

翠微南征録一卷　（宋）華嶽撰

秋江煙草一卷　（宋）張弋撰

檜庭吟藁一卷　（宋）葛起耕撰

沃州鴈山吟一卷　（宋）呂聲之撰

橘潭詩藁一卷　（宋）何應龍撰

杜清獻集一卷　（宋）杜範撰

芸居乙藁一卷　（宋）錢塘陳起撰

山居存藁一卷　（宋）陳必復撰

弓十五

方泉集一卷　（宋）周文璞撰

方壺存蕘一卷　（宋）汪莘撰

雪林刪餘一卷　（宋）張至龍撰

端平集一卷　（宋）周弼撰

庸齋小集一卷　（宋）沈說撰

露香拾蕘一卷　（宋）黃大受撰

弓十六

雪篷詩蕘一卷　（宋）姚鏞撰

東齋小集一卷　（宋）陳鑑之撰

竹莊小蕘一卷　（宋）胡仲參撰

散蕘一卷　（宋）利登撰

適安藏拙餘蕘一卷　（宋）武衍撰

芸隱詩集一卷　（宋）施樞撰

竹溪詩集一卷　（宋）林希逸撰

弓十七

無懷小集一卷　（宋）葛天民撰

抱拙小蕘一卷　（宋）趙希櫟撰

華谷集一卷　（宋）嚴粲撰

瓜廬集一卷　（宋）薛師石撰

吾竹小蕘一卷　（宋）毛珝撰

雪坡小蕘一卷　（宋）羅與之撰

雪泉詩集一卷　（宋）薛嵎撰

弓十八

靖逸小蕘一卷　（宋）葉紹翁撰

斗野支蕘一卷　（宋）張蘊撰

端隱吟蕘一卷　（宋）林尚仁撰

實齋詠梅集一卷　（宋）張道洽撰

梅屋集一卷　（宋）許棐撰

雪磯叢蕘一卷　（宋）樂雷發撰

癖齋小集一卷　（宋）杜旟撰

弓十九

可齋詩蕘一卷　（宋）李曾伯撰

學吟一卷　（宋）朱南傑撰

竹所吟蕘一卷　（宋）徐集孫撰

野趣有聲畫一卷　（元）楊公遠撰

佩韋齋集一卷　（宋）俞德鄰撰

西麓詩蕘一卷　（宋）陳允平撰

弓二十

菊潭詩集一卷　（宋）吳惟信撰

古梅吟蕘一卷　（宋）吳龍翰撰

月洞吟一卷　（宋）王鎡撰

滄州集一卷　（宋）羅公升撰

柳塘外集一卷　（宋）釋道璨撰

采芝集一卷　（宋）釋斯植撰

集 10008067

西江詩派韓饒二集

（清）嘉興沈曾植編

清宣統二年（1910）姚埭沈氏刻本

國圖　上海

陵陽先生詩四卷　（宋）韓駒撰校

勘記一卷傅增湘撰（民國四年

（1915）刻）

倚松老人詩集二卷　（宋）饒節撰

集 10008068

四傑詩選

（清）秀水姚佺　（清）孫枝蔚編

並評

清初刻本　清華

空同集選六卷　（明）李夢陽撰

大復集選六卷　（明）何景明撰

滄溟集選六卷　（明）李攀龍撰

弇州集選六卷　（明）王世貞撰

集 10008069

孫范合唱集

（清）鄞縣范光燮編

清順治十二年（1656）（1655）刻本

天一閣

  潛川唱和集一卷　(清)范光燮編

  嚶鳴合唱集一卷　(清)孫弘喆、

(清)范光燮撰

  偶吟篇一卷　(清)范光燮撰

  宦草一卷

集 10008070

燕臺七子詩刻

(清)餘杭嚴津編

  清順治刻本　上海(存六種六卷)

  斗齋詩選一卷　(清)張文光撰

  學易庵詩選一卷　(清)趙賓撰

  安雅堂詩選一卷　(清)宋琬撰

  愚山詩選一卷　(清)施閏章撰

  顥亭詩選一卷　(清)嚴沆撰

  信美軒詩選一卷　(清)丁澎撰

集 10008071

八家詩選

(清)石門吳之振編

  清康熙十一年(1672)州錢吳氏鑑古堂刻本　國圖　北大　中科院　復旦　天津　湖北　中央黨校(清朱羅評並跋)

  荔裳詩選一卷　(清)宋琬撰

  顧庵詩選一卷　(清)曹爾堪撰

  愚山詩選一卷　(清)施閏章撰

  鐸堂詩選一卷　(清)沈荃撰

  西樵詩選一卷　(清)王士祿撰

  湟榛詩選一卷　(清)程可則撰

  阮亭詩選一卷　(清)王士禛撰

  說巖詩選一卷　(清)陳廷敬撰

集 10008072

汪柯庭彙刻賓朋詩

(清)桐年(一作嘉興)汪文柏編

清康熙三十一年(1692)汪文柏刻本　國圖　上海

  題照集一卷

  寵硯録二卷

  西河慰悼詩二卷補遺一卷

  集華及堂倡和詩一卷

  湯餅辭一卷

  華嶼嚶鳴一卷

  同心言初集一卷二集一卷

集 10008073

同聲集

(清)嘉興丁芸編

清乾隆五十七年(1792)刻本上海

  墨農詩草一卷　(清)丁芸撰

  溪南詩草一卷　(清)毛琳撰

  水山詩草一卷　(清)陳秀撰

集 10008074

是程堂倡和投贈集

(清)錢塘屠倬輯

清道光五年(1825)屠秉刻本　上海　復旦

  山居足音集二卷

  僧寮吟課一卷

  銷夏彙存一卷

  小檀欒室題詞一卷

  説詩類編一卷

  讀書録一卷

  耶溪漁隱題辭一卷

日下題襟集一卷

雙藤録別詩鈔一卷

從政未信録一卷

弦韋贈處集一卷

湘靈館雜鈔一卷

鑾江懷古集一卷

江上詠花集一卷

真州官舍十二詠一卷

集 10008075

國初十大家詩鈔

（清）秀水王相撰

清道光十年（1830）秀水王氏信芳閣木活字印本　北師大

集 10008076

友聲集

（清）秀水王相撰

清咸豐八年（1858）芳閣刻本　國圖　中科院　上海　南京　復旦

2002 年上海古籍出版社影印續修四庫全書本　吉大　南開　浙江

電子圖書　北大電子

集 10008077

續友聲集十卷

（清）秀水王裦之撰

清咸豐刻本　中科院　復旦

2002 年上海古籍出版社影印續修四庫全書本

集 10008078

草堂雜詠一卷

（清）秀水王相撰

王氏家刻本

集 10008079

彤簽雙璧

（清）黃巖王維翰輯

清同治八年（1869）黃巖王氏雙硯齋木活字印本　上海

東甖集一卷　（清）戚桂裳撰

醞香樓集一卷　（清）趙韻花撰

集 10008080

耆舊詩存

（清）平湖沈筠選　（清）海鹽徐圓成訂

清光緒元年（1875）刻本　上海

愚泉詩選一卷　（清）陳文藻撰

春林詩選一卷　（清）陸鎔撰

心葭詩選一卷　（清）劉東藩撰

霞梯詩選一卷　（清）金大登撰

集 10008081

國朝五家詠史詩鈔

（清）嘉善孫福清編

清光緒四年（1878）嘉善孫氏望雲仙館刻本　上海

樹經堂詠史詩二卷　（清）謝啓昆撰

話雲軒詠史詩一卷　（清）曹振鏞撰

覺生詠史詩二卷　（清）鮑桂星撰

澹香齋詠史詩一卷　（清）王延紹撰

集義軒詠史詩四卷　（清）羅惇衍撰

集 10008082

存素堂同懷稿二卷

（清）金成輯

嘉慶九年（1804）重刻本　南京

集 10008083

戴段合刻

（清）鎮海張壽榮輯

清光緒十年（1884）鎮海張氏刻本
國圖　上海　遼寧　湖北

　　戴東原集十二卷　（清）戴震撰

　　經韻樓集十二卷　（清）段玉裁撰

集 10008084

唐文呂選

（清）崇德呂留良編　（清）董采評

清康熙四十三年（1704）困學闍刻
本　國圖　復旦　浙江

　　唐韓文公文五卷　（唐）韓愈撰

　　唐杜樊川文三卷　（唐）杜牧撰

　　唐柳柳州文三卷　（唐）柳宗元撰

　　唐李文公文二卷　（唐）李翱撰

集 10008085

明文必自集讀本不分卷

（清）海鹽王惟梅選

清中期刻本　首都

清光緒十一年（1885）宜興道生堂
刻本　蘇大

集 10008086

山曉閣選明文續集四卷

（清）嘉善孫琼評

清刻本　重慶

集 10008087

國朝三家文鈔

（清）宋犖　（清）海寧許汝霖編

清康熙三十三年（1694）刻本　國
圖　北大　遼寧　湖北

　　侯朝宗文鈔八卷　（清）侯方域撰

　　魏叔子文鈔十二卷　（清）魏禧撰

　　汪鈍翁文鈔十二卷　（清）汪琬撰

集 10008088

國朝二十四家文鈔

（清）歸安徐斐然輯

清乾隆六十年（1795）徐氏刻本
國圖　河南大

清道光十年（1830）刻本　國圖

　　軫石文鈔一卷　（清）王猷定撰

　　亭林文鈔一卷　（清）顧炎武撰

　　雪苑文鈔一卷　（清）侯方域撰

　　愚山文鈔一卷　（清）施閏章撰

　　勺庭文鈔一卷　（清）魏禧撰

　　改亭文鈔一卷　（清）計東撰

　　堯峰文鈔一卷　（清）汪琬撰

　　潛庵文鈔一卷　（清）湯斌撰

　　湛園文鈔一卷　（清）姜宸英撰

　　竹垞文鈔一卷　（清）朱彝尊撰

　　三魚文鈔一卷　（清）陸隴其撰

　　在陸文鈔一卷　（清）儲欣撰

　　青門文鈔一卷　（清）邵長蘅撰

　　鶴舫文鈔一卷　（清）毛際可撰

　　秋錦文鈔一卷　（清）李良年撰

　　午亭文鈔一卷　（清）陳廷敬撰

　　稼堂文鈔一卷　（清）潘耒撰

　　丹崖文鈔一卷　（清）徐文駒撰

少渠文鈔一卷 （清）馮景撰

望溪文鈔一卷 （清）方苞撰

穆堂文鈔一卷 （清）李紱撰

鈍叟文鈔一卷 （清）茅星來撰

椒園文鈔一卷 （清）沈廷芳撰

隨園文鈔一卷 （清）袁枚撰

集 10008089

國朝文彙甲前集二十卷甲集六十卷乙集七十卷丙集三十卷丁集二十卷姓氏目錄一卷

（清）山陰沈粹芬 （清）黄人等輯

宣統元年（1909）石印本

宣統二年（1910）石印本

宣統六年（1914）石印本

2002年上海古籍出版社影印續修四庫全書本

集 10008090

涵通樓師友文鈔

（清）嘉興唐岳編

清咸豐四年（1854）臨桂唐氏涵通樓刻本　國圖　上海

　　柏梘山房文鈔二卷 （清）梅曾亮撰

　　月滄文鈔一卷 （清）呂璜撰

　　來鶴山房文鈔二卷 （清）朱琦撰

　　致翼堂文鈔一卷 （清）彭昱堯撰

　　經德堂文鈔一卷 （清）龍啓瑞撰

　　龍壁山房文鈔二卷 （清）王錫振撰

　　附:漢南春柳詞鈔一卷 （清）龍啓瑞撰

　　瘦春詞鈔一卷 （清）王拯撰

雪波詞鈔一卷 （清）蘇汝謙撰

集 10008091

申報詩文鈔一卷

（清）平湖葛其龍等撰

清末鈔本　平湖

集 10008092

擷英集一卷

（清）平湖葛其龍等撰

清鈔本　平湖

集 10008093

章韓片羽

（清）德清章金牧 （清）韓湘南撰

清光緒二十一年（1895）丁祖蔭校刻本　吳江

清光緒常熟丁祖蔭、楊廷旭木活字印本　國圖

2017年國家圖書館出版社歷代賦學文獻輯刊本

集 10008094

琴臺正續合刻

（清）杭州汪守中輯

清光緒十五年（1889）天津郡署刻本　國圖　天津　黑龍江　東臺　浙江　紹興　平湖　東陽

通代之屬

集 10008095

山曉閣重訂昭明文選十二卷

（南朝梁）蕭統輯　（清）嘉善孫琮
（清）孫洙評

清康熙間刻本　國圖　天津

集 10008096

梁昭明文選越裁十一卷

（清）臨海洪若皐輯

清康熙間刻本　中科院　廣西
師大

集 10008097

文選課虛四卷

（清）仁和杭世駿撰

清乾隆杭賓仁羊城刻杭大宗七種
叢書本

清乾隆年間刻本　清華　上海
北大　華東師大　武大　中海大

清咸豐元年（1851）長沙小嬛嬛山
館刻杭大宗七種叢書本

清同治長沙余氏刻明辯齋叢書本

清光緒十年（1884）上海同文書局
石印本　北師大　清華　北師大
吉大　川大　中大　嘉善　浙江
諸暨

清光緒十八年（1892）鉛印本　華
東師大　嘉善

清光緒二十二年（1896）鴻寶齋石
印文林綺繡本　北大　山大　浙
師大

清光緒二十二年（1896）錢塘汪氏
刻本　北大

清刻本　北大　南大　華東師大
臨海

民國十四年（1925）錢塘汪氏刻本
北大　上海　浙師大

鈔本　日高知大　日京大人文研

集 10008098

文選李註補正四卷

（清）仁和孫志祖撰

清嘉慶三年（1798）桐川顧氏刻讀
書齋叢書甲集本　復旦　日公文
日靜嘉堂　日東洋

清嘉慶四年（1799）顧修刻讀畫齋
叢書本　復旦　（清顧廣圻批校，劉
慎詒、王大隆跋）　北大　人大　川
大　遼大　河南大　華東師大

清嘉慶間漢洲張祥齡刻受經堂叢
書本　國圖　南師大

清光緒十五年（1889）番禺陶敦刻
本　國圖　浙江　溫州　武大

集 10008099

文選考異四卷

（清）仁和孫志祖撰

清嘉慶四年（1799）顧修刻讀畫齋
叢書本　興化（清顧廣圻批校並跋）
北大　人大　遼大　河南大　川
大　日東洋

清嘉慶間漢洲張祥齡刻受經堂叢
書本

清光緒十五年（1889）番禺陶敦刻
本　國圖　武大

清光緒十五年（1889）重刊讀書齋
從書本　日神户　日京大人文研
日東洋

清讀書齋叢書甲集　日公文　日
静嘉堂　日東洋　日關西大　日東
北大

清刻本　中大

清光緒刻本　上海

2002 年上海古籍出版社影印續
修四庫全書本　南師大

集 10008100

文選理學權輿八卷

（清）錢塘汪師韓撰

補一卷

（清）仁和孫志祖撰

清嘉慶三年(1798)顧修讀書齋初
印本　復旦

清嘉慶四年(1799)顧修刻讀書齋
叢書本　復旦（清顧廣圻批校，劉慎
詒、王大隆跋）　日公文　日静嘉堂
日東北大

清嘉慶四年(1799)刻本　北大
人大　遼大　河南大　上海　華東
師大　川大

清嘉慶間漢州張祥齡刻受經堂叢
書本　國圖　南師大　華東師大

清光緒十二年(1886)錢唐汪氏長
沙刻叢睦汪氏遺書本　國圖　南京
中科院　遼寧　復旦

清光緒十五年(1889)刻本　北大
北師大　清華　人大　吉大　山
大　復旦　上海　浙江　瑞安　温
州　川大　中大

清光緒十五年(1889)廣州融經鑄
史齋覆刻讀書齋本　復旦

清光緒十五年(1889)廣州番禺陶
敦覆陶敦臨刻本

清刻本　南大　中大　日京大人
文研

2002 年上海古籍出版社影印續
修四庫全書本

電子圖書　北大

集 10008101

**昭明文選李善註拾遺二卷補遺
一卷文選膡言一卷補編一卷**

（清）上虞王煦撰

清鈔本（清錢世敍校）　復旦

集 10008102

昭明選詩初學讀本四卷

（清）烏程（一作歸安）孫人龍輯

清乾隆四年(1739)刻本　上海

集 10008103

選學彙函十七卷

（清）錢塘汪師韓撰　（清）仁和孫
志祖輯

清嘉慶間漢州張祥齡刻受經堂叢
書本　國圖

集 10008104

選學膠言十六卷

（清）錢塘張雲璈撰

稿本　北大

集 10008105

選學膠言二十卷補遺一卷

（清）錢塘張雲璈撰

清道光十一年（1831）張氏簡松草堂刻本　國圖　中科院

集 10008106

文苑英華一千卷

（宋）李昉等輯

拾遺一卷

（清）仁和勞格輯

宋嘉泰元年至四年（1201～1204）周必大刻本（存一百三十卷：卷二百三十一至二百四十、二百五十一至二百六十、二百九十一至三百、六百；存二十卷：卷二百三十一至二百四十、二百五十一至二百六十，羅振玉跋）　國圖

明隆慶元年（1567）胡維新戚繼光刻本　國圖（傅增湘校跋並錄清葉萬校語）　北大　中科院　上海　復旦　遼寧　南京　浙江　湖北　浙大

明隆慶元年（1567）胡維新戚繼光刻隆慶萬曆間遞修本　國圖（張元亮校，傅曾湘校跋並錄清葉萬校語）　上海　南京　浙江

明蕙花草堂藍格鈔本　臺圖

明鈔本　國圖*　中科院　上海

明鈔本（蓬海珠叢）　北大（存七百四十三卷）

清乾隆間內府寫文淵閣四庫全書本　臺故博

清乾隆間內府寫文溯閣四庫全書本　甘肅

清乾隆間內府寫文津閣四庫全書本　國圖

2008 年商務印書館影印文津閣四庫全書本

清乾陸間內府寫本清末民初補鈔文瀾閣四庫全書本　浙江

1982～1986 年臺灣商務印書館景印文淵閣四庫全書本

1986 年上海古籍出版社據臺灣商務印書館景印文淵閣四庫全書景印本

2006～2015 年杭州出版社影印文瀾閣四庫全書本

集 10008107

文苑英華辨證十卷補文一卷

（宋）彭叔夏撰

拾遺一卷

（清）仁和勞格輯

武英殿聚珍版書本（木活字印、江西重刻、福建重刻、廣東重刻）

集 10008108

古文苑二十一卷

（宋）臨安章樵注

校勘記一卷

（清）錢熙祚撰

清道光二十四年（1844）金山錢氏彙刻守山閣叢書本

清光緒十五年（1889）上海鴻文書局影印守山閣叢書本　上海　華東師大　浙師大

民國十一年（1922）上海博古齋影

印本　北大

集 10008109

遼金元宮詞三卷

　　（清）烏程陸長春

　　清鈔本　浙江

集 10008110

樂府廣序三十卷詩集廣序十卷

　　（清）海寧朱嘉徵撰

　　清康熙清遠堂刻本　國圖＊　上海　復旦　中社科院文學所　鄭大　華東師大　上師大　浙江　天一閣　四川　廈大　中大　日京大人文研

　　2002 年上海古籍出版社影印續修四庫全書本

　　清康熙間　北大　復旦

　　清康熙十五年（1676）旌德劉鈇刻本　北大　鄭大

　　清康熙十五年（1676）刻本　清華　上海　日公文　日東洋

　　清浙西朱氏刻本　北大

　　清刻本　安吉

　　清鈔本　浙江

集 10008111

補重訂千家詩批註四卷附唐司空圖詩品詳註一卷笠翁對韻二卷

　　（宋）謝枋得選　（清）秀水王相註

　　清末民國初上海久敬齋書局石印本　國圖

集 10008112

補重訂千家詩批註二卷

　　（宋）謝枋得選　（清）秀水王相註

　　清南京李光明莊刻本（與新鐫五言千家詩箋注、繪像正文千家詩合印）　國圖

集 10008113

補重訂千家詩批註二卷

　　（清）任來吉選　（清）秀水王相註

　　新鐫五言千家詩會義直解二卷

　　（清）秀水王相選註　（清）任福佑重輯

諸名家百壽詩一卷、贈賀詩一卷、百花詩一卷

　　（清）秀水王相選

百花詩引一卷

　　（清）顧宗孔撰

　　清咸豐元年（1851）錫山賜錦堂刻本　遼寧

集 10008114

新鐫五言千家詩會義直解二卷附笠翁對韻二卷

　　（清）秀水王相選註

　　清光緒六年（1880）福順堂刻本遼寧

集 10008115

新鐫五言千家詩箋註二卷

　　（清）秀水王相選註

增補重訂千家詩批註二卷

　　（宋）謝枋得選　（清）秀水王相註

諸名家百花詩一卷、百壽詩一卷、百賀詩一卷

（清）王相輯

百花詩引一卷

（清）顧宗孔撰

清光緒三十二年（1906）上海校經山房石印本　遼寧

集 10008116

新鑴五言千家詩箋註二卷諸名家百花詩一卷

（清）秀水王相選註

清南京李光明莊刻本（與增補重訂千家詩批註、繪像正文千家詩和印）　國圖

集 10008117

繪像正文千家詩二卷

（清）秀水王相選註

清南京李光明莊刻本（與增補重訂千家詩批註、新鑴五言千家詩箋注合印）　國圖

集 10008118

古詩鈔不分卷

（清）山陰祁理孫輯

稿本（清祁安期跋）　南京

集 10008119

采菽堂古詩選三十八四卷補遺四卷

（清）錢塘（一作仁和）陳祚明輯

清康熙間刻本　清華　人大　保

定　西安文管會　吉大　河南大

清康熙間武林翁氏刻本　吉大

復旦　北大　南大　北大　上海

華東師大　武大　日静嘉堂

清乾隆二十三年（1758）刻本　國圖　鄭大

清乾隆二十三年（1758）傳萬堂刻本　清華　日愛知大　日東洋

2002 年上海古籍出版社影印續修四庫全書本

集 10008120

采菽堂古詩選十四卷

（清）錢塘（一作仁和）陳祚明輯

清康熙刻乾隆印本　北大　湖北　四川（清黎庶昌批校）

集 10008121

古詩正宗不分卷

（清）錢塘袁枚輯

稿本（清吳熙載批）　臺圖

集 10008122

望舒樓古詩選不分卷

（清）山陰（一作會稽）錢霍輯

稿本　復旦

集 10008123

詩體明辯十卷論詩一卷

（明）徐師曾輯　（清）錢塘汪淇等箋評

清順治十五年（1658）還讀齋刻本　國圖　北大　上海

集 10008124

明詩兼不分卷近詩兼逸集不分卷今集不分卷

（清）歸安韓純玉輯

稿本（存明詩今集六册，清俞樾跋）　湖北

集 10008125

詩源初集十七卷

（清）秀水姚佺輯

清初鈔本（存九卷：卷一至二、四至五、七、十一至十二、十四至十五，清王士禛評點）　山東

清初抱經樓刻本（存十六卷：卷一至七、九至十五、衲子一卷、列女一卷）　國圖

清刻本　上海　浙江　中科院　吳江　日京大人文研

集 10008126

詩風初集十八卷

（清）徐松　（清）桐鄉汪文楨（清）桐鄉汪森輯

清康熙十二年（1673）刻本　上海（存卷一至二、五至十八，陳去病跋）

集 10008127

五朝詩善鳴集十二卷

（清）錢塘陸次雲輯

清康熙二十六年（1687）蓉江懷古堂刻本　國圖　北大　上海

集 10008128

佩文齋詠物詩選四百八十六卷

（清）張玉書　（清）錢塘汪霦、海寧查慎行等輯

清康熙四十六年（1707）内府刻本　國圖　北大　上海　遼寧　浙江　湖北　美燕京

集 10008129

御定歷代題畫詩類一百二十卷

（清）海寧陳邦彦輯

清康熙四十六年（1707）内府刻本　國圖　北大　遼寧　浙江　湖北　美燕京　北師大　復旦　浙江　杭師大　天一閣　上海

清嘉慶二十二年（1817）刻本　國圖　南京　浙博　天一閣　中美院

集 10008130

近光集八卷

（清）汪士鋐編　（清）錢塘吳鼎科選　（清）鄞縣陳家穀校訂

清乾隆間刻本　國圖

集 10008131

摘藻瓊琚四卷

（清）錢塘高士奇輯

清康熙内府寫本　故宮

集 10008132

歷代詩選二十四卷

（清）會稽魯超輯

清康熙百尺堂刻本　湖北

集 10008133

八代詩揆五卷補遺一卷

(清)平湖陸奎勳輯

清康熙間刻本　北大　遼寧　清華　上師大

清康熙五十一年(1712)刻本　上海

清乾隆十八年(1753)懷永堂刻本　南京　上海　華東師大

清嘉慶三年(1798)刻本　國圖　吉大

清小瀛山閣刻本　清華　華東師大

集 10008134

詠物詩選八卷

(清)嘉善俞琰輯

清雍正三年(1725)寧儉堂刻本　國圖　遼寧　美燕京

集 10008135

詠物詩詞八卷

(清)嘉善俞琰輯

清雍正三年(1725)刻本　國圖

集 10008136

歷朝制帖詩選同聲集十二卷

(清)山陰胡浚輯

清乾隆二十二年(1757)刻本　國圖(殘本未著錄存缺卷次)　人大

集 10008137

歷朝詩選簡金集六卷

(清)會稽章薇輯

清乾隆二十三年(1758)刻本　國圖

集 10008138

詠物詩選注釋八卷

(清)嘉善俞琰輯　(清)孫洊鳴(清)易開紹注

清乾隆三十八年(1773)刻本　嵊州　嘉善　日公文

清富有堂刻本　遼寧

清嘉慶十年(1805)藜照樓刻本　東陽　寧波　嵊州

清嘉慶十五年(1810)經國堂刻本　遼寧　紹興　金華

清嘉慶十五年(1810)聚盛堂刻本　浙江　嘉興

清道光四年(1824)觀山堂刻本　寧波

清三讓堂刻本　嵊州

清刻本　嘉善　紹興　奉化文管會　瑞安　嵊州

清同治四年(1865)(卷二至五，七,八)刻本　日國會

清同治七年(1868)刻本　上海

集 10008139

佳句錄二十卷附錄一卷

(清)海鹽吳修輯

清道光七年(1827)青霞館刻本　遼寧

集 10008140

詩比興箋四卷簡學齋詩存一卷
太上感應篇合鈔一卷

  (清)海寧陳沆輯

  清咸豐四年(1854)年刻本　國圖

集 10008141

詩比興箋四卷簡學齋詩存一卷

  (清)海寧陳沆輯

  清咸豐五年(1855)刻本　遼寧

集 10008142

詩比興箋四卷

  (清)海寧陳沆輯

  清咸豐刻朱印本　國圖　南大

  清咸豐四年刻本　國圖　復旦

  清光緒四年(1878)刻本　華東師
大　南大　北師大　川大　中大

  清光緒九年(1883)長洲彭祖賢武
昌刻本　國圖　遼寧　北大　清華
　人大　南開　南師大　吉大　蘇
大　浙江　天一閣　武大　中大

  清宣統刻本　遼寧

集 10008143

詩比興箋四卷簡學齋詩存一卷
簡學齋館課試律存一卷簡學齋
試律續鈔一卷月生試律存一卷

  (清)海寧陳沆輯

  清咸豐刻本　國圖

集 10008144

東瀛詩選四十卷補遺四卷

  (清)德清俞樾輯

  清光緒九年(1883)刻本　國圖
遼寧

集 10008145

六朝詩分韻

  (清)嘉興姚東昇輯

  清抄本　國圖

集 10008146

八代詩揆一卷

  (清)平湖陸奎勳輯

  清查昇鈔本　上海

集 10008147

七律中聲五卷

  (清)山陰姚大源輯

  稿本　天津

集 10008148

美合集六卷

  (清)秀水朱彝尊編

  稿本(清黃丕烈跋)　臺圖

集 10008149

蘿庵日鈔不分卷

  (清)會稽李慈銘輯

  稿本　上海

集 10008150

雲海集不分卷

  (清)山陰邵颿輯

  清鈔本　中大

2008年12月廣東人民出版社清代稿鈔本本

集10008151

春雨樓訓蒙百首詩一卷

（清）鄞縣董秉純注釋

清刻本　遼寧

集10008152

香閨夢六卷

（清）山陰邵颿輯

民國十一年（1922）上海碧梧山莊石印本　國圖　遼寧

集10008153

閨芳扶正集一卷

（清）東陽陳玉春輯

清咸豐二年（1852）刻本　上海

2013年上海古籍出版社重修金華叢書本

集10008154

宋金元明賦選八卷

（清）錢塘汪憲輯

清鈔本（清王鴻朗跋）　國圖

集10008155

歷朝賦格三集十五卷

（清）平湖陸菜輯並評

清康熙二十五年（1686）刻本　國圖　天津

集10008156

御定歷代賦彙一百四十卷外集二十卷逸句二卷補遺二十二卷目錄三卷

（清）海寧陳元龍輯

清康熙四十五年（1706）內府刻本　國圖　北大　復旦　浙江　遼寧　美燕京　北師大　吉大　鄭大　中大

清雍正間刻本　川大

清乾隆間內府寫文淵閣四庫全書本　臺故博

清乾隆間內府寫文溯閣四庫全書本　甘肅

清乾隆間內府寫文津閣四庫全書本　國圖

2008年商務印書館影印文津閣四庫全書本

清乾隆間內府寫本清末民初補鈔文瀾閣四庫全書本　浙江

1982～1986年臺灣商務印書館景印文淵閣四庫全書本

1986年上海古籍出版社據臺灣商務印書館景印文淵閣四庫全書景印本

2006～2015年杭州出版社影印文瀾閣四庫全書本

清光緒十二年（1886）上海點石齋石印本　國圖　遼寧　北大

清光緒十二年（1886）雙梧書屋石印本　北師大

清康熙四十五年（1706）稿本　加哥倫比亞大

清乾隆中刻本　蘇大

集 10008157

歷朝賦楷八卷首一卷

（清）仁和（一作錢塘）王修玉輯

清康熙尚德堂刻本　國圖　北大

集 10008158

賦海類編不分卷

（清）仁和關槐輯

清乾隆鈔本　臺圖　美燕京

集 10008159

賦海類編二十卷

（清）仁和關槐輯

清鈔本（存十四卷：卷一至三、五至八、十一至十七）　上海

集 10008160

敬修堂詞賦課鈔十五卷

（清）仁和胡敬輯

清同治十一年（1872）俞氏刻本
北師大

集 10008161

賦海大觀三十二卷目錄一卷

（清）蕭山沈祖燕編輯

清光緒二十年（1894）上海鴻寶齋石印本　國圖

集 10008162

律賦衡裁六卷

（清）海寧周嘉猷　（清）周珍輯

（清）湯騁評

清瀛經堂刻本　國圖

集 10008163

東萊先生古文關鍵二卷

（宋）金華呂祖謙輯　（宋）蔡文子注　（清）徐樹屏考異

清乾隆十八年（1753）浙西顧氏讀畫齋刻本　國圖

清光緒二十四年（1898）江蘇書局刻本　國圖

清光緒二十四年（1898）濟灣尚友堂刻本　國圖

清冠山堂刻本　國圖

清錫山華綺刻本（熊文龍批校）
山東

集 10008164

西山先生真文忠公文章正宗二十四卷續二十卷

（宋）真德秀輯　（清）鄞縣李鄴嗣　（清）盛符升評

清康熙間刻本　國圖（殘本未著錄存缺卷次）　山東

集 10008165

三國兩晉南北朝文選十二卷附輯一卷

（明）平湖錢士馨　（清）平湖陸上瀾輯

明來復堂刻本　南京　湖北嘉興

集 10008166

晚邨先生八家古文精選八卷

（清）崇德呂留良輯　（清）石門呂葆中批點

清康熙四十三年（1704）呂氏家塾刻本　國圖　上海　南京　浙江　湖北　美燕京

集 10008167

憑山閣增定留青全集二十四卷

（清）仁和陳枚輯

清康熙二十三年（1684）刻本　國圖

集 10008168

憑山閣彙輯四六留青采珍集十二卷

（清）仁和陳枚輯

清康熙四十二年（1703）憑山閣刻本　國圖

集 10008169

憑山閣彙輯留青采珍集十二卷

（清）仁和陳枚輯

清康熙間刻本　國圖

集 10008170

憑山閣留青二集十卷

（清）仁和陳枚輯

清康熙間刻本　煙臺

集 10008171

憑山閣彙輯四六留青采珍前集

十二卷

（清）仁和陳枚輯　（清）陳德裕校

清康熙間刻本　天津

集 10008172

憑山閣增輯留青新集三十卷

（清）仁和陳枚輯　（清）陳德裕增輯

清康熙間大觀堂刻本　煙臺（存卷一至二、六至九、十三至十四）清華　河南大　吉大

清康熙間積秀堂刻本　國圖　人大

清康熙間刻本　國圖

清康熙四十六年（1707）三讓堂刻本　人大

清康熙四十七年（1708）積秀堂刻本　人大　吉大　山大　蘇大

芸生堂刻本　川大

清刻本　華東師大　中海大　中大

清紫文閣刻本　復旦

集 10008173

文津二卷

（清）仁和王晫輯

清康熙三年（1664）王氏霞舉堂刻本　國圖　中科院　上海　天津

集 10008174

古文未曾有集八卷

（清）錢塘王復禮輯

清康熙間尊行齋刻本　復旦

集 10008175

文韻集十二卷

（清）海寧李士麟輯

清康熙三十年（1691）敬恕堂刻本
上海　美燕京

清康熙間刻本　南京　人大　中
社科院文學所　浙江

清末鈔本　浙江

集 10008176

歷朝古文選十七卷

（清）烏程董漢策輯

清康熙蓮溪草堂刻本　遼大

集 10008177

朱子論定文鈔二十卷

（清）石門吳震方輯

清康熙四十四年（1705）刻本　上
海　浙江

集 10008178

古今文繪稗集四卷

（清）錢塘陸次雲輯

清康熙二十八年（1689）懷古堂刻
本　上海

集 10008179

山曉閣選古文全集三十二卷

（清）嘉善孫琮輯並評

清康熙間刻本　上海　美燕京

清康熙二十年（1681）金閶文雅堂
刻本　浙江　紹興

清遺經堂刻本　北師大　紹興

清刻本　國圖　餘姚文保所
紹興

集 10008180

古文觀止十二卷

（清）山陰吳乘權　（清）山陰吳大
職輯

清道光二十五年（1845）博古堂刻
本　上海

清同治六年（1867）姑蘇小西山房
刻本　國圖（殘本未著錄存缺卷次）

清同治九年（1870）常郡文玉齋刻
本　上海

清光緒六年（1880）醉六堂刻本
上海

清光緒九年（1883）掃葉山房刻本
遼寧　遼大

清光緒二十八年（1902）新化三味
堂刻本　國圖（殘本未著錄存缺卷
次）

清光緒間南京李光明莊刻本　國
圖　上海　復旦　吉大　南大

清宣統元年（1909）浙紹明達石印
本　上海

清光緒十九年（1893）京口善化書
局刻本　吉大

清光緒刻本　上海

清末寶慶義和書局義和　吉大

清狀元閣刻本　華東師大

清經論堂刻本　南大

鈔本　上海

上海商務鉛印本　華東師大

民國三年（1914）石印本　上海

民國四年(1915)無錫日升山房刻本 南師大

民國五年(1916)石印本 上海

民國七年(1918)刻本 上海

民國十二年(1923)鉛印本 上海

民國二十五年(1936)石印本
上海

民國二十七年(1938)商務印書館鉛印本 復旦

集 10008181

鴻文堂二刻古文觀止十二卷

(清)山陰吳乘權 (清)山陰吳大職輯

清乾隆四十五年(1780)刻本
上海

集 10008182

增批古文觀止十二卷

(清)山陰吳乘權 (清)山陰吳大職輯

清光緒二十七年(1901)浙紹墨潤堂石印本 上海

集 10008183

古文觀止不分卷

(清)山陰吳乘權 (清)山陰吳大職輯

鈔本 上海

集 10008184

古文觀止續二卷

(清)蕭山謝璿編

民國鈔本 杭州

集 10008185

會心集不分卷

(清)海寧管應祥輯

稿本 浙江

2019 年國家圖書館出版社影印浙學未刊稿叢編本

集 10008186

汪文端評點古文不分卷

(清)錢塘汪由敦輯

清乾隆鈔本(清汪由敦批,清劉瑞仲跋) 甘肅

集 10008187

古文徵一卷

(清)秀水盛百二輯

稿本(葉景葵跋) 上海

集 10008188

古文鈔二卷

(清)平湖盧生甫輯

清烏絲欄鈔本 國圖

集 10008189

金山集不分卷

(清)臨海馮賡雪輯

稿本(清黃瑞批校) 臨海

集 10008190

秦漢文鈔不分卷

(清)錢塘吳錫麒輯

稿本　南京

集 10008191

全上古三代秦漢三國六朝文七百四十一卷

（清）烏程嚴可均輯

稿本（章鈺，葉景葵跋）　上海

清光緒十三至十九年（1887～1893）黃岡王氏廣州刻本　上海　遼寧　南京　蘇大

清光緒十三至十九年（1887～1893）黃岡王氏廣州刻二十年（1894）武昌印本　國圖　上海　遼寧　南京　北大　清華　南大　北師大　華東師大　復旦　浙大　溫州　河南大　吉大

清光緒十三年（1887）廣州廣雅書局刻本　北大　清華　北師大　南開　復旦　南師大　中大

清光緒十九年（1893）廣州廣雅書局刻本　人大　華東師大　河南大　吉大　寧大

稿本　上海

民國間醫學書局　復旦

民國十九年（1930）影印本　北大　上海　河南大　蘇大

民國十九年（1930）丁福保影印本　吉大　遼大

民國十九年（1930）武進沈乾一影印本　南師大

2002 年上海古籍出版社影印續修四庫全書本

集 10008192

全上古三代文十六卷

（清）烏程嚴可均輯

2007 年 12 月陝西人民出版社四部文明本

集 10008193

分體詩鈔四卷

（清）蕭山任以治輯

清稿本　浙江

集 10008194

歷朝詩體□□卷

（清）蕭山周日年撰

清刻本　嵊州

集 10008195

唐宋八家鈔八卷

（清）崇德呂留良輯

清光緒二十六年（1900）成都書局刻本　北師大

集 10008196

映雪樓古文練要正編□□卷

（清）秀水莊仲方輯

稿本（存三十卷：卷一至四、九至三十四，清金蓉鏡跋）　浙江

集 10008197

六朝文絜四卷

（清）海寧許槤輯並評

清道光五年（1825）海昌許氏享金寶石齋刻套印本　國圖　上海　天

津　南京　北大　湖州師院　紹興
北師大　南開　吉大　華東師大
浙江

清道光五年(1825)寶石齋石印本
吉大

清道光五年(1825)寫刻本　北大

清光緒二年(1876)酉腴仙館刻本
南師大

清光緒三年(1877)刻本　北大
河南大

清光緒三年(1877)海昌許氏刻本
紹興

清光緒三年(1877)南海馮焌光刻
本　南大

清光緒三年(1877)馮氏讀有用書
齋刻套印本　國圖　上海　遼寧
北師大　華東師大　南大　南師大

清光緒五年(1879)刻套印本　國
圖　上海　北師大

清光緒七年(1881)適時軒刻朱墨
套印本　上海　溫州大

清光緒九年(1883)巴陵方氏刻朱
墨套印本　國圖

清光緒九年(1883)重刻本　南開

清光緒十三年(1887)蒲沂但氏刻
本　國圖

清光緒二十年(1894)文彬書局刻
本　遼寧

清道光間刻本　北大

清江寧李光明刻本　北大

清末李光明莊刻本　吉大　紹興

清刻本　南師大

民國十四年(1925)上海會文堂書
局影印本　北師大　復旦

上海有正書局刻本(重印)　河南
大　南大

民國二十五年(1936)上海中華書
局鉛印本　河南大

2002年上海古籍出版社影印續
修四庫全書本

集 10008198

六朝文絜箋注十二卷

(清)海寧許槤輯並評　(清)黎經
誥箋注

清光緒十四年(1888)上海朝記書
莊刻本　北師大

清光緒十五年(1889)枕溢書屋刻
本　國圖　上海　北大　北師大
復旦　華東師大　吉大

清光緒十五年(1889)德化黎氏刻
本　北大

民國上海朝記書莊鉛印本　吉大
蘭溪一中　嘉善　杭師大

民國二年(1913)上海掃葉山房石
印本　嘉善

民國十年(1921)上海掃葉山房排
印本　河南大　紹興

民國十一年(1922)掃葉山房石印
本　復旦

民國十三年(1924)成都崇儀堂刻
本　北師大

民國十四年(1925)東陸書局　河
南大

民國十五年(1926)上海掃葉山房
石印本　北師大　南大

民國十五年(1926)上海中原書局刻本　北師大　吉大　南師大

民國十七年(1928)上海掃葉山房排印本

民國十八年(1929)上海中原書局石印本　北師大

2007年12月陝西人民出版社四部文明本

集 10008199

振業堂雜錄不分卷

(清)海寧陳奕禧輯

鈔本　美普林斯頓

集 10008200

名雋初集八卷

(清)嘉善戴咸弼輯

清光緒五年(1879)嘉善愛暉書屋刻本　國圖　上海　遼寧

集 10008201

經史百家序錄不分卷

(清)山陰湯壽潛輯

清光緒二十八年(1902)會文學社石印本　國圖

集 10008202

可儀堂古文選不分卷

(清)桐鄉俞長城輯

清乾隆二十四年(1759)金閶書業堂刻本　天津

清含暉堂刻本　遼寧

集 10008203

古謠諺一百卷

(清)秀水杜文瀾輯

清咸豐十一年(1861)秀水杜氏刻曼陀羅華閣叢書本　北大　清華　北師大　人大　吉大　遼大　寧大　鄭大　河南大　南大　南師大　華東師大　浙江　溫州

2002年上海古籍出版社影印續修四庫全書本

光緒十八年(1892)席氏掃葉山房刻本　北大

光緒二十六年(1900)江陰季氏栩園刻本　浙江

集 10008204

宮閨文選二十六卷姓氏小錄不分卷

(清)烏程周壽昌輯

清道光二十三年(1843)刻本　北師大

清道光二十六年(1846)小蓬萊山館刻本　國圖　上海　北大　人大　清華　吉大　河南大　南大　華東師大　川大

清光緒十二年(1886)嶺南集成書局石印本　國圖　上海　山大　寧波　天一閣

集 10008205

歷代宮閨文選二十六卷姓氏小錄不分卷

(清)烏程周壽昌輯

清宣統三年(1911)　上海羣學社
鉛印本　上海

集 10008206
問古詩編八卷
　(清)永嘉周天錫輯
　民國永嘉黃氏敬鄉樓鈔本　溫州
　民國鈔本　溫州

集 10008207
叢桂社詩劄
　(清)平陽吳乃伊輯
　清道光八年(1828)且有園鈔本
溫州

集 10008208
庚子古文叢鈔不分卷
　(清)永嘉楊逢春輯
　清光緒鈔本　溫州博

集 10008209
張宗祥手録各家詩一卷
　海寧張宗祥輯
　民國張宗祥鈔本　浙江

集 10008210
述思齋劫灰搜剩甲集不分卷
　(清)臨海黃瑞輯
　清抄本　臨海博

集 10008211
秋籟閣叢録(存二卷)
　(清)臨海黃瑞輯

清抄本　臨海博

集 10008212
秋籟閣叢稿不分卷
　(清)臨海黃瑞輯
　清同治抄本　臨海博

斷代之屬

集 10008213
漢詩説十卷總説一卷
　(清)錢塘沈用濟　(清)費錫璜撰
　清康熙間刻本　國圖　上海　山
東　南京　北大　北師大
　清鈔本　國圖　吉大
　清康熙間掣鯨堂刻本　國圖　北
師大　社科院文學所　遼大　山東
南京　常州　浙江
　清刻本　上海

集 10008214
漢鐃歌十八曲集解一卷
　(清)仁和譚獻撰
　稿本　浙江
　清光緒間元和江氏湖南使院刻靈
鶼閣叢書本
　清同治十二年(1873)刻本　華東
師大　北大　遼大　中大
　清光緒二十一年(1895)元和江氏
湖南使院　河南大

集 10008215
全漢文初藁□□卷

（清）蔣凝學　（清）德清傅雲龍輯

稿本（存樂府二十一卷、總目一

卷、逸目三卷、詩十卷總目一卷、碑

文一至四、總目一卷逸目三卷、冊書

總目一卷、漢藝文目表一卷）　南京

集 10008216

全漢文□□卷

（清）蔣凝學　（清）德清傅雲龍輯

稿本（存樂府一至十三、碑文一至

二、逸目一至三）　南京

集 10008217

山曉閣選國策一卷山曉閣選東

漢文一卷山曉閣選明文一卷

（清）嘉善孫琭選

清鈔本　孔子博

集 10008218

山曉閣國語四卷

（清）嘉善孫琭評

清康熙五年（1666）山曉閣刻山曉

閣文選本　輝縣博

集 10008219

山曉閣東漢文選五卷西漢文選

七卷史記選一卷

（清）嘉善孫琭評

清康熙七年（1668）刻本　國圖

集 10008220

山曉閣西漢文選七卷

（清）嘉善孫琭編

清康熙七年（1668）刻本　蘇大

重慶

集 10008221

唐三體詩六卷

（宋）周弼輯　（清）錢塘高士奇

補注

續唐三體詩八卷

（清）錢塘高士奇輯

清康熙高士奇朗潤堂刻本　國圖

北大　遼寧　南京（清何焯跋並

批）

集 10008222

唐三體詩六卷

（宋）周弼輯　（元）釋圓至注

（清）錢塘高士奇補正　（清）何焯評

清光緒十二年（1886）瀘州鹽局刻

朱墨套印本　國圖　上海

集 10008223

刪訂唐詩解二十四卷

（明）唐汝詢輯　（清）餘杭吳昌

祺評

清康熙四十年（1701）誦懿堂刻本

國圖　北大　上海　南京　湖北

集 10008224

近體秋陽十七卷

（清）餘姚譚宗輯

明崇禎刻本　上海

清初刻本　南京　清華　中社科

院文學所　故宮　遼寧

清康熙間刻本　南京

清刻本　國家　清華　天一閣

清金閶天祿閣刻本　北師大
吉大

集 10008225

近體秋陽八卷

（清）餘姚譚宗輯

清末鈔本　國圖

集 10008226

**御定全唐詩録一百卷詩人年表
一卷**

（清）德清徐倬等輯

清康熙四十五年（1706）揚州詩局
刻本　國圖　北大　上海　遼寧
南京　浙江　湖北　杜甫草堂（存
十卷：卷二十四至三十三,清翁方綱
跋並録錢載批）　美燕京

集 10008227

全唐詩録一百卷詩人年表一卷

（清）德清徐倬等輯

清康熙四十二年（1703）鈔本
南博

清乾隆間內府寫文淵閣四庫全書
本（無詩人年表）　臺故博

清乾隆間內府寫文溯閣四庫全書
本（無詩人年表）　甘肅

清乾隆間內府寫文津閣四庫全書
本（無詩人年表）　國圖

清乾隆間內府寫本清末民初補鈔
文瀾閣四庫全書本（無詩人年表）

浙江

1982～1986 年臺灣商務印書館
景印文淵閣四庫全書本

1986 年上海古籍出版社據臺灣
商務印書館景印文淵閣四庫全書景
印本

2006～2015 年杭州出版社影印
文瀾閣四庫全書本（無詩人年表）

集 10008228

全唐詩摘句不分卷

（清）餘姚（祖籍餘姚,遷嘉興）陳
梓輯

稿本　浙江

集 10008229

唐詩選勝直解不分卷

（清）錢塘吳烶輯

清康熙間刻本　中社科院文學所
美燕京

清乾隆間大盛堂刻本　國圖

清康熙二十六年（1687）刻本　日
國會　日公文

清乾隆刻本　天一閣　天師大

清乾隆二十七年（1762）吳氏懷素
堂刻本　北大

清乾隆二十七年（1762）刻本　日
東洋

清懷素堂刻本　清華

集 10008230

唐詩選勝直解四卷

（清）錢塘吳烶輯

清乾隆間刻本　上海

集 10008231

唐詩掞藻八卷

　　(清)錢塘高士奇輯

　　清康熙三十二年(1693)刻本　國圖　上海　遼寧　南京　湖北　首都　浙江　日東洋　日東大東文研

　　清康熙内府鈔本　故宮

　　清康熙三十二年(1693)清吟堂刻本　北大

　　清康熙年間刻本　國圖　清華

集 10008232

續唐三體詩八卷

　　(清)錢塘高士奇輯

　　清康熙高士奇朗潤堂刻本(與宋周弼輯三體唐詩六卷合印)　國圖　北大　南京

集 10008233

唐詩選不分卷

　　(清)崇德吕留良選註

　　清鈔本　湖南

集 10008234

唐人試帖四卷

　　(清)蕭山毛奇齡選評

　　清康熙刻本(學者堂藏板)　國圖　南京　復旦　浙江　西南大

　　清嘉慶六年(1801)聽彝堂刻本　上海

　　書帶草堂刻本　蘇大

清刻本　萊陽

集 10008235

唐人試帖四卷

　　(清)蕭山毛奇齡論定　(清)王錫　(清)田易參釋

　　清刻本

集 10008236

韓柳詩選不分卷

　　(清)桐鄉汪森輯

　　稿本　復旦

集 10008237

中晚唐詩叩彈集十二卷續集三卷

　　(清)杜詔　(清)秀水杜庭珠輯

　　清康熙四十三年(1704)采山亭刻本　國圖　北大　上海　南京　遼寧　湖北　廈大(清溫啓封跋)　美燕京

集 10008238

唐七律選四卷

　　(清)仁和王錫等輯　(清)蕭山毛奇齡訂

　　清康熙間刻本　國圖　上海　遼寧　南京　湖北

集 10008239

唐詩三百首注疏六卷

　　(清)蘅塘退士(孫洙)編　(清)建德章燮注

清浙紹墨潤堂刻本　上海

清文會堂刻本　上海　清華　紹
興　衢州

清道光慶州雙門底閣刻本　中大

清道光十四年(1834)刻本　北大
復旦

清道光十五年(1835)立言堂刻本
鄭大　衢州

清道光十五年(1835)永言堂刻本
上虞

清道光十五年(1835)浙蘭慎言堂
刻本　衢州

清道光十七年(1837)立言堂刻本
蘭溪

清道光二十一年(1841)桐石山房
刻本　國圖

清光緒十六年(1890)刻本(鎮江
文成堂藏板)　國圖

清光緒十七年(1891)掃葉山房刻
本　國圖　上海

清三益堂刻本　衢州

清文奎堂刻本　衢州

清末刻本　復旦　嘉善　紹興

清末上海羣學社石印本　復旦
河南大

民國上海掃葉山房石印本　河南
大　嘉善

民國四年(1915)上海萃英書莊鉛
印本　北大

民國十七年(1928)上海掃葉山房
石印本　嘉善

民國十八年(1929)上海掃葉山房
石印本　南大

民國上海鴻寶齋書局石印本　復
旦　南師大　紹興　衢州

民國古香書屋鉛印本　南師大
浙江

民國鑄記書局石印本　浙江

集 10008240

唐詩三百首注疏六卷續選一卷姓氏小傳一卷

(清)蘅塘退士(孫洙)輯　(清)建
德章燮注　(清)于慶元輯

清道光十五年(1835)大文堂刻本
浙師大

清光緒十一年(1885)長沙文昌書
局刻本　上海

清粵東集益堂刻本　上海

集 10008241

唐詩初選二卷

(清)蘅塘退士(孫洙)編　(清)錢
塘吳宗麟重編

清同治三年(1864)可久長室刻本
上海

集 10008242

唐詩應試備體十卷補遺一卷

(清)錢塘葉忱　(清)錢塘葉棟
編注

清康熙五十四年(1715)最古園刻
本　上海

集 10008243

晚唐詩鈔二十六卷

（清）海寧查克弘　（清）錢塘凌紹乾輯

清康熙四十二年(1703)棲鳳閣刻本　國圖　天津　南京　北大

清康熙間十幹詩塢刻本　國圖　南京　美燕京

清康熙雍正刻本　上海

清乾隆四十二年(1777)中國海寧查氏十幹詩塢之棲鳳閣刻本　美燕京

集 10008244

唐詩金粉十卷

（清）歸安沈炳震輯

清雍正二年(1724)刻本　國圖　上海　內蒙古　華東師大

清雍正二年(1724)冬讀書齋刻本　吉大　山大　陝西　蘇大　復旦　南大　南師大　天一閣　平湖　紹興　武大　廈大　中大

清雍正間讀書齋刻本　河南大

清乾隆間冬讀書齋刻本　北大　人大　浙大

日安永三年(1774)刻本　日鹿兒島大　日大阪　日東洋

清道光十七年(1837)冬讀書齋刻本　溫州　浙江　溫州

清光緒七年(1881)古經閣刻本　重慶　清華　上海　遼大　南開　河南大　湖南　川大　中大

清光緒七年(1881)會稽徐氏八衫齋刻融經館叢書本

清光緒十二年(1886)嶺南集成書局石印本　首都　北師大　中大　海寧

清光緒十三年(1887)會稽徐氏八杉齋校刊刻本　華東師大

清光緒十四年(1888)　上海蜚英館石印本　上海　中大

集 10008245

唐詩別裁集引典備註二十卷

（清）沈德潛輯　（清）鎮海俞汝昌註

清道光十七年(1837)白鹿山房刻本　國圖　上海

集 10008246

唐詩韶音五卷

（清）仁和沈廷芳輯

清乾隆二十三年(1758)沈廷芳刻本　故宮

集 10008247

唐詩韶音箋注五卷

（清）仁和沈廷芳輯　（清）吳壽祺（清）吳元治注

清乾隆二十三年(1758)賜書堂刻本　上海　南京

集 10008248

唐詩韶音箋注六卷

（清）仁和沈廷芳輯

清乾隆二十四年(1759)柏香堂刻本　國圖　南京

集 10008249

唐詩正三十卷

（清）俞南史　（清）桐鄉汪森輯

清康熙天禄閣刻本　首都　徐州

集 10008250

唐百三十家詩選三十卷

（清）海鹽朱琰輯

清鈔本　南京

集 10008251

唐試律箋二卷附諠律舉例一卷

（清）海鹽朱琰輯

清乾隆二十三年（1758）明德堂刻本　南京

集 10008252

唐人詩選不分卷

（清）海鹽張宗橚　（清）海鹽張載華輯

清張宗橚鈔本（張元濟跋）　上海

集 10008253

全唐近體詩鈔五卷

（清）歸安沈裳錦輯

清乾隆三十五年（1770）西巢刻本　湖北

清光緒十二年（1886）蒲圻但氏刻本　國圖（存二卷：卷一至二）

集 10008254

全唐近體詩鈔五卷

（清）歸安沈裳錦輯

姚布政傳一卷

（清）歸安姚文田撰

清乾隆三十五年（1770）西巢刻本　湖北

清道光二年（1822）姚文田刻本　上海　南京

集 10008255

唐詩擷華初篇二卷續編一卷

（清）上虞丁鶴輯

鈔本　上海

集 10008256

閩南唐賦六卷

（清）楊浚輯

考異一卷

（清）永康胡鳳丹撰

清光緒二年（1876）永康胡氏刻本　國圖　上海　南京

集 10008257

閩南唐賦六卷考異一卷

（清）楊浚輯

考異

（清）永康胡鳳丹撰

清光緒二年（1876）永康胡氏刻本　國圖　上海　南京

集 10008258

唐名家文鈔不分卷

（清）烏程溫睿臨輯

清鈔本　浙江

集 10008259

欽定全唐文□□卷目録□卷

（清）富陽董誥等輯

稿本（存十九卷：卷七十二、七十七、四百五十四至四百五十五、七百七、七百一十三、七百三十九、七百四十一、七百四十八至七百四十九、七百六十六、八百四十二、八百六十一至八百六十四、八百六十七、九百九十三、目録一卷） 北大

集 10008260

欽定全唐文一千卷首四卷

（清）富陽董誥等輯

清嘉慶間武英殿刻本 國圖 上海 北大 南京 遼寧

清嘉慶十九年（1814）刻本 天津 新疆大 湖南社科院 天台 餘姚文保所 臨海 溫州

清嘉慶十九年（1814）武英殿刻本 國圖 天津 安徽師大

清嘉慶十九年（1814）内府刻本 重慶 浙江 浙大 溫州 嘉興 嵊州

清嘉慶十九年（1814）揚州刻本 西北師大 天一閣

清嘉慶二十三年（1818）刻本 南開 孔子博

清光緒二十七年（1901）廣雅書局刻本 國圖 上海 北大 南京 首都 南開 浙江 浙大 新疆大 蘭大 重慶

2002 年上海古籍出版社影印續

修四庫全書本

2007 年 12 月陝西人民出版社四部文明本

集 10008261

欽定全唐文一千卷序例職名一卷目録三卷

（清）富陽董誥等輯

清内府鈔本 上海

集 10008262

唐文拾遺七十二卷目録八卷續拾十六卷

（清）歸安陸心源輯

清同治光緒間刻本刻潛園總集本 國圖 中科院 北大 上海 復旦 天津 甘肅 南京 浙江 湖北 四川 玉海樓

清光緒十四年（1888）刻本 國圖 北大 首都 天津 上海 復旦 南京 浙江 湖南 湖南社科院 日東洋 日東大東文研

清光緒刻本 國圖 陝西 湖南社科院

2002 年上海古籍出版社影印續修四庫全書本

2007 年 12 月陝西人民出版社四部文明本

集 10008263

唐駢體文鈔十七卷

（清）海寧陳均纂

清嘉慶二十五年（1820）海昌陳氏

刻本　國圖　上海　南京　陝西
　清同治十二年(1873)刻本　國圖
上海　南京

集 10008264
宋詩啜醨集四卷
　(清)錢塘潘問奇　(清)祖應世輯
　清康熙間刻本　中大
　清刻本　上海　南京　清華
　清乾隆十八年(1753)刻本　上海

集 10008265
宋詩善鳴集二卷
　(清)錢塘陸次雲輯
　清康熙蓉江懷古堂刻本　上海
首都
　清刻本　國圖　南京
　清康熙二十六年(1687)蓉江懷古
堂刻本　日東京

集 10008266
**姜西溟選評歐曾老蘇三家文不
分卷**
　(清)慈溪姜宸英輯並評
　稿本(清沈堡跋)　上海

集 10008267
南宋文鑑不分卷
　(清)錢塘吳允嘉輯
　稿本　南京

集 10008268
南宋文範七十卷南宋文範外編

四卷
　(清)秀水莊仲方輯
　清光緒十四年(1888)江蘇書局刻
本　國圖

集 10008269
金文雅十六卷作者考一卷
　(清)秀水莊仲方輯
　清道光二十一年(1841)刻本　上
海　南京
　清光緒十七年(1891)江蘇書局刻
本　國圖　上海　南京　首都　鄭
州　河南大　陝西　安徽師大　常
州　湖南　重慶　重師大　暨大
　清刻木活字本　日靜嘉堂

集 10008270
**月泉吟社谷音河汾諸老詩中州
集中州樂府序目小傳一卷**
　(清)杭州金俊明輯
　清康熙金俊明鈔本(清金俊明、清
黃丕烈跋)　北大

集 10008271
敦交集一卷敦交集一卷
　(元)上虞魏壽延輯
補一卷
　(清)秀水朱彝尊輯
續補一卷
　(清)新登(一作錢塘)羅以智輯
　清鈔本　南京

集 10008272

紅橋倡和第一集一卷

(清)嘉善宋琬　(清)嘉善曹爾堪
等撰

清康熙刻本　國圖

集 10008273

倡和詩不分卷

(清)海寧查元偶輯

清道光刻本　遼寧

集 10008274

明詩鈔不分卷

(清)鄞縣范光文輯

清鈔本　天一閣

集 10008275

明詩彙選十三卷

(清)杭州朱之京輯

清順治十六年(1659)刻本　中社
科院文學所　美燕京　日公文

清康熙刻本　上海

集 10008276

明詩綜一百卷

(清)秀水朱彝尊輯

清康熙元年(1662)六峰閣刻本
天師大

清康熙四十四年(1705)刻本　國
圖　上海　陝西　重大　黑龍江
福建　蘭州文理學院　内蒙古

清康熙四十四年(1705)清來堂刻
本　北碚　青海

清康熙四十四年(1705)朱氏刻乾
隆重修本　浙大

清康熙間刻本　國圖　天津　南
京　杭州(清吳騫跋)　美燕京　北
大　清華　中科院　遼大　吉林
甘肅　安徽　浙江

清康熙刻白蓮涇印本　北大　中
科院　紹興　天一閣

清康熙刻雍正朱氏六峰閣印本
上海　遼寧　湖北　南京　湖南
浙江　嘉興　天一閣　上虞　青海

清康熙刻乾隆西泠吳氏清來堂印
本　上海　南京　煙臺　浙江　嘉
興　温州　天一閣　平陽　奉化文
管會　重師大

清康熙刻乾隆印本　浙大　玉海
樓　寧波

清雍正刻本　福建

清乾隆間内府寫文淵閣四庫全書
本　臺故博

清乾隆間内府寫文溯閣四庫全書
本　甘肅

清乾隆間内府寫文津閣四庫全書
本　國圖

2008 年商務印書館影印文津閣
四庫全書本

清乾隆間内府寫本清末民初補鈔
文瀾閣四庫全書本　浙江

1982～1986 年臺灣商務印書館
景印文淵閣四庫全書本

1986 年上海古籍出版社據臺灣
商務印書館景印文淵閣四庫全書景
印本

2006～2015 年杭州出版社影印
文瀾閣四庫全書本
　清乾隆刻本　上海
　清清來堂刻本　天津
　清刻本　河南大　陝西　孔子博
海寧

集 10008277
明代詩甄彙編一百卷
　(清)秀水朱彝尊輯
　清鈔本　上海

集 10008278
明詩選七卷
　(清)海鹽彭孫貽輯
　稿本(清張開福、張元濟跋)
上海

集 10008279
名家詩永十六卷
　(清)建德王爾綱輯
　清康熙二十七年(1688)砌玉軒刻
本　國圖　南京

集 10008280
遺民詩十二卷
　(清)仁和(一作江都)卓爾堪輯
近青堂詩一卷
　(清)仁和(一作江都)卓爾堪撰
　清康熙近青堂刻本　國圖　復旦
浙江

集 10008281
遺民詩十六卷
　(清)仁和(一作江都)卓爾堪輯
近青堂詩一卷
　(清)仁和(一作江都)卓爾堪撰
　清康熙近青堂刻本　科學院　南
京　天一閣

集 10008282
明遺民詩選一卷
　(清)諸暨陳遹聲編輯
　鈔本　南京

集 10008283
明人詩鈔十四卷續集十四卷
　(清)海鹽朱琰輯
　清乾隆二十五年(1760)樊桐山房
刻本　國圖　上海　天津(清張千
里跋)　南京　浙江　湖北　美
燕京

集 10008284
名媛詩緯初編四十二卷
　(清)山陰王端淑輯
　清康熙山陰王氏清音堂刻本
北大

集 10008285
**藜照樓明二十四家詩定二十
四卷**
　(清)金華黃昌衢輯
　清康熙二十八年(1689)藜照樓刻
本　南京　湖北

集 10008286

九大家詩選十二卷

（清）秀水陳莢　（清）嘉興李昂枝
輯並評

清順治十七年(1660)古吳李德舜
刻本　國圖　中科院　上海　湖北
美燕京

集 10008287

明三十家詩選初集八卷二集八卷

（清）錢塘汪端輯

清道光二年(1822)汪端自然好學
齋刻本　國圖　上海　南京　浙江

清同治十二年(1873)温蘭吟館刻
本　國圖　上海　南京　首都　天
津　黑龍江　陝西　靈寶文管所
徐州　浙江　浙大　温州　奉化文
管會　重師大　貴州

清同治十二年(1873)振新書社刻
本　新疆大　日靜嘉堂　日東京
日東北大　日神户大　日東洋　日
東大東文研

清光緒九年(1883)刻本(有缺葉)
國圖　重慶

清刻本　天師大　河南大　浙大
臨海

集 10008288

明三十家詩選初集八卷二集八
卷附自題三十家詩選後一卷

（清）錢塘汪端輯

清道光刻本(有鈔配)　南京

集 10008289

今文類體不分卷

（明）黃□□輯　（清）餘姚黃澄
量藏

稿本　天一閣

集 10008290

明文海四百八十二卷目録三卷

（清）餘姚黃宗羲輯

稿本(存二十三卷：卷十九至二十
二、三十八至四十二、五十至五十
四、一百十四至一百十八、一百二十
二至一百二十六)　天一閣

清乾隆間內府寫文淵閣四庫全書
本　臺故博

清乾隆間內府寫文溯閣四庫全書
本　甘肅

清乾隆間內府寫文津閣四庫全書
本　國圖

2008年商務印書館影印文津閣
四庫全書本

清乾陸間內府寫本清末民初補鈔
文瀾閣四庫全書本　浙江

1982～1986年臺灣商務印書館
景印文淵閣四庫全書本

1986年上海古籍出版社據臺灣
商務印書館景印文淵閣四庫全書景
印本

2006～2015年杭州出版社影印
文瀾閣四庫全書本

清顧沅藝海樓鈔本(存十四卷：卷
一百三十三至一百三十七、一百六
十至一百六十八)　湖南

清鈔本　國圖(缺二卷:卷四百八十一至四百八十二)　上海　浙江

餘姚文保所

民國鈔本(七十一卷)　上海

清朱格鈔本　國圖

寫本　日静嘉堂

集 10008291

明文海目録四卷

(清)餘姚黄宗羲編

清錢瑭丁氏鈔本　南京

集 10008292

明文案□□卷

(清)餘姚黄宗羲輯

稿本(存七卷:卷十七至十八、二十二至二十四、四十一、四十五)　浙江

集 10008293

明文案二百十卷

(清)餘姚黄宗羲輯

稿本(存一百八十八卷:卷一至三十七、四十二至一百十四、一百十九至一百三十一、一百三十六至一百四十七、一百五十一至二百三,張宗祥跋)　天一閣

集 10008294

明文案□□卷

(清)餘姚黄宗羲輯

清鈔本(存二百十七卷:卷一至二百十七)　浙江

集 10008295

明文授讀六十二卷

(清)餘姚黄宗羲輯

清康熙三十八年(1699)張錫琨味芹堂刻本　國圖(清李慈銘校並跋)　中科院　上海(清吳騫批)　南京

集 10008296

山曉閣選明文全集二十四卷續集八卷

(清)嘉善孫琭輯

清康熙十六至二十一年(1677～1682)文雅堂刻本　國圖(存全集:卷一至二十四卷)　南通

集 10008297

山曉閣選明文全集八卷續集八卷

(清)嘉善孫琭輯

清康熙刻本　國圖

集 10008298

山曉閣明文選不分卷

(清)嘉善孫琭輯

清康熙間刻本　上海

集 10008299

重訂七種古文選

(清)嘉善孫琭輯

清乾隆四十九年(1784)受祉堂刻本　新鄉

集 10008300

明文遠二十一卷

　（清）鄞縣徐文駒輯

　清學古樓刻本　中社科院歷史所

集 10008301

**借綠軒刪訂湯霍林先生讀書譜
四卷**

　（清）山陰周清原輯

　清康熙二十八年(1689)借綠軒刻
本　首都

集 10008302

八十一家文碧不分卷

　（清）會稽趙之謙輯

　清享帚軒鈔本　北大

集 10008303

黃蔡合璧未刻稿二卷

　（明）黃道周　（明）蔡玉琴撰
（清）崇德呂留良輯

　清鈔本(佚名錄清呂留良批並跋)
南京

集 10008304

蘭言集二十四卷

　（清）仁和王晫輯

　清康熙二十四年(1685)王晫刻本
國圖

集 10008305

晚香續錄二卷

　（清）臨海馮甦輯

清康熙間刻本　上海

集 10008306

琅玕集三卷文一卷

　（清）桐鄉汪森輯

　清康熙三十二年(1693)刻本　中
社科院文學所

集 10008307

**讀畫齋偶輯不分卷附讀畫齋題
畫詩十九卷**

　（清）石門顧修輯

　清嘉慶間顧氏讀畫齋刻本　國圖
南京

　清道光間石門顧氏讀畫齋刻本
國圖

集 10008308

讀畫齋題畫詩十九卷

　（清）石門顧修輯

　清嘉慶元年(1796)東山草堂刻本
(有圖)　國圖*　上海　天津

集 10008309

讀畫齋圖詠不分卷

　（清）石門顧修輯

　清刻本　南京

集 10008310

國門集六卷

　（清）錢塘(一作仁和)陳祚明
（清）韓詩輯

　清順治間刻本　國圖　中科院

（鄧之誠跋）

集 10008311

完鏡集不分卷

　　（清）海寧朱嘉徵等輯

　　清康熙間刻本　國圖

集 10008312

皇清詩選十二卷

　　（清）錢塘陸次雲輯

　　清康熙間刻本　國圖　中科院

（鄧之誠跋）　上海

集 10008313

鳳池集十卷

　　（清）武康沈玉亮　（清）吳陳琰輯

　　清康熙四十四年(1705)刻本　北

大　南京*

集 10008314

國朝詩因不分卷

　　（清）海寧查羲　（清）海寧查岐

昌輯

　　稿本　國圖

集 10008315

國朝詩鐸二十六卷首一卷

　　（清）錢塘（祖籍錢塘，生於歸安）

張應昌輯

　　清同治八年(1869)永康應氏秀藏

堂刻本　國圖　上海　南京　北大

　　北大考古　北師大　人大　天津

　　復旦　華東師大　鄭大　徐州

蘇大　浙江　嘉興　天一閣　紹興

　　溫州　中大　港中大

　　2002年上海古籍出版社影印續

修四庫全書本

集 10008316

國朝五言長律廥颺集十六卷

　　（清）仁和陸心齋選，（清）張日

珣、（清）丘光德增補

　　清乾隆間五桂堂刻本　南京　北

大　美燕京

　　清乾隆刻本　重慶

　　清刻本　奉化文管會

　　美國哈佛大學哈佛燕京圖書館館

藏善本明清總集叢刊本

集 10008317

羣雅集三十四卷

　　（清）長興王豫輯

　　清嘉慶十二年(1807)刻本　國圖

集 10008318

羣雅集四十卷

　　（清）長興王豫輯

　　清嘉慶刻本　國圖

集 10008319

今雨聯吟集一卷

　　（清）海寧查人和輯　（清）王慶勳

點評

　　清嘉慶二十一年(1816)刻本

上海

集 10008320

蘭言集四卷

(清)石門胡欽　王以敏編

清刻本　南京

集 10008321

國朝詩鈔六卷

(清)嘉興黃光煦輯

稿本　浙江

集 10008322

國朝詩源二卷

(清)仁和高同雲輯

稿本　羣眾出版社

集 10008323

國朝七律詩鈔十卷

(清)平湖黃金台輯

稿本　浙江

集 10008324

國朝詩萃□□卷

(清)烏程劉安瀾輯

稿本　上海(存六卷：卷八十六至
九十一)　南京(存七十八卷：卷三
至八十)

集 10008325

**國朝詩萃一百二十卷後編一卷
補編□□卷方外補編三卷閨秀
補編十三卷首一卷**

(清)烏程劉安瀾輯

稿本(存一百七十三卷)　南京

集 10008326

擷芳集八十卷

(清)錢塘(安徽歙縣人,寓居錢
塘)汪啓淑輯

清乾隆五十年(1785)飛鴻堂刻本

國圖　上海　復旦　南京

集 10008327

國朝閨秀擷珠集不分卷

(清)太平黃濬輯

清同治四年(1865)葉佑初鈔本

浙江

集 10008328

西陵十子詩選十六卷

(清)錢塘毛先舒輯

清順治七年(1650)刻還讀齋印本

國圖　福師大

清順治七年(1650)刻輝山堂印本

上海

清刻本　南京

集 10008329

郘雪初編一卷

(清)嘉善龔黃輯　　(清)嘉善葉
封訂

清王家璧鈔本　湖北

集 10008330

寄園詩一卷

(清)錢塘(原籍安徽休寧,寄籍錢
塘)趙吉士輯

寄園十六詠一卷

（清）錢塘汪灝撰

清康熙間刻本　國圖

集 10008331

寄園集詩四卷

（清）錢塘（原籍安徽休寧，寄籍錢塘）趙吉士輯

清康熙間刻本　國圖　南京

　　　寄園七夕集字詩一卷

　　　七夕別韻倡和一卷

　　　四景絕句一卷

　　　七夕集字補遺一卷

集 10008332

寄園集字詩一卷

（清）錢塘（原籍安徽休寧，寄籍錢塘）趙吉士撰

清康熙間趙繼抃等刻萬青閣全集本　中科院　上海　復旦　浙江

清康熙間趙繼抃等刻增修萬青閣全集本　中科院

集 10008333

慰托集十六卷

（清）嘉善黃安濤輯

清道光五年（1825）刻本　國圖

集 10008334

希聖堂唱和詩二卷

（清）鄞縣范光燮　（清）嘉善郁之章等撰

清康熙十九年（1680）刻本　天一閣

集 10008335

同人雅集詩一卷

（清）仁和邵錫蔭輯

清康熙二十四年（1685）刻本　中社科院文學所

集 10008336

大司寇新城王公載書圖詩不分卷

（清）秀水朱彝尊　（清）張起麟等撰　（清）禹之鼎繪圖

清康熙刻本（有圖）　浙江

集 10008337

洛如詩鈔六卷

（清）秀水朱彝尊輯

清康熙四十七年（1708）陸氏尊道堂刻本　國圖　上海　南京

集 10008338

秋笳餘韻不分卷

（清）海寧陳之遴　（清）顧貞觀等撰　（清）嘉興張廷濟輯

稿本　國圖

2019 年國家圖書館出版社影印浙學未刊稿叢編本

集 10008339

觀海唱和一卷

（清）鄞縣萬言、洪陳斌、李暾撰

稿本四明萬氏家寶本　國圖

集 10008340

彭王倡和一卷

　（清）王士禛　（清）海鹽彭孫遹撰

　清康熙刻本　國圖

集 10008341

東湖倡和集一卷

　（清）平湖陸菜等撰　（清）平湖沈季友輯

　清康熙間刻本　上海

集 10008342

雙溪倡和詩六卷

　（清）德清徐倬輯

　清康熙間刻本　國圖　南京　湖北　美燕京　北大　清華　天一閣

　清康熙四十九年（1710）刻本　日九大

　清康熙五十年（1711）刻本　華東師大　青海　日公文　東北大　日國會　北大　首都　浙江　天一閣　湖州　湖南

　美國哈佛大學哈佛燕京圖書館藏明清善本總集叢刊

　清光緒二十四年（1898）刻本　上海

集 10008343

隨園續同人集四卷

　（清）錢塘袁枚輯

　清刻本　奉化文管會　衢州　金華　天一閣　開化　金陵

　清乾隆五十五年（1790）刻本　國圖　首都

集 10008344

隨園續同人集十七卷

　（清）錢塘袁枚輯

　清光緒十九年（1893）倉山舊主石印本　陝西

　清刻本　天津　天一閣

集 10008345

隨園續同人集十七卷隨園女弟子詩選六卷

　（清）錢塘袁枚輯

　清刻本　天津

集 10008346

隨園續同人集十四類

　（清）錢塘袁枚輯

　清末刻隨園三十種本　黔江

集 10008347

今詩兼一卷近詩兼一卷明詩兼一卷

　（清）歸安韓純玉輯

　清鈔本（清俞樾跋）　湖北

集 10008348

竹林唱和詩集五卷

　（清）秀水盛遠輯

　清康熙四十四年（1705）刻本　廈大

集 10008349

華及堂視昔編六卷

(清)桐鄉汪森輯

清康熙四十六年(1707)汪森刻本

國圖　復旦　南京

集 10008350

鸚湖花社詩三卷

(清)平湖姚廷瓚　(清)平湖于東

昶　(清)平湖陸奎勳撰

花盒詩一卷

(清)平湖陸奎勳撰

清康熙間刻本　國圖

集 10008351

鳴和詩存十卷

(清)浦江陳松齡　(清)浦江陳浩

然撰

清道光十四年(1834)經義堂稿本

2020 年學苑出版社浦江文獻集

成本

集 10008352

舊雨集七卷

(清)海鹽馬維翰輯

清康熙馬緯雲刻本　上海

清乾隆三年(1738)馬維翰刻本

南京

集 10008353

半春唱和詩四卷

(清)錢塘符曾　(清)唐學潮

(清)俞大受　(清)符元嘉撰

雪泥記遊稿一卷

(清)錢塘符曾撰

紅椒山館詩稿二卷

(清)錢塘符曾撰

清乾隆元年(1736)刻本　國圖

集 10008354

韓江雅集十二卷

(清)鄞縣全祖望等撰

清乾隆十二年(1747)刻本　國圖

上海　南京　湖北

集 10008355

禁林集八卷

(清)仁和杭世駿輯

清乾隆二十三年(1758)刻本　上

海　復旦(清丁丙跋)　南京

集 10008356

薰風協奏集三卷首一卷

(清)秀水王又曾輯　(清)莊鳳

翥注

清乾隆二十三年(1758)文映書屋

刻本　上海　湖南　美燕京

集 10008357

三家長律詩鈔三卷

(清)桐鄉陸費墀輯

清乾隆間刻本　湖北

集 10008358

小瀛州續社詩不分卷

(清)海鹽黃錫蕃等撰

清鈔本　南京

集 10008359

雙節詩文初集二卷

（清）蕭山汪輝祖輯

清乾隆三十二年（1767）汪輝祖刻本　清華

集 10008360

雙節堂贈言集録二十八卷首一卷末一卷附録一卷續集二十二卷首一卷末一卷附録一卷附訂一卷

（清）蕭山汪輝祖輯

清乾隆嘉慶間刻本　國圖　上海　南京

集 10008361

簾鉤倡和詩不分卷

（清）錢塘吳錫麒等撰

清乾隆穆禮賢刻本　國圖

集 10008362

清閣臣和純廟御制詩摺不分卷

（清）富陽董誥　（清）阮元等撰

清乾隆稿本　山東

集 10008363

同林倡和一卷

（清）仁和趙信輯

清乾隆二十四年（1759）增刻本　國圖

集 10008364

同懷倡和集

（清）紹興劉成垚、劉成㢀撰

鈔本　人大

　　燕雲詩草　劉成垚、劉成㢀撰
　　燕雲詞草　劉成垚、劉成㢀撰

集 10008365

同懷集一卷

（清）黃巖張應虞撰

清嘉慶元年（1796）刻本（附台山懷舊集後）　上海

集 10008366

同懷詩稿一卷

（清）當湖俞嗣勳、俞嗣烈撰

清同治重刊本　中社科院文學所　上海

　　翠微軒詩稿三卷　當湖俞嗣勳撰
　　省非軒詩稿一卷　當湖俞嗣烈撰

集 10008367

同懷忠孝集一卷

（清）桐鄉嚴辰輯

清光緒十年（1884）嚴氏刻同懷忠孝集本　國圖　南京　上海　南開　吉大

清代家集叢刊續編本

　　清嘯樓詩鈔　桐鄉嚴謹撰
　　含芳館詩草　桐鄉嚴濈華撰
　　孝女坊題詩
　　孝女坊刻聯語

集 10008368

魏鐵三先生陳肖蘭女士遺集合刻

（清）山陰魏憼、陳肖蘭撰

民國二十四年（1935）梧州刻本
國圖

　　魏鐵三先生遺詩補刊一卷　山陰
　　魏憼撰

　　　陳肖蘭女士詩集一卷　山陰陳肖
　　蘭撰

集 10008369

鄂韡聯吟稿六卷

（清）海鹽馬國偉、馬用俊撰

清嘉慶十八年（1813）棣園刻小峨
嵋山館五種本　上海　南京

集 10008370

鄂韡聯吟處題贈録二卷續録一卷

（清）海鹽馬國偉輯

清嘉慶十八年（1813）棣園刻小峨
嵋山館五種本　上海　南京

集 10008371

蕉嶺驪歌一卷附鎮平雜詩一卷

（清）義烏朱懷新撰輯

清光緒宣統年間刻本　浙江

2013 年上海古籍出版社重修金
華叢書本

集 10008372

榕城同聲集三卷榕城同聲集二編四卷

（清）永康胡鳳丹輯

清光緒六年（1880）胡氏退補齋刻
本　金華一中　義烏　金華博

2013 年上海古籍出版社重修金
華叢書本

集 10008373

燕雲詞草一卷

（清）紹興劉成垚、劉成颒撰

鈔本同懷倡和集本　人大

集 10008374

聽經閣同聲集六卷

（清）永康胡鳳丹輯

清同治八年（1869）刻本　浙江

2013 年上海古籍出版社重修金
華叢書本

集 10008375

皖江同聲集十卷

（清）永康胡鳳丹輯

清同治八年（1869）刻本　浙江

2013 年上海古籍出版社重修金
華叢書本

集 10008376

鄂渚同聲集三編八卷

（清）永康胡鳳丹輯

清光緒二年（1876）胡氏退補齋刻
本　金華一中

2013 年上海古籍出版社重修金
華叢書本

集 10008377

壽明經廣翁先生暨顧太君八秩雙慶集不分卷

（清）東陽蔡坦齋輯

清乾隆四十一年（1776）鐘英堂刻本　東陽博

2013 年上海古籍出版社重修金華叢書本

集 10008378

友聲詩鈔初集一卷

（清）永康蔡惠夷輯

民國十八年（1929）刻本　永康李世揚藏

2013 年上海古籍出版社重修金華叢書本

集 10008379

朱慎齋公壽詩二集

（清）義烏朱宷編

民國十一年（1922）刻本　義烏

2013 年上海古籍出版社重修金華叢書本

集 10008380

挽朱一新聯詩祭文一卷

（清）義烏朱懷新輯

清光緒二十二年（1886）刻本義烏

2013 年上海古籍出版社重修金華叢書本

集 10008381

鴻雪唱和集一卷

湯溪徐文芝輯

民國刻本　金華博

2013 年上海古籍出版社重修金華叢書本

集 10008382

南宋雜事詩七卷

（清）錢塘沈嘉轍等撰

清康熙武林芹香齋刻本　國圖　南京　湖北　美燕京

清乾隆間內府寫文淵閣四庫全書本　臺故博

清乾隆間內府寫文溯閣四庫全書本　甘肅

清乾隆間內府寫文津閣四庫全書本　國圖

2008 年商務印書館影印文津閣四庫全書本

清乾陸間內府寫本清末民初補鈔文瀾閣四庫全書本　浙江

1982～1986 年臺灣商務印書館景印文淵閣四庫全書本

1986 年上海古籍出版社據臺灣商務印書館景印文淵閣四庫全書景印本

2006～2015 年杭州出版社影印文瀾閣四庫全書本

清道光九年（1829）扶荔山房刻本　國圖　南京　北師大　浙江　紹興　海寧　杭州　天一閣　寧波

清同治十一年（1872）淮南書局刻

本　國圖　南京　華東師大　浙江
　浙大　天一閣　溫州　浙博　上
虞　湖州博　嘉善　湖州師院
　乾隆間刻本　華東師大
　清雍正間武林芹香齋刻本　復旦
　清武林芹香齋刻本　浙江　天一
閣　奉化文管會　溫州
　清暨陽味經堂刻本　浙江
　清末刻本　紹興

集 10008383
舊雨集三卷補遺一卷
　（清）錢塘周準輯
　清鈔本（王大隆跋）　復旦

集 10008384
天台齊氏家藏清代名人詩稿不
分卷
　（清）天台齊召南等撰
　稿本　浙江

集 10008385
聽濤圖徵題一卷
　（清）海寧周在恩輯
　清周氏種松書塾鈔本　國圖

集 10008386
剡中集四卷
　（清）嵊州周熙文輯
　清乾隆二十八年（1763）木活字印
本　杭州

集 10008387
涉園修禊集一卷
　（清）海寧吳騫等撰
　清吳氏拜經樓鈔本（清秦瀛、清楊
葆光題詩）　國圖

集 10008388
沈蓬翁壽杯歌一卷
　（清）海寧吳騫輯
　清鈔本　國圖

集 10008389
桐蔭小牘一卷
　（清）海寧吳騫輯
　清陶元藻鈔本　上海
　清鈔本　國圖

集 10008390
商卣唱和詩一卷
　（清）海寧俞思謙　（清）海寧吳騫撰
　清鈔本　上海

集 10008391
銷夏三會詩三卷
　（清）嘉善汪繼熊輯
　清嘉慶十三年（1808）刻本　國圖

集 10008392
西磧探梅倡和詩一卷
　（清）鄂棟　（清）王昭嗣等撰
（清）錢塘奚岡繪圖
　稿本（清王昭嗣跋）　浙江

集 10008393

桐溪詩草不分卷

（清）錢塘沈鵬等撰

清鈔本（清朱文藻校，清嚴果跋）
南京

集 10008394

春柳唱和詩

（清）嘉興張鳴珂等撰

清刻本　國圖

集 10008395

酒簾唱和詩四卷

（清）錢塘（安徽歙縣人，寓居錢塘）汪啓淑輯

清乾隆四十八年（1783）刻本
南京

集 10008396

酒簾唱和詩六卷

（清）錢塘（安徽歙縣人，寓居錢塘）汪啓淑輯

清乾隆六十年（1795）飛鴻堂刻本
杭州

集 10008397

璞廬六十唱和集二卷

（清）瑞安戴炳驄輯

民國鈔本　溫州

集 10008398

韞瓺集十卷

（清）嘉興錢儀吉輯

清錢氏衍石齋鈔本　上海

集 10008399

牡丹唱和詩一卷

（清）嘉興張廷濟等撰

稿本　溫州博

集 10008400

佳日聯吟集一卷

（清）秀水曹大經等撰

稿本曹伯倫叢著本十種本

2019 年國家圖書館出版社影印
浙學未刊稿叢編本

集 10008401

喜雨集二卷外編一卷

（清）秀水陳鴻誥輯

清咸豐刻本　國圖

集 10008402

杜節婦題詞合鈔一卷

（清）秀水陳鴻誥等撰

清光緒鈔本　嘉興

集 10008403

日本同人詩選四卷

（清）秀水陳鴻誥編輯

清光緒刻本　復旦

集 10008404

漢壽亭侯遺集二卷首一卷漢壽亭侯外集三卷

（清）海寧陳敬璋輯

清刻本　遼寧

集 10008405

渚山樓牡丹分詠一卷

　（清）潘學詩　（清）海寧陳鱣等撰

　清鈔本（清曹宗載、清高椅峻跋）

國圖

集 10008406

清代名人詩箋不分卷

　（清）錢塘屠倬　（清）錢塘陳文述

等撰

　稿本　國圖

集 10008407

霅南倡和編三卷

　（清）陳鑾　（清）王直淵　（清）烏

程溫曰鑒　（清）烏程陳經撰

　清嘉慶二十五年（1820）陳氏說劍

樓刻本　國圖　上海　南京

集 10008408

綠雲山房二卿詩草□□卷

　（清）山陰勞蓉君　（清）山陰陳

錦撰

　稿本（存二卷：卷二至三，周菊伍

跋）　山東

集 10008409

國朝兩浙校官詩録十八卷

　（清）上虞許正綏輯

　稿本（存一卷：卷十二）　上海

　清咸豐元年（1851）湖州府學刻本

南京

集 10008410

國朝兩浙校官詩録不分卷

　（清）上虞許正綏輯

　清謝來節鈔本　浙江

集 10008411

清尊集十六卷

　（清）錢塘汪遠孫撰輯

　清道光十九年（1839）錢塘汪氏振

綺堂刻本　國圖　上海　南京

湖北

　清詩總集叢刊本

集 10008412

攲枕閑唫二卷

　（清）秀水朱休度輯

　清管庭芬鈔本　上海

集 10008413

同聲集十四卷

　（清）上虞王振綱輯

　清鈔本　國圖

集 10008414

咸同間名人詩箋不分卷

　（清）會稽李慈銘、（清）會稽陶

方琦等撰

　稿本　國圖

集 10008415

蘭忻集續編一卷

（清）黃巖周耕墨輯

清周耕墨鈔本　黃巖

集 10008416

風木庵圖題詠一卷

（清）錢塘丁丙輯

清光緒三年至二十六年（1877～1900）錢塘丁氏嘉惠堂刻武林掌故叢編本　國圖　中科院　北大　上海　復旦　天津　遼寧　甘肅　山東　南京　浙江　湖北　四川

1985 年江蘇廣陵古籍刻印社影印清光緒三年至二十六年（1877～1900）錢塘丁氏嘉惠堂刻武林掌故叢編本　中科院

清丁氏嘉惠堂鈔本　復旦

1994 年上海書店出版社叢書集成續編本

集 10008417

四六初徵二十卷

（清）蘭溪李漁輯　（清）仁和沈心友釋

清康熙十年（1671）金陵翼聖堂刻本　國圖*　上海　南京　美燕京

2013 年上海古籍出版社重修金華叢書本

集 10008418

國朝駢體正宗評本十二卷補編一卷

（清）曾燠輯　（清）鎮海姚燮評（清）張壽榮參

清光緒十年（1884）蘭雨樓刻本

北師大　陝西　輝縣　平湖　黃巖日京大人文研

清光緒十一年（1885）鎮海張氏花雨樓刻朱墨套印本　國圖　上海　南京　北大　南大　華東師大　嘉興　溫州　紹興　港中大　湖南

清光緒十九年（1893）善化章氏鴻運樓刻本　湖南

清光緒二十一年（1895）上海點石齋石印本　浙江　黃巖

2002 年上海古籍出版社影印續修四庫全書本

集 10008419

國朝駢體正宗二卷續編八卷

（清）曾燠輯　（清）張鳴珂續輯

清光緒二十一年（1895）湖南大雅書局刻本　國圖

集 10008420

國朝駢體正宗續編八卷

（清）嘉興張鳴珂輯

稿本　蘇州

清光緒十四年（1888）寒松閣刻本　國圖　北大　北師大　吉大　復旦　華東師大　浙大　天一閣　港中大

清光緒二十一年（1895）湖南崇德書局刻本　國圖

集 10008421

國朝駢體正聲不分卷

（清）平湖黃金台輯

稿本　浙江

集 10008422

玉堂名翰賦四卷附南巡御試卷二卷

（清）仁和張賓　（清）錢塘程邦勳輯

清乾隆十六年(1751)刻本　國圖

集 10008423

國朝律賦偶箋四卷

（清）歸安沈豐岐撰

清乾隆二十三年(1758)書帶草堂刻本　上海　南京

清乾隆二十五年(1760)養素齋刻本　國圖　北大　上海　美燕京

集 10008424

同館律賦精萃六卷附刻一卷

（清）海鹽彭孫遹等撰　（清）蔣攸銛輯

清道光七年(1827)刻本　首都

集 10008425

本朝館閣律賦集腋八集不分卷

（清）石門馬俊良輯

清乾隆五十四年(1789)刻本　安徽師大　嘉善　上虞

集 10008426

本朝律賦集腋八卷

（清）石門馬俊良輯

清嘉慶十四年(1809)大酉山房刻本　蘇大　義烏　紹興　衢州博　緝雲

集 10008427

國朝律賦揀金錄初刻十二卷

（清）海鹽朱一飛輯

清乾隆四十一年(1776)刻本　廈大

集 10008428

國朝律賦揀金錄二刻十二卷

（清）海鹽朱一飛輯

清乾隆五十七年(1792)刻本　廈大

集 10008429

律賦揀金錄不分卷

（清）海鹽朱一飛輯

清乾隆間刻本　南京

集 10008430

律賦揀金錄四卷

（清）海鹽朱一飛輯

清刻本　國圖

集 10008431

國朝試體賦約二卷

（清）上虞錢玫輯

清鈔上虞錢氏叢著本　國圖

集 10008432

四賦體裁箋註十二卷

（清）餘姚盧文弨重輯 （清）何秀毓 （清）王鴻緒箋註

清乾隆三十九年（1774）衣德堂刻本 山西

2017 年國家圖書館出版社歷代賦學文獻輯刊本

集 10008433

後八家四六文鈔八卷

（清）鎮海張壽榮輯

清光緒七年（1881）刻本 國圖 上海 南京

集 10008434

皇清文穎續編一百八卷首五十六卷目錄十卷

（清）富陽董誥等輯

清嘉慶十五年（1810）武英殿刻本 國圖* 上海 南京 遼寧 北大 首都 浙江 奉化文管會 日東洋 日京大人文研

清嘉慶刻本 北大 天津 福建

故宮珍本叢刊本

2002 年上海古籍出版社影印續修四庫全書本

集 10008435

傳經堂集十卷

（清）仁和卓天寅輯

清康熙間刻本 國圖

集 10008436

昭代文選□□卷

（清）仁和丁灝輯

清鈔本（存一百五十八卷，清丁丙跋） 南京

集 10008437

今文短篇十五卷

（清）錢塘諸匡鼎輯

清康熙二十年（1681）刻本 上海

清康熙二十六年（1687）諸氏刻本 國圖* 上海 清華

清康熙翼善堂刻本 南京

清康熙古橘園刻本 杭州 餘杭

集 10008438

今文大篇二十卷

（清）錢塘諸匡鼎輯

清康熙三十三年（1694）諸氏説詩堂刻本 國圖 天津

清康熙刻本（翼善堂藏板） 國圖

清康熙四十七年（1708）刻本 天津

集 10008439

呂晚村評選四書文不分卷

（清）崇德呂留良輯並評

清鈔本（清丁吉臣跋） 浙江

集 10008440

質亡集不分卷

（清）崇德呂留良輯評

清康熙刻本（存：上論上半部、下論下半部、大學、中庸） 孝感

集 10008441

彙選質亡集

（清）崇德呂留良輯評

清查氏尋洛齋鈔本　鉛山文化館

集 10008442

雜俎一卷

（清）海寧吳騫輯

清鈔本　國圖

集 10008443

汪義婦辭一卷

（清）海寧吳騫輯

清鈔本　國圖

集 10008444

張楊園先生寒風佇立圖題跋不分卷

（清）潘奕雋　（清）嘉興李遇孫等撰

稿本　國圖

集 10008445

瓊貽副墨四十六卷

（清）鎮海姚燮輯

稿本　國圖

集 10008446

靜遠草堂雜鈔不分卷

（清）海寧周樂清輯

稿本（周菊伍跋）　山東

2008 年 12 月廣東人民出版社清代稿鈔本本

集 10008447

詞苑撰文四卷

（清）錢塘戴熙輯

稿本（清孫毓汶、鄧之誠跋）

北大

集 10008448

國朝詩砭鼓吹集不分卷

（清）臨海戴晁屏輯

清鈔本　臨海博

集 10008449

新學舉隅續選二卷

（清）永嘉張應燨輯

稿本　溫州

集 10008450

城北倡隨吟二卷

（清）仁和徐業鈞撰　（清）仁和吳婉宜撰

鈔本　南京

集 10008451

音注舒鐵雲王仲瞿詩

（清）舒位撰　（清）秀水王曇宜撰

民國二十三年(1934)上海文明書局鉛印本　金華博

集 10008452

時流名選一卷

（清）太平戚學標輯

清抄本　臨海博

集 10008453

碧聲吟館倡酬續錄一卷

（清）德清（祖籍德清，寓居仁和）
許善長撰

清光緒十二年(1886)仁和許氏碧
聲吟館刻本　浙江　湖南

集 10008454

浙行唱和詩鈔一卷

戴兆英輯

清鈔本　浙江

集 10008455

寒柯堂宋詩集聯一卷

龍游余紹宋撰

民國三十一年(1942)鉛印本　金
華博

集 10008456

溫嶠淚痕錄一卷

上虞陳福炎輯

民國二十年(1931)寧波倡文印書
館鉛印本　餘姚文保所

集 10008457

美人香草不分卷

（清）臨海黃瑞輯

清抄本　臨海博

集 10008458

花樣集錦不分卷

（清）錢塘陳兆崙等撰

清抄本　臨海博

集 10008459

秋籟閣外集四卷

（清）臨海黃瑞輯

清黃氏抄本　臨海博

集 10008460

海上同音集二卷

（清）臨海黃瑞、（清）黃巖王維
翰撰

清光緒十五年(1889)木活字印本
浙江

集 10008461

雙研齋文游錄二卷

（清）黃巖王維翰輯

清抄本　臨海博

集 10008462

續幽光集（存二卷）

（清）臨海葛詠裳撰

清抄本　臨海博

集 10008463

希齡祝雅不分卷

（清）餘姚黃炳垕撰

清同治六年至光緒二十年(1867～
1894)餘姚黃氏留書種閣刻留書種閣
集本　浙江　寧波　義烏　紹興

清光緒十年(1884)刻本　天一閣

郡邑之屬

集 10008464

安州詩録五卷

（清）仙居王魏勝輯

清道光二十二年（1842）天香樓刻本　上海

集 10008465

晉風選十卷

（清）錢塘趙瑾評選

清康熙刻本　復旦

集 10008466

平山堂詩詞三卷

（清）秀水曹溶等撰

清康熙十五年（1676）刻本　天一閣

集 10008467

毘陵六逸詩鈔二十四卷

（清）山陰孫讜編

清康熙五十六年（1717）敬義堂刻本　國圖　中科院　上海　復旦　浙江

清康熙五十六年（1717）壽南堂刻本　國圖　天津　南京　湖北　美　燕京

南田詩鈔五卷　（清）惲格撰

白雲樓詩鈔一卷　（清）楊宗發撰

香草堂詩鈔五卷　（清）胡香昊撰

西林詩鈔五卷　（清）陳煉撰

芑野詩鈔四卷　（清）唐惲宸撰

梅坪詩鈔三卷　（清）董大倫撰

六逸詩話一卷　（清）莊杜芬

（清）徐梅輯

集 10008468

蛟橋折柳圖題詠一卷

（清）海寧吳騫輯

稿本　上海

集 10008469

吳越詩選二十二卷

（清）山陰朱士稚等輯

清初冠山堂刻本　國圖*　上海

集 10008470

兩浙輶軒録不分卷

（清）阮元輯

稿本（存四册：三十四至三十七）　上海

清鈔本　寧波

集 10008471

兩浙輶軒續録不分卷

（清）潘衍桐輯

稿本　杭州

集 10008472

兩浙輶軒録四十卷補遺十卷

（清）阮元輯

清嘉慶間仁和朱氏碧溪草堂、錢塘陳氏榆仙館刻本　國圖　紹興　嘉興　餘姚文保所　溫州

清嘉慶六年(1801)刻本　日公文
日國會　日關西大

清嘉慶刻本　上海　日静嘉堂
日前田

清光緒十六年(1890)浙江書局刻
本　國圖　陝西　上海　浙江　杭
州　紹興　義烏　溫州　湖州博
日京大人文研　日東大東文研

清刻本　莫氏陳列館

2002 年上海古籍出版社影印續
修四庫全書本

2016 年國家圖書館出版社歷代
地方詩文總集彙編本

集 10008473

兩浙輶軒續錄五十四卷補遺六卷

(清)潘衍桐輯

清嘉慶間仁和朱氏碧溪草堂、錢
塘陳氏榆仙館刻本　國圖

清光緒十六年(1890)浙江書局刻
本　國圖　陝西

清光緒十七年(1891)浙江書局刻
本　衢州博　杭州　莫氏陳列館
遂昌　上虞　慶元　浙江

2002 年上海古籍出版社影印續
修四庫全書本

2016 年國家圖書館出版社歷代
地方詩文總集彙編本

集 10008474

兩浙輶軒續錄補遺六卷

(清)潘衍桐輯

清光緒十七年(1891)浙江書局刻

本　湖州博

集 10008475

兩浙輶軒續錄採訪冊一卷

(清)潘衍桐輯

稿本　浙江

集 10008476

輶軒續錄一卷

(清)海寧吳騫輯

稿本　上海

集 10008477

浙江采風錄不分卷

(清)張頲可輯

稿本　北大

集 10008478

江浙十二家詩選二十四卷

(清)王鳴盛輯

清乾隆三十年(1765)刻本　清華
浙江　美燕京

集 10008479

國朝浙人詩存十六卷

(清)柴傑識

清乾隆三十三年(1768)洽禮堂刻
本　浙江

集 10008480

浙江文錄不分卷

(清)丁午等撰

清鈔本　臨海博

集 10008481

浙詩選不分卷

（清）楊臣勳輯

稿本　天一閣

集 10008482

浙闈聚奎堂唱和詩一卷

（清）徐樹銘等撰

清光緒刻本　浙江

集 10008483

浙江歌謠一卷

臨海項士元編

民國稿本　臨海博

集 10008484

浙江謠諺考畧一卷

臨海項士元編

民國稿本　臨海博

集 10008485

署全浙提憲藍公德政留愛編十六卷

佚名輯

清康熙筆意山房刻本　天一閣

集 10008486

浙西六家詩鈔六卷

（清）海鹽（一作海寧）吳應和等撰

清道光七年（1827）紫微山館刻本

國圖　南京　湖北（清黃培芳批並題詩）

集 10008487

復盫覓句題詠一卷

（清）錢塘徐新六輯

中華書局聚珍仿宋部印天蘇閣叢刊二集本　南京

集 10008488

評訂浙西六家詩鈔六卷

（清）海鹽（一作海寧）吳應和編（日本）近藤元梓評訂

清光緒二十九年（1903）嵩山堂鉛印本　天津

2016 年國家圖書館出版社歷代地方詩文總集彙編本

集 10008489

分韻浙江形勝詩續刻一卷

佚名輯

清光緒二年（1876）刻本　麗水

集 10008490

歷朝杭郡詩輯四十卷

（清）錢塘丁丙輯

清鈔本　浙江

集 10008491

國朝杭郡詩續集四十六卷

（清）錢塘吳振棫撰

稿本（存卷一至八上，吳士鑑跋）浙江

集 10008492

國朝杭郡詩輯十六卷

（清）錢塘吳顥輯

清嘉慶五年(1800)錢塘吳氏刻本

國圖　南京

集 10008493

國朝杭郡詩輯三十二卷姓氏韻編一卷

　（清）錢塘吳顥輯　（清）錢塘吳振棫重輯

　清嘉慶間刻本　國圖　上海

　清嘉慶五年(1800)錢塘吳氏刻本

上海　南開　餘姚文保所

　清道光刻本　國圖　湖南

　清同治十三年(1874)錢塘丁氏刻本　國圖　上海　南京　北大　南開　吉大　復旦　蘇大　浙江　浙大　紹興　平湖　武大　湖南　川大　中大　日靜嘉堂　日京大人文研

　清光緒二年(1876)刻本　上海　浙博　天一閣

　清刻本　河南大　鄭大　浙大

集 10008494

武林耆舊詩不分卷

　（清）錢塘吳允嘉輯

　稿本　蘇州

　清鈔本(武林耆舊集殘帙,清丁丙跋)　南京

集 10008495

武林耆舊詩不分卷

　（清）□□輯

稿本　國圖

鈔本　南京

集 10008496

武林耆獻詩不分卷

　（清）□□輯

　鈔本　南京

集 10008497

武林雜録不分卷

　（清）□□輯

　清敦宿好齋鈔本　南京

集 10008498

杭防詩存一卷

　（清）完顏守典輯

　清光緒十六年(1890)刻本　浙江

集 10008499

杭郡朱氏詩鈔不分卷

　佚名輯

　清鈔本　浙江

集 10008500

杭諺詩一卷

　（清）仁和邵懿辰輯

　清光緒三十四年(1908)刻本　杭州

集 10008501

集杭諺詩一卷

　（清）仁和邵懿辰輯

　清宣統二年(1910)錢塘汪氏寫樣

本　杭州

集 10008502

杭諺雜詠不分卷

　　佚名輯

　　清鈔本　浙江

集 10008503

集杭諺詩三卷

　　佚名輯

　　清鈔本　浙江

集 10008504

杭州詩鈔一卷

　　佚名輯

　　民國鈔本　杭州

集 10008505

杭州西溪永興寺題詠錄不分卷

　　蓮西居士輯

　　民國二十二年(1933)鉛印本
杭州

集 10008506

湖墅倡和詩一卷生辰倡和詩一卷

　　月河漁隱(楊晨)編

　　民國黃巖友成局石印本　武義

集 10008507

湖墅唱和詩一卷

　　鑑湖漁隱編

　　民國三年(1914)瑞安廣明印刷所
石印本　溫州

集 10008508

湖墅叢書(存二種)

　　孫文爧校訂

　　清光緒五年(1879)錢塘王氏刻本

　　浙江　杭州　義烏　天一閣

集 10008509

湖墅詩鈔八卷

　　孫文爧校訂

　　清末鈔本　杭州

集 10008510

西湖竹枝詞續集一卷

　　(清)仁和徐士俊　(清)仁和陸
進輯

　　清順治十六年(1659)刻本　上海

集 10008511

西湖竹枝詞一卷

　　(清)錢塘陳燦撰　孫喬年點評

　　清乾隆三十六年(1771)靜廉齋刻
本　湖南社科院

　　清光緒七年(1881)錢塘丁氏嘉惠
堂刻本　徐州

　　清光緒十四年(1888)錢塘丁氏刻
武林掌故叢編本　黑龍江

　　清光緒十四年(1888)刻本　首都
鹽城

　　1994 年上海書店出版社叢書集
成續編本

集 10008512

西泠酬倡集五卷二集五卷三集

五卷

（清）秦緗業等撰

清光緒刻本 浙江 安吉博（缺三集）

集 10008513

西泠話別集一卷

（清）馬馹良等撰

清光緒十三年（1887）鉛印本 浙江

集 10008514

西泠餞別圖詩稿一卷

佚名輯

民國鉛印本 浙江

集 10008515

西泠三閨秀詩

（清）西泠印社主人輯

清光緒二十三年錢塘丁氏刻民國三年（1914）西泠印社印本 杭州（存一種） 浙師大

集 10008516

西泠消寒集二卷附録一卷

（清）秦緗業撰

清同治十三年（1874）刻本 浙江

集 10008517

西泠雜録一卷

佚名輯

清江南舊酒徒鈔本 浙江

集 10008518

西陵詠不分卷

（清）劉尹蕭輯

清康熙刻本 天一閣

集 10008519

孤山放鶴圖徵詩彙刻一卷

林浮沚輯

民國七年（1918）永嘉林氏古西射堂刻本 浙江 溫州

集 10008520

湖心亭題咏三卷

佚名輯

清初刻本 浙江 杭州

集 10008521

虎林同聲

王宗海、張應銘撰

民國八年（1919）鉛印本 浙江

集 10008522

虎林銷夏集不分卷

沈鈞等撰

民國三年（1914）杭州興業印書局鉛印本 杭州 溫州

集 10008523

西泠倡和詩二卷

佚名輯

清康熙刻本 天一閣

集 10008524

西泠酬倡二集

（清）錢國珍等撰

清光緒五年（1879）刻本　浙師大

集 10008525

西泠酬倡集五卷

（清）秦緗業等撰

清光緒五年（1879）刻本　溫州
蘇州

集 10008526

西湖欸乃集一卷

（清）海寧陳之遴等撰

清鈔本　天津

集 10008527

西湖社詩存二卷

（清）劉端等撰

清道光二十八年（1848）刻本
天津

2016 年國家圖書館出版社歷代
地方詩文總集彙編本

集 10008528

西泠五布衣遺著

（清）錢塘丁丙輯

清同治光緒間錢塘丁氏當歸草堂
刻本　國圖　南開　浙江　河南
湖南　青海　徐州　義烏　溫州
寧波

2016 年國家圖書館出版社歷代
地方詩文總集彙編本

集 10008529

國朝嚴州詩録八卷

（清）宗源瀚輯

清光緒刻本　國圖　首都　天津
湖南　内蒙古　陝西　浙江　溫
州　淳安　天一閣　紹興　餘姚文
保所　玉海樓

2016 年國家圖書館出版社歷代
地方詩文總集彙編本

集 10008530

**桐江釣臺集十二卷首一卷續集
二卷首一卷**

嚴懋功輯

民國十五年（1926）、二十三年無
錫嚴氏鉛印本　溫州

集 10008531

一草亭藝花詩八詠一卷

（清）仁和傅光遇輯

清康熙三十四年（1695）刻本
上海

集 10008532

郭西詩選四卷

（清）錢塘趙時敏輯

清乾隆二十四年（1759）刻本　上
海　南京　湖北

集 10008533

名山福壽編一卷

（清）仁和徐琪輯

清仁和徐氏刊光緒二十年（1894）

彙印本　上海

集 10008534
蘇海餘波一卷
　　(清)仁和徐琪輯
　　清仁和徐氏刊光緒二十年(1894)
彙印本　上海

集 10008535
俞樓詩記一卷
　　(清)仁和徐琪輯
　　清仁和徐氏刊光緒二十年(1894)
彙印本　上海

集 10008536
留雲集一卷
　　(清)仁和徐琪輯
　　清仁和徐氏刊光緒二十年(1894)
彙印本　上海

集 10008537
墨池賡和一卷
　　(清)仁和徐琪輯
　　清仁和徐氏刊光緒二十年(1894)
彙印本　上海

集 10008538
九芝仙館行卷一卷
　　(清)仁和徐琪輯
　　清仁和徐氏刊光緒二十年(1894)
彙印本　上海

集 10008539
徐花農詩翰一卷
　　(清)仁和徐琪輯
　　清宣統二年(1910)石印本　臨海

集 10008540
東海詩選三十卷
　　(清)□□輯
　　清鈔本(清葛繼常補注並跋)
湖北

　　待軒遺詩二卷　(明)張次仲撰
　　留髡堂詩選一卷　(明)張次仲撰
　　葛光禄集選一卷　(明)葛徵奇撰
　　吳若谷遺詩一卷　(明)吳太沖撰
　　陳仲因遺詩一卷　(明)陳鼎新撰
　　祝開美遺詩一卷　(明)祝淵撰
　　梅里逸詩一卷　(明)吳本泰撰
　　汲古齋詩選一卷　(明)葛定辰撰
　　逃禪吟一卷　(明)葛定遠撰
　　容庵存稿一卷　(明)許令瑜撰
　　曹耘蓮詩一卷　(明)曹元芳撰
　　朱近修六言絕一卷　(清)朱一是撰
　　洪都懷古詩一卷　(清)朱一是撰
　　陳匪玄詩選一卷　(清)陳道永撰
　　乾初詩文偶錄一卷　(清)陳確撰
　　西征稿偶錄一卷　(清)蔣熏撰
　　塞翁編偶錄一卷　(清)蔣熏撰
　　汾遊草選一卷　(清)蔣熏撰
　　止溪詩集一卷　(清)朱嘉徵撰
　　止溪雜詩一卷　(清)朱嘉徵撰
　　止溪詩選一卷　(清)朱嘉徵撰
　　劍南雜詩一卷　(清)朱嘉徵撰
　　陳姜亦詩選一卷　(清)陳殿桂撰
　　飽墨堂吟草一卷　(清)吳啓熊撰

查南軒詩選一卷　（清）查詩繼撰

徐魯化遺詩一卷　（清）徐于撰

方庵詩選一卷　（清）朱升撰

朱方庵蜀遊草一卷　（清）朱升撰

西疇草堂遺詩一卷　（清）周文燨撰

集 10008541

海昌詩繫二十卷

（清）海寧周廣業輯　（清）海寧周勳懋續輯

稿本（清周勳懋跋，清吳騫題詩）南京

集 10008542

海昌詩淑五卷

（清）海寧吳衡照撰

清光緒十二年（1886）許仁杰抄本 海寧

集 10008543

海昌詩人遺稿四種四卷

（清）□□輯

清許氏古均閣鈔本　南京

蘭佩集一卷　（清）張曾稷撰

百一山房詩一卷　（清）應時良撰

享金齋詩一卷　（清）周士清撰

諷字室詩一卷　（清）唐仁壽撰

集 10008544

海寧州勸賑唱和詩四卷

（清）易鳳庭輯

清嘉慶二十年（1815）刻本　浙江

集 10008545

海鹽籍人士詩集不分卷

佚名輯

民國稿本　浙江

集 10008546

硤川詩鈔二十卷首一卷詞鈔一卷

（清）海寧曹宗載輯　（清）顧瀾校

清光緒十八年（1892）雙山講舍刻本　國圖　首都　天津　浙江　浙大　嘉興　海寧　平湖　臨海

清東山樓鈔本　浙江

歷代地方詩文總集彙編本

集 10008547

硤川詩續鈔十六卷

（清）海寧曹宗載輯　（清）許仁沐　（清）蔣學堅輯

清光緒二十一年（1895）刻本　南開　浙江　浙博　浙大　海寧　平湖　嘉興　臨海　嘉善　臨海　溫州

2016 年國家圖書館出版社歷代地方詩文總集彙編本

集 10008548

兩硤詩鈔後集□□卷外集十四卷

（清）海寧顧樸淳等輯

清古桐書屋鈔本　浙江

集 10008549

沈南疑先生檇李詩繫四十二卷

（清）平湖沈季友輯

清康熙四十九年(1710)金南英敦
素堂刻本　國圖(鄭振鐸跋)　北大
中科院　上海　南京
清乾隆間内府寫文淵閣四庫全書
本　臺故博
清乾隆間内府寫文溯閣四庫全書
本　甘肅
清乾隆間内府寫文津閣四庫全書
本　國圖
2008 年商務印書館影印文津閣
四庫全書本
清乾陸間内府寫本清末民初補鈔
文瀾閣四庫全書本　浙江
1982～1986 年臺灣商務印書館
景印文淵閣四庫全書本
1986 年上海古籍出版社據臺灣
商務印書館景印文淵閣四庫全書景
印本
2006～2015 年杭州出版社影印
文瀾閣四庫全書本(檇李詩繫)
清金南鍈校閱刻本　國圖
2016 年國家圖書館出版社歷代
地方詩文總集彙編本

集 10008550
檇李方外詩繫五卷
　(清)平湖沈季友選
　鈔本　上海

集 10008551
檇李詩繫摘鈔不分卷
　(清)平湖沈季友選
　清鈔本　平湖

集 10008552
續檇李詩繫四十卷
　(清)平湖胡昌基輯
　稿本　上海
　清宣統三年(1911)刻本　國圖
南京　嘉興　浙師大
　2016 年國家圖書館出版社歷代
地方詩文總集彙編本

集 10008553
續檇李詩繫三十九卷
　(清)平湖胡昌基輯
　稿本　平湖

集 10008554
續檇李詩繫平湖一卷
　(清)平湖胡昌基輯
　清末鈔本　平湖

集 10008555
續檇李詩繫平湖錄三卷
　(清)平湖胡昌基輯
　清平湖張氏躬厚堂鈔本　平湖

集 10008556
**再續檇李詩繫不分卷附鸚湖詞
識不分卷**
　(清)平湖王成瑞輯
　稿本　上海

集 10008557
檇李金明寺放生倡和詩集一卷
　(清)海鹽釋真炯輯

清康熙錢士隆刻本（鄧之誠跋）

科學院

集 10008558

攜李詩鈔不分卷

佚名輯

清光緒九年（1883）鈔本　浙江

集 10008559

梅會詩人遺集十三種三十九卷

（清）嘉興李維鈞輯

清康熙六十一年（1722）刻本　國
圖　上海　南京

激楚齋詩集四卷　（明）李衷純撰

秋槐堂詩集二卷　（明）王翃撰

靈蘭館詩集二卷　（明）范路撰

大經堂詩集二卷　（明）屠燨撰附
一卷　（明）屠遼撰

采山堂詩集八卷　（清）周篔撰

懷古堂詩集一卷補遺一卷　（清）
徐真木撰

苟溪詩集四卷　（清）繆泳撰

漁莊詩集一卷　（清）屠焯撰

演溪詩集一卷　（清）徐在撰

蘋園二史詩集二卷　（清）史宣編
（清）史翼經撰

道南堂詩集四卷　（清）李琇撰

花南老屋詩集五卷　（清）李符撰

懶人詩集一卷　（清）蔡耀撰

集 10008560

**梅會詩選十二卷二集十六卷三
集四卷附刻一卷**

（清）嘉興李稻塍　（清）嘉興李

集輯

清乾隆三十二年（1767）寸碧山堂
刻本　國圖　上海*　遼寧　南京

集 10008561

**梅里詩輯二十八卷續梅里詩輯
十二卷補遺一卷**

（清）嘉興沈愛蓮編　（清）嘉興許
燦編

清道光三十年（1850）嘉興縣齋刻
本　國圖　首都　天津　南開　浙
江　蘇州　杭州（梅里詩輯）　嘉興
平湖（續梅里詩輯）　寧波

2016 年國家圖書館出版社歷代
地方詩文總集彙編本

集 10008562

續梅里詩輯十二卷

（清）嘉興沈愛蓮編　（清）嘉興許
燦編

清道光三十年（1850）嘉興縣齋刻
本　浙江

集 10008563

續梅里詩輯十二卷補遺一卷

（清）嘉興沈愛蓮編　（清）嘉興許
燦編

清道光三十年（1850）嘉興縣齋刻
本　浙江

集 10008564

錢氏疏草二卷

（明）嘉興錢瑞徵原輯　（清）嘉興

錢儀吉輯

清鈔本　上海

2019年國家圖書館出版社影印浙學未刊稿叢編本

集 10008565

竹里詩輯十二卷

（清）嘉興王逢辰編

清刻本　天一閣

集 10008566

竹里詩萃十六卷

（清）嘉興李道悠編錄　（清）蔣若濟等輯嘉興

清光緒十年（1884）蔣十詠廬刻本浙江　浙博

清光緒二十一年（1895）刻本　國圖　天津　黑龍江　浙江　浙大嘉興　嘉善

2016年國家圖書館出版社歷代地方詩文總集彙編本

集 10008567

竹里詩萃續編八卷

（清）海寧祝廷錫編錄

民國十一年（1922）刻本　浙江平湖

集 10008568

竹里詩採訪一卷

王日極輯

民國十年（1921）鈔本　嘉興

集 10008569

嘉興莊安山先生遺照題詠一卷

莊鍾驥輯

民國鉛印本　嘉興

集 10008570

聞湖詩三鈔八卷續編一卷

（清）嘉興李道悠輯

清光緒十九年（1893）刻本　浙江嘉興

集 10008571

聞湖詩續鈔七卷

（清）李王猷輯

清咸豐四年（1854）刻本　浙江

集 10008572

繡水詩鈔八卷

（清）吳連周輯

清道光二十五年（1845）刻本　國圖　寧波

集 10008573

繡水詩鈔八卷

（清）吳連周輯

清道光二十五年（1845）刻本　國圖　寧波

集 10008574

嘉禾八子詩選八卷

（清）沈德潛　（清）嘉興錢陳羣輯

清乾隆二十四年（1759）刻本　中社科院文學所

笠亭詩選二卷 　(清)朱琰撰

春橋詩選二卷 　(清)朱方藹撰

東亭詩選二卷 　(清)董潮撰

厚齋詩選二卷 　(清)李旦華撰

集 10008575

鴛鴦湖櫂歌五種五卷

(清)海鹽陸以誠輯

清乾隆四十年(1775)刻本　首都
浙江(存四種)　嘉興(存五種)
海鹽博

清朱芳衡鈔本　國圖

清光緒二年(1876)刻本　溫州
海鹽

清刻本　浙江　海寧

　鴛鴦湖櫂歌一卷 　(清)嘉興朱彝
尊撰

　鴛鴦湖櫂歌和韻一卷 　(清)嘉興
譚吉璁撰

　鴛鴦湖櫂歌一卷 　(清)陸以誠撰

　鴛鴦湖櫂歌一卷 　(清)海鹽張燕
昌撰

　續鴛鴦湖櫂歌一卷 　(清)嘉興譚
吉璁撰

集 10008576

鴛鴦湖櫂歌七種

(清)秀水朱彝尊、朱麟應、嘉興譚
吉璁、馬壽毅、海鹽陸以誠、張燕昌
等撰

清鈔本　復旦

　鴛鴦湖櫂歌一卷 　(清)秀水朱彝
尊撰

　鴛鴦湖櫂歌和韻一卷 　(清)嘉興

譚吉璁撰

　續鴛鴦湖櫂歌三十首一卷 　(清)
嘉興譚吉璁撰

　鴛鴦湖櫂歌一百首次朱太史竹坨
原韻一卷 　(清)海鹽陸以誠撰

　續鴛鴦湖櫂歌一百首一卷 　(清)
秀水朱麟應撰

　鴛鴦湖櫂歌一百首一卷 　(清)海
鹽張燕昌

　鴛鴦竹枝詞一卷 　(清)嘉興馬壽
毅撰

集 10008577

鴛湖六子詩稿六卷

(清)仁和宋咸熙選定、秀水金芬
集訂

清刻本　嘉興

集 10008578

**鴛水餞行詩二卷附題春風滿座
圖一卷**

(清)陸費琛等撰

清咸豐刻本　浙江

集 10008579

鴛水聯唫集二十卷

(清)嘉興岳鴻慶輯

清道光二十一年(1841)刻本
嘉興

集 10008580

聞川泛棹集四卷

(清)宋景穌輯

清乾隆三十五年(1770)刻本

上海
　鈔本(存卷一)　上海

集 10008581
幽湖百詠一卷
　(清)嘉興沈濤輯
　稿本　復旦
　清稿本(待刊寫祥稿本)　上海

集 10008582
柳州詩集十卷
　(清)嘉善毛蕃　(清)嘉善陳增新
等輯
　清初刻本　國圖

集 10008583
魏塘詩存三十卷首一卷
　(清)唐嘯登輯
　稿本(存十八卷:卷一至二、五至
七、九、十二至十四、十六、十八至十
九、二十四、二十六至三十)　浙江

集 10008584
魏塘詩存一卷嚶鳴館雜詩一卷
　(清)婺源江峰青等撰　(清)佚
名輯
　清嚶鳴館綠格鈔本　上海

集 10008585
魏塘南浦吟一卷
　(清)婺源江峰青輯
　清光緒二十六年(1900)刻本　上
海　天津　浙江

清光緒刻本　嘉善
　2016年國家圖書館出版社歷代
地方詩文總集彙編本

集 10008586
魏塘詩陳十五卷
　(清)嘉善錢佳　(清)嘉善丁廷烺輯
　清嘉慶間刻本　上海

集 10008587
魏塘詩陳八卷
　(清)嘉善錢佳　(清)嘉善丁廷
烺輯
　清刻本　國圖
　2016年國家圖書館出版社歷代
地方詩文總集彙編本

集 10008588
魏塘竹枝詞不分卷
　(清)嘉善孫燕昌撰
　清嘉慶十三年(1808)柳南草堂刻
本　復旦

集 10008589
魏塘漱芳集不分卷
　(清)江峯青輯
　清光緒江峯青刻本　嘉興

集 10008590
魏塘楹帖錄存一卷
　(清)江峯青輯
　清光緒刻本　嘉善

集 10008591

魏塘去思録一卷

謝錫奎等識

民國四年(1915)鉛印本　嘉善

集 10008592

鹽邑藝文續鈔附補編殘稿不分卷

(清)張胗輯

清鈔本　上海

集 10008593

鹽邑藝文續編殘帙不分卷

(清)□□輯

清鈔本　南京

集 10008594

鹽官唱和集

(清)烏程(一作歸安)陳焯輯

清刻本　國圖

集 10008595

澉川二布衣詩二卷

(清)海鹽吳寧輯

清乾隆四十九年刻嘉慶十年

(1805)續刻本　浙江

石礧詩草一卷

集 10008596

乍浦集詠十六卷

(清)平湖沈筠輯

清道光十六年(1836)刻本　河南

集 10008597

涉園題詠一卷

(清)海鹽張惟赤輯

永安湖秋泛詩一卷

(清)海鹽張慎輯

清嘉慶十一年(1806)張慎刻本

上海

集 10008598

涉園題詠一卷

(清)海鹽張鶴徵輯

清宣統三年(1911)上海商務印書

館排印海鹽張氏涉園叢刻本　國圖

上海

集 10008599

涉園修禊集一卷

(清)海寧吳騫輯

清吳氏拜經樓鈔本　國圖(清秦

瀛、清楊葆光題詩)　上海

集 10008600

虎溪聯吟一卷

(清)海鹽李聿求輯

清鈔本　南京

集 10008601

**瘳碧吟榭殘稿蘭韞樓遺稿寒香
室遺稿合鈔**

(清)嘉興李壬、海鹽(吳縣人,嫁
海鹽)樓秋畹、平湖胡繡珍撰

鈔本　海鹽博

海鹽館藏手稿本

集 10008602

鰈硯廬聯吟集

（清）桐鄉沈秉成、桐鄉嚴永華撰

清光緒刻本　南京

集 10008603

東浦集六卷

（清）黃巖管名籛、管世駿輯

清光緒二十一年（1895）半耕堂木活字印本　上海　南京

集 10008604

蘋園二史詩集二卷

（清）海鹽史宣綸、（清）海鹽史翼經撰

清康熙六十一年（1722）刻梅會詩人遺集本　國圖　上海　南京

集 10008605

石門詩存不分卷

（清）石門屈犧輯

稿本　雲南

2019 年國家圖書館出版社影印浙學未刊稿叢編本

集 10008606

柘上遺詩四卷

（清）平湖郭襄圖　（清）平湖沈季友輯

清康熙十九年（1680）學古堂刻本　泰州

集 10008607

柘湖姚氏兩先生集

（清）平湖姚清華、姚納撰

清光緒二年（1876）刻本　浙江嘉善

集 10008608

桐鄉詩鈔二卷

（清）盧景昌輯

清鈔本　國圖

集 10008609

桐鄉十二家詩稿一卷

（清）烏程鍾賢禄等撰

清鈔本（佚名批）　浙江

集 10008610

桐水文緣集不分卷

（清）桐鄉嚴辰選定

清同治十二年（1873）刻本　重慶

集 10008611

濮川詩鈔四十四卷

（清）桐鄉陳光裕、桐鄉沈堯咨輯

民國二十一年（1932）石印本　浙江　嘉興（存三十三種）　溫州（存二種）

集 10008612

當湖文繫初編一卷

（清）平湖朱壬林輯

稿本　平湖

集 10008613

當湖文繫初編二十八卷

（清）平湖朱壬林輯

清光緒十五年（1889）刻本　國圖

首都　南開　陝西　浙江　浙大

嘉善　嘉興　平湖　紹興　蘇州

2016 年國家圖書館出版社歷代

地方詩文總集彙編本

集 10008614

當湖百詠一卷

（清）平湖張雲錦撰

清宣統三年（1911）華雲閣鉛印本

紹興

集 10008615

當湖詩文逸二十二卷

平湖張憲和編

民國十八年（1929）刻本　浙江

集 10008616

當湖文獻不分卷

佚名輯

清鈔本　浙江

集 10008617

蘆浦竹枝詞二卷

（清）平湖朱鼎鎬、平湖山鳳輝撰

清光緒八年（1882）刻本　浙江

集 10008618

國朝湖州詩録三十四卷補編二
卷續録十六卷

（清）烏程（一作歸安）陳焯輯

補編二卷

（清）烏程鄭祖琛輯　續録十六卷

（清）鄭佶輯

清道光十至十一年（1830～1831）

小谷口刻本　國圖　上海　南京

集 10008619

國朝湖州詩録六卷

（清）烏程（一作歸安）陳焯輯

1994 年上海書店出版社叢書集

成續編本

集 10008620

國朝湖州詩録三編不分卷

（清）烏程吳鍾奇輯

稿本　上海

集 10008621

國朝湖州詩録三編續二卷國朝
湖州逸詩一卷

（清）烏程吳鍾奇輯

稿本　上海

集 10008622

道場山歸雲庵題詠三卷歸雲庵
留題墨蹟人物志畧四卷

（清）烏程（一作歸安）陳焯輯

清乾隆鈔本（清陳焯跋）　四川

集 10008623

湘管聯吟一卷續集二卷附録一
卷附稿一卷

（清）烏程（一作歸安）陳焯輯

清乾隆四十三年（1778）刻本　國圖　天津

集 10008624

湘管聯吟一卷續集三卷附錄一卷附稿一卷

（清）烏程（一作歸安）陳焯編

清乾隆刻本　首都　浙江　天一閣　東陽博

集 10008625

湘管聯吟一卷續集一卷附錄一卷附稿一卷

（清）烏程（一作歸安）陳焯編

清乾隆刻本　天一閣

集 10008626

湖陰詩徵三卷

（清）烏程徐有珂編

清光緒六年至七年（1880～1881）刻本　國圖　天津　浙江　蘇州

2016 年國家圖書館出版社歷代地方詩文總集彙編本

集 10008627

吳興詩存初集八卷二集十四卷三集六卷四集二十卷

（清）歸安陸心源輯

清光緒十六年（1890）刻本　溫州

集 10008628

吳興詩存三集六卷

（清）陸心源輯

清刻本　安吉博

集 10008629

長興詩存四十卷

（清）長興王修輯

民國九年（1920）長興王氏仁壽堂刻本　浙江

集 10008630

雙溪詩彙二十二卷

（清）桐鄉孔憲采輯

稿本　浙江

集 10008631

國朝上虞詩集十二卷

（清）上虞謝聘輯

清道光二十二年（1842）刻本　國圖　南京　浙大　上虞　天一閣

清道光二十二年（1842）吟香館刻本　首都

2016 年國家圖書館出版社歷代地方詩文總集彙編本

集 10008632

上虞詩選四卷

（清）上虞徐幹輯

清光緒八年（1882）邵武徐幹小勿氏刻本　國圖　天津　浙江　天一閣　湖南

2016 年國家圖書館出版社歷代地方詩文總集彙編本

集 10008633

上虞四家詩鈔二十卷

佚名輯

清末刻本　天津

2016 年國家圖書館出版社歷代地方詩文總集彙編本

集 10008634

國朝嵊詩鈔四卷

（清）黃晁等輯

清光緒十六年（1890）刻本　國圖　上海　南京

集 10008635

甬上宋元詩畧十六卷

（清）鄞縣董沛輯

清光緒四年至七年（1878～1880）鄞縣董氏刻董孟如所著書本　中科院

集 10008636

甬上明詩畧一卷

（清）鄞縣董沛輯

稿本　天一閣

集 10008637

甬上耆舊詩三十卷

（清）鄞縣胡文學　（清）李鄴嗣輯

清康熙刻本　國圖

清康熙十四年（1675）刻本　陝西　梁平

清康熙十五年（1676）刻本　國圖　首都　天津　南開　黑龍江

湖南

清康熙十五至十七年（1676～1678）胡氏敬義堂刻本　國圖　北大　中科院　上海　南京　湖北　美燕京　浙江

清乾隆間內府寫文淵閣四庫全書本　臺故博

清乾隆間內府寫文溯閣四庫全書本　甘肅

清乾隆間內府寫文津閣四庫全書本　國圖

2008 年商務印書館影印文津閣四庫全書本

清乾陸間內府寫本清末民初補鈔文瀾閣四庫全書本　浙江

1982～1986 年臺灣商務印書館景印文淵閣四庫全書本

1986 年上海古籍出版社據臺灣商務印書館景印文淵閣四庫全書景印本

2006～2015 年杭州出版社影印文瀾閣四庫全書本

清鈔本　上海　南京

2016 年國家圖書館出版社歷代地方詩文總集彙編本

集 10008638

甬上高僧詩二卷

（清）鄞縣李鄴嗣輯

清康熙十五年（1676）胡氏敬義堂刻本　天一閣

清康熙十七年（1678）胡氏敬義堂刻本　國圖　上海　南京　首都

浙江　天一閣

　　清敬義堂刻本　國圖　首都

　　1994 年上海書店出版社叢書集
成續編本

集 10008639

續甬上耆舊詩□□卷

　　(清)鄞縣全祖望輯

　　稿本　浙江　天一閣

集 10008640

續甬上耆舊詩不分卷

　　(清)鄞縣全祖望輯

　　清初全氏雙韮山房鈔董氏看雲草
堂補鈔本(一作四十卷)　浙江

　　清尊行堂鈔本　浙江

　　清鈔本　國圖　天一閣

　　2016 年國家圖書館出版社歷代
地方詩文總集彙編本

集 10008641

續甬上耆舊詩十六卷

　　(清)鄞縣全祖望輯

　　清鈔本(佚名批校)　浙江

集 10008642

續甬上耆舊詩七十九卷

　　(清)鄞縣全祖望輯

　　清初鈔本　浙江

　　清鈔本　民大　天一閣　浙江

　　清末鈔本　蘇州

集 10008643

續甬上耆舊詩八十卷

　　(清)鄞縣全祖望輯

　　清鈔本　中大

　　鈔本　上海

集 10008644

續甬上耆舊詩一百四十卷

　　(清)鄞縣全祖望輯

　　清蔣學鏞鈔本(存六十三卷:卷一
至六十三)　上海

　　清鈔本(存一百十六卷:卷一至五
十三、七十四至一百十、一百十五至
一百四十)　國圖　天津

　　2002 年上海古籍出版社影印續
修四庫全書本

集 10008645

續耆舊一百四十卷

　　(清)鄞縣全祖望輯

　　清槎湖草堂鈔本　國圖

　　清鈔本　東北師大

集 10008646

甬上續耆舊集一百四十卷

　　(清)鄞縣全祖望輯

　　清鈔本　國圖　北文物局

集 10008647

續甬上耆舊詩集一百四十卷

　　(清)鄞縣全祖望輯

　　清光緒宣統間鉛印國粹叢書本
國圖　中科院　上海　天津　遼寧

南京　浙江　雲南

集 10008648

續甬上耆舊集不分卷

　（清）鄞縣全祖望輯

　清鈔本　國圖

集 10008649

本朝甬上耆舊詩（續甬東耆舊詩）四十卷

　（清）鄞縣全祖望輯　（清）鄞縣董秉純編

　清鈔本（續甬東耆舊詩）　浙江

集 10008650

本朝甬上耆舊詩十八卷

　（清）鄞縣全祖望輯　（清）鄞縣董秉純編

　清鈔本　山西

集 10008651

本朝甬上耆舊詩四十卷續甬上耆舊詩四十八卷

　（清）鄞縣全祖望輯　（清）鄞縣董秉純　（清）鄞縣盧鎬編

　清末鈔本（佚名校）　浙江

集 10008652

續甬上耆詩補編七卷再補編四卷

　（清）鄞縣全祖望輯

　清鈔本　國圖

集 10008653

甬東正氣集四卷

　（清）鄞縣董琅輯

　清六一山房稿本　國圖

　清光緒七年（1881）董沛刻本　國圖　上海　浙江　浙博　天一閣

　清末刻本　天津

　民國張氏刻四明叢書本　浙博

　1994 年上海書店出版社叢書集成續編本

　2016 年國家圖書館出版社歷代地方詩文總集彙編本

集 10008654

四明詩萃三十卷

　（清）鄞縣袁鈞輯

　清六一山房鈔本　國圖

集 10008655

四明詩鈔一卷

　（清）慈溪鄭辰輯

　清鈔本（清徐時棟跋）　中科院

集 10008656

四明耆舊詩集不分卷

　佚名輯

　大鄮山館朱絲欄鈔本　天一閣

集 10008657

四明人詩錄一卷

　佚名輯

　民國張氏約園鈔本　浙江

集 10008658

四明宋僧詩一卷元僧詩一卷

（清）鄞縣董㴱輯

清光緒十年(1884)刻本　天一閣

集 10008659

四明文徵十六卷

（清）鄞縣袁鈞輯

清鈔本　天一閣

集 10008660

四明愚叟拾殘錄二卷首一卷

顧釗錄存、程聖輅編次

民國二十二年(1933)顧釗晚晴廬

鉛印本　浙江　寧波

集 10008661

四明酬倡集二卷

（清）黄大華輯

清光緒二十九年(1903)句東譯書

局鉛印本　浙江

集 10008662

四明春風詩社詩草不分卷

鄞縣張魯盦輯

民國十六年(1927)鉛印本　寧波

集 10008663

明州八家選詩八卷

（清）鄞縣李文胤　（清）鄞縣徐鳳

垣輯

清初刻本　天一閣

　　續騷集一卷　（清）萬泰撰

　　霜皋集一卷　（清）徐鳳垣撰

　　謾秋集一卷　（清）余派撰

　　大滌集一卷　（清）余剛撰

　　曉泉集一卷　（清）高斗權撰

　　學樊集一卷　（清）李文胤撰

　　溉鬻集一卷　（清）沈士潁撰

　　寒田集一卷　（清）高斗魁撰

集 10008664

四明四友詩六卷

（清）慈溪鄭梁輯

清康熙四十八年(1709)刻本　國

圖　北大　中科院　上海　復旦

首都　天津　浙江　天一閣　温州

湖南

清鈔本　國圖

清末刻本　温州

2016 年國家圖書館出版社歷代

地方詩文總集彙編本

　　東門閑閑閣草一卷寄軒草一卷

　（清）李暾撰

　　南溪僅真集一卷　（清）鄭性撰

　　北溟見山集一卷　（清）謝緒章撰

　　西郭苦吟一卷冰雪集一卷　（清）

　萬承勛撰

集 10008665

雪竇倡和詩一卷

（清）慈溪鄭梁輯

清康熙紫蟾山房刻本

慈溪鄭氏家集本　中大

集 10008666

寒村七十祝辭一卷

佚名輯

清康熙紫蟾山房刻本

清康熙紫蟾山房刻本

慈溪鄭氏家集本　中大

集 10008667

同人吟稿一卷

（清）鄞縣屠繼序輯

稿本（清周崇仁跋）　天一閣

集 10008668

四明清詩畧姓氏韻編一卷

（清）忻江明輯

民國十九年（1930）中華書局鉛印
本　浙博　臨海　溫州　天一閣
慈溪　鎮海文保所　餘姚文保所

集 10008669

四明清詩畧三十二卷卷首三卷
續稿八卷姓氏韻編一卷

（清）忻江明輯

民國十九年（1930）中華書局鉛印
本　浙江　鎮海　臨海　浙師大

集 10008670

蘭言集八卷首一卷

（清）寧波林獬錦　（清）鎮海何之
銑等輯

清康熙三十四年（1695）刻本　美
燕京

集 10008671

勾江詩緒三卷（存一種）

（清）鄞縣施兆麟等撰

清乾隆二十二年（1757）刻本　天
一閣

集 10008672

勾江詩緒十卷

（清）鄞縣施兆麟等撰

清東井堂刻本　首都　浙江　天
一閣

集 10008673

勾江詩緒七種十三卷

（清）鄞縣施兆麟等撰

清康熙至乾隆彙印本　天津　天
一閣

2016 年國家圖書館出版社歷代
地方詩文總集彙編本

集 10008674

彭姥詩蒐十二卷

（清）象山倪勘輯

清道光七年（1827）刻本　天津
浙江　天一閣

2016 年國家圖書館出版社歷代
地方詩文總集彙編本

集 10008675

句東律賦四卷

佚名輯

清嘉慶二十五年（1820）三益齋刻
本　金華博

集 10008676

句東三家詩鈔十二卷

(清)鎮海姚燮輯

清道光十五年(1835)刻本　浙江

天一閣(存二種)

集 10008677

句東試帖□□卷

(清)鄞縣周世緒輯

清刻本　天一閣

集 10008678

句東試帖注釋四卷

(清)鄞縣周世緒輯

清刻本　天一閣

集 10008679

句東試帖註釋八卷

(清)鄞縣周世緒輯

清末刻本　上虞

集 10008680

句餘嗣響不分卷

(清)沈思欽等撰

清宣統二年(1910)天門山館木活

字印本　浙江

集 10008681

谿上詩輯十四卷

(清)尹元煒、(清)馮本懷輯

清道光二十九年(1849)抱珠樓

刻本

2016 年國家圖書館出版社歷代

地方詩文總集彙編本

集 10008682

慈谿人文畧記一卷

佚名輯

民國鈔本　嘉興

集 10008683

慈谿詩鈔不分卷

(清)佚名輯

清鈔本　天一閣

集 10008684

慈谿文徵

(清)楊泰亨書

清光緒十八年(1892)刻本　浙江

天一閣

集 10008685

邑先輩詩文不分卷

慈谿王棠齋輯

清鈔本　天一閣

集 10008686

剡川詩鈔

(清)彭祖訓選

清康熙刻本　國圖

集 10008687

剡川詩鈔十二卷

(清)奉化舒順方　(清)董彥琦輯

清徐氏煙嶼樓鈔本　中科院

民國四年(1915)寧波均和公司鉛

印本　安吉博

集 10008688

剡川詩鈔不分卷

（清）奉化舒順方　（清）董彥琦輯

清鄭祐鈔本（清徐時棟校並跋）

北大

集 10008689

剡川詩鈔補編二卷續編十二卷

奉化江五民編輯

民國四至五年（1915～1916）寧波
均和公司鉛印本　溫州

集 10008690

剡川詩鈔補編十二卷補遺二卷

奉化江五民編輯

民國四至五年（1915～1916）四明
孫氏七千卷樓鉛印本　浙江　浙博

集 10008691

蛟川先正文存二十卷補遺一卷

（清）陳繼聰等輯

清光緒八年（1882）刻本　國圖
内蒙古　浙江　溫州　天一閣　寧
波　奉化　臨海　鎮海文保所

集 10008692

蛟川唱和集二卷

（清）慈溪鄭勳　（清）烏程（一作
歸安）陳焯撰

稿本　天一閣

2019 年國家圖書館出版社影印

浙學未刊稿叢編本

集 10008693

蛟川詩繫三十一卷

（清）鎮海姚燮輯

稿本　國圖

集 10008694

蛟川詩繫三十一卷首一卷

（清）鎮海姚燮輯

民國二年（1913）鉛印本　浙江
慈溪　天一閣　鎮海文保所

集 10008695

寧海詩録内編不分卷

佚名輯

清鈔本　臨海博

集 10008696

蛟川耆舊詩六卷

（清）張本均重輯　集（清）張錫申
校訂

蛟川耆舊詩續集二卷

（清）張錫申輯

清咸豐七年（1857）蛟川張氏刻本
國圖　南開　浙師大　溫州　天
一閣

集 10008697

蛟川耆舊詩補十二卷

（清）王榮商輯

民國七年（1918）刻本　浙江　天
一閣　鎮海文保所　溫州

集 10008698

蛟川耆舊詩續集二卷

　（清）張錫申輯

　清咸豐七年（1857）刻本　溫州

集 10008699

蛟川詩繫續編八卷首一卷

　野諶氏（范壽金）

　民國三年（1914）鉛印本　浙大
天一閣

集 10008700

蛟川古今詩存六卷

　（清）劉慈孚輯

　清光緒鈔本　天一閣

集 10008701

蛟川詩徵鈔不分卷

　佚名輯

　清鈔本　天津

　2016 年國家圖書館出版社歷代
地方詩文總集彙編本

集 10008702

蛟川崇正詩社詩稿二卷

　林脩華等輯

　民國二十六至二十八年（1937～
1939）鉛印本　天一閣

集 10008703

寧海漫記四卷

　干人俊輯

　民國二十二年（1933）木活字印本

臨海博

集 10008704

會稽掇英總集二十卷

　（宋）孔延之輯

　清乾隆間內府寫文淵閣四庫全書
本　臺故博

　清乾隆間內府寫文溯閣四庫全書
本　甘肅

　清乾隆間內府寫文津閣四庫全書
本　國圖

　2008 年商務印書館影印文津閣
四庫全書本

　清乾隆間內府寫本清末民初補鈔
文瀾閣四庫全書本　浙江

　1982～1986 年臺灣商務印書館
景印文淵閣四庫全書本

　1986 年上海古籍出版社據臺灣
商務印書館景印文淵閣四庫全書景
印本

　2006～2015 年杭州出版社影印
文瀾閣四庫全書本

集 10008705

會稽掇英總集二十卷

　（宋）孔延之輯

校正會稽掇英總集劄記一卷

　（清）杜丙傑撰

　清道光元年（1821）杜氏浣花宗塾
刻本　國圖（清徐時棟批校並跋）
上海　南京　首都　陝西　浙江
杭州　溫州　紹興　天一閣

　2016 年國家圖書館出版社歷代

地方詩文總集彙編本
　　清道光元年(1821)刻本　内蒙古
　　清末鈔本　國圖

集 10008706
會稽掇英總集校一卷
　　(清)歸安陸心源撰
　　清同治光緒間刻本刻潛園總集本
　　國圖　中科院　北大　上海　復
旦　天津　甘肅　南京　浙江　湖
北　四川

集 10008707
會稽郡故書雜集不分卷
　　會稽周作人輯
　　民國四年(1915)會稽周氏刻本
紹興

集 10008708
會稽名勝賦一卷
　　(清)葉簡裁校及圈點
　　清乾隆五十三年(1788)畬耕堂刻
本　紹興

集 10008709
會稽錢武肅王祠詩鈔不分卷
　　佚名輯
　　民國錢蔭喬鈔本　浙江

集 10008710
鑑湖竹枝詞二卷
　　夢草軒主輯
　　清光緒十八年(1892)稿本　紹興

集 10008711
鑑湖竹枝詞一卷
　　(清)魯忠撰
　　民國鈔本　浙江

集 10008712
越郡詩選四卷
　　(清)蕭山黃運泰　(清)蕭山毛奇
齡輯
　　清初刻本　天一閣

集 10008713
越風三十卷
　　(清)會稽商盤輯
　　清乾隆三十七年(1772)王大治刻
　　清乾隆間刻本　國圖　上海
南京
　　清乾隆三十七年(1772)刻本
國圖
　　嘉慶十六年(1811)徐氏重修本
國圖(清李慈銘注並跋)　北大　上
海　浙江　溫州　紹興　浙博　天
一閣　浙大
　　清嘉慶十六年(1811)浴鳧山館刻
本　國圖　首都
　　清刻本　湖南

集 10008714
越風校語一卷
　　(清)會稽李慈銘撰
　　鈔本　上海

集 10008715

山陰道上集二十卷

（清）□□輯

清鈔本（越中耆舊詩，據書簽題名著錄） 天津

2016 年國家圖書館出版社歷代地方詩文總集彙編本

集 10008716

越中三子詩三卷

（清）諸暨郭毓輯

清乾隆十八年（1753）郭毓刻本 國圖 上海﹡ 南京 浙江 天一閣

清乾隆二十一年（1756）刻本（缺梅芝館詩） 上海

清刻本 國圖

清丹棘園刻本 國圖 國圖 杭州 紹興 溫州 紹興文理學院

梅芝館詩一卷 （清）劉鳴玉撰

丹棘園詩一卷 （清）陳法乾撰

抱影廬詩一卷 （清）童鈺撰

集 10008717

越郡詩賦題解十四卷續編十四卷

（清）胡肖巖編

清石印本 紹興

集 10008718

越中先賢詩鈔不分卷

（清）沈霞西輯

清鈔本 天一閣

集 10008719

越中贈別集二卷

（清）覺羅百善輯

清嘉慶十六年（1811）刻本 魯迅紀念館

集 10008720

越州鳴盛集詩選□□卷

（清）會稽胡浚、山陰沈冰壺評定

清刻本 紹興

集 10008721

越州七子詩四卷

（清）蔣士銓選

清康熙刻本 天一閣

集 10008722

於越九頌不分卷

佚名輯

清鈔本 紹興

集 10008723

於越詩繫二十二卷

佚名輯

清鈔本 天一閣

集 10008724

紹郡詩目不分卷

佚名輯

清鈔本 浙江

集 10008725

越社叢刻一卷

越社編

民國元年(1912)浙東印書局鉛印
本　魯迅紀念館

集 10008726

越郡名勝詩附越問一卷

佚名輯

清末鈔本　杭州

集 10008727

越諺考三十六卷

（清）會稽范寅、　山陰胡維銓
等撰

稿本　浙江

集 10008728

越輶采風錄二卷

（清）瞿鴻機輯

清光緒十七年(1891)上海石印本
紹興

集 10008729

越輶采風錄四卷

（清）瞿鴻機輯

清光緒十四年(1888)刻本　浙江

集 10008730

越中鉗不分卷

佚名輯

清鈔本　浙江

集 10008731

越中詩文存不分卷

陶杏卿輯

民國稿本　浙江

集 10008732

越中詩徵不分卷

詞隱蟫莽編輯

民國二十年(1931)鈔本　紹興

集 10008733

壺隱居選錄越七十一家詩集八卷

（清）山陰魯燮光撰

稿本　南京

集 10008734

國朝紹興詩錄四卷

（清）會稽陶濬宣輯

稿本　浙江

集 10008735

寓山題詠不分卷

（清）□□輯

稿本　浙江

集 10008736

墟中十八詠一卷圖一卷

（清）會稽章大來輯

清康熙四十一年(1702)刻本　上
海　重慶

清鈔本　國圖

集 10008737

柯園十詠不分卷

（清）會稽沈樞元輯

清刻本　遼寧

集 10008738

永興集不分卷

　（清）山陰魯燮光輯

　稿本　南京

集 10008739

蕭山藝文彙鈔不分卷

　（清）□□輯

　清魯氏壺隱居鈔本　中科院

集 10008740

蕭山詩選一卷

　（清）瞿渭璜、瞿以濬、瞿壽章撰

　民國鈔本　浙江

集 10008741

苧蘿集二卷

　（清）諸暨趙弘基輯

　清康熙四十五年（1706）灑雪居刻本　上海

集 10008742

諸暨詩存十六卷

　（清）酈滋德編選　（清）郭肇增編

　（清）酈琮校補

　清光緒十七年（1891）刻本　國圖　首都

　2016 年國家圖書館出版社歷代地方詩文總集彙編本

集 10008743

諸暨詩存續編四卷

　（清）郭肇評選（清）酈琮參訂

　清光緒十七年（1891）諸暨酈氏摅古堂刻本刻本　國圖　首都　浙江

　2016 年國家圖書館出版社歷代地方詩文總集彙編本

集 10008744

諸暨詩英十一卷續編七卷

　諸暨徐道政輯

　民國二十五年（1936）鉛印本　浙江　浙大　杭州　浙博　浙師大　諸暨　衢州　紹興　嵊州　義烏

集 10008745

諸暨二家詩集二卷

　（清）諸暨陳法乾、諸暨佘坤撰

　清宣統元年（1909）畸園老人刻本　浙江

集 10008746

諸暨詩録不分卷詩餘一卷

　（清）佚名輯

　清鈔本　浙江

集 10008747

姚江逸詩十五卷

　（清）餘姚黃宗羲輯

　清康熙南雷懷謝堂刻五十七年（1718）倪繼宗重修本　國圖　南京　湖北　浙江　天一閣　餘姚文保所

清乾隆四十一年(1776)刻本　國
圖　餘姚文保所　天一閣

集 10008748

續姚江逸詩十二卷

　(清)餘姚倪繼宗輯

　清康熙六十年(1721)倪繼宗小雲
林刻本　國圖　湖北

集 10008749

國朝姚江詩存十二卷

　(清)餘姚張廷枚輯

　清乾隆三十八年(1773)張氏寶墨
齋刻本　南京　清華

集 10008750

姚江詩輯四卷補遺一卷

　(清)周喬齡輯

　清末刻本　紹興

集 10008751

姚江詩録八卷

　謝寶書輯

　民國二十年(1931)中華書局鉛印
本　浙江　浙博　溫州　餘姚文保
所　嘉興　紹興

集 10008752

姚江同聲詩社初編一卷

　松坡居士輯

　民國十一年(1922)鉛印本　上虞

集 10008753

**姚江同聲詩社三編甲子第一集
觴詠一卷附録先輩遺著一卷**

　松坡居士輯

　民國十四年(1925)鉛印本　餘姚
文保所　嘉興

集 10008754

姚江同聲詩社三編不分卷

　松坡居士輯

　民國十三年(1924)鉛印本　嘉興
海寧

集 10008755

三逸詩鈔不分卷

　(清)餘姚(祖籍餘姚,遷嘉興)陳
梓　(清)海寧吳嗣廣　(清)沈廣
琛撰

　清鈔本　上海

集 10008756

國朝嵊詩鈔四卷

　(清)吕岳孫輯

　清光緒十六年(1890)鉛印本
浙江

集 10008757

剡溪唱和詩一卷

　(清)徐元綬輯

　清光緒二十九年(1903)鉛印本
嘉興

集 10008758

赤城全集不分卷

(清)臨海黃瑞輯

清黃氏秋籟閣鈔本　臨海博

集 10008759

赤城三集不分卷

(清)臨海黃瑞輯

清抄本　臨海博

集 10008760

赤城別集五卷

黃巖楊辰編

台州叢書後集本

2016 年國家圖書館出版社歷代
地方詩文總集彙編本

集 10008761

赤城詩社初集不分卷

符璋等撰

民國鈔本　臨海博

集 10008762

赤城文鈔前編一卷

(清)李國梁等撰

清道光刻本　臨海博

集 10008763

赤城韻事二卷

許欽明謹識

民國油印本　東陽博

集 10008764

天台詩徵內編六卷

(清)天台張廷琛輯

稿本　浙江

集 10008765

天台詩徵內外編

(清)天台張廷琛輯

清鈔本　臨海博

集 10008766

天台詩隨錄不分卷

(清)天台張廷琛輯

清鈔本　臨海博

集 10008767

天台文徵不分卷

(清)天台張廷琛輯

清鈔本　臨海博

集 10008768

天台三高士遺集六卷

(清)天台齊召南輯

清宣統三年(1911)活字本　首都
南開　浙江　溫州　臨海

2016 年國家圖書館出版社歷代
地方詩文總集彙編本

集 10008769

天台後集不分卷

(清)臨海黃瑞輯

清稿本　臨海博

集 10008770

天台三集外編不分卷

（清）黃巖王舟瑤纂

清鈔稿本　臨海博

集 10008771

天台詩證不分卷

（清）黃海等撰

清鈔本　臨海博

集 10008772

天台仙子歌不分卷

（清）麗生訂

清末刻本　浙江

集 10008773

國朝天台詩存十四卷補遺一卷

（清）天台金文田輯

清光緒三十四年（1908）木活字本

上海　天津　南開　湖南社科院

杭州　溫州　浙江　臨海博

2016 年國家圖書館出版社歷代

地方詩文總集彙編本

集 10008774

國朝天台文存三十七卷

（清）天台褚傳誥編

鈔本　南京

集 10008775

方城遺獻六卷

（清）溫嶺李成經輯

清乾隆五十二年（1787）李成經刻

本　國圖　上海　天津

1988～2000 年書目文獻出版社

影印北京圖書館古籍珍本叢刊本

集 10008776

方城遺獻八卷續刻一卷

（清）溫嶺李成經輯

鈔本　上海

2016 年國家圖書館出版社歷代

地方詩文總集彙編本

清乾隆五十二年（1787）德馨堂刻

本　浙江　臨海

清乾隆刻本　臨海

集 10008777

台典不分卷

（清）臨海宋世犖輯

稿本　臨海博

集 10008778

台詩三錄八卷附錄三卷

（清）臨海宋世犖輯

清末鈔本（清伯舟批校）　臨海博

清王棻鈔本　黃巖

清鈔本　浙江

集 10008779

台詩四錄彙料不分卷

（清）黃巖王棻輯

清光緒二十四年（1898）王棻鈔本

黃巖

集 10008780

三台詩録三十二卷

（清）太平戚學標輯

清嘉慶元年(1796)刻本　國圖

集 10008781

三台詩録三十二卷詞録二卷

（清）太平戚學標輯

清刻本　臨海博

集 10008782

三台詩録三十二卷詞録二卷續録四卷

（清）太平戚學標輯

清嘉慶元年(1796)刻本　黃巖
臨海博

集 10008783

三台詩録三十四卷台詩續録四卷

（清）太平戚學標輯

清刻本　臨海博

集 10008784

三台詩録一卷

（清）黃繪等輯

清鈔本　臨海博

集 10008785

三台詩遺不分卷

（清）□□輯

稿本　臨海博

集 10008786

三台名媛詩輯五卷詞一卷

（清）臨海黃瑞輯

稿本（清王菜、清王維翰批校）
臨海博

集 10008787

三台名媛詩輯五卷續一卷三台名媛詩詞一卷

（清）臨海黃瑞輯

清光緒元年(1875)臨海周翰清校
刻本　上海　南京　臨海博

集 10008788

三台名媛詩輯四卷詩三續一卷詞輯一卷

（清）臨海黃瑞輯

清抄本　臨海博

集 10008789

三台名媛詩輯一卷

（清）臨海黃瑞輯

清刻本　臨海博

清抄本　臨海博

集 10008790

三台名媛詞輯不分卷

（清）臨海黃瑞輯

清光緒浙江書局刻本　天一閣

集 10008791

三台採秀集一卷

（清）王文苑等著

清稿本　臨海博

集 10008792

三台唱和集不分卷

（清）天台褚傳誥輯

民國稿本　臨海博

集 10008793

三台酬唱集一卷

佚名輯

民國二年（1913）石印本　臨海博

集 10008794

三台賦鈔不分卷

（清）王翰屏等撰

清光緒十五年（1889）鈔本　臨海博

集 10008795

三台詩料不分卷

（清）王磯輯

清末鈔本　黃巖

集 10008796

三台文鈔一卷

（清）佚名輯

清刻本　臨海博

集 10008797

三台文徵一卷詩徵內編一卷詩徵外編一卷

黃巖管世駿輯

稿本　浙江

集 10008798

三台徵獻錄二卷

（清）蒼溪嘯道人輯

清鈔本　臨海博

集 10008799

台州文徵內編一百二十卷外編六十卷目錄二卷

（清）黃巖王舟瑤輯

稿本（殘三卷：卷一百一至一百二、一百七）　臨海博

集 10008800

台州文徵敘例一卷

（清）黃巖王舟瑤纂

鉛印本　南京

集 10008801

天台文徵不分卷

（清）天台張廷琛輯

稿本　臨海博

集 10008802

台郡文獻補不分卷

（清）臨海汪度輯

稿本　臨海博

集 10008803

靈越庚春集不分卷

（清）黃巖王棻輯

清鈔本　臨海博

集 10008804

靈越賡春集一卷

　（清）黃巖王棻輯

　清光緒臨海葉氏蔭玉閣木活字印

本　臨海博

集 10008805

靈越賡春集一卷附錄一卷

　（清）黃巖王棻輯

　民國木活字印本　浙江

集 10008806

台郡詩輯一卷

　（清）臨海黃瑞輯

　清鈔本　臨海博

集 10008807

台山梵響十卷

　黃巖王維翰輯

　清雙研齋鈔本　臨海博

集 10008808

台山懷舊集十二卷

　（清）西泠張廷俊選

　清嘉慶元年（1796）刻本　杭州

集 10008809

台詩待訪錄補正二卷

　（清）臨海叶書撰、黃巖王棻補訂

　清光緒十七年（1891）稿本　黃巖

集 10008810

台詩待訪錄再補一卷

　（清）黃巖王棻輯

　清鈔本　浙江

集 10008811

台詩彙編一卷

　（清）吳執御等撰

　清刻本　臨海博

集 10008812

台詩錄遺不分卷

　（清）許兼善輯

　清鈔本　臨海博

集 10008813

台詩三錄八卷附刻三卷

　（清）宋世犖輯

　清王棻鈔本　浙江　黃巖

　清鈔本　臨海博

集 10008814

台詩四錄□卷

　（清）王棻輯

　清光緒二十五年（1899）稿本

黃巖

集 10008815

台詩四錄二十九卷

　（清）黃巖王舟瑤輯

　民國九年（1920）後凋草堂石印本

溫州

集 10008816

台詩四錄彙料不分卷

（清）黄巖王棻輯

清光緒二十四年(1898)王棻鈔本

黄巖

集 10008817

台州詩録不分卷

　（清）□□著

清鈔本　臨海博

集 10008818

台州詩録一卷

　（清）□□著

清鈔本　臨海博

集 10008819

台詩姓氏韻編一卷

　（清）黄巖王棻輯

稿本　黄巖

集 10008820

台嶽鴻泥集不分卷

　（清）臨海葉書録

清鈔本　臨海博

集 10008821

台州記遺一卷

　陳懋森撰

民國稿本　臨海博

集 10008822

台州詩文雜鈔不分卷

　（清）秦錫淳等撰

清鈔本　臨海博

集 10008823

台州文獻隨鈔不分卷

　（清）張廷琛録

清鈔本　臨海博

集 10008824

台詩近録一卷

　臨海項士元輯

民國稿本　臨海博

集 10008825

台州詩叢不分卷

　臨海項士元輯

稿本　浙江

集 10008826

台州詩文聚一卷

　臨海項士元輯

民國稿本　臨海博

集 10008827

台州文獻叢記不分卷

　臨海項士元輯

民國稿本　臨海博

集 10008828

台州文獻彙存一卷

　臨海項士元輯

民國稿本　臨海博

集 10008829

台州詩繫外編不分卷

　臨海項士元輯

民國稿本　臨海博

集 10008830

台州諺語一卷續輯一卷

　臨海項士元輯

　民國稿本　臨海博

集 10008831

台嶠文徵不分卷

　(清)臨海黃瑞輯

　清稿本　臨海博

集 10008832

臨海耆獻偶鈔不分卷

　洪昌拜等撰

　民國鈔本　臨海博

集 10008833

臨海詩錄九卷補遺一卷

　(清)臨海葉書輯

　清光緒臨海葉氏蔭玉閣稿本　臨海博

集 10008834

臨海詩錄六卷續詩錄一卷

　(清)臨海葉書輯

　清光緒葉氏陰玉閣稿本　臨海博

集 10008835

臨海文鈔不分卷

　(清)陳懋森輯

　清鈔本　臨海博

集 10008836

臨海文徵錄不分卷

　秀夫(朱湛林)輯

　民國稿本　臨海博

集 10008837

臨海先賢詩稿不分卷

　(清)李璵卿撰

　清鈔本　臨海博

集 10008838

臨海詩輯五卷

　(清)臨海黃瑞輯

　稿本　臨海博　　清光緒三年(1877)稿本　臨海博

集 10008839

臨海詩輯不分卷

　(清)臨海黃瑞輯

　清抄本　臨海博

集 10008840

鄉先進遺詩集錄一卷

　(清)臨海黃瑞輯

　清鈔本　臨海博

集 10008841

臨海集輯稿不分卷

　(清)臨海陳銘生輯

　民國鈔本　臨海博

集 10008842

金鰲集五卷

（清）臨海盧倫、（明）臨海盧崇典、
（清）臨海馮賡雪、（清）臨海黃瑞
等輯

清鈔本　臨海博

集 10008843

金鰲新集一卷

（清）臨海黃瑞輯

清鈔本　臨海博

集 10008844

金鰲山集不分卷

（清）臨海馮賡雪輯

清鈔本　臨海博

集 10008845

章安雜錄不分卷

（清）臨海黃瑞輯

清鈔本　臨海博

集 10008846

巖西遺錄□□卷

（清）黃巖楊景威輯

清鈔本（存三卷）　臨海博

集 10008847

**黃巖集三十二卷首一卷校議一
卷續錄二卷**

（清）黃巖王棻輯

清光緒三年（1877）刻本　國圖
天津　浙江　浙博　黑龍江　臨海
黃巖　平陽

2016 年國家圖書館出版社歷代

地方詩文總集彙編本

集 10008848

黃巖集內外編錄存不分卷

（清）陳騫輯

清黃巖陳謇鈔本　黃巖

集 10008849

**黃巖集拾遺三卷黃巖百二十家
遺集不分卷**

（清）黃巖管世駿輯

稿本　浙江

集 10008850

黃巖遺集不分卷

（清）黃巖管世駿輯

稿本　浙江

集 10008851

太平詩存（存二卷）

（清）太平金嗣獻編

清鈔本　臨海博

集 10008852

仙居山景集不分卷

杜天縻輯

民國油印本　臨海博

集 10008853

**金華詩錄六十卷外集六卷別集
四卷書後一卷**

（清）黃彬　（清）海鹽朱琰輯

清乾隆三十八年（1773）金華府學

刻本　國圖　南京　浙江

　　清光緒十一年(1885)永康胡氏退補齋刻本　國圖　上海　南京　義烏

　　2013年上海古籍出版社重修金華叢書本

集 10008854

金華正學編四卷廣編三卷附編二卷

　　(清)湯溪張祖年輯

　　清康熙四十四年(1705)笏峙樓刻本　南京

集 10008855

金華文畧二十卷

　　(清)東陽王崇炳輯

　　清康熙四十八年(1709)刻本　國圖　上海　常山

　　清乾隆七年(1742)金華夏氏刻咸豐同治間印本　上海　浙師大　東陽　紹興

　　清乾隆曹氏修補蘭溪唐氏刻本　南京

　　清康熙刻本　國圖

集 10008856

金華文粹

　　(清)永康胡鳳丹輯

　　清同治八年(1869)永康胡氏退補齋刻本　上海　南京

集 10008857

婺詩補三卷

　　(清)東陽盧標輯

　　清道光十九年(1839)映台樓刻婺志粹附刻本　國圖　南京　東陽文管會

　　2013年上海古籍出版社重修金華叢書本

集 10008858

金華十詠不分卷

　　佚名輯

　　清鈔本　浙江

集 10008859

婺學治事文編□卷續編□卷

　　(清)湯壽潛輯

　　清刻本　遂昌

集 10008860

婺學治事文編二卷

　　(清)繼良輯

　　清光緒刻本　雲和

集 10008861

婺學治事文編五卷

　　(清)湯壽潛輯

　　清光緒二十四年(1898)石印本　義烏

集 10008862

婺學治事文編一卷

　　(清)湯壽潛輯

　　清光緒二十四年(1898)金華府署刻本　嘉興

集 10008863

婺學治事文續編二卷

（清）繼良輯

清光緒二十八年（1902）鉛印本
東陽博

集 10008864

婺學治事續編□□卷

（清）繼良輯

清末中學堂刻本　東陽博　金
華博

集 10008865

石洞貽芳集不分卷

（清）東陽郭鍾儒輯

清康熙十六年（1677）行素齋刻本
南京　東陽文管會

集 10008866

石洞貽芳集二卷補遺一卷

（明）金華郭鈇輯　（清）郭鍾儒
重輯

考異一卷

（清）永康胡鳳丹撰

金華叢書本（同治光緒刻、民國補
刻）

集 10008867

白雲洞山集遺三卷

（清）東陽張振珂撰

清光緒九年（1883）刻本　浙江
民國二年（1913）商務石印公司據
清光緒癸未刻本翻印本

2013 年上海古籍出版社重修金
華叢書本

集 10008868

東陽歷朝詩九卷

（清）會稽董肇勳輯

清乾隆五十三年（1788）學耨堂刻
本　南京　東陽文管會　縉雲　東
陽　天一閣

清乾隆刻本　天津

2013 年上海古籍出版社重修金
華叢書本

2016 年國家圖書館出版社歷代
地方詩文總集彙編本

集 10008869

武川詩鈔十七卷

（清）武義何德潤輯

稿本（存四卷：十四至十七）
金華

2013 年上海古籍出版社重修金
華叢書本

集 10008870

武川文鈔十七卷

（清）武義何德潤輯

稿本　金華

2013 年上海古籍出版社重修金
華叢書本

集 10008871

永康詩錄十八卷存十五卷

（清）永康陳鳳巢輯

鈔本　中社科院文學所

2013 年上海古籍出版社重修金華叢書本

集 10008872

永康詩錄十七卷補遺一卷

（清）永康陳鳳巢輯

清咸豐元年（1851）陳氏雨香山房刻本　浙大

集 10008873

永康十孝廉詩鈔二十卷

（清）永康胡鳳丹輯

清光緒十年至十一年（1884～1885）永康胡鳳丹退補齋刻本義烏

集 10008874

北麓詩課四卷

（清）金華張作楠輯

清道光二年（1822）刻本

2013 年上海古籍出版社重修金華叢書本

集 10008875

浦陽歷朝詩錄二十二卷補遺一卷

（清）浦江鄭柟編

清咸豐六年（1856）刻本

2012 年浦江三江樓影印清咸豐六年（1856）刻本

2013 年上海古籍出版社重修金華叢書本

2020 年學苑出版社浦江文獻集成本

集 10008876

浦陽歷朝詩錄

（清）浦江鄭柟編　董雪蓮　徐永明點校

浙江大學出版社 2016 年版

集 10008877

浦陽唱和錄初集一卷

黃巖喻信厚輯

民國十五年（1926）活字印本溫州

集 10008878

浦陽唱酬錄百疊韻一卷

黃巖喻信厚輯

民國二十五年（1936）鉛印本浙江

集 10008879

繡水應聲一卷

（清）張應銘輯

民國刻本　義烏

2013 年上海古籍出版社重修金華叢書本

集 10008880

磚玉編不分卷

（清）浦江趙允近編

民國二十四年（1925）刻本　義烏

2013 年上海古籍出版社重修金華叢書本

集 10008881

西塘十景詩一卷

（清）浦江張燧輯

清初浦江方履端刊本　國家

2020 年學苑出版社浦江文獻集

成本

集 10008882

九峰文鈔二卷

（清）平湖宋景關輯

清乾隆五十八年（1793）刻本

上海

集 10008883

桐溪耆隱集一卷集補一卷

（清）袁炯義輯

清同治七年（1868）春藻堂刻本

國圖　天津　南開　浙江　湖南

常州　平湖

2016 年國家圖書館出版社歷代

地方詩文總集彙編本

集 10008884

桐溪詩述二十四卷

（清）仁和宋咸熙輯

清嘉慶二十四年（1819）刻本　浙

江　如皋

2016 年國家圖書館出版社歷代

地方詩文總集彙編本

集 10008885

青溪先正詩集三卷

（清）餘杭鮑楹輯

清康熙二十九年至三十年（1690～

1691）刻本　華東師大

青溪魯道原先生詩集一卷　（元）

魯淵撰

青溪玄同子雪舟胜詩一卷　（元）

邵桂子撰

青溪何介夫詩集一卷　（元）何景

福撰

集 10008886

選刻釣台集五卷

（清）錢廣居　（清）潘煥寅輯

清順治七年（1650）錢廣居刻本

國圖

集 10008887

永嘉集外編二十六卷

（清）瑞安孫衣言輯

清鈔本（存二十五卷：卷一至八、

十至二十六）　溫州

集 10008888

永嘉詩鈔不分卷

（清）永嘉□□輯

民國鈔本　溫州

集 10008889

永嘉集内編不分卷外編不分卷

（清）瑞安孫衣言輯

稿本　溫州

集 10008890

永嘉集内編四十八卷外編二十六卷

（清）瑞安孫衣言輯

民國永嘉黃氏敬鄉樓鈔本　溫州

集 10008891

永嘉詩人祠堂叢刻十四種

冒廣生輯

民國四年（1915）如皋冒氏刻本

浙師大　溫州（存十三種）　嘉興

（存四種）　鎮海（存十種）　天一閣

（存十四種）　玉海樓（存十二種）

溫州大（存九種）　蒼南

集 10008892

永嘉詩人祠堂叢刻札記一卷

薛鍾斗撰

民國二十年（1931）敬鄉樓黃氏刻

本　溫州

集 10008893

溫州文鈔一卷

佚名輯

清鈔本　溫州

集 10008894

溫州竹枝詞一卷

（清）方鼎銳纂輯

清同治十一年（1872）刻本　溫州

集 10008895

慎江文徵六十一卷

（清）永嘉周天錫輯

清同治八年（1869）孫詒讓述舊齋

鈔本　浙大

民國永嘉黃氏敬鄉樓鈔本　溫州

集 10008896

東甌詩存四十六卷補遺一卷

（清）永嘉曾唯輯

清乾隆五十五年（1790）刻本

國圖

集 10008897

甌雅二十六卷

（清）永嘉陳舜諮輯

民國永嘉黃氏敬鄉樓鈔本　溫州

集 10008898

甌海集內編十卷外編四卷

（清）瑞安楊紹廉輯

民國永嘉黃氏敬鄉樓鈔本　溫州

集 10008899

雁山鴻爪三卷

（清）周起渭輯

民國二十三年（1934）樂清天一書

局鉛印本　浙江　浙博　溫州　黃

巖　瑞安　臨海　嘉善

2016 年國家圖書館出版社歷代

地方詩文總集彙編本

集 10008900

雁山集詩草不分卷

（清）溫州馨堂荃編

清同治木活字印本　縉雲

集 10008901

樂成詩録四卷

（清）鄭一龍輯　清光緒十九年
（1893）刻本　國圖　天津　溫州
瑞安

2016 年國家圖書館出版社歷代
地方詩文總集彙編本

集 10008902

雁山遊覽記一卷雁山題詠一卷

（清）方鼎鋭、郭鐘岳等撰
清同治十年（1871）溫州刻本
溫州

集 10008903

東甌留別唱和詩鈔不分卷

（清）王琛等撰
清光緒三十年（1904）刻本　溫州

集 10008904

東甌校士文不分卷

（清）郭醒春、王琛等編
清光緒二十九年（1903）刻本
溫州

集 10008905

東甌贈言不分卷

（清）章又溢編
清光緒二十四年（1898）刻本　臨
海　溫州

集 10008906

東甌留別和章三卷

（清）秦湘業等撰
清末刻本　溫州

集 10008907

東甌文乘二卷

佚名輯
民國鈔本　溫州

集 10008908

東甌詞徵十卷

薛鐘斗書
民國薛鐘斗手稿本　玉海樓

集 10008909

甌海集不分卷

（清）瑞安楊紹廉輯
民國瑞安林慶雲惜硯樓鈔本　玉
海樓
民國二十七年（1938）戴驥鈔本
溫州

集 10008910

甌江鼓吹集一卷

歗隱居士（張橺）輯
民國稿本　溫州

集 10008911

甌江驪唱集三卷

汪瑩輯
民國十年（1921）汪瑩鉛印本
溫州

集 10008912

甌隱園社集不分卷

　甌隱園社員撰

　民國油印本　玉海樓　温州

集 10008913

東甌先正文錄十五卷補遺一卷

　（清）永嘉陳遇春輯

　清道光十四年（1834）刻本　國圖

2016 年國家圖書館出版社歷代

地方詩文總集彙編本

集 10008914

瑞安詩存二卷

　（清）瑞安金正聲輯

　清光緒二十六年（1900）洪氏花信

樓鈔本　温州

集 10008915

瑞安四忠詩一卷

　（清）錢國珍、戴咸弼等撰

　清末鈔本　温州

集 10008916

瑞安近代名人詩稿一卷甌海鄉

先哲佚文一卷

　（清）瑞安戴炳驄輯

　民國戴炳驄鈔本　温州

集 10008917

瑞安詩徵七卷文徵十二卷

　瑞安縣修志委員會編

　民國三十五年（1946）瑞安縣修志

委員會鉛印本　嘉興

集 10008918

瑞安縣志二十八卷附瑞安詩徵

七卷文徵十二卷

　瑞安縣修志委員會編

　民國三十五年（1946）瑞安縣修志

委員會鉛印本　浙江

集 10008919

雲江吟社詩輯□□集

　瑞安孫延畛等撰

　民國抄本　玉海樓

集 10008920

草堂管窺四卷

　（清）瑞安鮑作瑞輯

　清鈔本　温州

　民國永嘉黃氏敬鄉樓鈔本　温州

　民國鈔本　温州

集 10008921

耆舊詩鈔一卷括州詩錄一卷

　汪昉等撰

　鈔本　温州

集 10008922

臺江驪唱集一卷天南鴻爪集一卷

　（清）黃鼎瑞、黃式蘇、朱鵬撰

　清光緒三十四年（1908）永嘉刻本

温州

集 10008923

昌山詩萃内編六卷

（清）陳世修輯 （清）遂昌吳世涵增輯

清刻本 藏浙師大王尚文處

集 10008924

昌山詩萃内編六卷

（清）陳世修輯 （清）遂昌吳世涵增輯 遂昌王正明點校

遂昌縣圖書館 2007 年編印本

集 10008925

昌山詩萃内編六卷

（清）陳世修輯 （清）遂昌吳世涵增輯

清刻本 藏浙師大王尚文處

集 10008926

縉雲文徵二十卷補遺一卷

（清）湯成烈編

清道光刻本 國圖 天津 浙江 浙師大 湖南 青海 溫州 瑞安 縉雲 仙居

2016 年國家圖書館出版社歷代地方詩文總集彙編本

集 10008927

合肥三家詩録二卷

（清）仁和譚獻輯

清光緒十二年(1886)安慶刻仁和譚氏半廠叢書本 南京

1994 年上海書店出版社叢書集成續編本

集 10008928

西江風雅十二卷補編一卷

（清）仁和金德英選 （清）烏程沈瀾編

清乾隆十八年(1753)刻本 北大 上海 南京 美燕京

集 10008929

江西五家稿五種

（清）崇德吕留良輯

清康熙間天蓋樓刻本 國圖 北大 刻本 北大

陳大士先生未刻稿一卷 （明）陳際泰撰

章大力先生全稿一卷 （明）章世純撰

艾千子先生全稿七卷 （明）艾南英撰

羅文止先生全稿一卷 （明）羅萬藻撰

楊維節先生稿一卷 （明）楊以任撰

集 10008930

望湖亭集四卷

（清）山陰徐聯奎輯

清乾隆四十年(1775)刻本(清徐時棟跋) 國圖 浙江

清鈔本（缺一卷:卷四） 國圖

清藍絲欄鈔本 國圖

集 10008931

臨川文獻二十五卷

（清）慈溪胡亦堂編

清康熙十九年（1680）夢川亭刻本

國圖　南京　餘姚文保所

清康熙刻本　國圖

康熙刻夢川亭重修本　國圖

晏同叔先生集二卷　（宋）晏殊撰

晏叔原先生集一卷　（宋）晏幾
道撰

王介甫先生集二卷　（宋）王安
石撰

章介庵先生集二卷　（明）章袞撰

陳明水先生集二卷　（明）陳九
川撰

帥惟審先生集二卷　（明）帥機撰

湯義仍先生集二卷　（明）湯顯
祖撰

丘毛伯先生集二卷　（明）丘兆
麟撰

章大力先生集一卷　（明）章世
純撰

艾千子先生集一卷　（明）艾南
英撰

羅文止先生集一卷　（明）羅萬
藻撰

陳大士先生集一卷　（明）陳際
泰撰

揭蒿庵先生集一卷　（明）揭重
熙撰

游日生先生集二卷　（清）游東
升撰

傅平叔先生集二卷　（明）傅占
衡撰

集 10008932

南池集不分卷

（清）仁和沈廷芳輯

清孫文丹鈔本（清孫文丹校並跋）
山東

集 10008933

楚江渼合詩集十二卷

（清）嘉善錢清履輯

清嘉慶十八年（1813）刻本　天
一閣

集 10008934

四川名勝記四卷

（清）麗水何振卿輯

清光緒十六年（1890）新繁龍藏寺
刻本　四川社科院王永波藏

2003 年廣陵書社中國風土志叢
刊本

集 10008935

粵西詩載二十五卷文載七十五
卷叢載三十卷

（清）桐鄉汪森輯

清康熙四十三年（1704）汪氏梅雪
堂刻本　國圖　上海　復旦

清乾隆間內府寫文淵閣四庫全書
本　臺故博

清乾隆間內府寫文溯閣四庫全書
本　甘肅

清乾隆間內府寫文津閣四庫全書
本　國圖

2008 年商務印書館影印文津閣

四庫全書本

清乾陸間内府寫本清末民初補鈔

文瀾閣四庫全書本　浙江

1982～1986 年臺灣商務印書館

景印文淵閣四庫全書本

1986 年上海古籍出版社據臺灣

商務印書館景印文淵閣四庫全書景

印本

2006～2015 年杭州出版社影印

文瀾閣四庫全書本

集 10008936

新州竹枝詞二卷

（清）嘉善孫福清撰

清同治十三年(1874)新州官署刻

本　國圖

集 10008937

滇海雪鴻集一卷

（清）桐鄉嚴錫康輯

清同治刻本　國圖　湖南　蘇州

海鹽博

氏族之屬

集 10008938

琅琊二子近詩合選十一卷

（清）王士禄　（清）王士禛撰

（清）周南　（清）王士禧等輯評

清順治間刻本　國圖

集 10008939

西湖近稿不分卷

（清）海寧王丹墀、清海寧王丹

地撰

稿本　中大

2007 年广东人民出版社清代稿

鈔本本

2004～2005 年杭州出版社西湖

文獻集成本

集 10008940

錢塘吳氏合集

（清）錢塘吳春燾輯

清嘉慶道光間刻本

清代家集叢刊本

集 10008941

三朱遺編

（清）嘉興楊伯潤輯

清光緒十五年(1889)嘉興楊氏刻

本　上海　南京

政和堂遺稿一卷　（清）嘉興朱廣

川撰

臞仙吟館遺稿一卷　（清）嘉興朱

嘉金撰

清芬館詞草一卷　（清）嘉興朱光

熾撰

集 10008942

休寧吳氏濟美集一卷

（唐）吳少微　唐吳鞏撰　（清）海

寧吳騫輯

清鈔本（清吳騫校）　國圖

集 10008943

家學遺芳集二卷贈詩一卷

（清）蕭山任渠輯

清鈔本　浙江

集 10008944

歸安前邱吳氏詩存二十一卷

（清）歸安吳啓褒編

清嘉慶十五年（1810）豐樹堂刻本

國圖　上海

集 10008945

歸安前邱吳氏詩存六卷閨閣詩
存一卷

（清）歸安吳開泰輯

稿本　浙江

集 10008946

二談女史詩詞合刊

（清）歸安孫錫祉輯

清光緒十六年（1890）歸安孫氏刻
本　國圖　溫州　江蘇師大　揚州

清代家集叢刊本

集 10008947

菱湖孫氏詩錄四卷

（清）歸安孫志熊輯

清光緒十八年（1892）孫氏家廟刻
本　浙江

清代家集叢刊本

集 10008948

德清蔡厥修蔡雲士遺稿合刊

（清）德清蔡宗奎編

民國鉛本　南京

集 10008949

荻溪章氏詩存

（清）歸安章林澡等輯

民國十七年（1928）鉛印本　上海

集 10008950

袁家三妹合稿

（清）錢塘袁枚輯

清小倉山房刻本　南京

隨園三十種（乾隆嘉慶本、清同治
本）

隨園三十八種本

臺灣新文豐公司出版叢書集成三
編本

清乾隆刻本　國圖

清光緒十八年（1892）鉛印本
蘇州

清刻本　吳江　儀徵　常熟

清代家集叢刊本

　　繡餘吟稿　袁棠撰

　　盈書閣遺稿　袁棠撰

　　樓居小草　袁杼撰

　　素文女子遺稿　袁機撰

集 10008951

武林丁氏家集

（清）錢塘丁立誠輯

民國錢塘丁氏嘉惠堂鉛印本　浙
江（存二種）　溫州（存六種）　嘉興
（存六種）　浙江（存一種）　浙博

（存一種）　嘉興（存一種）　浙江
（存四種）　（臨海）
　　清代家集叢刊續編本

集 10008952
東河新櫂歌一卷續東河新櫂歌一卷
　　（清）錢塘丁立誠撰
　　民國間丁氏嘉惠堂鉛印武林丁氏
家集本　國圖　中科院　上海

集 10008953
武林孫氏家集
　　（清）仁和孫峻編
　　清鈔本　南京

集 10008954
對床吟二卷
　　（清）平湖張世仁撰
　　民國二十年（1931）平湖胡氏霜紅
簃鈔本　浙江

集 10008955
二陸詩鈔四卷
　　（清）嘉善陸擷湘撰、（清）嘉善陸
文瀾撰
　　鈔本　國圖

集 10008956
歸來吟二卷
　　（清）桐鄉勞乃宣、（清）桐鄉勞
乃寬撰
　　民國五年（1916）刻本　南京

集 10008957
國朝韭溪秦氏詩存前一集一卷
　　（清）嘉興秦源編
　　鈔本　南京

集 10008958
海昌陳氏傳家集
　　（清）海寧陳訐等撰
　　鈔本　上海

集 10008959
胡氏羣從詩稿
　　（清）仁和胡珵等撰
　　鈔本　南京

集 10008960
繼聲堂集五卷
　　（清）錢塘張椿年輯
　　清刻本　南京

集 10008961
碧漪集四卷續集二卷三集四卷
　　（清）嘉興譚新嘉編
　　清宣統三年（1911）嘉興譚新嘉綠
絲欄稿本　國圖
　　清宣統三年（1911）刻本　國圖
首都　天津　南開　浙江
　　民國元年至二十五年（（1912～
1936）嘉興譚氏承啓堂刻嘉興譚氏
遺書本　國圖　首都　上海　復旦
天津　遼寧　甘肅　山東　南京
浙江　湖北　四川
　　清代家集叢刊影印嘉興譚氏遺

書本

集 10008962

鳴和集不分卷附抵掌八十一吟

（清）仁和馬履泰等撰

清刻本　南京

集 10008963

守約堂遺詩彙鈔

（清）泰順潘鍾華輯

民國十四年(1925)鉛印本　上海

浙江　溫州

聞亦不解詩存　泰順潘庭梅撰

存吾春室逸稿　泰順潘自彊撰

須曼那館逸稿　泰順潘其祝撰

集 10008964

雙璧樓燕貽集

（清）天台張逢鑣編

民國八年(1919)印本　上海

集 10008965

太谷遺著三卷

（清）歸安溫鼎編

清光緒十三年(1887)上海文藝齋

刊本　浙江

清代家集叢刊續編本

辛夷花館初稿一卷　（清）歸安溫
文禾撰

劫餘詩鈔一卷　（清）歸安溫豐撰

綺石居賦鈔一卷　（清）歸安溫
豐撰

集 10008966

藤溪朱氏文畧八卷

（清）海寧朱承業輯

清宣統元年(1909)鉛印本　上海

浙江

集 10008967

聽綠山房叢鈔

（清）仁和龔家尚編

民國鉛印本　國圖　上海

集 10008968

聽雨軒文存

（清）海鹽陳德球編

民國七年(1918)鉛印本　上海

集 10008969

同根草八卷

（清）臨海屈苣纕、屈蕙纕撰

鈔本　浙江　臨海博

清代家集叢刊本

清光緒二十九年(1903)刻本　天
津　南開　湖南　浙江　臨海博
黃巖

同根草四卷　臨海屈苣纕、屈蕙
纕撰

含青閣詩草三卷　臨海屈蕙纕撰

含青閣詩餘　臨海屈蕙纕撰

集 10008970

問松里鄭氏詩存六卷

（清）秀水鄭之章編

民國十二年(1923)(1293)鉛印本

上海　浙江　浙大　海寧　嘉興
清代家集叢刊續編本

集 10008971

梧竹山房存稿二卷

（清）山陰孫暉、孫聞禮撰
清咸豐六年（1856）刊本　南京

集 10008972

惜陰吟館陶氏詩鈔二卷附鈔一卷

（清）會稽陶鈞衡編
鈔本　天師大
清代家集叢刊續編本

集 10008973

繡水王氏家藏集

（清）秀水王相輯
清咸豐至七年（1854～1857）王裴
之刻本　南京　内蒙古
清代家集叢刊本

　　清貽堂存稿四卷　仁和王益朋撰
　　清貽堂剩稿一卷　桐鄉王士駿撰
　　清貽堂剩稿一卷　錢塘王琦撰
　　偷閑集剩稿一卷　秀水王靄撰
　　安流舫存稿二卷　秀水王璋撰
　　復初集剩稿一卷　秀水王璣撰
　　鵝溪草堂存稿六卷　秀水王元
　　監撰
　　蘭堂剩稿一卷　秀水王錦撰
　　憺園草三卷　錢塘王鈝撰
　　橘香堂存稿二卷　秀水王澄撰
　　清閨遺稿一卷　秀水女史吳宗
　　憲撰
　　絜華樓稿三卷　秀水王楨撰

附刻

　　無止境初存稿六卷續存稿六卷外
詩一卷集外詩續存一卷　王相撰
　　鄉程日記一卷　王相撰
　　芬響閣初稿十卷　王裴之撰
　　續鄉程日記一卷　王裴之撰
　　芬響閣附存稿十卷　陳瑤撰

集 10008974

雪映廬遺稿三卷

（清）海寧孫清輯
清光緒十七年（1891）芳潤閣刻本
南京

集 10008975

硯華堂周氏詩文合集六卷

（清）桐鄉周傑、周幹、周士炳等校
清咸豐二年（1852）刊本　上海

集 10008976

雲和魏氏詩集九卷

（清）雲和魏蘭輯
民國鉛印本　上海

　　他石山房詩稿二卷　魏精撰
　　他石山房雜著一卷　魏精撰
　　借觀樓詩稿二卷　魏文瀛撰
　　借觀樓雜著一卷　魏文瀛撰
　　燕遊草二卷　魏文瀛撰
　　鳴琴餘韻一卷　魏文瀛撰

集 10008977

翟氏詩鈔

（清）仁和翟瀚等撰
鈔本　南京

集 10008978

張氏家集十卷

（清）嘉興張淮等撰

鈔本　南京

小梅花屋詩稿一卷　嘉興張淮撰

朱三昧齋稿一卷　嘉興張沅撰

玉照亭遺稿一卷　嘉興張樂撰

半野堂剩稿一卷　嘉興張兆栴撰

宜春居偶吟稿一卷　嘉興張魁梧撰

仙壺室吟吟稿二卷　嘉興張邦梁撰

遠峰閣剩稿一卷　嘉興張日烜撰

心安齋小稿一卷　嘉興張煒撰

聽鶯村舍存稿一卷　嘉興張其祥撰

集 10008979

張氏先世詩集

（清）嘉興張奇齡撰

鈔本　上海

集 10008980

鍾秀盦詩叢

（清）臨海李鏐輯

清光緒木活字本　浙江

清代家集叢刊續編本

習琴堂詩集二卷　李旭陽撰

梅墅詩稿一卷　李宣陽撰

雪園詩稿一卷　李世金撰

夢覺草堂詩稿一卷　李肇桂撰

集 10008981

諸氏家集十卷

（清）錢塘諸以謙輯

清嘉慶十一年(1806)錢塘諸氏刻本　國圖　浙江　溫州　餘姚文保所

清代家集叢刊續編本

清嘉慶至道光錢塘諸氏刻本　國圖

清嘉慶刻本　浙江　溫州

清刻本　餘姚文保所

雪堂偶存二卷　錢塘諸朝棟撰

榕齋詩鈔二卷　錢塘諸省三撰

研北刪餘三卷　錢塘諸克紹撰

虛白齋遺稿一卷　錢塘諸克任撰

入山録一卷　錢塘諸克任撰

浪迹草一卷　錢塘諸以淳撰

集 10008982

竹洲秀衍集續集十五卷

（清）錢塘吳鉿孫彙編

清嘉慶十五年(1810)晚翠亭刻本　南京

集 10008983

檇李莊氏詩存不分卷

（清）嘉興莊益三輯

民國三十五年(1946)復寫本　嘉興

集 10008984

金黃合稿

（清）桐鄉俞長城輯

清光緒二年(1876)刻本　遼寧

集 10008985

富陽董氏父子詩文稿存不分卷

（清）佚名輯

民國稿本　浙江

集 10008986

會稽董氏行餘講舍摘鈔不分卷

（清）佚名輯

清鈔本　紹興

集 10008987

四明李氏文詩詞鈔不分卷

（清）佚名輯

民國別宥齋鈔本　天一閣

集 10008988

澄遠堂三世詩存三種八卷

（清）嘉興李繩遠編

清康熙三十六年（1697）李繩遠刻本　國圖　復旦

　　藿園詩存六卷　（明）嘉興李應徵撰

　　蒼雪齋詩存一卷　（明）嘉興李士標撰

　　視彼亭詩存一卷　（明）嘉興李寅撰

集 10008989

李氏詩詞四種八卷

嘉興李道河等編

民國四年（1915）嘉興李氏自刻本　上海

清代家集叢刊本

集 10008990

蔡氏閨秀集

嘉興夏卿藻等撰

清道光二十四年（1844）刻本　國圖

清刻本　國圖

清代家集叢刊本

集 10008991

桐鄉鄭氏閨秀詩

（清）桐乡鄭以和、鄭静蘭撰

清光绪刻本　復旦

　　爨餘集一卷　桐鄉鄭以和撰

　　焦桐集一卷　桐鄉鄭静蘭撰

集 10008992

桐廬李氏家集三卷

（清）桐廬□□輯

清乾隆八年（1743）李蒸鈔本　浙大

　　近山詩集一卷　明桐廬李文撰

　　耕逸稿一卷　明桐廬李璡撰

　　呼鶴山人吟稿一卷　明桐廬李恭撰

集 10008993

李氏家集四十三卷

（清）嘉興李菊房編

清康熙三十五年（1696）李潮偕刻乾隆二十四年（1759）（1696）李菊房增刻本（存三十七卷）　浙江*　溫州*　嘉興*　美燕京

　　秋錦山房集二十二卷外集三卷

（清）秀水李良年撰

尋墊外言五卷　（清）秀水李繩遠撰

香草居集七卷　（清）嘉興李符撰

集 10008994

春星堂詩集十卷

（清）錢塘汪師韓輯

清乾隆三十八年（1773）汪氏刻本

國圖　上海　南京　蘇州　浙江

清光緒十二年（1886）錢唐汪氏長沙刻叢睦汪氏遺書本　國圖　南京

中科院　遼寧

清鈔本　湖南

集 10008995

汪氏一家稿不分卷

（清）錢塘汪鉞等撰

藍格鈔本　南京

集 10008996

復園紅板橋詩一卷

（清）海鹽吳修輯

清光緒八年（1882）錢塘丁氏嘉惠堂刻武林掌故叢編本　天津

集 10008997

蕭山長河來氏詩鈔四卷

（清）蕭山來學謙輯

清乾隆來氏懷德堂刻本　清華

清代家集叢刊本

集 10008998

來氏家藏冠山逸韻五言五卷七言五卷補遺一卷

（清）蕭山來畹蘭輯

清乾隆三十七年（1772）來氏會宗堂刻五十二年（1787）印本　浙江

集 10008999

冠山逸韻十卷冠山逸韻續編十卷

（清）蕭山來起峻、蕭山來紹高同輯

冠山逸韻續編

蕭山來鴻瑨、蕭山來秉奎編

清光緒三十三年（1907）木活字本

清代家集叢刊本

清乾隆三十七年（1772）來翔鷟刻本　浙江

清乾隆三十七年（1772）來翔鷟等刻五十二年重印本　浙江　蕭山博

清光緒二十六年（1900）會宗堂木活字印本　浙江　國圖

鈔本　天一閣

集 10009000

蕭山任氏遺芳集三卷

（清）蕭山任渠輯

清刻本　南京

清代家集叢刊續編本

集 10009001

一家詩草

（清）臨海曾堯羲等撰

民國二十六年（1937）鉛印本

復旦

　　玉峴山房詩草　臨海曾燮義撰
　　某石軒詩草　臨海曾士瀛撰
　　秋芳遺草　臨海陶菊英撰

集 10009002

一枝山房詩文鈔

　（清）會稽楊德熙編
　清光緒七年（1881）刻本　南京
　　一枝山房詩鈔　會稽楊三鼎撰
　　一枝山房文鈔　會稽楊三鼎撰
　　華庭剩稿詩一卷夏蟲自語一卷
　會稽楊德榮撰

集 10009003

隱硯樓詩合刊二卷

　（清）烏程温慕貞、温廉貞撰
　清乾隆三十三年（1768）刻本
國圖

集 10009004

畢燕衍堂四世詩存四卷

　（清）桐鄉畢冶金編
　民國二十二年（1933）上海石印本
　嘉興　海寧
　清代家集叢刊本

集 10009005

語溪徐氏三世遺詩

　（清）崇德徐益藩輯
　民國二十九年（1940）鉛印本　南
京　浙江　嘉興
　清代家集叢刊本

集 10009006

水澄劉氏遺詩一卷

　（清）山陰劉瀚輯
　清光緒二十六年（1900）木活字本
　國圖　上海
　清代家集叢刊本
　清光緒二十六年（1900）海天旭日
研齊刻本　國圖　紹興文理學院

集 10009007

戴氏家稿輯畧十卷

　（清）鄞縣戴仁宇輯
　清光緒二十三年（1897）望山麓山
館刻本　上海　寧波　天一閣
　清光緒二十一年（1895）刻本
湖南
　清代家集叢刊續編本

集 10009008

錢塘戴氏家族唱和詩詞鈔一卷

　（清）錢塘戴氏輯
　清鈔本　杭州

集 10009009

戴氏三俊集本

　（清）烏程汪曰楨編
　清同治光緒間烏程汪氏荔牆叢刻
本　國圖　中科院　北大　上海
復旦　南京　浙江　湖北　四川

集 10009010

瑞安南堤項氏叢書十一卷

　（清）瑞安項霽、　瑞安項琇撰

民國印本　南京

　　　　且甌集九卷　（清）瑞安項霽撰

　　　　水仙亭詞集二卷　（清）瑞安項

瑨撰

集 10009011

三丁詩文拾遺

　（清）錢塘丁健等撰

　清光緒六年（1880）八月福州刊硯

林集拾遺本　上海

集 10009012

三賈詩選

　（清）平湖陸清澄編

　鈔本　上海

集 10009013

三丁李氏文編三十三卷附四卷

　（清）鄞縣李梅輯

　民國九年（1920）刊本　南京

集 10009014

徐氏先世詩選三卷

　（清）鄞縣徐畹輯

　清嘉慶（1804）雙桐閣刻本　上海

集 10009015

徐氏先世詩選續刻

　（清）鄞縣徐士琛輯

　清光緒刻本　上海

集 10009016

什一偶存二卷

　（清）歸安徐葉昭編

　清乾隆刻本　中科院

　清代詩文集珍本叢刊本

　　　　卷上

　　　　鄮城剩稿一卷　（清）烏程徐繩

甲撰

　　　　敬齋偶存草一卷　（清）歸安徐斐

然撰

　　　　卷下

　　　　職思齋學文稿一卷　（清）歸安徐

葉昭撰

　　　　清渠遺文一卷　（清）烏程徐爾

駿撰

　　　　希之遺文一卷　（清）烏程徐學

堅撰

集 10009017

屠氏昆季詩草一卷

　（清）錢塘屠秉、屠鈞撰

　鈔本　南京

集 10009018

毓德堂集

　（清）海鹽徐辰角、徐臨亨撰

　清道光二十九年（1849）刻本

浙江

　清代家集叢刊續編本

　　　　婺川游稿　海鹽徐辰角撰

　　　　天中遊稿　海鹽徐臨亨撰

集 10009019

石門吳氏家集十二卷

　（清）石門吳建勳編

　清光緒十八年（1892）世同堂刻本

上海

　　荍齋詩鈔二卷　石門吳無忌撰

　　西江集八卷　石門吳鳳徵撰

　　得秋山館詩鈔二卷　石門吳朔撰

集 10009020

淵源錄稿三卷

　（清）山陰周源輯

　稿本　浙江

集 10009021

二黃先生詩葺二卷

　（清）永嘉楊嘉輯

　民國印墨香簃叢編本　上海

集 10009022

邵氏四家詩册一卷

　（清）仁和邵希曾　（清）仁和邵志
純　（清）仁和邵書稼　（清）仁和邵
懿辰撰

　稿本（邵章跋）　國圖

集 10009023

海昌徐逸卿先生重游泮水集一卷

　（清）徐懋來、徐懋行編

　民國二十四年（1935）鉛印本
浙江

集 10009024

海昌朱氏詩鈔不分卷

　佚名輯

　清鈔本　浙江

集 10009025

海昌祝氏世守集□□卷

　祝祚興撰

　民國祝氏知非樓鈔本　嘉興

集 10009026

海昌查氏遺稿四卷

　佚名輯

　清鈔本　浙江

集 10009027

海寧孫氏家集（存二種）

　佚名輯

　清光緒刻本　浙江

集 10009028

海寧朱氏詩鈔不分卷

　佚名輯

　清鈔本　浙江

集 10009029

海寧朱氏詩鈔三卷

　佚名輯

　清鈔本　浙江

集 10009030

海昌查氏詩鈔前集八卷續集八卷別集一卷附錄一卷

　（清）海寧查有鈺輯

　稿本　中社科院文學所

集 10009031

查氏文鈔四卷

（清）海寧查世佑輯

清道光七年（1827）刻本　國圖

南京　浙江

清代家集叢刊本

集 10009032

查氏一家詩畧

（清）海寧查辛香輯

清道光十七年（1837）刻本　中

科院

　　　　介坪遺稿　查昌和撰

　　　　樸硯遺稿　查茂蔭撰

　　　　學山遺稿　查世佑撰

　　　　琴舫遺稿　查有炳撰

集 10009033

笙磬集二卷

（清）慈溪王兆雷、慈溪王石渠撰

民國十年（1921）慕雲山房木活字

本　上海

　　　慕雲山房遺稿一卷　慈溪王兆

　　雷撰

　　　月媒小史詩稿一卷　慈溪王石

　　渠撰

集 10009034

檇李莊氏詩存不分卷

　　莊鐘麟鈔録

　　民國三十五年（1946）復寫本

嘉興

集 10009035

檇李曹氏圖册合刻一卷

（清）曹咸熙輯

清光緒九年（1883）曹維城桂林迎

旭齋刻本　嘉興

集 10009036

二陳詩選四卷

（清）西安陳聖洛、西安陳聖澤撰

清嘉慶十六（1811）年刻本　浙江

衢州文獻集成本

集 10009037

鄞西范氏攜殘內集不分卷外集

不分卷

（清）鄞縣范邦瑗輯

清四明邅盧山房稿本　上海

清代家集叢刊本

集 10009038

甬山屠氏家集十二卷

（清）鄞縣屠繼序輯　屠彝增輯

屠志恒補傳

清嘉慶四年（1799）既勤堂刻本

南京

集 10009039

甬上屠氏家集八卷

　　鄞縣屠志恆輯

　　民國八年（1919）既勤堂木活字印

本　浙江

集 10009040

甬山屠氏遺詩六卷

（清）鄞縣屠繼序輯

鈔本　北大

清代家集叢刊續編本

集 10009041

甬上屠氏遺詩前編四卷續編二卷

　　（清）鄞縣屠繼序輯

　　清煙嶼樓鈔本　天一閣

集 10009042

憂庵大司馬並夫人合稿

　　（清）會稽姚啓聖、姚沈氏撰

　　清宣統三年（1911）紹興公報社鉛印越中文獻輯存書本　國圖　北師大　上海　吉大　南京　民大

　　　　憂畏軒遺稿　姚啓聖撰

　　　　寄生草　姚沈氏撰

集 10009043

余園叢稿五卷

　　（清）仁和汪述祖輯

　　清光緒刻本　復旦

　　　　余園先集一卷　汪承節撰

　　　　余園附稿一卷　汪佩祖等撰

　　　　墓園題辭一卷　徐雨田等撰

　　　　余園詩稿二卷　汪述祖撰

集 10009044

奉化王蓁軒先生榮哀錄一卷

　　佚名輯

　　民國石印本　奉化文管會

集 10009045

孫氏家集四十六卷歷代著書目

一卷歷代著書年表一卷

　　（清）仁和孫峻輯

　　稿本　南京

集 10009046

天倫樂事五卷

　　（清）會稽陶元藻編

　　清嘉慶元年（1796）刻本　國圖　浙江　天一閣

　　清嘉慶刻本　國圖

　　清代家集叢刊本

　　　　秋佳詩存一卷　（清）會稽陶章煥撰

　　　　鳧亭集一卷　（清）會稽陶元藻撰

　　　　午莊詩一卷　（清）會稽陶廷珍撰

　　　　南園詩一卷　（清）會稽陶廷珗撰

　　　　春田詩一卷　（清）會稽（一作蕭山）陶軒撰

集 10009047

秀水董氏五世詩鈔一卷

　　（清）錢塘董宗善輯　（清）仁和徐珂校

　　中華書局聚珍仿宋部印天蘇閣叢刊二集本　南京

　　叢書集成續編本

集 10009048

古虞徐氏一家言詩集四卷

　　（清）上虞徐迪惠輯

　　稿本（許承堯跋）　浙江

集 10009049

古虞宋氏文集三卷

（清）上虞宋璿等撰

清木活字本　浙大

集 10009050

慈水桂氏清芬集四卷

（清）慈溪桂廷繭　（清）慈溪桂發
枝輯

清芬集一卷

（清）慈溪桂瀟撰

清乾隆三十九年(1774)桂氏印月
草堂刻本　華中師大

集 10009051

小峨嵋山館五種十八卷

（清）海鹽馬國偉　（清）海鹽馬用
俊編

清嘉慶十八年(1813)棣園刻本
上海　南京

白洋里墓田丙舍錄二卷附錄二卷
（清）馬國偉輯

鄂韡聯吟處題贈二卷續錄二卷
（清）馬國偉輯

抱朴居詩二卷續編二卷　（清）馬
緒撰

鄂韡聯吟稿六卷　（清）馬國偉
（清）馬用俊撰

集 10009052

澉浦吳氏遺著存畧

海鹽吳俠虎輯

民國三十年(1941)鉛印本　浙江

清代家集叢刊本

集 10009053

海鹽張氏兩世詩稿

（清）海鹽張玉柯編

清嘉慶刻本　上海

集 10009054

胥溪朱氏文會堂詩鈔八卷

（清）海鹽朱美鏐輯

清咸豐元年(1851)胥溪朱氏刻本
南京

集 10009055

胥溪朱氏文會堂文鈔

海鹽朱希祖輯

鈔本　南京

集 10009056

干溪曹氏家集二十四卷

嘉善曹葆宸、曹秉章輯

民國刻本　中科院

集 10009057

錢氏一家詩鈔不分卷

（清）錢世敘編

鈔本　上海

2019年國家圖書館出版社影印
浙學未刊稿叢編本

集 10009058

永嘉王氏家言一卷

（清）林必登輯

民國永嘉縣志纂修處鈔本　溫州

集 10009059

高氏家集四種九卷

（清）錢塘高士奇編

清鈔本（清丁丙跋）　南京

　　江邨遺稿四卷　（宋）高選、（宋）

高邁、（宋）高質齋、（宋）高遁翁撰

　　信天巢遺稿一卷補遺一卷　（宋）

高翥撰

　　林湖遺稿一卷　（宋）高鵬飛撰

　　疎寮小集一卷補遺一卷　（宋）高

似孫撰

集 10009060

高氏一家稿不分卷

（清）仁和高雲麟輯

藍格鈔本　南京

集 10009061

烏程張氏家集三種五卷

（清）葛鳴陽輯

清嘉慶七年（1802）刻本　南京

集 10009062

竹溪沈氏詩遺十卷

（清）歸安沈謙三輯

清光緒六年（1880）鈔本　浙江

集 10009063

平湖張氏家集四種

（清）平湖張誠　（清）平湖張湘

任撰

清光緒元年（1875）平湘張氏刻本

上海

清代家集叢刊本

集 10009064

守經堂詩彙鈔四卷

（清）平湖沈筠撰（清）劉名譽編

清光緒二十一年（1895）桂林刻本

首都　浙江

清代家集叢刊本

集 10009065

新安先集二十卷

（清）平湖朱之榛輯

清同治十三年（1874）刻本　國圖

首都　天津　浙江　溫州

清同治十三年（1874）蘇州刻光緒

補刻本　國圖　首都　浙江　浙大

嘉興　紹興　平湖　溫州　嘉善

臨海　黃巖

清代家集叢刊本

集 10009066

清河六先生詩選十卷

（清）平湖朱爲弼等撰　（清）平湖

徐申錫選

清同治八年（1869）平湖張氏刻本

首都

清光緒二年（1876）朱氏刻本

首都

清代家集叢刊本

集 10009067

清河五先生詩選八卷

（清）平湖朱爲弼輯

清道光九年（1829）刻本　嘉興

集 10009068

重鐫清河五先生詩選八卷

（清）平湖朱爲弼選録

續補清河一先生詩選二卷

（清）徐申錫輯

清同治八年（1869）平湖張顯周刻

光緒二十八年（1902）南園印本

國圖　湖南　嘉興

集 10009069

仁和龔氏集

（清）仁和龔家尚編

民國鈔本　國圖

清代家集叢刊續編本

集 10009070

仁和葉氏家集

（清）仁和葉樹東編

鈔本　中科院

集 10009071

新州葉氏詩存

（清）仁和葉舟輯

民國鉛印本　復旦

集 10009072

新昌吕氏兩代詩文集

（清）新昌吕錫時、吕陶撰

民國石印本　復旦

集 10009073

張氏先世詩集不分卷

（清）海鹽張奇齡等撰

清鈔本　上海

集 10009074

海寧陳太宜人姊妹合稿二卷

（清）海寧陳貞源　（清）海寧陳貞

淑撰

清鈔本　海寧

集 10009075

吳興孫氏二妙詩詞合鈔

（清）吳興孫廣南、孫五封撰

澹圃居士鈔本　浙江

　　晉陽詞鈔　歸安孫廣南撰

　　算珠録　歸安孫五封撰

集 10009076

吳興徐氏遺稿十二卷

（清）烏程徐益彬輯

民國七年（1918）上海聚珍印本

上海

　　怡雲館詩鈔四卷　烏程徐延祺撰

　　夢草詞二卷　烏程徐延祺撰

　　植八杉齋詩鈔二卷　烏程徐麐

　年撰

集 10009077

吳興嚴氏家集四卷

（清）吳興嚴啓豐編

清宣統三年(1911)吳興嚴氏隨分
讀書齋鈔本　臺圖

集 10009078

黃氏擷殘集七卷附六卷

　(清)餘姚黃宗羲編

　清康熙四十一年(1702)黃炳刻本
國圖　上海

　　文禧公集一卷　(明)黃珣撰

　　道南先生集一卷　(明)黃韶撰

　　半山先生集一卷　(明)黃嘉仁撰

　　潁州集一卷　(明)黃嘉愛撰

　　丁山先生集一卷　(明)黃元釜撰

　　景州集一卷　(明)黃尚質撰

　　竹橋十詠一卷　(明)黃海、明倪
宗正等撰

　　　附:黃氏家錄一卷　(清)黃宗
羲撰

　　續錄五卷　(清)黃炳撰

集 10009079

董氏文輯存不分卷

　(清)烏程嚴可均輯

　清光緒會稽董氏行餘學舍鈔本
紹興

集 10009080

午夢堂詩鈔四種

　(清)嘉興(一說江蘇吳江)葉燮輯

　清康熙間二弄草堂刻本　國圖
南京

　　鈔本　上海

集 10009081

浦氏二君詩集二卷

　(清)嘉善浦銑輯

　清嘉慶浦氏刻本　復旦

集 10009082

董氏詩萃二十卷

　(清)烏程董熜輯

　清乾隆十年(1745)刻本　南京
上海　復旦　蘇州　浙江　天一閣

　清乾隆海州董熜刻本　國圖

　清代家集叢刊續編本

集 10009083

兩浙鮑氏文徵九卷

　(清)平陽鮑潛輯

　清紅格鈔本　中科院

集 10009084

兩浙鮑氏文徵內編五卷

　(清)平陽鮑潛輯

　鈔本　溫州

集 10009085

戴氏詩薈

　(清)瑞安戴炳驄輯

　民國瑞安戴氏鈔本　溫州

集 10009086

義門鄭氏奕葉吟集三卷

　(清)浦江鄭允宣輯

　明末鄭氏書種堂刻本　國圖

　2020年學苑出版社浦江文獻集

成本

集 10009087

義門鄭氏奕葉吟集四卷

（清）浦江鄭應産等輯　（清）浦江
鄭爾垣重校

明刻遞補本　天一閣

清抄本　天一閣

2013 年上海古籍出版社重修金
華叢書本

2020 年學苑出版社浦江文獻集
成本

集 10009088

義門鄭氏奕葉文集十卷

（清）浦江鄭應産等輯　（清）浦江
鄭爾垣重校

清康熙五十四年(1715)鄭氏書種
堂刻本　上海

2013 年上海古籍出版社重修金
華叢書本

2020 年學苑出版社浦江文獻集
成本

集 10009089

義門鄭氏奕葉吟集八卷存四卷

（清）浦江鄭棶編

清嘉慶二十四年(1819)刻本　東
陽博

2013 年上海古籍出版社重修金
華叢書本

集 10009090

鄭氏奕葉吟集八卷

（清）浦江鄭棶編

清道光十一年(1831)刊本　東陽

2020 年學苑出版社浦江文獻集
成本

集 10009091

義門鄭氏奕葉吟集三卷

（清）浦江鄭昺輯

明永樂十六年書種堂鄭氏家刻本
國圖

2013 年上海古籍出版社重修金
華叢書本

集 10009092

吳氏一家詩不分卷

（清）錢塘吳慶坻輯

初稿本　浙江

集 10009093

吳氏一家詩不分卷

（清）錢塘吳寶堅、吳士鍾輯

清鈔本　浙江

集 10009094

吳氏一家稿七十七卷

（清）錢塘吳清鵬編

清咸豐五年(1855)錢塘吳氏刊本
内蒙古　浙江　浙大　金華博
天一閣　江蘇師大

清代家集叢刊續編本

有正味齋全集詩十二卷駢文二十

四卷律賦一卷試帖四卷詞七卷曲一
卷　吳錫麒撰

　　訪秋書屋遺詩　吳錫麟撰

　　小酉山房遺詩一卷　吳清學撰

　　灌園居偶存草一卷　吳清漣撰

　　夢煙舫詩一卷　吳清藻撰

　　壺庵詩二卷　吳清皋撰

　　壺庵駢體文二卷　吳清皋撰

　　笏庵詩二十卷　吳清鵬撰

　　小斜川室初存詩二卷　吳安業撰

　　小鄂不館初存草一卷　吳官業撰

　　秋雪山房初存詩　吳樑撰　國圖

集 10009095

吳興長橋沈氏家集二十八卷

（清）歸安沈家本編

清宣統元年（1909）刻本　國圖
首都　天津

清宣統三年（1911）刻本　上海
浙江

清代家集叢刊續編本

　　韻香廬詩鈔一卷　沈國治撰

　　蓼庵手述一卷　沈蓼庵撰

　　春星草堂集二十二卷　沈丙瑩撰

　　看山樓草二卷　沈彥模撰

　　松桂林草二卷　沈家霨撰

集 10009096

吳興家粹輯存

（清）吳興施贊唐輯

民國九年（1920）木活字本　南京
上海

集 10009097

西園詩選三卷

（清）山陰劉大申等撰

清初刻本　復旦

　　柳村集　山陰劉大申撰

　　蘭山集　山陰劉大臨撰

　　石帆集　山陰劉大任撰

集 10009098

溪南老屋詩鈔四卷

（清）嘉興徐樹等撰

清稿本　南京

　　溪南老屋詩一卷　嘉興徐樹撰

　　從古堂詩稿一卷　嘉興徐桐柏撰

　　從古堂遺稿一卷　嘉興徐桐柏撰

　　吟華館詩草一卷　嘉興徐大杭撰

集 10009099

閑燕齋詩彙存十二卷

（清）歸安王標撰

清嘉慶二十一年（1816）敬儀堂刻
本　國圖

集 10009100

鄭氏一家言不分卷

（清）慈溪鄭辰輯　（清）鄞縣徐時
棟重輯

稿本　中科院

集 10009101

慈溪鄭氏詩輯殘稿不分卷

（清）□□輯

清鄭氏二老閣鈔本　國圖

集 10009102

錢氏詩彙不分卷

（清）嘉興錢儀吉輯

稿本　上海

清嘉慶刻本　吉大（存：第二十四
集、第三十五集、第三十六集）　北
大（存：第二十四集、第三十五集、第
四十一集、第四十三集）　浙江

清道光刻本　國圖

集 10009103

錢氏文彙不分卷

（清）嘉興錢泰吉輯

稿本　上海

集 10009104

錢氏在茲集不分卷

（清）鄞縣錢廉輯

清鈔本　中科院

2019 年國家圖書館出版社影印
浙學未刊稿叢編本

集 10009105

兩浙錢氏詩録四卷

佚名輯

民國鈔本　浙江

集 10009106

海昌查氏遺稿三卷

（清）海昌查昌和等撰

清鈔本

　　介坪遺稿一卷　（清）海昌查昌
和撰

　　學山遺稿一卷　（清）海昌查世
佑撰

　　琴舫遺稿一卷　（清）海昌查有炳
撰　浙江

集 10009107

留月山莊存草不分卷

（清）樂清林開翼等撰

鈔本　福師大

集 10009108

臨海赤水徐氏詩鈔不分卷

（清）徐嘉謨輯

清鈔本　臨海博

集 10009109

黄巖王氏家集十卷

（清）黄巖王舟瑶編

民國六年(1917)活字本　首都
南京　浙江　温州

　　清代家集叢刊本

集 10009110

度予亭三逸遺集三卷

（清）天台張燮編

民國二十八年(1939)孟春天台久
記印刷社印本　上海

集 10009111

臨海洪烈婦詩册一卷

（清）佚名輯

清咸豐四年(1854)刻本　臨海博

集 10009112

東欜獻徵録二種

（清）黄巖王棻輯

稿本　黄巖

集 10009113

黄沙周氏三代傳詩集

（清）周愛盛等撰

民國二年（1913）鉛印本　上海

集 10009114

黄氏詞翰續録二卷

（清）蕭山黄香等撰

清光緒二十一年（1895）刻本
浙江

集 10009115

黄氏家集初編十八卷

（清）鄞縣黄家鼎輯

清光緒十七年（1891）四明黄氏補
不足齋刻本　南京　上海　浙江

清代家集叢刊續編本　國圖　天
津　天一閣

集 10009116

黄氏家集二編七卷

（清）鄞縣黄家鼎輯

清光緒刻本　國圖　中科院　上
海　浙江

集 10009117

四明黄氏一家稿輯存

（清）鄞縣黄家鼎輯

四明黄氏補不足齋鈔本　南京

集 10009118

黄氏三世詩六卷

（清）餘姚黄炳垕輯

清光緒己丑（1889）留書種閣刻本
南京

清光緒十五年（1889）刻本　國圖
天津　内蒙古　浙江　紹興　餘
姚文保所

清代家集叢刊本

集 10009119

黄巖柯氏家集五卷

（清）黄巖柯驊威纂，黄巖柯玫校

民國九年（1920）木活字本　浙江

集 10009120

雙竹山房合刻詩鈔二種五卷

（清）永康胡鳳丹輯

清光緒十年（1884）退補齋刻本
義烏

2013 年上海古籍出版社重修金
華叢書本

集 10009121

濟陽家集

（清）錢塘丁丙編

清錢塘丁氏當歸草堂鈔本　臺圖

集 10009122

建溪集六卷

（清）浦江戴聰輯

清道光十三年(1833)九靈山房刻本 國圖 天津 内蒙古 浙江 天一閣

清道光刻本 國圖

清代家集叢刊本

2020年學苑出版社浦江文獻集成本

集 10009123

錦囊集(一名香奩集)

(清)劉禮林、杜煦、杜春生編

清刻本 南京

集 10009124

懶雲草堂詩合存二卷

(清)錢塘金世禄、(清)錢塘金楷撰

清道光刻本 南京

集 10009125

李氏閨媛詩鈔三卷

(清)山陰俞鏡秋等撰

民國三十六年(1947)李氏家刻本 南京

集 10009126

彭氏先賢遺稿不分卷

(清)海鹽彭宗門撰

鈔本 國圖

集 10009127

平湖屈氏文拾一卷

(清)平湖屈學洙等撰

稿本 上海

集 10009128

四明水氏留碩稿二卷

(清)鄞縣水嘉穀編

清光緒十八年(1892)刻本 國圖 南京

集 10009129

四明萬氏家寶十二卷

(清)鄞縣萬言等撰

稿本(間有刻本)本 國圖

集 10009130

浙西張氏合集十卷

(清)吳興張繼增編

民國十年(1921)鉛印本 浙江 安吉博

清代家集叢刊本

集 10009131

臨海何氏私產録(上)不分卷

(清)何氏氏族親人撰

清鈔本 臨海博

集 10009132

小桃源詩集

(清)烏程秦鈺輯

民國十三年(1924)烏程秦氏刻本

清代家集叢刊本

松石廬詩存 烏程秦文炳撰

松石廬雜文 烏程秦文炳撰

松石廬筆記 烏程秦文炳撰

玉壺天詩録　烏程秦福基撰

春暉閣紅餘吟草　永嘉孟錦香撰

集 10009133

曉天樓合鈔

（清）海寧查世佐、查人華等輯

清鈔本　國圖

介坪遺稿　查昌和撰

竹坪稿偶存　查昌順撰

樸硯遺稿　查茂蔭撰

查山剩稿　查嘉蔭撰

蔛坡集　查慈蔭撰

貽笏堂詩稿　查世佐撰

熙亭遺稿　查世佑撰

知非草　查乾初撰

岐山遺稿　查世鳳撰

炊經酌史閣詩草　查冬榮撰

琴舫遺稿　查有炳撰

憶剡樓遺稿　查有初撰

軟紅院詩稿　查鼎撰

袖海存稿　查人舟撰

集 10009134

鎮海謝氏世雅集八卷

（清）定海謝駿德輯

稿本　上海

集 10009135

織雲樓詩合刻五卷

（清）歸安周映清等撰

清鈔本　上海　首都

清乾隆刻本　國圖

清嘉慶二十二年（1817）刻本

國圖

清代家集叢刊本

梅笑集一卷　歸安周映清撰

花南吟榭遺草一卷　歸安葉令

儀撰

繪聲閣續稿一卷　錢塘陳長生撰

蘩香詩草一卷　晉寧李含章撰

集 10009136

吳中兩布衣集二十卷

（清）王之佐　（清）海寧蔣光煦編

清道光十八年（1838）海昌蔣氏別

下齋刻本　福建

集 10009137

曹氏傳芳録遯庵詩稿三卷團綠
山房詩餘一卷雙桂園遺稿

（清）天台曹希璨編

清宣統元年（1909）曹希璨活字本

天津　浙江　臨海　溫州

2016 年國家圖書館出版社歷代

地方詩文總集彙編本

集 10009138

臨海沈氏文獻録不分卷

（清）佚名輯

清鈔本　臨海博

集 10009139

臨海葉氏蔭玉閣叢書（存二種）

（清）葉書輯

清光緒臨海葉氏木活字印本　臨

海博　溫州

集 10009140

天台妙山陳氏藝文外編不分卷

陳立樹輯

民國稿本 臨海博

集 10009141

平昌項氏篋中詩鈔八卷

項椿業輯

民國四年(1915)石印本 浙江

集 10009142

瑞安鮑君伯雄哀挽錄一卷

佚名輯

民國鉛印本 溫州

集 10009143

瑞安陳介石先生挽聯一卷

佚名輯

民國鈔本 溫州

集 10009144

瑞安繆仲昭先生哀挽錄一卷

佚名輯

民國鉛印本 溫州

集 10009145

瑞安陳醉石先生哀挽錄一卷

佚名輯

民國石印本 溫州

集 10009146

瑞安王弼西君哀輓錄一卷

劉劼輯

民國六年(1917)溫州美成和石印本 溫州

集 10009147

吳興周母董太夫人經塔題詠二卷

烏程周慶雲輯

民國五年(1916)吳興周慶雲夢坡室刻本 溫州

集 10009148

吳越錢氏傳芳集一卷附錢王祠神像神位人名表一卷明清兩朝錢氏名人簡明表一卷

錢泳輯

民國二十六年(1937)錢文選鉛印本 浙江

集 10009149

永嘉湯壁垣先生辛未七秩倡和集一卷

谷懷、林晉芳等撰

民國二十一年(1932)鉛印本 義烏 溫州

集 10009150

永嘉王氏家言一卷

(清)林必登題

民國永嘉縣志纂修處鈔本 溫州

集 10009151

永嘉王氏文獻不分卷

梅冷生輯

民國鈔本 溫州

集 10009152

永嘉王氏文徵內編四卷外編十卷

　王理孚輯

　　民國鈔本　平陽

集 10009153

**永康胡氏八烈序文一卷詩詞七卷
鄉賢錄詩詞三卷試費義田記一卷**

　（清）永康胡鳳丹輯

　　清同治四年（1865）胡氏退補齋刻
本　溫州

集 10009154

平湖葛煜珊先生遺像題詞不分卷

　葛詞蔚輯

　　民國影印本　浙江　嘉興

集 10009155

**紹興陳醉庭先生六秩壽辰詩文
集不分卷**

　陳鍾潁等撰

　　民國九年（1920）光華美術印刷公
司鉛印本　紹興

集 10009156

**紹興王臥山先生百齡追紀徵文
集一卷**

　王家襄輯

　　民國十二年（1923）鉛印本　溫州

集 10009157

越風錢氏詩存一卷

　錢蔭喬輯

民國稿本　紹興

集 10009158

**永嘉黃禹平先生五十生日述懷
唱和集一卷**

　黃拯民輯

　　民國二十八年（1939）鉛印本
溫州

集 10009159

**紹興陳醉庭先生六秩壽辰詩文
集不分卷**

　陳鍾潁等撰

　　民國九年（1920）光華美術印刷公
司鉛印本　紹興

集 10009160

繡水王氏家藏集

　（清）王相輯

　　清道光二十年至光緒十二年
（1840～1886）繡水王氏刻本　浙江
（存十六種）　天一閣（存十二種）
嘉興（存六種）

　　清咸豐五年（1855）王氏刻本
嘉興

集 10009161

愛日草堂家言不分卷

　（清）臨海黃瑞撰

　　清抄本　臨海博

集 10009162

黃氏五世吟槀十五卷

（清）臨海黃瑞撰

清光緒十三年(1887)述思齋抄本

臨海博

集 10009163

晚香録三卷

（清）臨海馮甦編

清抄本　臨海博

集 10009164

三蘇文選體要四卷

（明）歸安茅坤等選　（清）章詔

增訂

清康熙金閶童氏刻本　國圖

尺牘之屬

集 10009165

蕭堂家書不分卷

（清）臨海何奏簧編

晚清天台何氏抄本　臨海博

集 10009166

賴古堂名賢尺牘新鈔十二卷

（清）杭州高阜　（清）羅耀選

清賴古堂刻情話軒印本　國圖

集 10009167

向山近鈔尺牘小品一集十二卷

自稿二卷二集十二卷補遺一卷

自稿一卷

（清）錢塘周京輯

清康熙二十四年(1685)刻本　中

科院　上海

集 10009168

尺牘新編甲集二卷乙集一卷丙

集三卷丁集三卷

（清）山陰楊賓輯

阮亭遊記一卷

（清）王士禎撰　（清）山陰楊賓輯

清鈔本(陸僎跋)　國圖

集 10009169

分類尺牘新語二十四卷

（清）仁和徐士俊　（清）錢塘汪淇

輯並評

清康熙二年(1663)刻本　北大

上海　湖北

集 10009170

分類尺牘新語二編二十四卷

（清）仁和徐士俊　（清）汪淇輯

並評

清康熙六年(1667)刻本　北大

復旦

集 10009171

分類尺牘新語廣編二十四卷補

編一卷

（清）錢塘汪淇　（清）仁和吳雯清

輯並評

清康熙七年(1668)刻本　北大

上海　四川

集 10009172

古今尺牘大全八卷

（清）蘭溪李漁輯

清康熙三十七年（1698）抱青閣刻本　北大　上海

集 10009173

尺牘初徵十二卷

（清）蘭溪李漁輯

清順治間刻本　南京

集 10009174

歷朝尺牘六卷

（清）海寧曹三德輯

清康熙刻本　首都　浙江

集 10009175

明賢遺翰二卷

（清）嘉善謝恭銘輯

清光緒刻本　重師大　孔子博（存一卷：下）

集 10009176

明越郡名賢尺牘一卷

（清）莫繩孫編

清光緒鉛印本　浙江

集 10009177

明人手簡序録三卷

（清）鄞縣范永祺輯

清陳同夫鈔本（清陳勱跋）　國圖

集 10009178

盧忠肅彭節愍家書合鈔二卷

（明）盧象昇　（明）彭期生撰

（清）海寧吳昂駒輯

清吳氏竹素山房鈔本　復旦

集 10009179

明人尺牘四卷國朝尺牘六卷

（清）錢塘梁同書輯

清光緒十七年（1891）刻本　國圖

集 10009180

憑山閣新輯尺牘寫心集四卷二集六卷

（清）海寧陳枚輯

清康熙十九年（1680）憑山閣刻本　南京　美燕京　杭州

清康熙三十五年（1696）憑山閣刻本　國圖　北大　上海

清康熙刻本　國圖

清康熙古杭陳氏刻本　國圖

美國哈佛大學哈佛燕京圖書館館藏善本明清總集叢刊本

集 10009181

帖體類箋七卷

（清）錢塘王延年輯

清乾隆二十四年（1759）刻本　美燕京

清乾隆四十年（1775）刻本　浙江

美國哈佛大學哈佛燕京圖書館館藏善本明清總集叢刊本

集 10009182

曹李尺牘合選二卷

（清）秀水曹溶 （清）秀水李良年撰 （清）海寧茅復輯

清慎餘堂刻本 遼寧 南京 海寧 莫氏陳列館

清世德堂刻本 人大

清河澗堂刻本 北大 南京 浙江

清刻本 天津 陝西 浙江 天一閣 臨海 魯迅紀念館

集 10009183

斯友堂選輯尺牘新編一卷

（清）青田蔣嶙輯

清鈔本 上海

集 10009184

潛園友朋書問十二卷

（清）歸安陸心源輯

清光緒二十年（1894） 上海復古齋石印本（五十名家書札） 遼寧

清光緒二十三年（1897）醉二室影印本 青海

清光緒三十年（1904）湖州陸心源上海章福記書局影印本 國圖 煙臺

清光緒三十三年（1907）醉醉室影印本 遼寧 南京 天津 紹興

清末石印本 國圖 遼寧 蘇大 浙江 平湖 嘉興 紹興

清光緒影印本 蘇州

集 10009185

昭代名人尺牘十二卷

（清）海鹽吳修輯

清宣統元年（1909） 上海南洋官書局鉛印本 遼寧

1994 年上海書店出版社叢書集成續編本

2008 年 9 月廣州出版社廣州大典本

集 10009186

陳沖若夫婦與長女陳穰書信不分卷

（清）平湖陳翰、 （清）廖芝撰

民國鈔本 平湖

集 10009187

張金鏞、張炳堃等書信集不分卷

（清）平湖張金鏞 （清）平湖張炳堃等

稿本 平湖

集 10009188

張炳堃等書信不分卷

（清）平湖張炳堃等

稿本 平湖

集 10009189

張金鏞張炳堃與侃筠等書信不分卷

（清）平湖張金鏞、 （清）平湖張炳堃等

稿本 平湖

集 10009190

張炳塈書信日記不分卷

（清）平湖張炳塈等

清同治元年至二年（1862～1863）稿本　平湖

集 10009191

張毓達家書日記等不分卷

（清）平湖張毓達撰

清光緒五年（1879）稿本　平湖

清同治七年至光緒十三年（1868～1887）稿本　平湖

集 10009192

夢璜手劄不分卷

（清）瑞安張夢璜撰

鈔本　溫州

集 10009193

昭代名人尺牘二十四卷小傳二十四卷

（清）海鹽吳修輯

清嘉慶十九年至道光六年（1814～1826）吳修刻本　國圖

清光緒七年（1881）（1868）刻本　國圖

清光緒三十四年（1908）西泠印社影印本　首都

清光緒三十四年（1908）海集古齋石印本　國圖　南京

清宣統元年（1909）澄衷印局影印本　首都

清宣統三年（1911）天寶石印局石

印本　天津　天一閣　溫州　海鹽博　海寧　台州學院

清朱絲欄鈔本　國圖

集 10009194

舒鐵雲王仲瞿往來手劄及詩曲稿合冊一卷

（清）舒位　（清）秀水王曇

民國上海有正書局影印本　浙博　溫州

集 10009195

二查尺牘二卷

（清）海寧查慎行、（清）海寧查嗣瑮撰

鈔本　上海

清代家集叢刊續編本

集 10009196

尺牘雜錄

（清）東陽鄭天海錄

稿本　東陽陳子秋藏

2013 年上海古籍出版社重修金華叢書本

集 10009197

楹聯集錦八卷

（清）永康胡鳳丹輯

清同治六年（1867）刻本　金華博

2013 年上海古籍出版社重修金華叢書本

集 10009198

六家書札

（清）阮元 （清）張穆 （清）鄧石如 （清）仁和錢枚等撰

稿本　　　集國圖

集 10009199

鄰封函件

秀水金蓉鏡等撰

清末粘貼稿本　　國圖

集 10009200

馮志青所接書札

（清）海鹽徐用儀等撰

清末粘貼稿本　　國圖

集 10009201

致平步青札不分卷

（清）任康等著

稿本　　杭州

集 10009202

西泠八家尺牘一卷

（清）錢塘丁敬等撰

民國西泠印社影印本　　溫州

集 10009203

齊息園宗伯同人投贈手札墨跡不分卷附倦舫老人投贈書札

（清）臨海黃瑞輯

清抄本　　臨海博

集 10009204

秋籟閣函稿不分卷

（清）臨海黃瑞輯

清稿本　　臨海博

集 10009205

草心室尺牘偶存四卷

（清）臨海黃瑞輯

清抄本　　臨海博

集 10009206

映紅樓師友手札不分卷

（清）慈溪王定祥等撰

清稿本　　浙江

課藝之屬

集 10009207

可儀堂一百二十名家制義不分卷

（清）桐鄉俞長城輯

清康熙三十八年（1699）可儀堂刻本　　上海　南師大

清康熙步月樓令德堂刻本　　國圖

清康熙間刻本　　國圖　北大

清乾隆三年（1738）文盛堂懷德堂刻本　　國圖

清康熙三十八年（1699）元聚堂刻本　　湖南

王半山稿一卷　　（宋）王安石撰

蘇潁濱稿一卷　　（宋）蘇轍撰

楊誠齋稿一卷　　（宋）楊萬里撰

陸象山稿一卷　　（宋）陸九淵撰

陳君舉稿一卷　　（宋）陳傅良撰

汪六安稿一卷　(宋)汪立信撰
文文山稿一卷　(宋)文天祥撰
于廷益稿一卷　(明)于謙撰
薛敬軒稿一卷　(明)薛瑄撰
商素庵稿一卷　(明)商輅撰
陳白沙稿一卷　(明)陳獻章撰
岳蒙泉稿一卷　(明)岳正撰
王宗貫稿一卷　(明)王恕撰
丘仲深稿一卷　(明)丘濬撰
李西崖稿一卷　(明)李東陽撰
羅一峰稿一卷　(明)羅倫撰
林亨大稿一卷　(明)林瀚撰
吴匏庵稿一卷　(明)吴寬撰
王守溪稿一卷　(明)王鏊撰
謝木齋稿一卷　(明)謝遷撰
錢鶴灘稿一卷　(明)錢福撰
顧東江稿一卷　(明)顧清撰
李崆峒稿一卷　(明)李夢陽撰
唐伯虎稿一卷　(明)唐寅撰
倫迂岡稿一卷　(明)倫文敘撰
王陽明稿一卷　(明)王守仁撰
董中峰稿一卷　(明)董玘撰
顧未齋稿一卷　(明)顧鼎臣撰
唐虞佐稿一卷　(明)唐龍撰
鄒謙之稿一卷　(明)鄒守益撰
楊升庵稿一卷　(明)楊慎撰
汪青湖稿一卷　(明)汪應軫撰
季彭山稿一卷　(明)季本撰
崔東洲稿一卷　(明)崔桐撰
陸冶齋稿一卷　(明)陸釴撰
唐荊川稿一卷　(明)唐順之撰
羅念庵稿一卷　(明)羅洪先撰
薛方山稿一卷　(明)薛應旗撰
諸理齋稿一卷　(明)諸燮撰
嵇川南稿一卷　(明)嵇世臣撰
張小越稿一卷　(明)張元撰
茅鹿門稿一卷　(明)茅坤撰
瞿昆湖稿一卷　(明)瞿景淳撰
袁太沖稿一卷　(明)袁福徵撰
孫百川稿一卷　(明)孫樓撰
王方麓稿一卷　(明)王樵撰
周萊峰稿一卷　(明)周思兼撰
陶樸庵稿一卷　(明)陶澤撰
海剛峰稿一卷　(明)海瑞撰
胡二溪稿一卷　(明)胡定撰
王荊石稿一卷　(明)王錫爵撰
許敬庵稿一卷　(明)許孚遠撰
歸震川稿一卷　(明)歸有光撰
胡思泉稿一卷　(明)胡友信撰
鄧定宇稿一卷　(明)鄧以贊撰
黄葵陽稿一卷　(明)黄洪憲撰
孫月峰稿一卷　(明)孫鑛撰
趙儕鶴稿一卷　(明)趙南星撰
馮具區稿一卷　(明)馮夢禎撰
楊貞復稿一卷　(明)楊起元撰
顧涇陽稿一卷　(明)顧憲成撰
鄒泗山稿一卷　(明)鄒德溥撰
萬二愚稿一卷　(明)萬國欽撰
湯若士稿一卷　(明)湯顯祖撰
葉永溪稿一卷　(明)葉修撰
張魯叟稿一卷　(明)張壽朋撰
錢季梁稿一卷　(明)錢士鰲撰
陶石簣稿一卷　(明)陶望齡撰
董思白稿一卷　(明)董其昌撰
郝楚望稿一卷　(明)郝敬撰
吴因之稿一卷　(明)吴默撰
顧開雍稿一卷　(明)顧天埈撰
孫淇澳稿一卷　(明)孫慎行撰
黄貞父稿一卷　(明)黄汝亨撰
許鍾斗稿一卷　(明)許獬撰
張君一稿一卷　(明)張以誠撰
方孟旋稿一卷　(明)方應祥撰

顧瑞屏稿一卷 （明）顧錫疇撰

石季常稿一卷 （明）石有恆撰

王房仲稿一卷 （明）王士驌撰

章大力稿一卷 （明）章世純撰

文湛持稿一卷 （明）文震孟撰

黃石齋稿一卷 （明）黃道周撰

艾千子稿一卷 （明）艾南英撰

凌茗柯稿一卷 （明）凌義渠撰

羅文止稿一卷 （明）羅萬藻撰

曹峨雪稿一卷 （明）曹勳撰

黎博庵稿一卷 （明）黎元寬撰

金正希稿一卷 （明）金聲撰

楊維鬥稿一卷 （明）楊廷樞撰

左蘿石稿一卷 （明）左懋第撰

楊維節稿一卷 （明）楊以任撰

陳大士稿一卷 （明）陳際泰撰

陳素庵稿一卷 （明）陳之遴撰

包宜墼稿一卷 （明）包爾庚撰

陳大樽稿一卷 （明）陳子龍撰

金道隱稿一卷 （明）金堡撰

黃陶庵稿一卷 （明）黃淳耀撰

徐思曠稿一卷 （明）徐方廣撰

錢起士稿一卷 （明）錢禧撰

劉覺岸稿一卷 （清）劉思敬撰

劉克猷稿一卷 （清）劉子壯撰

熊鍾陵稿一卷 （清）熊伯龍撰

王邁人稿一卷 （清）王庭撰

戚價人稿一卷 （清）戚藩撰

李石臺稿一卷 （清）李來泰撰

張爾成稿一卷 （清）張永祺撰

唐采臣稿一卷 （清）唐德亮撰

陸圓沙稿一卷 （清）陸燦撰

俞以除稿一卷 （清）俞之琰撰

張素存稿一卷 （清）張玉書撰

郭水客稿一卷 （清）郭溶撰

沈憲吉稿一卷 （清）沈受祺撰

章雲李稿一卷 （清）章金牧撰

趙明遠稿一卷 （清）趙炳撰

顏修來稿一卷 （清）顏光敏撰

李厚庵稿一卷 （清）李光地撰

韓慕廬稿一卷 （清）韓菼撰

金谷似稿一卷 （清）金居敬撰

呂晚村稿一卷 （清）呂留良撰

集 10009208

塾課賸編不分卷

（清）桐鄉張長均撰

清乾隆四十一年（1776）刻本　美燕京

美國哈佛大學哈佛燕京圖書館館藏善本明清總集叢刊本

集 10009209

晚村天蓋樓偶評大題觀畧不分卷

（清）崇德呂留良輯並評

清康熙間刻本　美國會

集 10009210

晚村天蓋樓偶評十二科

（清）崇德呂留良輯並評

清康熙十二年（1673）刻本（書名頁題十二科小題觀畧）　國圖

集 10009211

天蓋樓偶評

（清）石門呂留良編

清順治三年（1646）刻本　孔子博

集 10009212

晚村天蓋樓偶評程墨觀畧不分卷

（清）崇德吕留良輯並評

清康熙十七年（1678）刻本　美
國會

集 10009213

海鹽朱氏宗人戚党師門歷科鄉
會試卷十六卷

（清）海鹽朱彭壽輯

清道光至光緒刻本　科學院

集 10009214

臨海課藝不分卷

佚名輯

清鈔本　臨海博

集 10009215

四明課藝合選不分卷

佚名輯

清同治十二年（1873）刻本　天
一閣

集 10009216

四明課藝四卷

（清）佚名輯

清光緒三十年（1904）句東官學堂
刻本　奉化文管會

集 10009217

四明課藝續集不分卷

（清）佚名輯

清光緒五年（1879）刻本　寧波

集 10009218

樵李文社課藝一卷

（清）陸祖穀輯

民國十四年（1925）樵李文社鉛印
本　嘉興

集 10009219

應試排律精選六卷

（清）山陰周大樞選

清乾隆二十三年（1758）刻本　美
燕京

美國哈佛大學哈佛燕京圖書館館
藏善本明清總集叢刊本

清安迎堂刻本　嵊州　紹興

集 10009220

浙江薦舉博學鴻詞試帖不分卷

（清）烏程嚴遂成等撰

清光緒十三年（1887）丁氏八千卷
樓鈔本（清丁丙跋）　南京

集 10009221

二銘草堂近科墨選

（清）西安張德容輯

清刻本　北師大　劉國慶收藏

衢州文獻集成本

清同治元年（1862）刻本　無錫

集 10009222

惜陰書院西齋課藝賦鈔讀本不分卷

（清）瑞安張棡輯

民國張棡鈔本　溫州

集 10009223

國朝歷科元墨正宗不分卷

（清）嘉善謝墉等撰

清道光刻本　輝縣博

集 10009224

讀墨一隅

（清）海鹽吳懋政評注

清乾隆刻本　國圖

集 10009225

近科墨卷經奮集

（清）海鹽吳懋政編　（清）許同村

集（清）王瑒溪續訂

清嘉慶刻本　國圖　東陽博

集 10009226

墨鵠約刊

（清）海鹽吳懋政評選

清乾隆五十七(1792)八銘書塾刻

本　國圖

集 10009227

天崇讀本百篇

（清）海鹽吳懋政評選

清道光六年(1826)刻本　國圖

集 10009228

增註八銘塾鈔全集不分卷

（清）海鹽吳懋政輯

清光緒十四年(1888)學庫山房刻

本　九行二十七字小字雙行同白口

四周雙邊天津圖書館

集 10009229

注釋八銘塾鈔二集

（清）海鹽吳懋政輯

清乾隆刻本　國圖

集 10009230

道光乙酉科浙江魁卷一卷

（清）徐光簡等撰

清道光五年聚奎堂刻本　浙江

集 10009231

**光緒癸卯恩科浙江鄉試第捌房
同門試卷一卷**

（清）程宗伊等撰

清光緒刻本　浙江

集 10009232

**光緒癸卯恩科浙江鄉試第四房
同門試卷一卷**

（清）陶垂等撰

清光緒刻本　浙江

集 10009233

同治癸酉科浙江闈墨不分卷

（清）顧文彬等撰

清同治聚奎堂刻本　浙江

集 10009234

**同治辛酉戊戌科浙江鄉試硃卷
不分卷**

（清）祝家驥等撰

清同治四年(1865)刻本　天一閣

集 10009235

浙江詩課九卷浙江考卷一卷浙士解經録四卷

　(清)阮元輯

　　清再到亭刻本　雲和

集 10009236

浙江詩課十卷考卷一卷

　(清)阮元輯

　　清嘉慶再到亭刻本　浙江　温州

集 10009237

浙江試牘立誠編不分卷

　佚名輯

　　清刻本　衢州博

集 10009238

浙江試牘一卷

　(清)章黼等撰

　　清刻本　衢州博

集 10009239

浙江試帖攬勝□□卷

　(清)嚴憲曾輯

　　清刻本　天一閣

集 10009240

浙江校士經史詩録不分卷

　(清)周玉麒書

　　清咸豐八年(1858)刻本　浙江

集 10009241

浙江校士録不分卷二編不分卷

　(清)丁紹周敍

　　清刻本　天一閣

集 10009242

浙江校士録二編不分卷

　(清)丁紹周敍

　　清同治十二年(1873)刻本　東陽博

集 10009243

浙西校士録不分卷

　(清)浙江提督學院録

　　清光緒三十年(1904)石印本　寧波

　　清刻本　温州

集 10009244

兩浙試牘不分卷

　題 (清)劉大宗師評定

　　清康熙刻本　天一閣

集 10009245

兩浙試帖一卷

　佚名輯

　　清刻本　淳安

集 10009246

兩浙校士録初編不分卷

　佚名輯

　　清刻本　浙江

集 10009247

浙新課士録十一卷

佚名輯

清末石印本　泰順

集 10009248

浙士解經録四卷浙江詩課七卷

（清）阮元輯

清嘉慶再到亭刻本　浙江

集 10009249

浙江形勝試帖不分卷二刻不分卷

佚名輯

清光緒元年(1875)刻本　寧波
麗水

集 10009250

浙江形勝試帖二刻不分卷

佚名輯

清刻本　嵊州

集 10009251

浙江闈墨一卷

（清）劉焜撰

清光緒二十八年(1902)聚奎堂刻
本　衢州博

集 10009252

三台制義拾存不分卷

佚名輯

民國鈔本　臨海博

集 10009253

紹興府學堂課藝不分卷

（清）徐錫麟選

清光緒三十一年(1905)紹興府學
堂石印本　魯迅紀念館

集 10009254

紹興府學堂課藝一卷

（清）徐錫麟選

清光緒三十一年(1905)紹興府學
堂石印本　麗水

集 10009255

越郡課藝不分卷

（清）佚名輯

清光緒二十八年(1902)紹興會文
堂石印本　天一閣

集 10009256

紹興試草一卷

（清）佚名輯

清光緒三十一年(1905)上海書局
石印本　紹興

集 10009257

陳太僕制義體要十九卷

（清）錢塘陳兆崙輯，（清）瑞安孫
衣言校補

清光緒二年(1876)敬敷書院刻本
麗水

集 10009258

苔岑經義鈔六卷首一卷

（清）鎮海張鴻桷輯

清光緒十年(1884)蛟川張氏秋樹
根齋刻本　國圖

集 10009259

學海堂課藝不分卷

（清）楊昌濬輯

清同治九年（1870）刻本　上海　湖南

2019 年學苑出版社杭州學海堂課藝合集本

集 10009260

學海堂課藝續編

（清）會稽杜聯輯

清光緒元年（1875）刻本　上海

2019 年學苑出版社杭州學海堂課藝合集本

集 10009261

學海堂課藝三編

（清）會稽杜聯輯

清光緒五年（1879）刻本　上海　嘉興

2019 年學苑出版社杭州學海堂課藝合集本

集 10009262

學海堂課藝五集不分卷

（清）蘭溪唐壬森輯

清光緒十一年（1885）刻本　上海

2019 年學苑出版社杭州學海堂課藝合集本

集 10009263

學海堂課藝六編不分卷

（清）鄞縣陸廷黻輯

清光緒十四年（1888）刻本　上海　蘇大

2019 年學苑出版社杭州學海堂課藝合集本

集 10009264

學海堂課藝七編不分卷

（清）鄞縣陸廷黻、錢塘楊文瑩鑑定（清）高保康、胡上襄編校

清光緒十七年（1891）刻本　上海　紹興　臨海

2019 年學苑出版社杭州學海堂課藝合集本

集 10009265

學海堂課藝八集不分卷

（清）錢塘楊文瑩鑑定（清）仁和許郊、仁和高保康編校

清光緒二十一年（1895）刻本　上海　臨海

2019 年學苑出版社杭州學海堂課藝合集本

集 10009266

進呈冊不分卷

（清）天台汪霖等撰

清鈔本　湖北

詩文評類

集 10009267

詩觸十六種十九卷
(清)海鹽朱琰編
清乾隆嘉慶間刻本　國圖　中科院　遼寧

集 10009268

詩觸五卷
(清)海鹽朱琰輯
清道光四年(1824)刻本　國圖
清嘉慶三年(1798)刻本　國圖　南京

集 10009269

詩觸不分卷
(清)海鹽朱琰輯
清刻本　國圖

集 10009270

學詩津逮八卷
(清)海鹽朱琰輯
清乾隆二十五年(1760)刻本　國圖

集 10009271

全宋詩話十二卷
(清)桐鄉孫濤輯
稿本　清施嵩跋　上海

清鈔本　清華(清馮登府跋)
2008年8月復旦大學出版社上海圖書館未刊古籍稿本本

集 10009272

文則二卷
(宋)臨海陳騤撰

校語一卷
(清)宋世犖撰
清嘉慶二十三年(1818)臨海宋氏刻台州叢書本

集 10009273

石林詩話三卷附錄一卷
(宋)烏程(吳縣人，寓居烏程)葉夢得撰

附錄一卷
(清)葉廷琯輯
清道光二十四年(1844)東洞庭山葉孝培刻本　國圖　南京(清葉廷管校並跋)　天一閣　平湖
清末鈔本　國圖
1990—1991年中國書店海王村古籍叢刊本
中華再造善本本

集 10009274

石林詩話三卷
(宋)烏程(吳縣人，寓居烏程)葉夢得撰

拾遺一卷
(清)葉廷琯輯

拾遺補一卷

葉德輝輯

附録一卷

（清）葉廷琯輯

附録補遺一卷

葉德輝輯

清光緒十四年（1888）長沙葉氏觀古堂刻本　國圖

集 10009275

全唐詩話八卷

題（宋）尤袤撰　（清）桐鄉孫濤續輯

清乾隆三十九年（1774）孫濤清芬堂刻本　上海　南京　北師大　遼寧　川大

集 10009276

四溟詩話四卷

（明）謝榛撰　（清）衢州胡曾校訂

清乾隆十九年（1754）繡水胡氏耘雅堂刻本　國圖　上海　南京　湖北　四川　中大　東北師大　中央黨校（清姚鵬圖批並跋）　徐州　浙江

清道光二十五年（1845）咸豐元年番禺潘氏刻光緒十一年（1885）增刻彙印海山仙館叢書本　國圖　中科院　北大　上海　復旦　天津　遼寧　山東　南京　浙江　湖北

2008 年 9 月廣州出版社廣州大典本

清道光刻本　金陵

集 10009277

初白庵詩評三卷詞綜偶評一卷

（清）海寧查慎行撰　（清）海鹽張載華輯

清乾隆四十二年（1777）張氏涉園觀樂堂刻本　國圖　南京（張元濟跋）　中科院　天津　上師大　湖北

清乾隆四十二年（1777）蕭嘉植刻本　蘇州

集 10009278

詩法火傳十六卷

（清）嘉興馬上巘輯

清順治十八年（1661）馬氏古香齋刻本　國圖　北大　南京　上師大　遼寧　美燕京

清古香齋刻本　南京

清古吳服古堂刻本　北大　西南大

清順治十七年至十八年（1660～1661）古香齋刻本　湖南

集 10009279

西河詩話八卷

（清）蕭山毛奇齡撰

清康熙間書留草堂刻乾隆三十五年（1770）陸體元修補重印西河合集本　國圖　遼寧　南大　廣西

清嘉慶元年（1796）刻西河合集本　中科院　瀋陽　大連　日內閣

集 10009280

西河詩話一卷

（清）蕭山毛奇齡撰

清道光十三年（1833）吳江沈氏世楷堂刻昭代叢書本　國圖　中科院

北大　上海　復旦　遼寧　山東　南京　浙江　湖北

清宣統三年（1911）　上海文瑞樓石印本　國圖　上海　北大　天津　青海　浙江　嘉興　紹興　溫州　平湖

清刻本　國圖

1994 年上海書店出版社叢書集成續編本

集 10009281

原詩四卷

（清）嘉興（一說江蘇吳江）葉燮撰

清康熙二十五年（1686）二葉草堂刻本　北大　中科院　中社科院　上海　蘇州

清鈔本　福建　浙江

清康熙二十三年至二十五年（1684～1686）金閶劉承芳二棄草堂刻本　國圖

清康熙葉氏二棄草堂刻本　國圖　陝西　南京

2002 年上海古籍出版社影印續修四庫全書本

集 10009282

原詩一卷

（清）嘉興（一說江蘇吳江）葉燮撰

清道光十三年（1833）吳江沈氏世楷堂刻昭代叢書本　國圖　中科院

北大　上海　復旦　遼寧　山東　南京　浙江　湖北

1994 年上海書店出版社叢書集成續編本

集 10009283

柳亭詩話三十卷

（清）山陰宋長白撰

清康熙間刻光緒八年（1882）楊雨耕坊補刻重修本　南京　首都　浙江　平湖　海寧　臨海

清光緒八年（1882）山陰宋澤元懺華盦刻本　國圖

清末鈔本　紹興

清光緒間山陰宋氏刻十三年（1887）彙印懺花盦叢書本　中科院

北大　復旦　遼寧　甘肅　山東　南京　中山　廣西　四川

清康熙刻本　國圖

1994 年上海書店出版社叢書集成續編本

2002 年上海古籍出版社影印續修四庫全書本

集 10009284

帶經堂詩話三十卷首一卷

（清）王士禛撰　（清）海鹽張宗柟輯

清乾隆二十七年（1762）南曲舊業刻本　國圖　首都　遼寧　湖北　中山　重師大　平湖　黑龍江

清乾隆間刻本　國圖　北大　南京　遼寧　青海　紹興

清末刻本　南京

清乾隆二十八年(1763)刻本　內蒙古

清乾隆五十四年(1789)紹興李宏德刻本　天津　吳江　陝西

清咸豐四年(1854)巴蜀善成瑞記校刻本　湖南

清同治十二年(1873)廣州藏修堂刻本　國圖　上海　南京　遼寧　浙江　杭州　紹興　溫州　蘭溪博金華

清光緒元年(1875)刻本　陝西青海

民國上海掃葉山房石印本　溫州臨海

2002 年上海古籍出版社影印續修四庫全書本

集 10009285

台州詩話一卷

（清）慈溪童賡年撰

稿本　國圖

集 10009286

静遠草堂詩話不分卷

（清）海寧周樂清撰

稿本　北大

集 10009287

説詩樂趣類編二十卷

（清）臨安伍涵芬輯

清康熙四十年(1701)華日堂刻本　國圖　北大　清華　人大　北師大　美燕京　浙江

清刻本　國圖　遼寧　揚州大　蘇大　紹興

清乾隆三十二年(1767)萃華堂刻本　首都

清嘉慶六年(1801)刻本　寧波

清嘉慶會成堂刻本　陝西　青海

清道光二十六年(1846)刻本　浙江

清光緒刻本　溫州

清文奎堂刻本　徐州

清著易堂書局石印本　餘杭　海寧　紹興

集 10009288

静志居詩話二十四卷

（清）秀水朱彝尊撰　錢塘姚祖恩輯

清嘉慶二十四年(1819)錢塘姚祖恩扶荔山房刻本　國圖　北大　南京　大連　浙江　上虞　嘉興　紹興　溫州大

清嘉慶静志居刻本　國圖

民國二年(1913)上海文瑞樓石印本　浙江　浙博　溫州　安吉博

2002 年上海古籍出版社影印續修四庫全書本

集 10009289

静志居詩話偶鈔一卷

（清）秀水朱彝尊撰　孟超然輯

清乾隆二十六年(1761)孟超然鈔本　福建

集 10009290

静志居詩話不分卷

（清）秀水朱彝尊撰

清康熙鈔本　浙江

集 10009291

蘭皋詩話三卷

（清）上虞丁鶴撰

清鈔本　國圖

集 10009292

一百二十名家制義題辭一卷

（清）桐鄉俞長城撰

清乾隆沈叔埏鈔本　浙博

集 10009293

歷代詩話八十卷

（清）歸安吳景旭撰

清鈔本　上海　浙江　四川　無錫

清乾隆間內府寫文淵閣四庫全書本　臺故博

清乾隆間內府寫文溯閣四庫全書本　甘肅

清乾隆間內府寫文津閣四庫全書本　國圖

2008 年商務印書館影印文津閣四庫全書本

清乾陸間內府寫清末民初補鈔文瀾閣四庫全書本　浙江

1982～1986 年臺灣商務印書館景印文淵閣四庫全書本

1986 年上海古籍出版社據臺灣商務印書館景印文淵閣四庫全書景印本

2006～2015 年杭州出版社影印文瀾閣四庫全書本

1994 年上海書店出版社叢書集成續編本

清咸豐四年(1854)吳興劉氏嘉世堂刻本　吳江

民國三年(1914)吳興劉氏嘉業堂刻本　浙江

集 10009294

榕城詩話三卷

（清）仁和杭世駿撰

清乾隆刻本　國圖　南京　清華　南師大　浙江　玉海樓

清乾隆杭賓仁羊城刻杭大宗七種叢書本

清乾隆四十年(1775)鮑氏刻知不足齋叢書本

清乾隆四十五年(1780)長塘鮑氏刻知不足齋叢書本　江蘇師大　揚州大　江蘇師大

清咸豐元年(1851)長沙小嫏嬛山館刻杭大宗七種叢書本

清咸豐同治間長沙余氏刻明辨齋叢書本

清鈔本　北大（清吳騫、朱文藻批校）

民國四年(1915)同文圖書館石印

本　玉海樓

2002 年上海古籍出版社影印續
修四庫全書本

集 10009295

榕城詩話一卷

（清）仁和杭世駿撰

清同治間管氏稿本待清書屋雜鈔
四百九十三種本　天津

集 10009296

定泉詩話五卷

（清）餘姚（祖籍餘姚，遷嘉興）陳
梓撰

清鈔本　中社科院文學所

藜照廬叢書本　上海

集 10009297

槐塘詩話不分卷

（清）錢塘汪沆撰

清鈔本　南京

集 10009298

宋詩紀事一百卷

（清）錢塘厲鶚　（清）馬曰琯輯

清乾隆十一年（1746）厲氏樊榭山
房刻本　國圖　上海（存九十二卷：
一至十二，二十一至一百，清翁方綱
評）　北大　首都　遼寧　湖北
川大　西南大　川師大　川師大
重師大　美燕京　浙江　紹興　溫
州　上虞　天一閣　浙大　嘉善
南師大　蘇大　蘇州　揚州大

清乾隆間內府寫文淵閣四庫全書
本　臺故博

清乾隆間內府寫文溯閣四庫全書
本　甘肅

清乾隆間內府寫文津閣四庫全書
本　國圖

2008 年商務印書館影印文津閣
四庫全書本

清乾陸間內府寫本清末民初補鈔
文瀾閣四庫全書本　浙江

1982～1986 年臺灣商務印書館
景印文淵閣四庫全書本

1986 年上海古籍出版社據臺灣
商務印書館景印文淵閣四庫全書景
印本

2006～2015 年杭州出版社影印
文瀾閣四庫全書本

集 10009299

宋詩紀事補遺一百卷小傳補正四卷

（清）歸安陸心源撰

清同治光緒間刻本刻潛園總集本
國圖　中科院　北大　上海　復
旦　天津　甘肅　南京　浙江　湖
北　四川

清光緒十九年（1893）刻本　國圖
陝西　蘇大　無錫　臨海　安吉
博　湖南　重師大

2002 年上海古籍出版社影印續
修四庫全書本

集 10009300

澂浦詩話二卷

（清）海鹽吳文暉輯

清乾隆間吳東發刻本　南京

集 10009301

澂浦詩話二卷續四卷

（清）海鹽吳文暉輯　（清）海鹽吳
東發續輯

清嘉慶八年（1803）刻本　國圖

集 10009302

隨園詩話十六卷補遺十卷

（清）錢塘袁枚撰

清乾隆五十五至五十七年（1790～
1792）小倉山房刻本　北大　上海

清乾隆嘉慶間刻隨園三十種本
國圖　中科院　北大　復旦　遼寧
山東　中山　四川

清道光四年（1824）刻本　上海

清道光七年（1827）小酉山房刻本
遼寧

清道光二十七年（1847）小倉山房
刻本　連雲港博　國圖　國圖
天津

清同治五年（1866）三讓睦記刻隨
園三十種本　清華　桂林

清同治八年（1869）經綸堂刻本
上海　遼寧

清同治間管氏稿本待清書屋雜鈔
四百九十三種本　天津

清光緒十七年（1891）經綸堂刻隨
園三十種本　湖北

清光緒十八年（1892）勤裕堂鉛印
隨園三十八種本　國圖　北師大

上海

清光緒十八年（1892）上海圖書集
成印書局石印本　上海　清末石印
本　南京

光緒十九年（1893）倉山舊主石印
本　金陵

清宣統元年（1909）上海鑄記書局
石印本　上海　清刻本　南京　北
師大　遼寧

民國七年（1918）上海文明書局石
印隨園三十八種本　遼寧　湖北

清光緒三十四年（1908）鉛印本
國圖

清宣統三年（1911）掃葉山房石印
本　內蒙古

2002 年上海古籍出版社影印續
修四庫全書本

集 10009303

隨園詩話補遺八卷

（清）錢塘袁枚撰

清嘉慶元年（1796）刻本　南京

集 10009304

隨園詩話摘豔一卷

（清）錢塘袁枚撰

清道光元年（1821）梁懷興鈔本
（清茅筇亭跋）　山東

集 10009305

隨園詩話摘鈔不分卷

（清）錢塘袁枚撰

清梁同書鈔本（清郭尚先、吳豐培

跋） 民大

集 10009306

批本隨園詩話一卷

（清）錢塘袁枚撰

虞山周氏鴒峰草堂鈔本　臺圖

集 10009307

小倉山房續詩品一卷

（清）錢塘袁枚撰

清道光元年(1821)刻綠滿書牕本

清道光十三年(1833)吳江沈氏世楷堂刻昭代叢書本　國圖　中科院

北大　上海　復旦　遼寧　山東

南京　浙江　湖北

清道光二十三年(1843)臨潼王氏花雨山房刻本四品彙鈔本

集 10009308

詩學纂聞一卷

（清）錢塘汪師韓撰

清刻上湖遺集本　上海（清佚名校）中科院

清道光十三年(1833)吳江沈氏世楷堂刻昭代叢書本　國圖　中科院

北大　上海　復旦　遼寧　山東

南京　浙江　湖北

清光緒五年(1879)上海淞隱閣鉛印國朝名人著述叢編本　國圖　上海　復旦　天津　吉林　南京　浙江　四川

清光緒九年(1883)斐然山房刻國朝名人著述叢編本　中科院

清光緒十二年(1886)錢唐汪氏長沙刻叢睦汪氏遺書本　國圖　南京　中科院　遼寧

清刻本　國圖　北大　南京　遼寧

清末鉛印本　國圖

1994年上海書店出版社叢書集成續編本

集 10009309

遼詩話一卷

（清）海寧周春撰

清乾隆刻本　國圖　首都

清乾隆嘉慶間刻松靄初刻本　南京　浙大

清乾隆嘉慶間刻周松靄先生遺書本　首都　中科院　上海　復旦　吉大　南京　桂林

清道光十三年(1833)吳江沈氏世楷堂刻昭代叢書本　國圖　中科院

北大　上海　復旦　遼寧　山東

南京　浙江　湖北

集 10009310

遼詩話二卷

（清）海寧周春撰

清嘉慶二年(1797)藏修書屋刻本　南京　北大

清嘉慶刻本　國圖　湖南社科院

清同治光緒間古岡劉氏藏修書屋刻述古叢鈔本　國圖　中科院　北大　上海　復旦　天津　遼寧　南京　浙江　湖北　雲南

清同治十三年(1874)藏修書屋刻本　金陵

清光緒十六年(1890)新會劉氏藏修書屋刻藏修堂叢書本　國圖　中科院　南大　安徽　浙江　河南　中山

清鈔本　哈師大　浙江

清鈔本　上海(清盧文弨校,顧竹賢批校)

1994 年上海書店出版社叢書集成續編本

2002 年上海古籍出版社影印續修四庫全書本

2008 年 9 月廣州出版社廣州大典本

集 10009311
遼詩話一卷附錄一卷遼金元姓譜一卷
(清)海寧周春撰
清末鈔本　寧波

集 10009312
耊餘詩話十卷
(清)海寧周春撰
清光緒間刻朱印本及寫樣豫恕堂叢書本(清譚獻校)　上海
清鈔本　國圖　上海
2002 年上海古籍出版社影印續修四庫全書本

集 10009313
耊餘詩話一卷

(清)海寧周春撰

清同治間管氏稿本待清書屋雜鈔四百九十三種本　天津

集 10009314
海昌餘紀一卷
(清)海寧周春撰
清鈔本　北大

集 10009315
全浙詩話五十四卷補遺□卷
(清)會稽陶元藻撰
稿本　南京(存三卷:九,十二,補遺一)

集 10009316
全浙詩話五十四卷
(清)會稽陶元藻撰
清乾隆刻本　國圖　北師大
清乾隆五十九年至嘉慶元年(1794~1796)怡雲閣刻本　浙江
清嘉慶元年(1796)怡雲閣刻本　國圖　北大　南京　首都　浙江　紹興　溫州　平湖　嘉興　天一閣　玉海樓　鹽城　湖南
清香雲書屋鈔本　上辭
續四庫全書本

集 10009317
詩法指南六卷
(清)蕭山蔡鈞輯
清乾隆刻本　紹興圖
2002 年上海古籍出版社影印續

修四庫全書本

清乾隆二十三年(1758)匠門刻本
紹興　浙師大

集 10009318

三台詩話二卷

（清）太平戚學標輯

清乾隆五十一年(1786)景文堂木
活字印本　臨海博

集 10009319

鳧亭詩話二卷

（清）會稽陶元藻撰

清怡雲閣刻本　國圖

清刻本　國圖　北師大　浙江
天一閣

清乾隆刻本　江蘇師大

清鈔本　蘇州

集 10009320

拜經樓詩話一卷

（清）海寧吳騫撰

稿本　上海

集 10009321

拜經樓詩話三卷

（清）海寧吳騫撰

稿本　上海

集 10009322

拜經樓詩話四卷

（清）海寧吳騫撰

清乾隆間刻藝海珠塵本(清徐時

棟跋)　國圖

清乾隆嘉慶間海昌吳氏刻彙印拜
經樓叢書(愚谷叢書)本　國圖　中
科院　北大　上海　復旦　遼寧
安徽　四川　首都

清嘉慶間南彙吳氏聽彞堂刻(壬
癸集)道光三十年(1850)金山錢氏
漱石軒增刻重印藝海珠塵本　國圖
中科院　北大　上海　復旦　天
津　遼寧　山東　浙江　武大
桂林

清光緒刻拜經樓叢書本　天津

清末周大輔鴿峰草堂鈔本　浙江

民國十一年(1922)上海博古齋增
輯影印清吳氏刻拜經樓叢書(愚谷
叢書)本　國圖　北大　中科院
天津　上海　復旦　遼寧　甘肅
南京　浙江　湖北　重慶

民國張宗祥鈔本　浙江

2002 年上海古籍出版社影印續
修四庫全書本

集 10009323

拜經樓詩話續編二卷

（清）海寧吳騫撰

清程宗伊鈔本　清程宗伊校
南京

集 10009324

吳興詩話十六卷首一卷

（清）烏程戴璐撰

清嘉慶元年(1796)戴氏自刊本

清嘉慶二年(1797)石鼓齋刻本

國圖　浙江　安吉博　湖南

清刻本　玉海樓

清末刻本　溫州

清鈔本　國圖

民國五年(1916)劉氏嘉業堂刻吳興叢書本

1994年上海書店出版社叢書集成續編本　國圖　陝西

2002年上海古籍出版社影印續修四庫全書本

集 10009325

藝苑名言八卷

(清)烏程蔣瀾撰

清乾隆四十一年(1776)刻本　首都

清乾隆四十八年(1783)懷古軒刻本　國圖　上海

清乾隆五十六年(1791)懷古軒刻本　北大

清乾隆三讓堂刻本　國圖

清刻本　國圖　北大　常熟　浙江　紹興　平湖　溫州　嵊州　寧波　奉化文管會

清鈔本　國圖

清嘉慶十三年(1808)桂芳齋刻本　浙江

清嘉慶十九年(1814)(1809)嵩秀堂刻本　紹興

清烏絲欄鈔本　國圖

集 10009326

古今詩話探奇二卷

(清)杭州蔣鳴珂撰

清乾隆四十九年(1784)杭州蔣鳴珂玉軸樓刻本　國圖　北大　湖南師大　西北大

集 10009327

國朝詩話二卷

(清)山陰楊際昌撰

清乾隆間刻澹寧齋集本　國圖　清華

集 10009328

蘭言萃腋十卷拾遺二卷

(清)嘉興吳展成撰

稿本　清沈蓮校並跋　復旦

集 10009329

庚觚賸稿五卷

(清)嘉興吳展成撰

清抄本　杭州

集 10009330

山靜居詩話一卷

(清)桐鄉(一作石門)方薰撰

清道光間海昌蔣氏別下齋刻咸豐六年(1856)續刻別下齋叢書本　國圖　中教科院　北大　上海　復旦　桂林　山東　四川

清光緒刻本　國圖

民國十二年(1923)上海商務印書館影印清海昌蔣氏刻別下齋叢書本　北大　天津　遼寧　甘肅　南京　湖北　寧夏

民國武林竹簡齋影印清海昌蔣氏刻別下齋叢書本　國圖　中科院　天津　山東　浙江　青海

　稿本花近樓叢書本　國圖

集 10009331

魚計軒詩話不分卷

　（清）湖州計發撰

　清鈔本　復旦

　1994 年上海書店出版社叢書集成續編本

集 10009332

東目館詩見四卷

　（清）臨安胡壽芝撰

　清嘉慶十一年（1806）刻本　國圖

集 10009333

茗草香詩論一卷

　（清）仁和宋大樽撰

　清乾隆三十七年至道光三年（1772～1823）長塘鮑氏刻彙印本知不足齋叢書本　國圖　中科院　北大　遼寧　上海　復旦　天津　甘肅　南京　湖北　四川

　清道光咸豐間宜黃黃氏刻本及木活字印遜敏堂叢書本　國圖　中科院　北大　人大　上海　復旦　吉大　南京　浙江　江西　四川

　清光緒八年（1882）嶺南芸林仙館重印清鮑氏刻知不足齋叢書本　天津　湖北

　民國十年（1921）上海古書流通處

影印清鮑氏刻知不足齋叢書本　中科院　北大　天津　遼寧　復旦　浙江　寧夏　重慶　武大

集 10009334

詩論一卷

　（清）仁和宋大樽撰

　明末刻清初李際期宛委山堂續刻彙印説郛本　國圖　中科院　上海　遼寧　復旦　天津　南京　浙江

集 10009335

四六叢話三十三卷選詩叢話一卷

　（清）歸安孫梅撰

　清嘉慶三年（1798）吳興日言堂刻本　上海　浙江　嘉興　奉化文管會　諸暨

　清嘉慶三年（1798）刻本　國圖

　清光緒七年（1881）嶺南許氏刻本　國圖　北師大　遼寧

　清光緒七年（1881）吳下重刻本　上海　南京　浙大　溫州　海寧　寧波　安吉博　玉海樓　紹興　義烏

　清光緒七年（1881）刻本　國圖

　2002 年上海古籍出版社影印續修四庫全書本

集 10009336

四六叢話緣起一卷

　（清）歸安孫梅撰

　清嘉慶九年（1804）小停雲館刻二

餘堂叢書本　國圖　中科院　上海
復旦　天津　遼寧　南京　安徽

集 10009337

宋四六話不分卷

（清）蕭山周之麟　（清）仁和柴
升撰
稿本　臺圖

集 10009338

小匏庵詩話十卷

（清）嘉興吳仰賢撰
清光緒刻本
清光緒四年至八年（1878～1882）
嘉興吳氏刻本　國圖
清光緒八年（1882）刻本　南開
浙江　浙大　杭州　溫州　嘉興
平湖　嘉善
2002 年上海古籍出版社影印續
修四庫全書本　蘇州

集 10009339

詩苑雅談五卷

（清）新登（一作錢塘）羅以智撰
稿本　清丁丙跋　南京

集 10009340

倚劍詩譚不分卷

（清）太平黃濬撰
稿本　浙江

集 10009341

春雪亭詩話一卷

（清）武康徐熊飛撰
清管庭芬輯花近樓叢書稿本
國圖
清咸豐十年（1860）夢花軒鈔本
復旦
1994 年上海書店出版社叢書集
成續編本

集 10009342

匏廬詩話三卷

（清）嘉興沈濤撰
清道光二十年（1840）刻本　國圖
南京　浙江　嘉興
清光緒四年（1878）秀水孫氏望雲
仙館刻橋李遺書本　國圖　中科院
北大　上海　山東　南京　浙江
湖北　中山　四川
1994 年上海書店出版社叢書集
成續編本

集 10009343

匏廬詩話一卷

（清）嘉興沈濤撰
清同治間管氏稿本待清書屋雜鈔
四百九十三種本　天津

集 10009344

匏廬詩話二卷

（清）嘉興沈濤撰
清道光二十八年（1848）刻本
首都

集 10009345

香雪園詩話六卷

（清）武康王誠撰

稿本　上海

集 10009346

淄陽詩話四卷

（清）杭州王樹撰

清咸豐九年（1859）刻本　國圖

清咸豐十年（1860）刻本　南京

清咸豐刻本　浙江

清同治元年（1862）刻本　國圖

集 10009347

古今詩話選雋二卷

（清）東陽盧衍仁輯

清抱青閣刻本　國圖

清刻本　國圖　北師大　遼大

清乾隆刻本　浙江　蘇大

清乾隆四十五年（1780）刻本　浙

江　溫州

清嘉慶二十四年（1819）雪樵鈔本

蘇州

清黃墨套印本　首都

清光緒二十六年（1900）刻紅格套

印本　内蒙古

2013 年上海古籍出版社重修金

華叢書本

集 10009348

復莊詩評不分卷

（清）會稽陶方琦撰

稿本　浙江

集 10009349

采輯歷朝詩話一卷

（清）永康胡鳳丹輯

清同治九年（1870）胡氏退補齋刻

唐四家詩集本　北大

集 10009350

六朝四家全集辨訛考異四卷

（清）永康胡鳳丹撰

清同治九年（1870）永康胡氏退補

齋刻六朝四家全集本　國圖

集 10009351

名媛詩話十二卷續集三卷

（清）錢塘沈善寶撰

清道光二十六年（1846）刻本

中大

清鴻雪樓刻本　國圖

民國十二年（1923）鉛印本　餘杭

杭師大　寧波　溫州

民國十三年（1924）鉛印本　浙江

嘉興　溫州　平湖

2002 年上海古籍出版社影印續

修四庫全書本

集 10009352

養自然齋詩話十卷

（清）仁和鍾駿聲撰

清同治十三年（1874）京師仁和鍾

氏刻本　國圖

集 10009353

越縵堂詩話一卷

（清）會稽李慈銘撰

稿本　中大

2008 年 12 月廣東人民出版社清
代稿鈔本本

集 10009354

梅花詩話二十二卷末一卷

（清）平湖張誡撰

清平湖張氏抄本　平湖

集 10009355

梅花詩話□□卷梅花吟一卷

（清）平湖張誡撰

清乾隆五十一年（1786）稿本
平湖

集 10009356

蘇亭詩話四卷

（清）錢塘張道撰

稿本　上海

清同治五年（1866）刻本　國圖

清光緒十九年（1893）錢塘張氏刻
本　國圖

漁浦草堂遺稿本　上海

集 10009357

蘇亭詩話六卷

（清）錢塘張道撰

清同治五年（1866）（1865）刻本
國圖　南開

清光緒十八年（1892）（1893）刻本
國圖

清光緒十九年（1893）錢塘張鴻儀

長沙學院刻本　國圖　上海　南京
　首都　陝西　浙江　浙大　湖南

清光緒錢塘張預鈔本　浙江

集 10009358

漚巢詩話二卷

（清）錢塘張道撰

稿本　上海

漁浦草堂遺稿本　上海

集 10009359

全浙詩話刊誤一卷

（清）錢塘張道撰

稿本　上海

漁浦草堂遺稿本　上海

清光緒崇文書局刻正覺樓叢書本

清光緒六年（1880）刻本　國圖
鹽城　無錫

清光緒刻本　高郵

清刻本　金陵

集 10009360

蛟川詩話四卷

（清）寧波張懋延撰

清鈔本　浙江

集 10009361

述言摘録四卷

（清）會稽陶亦善撰

清陶氏賢奕書樓鈔陶氏賢弈書樓
叢書本　國圖

清代家集叢刊續編本

集 10009362

東瀛詩記二卷

（清）德清俞樾撰

清同治光緒間刻光緒末彙印春在堂全書本　國圖　中科院　北大
上海　復旦　天津　遼寧　山東
南京　浙江　湖北　四川　雲南

集 10009363

白華山人詩説二卷

（清）定海厲志撰

清光緒九年（1883）厲學潮刻白華山人集本　國圖　南京

集 10009364

續唐詩話一百卷

（清）歸安沈炳巽撰

稿本　臺圖

集 10009365

百家評注文章軌範七卷附閱古隨筆二卷

（宋）謝枋得編　（明）歸安茅坤注
（清）顧集評　（清）蔣時機訂正

清乾隆二十七年（1762）刻本
南京

集 10009366

呂晚村先生論文彙鈔不分卷

（清）崇德呂留良撰

清康熙五十三年（1714）呂氏家塾刻本　國圖　南京　浙江　湖北

四庫禁燬叢刊本

2007 年復旦大學出版社歷代文話本

2011 年浙江古籍出版社呂留良詩文集本

2015 年中華書局呂留良全集本

集 10009367

金石綜例四卷

（清）嘉興馮登府撰

清道光刻本　清李慈銘批校　國圖　蘇大

清道光十一年（1831）廣東試院刻本　國圖

清光緒十三年（1887）朱氏槐盧刻本　首都　天津　蘇大　鎮江　江蘇師大　萬州

1994 年上海書店出版社叢書集成續編本

集 10009368

俞長城題各大家稿不分卷

（清）桐鄉俞長城撰

清鈔本　中央黨校

集 10009369

讀諸文集偶記不分卷

（清）桐鄉張履祥撰

清同治十年（1871）江蘇書局刻重訂楊園先生全集本　國圖　中科院
首都　上海　復旦　天津　遼寧
甘肅　南京　浙江　湖北　重慶

民國二十二年（1933）大成會刻重訂楊園先生全集本　遼寧

集 10009370

讀書作文譜父師善誘法合刻

（清）金華唐彪撰

清康熙三十八年（1699）刻本
國圖

清康熙四十七年（1708）敦化文盛
堂刻本　天津

清嘉慶八年（1803）敦化文盛堂刻
本　湖南

清嘉慶十九年（1814）刻本　國圖

清嘉慶二十四年（1819）羊城古經
閣刻本　遼寧

清刻本　國圖

1989 年嶽麓書社傳統蒙學叢
書本

臺灣偉文出版社有限公司秘笈叢
編本

2007 年復旦大學出版社歷代文
話本

集 10009371

萬青閣文訓一卷

（清）錢塘（原籍安徽休寧，寄籍錢
塘）趙吉士撰

清康熙二十九（1690）年趙繼抃刻
清康熙間趙繼抃等刻萬青閣全集本
　中科院　上海　復旦　浙江

清康熙間趙繼抃等刻增修萬青閣
全集本　中科院

2007 年復旦大學出版社歷代文
話本

集 10009372

睿吾樓文話十六卷

（清）慈溪葉元墀撰

清道光九年（1829）刻本　南開

清道光十三年（1833）刻本　國圖

清道光十三年（1833）鶴皋葉氏睿
吾樓刻本　浙江　浙大　天一閣

歷代文話本

集 10009373

更定文章九命一卷

（清）仁和王晫撰

清康熙三十六至四十二年（1697～
1704）論清堂刻昭代叢書本　北大
上海　天津

清道光十三年（1833）吳江沈氏世
楷堂刻昭代叢書本　國圖　中科院
北大　上海　復旦　遼寧　山東
南京　浙江　湖北

1994 年上海書店出版社叢書集
成續編本

集 10009374

悍齋論文三卷

（清）嘉興（一作錢塘）王元啓撰

清乾隆間刻悍齋先生雜著本
國圖

集 10009375

仁在堂論文各法六卷

（清）路德撰　（清）鎮海張壽榮輯

清光緒八年至十四年（1882～
1888）蛟川張氏花雨樓刻花雨樓叢

鈔本　國圖　中科院　北大　上海
復旦　天津　遼寧　甘肅　湖北
山東　南京　浙江　四川
清光緒十四年(1888)蛟川張氏花
雨樓刻本　國圖
臺灣新文豐出版公司 1989 年叢
書集成續編本

集 10009376
鴻爪錄六卷首一卷
(清)山陰周大樞撰
清光緒二十年(1894)會稽徐氏鑄
學齋編會稽徐氏初學堂羣書輯錄
稿本

集 10009377
南野堂筆記十二卷
(清)嘉興吳文溥撰
清乾隆嘉慶間刻南野堂全集本
復旦　山東
清詩洞天刻本　上海　國圖
清嘉慶元年(1796)刻本　國圖
浙江
清宣統三年(1911)中華國粹書社
石印本　陝西
民國元年(1912)中華國粹書社石
印本　浙江　紹興　臨海　玉海樓

集 10009378
**朱飲山千金譜二十九卷三韻易
知十卷**
(清)海寧朱燮撰
清乾隆五十五年(1790)治怒齋刻

本　國圖　上海　北大　北師大
遼寧　福師大

集 10009379
柳隱叢譚五卷
(清)秀水于源撰
清道光間刻一粟廬合集本　國圖
上海　南京

集 10009380
鎧窗瑣話十卷
(清)秀水于源撰
清道光間刻一粟廬合集本　國圖
上海　南京

集 10009381
竹林問答一卷
(清)鄞縣陳僅撰
清光緒八年至十六年(1882～
1890)鄞郭氏刻二十年(1894)鎮海
邵氏彙印金峨山館叢書本(望三益
齋叢書)　中科院　上海　遼寧
吉大　山東　浙大　四川

集 10009382
城西雜記二卷
(清)錢塘蔣坦撰
清鈔本　浙江

集 10009383
四家纂文敘錄彙編五卷
(清)建德胡念修撰
清光緒二十三至二十七年(1897～

1901)刻刻鵠齋叢書本　國圖　北大　中科院　上海　吉大　南大　浙江　湖北

集 10009384

全唐文紀事一百二十二卷首一卷

（清）嘉善陳鴻墀撰

清同治十二年(1873)廣州巴陵方功惠廣州刻本　國圖　上海　北大　北師大　遼寧

集 10009385

歷代賦話十四卷續歷代賦話十四卷

（清）嘉善浦銑撰

清乾隆五十三年(1788)復小齋刻本　國圖　北大　哈師大　嘉興　湖南

清乾隆刻本　國圖

清刻本　國圖

2002 年上海古籍出版社影印續修四庫全書本

集 10009386

復小齋賦話二卷

（清）嘉善浦銑撰

清乾隆五十三年(1788)刻本　嘉興　湖南

清乾隆刻本　國圖

清刻本　國圖

清光緒四年(1878)秀水孫氏望雲仙館刻橋李遺書本　國圖　中科院　北大　上海　山東　南京　浙江　湖北　中山　四川

1994 年上海書店出版社叢書集成續編本

集 10009387

讀賦卮言詩話一卷

（清）杭州王芑孫撰

清光緒五年(1879)淞隱閣鉛印國朝名人著述叢編本　國圖

集 10009388

四六枝談不分卷

（清）仁和沈維材撰

清乾隆四年(1739)刻本　天津

集 10009389

金石要例一卷

（清）餘姚黃宗羲撰

清乾隆間內府寫文溯閣四庫全書本　甘肅

清乾隆間內府寫文津閣四庫全書本　國圖

2008 年商務印書館影印文津閣四庫全書本

清乾陸間內府寫本清末民初補鈔文瀾閣四庫全書本　浙江

1982～1986 年臺灣商務印書館景印文淵閣四庫全書本

1986 年上海古籍出版社據臺灣商務印書館景印文淵閣四庫全書景印本

2006～2015 年杭州出版社影印文瀾閣四庫全書本

清乾隆刻本　天津

乾隆二十年(1755)刻本　重大

清張氏青芝山堂鈔本　上海

清嘉慶十一年至十七年(1806～1812)虞山張氏刻借月山房彙鈔本

清嘉慶刻本　浙博

清光緒四年(1878)刻本　國圖　蘇州　三峽博

清光緒四年(1878)刻硃墨套印金石三例本　天津

集 10009390

金石三例十五卷

(清)杭州王芑孫評點

清鈔本(清馮焌光、憑瑞光跋)吉大

集 10009391

文章溯原不分卷

餘杭章炳麟撰

稿本　上海

集 10009392

公文緣起一卷

(清)山陰(一作會稽)董良玉撰

清光緒三十二年(1906)會稽董氏取斯家塾刻董氏叢書本　國圖　北大　華東師大　遼寧　浙江　河南　雲南

集 10009393

石橋文論不分卷

(清)天台褚傳誥撰

民國抄本　臨海博

詞　類

叢編之屬

紫雲詞一卷　（清）丁煒撰

菊莊詞一卷　（清）徐釚撰

梅村詞一卷　（清）吳偉業撰

扶荔詞一卷　（清）丁澎撰

秋閑詞一卷　（清）王庭撰

集 10009397

百名家詞鈔初集六十卷

（清）聶先　（清）秀水曾王孫編

清康熙間刻本　南京　中科院*

清金閶綠蔭堂刻本　國圖（存五
十八種）

藝香詞一卷　（清）吳綺撰

容齋詩餘一卷　（清）李天馥撰

蘭舫詞一卷　（清）趙維烈撰

玉山詞一卷　（清）陸次雲撰

梅村詞一卷　（清）吳偉業撰

竹香亭詩餘一卷　（清）曹垂璨撰

螺舟綺語一卷　（清）王頊齡撰

畫餘譜一卷　（清）華胥撰

容居堂詞一卷　（清）周稚廉撰

秋閑詞一卷　（清）王庭撰

吳山瞉音一卷　（清）林雲銘撰

棣華堂詞一卷　（清）馮瑞撰

金粟詞一卷　（清）彭孫遹撰

守齋詞一卷　（清）呂師濂撰

菊莊詞一卷　（清）徐釚撰

香嚴齋詞一卷　（清）龔鼎孳撰

蕊棲詞一卷　（清）鄭熙績撰

飲水詞一卷　（清）納蘭性德撰

松溪詩餘一卷　（清）王九齡撰

南溪詞一卷　（清）曹爾堪撰

蔗閣詩餘一卷　（清）汪鶴孫撰

東白堂詞一卷　（清）佟世南撰

玉鳧詞一卷　（清）董俞撰

藥庵詞一卷　（清）呂洪烈撰

耕煙詞一卷　（清）陳玉璂撰

寓言集一卷　（清）曹溶撰

柯亭詞一卷　（清）姜堯撰

碧巢詞一卷　（清）汪森撰

映竹軒詞一卷　（清）毛際可撰

衍波詞一卷　（清）王士禛撰

柳塘詞一卷　（清）沈雄撰

萬青閣詩餘一卷　（清）趙起士撰

蔭綠詞一卷　（清）徐喈鳳撰

探西詞一卷　（清）邵錫榮撰

峽流詞一卷　（清）王晫撰

文江酬唱一卷　（清）李元鼎撰

紅藕莊詞一卷　（清）龔翔麟撰

粵遊詞一卷　（清）吳之登撰

錦瑟詞一卷　（清）汪懋麟撰

百末詞一卷　（清）尤侗撰

玉壺詞一卷　（清）葉尋源撰

秋水詞一卷　（清）嚴繩孫撰

月聽軒詩餘一卷　（清）張淵懿撰

澄暉堂詞一卷　（清）江尚質撰

溉堂詞一卷　（清）孫枝蔚撰

藕花詞一卷　（清）陳見籠撰

休園詩餘一卷　（清）鄭俠如撰

柯齋詩餘一卷　（清）周綸撰

迦陵詞一卷　（清）陳維崧撰

扶荔詞一卷　（清）丁澎撰

月團詞一卷　（清）沈爾燝撰

彈指詞一卷　（清）顧貞觀撰

秋雪詞一卷　（清）余懷撰

青城詞一卷　（清）魏學渠撰

響泉詞一卷　（清）徐允哲撰

夢花窗詞一卷　（清）江士式撰

志壑堂詞一卷　（清）唐夢齎撰

二鄉亭詞一卷　（清）宋琬撰

集 10009398

百名家詞鈔一百卷

（清）聶先　（清）秀水曾王孫編

清金閶綠蔭堂刻本　國圖

青城詞一卷　（清）魏學渠撰

藝香詞一卷　（清）吳綺撰

響泉詞一卷　（清）徐允哲撰

香草詞一卷　（清）何鼎撰

嘯閣餘聲一卷　（清）張錫懌撰

秋閑詞一卷　（清）王庭撰

南耕詞一卷　（清）曹亮武撰

夢花窗詞一卷　（清）江士式撰

金粟詞一卷　（清）彭孫遹撰

月團詞一卷　（清）沈爾燝撰

竹西詞一卷　（清）楊通佺撰

萬青閣詩餘一卷　（清）趙吉士撰

南硐詞一卷　（清）何采撰

綺霞詞一卷　（清）狄億撰

當樓詞一卷　（清）毛奇齡撰

玉山詞一卷　（清）陸次雲撰

香嚴齋詞一卷　（清）龔鼎孳撰

柯亭詞一卷　（清）姜堯撰

螺舟綺語一卷　（清）王頊齡撰

團扇詞一卷　（清）余蘭碩撰

影樹樓詞一卷　（清）陳大成撰

畫餘譜一卷　（清）華胥撰

南溪詞一卷　（清）曹爾堪撰

玉壺詞一卷　（清）葉尋源撰

鳳車詞一卷　（清）吳棠禎撰

容居堂詞一卷　（清）周稚廉撰

江湖載酒集一卷　（清）朱彝尊撰

柯齋詩餘一卷　（清）周綸撰

染香詞一卷　（清）江皋撰

橫江詞一卷　（清）徐惺撰

月聽軒詩餘一卷　（清）張淵懿撰

曠觀樓詞一卷　（清）路傳經撰

白茅堂詞一卷　（清）顧景星撰

紅藕莊詞一卷　（清）龔翔麟撰

菊莊詞一卷　（清）徐釚撰

寓言集一卷　（清）曹溶撰

棚園詞一卷　（清）陳魯得撰

松溪詩餘一卷　（清）王九齡撰

蕊棲詞一卷　（清）鄭熙績撰

改蟲齋詞一卷　（清）高層雲撰

衍波詞一卷　（清）王士禛撰

蘭舫詞一卷　（清）趙維烈撰

梅沜詞一卷　（清）孫致彌撰

雙溪泛月詞一卷　（清）徐瑤撰

罨畫溪詞一卷　（清）蔣景祁撰

志壑堂詞一卷　（清）唐夢齎撰

玉鳧詞一卷　（清）董俞撰

香膽詞一卷　（清）萬樹撰

秋雪詞一卷　（清）余懷撰

課鵡詞一卷　（清）吳秉鈞撰

耕煙詞一卷　（清）陳玉遥撰

紫雲詞一卷　（清）丁煒撰

文江酬唱一卷　（清）李元鼎撰

吳山瞉音一卷　（清）林雲銘撰

玉豔詞一卷　（清）何思撰

碧巢詞一卷　（清）汪森撰

映竹軒詞一卷　（清）毛際可撰

珂雪詞一卷　（清）曹貞吉撰

百末詞一卷　（清）尤侗撰

守齋詞一卷　（清）呂師濂撰

荔軒詞一卷　（清）曹寅撰

湖山詞一卷　（清）徐璣撰

蔭綠詞一卷.　（清）徐喈鳳撰

蔬香詞一卷　（清）高士奇撰

棣華堂詞一卷　（清）馮瑞撰

竹香亭詩餘一卷　（清）曹垂燦撰

寒山詩餘一卷　（清）馮雲驤撰

峽流詞一卷　（清）王暉撰

綺霞詞　（清）狄億撰

曠觀樓詞　（清）路傳經撰

花影詞　（清）張潮撰

　卷十九

峽流詞　（清）王晫撰

錦瑟詞　（清）汪懋麟撰

月聽軒詞餘　（清）張淵懿撰

栩園詞　（清）陳蕾恒撰

柯齋詩餘　（清）周綸撰

　卷二十

香奩詞　（清）萬樹撰

課鵡詞　（清）吳秉鈞撰

畫餘譜　（清）華胥撰

粵遊詞　（清）吳之登撰

團扇詞　（清）余蘭碩撰

容居堂詞　（清）周稚廉撰

集 10009400

古紅梅閣詞録三卷

（清）江山劉履芬編

稿本　上海

　洮瓊館詞一卷　（清）袁棠撰

　蘅夢詞一卷　（清）郭麐撰

　浮眉樓詞一卷　（清）郭麐撰

集 10009401

三家詞三卷

（清）錢塘袁通編

清道光十一年(1831)袁祖惠刻本

上海

　賁香詞選一卷　（清）高文照撰

　微波亭詞選一卷　（清）錢枚撰

　悔存詞選一卷　（清）黃景仁撰

集 10009402

評花仙館合詞二卷

（清）錢塘金繩武編

清咸豐三年(1853)錢塘金氏刻本

國圖　上海

　泡影集一卷　（清）錢塘金繩武撰

　曇花集一卷　（清）錢塘汪淑娟撰

集 10009403

西泠詞萃

（清）錢塘丁丙編

清光緒間錢塘丁氏刻本　國圖

北大　天津　上海　遼寧　浙江

四川

　簫台公餘詞一卷　（宋）姚述堯撰

　片玉詞二卷補遺一卷　（宋）周邦

彥撰

　斷腸詞一卷　（宋）朱淑真撰

　無弦琴譜二卷　（元）仇遠撰

　貞居詞一卷　（元）張雨撰

　柘軒詞一卷　（明）凌雲翰撰

集 10009404

浙西六家詞十一卷

（清）仁和（一作錢塘）龔翔麟編

清康熙間龔氏玉玲瓏閣刻本　國

圖　北大　上海　南京　中科院

遼寧　南開　浙江　天一閣　紹興

平湖　奉化文管會

清嘉慶九年(1804)聚瀛堂刻本

國圖　南開

清刻本　北大

清末鈔本　天津

　江湖載酒集三卷　（清）朱彝尊撰

秋錦山房詞一卷　（清）李良年撰

柘西精舍集一卷　（清）沈皞日撰

耒邊詞二卷　（清）李符撰

黑蝶齋詞一卷　（清）沈岸登撰

紅藕莊詞三卷　（清）龔翔麟撰

附

山中白雲八卷　（宋）張炎撰　國

圖　蘇州　天一閣

江湖載酒集三卷　（清）朱彝尊撰

秋錦山房詞一卷　（清）李良年撰

柘西精舍集一卷　（清）沈皞日撰

耒邊詞二卷　（清）李符撰

黑蝶齋詞一卷　（清）沈岸登撰

紅藕莊詞三卷　（清）龔翔麟撰

附

山中白雲八卷　（宋）張炎撰

集 10009405

山陰吳氏詞鈔四卷

（清）吳興祚等撰

清鈔本　南京

留村詞一卷　山陰吳興祚撰

攝閑詞一卷　山陰吳秉仁撰

課鵝詞一卷　山陰吳秉鈞撰

鳳車詞一卷　山陰吳棠楨撰

集 10009406

粵東三家詞鈔三卷

（清）餘姚葉衍蘭編

清光緒二十一年（1895）刻本　國

圖　南京　山東　遼寧

楞華室詞一卷　（清）沈世良撰

隨山館詞一卷　（清）汪瑔撰

秋夢盦詞一卷　（清）葉衍蘭撰

集 10009407

棣華樂府

（清）嘉興盛熙祚編

清乾隆二年（1737）檇李盛氏刻本

上海

梨雨選聲二卷　（清）盛楓撰

稼村填詞二卷　（清）盛禾撰

滴露堂小品二卷　（清）盛本枏撰

集 10009408

摘錄小令一卷

（清）杭州（漢軍正白旗人，晚寓杭

州）崔永安輯

稿本　浙江

集 10009409

徐氏一家詞

（清）仁和徐琪編

清光緒三十四年（1908）刻本　國

圖　清華　南京　上海　遼寧　港

中山　首都　天津　浙江　溫州

臨海　天一閣

清代家集叢刊續編本

簪葛花館詞一卷補遺一卷　仁和

徐鴻謨撰

蓮因室詞一卷補一卷　錢塘鄭蘭

孫撰

廣小圃詠一卷　仁和徐琪撰

玉可盦詞存一卷補一卷　仁和徐

琪撰

集 10009410

東山寓聲樂府二卷

（宋）山陰賀鑄撰　（清）朱和羲校

清道光二十八年(1848)萬竹樓刻本　上海

別集之屬

集 10009411

詳注周美成詞片玉集十卷

(宋)錢塘周邦彥撰　(清)海寧陳元龍注

宋刻本　國圖(李盛鐸跋,朱孝臧校並跋)

稿本宛委別藏本　臺故博

清鈔本(羊復禮批校圈點)　湖北

清刻本　天津

1981年臺灣商務印書館影印臺故博藏稿本　湖北

1998年江蘇古籍出版社影印宛委別藏本

2002年上海古籍出版社影印續修四庫全書本

中華再造善本本

人民出版社、鷺江出版社2009年出版閩刻珍本叢刊本

集 10009412

石林詞一卷

(宋)烏程(吳縣人,寓居烏程)葉夢得撰　(清)葉廷琯校

補遺一卷

(清)葉廷琯輯

清道光二十九年(1849)葉氏楙華盦刻本　國圖(朱祖謀校)

集 10009413

校勘夢窗詞劄記一卷

(清)金華王鵬運撰

清光緒三十年(1904)臨桂王鵬運四印齋刻本

集 10009414

水雲詞一卷

(宋)錢塘汪元量撰　(清)烏程汪曰楨輯

清汪曰楨輯　明鈔百家詞本(梁啓超跋)　天津

稿本又次齋詞編本(清汪曰楨校並跋)　國圖

清丁氏嘉惠堂鈔彊邨叢書十六種本

清丁氏嘉惠堂鈔宋明十六家詞本　國圖

清鈔汪氏二家詞本(清丁丙跋)　南京

集 10009415

蕭閑老人明秀集注六卷補遺一卷

(金)餘杭(後遷真定)蔡松年撰　(清)魏道明注

清光緒間海豐吳氏刻石蓮盦彙刻九金人集本(卷四至六未刻)　上海

集 10009416

藏春詞一卷

(元)劉秉忠撰　(清)烏程汪曰楨輯

稿本又次齋詞編本(清汪曰楨校

並跋）　國圖

集 10009417

藏春樂府一卷

　（元）劉秉忠撰　（清）烏程汪曰
楨輯

　清光緒臨桂王鵬運四印齋刻宋元
三十一家詞本　國圖　首都　浙大
溫州

集 10009418

錦囊詩餘一卷

　（清）會稽商景蘭撰

　清光緒二十一年至二十二年
（1895～1896）南陵徐氏刻小檀欒室
彙刻閨秀詞本　國圖　北大　天
津　上海　南京　山東　遼寧

集 10009419

笠翁詩餘一卷

　（清）蘭溪李漁撰

　惜陰堂叢書本

集 10009420

百花詞一卷

　（清）湖州董炳文撰

　清乾隆五十一年（1786）董氏刻本
四川

集 10009421

坦庵詩餘甕吟四卷

　（清）嘉興徐石麒撰

　清順治間南湖享書堂刻坦庵詞曲
六種本　國圖　首都

集 10009422

證山堂詩餘三卷

　（清）鄞縣周斯盛撰

　稿本　天一閣

集 10009423

證山公詩餘一卷

　（清）鄞縣周斯盛撰

　清周世緒寫本　天一閣

集 10009424

靜惕堂詞不分卷

　（清）嘉興曹溶撰

　清康熙四十六年（1707）朱彞尊刻
本　北大

集 10009425

靜惕堂詞

　（清）嘉興曹溶撰

　清康熙四十六年（1707）秀水朱彞
尊亞鳳巢刻本　國圖

集 10009426

拙政園詩餘三卷附錄一卷

　（清）海寧（江蘇吳縣人，海寧陳之
遴繼妻）徐燦撰

　清乾隆三十三年（1768）海寧吳氏
耕煙館刻本　上海　南京　北師大
蘇州

　清乾隆三十五年（1770）海寧吳騫
刻本　國圖

清乾隆嘉慶間海昌吳氏刻彙印拜經樓叢書本　國圖　中科院　北大　上海　復旦　遼寧　安徽　四川

民國十一年(1922)上海博古齋增輯影印清吳氏刻拜經樓叢書本　國圖　北大　中科院　天津　上海　復旦　遼寧　甘肅　南京　浙江　湖北　重慶

清嘉慶十四年(1809)刻本　國圖

清光緒二十一年至二十二年(1895～1896)南陵徐氏刻小檀欒室彙刻閨秀詞本　國圖　北大　天津　上海　南京　山東　遼寧

集 10009427

東江詞一卷

(清)杭州沈謙撰

清鈔名家詞鈔六十種本　國圖

集 10009428

鶯情集一卷

(清)錢塘毛先舒撰

清鈔名家詞鈔六十種本　國圖

集 10009429

東齋詞畧四卷

(清)嘉善魏允札撰　(清)嘉善柯煜輯

清康熙間木活字印本　首都

集 10009430

春城詞一卷

(清)嘉善魏學渠撰

清金閶綠蔭堂刻百名家詞鈔本　國圖

清康熙間刻百名家詞鈔初集本　南京　中科院(殘本未著錄存缺卷次)清金閶綠蔭堂刻本　國圖(存五十八種)

案:一作青城詞

集 10009431

秋閒詞一卷

(清)嘉興王庭撰

清康熙二十二年(1683)自刻本　國圖

清康熙間刻百名家詞鈔本　國圖

清康熙間刻百名家詞鈔初集本　南京　中科院(殘本未著錄存缺卷次)

清鈔本　國圖

集 10009432

南溪詞一卷

(清)嘉善曹爾堪撰

清金閶綠蔭堂刻百名家詞鈔本　國圖

集 10009433

南溪詞二卷

(清)嘉善曹爾堪撰

清康熙間休寧孫氏留松閣刻國朝名家詩餘本　國圖　北大　上海　南京　中科院(鄧之誠題記)

集 10009434

扶荔詞三卷別録一卷

　（清）仁和丁澎撰

　清康熙間刻本　國圖　福建
首都

　2002 年上海古籍出版社影印續
修四庫全書本（作三卷）

　清代詩文集彙編本

集 10009435

扶荔詞四卷

　（清）仁和丁澎撰

　清康熙五十五年（1716）刻本　北
師大

　清鈔本（存小令一卷、中調一卷）
中社科院文學所

集 10009436

扶荔詞一卷

　（清）仁和丁澎撰

　清金閶緑蔭堂刻百名家詞鈔本
國圖

　清康熙間刻百名家詞鈔初集本
南京　中科院（殘本未著録存缺卷
次）清金閶緑蔭堂刻本　國圖（存五
十八種）

集 10009437

耐歌詞四卷首一卷笠翁詞韻四卷

　（清）蘭溪李漁撰

　清康熙間刻本　國圖　首都

　笠翁一家言全集本（康熙刻）

　清康熙荆州將軍署刻本　首都

清康熙十七年（1678）刻本　南開

清刻本　金陵

2013 年上海古籍出版社重修金
華叢書本

集 10009438

**摘録李笠築詞一卷笠翁偶集頤
養部一卷**

　（清）蘭溪李漁撰

　清焦廷琥鈔本　上海

集 10009439

憑西閣長短句一卷

　（清）海寧陸宏定撰

　清周氏種松書塾鈔本　上海

集 10009440

浣雪詞鈔二卷

　（清）遂安毛際可撰　（清）李天馥
（清）王士禛評

　清康熙間刻本　國圖　上海　南
京　福建

集 10009441

映竹軒詞一卷

　（清）遂安毛際可撰

　清金閶緑蔭堂刻百名家詞鈔本
國圖

　清康熙間刻百名家詞鈔初集本
南京　中科院（殘本未著録存缺卷
次）清金閶緑蔭堂刻本　國圖（存五
十八種）

集 10009442

梨雲榭詞一卷

（清）仁和鍾筠撰

清光緒二十一年至二十二年（1895～1896）南陵徐氏刻小檀欒室彙刻閨秀詞本　國圖　北大　天津　上海　南京　山東　遼寧

集 10009443

榕園詞韻一卷

（清）海鹽（一作海寧）吳應和撰

清乾隆四十九年（1784）刻本　蘇州

集 10009444

茗齋詩餘二卷

（清）海鹽彭孫貽撰

清嘉慶二十五年（1820）吳昂駒鈔本　浙江

清道光間海昌蔣氏別下齋刻咸豐六年（1856）續刻別下齋叢書本　國圖　中教科院　北大　上海　復旦　桂林　山東　四川　湖南

民國十二年（1923）上海商務印書館影印清海昌蔣氏刻別下齋叢書本　北大　天津　遼寧　甘肅　南京　湖北　寧夏

民國武林竹簡齋影印清海昌蔣氏刻別下齋叢書本　國圖　中科院　天津　山東　浙江　青海

集 10009445

延露詞三卷

（清）海鹽彭孫遹撰

清鈔本　國圖　浙江

清康熙間武原彭氏家刻本　國圖　港中山

清康熙間休寧孫氏留松閣刻國朝名家詩餘本　國圖　北大　上海　南京　中科院（鄧之誠題記）

清康熙鈔本　浙江

清乾隆間刻本　上海

清乾隆八年（1743）刻本　國圖　首都　天津　南開　浙江　浙大　杭州　天一閣　金陵

檇李遺書本（光緒刻）

清刻本　國圖　南京　海寧

清宣統三年（1911）掃葉山房石印本　陝西　青海　徐州　河南大　蘇大　浙江　海鹽　金華博　紹興　湖南

1994 年上海書店出版社叢書集成續編本

集 10009446

延露詞一卷

（清）海鹽彭孫遹撰

申報館叢書本（光緒鉛印）

集 10009447

金粟詞一卷

（清）海鹽彭孫遹撰

清金閶綠蔭堂刻百名家詞鈔本　國圖

清康熙間刻百名家詞鈔初集本　南京　中科院（殘本未著錄存缺卷

次)清金閶綠蔭堂刻本　國圖(存五
十八種)

　　清末至民國綠格鈔本　國圖

集 10009448

金粟閨詞百首一卷

　　(清)海鹽彭孫遹撰

　　香豔叢書本(宣統鉛印)

集 10009449

守齋詞一卷

　　(清)山陰呂師濂撰

　　清金閶綠蔭堂刻百名家詞鈔本
國圖

　　清康熙間刻百名家詞鈔初集本
南京　中科院(殘本未著錄存缺卷
次)清金閶綠蔭堂刻本　國圖(存五
十八種)

集 10009450

槐堂詞存

　　(清)秀水王翃撰　　(清)王庭選

　　清刻本　國圖

集 10009451

謙庵詞

　　(清)會稽魯超撰

　　清金閶綠蔭堂刻百名家詞鈔本
國圖

集 10009452

玉窗詩餘一卷

　　(清)海寧葛宜撰

　　清光緒二十一年至二十二年
(1895~1896)南陵徐氏刻小檀欒室
彙刻閨秀詞本　國圖　北大　天
津　上海　南京　山東　遼寧

集 10009453

倚樓詞一卷

　　(清)臨海黃雲撰

　　清鈔名家詞鈔六十種本　國圖

集 10009454

萬青閣詩餘一卷

　　(清)錢塘(原籍安徽休寧,寄籍錢
塘)趙吉士撰

　　清金閶綠蔭堂刻百名家詞鈔本
國圖

　　清康熙間刻百名家詞鈔初集本
南京　中科院(殘本未著錄存缺卷
次)清金閶綠蔭堂刻本　國圖(存五
十八種)

　　2002年上海古籍出版社影印續
修四庫全書本

　　清康熙刻本　國圖　溫州

集 10009455

漱石詞摘選一卷

　　(清)仁和孫鳳儀撰

　　清嘉慶十年(1805)愛日樓刻本
國圖

　　清刻本　國圖

集 10009456

留村詞一卷

（清）山陰吳興祚撰

清金閶緑蔭堂刻百名家詞鈔本
國圖

清康熙間刻百名家詞鈔本　國圖

清鈔山陰吳氏詞鈔本　南京

清吳隱刻潛泉叢鈔本州山吳氏詞
萃本

民國七年（1918）山陰吳氏刻州山
吳氏詞萃本　上海

集 10009457

桐魚詞一卷

（清）杭州潘雲赤撰

清鈔名家詞鈔六十種本　國圖

集 10009458

修況詩餘一卷

（清）海寧陳敬璋撰

桐溪三家詩餘本（清陳敬璋鈔）

集 10009459

嘯月詞一卷

（清）錢塘洪昇撰

清鈔名家詞鈔六十種本　國圖

集 10009460

香草詞一卷

（清）山陰何鼎撰

清康熙間刻百名家詞鈔本　國圖

集 10009461

新樂府詞二卷

（清）鄞縣萬斯同撰

清同治間刻本　南京

清刻本　南京　國家

清鈔本　湖北　浙江

清同治七年（1868）（1869）刻本
國圖

清同治八年（1869）（1870）刻本
南開　徐州　南師大　浙江　天一
閣　玉海樓　平湖　奉化文管會
湖南

清光緒刻本　國家

集 10009462

蔗閣詩餘一卷

（清）錢塘汪鶴孫撰

清金閶緑蔭堂刻百名家詞鈔本
國圖　.

清康熙間刻百名家詞鈔初集本
南京　中科院（殘本未著録存缺卷
次）清金閶緑蔭堂刻本　國圖（存五
十八種）

清山淵堂刻本　上海

清刻本　南京　北師大　遼寧

清光緒十八年（1892）上海圖書集
成印書局石印本　上海

集 10009463

彙香詞一卷

（清）錢塘汪鶴孫撰

清光緒十二年（1886）錢唐汪氏長
沙刻叢睦汪氏遺書本　國圖　南京
中科院　遼寧

清代家集叢刊續編本

集 10009464

披雲閣嘯虹詞

（清）汪淏撰　（清）遂安毛際可
評點

清康熙間刻本　國圖

集 10009465

秋錦山房詞一卷

（清）秀水李良年撰

清康熙間龔氏玉玲瓏閣刻浙西六
家詞本　國圖　北大　上海　南京
中科院　遼寧

清嘉慶九年（1804）聚瀛堂刻浙西
六家詞本　國圖

清刻本　北大　揚州大

清光緒四年（1878）秀水孫氏望雲
仙館刻檇李遺書本　國圖　中科院
北大　上海　山東　南京　浙江
湖北　中山　四川

1994 年上海書店出版社叢書集
成續編本

集 10009466

江湖載酒集六卷

（清）秀水朱彝尊撰

稿本　臺圖

集 10009467

江湖載酒集三卷

（清）秀水朱彝尊撰

清康熙間龔氏玉玲瓏閣刻浙西六
家詞本　國圖　北大　上海　南京
中科院　遼寧

清嘉慶九年（1804）聚瀛堂刻浙西
六家詞本　國圖

清刻本　北大　連雲港博

清娛園鈔本　杭州

集 10009468

江湖載酒集一卷

（清）秀水朱彝尊撰

清金閶綠蔭堂刻百名家詞鈔本
國圖

集 10009469

茶煙閣體物集三卷

（清）秀水朱彝尊撰

稿本　臺圖

集 10009470

静志居詩餘二卷

（清）秀水朱彝尊撰

稿本　臺圖

集 10009471

蕃錦集二卷

（清）秀水朱彝尊撰

清刻本　遼寧　湖北

集 10009472

曝書亭詞集八卷

（清）秀水朱彝尊撰

清鈔本　北大

集 10009473

曝書亭詞集不分卷

（清）秀水朱彝尊撰

清光緒四年（1878）秀水孫氏望雲仙館刻橋李遺書本　國圖　中科院　北大　上海　山東　南京　浙江　湖北　中山　四川

集 10009474

曝書亭集詞不分卷

（清）秀水朱彝尊撰

清鈔本　中央黨校

集 10009475

曝書亭删餘詞一卷曝書亭詞手搞原目一卷附校勘記一卷

（清）秀水朱彝尊撰

校勘記

葉德輝撰

清光緒間長沙葉氏刻本　國圖

清光緒二十九年（1903）長沙葉德輝刻本　國圖　常州　湖南社科院

1994 年上海書店出版社叢書集成續編本

集 10009476

曝書亭詞拾遺一卷

（清）秀水朱彝尊撰　翁之潤輯

清光緒二十二年（1896）常熟翁氏刻本　國圖

清思讀誤書室鈔本　國圖

集 10009477

曝書亭詞拾遺三卷

（清）秀水朱彝尊撰　翁之潤輯

增異一卷

翁之潤輯

清光緒二十二年（1896）常熟翁氏刻本　國圖　北大　北師大　湖北

集 10009478

曝書亭詞志異一卷

翁之潤纂録

清光緒二十二年（1896）常熟翁氏刻本　國圖

集 10009479

曝書亭集詞注七卷

（清）秀水朱彝尊撰　（清）嘉興李富孫注

清嘉慶十九年（1814）嘉興李氏校經康刻本　國圖　上海　南京　天津　遼寧　北師大　湖北　港中山　平湖

清嘉慶間校經康刻本　國圖（清馮登府批校）

清嘉慶間校經厫刻道光九年（1829）補刻本　四川

清嘉慶楊氏木山閣刻本　紹興　嘉興　平湖

清道光十九年（1839）刻本　海鹽博

集 10009480

曝書亭詞選二卷

（清）秀水朱彝尊撰　（清）平湖方坰選

清鈔本　國圖

集 10009481

眉匠詞一卷

（清）沈清瑞題　（清）秀水朱彝尊撰

清三餘讀書齋鈔本（清顧承題識）
臺圖

集 10009482

當樓詞一卷

（清）蕭山毛奇齡撰

清金閶綠蔭堂刻百名家詞鈔本
國圖

集 10009483

毛翰林詞五卷

（清）蕭山毛奇齡撰

清鈔本　國圖

集 10009484

擬連廂詞一卷

（清）蕭山毛奇齡撰

清康熙間刻本　國圖

集 10009485

桂坡詞一卷

（清）蕭山毛奇齡撰

清鈔名家詞鈔六十種本　國圖

集 10009486

填詞六卷

（清）蕭山毛奇齡撰

清康熙間書留草堂刻乾隆三十五
年（1770）陸體元修補重印西河合集
本　國圖　遼寧　南大　廣西

清康熙刻西河合集本　國圖

清嘉慶元年（1796）刻西河合集本
中科院　瀋陽　大連　日内閣

集 10009487

百末詞二卷

（清）尤侗撰　（清）嘉善曹爾堪
（清）王士祿評

清康熙間休寧孫氏留松閣刻國朝
名家詩餘本　國圖　北大　上海
南京　中科院（鄧之誠題記）

清刻本　上海　國圖　首都　南
開　南師大　高郵　金陵　常州

清康熙刻本　國圖　金陵　蘇大

清康熙四年（1665）刻本　首都

集 10009488

鴈園詞一卷

（清）錢塘倪燦撰

清鈔名家詞鈔六十種本　國圖

集 10009489

梨雨選聲二卷

（清）秀水盛楓

清乾隆二年（1737）檇李盛氏刻棣
華樂府本　上海

集 10009490

詩餘

（清）海寧張韜撰

清刻本　國圖

集 10009491

竹窗詞一卷蔬香詞一卷

　　(清)錢塘高士奇撰

　　清康熙間刻本　國圖

集 10009492

蔬香詞一卷

　　(清)錢塘高士奇撰

　　清金閶綠蔭堂刻百名家詞鈔本
國圖

集 10009493

古香廔詞一卷

　　(清)錢塘(一作仁和)錢鳳綸撰

　　清光緒二十一年至二十二年
(1895～1896)南陵徐氏刻小檀欒室
彙刻閨秀詞本　國圖　北大　天
津　上海　南京　山東　遼寧

集 10009494

稼村填詞二卷

　　(清)秀水盛禾撰

　　清乾隆二年(1737)檇李盛氏刻棣
華樂府本　上海

集 10009495

滴露堂小品二卷

　　(清)秀水盛本枬撰

　　清乾隆二年(1737)檇李盛氏刻棣
華樂府本　上海

集 10009496

紅耦莊詞三卷

　　(清)仁和(一作錢塘)龔翔麟撰

　　清康熙間龔氏玉玲瓏閣刻浙西六
家詞本　國圖　北大　上海　南京
　　中科院　遼寧

　　清嘉慶九年(1804)聚瀛堂刻浙西
六家詞本　國圖

　　清刻本　北大

　　清刻本　國圖　天津

集 10009497

紅耦莊詞一卷

　　(清)仁和(一作錢塘)龔翔麟撰

　　清金閶綠蔭堂刻百名家詞鈔本
國圖

　　清康熙間刻百名家詞鈔初集本
南京　中科院(殘本未著録存缺卷
次)清金閶綠蔭堂刻本　國圖(存五
十八種)

集 10009498

月團詞三卷二集一卷

　　(清)烏程沈爾燝撰

　　清康熙間刻本　上海

集 10009499

月團詞一卷

　　(清)烏程沈爾燝撰

　　清金閶綠蔭堂刻百名家詞鈔本
國圖

　　清康熙間刻百名家詞鈔初集本
南京　中科院(殘本未著録存缺卷
次)清金閶綠蔭堂刻本　國圖(存五
十八種)

集 10009500

蘭思詞鈔二卷

（清）杭州沈豐垣撰

清康熙十一年（1672）吳山草堂刻本　上海

清吳山草堂刻古今詞選本　國圖

集 10009501

蘭思詞一卷

（清）杭州沈豐垣撰

清鈔名家詞鈔六十種本　國圖

集 10009502

散花詞一卷

（清）會稽陶軌撰

清陶氏賢奕書樓鈔陶氏賢弈書樓叢書本　國圖

清代家集叢刊續編本

集 10009503

浣花詞

（清）海寧查容撰

清末民國初鈔本　國圖

集 10009504

碧巢詞一卷

（清）桐鄉汪森撰

清金閶綠蔭堂刻百名家詞鈔本國圖

清康熙間刻百名家詞鈔初集本南京　中科院（殘本未著錄存缺卷次）清金閶綠蔭堂刻本　國圖（存五十八種）

集 10009505

月河詞一卷

（清）桐鄉汪森撰

清鈔名家詞鈔六十種本　國圖

集 10009506

桐扣詞二卷

（清）桐鄉汪森撰

清刻本　鹽城

集 10009507

未邊詞二卷

（清）秀水李符撰

清康熙間龔氏玉玲瓏閣刻浙西六家詞本　國圖　北大　上海　南京中科院　遼寧

清嘉慶九年（1804）聚瀛堂刻浙西六家詞本　國圖

清刻本　北大

清光緒四年（1878）秀水孫氏望雲仙館刻檇李遺書本　國圖　中科院北大　上海　山東　南京　浙江湖北　中山　四川

1994年上海書店出版社叢書集成續編本

集 10009508

攝閒詞一卷

（清）山陰吳秉仁撰

清康熙間刻百名家詞鈔本　國圖

清吳隱刻潛泉叢鈔本州山吳氏詞萃本

清鈔山陰吳氏詞鈔本　南京

民國七年(1918)山陰吳氏刻州山吳氏詞萃本　上海

集 10009509

課鵡詞一卷

(清)山陰吳秉鈞撰

清康熙間刻百名家詞鈔本　國圖

清鈔山陰吳氏詞鈔本　南京

清吳隱刻潛泉叢鈔本州山吳氏詞萃本

民國七年(1918)山陰吳氏刻州山吳氏詞萃本　上海

集 10009510

鳳車詞一卷

(清)山陰吳棠禎撰

清康熙間刻百名家詞鈔本　國圖

清鈔山陰吳氏詞鈔本　南京

清吳隱刻潛泉叢鈔本州山吳氏詞萃本

民國七年(1918)山陰吳氏刻州山吳氏詞萃本　上海

集 10009511

黑蝶齋詞一卷

(清)平湖沈岸登撰

清康熙間龔氏玉玲瓏閣刻浙西六家詞本　國圖　北大　上海　南京　中科院　遼寧

清嘉慶九年(1804)聚瀛堂刻浙西六家詞本　國圖

清刻本　北大

清嘉慶間刻本　上海

清光緒四年(1878)秀水孫氏望雲仙館刻樵李遺書本　國圖　中科院　北大　上海　山東　南京　浙江　湖北　中山　四川

1994年上海書店出版社叢書集成續編本

集 10009512

檗園詩餘一卷

(清)錢塘錢肇修撰

清康熙十七年(1678)刻本　南京

集 10009513

峽流詞三卷

(清)仁和王晫撰　(清)嘉善曹爾堪等選

清霞舉堂刻本　國圖　復旦

集 10009514

峽流詞一卷

(清)仁和王晫撰

清康熙間刻百名家詞鈔初集本　南京　中科院(殘本未著錄存缺卷次)

清金閶綠蔭堂刻百名家詞鈔本　國圖(存五十八種)

集 10009515

溯紅詞一卷

(清)歸安茅麐撰

清鈔名家詞鈔六十種本　國圖

集 10009516

山曉閣詞集一卷

(清)嘉善孫琮撰

清刻本 上海

清同治光緒間申報館鉛印申報館
叢書本 國圖 山大 民大

集 10009517

探酉詞一卷

(清)仁和邵錫榮撰

清金閶綠蔭堂刻百名家詞鈔本
國圖

清康熙間刻百名家詞鈔初集本
南京 中科院(殘本未著錄存缺卷
次)

清金閶綠蔭堂刻百名家詞鈔本
國圖(存五十八種)

集 10009518

岸舫詞三卷

(清)山陰宋俊撰

清康熙間刻本南開

集 10009519

粵遊詞

(清)餘姚吳之登撰

清金閶綠蔭堂刻百名家詞鈔本
國圖

集 10009520

巢青閣集五卷

(清)仁和陸進撰

清康熙間刻本 國圖

集 10009521

巢青閣集十卷

(清)仁和陸進撰

清康熙間刻本 國圖 南京

集 10009522

玉山詞一卷

(清)錢塘陸次雲撰

清康熙間刻百名家詞鈔本 國圖

清康熙間刻百名家詞鈔初集本
南京 中科院(殘本未著錄存缺卷
次)

集 10009523

玉山詞一卷

(清)錢塘陸次雲撰 (清)尤侗
(清)秦松齡評

清刻本 國圖

集 10009524

玉山詞三卷

(清)錢塘陸次雲撰

清康熙間刻本 上海

集 10009525

秉翟詞一卷

(清)杭州丁瀠撰

清鈔名家詞鈔六十種本 國圖

集 10009526

白蕉詞四卷

(清)平湖陸培撰

清雍正六年(1728)刻本 上海

清雍正八年(1730)平湖陸培刻本
國圖　南京

集 10009527
白蕉詞一卷
　　(清)平湖陸培撰
　　清乾隆刻琴書樓詞鈔本

集 10009528
白蕉詞續集四卷
　　(清)平湖陸培撰
　　清乾隆間刻本　國圖

集 10009529
藕村詞存一卷
　　(清)海鹽張宗橚撰
　　清嘉慶二十二年(1817)陸光宗養
桐書屋刻本　國圖　南京　湖北
　　清宣統三年(1911)上海商務印書
館排印海鹽張氏涉園叢刻本　國圖
　上海

集 10009530
玉湖鷗侶詞選
　　(清)湖州周作鎔撰
　　清刻仿宋四家詞選本　國圖

集 10009531
竹香詞一卷
　　(清)錢塘陳章撰
　　清乾隆刻琴書樓詞鈔本

集 10009532
江湖客詞一卷
　　(清)嘉興江浩然撰
　　清乾隆二十七年(1762)刻北田集
本(乾隆刻)本　國圖　上海　復旦

集 10009533
翠羽詞一卷
　　(清)桐鄉曹士勳撰
　　清康熙間刻本　國圖

集 10009534
玉玲瓏山閣集一卷
　　(清)歸安沈樹本撰
　　清康熙間刻本　國圖

集 10009535
樊榭山房詞二卷
　　(清)錢塘厲鶚撰
　　清初刻本　安徽(清厲鶚校)

集 10009536
樊榭山房詞一卷
　　(清)錢塘厲鶚撰
　　清乾隆刻琴書樓詞鈔本
　　清同治九年(1870)徐琪鈔本
上海

集 10009537
秋林琴雅四卷
　　(清)錢塘厲鶚撰
　　清康熙間龔氏玉玲瓏閣刻浙西六
家詞本　國圖　北大　上海　南京

中科院　遼寧

清康熙六十一年(1722)瓮熺刻本
國圖

清嘉慶九年(1804)聚瀛堂刻浙西
六家詞本　國圖

清光緒九年(1883)泉唐汪氏酒邊
人倚紅樓刻本　國圖　北師大　遼
寧　湖北　首都　金陵

清刻本　國圖　北大

清光緒刻本　南師大

清光緒十年(1884)汪氏振綺堂刻
本　嘉興　安吉博　平湖

民國上海文瑞樓石印本　玉海樓
瑞安中學

2002年上海古籍出版社影印續
修四庫全書本

集 10009538

秋林琴雅一卷

　(清)錢塘厲鶚撰

　清鈔本(清馮登府校並跋)　國圖

集 10009539

杜陵綺語一卷

　(清)嘉善蔣光祖撰

　清康熙間刻本　國圖

集 10009540

柳煙詞四卷

　(清)慈溪鄭景會撰

　清紅蕚軒刻本　國圖

集 10009541

小丹丘詞一卷

　(清)嘉善柯煜撰

　清康熙間刻本　國圖

集 10009542

擷影詞一卷

　(清)嘉善柯煜撰

　清康熙間刻本　國圖

　清刻玉玲瓏小閣集本　國圖

集 10009543

房露詞一卷

　(清)嘉善柯煜撰

　清刻柯氏四子詞本　國圖

集 10009544

玲瓏簾詞一卷

　(清)錢塘吳焯撰

　清雍正間刻本　國圖　南京　中
科院　福建

　清刻朱印本　國圖

　清末鈔本　慕湘藏書館

　民國十二至十三年(1923～1924)
吳用威刻本　浙江　溫州

集 10009545

丁辛老屋詞一卷

　(清)秀水王又曾撰

　清乾隆刻琴書樓詞鈔本

集 10009546

萬松居士詞一卷

（清）秀水錢載撰

清光緒四年(1878)秀水孫氏望雲仙館刻檇李遺書本　國圖　中科院　北大　上海　山東　南京　浙江　湖北　中山　四川

清鈔本　國圖

集 10009547

夢影詞三卷

（清）平湖陸烜撰

清刻彙印梅谷十種書本　國圖　中科院　上海　復旦　南京　山東　四川

　　袖墨詞一卷　（清）王鵬運撰

　　新鶯詞一卷　況周儀撰

集 10009548

青櫺館詞稿初鈔一卷賦稿初鈔一卷

（清）象山倪象占撰

清刻本　北師大

集 10009549

小長蘆漁唱四卷

（清）桐鄉朱方藹撰

清乾隆間刻本　國圖　上師大

2017 年國家圖書館出版社清代詩文集珍本叢刊本

集 10009550

小長蘆漁唱一卷

（清）桐鄉朱方藹撰

清乾隆刻琴書樓詞鈔本

集 10009551

滇遊詞一卷

（清）建德宋維藩撰

清乾隆刻琴書樓詞鈔本

集 10009552

萬花漁唱一卷

（清）海寧吳騫撰

稿本　北大

清乾隆嘉慶間海昌吳氏刻彙印拜經樓叢書本　國圖　中科院　北大　上海　復旦　遼寧　安徽　四川　首都

清嘉慶八年至十七年(1803～1812)海寧吳騫刻本　浙江　嘉興　天一閣

清嘉慶刻本　國圖

清嘉慶十七(1812)年刻本　天津　內蒙古

民國十一年(1922)上海博古齋增輯影印清吳氏刻拜經樓叢書本　國圖　北大　中科院　天津　上海　復旦　遼寧　甘肅　南京　浙江　湖北　重慶

集 10009553

夜船吹籬詞一卷

（清）杭州江立撰

清乾隆刻琴書樓詞鈔本

集 10009554

琢春詞二卷

（清）杭州江炳炎撰

清乾隆三年(1738)刻本　北大
中科院

集 10009555
青柯館詞二卷
　(清)平湖陳朗撰
　清陳循古鈔本(清陳循古跋)
南京

集 10009556
紅蘭閣詞三卷
　(清)平湖張雲錦撰
　清乾隆間刻本　國圖
　清刻本　國圖

集 10009557
玉雨詞二卷
　(清)平湖徐志鼎撰
　清乾隆間刻本　上海　清華

集 10009558
微波亭詞選一卷
　(清)仁和錢枚撰
　清道光十一年(1831)袁祖惠刻三
家詞本　上海

集 10009559
微波詞一卷
　(清)仁和錢枚撰
　清同治光緒間刻榆園叢刻本　國
圖　中科院　北大　上海　復旦
天津　遼寧　陝西　南京　浙江
湖北　四川

清光緒十五年(1889)榆園刻本
(納蘭詞爲清光緒六年(1880)刻本
國圖　江蘇師大
　清光緒二十二年(1896)刻湖墅錢
氏家集本　北大　上海

集 10009560
雪帷韻竹詞不分卷
　(清)仁和孫錫撰
　清乾隆四十五年(1780)刻本　北
大　浙江

集 10009561
蕡香詞選一卷
　(清)武康高文照撰
　二家詞本(道光刻)
　清刻本　國圖

集 10009562
叩拙詞一卷
　(清)會稽陶維垣撰
　清乾隆三十七年(1772)會稽陶氏
刻本　國圖

集 10009563
靈石樵歌二卷
　(清)山陰高宗元撰
　清乾隆四十九年(1784)刻本
國圖
　清光緒十八年(1892)鈔本　南開

集 10009564
靈石樵歌三卷

（清）山陰高宗元撰

清乾隆間刻本　南京

集 10009565

花簾詞一卷

（清）仁和吳藻撰

清道光九年（1829）刻本　南京

清道光十年（1830）仁和趙慶原刻本　國圖　北師大　天津　上海南京　遼寧　湖北　港中山　首都

黑龍江　鎮江　浙江　溫州海寧

清道光二十四年（1844）刻本（與香南雪北詞合刻）　國圖　上海南京　浙江

清道光三十年（1850）刻本　浙江

清光緒十年（1884）如皋冒氏刻林下雅音集本　國圖　浙江

清管庭芬鈔本（與香南雪北詞合鈔）　南京

集 10009566

香南雪北詞一卷

（清）仁和吳藻撰

清道光二十四年（1844）刻本　國圖　上海　南京　北師大　天津湖北　天津

清道光二十四年刻道光三十年（1850）續刻本　浙江　溫州

清道光三十年（1850）如皋冒俊原刻本　上海　港中山　浙江

清光緒十年（1884）如皋冒氏刻林下雅音集本　國圖　浙江

清光緒二十一年至二十二年（1895～1896）南陵徐氏刻小檀欒室彙刻閨秀詞本　國圖　北大　天津　上海　南京　山東　遼寧

清刻本　國圖　首都

集 10009567

香雪廬詞三卷

（清）仁和吳藻撰

清道光十年（1830）刻本　上海

集 10009568

華廉詞鈔一卷

（清）仁和吳藻撰

清仁和高保康鈔本　浙江

集 10009569

仙源詩餘一卷

（清）太平戚學標撰

清刻本　臨海博

集 10009570

抱山樓詞錄一卷

（清）平湖張炳堃撰

清光緒十五年（1889）當湖張氏刻本　國圖　天津　上海　南京

集 10009571

古春軒詞一卷

（清）錢塘梁德繩撰

清光緒二十一年至二十二年（1895～1896）南陵徐氏刻小檀欒室彙刻閨秀詞本　國圖　北大　天

津　上海　南京　山東　遼寧

集 10009572
有正味齋詞一卷
　（清）錢塘吳錫麒撰
　清乾隆刻琴書樓詞鈔本

集 10009573
有正味齋詞七卷
　（清）錢塘吳錫麒撰
　清咸豐五年（1855）刻吳氏一家稿
本　國圖　首都　内蒙古　浙江
金華博

集 10009574
**有正味齋詞集八卷外集五卷續
集二卷又外集二卷**
　（清）錢塘吳錫麒撰
　清嘉慶間刻本　港中山（殘本未
著録存缺卷次）　國圖　首都　湖
州　江蘇師大
　清刻本　國圖　南京　陝西　天
一閣　嵊州　衢州　東陽博
　清宣統元年（1909）掃葉山房石印
本　首都　青海　鎮江　浙江　嘉
善　紹興　玉海樓　温州　湖南
　2002 年上海古籍出版社影印續
修四庫全書本

集 10009575
滄江虹月詞三卷
　（清）杭州汪初撰
　清嘉慶九年（1804）汪氏振綺堂刻

光緒十五年（1889）汪曾唯增刻本
國圖　上海　南京　遼寧

集 10009576
滄江虹月詞
　（清）杭州汪初撰
　清歸安姚覲元咫進齋鈔本　國圖

集 10009577
三影閣箏語三卷
　（清）錢塘張雲璈撰
　清嘉慶八年（1803）刻本　天津
　清嘉慶二十四年（1819）刻本
上海
　清嘉慶刻本　國圖　南開　嘉興
　三影閣叢書本
　清刻本　國圖　北師大　陝西

集 10009578
風雨閉門詞不分卷
　（清）秀水顧列星撰
　清乾隆間刻本　清華

集 10009579
澗琴詞學不分卷
　（清）李飲水撰　（清）瑞安林露評
　清鈔本　温州

集 10009580
餘杭覽古詞一卷
　（清）錢塘陳燦撰
　清乾隆三十三年（1768）静廉齋刻
本　湖南社科院

集 10009581

湘筠館詞二卷

（清）仁和孫雲鳳撰

清光緒二十一年至二十二年（1895～1896）南陵徐氏刻小檀欒室彙刻閨秀詞本　國圖　北大　天津　上海　南京　山東　遼寧

集 10009582

雙橋書屋詞存一卷

（清）仁和錢東撰

清光緒二十二年（1896）刻湖墅錢氏家集本　北大　上海

集 10009583

苕溪漁隱詞二卷

（清）烏程范鍇撰

范白舫所刊書本（道光刻）

集 10009584

菽歡堂詩餘四卷

（清）海寧王丹墀撰

清刻本　國圖

集 10009585

蟂齋詩餘一卷

（清）海寧查元偁撰

清刻本　國圖　上海

集 10009586

種芸詞二卷

（清）嘉興馮登府撰

清嘉慶間刻本社科院文學所（清

郭麐　刪訂並題記）

集 10009587

種芸仙館詞二種

（清）嘉興馮登府撰

清道光十三年（1833）刻本北大

集 10009588

種芸仙館詞五卷

（清）嘉興馮登府撰

清道光十四年（1834）刻本　國圖　上海

集 10009589

種芸仙館詞二卷釣船笛譜一卷月湖秋瑟二卷

（清）嘉興馮登府撰

清道光間刻本　國圖　南京　美燕京

集 10009590

種芸仙館集外詞二卷

（清）嘉興馮登府撰　（清）忻寶華輯

稿本　上海

集 10009591

柳東居士長短句五卷

（清）嘉興馮登府撰

清鈔本　國圖

集 10009592

紅蘭春雨詞三卷

（清）嘉興馮登府撰

清嘉慶稿本　天津

集 10009593

蘇甘廊詞集二卷

（清）山陰杜煦撰

稿本　浙大　浙江

清鈔本　國圖

2019 年國家圖書館出版社影印浙學未刊稿叢編本

集 10009594

聽雨樓詞二卷

（清）杭州孫雲鶴撰

清嘉慶十九年（1814）吳蘭修桐花閣刻本　國圖

清嘉慶間羊城富文齋刻本　國圖

清光緒二十一年至二十二年（1895～1896）南陵徐氏刻小檀欒室彙刻閨秀詞本　國圖　北大　天津　上海　南京　山東　遼寧

清鈔本　國圖

集 10009595

捧月樓詞□卷

（清）錢塘袁通撰

稿本　重慶

集 10009596

捧月樓詞二卷

（清）錢塘袁通撰

隨園三十種本（乾隆嘉慶間刻、同治刻，七家詞鈔）

清嘉慶四年（1799）刻本　上海

清嘉慶九年（1804）楊芳燦刻本青民大（繆荃孫批校）　常州

清嘉慶二十四年（1819）六合汪世泰刻本　港中山

清嘉慶間刻本　國圖

清光緒十八年（1892）上海圖書集成印書局鉛印本　上海　天津　內蒙古　清刻本　國圖　內蒙古　金陵

集 10009597

捧月樓綺語八卷

（清）錢塘袁通撰

清嘉慶間刻本　國圖　湖北

清嘉慶九年（1804）刻本　常州

集 10009598

捧月樓綺語七卷

（清）錢塘袁通撰

清刻本　北師大

集 10009599

瓶隱山房詞八卷

（清）錢塘黃曾撰

清道光二十七年（1847）錢塘黃曾刻本　國圖　上海　北大　北師大　遼寧　首都　南開　浙江　溫州

清道光咸豐間刻本　南京

集 10009600

瓶隱山房詞一卷

（清）錢塘黃曾撰

國朝六家詞選本（稿本）

集 10009601

夢春廬詞一卷

（清）嘉興李貽德撰

早花集一卷

（清）吳筠撰

清同治六年（1867）朱蘭刻本　國圖　上海　南京　北師大　港中大　港中山

集 10009602

鴻雪廎詞一卷

（清）錢塘沈善寶撰

清光緒二十一年至二十二年（1895～1896）南陵徐氏刻小檀欒室彙刻閨秀詞本　國圖　北大　天津　上海　南京　山東　遼寧

集 10009603

竹田樂府一卷

（清）嘉興張廷濟撰

清道光咸豐間刻柱馨堂集本

集 10009604

憑隱詩餘三卷

（清）錢塘汪世儁撰

清嘉慶十九年（1814）刻本　國圖　上海

清道光元年（1821）刻本　國圖

清道光九年（1829）刻本　蘇州

清道光十九年（1839）刻本　陝西　青海

清道光二十八年（1848）刻本　陝西

清光緒十二年（1886）錢唐汪氏長沙刻叢睦汪氏遺書本　國圖　南京　中科院　遼寧

集 10009605

楚畹詩餘一卷

（清）海寧徐善遷撰

桐溪三家詩餘本（清陳敬璋鈔）

集 10009606

柯家山館詞三卷

（清）歸安嚴元照撰

清嘉慶十八年（1813）刻本　國圖　上海　浙江　浙師大　蘇州

湖州叢書本（光緒刻）

清光緒九年（1883）徐求鈔本　港中山　浙江

清許增娛園鈔本　浙江

清刻本　南師大

民國鈔本　溫州

2002 年上海古籍出版社影印續修四庫全書本

集 10009607

竹鄰詞一卷

（清）平湖金式玉撰

雲自在龕叢書本（光緒刻）

1994 年上海書店出版社叢書集成續編本

清刻本　國圖　揚州大

集 10009608

竹鄰遺詞二卷

（清）平湖金式玉撰

清刻本　北大

集 10009609

蘆中秋瑟譜不分卷

（清）仁和倪稻孫撰

清嘉慶二十三年（1818）沈鎰鈔本

浙江

集 10009610

夢隱詞不分卷

（清）仁和倪稻孫撰

清嘉慶七年（1802）泉唐顧廷琥寫

本　國圖

清嘉慶二十三年（1818）沈銖鈔本

浙江

清嘉慶間鈔本　港中山

集 10009611

酒邊花外詞一卷

（清）仁和倪稻孫撰

清嘉慶二十三年（1818）寫經亭主

鈔本　港中山

集 10009612

海漚賸詞不分卷

（清）仁和倪稻孫撰

清嘉慶間沈鐵鈔本　浙江

集 10009613

米樓詩餘四種五卷

（清）仁和倪稻孫撰

清道光二年（1822）鈔本　四川

　蘆中秋瑟譜二卷

　夢隱詞一卷

　酒邊花外詞一卷

　海彙剩詞一卷

集 10009614

紅豆詞四卷

（清）嘉興李日華撰

清道光十六年（1836）嘉興李穗孫

刻本　國圖　北師大

清嘉慶二十年（1815）刻本　上海

集 10009615

耨雲軒詞二卷

（清）嘉興馬汾撰

清道光二十八年（1848）嘉興馬夢

餘家刻本　上海　港中山　浙江

嘉興

集 10009616

春巢詩餘四卷

（清）仁和何承燕撰

清刻本　國圖　南京

集 10009617

洮瓊館詞一卷

（清）錢塘袁棠撰

清嘉慶間刻本　國圖　浙江

古紅梅閣詞録本（稿本）

清嘉慶二十年（1815）刻本　蘇州

吳江

集 10009618

桐陰草堂詞

　（清）桐鄉柴源撰

　清嘉慶間仇氏壽竹軒刻本　國圖

集 10009619

西湖秋柳詞一卷

　（清）湖州楊鳳苞撰　（清）杭州楊知新注

　清光緒間武林丁氏刻本　國圖　首都　内蒙古　蘇州　浙江　温州

　1994年上海書店出版社叢書集成續編本

　清道光楊炳壑刻本　杭州

集 10009620

一窗秋影庵詞一卷

　（清）仁和陳行撰

　清道光四年（1824）刻本　國圖

集 10009621

白鶴山房詞鈔二卷

　（清）歸安葉紹本撰

　清道光七年（1827）桂林使廨刻本　國圖

集 10009622

畫溪漁唱二卷

　（清）湖州陳丙綬（陳長孺）撰

　清道光十三年（1833）武林刻本　國圖

集 10009623

紫鸞笙譜四卷

　（清）錢塘陳文述撰

　稿本　南京

集 10009624

定盦詞五卷

　（清）仁和（一作錢塘）龔自珍撰

　清鈔本（清龔橙校跋）　國圖

集 10009625

無著詞一卷

　（清）仁和（一作錢塘）龔自珍撰

　同聲集本（道光刻、同治刻）

集 10009626

定盦詞集一卷

　（清）仁和（一作錢塘）龔自珍撰

　清許增刻套印本　國圖

集 10009627

定盦詞定本一卷

　（清）仁和（一作錢塘）龔自珍撰

　風雨樓叢書本（宣統鉛印）

集 10009628

龔定盦集外未刻詞

　（清）仁和（一作錢塘）龔自珍撰

　清宣統間秋星社石印本　國圖

集 10009629

瘦紅館詞二卷

　（清）嘉善謝玉樹撰　（清）顧成順

等評

稿本　天津

集 10009630

煙波漁唱四卷續鈔一卷又續一卷附鈔一卷

（清）錢塘（祖籍錢塘，生於歸安）張應昌撰

清道光二十四年（1844）刻本　國圖　上海　北師大（不全）

集 10009631

煙波漁唱四卷

（清）錢塘（祖籍錢塘，生於歸安）張應昌撰

清同治刻本　國圖

清道光二十四年（1844）刻本　天一閣

集 10009632

金粟影庵詞初稿不分卷

（清）錢塘顧澍撰

清乾隆五十年（1785）寫刻本　上海　港中山

集 10009633

一硯齋詞鈔一卷

（清）錢塘吳敬羲撰

清鈔本　港中山

集 10009634

疎影樓詞五卷

（清）鎮海姚燮撰

稿本（清姚儒俠跋）　天一閣　國圖

清道光十三年（1833）鎮江上湖草堂刻大梅山館集本　國圖　上海　南京　天津　港中山

清道光二十六年（1846）刻本　天津

清同治十一年（1872）上湖草堂刻本　北師大

2002 年上海古籍出版社影印續修四庫全書本

集 10009635

疎影樓詞五卷附錄一卷

（清）鎮海姚燮撰

清鈔本　南京

集 10009636

疎影樓詞續鈔一卷

（清）鎮海姚燮撰

稿本　國圖

清同治間鈔本　上海

2002 年上海古籍出版社影印續修四庫全書本

集 10009637

玉篘樓詞一卷

（清）鎮海姚燮撰

稿本　國圖

集 10009638

苦海航一卷

（清）鎮海姚燮撰

稿本　國圖

稿本（清沈鎔經等題詩）　國圖

清光緒二十三年（1897）著易堂鉛印本　上海

集 10009639

半緣詞一卷

（清）海寧查學撰

清乾隆十九年（1754）刻本　上海

集 10009640

騰嘯軒詞鈔二卷

（清）秀水陳熙撰

清嘉慶十九年（1814）刻本　上海

集 10009641

意香閣詞二卷

（清）嘉興李澧撰

清嘉慶三年（1798）刻本　上海
天津

清嘉慶五年（1800）刻本　國圖
浙江

清嘉慶刻本　國圖

清末至民國初鈔本　國圖

集 10009642

青芙館詞鈔一卷

（清）山陰陳壽祺撰

滂喜齋叢書本（同治刻）

集 10009643

二韭室詩餘別集一卷

（清）山陰陳壽祺撰

滂喜齋叢書本（同治刻）

集 10009644

硯壽堂詩餘一卷

（清）錢塘吳存楷撰

清嘉慶二十三年（1818）刻錢塘吳氏合集本

集 10009645

耶溪漁隱詞二卷

（清）錢塘屠倬撰

清乾隆三年（1738）刻本　上海

清嘉慶十九年（1814）、二十五年（1814 年、1820）真州官舍遞刻本
首都　浙江　浙大　紹興　溫州
平湖

清嘉慶二十二年（1817）錢塘陸貞一刻本　國圖　浙大　天一閣

集 10009646

香影詞四卷

（清）會稽陶元藻撰

清乾隆間怡雲閣刻本　南京

清乾隆六十年（1795）刻本　上海
首都

清乾隆刻本　天一閣

集 10009647

珍硯齋詞鈔二卷

（清）定海錢學戀撰

清同治三年（1864）古歙錢氏家刻本　國圖　港中山

清刻本　北師大

集 10009648

九疑仙館詞鈔一卷

（清）歸安談印梅撰

清光緒十六年（1890）歸安孫氏刻二談女史詩詞合刊本　國圖

清光緒二十一年至二十二年（1895～1896）南陵徐氏刻小檀欒室彙刻閨秀詞本　國圖　北大　天津　上海　南京　山東　遼寧

清鈔本　上海

集 10009649

金粟詞一卷

（清）海鹽朱璵撰

清光緒二十一年至二十二年（1895～1896）南陵徐氏刻小檀欒室彙刻閨秀詞本　國圖　北大　天津　上海　南京　山東　遼寧

集 10009650

憶雲詞甲稿一卷乙稿一卷丙稿一卷丁稿一卷

（清）錢塘項廷紀（鴻祚）撰

清道光間刻本　國圖

集 10009651

憶雲詞甲稿一卷乙稿一卷丙稿一卷丁稿一卷删存一卷

（清）錢塘項廷紀（鴻祚）撰

清同治光緒間刻榆園叢刻本　國圖　中科院　北大　上海　復旦　天津　遼寧　陝西　南京　浙江　湖北　四川

2002年上海古籍出版社影印續修四庫全書本

集 10009652

憶雲詞甲稿一卷乙稿一卷丙稿一卷丁稿一卷删存一卷遺補一卷

（清）錢塘項廷紀（鴻祚）撰

清光緒二十五年（1899）湖南思賢書局刻本　國圖　南京　北師大

清刻本　南京

集 10009653

梅邊笛譜一卷

（清）仁和李堂撰

清嘉慶十五年（1810）冬榮草堂刻本　南京

集 10009654

梅邊笛譜二卷

（清）仁和李堂撰

清嘉慶十六年（1811）冬榮草堂刻本　上海　南京　遼寧

集 10009655

篷窗翦燭集二卷

（清）仁和李堂撰

清道光間刻本　國圖

集 10009656

碧蘿吟館詩餘一卷

（清）海寧馬錦撰

清刻本　國圖

集 10009657

山滿樓詞鈔三卷

（清）武康徐金鏡撰

清道光間刻本　國圖

集 10009658

鴛鴦宜福館吹月詞二卷

（清）錢塘陳元鼎撰

清同治元年(1862)錢塘陳元鼎刻光緒十六年(1890)小羽瑢山館補修本　國圖　上海　南京　浙江　溫州　金陵　常州

集 10009659

鴛鴦宜福館詞一卷遺詞一卷

（清）錢塘陳元鼎撰

清光緒二十年(1894)仁和吳氏雙照樓刻本　國圖　上海　北師大

集 10009660

蜨花樓詞鈔一卷

（清）錢塘張湄撰

清道光十五年(1835)江西乙藜齋刻本　國圖　北師大

清道光二十三年(1843)姑蘇吳青霞齋刻本　國圖

集 10009661

蜨花樓詞鈔續集一卷

（清）錢塘張湄撰

清道光二十四年(1844)刻本　國圖

集 10009662

小謝詞存一卷

（清）仁和錢廷烺撰

清光緒二十二年(1896)湖墅錢氏家集本　北大　上海

集 10009663

衍波詞二卷

（清）仁和孫蓀意撰

清嘉慶二十四年(1819)額粉盒刻本　中科院

集 10009664

衍波詞一卷

（清）仁和孫蓀意撰

清光緒二十一年至二十二年(1895～1896)南陵徐氏刻小檀欒室彙刻閨秀詞本　國圖　北大　天津　上海　南京　山東　遼寧

清光緒間元和江氏湖南使院刻靈鶼閣叢書本　國圖　中科院　北大　上海　復旦　天津　遼寧　山東　甘肅　南京　浙江　湖北　四川

清嘉慶十七年(1812)刻本　天津

清光緒十三年(1887)刻本　吳江

集 10009665

九曲漁莊詞二卷

（清）嘉興沈濤撰

稿本　嘉興

民國二十五年(1936)建德周氏自莊嚴堪刻十經齋遺集本　國圖　中科院　北大　上海　復旦　天津

甘肅　浙江　中山

集 10009666

畫延年室詞稿摘録一卷
　（清）錢塘袁起撰
　稿本　臺圖

集 10009667

畫延年室詩餘四卷
　（清）錢塘袁起撰
　清咸豐五年(1855)刻本　北師大

集 10009668

畫延年室詞稿六卷
　（清）錢塘袁起撰
　稿本　上海
　清鈔本　南京

集 10009669

海棠巢詞稿一卷
　（清）錢塘李若虛撰
　清刻本　北師大

集 10009670

夢玉詞一卷
　（清）錢塘陳裴之撰
　　清道光四年(1824)刻本　國圖
南京　北師大　嘉興
　清刻本　南京

集 10009671

雙紅豆館詞鈔四卷
　（清）諸暨周惺然撰

清光緒九年(1883)晉陽刻本　國
圖　上海　港中山　港中大

集 10009672

師竹軒詞鈔一卷
　（清）仁和許謹身撰
　清咸豐八年(1858)師卯敦室刻本
　國圖　上海　南京(許郊跋)　北
師大

集 10009673

無腔村笛二卷
　（清）錢塘吳振棫撰
　清刻本　北師大

集 10009674

絳跗山館詞録三卷
　（清）平湖張金鏞撰
　清許氏娛園鈔本　南京
　清同治十年(1871)刻本　南京

集 10009675

茶夢盦爐餘詞一卷劫後稿一卷
　（清）仁和高望曾撰
　清同治九年(1870)福州刻本　國
圖　上海　南京　北師大　港大

集 10009676

石舫園詞鈔不分卷
　（清）海寧梁齡增撰
　稿本(佚名評點)　浙江

集 10009677

紅杏詞二卷

（清）仁和李方湛撰

小石梁山館刻本　南京

清鈔本　南京

清嘉慶九年（1804）刻本　浙江
奉化文管會

集 10009678

海棠巢詞稿一卷

（清）錢塘李若虛撰

清嘉慶道光間刻本　上海

清刻本　國圖　蘇州　天一閣

清咸豐十一年（1861）刻本　首都
浙江

集 10009679

百合詞二卷

（清）錢塘蔣坦撰

清咸豐二年（1852）刻本　上海

集 10009680

拙宜園詞二卷

（清）海鹽黃燮清撰

清道光十五年（1835）刻本　北
師大

清光緒四年（1878）秀水孫氏望雲
仙館刻橋李遺書本　國圖　中科院
北大　上海　山東　南京　浙江
湖北　中山　四川

1994 年上海書店出版社叢書集
成續編本

集 10009681

拙宜園集詞二卷

（清）海鹽黃燮清撰

清蕭山王錫齡刻本　上海

集 10009682

倚晴樓詩餘四卷

（清）海鹽黃燮清撰

清同治六年（1867）海鹽黃氏拙宜
園武昌刻本　國圖　上海　港中山
黑龍江　蘇州

2002 年上海古籍出版社影印續
修四庫全書本

集 10009683

江山風月譜一卷

（清）海寧許光治撰

清道光間海昌蔣氏別下齋刻咸豐
六年（1856）續刻別下齋叢書本　國
圖　中教科院　北大　上海　復旦
桂林　山東　四川

民國十二年（1923）上海商務印書
館影印清海昌蔣氏刻別下齋叢書本
北大　天津　遼寧　甘肅　南京
湖北　寧夏

民國武林竹簡齋影印清海昌蔣氏
刻別下齋叢書本　國圖　中科院
天津　山東　浙江　青海

浙江古籍出版社 1998 年出版新
編小四庫本

清鈔本　浙江

集 10009684

吉雨詞稿二卷

(清)嘉興朱聲希撰

清道光二十年(1840)木活字印本
上海

集 10009685

吉雨詞稿一卷

(清)嘉興朱聲希撰

清道光間鈔本　上海

集 10009686

蒼蔔花館詞集一卷補遺一卷

(清)仁和徐鴻謨撰

清光緒十一年(1885)仁和徐氏刻
香海盦叢書本　國圖　上海　中
科院

徐氏一家詞本(光緒刻)

集 10009687

蓮因室詞一卷

(清)錢塘鄭蘭孫撰

清光緒二十一年至二十二年
(1895~1896)南陵徐氏刻小檀欒室
彙刻閨秀詞本　國圖　北大　天
津　上海　南京　山東　遼寧

集 10009688

蓮因室詞集一卷

(清)錢塘鄭蘭孫撰

清宣統二年(1910)刻本　北師大

集 10009689

蓮因室詞一卷補一卷

(清)錢塘鄭蘭孫撰

清光緒三十四年(1908)錢塘鄭琪
寫刻本　港中山　湖南

集 10009690

聽秋聲館詞一卷

(清)錢塘吳恩埰撰

清光緒三十四年(1908)錢塘吳承
湜長沙鉛印本　國圖　北師大　港
中山

集 10009691

荔牆詞一卷

(清)烏程汪曰楨撰

稿本(清勞權、清張文虎校並跋,
清周學濂、清蔣敦復題識)　臺圖

荔牆叢刻本(同治光緒刻)

清刻本　國圖　上海　蘇州

清同治二年(1863)刻本　國圖
南師大　蘇大

1994年上海書店出版社叢書集
成續編本

集 10009692

妙吉祥室詩餘一卷詞餘一卷

(清)海鹽朱葵之撰

清光緒十年(1884)海鹽朱丙壽潮
州郡廨刻本　國圖　上海

集 10009693

采香詞二卷

（清）秀水杜文瀾撰

清咸豐七年(1857)刻曼陀羅華閣叢書本　上海　南京（鬘華道人題跋）

集 10009694

采香詞四卷

（清）秀水杜文瀾撰

清咸豐七年(1857)刻曼陀羅華閣叢書本　上海

清咸豐十一年(1861)曼陀羅華閣刻曼陀羅華閣叢書本　國圖　天津　湖南

清同治刻本　蘇州　揚州大

2002年上海古籍出版社影印續修四庫全書本

集 10009695

赤城詞草一卷

（清）山陰童華撰

清鈔本　國圖

集 10009696

雨花盦詩餘一卷

（清）秀水錢斐仲撰

清同治七年(1868)刻本　國圖　上海　浙江　嘉善　平湖

清光緒二十一年至二十二年(1895～1896)南陵徐氏刻小檀欒室彙刻閨秀詞本　國圖　北大　天津　上海　南京　山東　遼寧

集 10009697

竹石居詞草一卷川雲集一卷

（清）鄞縣童華撰

清光緒十三年(1887)刻本　國圖　上海　北大　天津　港中山　南師大

清刻本　國圖　北師大

清光緒刻本　國圖　天津　浙江　紹興　天一閣　國圖　天津

集 10009698

牧雲詞一卷

（清）錢塘徐旭旦撰

清鈔名家詞鈔六十種本　國圖

集 10009699

翠浮閣詞一卷

（清）仁和魏謙升撰

清道光十六年(1836)刻本　南京

集 10009700

翠浮閣詞二集一卷

（清）仁和魏謙升撰

清咸豐四年(1854)刻本　上海

集 10009701

射雕詞二卷

（清）永康應寶時撰

稿本　上海

清光緒十年(1884)吳中刻紅蕉館叢書本

清光緒間李慶雲刻本　南京　南師大

集 10009702

射雕詞二卷續鈔一卷

（清）永康應寶時撰

清光緒十四年(1888)永康應氏增刻本　國圖　北師大　港中山

2013年上海古籍出版社重修金華叢書本

集 10009703

射雕山館詞一卷

（清）永康應寶時撰

清末鈔本　國圖

集 10009704

新薈詞六卷外集一卷

（清）錢塘張景祁撰

清光緒九年(1883)百億梅花仙館刻本　國圖　南京　北師大　港中山　首都　南師大　金陵　無錫　浙江　平湖　天一閣　海寧　溫州　湖南

2002年上海古籍出版社影印續修四庫全書本

集 10009705

新薈詞五卷外集一卷

（清）錢塘張景祁撰

清光緒間刻本　南京(佚名校補)

集 10009706

鶴背生詞一卷

（清）錢塘張道撰

稿本　上海

集 10009707

萃堂詞錄一卷

（清）仁和潘鴻撰

清刻本　北師大

集 10009708

消愁集二卷

（清）海寧蔣英撰　郭鑑編次

清光緒三十四年(1908)刻本　國圖　首都　中社科院文學所　上海

集 10009709

春在堂詞錄二卷

（清）德清俞樾撰

清同治光緒間刻光緒末彙印春在堂全書本　國圖　中科院　北大　上海　復旦　天津　遼寧　山東　南京　浙江　湖北　四川　雲南

集 10009710

春在堂詞錄三卷

（清）德清俞樾撰

清同治光緒間刻光緒末彙印春在堂全書本　國圖　中科院　北大　上海　復旦　天津　遼寧　山東　南京　浙江　湖北　四川　雲南

集 10009711

金縷曲廿四疊韻一卷

（清）德清俞樾撰

清光緒十三年(1887)刻本　國圖　大連

清光緒間石印本　上海　遼寧

集 10009712

籀書詞集一卷

（清）仁和曹金籀撰

清同治間仁和曹氏刻石屋書本
中科院　上海　陝西

集 10009713

無盡鐙詞一卷

（清）仁和曹金籀撰

清同治九年（1870）刻本　國圖

集 10009714

夢西湖詞一百卷首一卷

（清）仁和曹金籀撰

清同治間刻本　南京
清刻本　上海
清末刻本　浙江

集 10009715

東鷗草堂詞二卷

（清）山陰周星譽撰

清光緒十二年（1886）金武祥刻本
上海　國圖　首都　南師大　蘇
州　蘇大　常州

2002 年上海古籍出版社影印續
修四庫全書本

集 10009716

瑶華閣詞一卷補遺一卷

（清）錢塘袁綬撰

同治六年（1867）刻本　國圖　天
津　無錫　湖南

清同治十一年（1872）刻本　上海

清光緒二十一年至二十二年
（1895～1896）南陵徐氏刻小檀欒室
彙刻 閨秀詞本　國圖　北大　天
津　上海　南京　山東　遼寧

集 10009717

曇花集一卷

（清）錢塘汪淑娟撰

清咸豐三年（1853）錢塘金氏刻評
花仙館詞本　國圖　上海

清光緒二十一年至二十二年
（1895～1896）南陵徐氏刻小檀欒室
彙刻 閨秀詞本　國圖　北大　天
津　上海　南京　山東　遼寧

清光緒鉛印本　國圖
清鈔本　浙江

集 10009718

醉盦詞幸草不分卷

（清）會稽（一作山陰）王繼香撰

稿本　浙江

集 10009719

亦有秋齋詞鈔二卷

（清）歸安鈕福疇撰

清道光二十三年（1843）刻本　國
圖　上海

集 10009720

湘痕閣詞稿一卷

（清）錢塘袁嘉撰

清光緒十八年（1892）勤裕堂鉛印
隨園三十八種本　國圖　北師大

上海

民國七年(1918)上海文明書局石印隨園三十八種本　遼寧　湖北

集 10009721

隨山館詞稿一卷續稿一卷

(清)山陰汪瑔撰

清光緒間刻隨山館全集本　國圖　中科院　北大　上海　復旦　福師大　江西　日京大人文研

集 10009722

隨山館詞一卷

(清)山陰汪瑔撰

清光緒二十一年(1895)刻本　國圖　南京　山東　遼寧

集 10009723

種水詞四卷

(清)嘉興曹言純撰

清道光十一年(1831)由卷征賢堂刻本　國圖

集 10009724

東武翠音不分卷

(清)平湖賈敦艮撰

稿本(清張鴻卓、清戴綏曾、清王叔釗、清魏謙升、清潘連璥、清潘鍾瑞、清宋志沂、清劉觀藻批註並跋)　浙江

集 10009725

秋風紅豆樓詞一卷

(清)嘉興張鳴珂撰

稿本　上海　復旦

集 10009726

秋風紅豆樓詞鈔□卷

(清)嘉興張鳴珂撰

稿本(存卷一,清戈載、清海鹽黃燮清批註並跋,清陳鴻誥、清趙銘、清孫七淵等題詞)　國圖

集 10009727

寒松閣詞二卷

(清)嘉興張鳴珂撰

稿本　上海

集 10009728

寒松閣詞四卷

(清)嘉興張鳴珂撰

稿本(清程秉釗評,清李慈銘跋)　南京

稿本(佚名批)　南京

清光緒十年(1884)江西書局刻本　南京　北大　北師大　天津

清光緒十年至二十四年(1884～1898)嘉興張氏刻寒松閣集本　中科院　北大　北師大　清華　上海　復旦　南京　浙大　江西　四川　湖北　金陵　蘇州

清光緒間刻本　上海

2002年上海古籍出版社影印續修四庫全書本　國圖　黑龍江　金陵

集 10009729

寒松閣詞三卷

（清）嘉興張鳴珂撰

清光緒二十年（1894）嘉興張氏家刻本　港中山

集 10009730

寒松閣詞一卷綠羅詞一卷

（清）嘉興張鳴珂撰

稿本（清譚獻、清張景祁等題款）復旦

集 10009731

古紅梅閣未定彙□卷

（清）江山劉履芬撰

稿本（存卷三，清蔣敦復、清潘鍾瑞評並跋）　南京

衢州文獻集成本

集 10009732

鷗夢詞一卷

（清）江山劉履芬撰

古紅梅閣集本（同治蘇城刻，附錄一卷）　國圖

清光緒三十四年至宣統三年（1908～1911）國學萃編社鉛印本晨風閣叢書第一集　北大　復旦　遼寧　甘肅　浙江　武漢　四川

清同治二年（1863）刻本　國圖

清刻本　蘇州

集 10009733

秋心廢藁一卷皋廡偶存一卷淮

浦閒草一卷

（清）江山劉履芬撰

稿本　浙江

集 10009734

鐵園集（鐵簫詞）□卷

（清）仁和陸璣撰

稿本（存鐵簫詞卷四至六）　中社科院文學所

清代詩文集彙編本

清道光刻本　國圖

清道光十四年（1834）刻本　南開

清道光二十九年（1849）刻本浙江

集 10009735

井華詞二卷

（清）秀水沈景修撰

清光緒元年（1875）刻本　國圖

清光緒二十五年（1899）刻本　國圖　上海　南京　北師大　平湖嘉興　玉海樓

集 10009736

花影詞一卷

（清）紹興王詒壽撰

清同治光緒間刻榆園叢刻本　國圖　中科院　北大　上海　復旦天津　遼寧　陝西　南京　浙江湖北　四川　中科院

集 10009737

笙月詞五卷

（清）紹興王詒壽撰

清同治光緒間刻楡園叢刻本　國圖　中科院　北大　上海　復旦　天津　遼寧　陝西　南京　浙江　湖北　四川　國圖（鄭文焯批註並跋）

集 10009738

水琴詞三卷

（清）山陰王詒壽撰

稿本　杭州

集 10009739

吳趨詞鈔一卷

（清）嘉善吳修祜撰

清光緒十年至十五年（（1884～1889）木活字印蔭蒔山莊遺著（吳隱士遺著）四種本　上海

集 10009740

復堂詞一卷

（清）仁和譚獻撰

稿本　臨海博　國圖

清咸豐七年（1857）京師刻三子詩選本　國圖　上海

清咸豐刻本　揚州大

清咸豐九年（1859）刻本　國圖

清光緒八年（1882）刻本　南京

清刻本　北師大

民國二十六年（1937）（1837）浙江省立圖書館鉛印本　浙江

清末稿本　浙江

清鈔本　浙江

集 10009741

復堂詞三卷

（清）仁和譚獻撰

清同治光緒間仁和譚氏刻半廠叢書初編本　國圖　中科院　上海　復旦　天津　遼寧　南京　浙江　湖北　四川

2002 年上海古籍出版社影印續修四庫全書本

集 10009742

癸辛詞不分卷

（清）瑞安項瓈撰

清同治間刻本　溫州（清孫衣言批點）

集 10009743

水仙亭詞集二卷

（清）瑞安項瓈撰

清光緒十二年（1886）項氏刻本　南京　天津　遼寧　湖北　内蒙古　陝西　臨海　平陽　玉海樓

民國印瑞安南堤項氏叢書本　南京

集 10009744

凝香室詩餘一卷適廬詞草一卷蘊香齋詞稿一卷

（清）仁和葉澹宜撰

適廬詞草

（清）仁和葉翰仙撰

蘊香齋詞稿

（清）仁和葉靜宜撰

稿本(清張鳴珂批改並附手劄)
杭州

集 10009745

春草四卷

(清)會稽徐沁撰

附錄一卷

(清)林子威撰
清鈔本　四川

集 10009746

勉熹詞一卷

(清)山陰(河南祥符人,先世居山
陰)周星詒撰
清刻本　北師大
清光緒三十四年至宣統三年
(1908～1911)國學萃編社鉛印本晨
風閣叢書第一集　北大　復旦　遼
寧　甘肅　浙江　武漢　四川
清宣統元年(1909)鉛印本　國圖

集 10009747

冰壺詞四卷

(清)建德張雲鵬撰
清光緒間刻本　北師大

集 10009748

憶京都詞一卷

(清)桐鄉嚴辰撰
清光緒刻本　天津

集 10009749

蕉窗詞一卷

(清)錢塘鄧瑜撰
清光緒二十一年至二十二年
(1895～1896)南陵徐氏刻小檀欒室
彙刻閨秀詞本　國圖　北大　天
津　上海　南京　山東　遼寧
清同治間稿本　蘇州

集 10009750

捶琴詞一卷

(清)錢塘諸可寶撰
清光緒二十二年(1896)錢塘諸氏
玉峰官舍刻本　北師大　港中山

集 10009751

純飛館詞初稿一卷

仁和徐珂撰
清光緒十九年(1893)春申録社鉛
印本　上海　内蒙古

集 10009752

純飛館詞一卷

仁和徐珂撰
中華書局聚珍仿宋部印天蘇閣叢
刊二集本　南京
1994年上海書店出版社叢書集
成續編本

集 10009753

純飛館詞續一卷

仁和徐珂撰
中華書局聚珍仿宋部印天蘇閣叢
刊二集本　南京
1994年上海書店出版社叢書集

成續編本

集 10009754

六憶詞一卷

　仁和徐珂撰

　香豔叢書本（宣統鉛印）

集 10009755

蓬霜輪雪集一卷

　（清）鄞縣陳康祺撰

　清光緒五年（1879）吳門刻本
上海

集 10009756

白癡詞二卷

　（清）天台張邁撰

　清光緒三十年（1904）刻本　北
師大

集 10009757

翠螺閣詞稿一卷

　（清）錢塘淩祉媛撰

　清咸豐四年（1854）錢塘丁氏寫刻
本　港中山

　清咸豐刻本　國圖

　清光緒二十一年至二十二年
（1895～1896）南陵徐氏刻小檀欒室
彙刻閨秀詞本　國圖　北大　天
津　上海　南京　山東　遼寧

　清光緒間刻本　北師大

集 10009758

虞庵詞一卷

（清）錢塘張預撰

稿本　上海

集 10009759

量月廎詞初存一卷

　（清）錢塘張預撰

　清末鈔本　浙江

集 10009760

含青閣詩餘一卷

　（清）臨海屈蕙纕撰

　鈔本同根草本　浙江

　清代家集叢刊本

集 10009761

蘭當詞二卷

　（清）會稽陶方琦撰

　清同治光緒間刻本　上海

集 10009762

蘭當詞一卷

　（清）會稽陶方琦撰

　清光緒十六年（1890）鄂局刻本
天津　南開　湖南　浙江　浙大
紹興　魯迅紀念館　天一閣　清光
緒十九年（1893）渭南縣署刻樊山集
本　國圖　首都　湖南

　清刻本　北大

集 10009763

琳清仙館詞藁二卷

　（清）會稽陶方琦撰

　稿本　杭州

集 10009764

濯絳宦存稿不分卷

（清）江山劉毓盤撰

清光緒二十七年（1901）刻本　中
社科院文學所　浙江　温州　嘉興
美燕京

清宣統元年（1909）刻本　首都
內蒙古　陝西　蘇州

衢州文獻集成本

集 10009765

寄龕詞四卷

（清）會稽孫德祖撰

清同治九年（1870）山陰許純模刻
本　國圖　上海　南京　北大　北
師大　天津　遼寧　港中山　奉化
文管會

集 10009766

寄龕詞問六卷

（清）會稽孫德祖撰

清光緒二十六年（1900）長興王承
湛古綏逯盧刻本　國圖　南京　浙
江　紹興　温州

集 10009767

玉可盦詞存二卷廣小圃詠一卷

（清）仁和徐琪撰

清光緒間刻本　南京

集 10009768

玉可盦詞存一卷補一卷

（清）仁和徐琪撰

清光緒十三年（1887）寶坻張鴻辰
刻本　國圖　上海　南京　天津
港中山

清光緒三十三年（1907）刻本
天津

清光緒三十四年（1908）刻徐氏一
家詞本　國圖　清華　集上海　遼
寧　港中山

清代家集叢刊續編本

集 10009769

廣小圃詠一卷

（清）仁和徐琪撰

清光緒三十四年（1908）刻徐氏一
家詞本　國圖　清華　上海　遼寧
港中山

清代家集叢刊續編本

集 10009770

接葉亭詞三卷

（清）仁和徐琪撰

稿本　國圖

集 10009771

長生籙詞一卷

（清）仁和徐琪撰

清光緒三十一年（1905）刻本
國圖

集 10009772

霞川花隱詞二卷

（清）會稽李慈銘撰

清光緒十九年（1893）渭南縣署刻

樊山集本　國圖　首都　南京
湖南

集 10009773

二家詞鈔五卷

　（清）會稽李慈銘　樊增祥撰

　清光緒十九年（1893）渭南縣署刻
樊山集本　國圖　首都　南京
湖南

集 10009774

菉庵詩餘存一卷

　（清）蕭山吳斐

　清鈔本　浙江

集 10009775

鏡海樓詞稿一卷

　（清）海昌楊鳳翰

　手稿本　浙江

集 10009776

娛老詞不分卷

　（清）瑞安孫衣言撰

　清光緒二十年（1894）冶竹山居石
印本　國圖　天津　上海　南京

集 10009777

玉玲瓏館詞存一卷曲存一卷

　（清）仁和魏熙元撰

　清光緒十六年（1890）杭州魏氏一
樹冬青書屋刻本　國圖　北師大
上海　南京　港中山

集 10009778

曼陀羅龕詞一卷

　（清）嘉興沈曾植撰

　滄海遺音集本

　民國十三年（1924）上海商務印書
館鉛印本　浙江　浙大　嘉興
紹興

　民國十四年（1925）上海商務印書
館鉛印本　浙江　浙大　嘉興
紹興

　清代詩文集彙編本

集 10009779

蔗畦詞二卷

　（清）山陰金石撰

　清光緒二十八年（1902）會稽金氏
刻本　上海　南京

集 10009780

艮居詞選不分卷

　（清）桐鄉蔡壽臻撰　（清）王幼霞
鑑定

　清光緒三十二年（1906）刻本
國圖

集 10009781

盥廬詞一卷看鏡詞一卷

　（清）海寧蔣廷黻撰

　清刻本

　清代詩文集彙編本　海寧

集 10009782

看山樓詞二卷

（清）臨海馮永年撰

清光緒六年(1880)刻本　國圖

集 10009783

回瀾紀效詞一卷

（清）山陰陳錦撰

清光緒間刻本　國圖

集 10009784

和茶煙閣體物詞一卷

（清）會稽茹敦和撰

清刻本　國圖

集 10009785

三國宮詞一卷

（清）平湖陳翰編

清光緒二十七年(1901)顧言行鈔本　平湖

集 10009786

黍薌詞一卷

（清）臨海周郇雨撰

清光緒二十五年(1899)刻朱印本國圖

集 10009787

彊邨語業三卷

（清）歸安朱祖謀撰

稿本(存卷三,汪兆鏞跋)　上海

2002 年上海古籍出版社影印續修四庫全書本

集 10009788

彊邨詞三卷彊邨詞前集一卷別集一卷

（清）歸安朱祖謀撰

清光緒三十一年(1905)歸安朱氏刻本　國圖　上海　南京　北師大
天津　港中山

2002 年上海古籍出版社影印續修四庫全書本

集 10009789

彊邨詞四卷

（清）歸安朱祖謀撰

清光緒十六年(1890)刻薇省同聲集本　國圖　天津　上海　吉林
四川

集 10009790

彊邨語業三卷彊邨棄稿一卷彊邨詞剩稿二卷彊邨集外詞一卷附世

（清）歸安朱祖謀撰

民國二十二年(1933)刻本　國圖
中科院　北師大　上海　吉大
山東　南京　浙江　湖北　四川
桂林

清代詩文集彙編本

集 10009791

攬雲閣詞一卷

（清）錢塘徐灝撰

清宣統三年(1911)南京刻民國十四年(1925)北京補刻朱印本　上海

南京

集 10009792

䌈廬初稿（詞）一卷

（清）餘姚謝掄元撰

清宣統元年（1909）集成圖書公司鉛印本　首都　中山

集 10009793

泡影集一卷

（清）錢塘金繩武撰

清咸豐三年（1853）錢塘金氏刻評花仙館合詞二卷本　國圖　上海

集 10009794

曇花集一卷

（清）錢塘江淑娟撰

清咸豐三年（1853）錢塘金氏刻評花仙館合詞二卷本　國圖　上海

集 10009795

南鄉子詞一卷

（清）象山陳得善撰

民國十四年（1925）象山陳慶麟鉛印石壇山房全集本　國圖　南京

民國二十三年（1934）鉛印石壇山房全集本　中社科院文學所　浙大　清代詩文集彙編本

集 10009796

變雅堂詞一卷

（清）象山陳得善撰

民國十四年（1925）象山陳慶麟鉛

印石壇山房全集本　國圖　南京

民國二十三年（1934）鉛印石壇山房全集本　中社科院文學所　浙大　清代詩文集彙編本

集 10009797

三蕉詞一卷

（清）象山陳得善撰

民國十四年（1925）象山陳慶麟鉛印石壇山房全集本　國圖　南京

民國二十三年（1934）鉛印石壇山房全集本　中社科院文學所　浙大　清代詩文集彙編本

集 10009798

綠薏詞一卷

（清）象山陳得善撰

民國十四年（1925）象山陳慶麟鉛印石壇山房全集本　國圖　南京

民國二十三年（1934）鉛印石壇山房全集本　中社科院文學所　浙大　清代詩文集彙編本

集 10009799

桐音詞一卷

（清）象山陳得善撰

民國十四年（1925）象山陳慶麟鉛印石壇山房全集本　國圖　南京

民國二十三年（1934）鉛印石壇山房全集本　中社科院文學所　浙大　清代詩文集彙編本

集 10009800

四紅詞一卷

（清）吳興施贊唐撰

民國九年（1920）木活字吳興家粹
輯存本　南京

集 10009801

蛻塵軒詩餘一卷

（清）吳興施贊唐撰

民國九年（1920）木活字吳興家粹
輯存本　南京

集 10009802

晉陽詞鈔一卷

（清）歸安孫廎南撰

澹圃居士鈔吳興孫氏二妙詩詞合
鈔本　浙江

集 10009803

清談詞一卷

（清）瑞安余瀾撰

鈔本　溫州

集 10009804

淨綠軒詞六卷

（清）錢塘王起撰

稿本　浙江

集 10009805

秋影樓囈語一卷

（清）秀水汪熙敬撰

稿本　浙江

集 10009806

花信樓詞存一卷

（清）瑞安洪炳文撰

民國鈔本　溫州

集 10009807

紫藤華館詩餘一卷

（清）江山劉觀藻撰

清光緒六年（1880）刻本　南京

集 10009808

夢草詞二卷

（清）烏程徐延祺撰

民國七年（1918）上海聚珍印吳興
徐氏遺稿本　上海

集 10009809

拾翠軒詞稿一卷

（清）金華金兆豐撰

1949 年中華書局陟岡集本　南
京　浙江

集 10009810

惜餘芳館詞稿不分卷

（清）義烏朱懷新撰

鈔本　中科院

2013 年上海古籍出版社重修金
華叢書本

集 10009811

芳汀詞一卷遊皖一卷

（清）蕭山王蘅撰

稿本　天一閣

集 10009812

蕉石軒詞一卷曲一卷

　(清)仁和許蘭身撰

　清咸豐六年(1856)稿本　杭州

集 10009813

紅豆庵詞鈔一卷

　(清)臨海黃瑞撰

　清抄本　臨海博

總集之屬

集 10009814

類編草堂詩餘四卷

　(明)顧從敬輯

續編草堂詩餘二卷

　(明)長湖外史輯

詞韻括畧一卷

　(清)錢塘毛先舒撰

　明嘉靖間刻本　上海　國圖

　明嘉靖二十九年(1550)顧汝所刻本　國圖　浙江　天一閣

　明嘉靖古吳博雅堂刻本　首都

　明萬曆刻本　國圖

　明萬曆古吳陳長卿刻本　國圖

　清康熙間刻本　清華　南京

　清乾隆三十年(1765)刻本　遼寧

集 10009815

陽春白雪八卷外集一卷考異一卷

　(宋)趙聞禮輯

考異一卷

(清)錢塘瞿世瑛撰

　清道光九年(1829)刻本　國圖　天津　常州　蘇州

　清道光十年(1830)錢塘瞿氏清吟閣刻本　國圖　上海　浙江　常州

　清道光十九年(1839)邊浴禮鈔本　國圖

　清咸豐三年(1853)刻本　浙師大　金陵

　清鈔本　國圖

　2008年9月廣州出版社廣州大典本

集 10009816

絕妙好詞箋七卷

　(宋)烏程(山東歷城人,寓居烏程)周密輯　(清)查爲仁　(清)錢塘厲鶚箋

　清乾隆十五年(1750)查氏澹宜書屋刻本　國圖　上師大　天津　南博(清譚儀圈點並跋,周貞亮、邵章跋)　浙大　天一閣　紹興

　清乾隆間內府寫文淵閣四庫全書本　臺故博

　清乾隆間內府寫文溯閣四庫全書本　甘肅

　清乾隆間內府寫文津閣四庫全書本　國圖

　2008年商務印書館影印文津閣四庫全書本

　清乾陸間內府寫本清末民初補鈔文瀾閣四庫全書本　浙江

　1982～1986年臺灣商務印書館

景印文淵閣四庫全書本

1986 年上海古籍出版社據臺灣商務印書館景印文淵閣四庫全書景印本

2006～2015 年杭州出版社影印文瀾閣四庫全書本

清乾隆十五年刻道光九年(1829)續刻本　臨海

清同治十一年(1872)會稽章氏刻本　紹興

清光緒間刻本四川(清顧復初批)

清末刻本天津

民國三年(1914)上海有正書局影印本　浙江　浙大

集 10009817

絕妙好詞箋七卷

(宋)烏程(山東歷城人,寓居烏程)周密輯　(清)查爲仁　(清)厲鶚箋

續鈔一卷

(清)余集輯

又續鈔一卷

(清)徐楙補録

清道光八年(1828)徐楙杭州愛日軒刻本　國圖　首都　南京　北師大　天津　遼寧　人大(清沈世良評點,佚名録清鮑倚雲江瀠批點)四川(趙熙批)　湖北

清同治十一年(1872)會稽章壽康刻本　國圖(清李慈銘評注並跋)南京(清周星詒跋)　北師大　天津遼寧　湖北

清宣統元年(1909)上海沅記書莊石印本　遼寧

清宣統元年(1909)慎修堂石印本天津

清刻本　國圖

清坊刻本　南京

清彭佑芳鈔本　南京

集 10009818

古今詞選七卷

(清)仁和沈謙　(清)錢塘毛先舒輯

清吳山草堂刻本　國圖

集 10009819

見山亭古今詞選三卷

(清)錢塘陸次雲　(清)會稽章昞輯

清康熙十四年(1675)見山亭刻本清華　中科院(鄧之誠跋)

集 10009820

古今詞彙初編十二卷二編四卷三編八卷

(清)仁和卓回輯

清康熙十八年(1679)刻本　中科院(鄧之誠題記)　上海　復旦

集 10009821

古今詞彙二編四卷詞論一卷詞韻一卷

(清)餘杭嚴沆等輯

清刻本　國圖

集 10009822

詞緯三十六卷

（清）嘉善柯崇樸 （清）嘉興周篔輯

稿本 吉大

集 10009823

撰辰集四卷

（清）桐鄉汪森輯

清道光二十二年（1842）沈復粲鈔本（清沈復粲跋） 南京

集 10009824

晴雪雅詞四卷

（清）海寧許昂霄輯

清乾隆四十六年（1781）張氏涉園刻本 上海 南京 杭州

清刻本 國圖

集 10009825

復堂詞錄十一卷

（清）仁和譚獻輯

稿本（存卷一至八） 國圖

集 10009826

篋中詞六卷續四卷

（清）仁和譚獻輯

清同治光緒間仁和譚氏刻半廠叢書初編本 國圖 中科院 上海 復旦 天津 遼寧 南京 浙江 湖北 四川

清光緒八年（1882）刻本 首都 天津 南開 內蒙古 河南大 金陵 鹽城 鹽城 無錫 平湖 桐鄉 奉化文管會 湖南

清光緒十二年（1886）鈔本 杭州

1994 年上海書店出版社叢書集成續編本

浙江古籍出版社 1998 年出版新編小四庫本

2002 年上海古籍出版社影印續修四庫全書本

集 10009827

篋中詞五卷

（清）仁和譚獻輯

復堂詞一卷

（清）仁和譚獻撰

清光緒間刻本 南京（清張鳴珂批並跋）

集 10009828

三子倡和詞一卷

（清）嘉善曹爾堪 （清）王士祿 （清）宋琬撰

清康熙四年（1665）刻本 上海

集 10009829

廣陵倡和詞七卷

（清）王士祿 （清）嘉善曹爾堪等撰

清康熙刻本 國圖

集 10009830

秋水軒倡和詞二十二卷

（清）嘉善曹爾堪等撰

清康熙十年(1671)遙連堂刻本
國圖

集 10009831

秋水軒倡和詞二十六卷

（清）嘉善曹爾堪等撰

清康熙十年(1671)遙連堂刻十一
年增刻本　國圖　南京

集 10009832

千秋歲倡和詞一卷

（清）仁和王晫輯

清康熙間王氏牆東草堂刻本
國圖

清書林文治堂刻本　國圖

集 10009833

浙西二沈詞

（清）平湖沈皞日　（清）平湖沈岸
登撰

清刻本　國圖

集 10009834

詞綜三十卷

（清）秀水朱彝尊輯　（清）桐鄉汪
森增輯

清康熙十七年(1678)汪氏裘杼樓
刻本　國圖　故宮　浙大　重慶
山西　常熟（清王元讓錄許昂霄批
並跋）　湖北　首都　陝西　浙江
金陵　湖南

清康熙間刻本　南京　中科院

四庫全書薈要本（乾隆寫）

清乾隆間內府寫文淵閣四庫全書
本　臺故博

清乾隆間內府寫文溯閣四庫全書
本　甘肅

清乾隆間內府寫文津閣四庫全書
本　國圖

2008 年商務印書館影印文津閣
四庫全書本

清乾陸間內府寫本清末民初補鈔
文瀾閣四庫全書本　浙江

1982～1986 年臺灣商務印書館
景印文淵閣四庫全書本

1986 年上海古籍出版社據臺灣
商務印書館景印文淵閣四庫全書景
印本

2006～2015 年杭州出版社影印
文瀾閣四庫全書本

集 10009835

詞綜三十六卷

（清）秀水朱彝尊輯　（清）桐鄉汪
森增輯

清康熙十七年(1678)汪氏裘杼樓
刻三十年(1691)增刻本　國圖　南
京　天津（清馮登府校）　遼寧　湖
北　中山

清康熙十七年(1678)汪氏裘杼樓
刻三十年（1691）增刻乾隆九年
(1744)汪氏碧梧書屋重修本　國圖
上海（清譚獻校）　南京　北師大
山東師大　港中大　首都

清康熙三十年(1691)休陰汪氏裘
抒刻本　湖南社科院

清刻本 遼寧

集 10009836

詞綜三十八卷

（清）秀水朱彝尊輯 （清）桐鄉汪森增輯 （清）王昶增輯

明詞綜十二卷、國朝詞綜四十八卷、國朝詞綜二集八卷

（清）王昶輯

清嘉慶七年（1802）青浦王氏家刻本 國圖 港中山

清嘉慶間刻本 南京 北大 遼寧

清同治四年（1865）亦西齋刻本 國圖 天津*

清松江文萃堂重刻本 南京

清刻本 國圖

清碧梧書屋刻本 浙江 奉化文管會

2002 年上海古籍出版社影印續修四庫全書本

案：一名歷朝詞綜

集 10009837

歷朝詞綜一百〇六卷

（清）嘉善朱彝尊鈔撮（清）汪森汪森增定（清）柯崇樸編次

清光緒二十八年（1902）金匱浦氏刻本 國圖 天津 南京

集 10009838

御選歷代詩餘一百二十卷

（清）聖祖玄燁定 （清）嘉善沈辰

垣 （清）王奕清輯

清康熙四十六年（1707）內府刻本 國圖 北大 中科院 上海 南京 遼寧 湖北 美燕京 首都 天津 南開 內蒙古 浙江 嘉興 溫州 黃巖 湖南

清鈔本 上虞

民國上海蟬隱廬影印本 浙江 浙大 天一閣 金華博

浙江古籍出版社 1998 年出版新編小四庫本

集 10009839

西陵詞選八卷宦遊詞選一卷

（清）仁和陸進 （清）俞士彪輯

清康熙間刻本 國圖 南京

集 10009840

唐五代十國詞選一卷北宋引令選一卷南宋引令選一卷金元引令選一卷

（清）新登陳倬輯

稿本 上海

集 10009841

唐十六家詞不分卷

（清）嘉興張鳴珂輯

清張鳴珂鈔本 蘇州

集 10009842

國朝詞綜續編二十四卷

（清）海鹽黃燮清輯

清同治十二年（1873）武昌刻本

國圖　北大　北師大　港中大　浙
江　浙大　嘉興　天一閣　紹興
平湖　臨海

　2002 年上海古籍出版社影印續
修四庫全書本

集 10009843
梅里詞緒不分卷
　（清）嘉興薛廷文輯
　稿本　上海

集 10009844
梅里詞輯八卷
　（清）嘉興薛廷文輯　（清）嘉興馮
登府重編
　清道光九年（1829）馮登府稿本
浙江

集 10009845
紅香館詞輯一卷
　（清）秀水金蓉編
　清乾隆鈔本　嘉興

集 10009846
梅里詞選一卷
　（清）嘉興薛廷文輯
　清乾隆鈔本　嘉興

集 10009847
四明近體樂府十四卷
　（清）鄞縣袁鈞輯
附一卷
　（清）周世緒撰

清嘉慶二十三年（1818）鄭喬遷鈔
本　遼寧　安徽大

集 10009848
詞腴二卷
　（清）仁和黃承勳輯
　清道光十四年（1834）刻本　國圖
湖北
　清刻本　國圖
　清光緒十一年（1885）廣陵黛山樓
刻本　浙江　溫州　揚州　蘇州
湖南社科院

集 10009849
歷代詞腴二卷
　（清）仁和黃承勳輯
　清光緒十一年（1885）廣陵黛山樓
刻本　國圖　南京　中科院　湖北

集 10009850
紅蕈館詞雋一卷
　（清）海寧許光治輯
　花近樓叢書本（稿本）

集 10009851
國朝詞續選一卷
　（清）嘉興張鳴珂輯
　清光緒二十四年（1898）豫章刻本
國圖

集 10009852
湖州詞徵二十四卷
　歸安朱祖謀輯

清宣統三年(1911)章震福刻本
南京　遼寧

1994 年上海書店出版社叢書集成續編本

2016 年國家圖書館出版社歷代地方詩文總集彙編本

集 10009853

硤川詞鈔一卷

(清)海寧曹宗載輯

清光緒十八年(1892)刻本　國圖

集 10009854

硤川詞續鈔一卷

(清)海寧許仁沐　(清)海寧蔣學堅輯

清光緒二十一年(1895)刻本
國圖

集 10009855

三台詞錄二卷

(清)太平戚學標輯

清嘉慶元年(1796)戚學標刻本
國圖

集 10009856

州山吳氏詞萃四卷

(清)山陰吳隱輯

民國七年(1918)山陰吳氏刻本
上海

　　留村詞一卷　吳興祚撰
　　課鵡詞一卷　吳秉鈞撰
　　攝閒詞一卷　吳秉仁撰

　　風車詞一卷　吳棠楨撰

詞譜之屬

集 10009857

詞鵠初編十五卷

(清)孫致彌撰　(清)義烏樓儼補訂

清康熙四十四年(1705)自刻本
國圖

集 10009858

三百詞譜六卷

(清)歸安鄭元慶輯

清初刻本　國圖

清康熙二十八年(1689)鄭元慶刻本　國圖　北大　上海　清華
天津

清刻本　國圖

清鈔本　國圖

集 10009859

填詞圖譜六卷續集一卷

(清)仁和賴以邠撰　(清)查繼超增輯

清康熙十八年(1679)武林鴻寶堂刻詞學全書本　中科院　上海　陝西　青海

清乾隆十年(1745)(1746)世德堂刻詞學全書本　國圖　上海　南京
湖北

清乾隆十年(1745)(1746)致和堂刻詞學全書本　國圖

清刻詞學全書本　國圖

清刻本　北大　陝西

清木石居石印本　餘杭

民國石印詞學全書本

集 10009860

詞鏡平仄圖譜三卷

（清）仁和賴以邠撰　（清）查繼
超輯

清乾隆四十八年(1783)林棲梧寶
章堂刻套印本　國圖　北大　南京
天津　北師大　天師大　浙江

清嘉慶間古閩林氏刻朱墨套印本
國圖

清嘉慶十五年(1810)古閩林氏刻
朱墨印本　國圖　首都

清光緒八年(1882)上海刻朱墨套
印本　浙江

集 10009861

詞律二十卷

（清）萬樹撰

詞律拾遺八卷

（清）德清徐本立撰

詞律補遺一卷

（清）秀水杜文瀾撰

清康熙二十六年(1687)萬氏堆絮
園刻本　國圖　首都　天津　南開
浙江　浙師大　杭州　紹興　溫
州　天一閣　東陽　玉海樓

清同治光緒間刻本　遼寧

清光緒間石印本　南京

清光緒二年(1876)吳下刻本　南
京　湖北　南開

清光緒間杭州抱經堂書局刻本
國圖

清光緒二年(1876)石印本　常州

集 10009862

詞律二十卷

（清）萬樹撰

詞律拾遺六卷

（清）德清徐本立撰

詞律補遺一卷

（清）秀水杜文瀾撰

清光緒二年(1876)吳下刻本　國
圖　南京　天津　北師大　港大
港中大

清刻本　國圖

集 10009863

詞律補遺一卷詞畹二卷

（清）錢塘陳元鼎撰

清鈔本　首都

集 10009864

詞律補遺一卷

（清）錢塘陳元鼎撰

清末鈔本　國圖

集 10009865

詞律拾遺八卷

（清）德清徐本立撰

清同治十二年(1873)德清徐氏刻
本　國圖　南京　遼寧　四川　港

中山

清同治十二年(1873)吳下刻本
國圖 天津 南開 內蒙古 徐州
　鹽城 浙大 嘉興 紹興 桐鄉
義烏

清光緒二年(1876)刻本 國圖
天津

安徽教育出版社 2002 年出版中
華漢語工具書書庫本

集 10009866

詞律拾遺六卷

(清)德清徐本立撰

清同治刻本 國圖

清光緒二年(1876)刻本 國圖
內蒙古

2002 年上海古籍出版社影印續
修四庫全書本

集 10009867

詞律校勘記二卷

(清)秀水杜文瀾撰

曼陀羅華閣叢書本(咸豐刻)

清末上海掃葉山房石印本 南京
國圖 首都 黑龍江 徐州 湖
南 南師大 揚州大 浙江

集 10009868

雅坪詞譜三卷

(清)平湖陸棻撰

清康熙間刻本 上海(胡士瑩藏
跋)

清刻本 國圖

詞韻之屬

集 10009869

詞韻二卷論畧一卷

(清)錢塘仲恒撰 (清)錢塘王又
華補切

清刻本 國圖 北大 天津 北
師大 四川

集 10009870

笠翁詞韻四卷

(清)蘭溪李漁撰

笠翁一家言全集本(康熙刻)

清刻本 國圖 首都 金陵

清康熙刻本 國圖

集 10009871

榕園詞韻一卷發凡一卷

(清)海鹽吳寧撰

清乾隆四十九年(1784)冬青山館
刻本 國圖 中科院 清華 北師
大 上海 南京 遼寧 湖北
福建

集 10009872

詞餘協律二卷詞韻畧一卷

(清)李文林輯

詞韻畧一卷

(清)仁和沈謙撰

清乾隆間刻本 上海

集 10009873

詞韻一卷

（清）歸安鄭元慶輯

清二研齋鈔本　浙江

2019 年國家圖書館出版社影印浙學未刊稿叢編本

詞話之屬

集 10009874

詞源二卷

（宋）臨安張炎撰

附記一卷

（清）烏程范鍇撰

清道光十年至二十四年（1830～1844）烏程范氏刻范白舫所刊書本　國圖　上海

集 10009875

樂府指迷一卷

（宋）臨安張炎撰

附記一卷

（清）烏程范鍇撰

清道光間烏程范氏刻范聲山雜著本　上海　吉大

民國二十年（1931）北平富晉書社影印清范氏范聲山雜著本　國圖　北大　上海　復旦　天津　遼寧　南京　浙江　湖北　四川

集 10009876

窺詞管見一卷

（清）蘭溪李漁撰

民國二十三年（1934）排印詞話叢編本

民國趙氏惜陰堂刻惜陰堂叢書本

臺灣新文豐出版公司印新校本詞話叢編（一名詞話叢編）本

1987 年北京中華書局鉛印新校本詞話叢編（一名詞話叢編）本本

集 10009877

填詞名解四卷

（清）錢塘毛先舒撰並注

清康熙十八年（1679）武林鴻寶堂刻詞學全書本　中科院　上海　陝西　青海

清乾隆十年（1745）世德堂刻詞學全書本　國圖　上海　南京　湖北

清乾隆十年（1745）致和堂刻詞學全書本　國圖

清刻詞學全書本　國圖

清刻本　陝西

民國石印詞學全書本

集 10009878

古今詞論一卷

（清）錢塘王又華撰

清康熙十八年（1679）武林鴻寶堂刻詞學全書本　中科院　上海　陝西　青海

清乾隆十年（1745））世德堂刻詞學全書本　國圖　上海　南京　湖北

清乾隆十年（1745）致和堂刻詞學

全書本　國圖

清刻詞學全書本　國圖

清刻本　國圖

民國石印詞學全書本

集 10009879
詞壇紀事三卷

（清）秀水李良年撰

清道光十一年(1831)六安晁氏木
活字印學海類編本　國圖　北大
中科院　中社科院文學所　上海
福建　中大　重慶

民國九年(1920)上海涵芬樓影印
清道光十一年(1831)六安晁氏木活
字印學海類編本　國圖　北大　上
海　天津　遼寧　湖北　四川
雲南

集 10009880
詞家辨證一卷

（清）秀水李良年撰

清道光十一年(1831)六安晁氏木
活字印學海類編本　國圖　北大
中科院　中社科院文學所　上海
福建　中大　重慶

民國九年(1920)上海涵芬樓影印
清道光十一年(1831)六安晁氏木活
字印學海類編本　國圖　北大　上
海　天津　遼寧　湖北　四川
雲南

集 10009881
詞統源流一卷

（清）海鹽彭孫遹撰

清道光十一年(1831)六安晁氏木
活字印學海類編本　國圖　北大
中科院　中社科院文學所　上海
福建　中大　重慶

民國九年(1920)上海涵芬樓影印
清道光十一年(1831)六安晁氏木活
字印學海類編本　國圖　北大　上
海　天津　遼寧　湖北　四川
雲南

國朝名人著述叢編本（光緒鉛印）
清刻本　浙江

集 10009882
詞藻四卷

（清）海鹽彭孫遹撰

清道光十一年(1831)六安晁氏木
活字印學海類編本　國圖　北大
中科院　中社科院文學所　上海
福建　中大　重慶

民國九年(1920)上海涵芬樓影印
清道光十一年(1831)六安晁氏木活
字印學海類編本　國圖　北大　上
海　天津　遼寧　湖北　四川
雲南

集 10009883
金粟詞話一卷

（清）海鹽彭孫遹撰

清末民國初刻本　國圖

清道光間海昌蔣氏別下齋刻咸豐
六年(1856)續刻別下齋叢書本　國
圖　中教科所　北大　上海　復旦

桂林　山東　四川

清道光十年(1830)長洲顧氏刻賜
硯堂叢書新編本　國圖　中科院
北大　天津　復旦　遼寧　南京
浙江　重慶

民國十二年(1923)上海商務印書
館影印清海昌蔣氏刻別下齋叢書本
　北大　天津　遼寧　甘肅　南京
湖北　寧夏

民國武林竹簡齋影印清海昌蔣氏
刻別下齋叢書本　國圖　中科院
天津　山東　浙江　青海

集 10009884

西河詞話二卷

(清)蕭山毛奇齡撰

西河合集本(康熙刻、乾隆印、嘉
慶印)

清乾隆間內府寫文淵閣四庫全書
本　臺故博

清乾隆間內府寫文溯閣四庫全書
本　甘肅

清乾隆間內府寫文津閣四庫全書
本　國圖

2008 年商務印書館影印文津閣
四庫全書本

清乾隆間內府寫本清末民初補鈔
文瀾閣四庫全書本　浙江

1982～1986 年臺灣商務印書館
景印文淵閣四庫全書本

1986 年上海古籍出版社據臺灣
商務印書館景印文淵閣四庫全書景
印本

2006～2015 年杭州出版社影印
文瀾閣四庫全書本

集 10009885

西河詞話一卷

(清)蕭山毛奇齡撰

清道光十年(1830)長洲顧氏刻賜
硯堂叢書新編本　國圖　中科院
北大　天津　復旦　遼寧　南京
浙江　重慶

清道光十三年(1833)吳江沈氏世
楷堂刻昭代叢書本　國圖　中科院
　北大　上海　復旦　遼寧　山東
南京　浙江　湖北

清宣統三年(1911)上海文瑞樓石
印本　國圖　天津　渝中

1994 年上海書店出版社叢書集
成續編本

集 10009886

詞林紀事二十二卷

(清)海鹽張宗橚撰

樂府指迷一卷

宋張炎撰

詞旨一卷

宋陸韶撰

詞韻考畧一卷

(清)海寧許昂霄撰

清乾隆四十四年(1779)張嘉谷樂
是廬刻嘉慶三年(1798)陳敬銘印本
　北大　北文物局　中科院　上海
(張元濟跋)　徐州　黑龍江　天津
清嘉慶三年(1798)樂是廬刻本

天津

清乾隆間刻道光十五年（1835）清吟閣重修本　南京　遼寧

清末掃葉山房石印本　國圖　北師大　徐州

集 10009887

詞韻考畧一卷

（清）海寧許昂霄撰

清乾隆四十四年（1779）樂是廬刻嘉慶三年（1798）陳敬銘印本　人大

集 10009888

詞綜偶評一卷

（清）海寧許昂霄撰　（清）海鹽張載華輯

清乾隆四十二年（1777）蕭氏刻本　國圖　首都　天津　浙江　海寧　天一閣　湖南

清乾隆刻本　國圖

民國上海六藝書局石印本　國圖　河南大　浙江　浙大　諸暨　天一閣　衢州　海寧　義烏　溫州

臺灣新文豐出版公司印新校本詞話叢編（一名詞話叢編）本

1987 年北京中華書局鉛印新校本詞話叢編（一名詞話叢編）本本

集 10009889

詞學標準不分卷

（清）鎮海姚燮撰

稿本　國圖

集 10009890

蓮子居詞話四卷

（清）海寧吳衡照編

清嘉慶間刻本　國圖　遼寧

清嘉慶二十三年（1818）刻本　天津

清道光十二年（1832）錢塘汪氏振綺堂刻本　國圖　南京　北師大　首都　湖南

清道光十二年（1832）汪氏振綺堂刻同治間印本　國圖　天津　南京

清道光十二年（1832）錢唐汪氏振綺堂刻同治六年（1867）重修本　陝西　浙江　浙大　嘉興　紹興　天一閣

清同治六年（1867）刻本　國圖

清同治七年（1868）刻本　國圖

金華叢書本（同治光緒刻、民國補刻）

清同治九年（1870）胡氏退補齋刻本　國圖　浙江　海寧　嘉興　義烏　湖南

2002 年上海古籍出版社影印續修四庫全書本

集 10009891

憩園詞話不分卷

（清）秀水杜文瀾撰

稿本　南京

集 10009892

憩園詞話六卷

（清）秀水杜文瀾撰

清鈔本　福師大

2002 年上海古籍出版社影印續修四庫全書本

集 10009893

譚仲修先生復堂詞話(一名復堂詞話)一卷

（清）仁和譚獻撰　徐珂輯

民國十四年(1925)杭州徐氏鉛印心園叢刻本　國圖　中科院　上海　復旦　遼寧　南京　浙江　湖北　雲南

臺灣新文豐出版公司印新校本詞話叢編(一名詞話叢編)本

1987 年北京中華書局鉛印新校本詞話叢編(一名詞話叢編)本本

集 10009894

蘭思詞話一卷

（清）仁和陸進撰

清康熙間吳山草堂刻本　國圖

集 10009895

濯絳宧詞話一卷

（清）江山劉毓盤撰

稿本　天一閣

集 10009896

彊邨老人評詞

歸安朱祖謀撰

臺灣新文豐出版公司印新校本詞話叢編(一名詞話叢編)本

1987 年北京中華書局鉛印新校本詞話叢編(一名詞話叢編)本本

集 10009897

近詞叢話一卷

仁和徐珂撰

臺灣新文豐出版公司印新校本詞話叢編(一名詞話叢編)本

1987 年北京中華書局鉛印新校本詞話叢編(一名詞話叢編)本本

集 10009898

人間詞話二卷

海寧王國維撰

清宣統二年(1910)石印本　吳江

民國十六年(1927)海寧王忠愨公遺書本

2002 年上海古籍出版社影印續修四庫全書本

曲　類

雜劇之屬

集 10009899

復莊今樂府選六百三十二卷

（清）鎮海姚燮編

稿本　國圖（存二冊）　浙江（存一百一十冊）　天一閣（存五十六冊）

集 10009900

復莊今樂府選六十七卷

（清）鎮海姚燮編

鈔本　臺圖

集 10009901

西來意四卷前一卷後一卷

（元）王德信　（元）關漢卿撰（清）海寧潘廷章評

清康熙間刻本　國圖　浙江

清鈔本　國圖

集 10009902

續西廂一卷

（清）海寧查繼佐撰

雜劇三集本（順治刻）

集 10009903

坦庵買花錢雜劇一卷

（清）嘉興徐石麒撰

清順治間南湖享書堂刻坦庵詞曲六種本　國圖　首都

集 10009904

買花錢一卷

（清）嘉興徐石麒撰

今樂府選本（稿本）

集 10009905

坦庵大轉輪雜劇一卷

（清）嘉興徐石麒撰

清順治間南湖享書堂刻坦庵詞曲六種本　國圖　首都

集 10009906

大轉輪一卷

（清）嘉興徐石麒撰

今樂府選本（稿本）

集 10009907

坦庵拈花笑雜劇一卷

（清）嘉興徐石麒撰

清順治間南湖享書堂刻坦庵詞曲六種本　國圖　首都

今樂府選本（稿本）

集 10009908

坦庵浮西施雜劇一卷

（清）嘉興徐石麒撰

清順治間南湖享書堂刻坦庵詞曲

六種本　國圖　首都

　今樂府選本(稿本)

集 10009909

明翠湖亭四韻事四卷

　(清)慈溪裘璉撰

　清康熙間裘氏絳雲居刻本　中科院

集 10009910

四嬋娟四卷附錄一卷

　(清)錢塘洪昇撰

　清鈔本　國圖

　　　謝道韞詠絮擅詩才一卷(謝道韞)

　　　衛茂漪簪花傳筆陣一卷(衛茂漪)

　　　李易安門茗話幽情一卷(李易安)

　　　管仲姬畫竹留清韻一卷(管仲姬)

集 10009911

醉高歌傳奇三劇十二折

　(清)秀水張雍敬撰　(清)簡闇道人評點

　清康熙間刻本　國圖

　清靈崔軒刻本　國圖　北大　天津　浙江　天一閣

　清鈔本　國圖

集 10009912

續四聲猿四卷

　(清)海寧張韜撰

　清康熙間刻大雲樓集附錄本

　清康熙間刻本　國圖

　　　杜秀才痛哭霸亭廟一卷

　　　戴院長神行薊州道一卷

　　　王節使重續木蘭詩一卷

　　　李翰林醉草清平調一卷

集 10009913

杜秀才痛哭霸亭廟一卷

　(清)海寧張韜撰

　續四聲猿本(康熙刻)　國圖

集 10009914

戴院長神行蘇州道一卷

　(清)海寧張韜撰

　續四聲猿本(康熙刻)　國圖

集 10009915

王節使重續木蘭詩一卷

　(清)海寧張韜撰

　續四聲猿本(康熙刻)　國圖

集 10009916

李翰林醉草清平調一卷

　(清)海寧張韜撰

　續四聲猿本(康熙刻)　國圖

集 10009917

雪中人一卷

　(清)蔣士銓撰　(清)秀水錢世錫評點

　清刻本　南京　常州　浙江　東陽

　紅雪樓九種曲本(乾隆刻、光緒刻)

　藏園九種曲本(乾隆經鉏堂刻、漁

古堂刻)

清刻清容外集本　國圖　金陵

清末至民國初刻本　國圖

集 10009918

海屋添籌

（清）錢塘胡重撰

清嘉慶鈔本　中藝院戲曲所

集 10009919

三星圖四集九卷

（清）上虞王懋昭撰

清嘉慶十五年(1810)刻本　國圖

清嘉慶十六年(1811)刻本　國圖

集 10009920

神宴一卷

（清）上虞王懋昭撰

三星圖傳奇本附錄（嘉慶刻）

集 10009921

弧祝一卷

（清）上虞王懋昭撰

三星圖傳奇本附錄（嘉慶刻）

集 10009922

悅慶一卷

（清）上虞王懋昭撰

三星圖傳奇本附錄（嘉慶刻）

集 10009923

嘉和獻瑞

（清）錢塘胡重撰

清嘉慶刻本　中藝院戲曲所

集 10009924

補天石傳奇八種

（清）海寧周樂清撰　（清）譚光祜訂譜

稿本　山東　杭州

清道間靜遠草堂刻本　國圖　天津　南京　溫州

清道光十年(1830)靜遠草堂刻本　首都　浙江　湖南

清道光十七年(1837)刻本　國圖

清咸豐五年(1855)靜遠草堂重刻本　國圖　上海　慕湘藏書館

太子丹恥雪西秦（宴金台）六折

承相亮祚綿東漢（定中原）四折

明月胡笳歸漢將（河梁歸）四折

春風圖畫返明妃（琵琶語）六折

屈大夫魂返汨羅江（紉蘭佩）六折

岳元戎凱宴黃龍府（碎金牌）六折

賢使君重還如意子（統如鼓）四折

真情種遠覓返魂香（波弋香）六折

集 10009925

太子丹恥雪西秦一卷六折

（清）海寧周樂清撰　（清）譚光祜訂譜

稿本補天石傳奇本　山東　杭州

清道間靜遠草堂刻補天石傳奇本　國圖　天津　南京

清咸豐五年(1855)靜遠草堂重刻補天石傳奇本　國圖　上海

集 10009926

丞相亮祚綿東漢一卷四折

（清）海寧周樂清撰　（清）譚光祜訂譜

稿本補天石傳奇本　山東　杭州

清道間靜遠草堂刻補天石傳奇本　國圖　天津　南京

清咸豐五年(1855)靜遠草堂重刻補天石傳奇本　國圖　上海

集 10009927

明月胡笳歸漢將一卷四折

（清）海寧周樂清撰　（清）譚光祜訂譜

稿本補天石傳奇本　山東　杭州

清道間靜遠草堂刻補天石傳奇本　國圖　天津　南京

清咸豐五年(1855)靜遠草堂重刻補天石傳奇本　國圖　上海

集 10009928

春風圖畫返明妃一卷六折

（清）海寧周樂清撰　（清）譚光祜訂譜

稿本補天石傳奇本　山東　杭州

清道間靜遠草堂刻補天石傳奇本　國圖　天津　南京

清咸豐五年(1855)靜遠草堂重刻補天石傳奇本　國圖　上海

集 10009929

屈大夫魂返汨羅江一卷六折

（清）海寧周樂清撰　（清）譚光祜

訂譜

稿本補天石傳奇本　山東　杭州

清道間靜遠草堂刻補天石傳奇本　國圖　天津　南京

清咸豐五年(1855)靜遠草堂重刻補天石傳奇本　國圖　上海

集 10009930

岳元戎凱宴黃龍府一卷六折

（清）海寧周樂清撰　（清）譚光祜訂譜

稿本補天石傳奇本　山東　杭州

清道間靜遠草堂刻補天石傳奇本　國圖　天津　南京

清咸豐五年(1855)靜遠草堂重刻補天石傳奇本　國圖　上海

集 10009931

賢使君重還如意子一卷四折

（清）海寧周樂清撰　（清）譚光祜訂譜

稿本補天石傳奇本　山東　杭州

清道間靜遠草堂刻補天石傳奇本　國圖　天津　南京

清咸豐五年(1855)靜遠草堂重刻補天石傳奇本　國圖　上海

集 10009932

真情種遠覓返魂香一卷六折

（清）海寧周樂清撰　（清）譚光祜訂譜

稿本補天石傳奇本　山東　杭州

清道間靜遠草堂刻補天石傳奇本

國圖　天津　南京

清咸豐五年(1855)静遠草堂重刻
補天石傳奇本　國圖　上海

集 10009933

返魂香四卷

(清)海寧周樂清撰

清光緒三年(1877)上海申報館鉛
印本　上海　南京

集 10009934

喬影一卷

(清)仁和吳藻撰

清萊山吳載功刻本　國圖

清同治間刻本　上海

清刻本　國圖　北大

今樂府選本(稿本)

2002 年上海古籍出版社影印續
修四庫全書本

清道光五年(1825)吳載功刻本
溫州

集 10009935

飲酒讀騒圖一卷

(清)仁和吳藻撰

清道光間原刻本　國圖

集 10009936

四時春一卷

(清)蕭山單瑶田撰

稿本復莊今樂府選本　國圖(存
二册)　浙江(存一百一十册)　天
一閣(存五十六册)

集 10009937

豔禪一卷

(清)秀水王復撰

稿本復莊今樂府選本　國圖(存
二册)　浙江(存一百一十册)　天
一閣(存五十六册)

集 10009938

北涇草堂外集三卷

(清)會稽陳棟撰

清道光三年(1823)周之琦劍南室
校刻本　國圖(吳梅批並跋)　山
西大

集 10009939

倚晴樓七種曲

(清)海鹽黄燮清撰

清道光十五年(1835)刻本　南京

清道光間馴雲閣刻拙宜園集本
國圖　南京

清道光同治間海鹽黄氏刻本
復旦

清光緒七年(1881)海鹽馮肇曾刻
倚晴樓集本　國圖　上海　南京
遼寧　浙江　嘉興　海寧　義烏
臨海　溫州　平湖

清光緒三十三年(1907)海鹽開通
新書局石印本　國圖　上海　南京
浙江　玉海樓

清末刻本　國圖

　　居官鑑二卷

　　帝女花二卷

　　當壚豔(茂陵弦)二卷

集 10009940

韻珊外集

（清）海鹽黃燮清撰

清咸豐七年（1857）刻本　上海（殘本未著錄存缺卷次）　國圖

清道光刻本　國圖　南開

清同治間刻本　復旦　南京　嘉興　溫州　湖南

　　居官鑑二卷
　　帝女花二卷
　　當壚豔（茂陵弦）二卷

集 10009941

鴛鴦鏡一卷

（清）海鹽黃燮清撰

清道光十五年（1835）刻倚晴樓七種曲本　南京

清道光間馴雲閣刻拙宜園集倚晴樓七種曲本　國圖　南京

清道光同治間海鹽黃氏刻倚晴樓七種曲本　復旦

清咸豐七年（1857）刻倚晴樓七種曲本（韻珊外集）　上海（殘本未著錄存缺卷次）

清同治間刻倚晴樓七種曲本（韻珊外集）　復旦　南京

清光緒七年（1881）海鹽馮肇曾刻倚晴樓集倚晴樓七種曲本　國圖　上海　南京　遼寧

清光緒三十三年（1907）海鹽開通新書局石印倚晴樓七種曲本　國圖　上海　南京

清光緒二十一年（1895）甕安傅氏

刻本　國圖　首都　南開

清光緒二十一年（1895）甕安傅達源刻本　蘇州　浙大

集 10009942

凌波影一卷

（清）海鹽黃燮清撰

清刻本　國圖

集 10009943

絳綃記一卷

（清）海鹽黃燮清撰

清鈔本　中戲曲院

2002 年上海古籍出版社影印續修四庫全書本

集 10009944

桃谿雪二卷

（清）海鹽黃燮清撰　（清）李光溥評文

清道光二十七年（1847）馴雲閣刻拙宜園集本　國圖　上海　南京　湖南

清咸豐二年（1852）雲鶴仙館刻本　常州　首都

清光緒元年（1875）雲鶴仙館刻本　國圖　首都　上海　南京　內蒙古　湖南

清光緒三十三年（1907）成都刻本　國圖

清光緒指南報館鉛印本　上海

清刻本　國圖

清末石印本　國圖　上海　南京

舊鈔本　南京

集 10009945

桃谿雪二卷附同心梔子圖續編一卷

（清）海鹽黃燮清撰

清咸豐雲鶴仙館刻本　天津　黑龍江

集 10009946

玉臺秋二卷

（清）海鹽黃燮清撰　（清）楊葆光評點

問禮盦論書管窺一卷

（清）吳延康撰

清光緒六年（1880）瓊笏山館刻本　國圖　首都

集 10009947

帝女花二卷二十出

（清）海鹽黃燮清撰

清道光十二年（1832）刻本　平湖

清道光十三年（1833）刻本　浙江海寧

清道光十五年（1835）刻倚晴樓七種曲本　南京

清道光間馴雲閣刻拙宜園集倚晴樓七種曲本　國圖　南京

清道光同治間海鹽黃氏刻倚晴樓七種曲本　復旦

清咸豐七年（1857）刻倚晴樓七種曲本（韻珊外集）　上海（殘本未著錄存缺卷次）

清同治間刻倚晴樓七種曲本（韻珊外集）　復旦　南京

清同治四年（1865）錢塘臥遊草堂刻本　國圖　首都　上海　湖南

清光緒七年（1881）海鹽馮肇曾刻倚晴樓集倚晴樓七種曲本　國圖　上海　南京　遼寧

清光緒三十三年（1907）海鹽開通新書局石印倚晴樓七種曲本　國圖　上海　南京

清光緒二十六年（1900）上海石印本　上海

清末刻本　國圖

清宣統二年（1910）刻本　浙江臨海

清鈔本　南開

集 10009948

脊令原（鶺鴒原）二卷

（清）海鹽黃燮清撰

清道光十五年（1835）刻倚晴樓七種曲本　南京

清道光間馴雲閣刻拙宜園集倚晴樓七種曲本　國圖　南京

清道光同治間海鹽黃氏刻倚晴樓七種曲本　復旦

清咸豐七年（1857）刻倚晴樓七種曲本（韻珊外集）　上海（殘本未著錄存缺卷次）

清同治間刻倚晴樓七種曲本（韻珊外集）　復旦　南京

清光緒七年（1881）海鹽馮肇曾刻倚晴樓集倚晴樓七種曲本　國圖　上海　南京　遼寧

清光緒三十三年(1907)海鹽開通
新書局石印倚晴樓七種曲本　國圖
上海　南京

清末刻本　國圖

集 10009949
居官鑑二卷
（清）海鹽黃燮清撰

清道光十五年(1835)刻倚晴樓七
種曲本　南京

清道光間馴雲閣刻拙宜園集倚晴
樓七種曲本　國圖　南京

清道光同治間海鹽黃氏刻倚晴樓
七種曲本　復旦

清咸豐七年(1857)刻倚晴樓七種
曲本（韻珊外集）　上海（殘本未著
錄存缺卷次）

清同治間刻倚晴樓七種曲本（韻
珊外集）　復旦　南京

清光緒七年(1881)海鹽馮肇曾刻
倚晴樓集倚晴樓七種曲本　國圖
上海　南京　遼寧

清光緒三十三年(1907)海鹽開通
新書局石印倚晴樓七種曲本　國圖
上海　南京

清末刻本　國圖

清末刻倚晴樓七種曲本　國圖

集 10009950
茂陵弦（當壚豔）二卷二十四齣
（清）海鹽黃燮清填詞　（清）瞿世
瑛評文　（清）李光溥訂譜

清道光十五年(1835)刻倚晴樓七

種曲本　南京

清道光間馴雲閣刻拙宜園集倚晴
樓七種曲本　國圖　南京

清道光同治間海鹽黃氏刻倚晴樓
七種曲本　復旦

清道光十六年(1836)刻本　上海

清咸豐七年(1857)刻倚晴樓七種
曲本（韻珊外集）　上海（殘本未著
錄存缺卷次）

清同治間刻倚晴樓七種曲本（韻
珊外集）　復旦　南京

清光緒七年(1881)海鹽馮肇曾刻
倚晴樓集倚晴樓七種曲本　國圖
上海　南京　遼寧

清光緒三十三年(1907)海鹽開通
新書局石印倚晴樓七種曲本　國圖
上海　南京

清末刻本　國圖

集 10009951
老圓一卷
（清）德清俞樾撰

清光緒間稿本　俞平伯藏

清同治光緒間刻光緒末彙印春在
堂全書本　國圖　中科院　北大
上海　復旦　天津　遼寧　山東
南京　浙江　湖北　四川　雲南

清光緒三十三年(1907)西湖悅圃
鉛印本　南師大　浦江　天一閣

民國十四年(1925)西湖悅圃鉛印
本　浙江　紹興

集 10009952

驪山傳一卷八折

　　(清)德清俞樾撰

　　春在堂全書本(同治至光緒刻)

集 10009953

梓潼傳一卷

　　(清)德清俞樾撰

　　春在堂全書本(同治至光緒刻)

集 10009954

桃華聖解盦樂府二種

　　(清)會稽李慈銘撰

　　清咸豐間崇實齋刻本　國圖　天津　上海

　　清鈔本　浙江

集 10009955

鴛鴦塚

　　(清)武康沈玉亮撰

　　清康熙二十八年(1689)刻課蒙餘錄本附　國圖

集 10009956

小螺齋臙盡春迴傳奇一卷

　　(清)桐鄉金廷標撰

　　清鈔本　國圖

集 10009957

蟄園五種曲

　　(清)海寧徐家禮撰

　　鈔本　浙江

　　　　白衲幢

　　　　俊魔緣

　　　　閨塾議

　　　　賽秦坑

　　　　雙蓮瓣

集 10009958

迎鸞新曲二卷

　　(清)錢塘吳城　(清)錢塘厲鶚撰

　　清光緒錢塘汪氏振綺堂刻樊榭山房集・集外曲本

　　清光緒三年至二十六年(1877～1900)錢塘丁氏嘉惠堂刻武林掌故叢編本　國圖　中科院　北大　上海　復旦　天津　遼寧　甘肅　山東　南京　浙江　湖北　四川

　　1985年江蘇廣陵古籍刻印社影印清光緒三年至二十六年(1877～1900)錢塘丁氏嘉惠堂刻武林掌故叢編本　中科院

　　　　羣仙祝壽一卷　(清)吳城撰

　　　　百靈效瑞一卷　(清)厲鶚撰

傳奇之屬

集 10009959

才子牡丹亭不分卷

　　(明)湯顯祖撰　(清)蘭溪李漁評注

　　清刻本　國圖　首都

　　清乾隆二十七年(1762)刻本　國圖　上海

集 10009960

吴吴山三婦合評牡丹亭還魂記二卷

（明）湯顯祖撰　（清）陳同　（清）談則　（清）錢塘錢宜批點

或問一卷

清吳儀一撰

清康熙間夢園刻本　國圖（吳梅跋並題詩）　南京　首都　上海　山東　浙江　湖南　中科院　重師大

清康熙三十三年（1694）吳氏夢園刻本　國圖　浙江

清康熙間綠野山房刻印本　上海　山大　武大　湖南

清乾隆間吳吳山刻本　南京

清同治九年（1870）清芬閣重刻本　國圖　上海　南京　陝西

清同治十一年（1872）刻本　南京

清鈔本　南京

清初刻本　國圖

清刻本　國圖　蘇大　陝西

集 10009961

三社記二卷三十三齣

（明）其滄撰　（清）蘭溪李漁評

明崇禎間必自堂刻本　上海

集 10009962

異方便淨土傳燈歸元鏡三祖實錄二卷四十二分錄

（清）杭州釋智達撰

清乾隆四十二年（1777）釋惟賢刻本　美燕京

清乾隆四十九年（1784）刻本　北大

集 10009963

秋虎丘二卷五十齣

（清）王鑨撰　（清）湖州張坵評

清康熙刻本（嚴秋槎識語）　國圖

清鈔本　河南

集 10009964

雙蝶夢二卷三十三齣

（清）王鑨撰　（清）紹興朱士曾評

清初刻本　國圖

清刻本　國圖

集 10009965

紅情言二卷四十八齣

（清）嘉興王翃撰

清初刻本　浙江

稿本　常熟文管會

集 10009966

曲波園傳奇二種四卷

（清）會稽徐沁撰

清初徐氏曲波園刻本　國圖　南京

中華再造善本本

香草吟傳奇二卷

載花舲傳奇二卷

香草吟傳奇二卷

集 10009967

寒香亭傳奇四卷

（清）鄞縣李凱撰　（清）范梧評

清嘉慶二年(1797)懷古堂刻友益齋印本　國圖　中藝院戲曲所　浙大　天一閣

清鈔本　國圖

集 10009968

笠翁傳奇十種二十卷

（清）蘭溪李漁撰

清大知堂刻本　國圖

清康熙間刻本　國圖　上海（殘本未著錄存缺卷次）　中科院　煙臺　煙臺博

清康熙間刻金相堂印本　國圖

清大文堂刻本　國圖　天津　南京　杭州

清翼聖堂刻本　國圖

清藻文堂刻本　上海　臨海

清刻本　國圖　南京　蕭山博

清初書聯屋刻本　浙大

清初刻本　天津

集 10009969

笠翁傳奇十二種曲二十四卷

（清）蘭溪李漁撰

清大知堂刻本　上海　三峽大

清大知堂刻經術堂印本　國圖　人大

清刻本　天津　南京

集 10009970

比目魚傳奇二卷三十三齣

（清）蘭溪李漁撰　（明）秦淮醉

侯評

清順治十八年(1661)刻本　上海　中藝院戲曲所

清刻本　山東　金陵　陝西

清康熙刻本　首都

清經本堂刻袖珍本　常州

集 10009971

玉搔頭傳奇一卷

（清）蘭溪李漁撰　（清）睡鄉祭酒批評

清初刻本　國圖　南京　遼寧

清康熙間刻本　國圖

清刻本　南京　南開　青海　湖南

清康熙刻笠翁傳奇十種本　首都　青海

集 10009972

巧團圓傳奇二卷

（清）蘭溪李漁撰

清康熙間刻本　國圖　浙江

清康熙間刻金相堂印笠翁傳奇十種本　國圖

清刻本　國圖　浙江　常州

清大知堂刻笠翁傳奇十種本　國圖

清康熙間刻笠翁傳奇十種本　國圖　上海（殘本未著錄存缺卷次）　中科院　無錫　首都

清大文堂刻笠翁傳奇十種本　國圖　天津　南京

清翼聖堂刻笠翁傳奇十種本　國

圖　浙江

　清藻文堂刻笠翁傳奇十種本

上海

　清刻傳奇十種本　國圖　南京

　清經本堂刻本　常州

集 10009973

奈何天

　（清）蘭溪李漁撰

　清康熙五十三年(1714)鈔本　中

藝院戲曲所

集 10009974

奇福記傳奇二卷三齣

　（清）蘭溪李漁撰

　清鈔本　中藝院戲曲所

集 10009975

風箏誤傳奇四卷

　（清）蘭溪李漁撰

　清大知堂刻本　南京

集 10009976

風箏誤傳奇二卷

　（清）蘭溪李漁撰

　清康熙間刻金相堂印笠翁傳奇十

種本　國圖

　清康熙間刻笠翁傳奇十種本　國

圖　上海（殘本未著録存缺卷次）

中科院

　清乾隆間刻本　上海

　清光緒十三年(1887)上海點石齋

石印本　國圖　上海　南京

清王韜鈔本　國圖

　清大知堂刻笠翁傳奇十種本

國圖

　清大文堂刻笠翁傳奇十種本　國

圖　天津　南京

　清翼聖堂刻笠翁傳奇十種本　國圖

　清藻文堂刻笠翁傳奇十種本　上海

　清刻傳奇十種本　國圖　南京

　清刻本　揚州大　金華博

　清經本堂刻本　常州

　2002 年上海古籍出版社影印續

修四庫全書本

　中華再造善本本

集 10009977

凰求鳳傳奇二卷

　（清）蘭溪李漁撰

　清刻本　國圖　天津　青海　湖

南　浙江

　清大知堂刻笠翁傳奇十種本

國圖

　清康熙間刻笠翁傳奇十種本　國

圖　上海（殘本未著録存缺卷次）

中科院

　清康熙間刻金相堂印笠翁傳奇十

種本　國圖

　清大文堂刻笠翁傳奇十種本　國

圖　天津　南京

　清翼聖堂刻笠翁傳奇十種本

國圖

　清藻文堂刻笠翁傳奇十種本

上海

　清刻傳奇十種本　國圖　南京

清經本堂刻本　常州

集 10009978

蜃中樓傳奇二卷

(清)蘭溪李漁撰

清刻本　國圖　揚州大　無錫

清大知堂刻笠翁傳奇十種本
國圖

清康熙間刻笠翁傳奇十種本　國
圖　上海(殘本未著錄存缺卷次)
中科院

清康熙間刻金相堂印笠翁傳奇十
種本　國圖

清大文堂刻笠翁傳奇十種本　國
圖　天津　南京

清翼聖堂刻笠翁傳奇十種本
國圖

清藻文堂刻笠翁傳奇十種本
上海

清刻傳奇十種本　國圖　南京

集 10009979

意中緣傳奇二卷

(清)蘭溪李漁撰

清順治間刻本　國圖

清康熙間刻本　國圖　浙江

清刻本　國圖　浙江　揚州大

清康熙翼聖堂刻笠翁傳奇十種本
國圖

清經本堂刻本　常州

集 10009980

慎鸞交三十六齣

(清)蘭溪李漁撰

清康熙間刻本　國圖　首都　江
蘇師大

清刻本　國圖　蘇州

清升平署鈔本　中藝院戲曲所

清鈔本　國圖

清大知堂刻笠翁傳奇十種本
國圖

清康熙間刻笠翁傳奇十種本　國
圖　上海(殘本未著錄存缺卷次)
中科院

清康熙間刻金相堂印笠翁傳奇十
種本　國圖

清大文堂刻笠翁傳奇十種本　國
圖　天津　南京

清翼聖堂刻笠翁傳奇十種本
國圖

清藻文堂刻笠翁傳奇十種本
上海

清刻傳奇十種本　國圖　南京

集 10009981

憐香伴傳奇二卷三十六齣

(清)蘭溪李漁撰

清初刻本　南京

清康熙刻笠翁十種曲本　國圖
首都　浙江

清內府鈔本　中藝院戲曲所

清刻本　南京　首都　浙江
黃巖

清大知堂刻笠翁傳奇十種本
國圖

清康熙間刻笠翁傳奇十種本　國

圖　上海(殘本未著録存缺卷次)
中科院

　　清康熙間刻金相堂印笠翁傳奇十
種本　國圖

　　清大文堂刻笠翁傳奇十種本　國
圖　天津　南京

　　清翼聖堂刻笠翁傳奇十種本
國圖

　　清藻文堂刻笠翁傳奇十種本
上海

　　清刻傳奇十種本　國圖　南京

集 10009982

**秦樓月二卷二十八齣附名媛題
評一卷**

　　(清)朱確撰　　(清)蘭溪李漁評閲

二分明月集一卷

　　(清)陳素素撰

　　清康熙間文善堂刻本　國圖(吳
梅題詩,王立承跋)　天津　人大

　　中華再造善本本

集 10009983

摘星樓傳奇二卷

　　(清)樂清劉百章撰

　　清鈔本　國圖

集 10009984

識閑堂第一種翻西廂二卷

　　(清)仁和沈謙撰　(清)燕都傻道
人評

　　清初刻本　國圖

集 10009985

長生樂不分卷

　　(清)嘉興張匀撰

　　清鈔本　中藝院戲曲所(殘本未
著録存缺卷次)　國圖

　　清乾隆四十年(1775)心草舍鈔同
治四年(1865)處德堂曹記重訂本
中藝院戲曲所

　　清同治四年(1865)曹春山鈔本
國圖

　　清鈔本　國圖

集 10009986

長生樂二卷十六齣

　　(清)嘉興張匀撰

　　清乾隆嘉慶間鈔本　梅蘭芳紀
念館

集 10009987

十美圖傳奇二卷二十六齣

　　(清)嘉興張匀撰

　　清鈔本(存九出)　中藝院戲曲所

集 10009988

**玉湖樓第六種傳奇女崑崙二卷
四十折**

　　(清)慈溪裘璉撰

　　清是亦軒鈔本　國圖

　　清鳳筠齋藍格鈔本　中藝院戲
曲所

集 10009989

萬壽升平不分卷十二齣

（清）慈溪裘璉撰

鈔本　首都

集 10009990

長生殿一卷

（清）錢塘洪昇撰

清光緒二十二年(1896)平江太原慶華石印本　國圖

清刻本　國圖

清道光姚湘泉鈔本　浙江

集 10009991

長生殿傳奇四卷

（清）錢塘洪昇撰

清刻巾箱本　上海

清光緒十六年(1890)　上海文瑞樓鉛印本　國圖　北大　常州

宣統二年(1910)上海文瑞樓鉛印本　常州

民國上海進步書局刻本　浙師大

集 10009992

長生殿傳奇二卷五十折

（清）錢塘洪昇撰

清康熙間刻本　國圖　中科院(鄧之誠鈔補)　浙江

清嘉慶十九年(1814)從溪静深書屋刻本　國圖

清光緒十三年(1887)上海蜚英館石印本　北大

清文業堂刻本　上海

清湖南坊刻本　上海

清刻本　國圖　上海　浙江

溫州

2002年上海古籍出版社影印續修四庫全書本

集 10009993

陰陽判傳奇二卷二十八齣

（清）海寧查慎行撰

清康熙間刻本　國圖　上海

清刻本　國圖(存卷上)

集 10009994

悭齋新曲六種十三卷

（清）錢塘夏綸撰

清乾隆十六年(1751)夏綸世光堂刻本　上海　南京(殘本未著錄存缺卷次)　中科院(殘本未著錄存缺卷次)

清乾隆十七年(1752)錢塘夏綸世光堂刻本　國圖

清乾隆十八年(1753)夏氏世光堂刻本　國圖　上海(殘本未著錄存缺卷次)(悭齋五種曲)　南京(殘本未著錄存缺卷次)　山東(殘本未著錄存缺卷次)　美燕京　首都　煙臺博　浙江　溫州

　　無瑕璧傳奇二卷

　　南陽樂傳奇二卷

　　杏花村傳奇二卷

集 10009995

無瑕璧傳奇二卷

（清）錢塘夏綸撰

清鈔本　北大

集 10009996

花萼吟傳奇二卷

（清）錢塘夏綸撰　（清）杭州徐夢
元評

清乾隆十五年（1750）世光堂刻本
國圖

集 10009997

瑞筠圖傳奇二卷

（清）錢塘夏綸撰　（清）杭州徐夢
元評

清乾隆十四年（1749）世光堂刻本
國圖

集 10009998

寄嘯廬傳奇兒孫福二卷

（清）朱雲從撰　（清）山陰高曄
（奕）訂

清康熙十年（1671）稿本（存上卷）
中藝院戲曲所

清乾隆間刻本（不分卷）　遼寧
四川師大

古本戲曲叢刊六集本

集 10009999

玉勾書屋（太平樂府）十三種傳奇

（清）仁和吳震生撰

清乾隆間刻本　國圖

清刻本　南京

換身榮一卷

萬年希一卷

天降福一卷

集 10010000

雙痣記

（清）山陰蕉窗主人編

清乾隆刻本　上海

古本戲曲叢刊第六集本

集 10010001

漁邨記二卷十三折

（清）青田韓錫胙撰

清乾隆間刻咸豐五年（1855）石門
山房印本　國圖

清乾隆三十四年（1769）韓氏妙有
山房刻本　天津　南開　溫州

清咸豐五年（1855）石門山房刻本
國圖

清光緒二年（1876）照水堂刻本
上海

清光緒二年（1876）妙有山房刻本
國圖　上海　首都

清刻本　國圖

集 10010002

正昭陽二卷二十八齣

（清）紹興石子斐撰

清雍正二年（1724）沈閏生鈔本
（盧前題款）　國圖

集 10010003

珊瑚鞭傳奇二卷三十三齣附採
石紅一卷

（清）嘉興徐石麒撰　（清）袁于
令評

清鈔本　上海

集 10010004

千金壽二卷

（清）平湖沈筠撰

清道光十四年(1834)守經堂刻守
經堂外集本　國圖

集 10010005

東海傳奇二卷

（清）山陰陳寶撰

清嘉慶間刻本　國圖

集 10010006

梅花夢二卷

（清）錢塘張道撰

清光緒二十年(1894)長沙錢塘張
預刻本　國圖　上海　南京

集 10010007

鏡中圓傳奇二卷

（清）陳祖昭撰　（清）德清俞樾
鑒定

清末鈔本　國圖

集 10010008

碧聲吟館叢書

（清）德清（祖籍德清,寓居仁和）
許善長撰

清光緒仁和許善長碧聲吟館刻本
國圖　上海

　　風雲會二卷二十四（二十三出）出
　　瘞雲巖二卷十二出
　　胭脂獄一卷十六出
　　茯苓仙一卷十四出

　　靈娟石一卷十二出
　　神仙引一卷八出

集 10010009

風雲會二卷二十四（二十三）齣

（清）德清（祖籍德清,寓居仁和）
許善長撰

清光緒間仁和許善長碧聲吟館刻
碧聲吟館叢書本　國圖　北大
上海

清宣統二年(1910)上海羣學社鉛
印本　國圖

清乾隆刻本　國圖

清刻本　首都

集 10010010

瘞雲巖傳奇二卷

（清）德清（祖籍德清,寓居仁和）
許善長撰

清末刻本　國圖

集 10010011

胭脂獄一卷十六齣

（清）德清（祖籍德清,寓居仁和）
許善長撰

清光緒十年(1884)刻本　國圖

清光緒間仁和許善長碧聲吟館刻
碧聲吟館叢書本　國圖　北大
上海

集 10010012

仙遊閣傳奇二卷

（清）會稽陸繼輅撰

清乾隆間稿本　中藝院戲曲所
古本戲曲叢刊第六集本

集 10010013

**賢賢堂芙蓉樓傳奇 (玉節記傳
奇) 二卷**

　　(清)蕭山張衢撰

　　清咸豐元年(1851)刻本　國圖

集 10010014

拯西廂二十四齣

　　(清)龍泉周塤撰

　　清雲坡氏鈔本　浙江

集 10010015

儒酸福傳奇二卷十四齣

　　(清)魏熙元撰　　(清)杭州汪繩武
正譜　　(清)倪星垣評文

　　清光緒七年(1881)玉玲瓏館刻本
　　南京　遂昌

　　清光緒十年(1884)玉玲瓏館刻本
　　國圖　上海　南京　北大　首都
　　陝西　湖南　浙江　浙大　浙師
大　嘉興　臨海　寧波

散曲之屬

集 10010016

坦庵樂府忝香集一卷

　　(清)嘉興徐石麒撰

　　清順治間南湖享書堂刻坦庵詞曲
六種本　國圖　首都

2002 年上海古籍出版社影印續
修四庫全書本

集 10010017

世經堂樂府四卷

　　(清)錢塘徐旭旦撰

　　清康熙名山刻世經堂詩詞集本

集 10010018

鵲亭樂府四卷

　　(清)平湖陸楙撰

　　清康熙三十一年(1692)南田草堂
刻本　國圖　浙江

集 10010019

樊榭山房北樂府小令一卷

　　(清)錢塘厲鶚撰

　　樊榭山房集本(乾隆刻)

　　浙江古籍出版社 1998 年出版新
編小四庫本

集 10010020

北樂府小令一卷

　　(清)錢塘厲鶚撰

　　清雍正間刻樂府小令本　國圖
首都　中科院

集 10010021

冬心先生自度曲一卷

　　(清)仁和金農撰

　　清乾隆間刻本　國圖

　　清乾隆二十五年(1760)金農刻本
國圖

清道光四年（1824 年陳唫秋鈔本）　浙江

清同治至光緒錢唐丁氏當歸草堂刻西泠五布衣遺著本　國圖　浙江　浙博　首都

2002 年上海古籍出版社影印續修四庫全書本

集 10010022

春巢樂府一卷

（清）仁和何承燕撰

清嘉慶二年（1797）刻春巢詩詞鈔本　國圖　南京

清刻本　南京

集 10010023

范湖草堂曲一卷

（清）秀水周閑撰

清光緒十九年（1893）秀水鳳池刻范湖草堂遺稿本附　上海

集 10010024

墨莊詞餘一卷

（清）錢塘林以寧撰

清光緒間鈔明清閨秀曲二種本　國圖

集 10010025

香南雪北曲一卷

（清）仁和吳藻撰

清道光二十四年（1844）刻香南雪北詞本　國圖

集 10010026

香銷酒醒曲一卷

（清）仁和趙慶熺撰

清道光間刻本　國圖　北大　上海

清道光二十九年（1849）刻本　國圖

清同治七年（1868）刻本　國圖　浙江

清光緒間仁和許善長碧聲吟館刻碧聲吟館叢書本　國圖　北大　上海

浙江古籍出版社 1998 年出版新編小四庫本

集 10010027

葉兒樂府一卷

（清）秀水朱彝尊撰

稿本　國圖

清康熙五十三年（1714）曹寅、朱稻孫刻曝書亭集本　中科院

清雍正間刻樂府小令本　國圖　首都　中科院　揚州

清光緒十五年（1889）會稽陶闓刻曝書亭集本　青海　南開

浙江古籍出版社 1998 年出版新編小四庫本

集 10010028

有正味齋曲一卷

（清）錢塘吳錫麒撰

清咸豐五年（1855）刻吳氏一家稿本　國圖　首都　內蒙古　浙江

金華博

　　浙江古籍出版社 1998 年出版新
編小四庫本

集 10010029

玉玲瓏館曲存一卷

　　(清)仁和魏熙元撰

　　清光緒十六年(1890)杭州魏氏一
樹冬青書屋刻本　國圖　北師大
上海　南京　港中山

集 10010030

杭州俗曲九種

　　□□輯

　　清同治五年(1866)刻本　中藝院
戲曲所

彈詞之屬

集 10010031

繡像三笑全集十二卷四十八回

　　(清)富陽周均批評

　　清光緒四年(1878)刻本　南京

集 10010032

續彈詞二卷

　　(清)海寧許文炳撰

　　清康熙二十五年(1686)水月齋刻
本　國圖

集 10010033

再生緣全傳二十卷

　　(清)杭州陳端生撰

　　清道光元年(1821)香葉閣主人刻
本　中社科院文學所　溫州

　　清道光二年(1822)陶梁鈔本(存
十卷)　遼寧

　　清道光二年(1822)寶仁堂刻本
首都　遼寧　浙江

　　清道光二年(1822)松盛堂刻本
中藝院戲曲所　浙江

　　清道光四年(1824)懷古堂刻本
首都

　　清道光十三年(1833)刻本　國圖

　　清道光刻本　復旦

　　清道光三十年(1850)三益堂刻本
國圖　浙江

　　清咸豐二年(1852)刻本　海寧
寧波

　　清同治二年(1863)丹桂堂刻本
浙江

　　清同治十年(1871)右經堂刻本
北師大

　　清光緒二年(1876)文富堂刻本
浙江

　　清光緒三年(1877)世德堂刻本
首都　蘇州

　　清光緒十七年(1891)刻本　蘇州

　　清光緒刻本　揚州

　　2002 年上海古籍出版社影印續
修四庫全書本

集 10010034

再生緣二十卷

　　(清)杭州陳端生撰　(清)錢塘梁

德繩續

　　清鈔本　國圖

集 10010035

繡像全圖再生緣全傳二十卷

　　(清)杭州陳端生撰

　　清光緒二十一年(1895)　上海肇記書局石印本　南京

集 10010036

孝義真蹟珍珠塔二十四回

　　(清)山陰周殊士撰

　　道光二十三年(1843)刻本　國圖

　　清道光二十九年(1849)三槐堂刻本　中藝院戲曲所　浙江

　　清咸豐八年(1858)刻本　國家

　　清同治六年(1867)蘇城麟玉山房刻本　北師大　中藝院戲曲所　遼寧

　　清同治八年(1869)方來堂刻本　國圖　北大　中藝院戲曲所　天一閣　紹興

　　清同治十二年(1873)鈔本　國圖

　　清刻本　國圖

集 10010037

蓮池大師出世修行寶卷(蓮池寶卷)不分卷

　　(清)□□撰

　　清光緒二十七年(1901)浙寧崇壽庭記經房刻本　中藝院戲曲所

集 10010038

浙江嘉興府秀水縣刺心寶卷(刺心寶卷)二卷

　　(清)秀水□□撰

　　清光緒五年(1879)杭州瑪瑙寺經房重刻本　國圖　上海

　　清光緒三十四年(1908)敦文堂鈔本　中藝院戲曲所

　　清鈔本　首都

　　民國十九年(1930)石印本　嘉善

曲選之屬

集 10010039

南音三籟四卷附曲律一卷

　　(清)袁志學輯

譚曲雜劄一卷

　　(明)烏程淩蒙初撰

　　清康熙七年(1668)刻本　國圖

集 10010040

九宮譜定十二卷總論一卷

　　(清)海寧查繼佐輯

　　清順治間金閶綠蔭堂刻本　國圖　清華　吉林　川大(殘本未著錄存缺卷次)

集 10010041

復道人度曲十卷

　　(清)鎮海姚燮編

　　清咸豐間鈔本　中藝院音樂所

曲譜之屬

集 10010042
曲譜一卷
（清）海鹽朱景杭輯
稿本　上海

曲評曲話之屬

集 10010043
續曲品一卷
（清）山陰高奕撰
清然松書屋鈔賜硯堂叢書未刻稿
四十六種本

集 10010044
傳奇品二卷
（清）山陰高奕撰
清宣統二年(1910)貴池劉世珩暖
紅室刻本　國圖

集 10010045
觀劇絕句一卷
（清）仁和金德瑛（金檜門）撰
清乾隆金忠淳刻本　國圖　中
科院
清光緒刻本　復旦
清乾隆三十二年(1767)刻本
浙江
清嘉慶刻本　國圖　天津　南開
清嘉慶六年(1801)刻本　浙江

清光緒二十五年(1899)刻本　天
津　浙江　嘉興　紹興
清刻本　浙江　平湖

集 10010046
觀劇絕句三卷
（清）仁和金德瑛（金檜門）撰
清光緒三十三年(1907)葉氏觀古
堂刻本　首都
清光緒三十四年(1908)長沙葉德
輝郋園刻雙楳景闇叢書本　國圖

集 10010047
觀劇絕句一卷郡賢崇祀録一卷
（清）仁和金德瑛（金檜門）撰
清嘉慶刻本　國圖

集 10010048
觀劇絕句二卷
（清）仁和金德瑛（金檜門）撰
清光緒學務處鉛印本　嘉興

集 10010049
今樂考證十二卷
（清）鎮海姚燮撰
民國二十四年(1935)北京大學影
印本

集 10010050
曲録六卷戲曲考原一卷詞録一卷
海寧王國維撰
稿本　上海

附録一　書名音序索引

Bian

扁舟集一卷　集 10006966

扁舟子外集不分卷　集 10006227

扁舟子文稿不分卷　集 10006228

扁舟子雜稿不分卷　集 10006226

便佳居詩選一卷　集 10004062

徧行堂集尺牘五卷　集 10000619

徧行堂集十六卷　集 10000617

徧行堂集四十八卷目録二卷
　　集 10000616

徧行堂集四十九卷目録二卷
　　集 10000614

徧行堂集四十九卷目録二卷續集十
　　六卷　集 10000615

徧行堂續集十六卷　集 10000618

變雅堂詞一卷　集 10009796

采風偶詠不分卷　集 10006801

Biao

標榭詩選一卷　集 10002701

澽湖遺老集不分卷　集 10006995

澽湖遺老集四卷　集 10006996

澽湖遺老續集四卷　集 10006997

澽廬文存不分卷　集 10006998

表忠觀原碑紀事詩不分卷
　　集 10002172

Bie

別本玉臺集三卷　集 10004790

Bin

濱湖軒遺詩稿一卷　集 10005058

瀕湖草堂詩集　集 10007526

賓虹詩草三卷附補遺一卷
　　集 10007217

賓萌集六卷外集四卷　集 10005780

賓萌集五卷外集四卷　集 10005779

賓竹居初稿不分卷　集 10003907

Bing

冰壺詞四卷　集 10009747

冰壺山館詩鈔（道烏紀程草）二卷
　　集 10003794

冰壺山館詩鈔六十四卷首一卷
　　集 10003795

冰壺山館詩鈔七十六卷
　　集 10003797

冰壺山館詩鈔三十二卷首一卷
　　集 10003796

冰壺山館詩鈔一百卷　集 10003798

冰壺山館詩鈔一百三十二卷
　　集 10003799

冰壺吟稿（憶存草）二卷
　　集 10003502

冰連庵剩稿一卷　集 10006442

冰凝鏡澈之齋詩文詞集不分卷
　　集 10005060

冰雪集六卷　集 10001643

冰雪集五卷　集 10001644

冰雪集一卷　集 10001642

冰雪外集一卷　集 10001645

冰玉集□□卷冰玉後集□□卷卮言
　　二卷南樓日記□□卷天放集□□
　　卷　集 10007555

冰齋文集四卷　集 10000862

丙寅稿一卷　集 10007285

不改樂之堂初稿四卷　集10003880

不其山館詩鈔十二卷附老盲吟
　集10007102

不慊齋漫存八卷　集10006589

不慊齋漫存九卷　集10006590

不慊齋漫存七卷　集10006588

不慊齋漫存十二卷　集10006591

不秋草堂詩鈔一卷　集10005054

不俗居詩遺鈔一卷　集10003495

不系園集一卷　集10000478

不櫛吟三卷　集10003721

不櫛吟三卷續刻三卷　集10003724

不櫛吟續刻三卷　集10003723

不櫛吟續刻一卷　集10003722

步陵詩鈔九卷　集10001635

卜硯集二卷　集10002430

卜硯齋詩集六卷　集10003468

Cai

才子牡丹亭不分卷　集10009959

采碧山堂詩集（玉屏山樵吟四卷東
　道草一卷補遺一卷附録一卷）
　集10001694

采輯歷朝詩話一卷　集10009349

采蘭籍詩集五卷　集10003387

采蘭籍文集不分卷　集10003388

采蘭籍文集四卷詩集四卷
　集10003386

采山堂二集不分卷　集10001193

采山堂近詩選八卷二集七卷
　集10001192

采山堂詩八卷　集10000829

采山堂詩鈔八卷　集10000828

采山堂遺文二卷　集10000827

采菽堂古詩選三十八四卷補遺四卷
　集10008119

采菽堂古詩選十四卷　集10008120

采霞集九卷　集10001264

采香詞二卷　集10009693

采香詞四卷　集10009694

采雨山房詩十卷（富春遊草、萍泛
　草、還山草、睦州寓草、梅花城梅
　花雜詠、惕盦草、采雨山房詩、惕
　盦雜録、古桃州寓草、雲歸草各一
　卷）　集10003583

菜根堂集二十八卷續集一卷
　集10000879

菜根香詩選四卷　集10003882

菜根香書屋集一卷　集10003881

菜圃文集二卷存下卷　集10002491

蔡和甫書札不分卷　集10006909

蔡詩船先生詩稿一卷　集10005021

蔡氏閨秀集　集10008990

蔡寅倩集選十二卷　集10000857

蔡中郎集舉正十卷　集10000013

蔡中郎集十九卷　集10000012

Can

參華庵系緣録不分卷　集10008032

參寥詩鈔一卷　集10000154

餐花室尺牘不分卷　集10005748

餐花室詩稿十二卷　集10005747

餐花室詩稿十卷附詩餘一卷
　集10005745

餐花室詩稿五卷　集10005744

餐花室詩稿一卷詞稿一卷

陳氏詩文遺稿不分卷　集 10007771

陳素庵浮雲集十一卷　集 10000545

陳太僕批選八家文鈔　集 10008056

陳太僕詩草一卷　集 10002162

陳太僕制義體要十九卷
　集 10009257

陳肖蘭女士詩集一卷　集 10007692

陳一齋先生集十六卷　集 10001891

陳一齋先生文集六卷詩集不分卷
　集 10001896

陳餘山集七種不分卷　集 10004600

陳餘山詩誦五卷　集 10004601

陳止庵致王諟尺牘一卷　集 10006478

陳仲權遺著一卷　集 10007481

Cheng

俍山遺集（俍山文集三卷詩存一卷）
　集 10007425

丞相亮祚綿東漢一卷四折
　集 10009926

城北草堂詩稿二卷　集 10007017

城北倡隨吟二卷　集 10008450

城北集八卷　集 10001315

城西雜記二卷　集 10009382

懲防文草一卷　集 10006747

成志堂詩集十四卷外集一卷
　集 10002436

澂園詩選一卷附澂園詞存三卷
　集 10006197

澄碧堂詩稿五集不分卷　集 10001593

澄碧齋詩鈔十二卷別集二卷
　集 10002345

澄碧齋詩鈔十二卷別集五卷遺文一

卷　集 10002346

澄觀集四卷　集 10004435

澄懷堂詩存真錄八卷　集 10004906

澄懷堂詩集十四卷　集 10004908

澄懷堂詩外四卷　集 10004907

澄懷堂文鈔一卷詩選一卷詩外五卷
　集 10004905

澄暉閣文稿一卷　集 10003924

澄江集七卷　集 10001133

澄江集一卷　集 10001137

澄清堂詩存四卷　集 10006508

澄香閣吟二卷　集 10001760

澄心堂集不分卷　集 10002144

澄遠堂三世詩存三種八卷
　集 10008988

誠成書屋詩稿一卷　集 10006498

誠齋江湖集鈔一卷　集 10000213

誠齋詩選一卷　集 10000222

Chi

摛藻瓊琚四卷　集 10008131

摛藻堂詩稿一卷續稿二卷
　集 10001585

摛藻堂續稿五卷　集 10001586

癡蟲吟稿不分卷　集 10005842

癡蟲吟稿三卷　集 10005843

池上集六卷　集 10004863

池上題襟小集一卷　集 10006309

池蛙詩草不分卷　集 10006295

笸聲公遺稿不分卷　集 10007867

遲春閣文稿九卷　集 10006581

遲鴻軒集十二卷（詩棄四卷詩補遺
　一卷文棄二卷文補遺一卷詩續一

Chu

出岫集鈔一卷　集 10001925

初白庵尺牘一卷　集 10001429

初白庵詩評三卷詞綜偶評一卷
　集 10009277

初日樓稿一卷　集 10007309

初日樓續稿不分卷　集 10007310

初日山房詩集六卷　集 10006203

樗庵存稿八卷(文五卷詩三卷)
　集 10003146

樗庵存稿不分卷　集 10003149

樗庵存稿六卷(文五卷詩一卷)
　集 10003147

樗庵存稿五卷　集 10003148

樗莽手鈔一卷　集 10001044

樗莊文稿六卷　集 10002248

樗莊文稿十卷尺牘一卷詩稿二卷
　集 10002247

鉬園詩鈔一卷　集 10001510

鋤藥初集四卷　集 10007092

雛蟬詩稿一卷　集 10007242

楚辭八卷　集 10000001

楚辭不分卷　集 10000002

楚辭人名考一卷　集 10000004

楚江蒨合詩集十二卷　集 10008933

楚畹詩餘一卷　集 10009605

楚尾集一卷　集 10001507

楚遊草二卷　集 10003532

楚遊草一卷　集 10003425

Chuan

傳經堂集二十七卷　集 10002319

傳經堂集十卷　集 10008435

傳樸堂詩稿不分卷　集 10006423

傳樸堂詩稿四卷附補遺一卷竹樊山
　莊詞一卷　集 10006424

傳奇品二卷　集 10010044

傳忠堂古文一卷　集 10005924

傳忠堂騈體文集四卷　集 10005945

傳忠堂學古文一卷　集 10005923

船司空齋詩錄四卷　集 10006790

船屯漁唱(船屯漁唱箋釋)一卷
　集 10002910

Chui

吹蘆小草一卷　集 10004603

炊經酌史閣集五卷(河洛集、東游
　集、周甲集、思歸集、感悼集
　集 10004935

垂老讀書廬詩鈔二卷　集 10004213

垂涕集二卷　集 10005546

捶琴詞一卷　集 10009750

Chun

春藹堂續集二卷　集 10001372

春靄堂集十八卷　集 10001370

春靄堂集十八卷續集二卷
　集 10001371

春草四卷　集 10009745

春草堂集不分卷　集 10001762

春草堂文約一卷　集 10001763

春草堂遺稿一卷　集 10005928

春巢樂府一卷　集 10010022

春巢詩鈔十二卷　集 10003407

春巢詩鈔四卷　集 10003406

春巢詩餘四卷　集 10009616

丹崖草堂詩一卷　集 10005084

丹陽舟次唱和一卷　集 10000932

丹淵集鈔一卷　集 10000112

儋餘尺牘一卷　集 10003313

癉餘草不分卷　集 10000766

噉蔗全集十六卷附喪禮詳考一卷周
　官隨筆一卷　集 10002340

憺園草二卷補遺一卷外集一卷
　集 10002594

憺園集二卷補遺一卷　集 10002593

淡巴菰百詠一卷　集 10003369

淡軒詩稿二卷文稿一卷　集 10001953

淡軒拾草不分卷　集 10006865

淡永山窗詩集十一卷　集 10005446

澹庵集不分卷　集 10004696

澹庵文存二卷　集 10006917

澹泊軒劫餘吟稿一卷　集 10006033

澹初詩稿八卷　集 10001803

澹川賦鈔□卷　集 10006973

澹川剩稿八卷　集 10006972

澹澹軒詩稿六卷增補四卷
　集 10007631

澹静齋集二卷　集 10004389

澹廬吟蘽一卷　集 10007937

澹寧齋集八卷　集 10002611

澹寧齋集九卷　集 10002610

澹甯詩稿不分卷　集 10007256

澹甯詩稿口卷　集 10007255

澹圃詩詞稿一卷　集 10004892

澹畦吟草一卷　集 10004663

澹然齋別體雜詩一卷　集 10007851

澹如山房詩稿十卷　集 10004699

澹如軒詩鈔不分卷　集 10003051

澹如軒詩鈔五卷　集 10003052

澹如軒詩存四卷　集 10003053

澹香吟館詩鈔六卷　集 10007552

澹香吟館詩鈔一卷　集 10006782

澹軒集一卷　集 10000533

澹軒詩稿五卷　集 10000531

澹軒詩選前集五卷　集 10000532

澹宜書屋詩草二卷　集 10004572

澹園集九卷　集 10001131

澹園集一卷　集 10002375

澹園詩鈔　集 10008036

澹園詩集二卷文集二卷附錄二卷
　集 10007195

澹園文集二卷澹園詩集二卷附錄一
　卷　集 10006889

澹園遺詩不分卷　集 10004485

澹園遺文輯存　集 10008037

澹園雜著八卷　集 10007196

澹遠堂詩集二卷　集 10001407

澹遠堂遺集不分卷　集 10001406

澹珍遺集二卷　集 10002741

澹足軒詩集八卷　集 10003241

Dang

當翠樓集唐不分卷　集 10000723

當湖百詠一卷　集 10008614

當湖詩文逸二十二卷　集 10008615

當湖文繫初編二十八卷
　集 10008613

當湖文繫初編一卷　集 10008612

當湖文獻不分卷　集 10008616

當樓詞一卷　集 10009482

東望望閣詩鈔七卷　集 10003587

東望望閣詩鈔十六卷　集 10003590

東望望閣詩鈔十四卷　集 10003588

東望望閣詩鈔十五卷　集 10003589

東望望閣雜著一卷　集 10003592

東武竽音不分卷　集 10005308

　　集 10009724

東武山房詩文集十二卷　集 10001965

東谿詩草八卷　集 10001787

東谿詩草三卷　集 10001786

東嘯詩草一卷燕台吟稿一卷西湖櫂

　　歌一卷懶眠集一卷　集 10003643

東陽歷朝詩九卷　集 10008868

東掖山房遺稿不分卷　集 10005049

東瀛詩記二卷　集 10009362

東瀛詩選四十卷補遺四卷

　　集 10008144　集 10008145

東遊草一卷　集 10003034

　　集 10007176

東園詩存一卷　集 10002768

東苑詩鈔一卷　集 10000735

東苑文鈔二卷　集 10000736

東齋詞畧四卷　集 10009429

東齋詩删一卷　集 10001102

東莊詩鈔八卷　集 10000945

東莊詩存不分卷　集 10000947

東莊吟稿七卷　集 10000946

董枚臣先生遺稿四卷　集 10005034

董枚臣遺稿不分卷　集 10005033

董氏詩萃二十卷　集 10009082

董氏文輯存不分卷　集 10009079

董思白稿一卷　集 10000410

董正揚詩稿一卷　集 10004379

勠忍齋詩稿二卷　集 10001698

棟山存牘一卷　集 10006294

洞庭湖櫂歌一卷續一卷

　　集 10001715

洞庭集二卷閩嶠集二卷

　　集 10002083

洞庭詩稿六卷　集 10001039

洞庭遊草一卷　集 10002265

洞霄遊草一卷　集 10003342

Dou

都梁香閣詩集一卷　集 10004921

逗雨齋詩草一卷　集 10003417

逗雨齋詩鈔十卷附旎香詞一卷

　　集 10003416

Du

獨旦集八卷　集 10001312

獨旦集二卷　集 10001314

獨旦集三卷歸田集十四卷

　　集 10001313

獨石軒詩逸存一卷　集 10006739

讀昌黎先生集一卷　集 10000067

讀楚辭一卷　集 10000003

讀杜詩説二十四卷　集 10000056

讀賦巵言詩話一卷　集 10009387

讀韓記疑十卷首一卷　集 10000062

讀漢書隨詠二卷　集 10003958

讀畫樓詩稿二卷　集 10004648

讀畫齋百疊蘇韻別集四卷附刻一卷

　　集 10003351

讀畫齋偶輯不分卷附讀畫齋題畫詩

　　十九卷　集 10008307

集 10006044

舫枲詩始一卷　集 10002766

訪樂堂詩一卷　集 10006786

訪梅吟舍殘稿一卷　集 10008033

訪秋書屋遺詩一卷　集 10003167

訪粵集一卷續編一卷　集 10005126

訪粵續集一卷　集 10005127

放翁詩選四卷首一卷　集 10000204

放翁先生詩鈔七卷　集 10000202

Fei

非庵詩鈔二卷　集 10001917

非庵詩集一卷　集 10001918

非非草第四集二卷　集 10007161

非非室詩鈔不分卷　集 10008020

非非室詩集不分卷　集 10008023

非非室雜鈔不分卷　集 10008021

非儒非俠齋集五卷　集 10007435

非儒非俠齋詩二卷　集 10007439

非儒非俠齋詩一卷　集 10007436

非儒非俠齋詩一卷詩續集

　集 10007437

非儒非俠齋文集二卷外集一卷

　集 10007438

飛白竹齋詩鈔一卷　集 10004381

飛情閣集　集 10008006

飛崖詩刪八卷　集 10002185

匪石山房詩鈔一卷　集 10000673

匪石文集二卷　集 10003595

廢我室詩草六卷　集 10003547

Fen

分類尺牘新語二編二十四卷

集 10009170

分類尺牘新語二十四卷

　集 10009169

分類尺牘新語廣編二十四卷補編一

　卷　集 10009171

分體詩鈔四卷　集 10008193

分韻詩鈔一卷　集 10003018

分韻浙江形勝詩續刻一卷

　集 10008489

芬響閣初稿十卷　集 10005464

芬響閣附存稿十卷　集 10005465

汾祠記一卷　集 10004760

汾南漁俠游草三卷　集 10007010

焚餘草（杏本堂詩古文集）二卷

　集 10003602

焚餘草一卷　集 10000586

焚餘集二卷　集 10001042

焚餘詩草二卷　集 10005488

焚餘遺草一卷　集 10006608

Feng

楓江草堂集十四卷　集 10004609

楓江草堂詩稿二卷詞二卷

　集 10004610

楓江草堂詩稿二卷詞二卷楓江漁唱

　一卷清湘謠瑟譜一卷

　集 10004611

楓江草堂詩集七卷　集 10004612

楓江草堂文集一卷　集 10004613

楓樹山房詩一卷　集 10003298

葑湖詩稿不分卷　集 10003263

葑湖雜著不分卷　集 10003262

豐草庵全集四十一卷（豐草庵詩集

十一卷文前集三卷文集三卷寶雲
詩集七卷禪樂府一卷豐西草堂別
集六卷豐西草堂雜著十卷）
　　集 10000757
豐草庵詩集十一卷　集 10000758
豐草庵文集三卷　集 10000760
豐草庵文前集三卷　集 10000759
風懷詩案一卷　集 10000979
風懷詩補注一卷　集 10004422
風木庵圖題詠一卷　集 10008416
風清香古軒詩鈔一卷試帖課兒草一
　　卷　集 10007045
風希堂詩集不分卷　集 10003217
風希堂文集四卷詩集六卷
　　集 10003218
風雨閉門詞不分卷　集 10009578
風雨對吟齋詩鈔四卷附詩餘一卷
　　集 10005972
風雨廬詩草四卷　集 10002903
風月廬剩稿一卷　集 10006897
風月廬詩稿一卷　集 10006896
風雲會二卷二十四（二十三）齣
　　集 10010009
風箏誤傳奇二卷　集 10009976
風箏誤傳奇四卷　集 10009975
逢原齋詩鈔三卷文鈔四卷補遺一卷
　　駢體文附錄一卷　集 10004593
馮具區稿一卷　集 10000403
　　集 10000404
馮君木書牘一卷附一卷　集 10007403
馮柳東雜稿不分卷　集 10004399
馮秋水先生評定存雅堂遺稿十三卷
　　補刊一卷附西塘十景詩一卷

集 10000285
馮太保文集□卷附錄一卷
　　集 10000439
馮瑤田先生詩稿一卷　集 10007920
馮再來雜文不分卷　集 10007844
馮志青所接書札　集 10009200
諷字室詩集一卷　集 10006158
奉化王蒙軒先生榮哀錄一卷
　　集 10009044
鳳車詞一卷　集 10009510
鳳池集十卷　集 10008313
鳳威遺稿一卷　集 10006925
鳳簫樓詩鈔一卷　集 10001526
鳳研齋存稿二卷　集 10004205
鳳研齋詩鈔不分卷　集 10004206

Fou

缶廬別存三卷　集 10006644
缶廬集七卷　集 10006645
缶廬詩稿不分卷詩緒不分卷題畫詩
　　不分卷　集 10006642
缶廬詩集四卷別存一卷
　　集 10006643
缶廬詩四卷缶廬別存三卷
　　集 10006646
缶鳴詩集一卷　集 10007740
缶堂學詩不分卷　集 10001038

Fu

敷文書院課藝不分卷　集 10006835
弗過軒詩鈔七卷　集 10000559
扶荔詞三卷別錄一卷　集 10009434
扶荔詞四卷　集 10009435

復莊今樂府選六十七卷　集 10009900

復莊駢體文榷二編八卷　集 10005268

復莊詩初稿不分卷　集 10005257

復莊詩評不分卷　集 10009348

復莊詩問不分卷　集 10005260

復莊詩問三十四卷　集 10005261

復莊文稿不分卷　集 10005266

復莊文錄六卷　集 10005267

復莊文酌不分卷　集 10005265

覆瓿草二卷　集 10007027

覆瓿詩鈔三卷　集 10002771

賦海大觀三十二卷目錄一卷
　集 10008161

賦海類編不分卷　集 10008158

賦海類編二十卷　集 10008159

賦閒樓詩集一卷　集 10001487

賦梅軒遺稿　集 10008038

賦燕樓吟草不分卷　集 10004550

阜湖山人詩鈔六卷　集 10005865

Gai

改庵偶集三卷　集 10001629

Gan

甘村集三卷（荊南集、燕臺集、海右
　集各一卷）　集 10002408

甘村詩集　集 10002409

甘廊文集三卷　集 10004296

甘泉鄉人殘稿不分卷附家乘不分卷
　集 10004771

甘泉鄉人稿二十二卷　集 10004772

甘泉鄉人稿二十四卷　集 10004773

甘泉鄉人稿二十四卷附可讀書齋校

書譜一卷　集 10004774

甘泉鄉人稿二十四卷附年譜一卷
　集 10004775

甘泉鄉人稿二十四卷餘稿二卷附年
　譜一卷　集 10004777

甘泉鄉人稿三卷　集 10004776

甘泉鄉人稿餘二卷　集 10004778

甘泉鄉人餘稿不分卷　集 10004770

甘泉鄉人餘稿二卷　集 10004779

感懷百詠一卷　集 10005898

感舊懷人錄一卷　集 10007993

感舊詩一卷　集 10006177

感物吟五卷　集 10000767

漵川二布衣詩二卷　集 10008595

漵浦詩話二卷　集 10009300

漵浦詩話二卷續四卷　集 10009301

漵浦吳氏遺著存畧　集 10009052

干溪曹氏家集二十四卷
　集 10009056

Gang

剛齋吟草漫錄二卷　集 10007376

Gao

皋亭山館詩草八卷　集 10005040

皋亭山館詩草（存一卷）
　集 10005041

皋廡偶存一卷　集 10006049

高澹人集四十五卷　集 10001323

高東井先生詩選四卷賫香詞一卷
　集 10002946

高户部詩一卷　集 10001277

高江村集八十卷　集 10001307

歸安前邱吳氏詩存二十一卷
　集 10008944

歸安前邱吳氏詩存六卷閨閣詩存一
　卷　集 10008945

歸安錢笆仙禮部振常手札一卷
　集 10005986

歸來吟二卷　集 10008956

歸林餘響一卷　集 10006620

歸田集　集 10006733

歸田集十四卷　集 10001318

歸田詩存三卷文存二卷　集 10002003

歸棹塤篪二卷　集 10006599

歸棹塤篪一卷　集 10006600

歸震川稿一卷　集 10000382

歸震川先生全稿不分卷　集 10000381

閨鐸類吟注釋六卷附錄一卷
　集 10003423

閨芳扶正集一卷　集 10008153

龜溪集鈔一卷　集 10000180

癸巳詩草一卷　集 10003508

癸辛詞不分卷　集 10009742

桂坡詞一卷　集 10009485

桂坡集存六卷(文二卷詩四卷)桂坡
　外集六卷(詩四卷文二卷)
　集 10007774

桂樵詩鈔一卷　集 10006492

桂山堂集一卷　集 10001356

桂山堂文選十二卷　集 10001355

桂辛山人詩稿一卷書學雅言一卷
　集 10004987

桂馨書屋遺文一卷塾課一卷守經堂
　剩稿二卷　集 10004059

桂馨堂集三卷　集 10003851

桂馨堂集十三卷　集 10003853

桂馨堂集一卷感逝詩一卷石刻詩錄
　目一卷　集 10003852

桂軒小稿三卷　集 10004608

桂巖小隱集一卷　集 10002875

桂一齋僅存稿不分卷　集 10005108

桂隱山房遺稿二卷　集 10002897

曠齋稿一卷　集 10000328

Guo

郭西詩選四卷　集 10008532

國朝詞續選一卷　集 10009851

國朝詞綜續編二十四卷
　集 10009842

國朝二十四家文鈔　集 10008088

國朝閨秀摛珠集不分卷
　集 10008327

國朝杭郡詩輯三十二卷姓氏韻編一
　卷　集 10008493

國朝杭郡詩輯十六卷　集 10008492

國朝杭郡詩續集四十六卷
　集 10008491

國朝湖州詩錄六卷　集 10008619

國朝湖州詩錄三編不分卷
　集 10008620

國朝湖州詩錄三編續二卷國朝湖州
　逸詩一卷　集 10008621

國朝湖州詩錄三十四卷補編二卷續
　錄十六卷　集 10008618

國朝韭溪秦氏詩存前一集一卷
　集 10008957

國朝歷科元墨正宗不分卷
　集 10009223

寒玉居集二卷碎金集二卷
　　集 10001563

寒中詩集四卷　集 10001685

寒莊外編一卷　集 10007235

寒莊文編二卷　集 10007234

涵碧樓詩稿初刻二卷　集 10004580

涵碧軒詩稿不分卷　集 10003814

涵翠閣吟稿四卷　集 10006532

涵通樓師友文鈔　集 10008090

涵遠山房詩鈔不分卷　集 10002734

邗江雜詠一卷　集 10002555

韓集補注一卷　集 10000066

韓集箋正不分卷　集 10000063

韓集箋正四十卷外集十卷年譜一卷
　　集 10000064

韓集箋正五卷年譜一卷
　　集 10000065

韓江十二釵詩一卷　集 10004936

韓江雅集十二卷　集 10008354

韓柳詩選不分卷　集 10008236

韓文選二卷　集 10000061

韓湘南遺稿一卷　集 10006397

韓湘南遺文一卷　集 10006398

漢川集一卷　集 10000846

漢當研室詩鈔八卷　集 10007419

漢口竹枝詞六卷　集 10005048

漢鐃歌十八曲集解一卷　集 10008214

漢詩說十卷總說一卷　集 10008213

漢壽亭侯遺集二卷首一卷漢壽亭侯
　　外集三卷　集 10008404

漢行信稿一卷　集 10007423

漢硯唐琴室遺詩不分卷　集 10007510

漢孳室集外文一卷　集 10006679

漢孳室文鈔四卷補遺一卷
　　集 10006678

翰風吟稿一卷　集 10007964

Hang

杭防詩存一卷　集 10008498

杭郡朱氏詩鈔不分卷　集 10008499

杭諺詩一卷　集 10008500

杭諺雜詠不分卷　集 10008502

杭遊雜詠一卷　集 10000744

杭州詩鈔一卷　集 10008504

杭州俗曲九種　集 10010030

杭州西溪永興寺題詠録不分卷
　　集 10008505

杭州辛酉紀事詩原稿一卷
　　集 10005489

Hao

蒿菴文集一卷　集 10007842

蒿谷山人詩稿一卷　集 10001061

薅草行人詩集五卷　集 10001880

好湖山樓詩鈔一卷　集 10006573

好山詩集四卷　集 10002068

好學爲福齋文鈔二卷　集 10005781

郝楚望稿一卷　集 10000413

浩觀堂集六卷　集 10001940

浩氣集十二卷　集 10001914

皓月軒吟草一卷　集 10006609

He

何大復先生詩集十二卷
　　集 10000366

何求集五卷　集 10001508

Hei

黑蝶齋詞一卷　集 10009511

黑蝶齋詩鈔四卷詞一卷　集 10001040

Heng

恒山集七卷　集 10001753

桁山草閣詩稿及附録五卷
　集 10005013

桁山草閣詩稿五卷　集 10005012

橫經堂擬古樂府一卷　集 10004056

橫浦詩鈔一卷　集 10000184

橫山草堂詩鈔三卷　集 10005515

橫山詩鈔十七卷（橫山初集十六卷
　胡二齋先生評選橫山初集一卷）
　集 10001290

橫山詩文鈔二十二卷（橫山初集十
　六卷胡二齋評選橫山初集不分卷
　橫山文鈔不分卷易皆軒二集不分
　卷）　集 10001291

橫山詩文鈔二十七卷（橫山初集十
　六卷易皆軒二集六卷橫山文鈔不
　分卷明翠湖亭四韻事四卷）
　集 10001292

橫山文鈔二十四卷　集 10001289

橫山文集十六卷詩集六卷附橫山先
　生年譜一卷　集 10001293

蘅皋遺詩一卷　集 10004585

蘅皋遺詩一卷　集 10004586

蘅香館雜著二卷　集 10004819

蘅洲文稿不分卷　集 10002393

Hong

洪博卿先生未刻詩一卷　集 10006763

洪文安公遺集一卷　集 10000197

洪文敏公文集八卷　集 10000198

洪洲集不分卷　集 10002049

洪子泉雜著不分卷　集 10006431

紅茶山館殘稿一卷　集 10004036

紅茶山館初集三卷　集 10004037

紅豆庵詞鈔一卷　集 10009813

紅豆詞四卷　集 10009614

紅豆村人詩稿十四卷　集 10002764

紅豆村人詩稿十一卷　集 10002763

紅豆村人詩續稿四卷　集 10002765

紅豆山莊詩集四卷　集 10004717

紅豆詩人集十九卷附録一卷
　集 10002745

紅豆詩人詩鈔不分卷詞鈔一卷
　集 10002746

紅豆軒詩一卷　集 10005070

紅鵝館詩選二卷　集 10003908

紅芙書舍詩存存三卷文存一卷
　集 10004340

紅芙吟館詩鈔一卷詩餘一卷
　集 10005087

紅蝠山房詩鈔補編不分卷
　集 10004604

紅蝠山房詩鈔九卷　集 10004605

紅蝠山房詩鈔九卷二編詩鈔二卷補
　編一卷續編一卷補遺一卷
　集 10004606

紅鶴山莊詩鈔二卷　集 10002816

紅鶴山莊詩二集一卷　集 10002817

紅蘅館初稿三卷　集 10004319

紅椒山館詩鈔一卷　集 10007544

紅蕉庵詩集一卷　集 10005938

滑疑集不分卷　集 10002497

華藏室詩鈔一卷　集 10005271

華陔吟館詩鈔二卷　集 10004142

華及堂視昔編六卷　集 10008349

華廉詞鈔一卷　集 10009568

華蕊樓遺稿一卷　集 10007390

華黍莊詩稿二卷　集 10001294

華黍莊詩後集四卷續集二卷
　集 10001296

華黍莊詩集六卷補遺一卷詩餘一卷
　集 10001295

華亭賸稿三卷　集 10005832

華亭詩鈔一卷　集 10005833

華影吹笙閣遺稿一卷　集 10005177

華齋詩鈔不分卷叢録不分卷
　集 10005702

畫舫齋稿一卷　集 10003474

畫蘭室遺稿一卷　集 10003792

畫理齋詩稿一卷　集 10004658

畫石山房文集不分卷　集 10005114

畫溪漁唱二卷　集 10007512
　集 10009622

畫延年室詞稿六卷　集 10009668

畫延年室詞稿摘録一卷
　集 10009666

畫延年室詩稿八卷附詞四卷游吳草
　一卷　集 10003811

畫延年室詩稿六卷附詞四卷
　集 10003810

畫延年室詩稿四卷附詞四卷
　集 10003809

畫延年室詩餘四卷　集 10009667

話墮二集三卷　集 10002296

話墮集三卷　集 10002295

話墮三集三卷　集 10002297

話桑賦稿一卷　集 10002548

話山文稿六卷　集 10000577

話山先生詩稿十二卷文稿十七卷別
　録七卷　集 10000576

話雨草堂詩草二卷子君詩草一卷
　集 10003914

話雨齋詩稿不分卷　集 10003542

Huai

懷芬館賦鈔一卷　集 10005156

懷芬館詩鈔四卷　集 10005155

懷楓軒集一卷南歸草一卷
　集 10005717

懷古堂詩集十二卷　集 10001484

懷古堂詩集一卷　集 10000795

懷古堂詩集一卷補遺一卷
　集 10000796

懷舊吟一卷　集 10001633

懷孟草一卷　集 10001005

懷岷精舍録六卷　集 10006648

懷清堂集二十卷　集 10001529

懷清堂集二十卷首一卷
　集 10001530

懷清堂集十卷首一卷　集 10001531

懷清堂詩稿不分卷　集 10001527

懷亭詩録六卷詞録二卷
　集 10006685

懷亭詩録六卷續録六卷三録一卷
　集 10006687

懷亭詩續録二卷　集 10006686

懷永堂詩存二卷　集 10002002

Hui

簡莊文鈔六卷續鈔二卷河莊詩鈔一
　　卷　集 10003377

簡莊綴文六卷　集 10003380

緅廬初稿（詞）一卷　集 10009792

緅廬初稿（詩）一卷　集 10007335

繭蕉盦詩鈔七卷詩餘一卷
　　集 10006444

繭室遺詩一卷　集 10007185

繭窩雜稿一卷詩稿一卷　集 10001049

繭屋詩草六卷　集 10002250

繭屋詩草三卷　集 10002249

繭屋文存二卷　集 10002251

謇諤堂詩稿一卷　集 10007404

謇諤堂詩集（存一卷）　集 10007405

謇諤堂文稿一卷　集 10007406

謇謇詩草一卷（珍帚齋詩畫稿後附）
　　集 10007303

健庵文鈔二卷詩存六卷附公案初編
　　一卷　集 10006267

健初詩鈔四卷附文鈔一卷
　　集 10003726

健初詩文鈔五卷　集 10003725

健松齋集不分卷　集 10001080

健松齋集二十四卷　集 10001077

健松齋集一卷　集 10001079

健松齋續集十卷　集 10001078

劍川集二卷　集 10007408

劍龍吟館雜存一卷　集 10005539

劍廬詩草一卷　集 10008012

劍南詩鈔一卷　集 10000201

劍南詩選二卷　集 10000203

劍匣集五卷　集 10001283

建康集鈔一卷　集 10000175

建溪集六卷　集 10009122

建溪集前編四卷後編二卷
　　集 10003946

漸江詩集十二卷　集 10001176

漸翁文集不分卷　集 10001175

漸西村人詩初集十三卷
　　集 10006717

漸西村人未刊詩文稿不分卷
　　集 10006716

漸齋詩鈔三卷　集 10003962

澗葒集不分卷　集 10004616

澗琴詞學不分卷　集 10009579

磵村集一卷　集 10003447

餰齋集四卷　集 10003886

餰齋詩餘一卷　集 10009585

餰齋文存一卷　集 10003885

餰齋文存一卷詩存二卷詩餘試律一
　　卷　集 10003884

餰齋文存一卷試律一卷詩餘一卷
　　集 10003883

見青閣遺稿一卷　集 10005053

見山樓詩草八卷　集 10005669

見山樓詩草二卷　集 10005324

見山樓詩鈔七卷文鈔一卷
　　集 10004799

見山樓詩稿六卷　集 10005671

見山樓詩集四卷　集 10005670

見山堂詩鈔一卷　集 10002384

見山亭古今詞選三卷　集 10009819

見山亭詩集二卷　集 10001149

見堂文鈔九卷　集 10003544

見堂文鈔五卷詩鈔四卷附詩餘一卷
　　集 10003545

鑑綱詠畧八卷　集 10003836

鑑湖詩草二卷　集 10002570

鑑湖逸客吟稿一卷　集 10004963

鑑湖逸客吟稿一卷補遺一卷

　　集 10004964

鑑湖竹枝詞二卷　集 10008710

鑑湖竹枝詞一卷　集 10008711

鑑泉詩草不分卷　集 10004607

鑑止水齋集二十卷　集 10003847

餕月樓詩鈔一卷　集 10006434

Jiang

姜白石詩一卷　集 10000253

姜西溟文鈔一卷　集 10000911

姜西溟文稿一卷　集 10000913

姜西溟先生八股文一卷

　　集 10000921

姜西溟先生文鈔四卷　集 10000919

姜西溟先生文稿不分卷

　　集 10000914

姜西溟選評歐曾老蘇三家文不分卷

　　集 10008266

姜西溟選詩類鈔真蹟一卷

　　集 10000922

姜先生全集三十三卷首一卷

　　集 10000923

姜真源詩選一卷　集 10000720

江東集鈔一卷　集 10000219

江干雜詠不分卷　集 10006284

江湖長翁詩鈔一卷　集 10000229

江湖客詞一卷　集 10009532

江湖載酒集六卷　集 10009466

江湖載酒集三卷　集 10009467

江湖載酒集一卷　集 10009468

江南遊草一卷　集 10006056

江山白話二卷　集 10005996

江山風月譜一卷　集 10009683

江上吟不分卷　集 10007596

江聲草堂詩集八卷　集 10001876

江西道院集鈔一卷　集 10000220

江西五家稿五種　集 10008929

江行雜詠一卷　集 10003239

江遊草一卷　集 10003035

江月松風集十二卷　集 10000313

　集 10000314

江浙十二家詩選二十四卷

　集 10008478

薑畦詩集六卷　集 10002501

蔣村草堂稿一卷　集 10004989

蔣觀雲遺詩一卷　集 10007466

蔣雪齋唫稿不分卷　集 10007553

彊村樂府不分卷　集 10007035

彊村遺書二十四卷　集 10007034

絳跗山館詞錄三卷　集 10009674

絳跗閣詩稿十一卷　集 10001929

絳跗閣文集不分卷　集 10001928

絳綃記一卷　集 10009943

絳雪詩鈔二卷　集 10001905

絳雪詩鈔二卷附錄一卷

　集 10001401

絳巖詩稿一卷　集 10003892

絳雲集不分卷　集 10001816

Jiao

椒堂雜稿一卷　集 10003967

椒園文鈔一卷　集 10002212

焦螟集八卷　集 10000969

焦屏覆瓿集（焦屏書屋詩文覆瓿集）
　一卷　集 10003295

焦桐集四卷　集 10005246

焦桐集一卷　集 10007688

焦桐山館詩鈔六卷　集 10007053

焦尾閣遺稿一卷　集 10005729

茭湖詩文集十卷　集 10003485

茭湖文集不分卷　集 10003486

蕉窗詞一卷　集 10009749

蕉浪軒稿不分卷　集 10001597

蕉嶺驪歌一卷附鎮平雜詩一卷
　集 10008371

蕉緑園吟草不分卷　集 10004549

蕉圃遺稿一卷　集 10001101

蕉散人題畫詩不分卷　集 10005352

蕉聲館集八卷首一卷　集 10003972

蕉聲館集三十三卷　集 10003971

蕉聲館集三十三卷首一卷
　集 10003975

蕉聲館全集文八卷首一卷詩二十卷
　詩補遺四卷詩續補一卷
　集 10003976

蕉聲館詩集二十卷補遺四卷續補一
　卷　集 10003969

蕉聲館詩集二十四卷　集 10003970

蕉聲館詩集十六卷題詞一卷
　集 10003968

蕉聲館文集八卷詩集二十卷詩補遺
　四卷　集 10003973

蕉聲館文集八卷詩集二十卷詩補遺
　四卷詩續補一卷　集 10003974

蕉石軒詞一卷曲一卷　集 10009812

蕉閑館詩鈔八卷　集 10005157

蕉軒詩鈔一卷　集 10007895

蕉雪廬詩稿一卷　集 10007083

蕉雪廬遺稿不分卷　集 10007080

蕉雪廬遺稿三卷　集 10007082

蕉雪廬遺稿一卷　集 10007081

蕉雪詩鈔一卷　集 10003897

蕉影齋詩集四卷　集 10004504

蕉雨山房詩鈔八卷　集 10006900

蕉雨山房續集二卷詩餘一卷集唐酌
　存五卷附編一卷　集 10006901

蕉雨軒遺稿不分卷　集 10001216

蕉園古今詩六卷　集 10002747

蛟川唱和集二卷　集 10008692

蛟川崇正詩社詩稿二卷
　集 10008702

蛟川古今詩存六卷　集 10008700

蛟川耆舊詩補十二卷
　集 10008697

蛟川耆舊詩六卷　集 10008696

蛟川耆舊詩續集二卷　集 10008698

蛟川詩話四卷　集 10009360

蛟川詩繫三十一卷　集 10008693

蛟川詩繫三十一卷首一卷
　集 10008694

蛟川詩繫續編八卷首一卷
　集 10008699

蛟川詩徵鈔不分卷　集 10008701

蛟川先正文存二十卷補遺一卷
　集 10008691

蛟橋折柳圖題詠一卷　集 10008468

鷦寄堂稿不分卷　集 10007586

鷦枝軒剩稿一卷　集 10007667

金華十詠不分卷　集 10008858

金華文粹　集 10008856

金華文畧二十卷　集 10008855

金華正學編四卷廣編三卷附編二卷
　集 10008854

金黃合稿　集 10008984

金陵雜事詩一卷　集 10006724

金縷曲廿四疊韻一卷　集 10009711

金眉生都張文稿不分卷
　　集 10005665

金鱉山房詩稿四卷　集 10004972

金牛湖漁唱一卷　集 10003230

金山集不分卷　集 10008189

金石三例十五卷　集 10009390

金石要例一卷　集 10009389

金石綜例四卷　集 10009367

金粟詞話一卷　集 10009883

金粟詞一卷　集 10009447
　　集 10009649

金粟閨詞百首一卷　集 10009448

金粟山房吟草一卷　集 10004728

金粟詩存補遺一卷　集 10003411

金粟詩存一卷　集 10003410

金粟書屋詩稿四卷附二知堂試帖偶
　　存一卷　集 10004369

金粟影庵詞初稿不分卷
　　集 10009632

金粟影庵存稿十七卷　集 10003819

金粟影庵存稿十三卷續存稿七卷隨
　　山書屋詩存四卷　集 10003820

金粟影庵續存稿四卷　集 10003821

金塗塔齋詩稿一卷遺文一卷
　　集 10003899

金陀詩鈔八卷　集 10003392

金陀吟稿四卷　集 10001637

金文雅十六卷作者考一卷
　　集 10008269

金薤集不分卷　集 10003000

金正希稿一卷　集 10000450

金正希先生全稿不分卷
　　集 10000449

金鍾山房詩存二卷　集 10007133

金鍾山房詩集一卷文集一卷
　　集 10007132

金帚集一卷　集 10004633

僅存詩鈔三卷　集 10003097

僅存詩鈔五卷　集 10003098

菫廬詩稿一卷　集 10007743

菫廬遺稿不分卷　集 10007411

槿園集十二卷　集 10001546

謹墨齋詩鈔不分卷　集 10003704

謹堂集（荻書樓稿、石墩草各一卷）
　　集 10001857

錦川集二卷　集 10001394
　　集 10002349

錦囊集一卷　集 10000535

錦囊集（一名香奩集）　集 10009123

錦囊詩餘一卷　集 10009418

錦香樓詩稿十二卷　集 10003705

錦璇閣詩稿三卷　集 10002819

晉風選十卷　集 10008465

晉陽詞鈔一卷　集 10009802

晉遊草一卷　集 10004672

禁林集八卷　集 10008355

縉雲文徵二十卷補遺一卷
　　集 10008926

敬修堂詩後甲集一卷　集 10000515

敬修堂雜著不分卷　集 10000516

敬軒遺文不分卷　集 10002948

敬業堂集補遺一卷　集 10001410

敬業堂集五十卷　集 10001409

敬業堂近體詩選不分卷　集 10001422

敬業堂詩鈔八卷　集 10001418

敬業堂詩鈔二卷　集 10001421

敬業堂詩集不分卷　集 10001412

敬業堂詩集參正二卷　集 10001420

敬業堂詩集四卷　集 10001419

敬業堂詩集四十八卷　集 10001414

敬業堂詩集五十卷　集 10001415

敬業堂詩集五十四卷補遺一卷餘波
　詞一卷附錄一卷　集 10001417

敬業堂詩續集六卷　集 10001416

敬遺軒稿二卷　集 10005252

敬齋偶存草一卷　集 10001117

敬齋詩鈔一卷　集 10001015

敬齋詩集十二卷文集十二卷
　集 10002305

敬齋文集十二卷　集 10002306

敬齋文集十二卷補編一卷
　集 10002307

敬齋雜著不分卷　集 10004359

淨綠軒詞六卷　集 10009804

淨綠軒詩存二卷附補遺詩一卷
　集 10005213

淨齋百一稿一卷　集 10007666

鏡池樓吟稿二卷　集 10006271

鏡池樓吟稿六卷　集 10006272

鏡池樓吟稿四卷　集 10006270

鏡古堂詩二卷　集 10003557

鏡海樓詞稿一卷　集 10009775

鏡海樓詩稿四卷文稿一卷
　集 10006000

鏡海樓詩集四卷　集 10006001

鏡水集一卷　集 10002649

鏡水詩集一卷楮葉詩集一卷
　集 10002650

鏡水堂詩鈔不分卷　集 10006355

鏡水堂詩鈔五卷　集 10006356

鏡水堂文鈔一卷　集 10006357

鏡西閣詩選八卷　集 10003302

鏡西漫稿十四集不分卷
　集 10003400

鏡西漫稿四集不分卷　集 10003399

鏡中樓吟一卷　集 10005831

鏡中圓傳奇二卷　集 10010007

静安文集一卷詩稿一卷文集續編一
　卷　集 10007451

静庵集一卷　集 10000339

静庵剩稿一卷　集 10000340

静庵詩稿一卷人間詞甲稿一卷
　集 10007460

静庵文鈔一卷　集 10006501

静庵文集一卷詩稿一卷
　集 10007450

静便齋集十卷　集 10002145

静存齋詩集八卷　集 10004070

静觀堂詩集二十四卷　集 10001225

静觀堂詩集三十卷　集 10001227

静觀堂詩集十九卷　集 10001226

静觀齋詩稿一卷　集 10005673

静觀齋遺詩八卷　集 10003638

静寄齋詩稿一卷　集 10006039

集 10006242

九芝仙館行卷一卷　集 10008538

酒邊花外詞一卷　集 10009611

酒簾唱和詩六卷　集 10008396

酒簾唱和詩四卷　集 10008395

就菊居詩存二卷　集 10007765

就正草一卷　集 10005541

舊繡集一卷　集 10002625

舊言堂集四卷　集 10003014

舊雨草堂時文一卷　集 10006521

舊雨草堂文集不分卷　集 10006520

舊雨集七卷　集 10008352

舊雨集三卷補遺一卷　集 10008383

舊雨齋集四卷　集 10002222

舊雨齋詩稿不分卷　集 10002220

舊雨齋詩稿一卷　集 10002219

舊雨齋詩集八卷　集 10002221

Ju

居東集二卷　集 10007465

居官鑑二卷　集 10009949

居易初集二卷　集 10006555

居易初集三卷　集 10006556

居易樓遺稿不分卷　集 10006562

居易齋詩文集（居易齋初步草）四卷
　集 10003025

居越山人遺稿三卷　集 10007984

掬水館詩鈔一卷　集 10007487

橘香堂存稿二卷　集 10002901

橘蔭軒詩文集（補勤詩存二十四卷
　詩續編六卷文牘六卷文牘續編
　集 10005811

橘洲近稿一卷　集 10007653

瞿昆湖稿一卷　集 10000386

菊庵詩文選不分卷　集 10000599

菊邊吟一卷　集 10006283

菊潤集一卷　集 10000260

菊硐詩選一卷　集 10000261

菊農公遺詩一卷　集 10007162

菊人公遺集一卷　集 10007651

菊墅詩鈔一卷　集 10003689

菊蔭詩鈔二卷　集 10007935

菊隱廬詩録二卷　集 10006579

菊隱吟鈔一卷　集 10002270

菊照山房近稿五卷　集 10004711

繭山集一卷　集 10007697

具茨集鈔一卷　集 10000166

句東律賦四卷　集 10008675

句東三家詩鈔十二卷　集 10008676

句東試帖□□卷　集 10008677

句東試帖注釋四卷　集 10008678

句東試帖註釋八卷　集 10008679

句麓山房詩草八卷　集 10004626

句餘嗣響不分卷　集 10008680

句餘土音補注四卷　集 10002291

句餘土音三卷　集 10002288

句餘土音增注六卷　集 10002290

句餘土音增注三十二卷
　集 10002289

Juan

娟風軒遺稿二卷　集 10004983

蠲戲齋詩前集二卷編年集八卷避寇
　集一卷芳杜詞賸一卷
　集 10008004

卷庵剩稿　集 10007424

Kang

冗藝堂集六卷　集 10005973

冗藝堂集三卷　集 10005974

冗藝堂遺集摘鈔不分卷　集 10005976

Ke

柯家山館詞三卷　集 10009606

柯家山館遺詩六卷詞三卷

　　集 10004088

柯山集五十卷　集 10000163

　　集 10000164

柯石庵先生遺詩一卷　集 10001666

柯素培詩選一卷　集 10000722

柯亭子文集八卷駢體文集八卷詩初

　　集八卷詩二集十卷詩三集三卷

　　集 10005412

柯庭文藪不分卷　集 10001590

柯庭餘習十二卷　集 10001588

柯庭餘習四卷　集 10001589

柯園十詠不分卷　集 10008737

可長久室詩存六卷　集 10005103

可儀堂古文選不分卷　集 10008202

可儀堂詩偶存二卷　集 10002685

可儀堂一百二十名家制義不分卷

　　集 10009207

可興詩選一卷　集 10002227

可園詩集二卷　集 10007136

可園詩集二卷附集一卷　集 10007135

可齋集三十三卷　集 10005227

可齋詩鈔□□卷　集 10005228

可齋詩存選六卷　集 10005229

可齋詩稿不分卷　集 10005230

可竹堂集三卷　集 10007098

刻楮集四卷　集 10004443

刻翠集一卷　集 10007678

客窗雜詠二卷　集 10002546

客居所居堂稿不分卷　集 10006208

客燕草一卷　集 10001164

客遊草一卷　集 10001167

課鵝詞一卷　集 10009509

課餘小草一卷　集 10006021

Ken

肯堂遺稿一卷　集 10007245

Kong

空色同參不分卷　集 10005248

空石齋詩文合刻五卷　集 10003488

空石齋文集二卷詩剩二卷

　　集 10003487

空同集選不分卷　集 10000362

空同詩鈔十六卷附錄一卷

　　集 10000361

空桐子詩草十卷　集 10003546

空齋遺集十二卷古質疑一卷春秋質

　　疑一卷唐宋節錄一卷附一卷

　　集 10000556

孔堂初集二卷文集一卷私學二卷

　　集 10002138

孔堂文集五卷　集 10002139

Kou

口口堂文稿不分卷　集 10005051

口頭吟詩草二卷　集 10003735

叩拙詞一卷　集 10009562

戲音草三卷　集 10000505

藍染齋集一卷　集 10001048

蘭坨詩鈔一卷　集 10001920

蘭坨遺稿四卷　集 10001921

蘭當詞二卷　集 10009761

蘭當詞一卷　集 10009762

蘭陔詩集二卷　集 10002690

蘭陔詩集四卷　集 10002691

蘭皋詩鈔四卷　集 10001375

蘭皋詩鈔一卷　集 10001376

蘭皋詩話三卷　集 10009291

蘭谷遺稿一卷　集 10004873

蘭蕙林文鈔一卷詩鈔一卷
　　集 10002568

蘭畦小草且存一卷　集 10004268

蘭墅詩稿不分卷　集 10005929

蘭思詞鈔二卷　集 10009500

蘭思詞話一卷　集 10009894

蘭思詞一卷　集 10009501

蘭堂剩稿一卷　集 10002639

蘭溪櫂歌　集 10002725

蘭心閣詩稿一卷　集 10005038

蘭忏集續編一卷　集 10008415

蘭行草一卷　集 10003250

蘭軒詩草一卷　集 10007808

蘭雪集八卷　集 10003329

蘭熏館遺稿四卷　集 10007206

蘭言萃腋十卷拾遺二卷　集 10009328

蘭言集八卷首一卷　集 10008670

蘭言集二十四卷　集 10008304

蘭言集四卷　集 10008320

蘭漪草堂劫餘詩草一卷　集 10004708

蘭因集二卷　集 10001196

蘭玉堂詩集十二卷詩續集十一卷文

集二十卷　集 10002263

蘭韞樓遺稿一卷　集 10007268

蘭韞詩草四卷　集 10003749

蘭韻堂詩集十二卷　集 10002882

蘭韻堂詩集十二卷御覽集六卷文集
　　五卷經進文稿二卷
　　集 10002884

蘭韻堂詩集十二卷御覽集六卷文集
　　五卷經進文稿二卷詩續集一卷文
　　續集一卷西清筆記二卷
　　集 10002883

蘭韻堂詩續集一卷文續集一卷
　　集 10002885

蘭竹居詩草四卷　集 10007919

蘭竹居詩集(存三卷)　集 10007918

嬾雲山莊詩鈔六卷　集 10004745

懶髯集一卷　集 10001846

懶人詩集一卷　集 10001460

懶雪樓詩草四卷　集 10003526

懶雲草堂詩鈔二卷　集 10004545

懶雲草堂詩合存二卷　集 10009124

懶雲樓詩草不分卷　集 10003527

懶雲樓詩鈔不分卷　集 10006756

懶雲樓詩集一卷　集 10003525

懶雲山莊詩鈔一卷　集 10004744

攬青閣詩鈔二卷　集 10004388

爛溪草堂詩選六卷　集 10001237

Lang

嫏嬛集四卷　集 10003104

狼藉在文稿七卷　集 10001515

琅玕集三卷文一卷　集 10008306

琅琊二子近詩合選十一卷

離騷草木疏辨證四卷　集 10000006

離騷經解畧一卷　集 10000005

驪山傳一卷八折　集 10009952

黎博庵稿一卷　集 10000520

李長吉昌谷集句解定本四卷
　　集 10000072　集 10000073

李長吉歌詩四卷外集一卷首一卷
　　集 10000074

李莼客文稿不分卷　集 10006139

李莼客遺著不分卷　集 10006140

李莼客雜著一卷　集 10006135

李莼客致陶心雲尺牘不分卷
　　集 10006154

李莼客致吳介唐尺牘不分卷
　　集 10006153

李慈銘手稿不分卷　集 10006116

李慈銘未刻稿不分卷　集 10006138

李杲堂文鈔一卷　集 10000787

李翰林醉草清平調一卷
　　集 10009916

李介節先生全集十二卷首一卷末一
　　卷　集 10000492

李峒峒稿一卷　集 10000363

李笠翁尺牘一卷　集 10000590

李念南詩集不分卷　集 10006106

李潛夫先生遺文一卷　集 10000501

李氏閨媛詩鈔三卷　集 10009125

李氏家集四十三卷　集 10008993

李氏詩詞四種八卷　集 10008989

李太白集注三十六卷　集 10000035

李太白文集三十二卷　集 10000033

李太白文集三十卷　集 10000036

李太白文集三十六卷　集 10000034

李西涯稿一卷　集 10000349

李義山詩文全集箋注（玉谿生詩箋
　　注三卷樊南文集箋注八卷）首一
　　卷附玉溪生年譜一卷
　　集 10000079

李越縵詩補鈔一卷　集 10006157

李越縵駢文不分卷　集 10006151

李子瑾文録二卷　集 10006107

李宗蓮稿不分卷　集 10006647

禮本堂詩集十二卷　集 10007323

禮耕堂詩集三卷附外集一卷
　　集 10003197

里居漫草一卷　集 10005466

里居雜詩一卷　集 10001841

儷花小榭詩鈔不分卷　集 10005491

力耕堂詩稿三卷　集 10001434

勵志書屋詩文稿不分卷續稿四卷吳
　　越雜事詩一卷　集 10005350

厲先生文録不分卷　集 10002037

栗園詩草一卷　集 10007762

櫟寄詩存一卷　集 10005492

櫟木庵詩草一卷詩話一卷文草一卷
　　集 10007621

歷朝尺牘六卷　集 10009174

歷朝詞綜一百〇六卷　集 10009837

歷朝賦格三集十五卷　集 10008155

歷朝賦楷八卷首一卷　集 10008157

歷朝古文選十七卷　集 10008176

歷朝杭郡詩輯四十卷　集 10008490

歷朝詩體□□卷　集 10008194

歷朝詩選簡金集六卷　集 10008137

歷朝制帖詩選同聲集十二卷
　　集 10008136

蓮溪草堂詩集三卷　集 10001390

蓮溪全集三十四卷（懷小編二十卷
　蓮溪文稿一卷蓮溪文稿續刻一
　集 10004885

蓮溪先生文存二卷　集 10004886

蓮仙尺牘六卷　集 10004096

蓮漪文鈔八卷　集 10005497

蓮裔合稿不分卷　集 10005255

蓮因室詞集一卷　集 10009688

蓮因室詞一卷　集 10009687

蓮因室詞一卷補一卷
　集 10004920　集 10009689

蓮因室詩集不分卷　集 10004918

蓮因室詩集二卷　集 10004919

蓮因室遺集三卷　集 10004916

蓮子居詞話四卷　集 10009890

連枝圖詩二卷　集 10005511

連枝圖題詠初集一卷次集一卷
　集 10005512

連州鍾乳石歌一卷授經石歌一卷鷹
　山從祀詩一卷韓雲晶瑞歌一卷
　集 10006808

練溪集四卷　集 10000357

Liang

梁山舟詩二卷　集 10002623

梁山舟學士尺牘不分卷　集 10002627

梁溪遺稿詩鈔一卷文鈔一卷
　集 10000211

梁溪遺稿一卷文鈔一卷　集 10000212

梁溪游草不分卷　集 10006074

梁昭明文選越裁十一卷　集 10008096

涼州剩草一卷　集 10003253

良貴堂文鈔不分卷　集 10001364

兩般秋雨庵詩選不分卷
　集 10004814

兩般秋雨庵詩選十六卷
　集 10004813

兩般秋雨庵詩選一卷　集 10004812

兩膆集二卷　集 10002707

兩峯草堂詩稿二卷　集 10002953

兩峰山人詩錄不分卷　集 10006488

兩疊軒尺牘八卷　集 10005431

兩疊軒尺牘不分卷　集 10005428

兩疊軒尺牘十二卷　集 10005430

兩疊軒詩集一卷附詞一卷
　集 10005426

兩銘樓詩草不分卷　集 10007607

兩山詩鈔二卷附淮南學些歌一卷
　集 10002121

兩水亭餘稿不分卷　集 10000904

兩硤詩鈔後集□□卷外集十四卷
　集 10008548

兩園集古存草一卷　集 10007737

兩浙鮑氏文徵九卷　集 10009083

兩浙鮑氏文徵內編五卷
　集 10009084

兩浙錢氏詩錄四卷　集 10009105

兩浙試牘不分卷　集 10009244

兩浙試帖一卷　集 10009245

兩浙校士錄初編不分卷
　集 10009246

兩浙輶軒錄不分卷　集 10008470

兩浙輶軒錄四十卷補遺十卷
　集 10008472

兩浙輶軒續錄補遺六卷

臨海文鈔不分卷　集10008835

臨海文徵録不分卷　集10008836

臨海先賢詩稿不分卷　集10008837

臨海葉氏蔭玉閣叢書（存二種）
　集10009139

臨江鄉人集拾遺一卷附一卷
　集10002211

臨江鄉人詩集四卷　集10002210

臨幸翰林院禮成恭紀詩一卷
　集10003960

臨漪館詩稿三卷臨漪館词稿一卷
　集10008002

鄰封函件　集10009199

鄰彭山館詩鈔四卷　集10007538

麟洲詩草八卷（舞象小草、棄繻集、
　麻鞋草、冷齋清課、斷腸集、續斷
　腸草、驚濤集、春申江上録各一
　卷）集10005668

Ling

淩波影一卷　集10009942

淩茗柯稿一卷　集10000440

淩霞手稿不分卷　集10006198

淩渝安集一卷　集10000765

玲瓏簾詞一卷　集10009544

菱湖紀事詩三卷　集10004219

菱湖孫氏詩録四卷　集10008947

陵陽山人詩鈔八卷　集10002376

陵陽詩鈔一卷　集10000173

零芬集一卷　集10002360

零星稿一卷東將詩一卷欸氣集一卷
　集10000949

靈峰存稿不分卷　集10006943

靈峰存稿四卷詩一卷詞一卷
　集10006942

靈峰存稿一卷　集10006944

靈峰集十六卷　集10006941

靈峰先生集十一卷　集10006940

靈蘭館詩集二卷　集10000553

靈石樵歌二卷　集10009563

靈石樵歌三卷　集10009564

靈石山房稿二卷　集10003935

靈石山房稿三卷　集10003937

靈石山房稿一卷　集10003936

靈素堂集五卷　集10006345

靈素堂駢體文一卷詩鈔四卷
　集10006347

靈素堂詩不分卷　集10006346

靈壇仙館詩鈔四卷　集10004543

靈越庚春集不分卷　集10008803

靈越廣春集一卷　集10008804

靈越廣春集一卷附録一卷
　集10008805

靈芝仙館詩鈔十二卷　集10007086

靈洲山人詩鈔一卷　集10005243

靈洲山人詩録六卷　集10005242

嶺南集八卷　集10002092

嶺南吟草一卷　集10003888

嶺南遊草一卷　集10003763
　集10003802

嶺雲詩鈔一卷嶺雲詩餘一卷
　集10002257

Liu

劉伍寬詩一卷　集10002354

劉揚芝詩一卷　集10007630

六湖先生遺集十二卷　集 10001923

六湖先生遺集十卷　集 10001924

六吉齋詩鈔五卷　集 10005174

六吉齋詩稿不分卷　集 10005173

六家書札　集 10009198

六十自壽一卷　集 10003251

六行堂詩鈔四卷　集 10004193

六一山房詩集十卷　集 10006095

六一山房詩續集十卷　集 10006096

六憶詞一卷　集 10009754

六齋無韻文集二卷　集 10007189

Long

瀧江集詩選七卷　集 10001116

聾歌雜著不分卷　集 10000686

隆吉詩鈔一卷　集 10000286

龍池詩選三卷　集 10001919

龍川文集三十卷附錄二卷

　　集 10000244　集 10000245

龍川文集三十卷首一卷補遺二卷附

　錄二卷　集 10000246

龍泓館詩集三卷　集 10002074

龍泓館詩集一卷　集 10002075

龍華遺稿不分卷　集 10005435

龍湫集六卷首一卷　集 10000498

龍湫集五卷附刊一卷明史彈詞一卷

　集 10000497

龍湫山人遺稿不分卷　集 10000491

龍南草一卷　集 10002518

龍潭集一卷　集 10000793

龍莊先生詩稿不分卷　集 10002780

隴笑館雜稿不分卷　集 10007186

Lou

樓居小草一卷　集 10002669

樓幼静詩詞稿不分卷　集 10007024

漏甕稿不分卷　集 10004373

Lu

廬陵詩選一卷　集 10000104

廬山紀遊一卷　集 10001428

廬陽殘稿不分卷　集 10001071

盧溪集鈔一卷　集 10000178

盧忠肅彭節愍家書合鈔二卷

　　集 10009178

蘆浦竹枝詞二卷　集 10008617

蘆中秋瑟譜不分卷　集 10009609

侶鶴堂詩集四卷　集 10005382

吕恥翁詩稿八卷　集 10000948

吕東萊先生文集二十卷首一卷

　　集 10000233

吕東莊先生文集八卷附錄一卷

　　集 10000960

吕晚村評選四書文不分卷

　　集 10008439

吕晚村詩稿舊鈔箋注不分卷

　　集 10000941

吕晚村詩集八卷補遺一卷

　　集 10000953

吕晚村詩集不分卷　集 10000954

吕晚村詩七卷研銘一卷

　　集 10000944

吕晚村詩一卷　集 10000955

吕晚村先生古文二卷　集 10000958

吕晚村先生論文彙鈔不分卷

　　集 10009366

蒙廬詩存一卷蒙廬雜著一卷井花館
　論書一卷　集 10006366
蒙泉詩鈔一卷　集 10002521
蒙溪遺稿不分卷　集 10006783
蒙齋集二十卷　集 10000272
夢草詞二卷　集 10009808
夢草一卷　集 10000484
夢巢詩草二卷　集 10006391
夢池草一卷　集 10004050
夢窗雜詠一卷　集 10004035
夢春廬詞一卷　集 10009601
夢痕寄跡一卷　集 10004123
夢花亭尺牘一卷　集 10005961
夢花亭駢體文集四卷　集 10005960
夢華詩稿一卷　集 10001766
夢薇樓詩草二卷附詩餘一卷
　集 10006112
夢璜手劄不分卷　集 10009192
夢覺草堂詩稿一卷　集 10005122
　集 10006410
夢緑山莊集八卷　集 10003830
夢緑詩鈔一卷　集 10007689
夢鹿庵文稿不分卷　集 10005952
夢梅軒詩草四卷　集 10006066
夢墨軒詩鈔八卷　集 10003422
夢南雷齋文鈔二卷　集 10007331
夢鵬齋文稿　集 10005438
夢坡詩存十四卷　集 10007216
夢若山房詩稿十二卷　集 10006622
夢石草稿一卷　集 10007660
夢石未定稿一卷　集 10007659
夢檽紐室詩存二卷　集 10007939
夢西湖詞一百卷首一卷　集 10009714

夢香草四卷　集 10006231
夢香存稿二卷　集 10006232
夢香樓集一卷　集 10000481
夢香室詩二卷　集 10005710
夢選樓文鈔二卷詩鈔二卷
　集 10007039
夢選樓吟草不分卷　集 10007040
夢煙舫詩一卷　集 10004049
夢隱詞不分卷　集 10009610
夢影庵遺稿六卷　集 10007116
夢影庵遺稿四卷　集 10007115
夢影庵遺集四卷詩補一卷附一卷
　集 10007117
夢影詞三卷　集 10009547
夢影樓稿一卷　集 10005845
夢影樓詩一卷　集 10005847
夢遊仙館集一卷　集 10004541
夢餘集四卷　集 10000503
夢餘詩鈔八卷　集 10003300
夢餘詩鈔二卷　集 10003301
夢餘吟草一卷　集 10007671
夢玉詞一卷　集 10009670
夢園居士存稿一卷　集 10004984
孟晉齋詩集二十四卷　集 10002114
孟晉齋文鈔不分卷　集 10002113
孟晉齋文集五卷　集 10006402
孟晉齋文集五卷附孟晉齋年譜一卷
　集 10006401
孟亭居士詩稿四卷經進稿一卷
　集 10002540
孟亭居士文稿（馮孟亭文集）五卷
　集 10002541

名媛詩話十二卷續集三卷
　集 10009351

名媛詩緯初編四十二卷　集 10008284

明翠湖亭四韻事四卷　集 10009909

明代詩甄彙編一百卷　集 10008277

明人尺牘四卷國朝尺牘六卷
　集 10009179

明人詩鈔十四卷續集十四卷
　集 10008283

明人手簡序錄三卷　集 10009177

明三十家詩選初集八卷二集八卷
　集 10008287

明三十家詩選初集八卷二集八卷附
　自題三十家詩選後一卷
　集 10008288

明詩鈔不分卷　集 10008274

明詩彙選十三卷　集 10008275

明詩兼不分卷近詩兼逸集不分卷今
　集不分卷　集 10008124

明詩選七卷　集 10008278

明詩綜一百卷　集 10008276

明史雜詠四卷　集 10002061

明文案二百十卷　集 10008293

明文案□□卷　集 10008292
　集 10008294

明文必自集讀本不分卷　集 10008085

明文海目錄四卷　集 10008291

明文海四百八十二卷目錄三卷
　集 10008290

明文授讀六十二卷　集 10008295

明文遠二十一卷　集 10008300

明賢遺翰二卷　集 10009175

明遺民詩選一卷　集 10008282

明月胡笳歸漢將一卷四折
　集 10009927

明越郡名賢尺牘一卷　集 10009176

明州八家選詩八卷　集 10008663

茗草香詩論一卷　集 10009333

茗齋百花詩二卷　集 10000650

茗齋集二十三卷　集 10000654

茗齋詩稿不分卷　集 10000652

茗齋詩七卷　集 10000651

茗齋詩七言律一卷　集 10000653

茗齋詩十八卷補一卷　集 10000649

茗齋詩餘二卷　集 10009444

茗齋雜著　集 10000655
　集 10000656

銘丹閣遺稿不分卷　集 10007847

鳴鳳堂詩稿十一卷　集 10003987

鳴和集不分卷附抵掌八十一吟
　集 10008962

鳴和詩存十卷　集 10008351

鳴琴餘韻一卷　集 10007722

Miu

謬莫子集四卷　集 10005448

Mo

磨甋齋文存一卷　集 10005277

磨盾集不分卷　集 10007987

礪礴室詩文集不分卷　集 10008025

抹云樓賦鈔不分卷　集 10002359

墨庵駢文甲集一卷補一卷
　集 10007956

墨盦擬刪稿一卷　集 10007070

墨盦詩存（存七卷）　集 10007056

集 10002293

南疑集九卷　集 10001465

南音三籟四卷附曲律一卷
　　集 10010039

南遊草一卷　集 10001849

南遊草一卷附鶴野詞一卷
　　集 10003621

南遊唫草一卷　集 10007862

南園初集詩鈔一卷　集 10002607

南園詩選二卷　集 10002675

南園詩一卷　集 10003349

南園雜詠一卷　集 10003242

南雪草堂詩集四卷　集 10002753

南徵集十卷　集 10000463

南中草□卷　集 10007841

Nang

囊翠樓詩稿二卷　集 10004679

Ne

訥齋詩稿八卷　集 10001514

訥齋未定稿不分卷　集 10002809

Nei

內自訟齋古文稿十卷　集 10004255

內自訟齋古文稿十一卷　集 10004256

內自訟齋詩鈔八卷　集 10004252

內自訟齋詩鈔（閩南集）□卷
　　集 10004253

內自訟齋詩鈔（襄陽集）口卷
　　集 10004254

內自訟齋文鈔四卷　集 10004258

內自訟齋文鈔四卷詩鈔四卷

集 10004250

內自訟齋文集十卷　集 10004257

內自訟齋文選　集 10004251

Nen

嫩想庵殘稿一卷　集 10007143

嫩想庵殘稿一卷紅燭詞一卷
　　集 10007142

Neng

能閒草堂稿一卷　集 10004660

能閒草堂訓語一卷　集 10004661

Ni

倪鴻寶先生三刻十三卷（倪鴻寶先
　　生代言選五卷倪鴻寶先生講編二
　　卷倪鴻寶先生奏牘六卷）附一卷
　　集 10000441

倪石陵書一卷　集 10000187

倪文僖公集三十二卷補遺一卷
　　集 10000336

倪文貞公詩集二卷附錄一卷
　　集 10000443

倪文貞公文集二十卷□一卷詩集二
　　卷奏疏十二卷講編四卷
　　集 10000442

倪小野先生全集八卷倪小野先生別
　　集一卷　集 10000358

倪雲林詩一卷　集 10000309

霓仙遺稿一卷　集 10006977

擬連廂詞一卷　集 10009484

擬應制科時務策學不分卷
　　集 10006959

清河六先生詩選十卷　集 10009066

清河五先生詩選八卷　集 10009067

清華館詩稿（清華館詩鈔）一卷
　　集 10006239

清華集不分卷　集 10006240

清暉齋詩鈔不分卷　集 10004129

清雋集鈔一卷　集 10000269

清籟館存稿一卷　集 10003624

清琅室詩鈔二卷續鈔一卷
　　集 10003211

清憩軒詩存四卷　集 10007589

清渠遺文一卷　集 10007681

清邃堂遺詩六卷　集 10005941

清談詞一卷　集 10009803

清聞齋詩存三卷　集 10002782

清溪惆悵集一卷　集 10005989

清獻詩鈔一卷　集 10000109

清獻堂集二卷　集 10002696

清獻堂集十卷　集 10002697

清獻堂詩集二卷　集 10002698

清獻堂文集六卷　集 10002699

清嘯樓詩鈔一卷　集 10006005

清嘯堂集七卷　集 10001579

清燕堂詩存一卷　集 10006908

清夜焚香室初稿一卷　集 10007064

清夜焚香室稿一卷　集 10007069

清夜焚香室詩（存二卷）
　　集 10007068

清夜焚香室時文一卷　集 10007065

清儀閣詩稿不分卷　集 10003855

清儀閣題跋一卷　集 10003858

清儀閣文稿不分卷　集 10003857

清儀閣雜詠不分卷　集 10003861

清貽堂存稿四卷　集 10000562

清貽堂剩稿一卷　集 10002186

清貽堂賸稿一卷　集 10001153

清逸山房畫賸六卷　集 10004164

清音集（清音集詩）不分卷
　　集 10001053

清吟樓遺稿初編一卷續編一卷
　　集 10007861

清吟堂集九卷　集 10001319

清吟堂集九卷神功聖德詩一卷隨輦
　　集十卷苑西集十二卷扈從東巡日
　　錄二卷皇帝平漠北頌一卷
　　集 10001310

清吟堂全集六十四卷　集 10001309

清吟堂全集七十六卷　集 10001311

清吟堂全集七十七卷　集 10001308

清苑齋詩鈔一卷　集 10000258

清照堂打包剩語二卷夢覺集一卷除
　　豪集一卷　集 10001661

清真閣詩草不分卷文草不分卷
　　集 10001988

清足居集一卷附蕉窗詞一卷
　　集 10006621

清尊集十六卷　集 10008411

青拜廬詩一卷　集 10007620

青岑遺稿一卷　集 10002187

青城山人集十八卷　集 10003292

青峰集不分卷　集 10001689

青峰詩鈔不分卷　集 10001688

青芙館詞鈔一卷　集 10009642

青芙館全集十卷　集 10005507

青芙蓉閣詩鈔六卷　集 10003309

青柯館詞二卷　集 10009555

日退三舍吟一卷　集 10008018
日下賡歌集十卷豔雪軒文稿一卷詩
　存四卷　集 10004176
日香居課餘吟草鈔一卷　集 10003343
日新書屋稿不分卷　集 10002223
日吟小草四卷　集 10005568

Rong

容安詩草十卷　集 10001045
容安軒詩鈔不分卷　集 10000687
容膝軒詩草八卷　集 10006439
　集 10006912
容膝軒詩鈔四卷　集 10006913
容膝軒文集八卷詩草四卷
　集 10006440
容園詩鈔□卷　集 10002992
容齋千首詩八卷　集 10001143
戎馬風濤集六卷　集 10004783
榕城詩話三卷　集 10009294
榕城詩話一卷　集 10009295
榕城同聲集三卷榕城同聲集二編四
　卷　集 10008372
榕堂詩鈔一卷　集 10000881
榕蔭草堂遺詩一卷　集 10003784
榕園詞韻一卷　集 10009443
榕園詞韻一卷發凡一卷　集 10009871
榕園全集二十二卷　集 10004785
榕園吟稿八卷　集 10004786
榕齋詩鈔二卷　集 10002659
榮古堂集十七卷　集 10001697
蓉庵詩鈔不分卷　集 10000813
蓉庵詩鈔一卷海棠巢吟稿一卷
　集 10000812

蓉湖集三卷　集 10001828
蓉江吟草一卷附蓉江遺文（與看劍
　樓賸稿合刻）　集 10007891
蓉史公遺詩一卷　集 10007106
蓉塘文稿不分卷　集 10005441
蓉塘先生遺稿不分卷　集 10005442
蓉洲詩鈔一卷　集 10002259
蓉舟詩草不分卷　集 10003964
鎔經室集四卷　集 10006615

Rou

柔川詩藁一卷　集 10007084
柔橋集一卷　集 10006072
柔橋三集十六卷　集 10006070
柔橋文鈔十六卷　集 10006071

Ru

儒酸福傳奇二卷十四齣
　集 10010015
如不及齋詩鈔八卷　集 10006361
如不及齋詩鈔一卷詠史詩一卷
　集 10005713
如是齋吟草一卷　集 10004952
如是住齋詩稿不分卷　集 10006323
如是住齋遺集一卷　集 10006322
如心室未定草不分卷　集 10005880
茹古閣集二卷　集 10002406
茹古堂文集三卷　集 10005081
茹古香大司馬詩集一卷
　集 10003436
茹古齋集四卷　集 10004395
茹古齋詩鈔一卷　集 10004398
茹古齋文鈔二卷　集 10004397

Sa

灑亭詩選一卷　集 10002246

San

三百詞譜六卷　集 10009858

三丁李氏文編三十三卷附四卷
　集 10009013

三丁詩文拾遺　集 10009011

三國宮詞一卷　集 10009785

三國兩晉南北朝文選十二卷附輯一
　卷　集 10008165

三國志樂府一卷補遺一卷
　集 10007955

三紅吟館詩鈔四卷（墾雲集、彳亍
　集、三中集、鶴樓集各一卷）
　集 10005010

三紅吟館文鈔二冊　集 10005011

三湖詩艸十卷　集 10007023

三湖詩稿一卷　集 10007022

三花樹齋詩鈔不分卷　集 10003607

三家長律詩鈔三卷　集 10008357

三家詞三卷　集 10009401

三賈詩選　集 10009012

三江書畫船集二卷　集 10001667

三江濤聲一卷　集 10007215

三蕉詞一卷　集 10009797

三樂軒吟草一卷　集 10007792

三畝草堂詩鈔五卷　集 10003450

三農外集詩草四卷　集 10001583

三千藏印齋詩鈔四卷　集 10004959

三上聞吟一卷　集 10002656

三社記二卷三十三齣　集 10009961

三十六芙蓉館詩存一卷

集 10005846

三蘇文選體要四卷　集 10009164

三台採秀集一卷　集 10008791

三台唱和集不分卷　集 10008792

三台酬唱集一卷　集 10008793

三台詞錄二卷　集 10009855

三台賦鈔不分卷　集 10008794

三台名媛詞輯不分卷　集 10008790

三台名媛詩輯四卷詩三續一卷詞輯
　一卷　集 10008788

三台名媛詩輯五卷詞一卷
　集 10008786

三台名媛詩輯五卷續一卷三台名媛
　詩詞一卷　集 10008787

三台名媛詩輯一卷　集 10008789

三台詩話二卷　集 10009318

三台詩料不分卷　集 10008795

三台詩錄三十二卷詞錄二卷
　集 10008781

三台詩錄三十二卷詞錄二卷續錄四
　卷　集 10008782

三台詩錄三十四卷台詩續錄四卷
　集 10008783

三台詩錄一卷　集 10008784

三台詩錄三十二卷　集 10008780

三台詩遺不分卷　集 10008785

三台文鈔一卷　集 10008796

三台文徵一卷詩徵內編一卷詩徵外
　編一卷　集 10008797

三台徵獻錄二卷　集 10008798

三台制義拾存不分卷　集 10009252

三塘漁唱三卷　集 10006279

三香吟館詩鈔十卷　集 10003420

邵位西貽邵稚雲（懿礽）書札一卷
　　集 10005410
邵位西遺詩一卷　　集 10005405
邵位西遺文一卷　　集 10005408

She

射雕詞二卷　　集 10009701
射雕詞二卷續鈔一卷　　集 10009702
射雕山館詞一卷　　集 10009703
射山詩鈔三卷　　集 10000748
射山詩鈔一卷　　集 10000747
射山詩選一卷　　集 10000746
攝閒詞一卷　　集 10009508
涉園題詠一卷　　集 10008597
　　集 10008598
涉園修禊集一卷　　集 10008599
涉園修禊集一卷　　集 10008387

Shen

深柳居詩草不分卷　　集 10003505
深柳堂文集一卷　　集 10004902
深廬癡言一卷　　集 10004780
深寧先生文鈔八卷　　集 10000275
深寧齋詩集三卷　　集 10001130
深省堂詩不分卷　　集 10001166
深省堂詩鈔一卷　　集 10001161
深省堂詩稿不分卷　　集 10001165
深雪堂集六卷　　集 10001138
深詣齋詩鈔三卷　　集 10007739
深詣齋文鈔五卷　　集 10005234
深竹映書堂續集三卷　　集 10002503
申報詩文鈔一卷　　集 10008091
申端愍公詩集八卷文集一卷外集一

卷　集 10000454
申鄭軒遺文一卷　　集 10002947
神宴一卷　　集 10009920
審是齋詩鈔一卷　　集 10002880
沈甸華先生文二卷　　集 10001572
沈端恪公文集一卷潁水集一卷闇齋
　　詩集一卷　　集 10001733
沈端恪公遺書二卷　　集 10001736
沈端恪公遺書四卷年譜二卷
　　集 10001737
沈皆山詩稿一卷　　集 10007809
沈麗南詩稿一卷　　集 10001738
沈樓詩鈔一卷　　集 10004270
沈南疑先生檇李詩繫四十二卷
　　集 10008549
沈蘋濟先生詩文稿二十九卷
　　集 10003506
沈青門詩集一卷詩餘一卷青門山人
　　文一卷　　集 10000373
沈蘧翁壽杯歌一卷　　集 10008388
沈文忠公集十卷首自訂年譜一卷
　　集 10005115
沈憲吉稿一卷　　集 10000546
沈毓蓀文集不分卷　　集 10003510
沈韻樓詩存一卷　　集 10006584
慎獨齋吟賸四卷　　集 10002930
慎江草堂詩四卷　　集 10007994
慎江文徵六十一卷　　集 10008895
慎鸎交三十六齣　　集 10009980
慎思居存稿二卷　　集 10005437
慎一齋詩集四卷　　集 10003021
慎餘書屋詩鈔九卷　　集 10003448
慎餘齋詩鈔四卷　　集 10002787

壽菊仙館吟稿二卷　集 10004054

壽明經廣翁先生暨顧太君八秩雙慶
　集不分卷　集 10008377

壽寧堂遺稿四卷　集 10003845

壽孫館稿十卷（瘦華盦詩稿、瘦華盦
　留删詩草、二簦廬漫唱、玉雪軒主
　草稿、藕欄閒話各一卷、銅瓶瓦研
　之齋詞稿三卷、桃花渡榜謳二卷）
　集 10005819

壽萱堂詩鈔六卷附補遺一卷
　集 10005328

壽雪山房詩稿十卷附越中忠節詩一
　卷　集 10003671

瘦紅館詞二卷　集 10009629

瘦華盦詩稿四卷　集 10005820

瘦梅香室詩鈔二卷　集 10007781

瘦藤書屋詩鈔一卷　集 10004956

瘦吟存草不分卷　集 10003397

瘦吟閣詩草一卷　集 10006926

瘦吟廬詩鈔四卷　集 10003398

Shu

書帶草堂詩選十二卷文選二卷
　集 10000600

書帶草堂文集一卷　集 10000601

書畫船庵詩鈔不分卷　集 10005732

書畫舫詩稿一卷　集 10004627

書畫舫試體詩二卷　集 10004628

書巖剩稿一卷　集 10003252

書札雜著不分卷　集 10006418

殳山老人詩稿一卷附醳甫賦稿一卷
　集 10007498

殳史山館吟草一卷　集 10007495

淑園詩存不分卷　集 10006569

疎影樓詞五卷　集 10009634

疎影樓詞五卷附錄一卷　集 10009635

疎影樓詞續鈔一卷　集 10009636

疏村集五卷　集 10002318

疏影樓題畫詩不分卷　集 10002591

疏影山莊吟稿一卷　集 10005360

舒鐵雲王仲瞿往來手劄及詩曲稿合
　册一卷　集 10009194

舒文靖公類稿四卷附錄三卷
　集 10000242

舒文靖集二卷事實册一卷
　集 10000243

菽歡堂詩集十六卷詩餘四卷
　集 10004244

菽歡堂詩餘四卷　集 10009584

菽畹集七卷（懷輤堂雜詩三卷旅遊
　紀事三卷賦一卷）　集 10001567

菽原堂初集十卷　集 10003939

菽原堂初集一卷　集 10003940

菽原堂詩一卷江行小集一卷
　集 10003938

蔬香詞一卷　集 10009492

蔬園詩集十四卷　集 10002996

蔬園詩集四卷　集 10002997

鄃城剩稿一卷　集 10002017

塾課賸編不分卷　集 10009208

署全浙提憲藍公德政留愛編十六卷
　集 10008485

蜀道小草一卷　集 10000578

蜀道吟一卷　集 10002600

蜀輔詩紀二卷　集 10007280

蜀輶詩紀二卷　集 10007279

雙研齋文游録二卷　集 10008461

雙雲堂集十二卷（雙雲堂文稿、詩稿
　　各六卷）行述一卷　集 10001019

雙雲堂家集二卷　集 10006623

雙幀屏軒詩草一卷　集 10005444

雙幀屏軒詩文一卷　集 10005443

雙痣記　集 10010000

雙竹山房合刻詩鈔二種五卷
　　集 10009120

霜皋集一卷　集 10000622

霜柯餘響集一卷　集 10001964

爽籟山房集二卷　集 10002776

Shui

誰與庵文鈔二卷附孫氏先德傳一卷
　　集 10005219

誰與庵文鈔二卷詩偶存一卷族譜擬
　　稿一卷　集 10005218

誰園詩鈔二集一卷三集一卷四集一
　　卷古文三卷駢儷文二卷拾遺二卷
　　集 10002272

誰園詩鈔六卷　集 10006748

誰園詩鈔一卷　集 10002271

水澄劉氏遺詩一卷　集 10009006

水鶴集一卷　集 10007497

水紅花館詩鈔二卷　集 10005490

水明山樓集四卷　集 10002338

水琴詞三卷　集 10009738

水山詩鈔一卷　集 10003116

水石居詩稿二卷　集 10004867

水亭詩存二卷　集 10003337

水仙亭詞集二卷　集 10009743

水心詩鈔一卷　集 10000249

水心文鈔十卷　集 10000250

水月樓集二卷　集 10006846

水雲詞一卷　集 10009414

水雲集二卷水雲人長短句一卷
　　集 10001353

水雲集四卷　集 10001354

水雲詩鈔一卷　集 10000284

睡餘偶吟四卷　集 10007788

Shun

順安詩草八卷　集 10003860

順所然齋詩四卷補遺一卷
　　集 10002264

Shuo

説餅齋吟草一卷續草一卷
　　集 10004183

説詩樂趣類編二十卷　集 10009287

説詩堂集二十卷　集 10001335

説詩堂集五卷　集 10001334

説巖古文殘稿一卷　集 10002530

説巖詩鈔一卷詞鈔一卷
　　集 10002531

碩藚集不分卷附吾園遺草一卷
　　集 10000508

碩藚集四卷　集 10000507

Si

司空圖詩品一卷詩課鈔一卷
　　集 10007622

司寇公詩稿不分卷　集 10002673

思補過齋試帖一卷續刻一卷課孫草
　　一卷　集 10007832

四明李氏文詩詞鈔不分卷
　集 10008987
四明耆舊詩集不分卷　集 10008656
四明清詩畧三十二卷卷首三卷續稿
　八卷姓氏韻編一卷
　集 10008669
四明清詩畧姓氏韻編一卷
　集 10008668
四明人詩録一卷　集 10008657
四明詩鈔一卷　集 10008655
四明詩萃三十卷　集 10008654
四明水氏留碩稿二卷　集 10009128
四明四友詩六卷　集 10008664
四明宋僧詩一卷元僧詩一卷
　集 10008658
四明萬氏家寶十二卷　集 10009129
四明王女史函稿不分卷
　集 10007827
四明文獻集五卷補遺一卷
　集 10000274
四明文徵十六卷　集 10008659
四明愚叟拾殘録二卷首一卷
　集 10008660
四溟詩話四卷　集 10009276
四時春一卷　集 10009936
四水子遺著一卷　集 10004265
四素餘珍（四素老人集稿）不分卷
　集 10004262
四無妄齋吟稿二卷　集 10006779
四休堂逸稿二卷四休堂後稿二卷野
　語一卷　集 10002361
四箴堂稿一卷　集 10007793
筍邑詩剩二卷　集 10002900

耜洲詩鈔九卷　集 10003220

Song

嵩少山人詩草不分卷　集 10005473
嵩少山人詩草殘本五卷　集 10005472
嵩少山人詩草□卷　集 10005470
嵩少山人詩草六卷　集 10005474
嵩少山人詩草三卷　集 10005475
嵩少山人詩草五卷　集 10005471
松靄詩蘥九卷集外詩一卷
　集 10002738
松靄遺書鈔補不分卷　集 10002736
松塵齋詩稿一卷　集 10002729
松風老屋詩稿十二卷　集 10003618
松風老屋詩稿十六卷附詩餘一卷
　集 10003619
松風老屋詩稿十一卷詩餘一卷續稿
　四卷詩餘續稿一卷
　集 10003620
松風堂集不分卷　集 10002533
松梟室吟草二卷　集 10003359
松皋文集十卷　集 10001104
松皋文集十二卷　集 10001105
松皋文集十四卷　集 10001106
松桂林草二卷　集 10006923
松桂林圖草二卷　集 10006924
松桂堂集（茗齋百花詩）二卷
　集 10001057
松桂堂全集三十七卷南椿集三卷延
　露詞三卷　集 10001055
松壺畫贅二卷　集 10003682
松壺畫贅集二卷　集 10003681
松壺先生集四卷　集 10003683

松籟閣詩鈔十八卷　集 10004264

松鄰遺集十卷(松鄰文集四卷詩集
　四卷詞二卷)　集 10006987

松鄰書札一卷詩詞一卷
　集 10006989

松鄰文四卷松鄰詩五卷松鄰詞二卷
　集 10006990

松麟集一卷　集 10001656

松嶺偶集一卷瑞竹堂詞一卷
　集 10002236

松夢寮稿不分卷　集 10006281

松夢寮删餘詩稿一卷　集 10006282

松夢寮詩稿六卷　集 10006280

松夢寮文集三卷　集 10006285

松圃詩草不分卷　集 10002861

松圃詩草九卷　集 10002862

松卿詩草一卷　集 10001009

松泉詩集二十六卷文集二十二卷
　集 10002011　集 10002012

松泉詩集二十六卷文集二十卷
　集 10002008

松泉詩集二十六卷文集二十四卷
　集 10002009

松泉詩集四十八卷　集 10002010

松泉詩一卷　集 10002006

松泉文集二十二卷　集 10002014

松泉文集二十卷　集 10002013

松泉文集二十四卷　集 10002015

松泉文録一卷　集 10002016

松生詩稿一卷　集 10001518

松聲池館詩存四卷　集 10003154

松石廬詩存一卷雜文一卷
　集 10007043

松石廬雜著不分卷詩存不分卷
　集 10007042

松石齋詩集十二卷　集 10005379

松石齋詩續集八卷　集 10005380

松濤書屋詩稿六卷附詩壇囈語一卷
　集 10003145

松濤齋詩稿不分卷　集 10007477

松翁近稿一卷補遺一卷
　集 10007288

松翁剩稿二卷　集 10007290

松翁未焚稿一卷　集 10007289

松梧閣詩集一卷二集一卷三集一卷
　四集一卷　集 10001623

松溪集一卷　集 10000482

松溪漫興一卷　集 10001174

松崖詩鈔(松崖漫稿)不分卷
　集 10002858

松月山莊詩鈔七卷　集 10004232

松韻樓詩稿三卷醉月詞一卷
　集 10007365

松齋憶存草(松齋詩鈔)不分卷
　集 10005141

淞雲詩草　集 10007770

菘膡齋遺稿二卷　集 10003476

菘町遺稿不分卷　集 10003022

宋百家詩存　集 10008066

宋金元明賦選八卷　集 10008154

宋人小集　集 10008049

宋詩鈔補　集 10008063

宋詩鈔初集　集 10008061

宋詩鈔二百六卷　集 10008062

宋詩啜醨集四卷　集 10008264

宋詩紀事補遺一百卷小傳補正四卷

孫古杉詩稿不分卷　集 10003203

孫季子詩八卷　集 10007800

孫敬軒太史遺文不分卷　集 10002951

孫敬軒先生遺稿一卷　集 10002950

孫康侯遺集不分卷　集 10007336

孫淇澳稿一卷　集 10000417

孫琴西文稿一卷　集 10005523

孫石臺先生遺集二卷附錄二卷
　集 10000368

孫氏家集四十六卷歷代著書目一卷
　歷代著書年表一卷
　集 10009045

孫氏先德傳一卷　集 10005220

孫司空詩鈔(尊道堂詩集)四卷
　集 10001286

孫太僕杭州所作詩草一卷
　集 10005519

孫太史稿二卷　集 10002949

孫文志疑十卷　集 10000087

孫宇臺集四十卷　集 10000856

孫月峰稿一卷　集 10000400

孫仲容手劄不分卷　集 10006767

蓀湖山房詩草不分卷　集 10006019

蓀谿集十三卷　集 10001808

損齋文集二卷　集 10004354

筍花詩草二卷　集 10003707

筍莊詩鈔四卷　集 10001100

潠廬初稿四卷　集 10006676

潠書八卷　集 10000730

潠書十四卷　集 10000731

Suo

縮齋文集不分卷　集 10000693

縮齋文集一卷　集 10000694

蓑笠軒僅存稿六卷　集 10001664

蓑笠軒僅存稿十卷(零雨集、附詞、
　叩拙集、餘清詩稿、朝天初初集、
　碧鑑集、載月吟、載月吟附詞、北
　颿集、北颿集附詞、洗硯齋集各一
　卷)　集 10001663

崧泉詩漸五卷文恒十卷
　集 10000773

Ta

他山詩鈔(慎旃初集)不分卷
　集 10001423

他石山房詩稿二卷雜著一卷
　集 10007720

Tai

台宕遊草一卷燕遊草一卷燕游續草
　一卷　集 10007012

台蕩遊草一卷　集 10004818

台典不分卷　集 10008777

台嶠文徵不分卷　集 10008831

台郡詩輯一卷　集 10008806

台郡文獻補不分卷　集 10008802

台山初稿不分卷瑞竹堂詩稿四卷
　集 10002237

台山梵響十卷　集 10008807

台山懷舊集十二卷　集 10008808

台詩待訪錄補正二卷　集 10008809

台詩待訪錄再補一卷　集 10008810

台詩彙編一卷　集 10008811

台詩近錄一卷　集 10008824

台詩錄遺不分卷　集 10008812

痰氣集一卷　集 10007002

談劍廬詩稿二卷　集 10005009

談瀛閣詩稿八卷（秋蟲吟、海外吟、
春柳吟、海上吟各二卷）附詩餘一
卷　集 10004965

談瀛錄三卷（海外吟二卷海上吟一
卷）　集 10004966

譚仲修先生復堂詞話（一名復堂詞
話）一卷　集 10009893

坦庵大轉輪雜劇一卷　集 10009905

坦庵浮西施雜劇一卷　集 10009908

坦庵樂府丞香集一卷　集 10010016

坦庵買花錢雜劇一卷　集 10009903

坦庵拈花笑雜劇一卷　集 10009907

坦庵詩餘甕吟四卷　集 10009421

探西詞一卷　集 10009517

Tang

湯伯石遺稿不分卷　集 10006867

湯紀尚文鈔一卷　集 10006870

湯若士稿一卷　集 10000406

唐百三十家詩選三十卷　集 10008250

唐伯虎稿一卷　集 10000355

唐韓文公文五卷　集 10000060

唐荊川先生傳稿不分卷　集 10000384

唐荊川先生稿一卷　集 10000383

唐名家文鈔不分卷　集 10008258

唐駢體文鈔十七卷　集 10008263

唐七律選四卷　集 10008238

唐人詩選不分卷　集 10008252

唐人試帖四卷　集 10008234
　集 10008235

唐三體詩六卷　集 10008221

集 10008222

唐詩別裁集引典備註二十卷
　集 10008245

唐詩初選二卷　集 10008241

唐詩金粉十卷　集 10008244

唐詩三百首注疏六卷　集 10008239

唐詩三百首注疏六卷續選一卷姓氏
小傳一卷　集 10008240

唐詩韶音箋注六卷　集 10008248

唐詩韶音箋注五卷　集 10008247

唐詩韶音五卷　集 10008246

唐詩擷華初篇二卷續編一卷
　集 10008255

唐詩選不分卷　集 10008233

唐詩選勝直解不分卷　集 10008229

唐詩選勝直解四卷　集 10008230

唐詩掞藻八卷　集 10008231

唐詩意一卷　集 10008059

唐詩應試備體十卷補遺一卷
　集 10008242

唐詩正三十卷　集 10008249

唐十六家詞不分卷　集 10009841

唐試律箋二卷附謌律舉例一卷
　集 10008251

唐四家詩集　集 10008058

唐宋八家鈔八卷　集 10008195

唐文呂選　集 10008084

唐文拾遺七十二卷目錄八卷續拾十
六卷　集 10008262

唐五代十國詞選一卷北宋引令選一
卷南宋引令選一卷金元引令選一
卷　集 10009840

唐虞佐稿一卷　集 10000365

聽筤閣存草三卷　集 10005956

聽黃鸝館外篇二卷　集 10006659

聽經閣同聲集六卷　集 10008374

聽綠山房叢鈔　集 10008967

聽瓶笙館駢體初稿不分卷
　集 10005990

聽秋館初選詩一卷　集 10004682

聽秋館吟稿六卷　集 10005837

聽秋聲館詞一卷　集 10009690

聽秋聲館詩鈔(北征詩鈔)十四卷
　集 10004880

聽秋聲館遺詩一卷　集 10006563

聽秋室剩草一卷　集 10006610

聽秋室詩鈔四卷附笛家詞二卷
　集 10003477

聽秋吟稿一卷　集 10003658

聽秋吟館詩賸不分卷　集 10006325

聽泉詩鈔二卷　集 10003953

聽松閣集不分卷　集 10003831

聽松樓遺稿四卷　集 10004529

聽松樓遺稿四卷附錄一卷
　集 10004530

聽松軒詩鈔一卷　集 10007632

聽松吟不分卷　集 10001217

聽濤圖徵題一卷　集 10008385

聽桐廬殘草一卷王孝子遺墨一卷
　集 10006915

聽桐廬遺詩不分卷　集 10006914

聽香讀畫軒文鈔一卷詩鈔一卷詞鈔
　一卷聯語彙錄一卷
　集 10007961

聽香館詩鈔五卷　集 10004540

聽香齋集十卷　集 10004978

聽雪樓稿二卷　集 10003952

聽雪樓稿一卷　集 10003951

聽雪南詩鈔四卷　集 10002637

聽雪軒集一卷　集 10000480

聽雪軒詩存三卷　集 10005389

聽葉山房詩鈔九卷　集 10006187

聽鶯村舍存稿一卷　集 10007734

聽雨樓詞二卷　集 10009594

聽雨軒文存　集 10008968

聽月樓詩鈔(聽月樓遺稿)二卷
　集 10005971

聽月樓遺草二卷　集 10003089

聽鐘山房集(安雅堂集)二十卷
　集 10002542

聽鐘山房集食味雜詠二卷
　集 10002545

聽鐘山房集一卷　集 10002543

聽鐘山房文集一卷附詩草
　集 10005224

亭林詩集校文一卷　集 10000610

亭林先生集外詩四卷　集 10000609

亭秋館附錄八卷　集 10007079

亭秋館詩鈔六卷　集 10007078

亭秋館詩鈔十卷詞鈔四卷附錄一卷
　外集一卷　集 10007077

亭秋館詩鈔十卷附詞鈔四卷外集一
　卷　集 10007076

停雲詩藁二卷　集 10005326

停雲軒古詩鈔二卷　集 10002814

渟溪老屋題畫詩不分卷
　集 10004997

渟溪老屋自娛集二卷補遺七卷芷湘
　吟稿不分卷　集 10004996

桐鄉勞先生遺稿八卷　集10006619
桐鄉勞先生遺稿八卷首一卷　集10006618
桐鄉詩鈔二卷　集10008608
桐鄉十二家詩稿一卷　集10008609
桐鄉鄭氏閨秀詩　集10008991
桐香館詩存二卷　集10005597
桐香館詩稿不分卷　集10006983
桐響閣詩集六卷　集10001829　集10004371
桐巖山房詩删二卷　集10001275
桐蔭堂詩鈔八卷補輯一卷詩餘一卷　集10000802
桐蔭堂詩鈔四卷補遺一卷　集10000801
桐蔭小牘一卷　集10008389
桐陰草堂詞　集10009618
桐音詞一卷　集10009799
桐吟書屋稿三卷　集10003700
桐魚詞一卷　集10009457
桐月唫秋館詩鈔一卷　集10007868
童初公遺稿一卷　集10001783
童二樹畫梅詩鈔一卷　集10002586
童二樹先生題畫詩一卷題梅詩一卷　集10002585
銅鼓書堂遺稿三十二卷　集10002428

Tou

偷閒集剩稿一卷　集10001534

Tu

屠逵詩一卷　集10001259
屠氏昆季詩草一卷　集10009017

Tuan

團桂樓剩稿一卷　集10006091

Tui

蜕塵軒詩餘一卷　集10009801
蜕稿四卷　集10002863
蜕石文鈔一卷　集10005024
退庵剩稿一卷　集10005214
退庵剩稿一卷退庵隨筆一卷　集10005215
退庵吟艸一卷　集10007982
退白居士詩草一卷　集10002933
退補齋詩鈔二十卷　集10005893
退補齋詩鈔二十卷試帖詩存二卷賦存二卷　集10005892
退補齋詩存二編十卷文存二編五卷　集10005896
退補齋詩存二編十一卷　集10005897
退補齋詩存十六卷文存十二卷首二卷　集10005894
退補齋文存十二卷二編五卷　集10005895
退步軒詩稿四卷附詩餘一卷　集10007038
退藏室詩稿不分卷　集10004544
退耕堂詩集十卷　集10004816
退思軒詩集一卷　集10000868
退思齋詩集(陳紅圃詩)十卷(商于吟稿二卷、從戎草三卷、新豐吟稿、蘭行草、清風涇竹枝詞、續唱、南園雜詠各一卷)　集10003243
退思齋文稿一卷詩稿一卷

集 10008107

文苑英華一千卷　集 10008106

文韻集十二卷　集 10008175

文則二卷　集 10009272

文湛持稿一卷　集 10000423

文章溯原不分卷　集 10009391

文仲清江集鈔一卷　集 10000146

聞川泛棹集四卷　集 10008580

聞川綴舊詩二卷　集 10006904

聞湖詩三鈔八卷續編一卷
　　集 10008570

聞湖詩續鈔七卷　集 10008571

聞妙香室詩稿五卷　集 10006937

聞鵶樓四種合刻　集 10004128

聞惺隨筆一卷　集 10007543

聞亦不解軒詩存一卷　集 10006394

聞漁閣續集不分卷　集 10002381

聞鍾集四卷　集 10001073

聞鍾集五卷　集 10001074

蚊川竹枝詞一卷　集 10003463

問窗寄興不分卷　集 10004122

問古詩編八卷　集 10008206

問花別墅吟草一卷　集 10005203

問花樓詩鈔七卷附洞簫樓詞鈔一卷
　　集 10003528

問己齋詩集四卷　集 10005082

問梅軒詩鈔一卷述懷一卷
　　集 10007858

問夢樓吟草不分卷　集 10005383

問奇閣詩殘稿二卷　集 10007910

問渠詩草八卷　集 10002775

問渠詩草不分卷　集 10004641

問松里鄭氏詩存六卷　集 10008970

問桃花館詩鈔不分卷　集 10005309

問湘樓駢文初稿六卷　集 10007087

問學堂詩五卷　集 10006468

問學堂文五卷　集 10006469

問月山房詩剩一卷　集 10007490

問月山房詠物詩剩一卷
　　集 10007489

問齋詩鈔十卷　集 10005685

Weng

翁罩谿詩不分卷　集 10002849

甕雲草堂詩橐九卷　集 10007636

Wo

我盦遺稿二卷　集 10006296

我醒子未定稿二卷　集 10005486

我疑録一卷　集 10004358

我餘書屋吟草二卷　集 10004047

握蘭詩稿七種　集 10003586

臥梅廬詩存二卷　集 10006110

臥陶軒集十八卷　集 10002815

Wu

烏程張氏家集三種五卷
　　集 10009061

烏絨花詠一卷　集 10007518

吳昌綏書札一卷　集 10006992

吳谷人詩鈔四卷　集 10003164

吳谷人詩選一卷　集 10003163

吳薌皋先生詩一卷　集 10003513

吳瓠庵稿一卷　集 10000346

吳會吟一卷瀕海集一卷
　　集 10003036

息影庵集外詩五卷　集 10005913

息影廬詩存一卷　集 10007482

息影廬詩剩一卷　集 10007483

息遊堂詩集十卷　集 10000884

息遊堂詩集一卷　集 10000885

息園草四卷　集 10001574

息園遺詩一卷　集 10003817

惜紅吟館詩草二卷　集 10007441

惜花散人初集二卷　集 10003460

惜花軒稿二卷　集 10006741

惜陰居稿不分卷　集 10004365

惜陰書屋詩草不分卷　集 10004111

惜陰書院西齋課藝賦鈔讀本不分卷
　集 10009222

惜陰吟館陶氏詩鈔二卷附鈔一卷
　集 10008972

惜餘芳館詞稿不分卷　集 10009810

惜餘芳館稿不分卷　集 10007124

惜餘芳館稿一卷附雙芝室駢文剩稿
　一卷　集 10007125

昔巢遺稿一卷　集 10005354

晞髮集鈔一卷　集 10000288

晞髮近稿鈔一卷　集 10000289

晞髮堂詩集二卷文集四卷
　集 10001435

晞髮堂詩五卷　集 10001436

欅香樓尺牘不分卷文傳不分卷
　集 10007572

溪庫詩稿六卷　集 10002672

溪南老屋詩鈔四卷　集 10009098

溪南老屋詩鈔一卷　集 10003050

溪南老屋詩一卷　集 10007699

溪南詩草一卷　集 10003101

溪上草堂文稿八卷　集 10006920

溪上玉樓叢稿一卷　集 10006486

溪上玉樓詩鈔　集 10006487

溪西集一卷　集 10003070

熙河草堂集不分卷　集 10003284

熙河草堂集九卷　集 10003283

熙齋詩鈔一卷　集 10005447

翕園詩存二卷　集 10005582

西安懷舊錄十卷　集 10007105

西疇草堂遺鈔一卷　集 10001004

西疇村舍詩鈔一卷　集 10007486

西村草堂集七卷　集 10000719

西村詩草二卷耦漁詞一卷
　集 10001776

西村詩鈔一卷附懷友詩一卷
　集 10002598

西㠛山居殘草一卷　集 10006247

西歸集鈔一卷　集 10000215

西河詞話二卷　集 10009884

西河詞話一卷　集 10009885

西河詩稿不分卷　集 10000818

西河詩話八卷　集 10009279

西河詩話一卷　集 10009280

西河文集一百十九卷詩集五十三卷
　集 10000820

西河文選十一卷　集 10000819

西湖欸乃集一卷　集 10008526

西湖賦不分卷　集 10000666

西湖賦一卷秋感十二詠一卷
　集 10000745

西湖集唐百詠一卷　集 10002513

西湖紀遊二卷　集 10001767

西湖紀遊詩一卷　集 10005460

仙菽廬詩集四卷　集 10002635

仙壇花吟一卷　集 10002066

仙遊閣傳奇二卷　集 10010012

仙源詩餘一卷　集 10009569

先榮祿公遺著一卷附翼辰軒遺詩一
　卷吳太淑人壽言一卷
　集 10006882

先天集鈔一卷　集 10000273

先文節公度歲百詠遺稿二卷
　集 10005136

鮮盦詩一卷　集 10006948

鮮盦文輯一卷　集 10006951

鮮盦遺稿一卷　集 10006949

鮮盦遺文一卷　集 10006950

咸同間名人詩箋不分卷　集 10008414

唧薑集一卷後詠懷一卷　集 10003767

賢使君重還如意子一卷四折
　集 10009931

賢賢堂芙蓉樓傳奇(玉節記傳奇)二
　卷　集 10010013

衙屈鳴詩集二卷　集 10006061

閑泉詩鈔不分卷　集 10003475

閑燕齋詩彙存十二卷　集 10009099

閑雲偶存四卷　集 10003818

爨餘集不分卷　集 10000705

爨餘吟四卷　集 10005123

蘇石山房詩存不分卷　集 10001455

峴峰別墅集存不分卷　集 10007750

現成話一卷　集 10001201

羨門山人詩鈔十一卷　集 10002790

羨門吟畧一卷　集 10002050

Xiang

湘碧堂詩鈔四卷　集 10003264

湘草一卷　集 10001578

湘管聯吟一卷續集二卷附錄一卷附
　稿一卷　集 10008623

湘管聯吟一卷續集三卷附錄一卷附
　稿一卷　集 10008624

湘管聯吟一卷續集一卷附錄一卷附
　稿一卷　集 10008625

湘痕閣詞稿一卷　集 10009720

湘痕閣存稿一卷　集 10004460

湘痕閣詩稿二卷　集 10004458
　集 10004459

湘筠館詞二卷　集 10009581

湘筠館遺稿五卷　集 10003713

湘麋閣遺集六卷　集 10006677

湘麋館遺墨粹存一卷　集 10006675

湘南遊草不分卷　集 10004681

相思草一卷　集 10005828

緗芸館詩鈔一卷　集 10005830

薌江小草一卷　集 10008013

薌門遺稿二卷　集 10004651

襄陵詩草一卷　集 10004763

襄陵詩草一卷詞草一卷種玉詞一卷
　集 10004764

襄陽詩鈔一卷　集 10000160

鄉先進遺詩集錄一卷　集 10008840

香草詞一卷　集 10009460

香草居集七卷　集 10001224

香草居集七卷目錄二卷
　集 10001223

香草樓詩集四卷文集一卷
　集 10007550

香草詩一卷　集 10001341

香草溪樂府二卷　集 10004145

香草齋詩鈔一卷　集 10004148

香禪詩草一卷　集 10005169

香杜草初集二卷二集四卷三集一卷
　附静讀齋詩話一卷
　集 10003484

香谷詩鈔一卷　集 10002808

香閨夢六卷　集 10008152

香海盦外集一卷　集 10006814

香痕草堂稿不分卷　集 10003085

香湖草堂集五卷　集 10001125

香南詩鈔四卷　集 10002326

香南雪北詞一卷　集 10009566

香南雪北廬詩一卷　集 10005055

香南雪北曲一卷　集 10010025

香嵒詩稿一卷　集 10007839

香樹齋集　集 10001938

香樹齋詩集十八卷　集 10001930

香樹齋詩集十八卷詩續集三十六卷
　文集二十八卷文續集五卷
　集 10001935

香樹齋詩集十八卷詩續集十四卷文
　集二十八卷　集 10001937

香樹齋詩集十八卷續集三十六卷文
　集二十八卷文集續鈔五卷
　集 10001936

香樹齋詩續集三十二卷　集 10001931

香樹齋詩續集三十六卷　集 10001932

香樹齋文集二十八卷　集 10001933

香樹齋文集續鈔五卷　集 10001934

香粟詩稿一卷　集 10005159

香溪集鈔一卷　集 10000189

香銷酒醒曲一卷　集 10010026

香雪廬詞三卷　集 10009567

香雪廬吟稿一卷　集 10007983

香雪詩存六卷　集 10004046

香雪堂詩八卷　集 10001898

香雪園詩話六卷　集 10009345

香雪齋詩鈔四卷　集 10006575

香雅樓存稿二卷附西江草一卷
　集 10006596

香雅樓詩鈔一卷詞鈔一卷
　集 10006597

香蔭樓草一卷　集 10004531

香影詞四卷　集 10009646

香芷詩存不分卷　集 10004125

祥止室詩草十卷　集 10005677

祥止室詩鈔六卷　集 10005679

祥止室詩鈔十三卷　集 10005680

祥止室詩鈔十四卷　集 10005681

祥止室詩鈔四卷　集 10005678

詳注周美成詞片玉集十卷
　集 10009411

享金齋詩一卷　集 10005610

享金齋遺稿二卷詩集一卷詞鈔一卷
　集 10005609

想當然詩一卷　集 10003603

向南雜稿不分卷　集 10002944

向日堂詩集十六卷　集 10003019

向山近鈔尺牘小品一集十二卷自稿
　二卷二集十二卷補遺一卷自稿一
　卷　集 10009167

向惕齋文集八卷　集 10001871

向惕齋先生集十卷　集 10001870

象洞山房稿二卷　集 10004222

新淦公遺稿三卷　集 10006945

新蘅詞六卷外集一卷　集 10009704

新蘅詞五卷外集一卷　集 10009705

新篁竹枝詞一卷　集 10005690

新疆賦一卷　集 10004336

新疆南路賦　集 10004337

新鐫五言千家詩會義直解二卷附笠
　翁對韻二卷　集 10008114

新鐫五言千家詩箋註二卷
　集 10008115

新鐫五言千家詩箋註二卷諸名家百
　花詩一卷　集 10008116

新樂府詞二卷　集 10009461

新坡土風一卷　集 10003382

新式標點白話詳註小倉山房尺牘八
　卷　集 10002486

新體廣註言文對照分類秋水軒尺牘
　四卷　集 10004576

新體詩偶鈔二卷　集 10001789

新學舉隅續選二卷　集 10008449

新又堂詩一卷　集 10000924

新語草堂詩鈔四卷　集 10002785

新州葉氏詩存　集 10009071

新州葉氏詩存一卷　集 10007305

新州竹枝詞二卷　集 10008936

芯題上方二山紀遊集一卷
　集 10002427

莘農先生遺稿不分卷　集 10006770

莘農遺稿一卷　集 10006769

辛庵館課詩鈔一卷歷試試帖詩鈔一
　卷　集 10004766

辛卯生詩四卷　集 10003977

辛卯詩存不分卷　集 10005903

辛夷花館初稿一卷　集 10007318

辛齋稿一卷　集 10000754

辛齋集　集 10000753

辛齋詩鈔一卷　集 10000751

辛齋遺稿二十卷　集 10000752

信孚遺詩一卷　集 10004640

信美室集一卷　集 10005647

信天巢遺稿一卷　集 10000259

信天翁詩存一卷　集 10004896

Xing

惺盦焚餘橐一卷　集 10003594

惺諟齋初稿十卷　集 10007250

惺諟齋己酉文鈔一卷　集 10007260

惺諟齋詩稿不分卷　集 10007251

惺諟齋書札一卷　集 10007252

惺齋論文三卷　集 10009374

惺齋文鈔　集 10002416

惺齋新曲六種十三卷　集 10009994

惺齋吟草四卷　集 10003143

星槎詩鈔一卷　集 10004754

星船詩鈔一卷　集 10003270

星堤詩草八卷　集 10007089

星輝樓詩鈔不分卷　集 10007013

星垣詩二卷　集 10007066

行縢存草不分卷　集 10005737

行吟集無卷數　集 10006104

行餘軒吟草不分卷　集 10004881

嫺藝軒雜著三卷　集 10006946

幸草亭詩鈔二卷　集 10006099

幸草亭詩稿二卷　集 10006098

性禾善米軒詩稿一卷　集 10005688

性禾善米軒小草一卷附思怡居偶吟

虛白山房詩集四卷　集 10007751

虛白吉祥室詩集一卷　集 10007635

虛白南遺稿一卷　集 10002508

虛白山房集六卷駢體文二卷
　　集 10006189

虛白山房詩集四卷　集 10006190

虛白山房續集一卷　集 10006191

虛白室文稿一卷　集 10003039

虛白齋存稿十二卷　集 10003013

虛白齋詩草三卷　集 10003210

虛白齋詩集八卷　集 10001913

虛白齋應酬詩薈鈔不分卷
　　集 10003012

虛筠詩稿七卷　集 10003413

虛筠續稿二卷虛筠今體詩三刻一卷
　　集 10003414

虛受齋全集三十六卷（詩集十六卷、
　　文存、補遺各四卷、金縷詞、艮居
　　詞選、南峪詞、與楊觀瀾書、道情、
　　談夢瑣言各一卷、懷舊錄、集句選
　　鈔、浮生瑣記各二卷）
　　集 10006334

虛舟禪師詩集二卷　集 10000509

須江詩譜十卷存一卷　集 10007104

須江行草一卷　集 10002405

須曼那館遺稿一卷　集 10007167

徐都講詩一卷　集 10001195

徐花農詩翰一卷　集 10008539

徐狷庵集不分卷　集 10000889

徐烈婦詩鈔二卷　集 10001405

徐烈婦詩鈔二卷回文一卷附同心梔
　　子圖續編一卷　集 10001403

徐烈婦詩鈔（絳雪詩鈔）二卷

集 10001402

徐烈婦吳氏詩鈔二卷　集 10001404

徐烈婦吳氏詩鈔二卷　集 10001904

徐柳泉詩稿不分卷　集 10005530

徐明經文鈔二卷徐明經詩鈔二卷
　　集 10002909

徐紹楨詩集一卷　集 10007175

徐舍人詩七卷　集 10005531

徐氏先世詩選三卷　集 10009014

徐氏先世詩選續刻　集 10009015

徐氏一家詞　集 10009409

徐思曠稿一卷　集 10000476

徐文長佚草十卷　集 10000391

徐孝先詩不分卷　集 10000890

徐星伯小集一卷　集 10004335

栩栩園詩不分卷　集 10001220

栩栩園詩二卷京邸吟一卷
　　集 10001219

栩栩園詩十二卷　集 10001221

栩園叢稿初編五卷　集 10007471

許季覺稿一捲　集 10001238

許經崖集一卷　集 10004597

許景澄信札不分卷　集 10006671

許敬菴稿一卷　集 10000396

許屏山集九卷（燕邸前集、樵川道
　　稿、燕邸後集、屏山對床集、雪寶
　　集、柿葉集、屏山西征集各一卷、
　　瑞石山樓集二卷）　集 10001769

許氏四吟六卷　集 10002365

許文蕭公外集五卷首一卷
　　集 10006670

許文蕭公遺稿十二卷　集 10006663

許文蕭公遺稿十二卷外集五卷附錄

集 10000081

絢華室詩憶二卷　集 10007278

Xue

薛方山稿一卷　集 10000379

薛敬軒稿一卷　集 10000329

學福齋詩不分卷　集 10002797

學福齋詩鈔九卷　集 10003632

學福齋詩詞不分卷　集 10002867

學福齋詩稿六卷　集 10002796

學古集四卷附詩論一卷　集 10003150

學古集雜言不分卷　集 10003152

學古堂詩集六卷　集 10001466

學海堂課藝八集不分卷　集 10009265

學海堂課藝不分卷　集 10009259

學海堂課藝六編不分卷　集 10009263

學海堂課藝七編不分卷　集 10009264

學海堂課藝三編　集 10009261

學海堂課藝五集不分卷　集 10009262

學海堂課藝續編　集 10009260

學箕初稿二卷　集 10001158

學稼草堂詩草十卷　集 10005874

學稼軒遺集四卷　集 10005216

學錦駢文□卷　集 10007534

學檽堂詩稿九卷　集 10001492

學檽堂詩稿六卷　集 10001490

學檽堂文集八卷　集 10001495

學檽堂文集八卷詩稿九卷詩餘二卷
　　集 10001491

學檽堂文集六卷　集 10001493

學檽堂文集七卷　集 10001494

學圃集一卷　集 10001833

學渠小草一卷　集 10001382

學山堂稿一卷　集 10000883

學山遺稿一卷　集 10007725

學詩津逮八卷　集 10009270

學士任子閱年録（天許録）不分卷
　　集 10006312

學壽堂詩燼餘草一卷　集 10007178

學易山房詩稿二卷　集 10001639

學圃詩稿一卷附詞剩一卷
　　集 10006274

雪庵詩存二卷　集 10001764

雪蕅老人詩稿四卷　集 10002871

雪蕅老人詩選一卷　集 10002873

雪蕅詩抄八卷　集 10002872

雪船吟初稿四卷　集 10001901

雪船吟初稿四卷補編一卷
　　集 10001900

雪寶倡和詩一卷　集 10008665

雪寶集二卷　集 10003237

雪舫吟稿不分卷　集 10006437

雪鴻樓尺牘四卷　集 10004558

雪鴻軒尺牘四卷　集 10004557

雪交亭集八卷　集 10000644

雪交亭集二卷　集 10000643

雪蕉集鈔一卷　集 10002792

雪蕉齋詩鈔四卷補編一卷
　　集 10005675

雪浪石題詠一卷　集 10007377

雪廬吟草二卷　集 10002450

雪門詩集二卷　集 10003665

雪泥記遊稿二卷　集 10001963

雪屏詩存一卷　集 10002413

雪浦詩存十六卷　集 10002998

雪樵詩鈔六卷　集 10007864

雅坪詩稿四十卷文稿十卷首一卷
　集 10001021

亞陶公遺詩一卷　集 10005634

Yan

烟霞萬古樓文集六卷詩選二卷仲瞿
　詩録一卷　集 10003562

煙波閣詩一卷　集 10004741

煙波漁唱四卷　集 10009631

煙波漁唱四卷續鈔一卷又續一卷附
　鈔一卷　集 10009630

煙霞萬古樓詩殘稿一卷　集 10003567

煙霞萬古樓詩集二卷仲瞿詩録一卷
　集 10003570

煙霞萬古樓詩集四卷　集 10003568

煙霞萬古樓詩集一卷詞集一卷
　集 10003565

煙霞萬古樓詩録六卷　集 10003566

煙霞萬古樓詩未刻佚稿
　集 10003569

煙霞萬古樓詩選二卷　集 10003563

煙霞萬古樓詩選二卷文集六卷
　集 10003561

煙霞萬古樓詩選二卷仲瞿詩録一卷
　集 10003564

煙霞萬古樓文集六卷　集 10003572

煙霞萬古樓文集注六卷
　集 10003571

煙霞吟草一卷　集 10007898

煙嶼樓編年詩集不分卷
　集 10005534

煙嶼樓集五十八卷(煙嶼樓詩集十
　八卷、文集四十卷)附游杭合集一

卷　集 10005529

煙嶼樓詩初稿不分卷　集 10005532

煙嶼樓詩集不分卷　集 10005533

煙月山房詩文集十三卷　集 10005417

胭脂獄一卷十六齣　集 10010011

嚴範孫古今體詩存稿三卷
　集 10007152

嚴範孫往來手劄不分卷
　集 10007156

嚴範孫先生手劄不分卷
　集 10007157

嚴顥亭詩一卷　集 10000679

嚴陵三鐸二卷　集 10007849

嚴孫先生遺墨不分卷　集 10007155

嚴先生遺著不分卷　集 10007154

嚴逸山先生外集十三卷善餘堂家乘
　後編一卷　集 10000657

嚴柱峯詩一卷　集 10001228

巖客詩鈔六卷　集 10001822

巖客吟草不分卷　集 10002902

巖門精舍詩鈔二卷　集 10002230

巖西遺録□□卷　集 10008846

延芬堂集二卷　集 10001379

延緑草堂詩存四卷　集 10004372

延緑齋詩存十二卷　集 10003401

延露詞三卷　集 10009445

延露詞一卷　集 10009446

延秋月館雜體詩存(延秋月館詩存)
　三卷　集 10006057

罌經館詩二卷　集 10006788

罌雅堂詩八卷　集 10006041

罌雅堂詩鈔一卷　集 10006040

罌雅堂詩十一卷　集 10006042

藝苑古文稿一卷　集 10002070

藝苑名言八卷　集 10009325

逸圃文鈔一卷吟草一卷
　集 10002135

逸詩搜録一卷　集 10007492

逸亭詩草七卷　集 10003257

逸園詩草一卷　集 10005105

逸園詩稿不分卷　集 10005104

逸雲居士詩編不分卷　集 10003128

逸子詩集八卷　集 10005196

邑先輩詩文不分卷　集 10008685

Yin

因樹書屋詩稿十二卷　集 10006010

愔愔倍琴德居詩草一卷　集 10007911

蔭餘軒試帖一卷　集 10007831

陰陽判傳奇二卷二十八齣
　集 10009993

音注舒鐵雲王仲瞿詩　集 10008451

音注王仲瞿詩一卷　集 10003576

音註小倉山房尺牘八卷
　集 10002485

吟碧樓詩稿五卷　集 10005143

吟碧樓雜著始存□卷　集 10005144

吟蟲集選一卷　集 10007669

吟翠樓詩稿一卷　集 10005870

吟紅閣詩鈔五卷　集 10005468

吟花館詩鈔七卷　集 10005418

吟花館詩稿一卷　集 10005861

吟花室詩存不分卷　集 10003115

吟花香室詩草不分卷　集 10007618

吟華館詩草一卷　集 10007702

吟蘭書屋集六卷　集 10001453

吟秋館詩四卷　集 10003766

吟秋樓詩鈔十二卷（初集、二集、三
　集各四卷）　集 10004341

吟秋室詩二卷　集 10005708

吟秋室詩一卷　集 10005709

吟孫書屋詩鈔二卷補遺一卷
　集 10005733

吟香舫吟稿不分卷　集 10004954

吟香閣詩草一卷　集 10006694

吟香館存稿一卷　集 10004729

吟香館詩草十二卷　集 10004382

吟香館詩草十四卷　集 10004383

吟香室詩二卷　集 10005711

吟簫偶存二卷　集 10003816

吟月軒詩稿一卷　集 10002874

吟越集一卷　集 10002657

寅甫小稿一卷　集 10005649

寅谷遺稿一卷　集 10003059

寅吉存草不分卷　集 10000814

炗虛大師遺集二卷　集 10002371

炗虛大師遺集三卷　集 10002370

蟫香館手劙第一輯不分卷
　集 10007158

蟫餘吟稿一卷　集 10002847

鄞西范氏擷殘内集不分卷外集不分
　卷　集 10009037

銀花藤館詩集十卷　集 10003005

銀藤館遺詩（銀藤館集）不分卷
　集 10004861

尹彎小草　集 10001441

引流小榭吟草二卷補遺一卷
　集 10003478

蘟蒔山莊駢散芰存一卷

友漁齋詩集十卷　集 10003360

友漁齋詩續集六卷　集 10003361

友雲詩鈔十二卷　集 10004553

友雲詩一卷　集 10004554

有不爲齋詩鈔四卷　集 10004499

有不爲齋四卷附菊潭倡和一卷
　集 10003782

有此廬詩鈔不分卷　集 10003235

有道集不分卷　集 10001477

有獲堂詩集(笠峰詩集)二卷
　集 10002743

有泉堂詩文一覽編十六卷有泉堂續
　草一卷　集 10003331

有泉堂續草一卷　集 10003332

有三味齋詩鈔不分卷　集 10006036

有三味齋詩稿二卷　集 10006037

有三惜齋詩二卷　集 10005814

有聲畫一卷　集 10005434

有涯文集不分卷　集 10001486

有涯文集二卷　集 10001485

有真意齋詩不分卷　集 10006093

有真意齋詩鈔五卷　集 10006092

有真意齋遺文一卷　集 10003267

有正味齋尺牘二卷　集 10003194

有正味齋詞集八卷外集五卷續集二
　卷又外集二卷　集 10009574

有正味齋詞七卷　集 10009573

有正味齋詞一卷　集 10009572

有正味齋賦稿不分卷　集 10003185

有正味齋賦稿四卷　集 10003189

有正味齋賦稿一卷　集 10003188

有正味齋賦四卷　集 10003187

有正味齋賦一卷　集 10003186

有正味齋合課詩鈔箋畧二卷續鈔箋
　畧二卷　集 10003169

有正味齋集六十一卷　集 10003156

有正味齋集七十九卷　集 10003160

有正味齋集七十七卷　集 10003159

有正味齋集七十三卷　集 10003158

有正味齋集外詩一卷　集 10003174

有正味齋律賦一卷　集 10003190

有正味齋駢體箋注九卷
　集 10003178

有正味齋駢體文二十四卷
　集 10003180　集 10003181

有正味齋駢體文二十四卷首一卷
　集 10003182

有正味齋駢體文删餘十二卷
　集 10003184

有正味齋駢體文續集八卷
　集 10003183

有正味齋駢文箋注十六卷
　集 10003179

有正味齋曲一卷　集 10010028

有正味齋全集六十三卷
　集 10003157

有正味齋全集詩集十二卷詩續集八
　卷詞集八卷詞續集三卷附外集二
　卷駢體文二十四卷駢體文續集八
　卷外集五卷　集 10003161

有正味齋全集五十三卷
　集 10003155

有正味齋詩十二卷　集 10003166

有正味齋詩續集八卷　集 10003168

有正味齋詩一卷　集 10003165

有正味齋試帖詩注八卷

元豐類稿補二卷　集 10000113

元蓋寓廬偶存一卷　集 10006641

元蓋寓廬詩存一卷　集 10006640

元微之文集校補一卷　集 10000071

元遺山詩集箋注十四卷附錄一卷補
　載一卷　集 10000292

元遺山先生集四十卷首一卷續夷堅
　志四卷新樂府四卷
　集 10000291

原詩四卷　集 10009281

原詩一卷　集 10009282

園居錄詩鑑一卷　集 10006630

緣督軒遺稿不分卷　集 10006902

緣天亭集三卷　集 10001778

緣天亭文集一卷詩集一卷
　集 10001779

袁家三妹合稿　集 10008950

袁簡齋尺牘十卷　集 10002487

袁簡齋手札不分卷　集 10002482

袁簡齋自鈔詩稿一卷　集 10002457

袁枚駢體文一卷　集 10002480

袁太沖稿一卷　集 10000387

袁太史詩文遺鈔不分卷　集 10006751

袁文補箋二卷　集 10002476

袁文補注二卷續刻二卷三刻二卷
　集 10002474

袁文合箋十六卷　集 10002477

袁文箋正十六卷補注一卷
　集 10002473

袁文箋正四卷　集 10002475

袁忠節公遺詩三卷（水明樓集一卷
　朝隱戹衍二卷）　集 10006719

袁忠節公乙未草一卷丁酉草二卷

集 10006718

轅下吟編一卷　集 10006223

遠村吟稿不分卷　集 10002694

遠村吟稿一卷　集 10002695

遠峰閣剩稿一卷　集 10007732

遠遊詩草一卷嬰山小園詩集補遺一
　卷　集 10003282

遠志齋集三卷　集 10006768

苑西集十二卷　集 10001316

苑西集一卷　集 10001317

願學堂詩鈔二十八卷　集 10004362

願學齋文鈔十四卷　集 10002859

願學齋吟草二卷附補遺一卷
　集 10003215

願學齋吟稿二卷　集 10003216

Yue

約亭文稿不分卷　集 10002936

約園文存一卷　集 10007445

約園雜著八卷續編八卷三編八卷
　集 10007446

約齋所作不分卷　集 10007565

岳蒙泉稿一卷　集 10000333

岳元戎凱宴黃龍府一卷六折
　集 10009930

悅親樓賡雲初集四卷　集 10003083

悅親樓詩集三十卷外集二卷
　集 10003084

悅慶一卷　集 10009922

月船居士詩稿四卷　集 10002630

月河詞一卷　集 10009505

月椒草堂詩鈔六卷　集 10007769

月來軒詩稿一卷　集 10005646

月樓吟草二卷　集 10004865

月媒小史詩稿一卷　集 10003842

月泉吟社谷音河汾諸老詩中州集中
　州樂府序目小傳一卷
　　集 10008270

月團詞三卷二集一卷　集 10009498

月團詞一卷　集 10009499

月我軒梅花集句七言律百首一卷
　　集 10002652

月隱先生遺集正集四卷外編二卷附
　　録一卷　集 10000468

月隱先生遺集四卷外編二卷
　　集 10000467

粤東懷古二卷　集 10001619

粤東三家詞鈔三卷　集 10009406

粤寇紀事詩一卷　集 10005547

粤西集一卷　集 10004683

粤西紀程一卷　集 10004705

粤西詩載二十五卷文載七十五卷叢
　載三十卷　集 10008935

粤秀堂集不分卷　集 10007412

粤雪不分卷　集 10007062

粤輶集三卷　集 10006802

粤輶集四卷　集 10006803

粤吟不分卷　集 10002366

粤遊草不分卷　集 10004598

粤遊詞　集 10009519

越風錢氏詩存一卷　集 10009157

越風三十卷　集 10008713

越風校語一卷　集 10008714

越江遊草一卷　集 10004727

越郡課藝不分卷　集 10009255

越郡名勝詩附越問一卷

集 10008726

越郡詩賦題解十四卷續編十四卷
　　集 10008717

越郡詩選四卷　集 10008712

越縵叢稿棄餘一卷　集 10006137

越縵山房叢稿一卷　集 10006136

越縵詩文鈔不分卷　集 10006142

越縵堂稿一卷　集 10006130

越縵堂駢體文類鈔二卷
　　集 10006148

越縵堂駢體文四卷　集 10006149

越縵堂駢體文四卷散體文一卷
　　集 10006150

越縵堂剩詩不分卷　集 10006120

越縵堂詩詞稿不分卷　集 10006119

越縵堂詩詞集二十二卷
　　集 10006125

越縵堂詩後集十卷　集 10006124

越縵堂詩話一卷　集 10009353

越縵堂詩文鈔不分卷　集 10006115

越縵堂詩文集不分卷　集 10006114

越縵堂詩續集十卷　集 10006123

越縵堂時文書札一卷　集 10006152

越縵堂手稿不分卷　集 10006132

越縵堂書札不分卷　集 10006156

越縵堂書札詩翰不分卷
　　集 10006155

越縵堂文鈔不分卷　集 10006141

越縵堂文集十二卷　集 10006143

越縵堂杏華香雪齋詩鈔九卷
　　集 10006118

越縵堂杏華香雪齋詩十卷
　　集 10006117

張廷琛手稿不分卷　集 10007606

張廷濟詩文集不分卷　集 10003859

張文節公遺集二卷　集 10005872

張楊園先生寒風佇立圖題跋不分卷

　　集 10008444

張楊園先生全集六卷　集 10000597

張楊園先生文集不分卷

　　集 10000592

張楊園先生文集十卷　集 10000598

張彝詩一卷　集 10003479

張迎煦文一卷　集 10004185

張毓達家書日記等不分卷

　　集 10009191

張元若詩選一卷　集 10002807

張振西詩選一卷　集 10002750

張忠烈公文集（冰槎集、詩補遺、詩

　　餘、奇零草、北征錄、浙江壬午科

　　鄉試朱卷）　集 10000469

張忠敏公遺集十卷首一卷

　　集 10000446

張宗祥手錄各家詩一卷　集 10008209

章安雜錄不分卷　集 10008845

章北亭全集八卷　集 10002535

章大力稿一卷　集 10000426

章大力先生全稿一卷　集 10000425

章韓片羽　集 10008093

章實齋稿不分卷　集 10002970

章實齋手札不分卷　集 10002984

章實齋文鈔四卷　集 10002981

章實齋文鈔一卷　集 10002982

章實齋文集八卷外集二卷

　　集 10002979

章實齋先生文集不分卷

集 10002977

章實齋遺書不分卷　集 10002973

章實齋遺書六卷附錄一卷

　　集 10002975

章實齋遺書三十卷　集 10002974

章氏遺書補鈔不分卷　集 10002976

章氏遺書不分卷　集 10002972

章氏遺書五十一卷　集 10002969

章氏遺著不分卷導齋集不分卷

　　集 10002971

章太炎尺牘一卷　集 10007355

章太炎覆劉英烈士書一卷

　　集 10007353

章太炎詩鈔一卷　集 10007340

章太炎文鈔不分卷　集 10007344

章太炎文鈔三卷　集 10007342

章太炎文鈔四卷　集 10007343

章太炎文鈔五卷　集 10007341

章太炎先生尺牘一卷　集 10007356

章太炎遺文四卷　集 10007352

章鋆詩文稿不分卷　集 10005724

章雲李稿一卷　集 10000940

章雲李四書文不分卷　集 10000939

Zhao

昭代名人尺牘二十四卷小傳二十四

　　卷　集 10009193

昭代名人尺牘十二卷　集 10009185

昭代文選□□卷　集 10008436

昭明文選李善註拾遺二卷補遺一卷

　　文選膰言一卷補編一卷

　　集 10008101

昭明選詩初學讀本四卷

浙西六家詞十一卷　集 10009404

浙西六家詩鈔六卷　集 10008486

浙西校士録不分卷　集 10009243

浙西遊草一卷　集 10006273

浙西張氏合集十卷　集 10009130

浙新課士録十一卷　集 10009247

浙行唱和詩鈔一卷　集 10008454

浙遊雜草不分卷　集 10006529

蔗村遺稿一卷續刻一卷　集 10001796

蔗閣詩餘一卷　集 10009462

蔗畦詞二卷　集 10009779

蔗翁詩稿四卷　集 10001823

蔗餘集四卷　集 10001956

蔗園噴飯集四卷　集 10005423

Zhen

珍硯齋詞鈔二卷　集 10009647

甄花舍詩草二卷　集 10002411

真情種遠覓返魂香一卷六折
　集 10009932

真山民詩鈔一卷　集 10000277

真息詩鈔四卷續鈔一卷　集 10004471

真息齋詩鈔四卷　集 10004470

真意齋詩存一卷詩外一卷
　集 10004990

真意齋遺著二卷　集 10004991

真有益齋文編十卷　集 10004200

貞白齋詩集不分卷　集 10000888

貞白齋詩集十卷　集 10000887

貞松老人外集四卷補遺一卷
　集 10007293

貞孝遺墨五卷（老芥土苴）
　集 10006635

針鸝山館詩草一卷　集 10005621

鍼餘集殘稿一卷　集 10006371

枕碧樓偶存稿十二卷　集 10006507

枕經軒詩鈔一卷　集 10004057

枕流閣吟草不分卷　集 10004869

枕山樓詩草二卷　集 10003944

枕山樓吟稿五卷　集 10002855

枕善齋初藁四卷　集 10004106

枕善齋集十六卷　集 10004104

枕善齋集十三卷　集 10004105

枕上吟草一卷　集 10005186

振綺堂存稿不分卷　集 10002574

振綺堂詩集一卷　集 10002575

振雅堂稿九卷　集 10001332

振業堂雜録不分卷　集 10008199

鎮海謝氏世雅集八卷　集 10009134

鎮亭山房詩集十八卷文集十二卷
　集 10006571

鎮亭山房詩集四卷　集 10006572

Zheng

征帆集四卷附試帖鈔存一卷
　集 10004767

徵賢堂詩正集八卷擬唐宋雜體詩二
　卷　集 10003828

徵賢堂詩正集十二卷　集 10003827

拯西廂二十四齣　集 10010014

政和堂遺稿一卷　集 10003912

正氣齋詩稿不分卷　集 10005187

正誼堂外集十卷（紅犀館詩課八卷、
　舟山倡和詩、海山分韻詩各
　集 10006094

正誼堂文集二十四卷附行狀一卷

附録二　作者音序索引

曹大經	集 10003766	集 10003767
	集 10003768	集 10003769
	集 10003771	集 10003772
	集 10003773	集 10003774
	集 10003775	集 10003776
	集 10003777	集 10003778
	集 10003779	集 10008400
曹德馨	集 10005420	
曹鼎成	集 10004224	
曹定遠	集 10000181	
曹度	集 10001456	集 10001457
	集 10001458	
曹爾堪	集 10000676	集 10000677
	集 10009432	集 10009433
	集 10009487	集 10009828
	集 10009829	集 10009830
	集 10009831	集 10008272
曹恒吉	集 10001182	
曹金籥	集 10004747	集 10004748
	集 10004749	集 10004750
	集 10009712	集 10009713
	集 10009714	
曹璡	集 10002001	
曹開泰	集 10003661	
曹楞	集 10005224	
曹培亨	集 10002533	
曹謙	集 10007741	
曹溶	集 10000623	集 10000624
	集 10000625	集 10000626
	集 10000627	集 10000628
	集 10000629	集 10000630
	集 10000631	集 10000632
	集 10008466	集 10009182
	集 10009424	集 10009425
曹三才	集 10001844	集 10001845
	集 10001732	
曹三德	集 10001731	集 10001732
	集 10009174	
曹士勳	集 10001856	集 10009533
曹壽銘	集 10006159	
曹斯棟	集 10003031	
曹庭棟	集 10002153	集 10002154
	集 10008066	
曹庭樞	集 10002253	集 10002254
曹偉謨	集 10000867	
曹希璨	集 10007383	集 10009137
曹咸熙	集 10009035	
曹衛達	集 10005224	
曹星煥	集 10005237	
曹勳	集 10000451	
曹言純	集 10003827	集 10003828
	集 10009723	
曹奕霞	集 10000777	
曹弈霞	集 10007943	
曹應樞	集 10005079	集 10005080
	集 10005081	
曹虞	集 10002874	
曹元方	集 10000612	集 10000613
曹章	集 10000859	
曹之升	集 10002601	集 10002602
	集 10002602	集 10002604
	集 10002605	
曹芝	集 10002564	
曹宗載	集 10003063	集 10003064
	集 10003065	集 10008546
	集 10008547	集 10009853

陳大謨	集 10002265	集 10002266
	集 10002267	
陳得森	集 10007135	集 10007136
陳得善	集 10007004	集 10007005
	集 10009795	集 10009796
	集 10009797	集 10009798
	集 10009799	
陳德純	集 10005728	
陳德調	集 10004357	集 10004358
陳德溥	集 10008049	
陳德球	集 10008968	
陳德裕	集 10008171	集 10008172
陳登泰	集 10004912	
陳佃	集 10002606	
陳殿桂	集 10000634	集 10000635
	集 10000636	集 10000637
	集 10000638	
陳鼎	集 10006738	
陳棟	集 10003719	集 10003720
	集 10009938	
陳端生	集 10010033	集 10010034
	集 10010035	
陳爾幹	集 10006300	
陳爾士	集 10004529	集 10004530
陳法乾	集 10002492	集 10008745
陳範	集 10004752	
陳菜	集 10003049	
陳汾	集 10003633	
陳奮永	集 10001239	
陳鳳巢	集 10008871	集 10008872
陳鳳圖	集 10005963	
陳福熙	集 10003440	
陳福炎	集 10008456	

陳傅良	集 10000235	集 10000236
陳陔	集 10007535	集 10007536
陳觀國	集 10003143	
陳觀酉	集 10005059	
陳光緒	集 10000047	集 10004649
	集 10004650	
陳光裕	集 10001857	集 10008611
陳光綩	集 10000808	
陳廣寧	集 10003671	
陳桂	集 10005483	集 10005484
	集 10005485	
陳果	集 10008034	
陳漢章	集 10007218	集 10007219
	集 10007220	
陳翰	集 10006961	集 10006962
	集 10009186	集 10009785
陳翰芬	集 10005964	
陳沆	集 10002294	集 10008140
	集 10008141	集 10008142
	集 10008143	
陳豪	集 10006476	集 10006477
	集 10006478	集 10006479
	集 10006480	
陳鶴	集 10004677	集 10004678
陳閎慧	集 10008012	
陳鴻寶	集 10002796	集 10002797
陳鴻墀	集 10004163	集 10009384
陳鴻儔	集 10003265	
陳鴻誥	集 10005965	集 10005966
	集 10008401	集 10008402
	集 10008403	
陳鴻漸	集 10003320	
陳鴻逵	集 10004679	

陳栩	集 10007469	集 10007470
	集 10007471	
陳宣	集 10002821	
陳選勛	集 10001048	
陳學仲	集 10002992	
陳峋	集 10001925	
陳恂	集 10001661	
陳訓正	集 10007391	集 10007392
	集 10007393	集 10007394
陳瑤	集 10005465	
陳一夔	集 10007093	集 10007094
陳宜振	集 10004725	
陳乙	集 10004205	集 10004206
陳以剛	集 10002340	
陳以義	集 10007481	
陳奕禧	集 10001370	集 10001371
	集 10001372	集 10001373
	集 10001374	集 10008199
陳翼	集 10001015	
陳寅	集 10003019	
陳應藩	集 10004754	
陳墉	集 10004157	集 10004158
	集 10004159	集 10004160
	集 10004161	集 10004162
陳用光	集 10002224	
陳與義	集 10000182	
陳玉春	集 10008153	
陳玉鄰	集 10003141	
陳玉垣	集 10003395	集 10003396
陳聿昌	集 10005977	
陳遇春	集 10003925	集 10004243
	集 10008913	
陳遹聲	集 10006728	集 10006729

	集 10006730	集 10006731
	集 10006732	集 10006733
	集 10008282	
陳郁	集 10007864	
陳元	集 10001577	
陳元鼎	集 10005637	集 10009658
	集 10009659	集 10009863
	集 10009864	
陳元龍	集 10001448	集 10001449
	集 10001450	集 10008156
	集 10009411	
陳元禄	集 10005905	集 10005906
	集 10005907	集 10005908
	集 10005909	
陳元穎	集 10001984	集 10007762
陳雲飛	集 10002534	
陳造	集 10000229	
陳增新	集 10008582	
陳曾薮	集 10001562	
陳曾祉	集 10001693	
陳鱣	集 10003377	集 10003378
	集 10003379	集 10003380
	集 10003381	集 10003382
	集 10003383	集 10008405
陳張翼	集 10002768	
陳章	集 10002113	集 10002114
	集 10009531	
陳兆賓	集 10007577	
陳兆燾	集 10002622	
陳兆麟	集 10005383	集 10005384
陳兆崙	集 10000061	集 10000070
	集 10000105	集 10000110
	集 10000114	集 10000120

集 10007023

鉏文升　集 10007372

Dai

戴表元　集 10000294　集 10000295
　　　　集 10000296　集 10000297
　　　　集 10000298　集 10000299

戴昺　集 10000266

戴炳驄　集 10000051　集 10007566
　　　　集 10007567　集 10007568
　　　　集 10007569　集 10007570
　　　　集 10007571　集 10007894
　　　　集 10008397　集 10008916
　　　　集 10009085

戴莼　集 10005938

戴聰　集 10003946　集 10009122

戴德堅　集 10005939　集 10005940

戴殿江　集 10000312　集 10000318

戴殿泗　集 10003217　集 10003218
　　　　集 10000312

戴敦元　集 10003877

戴芬　集 10005201

戴福謙　集 10005349

戴復古　集 10000257

戴亨　集 10001992

戴家麟　集 10006004

戴經　集 10003043

戴良　集 10000312

戴璐　集 10009324

戴鹿芝　集 10005558　集 10007772

戴敏　集 10000196　集 10000196

戴銘金　集 10004453

戴錡　集 10000293

戴青　集 10005674

戴慶祥　集 10007415　集 10007416

戴仁宇　集 10009007

戴仁宗　集 10006443

戴珊　集 10003118

戴世履　集 10002298

戴氏　集 10009008

戴松　集 10007808

戴穗孫　集 10007407　集 10007408

戴望　集 10006481　集 10006482
　　　　集 10006483

戴望嶧　集 10002609　集 10002800

戴文燈　集 10002716

戴文雋　集 10005970

戴熙　集 10000253　集 10000309
　　　　集 10005125　集 10005126
　　　　集 10005127　集 10005128
　　　　集 10005129　集 10005130
　　　　集 10005131　集 10005132
　　　　集 10005133　集 10005134
　　　　集 10005135　集 10005136
　　　　集 10005137　集 10005138
　　　　集 10006240　集 10008054
　　　　集 10008447　集 10000097
　　　　集 10000322

戴熙（字斐南）　集 10001283

戴咸弼　集 10008915　集 10008200

戴小瓊　集 10005177

戴小玉　集 10004361

戴信準　集 10007880　集 10007881

戴晜屏　集 10008448

戴循良　集 10007798

戴彦鎔　集 10001382　集 10001383

戴永植	集 10002298	
戴元謙	集 10006258	
戴兆英	集 10008454	
戴梓	集 10001389	

Deng

鄧漢儀	集 10001272	集 10001273
鄧實	集 10002981	集 10004839
鄧石如	集 10009198	
鄧文原	集 10000300	集 10000301
鄧以贊	集 10000399	
鄧瑜	集 10006621	集 10009749

Ding

丁丙	集 10006278	集 10006279
	集 10006280	集 10006281
	集 10006282	集 10006283
	集 10006284	集 10006285
	集 10006286	集 10008416
	集 10008490	集 10008528
	集 10009121	集 10009403
	集 10000326	集 10000327
	集 10000330	集 10000336
	集 10001948	
丁桂	集 10007159	集 10004902
丁灝	集 10001184	集 10008436
丁鶴	集 10001375	集 10001376
	集 10001377	集 10008255
	集 10009291	
丁鶴年	集 10000315	集 10000316
丁健	集 10009011	
丁敬	集 10000454	集 10002071
	集 10002072	集 10002073

	集 10002074	集 10002075
	集 10002076	集 10009202
丁克振	集 10000699	
丁立誠	集 10006847	集 10006848
	集 10006849	集 10006851
	集 10006852	集 10008951
	集 10008952	
丁立中	集 10007270	集 10007271
	集 10007272	集 10007273
	集 10007274	集 10007275
	集 10007276	集 10007277
	集 10000318	
丁澎	集 10000780	集 10000781
	集 10000782	集 10000783
	集 10009434	集 10009435
	集 10009436	集 10001616
丁彭年	集 10005648	
丁謙	集 10006603	
丁慶霄	集 10004973	
丁芮模	集 10005068	集 10005069
丁善之	集 10007478	
丁紹周	集 10009241	集 10009242
丁甡	集 10001119	集 10001120
丁嗣澂	集 10001764	
丁泰	集 10002635	集 10002636
丁廷烺	集 10008586	集 10008587
丁文衡	集 10001200	集 10001511
丁文蔚	集 10007531	
丁午	集 10008480	集 10006921
	集 10006922	
丁翔	集 10000817	
丁彥臣	集 10006113	
丁堯臣	集 10006900	集 10006901

董兆熊　集 10002032　集 10002033

董肇勳　集 10008868

董正國　集 10001621

董正揚　集 10004375　集 10004376
　　　　集 10004377　集 10004378
　　　　集 10004379

董滋水　集 10006984

董宗善　集 10009047

董宗原　集 10001488

斂隱居士　集 10008910

Du

杜寶辰　集 10005216

杜葆恬　集 10006409

杜丙傑　集 10008705

杜秉琳　集 10000886

杜春生　集 10000457

杜垎　　集 10003258

杜範　　集 10000264

杜甫　　集 10000037　集 10000038
　　　　集 10000039　集 10000040
　　　　集 10000041　集 10000042
　　　　集 10000043　集 10000044
　　　　集 10000045　集 10000046
　　　　集 10000047　集 10000048
　　　　集 10000049　集 10000050
　　　　集 10000051　集 10000052
　　　　集 10000053

杜吉相　集 10006236

杜聯　　集 10009260　集 10009261

杜牧　　集 10000075

杜韜聲　集 10001883

杜天麋　集 10008852

杜庭珠　集 10000226　集 10008237

杜文瀾　集 10008203　集 10009693
　　　　集 10009694　集 10009867
　　　　集 10009891　集 10009892
　　　　集 10009861　集 10009862

杜煦　　集 10009123　集 10004295
　　　　集 10004296　集 10004297
　　　　集 10004298　集 10009593
　　　　集 10000456

杜應譽　集 10001805

杜詔　　集 10008237

杜臻　　集 10001122

Duan

端木百禄　集 10005947　集 10005948

端木國瑚　集 10004082　集 10004083
　　　　　集 10004084

端木順　集 10005368

段時恒　集 10003987

段驤　　集 10002894

段玉裁　集 10002894

E

鄂棟　　集 10008392

Fan

樊雨　　集 10003557

樊增祥　集 10009773

樊宗師　集 10000076　集 10000077
　　　　集 10000078

范邦瑗　集 10009037

范邦楨　集 10006623　集 10006624

范炳　　集 10001823

集 10004830　集 10004831

集 10004832　集 10004833

集 10004834　集 10004835

集 10004836　集 10004837

集 10004838　集 10004839

集 10004840　集 10004841

集 10004842　集 10004843

集 10004844　集 10004845

集 10004846　集 10004847

集 10004848　集 10004849

集 10004850　集 10004851

集 10004852　集 10004853

集 10004854　集 10004855

集 10004856　集 10004857

集 10004858　集 10004859

集 10004860　集 10009624

集 10009625　集 10009626

集 10009627　集 10009628

Gu

辜典韶　集 10002670

谷誠　集 10001831

谷懷　集 10009149

谷應泰　集 10000037

顧邦傑　集 10005515

顧埰美　集 10000543

顧成順　集 10009629

顧淳慶　集 10005235　集 10005236

顧慈　集 10007541

顧從敬　集 10009814

顧德誠　集 10004734

顧德馨　集 10004501　集 10004873

顧迪光　集 10007367

顧鼎臣　集 10000360

顧灃　集 10004733

顧福仁　集 10006457

顧棡　集 10002678　集 10002679

顧功枚　集 10003505

顧廣譽　集 10005062　集 10005063

集 10005064　集 10005065

集 10005066　集 10005067

顧懷三　集 10004532　集 10004533

顧集　集 10009365

顧家樹　集 10005236　集 10006745

集 10006746

顧家相　集 10006931

顧景康　集 10003542

顧況　集 10000058

顧瀾　集 10008546

顧列星　集 10002638　集 10009578

集 10002137

顧履成　集 10000058

顧名端　集 10000058

顧訥　集 10002825

顧樸淳　集 10008548

顧其銘　集 10007854

顧清　集 10000353

顧清標　集 10007788

顧人龍　集 10000584

顧柔瓚　集 10002638

顧如金　集 10004555　集 10004556

集 10007944

顧升誥　集 10002917

顧師典　集 10004165

顧壽楨　集 10006401　集 10006402

集 10006403

顧澍　　集 10003819　集 10003820

　　　　集 10003821　集 10003822

　　　　集 10009632

顧嗣立　集 10000133

顧天埈　集 10000416

顧廷綸　集 10003829

顧維岳　集 10000303

顧文彬　集 10009233

顧文澄　集 10006277

顧錫疇　集 10000438　集 10000462

顧禧　　集 10000133

顧憲成　集 10000405

顧變光　集 10006402　集 10007435

　　　　集 10007436　集 10007437

　　　　集 10007438　集 10007439

　　　　集 10007441

顧變綸　集 10005054

顧修　　集 10003351　集 10003352

　　　　集 10008307　集 10008308

　　　　集 10008309　集 10000319

　　　　集 10008060

顧炎武　集 10000609

顧一清　集 10003324

顧應期　集 10003736　集 10003737

顧永年　集 10001229　集 10001230

顧有孝　集 10001140

顧予咸　集 10000681

顧曾　　集 10002693

顧釗　　集 10008660

顧照世　集 10004587　集 10004588

顧貞觀　集 10008338

顧之炎　集 10003427　集 10003428

顧宗孔　集 10008115　集 10008113

顧祖訓　集 10002259

Guan

關槐　　集 10003292　集 10008158

　　　　集 10008159

關全美　集 10000883

關鍈　　集 10005845　集 10005846

　　　　集 10005847

關豫　　集 10006212

管邦宰　集 10007643

管筠　　集 10004360

管藍　　集 10007642

管蘭滋　集 10004868

管名籌　集 10006393　集 10007648

　　　　集 10008603

管世駿　集 10008797　集 10008849

　　　　集 10008850　集 10008603

管題雁　集 10004035

管庭芬　集 10000132　集 10000356

　　　　集 10004994　集 10004995

　　　　集 10004996　集 10004997

　　　　集 10008063　集 10001396

管廷鏗　集 10006500

管爲國　集 10007645　集 10007646

　　　　集 10007647

管爲霖　集 10007644

管湘　　集 10004728

管應祥　集 10008185

管元耀　集 10004997

管征塵　集 10004796

Guang

廣智館星期報社　集 10007154

集 10008241

Hong

洪邦泰	集 10007991	集 10007992
	集 10007993	
洪炳文	集 10006762	集 10006763
	集 10007896	集 10009806
洪昌拜	集 10008832	
洪昌燕	集 10005644	
洪昌豫	集 10006057	
洪陳斌	集 10008339	
洪福	集 10007890	
洪光垕	集 10003698	
洪珲堂	集 10005956	
洪坤煊	集 10003581	
洪邁	集 10000198	
洪枰	集 10002871	集 10002872
	集 10002873	
洪若皐	集 10000864	集 10000865
	集 10008096	
洪昇	集 10001300	集 10001301
	集 10001302	集 10001303
	集 10001304	集 10001305
	集 10001045	集 10009459
	集 10009910	集 10009990
	集 10009991	集 10009992
洪煒	集 10003132	
洪頤煊	集 10003746	集 10003747
	集 10003748	
洪允祥	集 10007417	
洪瞻陛	集 10005325	
洪震煊	集 10003934	
洪之霖	集 10006865	

洪鍾	集 10002214	
洪自含	集 10006431	
洪遵	集 10000197	

Hou

侯嘉繙	集 10002124	集 10002125
	集 10002126	集 10002127
	集 10002128	集 10002129
	集 10002130	

Hu

胡濱	集 10004937	
胡昌基	集 10003921	集 10008552
	集 10008553	集 10008554
	集 10008555	
胡成孚	集 10007895	
胡承珙	集 10000066	
胡珵	集 10004978	集 10008959
胡次瑤	集 10003877	
胡道南	集 10007523	集 10007524
胡德邁	集 10001609	
胡調元	集 10007190	集 10007191
	集 10007192	集 10007193
胡鼎玉	集 10004203	
胡鼎鐘	集 10004979	集 10004980
胡蕃	集 10005336	
胡鳳丹	集 10000016	集 10000022
	集 10000389	集 10000390
	集 10005467	集 10005892
	集 10005893	集 10005894
	集 10005895	集 10005896
	集 10005897	集 10005898
	集 10005999	集 10006003

柯聳　　集 10000722

柯萬源　集 10004592

柯維楨　集 10001539

柯煜　　集 10000131　集 10001665
　　　　　集 10001666　集 10001667
　　　　　集 10001668　集 10001669
　　　　　集 10001671　集 10001672
　　　　　集 10001673　集 10001674
　　　　　集 10009541　集 10009542
　　　　　集 10009543　集 10009429

柯振嶽　集 10003329

Kong

孔平仲　集 10000151

孔文仲　集 10000146

孔武仲　集 10000153

孔憲采　集 10008630

孔延之　集 10008704　集 10008705

Lai

來秉奎　集 10008999

來鴻瑨　集 10008999

來集之　集 10000458

來繼韶　集 10000458

來起峻　集 10008999

來汝誠　集 10000458

來紹高　集 10008999

來式鐸　集 10001064

來嗣尹　集 10007815

來畹蘭　集 10008998

來學謙　集 10008997

來裕恂　集 10007225

來宗敏　集 10003806　集 10003807

賴以邠　集 10009859　集 10009860

Lan

嵐峯　　集 10006034

Lang

郎葆辰　集 10003670

郎璟　　集 10005631

Lao

勞琛　　集 10005583

勞大興　集 10001073　集 10001074

勞格　　集 10000090　集 10000099
　　　　　集 10000123　集 10000124
　　　　　集 10000195　集 10000197
　　　　　集 10000198　集 10000321
　　　　　集 10008106　集 10008107
　　　　　集 10000095　集 10000247
　　　　　集 10000272

勞銘之　集 10006498

勞乃寬　集 10006599　集 10006600

勞乃宣　集 10006599　集 10006600
　　　　　集 10006617　集 10006619
　　　　　集 10006620　集 10008956

勞權　　集 10000271

勞蓉君　集 10005588　集 10005589
　　　　　集 10008408

勞史　　集 10001532　集 10001533

勞之辨　集 10001225　集 10001226
　　　　　集 10001227

Lei

雷瑨　　集 10002481

李富孫	集 10003711	集 10009479
李光	集 10000172	
李光溥	集 10009944	集 10009950
李國梁	集 10008762	
李含章	集 10003011	
李涵	集 10001042	
李賀	集 10000072	集 10000073
	集 10000074	
李鶴生	集 10008011	
李恒	集 10007671	
李弘道	集 10001440	
李厚建	集 10001042	集 10006195
李笏	集 10005989	
李黃琮	集 10007128	集 10007129
李集	集 10002859	集 10002966
	集 10008560	
李嘉績	集 10004588	集 10004734
	集 10004873	
李鑑	集 10002668	
李縉雲	集 10007781	
李景祥	集 10007240	
李鏡	集 10000742	集 10000743
李菊房	集 10008993	
李雋	集 10002437	
李凱	集 10002044	集 10009967
李椿	集 10005187	
李瑯卿	集 10008837	
李澧	集 10009641	
李良年	集 10001144	集 10001145
	集 10001146	集 10001147
	集 10001148	集 10009465
	集 10009879	集 10009880
	集 10009182	
李麟書	集 10007791	
李鏐	集 10008980	
李梅	集 10009013	
李夢陽	集 10000361	集 10000362
	集 10000363	
李明嶅	集 10000688	
李屺源	集 10000633	
李清華	集 10003048	
李慶曾	集 10003338	
李碻(李天植)	集 10000491	
	集 10000492	集 10000493
	集 10000494	集 10000495
	集 10000496	集 10000497
	集 10000498	集 10000499
	集 10000500	集 10000501
	集 10000502	
李壬	集 10007267	集 10008601
李日華	集 10009614	
李榕	集 10001557	集 10002316
	集 10003371	集 10001256
	集 10002680	集 10002680
李汝章	集 10003023	
李若虛	集 10003760	集 10009669
	集 10009678	
李三才	集 10002406	
李善蘭	集 10005389	集 10005390
李商隱	集 10000079	集 10000080
	集 10000081	集 10000082
	集 10000083	集 10000084
李紹城	集 10004663	
李繩遠	集 10001114	集 10008988
李聖就	集 10006773	
李世衡	集 10001826	

集 10000125	集 10000126	集 10000943	集 10000944
集 10000128	集 10000144	集 10000945	集 10000946
集 10000146	集 10000151	集 10000947	集 10000948
集 10000152	集 10000153	集 10000949	集 10000950
集 10000155	集 10000159	集 10000951	集 10000952
集 10000160	集 10000161	集 10000953	集 10000954
集 10000162	集 10000165	集 10000955	集 10000956
集 10000166	集 10000169	集 10000957	集 10000958
集 10000170	集 10000171	集 10000959	集 10000960
集 10000173	集 10000177	集 10000961	集 10000962
集 10000178	集 10000179	集 10000963	集 10000964
集 10000182	集 10000185	集 10000965	集 10000966
集 10000186	集 10000188	集 10008061	集 10008084
集 10000190	集 10000193	集 10008166	集 10008195
集 10000194	集 10000199	集 10008233	集 10008303
集 10000206	集 10000209	集 10008439	集 10008440
集 10000210	集 10000213	集 10008441	集 10008929
集 10000214	集 10000215	集 10009209	集 10009210
集 10000216	集 10000217	集 10009211	集 10009212
集 10000218	集 10000219	集 10009366	集 10000096
集 10000220	集 10000221	集 10000109	集 10000126
集 10000224	集 10000225	集 10000154	集 10000175
集 10000229	集 10000256	集 10000176	集 10000180
集 10000267	集 10000269	集 10000184	集 10000189
集 10000273	集 10000281	集 10000196	集 10000201
集 10000286	集 10000288	集 10000230	集 10000235
集 10000289	集 10000381	集 10000238	集 10000249
集 10000384	集 10000420	集 10000251	集 10000252
集 10000421	集 10000425	集 10000255	集 10000257
集 10000429	集 10000433	集 10000258	集 10000266
集 10000444	集 10000447	集 10000276	集 10000277
集 10000449	集 10000452	集 10000278	集 10000284
集 10000941	集 10000942	集 10000287	

陸進	集 10001346	集 10001347	陸莱	集 10001021	集 10001022
	集 10001348	集 10001349		集 10008155	集 10008341
	集 10001350	集 10009520		集 10009868	
	集 10009521	集 10009839	陸珊	集 10006881	
	集 10009894	集 10001336	陸上瀾	集 10000724	集 10008165
	集 10008510		陸師	集 10001694	
陸九淵	集 10000239		陸世楪	集 10002794	集 10002795
陸奎勳	集 10001676	集 10001677	陸壽人	集 10007900	
	集 10007908	集 10008133	陸樹蘭	集 10003714	集 10003715
	集 10008146	集 10008350		集 10003716	集 10003717
陸桙	集 10003523			集 10003718	
陸隴其	集 10001023	集 10001024	陸素生	集 10003534	
	集 10001025	集 10001026	陸素心	集 10003733	
	集 10001027	集 10001028	陸廷黻	集 10009263	集 10006571
	集 10001029	集 10001030		集 10006572	集 10009264
	集 10001031	集 10001032	陸惟燦	集 10007107	
	集 10001033	集 10001034	陸文傑	集 10004232	
	集 10001035	集 10001036	陸文瀾	集 10005712	
	集 10001037		陸擷湘	集 10005708	集 10005709
陸驦	集 10007163			集 10005710	集 10005711
陸枺	集 10010018			集 10008955	
陸夢龍	集 10000068		陸心源	集 10000014	集 10000015
陸攀堯	集 10002318			集 10000091	集 10000113
陸培	集 10009526	集 10009527		集 10000117	集 10000127
	集 10009528			集 10000158	集 10000163
陸圻	集 10000605	集 10000606		集 10000164	集 10006349
陸齊壽	集 10005513			集 10006350	集 10006351
陸洽原	集 10000576	集 10000577		集 10006352	集 10008262
	集 10000578			集 10008627	集 10008628
陸清澄	集 10009012			集 10008706	集 10009184
陸榮科	集 10003662	集 10003663		集 10009299	集 10000127
陸溶	集 10002135			集 10004085	
陸鎔	集 10004724		陸心齋	集 10008316	

駱奎祺　集 10005311

駱慶生　集 10002330

駱元邃　集 10006753

Ma

馬寶琛　集 10007831

馬承福　集 10004953

馬承燧　集 10006059

馬承昭　集 10005706

馬傳煦　集 10007832

馬汾　　集 10004671　集 10004672
　　　　集 10009615

馬浮　　集 10008003　集 10008004

馬廣良　集 10006378　集 10006379
　　　　集 10006380

馬光瀾　集 10007833

馬國偉　集 10003394　集 10008369
　　　　集 10008370　集 10009051

馬洪熹　集 10001046

馬嘉楨　集 10000529

馬錦　　集 10004391　集 10009656

馬炯章　集 10007315

馬俊良　集 10008425　集 10008426

馬李輝　集 10003626

馬履泰　集 10003198　集 10003199
　　　　集 10008962

馬慶蓉　集 10005338　集 10005339
集 10005340

馬銓　　集 10004574

馬如佩　集 10004457

馬上蠣　集 10009278

馬紹光　集 10004699

馬世俊　集 10007626

馬世榮　集 10001046

馬士龍　集 10005107

馬壽穀　集 10008576　集 10007821

馬思贊　集 10001684　集 10001685
　　　　集 10001686

馬馴良　集 10008513

馬天　　集 10001278　集 10001279

馬桐芳　集 10003949

馬維翰　集 10002047　集 10008352

馬錫康　集 10007202　集 10007203

馬緒　　集 10003114

馬學乾　集 10003103

馬洵　　集 10002468　集 10004573

馬顏森　集 10006750

馬翼贊　集 10002056

馬逸臣　集 10007961

馬用俊　集 10003699　集 10008369
　　　　集 10009051

馬元錫　集 10001698　集 10001699

馬曰琯　集 10009298

馬自熙　集 10006493

Mao

毛蕃　　集 10008582

毛際可　集 10001103　集 10001104
　　　　集 10001105　集 10001106
　　　　集 10001107　集 10001108
　　　　集 10001109　集 10001110
　　　　集 10001111　集 10001112
　　　　集 10001113　集 10009440
　　　　集 10009441　集 10009464

毛逵　　集 10000933

毛琳　　集 10003101

Mo

莫晉	集 10003614	集 10000376
莫繩孫	集 10009176	
莫遜古	集 10001217	
莫永貞	集 10007362	

Ni

倪安世	集 10000442	
倪燦	集 10008057	集 10009488
倪稻孫	集 10002995	集 10009609
	集 10009610	集 10009611
	集 10009612	集 10009613
倪璠	集 10000023	集 10000023
倪國璉	集 10002173	
倪會鼎	集 10000442	集 10000443
倪繼宗	集 10008748	集 10000358
倪澧	集 10004629	集 10004630
倪勘	集 10008674	
倪樸	集 10000187	
倪謙	集 10000336	
倪師旦	集 10006415	
倪錫麒	集 10006109	
倪象占	集 10003026	集 10003027
	集 10003028	集 10003029
	集 10003030	集 10009548
倪星垣	集 10010015	
倪以埴	集 10004861	集 10004862
倪印元	集 10002519	
倪鏞	集 10004275	
倪元璐	集 10000441	集 10000442
	集 10000443	
倪瓚	集 10000309	
倪子度	集 10004092	集 10003692

| 倪宗正 | 集 10000358 | |
| 倪祖喜 | 集 10003025 | |

Nie

| 聶先 | 集 10009396 | 集 10009397 |
| | 集 10009398 | 集 10009399 |

Ning

| 寧錡 | 集 10002914 | 集 10002915 |
| | 集 10002916 | |

Niu

鈕承榮	集 10006582	
鈕福疇	集 10005638	集 10005639
	集 10009719	
鈕樹玉	集 10003595	
鈕澤晟	集 10007283	

Ou

歐陽熙	集 10006697	
歐陽修	集 10000103	集 10000104
	集 10000105	集 10000106
甌隱園社員	集 10008912	

Pan

潘彪	集 10001608	
潘鼎	集 10004757	
潘恩齊	集 10002448	集 10002449
潘福綸	集 10007876	
潘恭辰	集 10004036	集 10004037
潘鴻	集 10006476	集 10006886
	集 10009707	
潘鴻康	集 10007976	

錢人傑	集 10004142		
錢仁榮	集 10004027	集 10004028	
	集 10007517	集 10007518	
錢任鈞	集 10003899		
錢榕	集 10002824		
錢汝恭	集 10002728		
錢汝霖	集 10000696		
錢瑞徵	集 10008564		
錢善揚	集 10003756		
錢師曾	集 10004070		
錢時穎	集 10005584		
錢世瑞	集 10003597	集 10005312	
	集 10005313		
錢世錫	集 10002856	集 10002857	
	集 10009917		
錢世敘	集 10009057		
錢士鼇	集 10000411		
錢士馨	集 10008165		
錢栻	集 10003266	集 10003267	
	集 10009198		
錢樹	集 10002798		
錢蕭楷	集 10002558		
錢蕭樂	集 10000460	集 10000461	
	集 10000463	集 10000464	
錢蕭圖	集 10000678		
錢台	集 10004381		
錢泰吉	集 10000054	集 10004770	
	集 10004771	集 10004772	
	集 10004773	集 10004774	
	集 10004775	集 10004776	
	集 10004777	集 10004778	
	集 10004779	集 10004780	
	集 10009103		

錢天樹	集 10004214		
錢廷頴	集 10004922		
錢廷成	集 10004640		
錢廷焞	集 10004871		
錢廷烺	集 10004466	集 10004467	
	集 10009662		
錢廷熊	集 10004284		
錢廷烜	集 10004585	集 10004585	
	集 10004586		
錢廷薰	集 10004799		
錢廷燿	集 10004958		
錢廷焯	集 10004758		
錢惟善	集 10000313	集 10000314	
錢文櫄	集 10004283		
錢文楨	集 10007528		
錢沃臣	集 10003323		
錢熙祚	集 10008108		
錢錫案	集 10006937		
錢錫保	集 10006780		
錢錫賓	集 10002346	集 10002452	
	集 10002715	集 10002798	
	集 10002824	集 10003266	
	集 10003267	集 10003365	
	集 10003617	集 10003783	
	集 10003817	集 10003839	
	集 10003899	集 10004283	
	集 10004284	集 10004381	
	集 10004585	集 10004758	
	集 10004798	集 10004799	
	集 10004957	集 10005386	
	集 10005584	集 10006331	
錢錫鬯	集 10007054		
錢錫慶	集 10006887		

錢錫章　集 10006845

錢錫正　集 10006741

錢錫祉　集 10006754

錢禧　　集 10000444　集 10000445

錢選　　集 10002855

錢學懋　集 10009647

錢一桂　集 10003558

錢儀吉　集 10003684　集 10004426

　　　　集 10004427　集 10004428

　　　　集 10004429　集 10004430

　　　　集 10004431　集 10004432

　　　　集 10004433　集 10004434

　　　　集 10004435　集 10004436

　　　　集 10004437　集 10004438

　　　　集 10004439　集 10004440

　　　　集 10004441　集 10004442

　　　　集 10004443　集 10004444

　　　　集 10004445　集 10004446

　　　　集 10004447　集 10004448

　　　　集 10004449　集 10004450

　　　　集 10004451　集 10008398

　　　　集 10009102　集 10003559

　　　　集 10008564

錢宜　　集 10009960

錢彝銘　集 10005673

錢以塏　集 10001581

錢蔭喬　集 10009157

錢煐　　集 10001016

錢雍　　集 10005176

錢永基　集 10001327

錢泳　　集 10009148

錢友泗　集 10004265

錢有序　集 10003818

錢豫章　集 10003312

錢元昌　集 10001797　集 10001798

　　　　集 10001799　集 10001800

錢雲輝　集 10005060

錢韞素　集 10005646

錢載　　集 10002331　集 10002332

　　　　集 10002333　集 10002334

　　　　集 10002335　集 10002336

　　　　集 10002849　集 10002850

　　　　集 10009546　集 10002302

錢樟　　集 10003816

錢召棠　集 10006067

錢肇修　集 10001622　集 10009512

錢振常　集 10005985　集 10005986

　　　　集 10000084

錢振倫　集 10000021　集 10000084

　　　　集 10004531　集 10004877

　　　　集 10005596

錢振聲　集 10004430

錢贄　　集 10005834

錢中盛　集 10002377　集 10002378

錢周熾　集 10004356

錢宗源　集 10006331

錢棕良　集 10006740

Qiao

鄥佩之　集 10006631

鄥宗梅　集 10003895

Qin

欽璉　　集 10001913

秦福基　集 10007817

秦觀　　集 10000159

秦淮醉侯　集 10009970

秦枏　　集 10002358

秦士豪　集 10004673

秦樹鋕　集 10006297

秦松齡　集 10009523

秦文炳　集 10007042　集 10007043

秦錫淳　集 10008822　集 10002358
　　　　集 10002359

秦湘業　集 10008906

秦緗業　集 10008512　集 10008516
　　　　集 10008525

秦行澧　集 10007893

秦鈺　　集 10009132

秦源　　集 10008957

秦月　　集 10002360　集 10002361

Qiu

丘光德　集 10008316

丘濬　　集 10000338

丘象隨　集 10000072　集 10000073

秋瑾　　集 10007426　集 10007427
　　　　集 10007428　集 10007429
　　　　集 10007430

秋學禮　集 10003106

邱光華　集 10003450

邱謹　　集 10001940

邱克承　集 10001393

邱祿來　集 10006372

邱培湖　集 10007371

邱學勴　集 10002934　集 10002935

仇養正　集 10003001

仇遠　　集 10000303

仇兆鼇　集 10000042　集 10000043

　　　　集 10000044　集 10000045

裘璉　　集 10001289　集 10001290
　　　　集 10001291　集 10001292
　　　　集 10001293　集 10009909
　　　　集 10009988　集 10009989

Qu

屈苣纕　集 10007684　集 10008969

屈苣纕　集 10006625　集 10006626

屈蕙纕　集 10006774

屈大均　集 10001020

屈鳳輝　集 10003299

屈庚輿　集 10005205

屈蕙纕　集 10007685　集 10009760
　　　　集 10006625　集 10006626
　　　　集 10007684　集 10008969

屈爲彝　集 10004072　集 10004072

屈爲章　集 10003339　集 10003340
　　　　集 10003341　集 10003342

屈㸌　　集 10008605

屈學洙　集 10009127

屈原　　集 10000009

Quan

全祖望　集 10000789　集 10002275
　　　　集 10002276　集 10002277
　　　　集 10002278　集 10002279
　　　　集 10002280　集 10002281
　　　　集 10002282　集 10002283
　　　　集 10002284　集 10002285
　　　　集 10002286　集 10002287
　　　　集 10002288　集 10002289
　　　　集 10002290　集 10002291

單士鰲　集 10007085

單瑤田　集 10009936

單煜　集 10005049

單炤　集 10002822

山鳳輝　集 10005226　集 10008617

Shang

商炳文　集 10006202

商嘉言　集 10004138　集 10004139
　　　　集 10004140　集 10004141

商景蘭　集 10000534　集 10000535
　　　　集 10009418　集 10000456

商輅　集 10000334　集 10000335

商盤　集 10002179　集 10002180
　　　集 10002181　集 10002182
　　　集 10002183　集 10008713

Shao

邵長衡　集 10000133　集 10000134

邵大業　集 10002357

邵塈　集 10002928

邵颿　集 10003300　集 10003301
　　　集 10003302　集 10003303
　　　集 10003304　集 10008150
　　　集 10008152

邵晉涵　集 10003090　集 10003091
　　　　集 10003092　集 10003987

邵匹蘭　集 10006371

邵書稼　集 10003268　集 10009022

邵澍　集 10003483

邵棠　集 10004744　集 10004745

邵廷寀　集 10001367　集 10001368

邵廷鎬　集 10002501

邵同人　集 10004620

邵希曾　集 10003359　集 10009022

邵錫榮　集 10001537　集 10009517

邵錫蔭　集 10001653　集 10008335

邵懿辰　集 10001702　集 10005393
　　　　集 10005394　集 10005395
　　　　集 10005396　集 10005397
　　　　集 10005398　集 10005399
　　　　集 10005400　集 10005401
　　　　集 10005402　集 10005403
　　　　集 10005404　集 10005405
　　　　集 10005406　集 10005407
　　　　集 10005408　集 10005409
　　　　集 10005410　集 10005411
　　　　集 10008500　集 10008501
　　　　集 10009022

邵友濂　集 10006566

邵遠平　集 10001129

邵章　集 10007385　集 10007386
　　　集 10007387　集 10007388

邵志純　集 10009022

邵祖壽　集 10000164

Shen

申發祥　集 10002499

申甫　集 10002304

申涵光　集 10000454

申涵煜　集 10000454

申佳胤（申佳允）　集 10000454

申志廉　集 10006583

沈愛蓮　集 10008561　集 10008562
　　　　集 10008563

沈岸登　集 10001040　集 10009511

沈國治　集 10002964
沈涵　集 10001447
沈浩　集 10005254
沈皡日　集 10009833
沈亨惠　集 10005440
沈珩　集 10000708　集 10000709
沈鑅　集 10004707
沈鋐　集 10004144
沈華平　集 10001121
沈淮　集 10004959
沈焕　集 10000234
沈機　集 10000435
沈季友　集 10001465　集 10001466
集 10008549　集 10008550
集 10008551　集 10008341
集 10008606
沈嘉轍　集 10008382
沈家本　集 10006505　集 10006506
集 10006507　集 10009095
集 10002964　集 10006923
沈家霦　集 10006923　集 10006924
沈家珍　集 10004948
沈甲芳　集 10005572
沈蕉青　集 10005922
沈金藻　集 10005750　集 10005751
沈近思　集 10001733　集 10001734
集 10001735　集 10001736
集 10001737　集 10001738
沈景良　集 10003022
沈景梅　集 10003022
沈景謨　集 10007301
沈景修　集 10006366　集 10006367
集 10006368　集 10006369
集 10006370　集 10009735
沈玨　集 10002993
沈瑴　集 10004658　集 10004659
沈鈞　集 10008522
沈筠　集 10004889　集 10005178
集 10005179　集 10005180
集 10005181　集 10005182
集 10008080　集 10008596
集 10009064　集 10010004
集 10004724　集 10005329
沈峻曾　集 10001018
沈浚　集 10002348
沈可培　集 10002943　集 10002944
集 10008048　集 10000085
沈孔鍵　集 10001989
沈奎　集 10004538　集 10004539
沈焜　集 10007379
沈琨　集 10003120　集 10003121
沈瀾　集 10008928
沈朗　集 10001683
沈閬崑　集 10006406　集 10006407
集 10006408
沈廉　集 10006576　集 10006577
沈廉(字補隅)　集 10002189
沈濂　集 10004885　集 10004886
沈蓮生　集 10004145
沈蓼庵　集 10007694
沈履端　集 10001728
沈楙　集 10002660　集 10002661
沈名蓀　集 10001098
沈銘彝　集 10003831
沈南春　集 10003354
沈寧遠　集 10002115　集 10002116

Si

嗣鶴課花人　集 10007868

Song

松坡居士　集 10008752　集 10008753　集 10008754

宋長白　集 10009283

宋慈褎　集 10007954　集 10007955　集 10007956

宋大樽　集 10003150　集 10003151　集 10003152　集 10009333　集 10009334

宋衡　集 10007189

宋旡　集 10000302

宋傑　集 10005865

宋景關　集 10000497　集 10002670　集 10002547　集 10002548　集 10008882

宋景龢　集 10008580

宋俊　集 10000863　集 10009518

宋口口　集 10002858

宋槤　集 10003690　集 10003691　集 10003692

宋濂　集 10000317　集 10000318　集 10000307

宋犖　集 10008087

宋鳴韌　集 10003257

宋起鳳　集 10001060

宋世犖　集 10008813　集 10003738　集 10003739　集 10003740　集 10003741　集 10008777　集 10008778

宋恕　集 10007863

宋棠　集 10005749

宋廷桓　集 10002489

宋琬　集 10009828　集 10008272

宋維藩　集 10009551

宋錫蘭　集 10001251

宋禧　集 10003256

宋咸熙　集 10003151　集 10003786　集 10008577　集 10008884

宋璇　集 10004657

宋璿　集 10009049　集 10009049

宋澤元　集 10006771　集 10006772

宋志沂　集 10006222

宋至　集 10000133

Su

蘇椿　集 10005559

蘇惇元　集 10000595

蘇和溱　集 10002582

蘇軾　集 10000128　集 10000129　集 10000130　集 10000131　集 10000133　集 10000134　集 10000135　集 10000136　集 10000137　集 10000138　集 10000139　集 10000140　集 10000141　集 10000142　集 10000143　集 10000144　集 10000145　集 10000017　集 10000018

蘇洵　集 10000110

蘇燿　集 10001460

蘇轍　集 10000147　集 10000149　集 10000134

蘇滋恢　集 10001902

Sui

邃漢齋　　集 10004832

Sun

孫鉥　　集 10001069

孫寶鏇　　集 10007420　　集 10007421

孫辰東　　集 10002929

孫承彥　　集 10004891

孫傳曾　　集 10003415

孫春澤　　集 10007602　　集 10007603

孫琮　　集 10000059　　集 10000150

　　　　集 10000936　　集 10000937

　　　　集 10008046　　集 10008086

　　　　集 10008095　　集 10008179

　　　　集 10008217　　集 10008218

　　　　集 10008219　　集 10008220

　　　　集 10008296　　集 10008297

　　　　集 10008298　　集 10008299

　　　　集 10009516

孫大濩　　集 10003764

孫大志　　集 10001656

孫讜　　集 10008467

孫道乾　　集 10007834

孫德祖　　集 10006509　　集 10006510

　　　　集 10006511　　集 10006512

　　　　集 10006513　　集 10009765

　　　　集 10009766

孫覿　　集 10000179

孫鼎吉　　集 10005957

孫芳　　集 10003601

孫鳳儀　　集 10001468　　集 10009455

孫福清　　集 10005992　　集 10005943

　　　　集 10005944　　集 10008081

集 10008936

孫垓　　集 10005498

孫廣南　　集 10009075　　集 10009802

孫功烈　　集 10003314

孫貫中　　集 10003200　　集 10003201

　　　　集 10003202　　集 10003203

孫灝　　集 10002159　　集 10002160

　　　　集 10002161

孫暉　　集 10004981　　集 10008971

孫家毅　　集 10004763　　集 10004764

孫洊鳴　　集 10008138

孫景烈　　集 10005510

孫峻　　集 10007336　　集 10008953

　　　　集 10009045

孫炌　　集 10001294　　集 10001295

　　　　集 10001296

孫鑛　　集 10000400

孫霖　　集 10002790

孫麟　　集 10004211　　集 10004212

孫樓　　集 10000388

孫枚　　集 10004153

孫梅　　集 10003014　　集 10009335

　　　　集 10009336

孫念疇　　集 10001295

孫佩芬　　集 10006237　　集 10006244

孫佩蘭　　集 10005870

孫鏘　　集 10000243　　集 10007226

　　　　集 10000294　　集 10000295

　　　　集 10000243　　集 10000318

孫鏘鳴　　集 10005611　　集 10005612

　　　　集 10005613　　集 10005614

　　　　集 10005615　　集 10005616

　　　　集 10005617　　集 10005618

	集 10005619	
孫喬年	集 10008511	
孫清	集 10005015	集 10005016
	集 10005240	集 10005016
	集 10006412	集 10006413
	集 10006414	集 10008974
孫慶	集 10007899	
孫慶曾	集 10007080	集 10007081
	集 10007082	
孫人鳳	集 10005270	
孫人龍	集 10000019	集 10000050
	集 10002936	集 10008102
孫容軒	集 10003493	
孫潚	集 10005163	集 10005508
	集 10005509	
孫汝馨	集 10002503	
孫牲	集 10003135	
孫慎行	集 10000417	
孫世均	集 10005218	集 10005219
	集 10005220	
孫士毅	集 10002563	
孫思奮	集 10006533	
孫蓀意	集 10004394	集 10009663
	集 10009664	
孫濤	集 10007913	集 10009271
	集 10009275	
孫廷璋	集 10005973	集 10005974
	集 10005975	集 10005976
孫維龍	集 10002783	
孫蔚	集 10003128	
孫文爌	集 10008508	集 10008509
孫聞禮	集 10008971	
孫五封	集 10007696	

孫希旦	集 10002948	集 10002949
	集 10002950	集 10002951
	集 10004596	
孫熹	集 10000264	
孫錫	集 10009560	
孫錫祉	集 10008946	
孫憲儀	集 10005871	
孫燮	集 10004392	集 10004393
孫星華	集 10000095	集 10000272
	集 10000090	集 10000099
	集 10000123	集 10000124
	集 10000195	
孫星衍	集 10000247	
孫延釗	集 10004596	
孫延畛	集 10008919	
孫燕昌	集 10008588	
孫揚	集 10000368	
孫一元	集 10000369	
孫衣言	集 10005517	集 10005518
	集 10005519	集 10005520
	集 10005521	集 10005522
	集 10005523	集 10005524
	集 10005525	集 10005526
	集 10005527	集 10005528
	集 10008887	集 10008889
	集 10008890	集 10009257
	集 10009776	集 10000248
	集 10002948	集 10002949
	集 10005907	集 10009257
孫詒讓	集 10000609	集 10000610
	集 10006764	集 10006765
	集 10006766	集 10005872
孫詒燕	集 10007015	集 10007016

譚貞默　集 10007516

譚宗　　集 10008224　集 10008225

Tang

湯成烈　集 10008926

湯騁　　集 10008162

湯紀尚　集 10006867　集 10006868
　　　　集 10006869　集 10006870

湯金釗　集 10004041　集 10004042
　　　　集 10004043　集 10004044

湯禮祥　集 10003459

湯慶祖　集 10007776

湯世昌　集 10002608

湯壽潛　集 10008859　集 10008861
　　　　集 10008862　集 10008201

湯淑清　集 10007674

湯顯祖　集 10000406　集 10009959
　　　　集 10009960

湯修　　集 10005437

湯敘　　集 10001707

湯右曾　集 10001527　集 10001528
　　　　集 10001529　集 10001530
　　　　集 10001531

湯裕　　集 10006422

唐彪　　集 10009370

唐風　　集 10007948

唐福履　集 10007359　集 10007360

唐庚　　集 10000170

唐恭安　集 10006579

唐翰題　集 10005586

唐際虞　集 10006388

唐靖　　集 10001655

唐龍　　集 10000365

唐謨　　集 10005157

唐佩金　集 10006904

唐起鳳　集 10002730

唐仁壽　集 10006158

唐壬森　集 10009262

唐汝詢　集 10008223

唐順之　集 10000383　集 10000384

唐廷綸　集 10005327

唐嘯登　集 10008583

唐學潮　集 10008353

唐寅　　集 10000355

唐應昌　集 10002559

唐詠裳　集 10007304

唐員　　集 10005196

唐岳　　集 10008090

唐之鳳　集 10001254

Tao

陶葆廉　集 10006618

陶秉銓　集 10004631

陶崇信　集 10007477

陶垂　　集 10009232

陶大均　集 10007137　集 10007138

陶方琯　集 10007835

陶方琦　集 10006673　集 10006674
　　　　集 10006675　集 10006676
　　　　集 10006677　集 10006678
　　　　集 10006679　集 10006680
　　　　集 10009348　集 10009761
　　　　集 10009762　集 10009763
　　　　集 10008414

陶軌　　集 10009502

陶及申　集 10001179　集 10001180

	集 10002725	集 10008326
	集 10008395	集 10008396
汪璨	集 10006082	集 10006083
	集 10006084	集 10009721
	集 10009722	
汪仁溥	集 10002229	
汪如洋	集 10003430	集 10003431
	集 10003432	集 10003433
	集 10003434	
汪如淵	集 10003916	
汪如藻	集 10003130	集 10003131
汪汝謙	集 10000478	集 10000479
	集 10000480	集 10000481
	集 10000482	集 10000483
	集 10000484	集 10000485
	集 10000486	集 10000487
汪森	集 10001496	集 10001497
	集 10001498	集 10001499
	集 10001500	集 10008126
	集 10008236	集 10008249
	集 10008306	集 10008349
	集 10008935	集 10009504
	集 10009505	集 10009506
	集 10009823	集 10000283
	集 10009834	集 10009835
	集 10009836	集 10009837
汪善慶	集 10005540	
汪上彩	集 10003113	
汪上塽	集 10002143	
汪紹焜	集 10001637	
汪繩武	集 10010015	
汪師韓	集 10000087	集 10000143
	集 10002320	集 10002321

	集 10002322	集 10002323
	集 10008100	集 10008103
	集 10008994	集 10009308
	集 10001872	集 10001881
汪師亮	集 10002375	
汪世雋	集 10009604	
汪世泰	集 10003524	
汪士鋐	集 10008130	
汪鉞	集 10002041	集 10004903
	集 10008995	集 10002035
汪守中	集 10003373	集 10003537
	集 10008094	
汪淑娟	集 10009717	集 10009794
汪澍	集 10005653	集 10005654
汪述祖	集 10007714	集 10009043
汪惟憲	集 10001873	
汪爲熹	集 10007823	
汪文柏	集 10001585	集 10001586
	集 10001587	集 10001588
	集 10001589	集 10001590
	集 10001591	集 10001592
	集 10008072	
汪熙敬	集 10009805	
汪賢衢	集 10003337	
汪賢書	集 10002215	
汪衢	集 10003611	集 10003612
汪憲	集 10002574	集 10002575
	集 10008154	
汪緒宜	集 10003447	
汪壎	集 10001729	
汪耀文	集 10005154	
汪彝銘	集 10003062	
汪詒年	集 10007144	

王朝清	集 10007028	
王琛	集 10008903	集 10008904
王宸正	集 10005817	
王成瑞	集 10006073	集 10006074
	集 10008556	
王承奎	集 10005413	
王澄	集 10002901	
王誠	集 10005141	集 10005142
	集 10009345	
王崇炳	集 10001490	集 10001491
	集 10001492	集 10001493
	集 10001494	集 10001495
	集 10008855	集 10000233
	集 10001401	集 10001402
王崇勲	集 10007637	
王崇勳	集 10007627	
王椿齡	集 10005143	集 10005144
王大經	集 10005351	
王大齡	集 10005504	
王丹墀	集 10004244	集 10008939
	集 10009584	
王丹地	集 10008939	
王丹林	集 10001126	
王燾	集 10001594	
王德溥	集 10002551	集 10002552
	集 10002553	
王德馨	集 10005675	
王德信	集 10009901	
王迪中	集 10006698	集 10006699
王典	集 10001081	
王定祥	集 10006963	集 10006964
	集 10006965	集 10006966
	集 10006967	集 10006968

	集 10006969	集 10006970
	集 10006971	集 10009206
	集 10000901	集 10000920
王定洋	集 10006355	集 10006356
	集 10006357	
王端淑	集 10000554	集 10000555
	集 10008284	
王鐸	集 10000441	
王恩綸	集 10006529	
王爾綱	集 10008279	
王棻	集 10008814	集 10000265
	集 10005111	集 10006069
	集 10006070	集 10006071
	集 10006072	集 10008779
	集 10008803	集 10008804
	集 10008805	集 10008810
	集 10008814	集 10008816
	集 10008819	集 10008847
	集 10009112	集 10000264
	集 10000310	集 10000311
	集 10000375	集 10004246
	集 10004247	集 10008809
王逢辰	集 10008565	
王福祥	集 10005650	
王復	集 10002962	集 10002963
	集 10004741	集 10009937
王復禮	集 10008174	集 10000204
王概	集 10001299	
王穀韋	集 10001246	
王廣業	集 10002477	集 10003173
	集 10003181	集 10003182
王國維	集 10007449	集 10007450
	集 10007451	集 10007452

王士禧	集 10008938
王士禛	集 10008340　集 10009168
	集 10009284　集 10008938
	集 10009440
王守仁	集 10000359
王書升	集 10006019
王恕	集 10000337
王樹	集 10009346
王樹穀	集 10001384
王樹榮	集 10007376　集 10007377
王樹英	集 10003077　集 10004486
王述曾	集 10004112　集 10004113
王思任	集 10000018
王思仲	集 10005701
王斯年	集 10004029　集 10004030
	集 10004031　集 10004032
王嗣槐	集 10001355　集 10001356
王嗣暉	集 10007509
王孫芸	集 10006428
王曇	集 10003561　集 10003562
	集 10003563　集 10003564
	集 10003565　集 10003566
	集 10003567　集 10003568
	集 10003569　集 10003570
	集 10003571　集 10003572
	集 10003573　集 10003574
	集 10003575　集 10003576
	集 10009194
王曇宜	集 10008451
王濤	集 10001914
王庭	集 10009450　集 10000551
	集 10000552　集 10009431
王庭珪	集 10000178

王庭熙	集 10005860
王廷燦	集 10001461
王廷揚	集 10007316　集 10007317
王統	集 10008015
王稱	集 10000328
王望霖	集 10004653　集 10004654
	集 10004655　集 10004656
王惟梅	集 10003057　集 10008085
王惟孫	集 10003909　集 10007755
王維	集 10000030　集 10000031
	集 10000032
王維翰	集 10006075　集 10006076
	集 10006077　集 10006078
	集 10006079　集 10008079
	集 10008461　集 10006241
	集 10008460
王維祺	集 10004245　集 10004246
	集 10004247
王維翰	集 10008807
王蔚文	集 10004047
王魏勝	集 10005113　集 10005114
	集 10008464
王文淳	集 10001897
王文誥	集 10000142　集 10003708
	集 10003709
王文奎	集 10000505
王文瑞	集 10005605　集 10005606
王文韶	集 10006213
王文瑋	集 10005377
王文琰	集 10001535
王文苑	集 10008791
王汶	集 10000343
王西溥	集 10006872

王錫	集 10008235	集 10001615
	集 10001616	集 10001617
	集 10008238	
王錫管	集 10000804	
王錫爵	集 10000395	
王錫康	集 10006485	
王先吉	集 10000687	
王相	集 10000794	集 10003141
	集 10003624	集 10004532
	集 10004533	集 10004687
	集 10004688	集 10004689
	集 10004690	集 10004691
	集 10004692	集 10004693
	集 10004694	集 10004729
	集 10004949	集 10004984
	集 10005112	集 10005151
	集 10008075	集 10008076
	集 10008078	集 10008111
	集 10008112	集 10008113
	集 10008114	集 10008115
	集 10008116	集 10008117
	集 10008973	集 10009160
	集 10000625	
王心鏡	集 10005815	
王星誠	集 10006247	
王修	集 10008629	
王修玉	集 10001058	集 10001059
	集 10008157	
王煦	集 10003546	集 10007914
	集 10008101	
王延齡	集 10003335	
王延年	集 10007777	集 10007778
	集 10009181	
王炎	集 10000194	
王衍梅	集 10003902	集 10004166
	集 10004167	集 10004168
	集 10004169	集 10004170
	集 10004171	
王彥起	集 10006484	
王彥威	集 10005729	
王瑤芬	集 10007704	
王一紳	集 10002595	
王詒壽	集 10006214	集 10006215
	集 10006216	集 10006217
	集 10006218	集 10006219
	集 10006220	集 10006221
	集 10009736	集 10009737
	集 10009738	
王以敏	集 10008320	
王奕清	集 10009838	
王益朋	集 10000562	
王義祖	集 10005210	集 10005211
	集 10005212	
王蔭藩	集 10006902	
王引之	集 10003785	
王應麟	集 10000274	集 10000275
王鏞	集 10004454	
王詠簧	集 10007083	
王詠霓	集 10004237	集 10004238
	集 10006458	集 10006459
	集 10006460	集 10006461
	集 10006462	集 10006463
	集 10006464	
王有鈞	集 10005733	
王又華	集 10009878	集 10009869
王又曾	集 10002300	集 10002301

	集 10000213	集 10000214	吳光熊	集 10006562	
	集 10000215	集 10000216	吳國華	集 10007983	
	集 10000217	集 10000218	吳國賢	集 10006265	
	集 10000219	集 10000220	吳顥	集 10003390	集 10003391
	集 10000221	集 10000224		集 10008492	集 10008493
	集 10000225	集 10000229	吳衡照	集 10003977	集 10008542
	集 10000256	集 10000267		集 10009890	
	集 10000269	集 10000273	吳鴻	集 10002599	
	集 10000286	集 10000288	吳懷珍	集 10006314	集 10006315
	集 10000289	集 10008061	吳焕文	集 10007851	
	集 10000096	集 10000109	吳璜	集 10002687	
	集 10000126	集 10000154	吳鑛	集 10002888	
	集 10000184	集 10000189	吳積鑑	集 10005655	
	集 10000196	集 10000230	吳嘉枚	集 10001215	
	集 10000235	集 10000238	吳建勳	集 10009019	
	集 10000249	集 10000251	吳傑	集 10004389	
	集 10000252	集 10000255	吳錦	集 10005996	
	集 10000257	集 10000258	吳徼	集 10000199	
	集 10000266	集 10000284	吳景潮	集 10003449	
	集 10000287		吳景旭	集 10000591	集 10009293
吳斐	集 10009774		吳敬恒	集 10003192	
吳鳳樓	集 10007872		吳敬義	集 10009633	
吳鳳前	集 10005354		吳敬襄	集 10006564	
吳鳳征	集 10005704		吳均	集 10006445	集 10006532
吳淦	集 10007620		吳筠	集 10009601	集 10004071
吳高增	集 10002305	集 10002306	吳俊琪	集 10004665	
	集 10002307	集 10002308	吳俊卿	集 10006640	集 10006641
	集 10002309			集 10006642	集 10006643
				集 10006644	集 10006645
吳鞏	集 10008942			集 10006646	
吳官業	集 10007693		吳開泰	集 10008945	
吳觀禮	集 10006565		吳可訓	集 10002500	
吳觀周	集 10007790				
吳光	集 10001062	集 10001063	吳寬	集 10000346	集 10002568

吳慶坻	集 10006757	集 10006758	吳棠禎	集 10009510	
	集 10006759	集 10006760	吳天慶	集 10006693	
	集 10006761	集 10009092	吳廷燮	集 10005734	
	集 10006847		吳烶	集 10008229	集 10008230
吳全昌	集 10004148		吳婉宜	集 10006888	
吳嶸	集 10002674		吳惟善	集 10000316	
吳榮	集 10005752		吳爲楫	集 10005296	集 10005297
吳蕊圓	集 10006987			集 10005298	集 10005299
吳瑞旦	集 10007794		吳文暉	集 10002703	集 10002704
吳少微	集 10008942			集 10002705	集 10009300
吳升	集 10003435			集 10009301	
吳昇	集 10003465		吳文溥	集 10003043	集 10003044
吳繩基	集 10004182			集 10003045	集 10009377
吳世涵	集 10004911	集 10008923	吳文增	集 10006692	
	集 10008924	集 10008925	吳文照	集 10003511	
吳士鑑	集 10007311	集 10007312	吳雯清	集 10009171	
吳士鍾	集 10009093		吳無忌	集 10004950	集 10004951
吳受福	集 10006265	集 10006635	吳熙	集 10002356	
	集 10006636	集 10006637	吳錫麟	集 10003016	集 10003017
	集 10006638	集 10006639		集 10003018	
吳受藻	集 10005655		吳錫禄	集 10002642	
吳壽昌	集 10003012	集 10003013	吳錫麒	集 10002522	集 10003088
吳壽宸	集 10003260			集 10003155	集 10003156
吳壽祺	集 10008247			集 10003157	集 10003158
吳壽暘	集 10002632	集 10002633		集 10003159	集 10003160
吳樹森	集 10007779			集 10003161	集 10003162
吳朔	集 10005391	集 10005392		集 10003163	集 10003164
吳斯銘	集 10001994			集 10003165	集 10003166
吳嗣廣	集 10001830	集 10008755		集 10003167	集 10003168
吳松	集 10004664			集 10003169	集 10003170
吳淞	集 10005470	集 10005471		集 10003171	集 10003172
	集 10005472	集 10005473		集 10003173	集 10003174
	集 10005474	集 10005475		集 10003175	集 10003176

吳曾貫	集 10004615	集 10004616
吳展成	集 10009328	集 10009329
吳掌珠	集 10003920	
吳兆麟	集 10005332	集 10005333
吳兆宗	集 10001784	集 10001788
吳振	集 10001852	
吳振麟	集 10003919	
吳振棫	集 10004804	集 10004805
	集 10004806	集 10004807
	集 10004808	集 10004809
	集 10008491	集 10009673
	集 10008493	
吳鎮	集 10000304	
吳震方	集 10000228	集 10001391
	集 10001392	集 10008177
吳震生	集 10009999	
吳之登	集 10009519	
吳之振	集 10001241	集 10001242
	集 10001243	集 10008062
	集 10008071	集 10000088
	集 10000089	集 10000092
	集 10000100	集 10000101
	集 10000103	集 10000108
	集 10000111	集 10000112
	集 10000122	集 10000125
	集 10000128	集 10000146
	集 10000151	集 10000152
	集 10000153	集 10000155
	集 10000159	集 10000160
	集 10000161	集 10000162
	集 10000165	集 10000166
	集 10000169	集 10000170
	集 10000171	集 10000173

	集 10000177	集 10000178
	集 10000179	集 10000182
	集 10000185	集 10000186
	集 10000188	集 10000190
	集 10000193	集 10000194
	集 10000199	集 10000206
	集 10000209	集 10000210
	集 10000213	集 10000214
	集 10000215	集 10000216
	集 10000217	集 10000218
	集 10000219	集 10000220
	集 10000221	集 10000224
	集 10000225	集 10000229
	集 10000256	集 10000267
	集 10000269	集 10000273
	集 10000281	集 10000286
	集 10000288	集 10000289
	集 10008061	集 10000096
	集 10000109	集 10000126
	集 10000154	集 10000184
	集 10000189	集 10000196
	集 10000230	集 10000235
	集 10000238	集 10000249
	集 10000251	集 10000252
	集 10000255	集 10000257
	集 10000258	集 10000266
	集 10000284	集 10000287
吳執御	集 10008811	
吳鍾奇	集 10006749	集 10008620
	集 10008621	
吳焯	集 10001792	集 10001793
	集 10001794	集 10001795
	集 10009544	集 10000314

	集 10008030	集 10008031
	集 10008032	集 10008483
	集 10008484	集 10008824
	集 10008825	集 10008826
	集 10008827	集 10008828
	集 10008829	集 10008830
項廷紀	集 10005030	集 10005031
	集 10009650	集 10009651
	集 10009652	
項維仁	集 10004635	集 10004636
	集 10004637	集 10004638
項驤	集 10007958	

Xiao

蕭琯	集 10000073	
蕭統	集 10008095	
蕭應槐	集 10004501	
蕭應魁	集 10004502	

Xie

謝翱	集 10000288	集 10000289
	集 10000290	
謝寶書	集 10008751	
謝磻	集 10004686	
謝枋得	集 10008111	集 10008112
	集 10008115	集 10009365
謝廣昌	集 10001075	
謝恭銘	集 10009175	集 10002543
謝鴻申	集 10006755	
謝家枚	集 10006846	
謝駿德	集 10009134	
謝焜樞	集 10006781	
謝掄元	集 10007335	集 10009792

謝聘	集 10004382	集 10004383
	集 10008631	
謝謙	集 10000358	
謝遷	集 10000350	
謝青揚	集 10005968	集 10005969
謝三賓	集 10000504	
謝綏名	集 10006541	
謝泰交	集 10000603	集 10000604
謝泰履	集 10000686	
謝天埴	集 10007812	
謝爲霖	集 10001017	
謝爲雯	集 10001762	集 10001763
謝文達	集 10007836	
謝錫奎	集 10008591	
謝香塘	集 10006068	
謝秀嵐	集 10001900	集 10001901
謝緒恒	集 10004641	
謝緒章	集 10001400	
謝璿	集 10008184	
謝闓祚	集 10002399	
謝應芝	集 10004947	
謝墉	集 10002542	集 10002543
	集 10002544	集 10002545
	集 10009223	
謝雍泰	集 10005387	
謝佑琦	集 10004384	
謝玉樹	集 10005025	集 10009629
謝元壽	集 10001901	集 10006829
謝照	集 10004504	
謝榛	集 10009276	

Xin

忻寶華	集 10004412	集 10004418

徐嵩高	集 10002057	
徐松	集 10008126	集 10004335
	集 10004336	集 10004337
徐堂	集 10002662	集 10002663
徐棠	集 10007929	集 10007930
徐廷棟	集 10002042	集 10002043
徐廷槐	集 10001854	集 10001855
徐廷錫	集 10004221	
徐同柏	集 10004174	
徐桐柏	集 10007700	集 10007701
徐畹	集 10003627	集 10003628
	集 10003629	集 10009014
徐畹蘭	集 10006905	集 10006906
徐渭	集 10000391	
徐渭仁	集 10003575	
徐文駒	集 10001601	集 10001602
	集 10008300	
徐文心	集 10005633	
徐文芝	集 10008381	
徐務本	集 10002686	
徐希仁	集 10008044	
徐晞	集 10001843	
徐熙珍	集 10007390	
徐錫可	集 10004196	
徐錫麟	集 10007400	集 10009253
	集 10009254	
徐咸安	集 10007443	
徐新華	集 10007683	
徐新六	集 10008487	
徐熊飛	集 10003639	集 10003640
	集 10003641	集 10003642
	集 10009341	集 10002946
	集 10003483	

徐旭旦	集 10001603	集 10001604
	集 10001605	集 10001606
	集 10009698	集 10010017
徐旭升	集 10001659	
徐鉉	集 10000088	
徐學堅	集 10007682	
徐延祺	集 10006318	集 10009808
徐養原	集 10003520	集 10003521
	集 10003522	
徐業鈞	集 10008450	
徐葉昭	集 10002645	集 10002646
	集 10009016	
徐一麟	集 10004053	
徐以升	集 10001773	
徐以泰	集 10002520	
徐以烜	集 10002226	
徐以震	集 10002431	
徐益彬	集 10009076	
徐益藩	集 10005634	集 10006320
	集 10007162	集 10009005
徐暎玉	集 10002727	
徐鏞	集 10004982	
徐永明	集 10008876	
徐用儀	集 10006013	集 10006014
	集 10009200	
徐友蘭	集 10006678	
徐有珂	集 10005722	集 10005723
	集 10007520	集 10008626
徐裕馨	集 10003749	
徐豫貞	集 10001272	集 10001273
	集 10001446	
徐鈺	集 10007043	
徐元第	集 10005027	

	集 10004516	集 10004134	
許乃濟	集 10004197		
許乃普	集 10004597		
許謙	集 10000293		
許欽明	集 10008763		
許仁沐	集 10008547	集 10006580	
	集 10006581	集 10009854	
許汝玨	集 10006390		
許汝霖	集 10001305	集 10008087	
許善長	集 10008453	集 10010008	
	集 10010009	集 10010010	
	集 10010011		
許尚質	集 10001610	集 10001611	
	集 10001612	集 10001613	
許時霖	集 10007749		
許士元	集 10003085		
許樹棠	集 10004892	集 10004893	
許思湄	集 10004575	集 10004576	
	集 10004577		
許撻	集 10004595		
許田	集 10001768	集 10001769	
許焞	集 10006982		
許王勳	集 10005929	集 10005930	
許文炳	集 10010032		
許文耀	集 10006269		
許禧身	集 10007074	集 10007075	
	集 10007076	集 10007077	
	集 10007078	集 10007079	
許獬	集 10000419		
許學衛	集 10003765		
許延敬	集 10005271		
許一鈞	集 10005827	集 10005828	
	集 10005829		

許英	集 10004374		
許楹	集 10001132	集 10001238	
許有麟	集 10006450		
許遠望	集 10002996	集 10002997	
許月卿	集 10000273		
許韻蘭	集 10004204		
許栽	集 10003138	集 10003139	
許增	集 10005946		
許肇封	集 10003416	集 10003417	
許貞幹	集 10003172		
許正綬	集 10004969	集 10008409	
	集 10008410		
許之雯	集 10005830		
許之敘	集 10005221	集 10005222	
許宗彥	集 10003847		

Xue

薛葆元	集 10007029		
薛季瑄	集 10000230		
薛廷文	集 10002637	集 10009843	
	集 10009844	集 10009846	
薛瑄	集 10000329		
薛應旗	集 10000379		
薛源	集 10007786		
薛載德	集 10001398		
薛鍾斗	集 10008892		
薛鐘斗	集 10008908		

Ya

雅謨丁	集 10000316

Yan

嚴本	集 10007873

楊寶彝	集 10005593	集 10005594
楊葆光	集 10009946	
楊葆彝	集 10005833	集 10006300
	集 10000673	集 10006382
楊賓	集 10001434	集 10001435
	集 10001436	集 10001437
	集 10001438	集 10001439
	集 10009168	
楊炳	集 10007785	
楊炳堃	集 10004603	
楊伯潤	集 10003913	集 10008941
	集 10003912	
楊昌濬	集 10009259	
楊晨	集 10008506	集 10006681
	集 10006682	集 10006683
	集 10006684	
楊臣勳	集 10008481	
楊辰	集 10008760	
楊道生	集 10004499	
楊德建	集 10001171	
楊德榮	集 10005832	集 10005833
楊德熙	集 10009002	
楊鼎	集 10004987	集 10004988
楊峒	集 10003252	
楊逢春	集 10007902	集 10008208
楊逢南	集 10005169	
楊鳳苞	集 10003384	集 10003385
	集 10003386	集 10003387
	集 10003388	集 10003389
	集 10009619	
楊鳳翰	集 10006000	集 10006001
	集 10009775	
楊煥綸	集 10002713	集 10002714
楊繼盛	集 10000389	集 10000390
楊繼曾	集 10003732	
楊際昌	集 10002610	集 10002611
	集 10009327	
楊嘉	集 10007801	集 10009021
楊珥	集 10000673	
楊簡	集 10000240	集 10000241
楊建	集 10003931	
楊晉	集 10001403	
楊景威	集 10008846	
楊景雲	集 10002397	
楊炯	集 10001849	
楊九畹	集 10004452	
楊筠	集 10004188	
楊浚	集 10008256	集 10008256
楊夢符	集 10003310	
楊模	集 10001814	
楊乃武	集 10007109	
楊佩夫	集 10006426	集 10006427
楊霈	集 10001435	
楊起元	集 10000402	
楊謙	集 10003461	集 10000988
楊清材	集 10004795	
楊青	集 10007573	
楊三鼎	集 10005457	集 10005458
楊紹廉	集 10008909	集 10008898
	集 10008909	
楊紹文	集 10004060	
楊慎	集 10000372	
楊時中	集 10007959	
楊世英	集 10007763	
楊世植	集 10005020	
楊守知	集 10001712	集 10001713

姚繼虺　集 10007303
姚繼祖　集 10002770
姚駕鼇　集 10003533
姚覬元　集 10005899　集 10005900
　　　　集 10005928
姚景夔　集 10006470　集 10006471
姚祖恩　集 10009288
姚夔　　集 10000332　集 10000838
　　　　集 10000839
姚麟　　集 10007014
姚納　　集 10008607
姚鼐　　集 10002120
姚啓聖　集 10000842　集 10000843
　　　　集 10009042
姚清華　集 10008607
姚佺　　集 10000072　集 10000073
　　　　集 10000362　集 10000367
　　　　集 10000393　集 10008068
　　　　集 10008125
姚仁瑛　集 10005155　集 10005156
姚牲　　集 10001516
姚沈氏　集 10000844　集 10009042
姚世鈺　集 10002079
姚壽祁　集 10007389
姚思勤　集 10003554
姚陶　　集 10001574
姚體崇　集 10005195
姚廷瓚　集 10008350　集 10008350
姚珽　　集 10002502
姚文田　集 10003514　集 10003515
　　　　集 10003516　集 10003517
　　　　集 10003518　集 10003519
　　　　集 10008254

姚仙霞　集 10006694
姚憲之　集 10005300
姚燮　　集 10005256　集 10005257
　　　　集 10005258　集 10005259
　　　　集 10005260　集 10005261
　　　　集 10005262　集 10005263
　　　　集 10005264　集 10005265
　　　　集 10005266　集 10005267
　　　　集 10005268　集 10005269
　　　　集 10008418　集 10008445
　　　　集 10008676　集 10008693
　　　　集 10008694　集 10009634
　　　　集 10009635　集 10009636
　　　　集 10009637　集 10009638
　　　　集 10009889　集 10009899
　　　　集 10009900　集 10010041
　　　　集 10010049　集 10004423
姚學塽　集 10003788　集 10003789
姚陽元　集 10005928
姚伊憲　集 10004668
姚儀　　集 10000815
姚瑩俊　集 10007199　集 10007200
　　　　集 10007201
姚玉芝　集 10006020
姚樟　　集 10004274
姚鎮　　集 10004666　集 10004667
姚之駉　集 10001789
姚宗舜　集 10007912
姚祖同　集 10002215
姚祖振　集 10000642
燿録　　集 10002460

余永森	集 10006055		集 10000424	集 10000426
余峥	集 10002314	集 10002315	集 10000427	集 10000430
余重耀	集 10008017		集 10000434	集 10000436
余撰	集 10005866		集 10000438	集 10000445
俞鬵	集 10000764		集 10000448	集 10000450
俞葆寅	集 10002685		集 10000453	集 10000455
俞陛雲	集 10007278	集 10007279	集 10000459	集 10000465
	集 10007280	集 10007281	集 10000475	集 10000476
俞長城	集 10000121	集 10000149	集 10000477	集 10000520
	集 10000223	集 10000239	集 10001542	集 10001543
	集 10000282	集 10000329	集 10008202	集 10008984
	集 10000333	集 10000337	集 10009207	集 10009292
	集 10000338	集 10000341	集 10009368	集 10000236
	集 10000342	集 10000344	集 10000331	集 10000335
	集 10000346	集 10000349	集 10000345	集 10000350
	集 10000352	集 10000353	集 10000359	集 10000365
	集 10000354	集 10000355	集 10000370	集 10000371
	集 10000360	集 10000363	集 10000380	集 10000398
	集 10000364	集 10000372	集 10000400	集 10000403
	集 10000374	集 10000378	集 10000404	集 10000412
	集 10000379	集 10000382	集 10000414	集 10000415
	集 10000383	集 10000385	集 10000440	集 10000451
	集 10000386	集 10000387	集 10000620	
	集 10000388	集 10000392	俞承德	集 10005549	集 10005550
	集 10000394	集 10000395		集 10005551
	集 10000399	集 10000402	俞大受	集 10008353
	集 10000405	集 10000406	俞得鯉	集 10001068
	集 10000407	集 10000408	俞鳳岡	集 10007769
	集 10000409	集 10000410	俞鳳翰	集 10005548
	集 10000411	集 10000413	俞公穀	集 10000672
	集 10000416	集 10000417	俞功懋	集 10006058
	集 10000418	集 10000419	俞灝	集 10000935
	集 10000422	集 10000423	俞鴻漸	集 10004331	集 10004332

岳澧　　集 10003392

岳正　　集 10000333

月河漁隱　集 10008506

越社　　集 10008725

Yun

惲格　　集 10003988

Zang

臧吉康　集 10004553　集 10004554

臧眉錫　集 10001197　集 10001198

　　　　集 10001199

Zeng

曾安世　集 10001395

曾鞏　　集 10000113　集 10000114

曾國荃　集 10005467

曾佩雲　集 10005018　集 10005019

曾士瀛　集 10007710　集 10007945

曾王孫　集 10000845　集 10000846

　　　　集 10009396　集 10009397

　　　　集 10009398　集 10009399

曾唯　　集 10008896

曾諧　　集 10005620　集 10005621

曾堯義　集 10007709　集 10009001

曾益　　集 10000705　集 10000706

曾煐　　集 10004913

曾鏞　　集 10003500　集 10003501

曾燠　　集 10008418　集 10008419

曾裔雲　集 10005019

曾肇　　集 10000158

曾之樸　集 10006149

Zha

查昌和　集 10007723　集 10009106

查昌業　集 10002709　集 10002710

查陳素　集 10001866

查承源　集 10006197

查淳　　集 10002428

查大可　集 10000756

查旦　　集 10000855

查冬榮　集 10004932　集 10004933

　　　　集 10004934　集 10004935

　　　　集 10004936

查端　　集 10004952

查弘道　集 10000038　集 10000039

　　　　集 10000040

查濟忠　集 10006831

查繼超　集 10009859　集 10009860

查繼佐　集 10000511　集 10000512

　　　　集 10000513　集 10000514

　　　　集 10000515　集 10000516

　　　　集 10000517　集 10000518

　　　　集 10009902　集 10010040

查景　　集 10002324

查開　　集 10001853

查克弘　集 10008243

查揆　　集 10003938　集 10003939

　　　　集 10003940　集 10003941

　　　　集 10003942　集 10003943

查禮　　集 10002426　集 10002427

　　　　集 10002428　集 10002429

　　　　集 10002430

查遴　　集 10000307

查茂蔭　集 10007724

查培繼　集 10009394

張鯤	集 10005341	
張樂	集 10007728	
張耒	集 10000163	集 10000164
	集 10000165	
張琳	集 10001363	
張胗	集 10008592	
張履泰	集 10005364	
張履祥	集 10000592	集 10000593
	集 10000594	集 10000595
	集 10000596	集 10000597
	集 10000598	集 10009369
張魯盦	集 10008662	
張論	集 10003923	
張邁	集 10006594	集 10009756
張懋延	集 10009360	
張湄	集 10002086	集 10002087
	集 10009660	集 10009661
張夢璜	集 10007635	集 10009192
張夢羲	集 10005482	
張夢義	集 10007551	
張孟淦	集 10004319	
張鳴皋	集 10000183	
張鳴珂	集 10006160	集 10006161
	集 10006162	集 10006163
	集 10006164	集 10006165
	集 10006166	集 10006167
	集 10006168	集 10006169
	集 10006170	集 10006171
	集 10006172	集 10006173
	集 10006174	集 10006175
	集 10006176	集 10006177
	集 10008052	集 10008394
	集 10008419	集 10008420

	集 10009725	集 10009726
	集 10009727	集 10009728
	集 10009729	集 10009730
	集 10009841	集 10009851
	集 10003565	集 10005986
張默君	集 10007499	
張穆	集 10000291	集 10009198
張南英	集 10007805	
張培蘭	集 10006779	
張培仁	集 10005082	
張其是	集 10001701	
張其祥	集 10007734	
張圻	集 10009963	
張奇齡	集 10008979	集 10009073
張淇	集 10007669	
張綦毋	集 10002910	集 10002911
	集 10002912	
張屺望	集 10002879	
張綺	集 10004992	
張起麟	集 10008336	
張千里	集 10004094	
張慶成	集 10004107	集 10004108
張慶燾	集 10002579	
張慶榮	集 10006023	集 10006024
張慶縮	集 10003732	
張慶源	集 10002767	
張衢	集 10003015	集 10010013
張日烜	集 10007732	
張日珣	集 10008316	
張榕	集 10000183	
張蓉鏡	集 10004148	
張汝遇	集 10002866	
張汝釗	集 10008010	

張頤可	集 10008477	
張惟赤	集 10000868	集 10008597
張維嘉	集 10006495	
張煒	集 10007733	
張爲儒	集 10002441	
張文瑞	集 10001923	集 10001924
張文田	集 10006929	集 10006930
張文鬱	集 10007649	
張希傑	集 10001970	集 10001971
張希良	集 10001106	
張義年	集 10002340	
張錫璜	集 10001660	
張錫鑾	集 10006616	
張錫申	集 10008698	集 10008696
張誠	集 10003279	集 10003280
	集 10003281	集 10003282
	集 10003283	集 10003284
	集 10003285	集 10009354
	集 10009355	
張顯周	集 10006204	
張憲和	集 10007542	集 10007543
	集 10007544	集 10007545
	集 10007546	集 10007547
	集 10007548	集 10008615
張湘任	集 10004517	集 10004518
	集 10004519	集 10004520
	集 10004521	集 10004522
	集 10004523	集 10004524
	集 10004525	集 10009063
張燮	集 10009110	
張炘	集 10006778	
張性	集 10002352	
張興烈	集 10005421	

張璿華	集 10003362	
張烜	集 10003212	
張學誠	集 10002480	
張洵	集 10005872	
張炎	集 10009886	集 10009874
	集 10009875	
張燕昌	集 10002985	集 10002986
	集 10002987	
張瑤瑛	集 10003213	
張瑤芝	集 10001072	
張一魁	集 10000334	
張彝	集 10003479	
張怡	集 10000560	
張以誠	集 10000427	
張奕光	集 10001345	
張奕樞	集 10007859	
張翊雋	集 10005669	集 10005670
	集 10005671	
張翊儁	集 10005668	
張逸叟	集 10007746	
張寅	集 10007248	集 10007249
	集 10008026	集 10008027
張應昌	集 10004738	集 10004739
	集 10004739	集 10008315
	集 10009630	集 10009631
張應鼎	集 10003834	集 10003835
	集 10003836	
張應銘	集 10008879	集 10008521
張應燨	集 10007572	集 10008449
張應煦	集 10006752	集 10007875
張應虞	集 10008365	
張迎煦	集 10004185	
張映辰	集 10002380	

朱鴻猷	集 10003061		
朱鴻瞻	集 10002558		
朱筠廷	集 10007198		
朱華	集 10005101		
朱懷新	集 10007124	集 10007125	
	集 10008371	集 10008380	
	集 10009809	集 10009810	
朱嘉金	集 10006193		
朱嘉徵	集 10008110	集 10008311	
朱嘉微	集 10000525	集 10000526	
	集 10000527		
朱澗南	集 10007576		
朱階吉	集 10004172		
朱錦琮	集 10004290	集 10004291	
	集 10004292	集 10004293	
	集 10004294		
朱潘	集 10005884		
朱景淳	集 10001716		
朱景杭	集 10010042		
朱景邁	集 10003973	集 10003974	
朱鏡物	集 10002067		
朱靜江	集 10003949		
朱絅	集 10001509		
朱玨	集 10003010		
朱俊甫	集 10004252		
朱克柔	集 10007378		
朱葵之	集 10004323	集 10004324	
	集 10004325	集 10004326	
	集 10009692		
朱邍	集 10002665		
朱坤	集 10002402		
朱昆田	集 10001462	集 10001463	
	集 10001464		
朱瀾	集 10006233		
朱蘭	集 10005088	集 10005089	
	集 10005090		
朱耒	集 10001783		
朱蓮燭	集 10004216		
朱麟應	集 10008576	集 10002362	
	集 10002363		
朱履中	集 10003368	集 10003369	
朱淥	集 10003911		
朱楩	集 10002187		
朱美英	集 10005204		
朱寅	集 10004883	集 10004884	
朱妙端	集 10000339	集 10000340	
朱銘	集 10007638		
朱謨烈	集 10002246		
朱墨林	集 10000975		
朱彭	集 10002777	集 10002778	
	集 10002779		
朱彭年	集 10006420		
朱彭壽	集 10009213		
朱鵬	集 10008922	集 10007998	
朱丕基	集 10002701		
朱丕戴	集 10001715		
朱奇齡	集 10001748	集 10001749	
朱琪	集 10001786	集 10001787	
朱啓連	集 10006927		
朱清遠	集 10005651		
朱慶萼	集 10005331		
朱慶瀾	集 10007412		
朱球	集 10006530		
朱權	集 10002227		
朱荃	集 10002326		
朱人鳳	集 10003473	集 10003474	

朱興悌	集 10002720	集 10002721		集 10000984	集 10000985
	集 10000318			集 10000986	集 10000987
朱休度	集 10002801	集 10002802		集 10000988	集 10000989
	集 10002803	集 10002804		集 10000990	集 10000991
	集 10002805	集 10002806		集 10000992	集 10008148
	集 10008412			集 10008276	集 10008277
朱學勤	集 10005884			集 10008336	集 10008337
朱棪	集 10006622			集 10008576	集 10009288
朱琰	集 10002433	集 10002434		集 10009289	集 10009290
	集 10002435	集 10008250		集 10009466	集 10009467
	集 10008251	集 10008283		集 10009468	集 10009469
	集 10008853	集 10009267		集 10009470	集 10009471
	集 10009268	集 10009269		集 10009472	集 10009473
	集 10009270			集 10009474	集 10009475
朱衍緒	集 10006747			集 10009476	集 10009477
朱一蜚	集 10002199	集 10002200		集 10009479	集 10009480
朱一飛	集 10008427	集 10008428		集 10009481	集 10009834
	集 10008429	集 10008430		集 10009835	集 10009836
朱一新	集 10006709	集 10006710		集 10010027	集 10008271
	集 10006711	集 10006712	朱英	集 10002596	集 10002597
	集 10006713	集 10006714		集 10005097	集 10005098
朱彝尊	集 10009837			集 10005099	集 10005100
朱彝爵	集 10001703		朱瑩	集 10005038	
朱彝尊	集 10000053	集 10000211	朱雝模	集 10001583	
	集 10000212	集 10000967	朱有萊	集 10004215	
	集 10000968	集 10000969	朱有虔	集 10005560	集 10005561
	集 10000970	集 10000971	朱璸	集 10003129	集 10009649
	集 10000972	集 10000973	朱寓	集 10007766	
	集 10000974	集 10000975	朱栻	集 10003405	
	集 10000976	集 10000977	朱元佑	集 10005623	集 10005624
	集 10000978	集 10000979	朱願爲	集 10001250	
	集 10000980	集 10000981	朱澐	集 10004193	集 10004607
	集 10000982	集 10000983	朱賫	集 10002522	

集 10008540　集 10008543
集 10008593　集 10008685
集 10008715　集 10008735
集 10008739　集 10008785

集 10008888　集 10008992
集 10009101　集 10010037
集 10010038

附錄三　收藏單位繁簡對照表

簡稱	全稱
安徽	安徽省圖書館
安徽博	安徽博物院
安徽大	安徽大學圖書館
安徽社科院	安徽省社會科學院
安徽師大	安徽師範大學圖書館
安徽師大	安徽師範大學圖書館
安吉	安吉縣圖書館
安吉博	安吉縣博物館
安吉博	安吉縣博物館
安慶	安慶市圖書館
保定	保定市圖書館
北碚	北碚圖書館
北大	北京大學圖書館
北大考古	北京大學考古文博學院
北京市委	中國共產黨北京市委員會圖書館
北師大	北京師範大學圖書館
北文物局	北京市文物局
蒼南	蒼南縣圖書館
常山	常山縣圖書館
常熟	常熟圖書館
常熟文管會	常熟市文物管理委員會
常州	常州圖書館
潮安博	潮安縣博物館
川大	四川大學圖書館
川師大	四川師範大學圖書館
淳安	淳安縣圖書館
慈溪	慈溪市圖書館

續表

簡稱	全稱
大連	大連圖書館
德清博	德清縣博物館
東北大	東北大學圖書館
東北師大	東北師範大學圖書館
東臺	東臺市圖書館
東陽	東陽市圖書館
東陽博	東陽博物館
東陽文管會	東陽市文物管理委員會
杜甫草堂	杜甫草堂博物館
奉化	奉化市圖書館
奉化文管會	寧波市奉化區文物管理委員會
伏趺室	寧波伏趺室
福建	福建省圖書館
福師大	福建師範大學圖書館
復旦	復旦大學圖書館
富陽	杭州市富陽區圖書館
甘博	甘肅博物館
甘肅	甘肅省圖書館
港大	香港大學圖書館
港新亞	香港新亞書院錢穆圖書館
港中大	香港中文大學圖書館
港中山	香港中山圖書館
高郵	高郵市圖書館
故宮	故宮博物院圖書館
廣西	廣西壯族自治區圖書館
廣西師大	廣西師範大學圖書館
廣州社科院	廣州市社會科學院
桂林	廣西壯族自治區桂林圖書館
貴州	貴州省圖書館
國圖	中國國家圖書館
哈師大	哈爾濱師範大學圖書館

續表

簡稱	全稱
海口	海口市圖書館
海寧	海寧市圖書館
海鹽	海鹽張元濟圖書館
海鹽博	海鹽縣博物館
韓漢大	韓國漢陽大學圖書館
杭博	杭州博物館
杭師大	杭州師範大學圖書館
杭州	杭州圖書館
河北大	河北大學圖書館
河南	河南省圖書館
河南大	河南大學圖書館
河南社科院	河南省社會科學院
黑大	黑龍江大學圖書館
黑龍江	黑龍江省圖書館
湖北	湖北省圖書館
湖南	湖南圖書館
湖南社科院	湖南省社會科學院
湖南師大	湖南師範大學圖書館
湖州	湖州市圖書館
湖州博	湖州市博物館
湖州師院	湖州師範學院圖書館
許昌	許昌市圖書館
華東師大	華東師範大學圖書館
華南師大	華南師範大學圖書館
華中師大	華中師範大學圖書館
黃巖	台州市黃巖圖書館
輝縣	輝縣圖書館
輝縣博	輝縣市博物館
吉大	吉林大學圖書館
吉林	吉林省圖書館
吉師大	吉林師範大學圖書館

續表

簡稱	全稱
暨大	暨南大學圖書館
濟大	濟南大學圖書館
濟寧	濟寧市圖書館
加哥倫比亞大	（加拿大）英屬哥倫比亞大學亞洲圖書館
嘉善	嘉善縣圖書館
嘉興	嘉興市圖書館
建德	建德市圖書館
江山博	江山市博物馆
江蘇師大	江蘇師範大學圖書館
江西	江西省圖書館
焦作	焦作市圖書館
金華	金華市圖書館（嚴濟慈圖書館）
金華博	金華市博物館（侍王府）
金華一中	金華第一中學圖書館
金陵	金陵圖書館
縉雲	縉雲縣圖書館
開化	開化縣圖書館
開縣	重慶市開縣圖書館
科學院	中國科學院文獻情報中心（國家科學圖書館）
孔子博	孔子博物館
萊陽	萊陽市圖書館
蘭大	蘭州大學圖書館
蘭溪	蘭溪市圖書館
蘭溪博	蘭溪市博物館
蘭溪一中	浙江省蘭溪市第一中學
蘭州文理學院	蘭州文理學院圖書館
麗水	麗水市圖書館
連雲港博	連雲港市博物館
梁平	重慶市梁平區圖書館
遼大	遼寧大學圖書館
遼寧	遼寧省圖書館

續表

簡稱	全稱
遼陽	遼陽市圖書館
臨海	臨海市圖書館
臨海博	臨海市博物館
靈寶文管所	靈寶市文物保護管理所
龍泉	龍泉市圖書館
魯迅紀念館	魯迅紀念館
洛陽	洛陽市圖書館
旅大	旅大市圖書館
梅蘭芳紀念館	梅蘭芳紀念館
美國會	美國國會圖書館
美加州大洛杉磯	（美國）加州大學（洛杉磯分校）東亞圖書館
美普林斯頓	（美國）普林斯頓大學葛思德東方圖書館
美燕京	（美國）哈佛大學燕京圖書館
民大	中央民族大學圖書館
民族文化宮	民族文化宮
莫氏陳列館	平湖莫氏陳列館
慕湘藏書館	慕湘藏書館
南博	南京博物院
南大	南京大學圖書館
南京	南京圖書館
南開	南開大學圖書館
南師大	南京師範大學圖書館
南通	南通市圖書館
南通師專	南通師範高等專科學校圖書館
南曉莊學院	南京曉莊學院
内蒙古	内蒙古圖書館
寧波	寧波市圖書館
寧大	寧波大學圖書館
寧夏	寧夏圖書館
平湖	平湖市圖書館
平湖博	平湖市博物館

續表

簡稱	全稱
平陽	平陽縣圖書館
莆田	莆田市圖書館
浦江	浦江縣圖書館
祁縣	祁縣圖書館
綦江	綦江區圖書館
齊齊哈爾	齊齊哈爾市圖書館
鉛山文化館	鉛山縣文化館
黔江	黔江圖書館
青島	青島市圖書館
青海	青海省圖書館
青民大	青海民族大學圖書館
清華	清華大學圖書館
慶元	慶元縣圖書館
衢州	衢州市圖書館
衢州博	衢州市博物館
羣衆出版社	羣衆出版社
人大	中國人民大學圖書館
人民日報	人民日報圖書館
日愛知大	（日本）愛知大學圖書館
日大阪	（日本）大阪府立中之島圖書館
日大阪大	（日本）大阪大學圖書館
日東北大	（日本）東北大學圖書館
日東大	（日本）東京大學圖書館總部
日東大東文研	（日本）東京大學東洋文化研究所
日東京	（日本）東京都立中央圖書館
日東洋	（日本）東洋文庫
日都大	（日本）東京都立大學圖書館
日高知大	（日本）高知大學圖書館
日公文	（日本）國立公文書館（内閣文庫）
日關西大	（日本）關西大學圖書館
日國會	（日本）國立國會圖書館

續表

簡稱	全稱
日京大	（日本）京都大學圖書館
日京大人文研	（日本）京都大學人文科學研究所
日静嘉堂	（日本）静嘉堂文庫
日九大	（日本）九州大學圖書館
日鹿兒島大	（日本）鹿兒島大學圖書館
日内閣	（日本）國立公文書館（内閣文庫）
日前田	（日本）前田育德會（尊經閣）
日神户	（日本）神户市立中央圖書館
日神户大	（日本）神户大學圖書館
日熊本大	（日本）熊本大學圖書館
日一橋大	（日本）一橋大學圖書館
日尊經閣	（日本）尊經閣文庫
如臯	如臯市圖書館
瑞安	瑞安市圖書館
瑞安中	浙江省瑞安中學
三峽博	重慶中國三峽博物館
三峽大	三峽大學圖書館
廈大	廈門大學圖書館
廈門	廈門圖書館
山大	山東大學圖書館
山東	山東省圖書館
山東博	山東省博物館
山東師大	山東師範大學圖書館
山西	山西省圖書館
山西大	山西大學圖書館
陝西	陝西省圖書館
上辭	上海辭書出版社
上海	上海圖書館
上師大	上海師範大學圖書館
上文管會	上海市文物管理委員會
上音	上海音樂學院圖書館

續表

簡稱	全稱
上虞	紹興市上虞區圖書館
紹興	紹興圖書館
紹興文理學院	紹興文理學院圖書館
紹興一中	紹興市第一中學圖書館
社科院文學所	中國社會科學院文學研究所圖書館
瀋陽	瀋陽市圖書館
嵊州	嵊州市圖書館
首都	首都圖書館
四川	四川省圖書館
蘇大	蘇州大學圖書館
蘇國學	蘇州圖書館國學圖書館
蘇州	蘇州圖書館
遂昌	遂昌縣圖書館
台州學院	台州學院
臺大	臺灣大學圖書館
臺傅斯年圖	臺灣"中央研究院"歷史語言研究所傅斯年圖書館
臺故博	臺北故宮博物院圖書館
臺師大	臺灣師範大學圖書館
臺圖	臺灣漢學研究中心（臺灣圖書館）
太原	太原市圖書館
泰順	泰順縣圖書館
泰州	泰州市圖書館
天博	天津市歷史博物館
天津	天津圖書館
天社科院	天津社會科學院圖書館
天師大	天津師範大學圖書館
天台	天台縣圖書館
天一閣	寧波市天一閣博物館
同安文化館	同安區文化館
桐廬	桐廬縣圖書館
桐鄉	桐鄉市圖書館

續表

簡稱	全稱
萬州	重慶市萬州區圖書館
溫嶺	溫嶺市圖書館
溫州	溫州市圖書館
溫州博	溫州博物館
溫州大	溫州大學圖書館
文成	文成縣圖書館
吳江	吳江圖書館
無錫	無錫市圖書館
武大	武漢大學圖書館
武漢	武漢圖書館
武義	武義縣圖書館
武義	武義縣圖書館
西安文管會	西安市文物管理委員會
西北大	西北大學圖書館
西北師大	西北師範大學圖書館
西南大	西南大學圖書館
西南政大	西南政法大學圖書館
仙居	仙居縣圖書館
蕭山	杭州市蕭山圖書館
蕭山博	杭州市蕭山區吳越歷史文書博物館
蕭山博	杭州市蕭山區吳越歷史文書博物館
曉莊學院	南京曉莊學院圖書館
孝感	孝感市圖書館
新疆大	新疆大學圖書館
新鄉	新鄉市圖書館
興化	興化市圖書館
徐州	徐州市圖書館
煙臺	煙臺市圖書館
煙臺博	煙臺市博物館
鹽城	鹽城市圖書館
鹽城師院	鹽城師範學院圖書館

續表

簡稱	全稱
揚州	揚州市圖書館
揚州大	揚州大學圖書館
儀徵	儀徵市圖書館
義烏	義烏市圖書館
英國博	英國國家博物院
永康博	永康市博物館
渝中	重慶市渝中區圖書館
餘杭	杭州餘杭區圖書館
餘杭	杭州市餘杭區圖書館
餘姚博	餘姚市博物館
餘姚文保所	餘姚市文物保護管理所（余姚黎州文獻館）
玉海樓	瑞安市玉海樓
玉海樓	瑞安市玉海樓
雲和	雲和縣圖書館
雲南	雲南省圖書館
浙博	浙江博物館
浙大	浙江大學圖書館
浙江	浙江圖書館
浙師大	浙江師範大學圖書館
鎮海	寧波市鎮海區圖書館
鎮海文保所	鎮海區文物保護管理所
鎮江	鎮江市圖書館
鎮江博	鎮江市博物館
鄭大	鄭州大學圖書館
鄭州	鄭州圖書館
中大	中山大學圖書館
中國書店	中國書店
中海大	中國海洋大學圖書館
中教科所	中央教育科學研究所
中教科院	中国教育科学研究院圖書館
中科院	中國科學院文獻情報中心（國家科學圖書館）

續表

簡稱	全稱
中美院	中央美術學院圖書館
中山	廣東省立中山圖書館
中社科院	中國社會科學院圖書館（調查與數據資訊中心）
中社科院近研所	中國社會科學院近代史研究所圖書館
中社科院歷史所	中國社會科學院歷史研究所圖書館
中社科院文學所	中國社會科學院文學研究所圖書館
中戲曲院	中國戲曲學院圖書館
中央黨校	中共中央黨校圖書館
中藝院戲曲所	中國藝術研究院戲曲研究所
中藝院音樂所	中國藝術研究院音樂研究所
重大	重慶大學圖書館
重慶	重慶圖書館
重師大	重慶師範大學圖書館
諸暨	諸暨市圖書館

附録四　參考文獻

一、書目類

《唐書經籍藝文合志》，後晉劉昫、宋歐陽修等撰，商務印書館 1956 年版。

《郡齋讀書志》，宋晁公武著，孫猛校正，上海古籍出版社 2005 年版。

《直齋書録解題》，宋陳振孫著，徐小蠻、顧美華點校，上海古籍出版社 2006 年版。

《絳雲樓書目》，清錢謙益撰，陳景雲注，粵雅堂叢書本。

《静惕堂書目》，清曹溶編，光緒二十八年(1902)葉德輝《觀古堂匯刻書》本。

《絳雲樓書目補遺》，清錢謙益撰，葉德輝輯，光緒二十八年(1902)長沙葉氏刻本。

《前明州郡志目》，清朱彝尊摘録，清思補齋抄本。

《也是園書目》，清錢曾編，宣統二年(1910)上虞羅氏《玉簡齋叢書》本。

《述古堂藏書目》，清錢曾編，粵雅堂叢書本。

《讀書敏求記》，清錢曾編，道光二十七年(1847)潘氏《海山仙館叢書》本。

《虞山錢遵王藏書目録彙編》，瞿鳳起編，上海古典文學出版社 1958 年版。

《四庫全書總目》，清永瑢等撰，中華書局 1965 年版。

《季滄葦藏書目》，清季振宜編，光緒十三年(1887)上海蜚英館影印黃氏刊《士禮居黃氏叢書》本。

《湖録經籍考》，清鄭元慶撰，北京文物出版社 1986 年版。

《海昌藝文志》，清管庭芬編，蔣學堅續輯，民國鉛印本。

《海寧經籍專備考》，清吳騫編，小清儀閣抄本。

《四朝經籍志補》，清吳騫編，1958 年商務印書館《遼金元藝文志》本

《金華經籍志》，清胡鳳丹編，同治八年(1869)金華胡氏退補齋刻本。

《金華文萃書目提要》，清胡鳳丹編，同治八年(1869)金華胡氏退補齋刻本。

《温州經籍志》，清孫詒讓編，江蘇廣陵古籍刻印社 1984 年版。

《千頃堂書目》(附索引)，清黃虞稷撰，瞿鳳起、潘景鄭整理，上海古籍出版社 2001 年版。

《今樂考證》，清姚燮著，1935 年北京大學出版組影印本。

《大梅山館藏書目》,清姚燮編,鄞縣馬氏平妖堂抄本。

《四庫簡明目錄標注》,清邵懿辰著,邵章續補,1959 年中華書局鉛印增訂本。

《邵亭知見傳本書目》,清莫友芝編,宣統元年(1909)年日本田氏中於北京鉛字排印本。

《杭州藝文志》,清吴慶坻編,光緒三十四年(1908)長沙刻本。

《浙江采輯遺書總錄》,清沈初著,乾隆三十九年(1774)刊本。

《越縵堂書目》,清李慈銘編,抄本。

《八千卷樓書目》,清丁丙編,民國間錢塘丁氏聚珍本。

《善本書室藏書志》,丁丙著,光緒二十七年(1901)錢塘丁氏刊本。

《楹書偶錄》,清楊紹和編,光緒二十年(1894)楊保彝海源閣刊本。

《海源閣藏書目》,清楊紹和編,光緒十四年(1888)江標師鄦室寫刻本。

《皕宋樓藏書志》,清陸心源著,光緒八年(1882)刊本

《書目答問補正》,清張之洞撰,范希曾補正,中華書局 1962 年影印本。

《古越藏書樓書目》,清徐樹蘭編,光緒三十年(1904)崇實書局石印本。

《江南圖書館書目》,清江南圖書館鉛印本。

《天一閣書目》,清范懋柱編,嘉慶十三年(1808)陳廷傑刊本。

《天一閣藏書目錄》,清佚名編,宣統二年(1910)《玉簡齋叢書》本。

《天一閣見存書目》,清薛富成等編,光緒十五年(1889)崇實書院刊本。

《日本訪書志》,清楊守敬撰,光緒二十三年(1897)鄰蘇園自刻本。

《藝風堂藏書記》,繆荃孫著,光緒二十六年(1900)刻本。

《嘉業堂藏書志》,繆荃孫著,稿本。

《五省書目》,清佚名編,藏家匯訂本。

《進呈書目》,清佚名編,1960 年商務印書館鉛印補校本。

《永嘉書目》,清孫衣言,清抄本。

《曲錄》,王國維著,1983 年上海古籍書店影印《王國維遺書》本。

《嘉郡先哲遺著》,張元濟編,抄本。

《涵芬樓燼餘書錄》,上海商務印書館 1951 年版。

《鄉賢著述》,張元濟編,傳抄本。

《鴻遠樓所藏台州書目》,金嗣獻編,民國太平金氏排印本。

《塘栖藝文志》,虞銘編,油印本。

《台州經籍志》,項元勳編,民國四年(1915)浙江省立圖書館印本。

《台州藝文畧》,楊晨編,民國二十五年(1936)黃岩楊氏黃岩鉛印本。

《台州經籍考》,佚名編,民國間吳興劉承幹嘉業堂抄本。

《平湖經籍志》，陳惟鎣編，1938 年求實齋刻本。

《四明經籍志》，張壽鏞編，民國間張氏約園抄本。

《寧波學人著書目》，佚名編，張氏約園抄本

《海鹽先哲著述目録》，顏氏編，民國抄稿本

《兩浙著述考》，宋慈抱著，浙江人民出版社 1985 年版。

《禁書總録》，陳乃乾校輯，北平富晉書社鉛印，1932 年版。

《東方文化研究所漢籍分類目録書名人名通檢》（全二册），〔日〕東方文化研究所編，京都：京都印書館 1945 年版。

《國會圖書館藏中國善本書録》，王重民編著，美國國會圖書館 1957 年版。

《歷代婦女著作考》，胡文楷著，商務印書館，1957 年版。

《全明雜劇總目》，傅惜華編，作家出版社 1958 年版。

《慶應義塾圖書館藏和漢書善本解題》，〔日〕慶應義塾圖書館編，東京慶應義塾圖書館 1958 年版。

《全明傳奇總目》，傅惜華編，人民文學出版社 1959 年版。

《曲海總目提要》，董康輯，人民文學出版社 1959 年版。

《北京圖書館善本書目》（八卷），北京圖書館善本部編，中華書局 1959 年版。

《北京師範大學圖書館中文古籍書目》（全二册），北京師範大學圖書館編，北京師範大學圖書館 1961 年版。

《京都大學人文科學研究所漢籍分類目録》，同所編，京都 1963 年版。

《四庫全書總目提要補正》，胡玉縉著，中華書局 1964 年版。

《日本主要圖書館研究所所藏中國地方誌綜合目録》，中田吉信編，日本國立國會圖書館參考書志部刊，1970 年版。

《美國國會圖書館藏中國善本書録》王重民輯録、袁同禮重校，臺北文海出版社 1972 年版。

《增訂日本現存明人文集目録》，山根幸夫編，東京女子大學東洋史研究室刊，1978 年版。

《唐集敘録》，萬曼編，中華書局 1980 年版。

《四庫提要辨證》，余嘉錫著，中華書局 1980 年版。

《東京大學東洋文化研究所漢籍分類目録》合册訂正縮印版，同所編，東京汲古書院 1981 版。

《古典戲曲存目匯考》，莊一拂著，上海古籍出版社 1982 年版。

《販書偶記》，孫殿起録，上海古籍出版社 1982 年版。

《清史稿藝文志及補編》（附索引），章鈺等編，武作成補編，中華書局 1982

年版。

《北京師範大學圖書館中文古籍書目》，北京師範大學出版社1983年版。

《中國善本書提要》，王重民編，上海古籍出版社1983年版。

《元人文集版本目錄》，周清樹編，南京大學學報叢刊，1983年版。

《四庫輯本別集拾遺》，欒貴明輯，中華書局1983年版。

《中國叢書綜錄補正》，陽海清編撰，江蘇廣陵古籍刻印社1984年版。

《彈詞寶卷書目》，胡士瑩編，上海古籍出版社1984年版。

《館藏杭州地方文獻資料目錄》，朱先新編，杭州圖書館印，1985版。

《中國地方誌聯合目錄》，中國科學院北京天文臺編，中華書局1985年版。

《美國普林斯頓大學葛思德東方圖書館藏中文善本書志》，屈萬里編，臺北聯經出版公司，1985年版。

《中國叢書綜錄》，上海圖書館編，上海古籍出版社1986年版。

《北京圖書館古籍善本書目（全五冊）》，北京圖書館編，書目文獻出版社1987版。

《國立國會圖書館漢籍目錄》，昭和62年出版（無出版社）。

《中國古籍善本書目》，本書編委會編，上海古籍出版社1989年版。

《清代各省禁書匯考》，雷夢辰著，北京圖書館出版社1989年版。

《美國國會圖書館藏中國方志目錄》，朱士嘉編，中華書局1989年版。

《中國通俗小説總目提要》，歐陽健、蕭相愷主編，中國文聯出版公司1990年版。

《四庫提要訂誤》，李裕民著，書目文獻出版社1990年版。

《北京圖書館普通古籍總目》（第一卷·目錄門），北京圖書館普通古籍組編，書目文獻出版社1990年版。

《美國哈佛大學圖書館中文善本書志》，沈津編，上海辭書出版社1999年版。

《美國普林斯頓大學葛思德東方圖書館藏中文舊籍書目》，昌彼德編，臺北商務印書館，1990版。

《中國善本書提要補編》，王重編，北京圖書館出版社1991年版。

《中國歷代詩詞曲論專著提要》，霍松林主編，北京師範大學出版社1991年版。

《中國人民大學圖書館古籍善本書目》，中國人民大學出版社1991年版。

《萬卷精華樓藏書記》，耿弘達著，黑龍江人民出版社1992年版。

《楚辭書目五種》，姜亮夫編，上海古籍出版社1993年版。

《清人詩集敘錄》，袁行雲著，文化藝術出版社1994年版。

《宋版書敘録》,李致忠著,北京圖書館出版社 1994 年版。

《中華古文獻大辭典》,吳楓主編,吉林文史出版社 1994 年版。

《中國科學院藏中文古籍善本書目》,科學出版社 1994 年版。

《中國館藏和刻本漢籍書目》,杭州大學出版社 1995 年版。

《現存宋人著述總録》,劉琳、沈治宏編著,巴蜀書社,1995 年版。

《京都大學附屬圖書館所藏貴重漢籍抄本目録》,〔日〕興膳宏、木津佑子編,京都大學附屬圖書館 1995 年版。

《續修四庫全書總目提要》(稿本),齊魯書社 1996 年版。

《中國家譜綜合目録》,國家檔案局二處等編,中華書局 1997 年版。

《清代目録提要》,來新夏編,齊魯書社 1997 年版。

《清代各省禁書匯考》,雷夢辰著,北京圖書館出版社 1997 年版。

《古本戲曲劇目提要》,李修生主編,文化藝術出版社 1997 年版。

《中國劇目辭典》,王林然著,河北教育出版社 1997 年版。

《明清傳奇綜録》,郭英德編,河北教育出版社 1997 年版。

《中國叢書廣録》,陽海清編,湖北人民出版社 1999 年版。

《宋人別集敘録(上下)》,祝尚書著,中華書局 1999 年版。

《北京大學圖書館藏古籍善本書目》,北京大學圖書館編,北京大學出版社 1999 年版。

《北京大學圖書館古籍善本書目》,北京大學出版社 1999 年版。

《清人別集總目》,李靈年、楊忠主編,安徽教育出版社 2000 年版。

《宋代志怪傳奇敘録》,李劍國,南開大學出版社 2000 年版。

《清史稿藝文志拾遺(全三冊)》,王紹曾編,中華書局 2000 年版。

《中國寶卷總目》,車錫倫編,北京燕山出版社 2000 年版。

《上海圖書館館藏家譜提要》,上海圖書館編,上海古籍出版社 2000 年版。

《話本敘録》,陳桂聲著,珠海出版社 2001 年版。　　集

《香港中文大學圖書館古籍善本書録》(增訂版),香港中文大學圖書館系統編,香港中文大學出版社 2001 年版。

《浙江圖書館古籍善本書目》,浙江圖書館古籍部編,浙江教育出版社 2002 年版。

《清人詩文集總目提要》,柯愈春著,北京古籍出版社 2002 年版。

《中國昆劇大辭典》,吳新雷主編,南京大學出版社 2002 年版。

《續四庫提要三種》,胡玉縉著,吳格整理,上海書店出版社 2002 年版。

《浙江圖書館古籍善本書目》,浙江圖書館古籍部編,浙江教育出版社 2002

年版。

《北京師範大學圖書館古籍善本書目》，北京圖書館出版社 2002 年版。

《中國歷史博物館藏普通古籍目録》，北京圖書館出版社 2002 年版。

《法蘭西學院漢學研究所藏漢籍善本書目提要》，魏丕信編，中華書局 2002 年版。

《香港大學馮平山圖書館藏善本書録》，饒宗頤編著，香港大學出版 2003 版。

《中國叢書綜録續編》，施廷鏞編，北京圖書館出版社 2003 年版。

《東北地區古籍線線裝書聯合目録》，遼寧、吉林、黑龍江省圖館編，遼海出版社 2003 年版。

《清華大學圖書館藏善本書目》，清華大學出版社 2003 年版。

《山東師範大學圖書館館藏古籍書目》，張宗茹、王恒柱編，齊魯書社 2003 年版。

《香港所藏古籍書目》，上海古籍出版社 2003 年版。

《美國俄亥俄州立大學圖書館中文古籍目録》，李國慶編，廣西師範大學出版社 2003 年版。

《日本現藏稀見元明文集考證與提要》，黃仁生著，嶽麓書社 2004 年版。

《内蒙古自治區線裝古籍聯合目録》，北京圖書館出版社 2004 年版。

《中國古代小説總目》，石昌渝主編，山西教育出版社 2004 年版。

《宋人總集敘録》，祝尚書著，中華書局 2004 年版。

《中國古代小説總目提要》，朱一玄等編，人民文學出版社 2005 年版。

《清人筆記隨録》，來新夏著，中華書局 2005 年版。

《浙江歷史文化研究論著目録》，包偉民、傅俊等編，山西古籍出版社 2005 年版。

《柏克萊加州大學東亞圖書館藏中文善本書志》，陳先行編，上海古籍出版社 2005 年版。

《明集版本志》，崔建英、賈衛民、李曉亞編，中華書局 2006 年版。

《濰坊古籍書目》，栗祥忠、大衛政編，北京圖書館出版社 2006 年版。

《浙江博物館藏古籍書目》，上海辭書出版社 2006 年版。

《新中國古籍整理圖書總目録》，全國古籍整理出版規劃領導小組辦公室編，嶽麓書社 2007 年版。

《湖南圖書館古籍線裝書目録》，張勇主編，北京線裝書局 2007 年版。

《山西省圖書館古籍善本書目》，山西人民出版社 2007 年版。

《山東大學圖書館古籍善本書目》，齊魯書社 2007 年版。

《四庫系列叢書目録索引》,復旦大學圖書館編,上海古籍出版社 2008 年版。

《日藏漢籍善本書録》,嚴紹璗著,中華書局 2007 年版。

《四庫存目標注》,杜澤遜編,上海古籍出版社 2007 年版。

《浙江歷代版刻書目》,本書編纂委員會辦公室編,浙江人民出版社 2008 年版。

《天津圖書館古籍善本書目》,國家圖書館出版社 2008 年版。

《江浙訪書記》,謝國楨著,生活·读书·新知三聯書店 2008 年版。

《道藏書目提要》,潘雨廷著,上海古籍出版社 2008 年版。

《處州古代著述考》,王正明著,浙江古代出版社 2008 年版。

《晚清小説目録》,劉永文編,上海古籍出版社 2008 年版。

《增注新修道藏目録》,丁培仁編,巴蜀書社 2008 年版。

《藏園羣書題記》,傅增湘著,上海古籍出版社 2008 年版。

《四庫全書薈要總目提要》,江慶柏整理,人民文學出版社 2009 年版。

《宋史藝文志廣編》(九種),世界書局 2010 年版。

《重修浙江通志稿·著述》,浙江省地方誌編纂委員會整理,方志出版社 2010 年版。

《正統道藏總目提要》,蕭登福著,臺灣文津出版社 2011 年版。

《美國國會圖書館藏中文善本書録》,范邦瑾編,上海古籍出版社 2011 年版。

《杭州圖書館善本書目附杭州圖書館地方碑帖目録提要》,杭州圖書館編,西泠印社出版社 2011 年版。

《中國古籍總目》,中國古籍總目編纂委員會編,中華書局 2009—2012 年版。

《重修金華叢書提要》,黄靈庚、陶誠華主編,上海古籍出版社 2014 年版。

《湖州文獻考索》,王增清編,社會科學文獻出版社 2015 年版。

《衢州文獻集成提要》,魏俊傑撰,國家圖書館出版社 2015 年版。

《新中國古籍影印叢書總目》,南江濤、賈貴榮編,國家圖書館出版社 2016 年版。

《寧海叢書提要》,李聖華、陳開勇撰,上海古籍出版社 2016 年版。

《浙江省古籍善本聯合書目》,國家圖書館出版社 2017 年版

《清代家集敘録》,徐雁平,安徽教育出版社 2017 年版。

《增訂四明經籍志》,張壽鏞編,曹亮增訂,寧波出版社 2017 年版。

二、人物類

《兩浙名賢録》,明徐象梅著,書目文獻出版社 1987 年影印版。

《清代碑傳文通檢》,陳乃乾編,中華書局 1959 年版。

《明清進士題名碑録索引》,朱保炯、謝沛霖編,上海古籍出版社 1980 年版。

《唐五代人物傳記資料綜合索引》,傅璇琮、張忱石等編,中華書局 1982 年版。

《元人傳記資料索引》,王德毅、李榮村等編,中華書局 1987 年版。

《中國藏書家考畧》,楊立誠,金步瀛合編,上海古籍出版社 1987 版。

《清人室名別稱字號索引》,楊廷福、楊同甫編,上海古籍出版社 1988 年版。

《宋人傳記資料索引》,昌彼得、王德毅等編,中華書局 1988 年版。

《中國文學家大辭典(唐五代卷)》,周祖譔主編,中華書局 1992 年版。

《中國歷代人物年譜考録》,謝巍編撰,中華書局 1992 年版。

《浙江歷代名人録》,徐吉軍、丁堅之編,杭州大學出版社 1994 年版。

《中國文學家大辭典(清代卷)》,錢仲聯主編,中華書局 1996 年版。

《歷代人物謚號封爵索引》,楊震方、水賚佑等編,上海古籍出版社 1996 年版。

《中國文學家大辭典(先秦漢魏晉南北朝)》,曹道衡、沈玉成等編,中華書局 1996 年版。

《中國文學家大辭典(近代卷)》,梁淑安主編,中華書局 1997 年版。

《中國地方誌宋代人物資料索引》,沈治巨集,王蓉貴編撰,四川辭書出版社 1997 年版。

《中國曲學大辭典》,齊森華、陳多、葉長海主編,浙江教育出版社 1997 年版。

《浙江古今人物辭典(古代)》,單錦珩編,江西人民出版社 1998 年版。

《中國詩學大辭典》,傅璇琮編,浙江教育出版社 1999 年版。

《文獻家通考》,鄭偉章著,中華書局,中華書局 1999 年版。

《中國近現代人物名號大辭典》,陳玉堂編著,浙江古籍出版社 2001 年版。

《中國文學家大辭典(宋代卷)》,曾棗莊主編,中華書局 2004 年版。

《浙江省人物志》,浙江省地方誌編纂委員會,浙江人民出版社 2005 年版。

《明清進士録》,潘榮勝主編,中華書局 2006 年版。

《鄞縣進士録》,龔延明著,浙江古籍出版社 2010 年版。

《浙江地方誌、人物志人物資料檢索(全五册)》,董建和主編,2011 年版。

《杭州歷代名人》,宋傳水、袁成毅主編,杭州出版社 2012 年版。

《浙江民國人物大辭典》,林吕建主編,浙江大學出版社 2013 年版。

《中國文學家大辭典(宋代卷)》,曾棗莊主編,中華書局 2004 年版。

三、網站資料庫

全國古籍普查平臺（浙江省）

全國古籍普查登記基本資料庫

浙江圖書館書目資料庫

臺灣中文古籍目録資料庫

國家圖書館書目資料庫

上海圖書館書目資料庫

南京圖書館書目資料庫

首都圖書館書目資料庫

CALIS 聯合目録

CADAl（中美百萬册資料庫）

中國科學院圖書館書目資料庫

湖南圖書館書目資料庫

遼寧圖書館書目資料庫

天津圖書館書目資料庫

山東圖書館書目資料庫

復旦大學圖書館書目資料庫

上海師範大學圖書館書目資料庫

學苑汲古——高校古文獻資源庫

中國數字方志庫

臺灣省中文古籍聯合目録資料庫

臺灣省善本古籍聯合目録

日本所藏中文古籍資料庫

圖書在版編目(CIP)數據

清代浙江集部總目 / 徐永明主編. —杭州:浙江
大學出版社,2020.12
ISBN 978-7-308-20833-8

Ⅰ.①清… Ⅱ.①徐… Ⅲ.①古籍—圖書目錄—浙江
—清代 Ⅳ.①Z838

中國版本圖書館 CIP 數據核字(2020)第 235894 號

清代浙江集部總目

徐永明　主編　金燦燦　副主編

責任編輯	宋旭華	
責任校對	蔡　帆	
封面設計	周　靈	
出版發行	浙江大學出版社	
	(杭州市天目山路 148 號　郵政編碼 310007)	
	(網址:http://www.zjupress.com)	
排　　版	浙江時代出版服務有限公司	
印　　刷	杭州高騰印務有限公司	
開　　本	710mm×1000mm　1/16	
印　　張	90.25	
字　　數	1576 千	
版 印 次	2020 年 12 月第 1 版　2020 年 12 月第 1 次印刷	
書　　號	ISBN 978-7-308-20833-8	
定　　價	358.00 元	